PC Perfekt!

Michael Kiermeier

PC Perfekt!

Troubleshooting, Aufrüstung, Tuning

ADDISON-WESLEY

An imprint of Addison Wesley Longman, Inc.

Bonn • Reading, Massachusetts • Menlo Park, California
New York • Harlow, England • Don Mills, Ontario
Sydney • Mexico City • Madrid • Amsterdam

Die Deutsche Bibliothek – CIP-Einheitsaufnahme

PC Perfekt! : Troubleshooting, Aufrüstung, Tuning/Michael Kiermeier. – Bonn; Reading, Mass. [u.a.]: Addison-Wesley-Longman
 ISBN 3-8273-1365-1

© 1998 Addison Wesley Longman Verlag GmbH

Satz: Reemers EDV-Satz, Krefeld. Gesetzt aus der Sabon 10 / 12 Pkt.
Belichtung, Druck und Bindung: Media-Print, Paderborn
Lektorat: Rudolf Krahm, Ruth Wasserscheid
Produktion: Anne Heiming, Bonn
Korrektorat: Friederike Daenecke, Zülpich
Umschlaggestaltung: Belau, Duisburg

Das verwendete Papier ist aus chlorfrei gebleichten Rohstoffen hergestellt und alterungsbeständig. Die Produktion erfolgt mit Hilfe umweltschonender Technologien und unter strengsten Auflagen in einem geschlossenen Wasserkreislauf unter Wiederverwertung unbedruckter, zurückgeführter Papiere.

Text, Abbildungen und Programme wurden mit größter Sorgfalt erarbeitet. Verlag, Übersetzer und Autoren können jedoch für eventuell verbliebene fehlerhafte Angaben und deren Folgen weder eine juristische Verantwortung noch irgendeine Haftung übernehmen.
Die vorliegende Publikation ist urheberrechtlich geschützt. Alle Rechte vorbehalten. Kein Teil dieses Buches darf ohne schriftliche Genehmigung des Verlages in irgendeiner Form durch Fotokopie, Mikrofilm oder andere Verfahren reproduziert oder in eine für Maschinen, insbesondere Datenverarbeitungsanlagen, verwendbare Sprache übertragen werden. Auch die Rechte der Wiedergabe durch Vortrag, Funk und Fernsehen sind vorbehalten.
Die in diesem Buch erwähnten Software- und Hardwarebezeichnungen sind in den meisten Fällen auch eingetragene Marken und unterliegen als solche den gesetzlichen Bestimmungen.

Inhaltsverzeichnis

Vorwort 9

Danksagung 11

1 Wie verhalte ich mich, wenn mein Rechner ausfällt? 13
   1.1 Beugen Sie Bootproblemen vor 31
   1.2 Wissenswertes zum Bootvorgang selbst 32
   1.3 Notfallmaßnahmen unter Windows 98/95 34
   1.4 Wie heben Sie den DOS-Kompatibilitätsmodus
        von Windows 95 wieder auf? 42
   1.5 So starten Sie Windows 98/95 schneller 45

2 Systemanalyse und Systembereinigung 49
   2.1 Generelle Schwachstellenanalyse unter Windows 98/95 49
   2.2 Befreien Sie Ihr System von »Altlasten« 52
   2.3 Die Treiber-Kur 82
   2.4 Analyseprogramme 95

3 Startdateien, Systemeinstellungen & Co. 125
   3.1 Hintergrundwissen zur Speichertechnik 127
   3.2 Die Einträge in der Gerätekonfigurationsdatei CONFIG.SYS 131
   3.3 Die Einträge in der Startdatei AUTOEXEC.BAT 152
   3.4 CTTY 154
   3.5 FASTOPEN 159
   3.6 Probleme beim Einrichten des Erweiterungsspeichers 174
   3.7 Probleme beim Einrichten des Expansionsspeichers 175

4 Windows 98/95 installieren und bedienen 177
   4.1 Windows 98 – ein erster Überblick 177
   4.2 Windows 95 richtig installieren 238
   4.3 Legen Sie unterschiedliche Anwenderprofile an 283
   4.4 Ein erster Leistungsüberblick mit »Wintune 97« 285

5 Tips und Hinweise bei Problemen mit Computerspielen 293
   5.1 Spiele im DOS-Modus unter Windows 98/95 309

Inhaltsverzeichnis

- 6 Das BIOS-Setup – die Schaltzentrale Ihres Rechners 319
  - 6.1 Die gängigsten BIOS-Varianten 320
  - 6.2 So rufen Sie das BIOS auf 321
  - 6.3 Das AMI-BIOS 322
  - 6.4 Das AWARD-BIOS 349
  - 6.5 CHIPSET FEATURES SETUP 358
  - 6.6 Das BIOS meldet einen Fehler 373

- 7 Hauptplatinenchipsatz und Prozessor – der Motor Ihres Systems 379
  - 7.1 Klassifizierung der Chipsatz-Generationen 381
  - 7.2 Die richtige Bustakt-Geschwindigkeit 386
  - 7.3 Cache-Speichererweiterung als Tuningmaßnahme für das Mainboard 386
  - 7.4 Das Austauschen der kompletten Hauptplatine 389
  - 7.5 Der Prozessor, die treibende Kraft Ihres Systems 393

- 8 Schnittstellenproblemen vorbeugen 401
  - 8.1 Das Handling von Interrupts und DMAs 401
  - 8.2 Schnittstellen unter Windows 98/95 einrichten und konfigurieren ... 414
  - 8.3 SCSI – die schnelle Schnittstelle 421

- 9 Hilfe bei Eingabeproblemen 435
  - 9.1 Die Tastatur 435
  - 9.2 Die Maus 442

- 10 Speichermedien 453
  - 10.1 Der Einbau von Diskettenlaufwerken 453
  - 10.2 Das LS-120-Laufwerk 457
  - 10.3 Die Auswahl der Festplattentechnologie 458
  - 10.4 Einbau oder Austausch einer Festplatte 461
  - 10.5 Die richtige Festplattenorganisation 473

- 11 CD-ROM-Laufwerke auswählen, einbauen und konfigurieren 491
  - 11.1 Das richtige Laufwerk aussuchen 491
  - 11.2 Der Einbau eines CD-ROM-Laufwerks 497
  - 11.3 Der Einsatz eines CD-Brenners 520

- 12 Probleme rund um den Monitor und den Drucker 529
  - 12.1 Ausgabegeräte unter Windows 98/95 richtig konfigurieren 536
  - 12.2 Die richtige Wahl der Grafikkarte 548

Inhaltsverzeichnis

13 Soundkarte – kein Problem mehr 557
    13.1   Wavetable 557
    13.2   Standards 559
    13.3   Eine Soundkarte einbauen 560
    13.4   Schnelle Hilfe bei Soundkartenproblemen 565
    13.5   Die Audio-Fähigkeiten von Windows 98/95 ausnutzen 572
    13.6   Soundkartenprobleme mit dem Hardware-Profil lösen 576
    13.7   Vermeiden Sie Fehlentscheidungen beim Soundkartenkauf 582

14 Erste Hilfe bei zerstörten Datenträgern 585
    14.1   Unterschiedliche Ursachen für einen Datenverlust 585
    14.2   Verhaltensregeln bei zerstörten Datenträgern 588
    14.3   Kosten für die Wiederherstellung verlorengegangener Daten 591

15 Freie Fahrt auf der Datenautobahn 593
    15.1   Installation und Konfiguration einer ISDN-Karte 593
    15.2   Modems und Faxmodems 604
    15.3   Modem-Software 613
    15.4   Faxmodem-Software 614
    15.5   Die rechtlichen Komponenten beim Faxen 615
    15.6   Einige Hinweise zur Faxgestaltung 617
    15.7   Wichtige Befehle für Ihr individuelles Modem 623
    15.8   So gehen Sie unter Windows online 628
    15.9   Hilfe bei defektem Posteingang 638
    15.10 Verbinden Sie Ihre Rechner unter Windows 640
    15.11 Sicherer Abgleich von mobilen Daten 644

16 Rund ums Drucken 649
    16.1   Grundlegende Betriebsstörungen 649
    16.2   Probleme beim Ausdrucken 652
    16.3   Tips für den erfolgreichen Einsatz von Laserdruckern 660
    16.4   Die Aufgaben des Druckerspoolers 675
    16.5   Tips für den erfolgreichen Einsatz von Tintenstrahldruckern 676
    16.6   Tips für den erfolgreichen Einsatz von Nadeldruckern 683

17 Computerviren 691
    17.1   Funktionsweise von Computerviren 691
    17.2   Kennzeichen für das Vorhandensein eines Virus 693
    17.3   Viren-Klassifizierung 693
    17.4   Antivirensoftware 699
    17.5   Tips zum Entfernen eines Virus 705
    17.6   Virengefahr unter Windows 98/95 708
    17.7   Virenschutz mit NVC (Norman Virus Control) 711

18 Durchblick bei den Windows-Startdateien 717
    18.1 Die Windows 98/95-Registry 734
    18.2 Hilfsprogramme für die Systemeinstellungen 747

19 Glossar 769

20 Stichwortverzeichnis 815

V Vorwort

Dieses Buch will Ihnen zum einen Erläuterungen zum Aufrüsten und Tunen Ihres Rechners bzw. zum Austauschen defekter oder veralteter Bauteile geben. Zum anderen stellt es eine große Hilfe bei der Konfiguration des Systems auf Hard- und Softweareebene dar.

Es geht Ihnen bei speziellen Problemen wie beispielsweise dem Konfigurieren der Startdateien, dem Installieren eines SCSI-Systems, eines LS-120-Laufwerks, einer weiteren Festplatte oder eines CD-ROM-Laufwerks usw. zur Hand und gibt Ihnen Entscheidungshilfen bei der Anschaffung neuer Hardware wie etwa ein CD-Brenner, ein SCSI-Gerät usw.

Die Software auf der beiliegenden CD unterstützt Sie bei einer umfangreichen Systemanalyse, bei einem kompletten Geschwindigkeits-Checkup Ihres Systems sowie bei einem schnellen und bequemen Umkonfigurieren der wesentlichen Hardware-Bausteine.

Der Inhalt des Buches ist übersichtlich in 17 Kapitel gegliedert, damit Sie nicht lange nach dem Punkt suchen müssen, der Ihnen Probleme bereitet oder zu dem Sie Informationen erhalten wollen.

Apropos Informationen: Nehmen Sie dieses Buch nicht nur dann zur Hand, wenn es Probleme gibt, sondern benutzen Sie es auch als Informationsquelle, denn Sie finden in den einzelnen Kapiteln auch interessante Tips, Hinweise und Hintergrundinformationen zu Ihrem System bzw. zu den einzelnen Bauteilen und Peripheriegeräten.

Fast alle Kapitel enthalten optische Wegweiser in Form von Marginalspaltensymbolen, damit Sie auch innerhalb des Textes schnell informiert sind, worum es sich in den einzelnen Absätzen bzw. Abschnitten handelt. Folgende Symbole werden verwendet:

Dieses Symbol repräsentiert eine Fragestellung oder ein Problem, das direkt mit dem Bauteil bzw. mit der Komponente zusammenhängt, die in dem entsprechenden Kapitel angesprochen wird.

Dieses Symbol weist Sie auf Besonderheiten oder auf bestimmte Umstände hin, die Ihnen das Arbeiten erleichtern oder besondere Vorteile bieten.

Wenn Sie dieses Symbol sehen, dann ist besondere Vorsicht angebracht, damit Sie dem Rechner oder einem Bauteil keinen Schaden zufügen oder damit keine Daten verloren gehen, unnötige Programmabstürze vermieden werden usw.

Dieses Symbol weist Sie darauf hin, daß auf der beiliegenden CD-ROM Software zu finden ist, die Ihnen bei der Arbeit mit Ihrem PC, bei der Fehlersuche oder bei Tuning- und Analysearbeiten behilflich ist.

98 Dieses Symbol zeigt Ihnen an, daß es sich bei dem dazugehörigen Text um Erläuterungen zu Windows 98 handelt.

95 Dieses Symbol zeigt Ihnen an, daß es sich bei dem dazugehörigen Text um Erläuterungen zu Windows 95 handelt.

Danksagung

Folgenden Firmen möchten wir auf diesem Weg unseren Dank für die Bereitstellung von Software und Textinhalten aussprechen:

- Pearl Agency, Allgemeine Vermittlungsgesellschaft mbH
  Pearl-Str. 1
  79426 Buggingen

  ...für die Shareware-Programme sowie für die Gestaltung der Oberfläche der beiliegenden CD-ROM.

- Rudolf Haufe Verlag
  Hindenburgstr. 64
  79102 Freiburg

  ...für die Demo des Virenscanners »Norman Virus Control« sowie für Textinhalte und Abbildungen aus den Loseblattwerken »Windows 95«, »Die erfolgreiche Computerpraxis« und »Online-Praxis«.

- Den Autorenkollegen Jürgen Ortmann und Wolfgang Andratschke dafür, daß sie mir freundlicherweise Texte aus ihrem Buch *Windows 98*, Addison-Wesley 1998, ISBN-3-8273-1386-4, zur Verfügung gestellt haben.

1 Wie verhalte ich mich, wenn mein Rechner ausfällt?

Ein totaler Ausfall des Rechners kommt so gut wie nie vor, es sei denn, er ist von der Stromzufuhr absolut getrennt. Das kann nur dann der Fall sein, wenn entweder das stromführende Kabel oder die Steckdose völlig defekt ist.

Beim Einschalten des Rechners regt sich überhaupt nichts, das heißt, es erfolgen keine Piepstöne über den PC-eigenen Lautsprecher und es brennt, sofern vorhanden, auch keine Leuchtanzeige im Ein-/Ausschalter.

Tauschen Sie zuerst das stromzuführende Kabel aus. Sofern Ihr Computer an einem separaten Verlängerungskabel oder einer Steckdosenleiste hängt, tauschen Sie diese sicherheitshalber ebenfalls aus, denn es kann unter Umständen vorkommen, daß hier ein Kurzschluß, beispielsweise durch mechanische Einwirkungen, vorliegt.

Eine weitere, wenn auch sehr selten vorkommende Störquelle kann natürlich auch ein Defekt im Ein-/Ausschalter Ihres Rechners selbst sein. Das Untersuchen bzw. Beheben eines solchen Defekts sollten Sie besser einer Fachwerkstatt überlassen, da hierbei Lötarbeiten notwendig sein können, die Sie aus Sicherheitsgründen besser nicht selbst durchführen sollten.

Ebenso verhält es sich mit dem Netzteil selbst, denn auch hier können unter Umständen Defekte auftreten, welche die Stromzufuhr unterbrechen. Es empfiehlt sich für einen Laien in Sachen Elektronik nicht, Eingriffe am Netzteil vorzunehmen. Beachten Sie unbedingt, daß das Netzteil auch einige Zeit nach dem Abschalten des Stroms noch unter Spannung steht. Falls Sie dennoch im Netzteil Ihres Rechners »nach dem Rechten sehen wollen«, müssen Sie unbedingt eine Weile abwarten, bevor Sie es aufschrauben. Falls Sie hier auf durchgeschmorte Kabel treffen sollten, liegt wahrscheinlich ein schwerwiegender Fehler im Netzteil vor, den Sie auf keinen Fall mit Maßnahmen wie beispielsweise dem Überbrücken verschmorter Kabel mittels Lüsterklemmen beheben sollten. In einem solchen Fall ist es angebracht, ein komplett neues Netzteil einzubauen, das es im Fachhandel zu Preisen von 150 bis 200 DM zu kaufen gibt. Notieren Sie dazu unbedingt die Kapazität des alten Netzteils, und achten Sie darauf, daß das neue Netzteil die gleiche Wattzahl bietet. Es macht keinen Sinn, ein Netzteil durch ein anderes ungleicher Wattzahl zu ersetzen, selbst wenn dieses als »Sonderangebot« angeboten wird.

Abb. 1.1: Lösen Sie das Netzteil über die Schrauben an der Rückseite des Rechner-Gehäuses.

Sollte sich jedoch ein unbeschädigtes, sprich: nicht verschmortes Kabel gelockert haben, dann schrauben Sie es wieder fest und starten Ihren Rechner erneut. Normalerweise sind die Kabelverbindungen ab Werk sorgfältig verschraubt und lösen sich beim normalen Betrieb nicht. Wenn Ihr Rechner jedoch einen Umzug hinter sich hat oder Sie ihn gebraucht erworben haben, dann kann es durchaus der Fall sein, daß bereits eine andere Person Eingriffe am Netzteil vorgenommen hat. Hier macht es dann schon eher Sinn nachzusehen, ob sich vielleicht ein Kabel gelöst haben könnte. Auf jeden Fall gilt: Wenn Sie sich nicht absolut sicher sind, bringen Sie Ihren Computer lieber in eine Fachwerkstatt, denn abgesehen von einer persönlichen Verletzungsgefahr besteht auch die Gefahr einer Beschädigung von Bauteilen durch ein unsachgemäß instandgesetztes Bauteil!

 Ihr Rechner gibt nach dem Einschalten nur eine Folge von Piepstönen und/oder Zahlenfolgen von sich.

Abb. 1.2:
Das geöffnete Netzteil, in dem Sie nach eventuell losen Kabeln suchen können.

Gehen Sie beim Auftreten von Piepstönen grundsätzlich folgendermaßen vor:

1. Informieren Sie sich, welches BIOS auf Ihrem Rechner installiert ist. (Sehen Sie in der technische Dokumentation nach, denn in das Setup Ihres Rechners gelangen Sie bei einem solchen Fehler nicht mehr.)
2. Nehmen Sie Papier und Bleistift zur Hand, und starten Sie Ihren Rechner über den Ein-/Ausschalter oder über die Reset-Taste neu. Notieren Sie sich die Folge der Piepstöne und/oder die am Bildschirm erscheinende Zahlenfolge.

Im folgenden finden Sie Tabellen, die Ihnen helfen, anhand der Zahl der Piepstöne oder der auf dem Bildschirm auftauchenden Fehlermeldungen die Ursache des Problems einzukreisen.

Anzahl der Piepstöne	Fehlermeldung	Erläuterung
1	Refresh-Failure	Die zyklisch ablaufende Auffrischung der dynamischen RAM-Bausteine funktioniert nicht mehr.
2	Parity Error	Es handelt sich hierbei um einen Paritätsfehler, der auf einen oder mehrere fehlerhafte RAM-Bausteine hindeutet. Überprüfen Sie die Speicherbausteine auf korrekten Sitz in den Steckplätzen.

Anzahl der Piepstöne	Fehlermeldung	Erläuterung
3	Base 64 kByte Memory Failure	Es handelt sich hierbei um einen Fehler, der in den ersten 64 kByte des Hauptspeichers liegt. Überprüfen Sie die Speicherbausteine auf korrekten Sitz in den Steckplätzen.
4	Timer Not Operational	Der Zeitgeber (Timer-Baustein) auf der Hauptplatine ist defekt.
5	Processor Error	Es handelt sich hierbei um einen Prozessorfehler. Hier hilft nur das komplette Austauschen.
6	8042 Gate A20 Failure	Der Prozessor kann nicht im Protected Mode (virtueller Modus) arbeiten, da der Tastatur-Controller bzw. die A20-Umschaltung nicht mehr funktioniert.
7	Processor Exception Interrupt Error	Dieser Fehler ist dem soeben beschriebenen sehr ähnlich und deutet darauf hin, daß nicht mehr im virtuellen Modus gearbeitet werden kann.
8	Display Memory Read/Write Error	Es handelt sich hierbei um einen Fehler, der im Videospeicher des Systems aufgetreten ist. Überprüfen Sie den Grafikadapter auf korrekten Sitz. Möglicherweise ist der Speicher auf dem Grafikadapter defekt.
9	ROM Checksum Error	Hier liegt ein ROM-BIOS-Prüfsummenfehler vor, der auf ein defektes ROM hindeutet. Überprüfen Sie die ROM-Bausteine auf korrekten Sitz in ihren jeweiligen Sockeln. Ein solcher Fehler tritt dann auf, wenn ein ROM-Baustein unsachgemäß in den Sockel geschoben worden ist und dabei ein oder mehrere »Beinchen« abgeknickt wurden.
10	CMOS Shutdown Register Read/Write Error	Es ist ein Schreib-/Lesefehler in einem CMOS-Speicherelement aufgetreten, was in der Regel auf einen defekten CMOS-Baustein hindeutet.

Während es sich bei Fehlern, die sich durch die beschriebenen Piepstöne und/oder Fehlermeldungen bemerkbar machen, um schwerwiegende Fehler handelt, die das gesamte System blockieren bzw. am Starten hindern, gibt es noch eine Reihe von anderen Fehlermeldungen, die in der nachfolgenden Tabelle aufgeführt und erläutert sind.

Trotz des Auftretens eines solchen Fehlers wird das System meistens gestartet.

Ausgegebene Fehlermeldung	Erläuterung
8042 Gate A20 Error	Hier muß der 8042-Chip ausgewechselt werden, da die Adreßleitung A20 des Keyboard-Controllers nicht richtig funktioniert.
CACHE MEMORY BAD Do not enable Cache!	Diese Fehlermeldung deutet auf einen Defekt im Cache-Speicher hin, für dessen Behebung ausschließlich der Hersteller bzw. ein Fachmann zuständig ist.
DMA ERROR	Hier ist es zu Störungen im Zusammenspiel mit dem DMA-Controller auf der Festplatte gekommen.
DMA #1 Error	Es ist eine Störung im ersten DMA-Kanal aufgetreten.
DMA #2 Error	Es ist eine Störung im zweiten DMA-Kanal aufgetreten.
INTR #1 Error	Es ist eine Störung beim Selbsttest aufgetreten, und zwar ist der Interrupt Controller 1 defekt.
INTR #2 Error	Es ist eine Störung beim Selbsttest aufgetreten, und zwar ist der Interrupt Controller 2 defekt.
NO ROM BASIC	Eine solche Fehlermeldung wird dann ausgegeben, wenn das BIOS weder auf der Festplatte noch auf der Startdiskette den Startsektor findet. Das BIOS versucht dann, das ROM-Basic zu starten, das allerdings nur noch auf älteren BIOS-Versionen vorhanden ist. Abhilfe schaffen hier das Starten des Systems über die Startdiskette sowie das Korrigieren des Startsektors auf der Festplatte (beispielsweise über ein Diagnoseprogramm).

Die Sicherung fliegt nach kurzer Betriebsdauer immer wieder heraus.

Falls kurze Zeit nach dem Einschalten Ihres Rechners immer wieder die Sicherung herausfliegt, sollten Sie überprüfen, ob Sie die Netzstecker aller Geräte in einer Mehrfach-Steckdose untergebracht haben.
Bei einer solchen Konstellation ist ein zu hoher Einschaltstrom die Ursache für Ihr Problem. Insbesondere der Monitor benötigt in den ersten Sekunden nach dem Einschalten sehr viel Strom, aber auch die Stromaufnahme anderer Geräte kann im Moment des Einschaltens deutlich erhöht sein, zumindest ist sie stärker als im laufenden Betrieb. Die Gesamtstromaufnahme kann in einem solchen Fall für einen kurzen Moment die Stärke der Sicherung deutlich übersteigen.

Die Lösung für dieses Problem liegt jedoch keineswegs in einer stärkeren Sicherung! Wichtig ist hingegen, daß alle Geräte nicht gleichzeitig, sondern nacheinander eingeschaltet werden. Abhilfe schafft eine im Fachhandel erhältliche Steckdosenleiste mit eingebauter Schaltverzögerung. Sie können nach wie vor alle Geräte mit einem einzigen Schalter bedienen, jedoch sorgt eine Elektronik dafür, daß die einzelnen Geräte mit einem kleinen zeitlichen Abstand mit Strom versorgt werden.

Sie schalten Ihren Computer wie gewohnt ein, jedoch erscheint statt der üblichen DOS-Eingabeaufforderung (Prompt) die nachfolgende Meldung auf dem Bildschirm:

Diskette nicht bootfähig. Bitte Startdiskette einlegen und eine beliebige Taste drücken.

Haben Sie eine solche Startdiskette, dann können Sie Ihren Computer wenigstens vom Diskettenlaufwerk aus starten. Daß Ihr System nicht mehr von der Festplatte aus startet, kann verschiedene Ursachen haben:

Es liegt eine Diskette im Startlaufwerk, die jedoch keine Startdiskette ist. Die Standardeinstellung des Setup sieht vor, daß zuerst in dem erwähnten Startlaufwerk nachgesehen wird, ob sich dort eine bootfähige Diskette befindet. Ist dieses Laufwerk leer, wird von der Festplatte aus gebootet (dies ist noch ein Relikt aus den Zeiten, in denen die wenigsten PCs über eine Festplatte, sondern lediglich über zwei Diskettenlaufwerke verfügten).

Entfernen Sie die Disketten aus allen Laufwerken, und drücken Sie eine beliebige Taste.

Es liegt ein Hardwarefehler vor. Hat sich, beispielsweise beim Transport Ihres Computers, die Kabelverbindung zwischen der Controllerkarte und der Festplatte gelockert oder gelöst, kann die Festplatte nicht mehr angesprochen werden, und es kommt zu einer Fehlermeldung.

Überprüfen Sie den Sitz des Kabels. Ziehen Sie dazu den Stecker völlig ab, untersuchen Sie ihn auf eventuelle Beschädigungen, und schieben Sie ihn wieder auf den Anschluß.

Abb. 1.3: Diesen Stecker müssen Sie auf korrekten Sitz überprüfen.

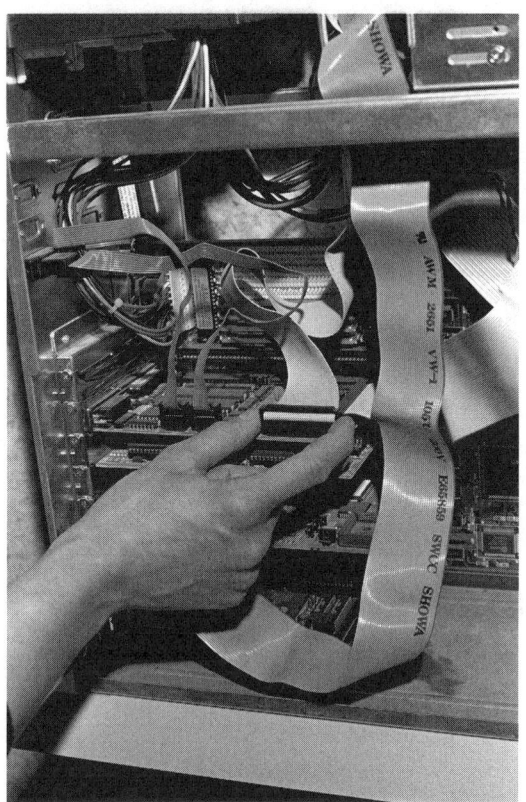

Ein weiterer Hardwarefehler kann auch als Defekt am Disketten- oder Festplattenlaufwerk auftreten.

Da die Festplatte, wie jedes andere mechanische Gerät auch, einem Alterungsprozeß unterworfen ist, wird sie eines Tages unbrauchbar. Normalerweise macht sich dies durch lautere Geräusche beim Zugriff der Schreib-/Leseköpfe oder auch, im Falle eines Lagerschadens, durch ein stärkeres, anhaltendes Geräusch bemerkbar, das vom Spindelmotor der Festplatte selbst ausgeht. Nicht hörbar, aber dennoch schädlich sind defekte Sektoren auf der Plattenoberfläche, die sich im Laufe der Zeit ansammeln können. Tritt ein defekter Sektor im Bereich der Start- und Betriebssystemdateien auf, kann von der Festplatte ebenfalls nicht mehr gebootet werden, und das System fordert mit der eingangs erwähnten Meldung eine Startdiskette über das Diskettenlaufwerk an.

Macht Ihre Festplatte durch außergewöhnliche Geräusche auf sich aufmerksam, sollten Sie unbedingt sofort Sicherungskopien aller wichtigen Daten und Programme (sofern diese nicht auf Originaldisketten zur Verfügung stehen) anfertigen. Unter Umständen können Sie mit einer solchen Festplatte noch tage- oder monatelang weiterarbeiten, jedoch sollten Sie mit diesen Vorsorgemaßnahmen den Schaden bei einem plötzlichen Ausfall dieses Bauteils begrenzen.

Defekte Startdateien oder ungültige Einträge.

Beim Hochfahren Ihres Computers werden die Einträge in den beiden Startdateien AUTOEXEC.BAT und CONFIG.SYS abgearbeitet. Unter anderem werden hier auch Gerätetreiber durch entsprechende Befehlszeilen geladen. Sollten sich in diesen Dateien ungültige Gerätetreiber befinden, so wird dies normalerweise mit einer Fehlermeldung quittiert, das System jedoch nicht am Bootvorgang gehindert. Unter Umständen können aber ungültige Gerätetreiber einen Absturz beim Laden des Betriebssystems verursachen.

Laden Sie das Betriebssystem über die Startdiskette, und entfernen Sie alle Einträge, insbesondere Gerätetreiberbefehlszeilen, aus den Startdateien, bei denen Sie sich nicht absolut sicher sind, daß von ihnen keine Störung ausgehen kann. Notfalls legen Sie eine Minimalkonfiguration an. Schlagen Sie dazu im Kapitel 3 nach.

Der Befehlsinterpreter COMMAND.COM kann nicht eingelesen werden.

Der Kommandointerpreter von DOS sorgt unter anderem dafür, daß Sie die gewohnte Eingabeaufforderung *(Prompt)* auf dem Bildschirm sehen. Ist diese Datei nicht mehr vorhanden oder fehlerhaft, dann wird normalerweise die folgende Fehlermeldung ausgegeben:

Befehlsinterpreter fehlerhaft oder nicht vorhanden

Unter Umständen kann es aber auch zu der eingangs erwähnten Fehlermeldung »Diskette nicht bootfähig« kommen.

Starten Sie Ihr System von der Startdiskette, und überprüfen Sie, ob sich die Datei COMMAND.COM auf der Festplatte befindet. Normalerweise befindet sich diese Datei im Hauptverzeichnis. Auf Ihrem DOS-Betriebssystemdiskettensatz befindet sich dieser Kommandointerpreter ebenfalls. Kopieren Sie ihn auf die Festplatte, am besten in das Hauptverzeichnis.

Es sind Daten aus der BIOS-Konfiguration verlorengegangen.

Im BIOS Ihres Rechners sind Grundeinstellungen Ihres Computers gespeichert. Dazu gehören beispielsweise der Typ und die Größe der Festplatte, die installierte Grafikkarte, die Laufwerkskennungen der Diskettenlaufwerke usw. Diese Daten werden in einem CMOS-Chip gespeichert, der laufend mit Strom versorgt werden muß, um diese Daten zu behalten, und zwar auch bei ausgeschaltetem Rechner. Dafür sorgt ein kleiner Akku, der bei laufendem Rechner immer wieder aufgeladen wird. Jedoch hat auch diese Batterie eine begrenzte Lebensdauer, die bei etwa vier bis sieben Jahren liegt. Bei einem defekten oder leeren Akku (insbesondere dann, wenn Ihr Rechner längere Zeit ausgeschaltet war) gehen die Daten dieses CMOS-Chips verloren, und es kommt zu einer Fehlermeldung.

Ist hingegen noch eine geringe Menge Strom in diesem Akku vorhanden, dann erscheint die Fehlermeldung:

CMOS-RAM-Battery low

Darüber hinaus macht sich Ihr Computer nach dem Einschalten auch mit einem wiederholten Piepsen bemerkbar.

 Der Rechner kann nur noch auf das Diskettenlaufwerk A: zugreifen. Ein eventuell zusätzlich vorhandenes Laufwerk sowie die Festplatte werden nicht erkannt.

Abb. 1.4:
Der Akku, der die Stromversorgung des CMOS-Speichers übernimmt.

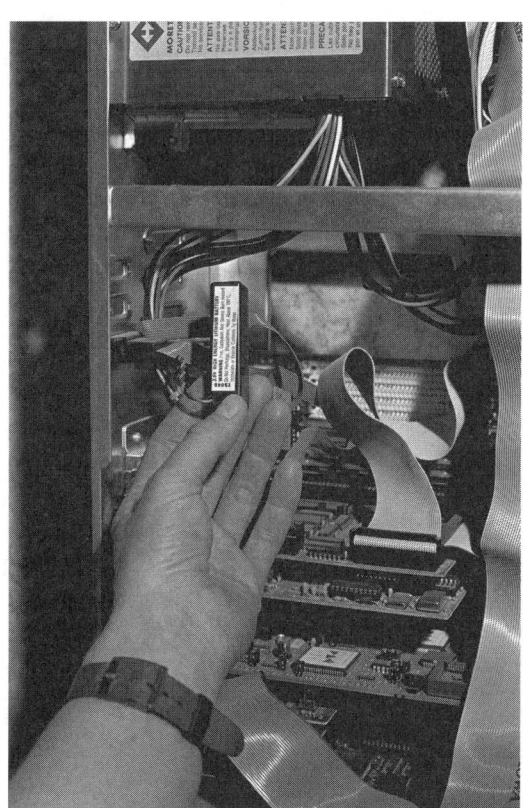

Der Akku ist entweder am Gehäuse verschraubt oder mit Klettband befestigt. Bauen Sie ihn aus, und nehmen Sie ihn mit, wenn Sie bei Ihrem Fachhändler einen neuen besorgen.

Nehmen Sie sich die Zeit, um die Anschlüsse der Kabel zu notieren. Sie sparen im nachhinein viel Zeit, die sonst durch Ausprobieren vergeudet wird, wenn Sie die korrekte Verkabelung nicht mehr kennen.

Bauen Sie den neuen Akku ein, indem Sie ihn am Gehäuse verschrauben oder mittels des aufgebrachten Klettbands befestigen, und verkabeln Sie ihn über die entsprechenden Anschlüsse auf der Hauptplatine.

Jetzt müssen Sie nur noch die richtigen Daten in das CMOS eintragen. Starten Sie dazu Ihren Rechner. Nach wenigen Augenblicken erscheint eine der folgenden Meldungen:

> Hit ⌈DEL⌉ if you want to run Setup

oder

> Press ⌈Ctrl⌉-⌈ESC⌉ for Setup

Die Art der Meldung ist vom verwendeten BIOS abhängig. Befolgen Sie hier die Bildschirmanweisung, um in das Setup-Programm zu gelangen.

Wenn Sie über ein gutes Utility-Programm wie beispielsweise Norton Commander oder PC Tools verfügen, dann finden Sie hier eine Option zum Anlegen einer sogenannten Rettungs- oder Notfalldiskette. Auf diese Diskette werden alle zur Wiederherstellung der korrekten CMOS-Einträge notwendigen Daten gespeichert und im Falle einer Restaurierung wieder auf Ihr System übertragen. Dies geschieht ohne wesentliches Zutun des Benutzers.

Beachten Sie hierbei, daß eine solche Rettungs- oder Notfalldiskette natürlich immer nur so lange aktuell ist, wie sich an der Konfiguration Ihres Rechners nichts Wesentliches ändert. Eine wesentliche Änderung wäre beispielsweise der Einbau eines abweichenden Festplattentyps, eines zusätzlichen Diskettenlaufwerks oder die Umstellung auf eine andere Grafikausgabe. Sollten Sie also eine nennenswerte Änderung an Ihrer Konfiguration vornehmen, dann vergessen Sie nicht, eine aktuelle Rettungs- oder Notfalldiskette anzulegen.

Verfügen Sie über keine solche Diskette, dann bleibt Ihnen nicht viel anderes übrig, als die erforderlichen Daten »von Hand« einzutragen. Da die Angaben aller CMOS-Setups lediglich in englischer Sprache vorliegen, erfolgt auf den nächsten Seiten eine Beschreibung der einzelnen Setup-Punkte.

Abb. 1.5:
Anlegen einer Rettungsdiskette über die Norton Utilities.

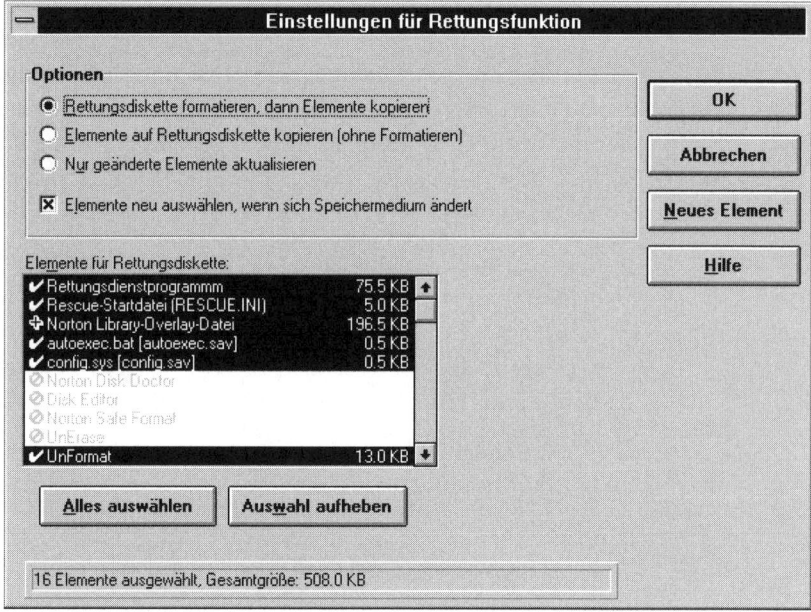

Sie haben sich einen Computervirus eingefangen.

Sogenannte Bootsektorviren können auch die Schuld daran tragen, daß Ihr Rechner nicht mehr hochfahren kann. Es handelt sich hierbei um spezielle Computerviren, die das benötigte Startprogramm beschädigen.

Abhilfe schafft hier wieder die Startdiskette, über die Sie Ihren Rechner starten. Um einen eventuell vorhandenen Virus nachhaltig zu entfernen, benötigen Sie ein Antivirus-Programm. Es gibt zahlreiche gute Programme dieser Art, die übrigens auch über den Sharewarehandel preisgünstig zu beziehen sind.

Nachdem der POST (Power On Self Test) durchgeführt wurde, erscheint die Meldung:

Keyboard failure, press F1 *to continue.*

Diese Fehlermeldung taucht immer dann auf, wenn die Initialisierung der Tastatur fehlgeschlagen ist. Dies kann mehrere Ursachen haben: Ein defektes Kabel ist möglich, aber wenig wahrscheinlich, es sei denn, es ist großen mechanischen Belastungen ausgesetzt. Wahrscheinlicher ist, daß sich der Tastaturstecker am Computergehäuse gelockert hat. Dies kann beispielsweise beim Staubsaugen oder beim Ein- oder Ausbau einer Komponente passieren.

Eine weitere Möglichkeit ist eine klemmende Taste. Dies kann mehrere Ursachen haben. Zum einen sind oft gebrauchte Tasten wie beispielsweise die Taste ⇧ schuld daran, denn diese unterliegen einem hohen Verschleiß. Auf der anderen Seite kann beispielsweise auch eine über die Tastatur geschüttete Flüssigkeit die Ursache sein. Reinigen Sie Ihre Tastatur, und versuchen Sie es erneut. Sollte es dann immer noch nicht funktionieren, können Sie die Neuanschaffung einer Tastatur in Erwägung ziehen.

Eine seltene, aber dennoch vorkommende Möglichkeit ist eine Inkompatibilität zwischen der Tastatur und dem BIOS Ihres Rechners. In diesem Fall können Sie versuchen, im Setup Ihres Rechners die »Typematic Rate Settings« auf »Enabled« zu stellen sowie mit den Einstellungen »Typematic Rate« und »Typematic Delay« zu experimentieren.

Der Rechner hält beim Hochzählen des Arbeitsspeichers an.

Wenn Sie nach dem Einschalten des Rechners die linke obere Ecke des Bildschirms betrachten, werden Sie das Hochzählen des Arbeitsspeichers beobachten. Stoppt diese Aufzählung und haben Sie vor dem Einschalten des Rechners keine neuen RAM-Bausteine eingebaut, dann ist vermutlich einer dieser Bausteine defekt. Kreisen Sie mit den folgenden Arbeitsschritten den fehlerhaften Baustein ein:

1. Trennen Sie den Rechner von der Stromversorgung, und entfernen Sie gegebenenfalls solche Verbindungskabel, die beim Öffnen des Rechners hinderlich sein könnten.

2. Öffnen Sie das Gehäuse, und vergessen Sie nicht, sich zu erden, bevor Sie ein Bauteil im Inneren des Rechners berühren, indem Sie dazu kurz ein blankes Metallteil des Rechnergehäuses anfassen, um die elektromagnetische Aufladung abzuleiten.

3. Entfernen Sie Kabelverbindungen, die Ihnen beim Zugriff auf die Arbeitsspeicher-Bausteine im Weg sind, indem Sie sie entweder vorsichtig auf die Seite biegen oder die Kabelverbindungen lösen. Sind Sie nicht der »Hardware-Profi«, der einen Rechner bereits mehrere Male verkabelt hat, dann empfiehlt es sich, daß Sie die Kabelenden mit einem Stück Papier und einem Klebeband versehen und so die Anschlüsse kennzeichnen. Sie vermeiden auf diese Weise Verwechslungen beim Zusammenstecken und damit unnötige Fehlerquellen.

4. Damit Sie nun herausfinden, welcher Speicherbaustein der defekte ist, sehen Sie nach, welches die Bank 0 ist und setzen hier nur einen Baustein bzw. ein Paar ein (je nach Bauart). Wenn Sie sich die Steckplätze ansehen, werden Sie an der Seite des Speicherbausteins einen kleinen Hebel finden, der entweder aus Metall oder aus Kunststoff ist. Bessere

Steckplätze sind mit Metallverschlüssen gesichert. Drücken Sie diesen Hebel nach außen, und kippen Sie den Baustein aus seiner Position. Beim Einsetzen der Bausteine achten Sie darauf, daß an einer Seite eine kleine Kerbe angebracht ist. Auf dem Stecksockel befindet sich das »Gegenstück« in Form einer Erhebung. Bringen Sie die Kerbe und die Erhebung in Übereinstimmung, setzen Sie den Baustein leicht schräg an, und drücken Sie ihn gegen den Widerstand der seitlichen Hebel in die senkrechte Position, bis er einrastet.

5. Wenn Sie den defekten Speicherbaustein herausgefunden haben und einen Ersatz kaufen, dann beachten Sie, daß es keinen Sinn macht, schnellere und langsamere Chips zu mischen. Auch hier gilt, daß eine Kette nur so stark ist wie ihr schwächstes Glied. In diesem Fall bedeutet das, daß die langsameren Chips die Gesamtgeschwindigkeit bestimmen und nicht die schnellen.

6. Schließen Sie Ihren PC wieder an die Stromversorgung an. Neben der Stromversorgung reichen der Monitoranschluß und die Tastatur für einen Test erst einmal aus. Schalten Sie Ihren Rechner ein, und beobachten Sie das Hochzählen des Arbeitsspeichers. Wenn nach dem Hochzählen ein Speicherfehler angezeigt wird, dann entfernen Sie alle Speicherbausteine, bis auf den ersten und starten den Rechner erneut. Tritt der Fehler erneut auf, lag es an diesem Baustein. Ansonsten rüsten Sie den Arbeitsspeicher Baustein für Baustein wieder auf, und starten zwischendurch Ihren Rechner immer wieder. Wird eine Fehlermeldung angezeigt, lag es an den zuletzt eingebauten Baustein.

Der Rechner ist nicht in der Lage, das Betriebssystem zu laden.

Möglicherweise wurde eine der versteckten Systemdateien versehentlich gelöscht. Normalerweise sind diese Dateien nicht zu sehen, damit ein unbeabsichtigtes Löschen verhindert wird. Stellen Sie jedoch unter Windows 98/95 in den Optionen des Explorers für die Dateiansicht ALLE DATEIEN ANZEIGEN ein, dann sind diese sichtbar und können auch gelöscht werden.

Einige Utilities, wie beispielsweise der Norton Commander, zeigen auch versteckte Dateien an, die dementsprechend auch versehentlich gelöscht werden können. Auf den laufenden Betrieb des Rechners hat dies zuerst keine Auswirkungen. Die Daten dieser Systemdateien befinden sich im Arbeitsspeicher und werden von dort aus geladen. Wird der Rechner beim nächsten Mal gestartet, kann kein Betriebssystem geladen werden.

Legen Sie die Betriebssystemdiskette Nummer 1 ein, und starten Sie Ihren Rechner erneut. Auf dieser Diskette befinden sich die benötigten Dateien. Die Systemdateien kopieren Sie mit dem folgenden DOS-Befehl auf die Festplatte Ihres Rechners:

```
SYS C:\
```

(C steht in diesem Fall für die Laufwerkskennung Ihrer Festplatte).

Nehmen Sie die Systemdiskette aus dem Laufwerk, und starten Sie den Rechner erneut. Er müßte nun die in das Hauptverzeichnis der Festplatte kopierten Betriebssystemdateien erkennen können.

Der Rechner startet zwar, kann aber die Festplatte nicht erkennen.

Hier kommen zwei Möglichkeiten in Frage: Zum einen kann die Festplatte defekt sein, was sich aber normalerweise durch Störgeräusche bemerkbar macht, die beispielsweise von einem schwergängigen Spindelmotor bzw. dessen defektem Lager herrühren.

Zum anderen kann es sein, daß die Parameter der Festplatte nicht mehr aus dem BIOS gelesen werden können. Eine Ursache kann eine Stromschwankung sein, die diese Daten gelöscht hat. Starten Sie Ihren Rechner neu, und verzweigen Sie in das Setup.

Die Parameter für die Festplatte finden Sie in den Standardeinstellungen, die je nach Hersteller geringfügig abweichend gekennzeichnet sein können, beispielsweise als »STANDARD CMOS SETUP«. Tragen Sie hier die Daten Ihrer Festplatte ein. Sie finden diese Daten in der technischen Dokumentation der Festplatte oder auch auf dem Gehäuse aufgedruckt.

Sollten Sie die Daten nicht eruieren können, kann das Setup diese auch selbständig herausfinden. Achten Sie im Eingangsmenü des Setup auf den Punkt HDD AUTO DETECTION. HDD steht für Hard Drive Disk, also für die Festplatte. Das Setup trägt die gefundenen Daten an den entsprechenden Stellen ein, und Sie müssen sie nur noch speichern. Vertrauen Sie den eruierten Daten aber nicht vorbehaltlos, denn wenn sie nicht eindeutig erkannt werden, erfolgt der Eintrag von Daten, die zuungunsten Ihrer Festplattenkapazität ausfallen können. Aber zumindest läuft die Festplatte wieder, und Sie können in Ruhe nach den aktuellen Daten forschen.

Ist das Problem durch die beschriebenen Maßnahmen nicht behoben, dann ist mit großer Wahrscheinlichkeit die Pufferbatterie defekt oder leer. Diese Batterie speichert nach dem Ausschalten des Rechners die BIOS-Daten, hat aber, wie jede andere Batterie auch, eine begrenzte Lebensdauer, die bei etwa 5 bis 10 Jahren liegt. Ist der Rechner mehrmals die Woche in Betrieb, dann hält der Akku länger, denn ein fast vollständiges Entladen durch eine zu lange Zeit des Nichtaufladens schadet diesem Bauteil. Welche Batterie Sie besorgen müssen, entnehmen Sie der technischen Dokumentation Ihrer Hauptplatine.

Der Rechner stürzt aus unerklärlichen Gründen in unregelmäßigen Abständen ab. Es können auch keine Tasks mehr geschlossen werden, und der Rechner ist nur über die Reset-Taste wieder zu starten.

Ein solcher Fehler kann viele Ursachen haben. Eine davon ist die Überhitzung des Prozessors. Auf den meisten Prozessoren ist ein Kühlgerippe integriert, auf dem ein Lüfter aufgesteckt oder aufgeklebt ist. Beide Komponenten sorgen für eine gute Lüftung des Prozessores, der empfindlich auf Überhitzung reagiert.

Bei den meisten preisgünstigen Rechnern ist ein billiger, das heißt qualitativ minderwertiger Ventilator eingebaut, der entsprechend schnell kaputt gehen kann. Nach dem Starten des Rechners springt der Lüfter nicht an oder läuft nur langsam. Dies hat seine Ursache in einem verschlissenen Lager. Die Folge ist eine Überhitzung des Prozessors, der dann streikt. Es empfiehlt sich vorbeugend, hin und wieder das Gehäuse des Rechners zu öffnen und sich von dem einwandfreien Funktionieren des Lüfters zu überzeugen.

Wenn Sie einen neuen Ventilator einbauen, sollten Sie auf jeden Fall einen professionellen Lüfter kaufen. Gute Bauteile kosten etwa 20 bis 30 DM und sind mit einem Kugellager gelagert, das weniger verschleißanfällig ist.

Eine weitere Fehlerquelle, die zu einem »Stillstand« des Rechners führen kann, ist ein Haarriß auf der Hauptplatine. Wenn Sie dieses Bauteil einmal näher betrachten, werden Sie feine Leiterbahnen auf der Oberfläche erkennen. Wird eine solche Leiterbahn unterbrochen, kann dies zum Stillstand des Systems führen.

Gerade beim Ein- und Ausbau von Erweiterungskarten, die mit einiger Kraftanstrengung in den Erweiterungssteckplatz geschoben werden müssen, kommt es zu mechanischen Beanspruchungen der Hauptplatine, die durch diesen Vorgang mehr oder weniger stark verbogen wird. Wie stark dieses Verbiegen ist, hängt zum einen vom Druck ab, der ausgeübt werden muß, damit die Erweiterungskarte im Erweiterungssteckplatz einrastet, und zum anderen davon, wie gut die Hauptplatine mit dem Rechnergehäuse verbunden ist. Bei Billigrechnern ist überwiegend Vorsicht geboten, denn hier kann auch an der Anzahl der Punkte gespart werden, an denen die Hauptplatine mit dem Rechnergehäuse verbunden ist.

Je mehr Verbindungspunkte vorhanden sind, desto besser. Gehen Sie also beim Ein- und Ausbau von Erweiterungskarten mit Sorgfalt zu Werke. Sollten Sie die Vermutung haben, daß ein Defekt an der Hauptplatine vorliegt, wird es ohne entsprechendes Werkzeug schwierig, dies zu überprüfen. Lassen Sie eine solche Fehlersuche von einer Fachwerkstatt durchführen.

Nachdem Ein- oder Ausbauarbeiten am Rechner durchgeführt wurden, kann der Rechner nicht mehr gestartet werden.

Es kann passieren, daß beim Ein- oder Ausbau einer Komponente der Rechner streikt, weil ein wesentlicher Arbeitsschritt übersehen wurde oder die neue Konfiguration aus irgendeinem Grund nicht zusammenpaßt. Aber aus welchem? Ziehen Sie zuerst das Netzkabel, um Ihren Rechner von der Stromversorgung zu trennen, und erden Sie sich anschließend, um elektrostatische Aufladungen abzuleiten, indem Sie ein blankes Metallteil des Rechnergehäuses berühren.

Nun entfernen Sie alle Erweiterungskarten, an denen Sie Veränderungen vorgenommen haben. Dies betrifft auch die Arbeitsspeicherbausteine, sofern Sie diese aus platztechnischen Gründen entfernt oder ihre Anzahl erweitert haben. Bauen Sie die Arbeitsspeicherbausteine sofort wieder ein. Dies hat seinen Grund darin, daß es möglich ist, einen solchen Baustein zwar nicht verkehrt, aber verkantet bzw. ohne korrekten Kontakt einzubauen.

Als nächstes verfahren Sie auf die gleiche Weise mit der Grafikkarte.

Schließen Sie Ihren Rechner wieder an die Stromversorgung an, und starten Sie ihn. Sind nach dem Starten Bildschirmmeldungen zu sehen (Anzeige des BIOS, Hochzählen des Arbeitsspeichers usw.), dann können Sie ihn wieder ausschalten. Bauen Sie die restlichen Komponenten ein, und starten Sie den Rechner erneut. In den meisten Fällen lag es an einem nicht korrekten Kontakt, und Ihr Rechner wird wieder wie gewohnt laufen.

Bootet Ihr Rechner nur mit der Grafikkarte nicht, liegt es wahrscheinlich an einer mangelhaften Steckerverbindung, beispielsweise für die Stromversorgung.

Wurde das Problem nach dem Einbau einer neuen Grafikkarte erkannt, dann kann es daran liegen, daß das BIOS des Rechners das BIOS der Grafikkarte nicht identifizieren kann. In einem solchen Fall erhalten Sie dann auch keine Rückmeldungen, nicht einmal in Form der bereits erwähnten Piepstöne. Besorgen Sie sich ein sogenanntes *Flash-BIOS*, das übrigens in fast allen modernen Rechnern standardmäßig installiert ist, über den Hersteller der Hauptplatine, oder schreiben Sie den Hersteller des BIOS selbst an, um eine aktuelle Version zu erhalten.

Wie wird ein neues BIOS softwaremäßig aktualisiert?

Der Markt für das BIOS Ihres Rechners bzw. das Setup, mit dem Sie zu den entsprechenden Einstellungsmöglichkeiten gelangen, wird derzeit von den folgenden drei Herstellern beherrscht:

AMI. Die Firma AMI (American Megatrends Incorporation) war einer der Pioniere bezüglich der Möglichkeiten, an einem PC grundlegende Einstellungen vorzunehmen.

American Megatrends Inc., 65189 Wiesbaden, Telefon: 06 11/7 90 12 04, Telefax: 06 11/7 90 12 00, Homepage: *http://www.amibios.com*.

Award. Die Firma Award Software Incorporation hat dem AMI-BIOS in weiten Teilen den Rang abgelaufen. Die meisten PCs werden derzeit mit dieser BIOS-Variante ausgeliefert.

Award Software Inc., 80687 München, Telefon: 0 89/57 57 50, Telefax: 0 89/57 59 98, Homepage: *http://www.award.com*.

Phoenix. Das BIOS der Firma Phoenix Software finden Sie vor allem in PCs von Markenherstellern wie beispielsweise Dell, Compaq usw. Das Phoenix-BIOS hat sich als einer der ersten Hersteller eines sogenannten »Fremd-BIOS« hervorgetan, da Intel als erster und führender Hersteller eines BIOS automatisch mit diesem Bauteil in Verbindung gebracht wurde.

Phoenix Software GmbH, 85122 Hitzhofen, Telefon: 0 84 58/9 25 15, Telefax: 0 84 58/87 95, Homepage: *http://www.phoenix.com*.

Das BIOS besteht aus einem Chip, der jedoch kaum noch wie früher in Form eines einmal-beschreibbaren Bausteins vorliegt. Statt dessen können Sie ein Update über die Software durchführen. Sehen Sie also in der Bedienungsanleitung nach, ob Sie über ein solches »Flash-BIOS« verfügen.

Jetzt müssen Sie sich nur noch die notwendige Software besorgen, um Ihr BIOS zu aktualisieren. Fragen Sie entweder den Händler, bei dem Sie Ihren PC bzw. das Motherboard gekauft haben, oder wenden Sie sich an den Hersteller.

Die dritte Möglichkeit stellt die Internet-Adresse des Herstellers dar. Im Internet gibt es eine allgemeine »Anlaufstelle«, unter der Sie fast alle Verweise auf die entsprechenden Update-Versionen finden. Die Adresse lautet:

http://www.ping.be/bios/bios.html

Nachfolgend sehen Sie eine Tabelle mit den Bezugsquellen für das BIOS-Update per Internet.

Hersteller	Bezugsquelle
ALR	http://www.alr.com
AMI	http://www.megatrends.com
Asus	http://www.ausus.com.tw

Hersteller	Bezugsquelle
Compaq	http://www.compaq.com
Gateway	http://www.gw2k.com
Intel	http://intel.com
Micronics	http://www.orchid.com
Soyo	http://www.soyo.com
Zenith	http://www.zds.com

Nachdem Sie die Software für das BIOS-Update auf Ihre Festplatte heruntergeladen haben, speichern Sie sie in einem separaten Unterverzeichnis auf Ihrer Festplatte und entpacken sie. Geben Sie beim Entpacken als Ziel eine bootfähige Systemdiskette an. Sie erstellen eine bootfähige Diskette mit dem DOS-Befehl

```
FORMAT A:/S
```

wobei A die Laufwerkskennung für das Diskettenlaufwerk und /S der Parameter zum Übertragen der Systemdateien ist.

Sichern Sie auf jeden Fall vor dem Update die alten BIOS-Daten. Anschließend sorgen Sie dafür, daß sich die Startdiskette im Diskettenlaufwerk befindet und starten den Rechner. Das Programm wird automatisch in den BIOS-Speicher übertragen.

Bei einigen Hauptplatinen müssen Sie das Upgrade des BIOS vorher durch das Setzen eines entsprechenden Jumpers mitteilen. Es empfiehlt sich auf jeden Fall, vor dem Upgrade in der Dokumentation der Hauptplatine nachzusehen.

Auch das BIOS ist von der Umstellung auf das Jahr 2000 betroffen. Ob es in Ihrem speziellen Fall Schwierigkeiten mit sich bringt, hängt auch davon ab, ob Ihr BIOS auf diesen Sachverhalt eingerichtet ist, das heißt, ob eine automatische Erkennung und Umstellung programmiert wurde oder ob Sie manuell eingreifen müssen.

Beachten Sie nach dem Einschalten ihres Rechners die Copyright-Zeile in der linken oberen Ecke des Bildschirms. Wurde Ihr BIOS zwischen Ende April und Ende Mai 1995 hergestellt bzw. programmiert, dann benötigen Sie lediglich ein BIOS-Update. Sie erhalten es auf dem erwähnten Weg.

Wurde das BIOS jedoch vor diesem Zeitraum programmiert, dann ist eine manuelle Umstellung erforderlich. Schalten Sie Ihren Rechner vor dem 31.12.1999 aus und nach Null Uhr des folgenden Tages wieder ein, und geben Sie das korrekte Datum ein. Ist ein Award-BIOS installiert, das nach Ende Mai 1995 programmiert wurde, geschieht die Umstellung auf das Jahr 2000 selbständig. Handelt es sich um ein Ami-BIOS, dann ist der Stichtag der 15.07.1995. Alle Versionen nach diesem Datum stellen sich automatisch darauf ein. Handelt es sich in Ihrem Rechner um ein BIOS älteren Datums, dann wird es auf das Jahr 1900 zurückgesetzt.

1.1 Beugen Sie Bootproblemen vor

Damit Sie bei Bootproblemen gut gerüstet sind, hier ein paar Tips, die wenig Zeit und Geld kosten, Ihnen aber viel davon sparen können, wenn sich Ihr PC eines Tages nicht mehr starten läßt.

1. Erstellen Sie eine Startdiskette.

   Folgende Dateien werden automatisch beim Formatieren auf eine Diskette übertragen, wenn Sie den Befehl

   ```
   FORMAT [Laufwerk]:/S
   ```

   eingeben.

MSDOS.SYS	DOS-Betriebssystemdatei
IO.SYS	DOS-Betriebssystemdatei
COMMAND.COM	Der Befehlsinterpreter von DOS

   Die nachfolgend aufgeführten Dateien sollten sich ebenfalls auf Ihrer Startdiskette befinden, sind aber beispielsweise mit dem COPY-Befehl manuell zu kopieren.

KEYB.COM	Der Tastaturtreiber
KEYBOARD.SYS	Die Definitionsdatei für den Tastaturtreiber
SYS.COM	Diese Befehlsdatei dient zum Wiederherstellen des Bootsektors auf der Datei.
FORMAT.EXE	DOS-Befehl zum Formatieren von Datenträgern
XCOPY.EXE	DOS-Befehl, den Sie zum Kopieren ganzer Verzeichnisse benutzen können.
FDISK.EXE	DOS-Befehl, mit dem Sie Festplattenpartitionen einrichten oder nachträglich ändern können.

   Darüber hinaus kann eventuell noch ein Editor wie beispielsweise der Norton-Editor nicht schaden. Mit einem solchen Programm können Sie bequem Änderungen an den Startdateien AUTOEXEC.BAT und CONGIF.SYS vornehmen.

2. Eine Diskette mit Hilfsprogrammen

   Eine solche Diskette sollte Hilfsprogramme wie beispielsweise den Disk-Doktor aus den Norton Utilities oder DiskFix und FileFix aus der Hilfsprogramm-Sammlung PC Tools enthalten.

3. Der Betriebssystem-Diskettensatz

   Falls Teile des Betriebssystems auf Ihrer Festplatte beschädigt sein sollten oder aus sonstigen Gründen nicht mehr richtig funktionieren, dann benötigen Sie den kompletten Satz dieser Disketten. Achten Sie also beim Neukauf des Computers darauf, daß das Betriebssystem nicht nur auf dem Rechner installiert ist, sondern daß auch die entsprechenden Disketten mitgeliefert werden. Dies ist beim Neukauf eines Geräts in der Regel selbstverständlich, jedoch kann es ganz anders aussehen, wenn Sie Ihr Gerät gebraucht erwerben (möglicherweise hat der Besitzer diese Disketten nicht mehr).

4. BIOS-Einstellungen

   Notieren Sie sich die Einstellungen des Setup und bewahren Sie sie sorgfältig auf. Je nach angeschlossenem Drucker können Sie sich auch den Bildschirminhalt über die Funktionstaste `Druck` ausdrucken lassen; dies ist natürlich der bequemste Weg.

   Sollten Sie über eine Utility-Sammlung wie beispielsweise Norton Utilities oder PC Tools verfügen, dann können Sie eine sogenannte Notfall- oder Rettungsdiskette anlegen, die neben den wichtigsten Startdateien auch die Konfiguration Ihres Setup speichert. Sie müssen dann diese Konfigurationsdaten nicht mehr selbst eintragen – das erledigt dann die entsprechende Routine auf der Diskette.

   Selbstverständlich bietet auch Windows 98/95 die Möglichkeit, eine Startdiskette anzulegen. Aktivieren Sie dazu in der Systemsteuerung das Icon SOFTWARE, wechseln in die Registerkarte STARTDISKETTE und folgen den Anweisungen.

1.2 Wissenswertes zum Bootvorgang selbst

Um bei Störungen des Bootvorgangs richtig eingreifen zu können, ist es sinnvoll, die Vorgänge zu kennen, die sich beim Booten des Systems abspielen.

Unmittelbar nach dem Einschalten des Rechners wird das BIOS (Basic Input Output System) aktiviert. Dieses BIOS ist in einem Festspeicher auf der Hauptplatine untergebracht und muß, im Gegensatz zum CMOS-Chip, nicht laufend mit Strom versorgt werden. Dafür ist sein Inhalt aber auch nachträglich nicht mehr zu ändern. Die wesentlichen Aufgaben des BIOS sind folgende:

- Das Überprüfen der Gerätekonfiguration
- Die Bereitstellung der wichtigsten Grundfunktionen für den Rechner
- Das Starten des Betriebssystems

Dieser Bootvorgang verläuft in zwei Abschnitten, wobei der erste Abschnitt vollständig im BIOS abläuft und mit dem Laden und Ausführen des Startprogramms von der Festplatte (oder Startdiskette) endet.

Der zweite Abschnitt beinhaltet das Laden des Betriebssystems und die Abarbeitung der Befehlszeilen, die sich in den Konfigurationsdateien CONFIG.SYS und AUTOEXEC.BAT befinden.

Abbildung 1.6 zeigt Ihnen den Verlauf des Systemstarts.

Abb. 1.6: Der Systemstart als Flußdiagramm

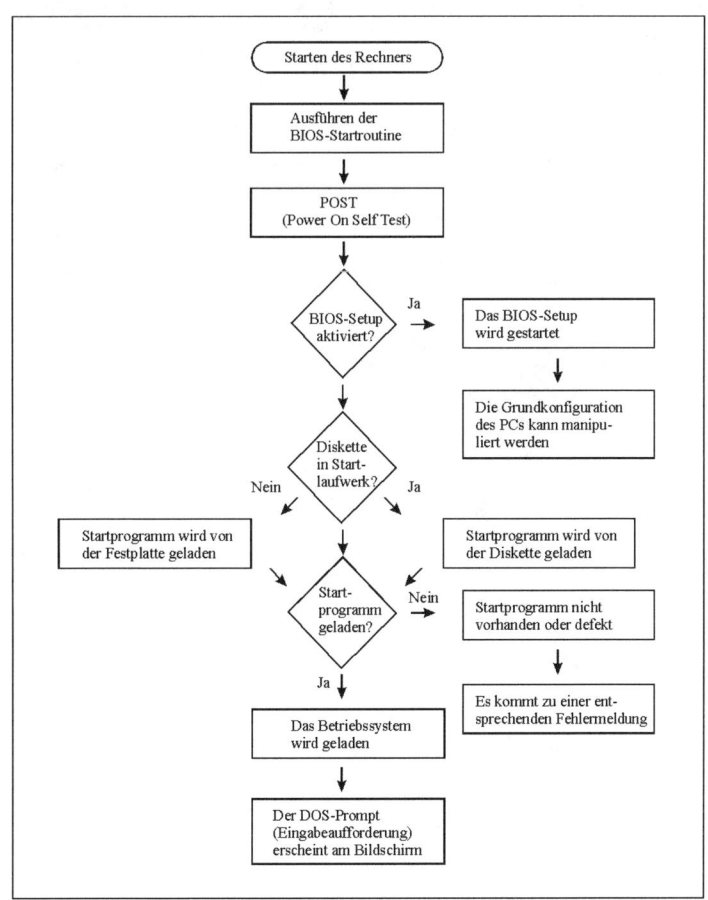

1.3 Notfallmaßnahmen unter Windows 98/95

Am besten ist es natürlich, wenn für einen Notfall vorgesorgt ist. Sie ersparen sich so möglicherweise eine Neuinstallation von Windows, vorausgesetzt, Sie können überhaupt noch das System starten. Letztgenannter Fall ist zwar ein Härtefall, aber er kann vorkommen.

Es muß nicht sein, daß sich Windows 98/95 nur deshalb nicht mehr starten läßt, weil eine oder mehrere Dateien beschädigt sind. Es kann auch vorkommen, nachdem ein neues Peripheriegerät installiert wurde (Scanner, Streamer usw.).

Windows 98/95 bietet die Möglichkeit, eine sogenannte Startdiskette anzulegen. Mit dieser Startdiskette können Sie Ihren Computer starten und eventuell Diagnoseprogramme ausführen, falls Windows 98/95 nicht selbst gestartet werden kann. Für diese Startdiskette benötigen Sie eine Diskette mit mindestens 1,2 MByte Speicherkapazität.

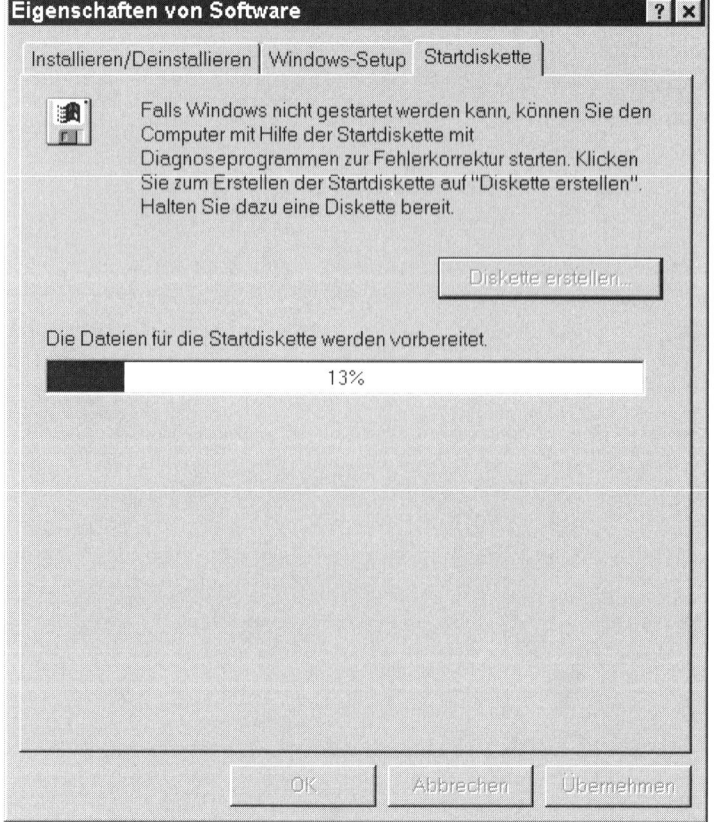

Abb. 1.7: Die Dateien für die Startdiskette werden vorbereitet.

1.3 Notfallmaßnahmen unter Windows 98/95

Wenn Sie diese Startdiskette nicht gleich bei der ersten Installation von Windows 95 anlegen wollen (Sie werden automatisch danach gefragt), können Sie dies jederzeit im nachhinein erledigen. Wählen Sie dazu den Befehl START | EINSTELLUNGEN | SYSTEMEINSTELLUNGEN, und aktivieren Sie das Icon SOFTWARE. Im Dialogfenster EIGENSCHAFTEN FÜR SOFTWARE aktivieren Sie den Registerkartenreiter STARTDISKETTE.

Klicken Sie die Schaltfläche DISKETTE ERSTELLEN an, und Windows 98/95 stellt die nachfolgend aufgeführten Dateien zusammen und kopiert sie auf die Diskette. Legen Sie vor dem Ausführen dieser Funktion eine formatierte Diskette im Format 3,5 Zoll in das entsprechende Laufwerk.

Der Inhalt der Startdiskette ist unterschiedlich, je nachdem, ob Sie Windows 98 oder Windows 95 verwenden.

98 Folgende Dateien werden von Windows 98 auf die Startdiskette kopiert:

Datei	Inhalt
ASPI2DOS.SYS	Systemdatei für die SCSI-Treiber von Adaptec
ASPI4DOS.SYS	Systemdatei für die SCSI-Treiber von Adaptec
ASPI8DOS.SYS	Systemdatei für die SCSI-Treiber von Adaptec
ASPI8U2.SYS	Systemdatei für die SCSI-Treiber von Adaptec
ASPIcd.SYS	Systemdatei für die SCSI-Treiber von Adaptec
AUTOEXEC.BAT	Startdatei
BTCDROM.SYS	Mylex/BusLogic CD-ROM-Treiber für das Ansprechen des CD-ROM-Laufwerks
BTDOSM.SYS	Mylex/BusLogic CD-ROM-Treiber für das Ansprechen des CD-ROM-Laufwerks
COMMAND.COM	Kommandozeileninterpreter von MS-DOS
CONFIG.SYS	Startdatei
Ebd.sys	Hilfsprogramm für das Anlegen der Startdiskette
COUNTRY.SYS	Tastaturtreiber für die Ländereinstellungen
DISPLAY.SYS	Systemdatei, die für die Bildschirmanzeige zuständig ist
DRVSPACE.BIN	Datei, die für die Doublespace-Funktion von MS-DOS zuständig ist

Datei	Inhalt
EBD.CAB	.CAB-Datei mit den Extrahierprogrammen für das Anlegen der Startdiskette
EBD.SYS	Hilfsprogramm für das Anlegen der Startdiskette. Datei zum Identifizieren der ESD
EGA.CPI	Datei für die Bildschirmanzeige
EXTRACT.EXE	Programm für das Extrahieren von gepackten Dateien
FDISK.EXE	DOS-Programm zum Partitionieren von Festplatten
FINDRAMD.EXE	Programm, welches während des Startvorgangs das RAM-Laufwerk sucht
FLASHPT.SYS	Mylex/BusLogic CD-ROM-Treiber
HIMEM.SYS	Systemdatei, die das Hochladen von Dateien in den oberen Speicherbereich ermöglicht
IO.SYS	Versteckte Systemdatei von MS-DOS
KEYB.COM	DOS-Programm zum Einrichten der Tastaturbelegung
KEYBOARD.SYS	Systemdatei von MS-DOS für die Tastaturbelegung
MODE.COM	DOS-Programm, das in diesem Zusammenhang hauptsächlich für die Konfiguration angeschlossener Geräte benutzt wird
MSDOS.SYS	Versteckte Systemdatei von MS-DOS
ATTRIB.EXE	DOS-Programm zum Manipulieren der Dateiattribute
OAKCDROM.SYS	Ein allgemeiner Gerätetreiber für ATAPI CD-ROM-Laufwerke
RAMDRIVE.SYS	DOS-Programm für die Gerätesteuerung, mit dem es möglich ist, einen Teil des Arbeitsspeichers wie ein Plattenlaufwerk zu verwenden. Dieser Teil des Arbeitsspeichers wird als virtuelles Laufwerk bezeichnet
README.TXT	Textdatei mit Hinweisen
SETRAMD.BAT	Mit dieser Stapelverarbeitungsdatei wird das erste verfügbare Laufwerk als RAM-Laufwerk festgelegt

1.3 Notfallmaßnahmen unter Windows 98/95

95 Folgende Dateien werden von Windows 95 auf die Startdiskette kopiert:

Datei	Inhalt
ATTRIB.EXE	DOS-Programm zum Manipulieren der Dateiattribute
AUTOEXEC.BAT	Startdatei
CHKDSK.EXE	DOS-Programm zum Untersuchen der Festplatte
COMMAND.COM	Kommandozeileninterpreter von MS-DOS
CONFIG.SYS	Startdatei
COUNTRY.SYS	Tastaturtreiber für die Ländereinstellungen
DEBUG.EXE	Programm, mit dem alle Dateien eingesehen und verändert werden können
DISPLAY.SYS	Systemdatei, die für die Bildschirmanzeige zuständig ist
DRVSPACE.BIN	Datei, die für die Doublespace-Funktion von MS-DOS zuständig ist
Ebd.sys	Hilfsprogramm für das Anlegen der Startdiskette. Datei zum Identifizieren der ESD
EDIT.COM	Kommandozeilenorientierter Editor von MS-DOS
EGA.CPI	Datei für die Bildschirmanzeige
FDISK.EXE	DOS-Programm zum Partitionieren von Festplatten
FORMAT.COM	DOS-Programm zum Formatieren von Festplatten
HIMEM.SYS	
IO.SYS	Versteckte Systemdatei von MS-DOS
KEYB.COM	DOS-Programm zum Einrichten der Tastaturbelegung
KEYBOARD.SYS	Systemdatei von MS-DOS für die Tastaturbelegung
MODE.COM	DOS-Programm für die Konfiguration angeschlossener Geräte
MSDOS.SYS	Versteckte Systemdatei von MS-DOS
REGEDIT.EXE	Registrierungseditor von Windows 95

Datei	Inhalt
SCANDISK.EXE	DOS-Programm zum Untersuchen der Festplatte auf fehlerhafte Sektoren und verlorene Cluster
SCANDISK.INI	In dieser Datei werden die Einstellungen von Scandisk beschrieben
SYS.COM	Kopiert MS-DOS-Systemdateien und den Befehlsinterpreter auf einen Datenträger
UNINSTALL.EXE	Dieses Programm entfernt Windows 95 von der Festplatte und stellt wieder die vorherige Version von MS-DOS und Windows 95 her

1.3.1 Umgehen der Startdateien

98 Wenn beim Starten von Windows 98/95 Probleme auftreten, dann empfiehlt es sich, den Computer zu starten, ohne daß dabei die Startdateien aufgerufen und die in ihnen enthaltenen Befehle abgearbeitet werden. Sie erreichen dies mit den folgenden Arbeitsschritten:

1. Starten Sie Ihren Computer, oder starten Sie ihn erneut, sofern beim laufenden Betrieb Probleme aufgetreten sind. Im Laufe des Startvorgangs wird die folgende Meldung auf dem Bildschirm angezeigt: *Windows 98/95 wird gestartet.*

2. Drücken Sie die Funktionstaste F8 ; es erscheint ein Menü mit insgesamt 6 Punkten.

3. Wählen Sie einen dieser Punkte entsprechend der nachfolgenden Erläuterungen.
   - **Normal.** Durch die Auswahl dieses Punkts starten Sie Windows 98/95 wie gewohnt.
   - **Protokolliert** (\BOOTLOG.TXT). Mit diesem Punkt starten Sie Windows 95 wie unter Punkt 1, jedoch mit dem Unterschied, daß hier eine Textdatei (Extension TXT) angelegt wird, in die Informationen abgelegt werden, die Ihnen Aufschluß darüber geben, welche Aktionen beim Startvorgang Probleme bereitet haben und welche nicht. Diese Datei wird im Hauptverzeichnis der Festplatte abgelegt.
   - **Abgesicherter Modus.** Über diesen Menüpunkt wird Windows 98/95 mit einer Grundkonfiguration gestartet. Diese Grundkonfiguration ermöglicht das Starten des Systems, aber einige Komponenten wie beispielsweise das CD-ROM-Laufwerk, die Soundkarte usw. werden nicht berücksichtigt, damit die Treiber dieser Komponenten keine Schwierigkeiten bereiten können.

1.3 Notfallmaßnahmen unter Windows 98/95

Abb. 1.8:
LoadSuccess zeigt ein erfolgreiches Laden und LoadFailed ein erfolgloses Laden von Komponenten an.

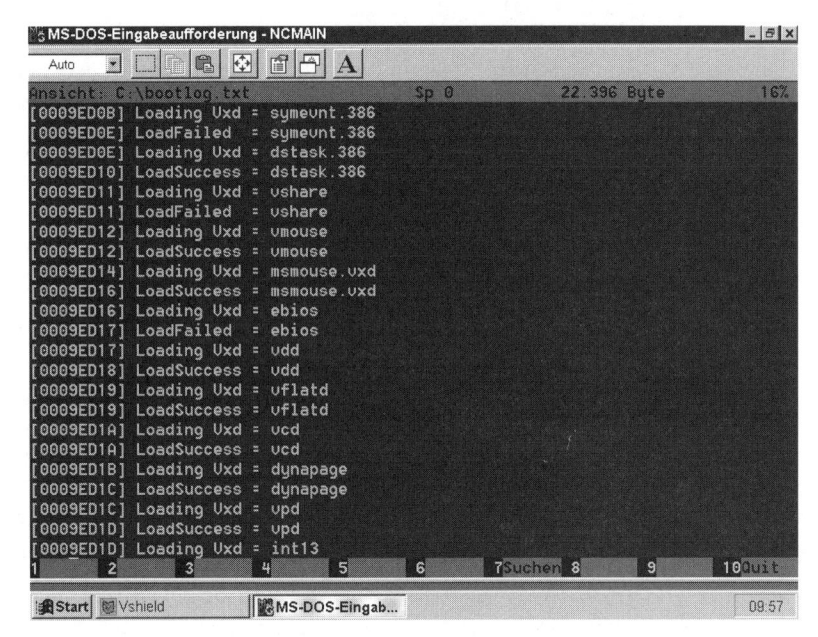

▸ **Einzelbestätigung.** Wenn Sie sich für diesen Menüpunkt entscheiden, werden die einzelnen Schritte der Startdateien angezeigt und müssen von Ihnen bestätigt werden. Soll der gerade aktuell angezeigte Befehl ausgeführt werden, dann drücken Sie die Taste [↵]. Wenn Sie möchten, daß der aktuell angezeigte Befehl umgangen wird, dann drücken Sie die Taste [Esc]. Sie erhalten hier die Möglichkeit, nur ausgewählte Komponenten zu laden, um einen Fehler besser einkreisen zu können.

▸ **Nur Eingabeaufforderung für abgesicherten Modus.** Wenn Sie diesen Menüpunkt wählen, sehen Sie am Bildschirm die DOS-Eingabeaufforderung. Wollen Sie Windows 98/95 von hier aus starten, geben Sie an der Eingabeaufforderung den Befehl *win* ein.

▸ **Abgesichert, nur Eingabeaufforderung.** Ihr Computer wird bei diesem Menüpunkt mit einer Grundkonfiguration gestartet, allerdings wird die grafische Bnutzeroberfläche von Windows 98/95 nicht geladen.

Weitere Hinweise zur Problembehebung finden Sie auf der CD-ROM oder auf den Disketten von Windows 98/95 in Form der Datei INFO.TXT. Folgende Dateien finden Sie ebenfalls auf den entsprechenden Datenträgern (Quelle: INFO.TXT, Microsoft Windows 98/95):

CONFIG.TXT. Enthält Syntaxinformationen für Befehle, die Sie mit Ihrer Datei CONFIG.SYS verwenden.

ANZEIGE.TXT. Enthält Informationen zur Konfiguration der verfügbaren Bildschirmtreiber und zur Behebung von Bildschirmtreiberproblemen. Außerdem erfahren Sie, wie Sie zusätzliche Bildschirmtreiber erhalten.

EXCHANGE.TXT. Enthält Informationen, die Ihnen beim Einrichten und Ausführen von Microsoft Exchange helfen.

EXTRA.TXT. Gibt Informationen, wo Sie zusätzliche Windows 98/95-Dateien finden können, wie z.B. Updates und Treiber, zusätzlich zu Dateien, die nur auf der CD-ROM-Version verfügbar sind.

ANTWORT.TXT. Beantwortet oft gestellte Fragen zu Windows 98/95.

ALLGEM.TXT. Informiert Sie über Startprobleme, Programme, die mit Windows 95 geliefert werden, Hilfsprogramme für Datenträger, Disketten und CDs, Treiber, wechselbare Medien usw. Ebenso enthält diese Datei neueste Informationen, die nicht in andere Info-Dateien aufgenommen werden konnten. Wenn Sie beispielsweise eine Frage zu einem Drucker haben, schauen Sie sowohl in der Datei GENERAL.TXT als auch in DRUKKER.TXT nach.

HARDWARE.TXT. Beschreibt bekannte Hardware-Probleme und deren Behebung. Für bestimmte Probleme sollten Sie auch die Dateien DRUKKER.TXT und MAUS.TXT zu Rate ziehen.

INTERNET.TXT. Enthält Informationen, die Ihnen beim Anschluß an das Internet helfen, falls Sie nicht bereits angeschlossen sind. Weiterhin erfahren Sie, wo Sie den neuen Web-Browser von Microsoft herunterladen können.

MAUS.TXT. Beschreibt bekannte Maus- und Tastaturprobleme und deren Behebung.

MSDOSDRV.TXT. Enthält Syntaxinformationen für MS-DOS-Gerätetreiber. Weitere Informationen über MS-DOS-Befehle finden Sie in der Datei CONFIG.TXT. Sie können an der Befehlseingabeaufforderung auch Hilfe zur Befehlszeile aufrufen, indem Sie /? und den Befehlsnamen eingeben.

MSN.TXT. Enthält Informationen, die Ihnen beim Anschluß an das Microsoft Network helfen.

NETZWERK.TXT. Beschreibt die Installation und den Betrieb von Netzwerk-Servern.

DRUCKER.TXT. Beschreibt bekannte Druckerprobleme und deren Behebung.

PROGRAMM.TXT. Beschreibt, wie Sie bestimmte Windows 98/95- und MS-DOS-basierte Anwendungen ausführen lassen können.

SUPPORT.TXT. Beschreibt die Möglichkeiten, zusätzliche Serviceleistungen für Windows 98/95 zu erhalten.

TIPS.TXT. Enthält eine Sammlung von Tips und Tricks zur Verwendung von Windows 98/95. Die meisten stehen nicht in der Online-Hilfe oder den Handbüchern stehen.

So lesen Sie die aufgeführten Informationsdateien:

Beim Installieren von Windows 98/95 werden alle Informationsdateien in das Verzeichnis \Windows kopiert.

Wenn Sie eine Informationsdatei nach der Installation von Windows 98/95 öffnen wollen, dann wählen Sie den Befehl START | AUSFÜHREN und geben den Namen der Informationsdatei ein.

Selbst wenn Sie Windows 98/95 noch nicht installiert haben, können Sie eine Informationsdatei öffnen. So öffnen Sie eine Informationsdatei vor der Installation von Windows 95:

- Wenn Sie Windows 95 auf Disketten besitzen:
  - Legen Sie die Diskette 1 in Laufwerk A: (bzw. in das von Ihnen bevorzugte Laufwerk) ein.
  - Geben Sie folgendes an der MS-DOS-Eingabeaufforderung ein:
    `a:extract.exe /a /l c:\windows win95_02.cab dateiname.txt.` Wenn Sie zum Beispiel die Datei ALLGEM.TXT öffnen möchten, geben Sie folgende Zeile ein:
    `a:extract.exe /a /l c:\windows win95_02.cab allgem.txt.`
  - Wechseln Sie in das Windows-Verzeichnis, und geben Sie an der MS-DOS-Eingabeaufforderung folgenden Befehl ein:
    `edit dateiname.txt.`
- Bei der CD-Version von Windows 95:
  - Legen Sie die CD in das CD-ROM-Laufwerk ein.
  - Wechseln Sie zu dem Verzeichnis \WIN95 auf dem CD-ROM-Laufwerk.
  - An der MS-DOS-Eingabeaufforderung geben Sie folgendes ein:
    `a:extract.exe /a /l c:\windows win95_02.cab dateiname.txt.` Wenn Sie zum Beispiel die Datei ALLGEM.TXT öffnen möchten, geben Sie folgenden Befehl ein:
    `a:extract.exe /a /l c:\windows win95_02.cab allgem.txt.`
  - Wechseln Sie zu dem Windows-Verzeichnis auf dem Laufwerk C:.
  - Geben Sie folgendes an der MS-DOS-Eingabeaufforderung ein:
    `edit dateiname.txt.`

1.4 Wie heben Sie den DOS-Kompatibilitätsmodus von Windows 95 wieder auf?

98 Sind Sie mit der Geschwindigkeit von Windows 98/95 nicht so recht zufrieden? Starten Sie einen Benchmarktest, der beispielsweise in den Norton Utilities enthalten ist. Die Abbildung 1.9 zeigt einen solchen Benchmarktest, und hier können Sie auch erkennen, daß das System zu langsam läuft.

Abb. 1.9: Dieses System läuft entschieden zu langsam.

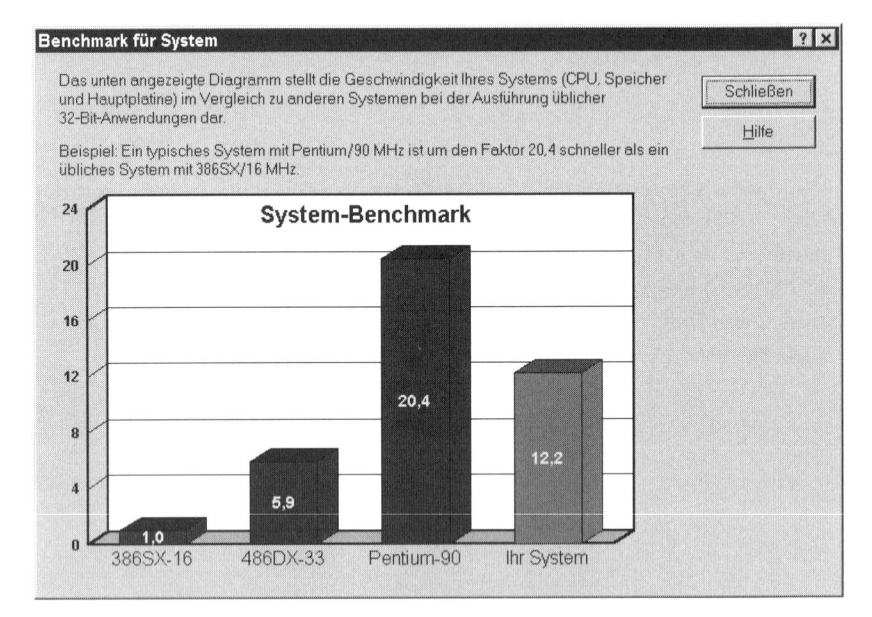

Wählen Sie den Befehl START | EINSTELLUNGEN | SYSTEMSTEUERUNG, und aktivieren Sie das Icon SYSTEM. Es öffnet sich das Dialogfenster EIGENSCHAFTEN FÜR SYSTEM. Aktivieren Sie hier den Registerkartenreiter LEISTUNGSMERKMALE, und sehen Sie sich die Meldungen im Fenster an. Steht hier »Der Kompatibilitätsmodus reduziert die Systemleistung«, dann deutet dies darauf hin, daß ein Treiber geladen wird, der nicht mit Windows 98/95 zusammenarbeiten kann. Es können natürlich auch mehrere Treiber diesen Fehler verursachen. In diesem Fall schaltet Windows 98/95 in den besagten DOS-Kompatibilitätsmodus, damit das entsprechende Gerät angesprochen werden kann bzw. damit es funktioniert. Die Folge davon ist dann eine Leistungsverringerung.

In diesem Fenster sowie auch in einem separaten Fenster, das Sie mit der Schaltfläche DETAILS öffnen können, erhalten Sie weitere Informationen, beispielsweise ob es sich um ein bestimmtes Gerät handelt, dessen Treiber diesen DOS-Kompatibilitätsmodus verursacht.

1.4 Dos-Kompatibilitätsmodus von Windows 95 aufheben

Sie können jetzt auf zweierlei Wegen versuchen, dieses Manko zu beheben:

- Wählen Sie den Befehl START | EINSTELLUNGEN | SYSTEMEINSTELLUNGEN, und aktivieren das Icon HARDWARE. Es erscheint das Dialogfenster HARDWARE-ASSISTENT. Klicken Sie auf die Schaltfläche WEITER, und aktivieren Sie im anschließenden Dialogfenster die Funktion JA, wenn eine neue Hardware gesucht werden soll. Sie können mit dieser Einstellung nicht nur neu installierte Hardware suchen, sondern auch in diesem Fall die Komponente ausfindig machen, die den Fehler verursacht. Die aktuellen Einstellungen für neu identifizierte Hardwarekomponenten werden automatisch festgestellt, und der entsprechende Treiber wird installiert.

Abb. 1.10: Lassen Sie den Hardware-Assistenten nach passenden Treibern suchen.

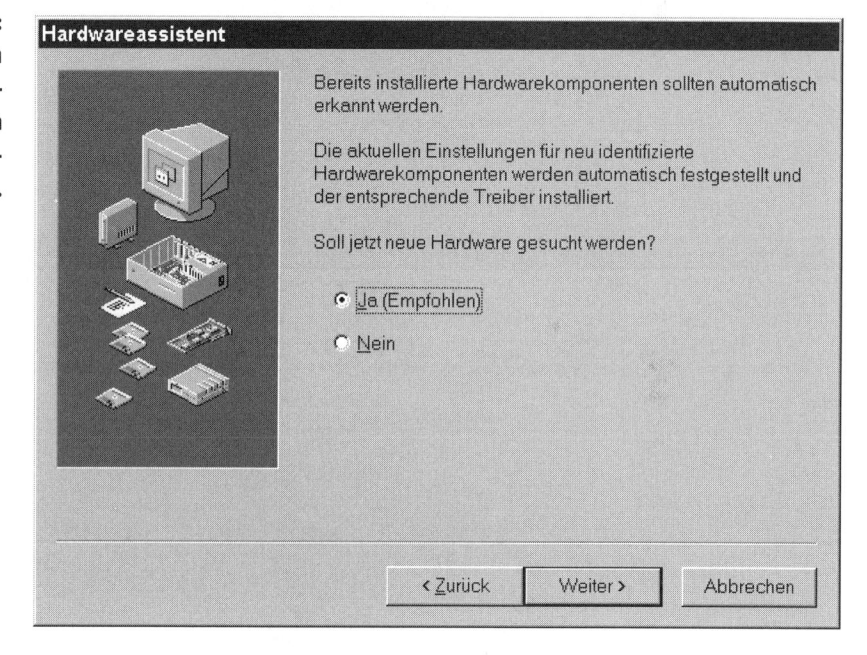

- Der zweite Weg führt über den *Geräte-Manager*. Wählen Sie den Befehl START | EINSTELLUNGEN | SYSTEMEINSTELLUNGEN, und aktivieren Sie das Icon SYSTEM. Es erscheint das Dialogfenster EIGENSCHAFTEN FÜR SYSTEM. Wählen Sie den Registerkartenreiter GERÄTE-MANAGER aus. Suchen Sie in der Auflistung der Geräte nach einem gelben Kreis mit einem Ausrufezeichen. Hier müßten Sie dann auch einen entsprechenden Hinweis finden. In der Abbildung 1.11 wird der Hinweis »National Semiconductor Dual-PCI-IDE-Controller (Nur RMM-Unterstützung«) angezeigt.

Dies bedeutet, daß es sich bei dem Festplatten- bzw. Festplattencontroller-Treiber um einen vermutlich älteren Treiber handelt, der Windows 95 nicht in dem Maße unterstützt, wie es erforderlich wäre. In diesem Fall versuchen Sie, von Ihrem Händler bzw. vom Hersteller der Festplatte bzw. des Festplattencontrollers einen aktuellen Treiber zu erhalten.

Abb. 1.11:
Hier ist offenbar ein älterer Treiber installiert.

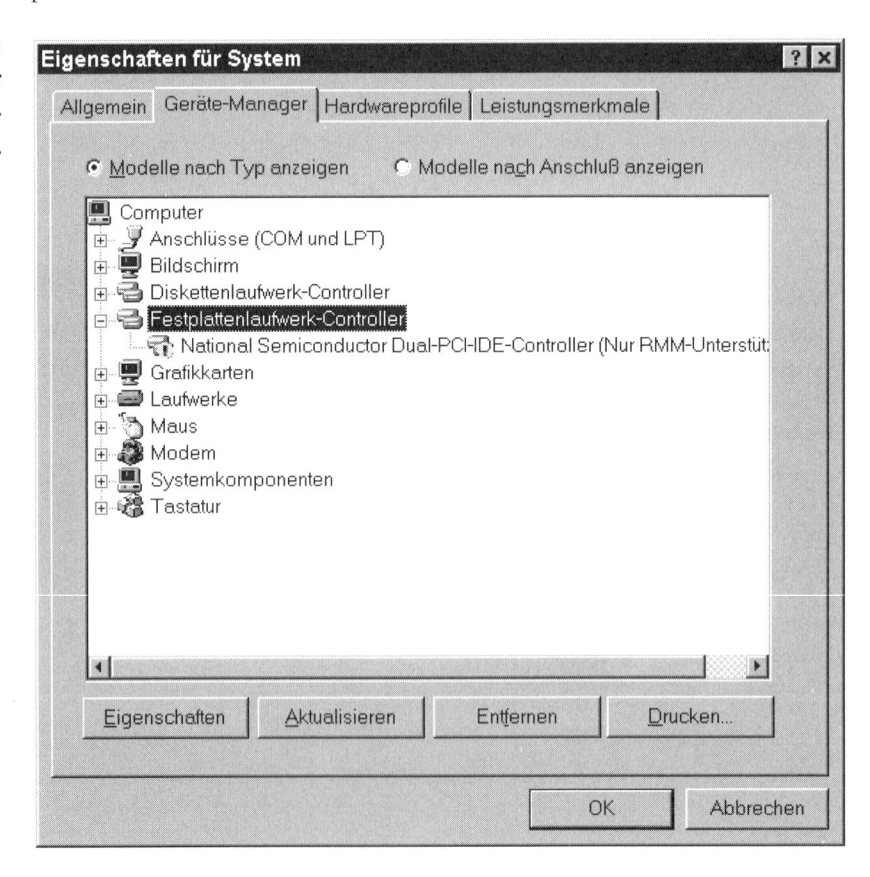

Wenn Sie einen aktuellen Treiber von Ihrem Händler bzw. vom Hersteller des entsprechenden Bauteils erhalten haben, dann installieren Sie diesen mit den folgenden Arbeitsschritten:

▶ Wählen Sie den Befehl START | EINSTELLUNGEN | SYSTEMEINSTELLUNGEN, und aktivieren Sie das Icon HARDWARE. Es erscheint das Dialogfenster HARDWARE-ASSISTENT. Klicken Sie auf die Schaltfläche WEITER, und aktivieren Sie im anschließenden Dialogfenster die Funktion NEIN, da Sie keine neue Hardware suchen wollen. Klicken Sie auf WEITER.

▶ Wählen Sie aus der Liste der angezeigten Komponenten diejenige aus, zu der Sie einen aktuellen Treiber installieren wollen, und klicken Sie auf die Schaltfläche WEITER.

- Suchen Sie im nächsten Dialogfenster aus der Liste HERSTELLER Ihr Modell aus, sofern es vorhanden ist. Die Liste ist sehr beschränkt, da die Treiber ständig von den Herstellern aktualisiert werden. Insofern wäre diese Liste in kürzester Zeit veraltetet. Sollten Sie Ihre Festplatte bzw. die im vorhergehenden Dialogfenster ausgewählte Komponente hier aufgelistet finden, dann wechseln Sie in die Liste MODELLE und sehen nach, ob Ihr Festplattentyp bzw. der Typ der ausgewählten Komponente vorhanden ist.
- Falls Sie in diesem Dialogfenster keinen passenden Treiber finden, klicken Sie auf die Schaltfläche DISKETTE und geben das Laufwerk und den Pfad an, unter dem der aktuelle Treiber zu finden ist.

Abb. 1.12: Wählen Sie hier aus, zu welcher Hardwarekomponente Sie einen Treiber installieren wollen.

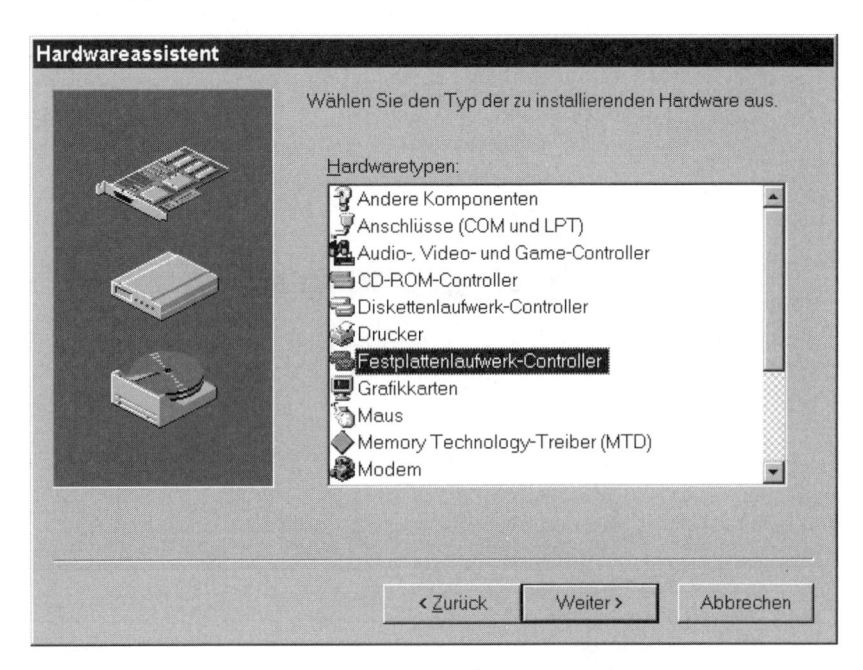

1.5 So starten Sie Windows 98/95 schneller

98 Der Start von Windows 98/95 wird von einer Datei namens MSDOS.SYS ausgeführt und überwacht. Diese Datei ist namensgleich mit MSDOS.SYS unter MS-DOS, nur daß es sich bei derjenigen unter Windows 98/95 um eine editierbare Datei handelt. Sie können also bestehende Einträge abändern oder neue Einträge hinzufügen.

Bevor Sie diese Datei manipulieren, müssen Sie den Schreibschutz aufheben. Rufen Sie dazu den Explorer auf, indem Sie die Schaltfläche START mit der rechten Maustaste anklicken und aus dem Menü den Befehl EXPLORER auswählen. Lassen Sie sich den Inhalt des Hauptverzeichnisses auf Ihrer

Festplatte anzeigen. Standardmäßig werden Sie die Datei MSDOS.SYS nicht finden, da die Anzeige aller Dateien, also auch der versteckten, nicht aktiviert ist. Wählen Sie im Explorer den Befehl OPTIONEN aus dem Menü ANSICHT, und aktivieren Sie die Funktion ALLE DATEIEN ANZEIGEN. Nun müßten Sie die Datei MSDOS.SYS finden.

Klicken Sie nun diesen Dateinamen mit der rechten Maustaste an, und wählen Sie aus dem Untermenü den Befehl EIGENSCHAFTEN. Es erscheint das Dialogfenster EIGENSCHAFTEN VON MSDOS.SYS. Deaktivieren Sie die Funktion SCHREIBGESCHÜTZT, damit Sie die Änderungen an der Datei auch wieder zurückschreiben können.

Laden Sie die Datei MSDOS.SYS in einem Editor, wobei Sie auf das Notepad zugreifen können. Klicken Sie dazu die Datei mit der rechten Maustaste an, und wählen Sie aus dem Untermenü den Eintrag ÖFFNEN MIT. Aus dem gleichnamigen Dialogfenster wählen Sie den Eintrag NOTEPAD aus. Die Funktion DATEI IMMER MIT DIESEM PROGRAMM ÖFFNEN sollten Sie nicht aktivieren, da Programme mit der Dateierweiterung .SYS normalerweise nicht editierbar sind.

Abb. 1.13:
Wählen Sie das Notepad von Windows 95 aus.

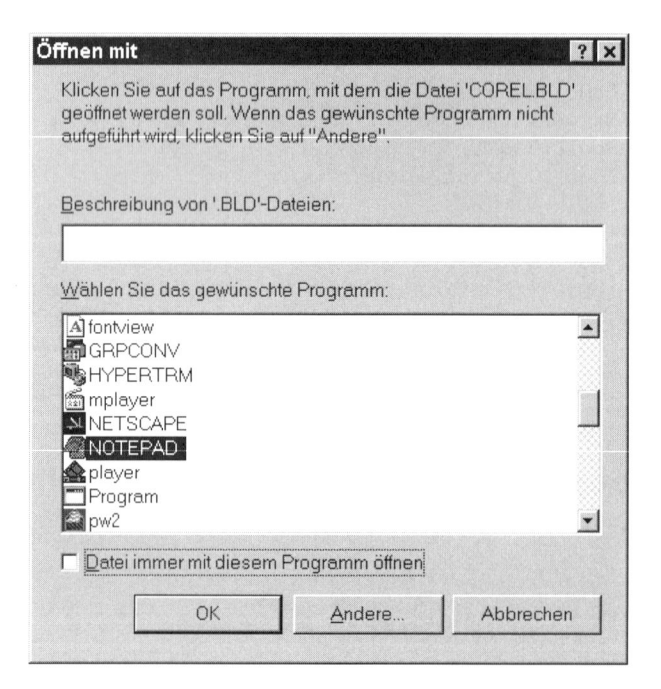

Im Editor Notepad laden Sie die Datei MSDOS.SYS. Die beiden nachfolgenden Einträge im Abschnitt [Options] beeinflussen die Geschwindigkeit beim Start von Windows 98/95:

1.5 So starten Sie Windows 98/95 schneller

- **BootDelay**. Mit diesem Eintrag können Sie festlegen, ob beim Starten zwei Sekunden auf eine Reaktion des Benutzers gewartet werden soll (1) oder nicht (0). Wenn Sie Windows 3.1 und DOS sowieso nicht mehr benutzen, sondern alle Programme und Aktionen zukünftig nur noch über Windows 98/95 ausführen wollen, dann können Sie diesen Eintrag auf 1 stellen.

- **Logo**. Wenn Sie beim Start das Logo von Windows 95 nicht mehr anzeigen lassen wollen, dann tragen Sie hier den Wert 0 ein. Sie sparen dadurch etwa zwei Sekunden ein.

⚠ Nach dem Hinweis *The following lines are required for compatibility with.....* werden einige Zeilen mit dem Buchstaben X aufgefüllt. Löschen Sie diese Zeilen nicht.

Anschließend aktivieren Sie den Schreibschutz der Datei MSDOS.SYS wieder.

Abb. 1.14:
Die Datei
MSDOS.SYS im
Notepad.

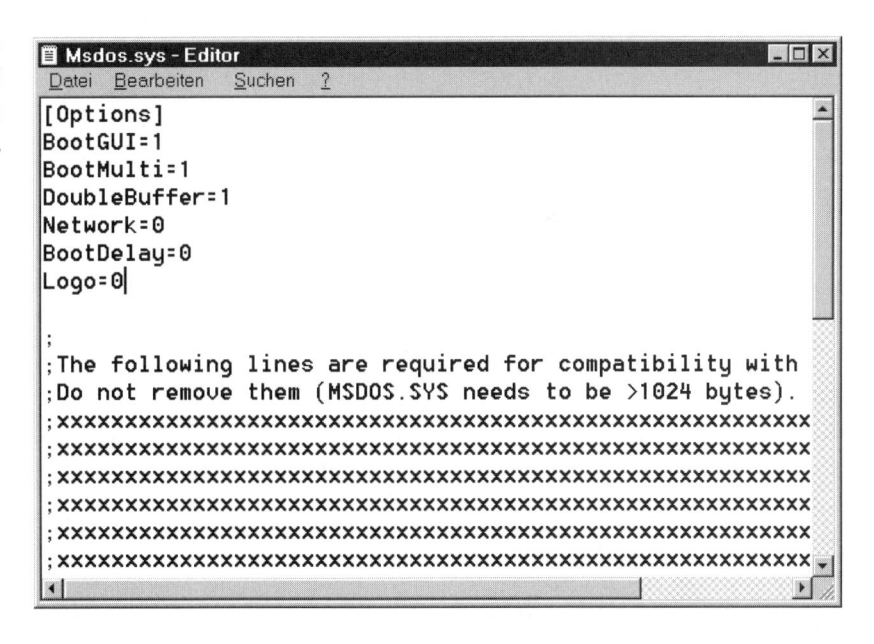

```
[Options]
BootGUI=1
BootMulti=1
DoubleBuffer=1
Network=0
BootDelay=0
Logo=0

;
;The following lines are required for compatibility with
;Do not remove them (MSDOS.SYS needs to be >1024 bytes).
;xxxxxxxxxxxxxxxxxxxxxxxxxxxxxxxxxxxxxxxxxxxxxxxxx
;xxxxxxxxxxxxxxxxxxxxxxxxxxxxxxxxxxxxxxxxxxxxxxxxx
;xxxxxxxxxxxxxxxxxxxxxxxxxxxxxxxxxxxxxxxxxxxxxxxxx
;xxxxxxxxxxxxxxxxxxxxxxxxxxxxxxxxxxxxxxxxxxxxxxxxx
;xxxxxxxxxxxxxxxxxxxxxxxxxxxxxxxxxxxxxxxxxxxxxxxxx
;xxxxxxxxxxxxxxxxxxxxxxxxxxxxxxxxxxxxxxxxxxxxxxxxx
```

2 Systemanalyse und Systembereinigung

Das System Ihres Rechners ist der Dreh- und Angelpunkt eines perfekt funktionierenden Computers. Wenn hier etwas nicht stimmt, dann wirkt sich dies nicht nur auf die Performance des Rechners, das heißt unter anderem auf die Schnelligkeit aus, mit der er arbeitet, sondern es sind auch die Anwendungen betroffen. Ist das System beispielsweise so mit unnützen oder falschen Einträgen belastet, daß sich diese merklich auf die Geschwindigkeit auswirkt, können sie eine anspruchsvolle Anwendung wie etwa ein CAD-System oder eine Bildbearbeitung lahmlegen.

Sie erhalten in diesem Kapitel wertvolle Tips und Hinweise, wie Sie Ihr System analysieren, schützen und vor allem wieder »auf die Reihe« bringen, wenn es mal nicht so läuft, wie es sollte.

Dazu steht Ihnen auf der beiliegenden CD eine Reihe von Programmen zur Verfügung.

2.1 Generelle Schwachstellenanalyse unter Windows 98/95

Windows 98/95 wird als 32-Bit-Betriebssystem angepriesen, das wesentlich schneller sein soll als sein Vorgänger. Auf jeden Fall hängt dies davon ab, wie leistungsfähig bzw. wie gut ausgebaut Ihr System ist. Wenn Sie meinen, daß die Leistung Ihres Rechners ausreichend ist, kann es trotzdem vorkommen, daß Windows 98/95 relativ langsam läuft.

Im Lieferumfang von Windows 98/95 ist ein Utility enthalten, mit dem Sie Schwachstellen aufspüren können. Es handelt sich um den sogenannten *Systemmonitor*, den Sie mit dem Befehl START | PROGRAMME | ZUBEHÖR | SYSTEMPROGRAMME aufrufen.

Standardmäßig wird die Gruppe ZUBEHÖR nicht vollständig installiert, zumindest dann nicht, wenn Sie sich an die empfohlene Installation halten. Falls Sie dieses Utility also nicht installiert haben, gehen Sie wie folgt vor:

- Wählen Sie den Befehl START | EINSTELLUNGEN | SYSTEMSTEUERUNG, und doppelklicken Sie auf das Icon SOFTWARE. Sie rufen damit das Dialogfenster EIGENSCHAFTEN VON SOFTWARE auf. Aktivieren Sie hier den Registerkartenreiter WINDOWS-SETUP.
- Scrollen Sie im Fenster bis zur Gruppe ZUBEHÖR. Sollte diese Gruppe nicht vollständig installiert sein, wird dies mit einem grau gefüllten Kästchen angezeigt. Markieren Sie den Eintrag ZUBEHÖR.

- Klicken Sie die Schaltfläche DETAILS an, damit das Dialogfenster ZUBEHÖR aufgerufen wird, und suchen Sie aus der Liste die Einträge SYSTEMMONITOR und SYSTEMRESSOURCEN-ANZEIGE. Markieren Sie diese Einträge, und bestätigen Sie ihre Auswahl mit der Schaltfläche OK.
- Starten Sie den Systemmonitor mit dem Befehl START | PROGRAMME | ZUBEHÖR | SYTEMPROGRAMME | SYSTEMMONITOR. Fügen Sie anschließend die Ereignisse hinzu, die hier als Datenquellen bezeichnet werden. Sie fügen diese Ereignisse mit dem Befehl BEARBEITEN | DATENQUELLE HINZUFÜGEN ein. Im Fenster KATEGORIE wählen Sie die gewünschte Kategorie, also beispielsweise Speicher-Manager, und im rechten Fenster, DATENQUELLE, bestimmen Sie das spezielle Ereignis. Sie können auch mehrere Ereignisse markieren. Klicken Sie die Schaltfläche OK an, damit der Systemmonitor in Gang gesetzt wird.

Abb. 2.1: Wählen Sie die Kategorie und die dazugehörigen Ereignisse aus.

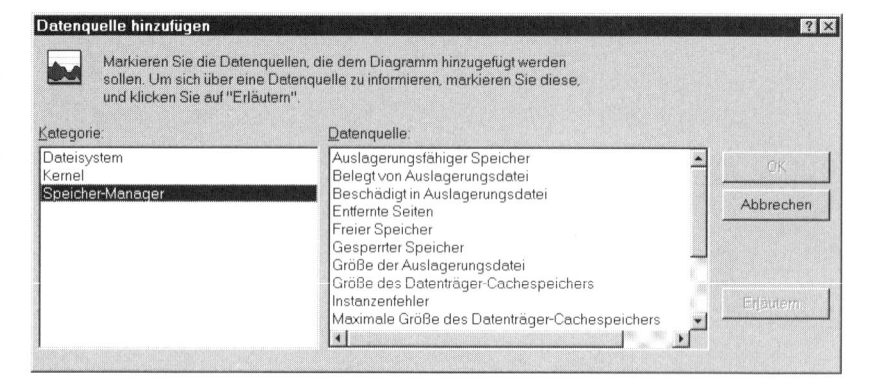

Wenn Sie Zusatzinformationen erhalten wollen, dann klicken Sie auf die Schaltfläche ERLÄUTERN. Sie können außerdem in der oberen Zeile des Arbeitsfensters wählen, ob Sie die Anzeige als Liniendiagramm, als Balkendiagramm oder als numerische Anzeige bekommen möchten.

Nun stellen Sie die Arbeitssituation her, bei der Sie meinen, daß Ihr Computer zu langsam ist, und beobachten die Anzeige. Sie können so kontrollieren, wann bestimmte Ressourcen bei welchen Anwendungen nicht mehr ausreichen. Haben Sie beispielsweise die Anzeige als Liniendiagramm gewählt und starten Sie eine Anwendung, dann können Sie anhand der Markierungsbalken beobachten, wie sich die einzelnen Parameter ändern, sobald Sie Programmaktionen ausführen.

Achten Sie auf jeden Fall darauf, daß für Ihre Arbeitsumgebung noch genügend freier Speicher und Cachespeicher zur Verfügung steht.

Abb. 2.2:
Der Systemmonitor bei der Arbeit.

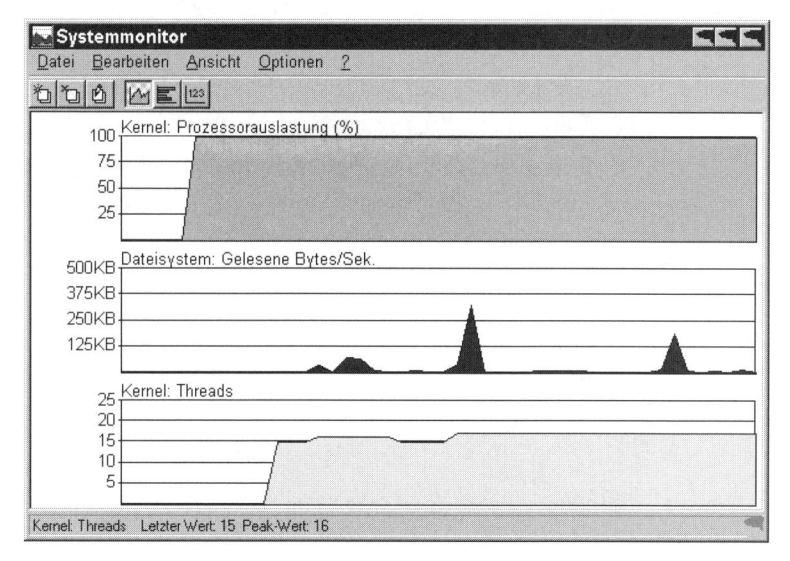

Sie können eine weitere grafische Überprüfung Ihrer Systemressourcen durchführen, wenn Sie den Befehl START | PROGRAMME | ZUBEHÖR | SYSTEMPROGRAMME | RESSOURCEN-ANZEIGE wählen. In der rechten Ecke der Systemzeile des Desktop wird Ihnen innerhalb des Kästchens, in dem standardmäßig die Systemuhr und die Anzeige für den Lautsprecher zu sehen sind, zusätzlich eine Säule angezeigt, an der Sie grafisch ablesen können, wie es mit Ihren Systemressourcen bestellt ist.

Darüber hinaus bietet Windows 98/95 eine Funktion, mit dem Sie herausfinden können, welches Gerät oder welcher Treiber an einer Verlangsamung der Systemgeschwindigkeit Schuld sein kann. Wählen Sie den Befehl START | EINSTELLUNGEN | SYSTEMSTEUERUNG, und führen Sie dort einen Doppelklick auf das Icon SYSTEM aus. Sie gelangen hiermit in das Dialogfenster EIGENSCHAFTEN FÜR SYSTEM, in dem Sie den Registerkartenreiter LEISTUNGSMERKMALE aktivieren.

Sie können nun ablesen, ob mit Ihrem System alles in Ordnung ist. Wenn Sie den Satz *Das System ist optimal konfiguriert* sehen, dann ist alles in Ordnung. Es können allerdings andere Meldungen erscheinen, die in einem separaten Fenster angezeigt werden. Markieren Sie dazu den Eintrag, und klicken Sie auf die Schaltfläche DETAILS. Hier erhalten Sie Erläuterungen, wenn bestimmte Umstände Ihr System verlangsamen. Anhand dieser Meldung können Sie weitere Schritte einleiten, um Windows 98/95 wieder zu einer besseren Leistung zu verhelfen.

In der Registerkarte LEISTUNGSMERKMALE sehen Sie die Schaltflächen DATEISYSTEM, GRAFIK und VIRTUELLER ARBEITSSPEICHER. Sie können über diese Schaltflächen interessante Informationen über die Optimierung Ihres Systems erhalten. Klicken Sie beispielsweise die Schaltfläche DATEISYSTEM, dann erscheint ein Dialogfenster mit weiteren Registerkarten. Aktivieren Sie CD-ROM und Sie sehen, welche Größe für den Zusatz-Cache-Speicher für dieses Gerät reserviert ist. Bei einem Rechner mit weniger Arbeitsspeicher werden nur 64 kByte Speicher eingeräumt, und dies kann die Geschwindigkeit des Geräts beeinträchtigen. Ist in dem Rechner ein Arbeitsspeicher von 32 MByte installiert, dann werden automatisch 2.476 kByte Speicher reserviert.

Ist beispielsweise der Speicher knapp, was Sie mit dem beschriebenen Systemmonitor gut überprüfen können, dann ist es möglich, beispielsweise den für das CD-ROM-Laufwerk reservierten Speicher zu verringern, was wiederum zu einer Beschleunigung der vorher langsamer ablaufenden Anwendungen führen kann.

2.2 Befreien Sie Ihr System von »Altlasten«

Jetzt, da immer größere Festplatten zu immer geringeren Preisen auf den Markt kommen, stellt sich die Frage, wie sinnvoll das »Aufstöbern« von Programmresten ist.

Auf jeden Fall müssen Überbleibsel alter Programme gelöscht werden. Es ist nicht damit getan, daß irgendwelche Dateien in beliebigen Verzeichnissen stehen und dort keinen Schaden anrichten, sondern nur Platz wegnehmen, der ja ohnehin reichlich vorhanden ist. Ihr System wird um so langsamer, je mehr Programmreste vor allem die Systemdateien belasten.

Denken Sie in puncto »Aufräumarbeiten« an die folgenden Punkte:

1. Geschwindigkeit

Windows 98/95 kann richtiggehend unter »Fettsucht« leiden. Dies wird durch installierte Anwendungen bedingt, die ihrerseits DLL-Dateien (DLL = Dynamic Link Library) auf die Festplatte laden. Diese Bibliotheken-Dateien werden beim Programmstart geladen. Außerdem hinterlassen installierte Anwendungen Dateien und Einträge unterschiedlichster Art in den Initialisierungsdateien (INI-Dateien) und auch in der Registry. Viele dieser Einträge bewirken beim Starten von Windows das Laden von Treibern, und zwar auch dann, wenn Sie die entsprechenden Programme längst gelöscht haben.

Abb. 2.3:
Auch hier finden Sie eine Menge von Einträgen, die das System belasten können, sofern sie bereits gelöschte Programme betreffen.

```
Systemkonfigurations-Editor - [C:\WINDOWS\WIN.INI]
Datei  Bearbeiten  Suchen  Fenster
[Extensions]
txt=notepad.exe ^.txt
bmp=C:\Progra~1\Zubehör\mspaint.exe ^.bmp
pcx=C:\Progra~1\Zubehör\mspaint.exe ^.pcx
xla=C:\MSOFFICE\EXCEL\EXCEL.EXE ^.xla
xlc=C:\MSOFFICE\EXCEL\EXCEL.EXE ^.xlc
xll=C:\MSOFFICE\EXCEL\EXCEL.EXE ^.xll
xlm=C:\MSOFFICE\EXCEL\EXCEL.EXE ^.xlm
xls=C:\MSOFFICE\EXCEL\EXCEL.EXE ^.xls
xlt=C:\MSOFFICE\EXCEL\EXCEL.EXE ^.xlt
xlw=C:\MSOFFICE\EXCEL\EXCEL.EXE ^.xlw
qry=C:\WINDOWS\MSAPPS\MSQUERY\msquery.exe ^.qry
doc=C:\MSOFFICE\WINWORD\WINWORD.EXE ^.doc
dot=C:\MSOFFICE\WINWORD\WINWORD.EXE ^.dot
rtf=C:\MSOFFICE\WINWORD\WINWORD.EXE ^.rtf
ppt=C:\MSOFFICE\POWERPNT\POWERPNT.EXE ^.ppt
gra=C:\WINDOWS\MSAPPS\MSGRAPH5\GRAPH5.EXE ^.gra
MVB=MVIEWER2.EXE ^.mvb
xlb=C:\MSOFFICE\EXCEL\EXCEL.EXE ^.xlb
PDF=C:\ACROREAD\ACROREAD.EXE ^.PDF
cdr=C:\COREL50\PROGRAMS\coreldrw.exe ^.cdr
ZIP=C:\WINZIP\winzip32.exe ^.ZIP
LZH=C:\WINZIP\winzip32.exe ^.LZH
ARJ=C:\WINZIP\winzip32.exe ^.ARJ
ARC=C:\WINZIP\winzip32.exe ^.ARC
TAR=C:\WINZIP\winzip32.exe ^.TAR
```

2. Ordnung

Ordnung muß sein, und zwar auch unter Windows 98/95. Im Ordner PROGRAMME des Startmenüs von Windows 98/95 können Sie alle Programme aufrufen, die Sie installiert haben. In den Untermenüs finden Sie weitere Programme und Dateien wie beispielsweise Deinstallationsprogramme oder Hilfetexte.

Ist der Bildschirm von Programmen übersät, dann sollten Sie sich Gedanken machen, ob das nicht vielleicht des Guten zuviel ist. Denken Sie auch daran, daß mit der Anzahl der installierten Programme auch die Gefahr wächst, daß beim Deinstallieren der Anwendungen wesentliche Systemdateien anderer Programme ebenfalls gelöscht werden können. Dies sind dann solche Dateien, die von zwei oder mehr Programmen beim Installieren in das gleiche Verzeichnis kopiert wurden und nach der Deinstallation einem nicht gelöschten Programm fehlen.

**Abb. 2.4:
Jetzt wird es langsam eng auf dem Bildschirm.**

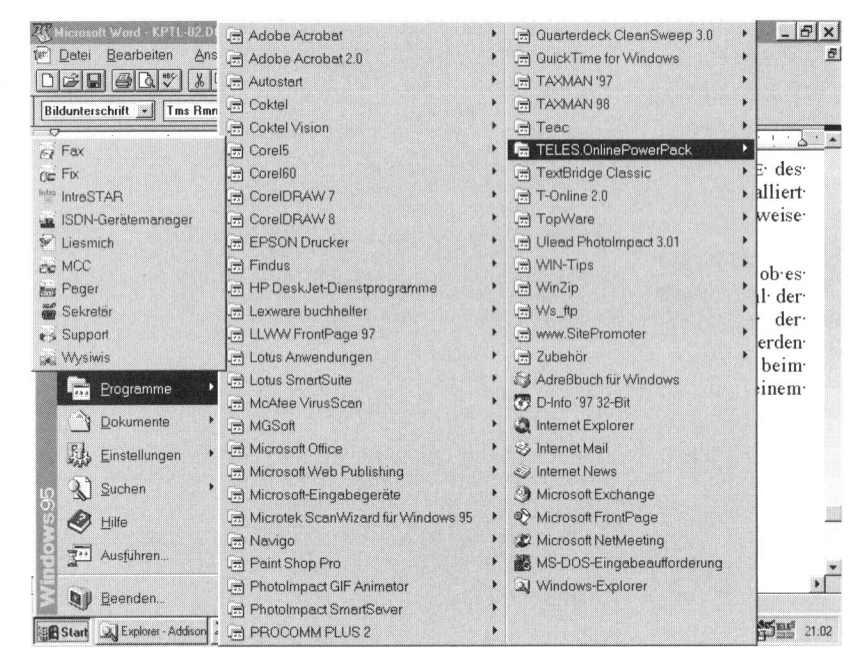

3. Systemsicherheit

Windows 98/95 ist nach seiner Installation ein in sich relativ stabiles Programm. Da jede Anwendung bei der Installation Einträge und Veränderungen vornimmt, verliert Windows im Laufe der Zeit etwas an Stabilität. Dies hängt damit zusammen, daß beispielsweise Dateiverknüpfungen erstellt werden, die nach dem Löschen einer Anwendung keine Gültigkeit mehr haben. DLLs, also Programm- bzw. Runtime-Bibliotheken können durch programmeigene Routinen ersetzt werden, mit denen andere Anwendungen, die auf die gleichnamige Bibliothek zugreifen wollen, plötzlich nichts mehr anfangen können.

Kaum eine Software ist so ausgelegt, daß sie Rücksicht auf andere Programme nimmt. Jede Anwendung fühlt sich so, als sei sie die einzige auf der Festplatte und alle anderen Programme hätten eigentlich nichts auf dem Rechner zu suchen. Dies führt dazu, daß willkürlich Dateien gelöscht bzw. überschrieben werden und andere Programme dann Schwierigkeiten haben, aber dies ist dann die Sache des Programms, das plötzlich nicht mehr zurecht kommt bzw. ist es dann die Angelegenheit des Anwenders.

Dies passiert beispielsweise bei der Installation von Suchprogrammen für Zeitschriften-CDs. Beim Ausführen, beispielsweise einer Telefonbuch-CD, erscheint ein Hinweis, daß die Datenbank veraltet sei und der Benutzer eine neue Version installieren solle.

2.2 Befreien Sie Ihr System von »Altlasten«

Überlegen Sie also, ob Sie beispielsweise jede Menge kostenloser Software, die fast jeder PC-Zeitschrift beiliegt, installieren und ausprobieren wollen. Mitunter befinden sich in den Zeitschriften Beschreibungen, anhand derer Sie schon im voraus abschätzen können, ob Sie eine Anwendung gebrauchen können oder nicht.

Abb. 2.5:
Hier wurde eine Änderung vorgenommen, die bei einem anderen Programm zu einer Fehlermeldung führt.

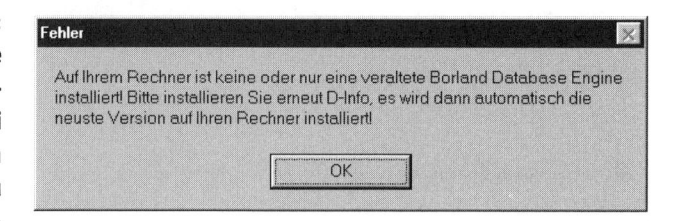

2.2.1 Der Windows-eigene Deinstaller

98

Windows 98/95 hat für das Installieren von 32-Bit-Software einen eigenen Abschnitt in der Systemsteuerung. Dieses Tool ist der *Uninstall Shield*. Sie finden ihn in der Systemsteuerung, indem Sie das Icon SOFTWARE aktivieren. Alle Kopiervorgänge eines Programms sowie alle Einträge in den Systemdateien und in der Systemdatenbank werden vom Uninstall Shield aufgezeichnet. Anhand dieser Aufzeichnungen kann eine Anwendung wieder restlos entfernt werden.

Der Uninstall Shield entfernt zwar Einträge aus den erwähnten Systemdateien, aber es empfiehlt sich, noch einmal im Explorer zu prüfen, ob auch alle Ordner, die das gelöschte Programm angelegt hat, samt Inhalt entfernt wurden.

Abb. 2.6:
Diese Software können Sie mit dem Uninstall Shield von Windows 98/95 wieder löschen.

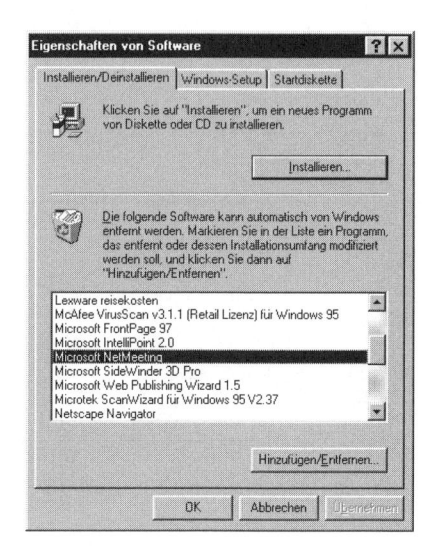

Klicken Sie auf die Schaltfläche INSTALLIEREN/DEINSTALLIEREN, und nach dem Bestätigen einer Sicherheitsabfrage wird das Programm gelöscht.

Normalerweise zeigt Ihnen der Uninstall Shield nur Programme, die sich noch auf Ihrem System befinden. Allerdings kann es sein, daß Sie dort Programme finden, die bereits gelöscht wurden. Dann kann natürlich die Funktion des Uninstall Shield nicht greifen. Man spricht in diesem Zusammenhang von *verwaisten Einträgen*.

Sie entfernen solche verwaisten Einträge am besten mit dem *Registrierungseditor*. Wählen Sie den Befehl START | AUSFÜHREN, tragen Sie regedit ein, und klicken Sie auf die Schaltfläche OK.

Im Registrierungseditor sehen Sie sechs Ordner. Wechseln Sie in den Ordner:
```
HKEY_LOCAL_MACHINE/SOFTWARE/Microsoft/Windows/Current/Uninstall
```
Löschen Sie den Ordner der Software, die nicht mehr vorhanden ist.

Abb. 2.7:
Der Registrierungseditor von Windows 98/95

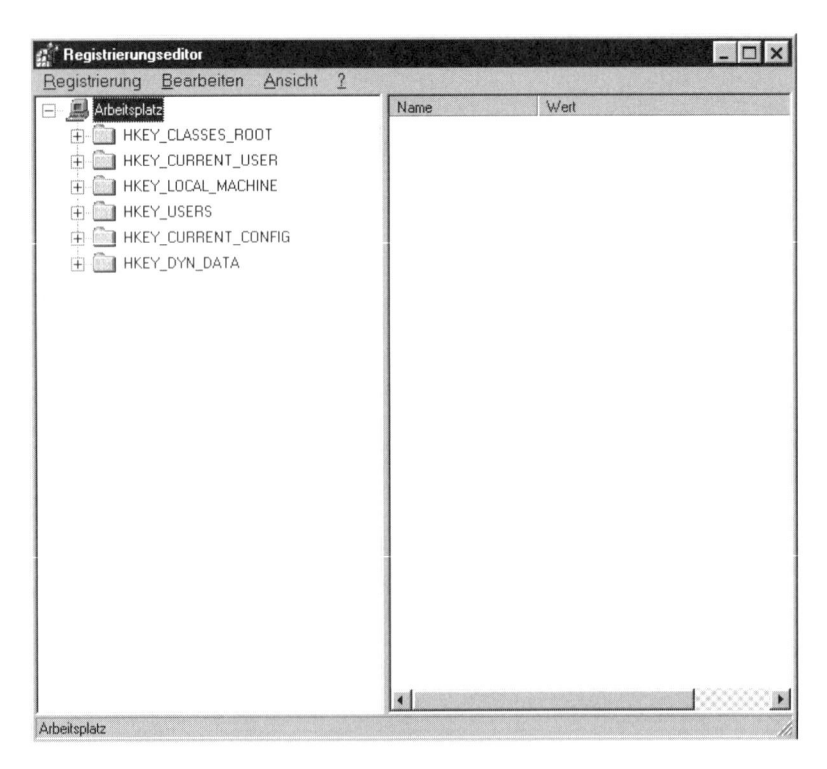

Wenn der Uninstaller eine Datei findet, die er nicht löschen möchte, erscheint eine Fehlermeldung. Dies kann entweder dann der Fall sein, wenn das zu löschende Programm gerade gelaufen ist und Windows eine oder mehrere Dateien davon noch im Zugriff hat. Oder es handelt sich um

Dateien, die von anderen Programmen ebenfalls benutzt werden. Starten Sie in einem solchen Fall den Rechner erneut, und versuchen Sie noch einmal, die Datei zu löschen. Erscheint die Fehlermeldung erneut, dann lassen Sie die Datei auf Ihrem System.

2.2.2 Deinstallieren von Office-Produkten

Eine Sonderform des Setup stellen die Anwendungen der Office-Pakete dar. Hierbei wird das Installationsprogramm nicht auf die Festplatte kopiert, sondern bleibt auf der CD. Wenn Sie nun ein solches Office-Programm deinstallieren wollen, dann können Sie dies nicht auf die gewohnte bzw. nicht auf die beschriebene Weise tun, denn Sie benötigen die CD.

Dies mag zum Schutz vor Raubkopien dienen, da es nun erschwert ist, Software zu deinstallieren, die von einer fremden CD auf die Festplatte kopiert wurde, ohne daß eine Kopie der CD vorliegt. Raubkopierer ohne CD-Brenner sind also hier im Nachteil.

Die Deinstallation eines Office-Programms starten Sie genauso wie bei herkömmlichen Programmen, indem Sie das Icon SOFTWARE aus der Systemsteuerung aktivieren. Anschließend wählen Sie im Dialogfenster EIGENSCHAFTEN VON SOFTWARE den Eintrag MICROSOFT OFFICE und klicken auf die Schaltfläche HINZUFÜGEN/ENTFERNEN.

Klicken Sie im Office-Setup auf die Schaltfläche HINZUFÜGEN/ENTFERNEN. Es wird nun eine Liste der momentan installierten Komponenten angezeigt. Vor jeder Anwendung sehen Sie ein Kästchen, das entweder ein Häkchen hat oder keines. Entfernen Sie ein Häkchen, dann wird die entsprechende Anwendung gelöscht.

Mit der Schaltfläche OPTIONEN ÄNDERN können Sie einzelne Komponenten einer Anwendung löschen, ohne gleich das ganze Programm zu entfernen.

Alternativ dazu können Sie das Setup aber auch aufrufen, indem Sie den Befehl START | AUSFÜHREN wählen und den Eintrag *SETUP.EXE* aktivieren.

Wenn Sie Programme löschen, dann verschieben die meisten Deinstallationsroutinen die Dateien nur in den Papierkorb. Das heißt, Sie können Sie wiederherstellen. Starten Sie nach einem Deinstallationsvorgang den Rechner neu, und beobachten Sie, ob es Probleme gibt. Möglicherweise wurden Dateien gelöscht, die von anderen Programmen benötigt werden.

Abb. 2.8:
Das Setup von Microsoft Office 97

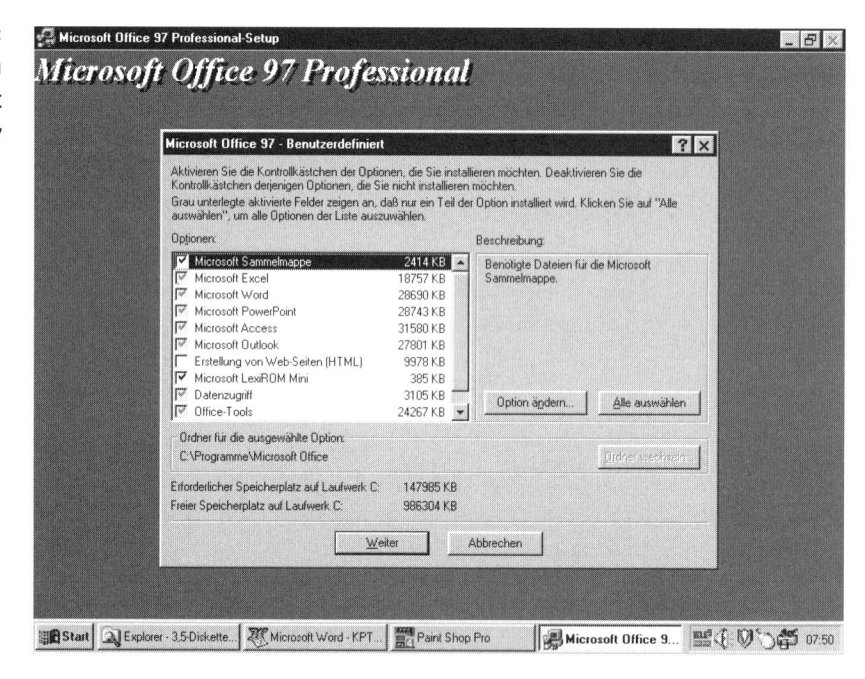

Abb. 2.9:
Sie können das Setup auch manuell aufrufen.

Sie können Dateien aus dem Papierkorb wiederherstellen und so eventuell auftretende Probleme beseitigen. Sie leeren den Papierkorb durch einen Klick mit der rechten Maustaste auf das Icon PAPIERKORB auf dem Desktop von Windows 98/95.

Wollen Sie Dateien wiederherstellen, dann markieren Sie diese im Papierkorb und wählen den Befehl DATEI | WIEDERHERSTELLEN.

Abb. 2.10:
Aus dem Papierkorb können Sie Dateien wiederherstellen.

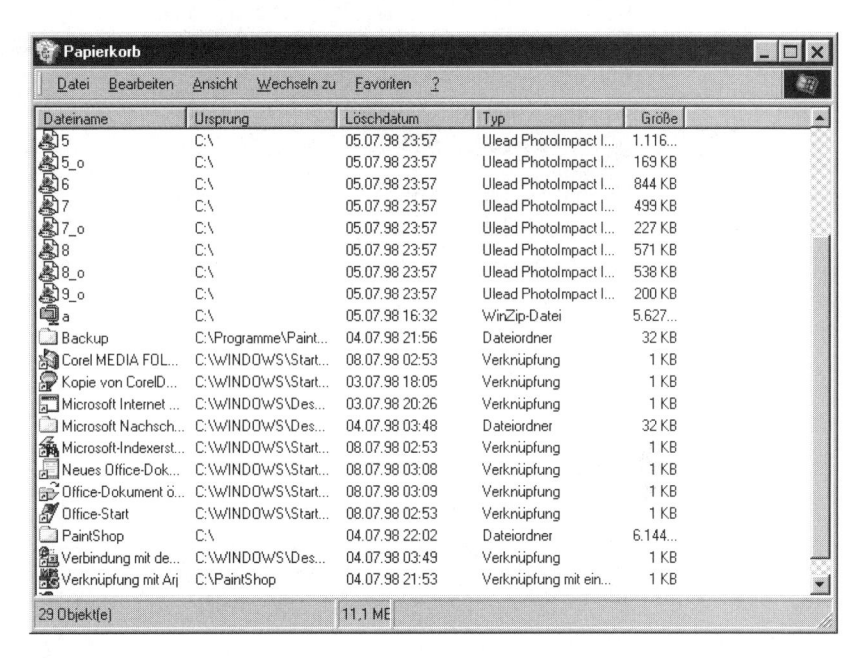

Dateiname	Ursprung	Löschdatum	Typ	Größe
5	C:\	05.07.98 23:57	Ulead PhotoImpact I...	1.116...
5_o	C:\	05.07.98 23:57	Ulead PhotoImpact I...	169 KB
6	C:\	05.07.98 23:57	Ulead PhotoImpact I...	844 KB
7	C:\	05.07.98 23:57	Ulead PhotoImpact I...	499 KB
7_o	C:\	05.07.98 23:57	Ulead PhotoImpact I...	227 KB
8	C:\	05.07.98 23:57	Ulead PhotoImpact I...	571 KB
8_o	C:\	05.07.98 23:57	Ulead PhotoImpact I...	538 KB
9_o	C:\	05.07.98 23:57	Ulead PhotoImpact I...	200 KB
a	C:\	05.07.98 16:32	WinZip-Datei	5.627...
Backup	C:\Programme\Paint...	04.07.98 21:56	Dateiordner	32 KB
Corel MEDIA FOL...	C:\WINDOWS\Start...	08.07.98 02:53	Verknüpfung	1 KB
Kopie von CorelD...	C:\WINDOWS\Start...	03.07.98 18:05	Verknüpfung	1 KB
Microsoft Internet ...	C:\WINDOWS\Des...	03.07.98 20:26	Verknüpfung	1 KB
Microsoft Nachsch...	C:\WINDOWS\Des...	04.07.98 03:48	Dateiordner	32 KB
Microsoft-Indexerst...	C:\WINDOWS\Start...	08.07.98 02:53	Verknüpfung	1 KB
Neues Office-Dok...	C:\WINDOWS\Start...	08.07.98 03:08	Verknüpfung	1 KB
Office-Dokument ö...	C:\WINDOWS\Start...	08.07.98 03:09	Verknüpfung	1 KB
Office-Start	C:\WINDOWS\Start...	08.07.98 02:53	Verknüpfung	1 KB
PaintShop	C:\	04.07.98 22:02	Dateiordner	6.144...
Verbindung mit de...	C:\WINDOWS\Des...	04.07.98 03:49	Verknüpfung	1 KB
Verknüpfung mit Arj	C:\PaintShop	04.07.98 21:53	Verknüpfung mit ein...	1 KB

29 Objekt(e) 11,1 MB

2.2.3 So entfernen Sie 16-Bit-Software aus Windows 98/95

98

Das Entfernen von nicht mehr benötigten 16-Bit-Programmen ist nicht ganz so einfach wie das von 32-Bit-Programmen, denn diese Anwendungen werden nicht in der Systemdatenbank registriert und können demzufolge auch nicht über die Systemsteuerung entfernt werden.

Aus Kompatibilitätsgründen werden bei 16-Bit-Programmen nur Einträge in die Dateien SYSTEM.INI und WIN.INI vorgenommen. Der Nachteil hiervon ist, daß Sie beim Deinstallieren auf keine bequeme Deinstallationsroutine zurückgreifen können.

Der erste und einfachste Weg ist es, im Explorer den Ordner mit der rechten Maustaste anzuklicken und den Befehl LÖSCHEN aus dem Menü auszuwählen. Normalerweise erscheint der Hinweis, daß auch Programmdateien gelöscht werden. Bestätigen Sie diesen Hinweis, wenn Sie das Programm wirklich nicht mehr benötigen.

Nun müssen Sie alle anderen Dateien löschen, die zu einem nicht mehr benötigten Programm gehören. Dies sind beispielsweise auch die bereits erwähnten DLL-Dateien.

Sie können diese Dateien aufspüren, indem Sie das Suchfenster mit dem Befehl START | SUCHEN | DATEIEN/ORDNER aufrufen. Geben Sie anschließend in das Feld NAME als Suchkriterium den folgenden Begriff ein:

```
*.dll
```

Geben Sie unter SUCHEN in das Laufwerk an, in dem gesucht werden soll. Hat Ihre Festplatte, auf der sich die zu suchenden Dateien befinden, die Laufwerkskennung C, dann geben Sie diese Kennung hier an und aktivieren die FUNKTION UNTERGEORDNETE ORDNER EINBEZIEHEN.

Führen Sie einen Doppelklick auf die Spaltenbezeichnung *Geändert am* aus, dann bewirken Sie damit eine Sortierung der gefundenen Dateien nach dem Datum in aufsteigender Reihenfolge. Sie können mit diesem Schritt schnell nach DLL-Dateien suchen, die noch aus den Jahren 1992, 1993 und 1994 stammen, denn hierbei handelt es sich nicht um 32-Bit-Programme unter Windows 98/95.

Ältere Dateien, die von gelöschten Programmen herrühren, können Sie löschen bzw. in einen Ordner verschieben, den Sie so bezeichnen, daß Sie ihn als Sicherungsverzeichnis wiedererkennen.

Abb. 2.11:
Suchen Sie nach nicht mehr benötigten DLLs.

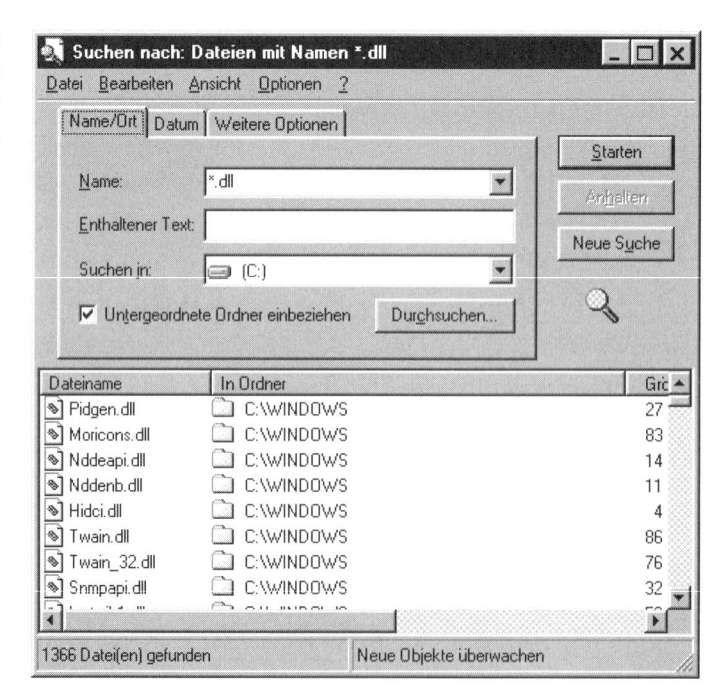

Bei einigen DLL-Dateien ist Vorsicht angebracht. Diese tragen die Bezeichnungen KERNEL32.DLL, USER32.DLL und GDI32.DLL. Diese Dateien werden für den Systemstart benötigt. Löschen Sie diese Dateien, geht nicht mehr viel. Aber Windows 98/95 besitzt auch einen eigenen Ordner namens WINDOWS\SYSBCKUP. Hier finden Sie neben einer Reihe von DLLs auch andere für das System wichtige Dateien. Wenn Sie eine größere Aufräumaktion gestartet haben, dann löschen Sie diesen Ordner nicht sofort, sondern bestenfalls erst nach einigen Neustarts von Windows 98/95, denn es kann sein, daß ältere Dateiversionen von Dateien neueren Datums überschrieben wurden, diese aber nicht benutzt werden können. Windows holt sich in diesem Fall die älteren Dateien aus dem erwähnten Ordner.

Abb. 2.12:
Hier bewahrt Windows 98/95 ältere Systemdateien auf.

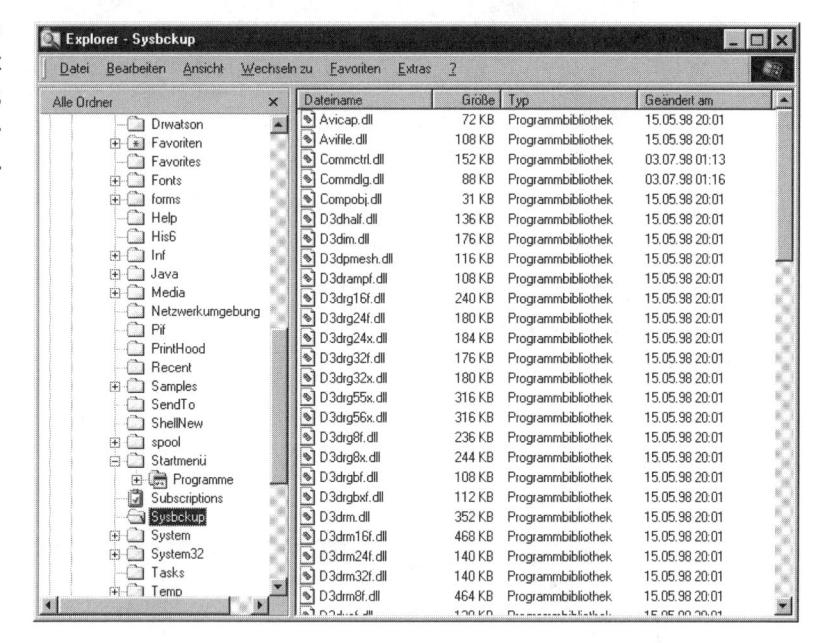

Wenn Sie nach dem Starten von Windows 98/95 Fehlermeldungen erhalten, die auf das Vorhandensein von Dateien gelöschter Programme hinweisen, dann sehen Sie in den Systemdateien SYSTEM.INI und WIN.INI nach.

Sie öffnen diese Dateien mit dem Befehl START | AUSFÜHREN und geben das Wort

```
sysedit
```

ein. Anschließend klicken Sie auf OK.

Es werden die Fenster PROTOCOL.INI, SYSTEM.INI, WIN.INI, CONFIG.SYS und AUTOEXEC.BAT aufgelistet. Sie können einzelne, momentan nicht benötigte Dateifenster vorübergehend schließen, indem Sie das linke der drei Symbole in der rechten oberen Ecke der Titelleiste des jeweiligen Fensters anklicken. Sie sehen eine verkleinerte Abbildung der Titelleiste am unteren Rand des Arbeitsbildschirms dieses Systemeditors.

Suchen Sie hier nach Einträgen, die eindeutig gelöschten Programmen zuzuordnen sind.

Abb. 2.13:
Der System-konfigurations-editor

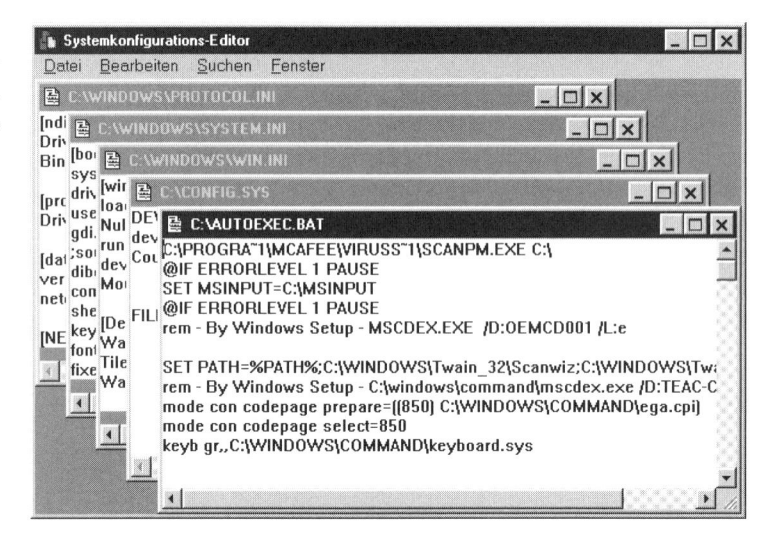

Im Abschnitt [windows] können Sie unter load Programmaufrufe finden. Unter run erkennen Sie diejenigen Programme, die von der Autostart-Funktion gleich nach dem Starten von Windows 98/95 aufgerufen werden.

Abb. 2.14:
Hier befindet sich noch ein Eintrag, der ein in diesem Fall gelöschtes Programm aufruft.

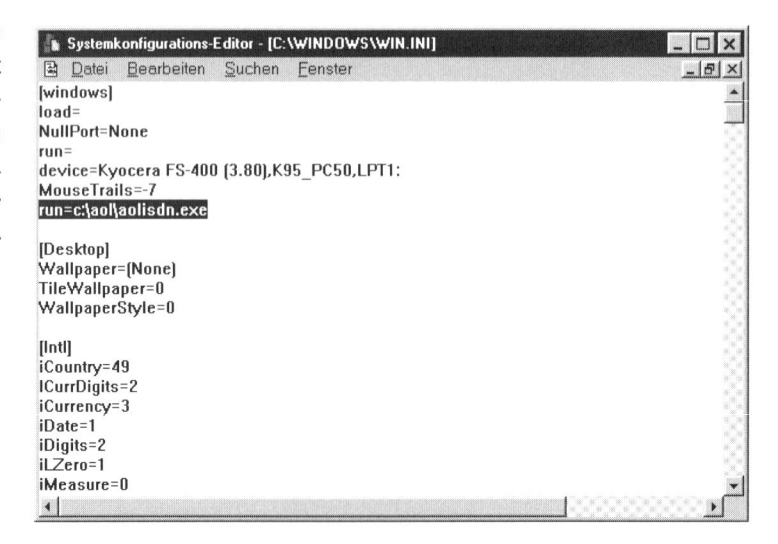

Besonders hartnäckig sind solche Einträge, die in der Autostart-Funktion enthalten sind und von dort Programme aufrufen wollen, die nicht mehr existieren.

Sie löschen solche Programme, indem Sie mit der rechten Maustaste auf die Schaltfläche START klicken und aus dem Menü den Eintrag ÖFFNEN wählen. Im Startmenü aktivieren Sie den Ordner PROGRAMME und anschließend AUTOSTART.

2.2 Befreien Sie Ihr System von »Altlasten«

Entfernen Sie aus dieser Programmgruppe alle Einträge, die zu bereits gelöschten Programmen gehören und demzufolge nicht mehr automatisch nach dem Starten von Windows 98/95 ausgeführt werden sollen.

Abb. 2.15:
In der Gruppe Autostart befindet sich nur noch Cleansweep.

Suchen Sie außerdem nach dem Abschnitt [extensions]. Hier finden Sie viele Einträge, in denen festgelegt wird, auf welche Dateiendungen Windows reagieren soll. Wenn Sie Einträge finden, die auf bereits gelöschte Programme hinweisen, dann löschen Sie diese.

Abb. 2.16:
Wurde EXCEL gelöscht, können Sie beispielsweise auf diese Einträge verzichten.

In der Systemkonfigurationsdatei WIN.INI finden Sie ebenfalls Einträge, die Sie löschen können, wenn das dazugehörige Programm nicht mehr installiert ist. Viele Programme legen eigene Abschnitte an, die im nachhinein leicht zu identifizieren sind.

Achten Sie aber darauf, daß Sie nicht einen ähnlichen Eintrag bei den Ports (Schnittstellen und Anschlüsse) oder in anderen Bereichen mit ähnlichen Namen löschen.

Sehen Sie sicherheitshalber bei jeder Rubrik, die Sie löschen wollen, im Explorer nach, ob ein entsprechender Ordner existiert, und löschen Sie nur, wenn Sie sich absolut sicher sind.

Abb. 2.17:
Hier finden Sie eindeutige Hinweise auf die Programme CorelDraw, PC-Online und Winzip.

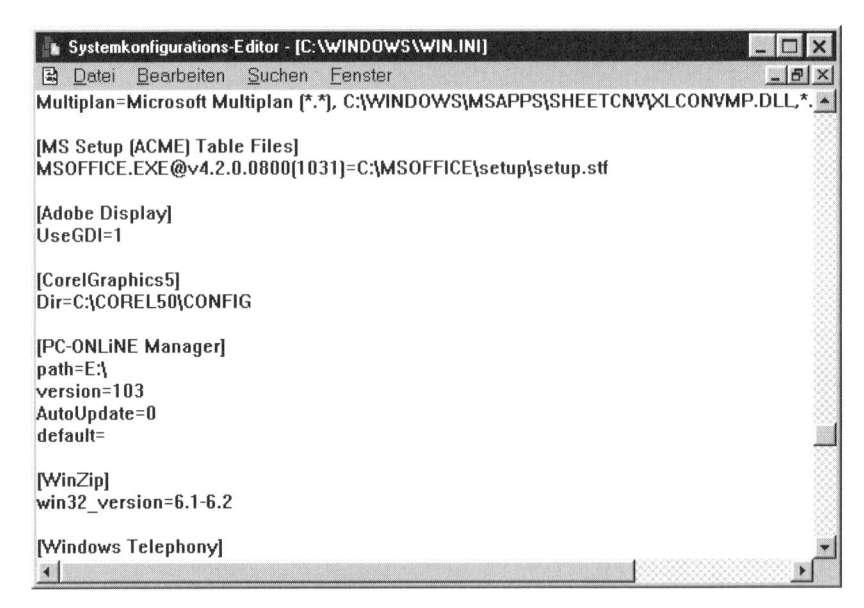

```
Systemkonfigurations-Editor - [C:\WINDOWS\WIN.INI]
Datei  Bearbeiten  Suchen  Fenster
Multiplan=Microsoft Multiplan (*.*), C:\WINDOWS\MSAPPS\SHEETCNV\XLCONVMP.DLL,*.

[MS Setup (ACME) Table Files]
MSOFFICE.EXE@v4.2.0.0800(1031)=C:\MSOFFICE\setup\setup.stf

[Adobe Display]
UseGDI=1

[CorelGraphics5]
Dir=C:\COREL50\CONFIG

[PC-ONLiNE Manager]
path=E:\
version=103
AutoUpdate=0
default=

[WinZip]
win32_version=6.1-6.2

[Windows Telephony]
```

2.2.4 So identifizieren Sie die Treiber

Die Treiber sind die Schnittstelle zwischen der Hardware Ihres Rechners und Windows. Ohne Treiber ist ein kaum möglich, ein Gerät anzusteuern.

Generell können Sie die Treiber erst einmal in 16-Bit-Treiber und in 32-Bit-Treiber einteilen. 16-Bit-Treiber haben die Dateiendung .DRV (.DRV ist die Abkürzung für Driver = Treiber). Die 32-Bit-Treiber haben die Dateiendung .VXD und .386.

Die meisten dieser Treiber finden Sie im Verzeichnis WINDOWS\SYSTEM, aber es können sich auch Treiber in den einzelnen Programmordnern befinden. Rufen Sie das Dialogfenster SUCHEN NACH auf, und geben Sie die gewünschte Dateiendung an, nach der gesucht werden soll.

Aber es gibt auch DOS-Treiber, die sich ebenfalls auf Ihrer Festplatte befinden, obwohl sie nicht mehr benötigt werden.

Abb. 2.18:
In diesem Verzeichnis befinden sich die meisten Treiber.

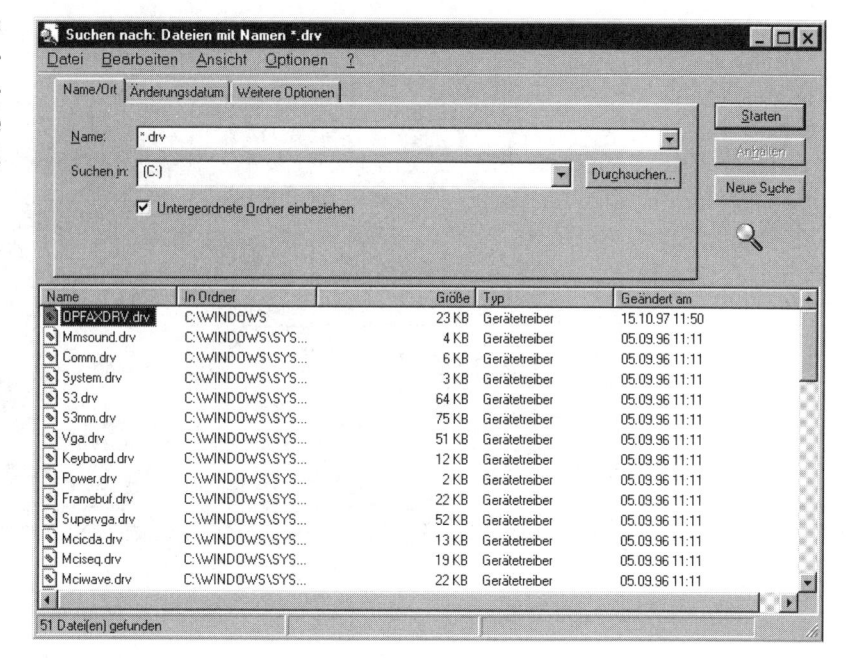

DOS-Treiber

Untersuchen Sie die Startdateien AUTOEXEC.BAT und CONFIG.SYS auf Einträge zu Geräten, die Sie nicht mehr benutzen. Dies kann beispielsweise eine Soundkarte oder ein CD-ROM-Laufwerk sein.

Mitunter werden auch ältere DOS-Anwendungen geladen, die sich längst nicht mehr auf Ihrer Festplatte befinden bzw. durch modernere Windows-Versionen ersetzt wurden. Wenn Sie nur unter Windows 98/95 arbeiten, benötigen Sie die DOS-Startdateien nicht primär. Sie sollten sie aber dann behalten, wenn Sie vielleicht doch auch auf DOS-Programme zugreifen wollen. Dies kann etwa dann der Fall sein, wenn Sie Spiele unter Windows im DOS-Fenster ausführen wollen, jedoch eine DOS-Konfiguration wegen des Arbeitsspeichers benötigen.

In der Datei DOSSTART.BAT finden Sie gegebenenfalls auch noch ältere Einträge, die Sie nicht mehr benötigen. Diese Datei befindet sich im Verzeichnis \WINDOWS. Die hier enthaltenen Treiber stören zwar nicht, sondern belegen nur Speicherkapazität, wenn Sie sie aber nicht mehr benötigen, sollten Sie sie ebenfalls löschen.

In der Abbildung 2.19 sehen Sie den Inhalt der Datei DOSSTART.BAT. Es wird versucht, einen Maustreiber zu laden, leider erfolglos. Der nächste Eintrag lädt erfolgreich einen CD-ROM-Treiber, und zwar den DOS-eigenen MSCDEX.EXE.

Abb. 2.19:
Erfolglos und erfolgreich geladene Treiber in der Stapelverarbeitungsdatei DOSSTART.BAT

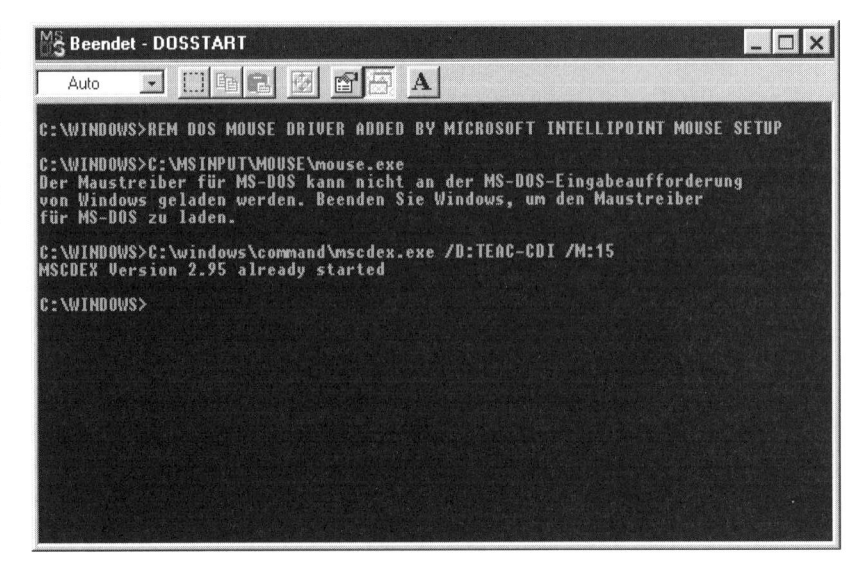

```
C:\WINDOWS>REM DOS MOUSE DRIVER ADDED BY MICROSOFT INTELLIPOINT MOUSE SETUP

C:\WINDOWS>C:\MSINPUT\MOUSE\mouse.exe
Der Maustreiber für MS-DOS kann nicht an der MS-DOS-Eingabeaufforderung
von Windows geladen werden. Beenden Sie Windows, um den Maustreiber
für MS-DOS zu laden.

C:\WINDOWS>C:\windows\command\mscdex.exe /D:TEAC-CDI /M:15
MSCDEX Version 2.95 already started

C:\WINDOWS>
```

16-Bit-Treiber

Der einfachste Fall ist es, wenn Sie im Zuge von Geräteinstallationen selbst Treiber installiert haben bzw. diese durch das Installationsprogramm auf die Festplatte kopiert wurden. Dies bezieht sich nicht nur auf die Geräte selbst, sondern auch auf Treiber für Controller, wie beispielsweise Treiber für ältere Festplattencontroller. Moderne Hauptplatinen kommen ohne Controller und dementsprechend auch ohne diesbezügliche Treiber aus.

Allerdings kopiert Windows selbst etliche Treiber auf Ihr System, so daß es im nachhinein gar nicht mehr so einfach ist, unnütze Treiber von nützlichen zu unterscheiden.

Sehen Sie sich auf jeden Fall vor dem Löschen von Treibern die Konfigurationsdateien WIN.INI und SYSTEM.INI an, und suchen Sie hier nach Einträgen, die auf mittlerweile nicht mehr vorhandene Geräte hinweisen.

Diesen Einträgen können Sie den Pfad sowie den Dateinamen entnehmen, nach dem Sie suchen müssen. Löschen Sie auf jeden Fall auch die Einträge in den Konfigurationsdateien, denn sonst erhalten Sie nach dem Starten des Rechners eine Fehlermeldung.

32-Bit-Treiber

Gerade bei diesen Treibern sollten Sie sich lieber einmal zuviel als einmal zuwenig vergewissern, ob Sie einen Treiber wirklich löschen müssen. Im schlimmsten Fall können Sie Ihr gesamtes System nicht mehr starten.

2.2 Befreien Sie Ihr System von »Altlasten«

Sie können 32-Bit-Treiber in Windows 98/95 sehr bequem löschen. Wenn Sie beispielsweise einen ISDN-Treiber löschen wollen, weil Sie die entsprechende ISDN-Karte ausgebaut haben, gehen Sie folgendermaßen vor:

1. Wählen Sie den Befehl START | EINSTELLUNGEN | SYSTEMSTEUERUNG.

2. Aktivieren Sie in der Systemsteuerung das Icon SYSTEM, und wählen Sie die Registerkarte GERÄTE-MANAGER.

3. Suchen Sie in der Liste der Geräte den entsprechenden Eintrag, also in diesem Beispiel TELES ISDN-Karten.

4. Klicken Sie auf die Schaltfläche ENTFERNEN, und bestätigen Sie den Warnhinweis, daß Sie im Begriff sind, einen Gerätetreiber zu löschen.

5. Wenn es sich um einen Treiber handelt, dessen Hardware noch nicht entfernt wurde, dann fahren Sie Windows herunter, schalten den Rechner aus und entfernen die entsprechende Komponente.

Abb. 2.20:
Löschen Sie nicht mehr benötigte Treiber am besten über den Geräte-Manager.

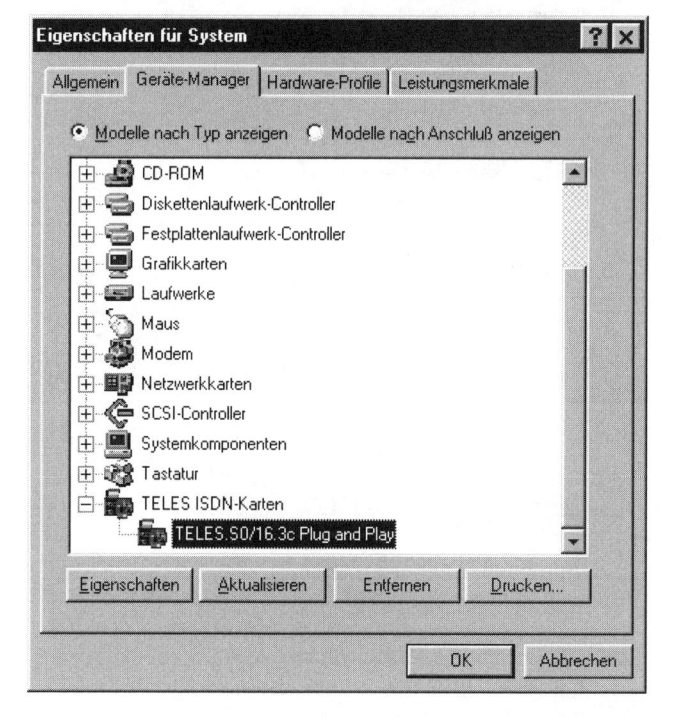

Der Ausbau der Komponente ist deshalb wichtig, weil die Hardwareerkennung ein Bestandteil von Windows 98/95 ist. Diese sucht beim Starten von Windows nach Komponenten und setzt einen Standardtreiber ein, wenn sie den entsprechenden Treiber für das Bauteil nicht finden kann.

Apropos 32-Bit-Treiber: Windows 98/95 verlangt nach aktuellen Treibern, ansonsten kann es schnell zu Problemen kommen. Welche Version ein Treiber hat, können Sie schnell herausfinden, indem Sie den entsprechenden Treiber im Explorer mit der rechten Maustaste anklicken. Wählen Sie anschließend aus dem Menü den Eintrag EIGENSCHAFTEN, und wechseln Sie zur die Registerkarte VERSION. Sie erhalten hier Informationen zur offiziellen Version.

Darüber hinaus wird angezeigt, zu welcher Hardware oder zu welchem Programm der Treiber gehört und welcher Hersteller dafür verantwortlich ist.

Abb. 2.21:
In diesem Dialogfenster können Sie die genaue Versionsnummer sehen.

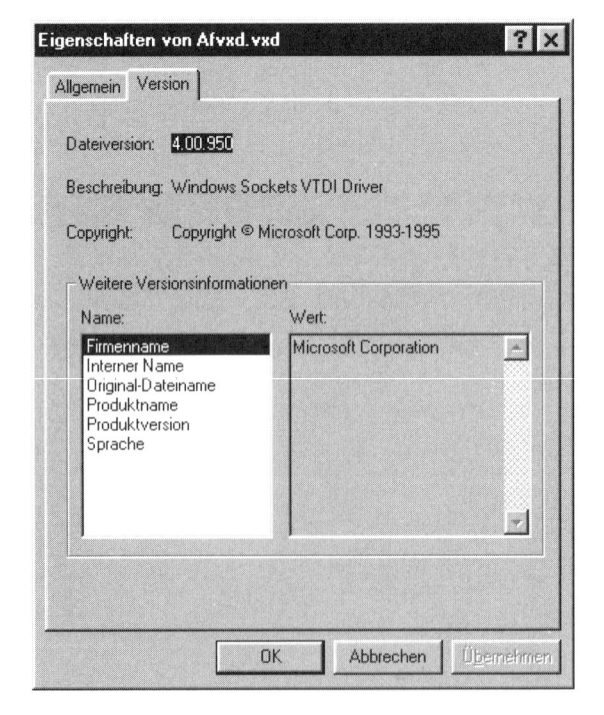

Bei manchen Treibern erscheint diese Registerkarte allerdings nicht. Sie können sich aber mit der Schnellansicht behelfen:

1. Klicken Sie die Datei mit der rechten Maustaste an, und wählen Sie aus dem Menü den Eintrag ÖFFNEN MIT.

2. Es erscheint ein Dialogfenster mit einer Liste von Programmen. Wählen Sie aus dieser Liste den Eintrag QUICKVIEW.

3. Wenn Sie die Funktion IMMER MIT DIESEM PROGRAMM ÖFFNEN aktivieren, dann erscheint zukünftig für diese Datei ein Kontextmenü, aus dem Sie die gewünschten Informationen abrufen können.

Abb. 2.22:
Auch hier erhalten Sie Hinweise zu einem Treiber.

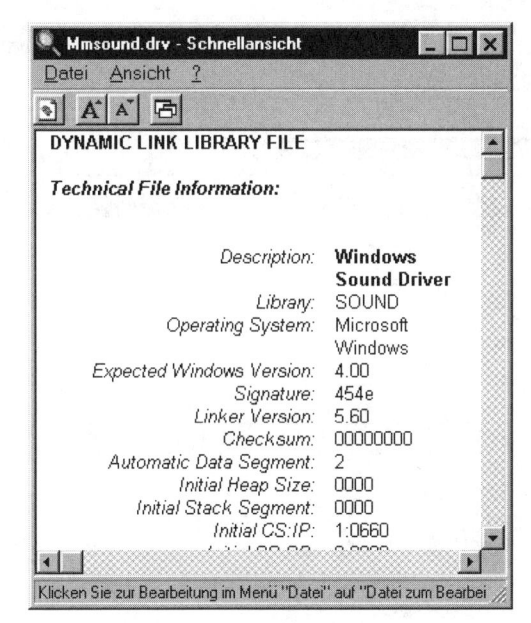

2.2.5 Fremde Deinstallationsprogramme

Damit Sie installierte Programme wieder loswerden, können Sie auch einen Deinstaller einer Fremdfirma einrichten. Diese Programme verfolgen zwei mögliche Ansätze:

Die Suche nach nicht mehr benötigten Dateien

Es wird nach Dateien gesucht, die nicht mehr benötigt werden. Zu diesen Dateien zählen neben den DLLs auch DRVs und TMPs. Ein leistungsfähiges Programm sucht nach Querverbindungen zwischen in Frage kommenden Dateien. Diese Dateien, wozu auch EXE-Dateien zählen, können nämlich auch von mehreren Programmen benötigt werden.

Diese Programmroutine ist wichtig, damit keine Datei, die von einem oder mehreren bereits gelöschten Programmen benutzt wurde, fälschlicherweise gelöscht wird, obwohl andere, noch installierte Programme auf sie zugreifen müssen.

Das Löschen von nicht mehr benötigten Dateien, die als *Dateiwaisen* bezeichnet werden, wird von vielen Deinstallern angeboten. Diese Option ist jedoch mit Vorsicht zu genießen, da manche Programme auf diese Dateien zugreifen können, obwohl sie vom Deinstaller als nutzlos gekennzeichnet wurden. Falls der Deinstaller über eine Möglichkeit verfügt, eine Sicherheitskopie von diesen Dateien anzufertigen, sollten Sie darauf zurückgreifen.

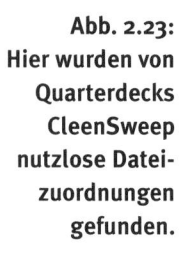

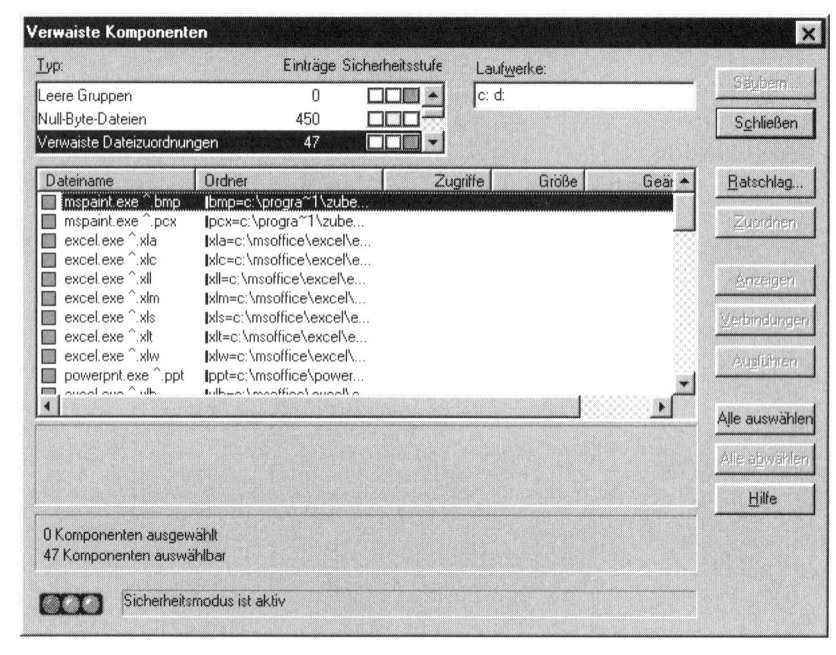

Abb. 2.23:
Hier wurden von Quarterdecks CleenSweep nutzlose Dateizuordnungen gefunden.

Das Überwachen von Programminstallationen

Der andere Weg besteht darin, die Installation eines Programms zu überwachen und aufzuzeichnen, damit zu einem späteren Zeitpunkt der Zustand vor der Installation des betreffenden Programms wiederhergestellt werden kann.

Diese Möglichkeit empfiehlt sich besonders dann, wenn eine Festplatte neu eingerichtet wird und sich noch keine Anwendungen darauf befinden.

Über einen Installationsmonitor wird beim Programm CleanSweep überwacht, ob ein Setup bzw. eine Installationsroutine ausgeführt wird. Ist dies der Fall, dann erhält der Benutzer einen Hinweis, daß er jetzt die Installation überwachen kann. Stimmt er zu, erfolgt die besagte Aufzeichnung des Ist-Zustands, der zu einem späteren Zeitpunkt wiederhergestellt werden kann.

Wenn Sie Programme über den Uninstall Shield deinstallieren, sollten Sie vorher auf keinen Fall manuell Dateien entfernen oder einen Teil davon mit einem externen Deinstallationsprogramm löschen. Wenn Sie dies tun und anschließend den Uninstall Shield aufrufen, kann es Probleme geben, wenn Sie mit diesem Hilfsmittel Programmreste entfernen wollen.

2.2 Befreien Sie Ihr System von »Altlasten«

Abb. 2.24: Wählen Sie hier unter CleenSweep das Programm aus, das Sie löschen wollen.

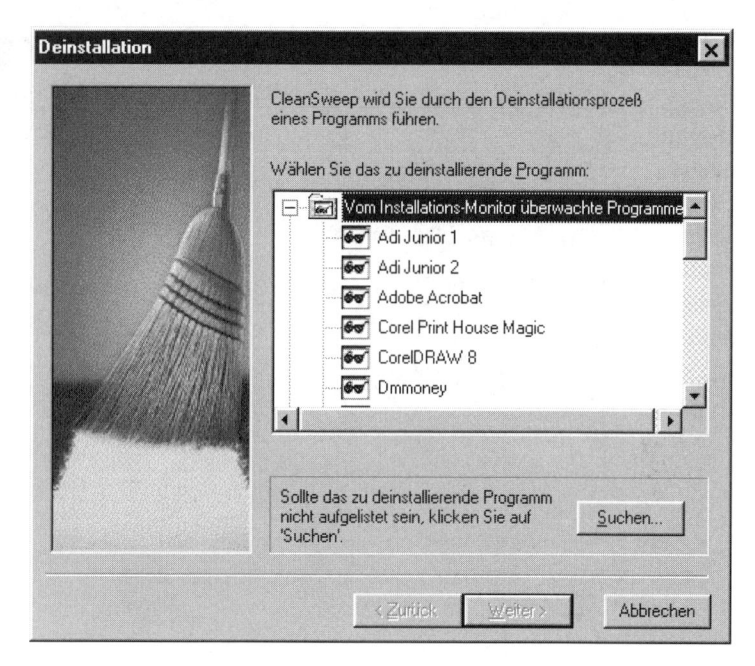

Gute Deinstallationsprogramme, wie beispielsweise CleenSweep, bieten Ihnen eine Menge Möglichkeiten. Sie können Ihre Festplatte sowohl nach Überresten von bereits gelöschten Programmen, verwaisten Dateien, unnützen Dateizuordnungen usw. untersuchen lassen. Auf der anderen Seite wird das Programm bei Bedarf die Installation von Anwendungen protokollieren sowie unter anderem auch Programme wiederherstellen, sofern diese beim Löschen gesichert wurden.

Beim Sichern von zu löschenden Programmen oder Dateien werden diese in ein spezielles Verzeichnis in Form von gepackten Archiven kopiert, bevor die Originaldaten gelöscht werden. Dies empfiehlt sich besonders dann, wenn Sie sich nicht hundertprozentig sicher sind, ob Sie ein gelöschtes Programm oder Dateien nicht doch noch zu einem späteren Zeitpunkt benötigen.

2.2.6 Dateiendungen richtig zuordnen

Im Zusammenhang mit der Systempflege tauchen immer wieder Dateien auf, deren Namen kaum darauf schließen lassen, zu welchem Programm sie gehören oder welchen Zweck sie haben.

Ebenso verhält es sich mit den Dateinamenserweiterungen. Was eine TMP- oder EXE-Datei ist, weiß so ziemlich jeder Anwender, bei anderen Extensions sieht es aber nicht so eindeutig aus. Auf jeden Fall ist es schwierig zu entscheiden, ob eine Datei gebraucht wird oder nicht, wenn es nicht klar ist, welchen Zweck diese überhaupt hat.

Abb. 2.25:
In diesem Bildschirm können Sie gelöschte Dateien und Programme wiederherstellen, sofern sie vorher gesichert wurden.

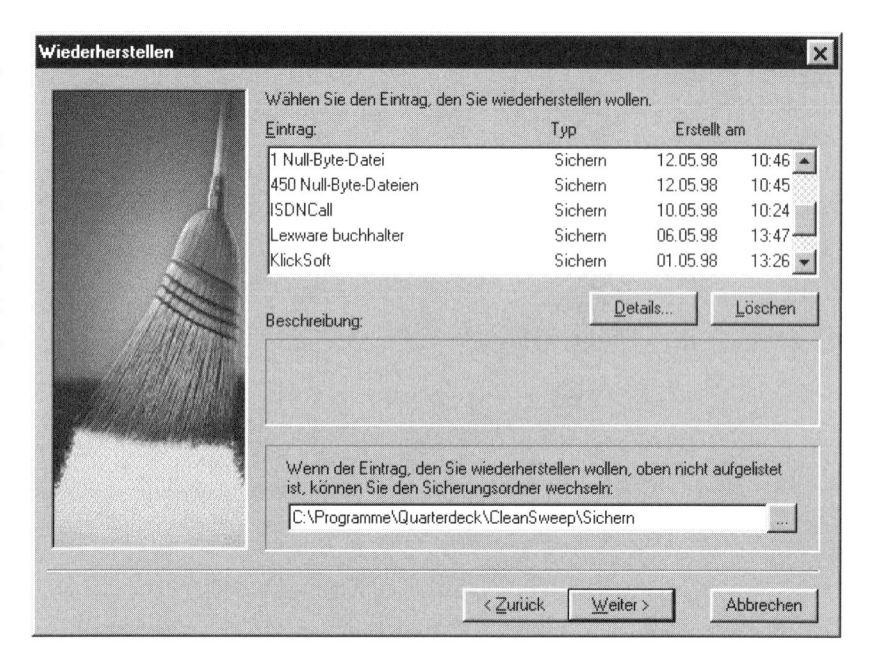

Wenn Sie beispielsweise bei einer Datei mit der Dateinamenserweiterung AD wissen, daß es sich um eine Bildschirmschonerdatei von dem Programm *After Dark* handelt und dieses Programm längst gelöscht wurde, dann können Sie diese Datei beruhigt entfernen.

Dateinamenserweiterungen gibt es Tausende, wir wollen Ihnen jedoch nur einige der wichtigsten Dateiextensions vorstellen. Tabelle 2.1 erhebt also keinen Anspruch auf Vollständigkeit.

Dateinamenserweiterung	Bedeutung (PRG = Programmname)
ABC	PRG: Flowchart; Programmdatei
ABK	PRG: CorelDraw; Backup-Datei
ACT	PRG: Foxpro; Actiondiagramm
AD	PRG: After Dark; Bildschirmschonerdatei
ADI	PRG: Autocad; Plotterdatei
ADM	PRG: After Dark; Bildschirmschonermodul
ADN	PRG: LOTUS 1-2-3; Zusatzdatei
ADR	PRG: After Dark; Bildschirmschonermodul
ADX	PRG: MS Approach; Indexdatei

Dateinamenserweiterung	Bedeutung (PRG = Programmname)
AI	PRG: Adobe Illustrator; Vektorgrafikdatei
AIF	Audio-Clip im AIFF-Format
AIFC	Audio-Clip im AIFF-Format
ALL	PRG: WordPerfect für Windows; Allgemeine Druckerinformation
ALL	PRG: Arts&Letters; Symbole und Zeichensätze
ALT	PRG: WordPerfect; Menüdatei
ANI	Animation; Animierter Cursor
APP	PRG: Symphony; Add-In Anwendungsdatei
APP	PRG: DRDOS; Ausführbare Anwendung
APP	PRG: Foxpro; Generierte Anwendung
ARC	PRG: PKXARC; Komprimierte Archivdatei PR: PKXARC
ARJ	PRG: ARJ; Komprimierte Archivdatei
ASC	ASCII-Textdatei
ASD	PRG: Lotus 1-2-3; Bildschirmtreiber
ASF	PRG: Lotus 1-2-3; Bildschirmschriftart
ASM	Assembler Quelltext
AU	Audiodatei (SUN Microsystems)
AVI	PRG: Video für Windows; Animationsdatei
BAS	PRG: BASIC Quelltext
BAT	PRG: DOS; Batchdatei (Stapelverarbeitung)
BFC	Aktenkoffer von Windows 98/95
BIN	Binäre Datei
BKn	PRG: WordPerfect; Backup-Datei (n = Zähler)
BKP	PRG: Write (Windows); Backup-Datei
BLK	PRG: WordPerfect; temporäre Datei
BMP	BitMaP Grafikdatei

Dateinamenserweiterung	Bedeutung (PRG = Programmname)
BPT	PRG: CorelDraw; Bitmap Füllmuster
BSC	Browser-Information
BUP	Backup
C00	PRG: Ventura Publisher; Druckdatei
CAL	PRG: MS Windows; Kalenderdatei
CAL	PRG: Supercalc; Tabellenkalkulationsdatei
CBL	PRG: COBOL (Programmiersprache); Quelltext
CC	PRG: C++ (Programmiersprache); Quelltext
CCH	PRG: CorelChart; Diagrammdatei
CDA	Audio-Datei von CD
CDR	PRG: CorelDraw; Dokumentendatei
CFG	Konfigurationsdatei
CGF	Konfigurationsdatei
CGM	Vektorgrafik (Computer Graphics Metafile)
CH3	PRG: Harward Graphics; Chartdatei
CHK	PRG: WordPerfect; Temporäre Datei
CHK	PRG: DOS-CHKDSK; Wiederhergestellte Datei
CHR	PRG: Turbo Pascal (Programmiersprache); Zeichensatzdatei
CLASS	Java-Klassenbibliothek
CLP	PRG: Quattro Pro; Clipart-Grafikdatei
CLP	PRG: MS Windows; Clipboarddatei
CLS	PRG: C++ (Programmiersprache); Klassendefinition
CMF	Creative Music File: Sounddatei
CMP	PRG: MS WinWord; Anwenderwörterbuch
CMY	Farbpalette
CNF	Konfigurationsdatei

Dateinamenserweiterung	Bedeutung (PRG = Programmname)
CNV	PRG: WordPerfect; Temporäre Datei
COB	PRG: COBOL (Programmiersprache); Quelltext
COD	PRG: MS Multiplan; Datendatei
COD	PRG: Fortran (Programmiersprache); Kompilierter Programmcode
COD	PRG: dBASE; Template-Source-Datei
COL	PRG: MS Multiplan; Tabellenkalkulationsdatei
COM	Ausführbare Programmdatei
CPL	PRG: MS Windows; Systemsteuerungsoptionen
CPP	PRG: C++ (Programmiersprache); Quelltext
CRD	PRG: MS Windows; Karteikasten
CRT	Sicherheitszertifikat für das Internet
CUR	Cursor-Datei
CTL	Setup-Informationen
DB	PRG: Paradox; Datenbankdatei
DBF	PRG: dBASE / dBFAST / FOXPRO; Datenbankdatei
DBK	PRG: dBASE; Datenbankdatei-Backup
DBO	PRG: DBASE; Kompiliertes Programm
DEV	Gerätetreiber
DER	Sicherheitszertifikat für das Internet
DIC	PRG: MS Winword; Wörterbuch für Textverarbeitung
DIF	PRG: MS-EXCEL; Datenaustauschformat
DLL	Programm-Bibliothek
DOC	PRG: MS WORD; Dokumentdatei
DOS	Textdatei mit DOS-spezifischen Infos
DOT	PRG: MS Winword; Dokumentvorlage

Dateinamenserweiterung	Bedeutung (PRG = Programmname)
DRV	Gerätetreiber
EML	E-Mail-Datei
ENC	Video-Clip im MPEG-Format
EMS	PRG: PC TOOLS; Enhanced-Menu-System-Konfiguration
EPS	PRG: VENTURA PUBLISHER; Druckerschriftart
EPS	PRG: ADOBE ILLUSTRATOR; Encapsulated-PostScript-Vektorgrafik
ERR	Error Logdatei
EX3	PRG: HARWARD GRAPHICS 3.0; Gerätetreiber
EXE	Ausführbares Programm
EXT	PRG: NORTON COMMANDER; Extensions-Datei
FAQ	Frequently-Asked-Questions-Textdatei
FIL	PRG: dBASE; Files-List-Objektdatei
FLM	PRG: AUTOCAD; Film
FLT	Grafikfilter
FON	Schriftart
FOT	PRG: MS WINDOWS; TrueType-Schriftart
FSL	Dynamic Link Library
GIF	Bild im GIF-Format
GRP	Programmgruppe
HDX	Hilfeindex
HEX	Hexdump
HLP	Hilfedaten
HPG	Vektorgrafik, (HPGL-Plotterdatei)
HTM	Hypertext Markup Language (HTML)

Dateinamenserweiterung	Bedeutung (PRG = Programmname)
ICO	Icon
IDX	Index
IMG	PRG: GEM / VENTURA PUBLISHER; Bitmap-Grafik
IND	PRG: DBASE IV; Index
INF	Information-Textdatei (ASCII)
INF	Setup-Datei
INF	Geräteinformationsdatei
INI	Konfigurationsparameterdatei
INS	Konfigurationsdatei für Internet-Kommunikation
ISP	Konfigurationsdatei für Internet-Kommunikation
JAVA	Java-Quelltext
JPG	JPEG-Grafik (Joint Photography Experts Group)
JFIF	JPEG-Bild
JPE	JPEG-Bild
LCN	PRG: WordPerfect; Wörterbuch
LDB	MS ACCESS Datenbankdatei
LEX	Lexikon (Wörterbuch)
LHW	PRG: LHWARP; Komprimierte Archivdatei Amiga
LIB	Programmbibliothek (diverse Programmiersprachen)
LIF	Komprimierte Archivdatei
LNK	Linkerdatei
LOG	Logdatei
LSP	PRG: XLISP; LISP-Quelltext
LST	List file

Dateinamenserweiterung	Bedeutung (PRG = Programmname)
LZH	PRG: LHA / LHARC; Komprimierte Archivdatei
LZS	PRG: LARC; Komprimierte Archivdatei
LZW	PRG: LHWARP; Komprimierte Archivdatei Amiga
MAC	Makro
MAD	MS ACCESS
MAF	MS ACCESS
MAM	MS ACCESS
MAN	Manual
MAP	Farbpalette
MAQ	MS ACCESS
MAR	MS ACCESS
MAT	MS ACCESS
MCC	Verknüpfung mit Microsoft Network
MDB	PRG: MS ACCESS; Datenbank
MDE	PRG: MS ACCESS; Datenbank
MET	Metadatei
MID	PRG: MS WINDOWS; MIDI-Datei
MIF	MIDI-Instrumente
MLV	Video-Clip im MPEG-Format
MOV	Movie
MP2	Video-Clip im MPEG-Format
MPA	Video-Clip im MPEG-Format
MPE	Video-Clip im MPEG-Format
MPEG	Video-Clip im MPEG-Format
MPG	Video-Clip im MPEG-Format
MSG	PRG: OUTLOOK; Message-Datei

Dateinamenserweiterung	Bedeutung (PRG = Programmname)
MSN	Microsoft Network
NEW	New info
NFT	NETOBJECTS FUSION Template
NOD	NETOBJECTS FUSION Web-Site
NWS	Internet News
OBJ	Object code
OBT	MS OFFICE; Vorlage
OBZ	MS OFFICE; Assistent
OFT	Outlook-Elementvorlage
ODB	MS OFFICE; Sammelmappe
OLD	Backup
OPX	MS CHART-Datei
PAL	Farbpalette
PAS	PASCAL; Quelltext
PAT	PRG: COREL DRAW; Vektor-Pattern
PBK	Telefonbuch
PCD	Grafik (Photo-CD Image)
PCH	Patch-Datei
PCL	HP-PCL Grafik-Datendatei (HP Printer Control Language)
PCT	Bitmap-Grafik
PCW	PRG: PC WRITE; Textdatei
PCX	PRG: PAINTBRUSH; Bitmap-Grafik
PDR	Druckertreiber
PDR	Port driver
PDS	PDS-Grafik
PGP	PRG: PRETTY GOOD PRIVACY
PIC	Bitmap-Grafik

Dateinamenserweiterung	Bedeutung (PRG = Programmname)
PIF	Bildaustauschformat
PIF	PRG: MS WINDOWS; Program Information File
POT	MS Powerpoint;Vorlage
PPA	MS Powerpoint; Datei
PPS	MS Powerpoint; Präsentation
PPT	MS Powerpoint; Präsentation
PSD	Adobe PhotoShop-Datei
PRN	PRG: LOTUS 1-2-3 / SYMPHONY; Textdatei oder Druckdatei
PUB	PRG: PRETTY GOOD PRIVACY; Public Key Ring
PUB	PRG: VENTURA PUBLISHER; Publication
PWL	Password List
QIC	Backup-Datei für QIC-Streamer
RA	Real-Audio
RAM	Real-Audio-Mode
RCT	Ressourcendatei
REC	PRG: MS WINDOWS; Recorded Macro
REG	PRG: MS WINDOWS / REGEDIT; Registrierdaten
RFT	Textdatei, Rich Text Format, Datenaustauschformat
SAV	Backup
SCR	PRG: MS WINDOWS; Bildschirmschoner
SET	Konfiguration (diverse Backups)
SIK	Backup-Datei (Sicherungskopie)
SLK	MS EXCEL; Importdatei
SND	Sounddatei
SNG	Song (MIDI)

Dateinamenserweiterung	Bedeutung (PRG = Programmname)
SPL	PRG: MS WINDOWS; Drucker-Spooldatei
SYS	Systemdatei: Gerätetreiber, Hardwarekonfiguration
THS	PRG: WordPerfect for Windows; Thesaurus Wörterbuch,
TIF	Tagged Image File Format – Bitmap-Grafik
TMP	Temporäre Datei
TOC	Table-Of-Contents-Textdatei (ASCII)
TTF	TrueType Schriftart
TXT	Textdatei
URL	Verweis auf Internet-Adresse
VOC	Audiodatei
VXD	Virtueller Gerätetreiber
WAV	Waveform-Audiodatei
WBF	Windows Batch File
WBK	PRG: MS Word; Backup-Datei
WFN	PRG: COREL DRAW; Grafiken: Symbole und Schriftarten
WMF	PRG: MS WINDOWS; Vektorgrafik (Windows MetaFile)
WNF	PRG: COREL DRAW; Outline-Schriftart
WOA	PRG: MS WINDOWS; Swapdatei
WRI	PRG: WRITE; Textdokument
WP5	PRG: WORDPERFECT 5; Textdatei
WPF	PRG: WORDPERFECT; Textdatei
XLA	PRG: MS EXCEL; Makrozusatz
XLC	PRG: MS EXCEL; Diagramm
XLL	PRG: MS EXCEL; Dynamic Link Library
XLM	PRG: MS EXCEL; Makrovorlage

Dateinamenserweiterung	Bedeutung (PRG = Programmname)
XLS	PRG: MS EXCEL; Tabellenkalkulationsdatei
XLT	PRG: MS EXCEL; Translation Table
XLW	PRG: MS EXCEL; Arbeitsmappe
ZIP	PRG: PKZIP; Komprimierte Archivdatei
ZOO	PRG: ZOO; Komprimierte Archivdatei

2.3 Die Treiber-Kur

Treiber werden oft vernachlässigt. Ist das System erst einmal am Laufen, besteht primär auch kein Grund, den eingerichteten Treiber gleich wieder auszutauschen.

Im Laufe der Zeit kommen aber neue Komponenten hinzu, Systemeinstellungen werden vorgenommen, und von den seinerzeit aktuellen Treiberversionen gibt es aktuelle Ausgaben.

Halten Sie sich vor Augen, daß ein Rechner aus vielen Einzelkomponenten besteht, die erst im Zusammenspiel ein sinnvolles Arbeiten ermöglichen. Damit dieses Zusammenspiel möglichst schnell, effektiv und vor allem reibungslos klappt, müssen die Schnittstellen optimal funktionieren, und genau dies ist die Aufgabe der Treiber.

Um die Arbeitsweise von Treibern zu verdeutlichen: Wenn der Benutzer eine Ein- oder Ausgabeaktion vornimmt, wie beispielsweise das Ausdrucken eines Dokuments oder das Klicken mit der Maus, dann sieht das Betriebssystem diese Aktionen als Austausch von Informationen zwischen den Peripheriegeräten des Rechners an. Peripheriegeräte sind dabei nicht nur Geräte, die sich auch physikalisch in der Peripherie, also in der Umgebung des Rechners befinden, sondern es sind auch interne Peripheriegeräte wie beispielsweise die Tastatur, die Maus, die Festplatte usw. gemeint.

Damit dies möglichst reibungslos vonstatten geht, gibt es einen bestimmten Teil des Betriebssystems, und zwar den I/O-Handler (I/O = Input/Output).

Hier spielen die DOS-Routinen der Dateien IO.SYS und MSDOS.SYS eine wesentliche Rolle. Da die unterschiedlichen Peripheriegeräte unterschiedliche interne Funktionsweisen und Anforderungen an die Schnittstellen haben, werden Hilfsprogramme benötigt, damit ein reibungsloser Austausch gewährleistet ist. Diese Hilfsprogramme sind die Treiber. In diesen Gerätetreibern findet das Betriebssystem wesentliche Informationen über das betreffende Gerät sowie weitere Spezifikationen.

Damit nun trotz eines fehlenden Treibers eine Kommunikation stattfinden kann, beinhaltet das Betriebssystem bzw. die Betriebssystemerweiterung Windows spezielle Standardgerätetreiber, die im Lieferumfang enthalten sind, beispielsweise einen Standard-VGA-Treiber für den Monitor, einen Standardtreiber für die Maus, für ein Modem usw.

Mit diesen Standardtreibern kann das betreffende Gerät zwar seine ganze Vielfalt an Möglichkeiten nicht voll ausspielen, aber es wird normalerweise zumindest funktionieren.

Die Treiber, egal ob es sich nun um Standardtreiber oder um spezielle Treiber für das Gerät handelt, werden beim Starten des Rechners vom Betriebssystem geladen. Ausschlaggebend ist für die Treiber die Gerätekonfigurationsdatei CONFIG.SYS, denn hier befinden sich die Aufrufe sowie die notwendigen Pfadangaben für die jeweiligen Treiber.

Sind die Treiber geladen, werden sie zu einem festen Bestandteil der Betriebssystemumgebung und werden erst beim Ausschalten des Rechners aus dem Arbeitsspeicher entfernt – es sei denn, der eine oder andere Treiber wird manuell entfernt, beispielsweise wenn es um eine Problembehebung geht.

2.3.1 Plug&Play – die treiberlose Variante?

Unter Plug&Play wird oft das Funktionieren von Geräten bzw. Erweiterungskarten ohne spezielle Treiber verstanden. Es handelt sich hierbei um die Möglichkeit, die Installation von Erweiterungskarten zu vereinfachen, ganz ohne Treiber geht es aber auch hier nicht.

Plug&Play soll Schwierigkeiten mit bereits installierten Erweiterungskarten verhindern, indem bereits installierte Erweiterungskarten sowie die belegten Interrupts und DMAs erkannt werden. Die neu hinzugekomme Karte wird dann automatisch auf einen freien Wert konfiguriert, ohne daß sich der Benutzer darum kümmern muß – so jedenfalls die Werbung. In der Praxis sieht das ganze zwar etwas benutzerfreundlicher aus, aber Probleme kann es hin und wieder trotzdem geben, denn mitunter werden bereits installierte Karten nicht einwandfrei erkannt, und es kommt trotzdem zu Interrupt- oder DMA-Problemen.

Über DMA (Direct Memory Access = direkter Speicherzugriff) kommunizieren die Peripheriegeräte direkt mit dem Arbeitsspeicher, wobei jeder DMA-Kanal jeweils nur von einem Peripheriegerät benutzt werden kann.

Ähnlich verhält es sich mit dem Interrupt. Je mehr Peripheriegeräte betrieben werden, desto wahrscheinlicher ist die Gefahr eines Adressenkonflikts, daß also zwei Geräte auf denselben Interrupt zugreifen und es zu Fehlfunktionen kommt.

Eine Plug&Play-Karte wird nach dem Einbau erkannt und selbsttätig konfiguriert, so daß der Anwender gleich mit dem entsprechenden Peripheriegerät arbeiten kann, sofern die Erkennung funktioniert.

Voraussetzung ist natürlich, daß das Plug&Play vom Betriebssystem unterstützt wird. Die Firmen Intel und Microsoft haben dazu einen Standard entwickelt. Mit dessen Hilfe können folgende Funktionen ausgeführt werden:

- Die neu hinzugekommene Erweiterungskarte wird für die automatische Konfiguration isoliert. Dieser Schritt ist notwendig, damit die Karte eindeutig indentifiziert werden kann.
- Die Parameter der neuen Karte werden direkt aus deren Register ausgelesen. Damit ist ein Vergleichen der neuen Werte mit den bereits vorhandenen möglich. Dazu muß die Karte allerdings Informationen über den Typ, den Adreßraum, den DMA-Kanal und die möglichen Interrupts zur Verfügung stellen. Hier ist ein erster Schwachpunkt, denn wenn diese »Schnittstelle« nicht funktioniert, nützt das ganze Plug&Play nicht viel.
- Das Konfigurieren der Erweiterungskarte auf Werte, die noch nicht von bereits vorhandenen Karten belegt sind.
- Das Laden eines Treibers für die neue Karte, damit diese problemlos mit dem Betriebssystem zusammenarbeiten kann.

Damit diese Schritte durchgeführt werden können, muß allerdings ein Plug&Play-BIOS im Rechner vorhanden sein. Wenn Sie in einen solchen Rechner eine neue Erweiterungskarte einbauen, dann passiert beim Starten des Rechners folgendes:

1. Das Plug&Play-BIOS aktiviert nur diejenige Hardware, die zum Booten des Rechners notwendig ist. Dazu gehören beispielsweise die Grafikanzeige, die Festplatte usw. Die andere Hardware wie etwa ein CD-ROM-Laufwerk oder eine Scannerkarte wird nicht aktiviert.
2. Die einzelnen Plug&Play-Karten werden isoliert, und es werden die Parameter der einzelnen Karten ausgelesen.
3. Es werden diejenigen Karten, die für den Boot-Vorgang benötigt werden, auf etwaige Konflikte mit anderen Karten hin untersucht.
4. Es wird der Power On Self Test (POST) ausgeführt, der das System auf eine primäre Funktionalität hin untersucht.
5. Der Boot-Vorgang wird gestartet.

6. Die ermittelten Plug&Play-Parameter werden dem Betriebssystem übergeben, und es werden die Systemressourcen an diejenigen Karten verteilt, die noch inaktiv sind.

7. Abschließend werden alle vorhandenen Karten aktiviert und die entsprechenden Treiber geladen.

2.3.2 Die verschiedenen Treiberarten

Es gibt unterschiedliche Treiberarten bzw. Treiber für unterschiedliche Gerätegattungen. Im folgenden werden diese gesondert – in alphabetischer Reihenfolge – aufgeführt.

CD-ROM-Treiber

Für ein CD-ROM-Laufwerk ist ein anderer Standard notwendig als beispielsweise für den Betrieb einer Festplatte. Dies hat zur Entwicklung des sogenannten High-Sierra-Standards geführt.

Folgende Unterschiede zu einer Festplatte sind bei diesem Speichermedium zu berücksichtigen:

- Auf der CD befinden sich keine einzelnen Spuren, Sektoren usw., sondern sie hat nur eine Rille, ähnlich wie eine Schallplatte.
- Die CD hat eine geringere Umdrehungsgeschwindigkeit als eine Festplatte.
- Die Geschwindigkeit, mit der nahe dem Mittelpunkt der CD gelesen werden kann, ist eine andere als am Rand.
- Die Informationen werden nicht in magnetisierter Form auf die Oberfläche der CD geschrieben, wie dies beispielsweise bei einer Festplatte der Fall ist, sondern eine CD wird gepreßt, ähnlich wie eine Schallplatte, und kann nur ein einziges Mal beschrieben werden. Eine Ausnahme ist die wiederbeschreibbare CD-R (R = Recordable).

Der letzte Punkt bedingt einen höheren Aufwand für die Fehlerkorrektur, da auf einer CD schlechte Bereiche nicht einfach aussortiert bzw. für ein Nichtbeschreiben gekennzeichnet werden können. Auf einer CD-ROM ist daher Platz für die Fehlerbehandlung einzuräumen, der bis zu zehn Prozent der Gesamtkapazität ausmachen kann.

Die Organisation der Daten, die Fehlerbehandlung usw. werden im High-Sierra-Standard beschrieben. In Europa entstand aus diesem Standard ein weiterer, und zwar ISO 9960. Leider sind diese beiden Standards nicht gegenseitig kompatibel, das heißt, Programme, die auf den High-Sierra-Treiber abgestimmt sind, können zwar auch unter ISO 9960 laufen, nicht jedoch umgekehrt.

Drucker-Treiber

Drucker-Treiber sind komplexe Gebilde, die viele Ansteuerungsmöglichkeiten für den Drucker enthalten müssen. Fast alle Drucker verfügen über eigene Schriftarten und können natürlich jede Schriftart drucken, die vom System »geliefert« wird.

Jede Schrift hat außerdem noch besondere Ausprägungen, die als Schriftschnitte bezeichnet werden. Dazu gehören beispielsweise Kursivschrift, Fettdruck usw. Darüber hinaus wird ein Drucker auch noch zum Drucken von Grafik benutzt, was dem Druckertreiber wiederum besondere Fähigkeiten abverlangt.

Hinsichtlich der Druckertreiber gibt es zum einen die Möglichkeit, daß eine Anwendung über eine Reihe von Druckertreibern verfügt, unter denen sich auch für Ihren Drucker der passende befinden kann. Es gibt allerdings auch Treiber-Software, die je nach angeschlossenem Drucker reagiert, also quasi als Standarddruckertreiber. In diesem Fall kann aber die Leistungsfähigkeit eines Druckers kaum hundertprozentig ausgeschöpft werden.

Es existiert unter Windows 98/95 ein spezieller Assistent für die Druckerinstallation. Rufen Sie diesen Assistenten mit dem Befehl START | EINSTELLUNGEN | DRUCKER sowie mit der anschließenden Aktivierung des Icons NEUER DRUCKER auf.

Abb. 2.26:
Der Assistent für die Druckerinstallation

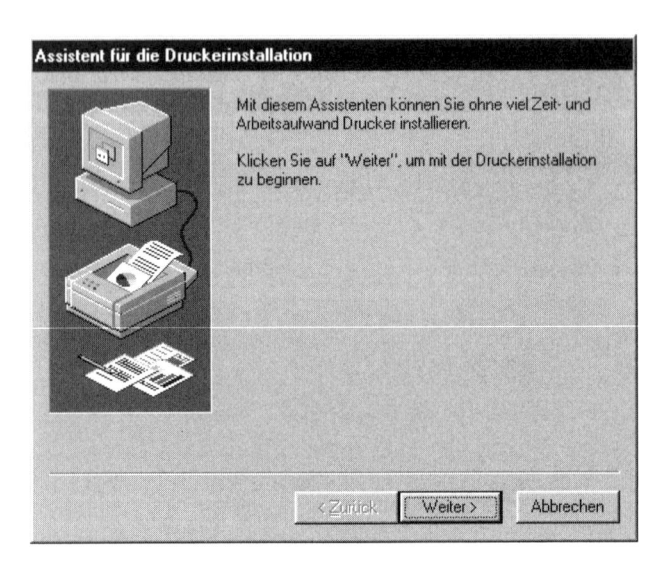

Anschließend wählen Sie aus, ob es sich um einen lokalen Drucker oder um einen Netzwerkdrucker handelt, und bestimmen anschließend in der Liste HERSTELLER den Hersteller Ihres Druckers und in der Liste DRUCKER das Modell.

2.3 Die Treiber-Kur

Sollte der Drucker nicht in dieser Liste vorhanden sein, liegt auch kein spezieller Druckertreiber für Ihren Drucker vor. In diesem Fall greifen Sie auf den Treiber zurück, der normalerweise auf Diskette oder CD im Lieferumfang des Druckers enthalten ist. Alternativ dazu können Sie beispielsweise einen aktuellen Druckertreiber aus dem Internet von der Web-Site des entsprechenden Herstellers herunterladen. Schieben Sie diesen Druckertreiber in ein spezielles Verzeichnis, damit Sie ihn später wiederfinden.

Klicken Sie für einen externen Druckertreiber auf die Schaltfläche DISKETTE, und geben Sie den Pfad an, unter dem der Druckertreiber zu finden ist. Dies kann entweder eine Diskette, eine CD-ROM oder ein Verzeichnis auf Ihrer Festplatte sein.

Abb. 2.27:
Wählen Sie in diesem Dialogfenster den Hersteller und das Modell Ihres Drucker aus.

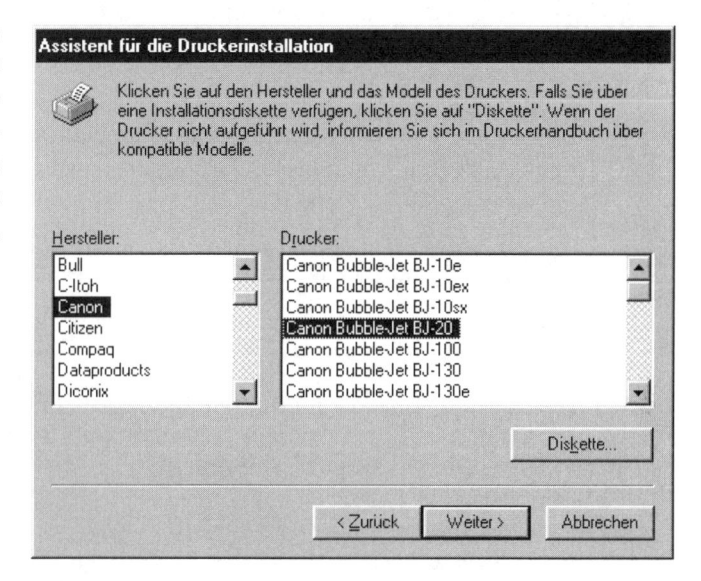

Wenn Sie Ihre Auswahl bestätigen, installiert der Druckertreiber-Assistent den gewünschten Druckertreiber. Damit dieser wirksam wird, müssen Sie Ihren Rechner neu starten. Sie werden im Einzelfall über ein Hinweisfenster darauf aufmerksam gemacht.

Grafik-Treiber

Gerade bei Druckern ist es nicht schlimm, wenn ein spezieller Treiber fehlt, denn Sie können sich vielfach zunächst mit einem anderen Druckertreiber behelfen. Die meisten Drucker können auch andere Drucker simulieren (emulieren). Der Drucker kann sich in einem solchen Emulationsmodus wie ein anderer Drucker verhalten. Laserdrucker beinhalten meistens eine HP-Emulation, das heißt, daß sich beispielsweise ein OKI-Drucker wie ein

Hewlett-Packard-Drucker verhalten kann. Sie können diesen Sachverhalt beispielsweise dann sinnvoll einsetzen, wenn eine DOS-Anwendung Ihren speziellen Drucker nicht ansprechen kann, jedoch einen HP-Drucker.

Wenn Sie beispielsweise eine Grafikkarte gebraucht erworben oder aus einem anderen Rechner übernommen haben und kein Grafikkartentreiber vorliegt, dann heißt das noch lange nicht, daß die Grafikkarte für Sie nutzlos ist. Genrell wird nur dann ein besonderer Treiber benötigt, wenn entweder die Grafikkarte von der Norm abweicht oder wenn Anwendungen Fähigkeiten von der Grafikkarte verlangen, die außerhalb des Standards liegen. Folgende vier Grafikstandards werden normalerweise problemlos unterstützt:

- MDA. Dieser Standard wird kaum eingesetzt. Er unterstützt eine reine Textdarstellung von 80 Zeichen je Zeile, bei 25 Zeilen in monochromer Darstellung.
- CGA. Dieser Standard wird vorwiegend nur noch auf Laptops älteren Baujahres eingesetzt und bietet eine Auflösung von 320 x 200 Pixel bei vier Farben oder 640 x 200 bei zwei Farben.
- EGA. Ein ebenfalls veralteter Standard, der 640 x 350 Pixel bei 16 aus 64 Farben darstellt.
- VGA. Ein gebräuchlicher Standard, der 640 x 480 Pixel bei 16 aus 256.000 Farben oder 320 x 200 mit 256 Farben darstellt.

Für alle anderen Anforderungen sind spezielle Treiber erforderlich. Die Super-VGA-Auflösung (SVGA) mit 800 x 600 oder 1.024 x 780 Pixel bei 256 Farben wird als erweiterter Modus angesehen.

Beachten Sie gerade bei älteren Grafikkarten im EGA-, VGA- oder SVGA-Modus, daß diese über keine eigenen Fähigkeiten verfügen, wie dies bei modernen Grafikkarten mit 3D-Funktionen usw. der Fall ist, sondern sie sind von den Fähigkeiten bzw. von der Leistungsfähigkeit des Prozessors abhängig.

Wenn Sie sich über die Eigenschaften Ihrer momentan installierten Grafikkarte nicht im klaren sind, wählen Sie den Befehl START | EINSTELLUNGEN | SYSTEMSTEUERUNG, und aktivieren Sie das Icon ANZEIGE.

Wechseln Sie in die Registerkarte EINSTELLUNGEN, und klicken Sie auf die Schaltfläche ERWEITERT. Sie erhalten hier einen Überblick über die Eigenschaften Ihrer momentan installierten Grafikkarte.

2.3 Die Treiber-Kur

Abb. 2.28: Hier lassen Sie sich die erweiterten Eigenschaften Ihrer Grafikkarte anzeigen.

Wenn Sie Probleme mit der Grafikkarte haben, finden Sie in der Registerkarte LEISTUNGSMERKMALE einige Einstellungen, die den Windows-Zugriff auf die Hardware steuern und zur Lösung von bildschirmbedingten Problemen beitragen können. Beachten Sie in einem solchen Fall die angezeigten Hinweise.

Abb. 2.29: Erste Hilfe bei Problemen mit der Bildausgabe

Maus-Treiber

Die Maus ist neben der Tastatur das wesentliche Eingabegerät, denn mit ihr steuern Sie die Oberfläche von Windows und seinen Anwendungen. Die Maus muß dem System auf jeden Fall angemeldet werden. Dies geschieht mit dem Maustreiber.

Windows verfügt über einen eigenen Maustreiber, der fast alle herkömmlichen Mäuse ansteuern kann, sofern es sich um ein Markengerät handelt.

Auf der anderen Seite kann der Maustreiber auch durch eine der Startdateien AUTOEXEC.BAT und CONFIG.SYS aufgerufen werden. Führen Sie auch DOS-Programme aus, beispielsweise Spiele, dann empfiehlt es sich auf jeden Fall, einen entsprechenden Eintrag in einer dieser Dateien vorzunehmen, damit Sie nach dem Wechsel in den DOS-Modus auch mit der Maus weiterarbeiten können.

Es gibt Maustreiber mit unterschiedlichen Dateiendungen. Weist der Maustreiber, den Sie in die Startdatei einbinden wollen, die Dateiendung .SYS auf, dann müssen Sie den entsprechenden Eintrag in der Gerätekonfigurationsdatei CONFIG.SYS vornehmen. Andernfalls wird er mit den nachfolgenden Bedingungen in die Startdatei AUTOEXEC.BAT eingetragen.

Abb. 2.30:
Der Maustreiber in der Datei CONFIG.SYS

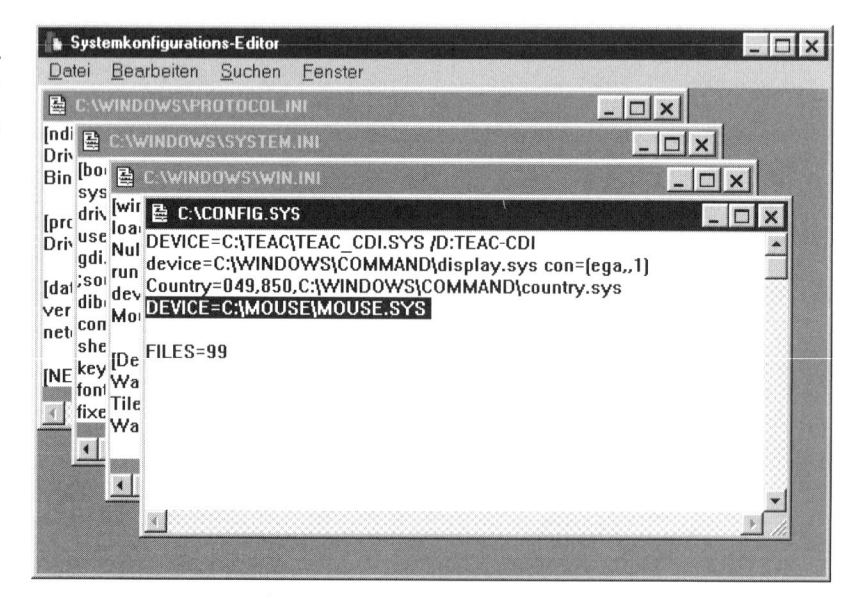

Angenommen, Ihr Maustreiber heißt MOUSE.SYS, dann müssen Sie ihn in die Datei CONFIG.SYS eintragen, und zwar mit einer Gerätezuordnung über den Befehl DEVICE. Befindet sich Ihr Maustreiber beispielsweise im Verzeichnis C:\MOUSE, dann lautet die Befehlszeile:

```
DEVICE=C:\MOUSE\MOUSE.sys
```

Lautet der Dateiname des Maustreibers beispielsweise MOUSE.COM, dann sieht der Eintrag in der Datei AUTOEX.BAT so aus:

```
C:\MOUSE\MOUSE
```

Scanner-Treiber

Im Zusammenhang mit Scannern kommt dem TWAIN-Standard eine besondere Bedeutung zu. Mit diesem Standard bzw. mit einem TWAIN-Treiber ist es möglich, aus einer Anwendung heraus direkt auf den Scanner zuzugreifen, vorausgesetzt, das Gerät unterstützt diesen Standard, was aber bei fast allen Markengeräten der Fall ist.

Vorteilhaft ist hierbei auch, daß Sie bei der Verwendung eines TWAIN-kompatiblen Scanners keinen speziellen Treiber in die Gerätekonfigurationsdatei CONFIG.SYS einbinden müssen. Dies trägt erheblich zur Anwenderfreundlichkeit bei.

Bei allen Vorteilen gibt es allerdings auch einen Nachteil: Der TWAIN-Treiber wird beim Booten des Systems in den Arbeitsspeicher geladen wird und bleibt dort resident, ob er genutzt wird oder nicht. Da derjenige Arbeitsspeicherbereich, in den der TWAIN-Treiber geladen wird, vom Platzangebot her sowieso beschränkt ist, stellt dies ein gewisses Manko dar.

Anders sieht es hingegen aus, wenn Sie keinen TWAIN-kompatiblen Scanner, sondern einen echten TWAIN-Scanner benutzen. In diesem Fall können Sie auf die unnütze Speicherbelegung durch den erwähnten Treiber verzichten. Der TWAIN-Treiber des Scanners wird in diesem Fall über eine Installationsroutine in das Verzeichnis TWAIN kopiert. Gegebenenfalls werden auch noch weitere Unterverzeichnisse eingerichtet. Außerdem wird eine Bibliotheksdatei namens TWAIN.DLL in das Windows-Verzeichnis kopiert.

Jede Anwendung, die über eine TWAIN-Schnittstelle verfügt, ist darauf ausgelegt, diese TWAIN-Treiber zu finden. Sie können also beispielsweise von einem Programm wie PhotoPaint aus direkt den Scanner ansteuern und gescannte Daten in diesem Programm verarbeiten.

Abb. 2.31:
Wählen Sie beispielsweise in PhotoPaint die gewünschte Scan-Software aus.

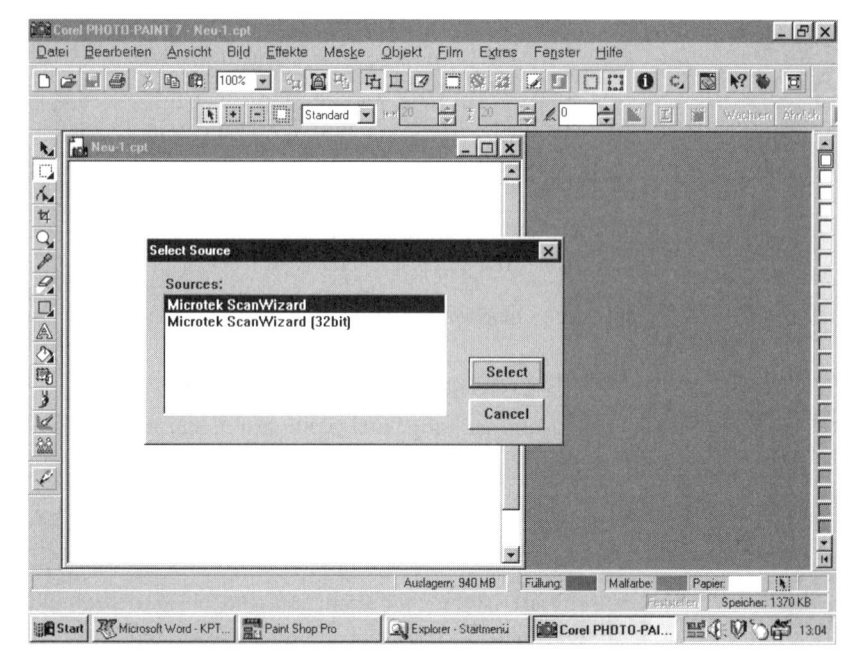

Virtuelle Treiber

Virtuelle Gerätetreiber werden unter Windows als VXD-Dateien geführt, wobei das X in der Dateierweiterung für ein beliebiges Gerät steht. Der virtuelle Gerätetreiber ist also kein spezieller Treiber, sondern ein Universaltreiber, der je nach Ausprägung für die unterschiedlichen Geräte eingesetzt werden kann. So gibt es beispielsweise für den Monitor einen VDD (Virtual Display Driver) oder für den Drucker einen VPD (Virtual Printer Driver).

Der Vorteil dieser virtuellen Gerätetreiber liegt darin, daß es unterschiedlichen Prozessen möglich ist, sich eine Ressource zu teilen. Jeder Prozeß läuft dann so ab, als ob er allein über die Ressource verfügen könnte.

Ein Beispiel wären ein externes Modem und die Maus. Beide Geräte greifen auf die serielle Schnittstelle zu. Nun könnte ein virtueller Gerätetreiber dafür sorgen, daß keine Adreßkonflikte entstehen, und jedes Gerät dennoch auf die serielle Schnittstelle zugreifen kann.

Virtuelle Gerätetreiber gibt es seit den Anfängen von Windows. Dort unterstützten sie hauptsächlich DOS-Programme, wenn diese im Mehrprogramm-Modus (Multitasking) auf ein Peripheriegerät zugreifen wollten.

Aber auch unter Windows 98/95 gibt es jede Menge VXD-Dateien. Suchen Sie doch einmal mit der Funktion SUCHEN im Explorer nach diesen Dateien, indem Sie als Suchbegriff

2.3 Die Treiber-Kur

```
*.vxd
```

eingeben. Sie werden sich vielleicht wundern, wie viele dieser virtuellen Gerätetreiber sich im Systemverzeichnis von Windows tummeln.

Abb. 2.32: Auf Ihrem System befinden sich massenhaft VXD-Treiber im Systemverzeichnis von Windows.

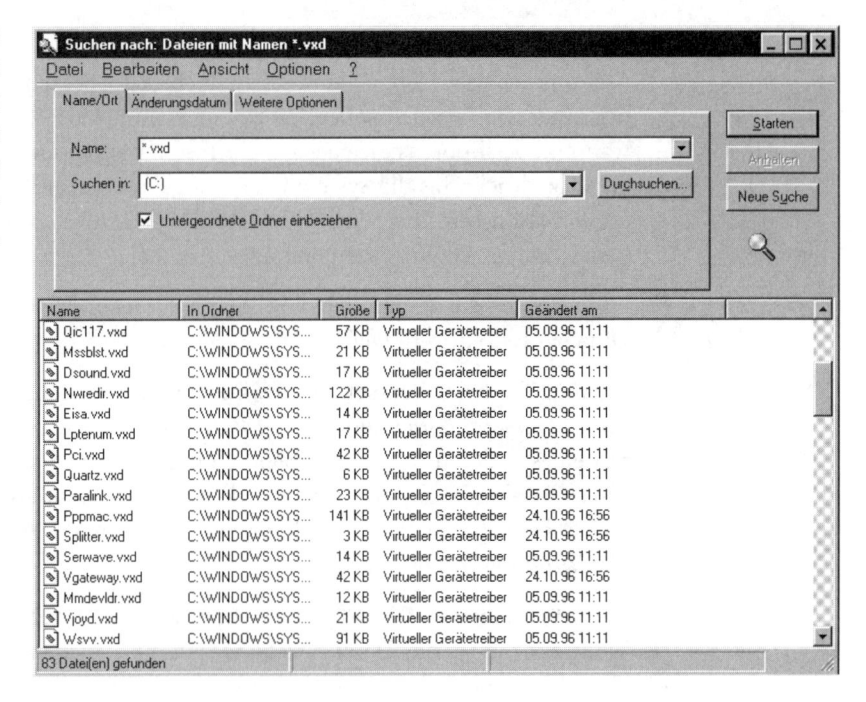

Der Treiber DBLSPACE.BIN stört bei der Arbeit unter Windows 98/95.

Sofern dies beim Installieren von Windows 98/95 oder auch im nachhinein festgelegt wurde, wird beim Start der Treiber DBLSPACE.BIN installiert. Dieser Treiber belegt jedoch über 100 kByte unter DOS. Wenn nun DOS-Programme ausgeführt werden, die nicht unter Windows 98/95 sondern nur im reinen DOS-Modus laufen, kann es dazu kommen, daß der Speicherplatz fehlt.

Sie können den DBLSPACE-Treiber deaktivieren, indem Sie mit einem geeigneten Editor die Systemdatei MSDOS.SYS laden. Suchen Sie den Abschnitt [Options], und berichtigen Sie folgende Zeilen:

```
DblSpace=0
DrvSpace=0
```

Speichern Sie diese Datei, und starten Sie Ihr System neu. Der DBLSPACE-Treiber wird nicht mehr geladen.

Ist es möglich, zu bestimmten Gelegenheiten beim Booten des Rechners ausführliche Informationen über die installierten Treiber zu erhalten, die von den Systemdateien AUTOEXEC.BAT und CONFIG.SYS aufgerufen werden?

Der Schalter /V hinter dem Treiberaufruf bewirkt, daß nähere Informationen angezeigt werden. Wenn diese jedoch nicht bei jedem Start des Rechners angezeigt werden sollen, gibt es eine temporäre Lösung. Drücken Sie während des Bootens gleichzeitig die Tasten Strg und Alt, und halten Sie sie gedrückt, bis die Systemdateien abgearbeitet sind. Mit dieser Tastenkombination erreichen Sie, daß ausführliche Informationen zu allen Treibern, die den Schalter /V unterstützen, angezeigt werden.

Treiberreste, die vermutlich von einem Drucker herrühren, stören. Wie können diese entfernt werden?

Erhalten Sie beim Versuch, ein Dokument zu drucken, die Fehlermeldung *Fehler beim Schreiben auf Gerät LPTx, dann* ist wahrscheinlich der Überrest eines anderen Druckertreibers schuld, den Sie zuvor installiert hatten. Ältere Treiber von Canon, Lexmark, Oki und auch solche des Internet-Browsers Netscape in einer älteren Version können den Druck-Manager von Windows 98/95 blockieren.

Wählen Sie den Befehl START | AUSFÜHREN, und geben Sie Sysedit ein. Wechseln Sie in die Datei SYSTEM.INI, und suchen Sie den Abschnitt [386Enh]. Löschen Sie dort folgende Einträge:

```
lex.386
okiport.386
sumovmi.386
vcpd.386
vecpd.386
```

Funktioniert Ihr neu installierter Drucker danach immer noch nicht, löschen Sie den Treiber für dieses Gerät, und installieren Sie ihn erneut. Versuchen Sie auch, auf einen kompatiblen Typ aus der Druckerliste von Windows 98/95 auszuweichen.

2.4 Analyseprogramme

Auf der beiliegenden CD finden Sie eine Reihe von Programmen, mit denen Sie eine Systemanalyse Ihres PCs durchführen können. Nachfolgend werden einige interessante Programm-Features beschrieben. Wie bei den anderen Programmen auch sind dies keine vollständigen Programmbeschreibungen, sondern lediglich Anregungen und Hinweise.

2.4.1 Dr. Hardware Sysinfo 4.0

Dr. Hardware Sysinfo hilft Ihnen herauszufinden, welche Komponenten sich in Ihrem System befinden, und wie gegebenenfalls deren Status ist.

Dr. Hardware ist einfach zu handhaben, sehr klar strukturiert und bietet gerade dem Anfänger in Sachen Systemanalyse eine wertvolle Hilfe.

Die vorliegende Version 4.0 bietet Ihnen folgende Features:

- Es werden über 300 Mainboards identifiziert.
- Es werden Details für das Intel 440LX Chipset incl. A.G.P-Portinformationen angezeigt.
- Sie erhalten Details für das VIA VT82C580VP Chipset.
- Verbesserte Cyrix CPU-Identifikation, auch für Cyrix MediaGX
- Cache-Informationen für Pentium-II und AMD K5, K6
- Informationen, basierend auf FAT32-Drives
- Identifikation von neuen PCI- und Plug&Play-Geräten
- Identifikation der BIOS-Versions-ID der Hersteller AMI und Award
- Erweiterte Benchmark-Liste (Pentium-II, AMD-K6, NexGen 90 etc.)

Abb. 2.33:
Der Eingangsbildschirm von
Dr. Hardware Sysinfo

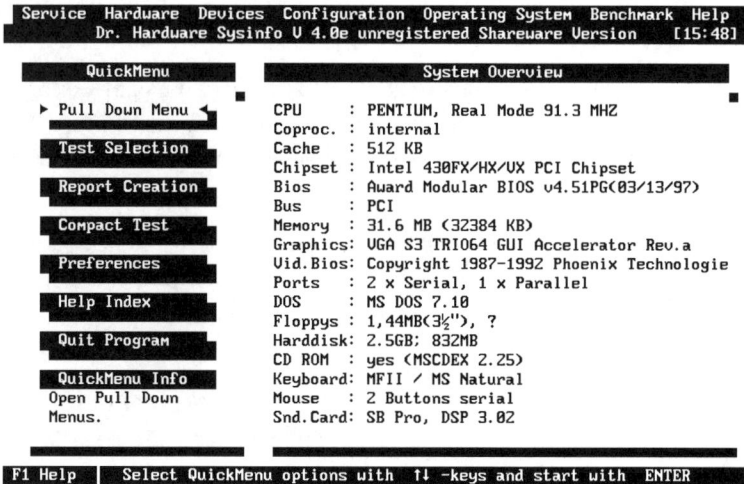

Beachten Sie, daß Sie Dr. Hardware Sysinfo zwar im DOS-Fenster von Windows laufen lassen können, jedoch kann es im Einzelfall zu Problemen kommen. Darüber hinaus erfordert das Programm aber ein System, das im Real-Modus läuft, um eine exakte Überprüfung durchführen zu können. Sie sollten also Ihren Rechner im MS-DOS-Modus starten und den EMM-Manager deaktivieren, sofern dies geschehen ist.

Auf dem Eingangsbildschirm sehen Sie einen Systemüberblick. Hier werden alle wesentlichen Komponenten des Systems aufgelistet, wie beispielsweise der Chipsatz, die CPU, das BIOS, der Grafikadapter usw.

Auf der linken Seite sehen Sie den ersten Befehl, PULL DOWN MENU, invers hinterlegt. Drücken Sie die Taste ⏎, und Sie können über das Auswahlmenü am oberen Bildschirmrand verfügen.

Folgende Kategorien stehen Ihnen hier zur Verfügung:

Service. Über die Befehle AUTOEXEC.BAT, CONFIG.SYS, WIN.INI, SYSTEM.INI und OTHER FILES können Sie die Einträge der genannten Start- und Konfigurationsdateien einsehen und ändern. Diese Funktion ähnelt derjenigen unter Windows 98/95, die Sie mit dem Befehl SYSEDIT im Dialogfenster AUSFÜHREN aufrufen können.

Der Befehl PREFERENCES führt in ein Menü, in dem Sie die Grundeinstellungen für Dr. Hardware Sysinfo ändern können.

Für eine ausführliche Systemanalyse ist es auf jeden Fall hilfreich, einen Report über die vorgefundenen Parameter erstellen zu lassen. Über den Befehl GENERATE REPORT gelangen Sie in ein Dialogfenster, in dem Sie neben dem Namen der Datei, in die der Report geschrieben werden soll, auch auswählen können, welche Daten in diesem Report aufgeführt werden. Sie markieren bzw. demarkieren die Gruppen SERVICE, HARDWARE, DEVICE, SETUP, SOFTWARE UND BENCHMARK.

Der Befehl MEMORY VIEWER führt zu einem Editor, in dem die einzelnen Speicherbereiche mit ihren Adressen aufgelistet werden. Bei Bedarf können Sie zu einzelnen Adreßbereichen verzweigen und den Inhalt der Speicherbereiche ändern.

Das Ändern der Inhalte von Speicherbereichen ist eine Angelegenheit, die nur dann durchgeführt werden sollte, wenn Sie sich über die Auswirkungen völlig im klaren sind. Mitunter können Sie auf diese Weise einen Systemabsturz verursachen und ein erneutes Starten des Rechners verhindern.

Sofern Sie über eine DOS-Shell und genügend Arbeitsspeicher verfügen, können Sie mit dem Befehl DOS SHELL eine Anzeige dieser Oberfläche erreichen.

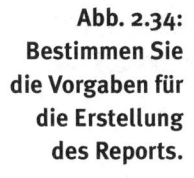

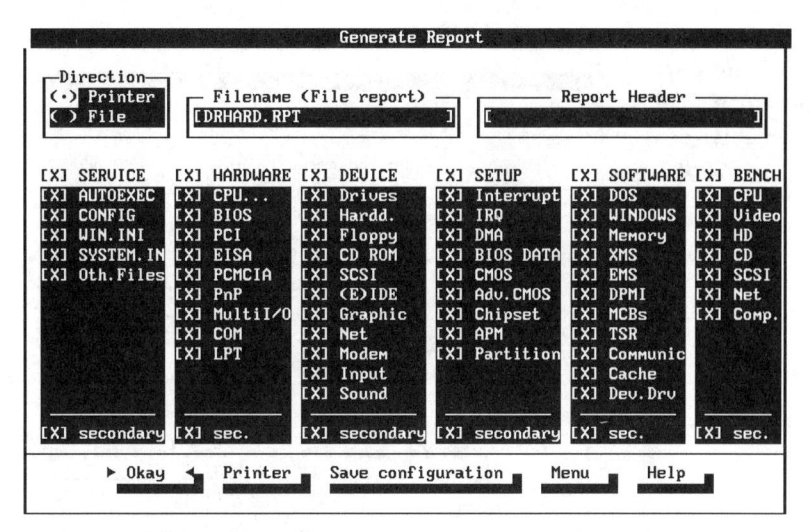

Abb. 2.34:
Bestimmen Sie die Vorgaben für die Erstellung des Reports.

```
┌─────────────────────────── Generate Report ───────────────────────────┐
│ ┌─Direction──┐                                                        │
│ │ (•) Printer│  ┌─ Filename (File report) ─┐  ┌─── Report Header ───┐ │
│ │ ( ) File   │  [DRHARD.RPT              ]  [                     ] │
│ └────────────┘                                                        │
│                                                                       │
│ [X] SERVICE   [X] HARDWARE [X] DEVICE   [X] SETUP      [X] SOFTWARE [X] BENCH │
│ [X] AUTOEXEC  [X] CPU...   [X] Drives   [X] Interrupt  [X] DOS      [X] CPU   │
│ [X] CONFIG    [X] BIOS     [X] Hardd.   [X] IRQ        [X] WINDOWS  [X] Video │
│ [X] WIN.INI   [X] PCI      [X] Floppy   [X] DMA        [X] Memory   [X] HD    │
│ [X] SYSTEM.IN [X] EISA     [X] CD ROM   [X] BIOS DATA  [X] XMS      [X] CD    │
│ [X] Oth.Files [X] PCMCIA   [X] SCSI     [X] CMOS       [X] EMS      [X] SCSI  │
│               [X] PnP      [X] (E)IDE   [X] Adv.CMOS   [X] DPMI     [X] Net   │
│               [X] MultiI/O [X] Graphic  [X] Chipset    [X] MCBs     [X] Comp. │
│               [X] COM      [X] Net      [X] APM        [X] TSR              │
│               [X] LPT      [X] Modem    [X] Partition  [X] Communic         │
│                            [X] Input                   [X] Cache            │
│                            [X] Sound                   [X] Dev.Drv          │
│                                                                             │
│ [X] secondary [X] sec.    [X] secondary [X] secondary  [X] sec.     [X] sec. │
│                                                                             │
│     ▶ Okay ◀    Printer   Save configuration   Menu    Help                 │
└─────────────────────────────────────────────────────────────────────────────┘
```

Auch die Systemuhr kann überprüft werden. Wählen Sie dazu den Befehl TIMER CHECK, und es werden gegebenenfalls die Abweichungen der Systemuhr angezeigt.

Der Befehl RESET bewirkt einen Reset des Rechners. Sie können also beispielsweise Einstellungen, die einen Neustart des Rechners erforderlich machen, gleich testen, indem Sie den genannten Befehl auswählen, anstatt die Taste `Reset` an Ihrem Rechner zu betätigen.

Hardware. Über den ersten Menüpunkt, MAINBOARD, können Sie sich alle Komponenten des Mainboards anzeigen lassen. Dazu zählen beispielsweise die CPU, die CPU-Clock, der MMX-Support usw. Diese Informationen sind beispielsweise dann wichtig, wenn Sie einen gebrauchten Rechner untersuchen wollen, und bei Ihrem Check mit dem Mainboard als wesentliches Basiselement anfangen.

Als nächstes wäre das BIOS mit dem gleichnamigen Befehl zu überprüfen. Sie erhalten die exakte Bezeichnung sowie die Versionsangabe, das Herstellungsdatum, die Adresse, über die es im System ansprechbar ist, sowie unter anderem auch Auskunft darüber, ob das BIOS Plug&Play-fähig ist.

Sofern in Ihrem Rechner ein Plug&Play-fähiges BIOS installiert ist, können Sie sich über den Befehl PLUG&PLAY BIOS weitere Informationen zu diesem Chip anzeigen lassen.

Wie die Abbildung 2.35 zeigt, belegen die einzelnen Komponenten des PCI-Busses unterschiedliche Interrupts. Sie erhalten diese Informationen über den Befehl PCI BUS INFO aus diesem Menü.

Abb. 2.35:
Die Belegung der einzelnen Komponenten des PCI-Bus.

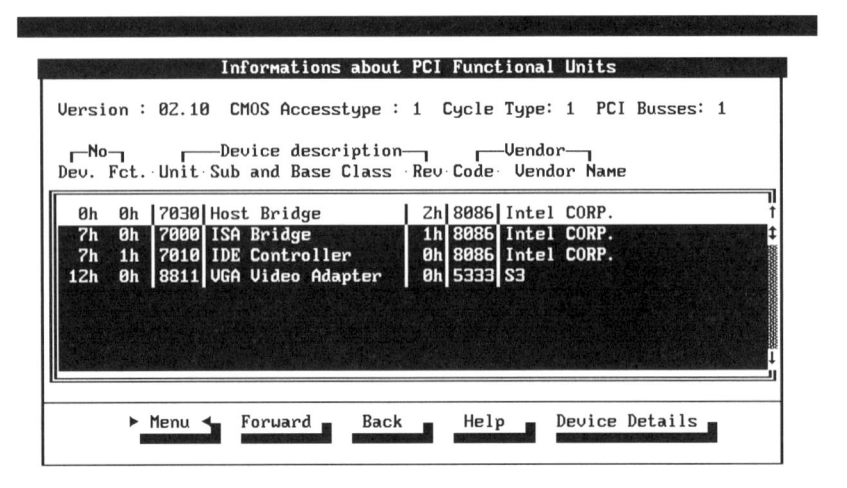

```
┌─────────────────────────────────────────────────────────────┐
│            Informations about PCI Functional Units          │
│                                                             │
│   Version : 02.10   CMOS Accesstype : 1  Cycle Type: 1  PCI Busses: 1 │
│                                                             │
│     ┌─No─┐      ┌─Device description─┐    ┌─Vendor─┐        │
│   Dev. Fct. Unit Sub and Base Class   Rev Code  Vendor Name │
│   ┌─────────────────────────────────────────────────────┐   │
│   │ 0h   0h  |7030|Host Bridge        | 2h|8086|Intel CORP.│ │
│   │ 7h   0h  |7000|ISA Bridge         | 1h|8086|Intel CORP.│ │
│   │ 7h   1h  |7010|IDE Controller     | 0h|8086|Intel CORP.│ │
│   │12h   0h  |8811|VGA Video Adapter  | 0h|5333|S3         │ │
│   │                                                     │   │
│   │                                                     │   │
│   └─────────────────────────────────────────────────────┘   │
│                                                             │
│     ▶ Menu ◀    Forward    Back      Help     Device Details│
└─────────────────────────────────────────────────────────────┘
  F1 Help   TAB →← Switching box-buttons      ↑↓ Scroll   ESC Abort
```

Ebenso verhält es sich mit den Informationen über die seriellen und parallelen Schnittstellen. Mit den Befehlen SERIAL PORTS und PARALLEL PORTS können Sie beispielsweise die Adressen und die belegten Interrupts für die Schnittstellen abfragen, was unter anderem bei einer Fehlersuche sehr hilfreich sein kann. Denn auch bei den Schnittstellen kann es zu Problemen kommen, wenn beispielsweise die Maus die gleiche Schnittstelle belegt wie das Modem und beide den gleichen Interrupt oder die gleiche Adresse benutzen.

Wenn Sie die Abbildung 2.36 betrachten, werden Sie feststellen, daß Sie außer den Angaben für die belegte Portadresse beispielsweise auch noch Hinweise auf den UART-Chip erhalten. Dieser Chip ist dann wichtig, wenn es um die Datenübertragung mit einem schnellen Modem geht.

Daneben sehen Sie auch die momentanen Einstellungen bezüglich der Modemeinstellungen am Port, also in diesem Beispiel sieben Datenbits, keine Parität und ein Stopbit. Diese Einstellungen sind wichtig, da sich bei unterschiedlichen Angaben auf beiden Seiten, also beim sendenden und beim empfangenden Modem, keine Datenübertragung bewerkstelligen läßt.

**Abb. 2.36:
Die Parameter für den seriellen Port**

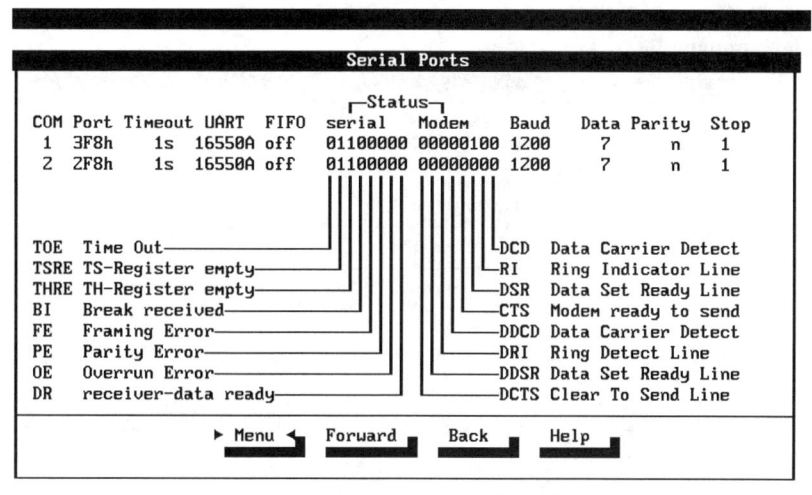

```
                              Serial Ports
                            ┌─Status─┐
      COM  Port  Timeout  UART   FIFO  serial    Modem    Baud  Data Parity Stop
       1   3F8h   1s     16550A  off   01100000  00000100 1200   7    n     1
       2   2F8h   1s     16550A  off   01100000  00000000 1200   7    n     1

      TOE   Time Out─────────────┘│││││││ │││││││└─DCD  Data Carrier Detect
      TSRE  TS-Register empty─────┘││││││ ││││││└──RI   Ring Indicator Line
      THRE  TH-Register empty──────┘│││││ │││││└───DSR  Data Set Ready Line
      BI    Break received──────────┘││││ ││││└────CTS  Modem ready to send
      FE    Framing Error────────────┘│││ │││└─────DDCD Data Carrier Detect
      PE    Parity Error──────────────┘││ ││└──────DRI  Ring Detect Line
      OE    Overrun Error──────────────┘│ │└───────DDSR Data Set Ready Line
      DR    receiver-data ready─────────┘ └────────DCTS Clear To Send Line

                   ▶ Menu ◀    Forward    Back    Help

   F1 Help   TAB ↔ Select option    Return Confirm    ESC Abort
```

Devices. Das Menü DEVICES bezieht sich auf die Geräte, die an Ihren PC angeschlossen sind. Die Menüpunkte bedürfen kaum einer Erklärung. Der Befehl FLOPPY DRIVES listet die Parameter für die angeschlossenen Diskettenlaufwerke auf, der Befehl GRAPHICS ADAPTER zeigt Ihnen die Parameter für die Grafikkarte, der Befehl SOUND CARD identifiziert die Soundkarte usw.

Wenn Sie den Befehl HARDDISKS aufrufen, dann erscheint ein Untermenü, aus dem Sie diejenige Festplatte auswählen, zu der Sie Informationen erhalten wollen. Der Befehl HDD0 bezieht sich auf die Festplatte, von der gebootet wird.

Die Abbildung 2.37 zeigt die gefundenen Parameter einer Festplatte. Sie sehen hier im oberen Fenster die Parameter, die im Setup eingetragen bzw. von der Funktion HDD AUTO DETECTION ermittelt werden. Neben der Festplattenkapazität finden Sie Angaben zu der Anzahl der Schreib-Leseköpfe, den Sektoren und den Zylindern.

Im unteren Fenster können Sie unter anderem auch sehen, mit welcher Software die Festplatte formatiert wurde.

Abb. 2.37:
Die Parameter für eine Festplatte

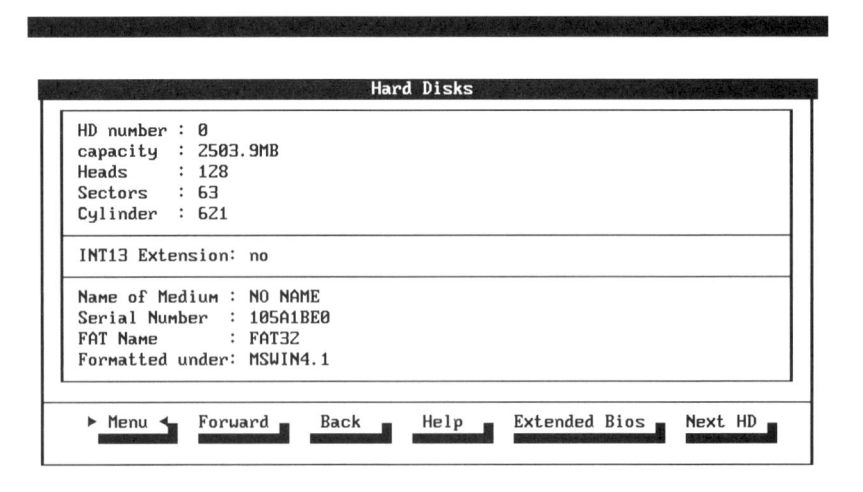

```
                         Hard Disks
    HD number  : 0
    capacity   : 2503.9MB
    Heads      : 128
    Sectors    : 63
    Cylinder   : 621

    INT13 Extension: no

    Name of Medium : NO NAME
    Serial Number  : 105A1BE0
    FAT Name       : FAT32
    Formatted under: MSWIN4.1

    ▶ Menu    Forward    Back    Help    Extended Bios    Next HD

    F1 Help    TAB ↔ Select option    Return Confirm    ESC Abort
```

Configuration. Diese Menüpunkte widmen sich der Basiskonfiguration Ihres Rechners, das heißt dem BIOS, den Interrupt- und DMA-Einstellungen usw.

Der erste Befehl, INTERRUPT VECTORS, listet eine Tabelle auf, in der die angesprochenen Interrupts angezeigt werden. Interrupts werden entweder durch Hardwareaktionen, wie beispielsweise das Drücken einer Taste auf der Tastatur, das Ansprechen eines Diskettenlaufwerks usw., oder durch Softwareaktionen, wie beispielsweise das Speichern einer Datei, das Öffnen eines Programms usw., belegt. Deshalb werden die 256 Interrupts des Rechners in Hardware- und Software-Interrupts aufgeteilt.

In beiden Fällen passiert folgendes: Wenn eine Aktion einen Interrupt anspricht, wird die entsprechende Registeradresse aus der Interrupt-Vektorentabelle ausgelesen. Die Adresse verweist auf eine Rechnerfunktion an einer definierten Segment- und Offset-Adresse, die diesen Interrupt bedient. Die angesprochene Funktion wird auch als *Interrupt-Handler* bezeichnet.

Über den Befehl IRQ ASSIGNMENT können Sie einen Überblick über die IRQ-Belegung Ihres Rechners erhalten. Dies ist besonders dann wichtig, wenn Sie ein Problem mit einer neu installierten Hardware haben. Beispiel: Sie bauen eine neue Soundkarte ein, die entweder nicht Plug&Play-fähig ist oder die vorhandene Geräte und deren IRQ-Belegung nicht korrekt erkennt. Der Fehler macht sich dadurch bemerkbar, daß kein Sound abgespielt werden kann, bzw. der Lautsprecher krächzt nur.

2.4 Analyseprogramme

Rufen Sie in diesem Fall den Befehl IRQ ASSIGNMENT auf. Dr. Hardware listet Ihnen nun die Belegung der IRQs auf. Sehen Sie nach, auf welchen IRQ Ihre Soundkarte konfiguriert ist. Dies müßte in der technischen Dokumentation vermerkt sein. Angenommen, es ist der IRQ 15, dann erkennen Sie anhand der in Abbildung 2.38 gezeigten Liste, daß es sich um einen Interrupt handelt, der bereits von einem Gerät, in diesem Fall vom CD-ROM-Laufwerk, belegt ist. Sie können nun entweder den Interrupt der Soundkarte oder des CD-ROM-Laufwerks ändern.

Bei einigen Einträgen, beispielsweise bei den Interrupts 10 bis 14 sehen Sie den Befehl MISCELLAN. Dies ist die Abkürzung für *miscellaneous* und bedeutet *verschiedene*. Es handelt sich hier also um verschiedene Geräte.

Abb. 2.38:
Die Interrupt-Belegung eines Rechners

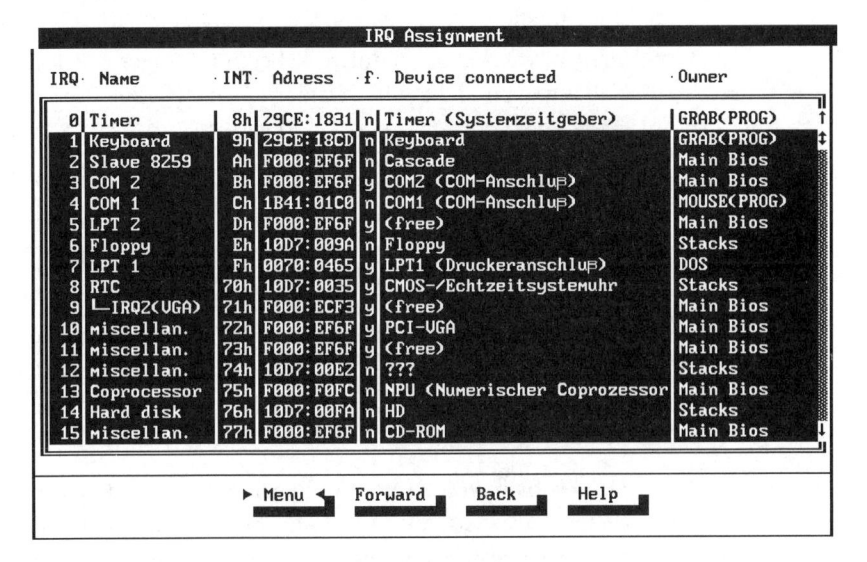

```
                         IRQ Assignment
IRQ  Name           INT  Adress      f  Device connected          Owner
 0  Timer           8h  29CE:1831  n  Timer (Systemzeitgeber)    GRAB(PROG)
 1  Keyboard        9h  29CE:18CD  n  Keyboard                   GRAB(PROG)
 2  Slave 8259      Ah  F000:EF6F  n  Cascade                    Main Bios
 3  COM 2           Bh  F000:EF6F  y  COM2 (COM-Anschluß)        Main Bios
 4  COM 1           Ch  1B41:01C0  n  COM1 (COM-Anschluß)        MOUSE(PROG)
 5  LPT 2           Dh  F000:EF6F  y  (free)                     Main Bios
 6  Floppy          Eh  10D7:009A  n  Floppy                     Stacks
 7  LPT 1           Fh  0070:0465  y  LPT1 (Druckeranschluß)     DOS
 8  RTC            70h  10D7:0035  y  CMOS-/Echtzeitsystemuhr    Stacks
 9  └IRQ2(VGA)     71h  F000:ECF3  y  (free)                     Main Bios
10  miscellan.     72h  F000:EF6F  y  PCI-VGA                    Main Bios
11  miscellan.     73h  F000:EF6F  y  (free)                     Main Bios
12  miscellan.     74h  10D7:00E2  n  ???                        Stacks
13  Coprocessor    75h  F000:F0FC  n  NPU (Numerischer Coprozessor) Main Bios
14  Hard disk      76h  10D7:00FA  n  HD                         Stacks
15  miscellan.     77h  F000:EF6F  n  CD-ROM                     Main Bios

              ▶ Menu  ◀ Forward    Back    Help
```

Der Befehl DMA ASSIGNMENT funktioniert ähnlich wie der Befehl IRQ ASSIGNMENT. Er listet Ihnen die DMA-Adressen (DMA = Direct Memory Access) und die Geräte auf, die auf diese Adressen zugreifen.

Mit dem Befehl BIOS DATA SEGMENT werden Sie normalerweise kaum konfrontiert werden. Für das BIOS-Datensegment gilt: Der Arbeitsspeicher Ihres Rechner enthält, beginnend mit der Adresse 0040:0000, einige Bereiche, die Daten mit einer Blockgröße von etwa 256 Bytes enthalten. Es handelt sich hierbei um hardwarespezifische Daten, die sich auf DOS und das BIOS beziehen. Der Inhalt dieser Datenpakete ist von der installierten Hardware abhängig. Beispielsweise sind die Parameter für einen seriellen Port oder die Bezeichnung der Videokarte enthalten.

Weitere Einblicke in die Parameter des BIOS erhalten Sie mit den Einträgen STANDARD CMOS SETUP, ADVANCED CMOS SETUP, CHIPSET CONFIGURATION und POWER MANAGEMENT (APM).

Einsicht in die Partitionstabelle einer Festplatte erhalten Sie über den Befehl PARTITION TABLES. Während des Systemstarts liest das BIOS zuerst die Partitionstabelle der Festplatte, von der gebootet werden soll. In diesem Sektor der Festplatte wird normalerweise die Zeichenfolge 55AA gefunden. Diese Zeichenfolge signalisiert dem BIOS, daß es sich um eine bootfähige Partition handelt.

Der Partitionssektor enthält eine Beschreibung der logischen Struktur der Festplatte, die in eine Anzahl von logischen Festplatten aufgeteilt sein kann. Eine solche logische Partition kann wie ein herkömmliches Laufwerk mit einer abweichenden Laufwerkskennung angesprochen werden, obwohl es sich um ein und dieselbe Festplatte handelt. Eine Partition ist normalerweise durch die Parameter HEADS, CYLINDERS und SECTORS gekennzeichnet.

Operating Systems. Dieses Menü bezieht sich auf die Parameter und Einstellungen des Betriebssystems DOS und der Betriebssystemoberfläche Windows.

Mit den Einträgen DOS UND WINDOWS erhalten Sie Informationen beispielsweise über die Versionsnummer, über den aktuellen Modus, eine Pfadangabe, wo die meisten der Dateien des Betriebssystems zu finden sind, Angaben über die Tastaturversion, den Grafikkartentreiber und vieles mehr.

Das Problem von DOS ist der Speicherbereich unterhalb von 1 MByte. Auf diesen wird beispielsweise von Spielen unter DOS zugegriffen. Wenn der Speicherbereich nicht ausreicht, erhalten Sie eine entsprechende Fehlermeldung, und zwar auch dann, wenn Sie beispielsweise 64 MByte Arbeitsspeicher oder mehr installiert haben. Weitere Erläuterungen zu diesem Thema finden Sie in den Abschnitten, die sich mit dem Erweiterungsspeicher und dem Expansionsspeicher befassen.

Sehen Sie sich einmal die aktuelle Belegung des Arbeitsspeichers in Form einer Kurzzusammenfassung an. Wählen Sie dazu den Befehl DOS MEMORY OVERVIEW, und Sie erhalten die in Abbildung 2.39 gezeigte Übersicht. Sie können dieser Übersicht entnehmen, daß der freie Arbeitsspeicherbereich unterhalb von 1 MByte lediglich 55 kByte beträgt. Da das Programm Dr. Hardware ebenfalls diesen Speicherbereich belegt, hätten Sie 450 kByte frei, wenn Sie dieses Programm wieder aus dem Speicher entfernen. 31 MByte stehen Ihnen oberhalb der 1-MByte-Grenze zur Verfügung, so daß Ihr System über insgesamt 32 MByte Arbeitsspeicher verfügt. EMS-Speicher, also Expanded Memory, ist nicht installiert.

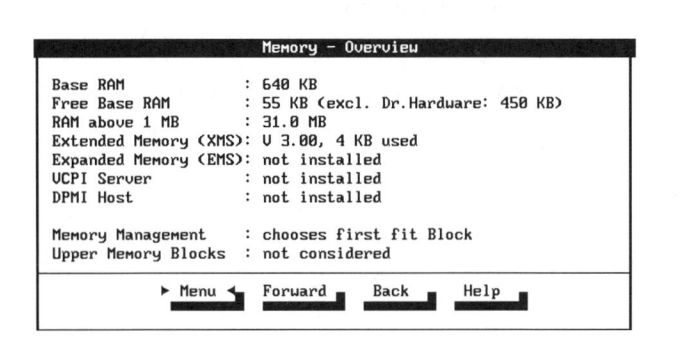

2.4 Analyseprogramme

Abb. 2.39:
Der Arbeitsspeicher in der Kurzübersicht

```
                    Memory - Overview

  Base RAM              : 640 KB
  Free Base RAM         : 55 KB (excl. Dr.Hardware: 450 KB)
  RAM above 1 MB        : 31.0 MB
  Extended Memory (XMS) : V 3.00, 4 KB used
  Expanded Memory (EMS) : not installed
  VCPI Server           : not installed
  DPMI Host             : not installed

  Memory Management     : chooses first fit Block
  Upper Memory Blocks   : not considered

          ▶ Menu ◀    Forward    Back    Help
```

```
F1 Help   │   TAB ↔ Select option   Return Confirm   ESC Abort
```

Ein weiterer wichtiger Punkt ist die Belegung des Arbeitsspeichers mit TSR-Programmen. Ein solches Programm wird in den Arbeitsspeicher geladen und bleibt dort so lange, bis es entweder manuell entfernt oder der Computer ausgeschaltet wird. Werden viele TSR-Programme in den Arbeitsspeicher geladen, kann dies ebenfalls dazu führen, daß für ein ausführbares Programm zu wenig von diesem Speicherbereich übrig bleibt, und es kommt dann zu der erwähnten Fehlermeldung.

Wählen Sie den Befehl MULTIPLEX TSRs, und Sie erhalten die in Abbildung 2.40 gezeigte Auflistung. Sie können aus diesem Beispiel ersehen, daß als TSR-Programme der Tastaturtreiber, eine unterstützende Gerätetreiberdatei, eine DOS-Betriebssystemdatei, der Gerätetreiber für CD-ROM-Laufwerke, der Treiber für den hohen Speicherbereich und ein Treiber für die Bildschirmanzeige geladen sind.

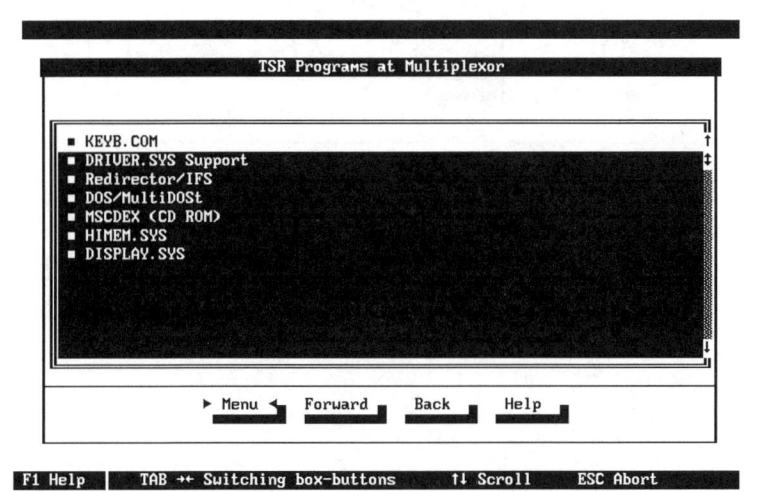

Abb. 2.40:
Die geladenen TSR-Programme Ihres Systems

```
                TSR Programs at Multiplexor

  ■ KEYB.COM
  ■ DRIVER.SYS Support
  ■ Redirector/IFS
  ■ DOS/MultiDOSt
  ■ MSCDEX (CD ROM)
  ■ HIMEM.SYS
  ■ DISPLAY.SYS




          ▶ Menu ◀    Forward    Back    Help
```

```
F1 Help   │   TAB ↔ Switching box-buttons   ↑↓ Scroll   ESC Abort
```

Benchmark. Das Menü BENCHMARK bietet Ihnen Einträge, durch die Sie sich ein genaues Bild über die Leistungsfähigkeit eines Systems machen können.

Sie erhalten Hinweise über die Leistungsdaten des Systems insgesamt, über den Grafikadapter, über die Festplatte(n), das CD-ROM-Laufwerk, SCSI-Anschlüsse und Netzwerktreiber.

Sie wollen beispielsweise einen gebrauchten Computer nur für Schreibarbeiten oder als DFÜ-Server kaufen. Dafür genügt ein Rechner aus der Pentium-90-Klasse. Installieren Sie auf diesem Rechner Dr. Hardware, und wählen Sie den Befehl SYSTEM.

Im Dialogfenster SYSTEM PERFORMANCE werden Ihnen alle relevanten Daten aufgelistet. Wenn Sie die Abbildung 2.41 betrachten, sehen Sie unter DESCRIPTION, daß es sich tatsächlich um einen Pentium 90 handelt, der bereits über einen Cache von 512 KByte verfügt (billige Geräte hatten seinerzeit lediglich 256 KByte). Unter TRANSFER können Sie die Datentransferrate für den Arbeitsspeicher sowie für den Bus ablesen, was wiederum Rückschlüsse unter anderem auf die Geschwindigkeit der Arbeitsspeicherbausteine ermöglicht.

Sie sehen außerdem, wie Ihr PC im Vergleich zu anderen Systemen läuft, in diesem Fall zu einem Pentium-133, einem Pentium-200 und zu einem 80486er DX4-120.

Abb. 2.41:
Die Systemdaten eines untersuchten Rechners

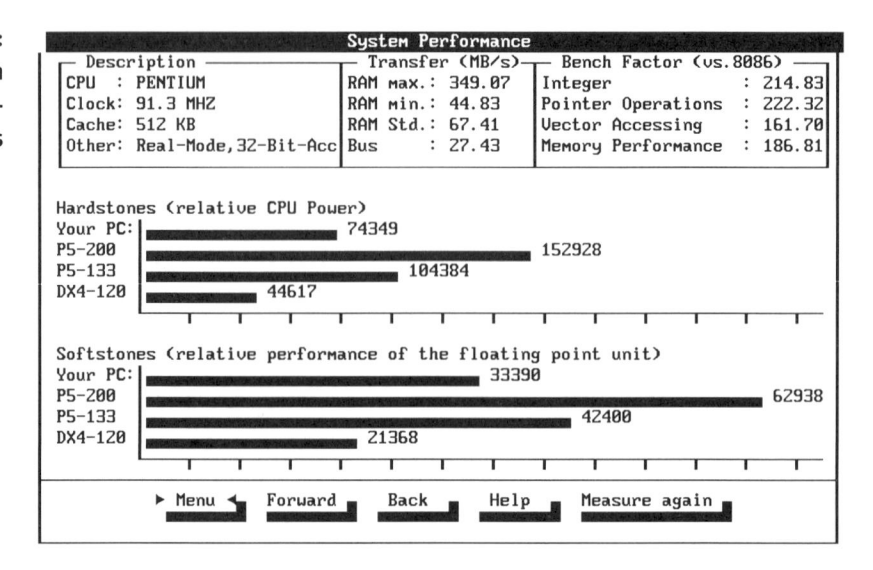

```
                         System Performance
┌─ Description ──────┬─ Transfer (MB/s) ─┬─ Bench Factor (vs.8086) ─┐
│CPU   : PENTIUM     │RAM max.: 349.07   │Integer          : 214.83 │
│Clock: 91.3 MHZ     │RAM min.:  44.83   │Pointer Operations: 222.32│
│Cache: 512 KB       │RAM Std.:  67.41   │Vector Accessing :  161.70│
│Other: Real-Mode,32-Bit-Acc│Bus  :  27.43│Memory Performance: 186.81│
└────────────────────┴───────────────────┴──────────────────────────┘

Hardstones (relative CPU Power)
Your PC: ████████████████  74349
P5-200  ████████████████████████████████  152928
P5-133  ██████████████████████  104384
DX4-120 █████████  44617

Softstones (relative performance of the floating point unit)
Your PC: ███████  33390
P5-200  █████████████████████████████  62938
P5-133  ███████████████████  42400
DX4-120 ████  21368

    ▶ Menu    Forward    Back    Help    Measure again
```

2.4 Analyseprogramme

2.4.2 InfoSpy 2.57

InfoSpy ist ein Windows-Utility, das eine Anzahl von Parametern Ihrer aktuellen Windows-Sitzung auflistet bzw. anzeigt und bei Bedarf auch speichert. Dazu gehören neben der aktiven Windows-Sitzung:

- Windows-Anwendungen
- Geladene Module
- Geöffnete Dateien
- Speicherinformationen
- DOS-Informationen

Darüber hinaus können Sie dieses Programm auch als Echtzeit-Monitor für alle Arten von Windows-Nachrichten und für die Überwachung von seriellen Datenübertragungen benutzen, so daß Sie einen Überblick darüber haben, welche Programme, Programmteile, Utilities usw. gerade unter Windows geladen sind bzw. ablaufen.

Abb. 2.42:
Der Eingangs-
bildschirm von
InfoSpy

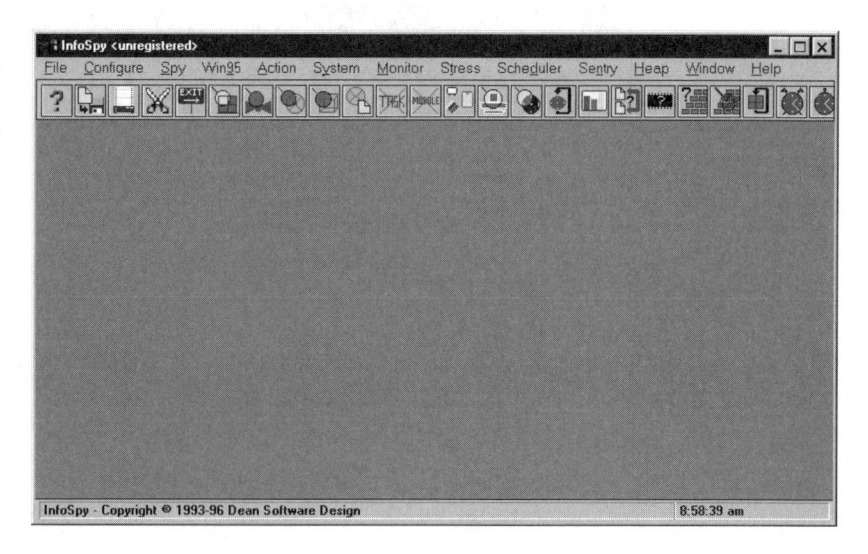

Es stehen Ihnen folgende Funktionen in den einzelnen Menüs zur Verfügung:

Datei. Das Datei-Menü enthält Funktionen, mit denen Sie unter anderem Logbücher ansehen, bearbeiten und drucken können. Dazu ein Beispiel: Sie wollen sich ansehen, welche Prozesse gerade unter Windows 98/95 aktiv sind, darüber ein Logbuch anlegen und dieses ausdrucken, damit dieser Zustand zu einem späteren Zeitpunkt nachvollziehbar ist. Sie erreichen dies mit den folgenden Arbeitsschritten:

- Wählen Sie den Befehl PROCESS LIST aus dem Menü WIN 98/95. Im aktuellen Fenster wird eine Liste der momentan aktiven Prozesse angezeigt.
- Wählen Sie den Befehl SAVE CONTENTS OF ACTIVE WINDOW TO FILE, und geben Sie einen Namen für die zu speichernde Datei sowie einen Ordner und das Laufwerk an, auf dem gespeichert werden soll. Die Logbücher haben immer die Dateinamenserweiterung *log*.
- Wählen Sie den Befehl LOG VIEWER aus dem Menü FILE, klicken Sie auf die Schaltfläche BROWSE, und wählen Sie den Namen des gerade gespeicherten Logbuchs aus. Das Logbuch wird Ihnen in einem separaten Fenster angezeigt, und Sie können es editieren.

Abb. 2.43: Eine Logbuchdatei im Log Viewer

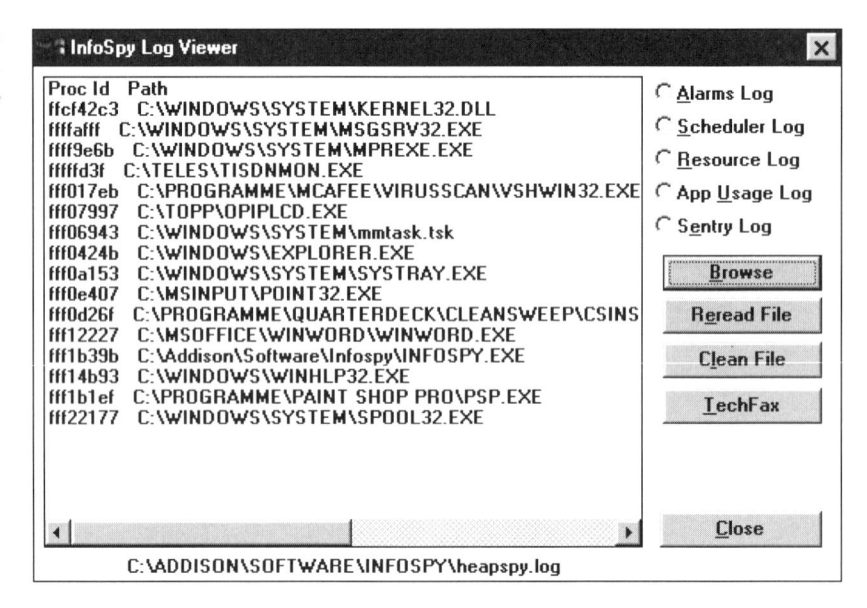

Configure. Über die Einträge dieses Menüs nehmen Sie hauptsächlich die Grundeinstellungen für das Programm vor. Sie können InfoSpy beispielsweise als Icon oder in der Form starten, die es vor dem letzten Beenden des Programms besaß. Wenn Sie es als Icon starten, werden alle Alarm- und sonstigen Programmaktivitäten wiederhergestellt.

Darüber hinaus können Sie den Editor angeben, mit dem die Logbücher betrachtet und editiert werden. Es ist möglich, ein Paßwort zu vergeben usw.

Die meisten der Befehle können Sie als Icons anzeigen lassen. Wenn Sie den Befehl BUTTON BAR SETUP aus dem Menü CONFIGURE wählen, dann haben Sie die Möglichkeit, einzelne Befehle nicht aus dem Menü, sondern über einen Button aufzurufen.

2.4 Analyseprogramme

Spy. Mit den Befehlen dieses Menüs können Sie die Windows-Umgebung Ihres Systems erkunden. So ist es beispielsweise mit dem Befehl ACTIVE WINDOWS möglich, eine Auflistung aller aktiven Fenster und Symbole anzeigen zu lassen, auch wenn diese momentan nicht am Bildschirm zu sehen sind.

Sehr interessant ist auch der Befehl WINDOWS TASKS, mit dem Sie sich einen schnellen Überblick über die momentan aktiven Tasks verschaffen können. Mit dem Befehl LOADED MODULES können Sie zusätzlich alle aktiven Programm-Module anzeigen lassen und somit beispielsweise ein Programm oder einen Programmteil ausfindig machen, der Probleme verursacht.

Das gleiche gilt für den Befehl MEMORY USAGE BY TASKS, mit dem Sie sich die Speicherbelegung ansehen können. Es erfolgt eine Auflistung, welche Module welchen Speicherbereich belegen. Kommt es zu Problemen innerhalb eines bestimmten Speicherbereichs, können problematische Module schnell erkannt werden. Der Benutzer tappt also nicht mehr im Dunkeln, wenn eine Fehlermeldung lediglich besagt, daß es in einem bestimmten Bereich des Arbeitsspeichers zu einem Anwendungsproblem gekommen ist.

Abb. 2.44:
Die aktuell geladenen Module und Tasks in der Übersicht

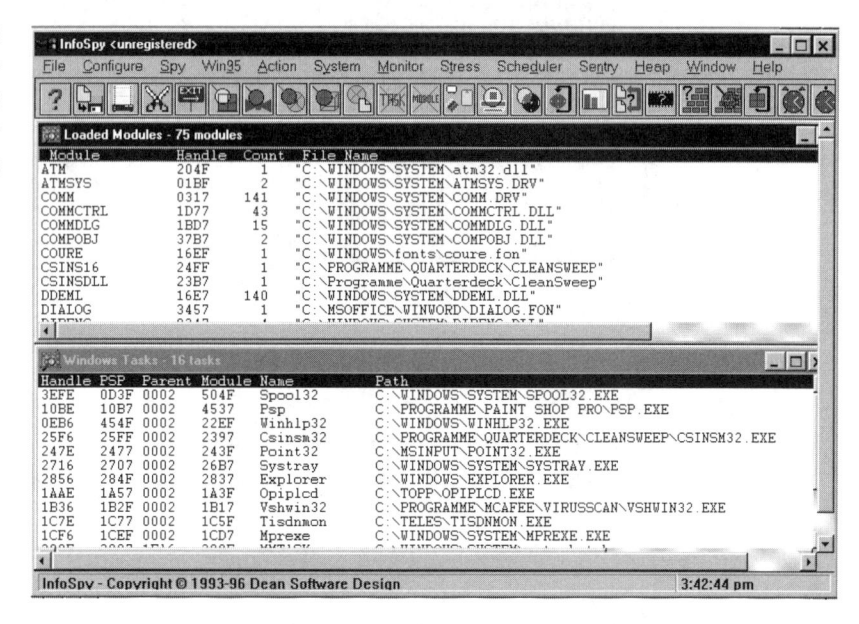

Eine weitere Fehlerquelle stellen DLLs dar. Diese Programmbibliotheken werden von den unterschiedlichsten Anwendungen aufgerufen. Mit dem Befehl DLL SEARCH können Sie sich alle Programme auflisten lassen, die diese DLLs aufrufen. Zugleich können auch alle auf der Festplatte befindlichen DLLs angezeigt werden, egal ob sie von einem Programm aufgerufen werden oder nicht.

Anschließend können Sie alle diejenigen DLLs löschen, die von keinem Programm aufgerufen werden. Außerdem werden redundante DLLs angezeigt, die Sie ebenfalls löschen können.

Beim Auffinden von DLLs gilt für InfoSpy sowie auch für alle anderen Programme, die DLLs auffinden können, folgendes: Viele Anwendungen laden die DLLs nicht automatisch, sondern erst dann, wenn sie zur Ausführung einer Programmfunktion benötigt werden. Deswegen werden auch die Namen der benötigten DLLs nicht in den Dateiheader der ausführbaren Programmdateien eingetragen und können auf diese Weise nicht erkannt und aufgelistet werden. Dies bedeutet, daß in der Liste der DLLs, zu denen keine direkte Programmverknüpfung besteht, auch solche DLLs stehen können, die trotzdem von einem Programm benötigt werden. Seien Sie also beim Löschen von DLLs besonders vorsichtig.

Abb. 2.45: Lassen Sie sich eine Auflistung aller vorhandenen DLLs auf Ihrem System anzeigen.

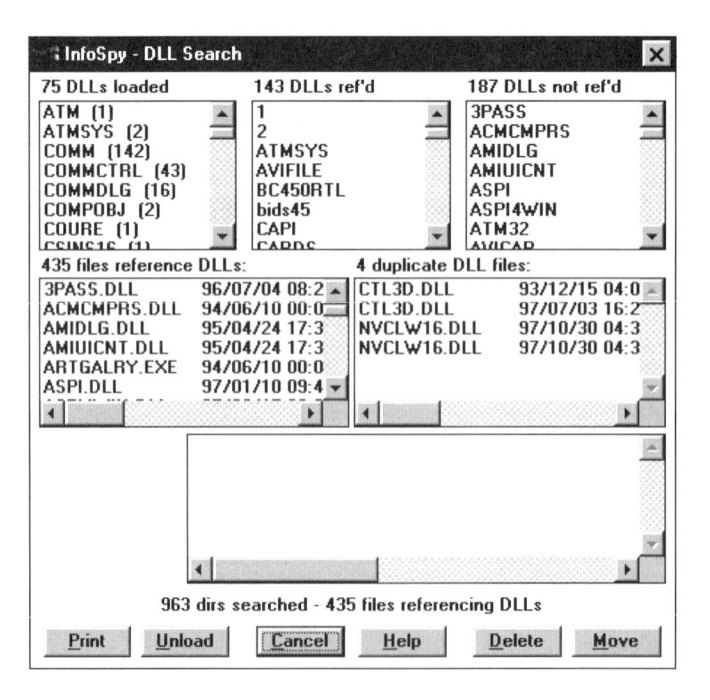

Mit dem Befehl TECH DUMP können Sie schnell und übersichtlich an Schlüsselinformationen Ihres Systems gelangen. Dies ist beispielsweise dann wichtig, wenn Sie einen technischen Support in Anspruch nehmen, für den diese Daten wichtig sind.

Im Dialogfenster INFOSPY TECH DUMP können Sie auswählen, welche Dateien aufgelistet werden sollen. Alle Informationen stehen dann in einem einzigen Fenster zur Verfügung, und Sie können dateiübergreifend scrollen oder nach einem bestimmten Befehl suchen. Darüber hinaus können diese

2.4 Analyseprogramme

Daten ausgedruckt oder in einer separaten Datei gespeichert werden. Dies erleichtert beispielsweise einen späteren Vergleich zwischen verschiedenen Konfigurationen.

Folgende Dateien können Sie durch das Aktivieren der vorangestellten Funktionskästchen auflisten:

- **AUTOEXEC.BAT.** Listet den kompletten Inhalt der Startdatei AUTOEXEC.BAT im Hauptverzeichnis Ihrer Festplatte einschließlich Datum, Uhrzeit der letzten Speicherung und Dateigröße auf.
- **CONFIG.SYS.** Listet den kompletten Inhalt der Startdatei CONFIG.SYS im Hauptverzeichnis Ihrer Festplatte einschließlich Datum, Uhrzeit der letzten Speicherung und Dateigröße auf.
- **WIN.INI.** Listet den kompletten Inhalt der Datei WIN.INI im primären Windows-Verzeichnis Ihres Systems einschließlich Datum, Uhrzeit der letzten Speicherung und Dateigröße auf.
- **SYSTEM.INI.** Listet den kompletten Inhalt der Datei SYSTEM.INI im primären Windows-Verzeichnis Ihres Systems einschließlich Datum, Uhrzeit der letzten Speicherung und Dateigröße auf.
- **Network Information.** Listet Schlüsselinformationen über ein installiertes Netzwerk einschließlich Servern, Druckern, Versionsinformationen und Geräteverweisen auf.
- **System Information.** Listet alle Versionen von installierten Betriebssystemen und Betriebssystemoberflächen mit Versionsangaben auf.
- **DOS Environment.** Listet alle DOS-Umgebungsvariablen auf, die von der Startdatei AUTOEXEC.BAT und Netzwerkfunktionen initialisiert wurden, so als hätten Sie am DOS-Prompt den Befehl SET ausgeführt.

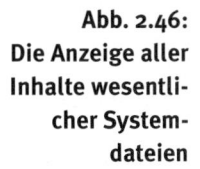

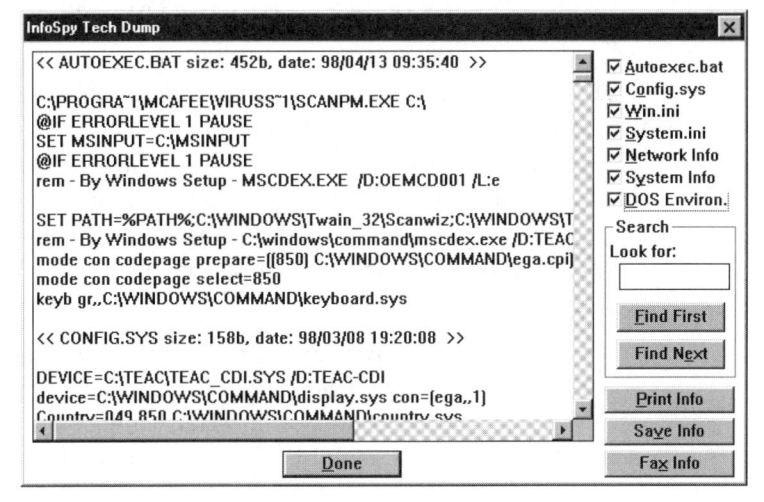

Abb. 2.46:
Die Anzeige aller Inhalte wesentlicher Systemdateien

Win95. In diesem Menü steht Ihnen eine Reihe von Befehlen zur Verfügung, die sich auf die direkte Systemumgebung von Windows 98/95 beziehen. Mit dem Befehl PROCESS LIST erhalten Sie einen Überblick über die momentan aktiven Programme, DLLs, Tasks usw.

Eine Auflistung der aktiven Win32-Threads erhalten Sie mit dem Befehl THREADS in Form von Registeradressen, die durch den jeweiligen Thread belegt werden.

Wählen Sie den Eintrag HEAPS, dann erscheint ein Dialogfenster, in dem alle momentan aktiven Programme aufgelistet sind. Aus dieser Liste wählen Sie das Programm, zu dem Sie nähere Informationen erhalten wollen. Neben der Heap-ID erhalten Sie weitere Hinweise auf eventuell gesetzte Flags. Diese Informationen sind normalerweise nur für Programmierer, Systementwickler oder für den technischen Support von Bedeutung.

Ähnlich verhält es sich mit dem Befehl MODULES. Auch hier erfolgt zuerst eine Auswahl des Programms, zu dem Sie nähere Informationen benötigen. Anschließend werden alle Win32-Module aufgelistet, die im Zusammenhang mit dem ausgewählten Programm stehen.

Mit dem Befehl WIN32 SYSTEM INFO erhalten Sie einen kurzen Überblick über Windows 98/95 selbst, das heißt über die Versionsnummer und -unternummer usw. sowie ein paar Angaben zur Hardware wie beispielsweise den Prozessor, die Größe der Page Size usw.

Wenn Sie Übersichtsangaben zum installierten Arbeitsspeicher, also beispielsweise dessen gesamte Größe, den momentan freien Speicher usw., erhalten wollen, dann aktivieren Sie den Befehl MEMORY STATUS.

Action. In diesem Menü finden Sie Befehle, die sich auf Aktionen beziehen, die überwiegend eine Änderung des Systemzustands betreffen. Dazu einige Beispiele:

Sie wollen Ihr System oder das Programm InfoSpy mit einem Paßwort schützen. Wählen Sie den Befehl TERMINAL LOCKED, und geben Sie das gewünschte Paßwort ein. Dies betrifft auch das Wechseln zu anderen Windows-Anwendungen mit der Tastenkombination [Alt] + [⇆]. Wird nicht das richtige Paßwort eingegeben, kann der Anwender Windows 98/95 lediglich neu starten, alle anderen Tastenkombinationen sind gesperrt. Aber auch nach einem Neustart muß das Paßwort eingegeben werden.

Windows 98/95 lädt, wie bereits erwähnt, viele Module in den Arbeitsspeicher, manchmal sogar mehrere Kopien ein und desselben Moduls. Hier kann es zu Problemen kommen, wenn dadurch die Systemperformance merklich eingeschränkt wird. Wenn Sie Ressourcen freiräumen wollen,

2.4 Analyseprogramme

dann wählen Sie den Befehl UNLOAD A MODULE. Es erscheint eine Liste mit allen Modulen, die momentan geladen sind. Wählen Sie aus dieser Liste die Module, die Sie aus dem Arbeitsspeicher entfernen wollen. Befinden sich von einem Modul mehrere Kopien im Arbeitsspeicher, bewirkt der Befehl UNLOAD A MODULE, daß jeweils eine Kopie des ausgewählten Moduls aus dem Arbeitsspeicher entfernt wird.

⚠️ Das Entfernen eines Moduls aus dem Arbeitsspeicher stellt gegebenenfalls einen mehr oder weniger schweren Eingriff in das Windows-System selbst dar. Sie sollten sich also sehr sicher sein, wenn Sie ein Modul entfernen, denn ein Fehlgriff es kann durchaus zu einem Systemabsturz führen.

Ein weiterer Punkt ist das Entfernen von Tasks. Wenn eine Anwendung nicht mehr reagiert, dann kann sie normalerweise entfernt werden, indem Sie mit der Tastenkombination `Strg` + `Alt` + `Entf` das Dialogfenster ANWENDUNG SCHLIESSEN aufrufen, diejenige Anwendung, die geschlossen werden soll, markieren und anschließend die Schaltfläche TASK BEENDEN anklicken.

Abb. 2.47:
Über dieses Dialogfenster schließen Sie Anwendungen, die sich nicht mehr auf herkömmlichem Weg schließen lassen.

Mitunter ist Windows aber nicht mehr in der Lage, eine Anwendung auf diese Art zu schließen. Wählen Sie in diesem Fall den Befehl TERMINATE A PROCESS aus dem Menü ACTION. Es erscheint ein Dialogfenster, aus dem Sie die Anwendung auswählen, die geschlossen werden soll.

⚠️ Einige Programme werden von Windows selbst benötigt. Wenn Sie ein solches Programm entfernen, kann es zu einem Systemabsturz von Windows kommen. Starten Sie in einem solchen Fall Windows erneut.

Abb. 2.48:
Das Pendant von InfoSpy zum Schließen von Anwendungen

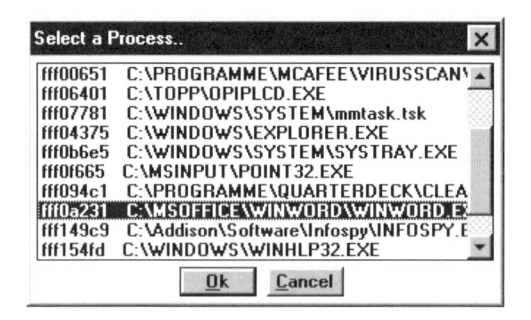

Sie können, sofern dies notwendig erscheint, über InfoSpy ebenfalls einen Kalt- oder Warmstart Ihres Systems durchführen. Beachten Sie, daß ein Warmstart, den Sie mit dem Befehl WARM BOOT YOUR SYSTEM durchführen, nicht unbedingt solche Probleme löst, die aufgrund eines Interrupt- oder DMA-Problems verursacht wurden. Wenn Ihr System wirklich von alten Einstellungen bezüglich dieser Komponenten befreit werden soll, dann führen Sie mit dem Befehl COLD BOOT YOUR SYSTEM einen Kaltstart durch.

Ein wesentlicher Bestandteil Ihres Systems ist das CMOS. Wenn die Inhalte des CMOS zerstört oder irreparabel verstellt sind, dann können Sie den zuletzt gespeicherten Inhalt wieder herstellen.

Wenn Sie gerade an einem gut funktionierenden System arbeiten, dann wäre das ein guter Zeitpunkt, die CMOS-Werte zu sichern. Wählen Sie dazu in InfoSpy den Befehl SAVE CMOS VALUES TO A FILE aus dem Menü ACTION, und geben Sie einen Namen sowie gegebenenfalls eine abweichende Laufwerksangabe ein. Als Name ist standardmäßig *cmos.sav* voreingestellt. Für das Laufwerk können Sie auch die Laufwerkskennung für Diskettenlaufwerk angeben, wenn Sie eine Sicherungskopie auf Diskette speichern wollen.

Wenn Sie die gespeicherten Werte zurücksichern wollen, wählen Sie den Befehl RESTORE CMOS TO A FILE aus dem Menü ACTION und geben den Namen und den Ort an, auf dem sich die Sicherungskopie befindet. InfoSpy wird die gefundenen Werte direkt in das CMOS Ihres Rechners eintragen.

System. Auch das Menü SYSTEM hat einige interessante Features zu bieten. Sie kennen sicherlich die Situation, daß eine bestimmte Datei gesucht wird, deren genauer Ort aber nicht bekannt ist. Die Suchen-Funktion von Windows 98/95 bietet zwar eine Hilfestellung, jedoch werden als Unterstützung bei der Suche nur das Wildcardzeichen (*) und eine Verzeichnisauswahl geboten.

InfoSpy bietet Ihnen daneben die Möglichkeit, die Suche bezüglich des Dateidatums einzugrenzen. Diese Möglichkeit finden Sie unter OPTIONS. Dies ist besonders hilfreich, wenn Sie in etwa wissen, wann diese Datei angelegt bzw. geändert wurde, denn dann müssen gegebenenfalls nicht Tausende von Dateien untersucht werden, die aufgrund ihres Dateidatums sowieso nicht in Frage kommen. Darüber hinaus kann als Suchkriterium die Größe der Datei hinzugezogen werden. Suchen Sie beispielsweise nach einer Bilddatei oder einer sonstigen Datei, von der Sie wissen, daß sie auf jeden Fall größer als 65.536 Bytes ist, macht es ebenfalls keinen Sinn, wenn beispielsweise nach kleineren DLLs, Textdateien usw. gesucht wird.

Nach der erfolgreichen Suche werden Ihnen die gefundenen Dateien in einer Liste angezeigt. Für jede dieser Dateien gibt es nun zwei Möglichkeiten. Um die Datei zu löschen, klicken Sie sie mit der rechten Maustaste an. Es erscheint eine Abfrage, ob Sie mit dem Löschen der Datei einverstanden sind. Sie können sich die Datei aber auch ansehen, um dann zu entscheiden, ob Sie sie löschen wollen oder nicht. Führen Sie dazu auf die Datei einen Doppelklick mit der linken Maustaste aus. Es erscheint der Windows-Editor, der den Inhalt der entsprechenden Datei anzeigt. Der Editor wird Ihnen jedoch nur dann nützlich sein, wenn es sich um Textdateien und bestenfalls noch um Tabellenkalkulations- oder Datenbankdateien handelt, denn er ist kein universeller Dateibetrachter, der die Dateien in der Form auflistet, wie sie ursprünglich erstellt wurden.

Wenn Sie eine Datei aus dieser Liste löschen, dann wird sie nicht nur aus der Liste, sondern auch von der Festplatte entfernt. Es ist keine Funktion inbegriffen, diese Datei wieder zu restaurieren.

Abb. 2.49:
Die Dateisuche
über InfoSpy

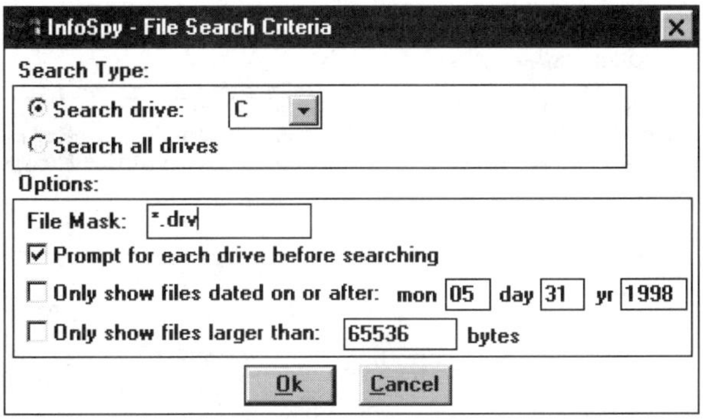

Apropos Suche: Mit dem Befehl TEXT SEARCH IN FILES können Sie nach bestimmten Textpassagen innerhalb beliebiger Dateien suchen, und zwar unabhängig vom dem Programm, mit dem die Datei erstellt wurde. Stellen Sie sich vor, Sie wollten einen bestimmten Brief auffinden, wüßten aber den

Dateinamen nicht mehr, sondern lediglich den Empfänger. Stellen Sie sich weiterhin vor, auf Ihrem System befänden sich Hunderte von Briefen, und Sie müßten nun jeden einzelnen Brief bzw. jede einzelne Datei laden und mit der Textsuche des entsprechenden Programms durchsuchen. Dies wäre sicherlich eine zeitraubende Angelegenheit.

Geben Sie dazu den Suchtext sowie gegebenenfalls ein Verzeichnis oder Unterverzeichnis ein, sofern dies bekannt ist. Wollen Sie beispielsweise alle Dateien auf der gesamten Festplatte C mit allen Verzeichnissen und Unterverzeichnissen durchsuchen, dann belassen Sie den standardmäßigen Eintrag C:*.* und aktivieren die Funktion SEARCH SUBDIRECTORIES. Wenn Sie wissen, um welche Dateinamenserweiterung es sich handelt, oder wenn Ihnen Teile des Dateinamens bekannt sind, dann können Sie Wildcards einsetzen. Dazu ein Beispiel: Wenn Sie wissen, daß es sich bei der gesuchten Datei um eine Textdatei von Winword mit der Dateinamenserweiterung DOC handelt, dann geben Sie C:*.doc ein. Wissen Sie weiterhin, daß der Dateiname am Anfang mit der Zeichenfolge brf beginnt, dann definieren Sie den Suchbegriff folgendermaßen: C:\brf*.doc.

Mit der Funktion TEXT FILES ONLY können Sie die Suche nach Textdateien weiter eingrenzen, denn es werden in diesem Fall die meisten binären Dateien mit den Dateinamenserweiterungen EXE, COM, DLL usw. bei der Suche nicht berücksichtigt.

Abb. 2.50:
Die Suche nach Texten innerhalb einer Datei

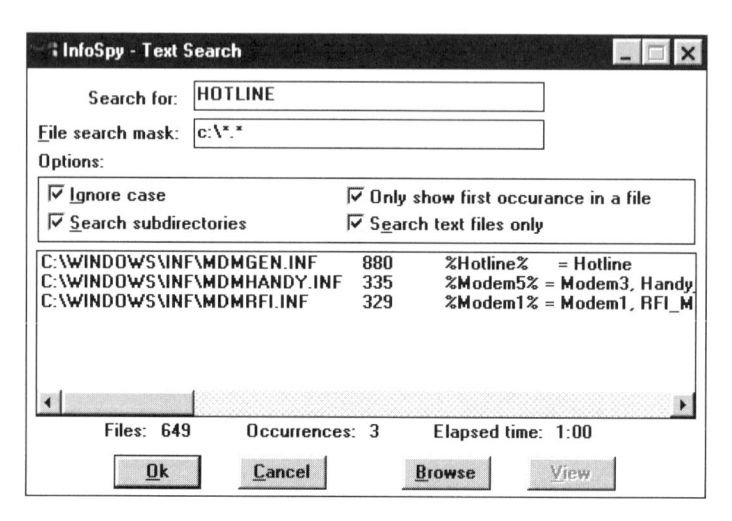

Ein weiterer Menüpunkt ist DOS DEVICE DRIVERS. Auch unter Windows werden die Einträge der Startdateien AUTOEXEC.BAT und CONFIG.SYS abgearbeitet. Dementsprechend befinden sich Gerätetreiberdateien in dem Arbeitsspeicher des Systems. Wählen Sie den erwähnten Befehl, und Sie erhalten eine Auflistung der DOS-Gerätetreiber, die momentan aktiv sind.

2.4 Analyseprogramme

Neben den DOS-Gerätetreibern kann InfoSpy auch Multimedia-Treiber auffinden, die durch Windows angesprochen werden. Dazu zählen insbesondere:

- CD-ROM
- Tastatur, Maus, Joystick
- Soundkarten

InfoSpy ist nur in der Lage, diejenigen Multimedia-Geräte ausfindig zu machen, die von Windows angesprochen werden, nicht jedoch diejenigen unter DOS.

Abschließend zu den Ausführungen zu diesem Menü sollen noch die Möglichkeiten erwähnt werden, die Sie für einen schnellen Systemüberblick bezüglich des Arbeitsspeichers sowie über die Systemparameter haben.

Wählen Sie den Befehl MEMORY INFORMATION, und Sie erhalten eine Auflistung über die Belegung des Arbeitsspeichers, beispielsweise hinsichtlich der Größe der Auslagerungsdatei, des von DOS belegten Speicherbereichs usw.

Mit dem Befehl SYSTEM PARAMETER BLOCK steht Ihnen eine Übersicht über die Systemparameter von Windows zu Verfügung, die Ihnen bei einer Fehlersuche sehr behilflich sein kann. Sie sehen hier auf einen Blick, ob beispielsweise das Fast Task Switching, also das schnelle Hin- und Herschalten zwischen verschiedenen Windows-Tasks aktiviert ist, wie die Grundeinstellungen für die Maus definiert sind, auf welchen Wert die Aktivierung für den Bildschirmschoner gesetzt wurde, und vieles mehr.

Abb. 2.51:
Die Anzeige für die Arbeitsspeicher- und Systemparameter

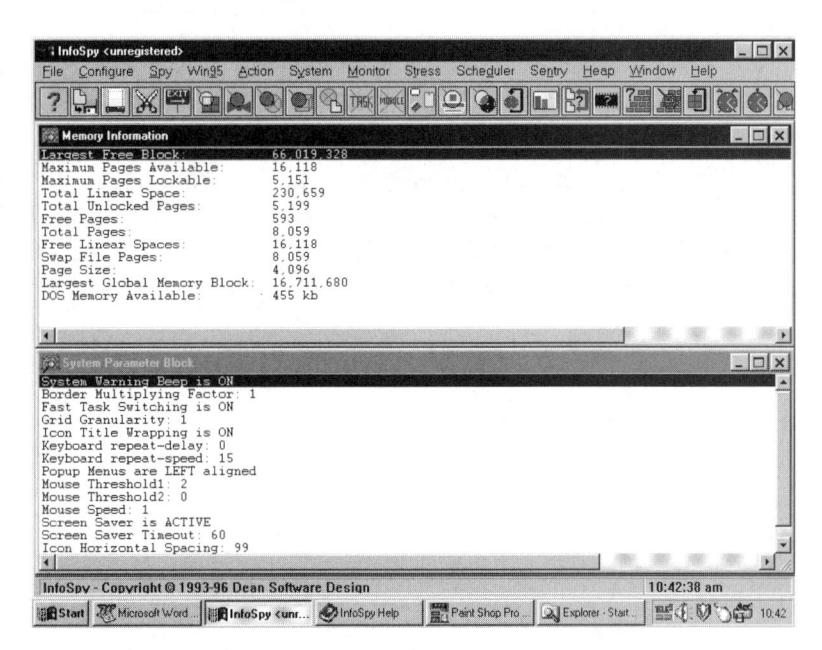

2.4.3 PC-Config 8.31

PC-Config ermittelt detaillierte Informationen über die komplette Hard- und Software Ihres Systems, das heißt Chipsatz, Cache, Videokarte, Schnittstellen, Speicher, Festplattendaten usw.

Im folgenden einige Highlights:

- Anzeigen von ISA-, EISA-, MCA-, VLB- und PCI-Mainboards
- Eingebauter CD-ROM-Benchmark
- Erkennt über 230 Versionen des AMI-BIOS und über 70 Versionen des AWARD-BIOS
- Anzeigen von Chipsatzdetails für Intel 430TX, HX, VX, SIS5571, SIS5597 usw.
- Identifiziert über 380 Versionen von PCI-Karten mit Referenznummer usw.
- Identifiziert Prozessor-Caches und ihre Größe von 8 bis 512 kByte
- Identifiziert den VGA-Karten-Hersteller sowie den Chipsatz und die BIOS-Version
- Erkennt über 600 Erweiterungskarten in Microchannel-(MCA-)Systemen
- Erkennt eine Reihe von Festplatten-Cachesoftware
- Anzeige des HI-DOS-Speichers unter DOS 5, 386MAX, QEMM386 und MOVE'EM
- Identifikation von SCSI-Festplattencontrollern sowie deren Hersteller
- Erkennt die Geschwindigkeiten Ihrer Festplatten sowie die Parameter von IDE-Festplatten
- Testet auf Hardware-Shadow-RAM von MAIN-BIOS und VGA-BIOS

Die Oberfläche von PC-Config teilt sich bezüglich der Menüs am oberen Bildschirmrand in die Komponenten HARDWARE und ASPI-Info, PCI-Info, SOFTWARE, BENCHMARK, Mem-Timing, Logische Laufwerke und CD-ROM-Benchmark.

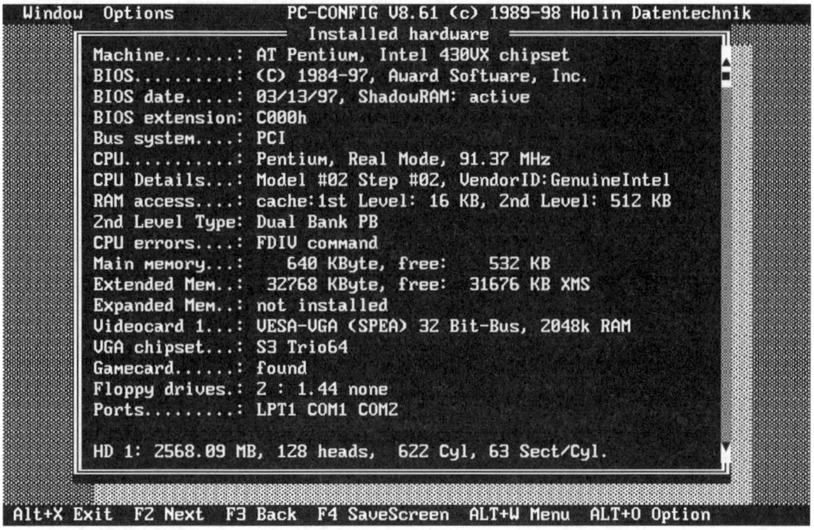

Abb. 2.52:
Der Eingangs-bildschirm von PC-Config.

```
Window  Options            PC-CONFIG V8.61 (c) 1989-98 Holin Datentechnik
                       ═══════ Installed hardware ═══════
        Machine.......: AT Pentium, Intel 430VX chipset
        BIOS..........: (C) 1984-97, Award Software, Inc.
        BIOS date.....: 03/13/97, ShadowRAM: active
        BIOS extension: C000h
        Bus system....: PCI
        CPU...........: Pentium, Real Mode, 91.37 MHz
        CPU Details...: Model #02 Step #02, VendorID:GenuineIntel
        RAM access....: cache:1st Level: 16 KB, 2nd Level: 512 KB
        2nd Level Type: Dual Bank PB
        CPU errors....: FDIV command
        Main memory...:     640 KByte, free:     532 KB
        Extended Mem..:   32768 KByte, free:   31676 KB XMS
        Expanded Mem..: not installed
        Videocard 1...: VESA-VGA (SPEA) 32 Bit-Bus, 2048k RAM
        VGA chipset...: S3 Trio64
        Gamecard......: found
        Floppy drives.: 2 : 1.44 none
        Ports.........: LPT1 COM1 COM2

        HD 1: 2568.09 MB, 128 heads,  622 Cyl, 63 Sect/Cyl.

 Alt+X Exit   F2 Next   F3 Back   F4 SaveScreen   ALT+W Menu   ALT+O Option
```

Das Fenster HARDWARE

Machine. Das BIOS des Rechners wird nach einem Hinweis auf den Computer-Hersteller durchsucht (z.B. Commodore, Unitron usw.), und der Rechner wird generell klassifiziert. Ferner wird auf den Chipsatz getestet.

BIOS. Hier wird der im BIOS gefundene Copyright-String ausgegeben. Werden hier abweichende Angaben zum Copyright und zum Hersteller gefunden, dann liegt dies daran, daß viele Hersteller lizenzierte BIOS-Versionen verwenden.

BIOS Date. Sie können hier das Alter des BIOS ablesen. Darüber hinaus wird getestet, ob das BIOS ins Shadow-RAM kopiert wurde. Sollen Speicherzugriffe auf das BIOS genauso schnell ausgeführt werden, wie Speicherzugriffe auf das RAM, dann wird davon ausgegangen, daß ein Shadow-RAM vorliegt.

BIOS Extension. Die Adressen von BIOS-Erweiterungen wie VGA-ROM, SCSI-Festplatten-ROM werden angezeigt.

Bus system. Hier sehen Sie, ob der Rechner mit dem Standard-Bus (ISA = Industrial Standard Architecture), mit dem EISA-Bus (Extended ISA), IBMs Microchannel (MCA), einem VESA-Local-Bus oder mit einem PCI-Bus ausgestattet ist.

CPU und CPU-Details. Die CPU des Rechners wird identifiziert. Bei 80386- und 80486-Prozessoren wird angegeben, ob sie im Real- oder Virtual-Mode läuft. Die Taktfrequenz der CPU wird angezeigt und die Anzahl der Warte-Zyklen bei Speicherzugriffen (nur bei 8- und 16-Bit-CPUs).

RAM access. Hier wird getestet, ob der Rechner standardmäßig per Page-Mode, also innerhalb einer kleinen Page schnell (ohne Waits) und außerhalb der Page langsamer (mit Waits), läuft. First- und Second-Level-Cache werden unterschieden. Sollte der Rechner im virtuellen Modus laufen, so ist diese Unterscheidung nicht immer 100% sicher.

Main memory. Die gesamte und noch freie Menge an Hauptspeicher wird angezeigt.

Extended Mem. Der Speicher über 1 MByte wird angezeigt. Die noch freie Menge wird über einen XMS-Treiber bestimmt (falls vorhanden) und sonst über INT 15h.

Expanded Mem. Speichererweiterung nach LIM (in XTs oder ATs). Diese Art der Speichererweiterung wird von vielen Programmen genutzt, und die meisten Memory-Manager für 80386er wandeln aus diesem Grund softwaremäßig den Erweiterungsspeicher in Expansionsspeicher um. In diesem Fall ist die Menge an Expansionsspeicher in der Menge des Erweiterungsspeichers enthalten.

Videocard 1. Hier werden erkannt: CGA, MGA, Hercules, EGA, VGA. Bei EGA und VGA-Karten wird, wie oben aufgeführt, das BIOS nach einem möglichen Hinweis auf den Hersteller durchsucht. Bei VGA-Karten wird per Speicherzugriff getestet, ob die Karte 8- oder 16-Bit-Zugriffe erlaubt.

VGA-Chipset. Das Chipset einer gegebenenfalls vorhandenen Super-VGA-Karte wird identifiziert. Folgende Chipsätze sollten erkannt werden: ATI, NCR, Trident, Video 7, Genoa, Paradise, Chips & Technologies, Above, OAK Technology, Tseng, ZyMOS, Cirrus, Ahead, Yamaha, S3.

EGA/VGA-BIOS. Hier werden weitere Angaben zum BIOS der Grafikkarte aufgelistet.

Videocard 2. Sollten Sie neben Ihrer CGA/EGA/VGA noch eine Monochrom-Karte betreiben, so wird diese hier angezeigt.

Coprozessor. Hier werden Intel 8087, 80287, 80387 und softwaremäßige Coprozessor-Emulationen erkannt. Chips von Cyrix, IIT und ULSI werden ebenfalls unterschieden.

Gameadapter. Hier wird versucht, einen vorhandenen Joystickport zu erkennen.

Floppy drives. Erkennt die Anzahl an Diskettenlaufwerken und gegebenenfalls auch die Art der Laufwerke erkannt.

Ports. Listet die Anzahl der parallelen und seriellen Schnittstellen auf.

HD. Zeigt die Größe und die Parameter der Festplatten an.

Abb. 2.53:
Die Hardware-Interrupts Ihres Systems.

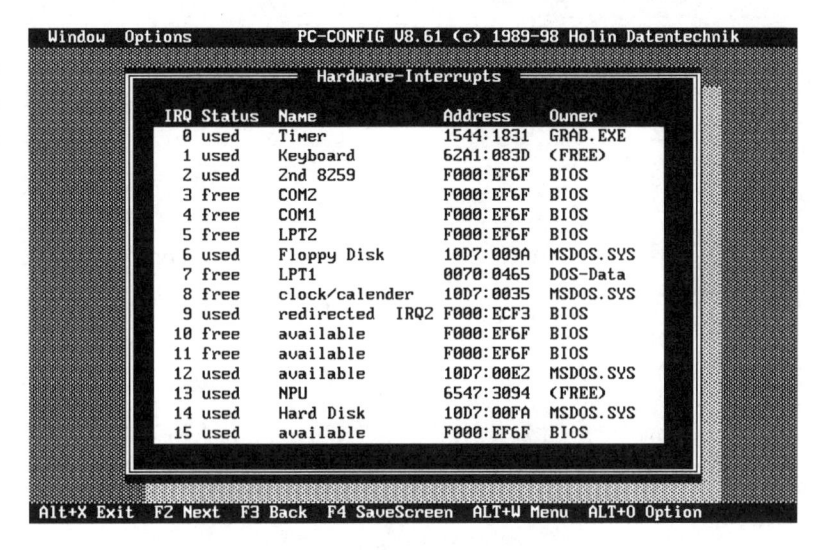

```
Window  Options         PC-CONFIG V8.61 (c) 1989-98 Holin Datentechnik
                        ══════ Hardware-Interrupts ══════

    IRQ Status   Name               Address    Owner
     0  used     Timer              1544:1831  GRAB.EXE
     1  used     Keyboard           62A1:083D  (FREE)
     2  used     2nd 8259           F000:EF6F  BIOS
     3  free     COM2               F000:EF6F  BIOS
     4  free     COM1               F000:EF6F  BIOS
     5  free     LPT2               F000:EF6F  BIOS
     6  used     Floppy Disk        10D7:009A  MSDOS.SYS
     7  free     LPT1               0070:0465  DOS-Data
     8  free     clock/calender     10D7:0035  MSDOS.SYS
     9  used     redirected  IRQ2   F000:ECF3  BIOS
    10  free     available          F000:EF6F  BIOS
    11  free     available          F000:EF6F  BIOS
    12  used     available          10D7:00E2  MSDOS.SYS
    13  used     NPU                6547:3094  (FREE)
    14  used     Hard Disk          10D7:00FA  MSDOS.SYS
    15  used     available          F000:EF6F  BIOS

Alt+X Exit   F2 Next   F3 Back   F4 SaveScreen   ALT+W Menu   ALT+O Option
```

Das Fenster ASPI-Info

In diesem Fenster werden Ihre angeschlossenen SCSI-Geräte aufgelistet, sofern Sie einen ASPI-Treiber geladen haben. Dieser stellt ein standardisiertes Verfahren bereit, um SCSI-Geräte der verschiedensten Hersteller anzusprechen. ASPI ist die Abkürzung für Adaptec Advanced SCSI Programming Interface. PC-Config kann so CD-ROM-Laufwerke, Streamer, Festplatten, die Herstellernamen, die Gerätebezeichnung und den Revisionsstand der Hardware abfragen.

Das Fenster PCI-Info

Sofern Ihr Rechner mit der PCI-Bus-Architekture von Intel ausgerüstet ist, werden hier die PCI-Komponenten der Hauptplatine und PCI-Steckkarten aufgelistet. PC-Config unterscheidet Grafik-Karten, Multimedia-Karten, Controller für Massenspeicher, PCMCIA-Erweiterungen usw.

Etwa 200 Hersteller von PCI-Komponenten können anhand Ihrer Hersteller-ID erkannt werden. Im Einzelfall kann der Revisionsstand der Hauptplatine oder weiterer Steckkarten überprüft werden.

Das Fenster SOFTWARE

DOS-Version. Hier wird die aktuelle DOS-Version angezeigt. In den meisten Fällen sollte auch die Sprache angezeigt werden (Deutsch, Englisch oder Französisch). Ab DOS 5 wird erkannt, ob es sich im Extended Memory (HMA) befindet. Sollte CONFIG in der DOS-Box von OS/2 gestartet werden, so wird dies ebenfalls erkannt. Die DOS-Box von Windows 98/95 meldet DOS 7 als Versionsnummer.

Netzwerk. Ist ein MS-NetBIOS-kompatibles Netzwerk installiert? In diesem Fall wird auch der Netzwerkname des Rechners angegeben. Novell-Netzwerke werden ebenfalls erkannt.

Maus. Hier erkennt PC-Config Maustreiber von Microsoft, Genius, Logitech, Agiler, Reis-Ware, Unitron, und Truedox. Viele Hersteller von Mäusen streben mittlerweile eine hohe Kompatibilität zu Microsoft an, so daß auch deren Treiber als Mircosoft-Treiber identifiziert werden.

Maus Typ. Sollte der Maustreiber die Funktion 36 unterstützen, wird hier die Art der Maus angegeben (serielle-, Bus-, Inport- oder HP-Maus) sowie die Versionsnummer des Treibers.

EMS Treiber. Die vom Treiber unterstützte EMS-Version, und ggf. der Hersteller des Treibers (z. B. Compaq, Toshiba) und die Adresse des Pageframe werden hier angezeigt.

XMS Treiber. Hier sehen Sie die vom Treiber unterstützte XMS-Version und die interne Treiber-Versionsnummer.

DPMI Server. Hier wird die Versionsnummer des DOS-Protected-Mode-Interfaces angezeigt.

DPMS Server. Es wird getestet, ob ein DOS-Protected-Mode-Services-Treiber geladen ist. Dieser wird beispielsweise bei Novell DOS 7 und Stacker 4.0 mit ausgeliefert.

APM-Funktionen. Sind Advanced-Power-Management-Funktionen vorhanden? Hierbei handelt es sich um Routinen zur Reduzierung des Stromverbrauchs. Sie finden diese Funktionen hauptsächlich auf Laptops.

VESA-PM. Ein anderer Standard zur Reduzierung des Stromverbrauchs. Es werden der entsprechende Treiber und die Versionsnummer angezeigt.

Festpl. Cache. Hier werden erkannt: Norton-Cache (V5 & V6), Smartdrive, IBMCACHE, Compaq-Cache, QCACHE, HyperCache, PC-Cache, NWCache. Der Test auf diese Programme kann mit dem Parameter HDCACHETEST in der .INI-Datei abgeschaltet werden, falls es zu Problemen kommen sollte.

Fossil-Treiber. Dies ist eine softwaremäßige Erweiterung der seriellen BIOS-Funktionen. Ein solcher Treiber kann beim Betrieb eines High-Speed-Modems und entsprechender Modem-Software nötig sein.

4DOS. Hier wird der Shareware-COMMAND.COM-Ersatz 4DOS und dessen Versionsnummer ebenso erkannt, wie die von Peter Norton vertriebene Version NDOS.

RAM-Disk, BPS. Hier werden erkannt: VDISK (PC-DOS und DR-DOS), RAMDRIVE (MS-DOS), 386DISK (386MAX), MFT-DISK, XPANDISK, NJRAM-Disk, SRDisk, xDISK und TurboDisk.

EPP Printer BIOS. Hierbei handelt es sich um Software-Routinen zur Ansteuerung eines schnellen Drucker-Ports nach den Enhanced-Printer-Port-Spezifikationen. Ein EPP verfügt ähnlich wie ein UART 16550 bei den seriellen Schnittstellen über einen eingebauten Pufferspeicher (FIFO), der eine höhere und sicherere Datenübertragungsrate ermöglicht.

Memory-Manager. Hier werden erkannt: Windows, DesqView, 386MAX, QEMM386, Move'em und EMM386.

Abb. 2.54:
Die Anzeige von speicherresidenten Programmen auf Ihrem System.

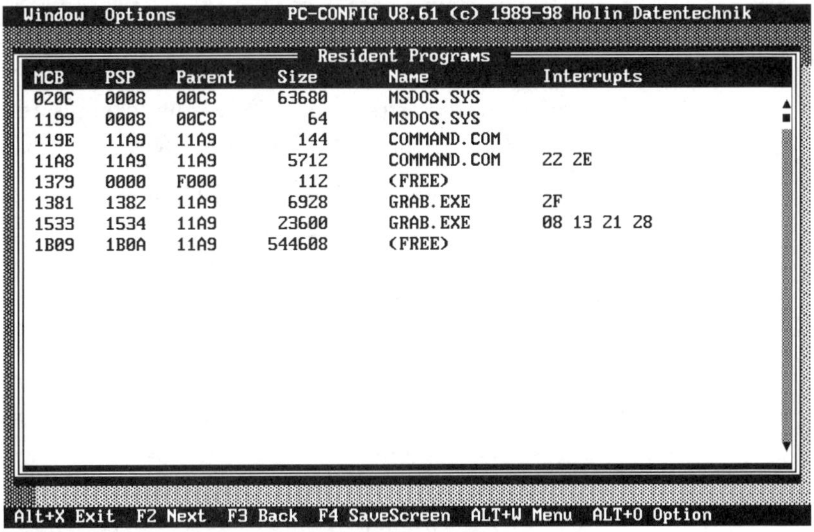

```
Window  Options              PC-CONFIG V8.61 (c) 1989-98 Holin Datentechnik
                          ====== Resident Programs ======
  MCB   PSP   Parent    Size    Name           Interrupts
  020C  0008  00C8      63680   MSDOS.SYS
  1199  0008  00C8         64   MSDOS.SYS
  119E  11A9  11A9        144   COMMAND.COM
  11A8  11A9  11A9       5712   COMMAND.COM    22 2E
  1379  0000  F000        112   (FREE)
  1381  1382  11A9       6928   GRAB.EXE       2F
  1533  1534  11A9      23600   GRAB.EXE       08 13 21 28
  1B09  1B0A  11A9     544608   (FREE)

  Alt+X Exit  F2 Next  F3 Back  F4 SaveScreen  ALT+W Menu  ALT+O Option
```

Das Fenster BENCHMARK

Relative Geschw. zum IBM-PC. Die relative CPU-Geschwindigkeit zum IBM-PC wird anhand einer Schleife mit häufig vorkommenden Maschinenbefehlen wie AND, MOV, NOT, SHR und Zugriffen auf verschiedene Speichersegmente ermittelt. Dieser Wert ist daher direkt abhängig von CPU-Typ, Taktfrequenz und Wait-States und bietet einen guten Anhaltspunkt, um die reine Rechengeschwindigkeit einzuschätzen. Da die Schleife recht klein ist, paßt sie komplett in einen gegebenenfalls vorhandenen CPU-Cache.

Beachten Sie bei allen Tests dieser Art, daß es sich um angenäherte und nicht um absolute Werte handelt. Über Geschwindigkeitstests kann man aus diesem Grunde streiten.

Dhrystones & Whetstones. Dies sind aus der Unix-Welt bekannte Benchmarks, die hier in Pascal-Versionen implementiert wurden. Die Werte von Pascal- und C-Versionen sind compilerabhängig und daher nicht unbedingt direkt miteinander vergleichbar. Je größer die Werte, desto besser. Die Testroutinen passen komplett in einen 8 kByte-CPU-Cache. Dhrystones gibt ein Maß für die Integer-Rechenleistung der CPU an, Whetstones ist ein Maß für die Rechenleistung des mathematischen Coprozessors.

VideoRAM-Durchsatz, Scroll, VideoWaits. Der Video-RAM-Durchsatz bezieht sich auf die ungefähre Menge von Zeichen, die direkt auf den Bildschirm geschrieben werden kann. Dieser Wert und die Zeit, die benötigt wird, um den Bildschirminhalt eine Zeile nach oben zu scrollen, hängt hauptsächlich von der Geschwindigkeit der Grafikkarte, aber auch von der der CPU ab. Die Anzahl der VideoWaits hängt ebenfalls von der Geschwindigkeit der CPU ab, dient aber nur als Anhaltswert beim Vergleich mit anderen Grafikkarten. Dieser Wert kann nicht als absolut angesehen werden. Es gilt: je weniger Waits, desto schneller ist die Karte.

EMS-Geschwindigkeit. Hier wird die Zeit gemessen, die benötigt wird, um eine EMS-Seite in den Page-Frame einzublenden. Der ermittelte Wert wird mit der Dauer dieser Anforderung auf einem 16-MHz-NEAT-Rechner verglichen (100 %). Andere Hardware-EMS kommen in der Regel auf ca. 90 bis 110 %, 386-Software-EMS (zB. 386MAX) kommen auf 70 % und 286-EMS-Emulatoren auf 2 bis 5 %.

RAM-Disk-Geschwindigkeit. Hier wird auf der RAM-Disk eine Sekunde lang eine Datei erzeugt, mit Daten beschrieben und geschlossen. Die Daten werden wieder gelesen, die Datei wird wieder gelöscht und so fort. Daraus wird der Durchsatz der RAM-Disk berechnet. Lassen Sie Ihre RAM-Disk einmal im Extended- und einmal im Expanded Mem laufen, und vergleichen Sie die Werte.

DOS-Disk-Geschwindigkeit. Hier wird auf einem beliebigen Laufwerk vier Sekunden lang eine Datei erzeugt, mit Daten beschrieben und geschlossen. Die Daten werden wieder gelesen, und die Datei wird wieder gelöscht und so fort. Daraus wird der Durchsatz dieser DOS-Disk berechnet. Hier kann man deutlich den Einfluß von Cache-Programmen feststellen. Wählen Sie das Laufwerk durch einen Eintrag in der .INI-Datei. Wird dort kein Laufwerk angegeben, so wird das aktuelle Laufwerk getestet.

Plattentests. Der Datendurchsatz der Festplatte wird anhand der Ausführungsdauer von absoluten Lesezugriffen mittels BIOS-Routinen bestimmt.

2.4 Analyseprogramme

Da Festplatten-Cache-Programme diesen Wert und den daraus errechneten Interleave-Faktor stark beeinflussen, ist eine objektive Abschätzung dieser Werte nur ohne solche Programme möglich. PC-Config testet daher den Durchsatz nicht, wenn ein Cache entdeckt wurde. Der Test kann allerdings mit dem Parameter FORCEHDTEST=JA trotzdem erzwungen werden.

Die Festplatten-Rotationsgeschwindigkeit läßt sich ebenfalls nur bestimmen, wenn kein Cache-Programm geladen ist und wenn die Platte keinen internen Hardware-Cache hat, der größer als 32 kByte ist. Die durchschnittliche Zugriffszeit der Platte wird durch 100 zufällige Positionierungen über der gesamten Oberfläche bestimmt und kann so von Fall zu Fall um 5 ms schwanken.

Das Fenster Mem-Timing

Hier wird angezeigt, wie schnell auf die verschiedenen Speicherbereiche zugegriffen werden kann. Auf den Hauptspeicher (die ersten 640 k) wird mit einem Faktor von 1.0 zugegriffen. Jetzt kann man abschätzen, wie schnell beispielsweise auf das VGA-BIOS bei C000h zugegriffen werden kann. Der Faktor 2.3 bedeutet beispielsweise, daß Speicherzugriffe hier 2,3 mal so lange dauern, wie Zugriffe auf den Hauptspeicher.

Außerdem wird der Speicherdurchsatz von CPU-Cache (falls vorhanden) und vom Hauptspeicher bestimmt. Die gemessenen Werte werden in kByte/s angezeigt. Hier läßt sich die Qualität des Cache-Controllers ablesen und ebenso der Einfluß von Waitstates beim Hauptspeicherzugriff.

Abb. 2.55:
Der Zugriff auf die verschiedenen Speicherbereiche

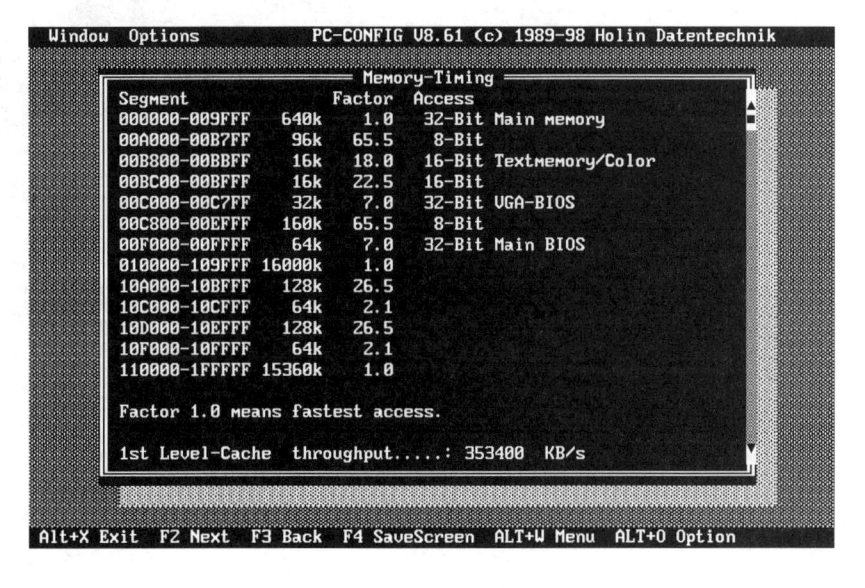

```
Window  Options           PC-CONFIG V8.61 (c) 1989-98 Holin Datentechnik

                        ══════ Memory-Timing ══════
        Segment              Factor  Access
        000000-009FFF   640k  1.0    32-Bit Main memory
        00A000-00B7FF    96k  65.5    8-Bit
        00B800-00BBFF    16k  18.0   16-Bit Textmemory/Color
        00BC00-00BFFF    16k  22.5   16-Bit
        00C000-00C7FF    32k   7.0   32-Bit VGA-BIOS
        00C800-00EFFF   160k  65.5    8-Bit
        00F000-00FFFF    64k   7.0   32-Bit Main BIOS
        010000-109FFF 16000k   1.0
        10A000-10BFFF   128k  26.5
        10C000-10CFFF    64k   2.1
        10D000-10EFFF   128k  26.5
        10F000-10FFFF    64k   2.1
        110000-1FFFFF 15360k   1.0

        Factor 1.0 means fastest access.

        1st Level-Cache  throughput.....: 353400  KB/s

Alt+X Exit  F2 Next  F3 Back  F4 SaveScreen  ALT+W Menu  ALT+O Option
```

Das Fenster Logische Laufwerke

Alle verfügbaren Laufwerksbuchstaben werden aufgelistet. Die Laufwerksnamen werden angezeigt, ebenso der maximale und der noch verfügbare Speicherplatz.

Das Fenster CDROM-Benchmark

Legen Sie eine Daten-CD mit mindestens 600 MByte in das oder die CD-ROM-Laufwerke ein. PC-Config bestimmt den maximalen Datendurchsatz, die maximale und die durchschnittliche Zugriffszeit der Laufwerke.

Ein geladenes CD-ROM-Cache-Programm kann die Meßergebnisse genau wie bei den Festplattentests beeinflussen. Smartdrive und neuere PC-CACHE-Versionen werden von PC-Config während des Tests abgeschaltet.

Falls Sie keine CD mit 600 MByte besitzen sollten, so können Sie diesen Wert in der .INI Datei reduzieren. Bei kleineren CDs bekommen Sie dann allerdings keine realistischen Werte bei der Bestimmung der Laufwerkszugriffszeiten.

Abb. 2.56:
Einer von mehreren Benchmark-Tests

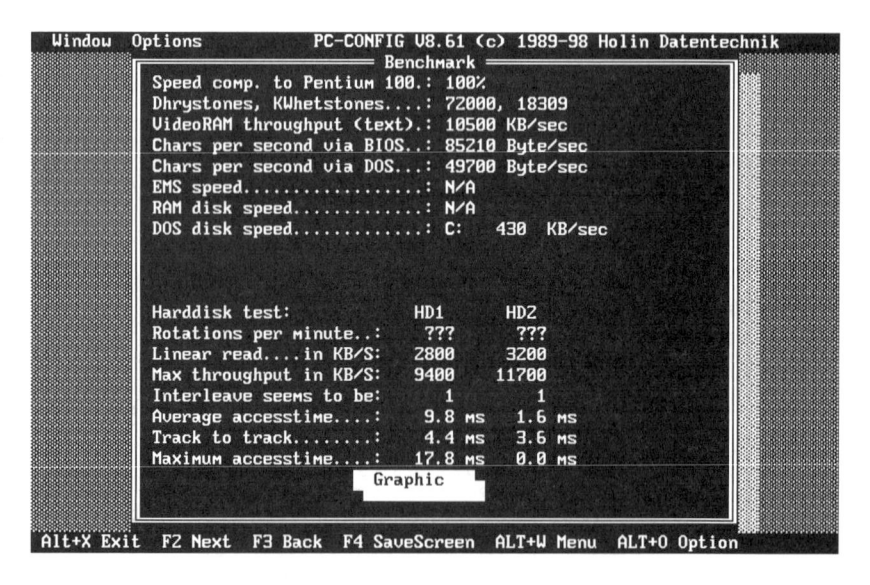

3 Startdateien, Systemeinstellungen & Co.

Nicht nur der Prozessor, die Größe des Arbeitsspeichers, die Wahl des Datenbus usw., kurz die Hardware, entscheidet über die Geschwindigkeit bzw. Leistungsfähigkeit Ihres Rechners. Einen wesentlichen Einfluß üben die beiden Startdateien *AUTOEXEC.BAT* und *CONFIG.SYS* aus.

Um es gleich vorwegzunehmen: Eine allgemeingültige und ultimative Konfiguration dieser beiden Dateien kann und wird es nicht geben, da der Inhalt zum einen von der verwendeten Hardware und Peripherie abhängt (darüber hinaus ist Grafikkarte nicht gleich Grafikkarte, Festplatte nicht gleich Festplatte usw.). Zum anderen spielen auch das installierte Betriebssystem und die verwendete Software eine entscheidende Rolle. Deshalb wird in diesem Kapitel auch Wert darauf gelegt, die einzelnen Komponenten dieser Startdateien ausführlich zu erläutern, damit Sie sich Ihre individuelle AUTOEXEC.BAT und CONFIG.SYS so optimal wie möglich zusammenstellen können. An Beispielen soll es jedoch deswegen nicht mangeln.

Zuerst einmal ist es wichtig zu wissen, wann die Inhalte der beiden Startdateien zum Tragen kommen. Nachfolgende Übersicht zeigt Ihnen die Phasen, die während des Startvorgangs Ihres Rechners vom Einschalten bis zum DOS-Prompt, also der Eingabeaufforderung des DOS-Betriebssystem durchlaufen werden.

1. Phase. Aus dem ROM-BIOS wird eine kleine Betriebssystem-Routine (ein Mini-Betriebssystem, wenn Sie so wollen) geladen. Diese Routine leitet die weiteren Schritte ein.

2. Phase. Die Anzeige des Grafikkarten-BIOS ist das erste »Lebenszeichen« des Rechners. Sie erfolgt in der oberen Bildschirmzeile.

3. Phase. Das verwendete ROM-BIOS wird angezeigt.

4. Phase. Der Rechner sucht nach einer bootfähigen Startdiskette.

5. Phase. Jetzt wird auf die Festplatte zugegriffen und nach den Systemdateien MSDOS.SYS und IO.SYS gesucht. Sie befinden sich standardmäßig auf der Hauptebene des Verzeichnisses. Diese beiden Systemdateien sind sicherheitshalber als sogenannte »versteckte Dateien« deklariert, das heißt, Sie können sie nicht mit dem DIR-Befehl von DOS auf den Bildschirm holen. Diese Vorgehensweise dient dem Schutz dieser Dateien vor unbeabsichtigtem Löschen. Würden sie nämlich gelöscht, wäre das Starten des Rechners nicht mehr möglich.

Nun werden das Betriebssystem bzw. diejenigen Teile geladen, die als speicherresidente Teile im Arbeitsspeicher zur sofortigen Ausführung bereitstehen.

Abb. 3.1: MSDOS.SYS und IO.SYS als versteckte Systemdateien; sichtbar gemacht mit dem Norton Commander

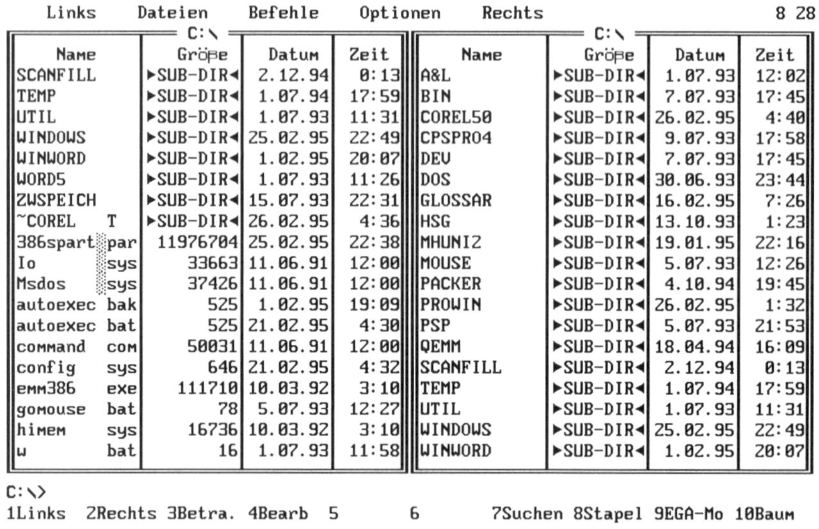

```
Links    Dateien   Befehle   Optionen   Rechts                         8 28
          C:\                              C:\
   Name        Größe     Datum    Zeit     Name        Größe     Datum    Zeit
SCANFILL      ►SUB-DIR◄  2.12.94   0:13  A&L          ►SUB-DIR◄  1.07.93  12:02
TEMP          ►SUB-DIR◄  1.07.94  17:59  BIN          ►SUB-DIR◄  7.07.93  17:45
UTIL          ►SUB-DIR◄  1.07.93  11:31  COREL50      ►SUB-DIR◄ 26.02.95   4:40
WINDOWS       ►SUB-DIR◄ 25.02.95  22:49  CPSPRO4      ►SUB-DIR◄  9.07.93  17:58
WINWORD       ►SUB-DIR◄  1.02.95  20:07  DEV          ►SUB-DIR◄  7.07.93  17:45
WORD5         ►SUB-DIR◄  1.07.93  11:26  DOS          ►SUB-DIR◄ 30.06.93  23:44
ZWSPEICH      ►SUB-DIR◄ 15.07.93  22:31  GLOSSAR      ►SUB-DIR◄ 16.02.95   7:26
~COREL     T  ►SUB-DIR◄ 26.02.95   4:36  HSG          ►SUB-DIR◄ 13.10.93   1:23
386spart  par  11976704 25.02.95  22:38  MHUNIZ       ►SUB-DIR◄ 19.01.95  22:16
Io        sys     33663 11.06.91  12:00  MOUSE        ►SUB-DIR◄  5.07.93  12:26
Msdos     sys     37426 11.06.91  12:00  PACKER       ►SUB-DIR◄  4.10.94  19:45
autoexec  bak       525  1.02.95  19:09  PROWIN       ►SUB-DIR◄ 26.02.95   1:32
autoexec  bat       525 21.02.95   4:30  PSP          ►SUB-DIR◄  5.07.93  21:53
command   com     50031 11.06.91  12:00  QEMM         ►SUB-DIR◄ 18.04.94  16:09
config    sys       646 21.02.95   4:32  SCANFILL     ►SUB-DIR◄  2.12.94   0:13
emm386    exe    111710 10.03.92   3:10  TEMP         ►SUB-DIR◄  1.07.94  17:59
gomouse   bat        78  5.07.93  12:27  UTIL         ►SUB-DIR◄  1.07.93  11:31
himem     sys     16736 10.03.92   3:10  WINDOWS      ►SUB-DIR◄ 25.02.95  22:49
w         bat        16  1.07.93  11:58  WINWORD      ►SUB-DIR◄  1.02.95  20:07

C:\>
1Links   2Rechts 3Betra. 4Bearb  5        6        7Suchen 8Stapel 9EGA-Mo 10Baum
```

6. Phase. Die Startdatei (eine andere Bezeichnung, die sich auf den Inhalt dieser Datei bezieht, ist »Gerätetreiberdatei«) CONFIG.SYS wird eingelesen und die in ihr enthaltenen Befehlszeilen werden der Reihe nach abgearbeitet. Anschließend wird die Startdatei AUTOEXEC.BAT eingelesen. Auch hier werden die enthaltenen Befehlszeilen der Reihe nach ausgeführt.

Beide Dateien dienen dazu, Systemparameter zu initialisieren, Image-Dateien anzulegen, Tools wie beispielsweise Antiviren-Programme zu starten, Fehlerabfragen durchzuführen und gegebenenfalls gleich Anwendungsprogramme aufzurufen (beispielsweise die grafische Benutzeroberfläche Windows oder ein Anwendungsprogramm unter DOS).

7. Phase. Der DOS-Prompt, also die Eingabeaufforderung, wird am Bildschirm angezeigt.

Eine Vorsichtsmaßnahme sei zu Beginn der »Bastelarbeiten« an den Startdateien dringend empfohlen: Legen Sie eine bootfähige Startdiskette an, auf der sich unter anderem die aktuelle AUTOEXEC.BAT und CONFIG.SYS befinden sollten. Unter Umständen können Sie beim »Basteln« die Einträge nämlich so gestalten, daß der Rechner abstürzt, wenn er versucht, einen Befehl dieser Dateien auszuführen.

3.1 Hintergrundwissen zur Speichertechnik

XT-Rechner, also die PCs der frühen Generation, waren mit einem 8086/8088-Prozessor bestückt. Dieser Prozessor verfügte über 20 Adreßleitungen, mit denen ein maximaler Arbeitsspeicherbereich von 1 MByte (1.024 kByte) angesprochen werden konnte.

Dieser Speicherplatz wurde in 640 kByte Arbeitsspeicher und 384 kByte Systemspeicher unterteilt.

In den Arbeitsspeicher werden DOS sowie die Anwendungsprogramme und deren Tools geladen.

Im Systemspeicher finden das BIOS und das Grafikkarten-RAM (der Speicher für die Bildschirmdarstellung) Platz.

Ab dem 80286er Prozessor, also mit Einführung der sogenannten »AT-Rechner«, waren die Prozessoren in der Lage, einen größeren Arbeitsspeicher als 1 MByte zu adressieren. Der Nachteil an dieser Geschichte ist, daß dies nur in einem Betriebsmodus möglich ist, der zu DOS nicht kompatibel ist, dem sogenannten »Protected Mode«. Der MS-DOS-Modus wird als »Real Mode« bezeichnet.

Auf den nachfolgenden Seiten wird ausführlich beschrieben, wie Sie mit den entsprechenden Einträgen in den Startdateien (hauptsächlich betrifft dies die Gerätetreiberdatei CONFIG.SYS) möglichst jedes Byte an konventionellem Arbeitsspeicher sparen können.

Möglicherweise werden Sie jetzt einwenden, daß Sie schließlich eine Menge Geld ausgegeben haben, damit Ihr Rechner mit 32 MByte Hauptspeicher oder sogar noch mehr ausgerüstet ist. Dagegen ist zwar nichts einzuwenden, ganz im Gegenteil, jedoch darf dieser Wert nicht darüber hinwegtäuschen, daß Ihnen an konventionellem Arbeitsspeicher maximal 640 kByte zur Verfügung stehen. Völlig gleichgültig, ob Sie über einen 80286er oder einen 80586er Prozessor verfügen, und ob Ihr Rechner mit 32 MByte, 64 MByte oder sogar noch mehr ausgerüstet ist.

Der konventionelle Arbeitsspeicher ist der Teil des Speichers, in den DOS bzw. Teile davon sowie ausführbare Dateien (diejenigen mit der Erweiterung .EXE oder .COM) Ihrer jeweiligen Anwendung (Word, Exel, Windows usw.) geladen werden.

Der restliche Arbeitsspeicher wird dazu benutzt, um so viel wie möglich von den restlichen Dateien Ihrer Anwendungsprogramme sowie die Dateien, die Sie gerade erstellen (beispielsweise Grafikdateien unter CorelDraw, Bilddateien, die Sie unter PhotoShop bearbeiten wollen, usw.) aufzunehmen. Der Grund dafür ist, daß diese Dateien dann nicht mehr laufend von der Festplatte in den Arbeitsspeicher aus- und eingeladen werden müssen, was eine Geschwindigkeitseinbuße bedeuten würde.

Eins ist also klar: Nur im konventionellen Arbeitsspeicher »spielt die Musik«, und da er begrenzt ist, muß er so frei wie möglich gehalten werden. Abbildung 3.2 zeigt Ihnen diese Grenzen noch einmal anhand eines Schemas.

Abb. 3.2:
Die nutzbaren
Teile Ihres
Arbeitsspeichers

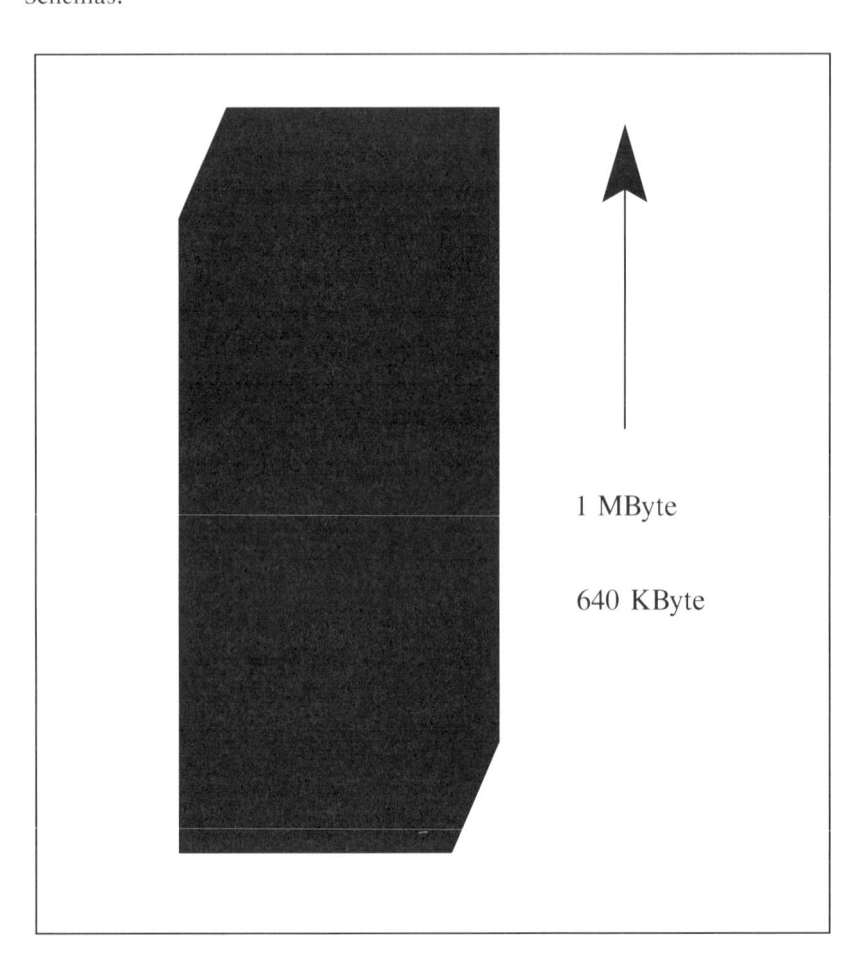

Der Speicherbereich, der sich oberhalb der erwähnten 1-MByte-Grenze befindet, wird als »Erweiterungsspeicher« bezeichnet. Damit dieser Erweiterungsspeicher angesprochen werden kann, stehen zwei Möglichkeiten zur Verfügung:

1. Möglichkeit. Der Prozessor veranlaßt einen laufenden Wechsel zwischen dem Protected Mode und dem Real Mode. Durch den ständigen Wechsel entstehen allerdings Geschwindigkeitsverluste.

Damit dieser Wechsel möglich ist, wird ein Treiber benötigt. Unter MS-DOS ist das der Speichermanager HIMEM.SYS. Dieser Treiber regelt die Kommunikation zwischen dem Speicher und den Anwendungsprogrammen, die darauf zugreifen wollen.

Diese Vorgehensweise wird als »Extended Memory Specification« bezeichnet und ist besser unter der Abkürzung als XMS bekannt.

Der Speichermanager HIMEM.SYS ist also die Grundvoraussetzung, damit Programme wie SMARTDRIVE oder RAMDRIVE arbeiten können.

2. Möglichkeit. Der 384 kByte umfassende Systembereich wird in der Regel kaum vollständig ausgenutzt. Das heißt, es entstehen freie Bereiche, die als Upper Memory Blocks (UMB) bekannt sind. In einem dieser nicht belegten Bereiche wird ein sogenannter »Seitenrahmen« eingerichtet. Es können nun Teile des Erweiterungsspeichers in diesen Seitenrahmen (Page Window) verlagert werden, jedoch nicht vollständig, sondern in Stücken, den sogenannten Pages (Seiten). Aufgrund dieser Vorgehensweise kann der gesamte Speicher verwendet werden, und zwar bis zu einer maximalen Größe von 64 kByte. Das klingt zwar nicht besonders aufregend, aber wenn man bedenkt, daß diese Größe einmal der gesamte Arbeitsspeicher eines Computers (beispielsweise des Commodore C64) war, dann relativiert das diese Größenangabe ein wenig.

Allerdings kommt dieser Vorgang ebenfalls nicht ohne ein Hilfsprogramm aus, das in Form des Speichermanagers EMM386 vorliegt.

Diese Technik wird als »Expanded Memory Specification« bezeichnet und ist auch unter der Abkürzung EMS bekannt.

EMS-Speicher wird überwiegend nur noch von älteren Programmen angefordert, da er seinerzeit dazu dienen sollte, zusätzlichen Speicher auf XT-Rechnern, also Computern mit einem 8086/8088er Prozessor, zur Verfügung zu stellen.

Nun läßt sich aber nicht nur der erwähnte Seitenrahmen, sondern zusätzlich auch noch ein Teil des Betriebssystems in den Systemspeicher laden, was dazu führt, daß der konventionelle Hauptspeicherbereich (640 kByte) entlastet wird. Dazu muß in der Gerätetreiberdatei CONFIG.SYS jedoch der folgende Eintrag erfolgen:

```
DOS=HIGH,UMB
```

Durch eine weitere Spitzfindigkeit können noch einmal 64 kByte an konventionellem Arbeitsspeicher eingespart werden, vorausgesetzt, es handelt sich bei dem eingesetzten Rechner mindestens um einen 80286er: Im Rechner bzw. Prozessor können im Real Mode nicht nur 1024, sondern 1084 kByte angesprochen werden. Was beim 8086/8088er Prozessor nicht möglich war, ist seit dem 80286er durchaus machbar, und zwar das Ansprechen der letzten 64 kByte (der 8086/8088er Prozessor verfügt nur über 20 Adreßleitungen, der 80286er hingegen über 24). Die benötigte 21. Adreßleitung (A20, denn es wird mit 0 beginnend gezählt), wird durch den Treiber HIMEM.SYS an- und ausgeschaltet.

Die hierdurch gewonnenen 64 kByte werden als High Memory Area (HMA) bezeichnet. In diesen Speicherteil kann dann ein Teil des Betriebsystems, der sogenannte Systemkern, geladen werden. Dazu müssen Sie in der Gerätetreiberdatei CONFIG.SYS folgende Befehlszeile eintragen:

```
DOS=HIGH
```

Einrichten von UMB und EMS mit dem Speichermanager EMM386

Nun können der EMS- und der Upper Memory-Speicher nutzbar gemacht werden, indem der Treiber EMM386 aktiviert wird. EMM386 bewirkt, daß der Prozessor auf den Protected Mode umgeschaltet wird. Mit folgender Befehlszeile in der CONFIG.SYS wird dieser Treiber installiert:

```
DEVICE=C:\DOS\EMM386.EXE
```

Die Reihenfolge der Einträge ist nicht vorgeschrieben, Sie sollten aber unbedingt darauf achten, daß alle DEVICE- und/oder INSTALLHIGH-Anweisungen nach den Einträgen für die beiden Speichermanager erfolgen, denn sie sind die Grundvoraussetzung dafür, daß eine Nutzung dieser Bereiche überhaupt erst möglich ist.

Muß dieser Speichermanager überhaupt eingesetzt werden, oder geht es ohne vielleicht sogar besser?

Sie müssen den Speichermanager nicht unbedingt angeben, jedoch wird Ihr Rechner dann sprichwörtlich in die Knie gehen, wenn Sie ein reichhaltiges Sortiment an Komponenten wie beispielsweise Maus, Netzwerkkarte, CD-ROM-Adapter, Soundkarte, Cache, Kompressionssoftware usw. einsetzen.

Sie können EMM386 ohne oder mit Zusatzparametern verwenden. Geben Sie keinen Zusatzparameter an, dann wird der maximale EMS-Speicher bereitgestellt. Anderenfalls müssen Sie die gewünschte Größe angeben. Die Größenangabe geschieht in kByte. Mit der folgenden Zeile reservieren Sie 1 MByte als EMS-Speicher:

```
DEVICE=c:\DOS\EMM386.EXE 1024
```

Mit der nachfolgenden Zeile reservieren Sie 2 MByte als EMS-Speicher.

    DEVICE=C:\DOS\EMM386.EXE 2048

Damit Sie den Upper Memory überhaupt benutzen können, ist der nachfolgende Parameter RAM erforderlich. Erst danach können Sie Programme und/oder Treiber in diesen Speicherbereich laden.

Aus der oben aufgeführten Zeile wird dann die folgende:

    DEVICE=C:\DOS\EMM386.EXE 2048 RAM

Hiermit stellen Sie 2 MByte EMS-Speicher sowie UMB-Speicher zur Verfügung. Ohne die Angabe RAM würde nur EMS-Speicher nutzbar sein.

Bleibt jetzt nur noch die Frage zu klären, wieviel EMS-Speicher zur Verfügung gestellt werden soll. Am besten keiner, denn jedes kByte, das Sie dem EMS-Speicher zur Verfügung stellen, verringert den Platz für Erweiterungsspeicher, da EMS aus XMS-Speicher erzeugt wird. Der XMS-Speicher sollte am besten Windows oder Smartdrive für Anwendungsprogramme unter DOS zur Verfügung gestellt werden.

Es gibt natürlich keine Regel ohne Ausnahme. Es gibt gewisse DOS-Anwendungen, die schneller laufen, wenn sie über den EMS-Speicher verfügen können. Wenn es sich bei Ihrer DOS-Anwendung um ein solches Programm handelt, finden Sie in der Regel einen entsprechenden Hinweis in der Dokumentation der Software.

Windows hingegen sowie auch alle Windows-Anwendungen laufen im Protected Mode, benötigen keinen EMS-Speicher und demzufolge auch kein EMM386. Je mehr XMS-Speicher Sie also Windows und seinen Applikationen zur Verfügung stellen, um so mehr Geschwindigkeit können Sie erzielen.

Teilen Sie Ihrem System in diesem Falle also mit, daß Sie keinen EMS-Speicher wünschen, indem Sie den Parameter NOEMS anhängen. Die Zeile in der CONFIG.SYS-Datei sieht also folgendermaßen aus:

    DEVICE=C:\DOS\EMM386.EXE NOEMS

3.2 Die Einträge in der Gerätekonfigurationsdatei CONFIG.SYS

Insgesamt stehen Ihnen für die Gerätekonfigurationsdatei CONFIG.SYS 15 verschiedene Befehle zur Verfügung. Nachfolgend werden diese Befehle sowie die entsprechenden Anwendungsgebiete beschrieben. Zur Übersicht finden Sie hier zunächst eine Tabelle mit einer kurzen Erläuterung.

Befehl	Erläuterung
Break	Legt fest, ob DOS auf die Tastenkombination ⌈Strg⌉+⌈Pause⌉ oder ⌈Strg⌉+⌈C⌉ reagieren soll, mit der ein laufendes DOS-Programm unterbrochen werden kann.
Buffers	Definiert den Umfang des Arbeitsspeichers, in dem Daten gespeichert werden, die von einem Datenträger gelesen werden.
Country	Bestimmt die gewünschten landessprachlichen Konventionen.
Device	Bewirkt das Laden eines Gerätetreibers.
Devicehigh	Mit diesem Befehl laden Sie einen Gerätetreiber in den hohen Speicherbereich (Upper Memory).
Dos	Hiermit wird der Teil des Arbeitsspeichers definiert, in den DOS geladen werden soll. Außerdem kann festgelegt werden, ob Speicherblöcke in den hohen Speicherbereich (Upper Memory Blocks) kopiert werden sollen.
Drivparm	Bestimmt die Eigenschaften eines Disketten- beziehungsweise Festplattenlaufwerks.
Fcbs	Legt die Anzahl der gleichzeitig zu öffnenden Dateisteuerblöcke (FCBs) fest.
Files	Legt die Anzahl der Dateien fest, auf die unter DOS gleichzeitig zugegriffen werden kann.
Install	Bewirkt, daß ein speicherresidentes Programm (TSR) in den Speicher geladen wird.
Lastdrive	Definiert die maximale Anzahl von Laufwerken, für die ein Laufwerkskennbuchstabe vergeben werden kann.
Rem	Erlaubt es, Anmerkungen einzufügen. Außerdem verhindert dieser Eintrag, daß eine Befehlszeile ausgeführt wird.
Shell	Wird dann eingesetzt, wenn ein anderer Befehlsinterpreter als COMMAND.COM verwendet werden soll, und gibt den entsprechenden Namen und die Position an.
Stacks	Ermöglicht den Einsatz von dynamischen Datenstapeln für die Abarbeitung von Hardware-Interrupts und bestimmt die Größe des Arbeitsspeicherbereichs, in dem diese Verarbeitung erfolgen soll.
Switches	Mit diesem Befehl können Sie Einfluß auf bereits konfigurierte Geräte bzw. deren Verhalten nehmen.

3.2.1 Der Abbruch von Befehlsausführungen

Vielleicht haben Sie sich schon einmal eine Textdatei mit dem Befehl TYPE Dateiname.TXT auf dem Bildschirm anzeigen lassen. Die Datei war aber sehr groß, und so mußten Sie einige Minuten warten, bis der Text endlich in voller Länge auf dem Bildschirm angezeigt wurde. Obwohl Sie die Anzeige gern abgebrochen hätten, war nichts zu machen, auch die ESC-Taste half nicht.

Sie können in Ihre CONFIG.SYS den Befehl BREAK einfügen, damit Sie beispielsweise eine solche Anzeige mit der Tastenkombination CTRL + C oder CTRL + Pause anhalten können.

Geben Sie folgende Befehlszeile ein:

```
BREAK=ON
```

Sie veranlassen damit, daß DOS prüft, ob diese Tastenkombination während des Ausführens eines Befehls gedrückt wird.

Allerdings reagieren nicht alle Programme auf diese Tastenkombination. Es kann also sein, daß Sie die Ausführung eines DOS-Programms bzw. eines Befehls in den meisten Programmen stoppen können, in anderen aber nicht. Schaden kann diese Befehlszeile auf keinen Fall.

3.2.2 Die Anzahl der Pufferspeicher festlegen

Beim Starten des Betriebssystems wird im Arbeitsspeicher ein Bereich freigehalten, der zum vorübergehenden Speichern von Daten dient, die von den Datenträgern (Festplatte, Diskette, CD-ROM usw.) gelesen werden. Dieser Speicher wird in gleich große Bereiche aufgeteilt, die als Puffer bezeichnet werden. Ein Puffer ist so groß, daß er einen Sektor an Informationen aufnehmen kann. Diese Puffer nehmen beispielsweise auch Verzeichnis- und Dateitabelleninformationen auf.

Je mehr Verzeichniseinträge beispielsweise auf der Festplatte gespeichert sind, desto besser ist es, genügend viele Puffer zur Verfügung zu haben. Außerdem verlangen einige Programme mehr Puffer als andere. Zu diesen Programmen gehören beispielsweise Datenbankprogramme. Wenn Sie Puffer reservieren, wird im Arbeitsspeicher mehr Platz verbraucht, der anderen Programmen nicht mehr zur Verfügung steht. Es ist also nicht sinnvoll, soviel Pufferspeicher wie möglich festzulegen.

Standardmäßig ist ein Wert von 30 Puffern die Regel. Wenn ein Anwendungsprogramm mehr davon benötigt, dann können Sie dies in der Dokumentation nachlesen, oder es erfolgt eine Fehlermeldung mit dem Hinweis, daß zu wenig Puffer bereit stehen. Mitunter sehen Sie auch einen Hinweis darauf, wie viele Puffer Sie anlegen müssen, damit das Programm weiterarbeiten kann.

Der Befehl zum Reservieren von Puffern lautet:

```
BUFFERS
```

Mit dem folgenden Befehl reservieren Sie beispielsweise eine Anzahl von 30 Puffern:

```
BUFFERS=30
```

3.2.3 Länderspezifische Einstellungen vornehmen

Haben Sie schon einmal Ihren Rechner ohne eine AUTOEXEC.BAT oder CONFIG.SYS gestartet? Dies kann beispielsweise mit einer bootfähigen Startdiskette geschehen, die mit dem folgenden Befehl formatiert wurde:

```
FORMAT /S
```

Der Parameter /S bewirkt, daß neben dem Formatieren der Diskette auch die versteckten Systemdateien MSDOS.SYS und IO.SYS sowie der Befehlsinterpreter COMMAND.COM kopiert werden. Wenn Sie mit so einer Startdiskette Ihren PC zum Laufen bringen, dann startet er auch bis zur DOS-Eingabeaufforderung durch. Wenn Sie jetzt Befehle über die Tastatur eingeben, dann werden einige Tasten nicht das erwartete Zeichen auf den Bildschirm bringen. Beispielsweise erscheint ein Z statt eines über die Tastatur eingegebenen Y usw.

Dies liegt daran, daß standardmäßig die amerikanische Tastaturbelegung aktiviert wird. Sie können die Ländereinstellungen folgendermaßen ändern:

- Die länderspezifischen Einstellungen für Datum, Uhrzeit und Währung, Zeichensortierfolge und gültige Zeichen für die zu vergebenden Dateinamen werden mit dem folgenden Befehl geändert:

    ```
    COUNTRY
    ```

- Die Interpretation von Zeichen und deren Anordnung auf der Tastatur können mit dem Befehl

    ```
    KEYB
    ```

    so geändert werden, daß sie zur Standardtastatur eines gewünschten Landes passen.

- Mit Hilfe eines Parameters kann der Zeichensatz (wird auch als Codeseite bezeichnet) so geändert werden, daß Zeichen einer anderen Sprache eingegeben, auf dem Bildschirm dargestellt und ausgedruckt werden können.

Sie müssen dazu die Landeskennzahl und den Tastaturcode kennen. Tabelle 3.1 können Sie die jeweiligen Parameter entnehmen.

Land	Landeskennzahl	Tastaturcode
Belgien	032	be
Brasilien	055	br
Dänemark	045	dk
Deutschland	049	gr
England	061	
Finnland	358	su
Frankreich	033	fr
Italien	039	it
Jugoslawien	038	yu
Kanada	002	cf
Lateinamerika	003	la
Niederlande	031	nl
Norwegen	047	no
Polen	048	pl
Portugal	351	po
Schweden	046	sv
Schweiz	041	sg
Spanien	034	sp
Tschechoslowakei (Slowakisch)	042	sl
Tschechoslowakei (Tschechisch)	042	cz
Ungarn	036	hu
USA	001	us
Vereinigtes Königreich	044	uk

Tab. 3.1: Kennzahlen für die Tastaturbelegung

Wollen Sie also beispielsweise die deutsche Länderspezifikation auswählen, dann fügen Sie Ihrer CONFIG.SYS die folgende Befehlszeile hinzu:

```
COUNTRY=049
```

Zum Einstellen der Tastaturbelegung geben Sie dann den nebenstehenden Wert bzw. die Buchstabenkombination (in diesem Fall gr) an. Fügen Sie dazu die nachfolgende Zeile ein:

```
KEYB GR
```

3.2.4 Das Installieren von Gerätetreibern

Jedes Hardware-Bauteil Ihres Rechners wird als *Gerät* bezeichnet. Geräte sind beispielsweise die Maus, die Tastatur, der Bildschirm, die angeschlossenen Laufwerke (Festplattenlaufwerk, Diskettenlaufwerk, CD-ROM-Laufwerk usw.), der Drucker und so weiter.

Um die einzelnen Geräte anzusprechen und zu steuern (um z.B. das Formatieren einer Diskette zu ermöglichen, Eingaben über die Tastatur oder über die Maus zuzulassen usw.), ist jeweils ein spezieller Gerätetreiber erforderlich.

MS-DOS beinhaltet im Betriebssystem bereits einige eigene Gerätetereiber, die nicht extra geladen werden müssen. Beispielsweise wird die Tastatur über einen solchen internen Gerätetreiber gesteuert.

Andere Geräte wie die Maus benötigen einen externen Gerätetreiber, der in der Regel im Lieferumfang des jeweiligen Geräts enthalten ist. Dieser externe oder auch installierbare Gerätetreiber muß in der Gerätekonfigurationsdatei CONFIG.SYS installiert werden.

Um einen solchen Treiber dieser Datei hinzuzufügen, wird der folgende DOS-Befehl verwendet:

```
DEVICE
```

Um beim Beispiel mit der Maus zu bleiben: Im Lieferumfang der Maus befindet sich ein Treiber namens MOUSE.SYS. Dieser Treiber wird (entweder manuell oder durch die mitgelieferte Software) in das Verzeichnis \MOUSE kopiert. Um den Gerätetreiber zu laden, ist einerseits die Angabe seines Namens, aber auch die Angabe des Verzeichnisses erforderlich, in dem er sich befindet. Es ist also folgende Befehlszeile notwendig:

```
DEVICE=C:\mouse\mouse.sys
```

Wird diese Befehlszeile bei der Abarbeitung der CONFIG.SYS beim Hochfahren des Systems gelesen, dann wird der Gerätetreiber MOUSE.SYS in den Arbeitsspeicher geladen und sorgt dort für den reibungslosen Betrieb der Maus.

Die nachfolgende Tabelle listet die im Lieferumfang von MS-DOS enthaltenen (internen) Gerätetreiber auf.

Treiber	Anwendungsgebiet
ANSI.SYS	Unterstützt Funktionen die zur Änderung der Bildschirmausgabe, der Cursorbewegungen und der Tasten dienen. Dazu wird eine sogenannte *ANSI-Escape-Zeichenfolge* gesendet. Sie heißt so, weil der Befehl mit dem Escape-Zeichen (ESC) beginnt.
DISPLAY.SYS	Mit diesem Befehl wird der Codeseitenwechsel für den Bildschirm durchgeführt.
DBLSPACE.SYS	Dies ist ein Treiber, der den Zugriff auf Laufwerke möglich macht, die durch Verwendung des Kompressionsprogramms DoubleSpace verdichtet wurden.
DRIVER.SYS	Über diesen Treiber werden auch Diskettenlaufwerke angesteuert, die nicht vom ROM-BIOS des Rechners gesteuert werden. Das ROM-BIOS erkennt bis zu 26 Laufwerke (Lastdrive=z). Mit dem Gerätetreiber DRIVER.SYS können noch vier zusätzliche Diskettenlaufwerke angesprochen werden. DRIVER.SYS ist allerdings nicht in der Lage, Festplattenlaufwerke zu erkennen.
EGA.SYS	Dieser Treiber wird dann verwendet, wenn die Programmumschaltung der MS-DOS-Shell zusammen mit einem EGA-Monitor durchgeführt wird. Wollen Sie einen EGA-Monitor an Ihrem Rechner betreiben, dann müssen Sie den Treiber EGA.SYS installieren, bevor Sie die Programmumschaltung vornehmen.
EMM386.EXE	Nach der Installation dieses Treibers kann Erweiterungsspeicher (Extended Memory) zum Simulieren von Expansionsspeicher (EMS) verwendet werden (das ist beispielsweise zum Betreiben vieler Computerspiele notwendig). Dadurch wird der Zugriff auf den hohen Speicherbereich (UMB = Upper Memory Block) ermöglicht. Dies funktioniert allerdings erst bei Prozessoren ab dem 80386er.
HIMEM.SYS	Mit diesem Treiber kann definiert werden, wie Anwendungsprogramme den Erweiterungsspeicher und den oberen Speicherbereich (HMA = High Memory Area) benutzen. Dies ist auf Prozessoren ab dem 80286er möglich.

Tab. 3.2: MS-DOS-interne Gerätetreiber

Treiber	Anwendungsgebiet
RAMDRIVE.SYS	Dieser Treiber macht es möglich, daß ein virtuelles Laufwerk im Arbeitsspeicher (RAM) des Rechners eingerichtet und angesprochen wird. Mit diesem virtuellen Laufwerk wird ein physikalisches (also ein tatsächlich vorhandenes) simuliert, das jedoch wesentlich schneller angesprochen werden kann, da sich die Daten im Arbeitsspeicher befinden, der einen erheblich schnelleren Zugriff erlaubt. Ein Nachteil ist allerdings, daß Daten auf einem solchen virtuellen Laufwerk nicht gespeichert werden, wenn der Rechner abgeschaltet wird.
SETVER.EXE	Dieser Treiber bewirkt, daß die Versionstabelle in den Arbeitsspeicher geladen wird. Diese Versionstabelle enthält eine Liste von Programmen und die dazugehörige MS-DOS-Versionsnummer, für die diese Programme jeweils entwickelt bzw. abgestimmt wurden. Die Versionstabelle kann auch geändert werden.
SMARTDRV.EXE	Es handelt sich bei diesem Gerätetreiber um ein Festplatten-Cache-Programm, mit dem Sie die Zugriffsgeschwindigkeit auf Daten der Festplatte beschleunigen können. Dazu reserviert SMARTDRV einen Teil des Expansions- und Erweiterungsspeichers, der dann als Smartdrive-Cache-Speicher bezeichnet wird. Dieser Cache wird zum Speichern von Informationen benutzt, die von der Festplatte gelesen werden. Versucht ein Programm, erneut auf diese Daten zuzugreifen, dann werden diese direkt aus dem Cache-Speicher geliefert und brauchen nicht erst von der Festplatte gelesen zu werden.

Tab. 3.2: MS-DOS-interne Gerätetreiber

3.2.5 Gerätetreiber in den hohen Speicherbereich laden

Um im konventionellen Arbeitsspeicher mehr Platz zur Verfügung zu stellen, verwenden Sie anstelle des Befehls DEVICE den folgenden:

```
DEVICEHIGH
```

Damit ein Gerätetreiber (oder Programm) in den hohen Speicherbereich geladen bzw. dort ausgeführt werden kann, muß er in den größten zur Verfügung stehenden hohen Speicherblock (UMB) passen.

Mit folgenden Arbeitsschritten stellen Sie sicher, daß Sie einen Gerätetreiber oder ein anderes Programm in den hohen Speicherbereich verschieben können und daß dieser Vorgang auch erfolgreich ausgeführt wird:

3.2 Die Einträge in der Gerätekonfigurationsdatei CONFIG.SYS

1. Finden Sie den größten zur Verfügung stehenden Speicherblock heraus, indem Sie an der DOS-Eingabeaufforderung den folgenden Befehl eingeben:

```
MEM /C | more
```

Der Zusatz |more bewirkt, daß die Bildschirmanzeige nicht durchläuft, sondern anhält, wenn eine Bildschirmseite gefüllt ist. Wenn Sie eine beliebige Taste drücken, wird die nächste Bildschirmseite gefüllt usw. Sie holen sich den senkrechten Strich durch die Tastenkombination AltGr + I auf den Bildschirm.

Sie sehen die Belegung des hohen Speicherbereichs sowie am Ende dieser Tabelle die freien Bereiche, die mit »Frei« gekennzeichnet sind.

Abb. 3.3:
Die freien Bereiche des hohen Speicherbereichs

```
WKBUFFER          512   ( 0.5KB)    200
LASTDRIV          448   ( 0.4KB)    1C0
INSTALL           144   ( 0.1KB)     90
KEYB             6208   ( 6.1KB)   1840
SHARE           17888   (17.5KB)   45E0
DOS-UP            208   ( 0.2KB)     D0
DOSDATA          5280   ( 5.2KB)   14A0
DISPLAY          8288   ( 8.1KB)   2060
SLCD            23584   (23.0KB)   5C20
FILES            2672   ( 2.6KB)    A70
STACKS           3024   ( 3.0KB)    BD0
SMARTDRV        26800   (26.2KB)   68B0
MSCDEX          27952   (27.3KB)   6D30
DOSEDIT          2800   ( 2.7KB)    AF0
FREI              160   ( 0.2KB)     A0
FREI              208   ( 0.2KB)     D0
FREI              112   ( 0.1KB)     70
FREI              160   ( 0.2KB)     A0
FREI            75264   (73.5KB)  12600

Insgesamt FREI:  75904   (74.1KB)

Insg. verfügbarer Arbeitsspeicher (Konventioneller+hoher):   701920  (685.5KB)
Maximale Größe für ausführbares Programm:                    625792  (611.1KB)
-- Fortsetzung --
```

Lassen Sie die Anzeige ganz durchlaufen. Fast am Ende der Anzeige sehen Sie die Zeile:

Größter freier Block im hohen Speicher (Upper Memory)

sowie einen entsprechenden Wert (in diesem Fall 75904 Byte)

Wenn Sie sich nicht schlüssig sind, welche Optionen beim Befehl MEM zur Verfügung stehen und momentan auch kein Betriebssystem-Handbuch vorliegt, dann können Sie sich die zur Verfügung stehenden Möglichkeiten mit dem Parameter /? am Bildschirm anzeigen lassen. Geben Sie dazu folgenden Befehl an der DOS-Eingabeaufforderung ein:

```
MEM /?
```

Abb. 3.4:
Lassen Sie sich den größten freien hohen Speicherblock anzeigen.

```
MSCDEX           27952   ( 27.3KB)     6D30
DOSEDIT           2800   (  2.7KB)     AF0
FREI               160   (  0.2KB)     A0
FREI               208   (  0.2KB)     D0
FREI               112   (  0.1KB)     70
FREI               160   (  0.2KB)     A0
FREI             75264   ( 73.5KB)     12600

Insgesamt FREI:  75904   ( 74.1KB)

Insg. verfügbarer Arbeitsspeicher (Konventioneller+hoher):   701920  (685.5KB)
Maximale Größe für ausführbares Programm:                    625792  (611.1KB)
-- Fortsetzung --

Größter freier Block im hohen Speicher (Upper Memory):        75264  ( 73.5KB)

   3751936 Byte EMS-Speicher insgesamt
   2048000 Byte EMS-Speicher frei

   3538944 Byte fortlaufender Erweiterungsspeicher insgesamt
         0 Byte fortlaufender Erweiterungsspeicher verfügbar
   2048000 Byte XMS-Speicher verfügbar
           MS-DOS resident im oberen Speicherbereich (High Memory Area)

C:\>
```

Abb. 3.5:
Die Möglichkeiten von MEM

```
-- Fortsetzung --

Größter freier Block im hohen Speicher (Upper Memory):        75264  ( 73.5KB)

   3751936 Byte EMS-Speicher insgesamt
   2048000 Byte EMS-Speicher frei

   3538944 Byte fortlaufender Erweiterungsspeicher insgesamt
         0 Byte fortlaufender Erweiterungsspeicher verfügbar
   2048000 Byte XMS-Speicher verfügbar
           MS-DOS resident im oberen Speicherbereich (High Memory Area)

C:\>mem /?
Zeigt die Größe des belegten und noch freien Arbeitsspeichers im System an.

MEM [/PROGRAM | /DEBUG | /CLASSIFY]

   /P(ROGRAM)   Zeigt den Status in den Speicher geladener Programme an.
   /D(EBUG)     Zeigt den Status von Programmen, installierten Treibern und
                andere Information.
   /C(LASSIFY)  Klassifiziert Programme nach Ihrer Speicherverwendung. Listet
                ihre Größe, bietet einen Überblick über verwendeten Speicher und
                zeigt den größten verfügbaren hohen Speicherblock an.

C:\>
```

2. Im Abschnitt »Konventioneller Speicher« sind die im konventionellen Arbeitsspeicher installierten Gerätetreiber aufgelistet. Suchen Sie den größten Gerätetreiber oder das größte Programm aus dieser Liste, und überprüfen Sie anhand des Größenvergleichs, ob er bzw. es in den hohen Speicherblock paßt (die Größe des Gerätetreibers oder des Programms muß kleiner sein als der Umfang des größten verfügbaren hohen Speicherblocks).

3.2 Die Einträge in der Gerätekonfigurationsdatei CONFIG.SYS

Beachten Sie beim Verschieben von Gerätetreibern oder Programmen in den hohen Speicherbereich, daß bestimmte Dateien, wie beispielsweise die MS-DOS-Systemdateien, nicht in den hohen Speicherbereich geladen werden dürfen. Darüber hinaus können die Speichermanager HIMEM.SYS und EMM386.EXE nicht im hohen Speicherbereich ausgeführt werden.

3. Jetzt müssen Sie die entsprechende Befehlszeile in der Gerätekonfigurationsdatei CONFIG.SYS so ändern, daß die in dieser Zeile angegebenen Gerätetreiber oder Programme nicht mehr im konventionellen Arbeitsspeicher, sondern im hohen Speicherbereich ausgeführt werden. Ändern Sie dazu den Befehl

```
DEVICE
```

in:

```
DEVICEHIGH
```

Als Beispiel können Sie einmal den Gerätetreiber ANSI.SYS mit dem DEVICE-Befehl laden. Er wird nicht in den hohen Speicherbereich geschoben. Lassen Sie sich mit dem Befehl MEM /C |MORE die Speicherbelegung der hohen Speicherblöcke anzeigen.

Abb. 3.6:
Es stehen insgesamt sieben freie Speicherblöcke im hohen Speicherbereich zur Verfügung.

```
WKBUFFER          512    (  0.5KB)     200
LASTDRIV          448    (  0.4KB)     1C0
INSTALL           144    (  0.1KB)      90
KEYB             6208    (  6.1KB)    1840
SHARE           17904    ( 17.5KB)    45F0
DOS-UP            208    (  0.2KB)      D0
DOSDATA          5280    (  5.2KB)    14A0
DISPLAY          8288    (  8.1KB)    2060
SLCD            23584    ( 23.0KB)    5C20
FILES            2672    (  2.6KB)     A70
STACKS           3024    (  3.0KB)     BD0
SMARTDRV        26800    ( 26.2KB)    68B0
MSCDEX          27952    ( 27.3KB)    6D30
DOSEDIT          2800    (  2.7KB)     AF0
FREI              160    (  0.2KB)      A0
FREI              208    (  0.2KB)      D0
FREI             4176    (  4.1KB)    1050
FREI               64    (  0.1KB)      40
FREI               32    (  0.0KB)      20
FREI              160    (  0.2KB)      A0
FREI            75264    ( 73.5KB)   12600

Insgesamt FREI:  80064    ( 78.2KB)
-- Fortsetzung --
```

Laden Sie jetzt den Gerätetreiber ANSI.SYS mit dem DEVICEHIGH-Befehl in den hohen Speicherbereich, und lassen Sie sich das Ergebnis mit dem oben genannten MEM-Befehl anzeigen. Sie werden feststellen, daß ANSI.SYS jetzt im hohen Speicherbereich ausgeführt wird (erste Zeile von Abbildung 3.7).

4. Speichern Sie die Gerätekonfigurationsdatei CONFIG.SYS, und starten Sie Ihren Rechner neu, um den Befehl wirksam werden zu lassen.

Abb. 3.7: ANSI.SYS wurde in den freien Speicherblock mit der Größe von 4176 kByte geladen.

```
ANSI              4192    (  4.1KB)    1060
FCBS               256    (  0.3KB)     100
-- Fortsetzung --

WKBUFFER           512    (  0.5KB)     200
LASTDRIV           448    (  0.4KB)     1C0
INSTALL            144    (  0.1KB)      90
KEYB              6208    (  6.1KB)    1840
SHARE            17888    ( 17.5KB)    45E0
DOS-UP             208    (  0.2KB)      D0
DOSDATA           5280    (  5.2KB)    14A0
DISPLAY           8288    (  8.1KB)    2060
SLCD             23584    ( 23.0KB)    5C20
FILES             2672    (  2.6KB)     A70
STACKS            3024    (  3.0KB)     BD0
SMARTDRV         26800    ( 26.2KB)    68B0
MSCDEX           27952    ( 27.3KB)    6D30
DOSEDIT           2800    (  2.7KB)     AF0
FREI               160    (  0.2KB)      A0
FREI               208    (  0.2KB)      D0
FREI                64    (  0.1KB)      40
FREI                32    (  0.0KB)      20
FREI               160    (  0.2KB)      A0
FREI             75264    ( 73.5KB)   12600
```

> Werden der Gerätetreiber oder das Programm nicht im hohen Speicherbereich ausgeführt, obwohl rein rechnerisch genügend Platz im hohen Speicherbereich vorhanden ist, dann kann es daran liegen, daß einige Programme mehr Arbeitsspeicher benötigen, wenn sie ausgeführt werden. Programme dieser Art passen auch dann nicht in den hohen Speicherbereich, selbst wenn die Programmdatei kleiner als der hohe Speicherblock ist.

5. Führen Sie einen Testlauf des Systems durch, um festzustellen, ob der Gerätetreiber oder das Programm auch ohne Probleme ausführbar sind. Sollte es zu einem Absturz des Systems kommen, dann müssen Sie den Eintrag wieder rückgängig machen. Wird schon beim Startvorgang abgebrochen, dann müssen Sie Ihren Rechner über die Startdiskette starten.

Klappt alles, dann wiederholen Sie das beschriebene Verfahren für die übrigen Gerätetreiber oder Programme, die Sie in den hohen Speicherbereich laden wollen.

Wenn Ihnen dieses Verfahren zu umständlich ist (außerdem ist es relativ schwierig, die hohen Speicherbereiche wirklich bis zum letzten freien Bereich auszunutzen), dann können Sie auch zu einer kommerziellen Softwarelösung greifen, die Ihnen diese Arbeit abnimmt. Ein solcher Speichermanager ist beispielsweise QEMM der Firma QUARTERDECK.

QEMM verfügt beispielsweise über eine EXPRESS-INSTALLATION, die sämtliche Speicherkomponenten des PCs überprüft, und dann entscheidet, wie diese am sinnvollsten zu belegen sind. Sämtliche dazu notwendigen Änderungen in den Startdateien AUTOEXEC.BAT und CONFIG.SYS werden dabei automatisch vorgenommen.

Ein eigenständiges Tool fungiert als Systemberichtsprogramm und informiert über alle Änderungen.

Darüber hinaus enthält QEMM auch eine sogenannte STEALTH-FUNKTION, die dann aktiv wird, wenn das Programm mehr Treiber und TSRs findet, als in die vorhandenen Lücken passen. Es verschiebt dann den ROM-Speicher in den sogenannten SEITENRAHMEN (ein reservierter Bereich oberhalb von 640 kByte) und schafft so einen zusätzlich nutzbaren Platz in der Größenordnung zwischen 48 kByte und 115 kByte für TSRs und Treiber.

Es gibt allerdings auch Gerätetreiber, die nach dem Starten nach zusätzlichem Arbeitsspeicher verlangen. Dies kann dazu führen, daß es nach der Ausführung des Befehls DEVICEHIGH zu Problemen kommt.

3.2.6 DOS in den hohen Speicherbereich laden

Verfügt Ihr System über Erweiterungsspeicher, dann können Sie noch weiteren konventionellen Arbeitsspeicher sparen, indem Sie DOS bzw. Teile davon in den hohen Speicherbereich laden. Dies ist zwar nicht unbedingt zwingend, jedoch sollten Sie es im Sinne eines optimalen Speichermanagements nicht versäumen. Benutzen Sie dazu die folgende Befehlszeile:

```
DOS=HIGH
```

Nur dann kann das Upper Memory, also der Speicherbereich zwischen 640 kByte und 1 MByte auch genutzt werden. Sie können darüber hinaus DOS anweisen, eine Verbindung zwischen dem konventionellen Arbeitsspeicher und dem hohen Speicherbereich zu halten, indem Sie den Befehl DOS=HIGH in die folgende Befehlszeile abändern:

```
DOS=HIGH,UMB
```

Sie haben mit dem Befehls `DOS=HIGH` oder `DOS=HIGH,UMB` das Betriebssystem DOS angewiesen, einige seiner Teile in den oberen Speicherbereich zu verlagern. Bei der Ausführung eines Anwendungsprogramms erscheint die folgende Fehlermeldung:

Der obere Speicherbereich ist bereits belegt

In diesem Fall haben Sie es mit einem Anwendungsprogramm zu tun, das die Benutzung des oberen Speicherbereichs zwingend vorsieht. Wenn erhebliche Teile des oberen Speicherbereichs jedoch bereits von DOS belegt sind, dann kann das Anwendungsprogramm diesen Teil des Arbeitsspeichers nicht mehr benutzen, und es folgt die genannte Fehlermeldung.

Sie müssen dann den oberen Speicherbereich wieder freigeben, indem Sie den Befehl DOS=HIGH deaktivieren.

Enthält die Gerätekonfigurationsdatei CONFIG.SYS den Befehl DOS=HIGH,UMB, dann sollten Sie diesen Befehl nicht deaktivieren, sondern ihn wie folgt umändern:

```
DOS=UMB
```

Vielleicht werden Sie verwundert sein, daß Sie diesen Eintrag eventuell schon in Ihrer CONFIG.SYS finden. Der Grund dafür ist wahrscheinlich eine Installation von Windows, denn diese grafische Benutzeroberfläche muß auf diesen Speicherbereich zugreifen können.

3.2.7 Parameter für ein vorhandenes physikalisches Laufwerk beeinflußen

Mitunter kann es vorkommen, daß Sie die Parameter für ein in Ihrem Rechner vorhandenes Laufwerk verändern müssen. Dies kann beispielsweise dann der Fall sein, wenn ein Magnetbandlaufwerk, also ein Streamer, vorhanden ist, der umkonfiguriert werden muß, um eine bestimmte Sorte von Magnetbändern verwenden zu können. DOS stellt hierzu den folgenden Befehl zur Verfügung:

```
DRIVPARM
```

Nachfolgende Tabelle erläutert die Parameter, die diesem Befehl angefügt werden.

Parameter	Bedeutung
/d:	Hiermit wird die Nummer des physischen Laufwerks angegeben, wobei sich zulässige Werte von 0 bis 255 bewegen (Laufwerksnummer 0 entspricht Laufwerk A, Laufwerksnummer 1 entspricht Laufwerk B usw.).
/c	Mit diesem Parameter wird festgelegt, daß das angesprochene Laufwerk in der Lage ist, die geschlossene Laufwerksverriegelung zu erkennen.

Tab. 3.3: Parameter des DRIVPARM-Befehls

Parameter	Bedeutung
/f:	Hinter diesem Parameter wird der Laufwerkstyp angegeben (0 = 160 kByte/180 kByte oder 320 kByte/360 kByte; 1 = 1,2 MByte; 2 = 720 kByte (3 1/2-Zoll-Diskette); 5 = Festplattenlaufwerk; 6 = Magnetbandlaufwerk; 7 = 1,44 MByte (3 1/3-Zoll-Diskette); 8 = Optische Speicherplatte (MO-Laufwerk); 9 = 2,88 MByte (3 1/2-Zoll-Diskette).
/H:	Definiert die maximale Anzahl von Schreib-/Leseköpfen, wobei sich gültige Werte im Bereich von 1 bis 99 bewegen dürfen.
/i	Hiermit wird ein 3 1/2-Zoll-Diskettenlaufwerk angesprochen. Dieser Parameter ist nur dann sinnvoll, wenn das RAM-BIOS Ihres Rechners keine 3 1/2-Zoll-Diskettenlaufwerke unterstützen kann.
/n	Bezieht sich auf ein fest installiertes Blockgerät.
/s:	Definiert die Anzahl der Sektoren pro Spur, die angesprochen werden sollen. Gültige Werte bewegen sich in einem Bereich von 1 bis 99.
/t:	Definiert die Anzahl der Spuren pro Seite. Der Wert ist abhängig von demjenigen, der unter /f: angegeben wurde.

Tab. 3.3: Parameter des DRIVPARM-Befehls (Fortsetzung)

DRIVPARM manipuliert die Parameter eines vorhandenen, also physikalischen Laufwerks. Es erstellt jedoch kein neues logisches Laufwerk (beispielsweise im Arbeitsspeicher des Rechners).

3.2.8 Die Verwendung von Dateisteuerblöcken

Sie sollten mit diesem Befehl nicht herumexperimentieren, sondern ihn wirklich nur dann verwenden, wenn ein Anwendungsprogramm ihn ausdrücklich verlangt. Dies ist allerdings nur bei älteren Programmen der Fall und dies auch nur recht selten. Die Erläuterung dieses Befehls erfolgt also nur der Vollständigkeit halber.

Die Anzahl der Dateisteuerblöcke (ein solcher Dateisteuerblock enthält eine Datenstruktur, in der Informationen über eine Datei gespeichert sind), die DOS gleichzeitig geöffnet haben kann, wird mit dem Befehl

```
FCBS
```

festgelegt. Zulässige Werte für die Anzahl der gleichzeitig zu öffnenden Dateisteuerblöcke bewegen sich in einem Bereich von 1 bis 255.

Verlangt ein Anwendungsprogramm beispielsweise ausdrücklich, daß gleichzeitig bis zu zehn Dateisteuerblöcke geöffnet werden können, dann fügen Sie den folgenden Befehl zu Ihrer Gerätekonfigurationsdatei CONFIG.SYS hinzu:

```
FCBS=10
```

3.2.9 Festlegen der Anzahl von Dateien, auf die DOS gleichzeitig zugreifen kann

Beim Starten von DOS wird im Arbeitsspeicher eine Tabelle eingerichtet, in der Informationen über die zur Zeit geöffneten Dateien gespeichert sind. Werden relativ viele Dateien geöffnet, wird ebenso viel Platz für diese Dateien benötigt. Damit Sie die maximale Anzahl der Dateien angeben können, die gleichzeitig geöffnet werden, verwenden Sie den Befehl:

```
FILES
```

Wenn Sie beispielsweise 40 Dateien gleichzeitig geöffnet haben wollen, dann reservieren Sie den entsprechenden Platz dafür mit dem folgenden Befehl in der Gerätetreiberdatei CONFIG.SYS:

```
FILES=40
```

Je mehr Dateien gleichzeitig geöffnet werden sollen, desto mehr Platz wird dementsprechend auch für diese Tabelle benötigt. Sie können bis zu 255 Dateien gleichzeitig öffnen.

In der Regel genügt das Öffnen von 30 Dateien gleichzeitig. Andernfalls lesen Sie in der Dokumentation Ihrer Software nach, wenn Sie sich nicht sicher sind. Mitunter werden von den jeweiligen Anwendungsprogrammen auch entsprechende Fehlermeldungen ausgegeben, die auf die erwartete Anzahl von Dateien hinweisen.

3.2.10 Speicherresidente Programme in den Arbeitsspeicher laden

Speicherresidente Programme (TSR = Terminate and Stay Resident) bleiben im Speicher, nachdem sie ausgeführt wurden, und können auch dann aktiviert werden, wenn andere Programme ebenfalls laufen. Dazu wird der Befehl

```
INSTALL
```

verwendet, an den das Laufwerk, das Verzeichnis sowie der Name des auszuführenden Programms angehängt werden.

Sie können natürlich speicherresidente Programme auch von der Startdatei AUTOEXEC.BAT aus laden, jedoch hat der Aufruf über die Gerätekonfigurationsdatei CONFIG.SYS den Vorteil, daß INSTALL für das geladene

Programm keinen Umgebungsspeicher einrichtet, also weniger Speicherplatz belegt. Zwar sind die Einsparungen nicht sonderlich groß, sie summieren sich jedoch bei mehreren Programmen.

Beachten Sie jedoch, daß Sie keine Programme mit INSTALL laden sollten, die auf Umgebungsvariablen zugreifen, da es hierbei zu Systemabstürzen kommen kann.

Als Beispiel soll das speicherresidente DOS-Programm FASTOPEN dienen, das einen schnelleren Zugriff auf zu öffnende Dateien ermöglicht. Es wird angenommen, daß sich dieses Programm im Betriebssystem-Unterverzeichnis \DOS auf der Festplatte mit der Laufwerkskennung C: befindet. FASTOPEN soll das Öffnen von bis zu 70 Dateien auf diese Weise ermöglichen. Die dazu notwendige Befehlszeile sieht folgendermaßen aus:

```
INSTALL=C:\DOS\FASTOPEN.EXE C:=100
```

3.2.11 Die Obergrenze der möglichen Laufwerke definieren

Möglicherweise ist es Ihnen bereits einmal passiert, daß Sie ein zusätzliches Laufwerk installiert haben (beispielsweise ein 51/4-Zoll-Diskettenlaufwerk zusätzlich zu Ihrem bereits vorhandenen 31/2-Zoll-Laufwerk), das System jedoch dieses Laufwerk nicht ansprechen kann, da es für den Rechner einfach nicht existiert. Wenn Sie sämtliche Verkabelungen korrekt durchgeführt haben, das zusätzlich eingebaute Laufwerk über eine funktionierende Stromversorgung verfügt und auch sonst kein Fehler vorliegt, dann ist die letzte Fehlerquelle der Befehl:

```
LASTDRIVE
```

Er legt durch die alphabetischen Parameter A bis Z fest, wie viele Laufwerke installiert und angesprochen werden können. Mit folgendem Eintrag können bis zu maximal 26 Laufwerke angesprochen werden:

```
LASTDRIVE=Z
```

Da eine solche Anzahl von Laufwerken kaum in einem PC zu finden sein wird (virtuelle Laufwerke sind hierbei allerdings miteinberechnet), kann man diesen Parameter ruhig auf einen realistischen Wert herabsetzen. Wollen Sie also maximal fünf Laufwerke ansprechen, dann lautet der Eintrag hierfür:

```
LASTDRIVE=E
```

Jeder Eintrag nimmt nur einige Bytes in Anspruch. Dies ist zwar nicht aufregend viel, aber warum soll man nicht benötigten Platz einfach verschwenden?

3.2.12 Kommentare in die CONFIG.SYS einfügen

Wenn sich in Ihren Stapelverarbeitungsdateien (dies gilt für die beiden Startdateien AUTOEXEC.BAT und CONFIG.SYS) im Laufe der Zeit viele Befehlszeilen angesammelt haben, kann dabei schon einmal der Überblick verlorengehen.

Es empfiehlt sich, die Befehlszeilen mit Kommentaren zu versehen, um sie zu erläutern (nach einigen Monaten kann man sich unter Umständen nicht mehr erklären, welchen Zweck man mit einer komplexen Befehlszeile eigentlich erreichen wollte) und die Datei in Abschnitte zu untergliedern, damit sie einerseits leichter gelesen werden kann und zum anderen bestimmte Abschnitte, in denen beispielsweise Änderungen vorgenommen werden sollen, leichter gefunden werden können.

Abb. 3.8: Beispiel für eine mit Kommentaren versehene Startdatei

```
Edit: C:\config.sys                        * Zeile 19    Sp 1      24.093 Frei    83
rem Gleichzeitig zu öffnende Dateien
FILES=50

rem Festlegen der maximalen Anzahl von Pufferspeichern
BUFFERS=20

rem Es können maximal 5 Laufwerke angesprochen werden
LASTDRIVE=E

rem DOS wird in den hohen Speicherbereich geladen
DOS=HIGH,UMB

rem Hier wird die länderspezifische Konfiguration festgelegt
COUNTRY=049,850,C:\DOS\COUNTRY.SYS

rem Hier beginnt QEMM seine Arbeit
DEVICE=C:\QEMM\LOADHI.SYS /R:2 /SIZE=16128 C:\DOS\DISPLAY.SYS CON=(EGA,,1)
DEVICE=C:\QEMM\LOADHI.SYS /R:2 /SIZE=38208 \DEV\SLCD.SYS /D:SONY_000 /B:340 /M:P
SHELL=C:\QEMM\LOADHI.COM /R:2 C:\COMMAND.COM C:\ /P




1Hilfe   2Speich 3        4        5        6        7Suchen 8        9        10Quit
```

Zu diesem Zweck dient der Befehl:

    REM

Um einen Kommentar einzufügen, geben Sie den oben beschriebenen Befehl ein, anschließend ein Leerzeichen und danach den Kommentar. Mit nachfolgender Zeile beginnen Sie beispielsweise den Abschnitt in Ihrer CONFIG.SYS, mit dem Sie speicherresidente Programme laden:

    REM Hier beginnt das Laden speicherresidenter Programme

Nachfolgende Zeichen dürfen Sie allerdings in den Kommentarzeilen nicht verwenden, da sie für den Kommandointerpreter COMMAND.COM eine spezielle Bedeutung haben und deshalb ungewollte Betriebssystemaktionen auslösen würden.

- < = Kleiner-als-Zeichen
- \> = Größer-als-Zeichen
- | = Verkettungszeichen

3.2.13 Einen anderen Befehlsinterpreter als COMMAND.COM benutzen

Standardmäßig ist im Lieferumfang von MS-DOS der Befehlsinterpreter COMMAND.COM enthalten. Ist in der CONFIG.SYS nichts anderes angegeben, dann sucht DOS automatisch im Hauptverzeichnis der Festplatte nach der Datei COMMAND.COM.

Wollen Sie einen anderen Befehlsinterpreter benutzen oder für COMMAND.COM eine andere Umgebungsgröße als standardmäßig vorgesehen verwenden, dann benutzen Sie den Befehl:

```
SHELL
```

Angenommen, im Verzeichnis \NEU ist der Befehlsinterpreter NEUINT.COM enthalten, dann fügen Sie folgenden Befehl zur CONFIG.SYS hinzu:

```
SHELL=\NEU\NEUINT.COM
```

Wollen Sie die Umgebungsgröße für den Kommandointerpreter COMMAND.COM beispielsweise auf 512 kByte erhöhen, dann fügen Sie folgende Befehlszeile zur CONFIG.SYS hinzu:

```
SHELL=COMMAND.COM /e:512
```

3.2.14 Beinflußen der Interrupt-Stapelspeicher

Bei einer Hardware-Unterbrechung (Interrupt) wird vom Betriebssystem ein Stapelspeicher zugewiesen. Hardware-Interrupts werden immer dann ausgelöst, wenn eine Hardware-Komponente (beispielsweise eine Erweiterungskarte) die momentane Arbeit des Prozessors unterbrechen will, um eine Aktion auszuführen (beispielsweise das Senden von Daten über die Schnittstelle an ein Modem).

Damit der dynamische Einsatz von Datenstapeln für die Bearbeitung dieser Hardware-Interrupts unterstützt werden kann, ist folgender Befehl notwendig:

```
STACKS
```

Zwei Parameter werden diesem Befehl angehängt, und zwar n und s. n definiert die Anzahl der Stapelspeicher (zulässige Werte sind 0 und der Bereich zwischen 8 und 64). s legt die Größe eines einzelnen Stapelspeichers in Byte fest. Zulässige Werte sind 0 sowie der Bereich zwischen 32 bis 512.

Standardmäßig werden folgende Interrupt-Stapelspeicher benutzt:

0 Stapelspeicher   IBM PC, IBM PC/XT, IBM PC-Portable und kompatible Computer

9 Stapelspeicher   IBM PC/AT, IBM/PS/2 und kompatible Computer

Sie können versuchen, Arbeitsspeicher einzusparen, indem Sie diese Stapelspeicher auf 0 stellen. Dazu ist folgende Befehlszeile notwendig:

```
STACKS=0,0
```

Wenn Sie also für n und s jeweils den Wert 0 angeben, dann werden keine Stapelspeicher zugewiesen. Das setzt allerdings voraus, daß jedes ausgeführte Anwendungsprogramm genügend eigenen Stapelspeicher zur Verfügung stellen kann, damit die Hardware-Interrupts zwischengespeichert werden. Setzen Sie die Stapelspeicher auf 0, wie oben beschrieben. Sollte es zu einem Systemabsturz kommen, dann müssen Sie die Werte wieder erhöhen. Durch die nachfolgende Befehlszeile legen Sie neun Stapelspeicher (also für einen IBM/AT-Rechner) mit je 512 Byte Speicherplatz an:

```
STACKS=9,512
```

3.2.15 Manipulieren eines voreingestellten Geräteverhaltens

Mitunter ist es notwendig, ein Gerät so zu beeinflußen, daß es sich anders verhält, als es die Standardeinstellung vorsieht. Dies geschieht mit dem Befehl:

```
SWITCHES
```

Wenn Sie beispielsweise eine erweiterte Tastatur an Ihrem Rechner verwenden, aber aus irgendeinem Grund wollen, daß sich diese Tastatur so verhält, als würde es sich um eine konventionelle handeln, dann müssen Sie der CONFIG.SYS die folgende Befehlszeile hinzufügen:

```
SWITCHES=/k
```

3.2.16 Die Reihenfolge der CONFIG.SYS-Befehle

Bei den meisten Befehlszeilen in der Gerätekonfigurationsdatei CONFIG.SYS spielt die Reihenfolge, in der sie in diese Datei eingetragen werden, keine Rolle.

Die Stellung der Befehle DEVICE und DEVICEHIGH spielt jedoch eine große Rolle, da über diese Befehle Geräte installiert werden, auf die andere Treiber zugreifen wollen. Beispielsweise können Geräte keinen Erweiterungsspeicher benutzen, wenn dies nicht zuvor durch die Aktivierung von HIMEM.SYS ermöglicht wurde.

Folgende Reihenfolge sollten Sie in Ihrer CONFIG.SYS unbedingt einhalten:

1. Der Erweiterungsspeichertreiber HIMEM.SYS, sofern Ihr Rechner über Erweiterungsspeicher, also XMS und Extended Memory, verfügen soll.

2. Sofern in Ihrem Rechner eine Expansionsspeicherkarte installiert ist, muß hier der Expansionsspeicher-Manager eingetragen werden.

3. Verfügt Ihr Rechner über einen 80386er Prozessor oder höher und soll Erweiterungsspeicher eingerichtet werden, dann muß der Speichertreiber EMM386.EXE hier installiert werden.

   Wollen Sie den Erweiterungsspeicher-Manager und gleichzeitig EMM386 laden, dann muß der Befehlszeile, die den Treiber EMM386 enthält, der Parameter NOEMS (Kein EMS-Speicher) angefügt werden. Eine solche Befehlszeile würde dann folgendermaßen aussehen:

   ```
   DEVICE=C:\DOS\EMM386.EXE NOEMS
   ```

4. Ab dieser Stelle erfolgt die Installation der weiteren Gerätetreiber in beliebiger Reihenfolge.

   Die Dateien COUNTRY.SYS und KEYBOARD.SYS sind keine Gerätetreiber. Sie sollten also niemals versuchen, eine dieser Dateien mit dem Befehl DEVICE zu laden, da MS-DOS sonst abstürzt.

   Beispiel:

   ```
   DEVICE=C:\DOS\HIMEM.SYS
   DEVICE=C:\DOS\EMM386.EXE NOEMS
   DEVICE=C:DOS\ANSI.SYS
   DEVICE=C:\DOS\MOUSE.SYS
   .....
   ```

HIMEM bereitet Probleme beim Laden.

Hin und wieder kann der Treiber HIMEM zu Problemen führen. Sie können dieses Problem mit folgendem Schalter beheben:

```
/machine:x
```

x steht dabei für Ihr spezielles PC-System. Einen Hinweis dazu finden Sie in der Online-Hilfe von DOS. Geben Sie dazu an der DOS-Eingabeaufforderung den folgenden Befehl ein:

```
HELP HIMEM.SYS
```

3.2.17 Eine typische Beispiel-Gerätetreiberkonfigurationsdatei CONFIG.SYS

Wie bereits zu Anfang des Kapitels erwähnt, kann es keine allgemeingültige Gerätekonfigurationsdatei CONFIG.SYS geben, da die Befehlszeilen und deren Inhalte stark von der verwendeten Hardware, den installierten Komponenten und den eingesetzten Anwendungsprogrammen abhängen.

Nachfolgend sehen Sie eine typische CONFIG.SYS. Die einzelnen Zeilen werden noch einmal kurz erläutert.

```
rem    Hier wird der Erweiterungsspeichertreiber HIMEM.SYS
geladen.
device=c:\dos\himem.sys
rem    Hier wird der Speichertreiber EMM386.EXE geladen.
device=c:\dos\emm386.exe
rem    Hier wird der Cache-Speicher SMARTDRV.SYS geladen.
device=c:\dos\smartdrv.sys
rem    Hier wird die Anzahl der Plattenpuffer bestimmt.
buffers=30
rem    Hier wird die maximale Anzahl der gleichzeitig zu
öffnenden
rem    Dateien festgelegt.
file=30
.....
```

3.3 Die Einträge in der Startdatei AUTOEXEC.BAT

Nachdem DOS die Befehlszeilen in der Gerätekonfigurationsdatei CONFIG.SYS abgearbeitet hat, wird nach einer vorhandenen Stapelverarbeitungsdatei AUTOEXEC.BAT gesucht. Diese Datei enthält alle DOS-Befehle, die der Anwender (oder ein Anwendungsprogramm) beim Hochfahren des Systems gern ausgeführt haben möchte.

In dieser Datei wird beispielsweise der Pfad definiert, den DOS beim Suchen nach Dateien heranziehen soll. Es wird die Schnittstelle definiert, über die ein Modem die Daten erhält und vieles mehr.

In früheren Zeiten war die Stapelverarbeitungsdatei AUTOEXEC.BAT die führende Startdatei. Das ist allerdings – zumindest seit der Version 6.0 von MS-DOS – nicht mehr so. Der Grund dafür ist, daß nun auch die Befehle DEVICE bzw. DEVICEHIGH und INSTALL bzw. INSTALLHIGH in der Gerätekonfigurationsdatei CONFIG.SYS verwendet werden können, um sowohl Treiber als auch speicherresidente Programme in den Arbeitsspeicher zu laden.

Eine Ausnahme stellen die Netzwerktreiber der Netzwerksoftware NOVELL dar, die nicht in der CONFIG.SYS angegeben werden können. Darüber hinaus ist es ab der Version 6.0 von MS-DOS auch möglich, die SET-Befehle in der AUTOEXEC.BAT zu laden, wodurch sich die Aufgaben dieser Startdatei bis auf wenige Ausnahmen auf das Laden von Programmroutinen wie beispielsweise Antiviren-Software, Paßwortabfragen usw. beschränken.

Nachfolgende Auflistung ist alphabetisch und beinhaltet keine Wertigkeit hinsichtlich einer einzuhaltenden Reihenfolge.

3.3.1 CALL

Dieser Befehl kann dazu verwendet werden, um aus der AUTOEXEC.BAT (oder einer anderen Stapelverarbeitungsdatei) heraus eine andere Stapelverarbeitungsdatei aufzurufen.

Der Aufruf einer Stapelverarbeitungsdatei aus einer anderen beendet nicht diejenige Stapelverarbeitungsdatei, aus der dieser Aufruf erfolgte.

Eine aufgerufene Stapelverarbeitungsdatei muß die Dateierweiterung (Extension) .BAT (Batch-Datei) haben, damit sie als solche erkannt werden kann.

Sollte sich die angegebene Stapelverarbeitungsdatei nicht auf dem aktuellen Laufwerk sowie in einem Verzeichnis, das nicht durch eine PATH-Angabe spezifiziert wurde, befinden, dann muß dies im Aufruf geschehen. Soll die Stapelverarbeitungsdatei TEST.BAT aufgerufen werden, die sich auf Laufwerk D im Verzeichnis \NEU befindet, dann muß folgende Befehlszeile angegeben werden:

```
CALL D:\NEU\TEST
```

Die Dateierweiterung .BAT braucht nicht unbedingt genannt werden.

Rufen Sie eine Stapelverarbeitungsdatei ohne den Befehl CALL auf, dann wird zu dieser Datei gesprungen, und die dort enthaltenen Befehle werden der Reihe nach abgearbeitet. Es wird jedoch nicht zu der aufrufenden Stapelverarbeitungsdatei zurückgesprungen.

3.4 CTTY

Wenn Sie Befehlseingaben über ein abweichendes Gerät vornehmen wollen, z. B. per Datenfernübertragung an den seriellen Anschluß, dann verwenden Sie diesen Befehl, indem Sie anschließend das betreffende Gerät angeben. Zulässige Angaben sind:

- prn
- lpt1
- lpt2
- lpt3
- con
- aux
- com1
- com2
- com3
- com4

Wollen Sie alle Befehlseingaben und Befehlsausgaben, die bislang standardmäßig über die Tastatur als Eingabegerät und den Bildschirm als Ausgabegerät erfolgten, zukünftig an den AUX-Anschluß umleiten, dann geben Sie folgende Befehlszeile in Ihrer AUTOEXEC.BAT an:

```
CTTY AUX
```

3.4.1 DOSKEY

DOSKEY ist ein im Lieferumfang von MS-DOS enthaltenes Programm, mit dem Sie Befehle wiederholen, Befehlszeilen bearbeiten und Makros erstellen können. DOSKEY belegt nach dem Installieren etwa 4 kByte im konventionellen Arbeitsspeicher.

Mit dem Befehl

```
MEM /C |more
```

können Sie sich den Aufenthaltsort von DOSKEY ansehen.

Geben Sie in der AUTOEXEC.BAT nur den folgenden Befehl an, um das Programm zu laden:

```
DOSKEY
```

Abb. 3.9:
DOSKEY im konventionellen Arbeitsspeicher (2. Zeile von unten)

```
Konventioneller Speicher:

Name              Größe (dezimal)      Größe (Hex)
------------      ---------------      -----------
MSDOS             868320    (848.0KB)     D3FE0
QEMM386              768    (  0.8KB)       300
LOADHI                96    (  0.1KB)        60
COMMAND              256    (  0.3KB)       100
GRAB               23808    ( 23.3KB)      5D00
DOSKEY              4144    (  4.0KB)      1030
FREI              621856    (607.3KB)     97D20

Insgesamt FREI:   621856    (607.3KB)

Hoher Speicher (Upper Memory)

Name              Größe (dezimal)      Größe (Hex)
------------      ---------------      -----------
SYSTEM            179888    (175.7KB)     2BEB0
COMMAND             2752    (  2.7KB)       AC0
QDPMI               2112    (  2.1KB)       840
SETVER               400    (  0.4KB)       190
ANSI                4192    (  4.1KB)      1060
-- Fortsetzung --
```

Um noch einmal auf das Laden von Programmen in den hohen Speicherbereich zurückzukommen: Auch dieses Programm können Sie natürlich in den hohen Speicherbereich laden. Verändern Sie die oben genannte Zeile in der AUTOEXEC.BAT, wie nachfolgend angegeben:

```
LOADHI DOSKEY
```

Nach Angabe des MEM-Befehls sehen Sie, daß sich DOSKEY nicht mehr im konventionellen Arbeitsspeicherbereich aufhält (vergessen Sie nicht, daß eine solche Änderung erst dann wirksam wird, wenn Sie den Rechner neu starten).

Abb. 3.10:
DOSKEY befindet sich nicht mehr im konventionellen Arbeitsspeicher.

```
Konventioneller Speicher:

Name              Größe (dezimal)      Größe (Hex)
------------      ---------------      -----------
MSDOS             868320    (848.0KB)     D3FE0
QEMM386              768    (  0.8KB)       300
LOADHI                96    (  0.1KB)        60
COMMAND              256    (  0.3KB)       100
GRAB               23808    ( 23.3KB)      5D00
FREI              626016    (611.3KB)     98D60

Insgesamt FREI:   626016    (611.3KB)

Hoher Speicher (Upper Memory)

Name              Größe (dezimal)      Größe (Hex)
------------      ---------------      -----------
SYSTEM            179888    (175.7KB)     2BEB0
COMMAND             2752    (  2.7KB)       AC0
QDPMI               2112    (  2.1KB)       840
SETVER               400    (  0.4KB)       190
ANSI                4192    (  4.1KB)      1060
FCBS                 256    (  0.3KB)       100
-- Fortsetzung --
```

Abb. 3.11:
DOSKEY im hohen Speicherbereich (7. Zeile von unten)

```
WKBUFFER         512    (  0.5KB)      200
LASTDRIV         448    (  0.4KB)      1C0
INSTALL          144    (  0.1KB)       90
KEYB            6208    (  6.1KB)     1840
SHARE          17888    ( 17.5KB)     45E0
DOS-UP           208    (  0.2KB)       D0
DOSDATA         5280    (  5.2KB)     14A0
DISPLAY         8288    (  8.1KB)     2060
SLCD           23584    ( 23.0KB)     5C20
FILES           2672    (  2.6KB)      A70
STACKS          3024    (  3.0KB)      BD0
SMARTDRV       26800    ( 26.2KB)     68B0
MSCDEX         27952    ( 27.3KB)     6D30
DOSKEY          4144    (  4.0KB)     1030
FREI             160    (  0.2KB)       A0
FREI             208    (  0.2KB)       D0
FREI              64    (  0.1KB)       40
FREI              32    (  0.0KB)       20
FREI             160    (  0.2KB)       A0
FREI           73936    ( 72.2KB)    120D0

Insgesamt FREI:        74560    ( 72.8KB)

Insg. verfügbarer Arbeitsspeicher (Konventioneller+hoher):   700576  (684.2KB)
-- Fortsetzung --
```

Der vordergründige Anwendernutzen ist folgender: Sie arbeiten an der DOS-Eingabeaufforderung und geben eine Reihe von Befehlen an, die Sie in regelmäßigen oder unregelmäßigen Abständen wieder benötigen. Es wäre es doch angenehm, wenn Sie die Befehle nicht immer wieder neu eintippen müßten, was gerade bei längeren Befehlszeilen mit vielen Schaltern und Parametern zeitaufwendig und lästig ist.

Nachdem Sie das Programm DOSKEY aufgerufen haben, können Sie sich nach der Eingabe von mehreren Befehlen diese mit dem folgenden Befehl am Bildschirm anzeigen lassen:

```
DOSKEY /HISTORY
```

Abb. 3.12:
Die letzten Befehle in der Übersicht

```
cd hsg
grab
mem /c |more
hsg
win
cd..
nc
nc
hsg
cd hsg
hsg
mem /c |more
hsg
win
cd..
doskey /history
doskey /?
mem /c |more
doskey /history
cls
doskey /history
format a:
doskey /history

C:\>
```

Um nun einen Befehl wiederholen zu können – sprich: ihn ohne direkte Eingabe der vollständigen Syntax wieder auf den Bildschirm zu bekommen – können Sie folgende Tasten verwenden:

Taste	Auswirkung
↑	Ruft denjenigen DOS-Befehl auf, der vor dem zuletzt angezeigten Befehl eingegeben wurde.
↓	Ruft denjenigen DOS-Befehl auf, der nach dem zuletzt angezeigten Befehl eingegeben wurde.
Bild↑	Ruft denjenigen DOS-Befehl zurück, der in der aktuellen Arbeitssitzung als erster eingegeben wurde.
Bild↓	Ruft denjenigen DOS-Befehl zurück, der zuletzt eingegeben wurde.

Tab. 3.4: DOSKEY-Tasten

Sie können die Befehlszeile mit dem Programm DOSKEY aber auch bearbeiten. Tabelle 3.5 verzeichnet die DOSKEY-Bearbeitungsfunktionen mit ihren Auswirkungen.

Taste	Auswirkung
←	Verschiebt den Cursor um ein Zeichen nach links.
→	Verschiebt den Cursor um ein Zeichen nach rechts.
Strg+←	Verschiebt den Cursor um ein Wort zurück.
Strg+→	Verschiebt den Cursor um ein Wort weiter.
Pos1	Bewirkt den Sprung des Cursors an den Anfang der aktuellen Zeile.
Ende	Bewirkt den Sprung des Cursors an das Ende der aktuellen Zeile.
ESC	Der Befehl wird von der Bildschirmanzeige gelöscht.
F1	Es wird ein Zeichen aus dem Zeilenspeicher in die MS-DOS-Befehlszeile kopiert. Unter dem Zeilenspeicher ist ein Pufferspeicher zu verstehen, der den zuletzt angegebenen Befehl speichert.

Tab. 3.5: DOSKEY-Bearbeitungsfunktionen

Taste	Auswirkung
F2	Im Zeilenspeicher wird nach dem nächsten Zeichen gesucht, das nach dem Drücken der Funktionstaste F2 eingegeben wurde. Die Suchrichtung ist vorwärts. Anschließend wird aus dem Zeilenspeicher der Text bis zum angegebenen Zeichen eingefügt.
F3	Der restliche Inhalt des Zeilenspeichers wird in die Befehlszeile kopiert. Es wird mit dem Zeichen an der Position im Zeilenspeicher begonnen, an der der Cursor in der aktuellen Befehlszeile steht.
F4	Veranlaßt das Löschen von Zeichen ab dem ersten Zeichen im Zeilenspeicher bis zu der vom Anwender angegebenen Position. Nach dem Drücken der Funktionstaste F4 muß ein Zeichen eingegeben werden. Anschließend werden von DOSKEY alle Zeichen bis zu dem eingegebenen gelöscht. Das eingegebene Zeichen selbst wird nicht gelöscht.
F5	Die aktuelle Zeile wird in den Zeilenspeicher kopiert, und die Befehlszeile wird gelöscht.
F6	An der aktuellen Cursorposition wird ein Dateiende-Zeichen Strg + Z eingefügt.
F7	Bewirkt das Anzeigen sämtlicher gespeicherter Befehle. Die einzelnen Befehle werden numeriert, wobei der zuerst eingegebene, also der älteste Befehl die Nummer 1 erhält.
Alt + F7	Es werden alle im Zeilenspeicher gespeicherten Befehle gelöscht.
F8	Ermöglicht die Suche nach einem Befehl im Zeilenspeicher. Dazu muß das bzw. müssen die ersten Zeichen des gesuchten Befehls eingegeben und anschließend die Funktionstaste F8 gedrückt werden. Daraufhin wird der zuletzt verwendete Befehl angezeigt, der mit diesem Zeichen bzw. dieser Zeichenkombination beginnt. Durch wiederholtes Drücken der Funktionstaste F8 können der Reihe nach alle Befehle angezeigt werden, die mit dem oder den angegebenen Zeichen beginnen.
F9	Nach Betätigen dieser Funktionstaste wird die Befehlsnummer angefordert, zu der der entsprechende Befehl angezeigt werden soll.
Alt + F10	Mit dieser Tastenkombination werden alle Makrodefinitionen gelöscht.

Tab. 3.5: DOSKEY-Bearbeitungsfunktionen (Fortsetzung)

3.5 FASTOPEN

Mit dem Befehl FASTOPEN können Sie die Zeit für das Öffnen häufig benötigter Dateien verkürzen, denn diese Programmroutine zeichnet beim Öffnen einer Datei den Namen sowie die Position auf, an der diese zu finden ist. Wird nun diese Datei bei einem späteren Zugriff erneut geöffnet, dann muß nicht erst nach ihr gesucht werden, denn die dazu notwendigen Angaben wurden bereits gespeichert.

Dieser Befehl kann nur für Festplatten angewandt werden und nicht für andere Laufwerke. Außerdem kann der Befehl nur einmal ausgeführt werden. Ändern sich also die Einstellungen, muß der Rechner neu gestartet bzw. DOS erneut geladen werden. Für jede Datei, über die Informationen gespeichert werden sollen, ist ein Speicherplatz von knapp 50 Byte erforderlich.

Sie können FASTOPEN ohne Parameter angeben; dann bezieht sich der Befehl standardmäßig auf das Öffnen von 50 Dateien. Andernfalls müssen Sie die gewünschte Anzahl der Dateien angeben, über die Informationen gespeichert werden sollen. Gültige Werte bewegen sich zwischen 10 und 999. Wollen Sie beispielsweise FASTOPEN auf bis zu 150 Dateien anwenden, dann müssen Sie die nachfolgende Befehlszeile Ihrer AUTOEXEC.BAT hinzufügen:

```
FASTOPEN 150
```

3.5.1 ECHO

Normalerweise werden alle Befehle in der AUTOEXEC.BAT und CONFIG.SYS bei ihrer Ausführung am Bildschirm angezeigt. Wenn Ihnen diese Anzeige zu lästig ist, dann können Sie sie mit dem Befehl

```
ECHO OFF
```

ausschalten. Sie können aber eine Anzeige nach Aktivierung dieses Befehls erreichen, wenn Sie den folgenden Befehl angeben:

```
ECHO (Text)
```

Wollen Sie eine mehrzeilige Anzeige erreichen, ohne andere Befehle anzuzeigen, dann können Sie den Befehl `ECHO (Text)` mehrfach in Ihre AUTOEXEC.BAT einfügen.

Sollten Sie den Befehl `ECHO OFF` in der Befehlszeile angeben, dann wird die Eingabeaufforderung nicht am Bildschirm zu sehen sein. Wenn Sie die Eingabeaufforderung wieder anzeigen lassen wollen, dann geben Sie folgenden Befehl ein:

```
ECHO ON
```

Damit eine Leerzeile angezeigt wird, müssen Sie den Befehl ECHO mit einem nachfolgenden Punkt (ohne Leerzeichen dazwischen) eingeben. Eine entsprechende Befehlszeile in der AUTOEXEC.BAT würde dann folgendermaßen aussehen:

```
ECHO.
```

Die nachfolgenden Beispiel-Befehlszeilen bewirken folgende Anzeige auf dem Bildschirm.

```
ECHO OFF
ECHO.
ECHO Folgende Abfrage dient zur Überprüfung
ECHO des Paßworts.
ECHO
```

Wenn Sie die Anzeige ausschalten wollen, den Befehl ECHO jedoch nicht auf dem Bildschirm anzeigen lassen möchten, dann setzen Sie vor den Befehl den sogenannten Klammeraffen (@).

Eine solche Befehlszeile würde folgendermaßen aussehen:

```
@ECHO Hier beginnt die Paßwortabfrage
```

3.5.2 MODE

Um die Konfiguration des angeschlossenen Monitors sowie die Eigenschaften der verwendeten Tastatur festzulegen, ist folgender Befehl notwendig, mit dem Sie beispielsweise auch das Anzeigen des Systemstatus und das Ändern von Systemeinstellungen erreichen können:

```
MODE
```

Der MODE-Befehl ist allerdings noch vielfältiger. Im einzelnen stehen folgende Möglichkeiten zur Verfügung:

- Sie können sich den Status aller angeschlossenen Geräte oder den eines einzelnen Geräts anzeigen lassen.
- Die Eingaberate der Tastatur kann definiert werden.
- Für eine serielle Schnittstelle, also entweder COM1, COM2, COM3 oder COM4, können die Baudrate, die Parität sowie die Anzahl der Daten- und Stopbits festgelegt werden, mit der ein Modem, ein Drucker oder ein anderes serielles Gerät angesprochen wird.
- Ein parallele Druckausgabe kann auf einen seriellen Anschluß umgeleitet werden.

- Ein Drucker, der an einem parallelen Anschluß, also LPT1, LPT2, LPT3 oder LPT4, betrieben wird, kann neu konfiguriert werden. Das heißt, es kann entweder das Drucken von 80 oder 132 Zeichen pro Zeile, sechs oder acht Zeilen pro Zoll oder beides festgelegt werden.
- Die Bildschirmanzeige kann geändert werden. Darunter fällt beispielsweise der Wechsel zwischen 40- und 80-spaltiger Anzeige, der Wechsel zwischen ein- und mehrfarbiger Anzeige, das Ändern der Anzahl der am Bildschirm sichtbaren Zeichen, das Positionieren einer Anzeige in der Mitte des Bildschirms oder eine beliebige Kombination dieser Möglichkeiten.

Einige dieser Möglichkeiten setzen voraus, daß der Treiber ANSI.SYS in der Gerätekonfigurationsdatei CONFIG.SYS installiert wurde.

Sie können diesen Befehl mit den entsprechenden Parametern und Schaltern entweder an der DOS-Eingabeaufforderung oder in der AUTOEXEC.BAT angeben.

Anzeigen des Geräte-Status

Lassen Sie sich beispielsweise den Status der installierten Geräte anzeigen, indem Sie an der DOS-Eingabeaufforderung den Befehl MODE ohne Parameter eingeben.

Abb. 3.13: Der jeweilige Status der installierten Geräte wird angezeigt.

```
Status für Gerät LPT3:
----------------------
LPT3: nicht umgeleitet

Status für Gerät CON:
---------------------
Columns (Spalten)=80
Lines (Zeilen)=25

Aktive Codeseite für Gerät CON ist 850
Vorbereitete Codeseiten:
    Codeseite 850

Status für Gerät COM1:
----------------------
Retry=NONE

Status für Gerät COM2:
----------------------
Retry=NONE

Status für Gerät COM3:
----------------------
Retry=NONE
```

Wollen Sie sich den Status eines bestimmten Geräts anzeigen lassen, dann geben Sie den Befehl MODE und nachfolgend den Namen des Geräts ein. Mit dem folgendem Befehl lassen Sie sich beispielsweise den Status des parallelen Anschlusses LPT1 anzeigen:

```
MODE LPT1
```

Abb. 3.14:
Lassen Sie sich den Status des parallelen Anschlusses LPT1 anzeigen.

```
C:\>mode lpt1

LPT1: nicht umgeleitet

Kein(e) Wiederholungsversuche bei Zeitüberschreitung am Paralleldrucker

C:\>
```

Konfigurieren eines parallelen Druckers

Die nachfolgenden Angaben gelten für IBM-kompatible Drucker an einem parallelen Anschluß.

Sie können beim Befehl MODE entweder LPT1 oder PRN als Bezeichnung für den parallelen Drucker angeben.

Folgende Optionen und Parameter stehen für einen Paralleldrucker zur Verfügung:

Parameter	Auswirkung
n	Bezeichnet die Druckernummer, also 1, 2 oder 3.
c	Definiert die Anzahl der Zeichen pro Zeile, und zwar entweder 80 oder 132.
l	Legt die vertikalen Abstände und Zeilen pro Zoll fest. Gültige Werte sind entweder 6 oder 8.
r	Mit diesem Parameter kann bestimmt werden, was bei einem Zeitüberschreitungfehler passieren soll.

Tab. 3.6: Parameter für einen Paralleldrucker

Option	Auswirkung
E	Zeigt den Fehler nach der Statusüberprüfung bei einem belegten Drucker.
B	Gibt nach einer Statusüberprüfung bei einem belegten Drucker die Anzeige »Belegt« auf dem Bildschirm aus.
R	Gibt nach einer Statusüberprüfung bei einem belegten Drucker die Anzeige »Arbeitsbereit« auf dem Bildschirm aus.
NONE	Bedeutet, daß kein weiterer Versuch unternommen werden soll, wenn nach einer Statusprüfung ein belegter Drucker erkannt wird.

Tab. 3.7: Optionen des Parameters r

Beispielsweise wollen Sie, daß Ihr Rechner die Druckdaten an einen parallelen Drucker schickt, der mit der dritten parallelen Schnittstelle, also LPT3, verbunden ist. Außerdem soll er mit 132 Zeichen pro Zeile und acht Zeilen pro Zoll drucken. Die Befehlszeile in der AUTOEXEC.BAT würde dann folgendermaßen aussehen:

```
MODE LPT3: 132,8
```

Wenn Sie darüber hinaus erreichen wollen, daß der Rechner so lange versuchen soll, Daten an den Drucker zu schicken, bis dieser wieder arbeitsbereit ist und dies auch am Bildschirm anzeigt, dann lautet die Befehlszeile:

```
MODE LPT3: 132,8,R
```

Konfigurieren eines seriellen Anschlusses

Die nachfolgenden Angaben gelten für einen seriellen Kommunikationsadapter. Die Tabelle zeigt die Optionen und Parameter zum Konfigurieren eines seriellen Anschlusses.

Option	Auswirkungen
m	Bezeichnet die Nummer des Kommunikationsanschlusses, also entweder 1, 2, 3 oder 4.
b	Legt die Übertragungsrate fest, und zwar 110, 150, 300, 600, 1200, 2400, 4800, 9600 oder 19200. Angegeben werden die ersten beiden Stellen.

Tab. 3.8: Optionen für den seriellen Anschluß

Option	Auswirkungen
p	Steht für die Parität, also die Prüfung auf Übertragungsfehler.
	N steht für keine Paritätsprüfung.
	O steht für gerade Prüfung.
	E steht für ungerade Prüfung; Standardangabe
	M steht für »Markierung«.
	S steht für »Platz«.
d	Bestimmt die Anzahl der Datenbits, und zwar 5, 6, 7, oder 8.
s	Bestimmt die Anzahl der Stopbits. Der Standardwert ist immer 1, mit einer Ausnahme, und zwar für die Übertragungsrate 110.
r	Mit diesem Parameter kann bestimmt werden, was bei einem Zeitüberschreitungsfehler passieren soll.
	E zeigt den Fehler nach der Statusüberprüfung bei einem belegten Drucker.
	B gibt nach einer Statusüberprüfung bei einem belegten Drukker die Anzeige »Belegt« am Bildschirm aus.
	R gibt nach einer Statusüberprüfung bei einem belegten Drukker die Anzeige »Arbeitsbereit« am Bildschirm aus.
	NONE bedeutet, daß kein weiterer Versuch unternommen werden soll, wenn nach einer Statusprüfung ein belegter Drucker erkannt wird.

Tab. 3.8: Optionen für den seriellen Anschluß

Beispielsweise wollen Sie für den vierten seriellen Anschluß eine Datenübertragungsrate von 9.600 Baud, keine Paritätsprüfung, acht Datenbits und ein Stopbit definieren. Die entsprechende Befehlszeile in der AUTOEXEC.BAT lautet demnach:

```
MODE COM4: 96,n,8,1
```

Den Anzeige-Modus definieren

Dieser MODE-Befehl legt den aktiven Videoadapter und seinen Anzeigemodus fest oder bewirkt, daß die aktuelle Bildschirmanzeige geändert wird.

Im Befehl müssen Parameter für die Anzeige und die Verschiebung auf dem Bildschirm angegeben werden. Die Syntax ist folgende:

```
MODE [Anzeige] [Verschiebung]
```

Tabelle 3.9 listet die Optionen und Parameter für die Bildschirmanzeige auf.

Option	Auswirkungen
Anzeige	Folgende Werte sind gültig: 40, 80, BW40, BM80, CO40, CO80 und MONO. 40 und 80 bezieht sich auf die Anzahl von Zeichen pro Zeile. BW und CO bedeuten entweder Schwarzweißanzeige (BW = Black/White) oder Farbanzeige (CO = Color). MONO bedeutet eine monochrome Bildschirmanzeige.
Verschiebung	Diese Option legt fest, ob die Anzeige nach links oder nach rechts verschoben werden soll. Die Parameter hierfür sind L für links und R für rechts.
n	Die Anzahl der Zeilen auf dem Bildschirm. Gültige Werte sind 25, 43 und 50, wobei zu beachten ist, daß nicht alle Bildschirme alle genannten Größen unterstützen.
m	Definiert die Anzahl der Zeichen pro Zeile. Als Werte sind entweder 40 oder 80 möglich.
t	Bewirkt eine Aufforderung an den Anwender, den Bildschirm zu justieren.

Tab. 3.9: Bildschirmanzeige

Manipulieren der Eingaberate für die Tastatur

Damit Sie die Eingaberate für die Tastatur beeinflussen können, müssen Sie die Rate (rate = r) und auch die Verzögerungszeit (delay = d) angeben.

Tabelle 3.10 listet die Optionen und Parameter für die Tastatureinstellungen auf.

Option	Auswirkungen
r	Mit dieser Option geben Sie die Intervallzeit für die Eingabe an, das heißt die Zeit, die bei gedrückter Taste zwischen den einzelnen Wiederholungen der Zeichen liegt. Gültige Werte bewegen sich zwischen 1 und 32.
d	Diese Option steht für die Verzögerungszeit, das heißt die Zeit, die nach einem Tastendruck verstreicht, bevor eine Reaktion am Bildschirm zu erkennen ist. Gültige Werte bewegen sich zwischen 1 und 4.

Tab. 3.10: Tastaturoptionen

Wollen Sie beispielsweise eine Intervallzeit von fünf bei einer Verzögerung von einer Sekunde festlegen, dann sieht die entsprechende Befehlszeile in der AUTOEXEC.BAT folgendermaßen aus:

```
MODE CON: rate=5 delay=1
```

Diese Einstellung bewirkt ein relativ träges Verhalten der Tastatureingabe. Wollen Sie eine relativ schnelle Reaktion Ihrer Tastatur erreichen, dann empfiehlt sich die folgende Befehlszeile:

```
MODE CON: rate=25 delay=3
```

3.5.3 PATH

Dieser Befehl benennt diejenigen Verzeichnisse sowie gegebenenfalls das Laufwerk, in denen DOS nach einer ausführbaren Datei suchen soll, denn standardmäßig besteht der Suchpfad nur aus dem aktuellen Verzeichnis.

Das führt dann dazu, daß Sie zwar im Verzeichnis \UTILITY\NORTON das Programm NORTON COMMANDER gespeichert haben, das mit dem Befehl NC aufgerufen wird, jedoch erhalten Sie die folgende Fehlermeldung, wenn Sie das Programm vom Hauptverzeichnis, also von C:\ aus, aufrufen wollen:

Falscher Befehl oder Dateiname

Damit Sie den Norton Commander auch vom Hauptverzeichnis aus aufrufen können, müssen Sie das Verzeichnis angeben, in dem nach der ausführbaren Datei NC gesucht werden soll. Sie erreichen dies mit folgender Befehlszeile in der AUTOEXEC.BAT:

```
PATH C:\UTILITY\NORTON
```

Sie können in dieser Befehlszeile auch mehrere Verzeichnisse angeben, in denen gesucht werden soll. Die einzelnen Einträge müssen jedoch mit einem Semikolon (;) voneinander getrennt werden. Eine solche Pfadangabe könnte dann beispielsweise folgendermaßen aussehen:

```
PATH C:\UTILITY\NORTON; C:\WORD5\; C:\SPIELE\KARTEN
```

Die zulässige Größe dieser Pfadangabe ist nicht unbegrenzt. Sie kann maximal 127 Zeichen betragen.

Vergessen Sie nicht, auch das Verzeichnis anzugeben, in dem sich das Betriebssystem befindet, damit Sie von der Eingabeaufforderung aus auch beispielsweise Disketten formatieren oder andere DOS-Befehle aufrufen können, ohne dazu erst in das entsprechende Unterverzeichnis wechseln zu müssen.

3.5.4 PAUSE

Mit diesem Befehl können Sie die Ausführung einer Stapelverarbeitungsdatei an einer beliebigen Stelle anhalten. Fügen Sie einfach die folgende Befehlszeile an der Stelle ein, an der Sie die Unterbrechung wünschen:

```
PAUSE
```

Es erscheint eine Meldung am Bildschirm, die Sie auffordert, eine beliebige Taste zu drücken, damit die Stapelverarbeitungsdatei mit der Abarbeitung der enthaltenen Befehlszeilen fortfahren kann.

3.5.5 PROMPT

Nach dem Hochfahren des Systems meldet sich DOS standardmäßig mit folgender Ansicht, die auch als DOS-Prompt oder DOS-Eingabeaufforderung bezeichnet wird:

```
C:\>
```

Sie können Ihre DOS-Eingabeaufforderung jedoch ganz individuell gestalten, indem Sie entsprechende Parameter eingeben. Der grundsätzliche Befehl dazu lautet:

```
PROMPT
```

Wenn Sie an der DOS-Eingabeaufforderung diesen Befehl während des laufenden Betriebs ohne zusätzliche Parameter eingeben, dann werden sämtliche vorher existierenden Einstellungen zurückgesetzt, und Sie erhalten nur die anfangs gezeigte Erscheinungsform des DOS-Prompts.

Finden Sie in Ihrer AUTOEXEC.BAT keinen Eintrag, der den Befehl PROMPT enthält, dann wird auch das aktuelle Verzeichnis, in dem Sie sich gerade befinden, nicht angezeigt. Um dies zu erreichen, müssen Sie die folgende Befehlszeile eingeben:

```
PROMPT $p$g
```

$p steht hierbei für die Anzeige des aktuellen Pfads (p = path) und $g für die Ausgabe des Größer-Zeichens (g = greater).

Tabelle 3.11 zeigt Ihnen eine Übersicht über die Parameter für den Prompt-Befehl.

Parameter	Auswirkung
$b	Verkettungszeichen (|)
$d	Anzeige des aktuellen Datums

Tab. 3.11: Parameter des Prompt-Befehls

Parameter	Auswirkung
$e	ASCII-Escape-Code (Code 27)
$g	Das Größer-Zeichen wird angezeigt (>).
$l	Das Kleiner-Zeichen wird angezeigt (<).
$n	Anzeige des aktuellen Laufwerks
$p	Anzeige des aktuellen Pfads
$q	Anzeige des Gleichheitszeichens (=)
$t	Anzeige der aktuellen Uhrzeit
$v	Die aktuelle MS-DOS-Versionsnummer wird angezeigt.
$$	Das $-Zeichen (Dollar) wird angezeigt.
$_	Bewirkt einen Wagenrücklauf, also eine Zeilenschaltung.

Tab. 3.11: Parameter des Prompt-Befehls

Ein Beispiel: Neben dem aktuellen Verzeichnis soll auch die Uhrzeit angezeigt werden. Die Anzeige soll jedoch nicht in der üblichen (langweiligen) Form, also Uhrzeit und Datum hintereinander, angezeigt werden, sondern es soll folgende Anzeige erscheinen:

"Heute ist ..... um .....Uhr"

Um dies zu erreichen, müssen Sie nachfolgende Befehlszeile in Ihre AUTOEXEC.BAT einfügen:

```
PROMPT $p Heute ist der $d um $t$_ $g
```

Abb. 3.15: So sieht die Anzeige am Bildschirm aus (in der oberen Zeile sehen Sie noch einmal die Befehlszeile).

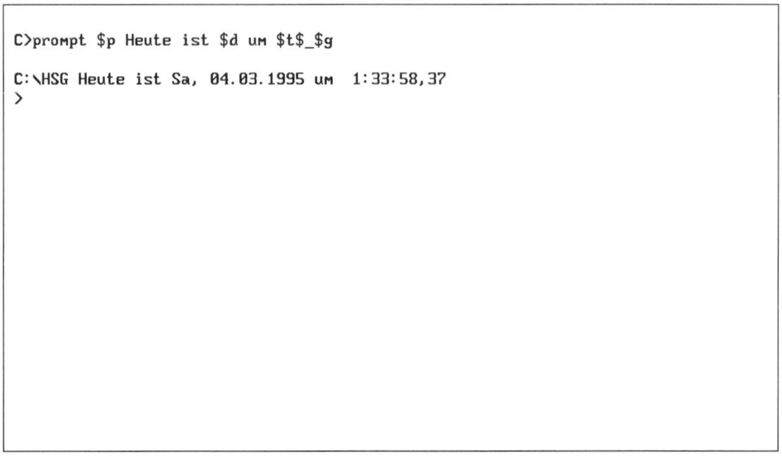

```
C>prompt $p Heute ist $d um $t$_$g

C:\HSG Heute ist Sa, 04.03.1995 um  1:33:58,37
>
```

Wenn Sie sich diese Anzeige eine Weile betrachten, wird Ihnen wahrscheinlich auffallen, daß sich das Datum bzw. die Uhrzeit nicht ändern. Die Anzeige bezieht sich auf die aktuellen Werte, und diese werden nicht laufend aktualisiert. Dies geschieht erst dann, wenn Sie einen Befehl eingeben oder die Return-Taste drücken.

Sie können natürlich auch einen individuellen Text eingeben, bei dem Ihrer Phantasie kaum Grenzen gesetzt sind. Geben Sie beispielsweise folgende Zeile ein:

```
PROMPT $P Was darfs sein, Fremder? $g
```

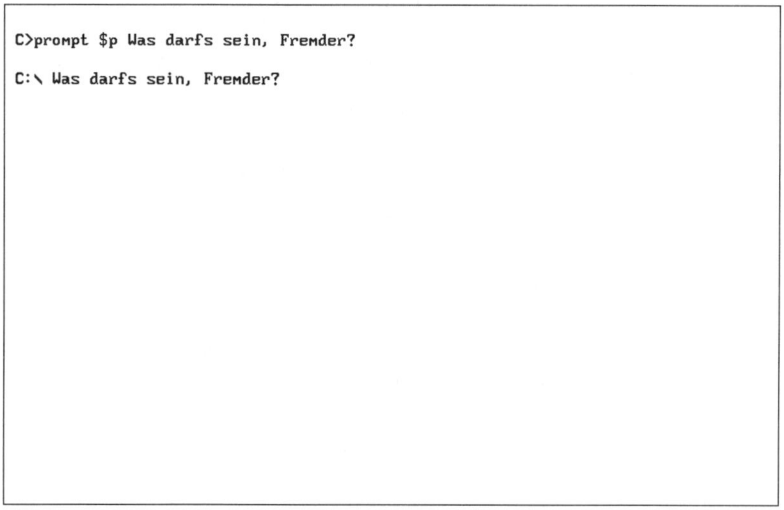

Abb. 3.16:
Das Resultat Ihrer individuellen Aufforderung (in der oberen Zeile sehen Sie noch einmal die Befehlszeile).

```
C>prompt $p Was darfs sein, Fremder?

C:\ Was darfs sein, Fremder?
```

Darüber hinaus muß es auch nicht unbedingt nur ein weißer Prompt auf schwarzem Hintergrund sein, denn es geht auch bunt.

Beachten Sie bei einer bunten Anzeige des Prompt, daß dazu der Treiber ANSI.SYS in Ihrer CONFIG.SYS aufgerufen werden muß. Dies ist ganz einfach mit folgender Zeile zu bewerkstelligen:

```
DEVICE=C:\dos\ANSI.SYS
```

Wenn Sie den Treiber in den oberen Speicherbereich laden wollen, dann geben Sie folgende Befehlszeile an:

```
DEVICEHIGH=C:\dos\ANSI.SYS
```

Mit diesem Treiber ist es Ihnen dann möglich, die Bildschirmattribute zu ändern, wobei zu beachten ist, daß es drei verschiedene Arten von Bildschirmattributen gibt, und zwar Textformat, Textfarbe und Hintergrundfarbe.

1. Textformat
   Das Attribut Textformat definiert, ob Text fett, unterstrichen oder blinkend dargestellt wird. Tabelle 3.12 zeigt die Textformatattribute und ihre Auswirkungen auf die Bildschirmanzeige:

Attribut	Auswirkung
1	Fette Darstellung des Textes
4	Unterstrichene Darstellung des Textes (allerdings nur bei Monochrombildschirmen)
5	Blinkende Textdarstellung
8	Der Text wird versteckt ausgegeben.

   Tab. 3.12: Textformatattribute

   Um einen Grafikmodus zu setzen, müssen Sie den Buchstaben m eingeben bzw. in die entsprechende Befehlszeile aufnehmen. Mit dem nachfolgenden Befehl wird ein Text beispielsweise blinkend dargestellt:

   ```
   ESC [5mACHTUNG!
   ```

   Eine zweite Escape-Zeichenfolge setzt die Attribute wieder zurück, damit ein neuer Text wieder normal dargestellt wird. Eine solche Befehlszeile, die eine Zurücksetzung der Attribute enthält, würde folgendermaßen aussehen:

   ```
   ESC [5mACHTUNG!
   ESC [0m
   ```

   Damit Sie diese Escape-Zeichenfolge in den Prompt-Befehl einbauen können, müssen Sie das $-Zeichen für die Escape-Zeichenfolge benutzen. Wenn Sie sich Tabelle 3.11 mit der Übersicht über die Parameter für den Prompt-Befehl ansehen, werden Sie den Parameter $e (e = escape) finden. Folgende Befehlszeile stellt das Datum in der Eingabeaufforderung fett dar:

   ```
   PROMPT $p$g$e [1m$d$e [0m
   ```

2. Textfarbe
   Hiermit legen Sie fest, in welcher Farbe der Text auf dem Bildschirm erscheinen soll. Tabelle 3.13 zeigt die Textfarbattribute und ihre Auswirkungen auf die Bildschirmanzeige:

Attribut	Auswirkung
30	Schwarz
31	Rot
32	Grün
33	Gelb
34	Blau
35	Magenta
36	Cyan
37	Weiß
7	Schwarzer Text vor weißem Hintergrund

Tab. 3.13: Textfarbattribute

3. Hintergrundfarbe

Hiermit legen Sie schließlich fest, welche Farbe der Hintergrund haben soll, auf dem der Text gezeigt wird. Tabelle 3.14 zeigt die Attribute für die Hindergrundfarbe und ihre Auswirkungen auf die Bildschirmanzeige:

Attribut	Auswirkung
40	Schwarz
41	Rot
42	Grün
43	Gelb
44	Blau
45	Magenta
46	Cyan
47	Weiß
7	Schwarzer Text vor weißem Hintergrund

Tab. 3.14: Attribute für die Hintergrundfarbe

Standardmäßig wird der Text in weißer Farbe auf schwarzem Hintergrund dargestellt. Um zur Standardeinstellung zurückzukehren, muß der Parameter 0 angegeben werden. Folgender Befehl stellt den standardmäßigen Zustand wieder her:

```
ESC [0m
```

Sie können aber auch in einer einzigen Escape-Folge mehrere Attribute festlegen. Die Reihenfolge, in der Sie die Parameter eingeben, ist dabei unwichtig. Die einzelnen Parameter müssen nur durch ein Semikolon voneinander getrennt sein.

Mit dem folgenden Befehl definieren Sie beispielsweise einen blinkenden Text in magentaroter Farbe auf grünem Hintergrund:

```
ESC [5;35;42m
```

3.5.6 SET

Verwenden Sie den nachfolgenden Befehl, um bestimmte Umgebungsvariablen automatisch bei jedem Start des Betriebssystems DOS zu setzen:

```
SET
```

Lassen Sie sich die aktuellen Umgebungseinstellungen anzeigen, indem Sie einfach nur den oben genannten Befehl ohne zusätzliche Parameter eingeben.

Abb. 3.17:
Die aktuellen Umgebungsvariablen auf dem Bildschirm

```
C:\>set
COMSPEC=C:\COMMAND.COM
PATH=C:\NDW;C:\QEMM;C:\UTIL;C:\WINWORD;C:\WINDOWS;C:\DOS;C:\WORD5;C:\HSG;C:\UTIL
\NORTON;
TEMP=C:\TEMP
BLASTER=A220 I5 D1 T4
SOUND=C:\CPSPRO4
PROMPT=$p$g
windir=C:\WINDOWS

C:\>
```

3.5 FASTOPEN

Da das Setzen von Umgebungsvariablen relativ selten manuell über die AUTOEXEC.BAT-Datei erforderlich ist (zumindest nicht für den normalen Anwender), soll an dieser Stelle nicht weiter darauf eingegangen werden. Allerdings gibt es eine Umgebungsvariable, auf die Sie besonderen Wert legen müssen, und zwar:

```
TEMP
```

Viele Programme benötigen einen Platz zum Abspeichern ihrer temporären Dateien. Dies sind Dateien, die nur zeitweilig, etwa als Sicherungskopie angelegt werden. Einige dieser Programme benötigen dafür ein separates Verzeichnis, das in der AUTOEXEC.BAT angegeben werden muß. Mit folgender Befehlszeile geben Sie diese Umgebungsvariable an:

```
SET TEMP= C:\TEMP
```

Allerdings müssen Sie darauf achten, daß das Verzeichnis \TEMP auch tatsächlich existiert, denn allein durch das Setzen dieser Umgebungsvariable wird das Verzeichnis noch nicht erstellt. Zum Erstellen dieses Verzeichnisses wechseln Sie auf die Hauptebene des Verzeichnisses auf Ihrer Festplatte und geben den folgenden Befehl ein:

```
MD TEMP
```

MD steht für *Make Directory*.

Abb. 3.18: Das temporäre Verzeichnis auf der Festplatte. (Die rechte Bildhälfte zeigt das geöffnete Verzeichnis mit einer temporären Datei, die nicht gefüllt ist.)

```
Links      Dateien      Befehle    Optionen    Rechts                        1 43
================ C:\ ================         ============ C:\TEMP ============
  Name          Größe      Datum    Zeit       Name         Größe    Datum    Zeit
MOUSE         ►SUB-DIR◄   5.07.93  12:26     ..           ►UP--DIR◄ 1.07.94  17:59
PACKER        ►SUB-DIR◄   4.10.94  19:45    ~doc3b3e tmp           0 4.03.95   1:26
PROWIN        ►SUB-DIR◄  26.02.95   1:32
PSP           ►SUB-DIR◄   5.07.93  21:53
QEMM          ►SUB-DIR◄  18.04.94  16:09
SCANFILL      ►SUB-DIR◄   2.12.94   0:13
TEMP          ►SUB-DIR◄   1.07.94  17:59
UTIL          ►SUB-DIR◄   1.07.93  11:31
WINDOWS       ►SUB-DIR◄  25.02.95  22:49
WINWORD       ►SUB-DIR◄   1.02.95  20:07
WORD5         ►SUB-DIR◄   1.07.93  11:26
ZWSPEICH      ►SUB-DIR◄  15.07.93  22:31
~COREL    T   ►SUB-DIR◄  26.02.95   4:36
386spart par   11976704  25.02.95  22:38
Io       sys      33663  11.06.91  12:00
Msdos    sys      37426  11.06.91  12:00
autoexec bat        544   3.03.95   8:05
autoexec old        544   2.03.95  20:23
command  com      50031  11.06.91  12:00

C:\>
1Links  2Rechts 3Betra. 4Bearb 5       6       7Suchen 8Stapel 9EGA-Mo 10Baum
```

Sie sollten hin und wieder einmal in das Verzeichnis \TEMP hineinsehen, um die darin enthaltenen Dateien zu löschen. Wie gesagt, diese Dateien werden nur vorübergehend benötigt. Leider entfernen die wenigsten Programme ihre angelegten temporären Dateien wieder, so daß sich mitunter eine erhebliche Menge an überflüssigen Dateien ansammelt, die nur unnötig Platz verbrauchen.

3.5.7 REM

Wenn sich in Ihren Stapelverarbeitungsdateien (dies gilt für die beiden Startdateien AUTOEXEC.BAT und CONFIG.SYS) im Laufe der Zeit viele Befehlszeilen angesammelt haben, wird es unübersichtlich.

Es empfiehlt sich, die Befehlszeilen mit Kommentaren zu versehen, um sie zu erläutern (damit man auch nach einigen Monaten noch weiß, welchen Zweck man mit einer komplexen Befehlszeile erreichen wollte) und die Datei in Abschnitte zu untergliedern. Sie kann dadurch einerseits leichter gelesen werden und zum anderen können bestimmte Abschnitte, in denen beispielsweise Änderungen vorgenommen werden sollen, leichter gefunden werden. Zu diesem Zweck dient der Befehl:

```
REM
```

Um einen Kommentar einzufügen, geben Sie den oben beschriebenen Befehl ein, anschließend ein Leerzeichen und danach den Kommentar. Mit nachfolgender Zeile beginnen Sie beispielsweise den Anfang Ihrer AUTOEXEC.BAT:

```
REM Hier beginnt die Startdatei AUTOEXEC.BAT
```

Im Gegensatz zur CONFIG.SYS wird der REM-Kommentar in der AUTOEXEC.BAT am Bildschirm angezeigt. Sie können also diese Kommentarzeile dazu verwenden, um beim Startvorgang den Beginn der Ausführung Ihrer AUTOEXEC.BAT zu überprüfen. Dies kann dann sinnvoll sein, wenn Sie mit der Funktionstaste PAUSE die Abarbeitung der Befehlszeilen stoppen wollen, um gegebenenfalls Meldungen zu lesen, falls Korrekturen erforderlich sind.

3.6 Probleme beim Einrichten des Erweiterungsspeichers

Es gibt Programme, die ausdrücklich Erweiterungsspeicher benötigen, damit sie ablaufen können. Checken Sie folgende Punkte, wenn ein solches Programm Probleme bereiten sollte:

- Damit der Erweiterungsspeicher, also derjenige über der 1 MByte-Grenze, genutzt werden kann, muß zuerst einmal der Speichermanager HIMEM.SYS geladen werden. Überzeugen Sie sich davon, daß dies mit dem folgenden Eintrag in der Gerätetreiberdatei CONFIG.SYS gewährleistet ist:

  ```
  DEVICE=C:\DOS\HIMEM.SYS
  ```

- Wird in der Gerätetreiberdatei CONFIG.SYS mit dem DEVICE-Befehl einer der Treiber SMARTDRIVE, RAMDRIVE oder EMM386 geladen, dann darf dieses Programm nicht den gesamten Erweiterungsspeicher belegen. Verringern Sie entweder den zur Verfügung gestellten Bereich (beispielsweise geben Sie statt `EMM386 2048` die Anweisung `EMM386 1024` an), oder deaktivieren Sie den entsprechenden Treiber mit einem der Zeile vorangestellten REM-Befehl.

- Überprüfen Sie die Startdateien AUTOEXEC.BAT und CONFIG.SYS, ob unnötige Programme oder Treiber in den Erweiterungsspeicher geladen werden, und deaktivieren Sie gegebenenfall die entsprechenden Befehlszeilen.

- Erscheint folgende Fehlermeldung:

  Der obere Speicherbereich (HMA) ist belegt

  dann müssen Sie den oberen Speicherbereich für das Programm freigeben. Überprüfen Sie, ob Ihre CONFIG.SYS-Datei den Befehl `DOS=HIGH` enthält. Ist dies der Fall, dann benutzt DOS den oberen Speicherbereich, um Teile des Betriebssystems dorthin zu laden. Deaktivieren Sie diesen Befehl (beispielsweise durch den vorangestellten REM-Befehl). Daraufhin wird DOS im konventionellen Speicherbereich ausgeführt. Sollte die Datei CONFIG.SYS hingegen den Befehl `DOS=HIGH,UMB` enthalten, dann müssen Sie ihn nicht deaktivieren, sondern lediglich in `DOS=UMB` ändern.

3.7 Probleme beim Einrichten des Expansionsspeichers

Es gibt Programme, die ausdrücklich Expansionsspeicher benötigen, damit sie ablaufen können. Checken Sie folgende Punkte, wenn ein solches Programm Probleme bereiten sollte:

- Enthält Ihr Rechner zusätzlichen Expansionsspeicher in Form einer Erweiterungskarte, dann überzeugen Sie sich, daß der Expansionsspeicher-Manager, der normalerweise im Lieferumfang der Expansionsspeicherkarte enthalten ist, auch installiert ist. Ohne dieses Programm bzw. den entsprechenden Befehl ist es nicht möglich, den auf der Erweiterungskarte zur Verfügung gestellten Expansionsspeicher zu benutzen.

- Wird in der Gerätetreiberdatei CONFIG.SYS mit dem DEVICE-Befehl einer der Treiber SMARTDRIVE, RAMDRIVE oder EMM386 geladen, dann darf dieses Programm nicht den gesamten Erweiterungsspeicher belegen. Verringern Sie entweder den zur Verfügung gestellten Bereich (beispielsweise geben Sie statt EMM386 2048 die Anweisung EMM386 1024 an), oder deaktivieren Sie den entsprechenden Treiber mit einem der Zeile vorangestellten REM-Befehl.
- Überprüfen Sie die Startdateien AUTOEXEC.BAT und CONFIG.SYS, ob unnötige Programme oder Treiber in den Erweiterungsspeicher geladen werden, und deaktivieren Sie gegebenenfalls die entsprechenden Befehlszeilen.
- Wenn Sie bereits den Expansionsspeicher-Emulator EMM386.EXE einsetzen, dann erhöhen Sie den für den Expansionsspeicher angegebenen Wert, damit mehr Expansionsspeicher zur Verfügung gestellt werden kann.

4 Windows 98/95 installieren und bedienen

In diesem Kapitel erfahren Sie, wie Sie Windows 98/95 richtig installieren, welche Maßnahmen Sie zur Fehlerbehebung durchführen können und wie sich die ersten Arbeitsschritte mit den grundlegenden Elementen dieser Betriebssystemerweiterung gestalten.

Damit Sie eine bessere Übersicht erhalten, wurden die beiden Versionen 98 und 95 in getrennten Unterkapiteln angesprochen.

4.1 Windows 98 – ein erster Überblick

98

Lassen Sie uns zunächst einen allgemeinen Blick auf einige Highlights von Windows 98 werfen, durch die es sich von seinen Vorgängern unterscheidet.

Grafische Benutzeroberfläche

Wenn Sie zuvor mit Windows 3.x gearbeitet haben, wird Ihnen wahrscheinlich beim ersten Start von Windows 98 das Fehlen des Programm-Managers auffallen. Windows 3.x hatte eine anwendungsorientierte Oberfläche: der Programm-Manager stand eigentlich immer im Mittelpunkt und erlaubte die zentrale Kontrolle von Anwendungsprogrammen. Ein wesentliches Ziel bei der Entwicklung der neuen Oberfläche war, nicht mehr die Anwendung, sondern die Dokumente, also Texte, Tabellen oder Grafiken, in den Vordergrund zu stellen; die Anwendungen rücken dagegen mehr und mehr in den Hintergrund. Die neue Oberfläche orientiert sich nicht mehr am Werkzeugschrank, sondern eher an einem Schreibtisch, auf dem sich meist Ordner und Akten stapeln, die zu bearbeiten sind.

Die Oberfläche von Windows 98 wird daher auch als *Desktop* bezeichnet, ein englischer Begriff, der sich u.a. mit *Schreibtischoberfläche* übersetzen läßt. Die wichtigsten Elemente der Oberfläche sind die Ordner, die sich mit den Programmgruppen des Programm-Managers von Windows 3.x vergleichen lassen. In Ordnern auf dem Desktop werden normalerweise keine Programme abgelegt, sondern Akten bzw. Dokumente. Ein Doppelklick mit der Maus auf ein Dokument genügt, um es zur Bearbeitung zu öffnen; welches Programm dazu gestartet werden muß, brauchen Sie nicht zu wissen, denn Windows 98 nimmt Ihnen den Programmaufruf ab.

Lassen Sie sich nicht von der neuen Oberflächengestaltung verunsichern. Wir sind uns sicher, daß Sie sich nach kurzer Zeit hier wie zu Hause fühlen werden und keine Sehnsucht mehr nach der alten Oberfläche von Windows 3.x empfinden werden; selbst Windows 95-Anwender werden schnell die neuen Bedienungsmöglichkeiten von Windows 98 schätzen lernen. Falls Sie doch das Heimweh quält, können Sie auch unter Windows 98 wie in der guten alten Zeit mit Programm- und Datei-Manager oder mit einer Windows 95-konformen Oberfläche arbeiten.

Abb. 4.1:
Die neue Windows-Oberfläche mit einigen Standardordnern und der Bedienungsleiste von MS-Office '97

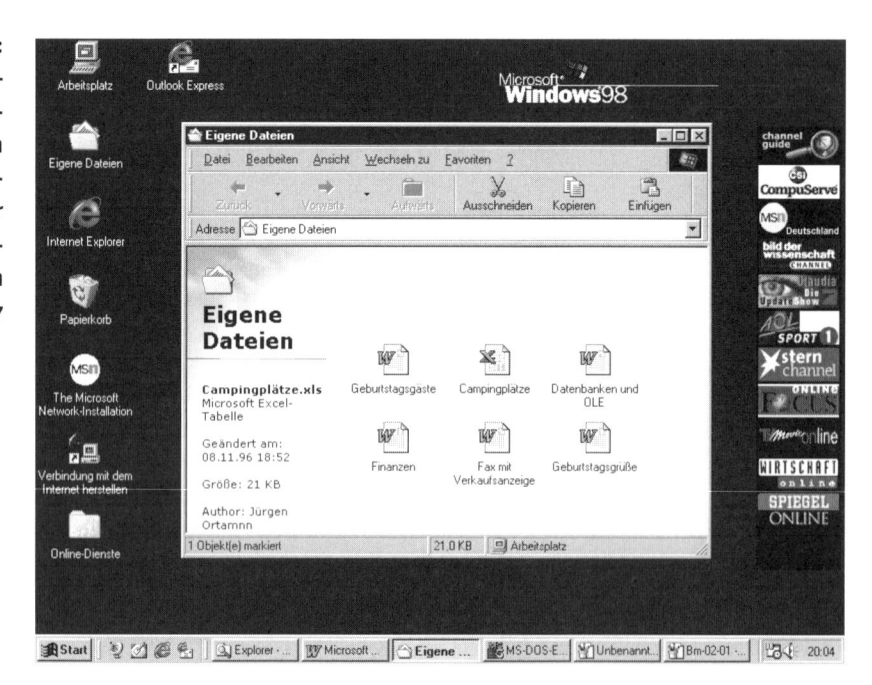

32-Bit-Architektur

Die INTEL-Prozessoren ab dem 80386 sind mit 32-Bit-Bussystemen ausgestattet. Das bedeutet, daß 32 Informationseinheiten gleichzeitig über die Verbindungskanäle des Rechners transportiert werden können. Diese Hardwarearchitektur wurde von DOS nicht unterstützt. Das heißt also, daß auf modernsten Rechnern eine veraltete Betriebssystemtechnologie eingesetzt wurde.

Nach OS/2 Warp und Windows NT war Windows 95 das nächste Betriebssystem, das die Fähigkeiten der modernen 32-Bit-Prozessoren voll ausnutzen konnte. Dies hat Auswirkungen auf die Verwaltung des Arbeitsspeichers und auf die Leistungsfähigkeit von Programmen. Auch Windows 98 benötigt keine Umwege, um den gesamten im Rechner installierten Speicher zu verwalten (bis zu 4 GByte). Programme können effektiver und schneller auf den Speicher zugreifen. Aber auch die einzelnen Programmbefehle werden zum Teil deutlich schneller ausgeführt als unter einem 16-Bit-Betriebssystem wie DOS. Somit sind erhebliche Leistungssteigerungen der Programme allein durch die 32-Bit-Architektur möglich. Hinzu kommen weitere Merkmale, die erheblichen Einfluß auf die Leistungsfähigkeit von Betriebssystem und Anwendungsprogrammen haben wie das *preemptive Multitasking* und das *Multithreading*.

Multitasking

Multitasking kennt jeder Windows-Anwender von der täglichen Arbeit. Während im Vordergrund mit der Textverarbeitung gearbeitet wird, kann im Hintergrund beispielsweise ein Datenbank-Programm eine umfangreiche Anzahl von Werten sortieren. Multitasking bedeutet also, mit mehreren Programmen gleichzeitig arbeiten zu können.

Unter Windows 3.x wird das Multitasking aber nicht vom Betriebssystem verwaltet. Daher war das alte Windows darauf angewiesen, daß sich die Programme an ganz bestimmte Konventionen halten. Dazu gehört, daß ein Anwendungsprogramm eine bestimmte Zeit lang den Prozessor nutzen kann, den Zugriff aber nach Ablauf dieser Zeit freiwillig wieder an andere Programme abtritt. Stürzt ein solches Programm aber ab, ist der Prozessor blockiert, und Windows hat keine Möglichkeit, den Konflikt zu lösen. Ein Abbruch der gesamten Verarbeitung wird dadurch notwendig. Pech, wenn Sie mit der Textverarbeitung gerade einen Text eingegeben haben, der aufgrund des Systemabsturzes nicht gesichert werden konnte. Windows 3.x war also darauf angewiesen, daß sich die Programme kooperativ verhalten, daher wurde die Mehrprogrammfähigkeit als *kooperatives Multitasking* bezeichnet; eine eher technische Bezeichnung ist *non-preemptives Multitasking*.

Einen erheblichen Fortschritt bedeutet das *preemptive Multitasking*, wie es inzwischen von fast allen modernen Betriebssystemen genutzt wird. Dabei wird das Multitasking vom Betriebssystem selbst verwaltet: Es stellt jedem Programm für eine bestimmte Zeit (wenige Millisekunden) Prozessorleistung zur Verfügung. Ist die Zeit abgelaufen, entzieht das Betriebssystem dem Programm den Zugriff auf den Prozessor und gibt ihn an das nächste Programm weiter. Das preemptive Multitasking verhindert, daß ein Programm selbständig bestimmt, wann es die Kontrolle über den Prozessor abgibt, oder sie eventuell über längere Zeit behält. Eine wichtige Konsequenz ist, daß der Absturz eines Programms keinen Einfluß auf andere Anwendungen hat. Die Programme arbeiten deutlich sicherer, und Sie sind vor unliebsamen Überraschungen geschützt.

Abb. 4.2:
Zwei Unterprogramme (Threads) wechseln sich im Zugriff auf den Prozessor ab.

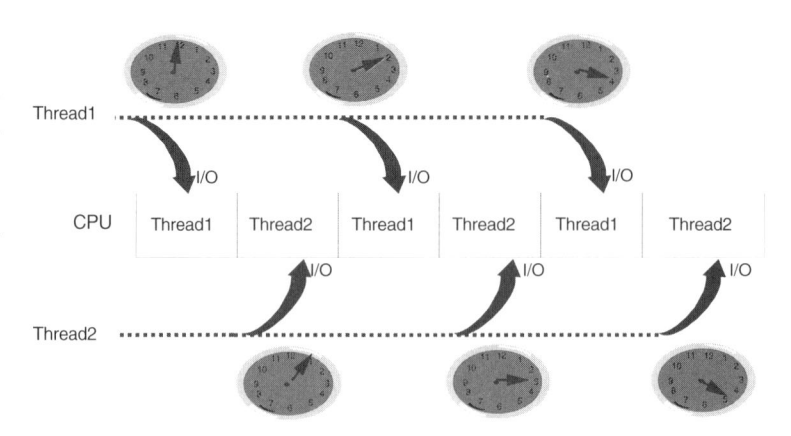

Unter Windows 98 wird den Anwendungen abhängig von ihrer Priorität Prozessorzeit zugeteilt. Danach erhält ein Programm mit höherer Priorität Vorrang vor einem Programm mit niedrigerer Priorität. Die Priorität eines Programms kann sich aber im Laufe der Zeit ändern: Mußte ein Programm mehrfach wegen zu niedriger Priorität zurückstecken, erhält es einen Prioritätsbonus. Dadurch erhöht sich seine Priorität so lange, bis es wieder Zugriff auf den Prozessor erhält. Auf diese Weise können mehrere Programme parallel arbeiten, ohne sich gegenseitig ins Gehege zu kommen. Wichtige Betriebssystemfunktionen, wie z.B. das Umschalten zwischen Anwendungen, erhalten durch eine hohe Priorität immer Vorrang vor normalen Anwendungen. Das Betriebssystem sorgt so für eine gerechte und den Anforderungen entsprechende Aufteilung der Prozessorzeit, ohne die Oberhand zu verlieren.

Multiple Threads

Beim Multitasking arbeiten mehrere Programme gleichzeitig, indem sie sich die Prozessorzeit teilen. Unter Programmen verstehen wir hier beispielsweise eine Tabellenkalkulation, die gerade eine Tabelle berechnet, oder ein Textverarbeitungsprogramm, daß gerade eine Silbentrennung durchführt. Das Multitasking kann aber auch dazu genutzt werden, daß innerhalb eines Programms einzelne Programmteile, also Unterprogramme oder sogenannte »Threads«, ebenfalls quasi gleichzeitig ablaufen können. Bleiben wir zunächst bei der Textverarbeitung. Unter Windows 3.x führte das Abspeichern eines Textes dazu, daß während des Speicherns die Eieruhr angezeigt wurde und keine andere Tätigkeit möglich war. Gerade bei längeren Texten, wie z.B. den einzelnen Kapiteln dieses Buches, die auch Grafiken enthalten, kann dieser Vorgang einige Zeit in Anspruch nehmen. Ein multithreading-fähiges Textprogramm könnte beispielsweise während des Speicherns die weitere Bearbeitung des Dokuments erlauben.

Drei Welten unter einem Dach

Zu Beginn dieses Kapitels wurden die Vorteile der Architektur von Windows 95/98 erwähnt, die es Programmen ermöglicht, 32-Bit-Prozessoren besser zu nutzen. Die verbesserte Ausnutzung des Speichers, preemptives Multitasking und Multithreading können aber nur von Programmen genutzt werden, die speziell für Windows 95/98 entwickelt wurden. Alte Windows-Programme können von diesen Möglichkeiten keinen bzw. nur einen geringeren Nutzen ziehen. Die meisten Windows-Programme, die Sie von Windows 3.x bereits kennen, werden aber inzwischen auch als 32-Bit-Versionen angeboten. Sie können das an dem Windows-Logo auf der Verpackung erkennen; im Zweifelsfall sollten Sie den Händler fragen.

Doch keine Sorge, Sie müssen nun nicht, falls Sie bereits einige Programme für Windows 3.x besitzen, alle diese Programme gegen neue Versionen austauschen. Neben den 32-Bit-Programmen unterstützt auch Windows 98 weiterhin die alten 16-Bit-Programme von Windows 3.x. Diese Programme arbeiten dann in einer sogenannten Emulation, d.h. daß unter Windows 98 die Ablaufumgebung von Windows 3.x nachgebildet wird. Das ist für die Programme kein Nachteil, eventuell werden Sie sogar feststellen, daß die Programme unter Windows 98 schneller arbeiten als unter Windows 3.x. Das liegt daran, daß auch die 16-Bit-Anwendungen von 32-Bit-Teilen des neuen Betriebssystems profitieren. Lediglich in punkto Sicherheit werden Sie nicht die Vorteile von Windows 98 nutzen können, denn ein abgestürztes 16-Bit-Programm bringt auch alle anderen 16-Bit-Programme zum Stillstand. Lediglich die speziell für Windows 98 entwickelten 32-Bit-Programme arbeiten davon unberührt weiter.

Aber auch das gute alte DOS findet unter Windows 98 seinen Platz. Windows bietet Ihnen dazu wieder die MS-DOS-Eingabeaufforderung, in der Sie alle bekannten DOS-Befehle nutzen sowie Stapeldateien und DOS-Programme ablaufen lassen können.

Übrigens, da wir gerade von DOS sprechen: Falls Sie bereits mit MS-DOS 6.x gearbeitet und sich an so nützliche Werkzeuge wie Defragmentierung oder Komprimierung gewöhnt haben, brauchen Sie darauf auch in Zukunft nicht zu verzichten. Windows 98 bietet eine ganze Reihe von Programmen, die die Funktionalität einiger DOS-Tools nun unter der grafischen Oberfläche zur Verfügung stellen.

Abb. 4.3:
Drei Programme für unterschiedliche Betriebssysteme auf dem Windows 95-Desktop

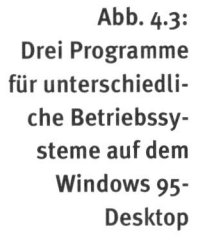

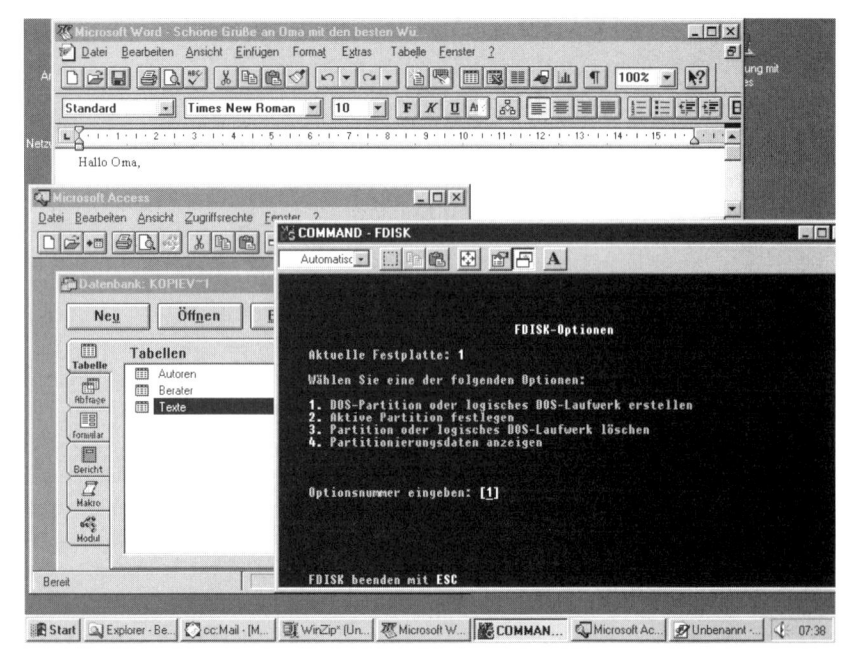

Die Dateisysteme von Windows 98

Die Dateisysteme von Windows 98 beruhen immer noch auf der altgedienten Dateizuordnungstabelle (engl. *File Allocation Table*, abgekürzt *FAT*). Allerdings wurde sie gegenüber der DOS-Version um einige Funktionen erweitert:

▸ Eine wichtige Eigenschaft des Dateisystems unter Windows ist die Möglichkeit, aussagefähige Dateinamen mit bis zu 255 Zeichen verwenden zu können. Ein Dateiname wie »Dies ist ein Brief an Oma mit den besten Grüßen zu Weihnachten« stellt kein Problem dar. Leerzeichen, mehrere Punkte, Groß- und Kleinschreibung etc. werden einwandfrei verarbeitet. Das Schöne daran ist, daß Sie Ihre Festplatten nicht speziell darauf vorbereiten müssen (z.B. neu formatieren), sondern direkt nach der Installation von Windows die langen Dateinamen nutzen können.

▸ Eine weitere Änderung, die bereits mit dem Service Release 2 eingeführt wurde, ist die Erweiterung des Dateisystems um eine Dateizuordnungstabelle, in der die einzelnen Einträge nicht mehr mit 16, sondern mit 32 Bit kodiert werden. Dies ermöglicht die Verwaltung von Festplattenlaufwerken, die bis zu 2 Terabyte groß sind. Doch auch kleinere Laufwerke können deutlich besser verwaltet werden, so daß nicht unnötig Speicherplatz durch zu große Cluster verschwendet wird.

**Abb. 4.4:
Ein Inhaltsverzeichnis mit langen Dateinamen**

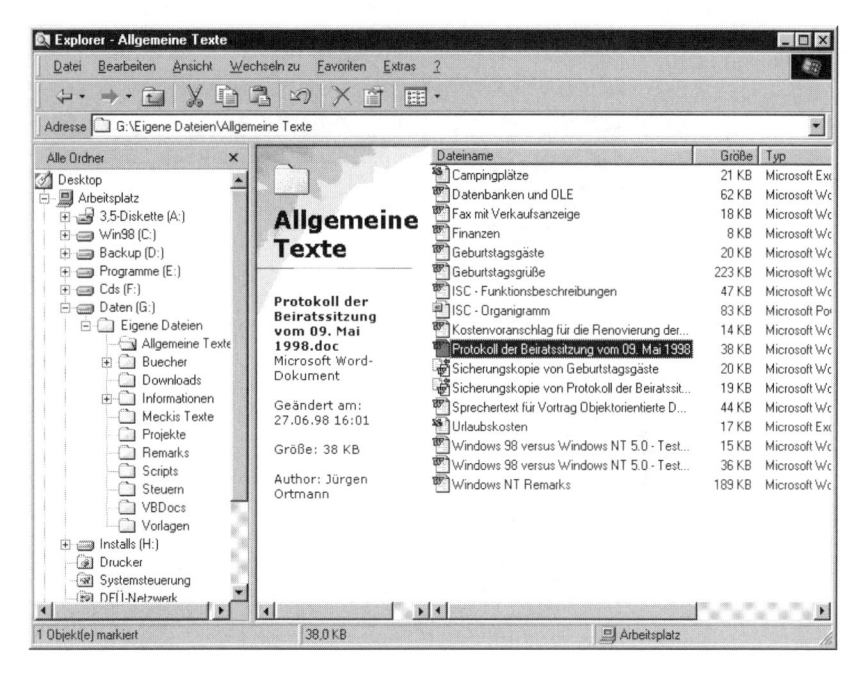

Plug & Play

Jeder, der schon mal ein wenig an seinem Computer herumgebastelt hat, kann ein Lied von den Schwierigkeiten singen, eine neue Erweiterungskarte einzubauen oder eine angeschlossene Hardwarekomponente zum Laufen zu bringen. Meist treten die Probleme nicht beim ersten Mal auf, eventuell wird es aber bei der zweiten, dritten oder vierten Erweiterungskarte ein bißchen eng – nicht nur mit dem Raum im Computergehäuse, sondern auch auf den internen Kommunikationswegen, über die sich die Hardwarekomponenten mit dem Prozessor auseinandersetzen. Da sind Einstellungen notwendig wie Interrupt, DMA, Ports usw. Dieses Ärgernis besteht nun schon fast so lange, wie es Personal-Computer gibt. Endlich haben sich mehrere namhafte Hersteller aus dem Hardware-, Prozessor- und Softwarelager zusammengerauft und einen gemeinsamen Standard geschaffen, der das Zusammenspiel von Computerkomponenten erleichtern soll: *Plug & Play*, auch kurz *PnP* genannt. Ziel dieses Standards ist, daß Sie eine neue Erweiterungskarte in Ihren Computer einbauen können, ohne sich um weitere Einstellungen kümmern\n zu müssen. Dazu identifiziert sich die Karte gegenüber dem Computer, und das Betriebssystem führt alle für den Betrieb der Karte notwendigen Einstellungen durch und lädt die notwendigen Treiber.

Abb. 4.5:
Anzeige der Hardware-Konfiguration

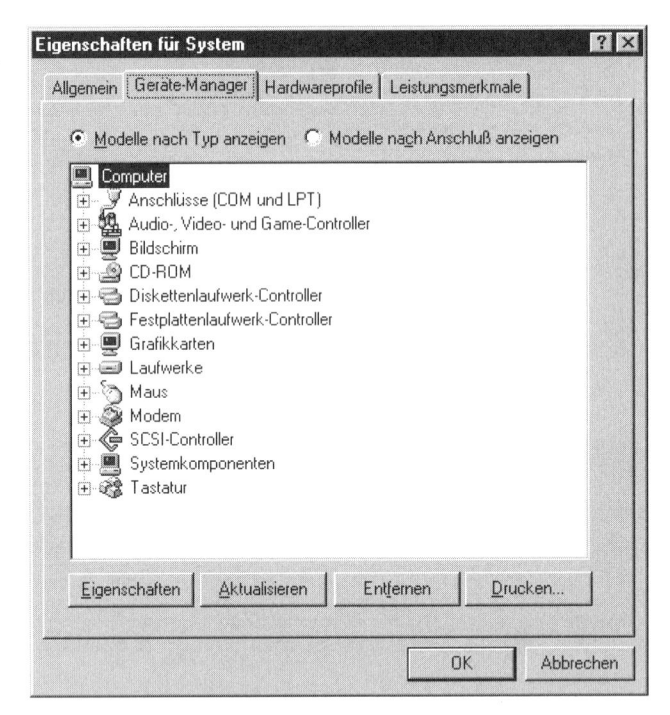

Netzwerkfähigkeit

Windows 98 ist ein netzwerkfähiges Betriebssystem. Es unterstützt die Anbindung eines Rechners an sogenannte Peer-to-Peer-Netzwerke, ohne daß zusätzliche Software notwendig ist. In diesen Netzen gibt es keinen Server, der allen anderen Rechnern Dienste zur Verfügung stellt. Statt dessen sind alle Rechner gleichwertig, sie stellen Dienste zur Verfügung und nehmen selbst Dienste anderer Rechner in Anspruch.

Peer-to-Peer-Netzwerke eignen sich besonders für kleine Firmen oder isolierte Fachabteilungen. Das Netzwerk ermöglicht die Kommunikation mit allen Mitgliedern einer Arbeitsgruppe. Das rasche Verteilen von Informationen wie auch der Zugriff auf gemeinsame Daten erleichtern das Zusammenspiel von Arbeitsgruppen. Mit Hilfe elektronischer Post können Anwender Nachrichten untereinander verschicken und empfangen. Über zentrale Terminkalender lassen sich automatisch gemeinsame Besprechungstermine finden. Durch die gemeinsame Nutzung teurer Peripheriegeräte lassen sich die Anschaffungskosten senken.

Abb. 4.6:
Die Netzwerkverbindungen eines Rechners

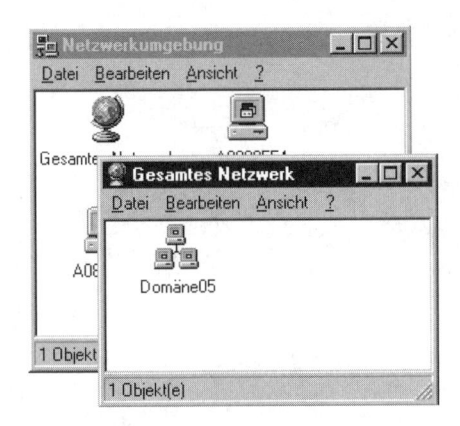

Mit dem Modem in die weite Welt

Kaum ein Tag vergeht, an dem nicht irgendwo in den Tageszeitungen oder den Nachrichtensendungen der Begriff *Information-Highway* auftaucht. Windows 98 bietet Ihnen mehr als eine Auffahrt zur weltweiten Datenautobahn. Voraussetzung dazu ist, daß Sie über ein Modem oder einen ISDN-Anschluß verfügen, mit dessen Hilfe Sie Ihren Computer über das Telefonnetz mit anderen Computern verbinden können.

Online-Dienste. Die erste Auffahrt ist einer der vielen Online-Dienste, für die Windows 98 Zugangssoftware direkt im Lieferumfang enthält, wie AOL, CompuServe und Microsoft Network. Diese Online-Dienste bieten Ihnen Informationen zu fast allen Lebensbereichen, ob Sie eine Fahrplanauskunft benötigen, Waren bestellen möchten oder mit anderen Computer-Nutzern über diverse Programme diskutieren möchten. Die Zahl der Themen, zu denen Sie hier Informationen finden, ist schier endlos und nimmt täglich zu. Diese Informationsdienste bieten Ihnen allerdings nicht Informationen zu verschiedensten Bereichen, sondern spielen auch eine wichtige Rolle als Zugang zum Internet.

Internet. Das Internet wurde bis vor wenigen Jahren fast ausschließlich von wissenschaftlichen Einrichtungen genutzt. Es ermöglichte die Diskussion und den Erfahrungsaustausch über alle Grenzen hinweg. Inzwischen wurde das Internet auch von der Industrie entdeckt, und die unterschiedlichsten Angebote schießen nur so aus dem Boden. Besondere Faszination übt das *World Wide Web* aus, das auf grafischen Hypertext-Dokumenten beruht, die über Schlüsselwörter miteinander verknüpft sind. Ein Mausklick auf eines der Schlüsselwörter genügt zum Öffnen eines neuen Dokuments, wobei dem Anwender weitestgehend verborgen bleibt, auf welchem Computer innerhalb des weltweiten Rechnerverbunds dieses Dokument gespeichert ist.

Abb. 4.7:
WWW-Dokument

Windows 98 enthält eine Vielzahl von Werkzeugen, die Ihnen den Zugang und den Umgang mit dem Internet erleichtern. Darüber hinaus können Sie die Zugangssoftware zum Internet direkt in die Oberfläche des Betriebssystems integrieren.

4.1.1 Neuerungen von Windows 98

98 Neben den allgemeinen Highlights dieses Betriebssystems verfügt Windows 98 über viele neue Funktionen, die ein Update von Windows 95 sinnvoll erscheinen lassen. Die wichtigsten möchte ich Ihnen kurz vorstellen.

FAT32

Die Verwaltung von Festplatten ist in letzter Zeit zu einem immer größeren Problem geworden, da das traditionelle Dateisystem von DOS und Windows 95, FAT16, maximal 2 GByte große Partitionen verwalten kann. Immer mehr Anwender arbeiten aber mit deutlich größeren Festplatten, die allein aufgrund des Dateisystems in mehrere Partitionen unterteilt werden müssen. Dem trug Microsoft mit der Einführung von FAT32 Rechnung, das nun bis zu zwei Terabyte große Laufwerke verwalten kann. Dazu gehören eine Reihe weiterer Überarbeitungen:

4.1 Windows 98 – ein erster Überblick

- Einführung eines Konvertierungstools, das es Ihnen ermöglicht, vorhandene Laufwerke, die mit dem traditionellen FAT16 formatiert sind, nach FAT32 zu konvertieren.
- Bereits bekannte Tools wie FDISK, Format, ScanDisk und Defrag wurden an die Zusammenarbeit mit FAT32 angepaßt.
- Erweiterung der Laufwerkseigenschaften, die nun zwischen FAT16- und FAT32-Laufwerken unterscheiden können.

Abb. 4.8:
Die Laufwerkseigenschaften eines FAT32-Laufwerks

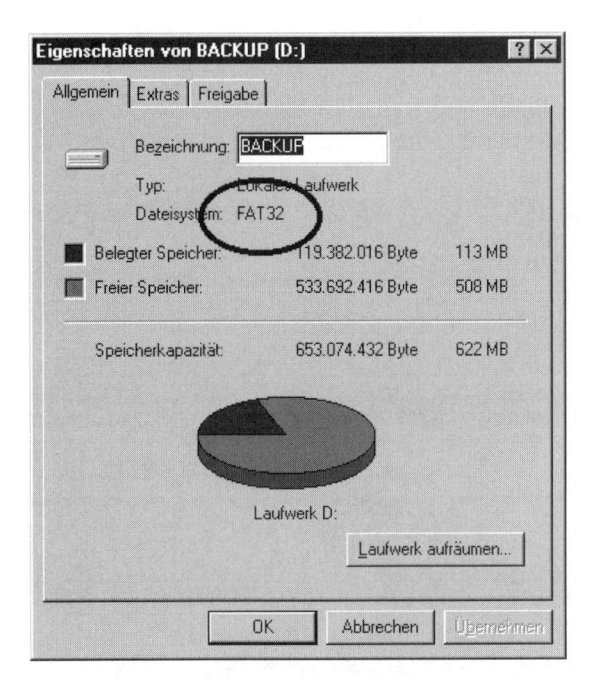

Neue Tools und Desktop-Motive

Bereits mit Erscheinen von Windows 95 bot Microsoft unter dem Namen *Microsoft Plus! für Windows* ein Paket mit zusätzlichen Funktionen an, die u.a. wegen der erhöhten Hardware-Anforderungen nicht ins Betriebssystem integriert wurden. Inzwischen ist die Standard-Hardware deutlich leistungsfähiger, so daß die meisten Funktionen nun direkt in Windows 98 integriert werden konnten. Dazu gehören:

- Der Systemdienst, der eine Liste von Aufgaben verwaltet, die zu bestimmten Zeiten ausgeführt werden sollen. Beispielsweise startet der Systemdienst um 12.00 Uhr ScanDisk, um die Festplatte nach Fehlern zu durchsuchen. Stellt der Dienst jedoch fest, daß Sie nicht wie geplant in die Mittagspause gegangen sind und weiterarbeiten, verschiebt er den zeitraubenden Test auf einen anderen Zeitpunkt.

- Der Festplattenkomprimierer Drivespace in der Version 3. Die Versionsnummer gibt auch die Komprimierungsrate an, die dieses Programm in günstigen Situationen erreichen kann. Zusätzlich wurde das Programm mit Intelligenz ausgestattet: Um die Leistung des Systems möglichst wenig zu beeinträchtigen, werden Daten erst dann komprimiert, wenn die Festplatte voll wird. Ein Wermutstropfen bleibt allerdings, da das Programm nicht mit FAT32-Laufwerken zusammenarbeiten kann.
- Eine Vielzahl von Desktop-Motiven. Hintergrundbilder, Systemklänge, Symbole, Bildschirmschoner und Mauszeiger bilden eine thematisch zusammenhänge Einheit, die Sie über die Systemsteuerung mit einem Mausklick auswählen können. Sie haben die Auswahl zwischen Themen wie »Wissenschaft«, »Mysterium« oder »Leonardo da Vinci«.

Abb. 4.9:
Desktop im
»Weltraum«-
Layout

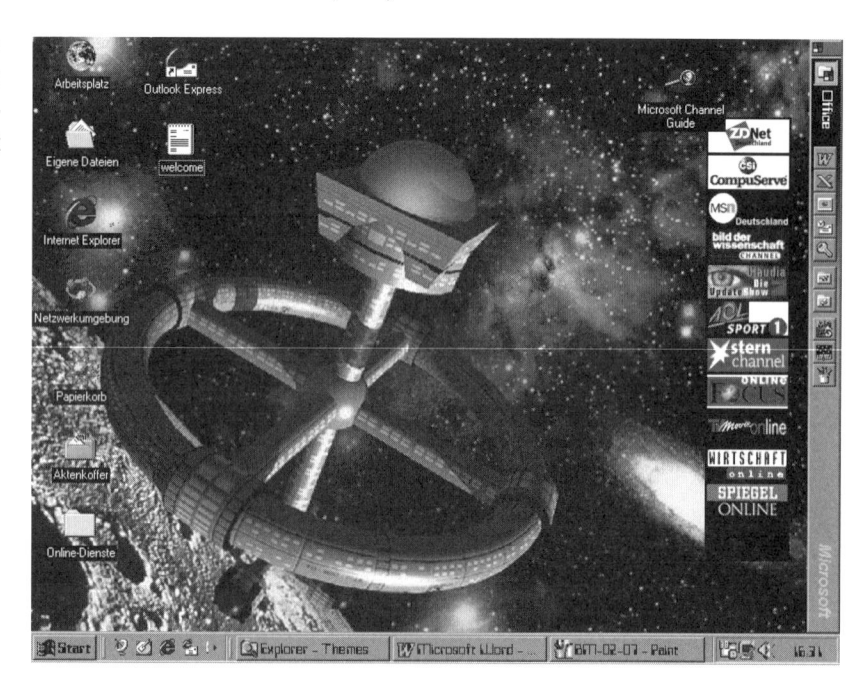

Neue Systemtools und Assistenten

Eine ganze Reihe von neuen Systemtools sollen Windows 98 noch sicherer machen. Leider haben viele Anwender ein Problem damit, die vorhandenen Systemtools optimal einzusetzen. Daher verfügt Windows 98 über Assistenten, die auch den weniger engagierten Anwender bei der Einstellung der neuen Systemfunktionen unterstützen. Ein Beispiel hierfür ist der *Wartungs-Assistent*, der sich bereits beim ersten Start des Betriebssystems vorstellt. Über diesen Assistenten können Sie mehrere Programme, die zur Verbesserung der Systemleistung dienen, so einstellen, daß sie automatisch täglich oder an bestimmten Tagen der Woche zu bestimmten Zeiten im Hintergrund ausgeführt werden. Dahinter verbergen sich Programme wie ScanDisk, die Defragmentierung, ein Programm zur Überprüfung der Systemdateien u.a., die vom Systemdienst zeitlich gesteuert werden.

Abb. 4.10:
Der Wartungs-Assistent

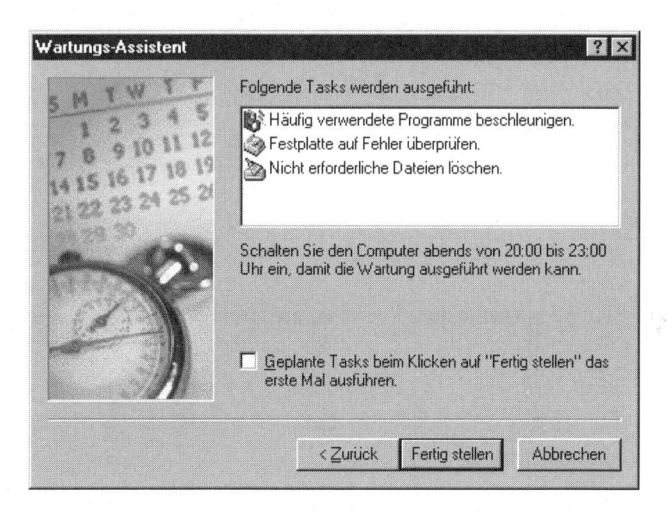

Windows Scripting Host

Endlich verfügt auch Windows über eine Skript-Sprache, mit der sich zahlreiche Systemaufgaben kontrolliert automatisieren lassen. Windows Scripting Host (WSH) ist die neue Standard-Script-Sprache für die Windows-Plattform. Es bietet eine große Anzahl von Funktionen für folgende Aufgaben:

- Erstellen, Lesen und Schreiben von Registrierungseinträgen
- Erstellen und Verändern von Verknüpfungen
- Erstellen und Verändern von Verbindungen zu Netzwerklaufwerken und Druckern
- Abfragen und Verändern von DOS-Umgebungsvariablen
- Ausführen von DOS-Befehlen

Die von WSH zur Verfügung gestellten Funktionen können in kleinen Programmen in Visual Basic Script bzw. JavaScript eingebaut und direkt von der Oberfläche aus ausgeführt werden.

Erweiterte Hardwareunterstützung

Seit dem Erscheinen von Windows 95 wurden zahlreiche neue Hardwarekomponenten entwickelt, die vom Betriebssystem unterstützt werden müssen. Dazu gehören Prozessoren mit MMX-Technologie, neue Anschlußmöglichkeiten für Peripheriegeräte über Universal Serial Bus (USB) und

IEEE 1394 (Firewire), eine verbesserte Unterstützung von PC-Card-Adaptern, Grafikkarten für den Accelerated Graphics Port (AGP) oder die neue Digitale Video Disc (DVD), die auch in Computern als neues Speichermedium eine wichtige Rolle spielen wird.

Internet-Integration

Standardmäßig zeigt sich Windows 98 mit der gleichen Oberfläche wie Windows 95. Erst auf den zweiten Blick sind Änderungen im Detail zu erkennen. Erst durch die Integration des Internet Explorers in die Oberfläche zeigt sich Windows 98 im neuen Kleid.

Die auffälligste Änderung ist der sogenannte *Active Desktop*, mit dem Sie Internet-Inhalte direkt auf der Windows-Oberfläche anzeigen lassen können. Diese Oberfläche basiert auf einer nach Web-Konventionen gestalteten HTML-Seite. Genauer betrachtet, besteht der Active Desktop aus zwei Ebenen: einem auf HTML basierenden Hintergrund und einer Symbol-Ebene, die für die Anzeige der von der Windows-Oberfläche bekannten Symbole zuständig ist.

Von besonderem Interesse ist der auf HTML basierende Hintergrund: In den können nämlich alle Elemente integriert werden, die für die Gestaltung von Web-Seiten verwendet werden können: ActiveX-Elemente, Java-Programme, ActiveX-Scripts, Grafiken usw. Alle diese Objekte können beliebig auf der Oberfläche abgelegt, verschoben und in der Größe verändert werden. Viele dieser Elemente können selbständig eine Verbindung zum Internet aufbauen und so ihre Inhalte aktualisieren; Beispiele für solche Elemente sind:

Abb. 4.11:
Der neue Active Desktop mit mehreren aktiven Objekten

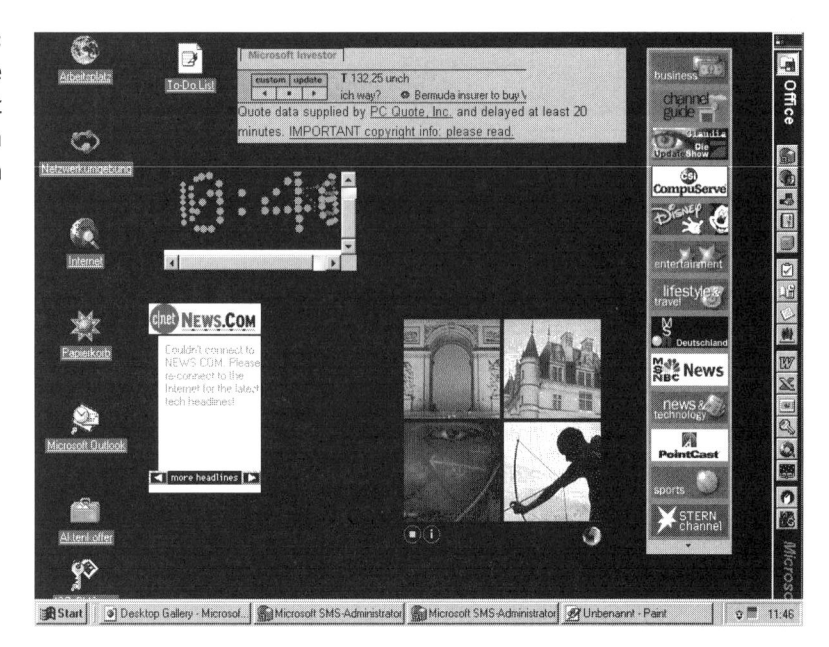

4.1 Windows 98 – ein erster Überblick

- Aktuelle Bilder von Sportereignissen oder beliebige Fotozusammenstellungen
- Ganze Web-Seiten, die auf der Oberfläche innerhalb von verschiebbaren und veränderbaren Rahmen dargestellt werden
- Newsticker für Börsenkurse, Sportergebnisse oder auch die aktuellsten Schlagzeilen der Nachrichten

Die Veränderungen der Windows-Oberfläche setzen sich fort über die Änderung der Taskleiste, des Startmenüs bis hin zu einzelnen Ordnern, deren Aussehen nun individuell vom Anwender den eigenen Bedürfnissen entsprechend gestaltet werden kann.

Abb. 4.12: Der Ordner ARBEITSPLATZ mit ActiveX-Element zur grafischen Anzeige des Speicherplatzes

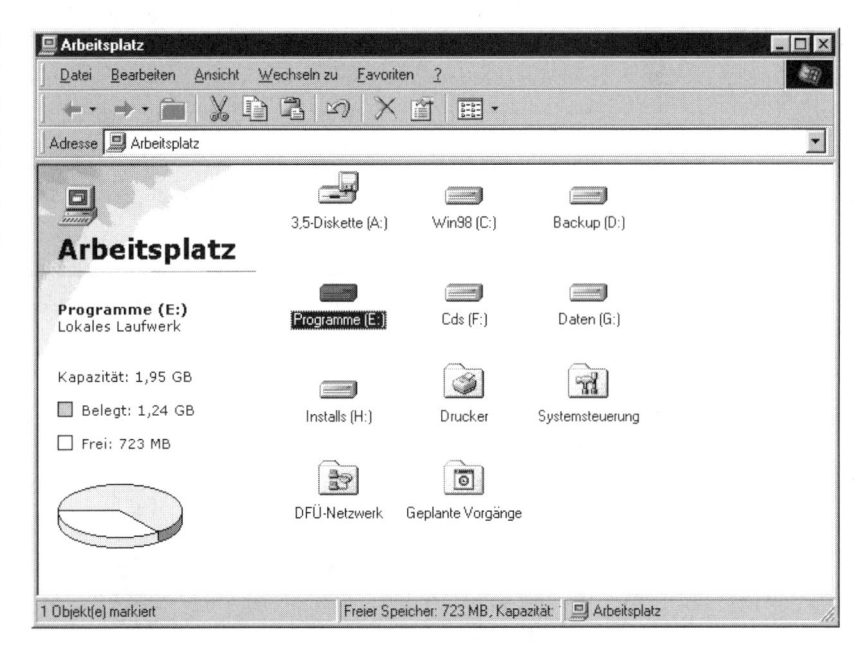

4.1.2 Windows 98 installieren

Aus Windows 98 ist zwar inzwischen ein recht komplexes Betriebssystem geworden, was aber durch die benutzerfreundliche Oberfläche elegant verdeckt wird. Auch die Installation zeigt dem Anwender nicht die komplexen Vorgänge und Entscheidungen, die das Setup-Programm treffen muß, um Windows optimal an die Hardwareausstattung Ihres Computers anzupassen. Genau hier liegt aber auch eine mögliche Quelle von Störungen bei der Installation: eingebaute Hardware kann unter Umständen nicht richtig erkannt und eingerichtet werden. Die Erfahrungen zeigen aber, daß Windows sehr findig ist und für den Fall, daß es selbst keine Lösung findet, rechtzeitig um Unterstützung nachfragt.

Vorüberlegungen

98 Eine schwierige Frage bei der Installation eines Betriebssystem ist meist, wieviel Plattenplatz für das System bereitgestellt werden muß. Diese Frage stellt sich allerdings nur, wenn Sie das Betriebssystem auf eine eigene Partition installieren und es von Ihren Anwendungsprogrammen und Daten trennen. Dies ist meist der empfohlene Weg.

Windows ist allerdings nicht gerade genügsam, was den erforderlichen Speicherplatz betrifft. Das Setup benötigt 130 bis 195 MByte Speicherplatz auf der Festplatte für ein Upgrade. Für eine Neuinstallation werden 120 bis 300 MByte benötigt, je nachdem, wie viele Zubehörprogramme Sie installieren möchten. Für die Abschätzung des Speicherplatzes, den das Betriebssystem verbraucht, reicht diese Angabe noch nicht aus. Es gibt noch zusätzliche Dateien, die Anspruch auf Speicherplatz innerhalb der Betriebssystempartition erheben, z. B.:

▸ Die Auslagerungsdatei wird standardmäßig im Systemverzeichnis eingerichtet. Je nachdem, wie groß der Hauptspeicher Ihres Rechners ist, mit welchen und wie vielen Anwendungen Sie arbeiten, kann die Datei 50 MByte groß und mehr werden. Windows 98 bietet Ihnen allerdings die Möglichkeit, die Auslagerungsdatei nach der Installation auf einem anderen Laufwerk einzurichten.

▸ Viele Anwendungen lagern ihre zu bearbeitenden Daten in temporäre Dateien aus, z. B. in das Windows-Unterverzeichnis \WINDOWS\TEMP. Auch diese Datenbestände können recht umfangreich werden. Steht den Anwendungen zu wenig Speicher zur Verfügung, kommt es zu Fehlermeldungen und evtl. weitergehenden Problemen.

▸ Viele Windows-Anwendungen haben die unangenehme Angewohnheit, einen nicht unerheblichen Teil ihrer Programmdateien in das Windows-Systemverzeichnis (\WINDOWS\SYSTEM) zu kopieren. Insbesondere, wenn Sie MS-Office oder einzelne Anwendungen daraus installieren, müssen Sie bedenken, daß einige Module wie MS-Graph, WordArt etc. standardmäßig in einem eigenen Windows-Unterverzeichnis (\WINDOWS\MSAPPS) abgespeichert werden und noch einmal einige MByte Plattenplatz erfordern.

▸ Wenn Sie aus einer Anwendung drucken, wird Ihr Dokument in die Sprache des Druckers übersetzt und zunächst auf der Festplatte zwischengespeichert. Anschließend wird das so übersetzte Dokument in kleinen Portionen an den Drucker geschickt. Doch für die Zwischenspeicherung der Druckerdaten wird ebenfalls Platz auf der Betriebssystempartition benötigt, je nach Umfang Ihrer Dokumente kann der Bedarf in die MByte gehen.

Sie sehen, daß eine Reihe variabler Größen zu berücksichtigen ist, wenn Sie Windows 98 auf Ihrer Festplatte installieren. Auf einer relativ sicheren Seite sind Sie, wenn Sie für das Systemlaufwerk ca. 500 MByte freihalten. Wird der Platz trotzdem knapp, können Sie die Auslagerungsdatei auf einem anderen Laufwerk anlegen.

Updates

Wenn Sie bisher mit Windows 3.x oder Windows 95 gearbeitet haben, können Sie auch eine Update-Installation vornehmen. Dieser Weg bietet den einfachsten Übergang zu Windows 98, da viele Einstellungen des Betriebssystems und von Anwendungen in Windows 98 übernommen werden. Obwohl der Umstieg auf Windows 98 über eine Update-Installation von Microsoft ausdrücklich angeboten wird, wird sie von Puristen abgelehnt. Viele Experten sind der Meinung, daß nicht alle Systemdateien sauber ausgetauscht und unbrauchbare Dateien gelöscht werden. Übrigt bleibt ein Dateimix aus neuen und alten Dateien, der den Speicherplatzbedarf unnötig aufbläht.

Wer auf Nummer Sicher gehen will, sollte auf jeden Fall sein gesamtes System neu installieren. Das kann mitunter ein oder zwei Tage intensiver Arbeit erfordern, garantiert allerdings für die nächsten Jahre ein zumindest vom Start weg optimal konfiguriertes System.

Die Installation

Von DOS oder Windows installieren. Für die Installation von Windows 98 benötigen Sie ein lauffähiges Betriebssystem, mindestens DOS, das Sie ggf. auch nur von einer Diskette starten. Falls Sie bereits zuvor mit Windows 3.1 oder Windows 95 gearbeitet haben, können Sie Windows 98 einfach über die alte Version installieren. Dieses Vorgehen hat den Vorteil, daß Windows 98 viele Einstellungen und Konfigurationen übernimmt. Insbesondere werden Sie bei einem Update von Windows 3.1 auch die alten Programmgruppen wiederfinden, nun aber als Unterpunkte des Startmenüs, und können direkt mit Ihren Anwendungen weiterarbeiten, ohne sie neu installieren zu müssen.

Von CD-ROM installieren. Windows 98 können Sie nur noch von CD-ROM installieren, die quelldateien umfassen inzwischen etwa 150 MByte. Wenn Sie eine große Festplatte haben, sollten Sie sich allerdings überlegen, ob Sie die Quelldateien, d.h. das Verzeichnis WIN98 von der CD-ROM auf die Festplatte kopieren. Windows merkt sich das Laufwerk, von dem aus die Installation durchgeführt wurde. Bei allen Nachinstallationen bezieht es die notwendigen Dateien von diesem Datenträger. Für die CD-ROM bedeutet das, daß Sie jedesmal die CD-ROM ins Laufwerk legen müssen, wozu

Windows 98 Sie bei Bedarf auffordert. Befinden sich die Installationsdateien dagegen auf der Festplatte, stehen sie immer zur Verfügung und Windows kann jederzeit darauf zugreifen, ohne Sie aufzufordern.

Für den Start der Installation müssen Sie das Programm SETUP von DOS oder Windows aus starten. Nachfolgend sind die einzelnen Installationsschritte kurz beschrieben.

Abb. 4.13:
Das Setup-Programm meldet sich.

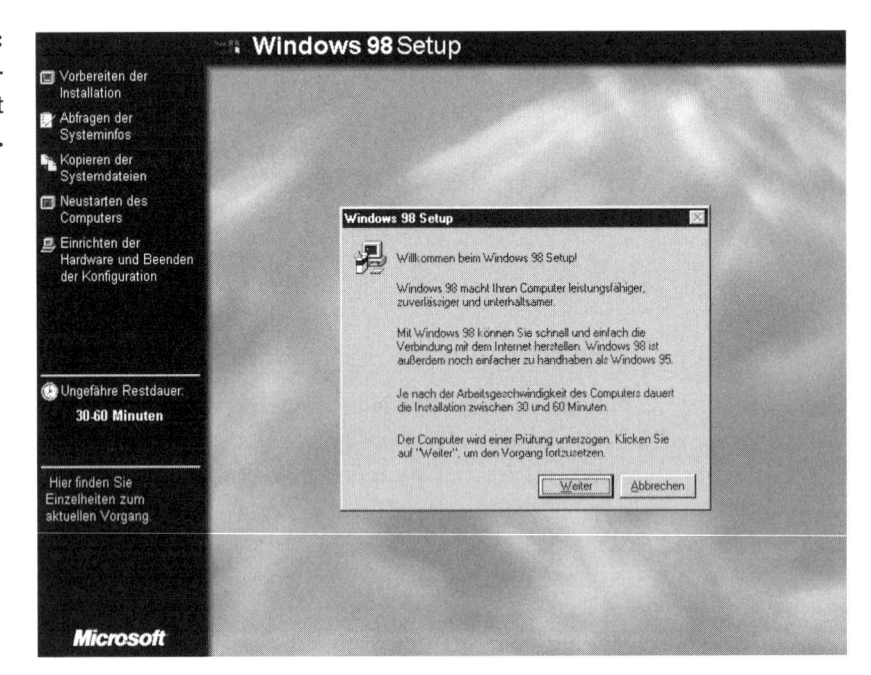

Routineüberprüfung

- Als erstes wird der Computer einer Routineüberprüfung unterzogen. Dabei werden mit Hilfe von ScanDisk die Festplattenlaufwerke auf Fehler überprüft. Gerade bei großen Festplatten kann dieser Vorgang einige Zeit dauern. Bei der Ausführung im DOS-Modus bietet eine Schaltfläche, die Überprfüfung zu beenden. Allerdings wird dann auch die gesamte Installation abgebrochen.

- Während der Routineüberprüfung wird auch der vorhandene Speicherplatz überprüft. Wenn SETUP feststellt, daß auf Laufwerk C: nicht genügend Speicherplatz frei ist, werden Sie darüber in einem Dialogfenster genau informiert und darauf hingewiesen, wieviel Platz Windows 98 für die Installation benötigt. In diesem Fall wird die Installation abgebrochen, und Sie müssen entweder das Laufwerk C: vergrößern oder unnötige Dateien auf dem Laufwerk löschen.

**Abb. 4.14:
Information über den benötigten Speicherplatz**

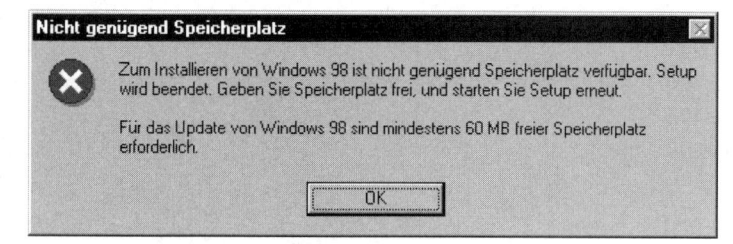

Nicht genügend Speicherplatz

Zum Installieren von Windows 98 ist nicht genügend Speicherplatz verfügbar. Setup wird beendet. Geben Sie Speicherplatz frei, und starten Sie Setup erneut.

Für das Update von Windows 98 sind mindestens 60 MB freier Speicherplatz erforderlich.

[OK]

Verzeichnis wählen

▸ Als nächstes wird der Windows-Setup-Assistent vorbereitet, wobei einige Dateien auf Ihre Festplatte kopiert werden. Anschließend können Sie angeben, in welches Verzeichnis Windows 98 installiert werden soll. In den meisten Fällen kann man die Standardvorgabe C:\WINDOWS bestätigen. Bei der Update-Installation wird Windows 98 dagegen direkt in das vorhandene Windows-Verzeichnis kopiert.

Boot-Manager wird deaktiviert

▸ Falls Sie in der Vergangenheit mit OS/2 gearbeitet und den OS/2- oder einen anderen Boot-Manager installiert haben, werden Sie als nächstes mit einer Setup-Warnung darauf aufmerksam gemacht, daß der Boot-Manager deaktiviert werden muß. Sie können den Boot-Manager allerdings im Anschluß an die Installation wieder mit FDISK aktivieren.

▸ Falls Sie die Installation von Windows aus gestartet und haben eventuell noch andere Programme aktiv sind, werden Sie aufgefordert, alle Programme vor dem Fortsetzen der Installation zu beenden.

Software-Lizenzvertrag

▸ Das nächste Dialogfenster gibt den Software-Lizenzvertrag wieder. Microsoft wünscht, daß Sie sich den Text ordentlich durchlesen. Daher ist es in diesem Fenster nicht möglich, durch einen schnellen Tastendruck auf die Bestätigungstaste zum nächsten Fenster weiterzugehen, da keine der angebotenen Schaltknöpfe aktiv ist. Hier müssen Sie zur Maus greifen und die Vertragsbedingungen bestätigen, um mit der Installation fortfahren zu können.

Abb. 4.15:
Den Lizenzvertrag sollte man sich schon einmal anschauen.

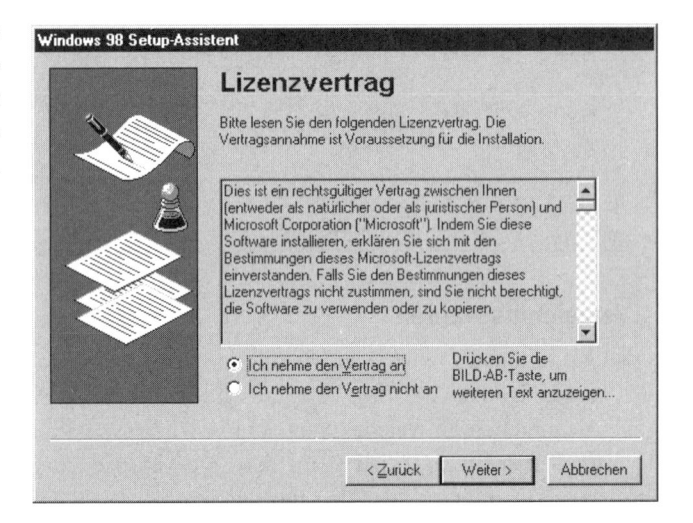

System- und Verzeichnisprüfung

▸ Eine weitere Überprüfung schließt sich an, bei der das Setup-Programm ggf. vorhandene Systemdateien und den vorhandenen Speicherplatz überprüft.

Setup-Modus

▸ Bei einer Neuinstallation bietet Ihnen Windows anschließend die Gelegenheit, den Setup-Modus auszuwählen. Dazu können Sie zwischen drei drei Standardmodi wählen, die sich jeweils im Umfang der installierten Anwendungen unterscheiden und Standardvorgaben nutzen. Falls Sie aber nicht das Heft aus der Hand geben wollen, können Sie auch die benutzerdefinierte Installation auswählen, während der Sie viele Einstellungen selbst durchführen können.

Abb. 4.16:
Auswahl des Setup-Modus

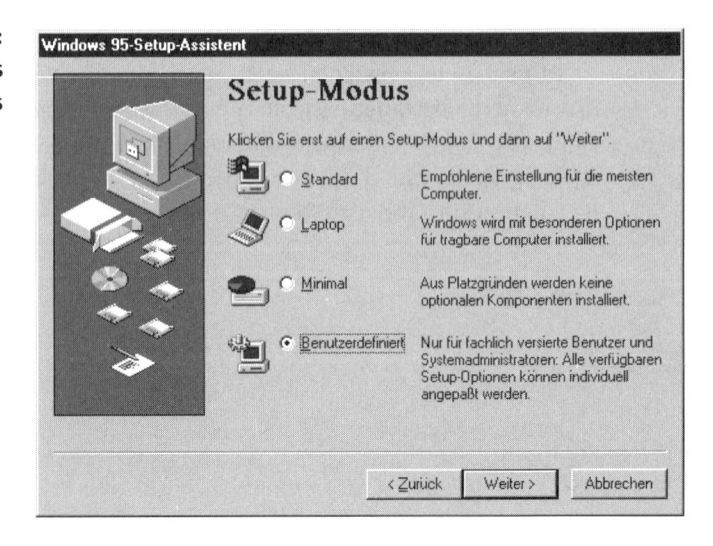

Systemdateien sichern

▶ Bei einer Update-Installation bietet Ihnen Windows als nächstes die Möglichkeit, die vorhandenen Systemdateien zu sichern. Mit Hilfe dieser Sicherungskopie können Sie bei einem Fehlschlag der Windows 98-Installation zumindest das alte Betriebssystem wiederherstellen.

Abb. 4.17: Sollen alte Systemdateien gesichert werden?

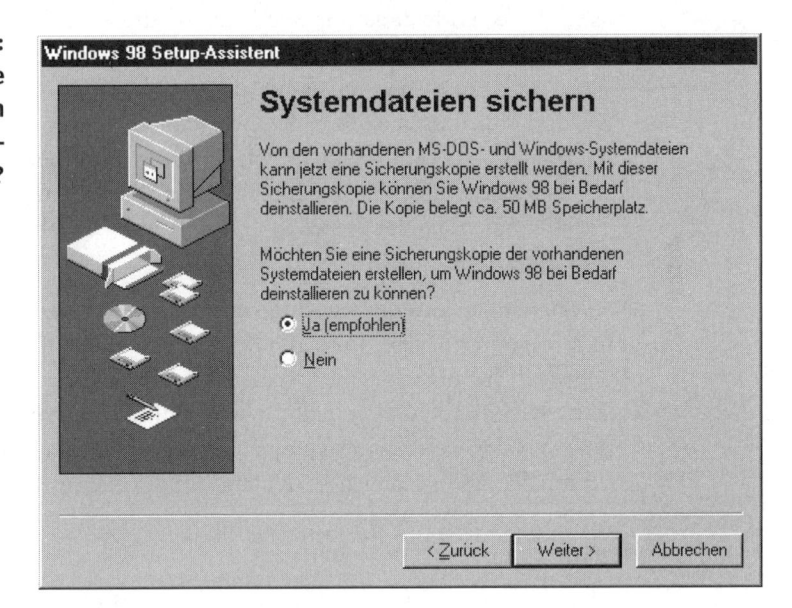

▶ Als nächstes folgt das Dialogfenster PRODUKTIDENTIFIKATION, in dem Sie die Lizenznummer eingeben müssen. Sie finden diese Nummer normalerweise auf der Hülle der CD-ROM. Geben Sie eine falschen Nummer ein oder haben gar die Nummer verloren, können Sie die Installation abbrechen.

Benutzerangaben und Identifikation

▶ Im Anschluß daran meldet sich der Setup-Assistent und bittet Sie um die Eingabe der Benutzerangaben. Geben Sie hier Ihren Namen und evtl. auch eine Firmenbezeichnung ein. Im Dialogfenster IDENTIFIKATION werden Sie darüber hinaus gebeten, Informationen einzugeben, mit denen Ihr Computer in einem Netzwerk identifiziert werden kann. Dazu gehören Computername, Arbeitsgruppe und Beschreibung. Die Felder sind bereits mit einem Vorschlag ausgefüllt, den das Setup-Programm aus Ihrem Namen erstellt hat. Meist sind diese Angaben unbefriedigend und erfordern eine Nachbearbeitung.

Startdiskette

▸ Nach der Bestätigung, daß Sie die deutschsprachigen Internet-Channels installiert haben möchten, erfolgt die Möglichkeit, eine Startdiskette zu erstellen. Dazu sollten Sie eine formatierte, leere Diskette bereithalten und nach Aufforderung einlegen. Haben Sie dagegen bereits während einer früheren Installation eine Startdiskette erstellt und wollen Sie den Vorgang abbrechen, sollten Sie dies nicht innerhalb des Dialogfensters STARTDISKETTE tun, da damit die gesamte Installation abgebrochen wird. Statt dessen sollten Sie warten, bis das Setup-Programm die Dateien für die Startdiskette geladen hat. Dann erscheint ein weiteres Dialogfenster, das Sie zum Einlegen der Diskette auffordert. An dieser Stelle können Sie das Erstellen der Startdiskette abbrechen, um mit der Installation fortzufahren.

Damit haben Sie die ersten wichtigen Eingaben erledigt und das Setup-Programm beginnt mit dem Kopieren der Systemdateien. Dieser Vorgang dauert, je nach Schnelligkeit des Rechners, etwa zwischen einer viertel und einer halben Stunde. Die Zeit, die als ungefähre Restdauer angegeben wird, bezieht sich dagegen auf die gesamte verbleibende Installation, da nach dem Kopieren der Systemdateien noch einige Eingriffe Ihrerseits notwendig sind.

Neustart

Nach dem Kopieren muß der Computer neu gestartet werden. Ein Dialogfenster mit einer Fortschrittsanzeige, gibt Ihnen 15 Sekunden Zeit, den Neustart durch Bestätigen zu forcieren, nach Ablauf dieser Zeit erfolgt der Neustart automatisch.

Hardwareerkennung

▸ Das Setup-Programm versucht nun, die Hardware Ihres Rechners zu erkennen, um anschließend die für die erkannten Komponenten notwendigen Treiber zu installieren. Das Setup-Programm testest die ausgewählten Treiber, indem es die einzelnen Komponenten der Reihe nach ansteuert. Reagiert eine der Komponenten nicht, z.B. weil es zu einem Ressourcenkonflikt gekommen ist, den Windows nicht alleine auflösen kann, wird die Installation abgebrochen.

SafeRecovery

▸ Doch keine Panik, Windows hilft sich selbst. Sie brauchen nur SETUP erneut aufzurufen. Das Programm erkennt, das der letzte Installationsversuch nicht vollständig durchgeführt wurde, und schlägt Ihnen die Installation mit SafeRecovery vor. Dabei umgeht Windows die Einrich-

tung der Hardwarekomponente, die beim letzten Installationsversuch nicht reagierte, und setzt die Installation einfach fort. Kommt es auch bei weiteren Bauteilen zu Problemen, müssen Sie die Installation erneut mit SafeRecovery wiederholen oder die Hardwareerkennung bereits beim Aufruf von SETUP ausschalten (durch SETUP /I).
- Im Anschluß an die Installation können Sie mit Hilfe des Geräte-Managers überprüfen, wo das Problem lag und ggf. die Ressourcen der einzelnen Komponenten so anpassen, daß keine Konflikte mehr erzeugt werden.

Neustart
- Im Anschluß an die Hardwareerkennung startet Windows den Rechner erneut, um nun die gefundenen Hardwarekomponenten zu konfigurieren.
- Nach der Hardware werden weitere Komponenten wie die Zeitzone, die Systemsteuerung, die Programme im Menü START, die Windows-Hilfe, MS-DOS-Programmeinstellungen, die Beschleunigung des Programmstarts und die Systemkonfiguration eingerichtet. Allerdings erfordert nur die Einstellung der Zeitzone Ihre Bestätigung. Anschließend führt Windows erneut einen Systemstart durch.

Anmeldung
- Nach dem Neustart meldet sich Windows mit einem Dialogfenster, das Sie zur Eingabe des Windows-Kennwortes auffordert. Ihr Name, den Sie während der Installation eingegeben haben, ist bereits als Benutzername eingetragen. Nun müssen Sie sich noch ein Kennwort ausdenken, das Windows bei jedem Systemstart von Ihnen verlangt. Zur Verifikation müssen Sie das Kennwort ein zweitesmal eingeben.

Persönliche Einstellungen
- Alle Systemeinstellungen werden anschließend noch einmal als *Persönliche Einstellungen* gespeichert. Diese Einstellungen machen Ihr Benutzerprofil aus, das über Ihren Benutzernamen geladen wird.

Willkommen bei Windows 98
- Mit dem Öffnen des Fensters WILLKOMMEN BEI WINDOWS 98, das von einem lauten Gongschlang und rockiger Musik begleitet wird, ist die Installation abgeschlossen. Das Dialogfenster erleichtert Ihnen den Zugriff auf allgemeine Informationen (ENTDECKEN SIE WINDOWS 98) oder auf die Wartung Ihres Computers. Allerdings sollten Sie mit der Registrierung beginnen, da Sie nur mit einem registrierten Windows Zugriff auf WINDOWS UPDATE haben.

Abb. 4.18:
Willkommen bei Windows 98

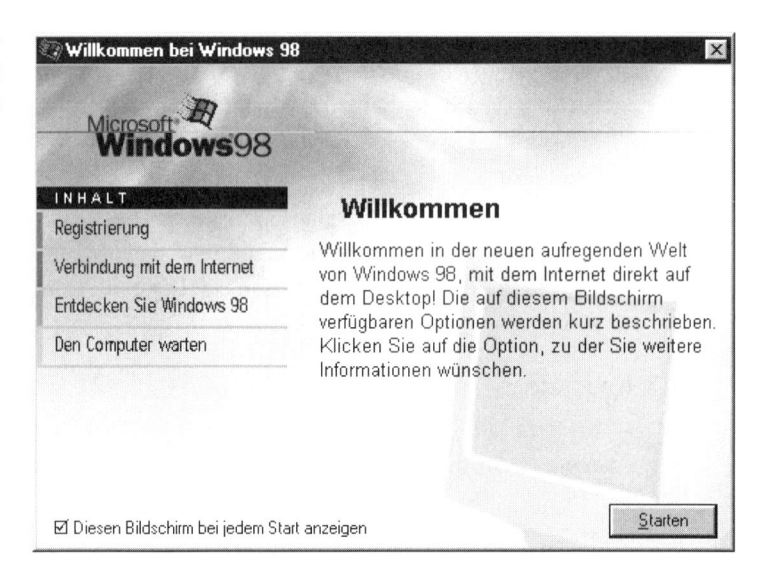

Sie können das Dialogfenster nur über das Schließen-Symbol am rechten Ende der Titelleiste schließen. Soll das Fenster beim nächsten Systemstart nicht wieder geöffnet werden, müssen Sie das Kontrollkästchen am unteren Fensterrand deaktivieren. Sie können den Willkommen-Dialog jederzeit erneut über das Startmenü öffnen. Im Untermenü SYSTEMPROGRAMME befindet sich ein entsprechender Eintrag.

Troubleshooting

In den allermeisten Fällen dürften keine Probleme beim Setup eintreten, und wenn, hilft Ihnen die SafeRecovery-Funktion, die Klippen zu umschiffen. Eine andere Möglichkeit bieten Ihnen die Startparameter für das Programm SETUP. Mit Hilfe dieser Parameter können Sie den Installationsprozeß ebenfalls beeinflussen.

```
SETUP [/C] [/iL] [/Stapeldatei] [/T:tmp] [/im] [/id] [/is] [/
iq] [/ie] [/ih] [/iv]
```

Parameter	Bedeutung
/C	Weist Setup an, SmartDrive nicht zu laden.
/iL	Diese Option ist für Sie wichtig, wenn Sie mit einer Logitech-Maus der Serie C arbeiten. Dann wird statt des Treibers für die Microsoft-Maus der entsprechende Logitech-Treiber geladen.

Tab. 4.1: Die Startparameter für das Programm »Setup«

Parameter	Bedeutung
/Stapeldatei	Alle Setup-Optionen können Sie auch in einer Stapeldatei angeben, deren Pfad und Name Sie an dieser Stelle angeben müssen.
/T:tmp	Standardmäßig erstellt das Setup-Programm ein temporäres Verzeichnis mit dem Namen WININST0.400 auf dem Laufwerk C, in das die temporären Dateien für die Installation kopiert werden. Sollen diese Dateien in ein anderes Verzeichnis kopiert werden, können Sie dessen Namen an dieser Stelle angeben.
/im	Überspringt die Prüfung des Arbeitsspeichers.
/id	Überspringt die Prüfung des Festplattenspeichers.
/is	Verhindert, daß ScanDisk gestartet wird, um die Festplatte auf Fehler zu untersuchen. Diesen Parameter sollten Sie nur verwenden, wenn Sie sicher sein können, daß die Festplatten fehlerfrei sind. Gerade bei sehr großen Festplatten kann die Überprüfung etwas länger dauern.
/iq	Es werden keine querverbundenen Dateien gesucht.
/ie	Das Erstellen der Startdiskette wird unterdrückt.
/ih	Überspringt die Prüfung der Registrierung.
/iv	Zeigt während des Setups keine Informationen an.

Tab. 4.1: Die Startparameter für das Programm »Setup« (Fortsetzung)

Ein anderes Problem kann entstehen, wenn Sie fälschlicherweise eine Windows-Systemdatei löschen oder diese Datei aus anderen Gründen nicht mehr vom System benutzt werden kann. Keine Sorge, Sie müssen nun nicht das gesamte Betriebssystem neu installieren, sondern können die Datei von Ihren Installationsdatenträgern wieder einspielen.

Da gibt es nur einen kleinen Haken: Die Installationsdaten sind komprimiert und in sogenannten Kabinettdateien, die an der Dateierweiterung .CAB erkennbar sind, zusammengefaßt. Allerdings kopiert Windows bei der Installation das notwendige Programm EXTRACT in das Verzeichnis \WINDOWS\COMMAND, mit dem Sie die Kabinettdateien lesen und entpacken können. Um herauszufinden, in welcher Kabinettdatei die gesuchten Systemdateien enthalten sind, bietet das Dekomprimierungsprogramm EXTRACT den Schalter /D. Um sich beispielsweise den Inhalt einer auf Diskette gespeicherten Kabinettdatei anzuschauen, genügt folgende Eingabe:

```
EXTRACT /D A:\WIN98_02.CAB
```

Deutlich einfacher haben Sie es, wenn Ihnen die CD-ROM mit den Installationsdateien zur Verfügung steht. In diesem Fall müssen Sie nur die benötigte Datei angeben. EXTRACT durchsucht dann alle Kabinettdateien nach der gesuchten Datei und kopiert sie in das aktuelle Verzeichnis. Sie können allerdings auch direkt das Zielverzeichnis angeben, z.B.:

```
EXTRACT /A Z:\WIN98\WIN98_02.CAB *.TXT D:\TEXTE
```

In diesem Beispiel werden alle Kabinettdateien nach Texten durchsucht, die nach der Dekomprimierung in das Verzeichnis \TEXTE auf dem Laufwerk D: kopiert werden.

Die genannten Parametrisierungsbeispiele müßten Ihnen eigentlich in fast allen Fällen reichen, um verlorengegangene Dateien wiederherzustellen. Die weiteren Parameter zum Dienstprogramm EXTRACT können Sie sich anschauen, wenn Sie innerhalb der MS-DOS-Eingabeaufforderung EXTRACT mit dem Parameter /? aufrufen.

4.1.3 Das Arbeiten mit Windows 98

Die folgenden drei Abschnitte sollen Ihnen eine kurze Einführung in die Arbeit mit Windows 98 geben.

Die Systemsteuerung

Mit der Systemsteuerung beeinflussen Sie die meisten Komponenten unter Windows 98. Sie können hiermit den Drucker einrichten, die Bildschirmanzeige beeinflussen, die Schnittstellen steuern, Schriften und Benutzer verwalten und vieles mehr.

Sie finden die Systemsteuerung mit dem Befehl START | EINSTELLUNGEN | SYSTEMSTEUERUNG. Wollen Sie sich den Umweg über den Eintrag EINSTELLUNGEN sparen, dann verfahren Sie wie folgt:

▶ Klicken Sie mit der rechten Maustaste auf START, und wählen Sie aus dem Untermenü den Befehl EXPLORER.

▶ Wählen Sie den Befehl NEU aus dem Menü DATEI und anschließend den Eintrag ORDNER aus dem Untermenü. In der rechten Hälfte des Explorers wird ein neuer Ordner angelegt, und das Namensfeld ist invers unterlegt. Geben Sie hier einen Namen wie »System« oder »Systemsteuerung« an. Sie können hier jeden beliebigen Namen angeben, der einigermaßen ausdrucksstark ist, damit Sie auch noch einige Tage später wissen, was damit gemeint ist. Allerdings darf auf dieser Verzeichnisebene kein anderer Ordner mit demselben Namen existieren.

Abb. 4.19:
Der neue Ordner wird angelegt.

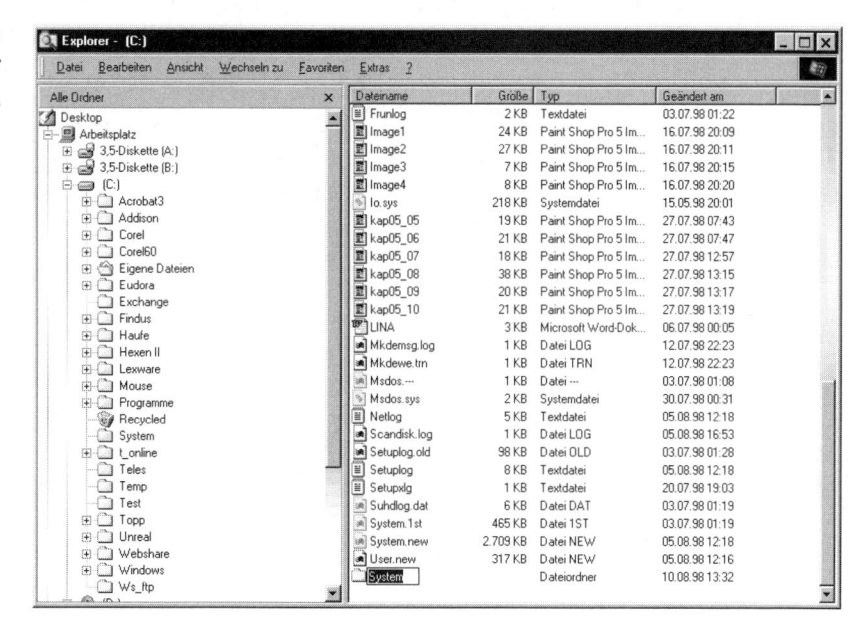

Dateiname	Größe	Typ	Geändert am
Frunlog	2 KB	Textdatei	03.07.98 01:22
Image1	24 KB	Paint Shop Pro 5 Im...	16.07.98 20:09
Image2	27 KB	Paint Shop Pro 5 Im...	16.07.98 20:11
Image3	7 KB	Paint Shop Pro 5 Im...	16.07.98 20:15
Image4	8 KB	Paint Shop Pro 5 Im...	16.07.98 20:20
Io.sys	218 KB	Systemdatei	15.05.98 20:01
kap05_05	19 KB	Paint Shop Pro 5 Im...	27.07.98 07:43
kap05_06	21 KB	Paint Shop Pro 5 Im...	27.07.98 07:47
kap05_07	18 KB	Paint Shop Pro 5 Im...	27.07.98 12:57
kap05_08	38 KB	Paint Shop Pro 5 Im...	27.07.98 13:15
kap05_09	20 KB	Paint Shop Pro 5 Im...	27.07.98 13:17
kap05_10	21 KB	Paint Shop Pro 5 Im...	27.07.98 13:19
LINA	3 KB	Microsoft Word-Dok...	06.07.98 00:05
Mkdemsg.log	1 KB	Datei LOG	12.07.98 22:23
Mkdewe.trn	1 KB	Datei TRN	12.07.98 22:23
Msdos.---	1 KB	Datei ---	03.07.98 01:08
Msdos.sys	2 KB	Systemdatei	30.07.98 00:31
Netlog	5 KB	Textdatei	05.08.98 12:18
Scandisk.log	1 KB	Datei LOG	05.08.98 16:53
Setuplog.old	98 KB	Datei OLD	03.07.98 01:28
Setuplog	8 KB	Textdatei	05.08.98 12:18
Setupxlg	1 KB	Textdatei	20.07.98 19:03
Suhdlog.dat	6 KB	Datei DAT	03.07.98 01:19
System.1st	465 KB	Datei 1ST	03.07.98 01:19
System.new	2.709 KB	Datei NEW	05.08.98 12:18
User.new	317 KB	Datei NEW	05.08.98 12:16
System		Dateiordner	10.08.98 13:32

▶ Wechseln Sie jetzt wieder in den linken Teil des Explorers, und öffnen Sie den Ordner SYSTEMSTEUERUNG, also den Originalordner. In der rechten Seite des Explorers wird nun der Inhalt der Systemsteuerung mit jeweils einer kurzen Beschreibung zu den einzelnen Punkten angezeigt.

▶ Ziehen Sie mit der Maus alle diese Einträge in den neuen Ordner, der in diesem Beispiel SYSTEM heißt. Es erscheint ein Warnhinweis darauf, daß diese Dateien nicht verschoben werden können, sondern jeweils nur eine Verknüpfung angelegt wird. Dies spielt aber keine Rolle, denn auch über die Verknüpfung können Sie die jeweiligen Funktionen ausführen.

▶ Wenn Sie nun den Befehl START wählen, dann erscheint der neu angelegte Ordner direkt oberhalb des Eintrags PROGRAMME. Wenn Sie den Mauszeiger auf diesen Eintrag bewegen, dann öffnet sich ein Untermenü, aus dem Sie die Einträge auswählen können, die Sie zuvor verknüpft haben.

Abb. 4.20:
Ziehen Sie die gewünschten Funktionen in den neu angelegten Ordner.

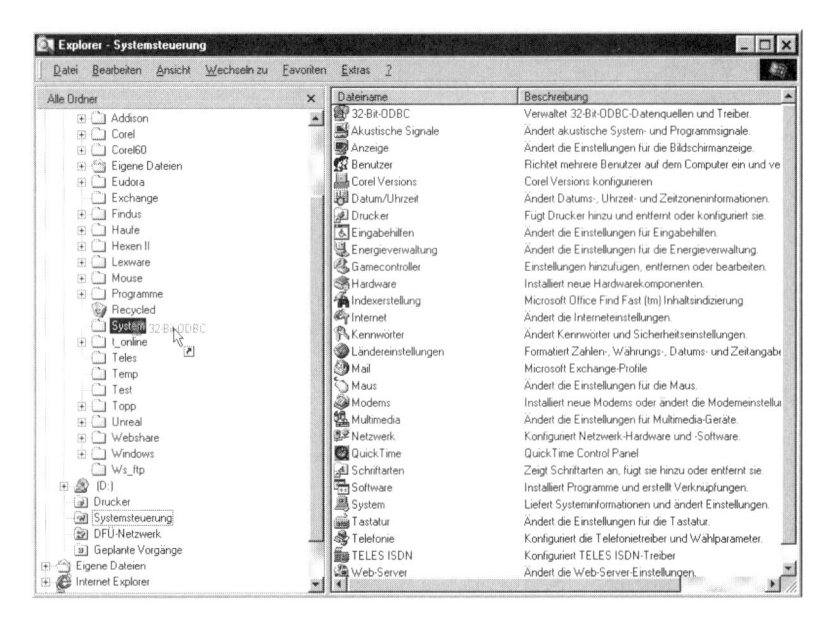

Folgende Möglichkeiten stehen Ihnen in der Systemsteuerung zur Verfügung (alphabetisch geordnet):

32-Bit-ODBC. In einer ODBC-Benutzer-Datenquelle werden die Informationen gespeichert, wie eine Verbindung zu einer Datenquelle hergestellt wird. Benutzer-Datenquellen sind nur für einen Benutzer sichtbar und können nur auf dem aktuellen Computer verwendet werden.

Akustische Signale. Hier können Sie Systemereignissen, wie beispielsweise dem Schließen von Windows 98, einen Sound zuweisen. Dieser Sound muß auf der Festplatte in Form einer WAV-Datei vorliegen. Ereignisse, denen Sie einen Sound zugewiesen haben, sind mit einem Lautsprecher gekennzeichnet. Weisen Sie einem Ereignis einen Sound zu, indem Sie das Ereignis in der Liste EREIGNISSE markieren und anschließend aus der Dropdown-Liste NAME unter AKUSTISCHES SIGNAL einen Sound auswählen.

Darüber hinaus können Sie Schemata benutzen, sofern Sie diese bei der Installation ausgewählt haben. Es stehen JUNGLE, UTOPIA und MUSICA zur Verfügung. Sie wählen ein solches Schema aus der gleichnamigen Dropdown-Liste aus. Sollten diese Schemata nicht verfügbar sein, dann installieren Sie sie mit den folgenden Arbeitsschritten:

▸ Wählen Sie den Befehl START | EINSTELLUNGEN | SYSTEMEINSTELLUNGEN, und aktivieren Sie das Icon SOFTWARE.

▸ Aktivieren Sie den Registerkartenreiter WINDOWS-SETUP, und wählen Sie aus der Liste KOMPONENTEN den Eintrag MULTIMEDIA.

> Klicken Sie die Schaltfläche DETAILS an, und wählen Sie im darauffolgenden Dialogfenster ebenfalls aus der Liste KOMPONENTEN die Schemata aus, die Sie installieren wollen.

Anzeige. Mit dieser Auswahl können Sie für den Bildschirm Muster und Hintergrundbilder einstellen (Registerkartenreiter HINTERGRUND). Bedenken Sie hierbei, daß solche Elemente mehr oder weniger Arbeitsspeicher benötigen, den Sie für andere Anwendungen möglicherweise dringender brauchen.

Sie können einen Bildschirmschoner, ein Kennwort zur Aktivierung des Systems nach dem Aufruf eines Bildschirmschoners und die Energiesparfunktion des Monitors aktivieren, sofern dieser dafür ausgelegt ist (Registerkartenreiter BILDSCHIRMSCHONER).

Die Darstellung der Elemente unter Windows 98 kann verändert werden. Dazu zählen beispielsweise Titelleisten von Dialogfenstern, Titelleistenschaltflächen, 3D-Elemente usw.

Sie können die Farbe, die Schriftart und die Größe ändern. Diejenigen Änderungen, die Sie vornehmen können, sind aktiviert (Registerkartenreiter DARSTELLUNG).

Mit dem Registerkartenreiter EINSTELLUNGEN gelangen Sie in ein Dialogfenster, in dem Sie verschiedene Farbschemata und einen Editor vorfinden, mit dem Sie die Schriften des Arbeitsbildschirms und dessen Elemente verändern können. Außerdem werden in diesem Dialogfenster die Einstellungen für die Darstellung des Monitors (Auflösung, Treiber usw.) vorgenommen.

Benutzer. Windows 98 kann sowohl Einstellungen des Systems als auch Einstellungen für einzelne Anwendungen für unterschiedliche Benutzer getrennt speichern. Jeder Benutzer muß sich dazu über seinen Benutzernamen und sein Kennwort legitimieren. Über diese Funktion können Sie neue Benutzer einrichten.

Datum (Uhrzeit). Justieren Sie hier das Datum und die Uhrzeit und gegebenenfalls die Zeitzone.

Abb. 4.21:
Stellen Sie hier das aktuelle Datum und die Uhrzeit ein.

Drucker. In diesem Dialogfenster finden Sie die auf Ihrem System eingerichteten Drucker. Wenn Sie einen neuen Drucker einrichten wollen, dann doppelklicken Sie auf das Icon NEUER DRUCKER. Ansonsten wählen oder installieren Sie hier den Anschluß und den Treiber für den aktuellen Drucker, das Zeitlimit, die Einstellungen für den Warteschlangenbetrieb, also den Spooler (Registerkartenreiter DETAILS), die Papiergröße und das Papierformat, die Papierzufuhr und die Anzahl der Kopien (Registerkartenreiter PAPIER), die Auflösung, die Farbmischung und die Druckdichte (Registerkartenreiter GRAFIK), die Optionen für die verwendeten Schriftarten (Registerkartenreiter SCHRIFTARTEN), den Druckerspeicher und die Druckerspeicherbelegung (Registerkartenreiter GERÄTEOPTIONEN).

Eingabehilfen. Über die Eingabehilfe können Sie Funktionen einstellen, die Personen mit einem körperlichen Handicap das Arbeiten mit Windows 98 erleichtern sollen.

Eine simulierte Einrastfunktion ermöglicht es, Tastenkombinationen mit nur einer Hand zu drücken. Die Anschlagsverzögerung registriert beim mehrfachen Anschlagen einer Taste nur einen Anschlag oder ist in der Lage, nur einen Anschlag zu erkennen. Über die Statusanzeige kann das Drücken der Tasten `Num⇩`, `⇧` und `Rollen⇩` akustisch unterlegt werden. Einige der Funktionen können ebenfalls dem Benutzer akustisch mitgeteilt werden (Registerkartenreiter TASTATUR).

Akustische Systemsignale können unter Windows 98 visuell dargestellt werden, und es können Programme angewiesen werden, Sprachausgabe und akustische Signale schriftlich darzustellen (Registerkartenreiter AKUSTISCHE SIGNALE).

Sie können die Farb- und Schriftenauswahl unter Windows 98 mit Blick auf die optimale Lesbarkeit umstellen (Registerkartenreiter ANZEIGE).

Der Mauszeiger kann mit den Tasten des Ziffernblocks bewegt werden (Registerkartenreiter MAUS).

Energieverwaltung. Mit Windows 98 können Sie über eine verbesserte Energieverwaltung verfügen. Sie bestimmen über diese Einstellungen, unter welchen Bedingungen Monitor, Festplatte(n) und Rechner in einen stromsparenden Zustand versetzt werden.

Hardware. Der Hardwareassistent unterstützt Sie bei der Installation neuer Hardwarekomponenten. Sie können hier entweder eine automatische Suche nach entsprechenden Treibern vornehmen oder diese manuell von einem externen Datenträger installieren.

Internet. Sie finden einen zweiten Zugang zu den Konfigurationsmöglichkeiten des Microsoft Internet Explorers über dieses Icon in der Systemsteuerung. Verwenden Sie diese Möglichkeit alternativ zum Befehl EIGENSCHAFTEN aus dem Popup-Menü, wenn Sie das Icon INTERNET EXPLORER auf dem Desktop mit der rechten Maustaste anklicken.

Kennwörter. Mit dieser Funktion können Sie ein bestehendes Windows-Kennwort oder ein Kennwort für andere Dienste ändern oder einrichten. Beispielsweise können Sie verschiedener Anwenderprofile anlegen.

Ländereinstellungen. In jedem Land gibt es andere Währungen, Zeitformate, Datumsformate usw. Im Dialogfenster LÄNDEREINSTELLUNGEN stehen Ihnen viele Länderformate zur Verfügung. Allein für den deutschsprachigen Raum sind es fünf verschiedene Einstellungen.

Mail. Über dieses Icon bestimmen Sie die Parameter für Ihr Mail-Programm. Dazu gehören neben den Verbindungsparametern unter anderem auch die Verwaltung des Adreßbuchs und die Kennwörter für einzelne Benutzer.

Maus. Sie können hier einen anderen Maustreiber einbinden, wenn Sie eine Maus installieren, die von Windows 98 nicht durch einen vorhandenen Treiber unterstützt wird. Außerdem können Sie die Mausspur, die Geschwindigkeit des Doppelklicks und die Umstellung für Linkshänder ändern. Neu unter Windows 98 ist die Liste ZEIGER. Hier können Sie unter verschiedenen Cursortypen wählen. Es sind sogar animierte Cursor vorhanden.

Modems. In diesem Dialogfenster können Sie, ähnlich wie mit dem Hardwareassistenten, nach einem installierten Modem suchen. Findet Windows 98 das Modem und hat einen passenden Treiber parat, dann können Sie sich dessen manuelle Installation sparen. Sofern das Modem nicht erkannt wird, steht Ihnen die Möglichkeit offen, einen Treiber für das Modem manuell zu installieren.

Außerdem werden hier die Einstellungen für das Modem, wie beispielsweise die Datenübertragungsrate, die Anzahl der Daten- und Stopbits, die Lautstärke des Lautsprechers sowie die Einstellungen für den Sende- und Empfangspuffer, vorgenommen.

Multimedia. Über mehrere Registerkarten regulieren Sie die Lautstärke von angeschlossenen Lautsprechern und entscheiden, ob dieses Symbol in der Task-Leiste von Windows 98 erscheinen soll. Soundkarten können für eine Aufnahme auf unterschiedliche Aufnahmequalitäten eingestellt werden. Sie können unter VIDEO bestimmen, wie groß das Wiedergabefenster sein soll. Sie haben Zugriff auf die MIDI-Einstellungen und können die Lautstärkeeinstellungen für Audio-CDs vornehmen. Über die erweiterten Einstellungen können Sie eine Liste der installierten Multimedia-Geräte bzw. -Funktionen einsehen, und für jeden Eintrag stehen individuelle Möglichkeiten der Veränderung von Parametern zur Verfügung.

Abb. 4.22:
Die Audio-Einstellungen in den Eigenschaften von Multimedia

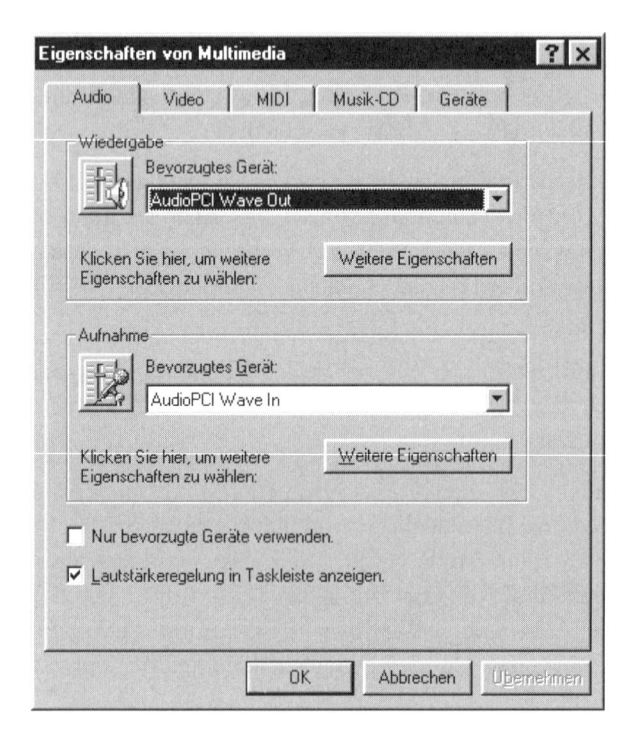

Netzwerk. Hinter diesem Icon verbergen sich die Zugänge zum DFÜ-Netzwerk, zu Peer-to-Peer-Netzwerken (Direktverbindungen zwischen zwei PCs) sowie Übergänge zu anderen Netzen. Wurde von Windows 98 bereits eine Netzwerkkarte erkannt, dann können Sie hier auf die Funktionen der Software zugreifen (Protokolle, Dienste usw.). Wichtig ist der Registerkartenreiter IDENTIFIKATION, denn mit den Parametern für Computername und Arbeitsgruppe wird Ihr Computer im Netz identifiziert. Über den Registerkartenreiter ZUGRIFFSSTEUERUNG legen Sie die Zugriffsbedingungen für fremde Computer fest, die auf Ihren Rechner zugreifen wollen. Wenn Sie eine Zugriffssteuerung auf Freigabe festlegen, kann jeder Benutzer, der sich in Ihr System eingeloggt hat, auf alle freigegebenen Ressourcen zugreifen. Wenn Sie eine Zugriffssteuerung auf Benutzerebene festlegen, können Sie bestimmte Benutzer und Gruppen bestimmen, die auf freigegebene Ressourcen zugreifen können.

Schriftarten. Im Dialogfenster FONTS werden alle momentan unter Windows 98 installierten Schriftarten angezeigt. Wenn Sie auf eine bestimmte Schriftart doppelklicken, dann wird ein Probetext angezeigt, anhand dessen Sie das Schriftbild erkennen können. Wenn Sie zu einer bestimmten Schriftart eine vergleichbare suchen, dann wählen Sie den Befehl VERGLEICHBARE SCHRIFTEN ANZEIGEN aus dem Menü ANSICHT und markieren anschließend in der Dropdown-Liste VERGLEICHSKRITERIUM die Schrift, zu der Sie vergleichbare Schriften suchen. Die Schriften werden mit Kommentaren versehen, aus denen Sie erkennen können, ob die jeweilige Schrift sehr vergleichbar, relativ vergleichbar oder nicht vergleichbar ist.

Software. In einer Liste sehen Sie alle Programme, die Sie automatisch wieder deinstallieren können. Es handelt es sich hierbei unter anderem um einen einfachen *Deinstaller*. Über den Registerkartenreiter *Windows-Setup* können Sie weitere Programme installieren, sofern Sie bei einer vorhergehenden Installation nicht berücksichtigt wurden. Außerdem können Sie hier eine Startdiskette anlegen, mit der Sie Ihren Rechner starten können, wenn sonst nichts mehr geht.

System. Mit Hilfe dieser Funktionen können Sie auf einen Blick erkennen können, ob eine installierte Hardware Probleme bereitet oder nicht. Im Dialogfenster ALLGEMEIN sehen Sie allgemeine Angaben zu Ihrem System. Im Dialogfenster GERÄTE-MANAGER können Sie die Eigenschaften aller installierten Geräte einsehen und unter Umständen verändern sowie bei Bedarf Geräte aus der Konfiguration löschen. Mit den Hardwareprofilen können Sie Hardwareprofile erstellen, die beim Start zur Auswahl stehen. Über den Registerkartenreiter LEISTUNGSMERKMALE können Sie erkennen, ob Fehler angezeigt werden. Markieren Sie gegebenenfalls einen solchen Eintrag, und klicken Sie die Schaltfläche DETAILS AN, um weitere Hinweise zu erhalten.

Tastatur. Über das Icon TASTATUR gelangen Sie in das Dialogfenster EIGEN-SCHAFTEN VON TASTATUR, und hier können Sie bestimmte Parameter wie die Verzögerung und die Wiederholrate beim Drücken bzw. Gedrückthalten einer Taste sowie die Blinkgeschwindigkeit des Cursors einstellen. Außerdem können Sie die Tastatursprache und das -layout sowie den Tastaturtyp ändern.

Abb. 4.23:
Beeinflussen Sie hier das Verhalten Ihrer Tastatur.

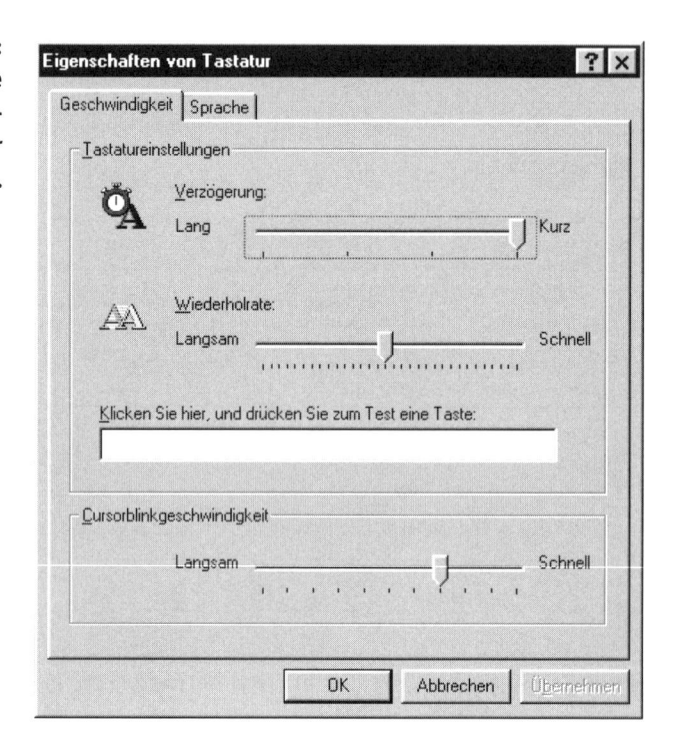

Der Explorer

98 Der Windows-Explorer ist das Allround-Talent von Windows 98, geht er doch in seiner Funktionalität weit über den Datei-Manager von Windows 3.x hinaus. Im Prinzip bietet er Ihnen die gleichen Funktionen, die Sie vielleicht schon vom Datei-Manager her kennen: Mit seiner Hilfe verwalten Sie die Datenträger und organisieren Ihre Daten. Der Explorer erleichtert das Kopieren, Verschieben und Löschen von Dateien sowie das Organisieren Ihrer Verzeichnisse.

Während der Datei-Manager aber auf die gerade genannten Funktionen beschränkt ist, bietet Ihnen der Windows-Explorer Zugriff auf alle Ressourcen Ihres Computers. So können Sie über den Explorer beispielsweise auch auf die Systemsteuerung zugreifen, genauso wie auf Ihre Drucker oder die auf Ihrem Rechner installierten Schriften.

Doch damit nicht genug, mit Windows 98 ist der Explorer zu einem universellen Tool herangewachsen, das Ihnen auch den Zugang zum Internet ermöglicht.

Die Verwendung des Windows-Explorers setzt einige Grundkenntnisse im Umgang mit Laufwerken, Verzeichnissen und Dateien voraus. Falls Sie sich bisher noch nicht mit dieser Materie befaßt haben, möchte ich Ihnen empfehlen, den folgenden Abschnitt aufmerksam zu lesen. Leser, die bereits Erfahrungen bei der Arbeit mit einem Betriebssystem gesammelt haben, können ihn getrost überspringen.

**Abb. 4.24:
Der Explorer von
Windows 98**

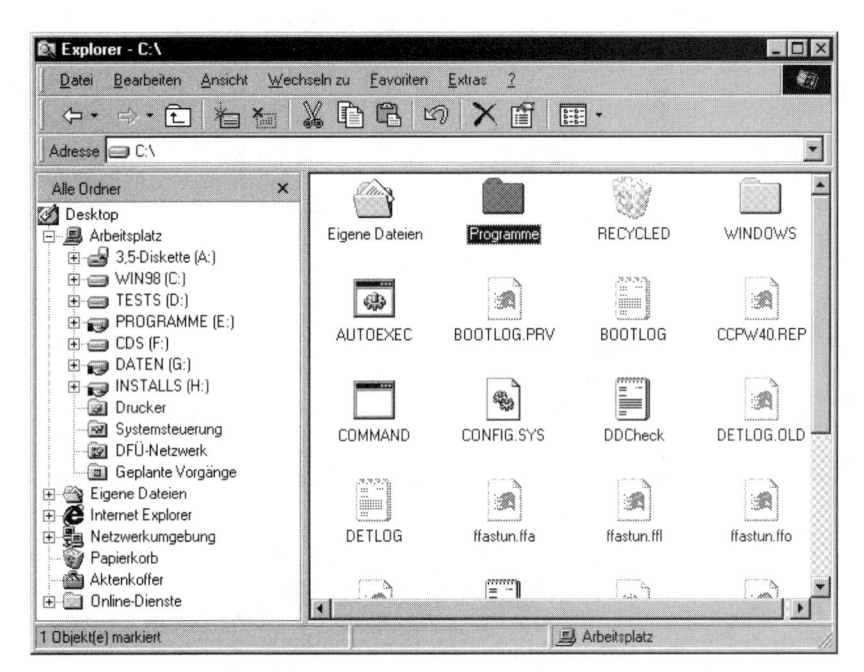

Den Windows-Explorer können Sie über das Startmenü aufrufen. Im Untermenü PROGRAMME finden Sie als einen der letzten Einträge den Aufruf des Explorers. Das Anwendungsfenster besteht im wesentlichen aus der Anzeige der Verzeichnishierarchie und des Inhalts der aktuellen Verzeichnisse.

Das Anwendungsfenster des Explorers verfügt über alle für Windows-Fenster typischen Elemente:

▸ Die Titelzeile gibt nicht nur den Namen des Explorers wieder, sondern auch die Bezeichnung des aktuell geöffneten Laufwerks oder des Verzeichnisses, dessen Inhalt gerade angezeigt wird.

- Die Menüleiste wird Ihnen wahrscheinlich auch bekannt vorkommen. Über das Menü *Ansicht* können Sie entscheiden, ob innerhalb des Anwendungsfensters auch eine Symbolleiste und eine Statuszeile angezeigt werden sollen. Beide erleichtern die Arbeit mit dem Explorer wesentlich.
- Die Symbolleiste enthält ein einzeiliges Listenfeld, in dem immer das aktuelle Laufwerk angezeigt wird. Neben dem Listenfeld sehen Sie mehrere Schaltknöpfe, über die Sie die Anzeige der Dateiliste steuern können.

Adreßleiste

- Die mit Windows 98 auch für Ordner neu verfügbare Adreßleiste, in der Ihnen nicht nur der Pfad des aktuell geöffneten Ordners angezeigt wird, sondern über die Sie auch zwischen zuvor geöffneten Ordnern blättern können.

Statuszeile

- Am unteren Rand des Explorers sehen Sie die Statuszeile, die Informationen über das aktuelle Laufwerk und Verzeichnis enthält. Die Art der Informationen ist aber davon abhängig, ob sich die Markierung im Verzeichnisbaum oder im Dateibereich befindet. Steht die Markierung im Verzeichnisbaum, wird in der Statuszeile zuerst die Anzahl der Objekte, sprich Dateien angezeigt, die sich in dem jeweiligen Verzeichnis oder Laufwerk befinden. Danach finden Sie eine Angabe, wieviel Speicherplatz die in der Dateiliste aufgeführten Dateien verbrauchen. Befindet sich dagegen die Markierung im Dateibereich, erhalten Sie Informationen über die Anzahl und die Gesamtgröße der im Dateibereich markierten Dateieinträge.

Das Verzeichnisfenster und die Dateiliste. Der Arbeitsbereich des Explorers besteht aus zwei Teilen, dem Verzeichnisfenster und der Dateiliste.

Im Verzeichnisbereich werden alle Laufwerke und Verzeichnisse in Form eines Baums dargestellt. Die Wurzel des Baums stellt das Symbol DESKTOP dar. Als nächstes folgen in der Hierarchie das Symbol ARBEITSPLATZ sowie alle weiteren Ordner, die Sie auf dem Desktop, also der Windows-Oberfläche, angelegt haben. Der Ordner ARBEITSPLATZ ist weiterhin in Symbole für alle in Ihrem Rechner installierten Laufwerke gegliedert, für die wiederum die zugehörigen Verzeichnisse aufgeführt werden.

Alle Einträge innerhalb des Explorers werden durch ein vorangestelltes Symbol gekennzeichnet. So finden Sie unterhalb des Symbols ARBEITSPLATZ, das durch einen kleinen Computer dargestellt ist, zunächst die Symbole für die Laufwerke. Bereits an diesen Symbolen können Sie leicht erkennen, um welche Art von Laufwerk es sich handelt.

Verzeichnisse bzw. Ordner werden jeweils durch eine Aktenmappe dargestellt. Um sich den Inhalt eines Verzeichnisses anzuschauen, genügt ein einfacher Mausklick auf das entsprechende Verzeichnissymbol. Die aufgeklappte Aktenmappe kennzeichnet dann dieses Verzeichnis als das aktuelle Verzeichnis.

Befindet sich innerhalb der Hierarchie ein Symbol, z.B. für ein Laufwerk, das in mehrere Verzeichnisse untergliedert ist, so steht vor diesem Symbol ein Pluszeichen. Ein Mausklick auf das Pluszeichen genügt, um die Verzeichnishierarchie zu öffnen; gleichzeitig wird aus dem Plus- ein Minuszeichen. Durch einen Mausklick auf das Minuszeichen wird die geöffnete Hierarchie wieder geschlossen.

Die Dateiliste gibt den Inhalt des aktuellen Verzeichnisses wieder. Jeder Eintrag wird durch ein Symbol gekennzeichnet, das bereits einen Rückschluß auf den Dateityp ermöglicht. Programmdateien tragen meist ein eigenes, vom Hersteller kreiertes Symbol; Dokumentendateien, die mit diesen Anwendungen erstellt wurden, tragen normalerweise das gleiche Symbol. Das Symbol einfacher Textdateien ähnelt dagegen einem Schreibblock. Dateien, die mit keiner Anwendung verknüpft sind, werden nur durch ein leeres Blatt mit Eselsohr dargestellt.

Die Darstellung innerhalb des Dateibereichs können Sie ebenso wie in Ordnern auf dem Desktop über das Menü ANSICHT ändern. Sie haben die einzelnen Optionen bereits in Kapitel 3 kennengelernt.

Große Symbole: Die Anzeige erfolgt in der gleichen Art, wie in Ordnern auf dem Desktop: Es wird das Symbol der Datei angezeigt. Der Dateiname steht unter dem Symbol.

Kleine Symbole: Hierbei wird der Dateityp durch ein kleines Symbol dargestellt; der Dateiname steht neben dem Symbol.

Liste: Die gleiche Darstellung wie bei KLEINE SYMBOLE, allerdings werden die Einträge in Spalten aufgelistet.

Details: Die meisten Informationen bietet Ihnen diese Ansichtsoption. Hierbei werden alle Dateien wie zuvor aufgelistet, zusätzlich werden aber einige Angaben wie die Größe der Datei, der Dateityp sowie das Datum und die Uhrzeit der letzten Änderung aufgeführt.

Die genannten Angaben werden in der Detailansicht in vier bzw. fünf Spalten (bei Ansicht der Dateiattribute) untereinander angezeigt. Dabei berechnet der Explorer selbständig die Spaltenbreite so, daß alle anzuzeigenden Spalten innerhalb der aktuellen Größe der Dateiliste angezeigt werden können. Gerade bei langen Dateinamen wird es aber meist dazu kommen, daß die Namenspalte zu schmal eingestellt wird, um den vollständigen Namen anzeigen zu können. Mit einem einfachen Handgriff können Sie dem abhelfen:

- Führen Sie die Maus über die Begrenzung zwischen den Spaltenüberschriften und klicken Sie zweimal mit der linken Maustaste.
- Auf diese Weise können Sie nicht nur die Breite der Namensspalte anpassen, sondern auch die Breiten der folgenden Spalten.

Bleiben wir noch bei den Optionen des Menüs *Ansicht*. Der Menüeintrag *Symbole anordnen* bietet Ihnen über ein Untermenü verschiedene Auswahlmöglichkeiten:

Abb. 4.25:
Das Menüfenster ANSICHT und seine Optionen

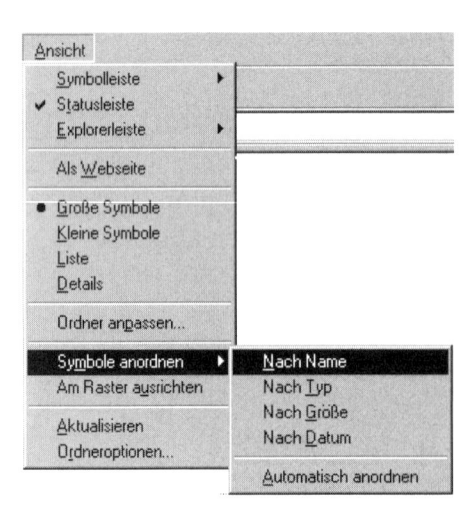

Nach Name: Die Dateien und Verzeichnisse werden innerhalb des Dateibereichs nach Namen alphabetisch sortiert.

Nach Typ: Die Dateien werden zunächst nach dem Dateityp und danach erst nach Namen sortiert.

Nach Größe: Die Sortierung erfolgt nun nach der Größe der Datei. Dabei beginnt die Auflistung mit den kleinsten Dateien.

Nach Datum: Schließlich können Sie auch das Änderungsdatum als Sortierkriterium auswählen. Die Auflistung beginnt nun mit den jüngsten Dateien.

Automatisch anordnen: Dieser Menüeintrag stellt eine Option dar, die Sie aktivieren oder deaktivieren können. Im aktivierten Zustand ist sie durch ein vorangestelltes Häkchen gekennzeichnet und bewirkt, daß alle neu hinzukommenden Dateien automatisch nach dem gewählten Sortierkriterium in die aktuelle Dateiliste eingeordnet werden.

Deutlich einfacher ist die Sortierung, wenn Sie sich die Dateien in der Detailansicht anzeigen lassen. Die Detailansicht erfolgt in vier Spalten. Jede Spalte ist durch eine Spaltenüberschrift gekennzeichnet. Die Spaltenüberschrift ist aber nicht nur ein simpler Text; hinter ihr verbirgt sich ein Schalter, den Sie nur anklicken müssen, um die Dateiliste nach dem Inhalt dieser Spalte neu zu sortieren. Mit einem ersten Klick wird die Liste aufsteigend sortiert, mit einem erneuten Mausklick auf die Spaltenüberschrift wird die Liste absteigend sortiert.Ansichtsoptionen

Der letzte Menüpunkt von ANSICHT ist ebenfalls eine nähere Betrachtung wert. Mit dem Menüpunkt ORDNEROPTIONEN öffnen Sie das gleichnamige Eigenschaftsfenster, dessen erstes Register Sie bereits kennengelernt haben. Die Optionen aus dem Register ANSICHT wirken sich dagegen im Explorer am deutlichsten aus.

Abb. 4.26:
Die Anzeigeoptionen des Explorers

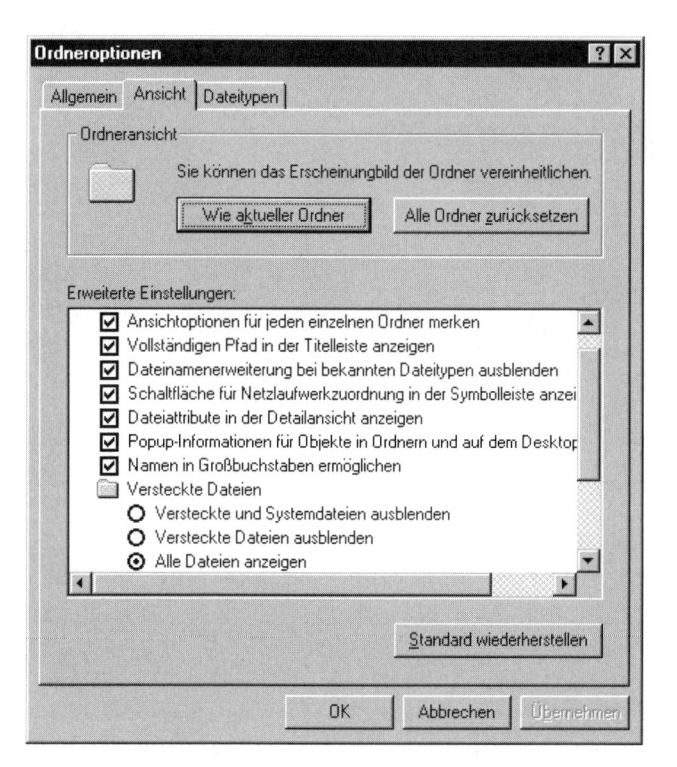

Mit der ersten Option können Sie festlegen, ob Änderungen, die Sie während der Arbeit mit einem Ordner an seinem Layout durchgeführt haben, gespeichert werden sollen oder nicht. Lassen Sie diese Option deaktiviert, öffnen sich die Ordner immer im gleichen Layout wie nach der Installation des Betriebssystems.

Die nächste Einstellung kann die Orientierung deutlich erleichtern, wenn Sie beispielsweise mit Hilfe der Pfeiltasten unterschiedliche Inhalte in einem Ordner anzeigen lassen. Nehmen wir an, Sie wollten vom Ordner ARBEITSPLATZ aus den Inhalt eines Laufwerks erkunden. Zu Beginn ist der Ordner in der Titelzeile mit dem ursprünglichen Namen gekennzeichnet. Sobald Sie sich den Inhalt eines Laufwerks anzeigen lassen, wechselt der Titel zum Namen des Laufwerks. Wird dann um den Namen des Verzeichnisses und ggf. weiterer Unterverzeichnisse ergänzt; Sie sehen also immer den vollständigen Pfad. Lassen Sie die Option deaktiviert, wird dagegen nur der Name des aktuell angezeigten Objekts in der Titelzeile wiedergegeben.

Abb. 4.27:
Die Titelzeile zeigt den vollständigen Pfad zum Zielordner an.

Der nächste Punkt regelt die Anzeige der Dateinamenerweiterungen. Anhand dieser Erweiterungen kann Windows erkennen, mit welchem Programm beispielsweise ein Dokument bearbeitet werden kann. Dateien mit der Erweiterung .DOC werden dabei normalerweise einem Textverarbeitungsprogramm wie z.B. Wordpad oder Word zugewiesen, während Dateien mit der Endung .BMP dem Zeichenprogramm Paint zugewiesen sind. Jedes Programm zur Bearbeitung von Dokumenten teilt Windows mit, welche Dateierweiterung es seinen Dokumenten zuweist, so daß es Windows möglich ist, bei einem Aufruf des Dokuments selbständig die zugehörige Anwendung zu starten. Eine erfolgreiche Zuweisung, unter Windows auch *Registrierung* genannt, können Sie bereits in der Dateiliste des Explorers erkennen, wo ein Dokument mit einem zur Anwendung gehörigen

4.1 Windows 98 – ein erster Überblick

Symbol dargestellt wird. Wenn sich der Typ eines Dokuments aber bereits am Symbol erkennen läßt, welchen Sinn macht es dann, noch die Dateierweiterung anzeigen zu lassen? Meistens keinen, darum ist es in der Regel sinnvoll, die Option DATEINAMENERWEITERUNG BEI BEKANNTEN DATEITYPEN AUSBLENDEN zu aktivieren. Dateien, die Windows anhand der Dateierweiterung nicht zuordnen kann, werden weiterhin mit ihrem vollständigen Namen aufgeführt.

Die nächste Einstellung ist für alle Leser interessant, die Windows 98 in einem Netzwerk einsetzen. Innerhalb eines Netzwerks haben Sie die Möglichkeit, sich die Laufwerke anderer Rechner zuzuordnen und sie wie eigene Laufwerke zu behandeln, sofern Ihnen das Recht dazu erteilt wurde. Im Explorer können Sie sich Laufwerke über das Menü EXTRAS und die Menüpunkte NETZWERKLAUFWERK VERBINDEN zuweisen bzw. über NETZLAUFWERK TRENNEN die Verbindung abbrechen. In normalen Ordnern wie z.B. ARBEITSPLATZ fehlt dieses Menü, so daß schon zwei Schaltflächen in der Symbolleiste sinnvoll sind, um die entsprechenden Funktionen auf diese Weise aufrufen zu können. Die Aktivierung dieser Option wirkt sich auf den Explorer aus, wo es sicherlich ebenfalls einfacher ist, Netzwerkverbindungen einfach über einen Mausklick auf eine Symbolschaltfläche zu verwalten.

Abb. 4.28: Vollständige Dateiliste mit allen Angaben

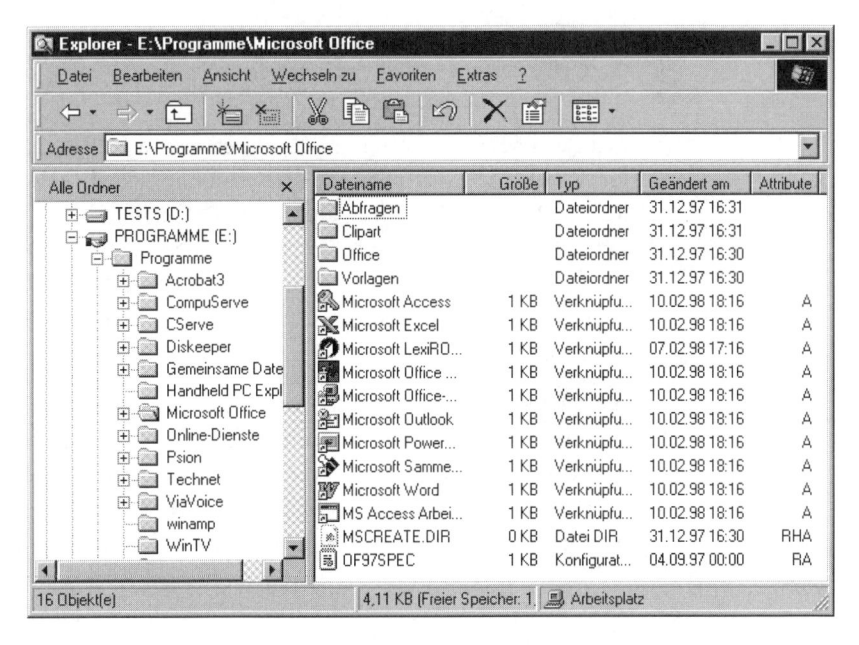

Jede Datei verfügt über einige Dateiattribute, die wir Ihnen weiter unten in diesem Kapitel noch näher vorstellen werden. Normalerweise werden diese Attribute in der Detailansicht ausgespart. Möchten Sie einen möglichst vollständigen Überblick über aufgelistete Dateien erhalten, sollten Sie diese Option aktivieren. In diesem Fall werden in der Detailansicht, bei der alle Dateien eines Ordners untereinander mit Namen, Größe, Dateityp und Änderungsdatum angezeigt werden, zusätzlich die Dateiattribute in einer weiteren Spalte aufgelistet.

Windows 98 möchte Sie jederzeit möglichst ausführlich informieren. Da reicht es schon aus, den Mauszeiger über ein Objekt zu führen, damit sich ein Popup-Fenster öffnet, in dem Sie erste Informationen zu dem markierten Objekt erhalten. Lediglich in der Webansicht wird auf diese Popup-Informationsfenster verzichtet, da die zum Objekt gehörenden Fenster dann sowieso im linken Fensterausschnitt angezeigt werden. Möchten Sie allerdings auf die Popup-Informationsfenster verzichten, müssen Sie nur die entsprechende Einstellung in den Ordneroptionen zu deaktivieren.

Abb. 4.29: Windows bietet bereits beim Markieren erste Informationen zu einem Objekt.

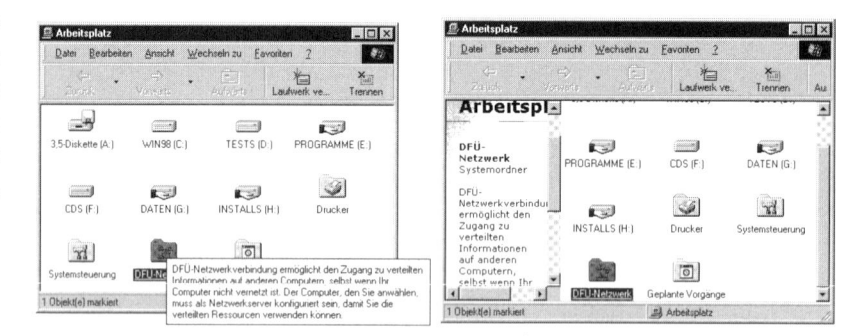

Mit der nächsten Einstellung legen Sie fest, daß ein Dateiname hinsichtlich Groß-/Kleinschreibung genau so angezeigt wird, wie Sie ihn eingegeben haben. Ist die Einstellung NAMEN IN GROSSBUCHSTABEN ERMÖGLICHEN aktiviert, wird der wie folgt eingegebene Name *DateiName.Txt* auch genau so im Explorer angezeigt. Andernfalls würde lediglich das erste Zeichen groß geschrieben, während alle folgenden Zeichen von Windows klein angezeigt werden, also *Dateiname.txt*.

Als nächstes folgt eine Liste von Einstellungen, in der Sie sich für eine Einstellung entscheiden müssen, ob versteckte Dateien und/oder Systemdateien in Ordnern mit aufgeführt werden sollen. Hinter sogenannten versteckten Dateien und Systemdateien verbergen sich in der Regel sehr wichtige, für das Funktionieren des Betriebssystem unbedingt erforderliche Dateien. Werden solche Dateien fälschlicherweise gelöscht, kann es dazu kommen, daß das Betriebssystem nicht mehr richtig funktioniert, was eine Reparatur oder gar eine Neuinstallation von Windows notwendig macht. Daher ist es für unerfahrene Anwender sinnvoll, die Option VERSTECKTE UND SYSTEMDATEIEN AUSBLENDEN zu aktivieren. Lediglich für erfahrene Anwender ist die Einstellung ALLE DATEIEN ANZEIGEN zu empfehlen, und das nur dann, wenn sie sich einen vollständigen Überblick über das Betriebssystem verschaffen wollen. Für die normale Arbeit ist es durchaus sinnvoll, daß auch Profis versteckte Dateien und Systemdateien in der Dateiliste des Explorers verborgen lassen.

Abb. 4.30:
Versteckte und Systemdateien werden schattiert dargestellt.

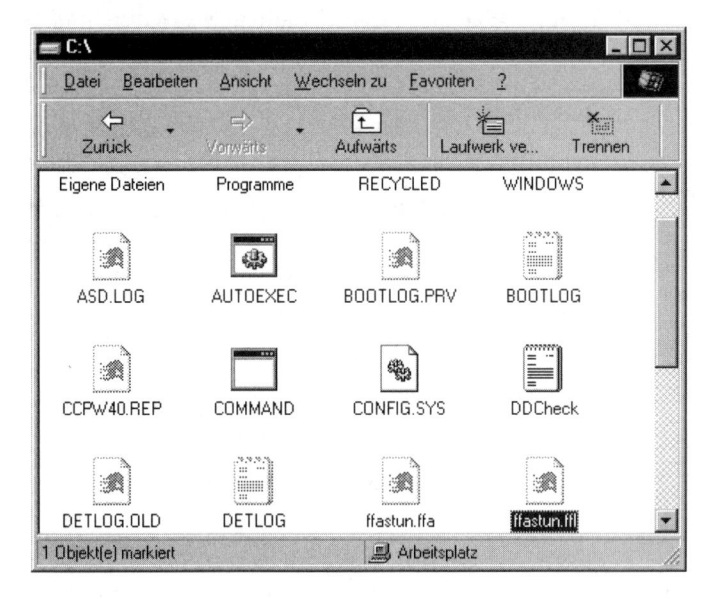

Wenn Sie unsicher sind und Sorge haben, einmal eine falsche Datei zu löschen, sollten Sie die Anzeige unbedingt einschränken, d.h. das erste Optionsfeld aktivieren. Möchten Sie dagegen einen genauen Überblick über alle Systemdateien behalten, sollten Sie die dritte Option auswählen.

Als nächstes folgen Optionen, die mit VISUELLE EINSTELLUNGEN überschrieben sind. Diese Einstellungen haben Sie bereits im letzten Kapitel kennengelernt. Hier finden Sie noch einmal Auswahlmöglichkeiten, die Sie auch über die Systemsteuerungsfunktion ANZEIGE im Register EFFEKTE treffen können.

Die Dateiorganisation

In den vorangegangenen Abschnitten haben Sie den Aufbau des Explorers kennengelernt. Doch wie läßt sich dieses Programm nun einsetzen?

Verzeichnis erstellen. Verzeichnisse erleichtern den Überblick über eine größere Anzahl von Dateien. Besonders dann, wenn Sie mehrere Dokumente für einen bestimmten Zweck erstellt haben, sollten Sie diese Dateien in einem gemeinsamen Verzeichnis ablegen. Folgende Schritte sind dazu notwendig:

- Zunächst müssen Sie sich überlegen, auf welchem Laufwerk Sie ein neues Verzeichnis erstellen wollen. Klicken Sie das Laufwerk im Verzeichnisfenster des Explorers an, um es zu markieren.
- Wählen Sie nun aus dem Menü DATEI den Eintrag NEU und aus dem dazugehörigen Untermenü den Punkt ORDNER. Windows legt nun ein neues Verzeichnis an. Innerhalb der Dateiliste finden Sie den neuen Eintrag NEUER ORDNER. Der Titel wird markiert dargestellt, so daß Sie ihn direkt überschreiben können.
- Geben Sie nun einen neuen Namen für den Ordner ein, z.B. »Jahresberichte 1998«.
- Falls Ihnen im Rahmen Ihrer Arbeit ein einfaches Verzeichnis nicht ausreicht, können Sie beliebig viele Unterverzeichnisse einrichten. Dazu müssen Sie zunächst das neue Verzeichnis markieren und dann über das Dateimenü des Explorers die Unterverzeichnisse erstellen und benennen, z.B. »Texte« und »Grafiken«.

Falls Sie zu einem späteren Zeitpunkt mit der Benennung eines der neuen Verzeichnisse unzufrieden sind, stellt das kein großes Problem dar:

- Markieren Sie zunächst das Verzeichnis, dessen Namen Sie ändern wollen.
- Wenn Sie mit der traditionellen Mausfunktion arbeiten, klicken Sie noch einmal auf den Verzeichnisnamen. Der Name wird daraufhin von einem schwarzen Rahmen umgeben, und hinter dem letzten Buchstaben blinkt die Schreibmarke. Sie können nun den Namen ganz überschreiben. Möchten Sie dagegen nur einzelne Zeichen löschen oder einfügen, müssen Sie die Schreibmarke an die entsprechende Position führen, entweder mit der Maus oder mit den Pfeiltasten.
- Haben Sie statt dessen den einfachen Mausklick aktiviert, müssen Sie die rechte Maustaste drücken, um das Kontextmenü der Datei zu öffnen. Hier finden Sie den Menüpunkt UMBENENNEN.
- Einfacher wird es aber wahrscheinlich in beiden Fällen sein, die Funktionstaste F2 zu drücken.
- Auf die gleiche Art und Weise können Sie auch Dateien umbenennen.

Dateien markieren. Möchten Sie eine oder mehrere Dateien bzw. Verzeichnisse mit Hilfe des Explorers kopieren, verschieben, löschen etc., müssen Sie sie zunächst markieren. Allerdings gibt es verschiedene Möglichkeiten, Dateien zu markieren, je nachdem, ob es sich um eine einzelne Datei, eine zusammenhängende oder eine verstreute Gruppe von Dateien bzw. Verzeichnissen handelt.

Die folgenden Operationen können Sie auf Verzeichnisse wie auch auf Dateien gleichermaßen anwenden. Wie Sie eine einzelne Datei oder ein Verzeichnis markieren können, haben Sie schon erfahren. Ein Mausklick auf das Symbol oder den Namen der Datei bzw. des Verzeichnisses genügt. Wie sieht es aber nun mit mehreren Dateien bzw. Verzeichnissen aus?

Um mehrere in einer Liste aufeinanderfolgende Dateien oder Verzeichnisse zu markieren, müssen Sie eine Kombination aus Tastatur und Maus verwenden:

- Klicken Sie zunächst die erste der zu markierenden Dateien an.
- Drücken Sie nun die Umschalttaste, und klicken Sie mit der Maus auf die letzte der zu markierenden Dateien.

Die beiden angeklickten Dateien und alle dazwischenliegenden werden nun markiert dargestellt.

Wenn Sie feststellen, daß Sie entweder zu viele oder zu wenige Dateien markiert haben, können Sie ohne weiteres Korrekturen vornehmen. Um die Liste zu verkleinern oder zu vergrößern, brauchen Sie nur erneut die Umschalttaste zu drücken und die Datei mit der Maus anzuklicken, die das neue Ende der Liste darstellen soll. Dies kann sowohl eine bereits markierte als auch eine nicht markierte Datei sein.

Ähnlich einfach ist das Markieren mehrerer nicht direkt aufeinanderfolgender Dateien.

- Drücken Sie die Taste [Strg], und halten Sie sie gedrückt.
- Klicken Sie nacheinander die Namen der Verzeichnisse und Dateien an, die Sie markieren möchten.
- Lösen Sie die Taste [Strg] erst, wenn Sie mit dem Markieren fertig sind.

Falls Sie versehentlich eine Datei zuviel markiert haben, können Sie die Markierung wieder aufheben. Drücken Sie dazu erneut die Taste [Strg], und klicken Sie die bereits markierte Datei noch einmal an.

Sie können beide Markierungstechniken auch beliebig miteinander kombinieren. So können Sie z.B. erst eine Liste aufeinander folgender Dateien markieren, um anschließend noch weitere Dateien hinzuzufügen, die nicht direkt auf die Liste folgen.

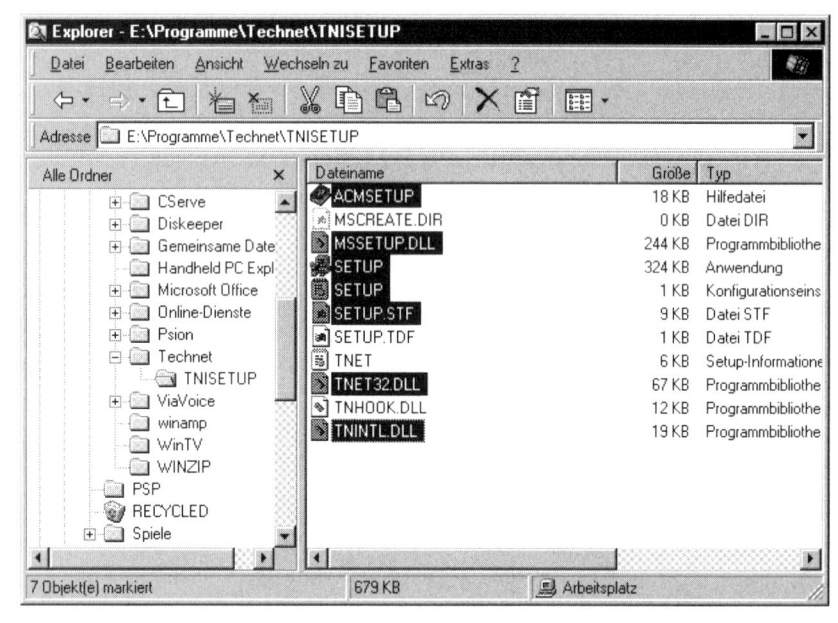

**Abb. 4.31:
Markierte
Dateien und Verzeichnisse im
Explorer**

Das Markieren von Verzeichnissen funktioniert nur innerhalb der Dateiliste. Innerhalb des Verzeichnisbereichs können Sie immer nur ein Verzeichnis anklicken, das dann als das aktuelle Verzeichnis gilt, dessen Inhalt in der Dateiliste angezeigt wird. Wollen Sie also mehrere Verzeichnisse gleichzeitig bearbeiten, müssen diese Verzeichnisse ein gemeinsames Oberverzeichnis haben, das gerade geöffnet ist.

Wenn Sie Verzeichnisse markiert haben, gilt diese Markierung auch für die in diesen Verzeichnissen enthaltenen Dateien, d.h. alle weiteren Operationen werden auf die Verzeichnisse mitsamt ihren kompletten Inhalten (Unterverzeichnisse und Dateien) angewendet.

Wenn Sie den einfachen Mausklick aktiviert haben, sieht das Markieren von Dateien natürlich etwas anders aus: Um die erste Datei zu markieren, dürfen Sie den Eintrag eben nicht mit der linken Maustaste anklicken, sondern nur den Mauszeiger über die entsprechende Datei führen. Nun drücken Sie die Umschalt- oder Steuerungstaste und führen den Mauszeiger einfach über alle Dateien, die Sie markieren möchten.

Verzeichnisse und Dateien verschieben. Der Explorer bietet Ihnen nicht nur einen Überblick über alle gespeicherten Verzeichnisse und Dateien, sondern auch die Möglichkeit, Dateien und Verzeichnisse zwischen Laufwerken und Verzeichnissen zu verschieben oder zu kopieren. Im Gegensatz zum Kopieren, bei dem die Dateien im Ausgangsverzeichnis erhalten bleiben, werden beim Verschieben die Dateien im Ausgangsverzeichnis gelöscht.

Das Verschieben von Dateien wird häufig verwendet, um eine Festplatte oder ein Verzeichnis neu zu organisieren. Beispielsweise kann es vorkommen, daß ein Projektverzeichnis sehr voll und unübersichtlich geworden ist. In diesem Fall bietet es sich an, dieses Verzeichnis zu untergliedern und einzelne Dateien in die zugehörigen Unterverzeichnisse zu verschieben.

Windows 98 bietet Ihnen mehrere Wege an, Dateien und Verzeichnisse zu verschieben oder zu kopieren. Die einfachste Technik beruht auf Drag & Drop. Bei einer weiteren Möglichkeit werden die Daten in die Zwischenablage kopiert, um sie am Ziel aus der Zwischenablage einzufügen.

Die Zwischenablage ist ein »virtuelles« Programm, das Sie normalerweise nicht sehen. Es wird erst aktiv, wenn Sie aus dem Menü BEARBEITEN irgendeiner Windows-Anwendung einen der Befehle AUSSCHNEIDEN, KOPIEREN oder EINFÜGEN auswählen. Durch AUSSCHNEIDEN oder KOPIEREN wird der aktuell markierte Inhalt der Anwendung in einen Speicherbereich kopiert, der allen Windows-Anwendungen zur Verfügung steht. Jedes Programm kann dort eine Information ablegen oder entnehmen. Dabei spielt es keine Rolle, ob es sich bei den gespeicherten Daten um vollständige Dateien oder Ausschnitte aus Dateien wie Text, Grafik, Tabellen oder Sound handelt.

Verschieben via Drag & Drop

- Führen Sie im Dateibereich den Mauszeiger über die markierten Dateien und Verzeichnisse und drücken Sie die linke Maustaste.
- Halten Sie die Maustaste gedrückt und führen Sie den Mauszeiger in das Verzeichnisfenster und über das Laufwerk oder Verzeichnis, in das Sie die Dateien verschieben möchten.
- Befindet sich das Zielverzeichnis auf dem gleichen Laufwerk wie das Quellverzeichnis, brauchen Sie nur die Maustaste zu lösen. Die Dateien werden dann in das Zielverzeichnis kopiert und im Quellverzeichnis gelöscht.
- Ziehen Sie allerdings den Mauszeiger über ein anderes Laufwerk, erscheint rechts neben dem Mauszeiger ein kleines Kästchen mit einem Pluszeichen. Dieses Zeichen weist Sie darauf hin, daß Windows die markierten Dateien kopieren würde. Wenn Sie nun die Umschalttaste drücken, verschwindet das Pluszeichen wieder. Lassen Sie die linke Maustaste los, sobald Sie mit dem Mauszeiger über dem Zielverzeichnis liegen.

Verschieben via Zwischenablage. Das Verschieben von Dateien über die Zwischenablage erfolgt in drei Schritten, die Sie mit Hilfe des Menüs BEARBEITEN, Tastenkürzeln oder einfacher noch über die entsprechenden Icons in der Symbolleiste ausführen können:

- Kopieren der markierten Dateien in die Zwischenablage
- Einfügen der Dateien im Zielverzeichnis
- Löschen der Dateien im Quellverzeichnis

Den letzten Schritt brauchen Sie nicht selbst auszulösen, sondern er wird Ihnen von Windows abgenommen. Vielleicht haben Sie jetzt den Eindruck, diese Technik wäre viel umständlicher als das Verschieben via Drag & Drop. Damit haben Sie nicht ganz unrecht. Trotzdem hat dieses Vorgehen einen nicht unwichtigen Vorteil: Die ersten beiden Schritte müssen nicht unbedingt direkt aufeinanderfolgen, d.h. Sie könnten in aller Ruhe ein Verzeichnis oder ein Laufwerk auswählen, bevor Sie die Dateien verschieben. Allerdings dürfen Sie zwischen den beiden Schritten nicht andere Dateien kopieren oder ausschneiden, da diese Dateien den Inhalt der Zwischenablage überschreiben würden.

Beim Verschieben von Dateien über die Zwischenablage haben Sie drei verschiedene Möglichkeiten, die bereits markierten Dateien in die Zwischenablage zu kopieren.

- Wählen Sie aus dem Menü BEARBEITEN des Explorers den Befehl AUSSCHNEIDEN. Die Datei wird zwar in die Zwischenablage kopiert, verschwindet aber noch nicht; statt dessen wird das Symbol nur verschleiert dargestellt.
- Diesen Befehl können Sie auch mit der Tastenkombination [Strg]+[X] abkürzen.
- Bei der dritten Variante klicken Sie mit der rechten Maustaste auf die markierten Daten, um das Kontextmenü zu öffnen. Hier finden Sie ebenfalls den Menübefehl AUSSCHNEIDEN, den Sie durch einen Klick mit der linken Maustaste auswählen können.

Im nächsten Schritt müssen Sie die Dateien im Zielverzeichnis wieder einfügen. Dazu müssen Sie zuvor innerhalb des Verzeichnisfensters das Zielverzeichnis markieren.

- Wählen Sie dann aus dem Menü BEARBEITEN den Befehl EINFÜGEN. Die Dateien werden nun aus der Zwischenablage in das aktuelle Verzeichnis kopiert.
- Statt über das Menü zu gehen, können Sie auch die Tastenkombination [Strg]+[V] wählen.
- Alternativ klicken Sie das Zielverzeichnis mit der rechten Maustaste an. Aus dem Kontextmenü wählen Sie nun den Befehl EINFÜGEN.

Abb. 4.32:
Verschieben von Dateien über die Zwischenablage

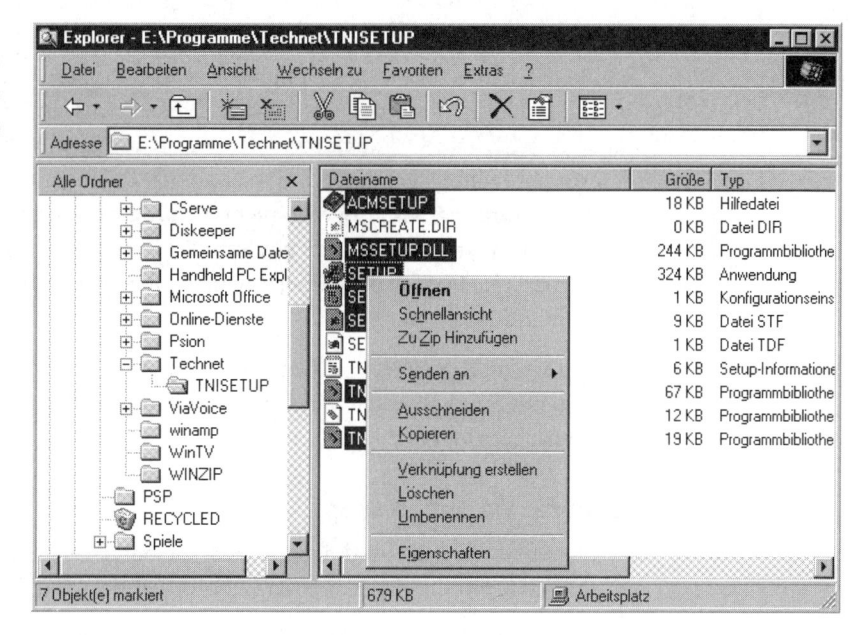

Keine dieser drei Varianten hat gegenüber den Alternativen irgendwelche objektiven Vorteile; es ist eher Geschmacks- oder Gewohnheitssache, welche Variante Sie vorziehen. Arbeiten Sie beispielsweise lieber mit der Tastatur, bietet sich das Verschieben über die Zwischenablage mit Hilfe der Tastenkombinationen an.

4.1.4 Verschieben mit Hilfe der rechten Maustaste

Die vielleicht einfachste und übersichtlichste Methode, eine Datei zu verschieben, haben wir für den Schluß aufgehoben.

- Dabei klicken Sie das zu verschiebende Objekt, egal ob Datei, Verzeichnis, Laufwerk etc., einfach mit der rechten Maustaste an und ziehen es über den Zielort.

- Sobald Sie die Maustaste loslassen, erscheint zunächst ein kleines Kontextmenü mit mehreren Optionen. Wählen Sie hieraus den Menüeintrag HIERHER VERSCHIEBEN aus. Das oder die Objekte werden nun an das Ziel verschoben.

Wie Sie an der Abbildung erkennen können, erlaubt diese Technik nicht nur das Verschieben, sondern auch das Kopieren von Objekten und das Erstellen von Verknüpfungen; es ist also eine sehr flexible Technik. Der besondere Vorteil ist, daß man mit Hilfe des Menüs leicht die Übersicht behält und nicht irgendwelche Steuerungstasten drücken muß, um ein Pluszeichen aus- oder einzuschalten.

Verzeichnisse und Dateien kopieren

Ähnlich einfach wie das Verschieben ist das Kopieren einer Datei. Dabei wird auf dem Ziellaufwerk oder im Zielverzeichnis ein Duplikat der Quelldatei erstellt. Die Originaldatei bleibt also im Quellverzeichnis erhalten. Allerdings sollten Sie das Kopieren von Dateien mit Vorsicht angehen, damit Sie Ihre Plattenlaufwerke nicht unnötig mit identischen Dateien füllen. Dagegen ist das Kopieren ein Standardvorgang, wenn Sie Dateien auf einen anderen Datenträger übertragen wollen, wie z.B. auf eine Diskette oder ein Netzwerklaufwerk.

Auch für das Kopieren von Dateien gilt, daß Ihnen wieder mehrere Wege offenstehen. Sie haben die Wahl zwischen Drag & Drop und dem Weg über die Zwischenablage.

Kopieren via Drag & Drop

Die einzelnen Schritte sind die gleichen wie beim Verschieben. Lediglich die Zusatztaste, mit der das Kopieren gekennzeichnet wird, ist nun eine andere.

- Führen Sie im Dateibereich den Mauszeiger über die markierten Dateien und Verzeichnisse, und drücken Sie die linke Maustaste.
- Halten Sie die Taste gedrückt, und führen Sie nun den Mauszeiger in das Verzeichnisfenster und über das Laufwerk oder Verzeichnis, in das Sie die Dateien verschieben möchten.
- Befindet sich das Zielverzeichnis auf dem gleichen Laufwerk wie das Quellverzeichnis, müssen Sie nun die Taste Strg drücken. Dadurch erscheint wieder das Pluszeichen, an dem Sie erkennen können, daß Windows 98 zum Kopieren der Daten bereit ist.
- Ziehen Sie den Mauszeiger dagegen über ein anderes Laufwerk, erscheint das Pluszeichen automatisch. Sie brauchen dann nur noch die linke Maustaste zu lösen, um den Kopiervorgang zu starten.

**Abb. 4.33:
Kopieren einer
Datei via Drag &
Drop**

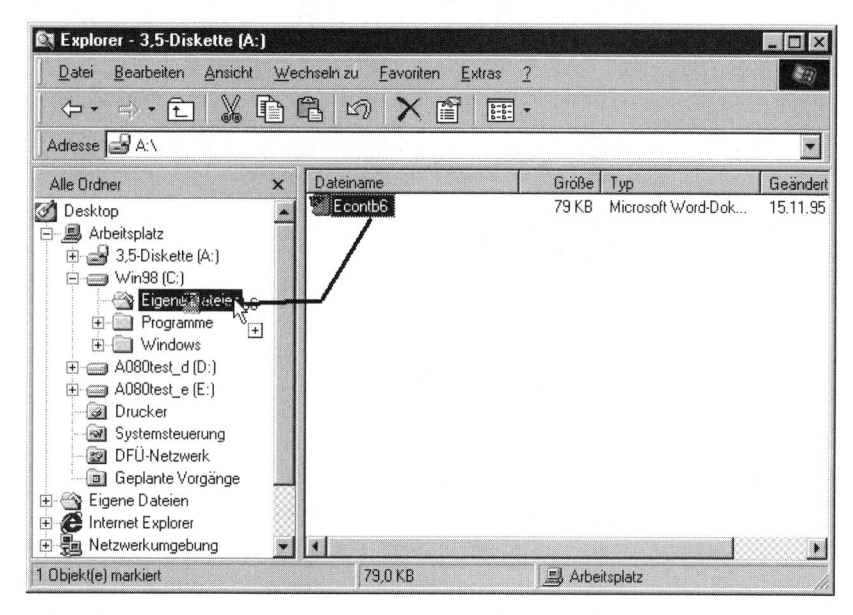

Kopieren via Zwischenablage

Auch beim Kopieren haben Sie wieder die Wahl zwischen drei Varianten.

- Wählen Sie aus dem Menü BEARBEITEN des Explorers den Befehl KOPIEREN. Da die Quelldatei erhalten bleibt, wird sie auch nicht weiter gekennzeichnet.
- Diesen Befehl können Sie auch mit der Tastenkombination [Strg]+[C] abkürzen.
- Bei der dritten Variante klicken Sie mit der rechten Maustaste auf die markierten Daten, um das Kontextmenü zu öffnen. Hier finden Sie ebenfalls den Menübefehl KOPIEREN, den Sie durch einen Klick mit der linken Maustaste auswählen können.

Das Einfügen der markierten Daten erfolgt genauso wie beim Verschieben:

- Wählen Sie aus dem Menü BEARBEITEN den Befehl EINFÜGEN. Die Dateien werden nun aus der Zwischenablage in das aktuelle Verzeichnis kopiert.
- Statt über das Menü zu gehen, können Sie auch die Tastenkombination [Strg]+[V] wählen.
- Alternativ klicken Sie das Zielverzeichnis mit der rechten Maustaste an. Aus dem Kontextmenü wählen Sie nun den Befehl EINFÜGEN.

Der Kopiervorgang wird übrigens durch ein Dialogfenster mit Fortschrittsanzeige begleitet. Beim Kopieren großer Dateien zeigt Windows 98 auch eine Abschätzung an, wie lange das Kopieren der Dateien dauern könnte.

Abb. 4.34: Animation beim Kopieren von Dateien

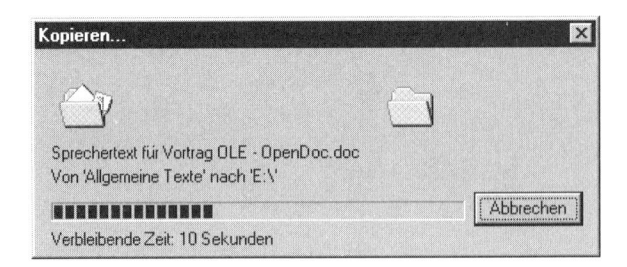

Ein weiteres Dialogfenster erscheint, wenn sich auf dem Ziellaufwerk bereits eine gleichnamige Datei befindet. Windows zeigt Ihnen den Namen der Datei an und fragt Sie, ob die alte Version (mit Angabe von Größe und Änderungsdatum) im Ziellaufwerk mit der neuen Version (wieder mit Angabe von Größe und Änderungsdatum) aus dem Quellaufwerk tatsächlich überschrieben werden soll. Erst wenn Sie diese Anfrage bestätigen, wird der Kopiervorgang fortgesetzt.

Wollen Sie mehrere Dateien mit neuen Versionen überschreiben, können Sie das Überschreiben entweder getrennt für jede einzelne Datei oder für alle Datcien gemeinsam bestätigen.

Abb. 4.35: Das Überschreiben von Dateien muß bestätigt werden.

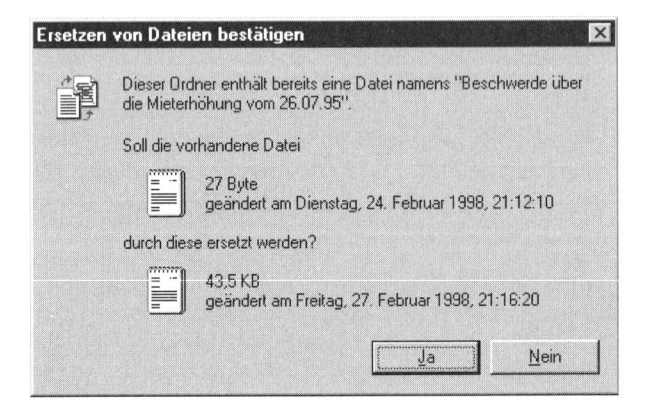

Kopieren von und auf Diskette

Kenner älterer Windows-Versionen werden wahrscheinlich die Möglichkeit vermissen, mehrere Verzeichnisfenster gleichzeitig zu öffnen. Besonders beim Kopieren von einem Laufwerk auf ein anderes war diese Option recht hilfreich. Obwohl der Explorer nicht über diese Möglichkeit verfügt, ist das Kopieren nicht umständlicher geworden, es ist höchstens ein wenig gewöhnungsbedürftig. Haben Sie aber einmal den Bogen raus, gelingt das Kopieren genauso schnell und sicher wie mit dem Datei-Manager (und falls Sie partout nicht mit dem Explorer klar kommen, steht Ihnen der Datei-Manager ja immer noch zur Verfügung).

Grundsätzlich können Sie beim Kopieren oder Verschieben von Dateien aus einem Laufwerk oder Verzeichnis in ein anderes Verzeichnis wie folgt vorgehen:

- Lassen Sie sich den Inhalt des Quellverzeichnisses, der kopiert oder verschoben werden soll, in der Dateiliste anzeigen.
- Lassen Sie sich im Verzeichnisfenster das Zielverzeichnis anzeigen.
- Nun kopieren Sie die Dateien aus der Dateiliste in das Verzeichnisfenster, entweder via Drag & Drop oder über die Zwischenablage.

Um Ihnen den einfachen Umgang mit dem Explorer zu zeigen, kopieren wir als Beispiel Daten von und auf eine Diskette. Statt der Diskette können Sie natürlich jedes andere Laufwerk oder Verzeichnis verwenden:

- Klicken Sie zunächst im Verzeichnisfenster des Explorers das Laufwerk oder Verzeichnis an, aus dem Sie kopieren möchten; für unser Beispiel das Laufwerk A:
- Der Inhalt des Laufwerks wird nun im Dateibereich aufgelistet. Markieren Sie die Dateien, die Sie kopieren möchten.
- Blättern Sie nun im Verzeichnisfenster so weit, daß das Zielverzeichnis oder -laufwerk sichtbar ist. Wenn es sich um ein noch nicht sichtbares Unterverzeichnis handelt, müssen Sie es durch Anklicken der Pluszeichen sichtbar machen. Wichtig ist, daß Sie das Zielverzeichnis nicht anklicken, denn dadurch würde der Inhalt des Quellaufwerks im Dateibereich durch den Inhalt des Ziellaufwerks überschrieben.
- Nehmen Sie nun durch Drücken der linken Maustaste die markierten Dateien aus der Dateiliste auf, und führen Sie den Mauszeiger zum Verzeichnisfenster und über das Zielverzeichnis.
- Sobald das Zielverzeichnis blau markiert dargestellt wird, können Sie die Maustaste loslassen; die Dateien werden nun kopiert.

Der entscheidende Punkt ist, daß Sie zuerst die Dateien im Quellverzeichnis markieren und das Zielverzeichnis im Verzeichnisfenster sichtbar machen, ohne es anzuklicken, da dadurch der Inhalt des Dateibereiches überschrieben würde.

Falls Ihnen diese Vorgehensweise noch immer zu umständlich ist, bietet sich gerade für das Kopieren von Dateien auf Diskette eine weitere Alternative an:

- Markieren Sie zunächst die zu kopierenden Dateien, und klicken Sie dann auf die rechte Maustaste.
- Wählen Sie aus dem Kontextmenü den Eintrag SENDEN aus. Das sich nun öffnende Untermenü enthält Symbole für Ihre Diskettenlaufwerke. Klicken Sie das Diskettenlaufwerk an, an das Sie die Dateien »senden« möchten.

Ganze Disketten kopieren

Der Explorer bietet Ihnen die Möglichkeit, nicht nur Dateien von oder auf eine Diskette zu kopieren, sondern auch eine vollständige Kopie einer Diskette anzufertigen. Unter DOS steht hierfür der Befehl DISKCOPY zur Verfügung. Sie werden aber sicherlich schon ahnen, daß das Kopieren von Disketten mit dem Explorer deutlich angenehmer funktioniert.

- Klicken Sie zunächst im Verzeichnisfenster das Symbol des Diskettenlaufwerks mit der rechten Maustaste an, das Sie für den Kopiervorgang nutzen möchten. Wählen Sie aus dem Kontextmenü den Befehl DATENTRÄGER KOPIEREN aus.

Durch diesen Befehl öffnet sich ein Dialogfenster, in dem Sie den Quell- und den Zieldatenträger auswählen können. Wie beim DISKCOPY-Befehl unter MS-DOS müssen beide Datenträger vom gleichen Typ sein, d.h. Sie können eine 1,44-MByte-Diskette nur auf eine 1,44-MByte-Diskette kopieren und nicht auf einen anders formatierten Datenträger.

Abb. 4.36: Disketten mit dem Explorer kopieren

- Sind in Ihrem Rechner zwei Diskettenlaufwerke eingebaut, also ein 3,5- und ein 5,25-Zoll-Laufwerk, wählen Sie das Laufwerk aus, von dem die Quelldiskette kopiert werden soll. Als Ziellaufwerk müssen Sie das gleiche Laufwerk anklicken.
- Klicken Sie nun auf die Schaltfläche START.
- Sie werden daraufhin aufgefordert, die Quelldiskette in das Laufwerk einzulegen. Bestätigen Sie mit OK, wenn die Diskette bereit ist.

Der Inhalt der Diskette wird nun in den Speicher kopiert. Anschließend werden Sie aufgefordert, die Zieldiskette einzulegen. Der Explorer schreibt jetzt den Inhalt der Quelldiskette aus dem Speicher auf die Zieldiskette und erstellt so ein genaues Abbild des Quelldatenträgers.

Anzeige aktualisieren

Manchmal kann es vorkommen, daß die Anzeige im Explorer nach dem Kopieren oder wenn Sie eine neue Diskette eingelegt haben, nicht sofort aktualisiert wird. In einem solchen Fall können Sie die Aktualisierung der Anzeige durch einen Druck auf die Funktionstaste F5 erzwingen.

Verzeichnisse und Dateien löschen

Unter Windows 98 gibt es mehrere Verfahren, um Dateien und Verzeichnisse zu löschen. Sie können den Befehl LÖSCHEN aus dem Menü des Explorers bzw. aus dem Kontextmenü oder die Tastatur dazu benutzen.

Im Prinzip gibt es keine Unterschiede, ob Sie eine Datei oder mehrere markierte Dateien oder Verzeichnisse löschen wollen. Bei den Verzeichnissen ist nur zu beachten, daß auch ihr gesamter Inhalt nebst Unterverzeichnissen und Dateien gelöscht wird.

Um ein versehentliches Löschen zu vermeiden, öffnet Windows vor jedem Löschen ein Dialogfeld, in dem Sie aufgefordert werden, den Löschvorgang zu bestätigen. Wenn Sie auf die Schaltfläche NEIN klicken, wird der Löschvorgang abgebrochen.

Abb. 4.37: Bestätigungsabfrage vor dem Löschen von Dateien

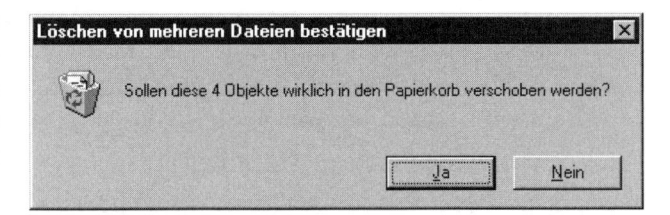

Handelt es sich bei einer der zu löschenden Dateien um ein Programm, werden Sie darauf gesondert aufmerksam gemacht, auch wenn Sie bereits zuvor den Löschvorgang bestätigt haben. Windows verlangt, daß Sie das Löschen eines Programms noch einmal bestätigen. Falls Sie innerhalb eines Löschvorgangs mehrere Programmdateien löschen wollen, sollten Sie evtl. in diesem Dialogfenster auf die Schaltfläche ALLES LÖSCHEN anklicken, sonst müssen Sie bei jeder einzelnen Programmdatei den Löschvorgang erneut bestätigen.

**Abb. 4.38:
Löschen von
Anwendungen**

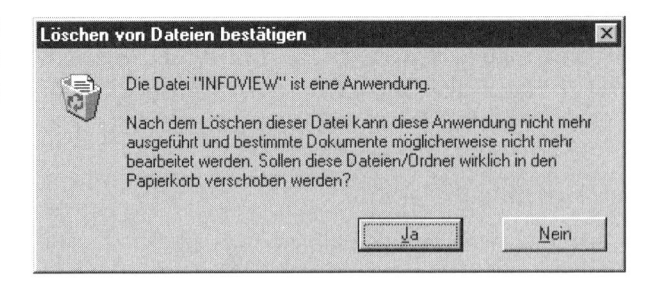

[Dialogfenster: Löschen von Dateien bestätigen — Die Datei "INFOVIEW" ist eine Anwendung. Nach dem Löschen dieser Datei kann diese Anwendung nicht mehr ausgeführt und bestimmte Dokumente möglicherweise nicht mehr bearbeitet werden. Sollen diese Dateien/Ordner wirklich in den Papierkorb verschoben werden? Ja / Nein]

Schauen wir uns nun die einzelnen Schritte zum Löschen von Dateien an:

- Markieren Sie zunächst die Dateien und/oder Verzeichnisse, die Sie löschen möchten.
- Wählen Sie anschließend aus dem Menü DATEI des Explorers den Befehl LÖSCHEN oder in der Symbolleiste den entsprechenden Schaltknopf.

oder

- Führen Sie den Mauszeiger über die markierten Dateien, und klicken Sie auf die rechte Maustaste. Wählen Sie nun aus dem Kontextmenü den Befehl LÖSCHEN.

oder

- Drücken Sie einfach auf die Taste `Entf`.

oder

- Positionieren Sie den Explorer so auf dem Desktop, daß der Papierkorb frei liegt. Führen Sie nun den Mauszeiger über die markierten Dateien, klicken Sie auf die linke Maustaste, und ziehen Sie die Dateien über den Papierkorb. Sobald Sie die Maustaste loslassen, werden die Dateien gelöscht.

Egal für welche Vorgehensweise Sie sich entscheiden, Windows verlangt auf jeden Fall eine Bestätigung des Löschvorgangs.

Haben Sie sich trotz aller Vorsichtsmaßnahmen geirrt und die falschen Dateien gelöscht, brauchen Sie nicht zu verzweifeln. Alle Anwendungen auf dem Windows-Desktop bieten Ihnen die Möglichkeit, den letzten Arbeitsschritt rückgängig zu machen. Für den Explorer heißt das:

- Wählen Sie einfach aus dem Menü BEARBEITEN den ersten Menüpunkt RÜCKGÄNGIG... Hinter RÜCKGÄNGIG ist die letzte Aktion aufgeführt, hier sollte also LÖSCHEN stehen.

Haben Sie in der Zwischenzeit eine andere Aktion durchgeführt, hilft Ihnen diese Methode aber auch nicht mehr weiter. Doch das ist noch kein Grund zum Verzweifeln.

Alle Dateien, die Sie auf dem Desktop löschen, werden zunächst nur in den Papierkorb geworfen. Erst wenn der Papierkorb zu voll wird oder Sie ihn ausleeren, werden die Dateien endgültig gelöscht. Benötigen Sie also eine gelöschte Datei wieder, brauchen Sie sie nur aus dem Papierkorb herauszusuchen.

Obwohl Windows Dateien standardmäßig immer zunächst nur in den Papierkorb verschiebt, gibt es eine Möglichkeit, Dateien direkt zu löschen. Diese Dateien sind allerdings weder mit den Mitteln von Windows wiederherstellbar noch läßt sich dieser Löschvorgang rückgängig machen. Das direkte Löschen funktioniert nur über die Tastatur, und zwar über den Tastaturbefehl ⇧+Entf. Windows verlangt auch hier eine Bestätigung, bevor die Dateien auf Nimmerwiedersehen von Ihrer Festplatte gelöscht werden.

Abb. 4.39: Bestätigungsabfrage beim direkten Löschen

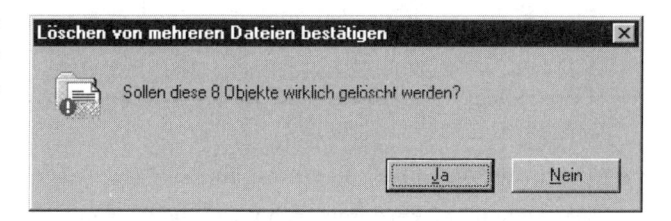

Alle Informationen, mit denen ein Computer arbeitet, werden auf Datenträgern gespeichert. Die wichtigsten Datenträger sind Festplatten und Disketten. Inzwischen sind viele Rechner auch mit CD-ROM-Laufwerken ausgestattet. Computerinformationen werden in Form von *Bits* verarbeitet. Ein Bit ist die kleinste Informationseinheit, die entweder eine »0« oder eine »1« beinhalten kann. Üblicherweise werden 8 Bit zu einem Byte zusammengefaßt. Ein Byte eignet sich zum Speichern eines Zeichens wie beispielsweise Buchstaben, Ziffern und Sonderzeichen. Wenn nun ein Text wie z.B. ein Brief gespeichert werden soll, muß dieser Text von anderen Texten unterscheidbar sein, so daß Sie ihn auch jederzeit wiederfinden können. Aus diesem Grund werden zusammengehörende Informationen in Dateien zusammengefaßt. Dateien, deren Inhalte in einem Sinnzusammenhang stehen, können wiederum in Verzeichnissen zusammengefaßt werden.

Dateien

Auf modernen Rechnern können große Mengen von Dateien gespeichert werden; allein schon die Windows-Betriebssysteme umfassen über 4000 verschiedene Dateien. Um diese Dateien voneinander unterscheiden zu können, ist ihre Benennung sehr wichtig. Dateinamen, die zu Anwendungen gehören, sind meist vom Hersteller des Programms vorgegeben. So trägt das Grafikprogramm Paint, das Sie in einem der nächsten Kapitel kennenlernen werden, den Dateinamen MSPAINT.EXE. Wenn Sie dagegen selber mit einem Anwendungsprogramm arbeiten und ein Dokument erstellen, können Sie der Datei, in der dieses Dokument auf Ihrer Festplatte gespeichert wird, selbst einen Namen geben.

Unter dem Betriebssystem DOS herrschten recht strenge Regeln für die Vergabe von Dateinamen:

- Der Name einer Datei besteht aus zwei Teilen: dem Dateinamen und der Erweiterung. Diese beiden Elemente sind durch einen Punkt voneinander getrennt.
- Der Dateiname kann maximal acht Zeichen lang sein, die Erweiterung höchstens drei Zeichen.
- Leerzeichen oder Punkte sind weder in Dateinamen noch in der Erweiterung erlaubt.
- Der Dateiname muß mit einer Zahl oder einem Buchstaben beginnen.
- Der Dateiname wird immer in Großbuchstaben gespeichert, egal wie Sie ihn eingegeben haben.

Diese Regeln sind durch das DOS-Dateisystem FAT vorgegeben. Mit Windows 95 wurde eine Erweiterung dieses altgedienten Dateisystems eingeführt: VFAT, das kleine Verbesserungen gegenüber dem überholten FAT enthält. Eine der wichtigsten Neuerungen von VFAT ist, daß es lange Dateinamen unterstützt:

- Ein Dateiname darf aus bis zu 255 Zeichen bestehen.
- Der Name kann mehrfach von Leerzeichen oder Punkten unterbrochen werden. Folgende Zeichen sind auch unter Windows 98 nicht in Dateinamen erlaubt:

    \ / ? : * " < > |

- Bei der Speicherung des Dateinamens unter Windows 98 wird zwischen Groß- und Kleinbuchstaben unterschieden, d.h. der Dateiname »BRIEF« ist nicht identisch mit Namen wie »brief« oder »Brief«.

Das Speichern von langen Dateinamen auf FAT-Laufwerken wird durch einen Trick ermöglicht: Normalerweise wird für einen DOS-konformen Namen ein Eintrag im Inhaltsverzeichnis benötigt. Für lange Dateinamen werden einfach mehrere Einträge in die Verzeichnistabelle geschrieben und zwar bis zu 13 Buchstaben pro Eintrag. Ein aus 38 Buchstaben bestehender Name würde demnach drei Einträge in der Verzeichnistabelle verbrauchen.

Zusätzlich zum langen Namen wird automatisch ein DOS-konformer Name erzeugt, der sogenannte Alias. Dieser Alias verbraucht einen weiteren Eintrag, so daß insgesamt vier Einträge für die Speicherung des langen Dateinamens aus dem obigen Beispiel benötigt werden.

Doch Vorsicht: Im Hauptverzeichnis von FAT-Laufwerken ist die Anzahl von Verzeichniseinträgen auf maximal 512 beschränkt. Normalerweise reicht das für eine entsprechende Anzahl von Dateien aus. Erhalten die Dateien dagegen lange Dateinamen, kann es beispielsweise bereits beim Abspeichern der 158. Datei zu einer Fehlermeldung kommen.

Damit auch ältere Anwendungen ohne Probleme mit Dateien arbeiten können, die nicht nach der 8.3-Konvention von DOS bezeichnet sind, erstellt Windows automatisch einen kurzen Dateinamen, den bereits erwähnten Alias. Dazu verwendet das Dateisystem die ersten sechs Buchstaben des langen Namens und ergänzt sie durch eine Tilde (˜) und eine fortlaufende Zahl.

Enthält ein Verzeichnis dagegen mehrere Dateien, deren Namen sehr ähnlich sind wie zum Beispiel »Protokoll vom 20.07.97.DOC« usw., geht Windows nach folgenden Regeln vor:

- Die ersten vier Dateien erhalten die Namen PROTOK˜1.DOC, PROTOK˜2.DOC, PROTOK˜3.DOC und PROTOK˜4.DOC.
- Nach der fünften Datei werden nur noch die ersten zwei Buchstaben des originalen Namens verwendet und die darauf folgenden vier Buchstaben durch einen Hash-Algorithmus erzeugt. Danach folgt wieder die Tilde mit einer fortlaufenden Zahl wie z.B. PR6E07˜5.DOC.

Daher sollten Sie bei Dateien, die auch von älteren Windows- oder DOS-Anwendungen bearbeitet werden sollen, bereits für die ersten sechs Buchstaben unterscheidbare Namen auswählen wie z.B. »PR970720 – Protokoll vom 20.07.97«. Dieser Dateiname erleichtert die Unterscheidung bei der Arbeit mit alten und neuen Anwendungen.

Dateierweiterung

DOS-Dateinamen werden mit bestimmten Dateierweiterungen versehen, damit man bereits am Namen der Datei erkennen kann, ob es sich um eine Programm- oder eine Dokumentendatei handelt. Programmdateien können

Sie beispielsweise recht einfach an den Erweiterungen .COM, .EXE oder .BAT erkennen. Die Dateierweiterungen für Dokumentdateien werden dagegen meist automatisch vergeben und hängen von dem jeweiligen Anwendungsprogramm ab, mit dem diese Dokumente erstellt wurden. So erkennen Sie eine Datei, die mit dem Grafikprogramm Paint erstellt wurde, immer an der Erweiterung .BMP (eine Abkürzung für Bitmap). Ein mit WordPad erstellter Text trägt meist die Erweiterung .DOC (eine Abkürzung für Dokument).

Obwohl die Vergabe von Dateinamen unter Windows 98 wesentlich einfacher ist, besteht trotzdem auch in Zukunft die Notwendigkeit, Dateierweiterungen zu nutzen. So können Sie beispielsweise den Namen des Programms MSPAINT.EXE in »Mein schönes Grafikprogramm.exe« ändern. Wichtig ist, daß Sie auf keinen Fall auf die Dateierweiterung .EXE verzichten können, da sonst die Programmdatei von Windows nicht mehr als Programm erkannt und ausgeführt wird. Ähnlich verhält es sich mit Dokumentendateien: Wenn Sie auf eine Datei mit der Erweiterung .DOC doppelklicken, wird automatisch WordPad mit dem Text geladen. Verzichten Sie aber auf die Dateierweiterung, weiß Windows nicht, welchem Anwendungsprogramm die Datei zuzuordnen ist.

Von daher sollten Sie auch unter Windows 98 weiterhin unbedingt die Dateierweiterungen verwenden. Egal, wie viele Leerzeichen oder Punkte Sie innerhalb des Namens verwenden, Hauptsache der Dateiname endet mit einem Punkt und der Erweiterung. Falls Ihnen die drei Zeichen, die normalerweise als Kennung benutzt werden, nicht ausreichen, können Sie zumindest bei Dokumenten auch längere Erweiterungen nutzen. Allerdings müssen Sie Windows vor dem ersten Aufruf einer solchen Datei mitteilen, zu welchem Programm Dokumente mit dieser Dateierweiterung gehören.

Verzeichnisse

Bei der regelmäßigen Arbeit mit dem Computer kann im Laufe der Zeit eine große Zahl von selbsterstellten Dateien zusammenkommen. Würden diese Dateien alle einfach auf einem Festplattenlaufwerk gespeichert, könnte es schwierig werden, ganz bestimmte Dateien wiederzufinden. Daher werden Dateien, die inhaltlich zusammengehören, gruppiert und gemeinsam in Verzeichnissen abgespeichert. Diese Vorgehensweise wird Ihnen vielleicht aus der täglichen Arbeit in einem Büro bekannt vorkommen: Alle Unterlagen, die zu einem Vorgang gehören, werden normalerweise in einem Ordner abgeheftet. Bei umfangreichen Vorgängen verteilt man alle Informationen nach bestimmten Kriterien auf mehrere Ordner, z.B. nur Briefverkehr, Gutachten, Zeichnungen etc. Alle diese Ordner werden dann in einen Aktenschrank gestellt, wo sie leicht wiederzufinden sind.

Bei dieser geläufigen Form der Ablage werden drei verschiedene Einheiten verwendet: der Aktenschrank, die Ordner sowie ggf. weitere Unterordner. Dieses Ordnungsprinzip läßt sich auch auf das Dateisystem übertragen:

- Datenträger wie Festplatten, Disketten oder CD-ROMs entsprechen danach den Aktenschränken.
- Die Aktenschränke enthalten Ordner, die den Verzeichnissen auf den Datenträgern entsprechen.
- Verzeichnisse lassen sich weiterhin in Unterverzeichnisse aufteilen, um große Mengen von Dateien besser untergliedern zu können.
- Am Ende der Hierarchie stehen die einzelnen Dateien, die den Blättern, die in einem Ordner abgeheftet sind, entsprechen.

Auf jedem Datenträger, egal ob Festplatte, Diskette oder CD-ROM, befindet sich mindestens ein Verzeichnis, das sogenannte Stammverzeichnis, das durch einen einfachen umgekehrten Schrägstrich (engl. Backslash) gekennzeichnet wird. Dieses Stammverzeichnis kann in mehrere Unterverzeichnisse unterteilt werden. Betrachtet man diese Struktur im Explorer, erkennt man eine Baumstruktur mit dem Stammverzeichnis als Wurzel. Die Unterverzeichnisse können beliebig untergliedert sein, wie die Äste eines Baums, an dem die Blätter die einzelnen Dateien repräsentieren.

In den vorangegangenen beiden Kapiteln haben Sie bereits den Begriff *Ordner* kennengelernt, nicht nur als Aktenordner, sondern auch als Fenster auf der Oberfläche. Während man unter DOS im Zusammenhang mit der Dateistruktur bisher immer von Verzeichnissen sprach, werden unter Windows 98 aber auch Verzeichnisse als *Ordner* bezeichnet. Sie werden diesen Begriff beispielsweise auch im Explorer wiederfinden. Trotzdem möchten wir im Zusammenhang mit der Dateihierarchie auch weiterhin den Begriff *Verzeichnis* beibehalten, während *Ordner* lediglich Fenster auf der Oberfläche bezeichnen sollen. Leider läßt sich diese Trennung nicht ganz konsequent durchhalten, da Sie aus dem Explorer ein Verzeichnissymbol auf die Oberfläche ziehen können, das dann nach der bisherigen Definition ein Ordner wäre. Ich hoffe trotzdem, daß die Trennung zwischen Verzeichnis und Ordner den Übergang von DOS bzw. Windows 3.x nach Windows 98 erleichtert, ohne für zusätzliche Verständigungsprobleme zu sorgen.

Pfadnamen

Lassen Sie uns noch kurz bei der Analogie mit den Ästen eines Baums bleiben, und stellen Sie sich vor, Sie müßten den Weg von der Wurzel bis zu einem bestimmten Blatt beschreiben. Von der Wurzel aus müßten Sie jeden Ast beschreiben, von dem der Weg zum Blatt abzweigt. Für die Beschreibung der Position einer Datei innerhalb des Dateisystems heißt das, daß Sie das Laufwerk sowie alle Unterverzeichnisse angeben müssen, über die der Weg hin zu dieser Datei führt. Diese Beschreibung wird als *Pfadname* bezeichnet. Der Pfadname ist eine Möglichkeit, unter DOS die Position einer Datei vollständig anzugeben. Er setzt sich aus dem Laufwerksbuchstaben, dem Verzeichnisnamen und dem Dateinamen zusammen.

Wenn Sie Windows 98 beispielsweise auf dem Laufwerk C: im Verzeichnis WINDOWS installiert haben, beschreibt

```
C:\PROGRAMME\ZUBEHÖR\MSPAINT.EXE
```

den vollständigen Pfadnamen des Grafikprogramms Paint. Folgende Regeln gelten beim Schreiben von Pfadnamen:

- Das Laufwerk wird immer durch einen Buchstaben und einen nachfolgenden Doppelpunkt bezeichnet.
- Laufwerke, Verzeichnisse und Dateien werden bei der Angabe des Pfadnamens jeweils durch einen umgekehrten Schrägstrich, den sogenannten Backslash, voneinander getrennt. Zur Eingabe dieses Backslash drücken Sie zunächst die Taste AltGr und geben dann ein »ß« ein.

4.2 Windows 95 richtig installieren

Dieses Kapitel widmet sich der Installation von Windows 95 und beschreibt, wie Sie auftretenden Fehlern begegnen. Darüber hinaus kann sich die Möglichkeit ergeben, daß Sie Windows 95 und Windows 3.1 auf einem System installieren und beim Starten zwischen den beiden Betriebssystemoberflächen wählen möchten.

Sie finden hier auch eine kurze Einführung, wie Sie mit Windows 95 umgehen bzw. wie Sie sich erst einmal auf dieser Oberfläche orientieren.

Und natürlich kann es auch sein, daß Sie sich für eine andere Oberfläche entscheiden und Windows 95 wieder los werden wollen, ohne gleich die ganze Festplatte zu formatieren.

4.2.1 Fehler bei der Installation vermeiden

Normalerweise läuft das Setup von Windows 95 völlig problemlos. Die installierte Hardware wird erkannt, die entsprechenden Treiber werden eingerichtet, und das Programm wird auf die Festplatte kopiert und eingerichtet. Dies funktioniert auch dann, wenn noch kein Windows 3.11 vorhanden ist. Windows 95 kopiert eine Minimalversion von Windows 3.11 auf die Festplatte und anschließend Windows 95. Bei einem Update von

Windows 95 wird der Benutzer aufgefordert, eine bestimmte Diskette von Windows 3.11 einzulegen. Es werden alle gängigen Hardwarekomponenten automatisch erkannt.

Sehr hilfreich ist das baukastenähnliche System von Windows 95. Es erlaubt im nachhinein, jederzeit Komponenten von Windows 95 zu installieren oder zu deinstallieren.

Ein besonderer Clou ist die sogenannte *Save-Recovery*. Windows 95 zeichnet mit dieser Funktion bei der Installation sämtliche Schritte auf. Kommt es zu einem Hardwarekonflikt, dann hängt sich das Programm auf, und es geht nichts mehr. In diesem Fall ist ein Neustart über Reset erwünscht, und Windows 95 fährt bis zu der abgebrochenen Stelle hoch. Anschließend werden dem Anwender Hinweise und Erläuterungen gegeben, wie weiter zu verfahren ist, und es wird eine Liste gezeigt, aus der die Hardware manuell installiert werden kann. Sie haben hier die Möglichkeit, das Problem zu übergehen und eine Installation zu einem späteren Zeitpunkt vorzunehmen, wenn Sie sich beispielsweise einen aktuellen Treiber besorgt haben.

Diejenige Hardware, die erkannt wurde, wird in einer Registrierdatenbank aufgezeichnet. Bei jedem Start vergleicht Windows 95 diese Registrierdatenbank mit der aktuellen Konfiguration und gibt eine Meldung aus, wenn Hardware erkannt wird, zu der kein Treiber zugeordnet werden kann.

Bevor Sie Windows 95 installieren, sollten Sie prüfen, ob Sie die richtige Hardwareausstattung haben, denn es gibt zwar Mindestanforderungen für Windows 95, aber sobald andere Anwendungen gestartet werden, kann es sehr schnell zu Problemen kommen.

Microsoft behauptet zwar, daß Windows 95 bereits auf einem 80386er mit 4 MByte Arbeitsspeicher laufen kann, empfiehlt aber 8 MByte Arbeitsspeicher als unterste Grenze. Tatsächlich sollten Sie auf jeden Fall 16 MByte Arbeitsspeicher haben oder installieren.

Wollen Sie nur ein paar Texte bearbeiten, kleinere Tabellen erstellen oder ähnliches, dann sind diese Anforderungen ausreichend. Soll aber mit modernen Anwendungen, wie beispielsweise CorelDraw 7.0 oder 8.0, den Office 98-Produkten oder aufwendigeren Bildbearbeitungsprogrammen, gearbeitet werden, dann ist auf jeden Fall ein leistungsfähiger Rechner wie der Pentium-II mit 64 MByte Arbeitsspeicher angebracht.

Auch die Festplatte sollte ausreichend dimensioniert sein. Es macht keinen großen Sinn, Windows 95 auf einer Festplatte mit einer Kapazität von 200 MByte zu installieren, denn bei dieser Größe passen nur Windows 95 und der benötigte Platz für die temporären Dateien sowie einige Dateien von Anwendungsprogrammen auf dieses Speichermedium, aber für viel mehr reicht der Platz dann nicht aus. Wenn Sie beispielsweise außer Windows 95 noch CorelDraw, WinWord, Excel und einige Tools wie etwa die Norton Utilities installieren wollen, dann bieten Ihnen die Festplattenkapazitäten heutiger Rechner, die bei einem Preis um die 2.000 DM bereits mit einer Festplattengröße ab 3 GByte ausgestattet sind, eine gute Speicherkapazität.

Auch die Grafikkarte muß leistungsfähig sein. Auf jeden Fall sollte es eine Super-VGA-Karte sein, die eine gute Auflösung auch auf einem 15- oder 17-Zoll-Monitor schafft. 3D-Grafikkarten sind dazu nicht nötig, es sei denn, sie wollen Computerspiele ablaufen lassen.

Am problematischsten sind die Treiber, wenn sie noch aus den Zeiten von Windows 3.0 oder 3.11 stammen. Besorgen Sie sich am besten vor der Installation von Windows 95 auch für dieses Gerät einen aktuellen Treiber.

Vor der Installation von Windows 95 muß die folgende Software vorhanden sein:

- MS-DOS 3.2 oder höher. Es ist empfehlenswert, wenn Sie MS-DOS 5.0 oder höher installieren.
- Windows 3.x oder Windows für Workgroups 3.1x, sofern es sich bei der zu installierenden Version von Windows 95 um ein Update handelt.
- OS/2 mit Boot-Manager und MS-DOS
- Multi-Boot Windows NT mit MS-DOS

Sofern Ihr Rechner über die genannten Anforderungen verfügt und es sich nicht um einen Netzwerkrechner handelt, müssen Sie vor der Installation noch auf einige Punkte zu achten:

- Schalten Sie sämtliche Virenscanner aus, indem Sie in der AUTOEXEC.BAT und CONFIG.SYS alle entsprechenden Befehle mit einem vorangestellten REM, gefolgt von einem Leerzeichen, deaktivieren. Eine so gekennzeichnete Zeile wird dann nicht mehr ausgeführt, sondern nur noch am Bildschirm angezeigt.
- Deaktivieren Sie gegebenenfalls eine vorhandene Funktion, die das Schreiben über das BIOS auf den Boot-Sektor verhindert. Das Setup von Windows 95 kann mit einer solchen Funktion Probleme haben, und außerdem ist dies kein wirklich zuverlässiger Virenschutz, denn die meisten geschickt programmierten Viren können diese Funktion ausschalten.
- Das Setup benötigt etwa 420 KByte Arbeitsspeicher. Deaktivieren Sie also möglichst viele speicherresidente Programme mit einem in der AUTOEXEC.BAT und CONFIG.SYS den entsprechenden Befehlszeilen

vorangestellten REM, gefolgt von einem Leerzeichen. Belassen Sie nur die Treiber HIMEM.SYS, diejenigen für eine SCSI-Festplatte (sofern vorhanden) und den Treiber für das CD-ROM-Laufwerk.

- Deaktivieren Sie Speichermanager, die nicht von MS-DOS stammen, also beispielsweise 386max und alle Cache-Programme.
- Deaktivieren Sie jedes Programm, das den Startvorgang Ihres Rechners überwacht und beeinflußt, wie beispielsweise *Bootcon*.
- Deaktivieren Sie alle Programme, die in irgendeiner Form die Festplatte kontrollieren, außer natürlich die entsprechenden MS-DOS-Routinen.

Bevor Sie die Installation von Windows 95 durchführen, sollten Sie Ihre Festplatte mit Scandisk von MS-DOS oder mit CHKDSK/F von MS-DOS in einer älteren Version auf fehlerhafte Sektoren und verlorene Cluster untersuchen lassen. Sofern Sie über entsprechende Tools wie die Norton Utilities oder die PC Tools verfügen, können Sie auch diese zu Hilfe nehmen. Anschließend rufen Sie DEFRAG von MS-DOS oder ein entsprechendes anderes Tool zur Defragmentierung Ihrer Festplatte auf.

Außerdem steht Ihnen beim Aufruf des Setups eine Reihe von Schaltern zur Verfügung, mit denen Sie bei Problemen weiterkommen.

Schalter	Bedeutung
/d	Mit diesem Schalter bewirken Sie, daß nicht die auf der Festplatte vorhandene Windows-Version angesprochen wird. Dies ist dann hilfreich, wenn das auf der Festplatte vorhandene Windows defekt ist.
/id	Mit diesem Schalter prüft das Setup nicht, ob der auf der Festplatte vorhandene Platz für die erfolgreiche Installation von Windows 95 noch ausreichend ist. Dies spart zum einen bei der Installation von Windows 95 Zeit, wenn Sie sich sicher sind, daß ausreichend Platz auf der Festplatte vorhanden ist, und zum anderen können Sie diesen Schalter dann verwenden, wenn eine komprimierte Festplatte vorliegt und es bei der Installation bereits Probleme gegeben hat.
/iq	Dieser Schalter ist dann hilfreich, wenn eine komprimierte Festplatte vorliegt, die mit einem anderen Programm als DRIVESPACE oder DOUBLESPACE komprimiert wurde. Es wird beim Setup unter MS-DOS der Start von Scandisk verhindert, der bei Festplatten, die mit den erwähnten Programmen komprimiert wurden, zu Problemen führen kann.

Tab. 4.2: Schalter für das Setup

Schalter	Bedeutung
/is	Dieser Schalter hat die gleiche Funktion wie /iq, mit dem Unterschied, daß er beim Starten des Setup unter Windows anzuwenden ist.
/nostart	Verwenden Sie diesen Schalter beim Setup unter MS-DOS, damit eine Minimalkonfiguration von Windows 3.11 auf der Festplatte installiert, jedoch anschließend abgebrochen wird, ohne daß Windows 95 installiert wird.

Tab. 4.2: Schalter für das Setup (Fortsetzung)

Auf folgende Punkte ist bei der Installation von Windows 95 noch zu achten:

- Deaktivieren Sie vor dem Setup jede Art von Virenerkennung und Virenschutz. Dies betrifft zum einen Virenscanner und zum anderen den Boot-Sektor-Schutz des BIOS. Wie dieser Boot-Sektor-Schutz bei Ihrem Rechner deaktiviert wird, entnehmen Sie dem Handbuch Ihres Rechners, da dies je nach BIOS unterschiedlich gehandhabt wird.

- Sie brauchen nach der Installation von Windows 95 keinen Cache, wie etwa SMARTDRIVE, manuell zu installieren. Windows 95 verfügt über einen internen 32-Bit-Cache, und das Einrichten eines zusätzlichen Caches bringt keinen Leistungsgewinn.

- Sollte Windows 95 nach der Installation nicht ausgeführt werden können, dann drücken Sie die Taste [F8], wenn die Meldung *Windows 95 wird jetzt gestartet...* erscheint, und wählen aus dem Menü den Punkt für die Einzelbestätigung aus. Es werden dann die Einträge in den Startdateien einzeln abgearbeitet, und Sie müssen die Ausführung jeder Befehlszeile einzeln bestätigen. So können Sie einen Eintrag, der eine Störung verursacht, zuverlässig eruieren.

- Sollte das Setup einen Fehler im hohen Speicherbereich bemängeln, dann kann die Datei EMM386 schuld daran haben, daß es im UMB-Bereich zu einer Störung kommt. Deaktivieren Sie in der Startdatei CONFIG.SYS die Zeile mit dem EMM386-Eintrag.

Windows 95 neben Windows 3.1 und MS-DOS installieren

Sie müssen Windows 95 nicht als alleiniges Betriebssystem installieren, sondern es ist auch eine Mehrbetriebssystemumgebung möglich. Sie können also wahlweise mit Windows 95, DOS oder Windows 3.1 arbeiten, wenn Sie beim Installieren gleich die richtigen Schritte vornehmen. Dies ist normalerweise auch ohne Probleme möglich, das heißt, die unterschiedlichen Betriebssysteme bzw. Benutzeroberflächen kommen sich nicht in die Quere. Führen Sie dazu die nachfolgenden Arbeitsschritte aus:

4.2 Windows 95 richtig installieren

- Starten Sie Ihren Computer, und geben Sie am DOS-Prompt den Befehl WIN ein. Sie aktivieren damit Windows 3.1.
- Legen Sie die CD-ROM oder die erste Installationsdiskette in das aktuelle Laufwerk ein.
- Aktivieren Sie in Windows den Befehl AUSFÜHREN aus dem Menü DATEI, und geben Sie den Befehl `Laufwerk):\setup.exe` ein.
- Es erscheint nun der Begrüßungsbildschirm, den Sie mit der Schaltfläche WEITER verlassen. Anschließend wird ein Assistent eingerichtet, der die Systemumgebung überprüft. Achten Sie auf das Dialogfenster mit der Überschrift VERZEICHNIS AUSWÄHLEN. Hier gibt es zwei Wahlmöglichkeiten, und zwar entweder C:\WINDOWS oder ANDERES VERZEICHNIS. Wählen Sie die Funktion ANDERES VERZEICHNIS, und klicken Sie die Schaltfläche WEITER AN.

Abb. 4.40: Wählen Sie ein anderes Verzeichnis, wenn Sie Windows 95 in einer Mehrbetriebssystemumgebung laufen lassen wollen.

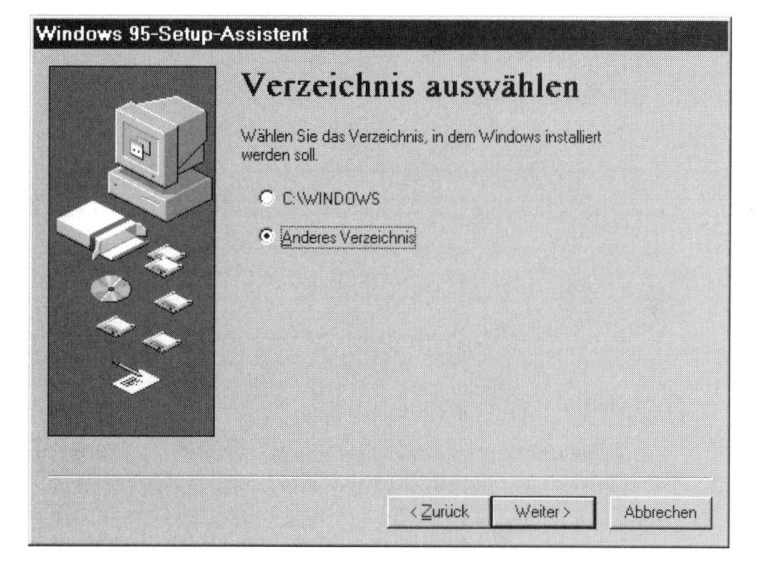

- Im erscheinenden Dialogfenster geben Sie ein abweichendes Verzeichnis ein, beispielsweise `C:\WIN95`.
- Starten Sie Ihren Rechner erneut, und es erscheint der folgende Hinweis auf dem Bildschirm: *Windows 95 wird gestartet...*.
- Windows 95 wird nun installiert und anschließend automatisch als Standard-Betriebssystem angesehen.

Eine kleine Änderung müssen Sie noch vornehmen, damit Sie beim Starten das Betriebssystem wählen können. Es handelt sich um die sogenannte *Dualboot-Fähigkeit*, die über einen Parameter in der Systemdatei MSDOS.SYS aktiviert oder deaktiviert wird.

Da die Systemdatei MSDOS.SYS eine versteckte Datei ist, kann auf sie nicht ohne weiteres zugegriffen werden. Sie müssen dazu erst die Attribute ändern. Bewerkstelligen Sie dies mit den nachfolgenden Arbeitsschritten:

- Standardmäßig ist die Dualboot-Fähigkeit nicht gegeben, und Windows 95 wird automatisch geladen. Wählen Sie den Befehl START | PROGRAMME | MS-DOS EINGABEAUFFORDERUNG. Sie sehen jetzt den DOS-Prompt.
- Wechseln Sie in das Hauptverzeichnis, indem Sie den Befehl cd\ eingeben.
- Geben Sie den folgenden Befehl ein, um die Attribute der Systemdatei MSDOS.SYS so zu ändern, daß Sie sie bearbeiten können: attrib -h -r -s msdos.sys.
- Rufen Sie den MS-DOS-Editor mit dem folgenden Befehl auf: edit c:\msdos.sys.
- Suchen Sie nach der Sektion [OPTIONS], und tragen Sie den Befehl BootMulti=1 ein.
- Sie speichern die Datei MSDOS.SYS ab, kehren zum DOS-Prompt zurück und setzen Attribute der veränderten Systemdatei mit dem folgenden Befehl wieder zurück, damit später keine unbeabsichtigten Änderungen vorgenommen werden können: attrib +h +r +s msdos.sys.
- Starten Sie Ihren Rechner neu.

Während des Startvorgangs sehen Sie den Hinweis *Windows 95 wird gestartet...* auf dem Bildschirm. Drücken Sie die Funktionstaste F4, während diese Meldung erscheint, und Ihr Rechner startet unter DOS.

Sie können aber auch die Funktionstaste F8 drücken. Dadurch gelangen Sie in ein Auswahlmenü, aus dem Sie den Eintrag *Vorherige DOS-Version* wählen.

Windows 95 als sekundäres Betriebssystem

Es ist mit den nachfolgenden Arbeitsschritten möglich, daß Sie Ihren Rechner automatisch wie gewohnt unter DOS starten und nur bei Bedarf Windows 95 laden.

Ändern Sie dazu, wie bereits beschrieben, in der Startdatei MSDOS.SYS den Eintrag *BootMulti=0*. Wenn Sie den Rechner das nächste Mal starten, wird automatisch DOS gestartet. Wenn Sie unter Windows 95 starten wollen, dann drücken Sie die Funktionstaste F8, sobald Sie die Meldung *Starten von MS-DOS* sehen, und wählen den letzten Eintrag des Startmenüs.

4.2 Windows 95 richtig installieren

In der Systemdatei MSDOS.SYS gibt es einige interessante Parameter, die in der nachfolgenden Tabelle aufgelistet sind. Damit Sie allerdings diese Parameter überhaupt ändern können, müssen Sie zuerst einmal den Zugriff auf die Datei MSDOS.SYS ermöglichen. Benutzen Sie den bereits erwähnten Befehl `attrib -h -r -s msdos.sys`, um den Schreibschutz dieser Datei aufzuheben, und vergessen Sie nach den Änderungen nicht, den Schreibschutz wieder zu aktivieren, damit die Datei vor unbeabsichtigten Änderungen geschützt ist. Alle Parameter befinden sich in der Sektion [OPTION].

Befehlszeile	Parameter
`BootDelay=n`	Dieser Wert bestimmt die Dauer der Wartezeit, die nach dem Erscheinen der Meldung *Windows 95 wird gestartet...* verstreicht, bevor weitere Aktionen ausgeführt werden.
`BootKeys=0`	Sie können diesen Parameter benutzen, damit die Funktionstasten [F4] und [F8] beim Starten des Rechners nicht mehr zur Verfügung gestellt werden.
`BootMenu=0`	Dieser Parameter bewirkt, daß das Startmenü, aus dem Sie die unterschiedlichen Startmodi wählen können, nicht mehr angezeigt wird.
`DblSpace=0`	Setzen Sie diesen Parameter, wenn die Datei DBLSPACE.BIN nicht mehr geladen werden soll.
`DoubleBuffer=0`	Mit diesem Eintrag wird keine doppelte Pufferung vorgenommen. Dies ist dann sinnvoll, wenn in Ihrem Rechner kein SCSI-Controller installiert ist.
`DrvSpace=0`	Mit diesem Parameter verhindern Sie, daß die Datei DRVSPACE.BIN geladen wird.

Tab. 4.3: **Parameter der Sektion [OPTION]**

Troubleshooting

Auch unter Windows 95 kann es natürlich zu Fehlern oder Störungen kommen. Wenn Sie einen solchen Fehler oder eine Störung eingrenzen wollen, dann stellt das Logbuch unter Windows 95 eine gute Möglichkeit dar. Dieses Logbuch wird während des Startens von Windows 95 angelegt. Der Startvorgang wird zwar dadurch etwas verlängert, daß bei jedem Schritt ein Eintrag erfolgt, ob er erfolgreich verlaufen ist oder nicht, aber Sie haben ein sehr gutes Mittel an der Hand, um Fehlerquellen einzugrenzen.

Drücken Sie die Taste [F8], während die Meldung *Windows 95 wird gestartet...* auf dem Bildschirm erscheint, und wählen Sie aus dem Startmenü den Eintrag *Protokolliert*. Windows 95 legt daraufhin beim Starten eine Logbuchdatei namens BOOTLOG.TXT an. Sie finden diese Datei im Hauptverzeichnis Ihrer Festplatte. Sie können diese Datei mit jedem beliebigen Editor einsehen, also beispielsweise mit dem Norton Commander, dem Wordpad usw., da das Logbuch als ACSII-Textdatei angelegt wird.

Wurde ein Befehl erfolgreich ausgeführt, dann wird dies mit dem Eintrag *Done* oder *Success* angezeigt. Wenn beim Laden eines Treibers oder beim Ausführen eines Befehls ein Fehler aufgetreten ist, wird dies mit dem Kommentar *Loadfail* angezeigt.

Wenn Sie die Datei BOOTLOG.TXT im Explorer suchen und einen Doppelklick darauf ausführen, dann wird sie im Bootlog-Editor geladen, und Sie können sie betrachten.

**Abb. 4.41:
Die Logbuchdatei im Bootlog-Editor**

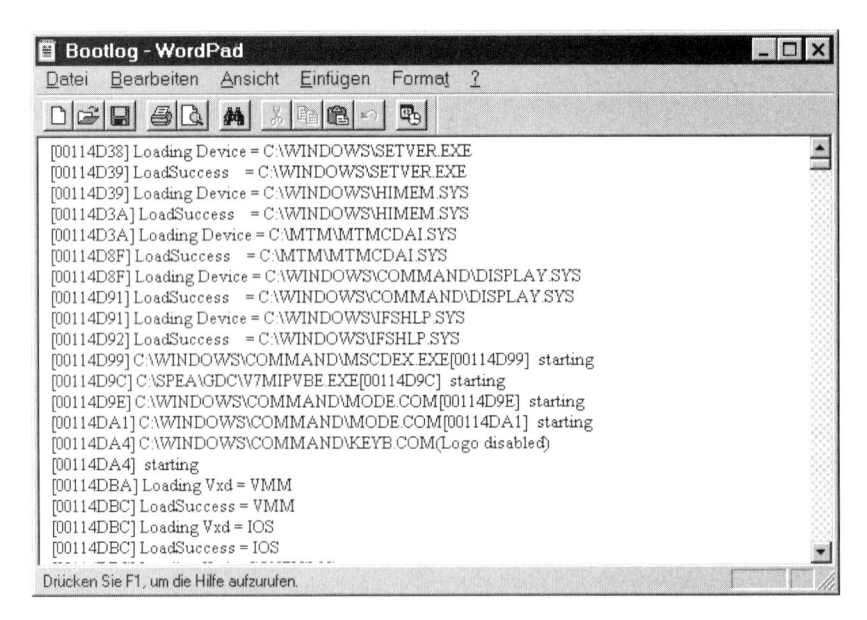

```
[00114D38] Loading Device = C:\WINDOWS\SETVER.EXE
[00114D39] LoadSuccess   = C:\WINDOWS\SETVER.EXE
[00114D39] Loading Device = C:\WINDOWS\HIMEM.SYS
[00114D3A] LoadSuccess   = C:\WINDOWS\HIMEM.SYS
[00114D3A] Loading Device = C:\MTM\MTMCDAI.SYS
[00114D8F] LoadSuccess   = C:\MTM\MTMCDAI.SYS
[00114D8F] Loading Device = C:\WINDOWS\COMMAND\DISPLAY.SYS
[00114D91] LoadSuccess   = C:\WINDOWS\COMMAND\DISPLAY.SYS
[00114D91] Loading Device = C:\WINDOWS\IFSHLP.SYS
[00114D92] LoadSuccess   = C:\WINDOWS\IFSHLP.SYS
[00114D99] C:\WINDOWS\COMMAND\MSCDEX.EXE[00114D99] starting
[00114D9C] C:\SPEA\GDC\V7MIPVBE.EXE[00114D9C] starting
[00114D9E] C:\WINDOWS\COMMAND\MODE.COM[00114D9E] starting
[00114DA1] C:\WINDOWS\COMMAND\MODE.COM[00114DA1] starting
[00114DA4] C:\WINDOWS\COMMAND\KEYB.COM(Logo disabled)
[00114DA4] starting
[00114DBA] Loading Vxd = VMM
[00114DBC] LoadSuccess = VMM
[00114DBC] Loading Vxd = IOS
[00114DBC] LoadSuccess = IOS
```

Dieser Editor stellt einige sinnvolle Hilfsmittel zur Verfügung. Wenn Sie beispielsweise den Befehl DRUCKEN aus dem Menü DATEI wählen, dann können Sie sich den Inhalt der Datei BOOTLOG.TXT oder jeder anderen Datei, die in diesem Editor geladen ist, ausdrucken lassen. Dies ist beispielsweise dann sinnvoll, wenn Sie externe Hilfe annehmen und den Inhalt der Datei per Fax oder Brief verschicken wollen.

Sie können auch nach einem bestimmten Eintrag suchen lassen. Stellen Sie sich vor, Sie wollen wissen, ob VSHARE korrekt geladen wurde. Sie können entweder die gesamten Einträge Zeile für Zeile nach diesem Eintrag durchsuchen, oder Sie wählen den Befehl SUCHEN aus dem Menü SUCHEN und geben im gleichnamigen Dialogfenster in das Feld SUCHEN NACH den Suchbegriff, in diesem Fall also VSHARE, ein. Sie können nun durch entsprechende Funktionen auswählen, ob innerhalb der Einträge aufwärts oder abwärts gesucht werden soll und ob die Suche mit der korrekten Groß- und Kleinschreibung erfolgen soll.

Abb. 4.42:
Geben Sie den Suchbegriff ein, nach dem in der Logbuchdatei gesucht wird.

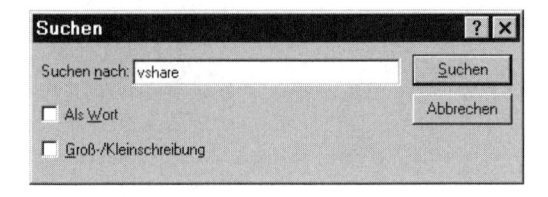

Geläufige Fehlermeldungen unter Windows 95

Folgende Fehlermeldungen können beim Betrieb von Windows 95 auftreten:

Auf Laufwerk A:\ (beziehungsweise ein anderes Diskettenlaufwerk) kann nicht zugegriffen werden.

Normalerweise erhalten Sie diese Fehlermeldung dann, wenn Sie auf ein Diskettenlaufwerk zugreifen wollen, das keine Diskette enthält. Unter Windows 95 kann diese Fehlermeldung aber mitunter auch dann auftauchen, wenn kein Zugriff auf dieses Laufwerk erfolgt, aber ein Pfad von einer anderen Anwendung darauf eingestellt ist.

Schaffen Sie Abhilfe, indem Sie eine Diskette in das angegebene Laufwerk einlegen und die Schaltfläche WIEDERHOLEN anklicken. Zwar wird jetzt der Disketteninhalt aufgelistet, aber wenn Sie anschließend im Explorer auf das Festplattenlaufwerk umschalten, dürfte diese Fehlermeldung nicht mehr auftauchen.

Datenzugriff nicht möglich.

Diese Fehlermeldung taucht meistens dann auf, wenn Daten gespeichert werden sollen. Dies kann mit Problemen beim 32-Bit-Modus zusammenhängen.

Windows 95 stellt für einen solchen Fall selbst eine Möglichkeit der Fehlerbehebung zur Verfügung. Wählen Sie den Befehl START | EINSTELLUNGEN | SYSTEMEINSTELLUNGEN, und doppelklicken Sie auf das Icon SYSTEM. Aktivieren Sie den Registerkartenreiter LEISTUNGSMERKMALE, und klicken Sie die Schaltfläche DATEISYSTEM AN. Aktivieren Sie den Registerkartenreiter FEHLERBEHEBUNG, und probieren Sie die passenden Möglichkeiten aus. Treten die Probleme beispielsweise beim Öffnen oder beim Speichern einer Datei auf, dann deaktivieren Sie die FUNKTION VERZÖGERTES SCHREIBEN FÜR ALLE LAUFWERKE DEAKTIVIEREN.

**Abb. 4.43:
Die Funktionen
zur Fehlerbehebung unter
Windows 95**

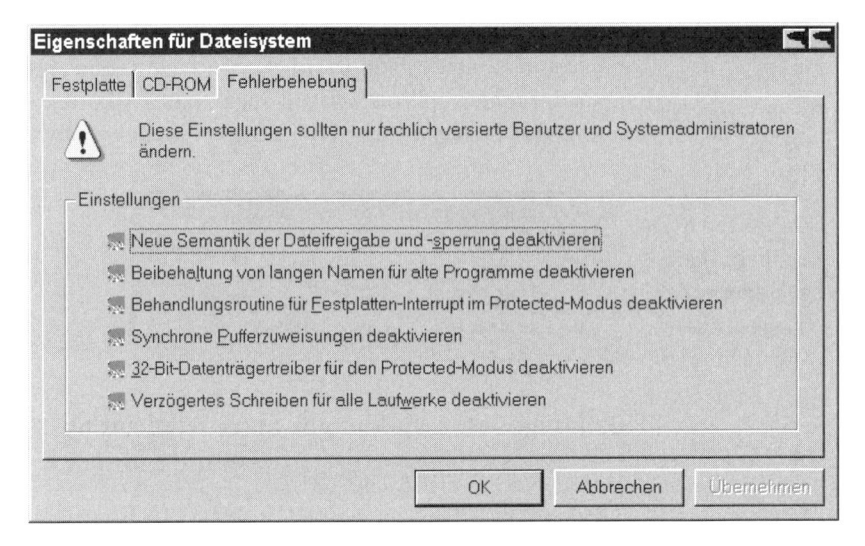

Eine Anwendung greift auf reservierten Arbeitsspeicher zu. Sichern Sie alle Daten, und beenden Sie alle Anwendungen.

Diese Fehlermeldung tritt fast ausschließlich bei DOS-Programmen auf. Diese Programme greifen direkt auf den Prozessor des Rechners zu, was unter Windows 95 zu dieser Fehlermeldung führt. Solche Programme, meist handelt es sich um Spiele, sind so programmiert, daß sie die alleinige Herrschaft über den Rechner haben müssen.

Betreiben Sie das Programm, das diesen Fehler verursacht, im MS-DOS-Modus. Windows 95 zieht sich in diesem Fall bis auf einen kleinen Rest aus dem Arbeitsspeicher zurück und überläßt die Kontrolle dem DOS-Programm. Nützt dies nichts, dann wählen Sie den Befehl START | BEENDEN, aktivieren die Funktion COMPUTER IM MS-DOS-MODUS STARTEN und klicken die Schaltfläche OK AN.

Eine weitere Möglichkeit besteht darin, die Eigenschaften einer DOS-Anwendung, die unter Windows 95 gestartet wird, zu definieren. Sehen Sie dazu im Abschnitt 5.1, Spiele im DOS-Modus unter Windows 98/95, nach.

Datei xxx kann nicht gelöscht werden. Die angegebene Datei wurde nicht gefunden.

Ist ein Programm abgestürzt, dann kann es sein, daß eine gerade bearbeitete Datei noch als temporäre Datei im temporären Verzeichnis übrig geblieben ist und auf dem normalen Weg nicht mehr unter Windows 95 gelöscht werden kann. Auch der Weg über die MS-DOS-Eingabeaufforderung führt in diesem Fall nicht ans Ziel, da Windows 95 trotzdem die Kontrolle behält.

Wählen Sie den Befehl START | BEENDEN, aktivieren Sie die FUNKTION COMPUTER IM MS-DOS-MODUS STARTEN, und klicken Sie auf die Schaltfläche OK, um Ihren Computer im MS-DOS-Modus zu starten. Möglicherweise sind die temporären Dateien auch versteckt und schreibgeschützt. Wechseln Sie mit dem Befehl cd\ in das Verzeichnis, in dem sich die temporären Dateien befinden, und heben Sie die Attribute für die versteckte Anzeige und für den Schreibschutz mit dem Befehl attrib *.tmp -h -r auf. Anschließend können Sie die in Frage kommenden Dateien mit dem Befehl DEL löschen.

Von Laufwerk C:\ kann nicht gelesen werden.

Dieses Problem tritt auf, wenn sich Windows 95 aufhängt. Im MS-DOS-Modus kann jedoch problemlos gestartet und auf den Rechner zugegriffen werden. Schuld sind hier meistens ältere Cache-Programme oder auch ältere Virenscanner. Solche Cache-Programme sind beispielsweise in den Norton Utilities oder in den PC Tools vorhanden. Mitunter können auch ältere Versionen von Speicher-Managern wie beispielsweise QUEMM einen solchen Fehler verursachen.

Deaktivieren Sie ältere Cache-Programme und ältere Virenscanner in den Startdateien, indem Sie vor die entsprechenden Zeilen das Wort REM, gefolgt von einem Leerzeichen, setzen.

Ungültige Verknüpfung. Die Datei bzw. das Laufwerk oder die Netzverbindung, auf die sich die Verknüpfung bezieht, ist nicht mehr gültig.

Diese Fehlermeldung erscheint dann, wenn auf eine Verknüpfung zugegriffen wird, die nicht mehr besteht. Entweder wurde die Datei, auf die sich die Verknüpfung bezieht, gelöscht oder in ein anderes Verzeichnis verschoben. Wurde die Verknüpfung zu einem Wechselfestplattenlaufwerk hergestellt, das sich nicht mehr im Rechner befindet, dann erscheint ebenfalls eine solche Fehlermeldung.

Prüfen Sie, sofern es sich um eine Datei handelt, ob sich diese noch im verknüpften Verzeichnis befindet. Klicken Sie diese Datei im Explorer mit der rechten Maustaste an, und wählen Sie aus dem Untermenü den Befehl EIGENSCHAFTEN. Aktivieren Sie den Registerkartenreiter VERKNÜPFUNG, dann können Sie die Verknüpfung erkennen. Kopieren Sie die Datei entweder wieder in das Verzeichnis, auf das die ursprüngliche Verknüpfung zeigt, oder erstellen Sie eine neue Verknüpfung.

Abb. 4.44:
Die Verknüpfung einer Datei einsehen

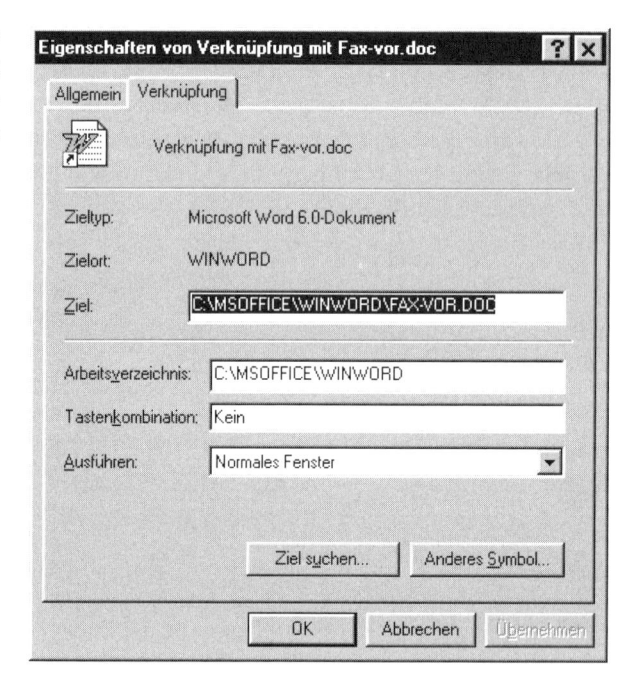

Komprimierungstreiber ist nicht kompatibel.

Wenn Sie beispielsweise eine Wechselfestplatte mit dem Programm *Drivespace 3* komprimiert haben und auf diese Wechselplatte mit einem Rechner zugreifen wollen, auf dem die Standardversion dieses Programms installiert ist, dann kommt es zu einer solchen Fehlermeldung. Diese Fehlermeldung erscheint ebenfalls, wenn Sie zwei Rechner direkt miteinander verbunden haben und sich auf beiden Rechnern unterschiedliche Versionen des Komprimierungsprogramms befinden.

Die Lösung besteht darin, auf allen Datenträgern bzw. auf allen verbundenen Rechnern, auf die Sie zugreifen wollen, die gleiche Version des Komprimierungsprogramms zu installieren.

So werden Sie Windows 95 wieder los

Es ist natürlich nicht anzunehmen, daß Sie Windows 95 nur deshalb installiert haben, um es danach umgehend wieder zu löschen, aber es kann beispielsweise sein, daß Sie einige Zeit nach der Installation merken, daß der Rechner Ihren Anforderungen nicht genügt, und sich einen neuen kaufen. Den alten Rechner wollen Sie nun nicht wegwerfen oder verkaufen, sondern für andere Zwecke nutzen, beispielsweise zur Texterfassung. Dazu wollen Sie aber Windows 95 nicht benutzen.

4.2 Windows 95 richtig installieren

Ein wesentlicher Punkt ist die Frage, was vor der Installation von Windows 95 bereits auf diesem Rechner installiert war. Wurde es auf einer vorher leeren Festplatte als alleiniges Betriebssystem installiert und befinden sich keine weiteren Programme darauf, dann ist es am einfachsten, die Festplatte neu zu formatieren und anschließend beispielsweise Windows 3.11 zu installieren.

Wenn Sie aber Windows 95 über eine bereits vorhandene DOS- und Windows-Kombination installiert haben, dann erfolgte eine Abfrage nach dem Anlegen einer Sicherungsdatei des bestehenden Betriebssystems. Sofern Sie hier zugestimmt haben, dann hat Windows 95 eine Datei namens W95UNDO.DAT angelegt. Diese Datei enthält alle Informationen, wenn Sie mit dem Programm UNINSTALL den Zustand wiederherstellen wollen, der vor der Installation von Windows 95 geherrscht hat. Mit den nachfolgenden Arbeitsschritten können Sie dies bewerkstelligen:

- Starten Sie Ihren Rechner.
- Sobald die Meldung *Windows 95 wird jetzt gestartet...* erscheint, drücken Sie die Funktionstaste [F5], und es wird der MS-DOS-Modus ausgeführt.
- Starten Sie das Programm UNINSTALL. Sie finden es entweder im Unterverzeichnis WINDOWS\COMMAND oder auf der Startdiskette.
- Beantworten Sie die Abfragen nach dem Start von UNINSTALL, mit dem Ziel der Deinstallation von Windows 95. Es dauert anschließend etwa zehn bis 15 Minuten, und der Zustand vor der Installation von Windows 95 ist wiederhergestellt.

Auf keinen Fall sollten Sie dieses Deinstallationsprogramm verwenden, wenn Sie die Festplatte, auf der Sie Windows 95 installiert haben, anschließend komprimiert haben.

Abb. 4.45:
Starten Sie die
Deinstallation
von Windows 95.

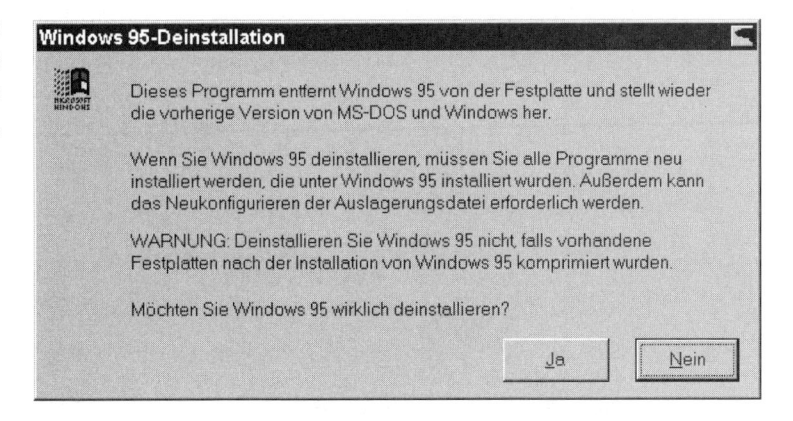

Windows 95-Deinstallation

Dieses Programm entfernt Windows 95 von der Festplatte und stellt wieder die vorherige Version von MS-DOS und Windows her.

Wenn Sie Windows 95 deinstallieren, müssen Sie alle Programme neu installiert werden, die unter Windows 95 installiert wurden. Außerdem kann das Neukonfigurieren der Auslagerungsdatei erforderlich werden.

WARNUNG: Deinstallieren Sie Windows 95 nicht, falls vorhandene Festplatten nach der Installation von Windows 95 komprimiert wurden.

Möchten Sie Windows 95 wirklich deinstallieren?

[Ja]   [Nein]

4.2.2 Das Arbeiten mit Windows 95

95 Die folgenden drei Abschnitte sollen Ihnen eine kurze Einführung in die Arbeit mit Windows 95 geben.

Die Systemsteuerung

95 Mit der Systemsteuerung beeinflussen Sie die meisten Komponenten unter Windows 95. Sie können hiermit den Drucker einrichten, die Bildschirmanzeige beeinflussen, die Schnittstellen steuern, die Schriften verwalten und vieles mehr.

Sie finden die Systemsteuerung mit dem Befehl START | EINSTELLUNGEN | SYSTEMSTEUERUNG. Wollen Sie sich den Umweg über den Eintrag EINSTELLUNGEN sparen, dann verfahren Sie wie folgt:

- Klicken Sie mit der rechten Maustaste auf START, und wählen Sie aus dem Untermenü den Befehl EXPLORER.
- Wählen Sie den Befehl NEU aus dem Menü DATEI und anschließend den Eintrag ORDNER aus dem Untermenü. In der rechten Hälfte des Explorers wird ein neuer Ordner angelegt, und das Namensfeld ist invers unterlegt. Geben Sie hier einen Namen wie »System« oder »Systemsteuerung« an. Sie können hier jeden beliebigen Namen angeben, der einigermaßen ausdrucksstark ist, damit Sie auch noch einige Tage später wissen, was damit gemeint ist. Allerdings darf auf dieser Verzeichnisebene kein anderer Ordner mit demselben Namen existieren.

Abb. 4.46:
Der neue Ordner wird angelegt.

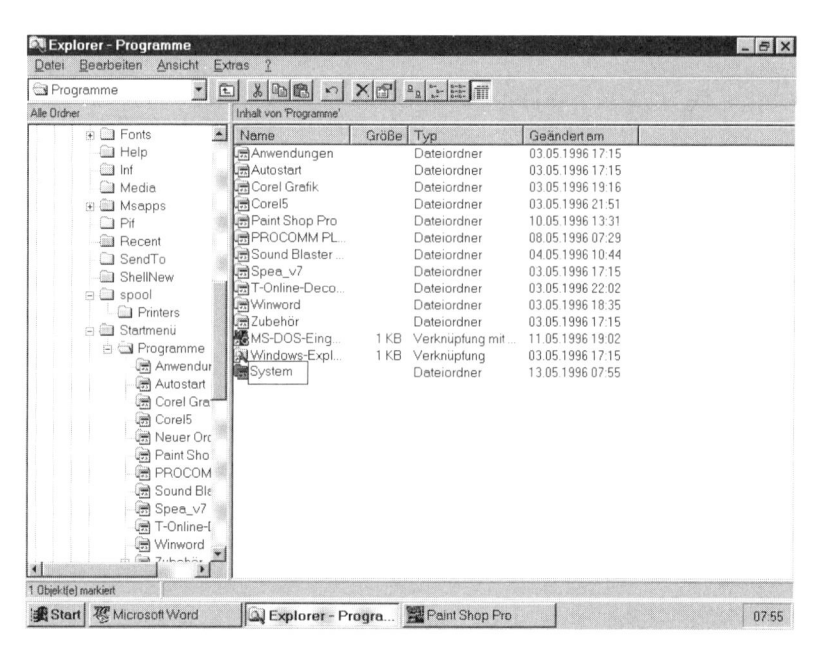

4.2 Windows 95 richtig installieren

- Wechseln Sie jetzt wieder in den linken Teil des Explorers, und öffnen Sie den Ordner SYSTEMSTEUERUNG, also den Originalordner. In der rechten Seite des Explorers wird nun der Inhalt der Systemsteuerung mit jeweils einer kurzen Beschreibung zu den einzelnen Punkten angezeigt.
- Ziehen Sie mit der Maus alle diese Einträge in den neuen Ordner, der in diesem Beispiel SYSTEM heißt. Es erscheint ein Warnhinweis darauf, daß diese Dateien nicht verschoben werden können, sondern jeweils nur eine Verknüpfung angelegt wird. Dies spielt aber keine Rolle, denn auch über die Verknüpfung können Sie die jeweiligen Funktionen ausführen.
- Wenn Sie nun den Befehl START wählen, dann erscheint der neu angelegte Ordner direkt oberhalb des Eintrags PROGRAMME. Wenn Sie den Mauszeiger auf diesen Eintrag bewegen, dann öffnet sich ein Untermenü, aus dem Sie die Einträge auswählen können, die Sie zuvor verknüpft haben.

Abb. 4.47: Ziehen Sie die gewünschten Funktionen in den neu angelegten Ordner.

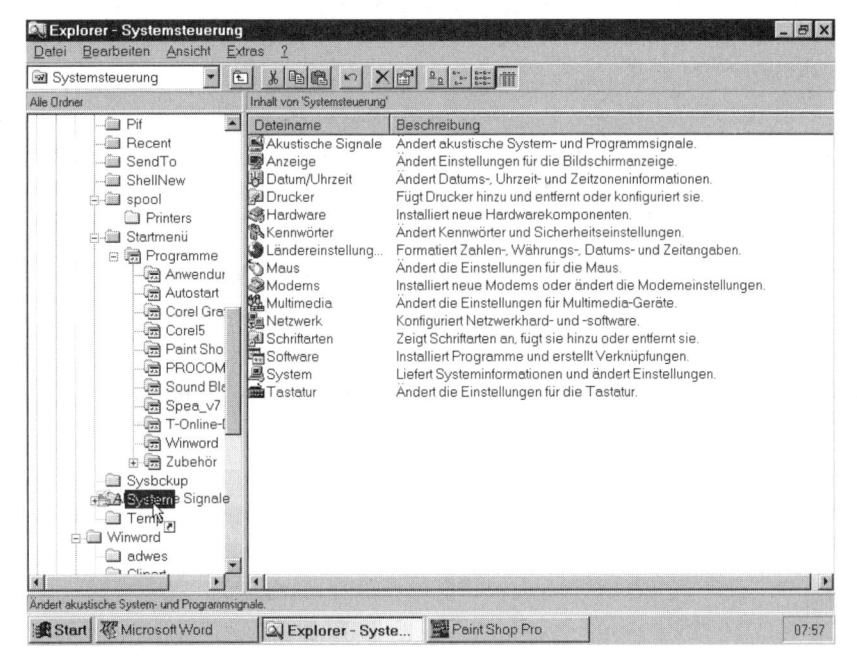

Folgende Möglichkeiten stehen Ihnen in der Systemsteuerung zur Verfügung (alphabetisch geordnet):

Akustische Signale. Hier können Sie Systemereignissen, wie beispielsweise dem Schließen von Windows 95, einen Sound zuweisen. Dieser Sound muß auf der Festplatte in Form einer WAV-Datei vorliegen. Ereignisse, denen Sie einen Sound zugewiesen haben, sind mit einem Lautsprecher gekennzeichnet. Weisen Sie einem Ereignis einen Sound zu, indem Sie das Ereignis in der Liste EREIGNISSE markieren und anschließend aus der Dropdown-Liste NAME unter AKUSTISCHES SIGNAL einen Sound auswählen.

Darüber hinaus können Sie Schemata benutzen, sofern Sie diese bei der Installation ausgewählt haben. Es stehen JUNGLE, UTOPIA und MUSICA zur Verfügung. Sie wählen ein solches Schema aus der gleichnamigen Dropdown-Liste aus. Sollten diese Schemata nicht verfügbar sein, dann installieren Sie sie mit den folgenden Arbeitsschritten:

- Wählen Sie den Befehl START | EINSTELLUNGEN | SYSTEMEINSTELLUNGEN, und aktivieren Sie das Icon SOFTWARE.
- Aktivieren Sie den Registerkartenreiter WINDOWS-SETUP, und wählen Sie aus der Liste KOMPONENTEN den Eintrag MULTIMEDIA.
- Klicken Sie die Schaltfläche DETAILS an, und wählen Sie im darauffolgenden Dialogfenster ebenfalls aus der Liste KOMPONENTEN die Schemata aus, die Sie installieren wollen.

Anzeige. Mit dieser Auswahl können Sie für den Bildschirm Muster und Hintergrundbilder einstellen (Registerkartenreiter HINTERGRUND). Bedenken Sie hierbei, daß solche Elemente mehr oder weniger Arbeitsspeicher benötigen, den Sie für andere Anwendungen möglicherweise dringender brauchen.

Sie können einen Bildschirmschoner, ein Kennwort zur Aktivierung des Systems nach dem Aufruf eines Bildschirmschoners und die Energiesparfunktion des Monitors aktivieren, sofern dieser dafür ausgelegt ist (Registerkartenreiter BILDSCHIRMSCHONER).

Die Darstellung der Elemente unter Windows 95 kann verändert werden. Dazu zählen beispielsweise Titelleisten von Dialogfenstern, Titelleistenschaltflächen, 3D-Elemente usw.

Sie können die Farbe, die Schriftart und die Größe ändern. Diejenigen Änderungen, die Sie vornehmen können, sind aktiviert (Registerkartenreiter DARSTELLUNG).

Mit dem Registerkartenreiter EINSTELLUNGEN gelangen Sie in ein Dialogfenster, in dem Sie verschiedene Farbschemata und einen Editor vorfinden, mit dem Sie die Schriften des Arbeitsbildschirms und dessen Elemente verändern können. Außerdem werden in diesem Dialogfenster die Einstellungen für die Darstellung des Monitors (Auflösung, Treiber usw.) vorgenommen

Datum (Uhrzeit). Justieren Sie hier das Datum und die Uhrzeit und gegebenenfalls die Zeitzone.

Abb. 4.48:
Stellen Sie hier das aktuelle Datum und die Uhrzeit ein.

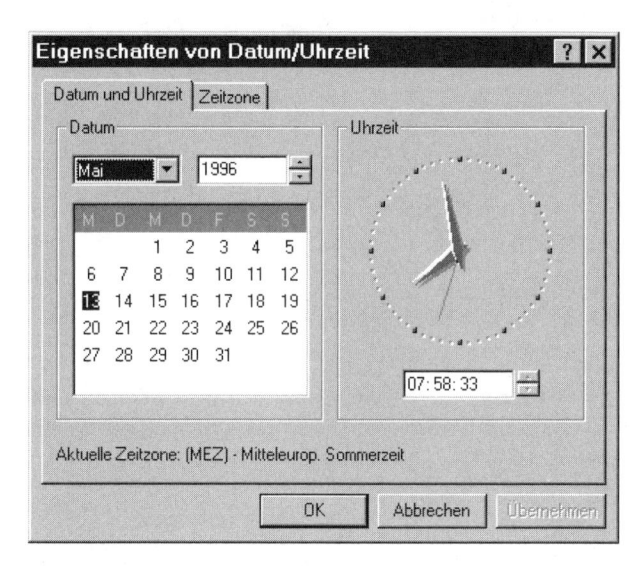

Drucker. In diesem Dialogfenster finden Sie die auf Ihrem System eingerichteten Drucker. Wenn Sie einen neuen Drucker einrichten wollen, dann doppelklicken Sie auf das Icon NEUER DRUCKER. Ansonsten wählen oder installieren Sie hier den Anschluß und den Treiber für den aktuellen Drucker, das Zeitlimit, die Einstellungen für den Warteschlangenbetrieb, also den Spooler (Registerkartenreiter DETAILS), die Papiergröße und das Papierformat, die Papierzufuhr und die Anzahl der Kopien (Registerkartenreiter PAPIER), die Auflösung, die Farbmischung und die Druckdichte (Registerkartenreiter GRAFIK), die Optionen für die verwendeten Schriftarten (Registerkartenreiter SCHRIFTARTEN), den Druckerspeicher und die Druckerspeicherbelegung (Registerkartenreiter GERÄTEOPTIONEN).

Eingabehilfen. Über die Eingabehilfe können Sie Funktionen einstellen, die Personen mit einem körperlichen Handicap das Arbeiten mit Windows 95 erleichtern sollen.

Eine simulierte Einrastfunktion ermöglicht es, Tastenkombinationen mit nur einer Hand zu drücken. Die Anschlagsverzögerung registriert beim mehrfachen Anschlagen einer Taste nur einen Anschlag oder ist in der Lage, nur einen Anschlag zu erkennen. Über die Statusanzeige kann das Drücken der Tasten `Num⇩`, `⇧` und `Rollen⇩` akustisch unterlegt werden. Einige der Funktionen können ebenfalls dem Benutzer akustisch mitgeteilt werden (Registerkartenreiter TASTATUR).

Akustische Systemsignale können unter Windows 95 visuell dargestellt werden, und es können Programme angewiesen werden, Sprachausgabe und akustische Signale schriftlich darzustellen (Registerkartenreiter AKUSTISCHE SIGNALE).

Sie können die Farb- und Schriftenauswahl unter Windows 95 mit Blick auf die optimale Lesbarkeit umstellen (Registerkartenreiter ANZEIGE).

Der Mauszeiger kann mit den Tasten des Ziffernblocks bewegt werden (Registerkartenreiter MAUS).

Hardware. Der Hardwareassistent unterstützt Sie bei der Installation neuer Hardwarekomponenten. Sie können hier entweder eine automatische Suche nach entsprechenden Treibern vornehmen oder diese manuell von einem externen Datenträger installieren.

Kennwörter. Mit dieser Funktion können Sie ein bestehendes Windows-Kennwort oder ein Kennwort für andere Dienste ändern oder einrichten. Beispielsweise können Sie verschiedener Anwenderprofile anlegen.

Ländereinstellungen. In jedem Land gibt es andere Währungen, Zeitformate, Datumsformate usw. Im Dialogfenster LÄNDEREINSTELLUNGEN stehen Ihnen viele Länderformate zur Verfügung. Allein für den deutschsprachigen Raum sind es fünf verschiedene Einstellungen.

Maus. Sie können hier einen anderen Maustreiber einbinden, wenn Sie eine Maus installieren, die von Windows 95 nicht durch einen vorhandenen Treiber unterstützt wird. Außerdem können Sie die Mausspur, die Geschwindigkeit des Doppelklicks und die Umstellung für Linkshänder ändern. Neu unter Windows 95 ist die Liste ZEIGER. Hier können Sie unter verschiedenen Cursortypen wählen. Es sind sogar animierte Cursor vorhanden.

Modem. In diesem Dialogfenster können Sie, ähnlich wie mit dem Hardwareassistenten, nach einem installierten Modem suchen. Findet Windows 95 das Modem und hat einen passenden Treiber parat, dann können Sie sich dessen manuelle Installation sparen. Sofern das Modem nicht erkannt wird, steht Ihnen die Möglichkeit offen, einen Treiber für das Modem manuell zu installieren.

Außerdem werden hier die Einstellungen für das Modem, wie beispielsweise die Datenübertragungsrate, die Anzahl der Daten- und Stopbits, die Lautstärke des Lautsprechers sowie die Einstellungen für den Sende- und Empfangspuffer, vorgenommen.

Multimedia. Über mehrere Registerkarten regulieren Sie die Lautstärke von angeschlossenen Lautsprechern und entscheiden, ob dieses Symbol in der Task-Leiste von Windows 95 erscheinen soll. Soundkarten können für eine Aufnahme auf unterschiedliche Aufnahmequalitäten eingestellt werden. Sie können unter VIDEO bestimmen, wie groß das Wiedergabefenster sein soll. Sie haben Zugriff auf die MIDI-Einstellungen und können die Lautstärkeeinstellungen für Audio-CDs vornehmen. Über die erweiterten Einstellungen können Sie eine Liste der installierten Multimedia-Geräte bzw. -Funktionen einsehen, und für jeden Eintrag stehen individuelle Möglichkeiten der Veränderung von Parametern zur Verfügung.

Abb. 4.49:
Die Audio-Einstellungen in den Eigenschaften von Multimedia

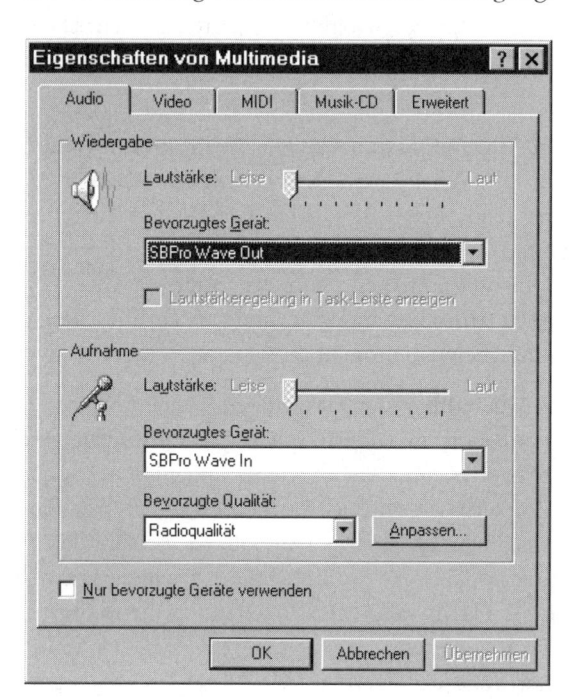

Netzwerk. Hinter diesem Icon verbergen sich die Zugänge zum DFÜ-Netzwerk, zu Peer-to-Peer-Netzwerken (Direktverbindungen zwischen zwei PCs) sowie Übergänge zu anderen Netzen. Wurde von Windows 95 bereits eine Netzwerkkarte erkannt, dann können Sie hier auf die Funktionen der Software zugreifen (Protokolle, Dienste usw.). Wichtig ist der Registerkartenreiter IDENTIFIKATION, denn mit den Parametern für Computername und Arbeitsgruppe wird Ihr Computer im Netz identifiziert. Über den Registerkartenreiter ZUGRIFFSSTEUERUNG legen Sie die Zugriffsbedingungen für fremde Computer fest, die auf Ihren Rechner zugreifen wollen. Wenn Sie eine Zugriffssteuerung auf Freigabe festlegen, kann jeder Benutzer, der sich in Ihr System eingeloggt hat, auf alle freigegebenen Ressourcen zugreifen. Wenn Sie eine Zugriffssteuerung auf Benutzerebene festlegen, können Sie bestimmte Benutzer und Gruppen bestimmen, die auf freigegebene Ressourcen zugreifen können.

Schriftarten. Im Dialogfenster FONTS werden alle momentan unter Windows 95 installierten Schriftarten angezeigt. Wenn Sie auf eine bestimmte Schriftart doppelklicken, dann wird ein Probetext angezeigt, anhand dessen Sie das Schriftbild erkennen können. Wenn Sie zu einer bestimmten Schriftart eine vergleichbare suchen, dann wählen Sie den Befehl VERGLEICHBARE SCHRIFTEN ANZEIGEN aus dem Menü ANSICHT und markieren anschließend in der Dropdown-Liste VERGLEICHSKRITERIUM die Schrift, zu der Sie vergleichbare Schriften suchen. Die Schriften werden mit Kommentaren versehen, aus denen Sie erkennen können, ob die jeweilige Schrift sehr vergleichbar, relativ vergleichbar oder nicht vergleichbar ist.

Software. In einer Liste sehen Sie alle Programme, die Sie automatisch wieder deinstallieren können. Es handelt es sich hierbei unter anderem um einen einfachen *Deinstaller*. Über den Registerkartenreiter *Windows-Setup* können Sie weitere Programme installieren, sofern Sie bei einer vorhergehenden Installation nicht berücksichtigt wurden. Außerdem können Sie hier eine Startdiskette anlegen, mit der Sie Ihren Rechner starten können, wenn sonst nichts mehr geht.

System. Mit Hilfe dieser Funktionen können Sie auf einen Blick erkennen können, ob eine installierte Hardware Probleme bereitet oder nicht. Im Dialogfenster ALLGEMEIN sehen Sie allgemeine Angaben zu Ihrem System. Im Dialogfenster GERÄTE-MANAGER können Sie die Eigenschaften aller installierten Geräte einsehen und unter Umständen verändern sowie bei Bedarf Geräte aus der Konfiguration löschen. Mit den Hardwareprofilen können Sie Hardwareprofile erstellen, die beim Start zur Auswahl stehen. Über den Registerkartenreiter LEISTUNGSMERKMALE können Sie erkennen, ob Fehler angezeigt werden. Markieren Sie gegebenenfalls einen solchen Eintrag, und klicken Sie die Schaltfläche DETAILS AN, um weitere Hinweise zu erhalten.

Tastatur. Über das Icon TASTATUR gelangen Sie in das Dialogfenster EIGENSCHAFTEN VON TASTATUR, und hier können Sie bestimmte Parameter wie die Verzögerung und die Wiederholrate beim Drücken bzw. Gedrückthalten einer Taste sowie die Blinkgeschwindigkeit des Cursors einstellen. Außerdem können Sie die Tastatursprache und das -layout sowie den Tastaturtyp ändern.

Abb. 4.50:
Beeinflussen Sie hier das Verhalten Ihrer Tastatur.

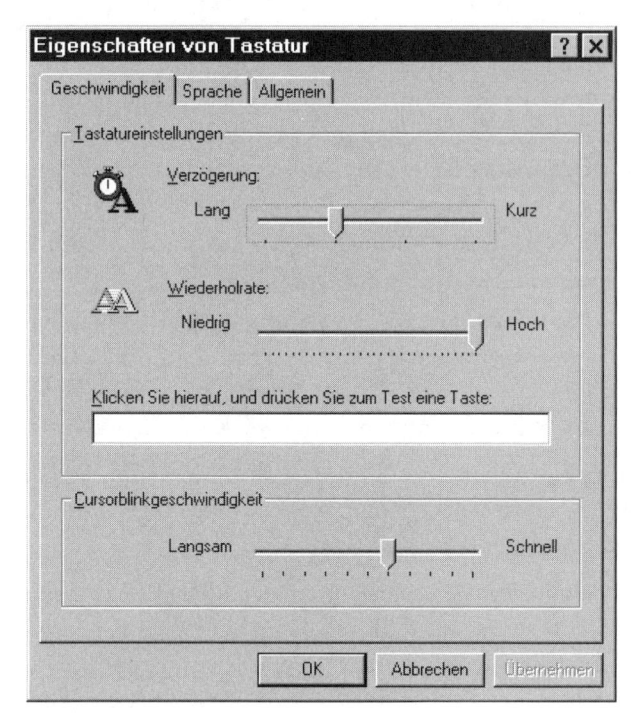

Der Explorer

95 Der Explorer kann als Pendant zum Datei-Manager unter Windows 3.11 angesehen werden. Er hat mehrere Aufgaben, und zwar unter anderem die Anzeige der auf dem Rechner vorhandenen Komponenten und Verzeichnisse. Mitunter wird der Explorer auch als Ressourcen-Anzeiger bezeichnet. Folgende Elemente finden Sie auf dem Explorer:

▸ Im linken Teilfenster sehen Sie die vorhandenen Verzeichnisse und Ressourcen. Zu den Ressourcen zählen neben dem Festplattenlaufwerk auch alle anderen installierten Speicherelemente wie beispielsweise das CD-ROM-Laufwerk, das Diskettenlaufwerk und der Streamer. Ein aktuelles Verzeichnis wird mit einem geöffneten Ordner sowie durch ein vorangestelltes Minuszeichen repräsentiert. Wollen Sie ein Verzeichnis öffnen, dann klicken Sie entweder auf das Ordnersymbol oder auf das vorangestellte Pluszeichen.

▸ Im rechten Teilfenster sehen Sie die einzelnen Elemente einer im linken Teilfenster ausgewählten Ressource. Haben Sie beispielsweise im linken Teilfenster die Ressource ARBEITSPLATZ markiert, dann werden im rechten Teilfenster die einzelnen Elemente des Arbeitsplatzes aufgelistet. Dazu zählen das Diskettenlaufwerk, die Festplatte, der Streamer usw.

▶ Die Menüleiste:. Mit den Befehlen der einzelnen Menüs können Sie auf die Funktionen des Explorers zugreifen. Dazu zählt neben der Form der Anzeige der Elemente in den beiden Teilfenstern auch das Suchen nach Dateien, das Anlegen neuer Ordner, das Umbenennen und Löschen von Ordnern und Dateien und vieles mehr.

▶ Die Symbolleiste:. Hier können Sie in einer Dropdown-Liste das Verzeichnis bzw. die Ressource wechseln und mit den Schaltflächen Befehle aus der Menüleiste ausführen.

▶ Die Informationszeile:. Hier finden Sie am unteren Rand des Arbeitsfensters des Explorers unter anderem Informationen darüber, wie viele Objekte in einem Ordner enthalten sind, wie viele Objekte Sie gegebenenfalls markiert haben und wie groß sie insgesamt sind.

Um die Ansicht des Explorers Ihren individuellen Bedürfnissen entsprechend einzustellen, benutzen Sie die nachfolgend beschriebenen Befehle des Menüs ANSICHT.

Symbolleiste. Sie blenden mit diesem Befehl eine Symbolleiste unterhalb der Menüleiste ein. Sie finden in dieser Symbolleiste neben der Dropdown-Liste zur Auswahl einer Ressource oder eines Verzeichnisses Schaltflächen, mit denen Sie die Befehle ÜBERGEORDNETER ORDNER, NETZLAUFWERK VERBINDEN, NETZLAUFWERK TRENNEN, AUSSCHNEIDEN, EINFÜGEN, KOPIEREN, RÜCKGÄNGIG, LÖSCHEN, EIGENSCHAFTEN, GROßE SYMBOLE, KLEINE SYMBOLE, LISTE und DETAILS aufrufen können. Mit der Auswahl *Liste* erhalten Sie eine spaltenweise Auflistung, mit dem Befehl DETAILS werden der Dateiname, die Dateigröße sowie der Dateityp und das Datum der letzten Änderung angezeigt.

Statusleiste. Mit diesem Befehl aktivieren bzw. deaktivieren Sie die Informationszeile am unteren Rand des Arbeitsfensters des Explorers.

Große Symbole, Kleine Symbole, Liste und *Details*. Die Auswirkungen dieser Befehle sind bereits im Punkt SYMBOLLEISTE beschrieben.

Symbole anordnen. Hier stehen Ihnen in einem Untermenü die Befehle NACH NAME (ordnet die Dateinamen alphabetisch), NACH TYP (ordnet die Dateien nach dem Typ, also beispielsweise Anwendung, Bitmap, Programmbibliothek usw.), NACH GRÖßE (hier werden die Dateien nach ihrer Größe sortiert) und NACH DATUM (die Dateien werden nach dem Datum ihrer letzten Änderung sortiert) zur Verfügung.

Optionen. Sie können hier bestimmen, welche Dateitypen angezeigt werden sollen und welche nicht. Diese Funktion ist beispielsweise dann sinnvoll, wenn Sie versteckte Dateien nicht anzeigen lassen wollen, damit auch die

Gefahr einer unbeabsichtigten Veränderung gebannt wird. Sie können darüber hinaus einzelne Dateitypen festlegen, die nicht angezeigt werden sollen, oder bestimmen, daß alle Dateien angezeigt werden.

Mit den folgenden Arbeitsschritten ändern Sie die Spaltenbreite im rechten Teilfenster des Explorers:

- Ziehen Sie den Mauszeiger auf die Zeile am oberen Ende des rechten Teilfensters. Sie sehen hier die Spalten NAME, GRÖSSE, TYP und GEÄNDERT AM.
- Bewegen Sie den Mauszeiger auf die Trennlinie der Spalte, die Sie verändern wollen. Hat der Mauszeiger die richtige Position erreicht, verwandelt er sich in einen horizontalen Doppelpfeil.
- Ziehen Sie diesen Doppelpfeil in die gewünschte Richtung, um die Spaltenbreite zu verändern.
- Lassen Sie die Maustaste los, sobald die Spalte die gewünschte Breite erreicht hat.

Mit den folgenden Arbeitsschritten ändern Sie die Proportionen zwischen den beiden Teilfenstern:

- Ziehen Sie den Mauszeiger auf die Trennlinie zwischen den beiden Teilfenstern. Hat der Mauszeiger die richtige Position erreicht, verwandelt er sich in einen horizontalen Doppelpfeil.
- Ziehen Sie diesen Doppelpfeil in die gewünschte Richtung, um die Proportion der Teilfenster zu verändern.
- Lassen Sie die Maustaste los, sobald die gewünschte Proportion erreicht ist.

Folgende Arbeiten werden Sie mit dem Explorer mehr oder weniger regelmäßig ausführen:

Abb. 4.51:
Der Explorer

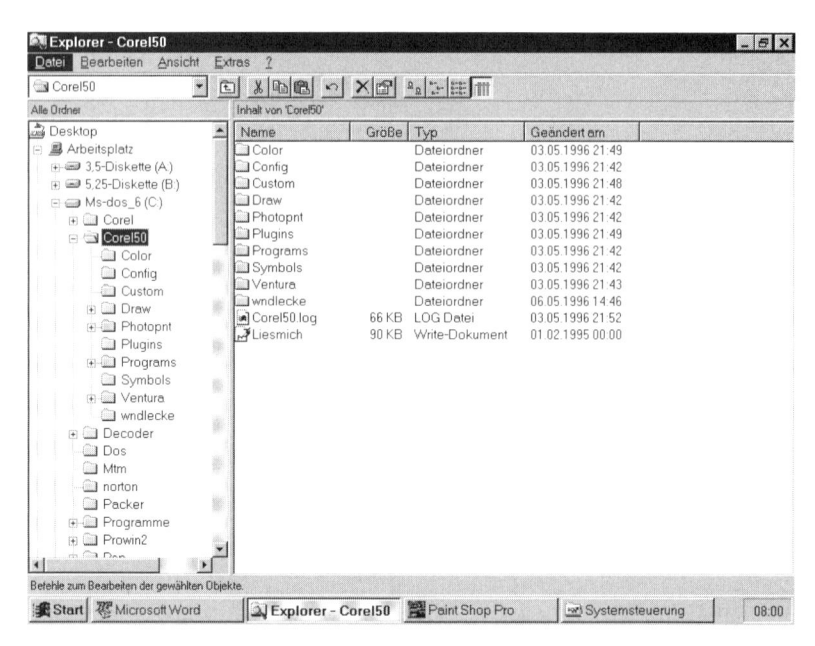

Laufwerks- und Verzeichniswechsel

Wenn Sie ein Laufwerk wechseln wollen, dann klicken Sie das entsprechende Symbol im linken Teilfenster an. Wenn nur das Symbol ARBEITSPLATZ, nicht jedoch die installierten Laufwerke zu sehen ist/sind, dann führen Sie einen Doppelklick auf das Symbol ARBEITSPLATZ aus, um die Laufwerke anzeigen zu lassen. Alternativ dazu können Sie alle installierten Laufwerke aus der Dropdown-Liste am linken Rand der Symbolleiste auswählen.

Für den Wechsel des aktuellen Verzeichnisses klicken Sie einmal auf das Symbol des entsprechenden Verzeichnisses bzw. Ordners. Alternativ dazu können Sie auch auf das dem Verzeichnis bzw. Ordner vorangestellte Pluszeichen klicken. Wollen Sie ein Verzeichnis wieder schließen, dann klicken Sie auf das dem Verzeichnis bzw. Ordner vorangestellte Minuszeichen.

Sehen Sie das Verzeichnis bzw. den Ordner nicht im Fenster, dann verschieben Sie den Bildausschnitt mit den Bildlaufleisten.

Dateimanipulationen

Sie können im Explorer eine Datei kopieren. Markieren Sie sie dazu, und wählen Sie entweder den Befehl KOPIEREN aus dem Menü BEARBEITEN, oder ziehen Sie sie bei gedrückter Maustaste auf das Verzeichnis, in das Sie die Datei kopieren wollen, und drücken Sie die Funktionstaste ⬆, bevor Sie die Maustaste wieder loslassen.

Wenn Sie eine Datei verschieben wollen, dann funktioniert dies genauso wie das Kopieren einer Datei, nur mit dem Unterschied, daß Sie statt des Befehls KOPIEREN den Befehl AUSSCHNEIDEN aus dem Menü BEARBEITEN wählen. Das Einfügen der Datei geschieht mit dem Befehl EINFÜGEN aus dem Menü BEARBEITEN. Vor dem Einfügen muß das Verzeichnis bzw. der Ordner, in das bzw. den die Datei eingefügt werden soll, geöffnet werden.

Eine Datei wird gelöscht, indem Sie sie markieren und anschließend den Befehl LÖSCHEN aus dem Menü BEARBEITEN wählen oder indem Sie die Funktionstaste `Entf` drücken.

Wollen Sie eine Datei umbenennen, dann markieren Sie sie und wählen den Befehl UMBENENNEN aus dem Menü BEARBEITEN. Es erscheint ein Dialogfenster, in dem Sie den neuen Namen eingeben können. Alternativ dazu können Sie die in Frage kommende Datei auch mit der rechten Maustaste anklicken und aus dem Menü den Befehl UMBENENNEN wählen.

Der Befehl MARKIERUNG UMKEHREN aus dem Menü BEARBEITEN ist besonders dann nützlich, wenn Sie aus einem Verzeichnis mit sehr vielen Dateien alle bis auf wenige auswählen wollen. Kennzeichnen Sie in diesem Fall im rechten Teilfenster diejenigen Dateien, die Sie nicht markieren wollen, und wählen Sie anschießend den Befehl MARKIERUNG UMKEHREN aus dem Menü BEARBEITEN.

Verzeichnis- und Datenträgermanipulationen

Sie können ein Verzeichnis löschen, indem Sie es markieren und den Befehl LÖSCHEN aus dem Menü *Datei* wählen. Alternativ dazu können Sie bei markiertem Verzeichnis die Taste `Entf` drücken oder das Verzeichnis mit der rechten Maustaste anklicken und aus dem Menü den Befehl LÖSCHEN wählen.

Wollen Sie ein markiertes Verzeichnis umbenennen, dann wählen Sie entweder den Befehl UMBENENNEN aus dem Menü DATEI oder klicken dieses Verzeichnis mit der rechten Maustaste an und wählen den Befehl UMBENENNEN aus dem Untermenü.

Ein markiertes Verzeichnis samt Inhalt ist mit dem Befehl SENDEN *an* aus dem Menü DATEI zu verschieben. Geben Sie im Untermenü den Datenträger an, auf den das Verzeichnis verschoben werden soll. Ist auf dem gewählten Datenträger dieses Verzeichnis nicht vorhanden, so wird es automatisch angelegt. Alternativ dazu können Sie auch das entsprechende Verzeichnis mit der rechten Maustaste anklicken, aus dem Menü den Befehl SENDEN AN auswählen und den Datenträger angeben, auf den das Verzeichnis kopiert werden soll.

Wenn Sie einen Datenträger benennen wollen, dann gehen Sie wie folgt vor:

- Markieren Sie das Laufwerk im linken Teilfenster des Explorers.
- Wählen Sie den Befehl EIGENSCHAFTEN aus dem Menü DATEI.
- Geben Sie im Feld BEZEICHNUNG die gewünschte Bezeichnung ein. Diese Funktion gleicht der Routine LABEL von MS-DOS.
- Alternativ dazu können Sie auch das Laufwerk mit der rechten Maustaste anklicken, aus dem Menü den Befehl EIGENSCHAFTEN wählen und im Feld BEZEICHNUNG die gewünschte Bezeichnung eingeben.

Um einen Datenträger zu formatieren, gehen Sie folgendermaßen vor:

- Klicken Sie im linken Teilfenster das Laufwerk, dessen Datenträger Sie formatieren wollen, mit der rechten Maustaste an.
- Wählen Sie aus dem Untermenü den Befehl FORMATIEREN. Es erscheint ein Dialogfenster, in dem Sie die Speicherkapazität und die Art der Formatierung auswählen können. Wenn Sie Dateien von einem Datenträger löschen wollen, ohne ihn zu formatieren, dann wählen Sie die Funktion QUICK FORMAT. Diese Funktion löscht die Dateien auf der Festplatte, untersucht den Datenträger aber nicht auf fehlerhafte Sektoren. Außerdem können Sie diese Funktion nur bei Datenträgern anwenden, die bereits formatiert sind.

Die Dateiorganisation

In den vorangegangenen Abschnitten haben Sie den Aufbau des Explorers kennengelernt. Doch wie läßt sich dieses Programm nun einsetzen?

Verzeichnis erstellen. Verzeichnisse erleichtern den Überblick über eine größere Anzahl von Dateien. Besonders dann, wenn Sie mehrere Dokumente für einen bestimmten Zweck erstellt haben, sollten Sie diese Dateien in einem gemeinsamen Verzeichnis ablegen. Folgende Schritte sind dazu notwendig:

- Zunächst müssen Sie sich überlegen, auf welchem Laufwerk Sie ein neues Verzeichnis erstellen wollen. Klicken Sie das Laufwerk im Verzeichnisfenster des Explorers an, um es zu markieren.
- Wählen Sie nun aus dem Menü DATEI den Eintrag NEU und aus dem dazugehörigen Untermenü den Punkt ORDNER. Windows legt nun ein neues Verzeichnis an. Innerhalb der Dateiliste finden Sie den neuen Eintrag NEUER ORDNER. Der Titel wird markiert dargestellt, so daß Sie ihn direkt überschreiben können.
- Geben Sie nun einen neuen Namen für den Ordner ein, z.B. »Jahresberichte 1998«.

- Falls Ihnen im Rahmen Ihrer Arbeit ein einfaches Verzeichnis nicht ausreicht, können Sie beliebig viele Unterverzeichnisse einrichten. Dazu müssen Sie zunächst das neue Verzeichnis markieren und dann über das Dateimenü des Explorers die Unterverzeichnisse erstellen und benennen, z.B. »Texte« und »Grafiken«.

Falls Sie zu einem späteren Zeitpunkt mit der Benennung eines der neuen Verzeichnisse unzufrieden sind, stellt das kein großes Problem dar:

- Markieren Sie zunächst das Verzeichnis, dessen Namen Sie ändern wollen.
- Wenn Sie mit der traditionellen Mausfunktion arbeiten, klicken Sie noch einmal auf den Verzeichnisnamen. Der Name wird daraufhin von einem schwarzen Rahmen umgeben, und hinter dem letzten Buchstaben blinkt die Schreibmarke. Sie können nun den Namen ganz überschreiben. Möchten Sie dagegen nur einzelne Zeichen löschen oder einfügen, müssen Sie die Schreibmarke an die entsprechende Position führen, entweder mit der Maus oder mit den Pfeiltasten.
- Haben Sie statt dessen den einfachen Mausklick aktiviert, müssen Sie die rechte Maustaste drücken, um das Kontextmenü der Datei zu öffnen. Hier finden Sie den Menüpunkt UMBENENNEN.
- Einfacher wird es aber wahrscheinlich in beiden Fällen sein, die Funktionstaste F2 zu drücken.
- Auf die gleiche Art und Weise können Sie auch Dateien umbenennen.

Dateien markieren. Möchten Sie eine oder mehrere Dateien bzw. Verzeichnisse mit Hilfe des Explorers kopieren, verschieben, löschen etc., müssen Sie sie zunächst markieren. Allerdings gibt es verschiedene Möglichkeiten, Dateien zu markieren, je nachdem, ob es sich um eine einzelne Datei, eine zusammenhängende oder eine verstreute Gruppe von Dateien bzw. Verzeichnissen handelt.

Die folgenden Operationen können Sie auf Verzeichnisse wie auch auf Dateien gleichermaßen anwenden. Wie Sie eine einzelne Datei oder ein Verzeichnis markieren können, haben Sie schon erfahren. Ein Mausklick auf das Symbol oder den Namen der Datei bzw. des Verzeichnisses genügt. Wie sieht es aber nun mit mehreren Dateien bzw. Verzeichnissen aus?

Um mehrere in einer Liste aufeinanderfolgende Dateien oder Verzeichnisse zu markieren, müssen Sie eine Kombination aus Tastatur und Maus verwenden:

- Klicken Sie zunächst die erste der zu markierenden Dateien an.
- Drücken Sie nun die Umschalttaste, und klicken Sie mit der Maus auf die letzte der zu markierenden Dateien.

Die beiden angeklickten Dateien und alle dazwischenliegenden werden nun markiert dargestellt.

Wenn Sie feststellen, daß Sie entweder zu viele oder zu wenige Dateien markiert haben, können Sie ohne weiteres Korrekturen vornehmen. Um die Liste zu verkleinern oder zu vergrößern, brauchen Sie nur erneut die Umschalttaste zu drücken und die Datei mit der Maus anzuklicken, die das neue Ende der Liste darstellen soll. Dies kann sowohl eine bereits markierte als auch eine nicht markierte Datei sein.

Ähnlich einfach ist das Markieren mehrerer nicht direkt aufeinanderfolgender Dateien.

- Drücken Sie die Taste ⌈Strg⌉, und halten Sie sie gedrückt.
- Klicken Sie nacheinander die Namen der Verzeichnisse und Dateien an, die Sie markieren möchten.
- Lösen Sie die Taste ⌈Strg⌉ erst, wenn Sie mit dem Markieren fertig sind.

Falls Sie versehentlich eine Datei zuviel markiert haben, können Sie die Markierung wieder aufheben. Drücken Sie dazu erneut die Taste ⌈Strg⌉, und klicken Sie die bereits markierte Datei noch einmal an.

Abb. 4.52: Markierte Dateien und Verzeichnisse im Explorer

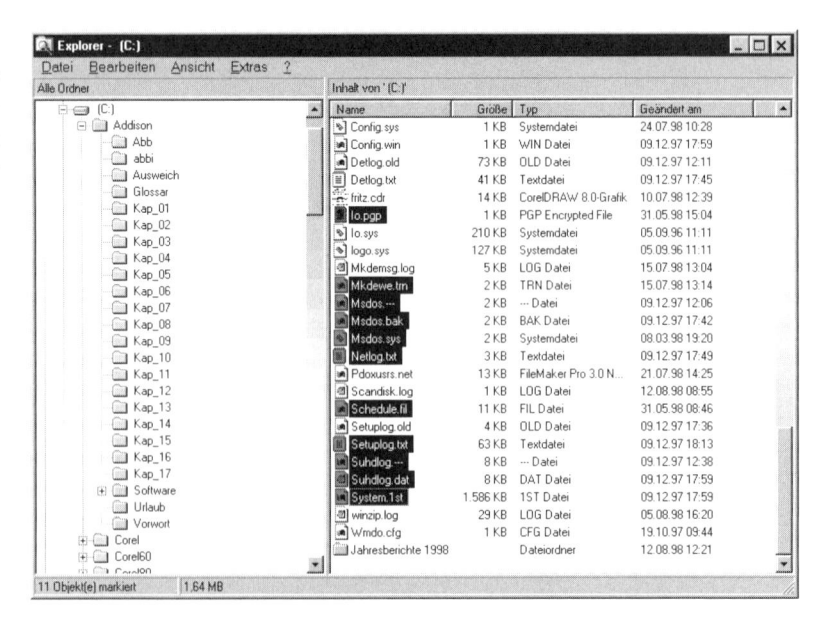

Sie können beide Markierungstechniken auch beliebig miteinander kombinieren. So können Sie z.B. erst eine Liste aufeinander folgender Dateien markieren, um anschließend noch weitere Dateien hinzuzufügen, die nicht direkt auf die Liste folgen.

Das Markieren von Verzeichnissen funktioniert nur innerhalb der Dateiliste. Innerhalb des Verzeichnisbereichs können Sie immer nur ein Verzeichnis anklicken, das dann als das aktuelle Verzeichnis gilt, dessen Inhalt in der Dateiliste angezeigt wird. Wollen Sie also mehrere Verzeichnisse gleichzeitig bearbeiten, müssen diese Verzeichnisse ein gemeinsames Oberverzeichnis haben, das gerade geöffnet ist.

Wenn Sie Verzeichnisse markiert haben, gilt diese Markierung auch für die in diesen Verzeichnissen enthaltenen Dateien, d. h. alle weiteren Operationen werden auf die Verzeichnisse mitsamt ihren kompletten Inhalten (Unterverzeichnisse und Dateien) angewendet.

Wenn Sie den einfachen Mausklick aktiviert haben, sieht das Markieren von Dateien natürlich etwas anders aus: Um die erste Datei zu markieren, dürfen Sie den Eintrag eben nicht mit der linken Maustaste anklicken, sondern nur den Mauszeiger über die entsprechende Datei führen. Nun drücken Sie die Umschalt- oder Steuerungstaste und führen den Mauszeiger einfach über alle Dateien, die Sie markieren möchten.

Verzeichnisse und Dateien verschieben

Der Explorer bietet Ihnen nicht nur einen Überblick über alle gespeicherten Verzeichnisse und Dateien, sondern auch die Möglichkeit, Dateien und Verzeichnisse zwischen Laufwerken und Verzeichnissen zu verschieben oder zu kopieren. Im Gegensatz zum Kopieren, bei dem die Dateien im Ausgangsverzeichnis erhalten bleiben, werden beim Verschieben die Dateien im Ausgangsverzeichnis gelöscht.

Das Verschieben von Dateien wird häufig verwendet, um eine Festplatte oder ein Verzeichnis neu zu organisieren. Beispielsweise kann es vorkommen, daß ein Projektverzeichnis sehr voll und unübersichtlich geworden ist. In diesem Fall bietet es sich an, dieses Verzeichnis zu untergliedern und einzelne Dateien in die zugehörigen Unterverzeichnisse zu verschieben.

Windows 95 bietet Ihnen mehrere Wege an, Dateien und Verzeichnisse zu verschieben oder zu kopieren. Die einfachste Technik beruht auf Drag & Drop. Bei einer weiteren Möglichkeit werden die Daten in die Zwischenablage kopiert, um sie am Ziel aus der Zwischenablage einzufügen.

Die Zwischenablage ist ein »virtuelles« Programm, das Sie normalerweise nicht sehen. Es wird erst aktiv, wenn Sie aus dem Menü BEARBEITEN irgendeiner Windows-Anwendung einen der Befehle AUSSCHNEIDEN, KOPIEREN oder EINFÜGEN auswählen. Durch AUSSCHNEIDEN oder KOPIEREN wird der aktuell markierte Inhalt der Anwendung in einen Speicherbereich kopiert, der allen Windows-Anwendungen zur Verfügung steht. Jedes Programm kann dort eine Information ablegen oder entnehmen. Dabei spielt es keine Rolle, ob es sich bei den gespeicherten Daten um vollständige Dateien oder Ausschnitte aus Dateien wie Text, Grafik, Tabellen oder Sound handelt.

Verschieben via Drag & Drop

- Führen Sie im Dateibereich den Mauszeiger über die markierten Dateien und Verzeichnisse und drücken Sie die linke Maustaste.
- Halten Sie die Maustaste gedrückt und führen Sie den Mauszeiger in das Verzeichnisfenster und über das Laufwerk oder Verzeichnis, in das Sie die Dateien verschieben möchten.
- Befindet sich das Zielverzeichnis auf dem gleichen Laufwerk wie das Quellverzeichnis, brauchen Sie nur die Maustaste zu lösen. Die Dateien werden dann in das Zielverzeichnis kopiert und im Quellverzeichnis gelöscht.
- Ziehen Sie allerdings den Mauszeiger über ein anderes Laufwerk, erscheint rechts neben dem Mauszeiger ein kleines Kästchen mit einem Pluszeichen. Dieses Zeichen weist Sie darauf hin, daß Windows die markierten Dateien kopieren würde. Wenn Sie nun die Umschalttaste drücken, verschwindet das Pluszeichen wieder. Lassen Sie die linke Maustaste los, sobald Sie mit dem Mauszeiger über dem Zielverzeichnis liegen.

Verschieben via Zwischenablage

Das Verschieben von Dateien über die Zwischenablage erfolgt in drei Schritten, die Sie mit Hilfe des Menüs BEARBEITEN, Tastenkürzeln oder einfacher noch über die entsprechenden Icons in der Symbolleiste ausführen können:

- Kopieren der markierten Dateien in die Zwischenablage
- Einfügen der Dateien im Zielverzeichnis
- Löschen der Dateien im Quellverzeichnis

Den letzten Schritt brauchen Sie nicht selbst auszulösen, sondern er wird Ihnen von Windows abgenommen. Vielleicht haben Sie jetzt den Eindruck, diese Technik wäre viel umständlicher als das Verschieben via Drag & Drop. Damit haben Sie nicht ganz unrecht. Trotzdem hat dieses Vorgehen einen nicht unwichtigen Vorteil: Die ersten beiden Schritte müssen nicht unbedingt direkt aufeinanderfolgen, d.h. Sie könnten in aller Ruhe ein Verzeichnis oder ein Laufwerk auswählen, bevor Sie die Dateien verschieben. Allerdings dürfen Sie zwischen den beiden Schritten nicht andere Dateien kopieren oder ausschneiden, da diese Dateien den Inhalt der Zwischenablage überschreiben würden.

Beim Verschieben von Dateien über die Zwischenablage haben Sie drei verschiedene Möglichkeiten, die bereits markierten Dateien in die Zwischenablage zu kopieren.

- Wählen Sie aus dem Menü BEARBEITEN des Explorers den Befehl AUSSCHNEIDEN. Die Datei wird zwar in die Zwischenablage kopiert, verschwindet aber noch nicht; statt dessen wird das Symbol nur verschleiert dargestellt.
- Diesen Befehl können Sie auch mit der Tastenkombination [Strg]+[X] abkürzen.
- Bei der dritten Variante klicken Sie mit der rechten Maustaste auf die markierten Daten, um das Kontextmenü zu öffnen. Hier finden Sie ebenfalls den Menübefehl AUSSCHNEIDEN, den Sie durch einen Klick mit der linken Maustaste auswählen können.

Im nächsten Schritt müssen Sie die Dateien im Zielverzeichnis wieder einfügen. Dazu müssen Sie zuvor innerhalb des Verzeichnisfensters das Zielverzeichnis markieren.

- Wählen Sie dann aus dem Menü BEARBEITEN den Befehl EINFÜGEN. Die Dateien werden nun aus der Zwischenablage in das aktuelle Verzeichnis kopiert.
- Statt über das Menü zu gehen, können Sie auch die Tastenkombination [Strg]+[V] wählen.
- Alternativ klicken Sie das Zielverzeichnis mit der rechten Maustaste an. Aus dem Kontextmenü wählen Sie nun den Befehl EINFÜGEN.

Keine dieser drei Varianten hat gegenüber den Alternativen irgendwelche objektiven Vorteile; es ist eher Geschmacks- oder Gewohnheitssache, welche Variante Sie vorziehen. Arbeiten Sie beispielsweise lieber mit der Tastatur, bietet sich das Verschieben über die Zwischenablage mit Hilfe der Tastenkombinationen an.

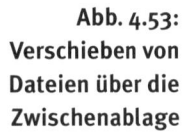

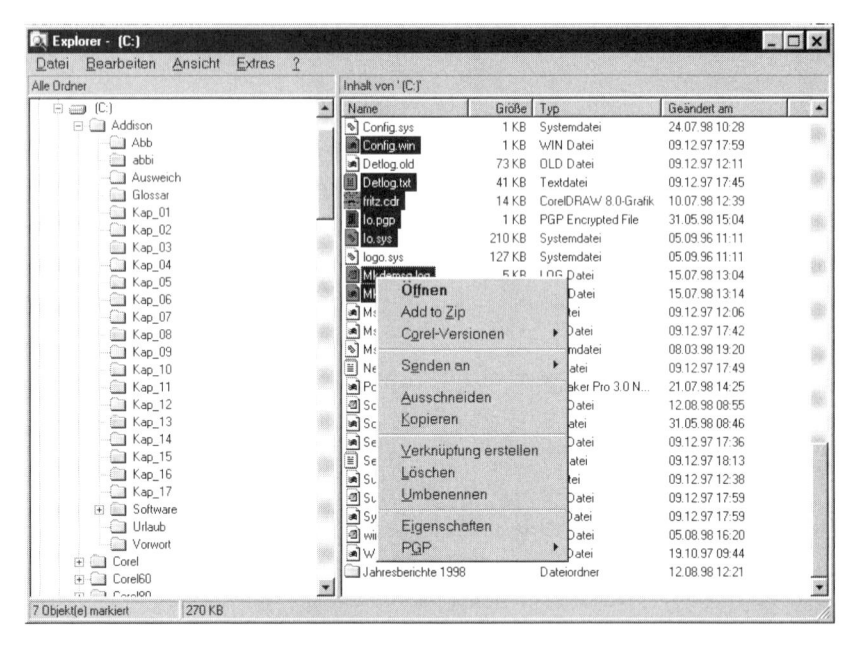

Abb. 4.53:
Verschieben von Dateien über die Zwischenablage

4.2.3 Verschieben mit Hilfe der rechten Maustaste

Die vielleicht einfachste und übersichtlichste Methode, eine Datei zu verschieben, haben wir für den Schluß aufgehoben.

- Dabei klicken Sie das zu verschiebende Objekt, egal ob Datei, Verzeichnis, Laufwerk etc., einfach mit der rechten Maustaste an und ziehen es über den Zielort.

- Sobald Sie die Maustaste loslassen, erscheint zunächst ein kleines Kontextmenü mit mehreren Optionen. Wählen Sie hieraus den Menüeintrag HIERHER VERSCHIEBEN aus. Das oder die Objekte werden nun an das Ziel verschoben.

Wie Sie an der Abbildung erkennen können, erlaubt diese Technik nicht nur das Verschieben, sondern auch das Kopieren von Objekten und das Erstellen von Verknüpfungen; es ist also eine sehr flexible Technik. Der besondere Vorteil ist, daß man mit Hilfe des Menüs leicht die Übersicht behält und nicht irgendwelche Steuerungstasten drücken muß, um ein Pluszeichen aus- oder einzuschalten.

Verzeichnisse und Dateien kopieren

Ähnlich einfach wie das Verschieben ist das Kopieren einer Datei. Dabei wird auf dem Ziellaufwerk oder im Zielverzeichnis ein Duplikat der Quelldatei erstellt. Die Originaldatei bleibt also im Quellverzeichnis erhalten. Allerdings sollten Sie das Kopieren von Dateien mit Vorsicht angehen, damit Sie Ihre Plattenlaufwerke nicht unnötig mit identischen Dateien füllen. Dagegen ist das Kopieren ein Standardvorgang, wenn Sie Dateien auf einen anderen Datenträger übertragen wollen, wie z.B. auf eine Diskette oder ein Netzwerklaufwerk.

Auch für das Kopieren von Dateien gilt, daß Ihnen wieder mehrere Wege offenstehen. Sie haben die Wahl zwischen Drag & Drop und dem Weg über die Zwischenablage.

Kopieren via Drag & Drop

Die einzelnen Schritte sind die gleichen wie beim Verschieben. Lediglich die Zusatztaste, mit der das Kopieren gekennzeichnet wird, ist nun eine andere.

- Führen Sie im Dateibereich den Mauszeiger über die markierten Dateien und Verzeichnisse, und drücken Sie die linke Maustaste.
- Halten Sie die Taste gedrückt, und führen Sie nun den Mauszeiger in das Verzeichnisfenster und über das Laufwerk oder Verzeichnis, in das Sie die Dateien verschieben möchten.
- Befindet sich das Zielverzeichnis auf dem gleichen Laufwerk wie das Quellverzeichnis, müssen Sie nun die Taste [Strg] drücken. Dadurch erscheint wieder das Pluszeichen, an dem Sie erkennen können, daß Windows 95 zum Kopieren der Daten bereit ist.
- Ziehen Sie den Mauszeiger dagegen über ein anderes Laufwerk, erscheint das Pluszeichen automatisch. Sie brauchen dann nur noch die linke Maustaste zu lösen, um den Kopiervorgang zu starten.

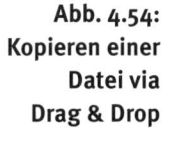

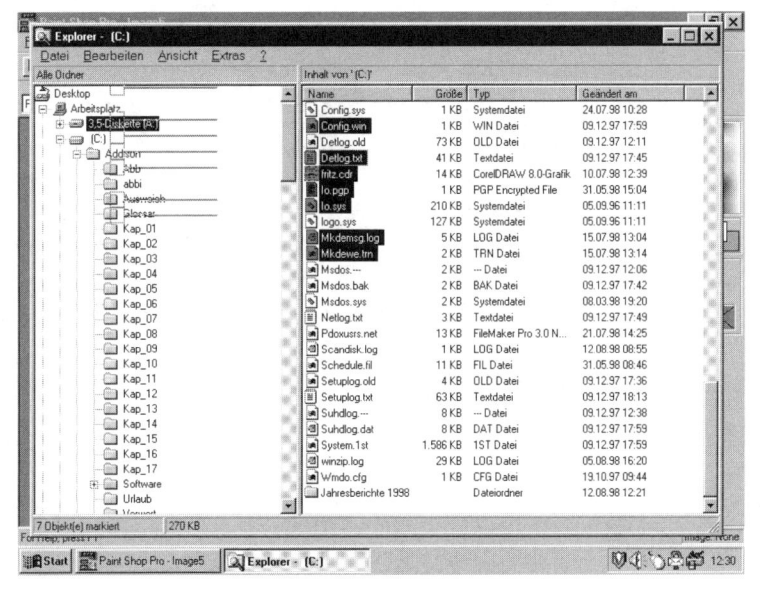

Abb. 4.54:
Kopieren einer Datei via Drag & Drop

Kopieren via Zwischenablage

Auch beim Kopieren haben Sie wieder die Wahl zwischen drei Varianten.

- Wählen Sie aus dem Menü BEARBEITEN des Explorers den Befehl KOPIEREN. Da die Quelldatei erhalten bleibt, wird sie auch nicht weiter gekennzeichnet.
- Diesen Befehl können Sie auch mit der Tastenkombination `Strg`+`C` abkürzen.
- Bei der dritten Variante klicken Sie mit der rechten Maustaste auf die markierten Daten, um das Kontextmenü zu öffnen. Hier finden Sie ebenfalls den Menübefehl KOPIEREN, den Sie durch einen Klick mit der linken Maustaste auswählen können.

Das Einfügen der markierten Daten erfolgt genauso wie beim Verschieben:

- Wählen Sie aus dem Menü BEARBEITEN den Befehl EINFÜGEN. Die Dateien werden nun aus der Zwischenablage in das aktuelle Verzeichnis kopiert.
- Statt über das Menü zu gehen, können Sie auch die Tastenkombination `Strg`+`V` wählen.
- Alternativ klicken Sie das Zielverzeichnis mit der rechten Maustaste an. Aus dem Kontextmenü wählen Sie nun den Befehl EINFÜGEN.

Der Kopiervorgang wird übrigens durch ein Dialogfenster mit Fortschrittsanzeige begleitet. Beim Kopieren großer Dateien zeigt Windows 95 auch eine Abschätzung an, wie lange das Kopieren der Dateien dauern könnte.

Abb. 4.55:
Animation beim
Kopieren von
Dateien

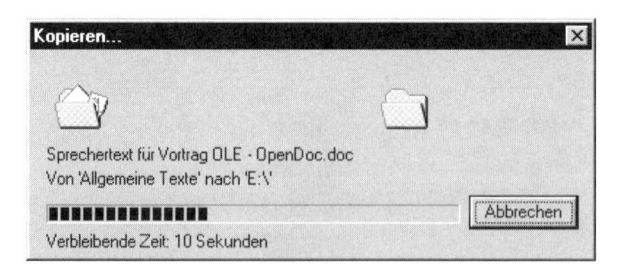

Ein weiteres Dialogfenster erscheint, wenn sich auf dem Ziellaufwerk bereits eine gleichnamige Datei befindet. Windows zeigt Ihnen den Namen der Datei an und fragt Sie, ob die alte Version (mit Angabe von Größe und Änderungsdatum) im Ziellaufwerk mit der neuen Version (wieder mit Angabe von Größe und Änderungsdatum) aus dem Quellaufwerk tatsächlich überschrieben werden soll. Erst wenn Sie diese Anfrage bestätigen, wird der Kopiervorgang fortgesetzt.

Wollen Sie mehrere Dateien mit neuen Versionen überschreiben, können Sie das Überschreiben entweder getrennt für jede einzelne Datei oder für alle Dateien gemeinsam bestätigen.

Abb. 4.56: Das Überschreiben von Dateien muß bestätigt werden.

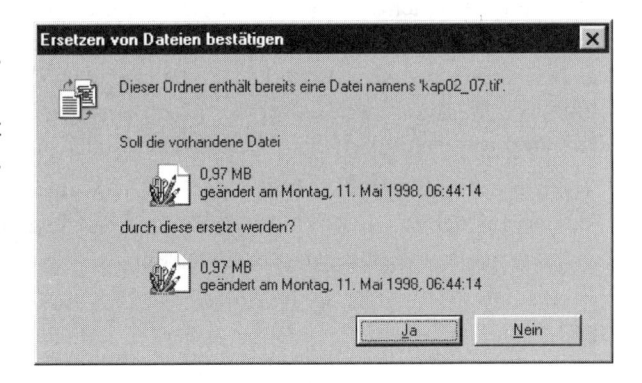

Kopieren von und auf Diskette

Kenner älterer Windows-Versionen werden wahrscheinlich die Möglichkeit vermissen, mehrere Verzeichnisfenster gleichzeitig zu öffnen. Besonders beim Kopieren von einem Laufwerk auf ein anderes war diese Option recht hilfreich. Obwohl der Explorer nicht über diese Möglichkeit verfügt, ist das Kopieren nicht umständlicher geworden, es ist höchstens ein wenig gewöhnungsbedürftig. Haben Sie aber einmal den Bogen raus, gelingt das Kopieren genauso schnell und sicher wie mit dem Datei-Manager (und falls Sie partout nicht mit dem Explorer klar kommen, steht Ihnen der Datei-Manager ja immer noch zur Verfügung).

Grundsätzlich können Sie beim Kopieren oder Verschieben von Dateien aus einem Laufwerk oder Verzeichnis in ein anderes Verzeichnis wie folgt vorgehen:

- Lassen Sie sich den Inhalt des Quellverzeichnisses, der kopiert oder verschoben werden soll, in der Dateiliste anzeigen.
- Lassen Sie sich im Verzeichnisfenster das Zielverzeichnis anzeigen.
- Nun kopieren Sie die Dateien aus der Dateiliste in das Verzeichnisfenster, entweder via Drag & Drop oder über die Zwischenablage.

Um Ihnen den einfachen Umgang mit dem Explorer zu zeigen, kopieren wir als Beispiel Daten von und auf eine Diskette. Statt der Diskette können Sie natürlich jedes andere Laufwerk oder Verzeichnis verwenden:

- Klicken Sie zunächst im Verzeichnisfenster des Explorers das Laufwerk oder Verzeichnis an, aus dem Sie kopieren möchten; für unser Beispiel das Laufwerk A:

- Der Inhalt des Laufwerks wird nun im Dateibereich aufgelistet. Markieren Sie die Dateien, die Sie kopieren möchten.
- Blättern Sie nun im Verzeichnisfenster so weit, daß das Zielverzeichnis oder -laufwerk sichtbar ist. Wenn es sich um ein noch nicht sichtbares Unterverzeichnis handelt, müssen Sie es durch Anklicken der Pluszeichen sichtbar machen. Wichtig ist, daß Sie das Zielverzeichnis nicht anklicken, denn dadurch würde der Inhalt des Quellaufwerks im Dateibereich durch den Inhalt des Ziellaufwerks überschrieben.
- Nehmen Sie nun durch Drücken der linken Maustaste die markierten Dateien aus der Dateiliste auf, und führen Sie den Mauszeiger zum Verzeichnisfenster und über das Zielverzeichnis.
- Sobald das Zielverzeichnis blau markiert dargestellt wird, können Sie die Maustaste loslassen; die Dateien werden nun kopiert.

Der entscheidende Punkt ist, daß Sie zuerst die Dateien im Quellverzeichnis markieren und das Zielverzeichnis im Verzeichnisfenster sichtbar machen, ohne es anzuklicken, da dadurch der Inhalt des Dateibereiches überschrieben würde.

Falls Ihnen diese Vorgehensweise noch immer zu umständlich ist, bietet sich gerade für das Kopieren von Dateien auf Diskette eine weitere Alternative an:

- Markieren Sie zunächst die zu kopierenden Dateien, und klicken Sie dann auf die rechte Maustaste.
- Wählen Sie aus dem Kontextmenü den Eintrag SENDEN aus. Das sich nun öffnende Untermenü enthält Symbole für Ihre Diskettenlaufwerke. Klicken Sie das Diskettenlaufwerk an, an das Sie die Dateien »senden« möchten.

Ganze Disketten kopieren

Der Explorer bietet Ihnen die Möglichkeit, nicht nur Dateien von oder auf eine Diskette zu kopieren, sondern auch eine vollständige Kopie einer Diskette anzufertigen. Unter DOS steht hierfür der Befehl DISKCOPY zur Verfügung. Sie werden aber sicherlich schon ahnen, daß das Kopieren von Disketten mit dem Explorer deutlich angenehmer funktioniert.

- Klicken Sie zunächst im Verzeichnisfenster das Symbol des Diskettenlaufwerks mit der rechten Maustaste an, das Sie für den Kopiervorgang nutzen möchten. Wählen Sie aus dem Kontextmenü den Befehl DATENTRÄGER KOPIEREN aus.

Durch diesen Befehl öffnet sich ein Dialogfenster, in dem Sie den Quell- und den Zieldatenträger auswählen können. Wie beim DISKCOPY-Befehl unter MS-DOS müssen beide Datenträger vom gleichen Typ sein, d. h. Sie können eine 1,44-MByte-Diskette nur auf eine 1,44-MByte-Diskette kopieren und nicht auf einen anders formatierten Datenträger.

**Abb. 4.57:
Disketten mit
dem Explorer
kopieren**

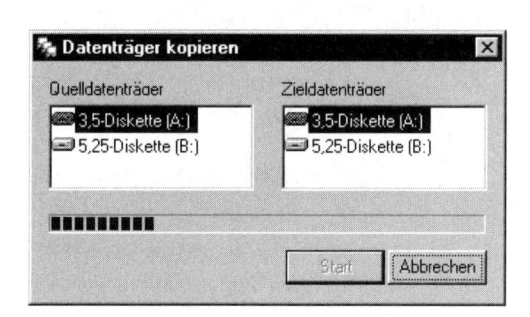

- Sind in Ihrem Rechner zwei Diskettenlaufwerke eingebaut, also ein 3,5- und ein 5,25-Zoll-Laufwerk, wählen Sie das Laufwerk aus, von dem die Quelldiskette kopiert werden soll. Als Ziellaufwerk müssen Sie das gleiche Laufwerk anklicken.
- Klicken Sie nun auf die Schaltfläche START.
- Sie werden daraufhin aufgefordert, die Quelldiskette in das Laufwerk einzulegen. Bestätigen Sie mit OK, wenn die Diskette bereit ist.

Der Inhalt der Diskette wird nun in den Speicher kopiert. Anschließend werden Sie aufgefordert, die Zieldiskette einzulegen. Der Explorer schreibt jetzt den Inhalt der Quelldiskette aus dem Speicher auf die Zieldiskette und erstellt so ein genaues Abbild des Quelldatenträgers.

Anzeige aktualisieren

Manchmal kann es vorkommen, daß die Anzeige im Explorer nach dem Kopieren oder wenn Sie eine neue Diskette eingelegt haben, nicht sofort aktualisiert wird. In einem solchen Fall können Sie die Aktualisierung der Anzeige durch einen Druck auf die Funktionstaste [F5] erzwingen.

Verzeichnisse und Dateien löschen

Unter Windows 95 gibt es mehrere Verfahren, um Dateien und Verzeichnisse zu löschen. Sie können den Befehl LÖSCHEN aus dem Menü des Explorers bzw. aus dem Kontextmenü oder die Tastatur dazu benutzen.

Im Prinzip gibt es keine Unterschiede, ob Sie eine Datei oder mehrere markierte Dateien oder Verzeichnisse löschen wollen. Bei den Verzeichnissen ist nur zu beachten, daß auch ihr gesamter Inhalt nebst Unterverzeichnissen und Dateien gelöscht wird.

Um ein versehentliches Löschen zu vermeiden, öffnet Windows vor jedem Löschen ein Dialogfeld, in dem Sie aufgefordert werden, den Löschvorgang zu bestätigen. Wenn Sie auf die Schaltfläche NEIN klicken, wird der Löschvorgang abgebrochen.

Abb. 4.58:
Bestätigungsabfrage vor dem Löschen von Dateien

Handelt es sich bei einer der zu löschenden Dateien um ein Programm, werden Sie darauf gesondert aufmerksam gemacht, auch wenn Sie bereits zuvor den Löschvorgang bestätigt haben. Windows verlangt, daß Sie das Löschen eines Programms noch einmal bestätigen. Falls Sie innerhalb eines Löschvorgangs mehrere Programmdateien löschen wollen, sollten Sie evtl. in diesem Dialogfenster auf die Schaltfläche ALLES LÖSCHEN anklicken, sonst müssen Sie bei jeder einzelnen Programmdatei den Löschvorgang erneut bestätigen.

Abb. 4.59:
Löschen von Anwendungen

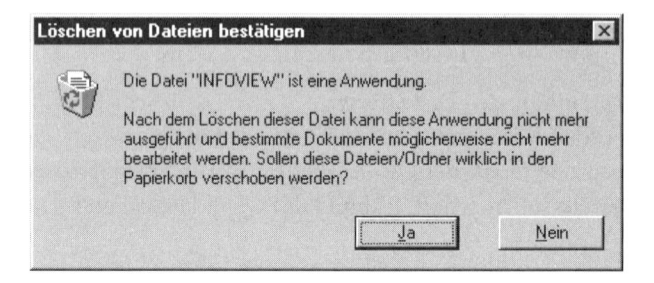

Schauen wir uns nun die einzelnen Schritte zum Löschen von Dateien an:

- Markieren Sie zunächst die Dateien und/oder Verzeichnisse, die Sie löschen möchten.
- Wählen Sie anschließend aus dem Menü DATEI des Explorers den Befehl LÖSCHEN oder in der Symbolleiste den entsprechenden Schaltknopf.

oder

- Führen Sie den Mauszeiger über die markierten Dateien, und klicken Sie auf die rechte Maustaste. Wählen Sie nun aus dem Kontextmenü den Befehl LÖSCHEN.

oder

4.2 Windows 95 richtig installieren

- Drücken Sie einfach auf die Taste ⌈Entf⌉.

oder

- Positionieren Sie den Explorer so auf dem Desktop, daß der Papierkorb frei liegt. Führen Sie nun den Mauszeiger über die markierten Dateien, klicken Sie auf die linke Maustaste, und ziehen Sie die Dateien über den Papierkorb. Sobald Sie die Maustaste loslassen, werden die Dateien gelöscht.

Egal für welche Vorgehensweise Sie sich entscheiden, Windows verlangt auf jeden Fall eine Bestätigung des Löschvorgangs.

Haben Sie sich trotz aller Vorsichtsmaßnahmen geirrt und die falschen Dateien gelöscht, brauchen Sie nicht zu verzweifeln. Alle Anwendungen auf dem Windows-Desktop bieten Ihnen die Möglichkeit, den letzten Arbeitsschritt rückgängig zu machen. Für den Explorer heißt das:

- Wählen Sie einfach aus dem Menü BEARBEITEN den ersten Menüpunkt RÜCKGÄNGIG... Hinter RÜCKGÄNGIG ist die letzte Aktion aufgeführt, hier sollte also LÖSCHEN stehen.

Haben Sie in der Zwischenzeit eine andere Aktion durchgeführt, hilft Ihnen diese Methode aber auch nicht mehr weiter. Doch das ist noch kein Grund zum Verzweifeln.

Alle Dateien, die Sie auf dem Desktop löschen, werden zunächst nur in den Papierkorb geworfen. Erst wenn der Papierkorb zu voll wird oder Sie ihn ausleeren, werden die Dateien endgültig gelöscht. Benötigen Sie also eine gelöschte Datei wieder, brauchen Sie sie nur aus dem Papierkorb herauszusuchen.

Obwohl Windows Dateien standardmäßig immer zunächst nur in den Papierkorb verschiebt, gibt es eine Möglichkeit, Dateien direkt zu löschen. Diese Dateien sind allerdings weder mit den Mitteln von Windows wiederherstellbar noch läßt sich dieser Löschvorgang rückgängig machen. Das direkte Löschen funktioniert nur über die Tastatur, und zwar über den Tastaturbefehl ⌈⇧⌉+⌈Entf⌉. Windows verlangt auch hier eine Bestätigung, bevor die Dateien auf Nimmerwiedersehen von Ihrer Festplatte gelöscht werden.

Abb. 4.60: Bestätigungsabfrage beim direkten Löschen

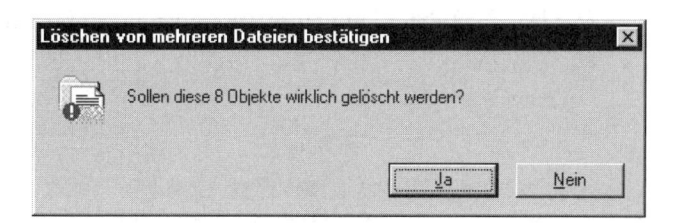

Alle Informationen, mit denen ein Computer arbeitet, werden auf Datenträgern gespeichert. Die wichtigsten Datenträger sind Festplatten und Disketten. Inzwischen sind viele Rechner auch mit CD-ROM-Laufwerken ausgestattet. Computerinformationen werden in Form von *Bits* verarbeitet. Ein Bit ist die kleinste Informationseinheit, die entweder eine »0« oder eine »1« beinhalten kann. Üblicherweise werden 8 Bit zu einem Byte zusammengefaßt. Ein Byte eignet sich zum Speichern eines Zeichens wie beispielsweise Buchstaben, Ziffern und Sonderzeichen. Wenn nun ein Text wie z.B. ein Brief gespeichert werden soll, muß dieser Text von anderen Texten unterscheidbar sein, so daß Sie ihn auch jederzeit wiederfinden können. Aus diesem Grund werden zusammengehörende Informationen in Dateien zusammengefaßt. Dateien, deren Inhalte in einem Sinnzusammenhang stehen, können wiederum in Verzeichnissen zusammengefaßt werden.

Dateien

Auf modernen Rechnern können große Mengen von Dateien gespeichert werden; allein schon die Windows-Betriebssysteme umfassen über 4000 verschiedene Dateien. Um diese Dateien voneinander unterscheiden zu können, ist ihre Benennung sehr wichtig. Dateinamen, die zu Anwendungen gehören, sind meist vom Hersteller des Programms vorgegeben. So trägt das Grafikprogramm Paint, das Sie in einem der nächsten Kapitel kennenlernen werden, den Dateinamen MSPAINT.EXE. Wenn Sie dagegen selber mit einem Anwendungsprogramm arbeiten und ein Dokument erstellen, können Sie der Datei, in der dieses Dokument auf Ihrer Festplatte gespeichert wird, selbst einen Namen geben.

Unter dem Betriebssystem DOS herrschten recht strenge Regeln für die Vergabe von Dateinamen:

- Der Name einer Datei besteht aus zwei Teilen: dem Dateinamen und der Erweiterung. Diese beiden Elemente sind durch einen Punkt voneinander getrennt.
- Der Dateiname kann maximal acht Zeichen lang sein, die Erweiterung höchstens drei Zeichen.
- Leerzeichen oder Punkte sind weder in Dateinamen noch in der Erweiterung erlaubt.
- Der Dateiname muß mit einer Zahl oder einem Buchstaben beginnen.
- Der Dateiname wird immer in Großbuchstaben gespeichert, egal wie Sie ihn eingegeben haben.

Diese Regeln sind durch das DOS-Dateisystem FAT vorgegeben. Mit Windows 95 wurde eine Erweiterung dieses altgedienten Dateisystems eingeführt: VFAT, das kleine Verbesserungen gegenüber dem überholten FAT enthält. Eine der wichtigsten Neuerungen von VFAT ist, daß es lange Dateinamen unterstützt:

- Ein Dateiname darf aus bis zu 255 Zeichen bestehen.
- Der Name kann mehrfach von Leerzeichen oder Punkten unterbrochen werden. Folgende Zeichen sind auch unter Windows 95 nicht in Dateinamen erlaubt:

   \ / ? : * " < > |

- Bei der Speicherung des Dateinamens unter Windows 95 wird zwischen Groß- und Kleinbuchstaben unterschieden, d.h. der Dateiname »BRIEF« ist nicht identisch mit Namen wie »brief« oder »Brief«.

Das Speichern von langen Dateinamen auf FAT-Laufwerken wird durch einen Trick ermöglicht: Normalerweise wird für einen DOS-konformen Namen ein Eintrag im Inhaltsverzeichnis benötigt. Für lange Dateinamen werden einfach mehrere Einträge in die Verzeichnistabelle geschrieben und zwar bis zu 13 Buchstaben pro Eintrag. Ein aus 38 Buchstaben bestehender Name würde demnach drei Einträge in der Verzeichnistabelle verbrauchen.

Zusätzlich zum langen Namen wird automatisch ein DOS-konformer Name erzeugt, der sogenannte Alias. Dieser Alias verbraucht einen weiteren Eintrag, so daß insgesamt vier Einträge für die Speicherung des langen Dateinamens aus dem obigen Beispiel benötigt werden.

Doch Vorsicht: Im Hauptverzeichnis von FAT-Laufwerken ist die Anzahl von Verzeichniseinträgen auf maximal 512 beschränkt. Normalerweise reicht das für eine entsprechende Anzahl von Dateien aus. Erhalten die Dateien dagegen lange Dateinamen, kann es beispielsweise bereits beim Abspeichern der 158. Datei zu einer Fehlermeldung kommen.

Damit auch ältere Anwendungen ohne Probleme mit Dateien arbeiten können, die nicht nach der 8.3-Konvention von DOS bezeichnet sind, erstellt Windows automatisch einen kurzen Dateinamen, den bereits erwähnten Alias. Dazu verwendet das Dateisystem die ersten sechs Buchstaben des langen Namens und ergänzt sie durch eine Tilde (˜) und eine fortlaufende Zahl.

Enthält ein Verzeichnis dagegen mehrere Dateien, deren Namen sehr ähnlich sind wie zum Beispiel »Protokoll vom 20.07.97.DOC« usw., geht Windows nach folgenden Regeln vor:

- Die ersten vier Dateien erhalten die Namen PROTOK˜1.DOC, PROTOK˜2.DOC, PROTOK˜3.DOC und PROTOK˜4.DOC.

- Nach der fünften Datei werden nur noch die ersten zwei Buchstaben des originalen Namens verwendet und die darauf folgenden vier Buchstaben durch einen Hash-Algorithmus erzeugt. Danach folgt wieder die Tilde mit einer fortlaufenden Zahl wie z. B. PR6E07˜5.DOC.

Daher sollten Sie bei Dateien, die auch von älteren Windows- oder DOS-Anwendungen bearbeitet werden sollen, bereits für die ersten sechs Buchstaben unterscheidbare Namen auswählen wie z.B. »PR970720 – Protokoll vom 20.07.97«. Dieser Dateiname erleichtert die Unterscheidung bei der Arbeit mit alten und neuen Anwendungen.

Dateierweiterung

DOS-Dateinamen werden mit bestimmten Dateierweiterungen versehen, damit man bereits am Namen der Datei erkennen kann, ob es sich um eine Programm- oder eine Dokumentendatei handelt. Programmdateien können Sie beispielsweise recht einfach an den Erweiterungen .COM, .EXE oder .BAT erkennen. Die Dateierweiterungen für Dokumentdateien werden dagegen meist automatisch vergeben und hängen von dem jeweiligen Anwendungsprogramm ab, mit dem diese Dokumente erstellt wurden. So erkennen Sie eine Datei, die mit dem Grafikprogramm Paint erstellt wurde, immer an der Erweiterung .BMP (eine Abkürzung für Bitmap). Ein mit WordPad erstellter Text trägt meist die Erweiterung .DOC (eine Abkürzung für Dokument).

Obwohl die Vergabe von Dateinamen unter Windows 95 wesentlich einfacher ist, besteht trotzdem auch in Zukunft die Notwendigkeit, Dateierweiterungen zu nutzen. So können Sie beispielsweise den Namen des Programms MSPAINT.EXE in »Mein schönes Grafikprogramm.exe« ändern. Wichtig ist, daß Sie auf keinen Fall auf die Dateierweiterung .EXE verzichten können, da sonst die Programmdatei von Windows nicht mehr als Programm erkannt und ausgeführt wird. Ähnlich verhält es sich mit Dokumentendateien: Wenn Sie auf eine Datei mit der Erweiterung .DOC doppelklicken, wird automatisch WordPad mit dem Text geladen. Verzichten Sie aber auf die Dateierweiterung, weiß Windows nicht, welchem Anwendungsprogramm die Datei zuzuordnen ist.

Von daher sollten Sie auch unter Windows 95 weiterhin unbedingt die Dateierweiterungen verwenden. Egal, wie viele Leerzeichen oder Punkte Sie innerhalb des Namens verwenden, Hauptsache der Dateiname endet mit einem Punkt und der Erweiterung. Falls Ihnen die drei Zeichen, die normalerweise als Kennung benutzt werden, nicht ausreichen, können Sie zumindest bei Dokumenten auch längere Erweiterungen nutzen. Allerdings müssen Sie Windows vor dem ersten Aufruf einer solchen Datei mitteilen, zu welchem Programm Dokumente mit dieser Dateierweiterung gehören.

Verzeichnisse

Bei der regelmäßigen Arbeit mit dem Computer kann im Laufe der Zeit eine große Zahl von selbsterstellten Dateien zusammenkommen. Würden diese Dateien alle einfach auf einem Festplattenlaufwerk gespeichert, könnte es schwierig werden, ganz bestimmte Dateien wiederzufinden. Daher werden Dateien, die inhaltlich zusammengehören, gruppiert und gemeinsam in Verzeichnissen abgespeichert. Diese Vorgehensweise wird Ihnen vielleicht aus der täglichen Arbeit in einem Büro bekannt vorkommen: Alle Unterlagen, die zu einem Vorgang gehören, werden normalerweise in einem Ordner abgeheftet. Bei umfangreichen Vorgängen verteilt man alle Informationen nach bestimmten Kriterien auf mehrere Ordner, z.B. nur Briefverkehr, Gutachten, Zeichnungen etc. Alle diese Ordner werden dann in einen Aktenschrank gestellt, wo sie leicht wiederzufinden sind.

Bei dieser geläufigen Form der Ablage werden drei verschiedene Einheiten verwendet: der Aktenschrank, die Ordner sowie ggf. weitere Unterordner. Dieses Ordnungsprinzip läßt sich auch auf das Dateisystem übertragen:

- Datenträger wie Festplatten, Disketten oder CD-ROMs entsprechen danach den Aktenschränken.
- Die Aktenschränke enthalten Ordner, die den Verzeichnissen auf den Datenträgern entsprechen.
- Verzeichnisse lassen sich weiterhin in Unterverzeichnisse aufteilen, um große Mengen von Dateien besser untergliedern zu können.
- Am Ende der Hierarchie stehen die einzelnen Dateien, die den Blättern, die in einem Ordner abgeheftet sind, entsprechen.

Auf jedem Datenträger, egal ob Festplatte, Diskette oder CD-ROM, befindet sich mindestens ein Verzeichnis, das sogenannte Stammverzeichnis, das durch einen einfachen umgekehrten Schrägstrich (engl. Backslash) gekennzeichnet wird. Dieses Stammverzeichnis kann in mehrere Unterverzeichnisse unterteilt werden. Betrachtet man diese Struktur im Explorer, erkennt man eine Baumstruktur mit dem Stammverzeichnis als Wurzel. Die Unterverzeichnisse können beliebig untergliedert sein, wie die Äste eines Baums, an dem die Blätter die einzelnen Dateien repräsentieren.

In den vorangegangenen beiden Kapiteln haben Sie bereits den Begriff *Ordner* kennengelernt, nicht nur als Aktenordner, sondern auch als Fenster auf der Oberfläche. Während man unter DOS im Zusammenhang mit der Dateistruktur bisher immer von Verzeichnissen sprach, werden unter Windows 95 aber auch Verzeichnisse als *Ordner* bezeichnet. Sie werden diesen Begriff beispielsweise auch im Explorer wiederfinden. Trotzdem möchten wir im Zusammenhang mit der Dateihierarchie auch weiterhin den Begriff *Verzeichnis* beibehalten, während *Ordner* lediglich Fenster auf der Oberfläche bezeichnen sollen. Leider läßt sich diese Trennung nicht ganz konsequent durchhalten, da Sie aus dem Explorer ein Verzeichnissymbol auf die Oberfläche ziehen können, das dann nach der bisherigen Definition ein Ordner wäre. Ich hoffe trotzdem, daß die Trennung zwischen Verzeichnis und Ordner den Übergang von DOS bzw. Windows 3.x nach Windows 95 erleichtert, ohne für zusätzliche Verständigungsprobleme zu sorgen.

Pfadnamen

Lassen Sie uns noch kurz bei der Analogie mit den Ästen eines Baums bleiben, und stellen Sie sich vor, Sie müßten den Weg von der Wurzel bis zu einem bestimmten Blatt beschreiben. Von der Wurzel aus müßten Sie jeden Ast beschreiben, von dem der Weg zum Blatt abzweigt. Für die Beschreibung der Position einer Datei innerhalb des Dateisystems heißt das, daß Sie das Laufwerk sowie alle Unterverzeichnisse angeben müssen, über die der Weg hin zu dieser Datei führt. Diese Beschreibung wird als *Pfadname* bezeichnet. Der Pfadname ist eine Möglichkeit, unter DOS die Position einer Datei vollständig anzugeben. Er setzt sich aus dem Laufwerksbuchstaben, dem Verzeichnisnamen und dem Dateinamen zusammen.

Wenn Sie Windows 95 beispielsweise auf dem Laufwerk C: im Verzeichnis WINDOWS installiert haben, beschreibt

```
C:\PROGRAMME\ZUBEHÖR\MSPAINT.EXE
```

den vollständigen Pfadnamen des Grafikprogramms Paint. Folgende Regeln gelten beim Schreiben von Pfadnamen:

- Das Laufwerk wird immer durch einen Buchstaben und einen nachfolgenden Doppelpunkt bezeichnet.
- Laufwerke, Verzeichnisse und Dateien werden bei der Angabe des Pfadnamens jeweils durch einen umgekehrten Schrägstrich, den sogenannten Backslash, voneinander getrennt. Zur Eingabe dieses Backslash drücken Sie zunächst die Taste AltGr und geben dann ein »ß« ein.

4.3 Legen Sie unterschiedliche Anwenderprofile an

Wenn Sie allein an Ihrem Rechner arbeiten und wenige Programme ausführen, dann ist dieser Abschnitt für Sie nicht interessant. Greifen jedoch mehrere Benutzer auf einen PC zu, dann wird im Laufe der Zeit jeder Benutzer seine individuellen Einstellungen vornehmen. Darüber hinaus können Anwenderprofile nicht nur für verschiedene Benutzer, sondern auch für einen Benutzer mit unterschiedlichen Aufgabengebieten interessant sein. Stellen Sie sich vor, Sie arbeiten mit sehr vielen Programmen, die sich nach unterschiedlichen Aufgabenschwerpunkten unterteilen lassen, wie beispielsweise Textverarbeitungsprogramme, Grafikprogramme, Bildverarbeitungsprogramme usw., und Sie arbeiten an unterschiedlichen Tagen oder in unterschiedlichen Zeiteinheiten mit diesen Programmgruppen, dann können Sie sich unterschiedliche Anwenderprofile auch für Anwendungsprogramme anlegen.

Mit den folgenden Arbeitsschritten legen Sie ein Anwenderprofil an:

- Wählen Sie den Befehl START | EINSTELLUNGEN | SYSTEMEINSTELLUNGEN, und doppelklicken Sie das Icon KENNWÖRTER.

- Aktivieren Sie den Registerkartenreiter BENUTZERPROFILE und anschließend die Funktion BENUTZER KÖNNEN DIE VORGABEN UND DESKTOP-EINSTELLUNGEN ÄNDERN. Beim Anmelden werden die individuellen Einstellungen des Benutzers wiederhergestellt.

- Aktivieren Sie die beiden Funktionen DESKTOP-SYMBOLE UND INHALT DER NETZWERKUMGEBUNG IN DIE BENUTZERUMGEBUNG MITEINBEZIEHEN sowie STARTMENÜ UND PROGRAMMGRUPPEN IN BENUTZEREINSTELLUNGEN MITEINBEZIEHEN.

- Starten Sie Windows erneut. Es erscheint ein Dialogfenster, in dem Sie aufgefordert werden, einen Namen und ein Paßwort einzugeben. Das Paßwort können Sie sich sparen, wenn Sie es nicht brauchen. Windows 95 trägt den Namen des Benutzers selbst ein und benutzt den Namen, der bei der Installation angegeben wurde.

- Es erfolgt der Hinweis, daß die Änderungen erst bei einem Neustart des Computers wirksam werden, und eine Sicherheitsabfrage, ob Sie diesen Benutzer wirklich anlegen wollen. Bestätigen Sie diese Abfrage mit JA, und Sie haben ein Benutzerprofil angelegt.

Abb. 4.61:
Die Einstellungen zum Anlegen eines Benutzerprofils

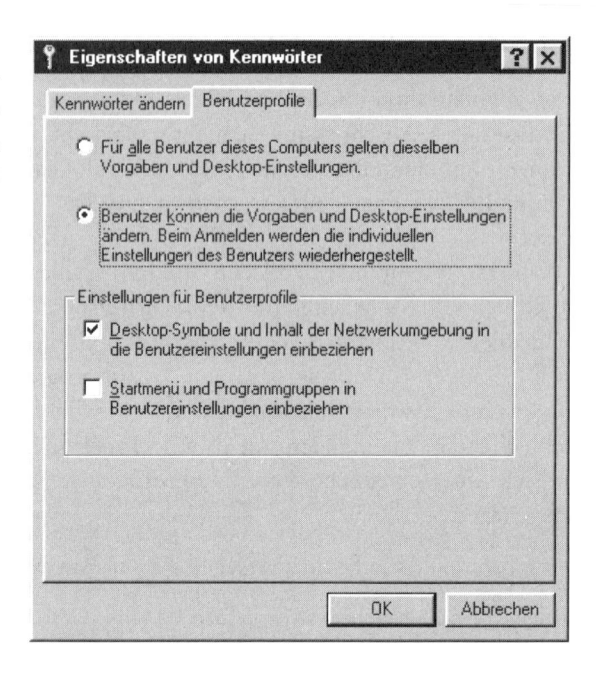

Abb. 4.62:
Selbstverständlich können Sie Ihr Kennwort jederzeit wieder ändern.

Sie können jetzt den Desktop und die Arbeitsumgebung so gestalten, wie es für diesen Benutzer sinnvoll ist oder seinem Geschmack entspricht.

Auf die beschriebene Weise können Sie mehrere Benutzer einrichten und für jeden Benutzer die individuelle Arbeitsumgebung definieren.

Wenn Sie zwischen den einzelnen Anwenderprofilen wechseln wollen, dann wählen Sie den Befehl START | BEENDEN, aktivieren im Dialogfenster WINDOWS BEENDEN die Funktion ANWENDUNG SCHLIEßEN UND UNTER EINEM ANDEREN NAMEN ANMELDEN und klicken die Schaltfläche OK.

4.4 Ein erster Leistungsüberblick mit »Wintune 97«

Nachdem Sie Windows 98/95 installiert haben, ist es vielleicht interessant, eine erste Leistungsübersicht zu erhalten. Auf der beiliegenden CD finden Sie das Programm *Wintune 97*. Es ist speziell für Windows ab Version 95 oder später und für Windows NT ab Version 3.51 oder später geschaffen und entwickelt worden. Programm ist ein Produkt des *Windows Magazine*, das von CMP Media, Inc. herausgegeben wird.

Wintune 97 hilft Ihnen bei der Analyse Ihres Computers, damit Sie feststellen können, welche Systemkomponenten enthalten sind. Führen Sie nach der Installation das Setup durch. Während der Installation werden Sie von einem Installationsprogramm durch das Setup geführt.

Abb. 4.63:
Folgen Sie den Installationshinweisen

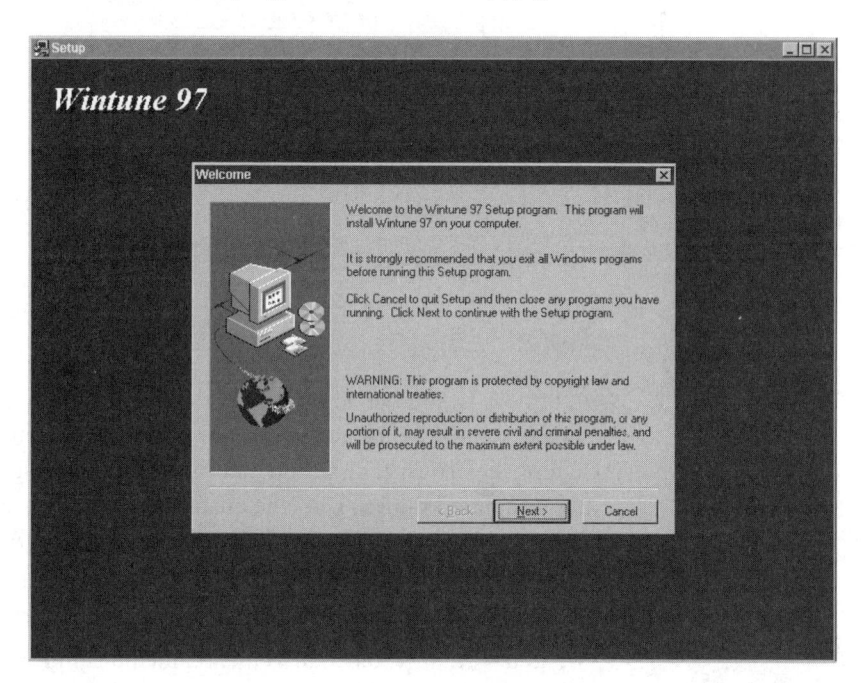

Nachdem das Setup beendet wurde und Sie Wintune 97 über die Startleiste aufgerufen haben, zeigen sich beim ersten Programmstart die Systemeigenschaften.

Mit Hilfe dieses Programms sind Sie in der Lage, eine fachmännische Diagnose Ihres PCs zu erstellen. Auf verschiedenen Bildschirmen wird Ihnen beispielsweise mitgeteilt, welcher Prozessor in Ihrem Gerät integriert ist, wieviel Arbeitsspeicher vorhanden ist oder welchen Datendurchsatz Ihre Festplatte bietet.

Im Feld NOTES können Sie einen Namen für Ihren Test eingeben und im Feld SYSTEM DESCRIPTION erfaßt man den Computernamen und die Rechnerart.

Abb. 4.64:
Legen Sie hier die Identifikationsdaten für den Test fest.

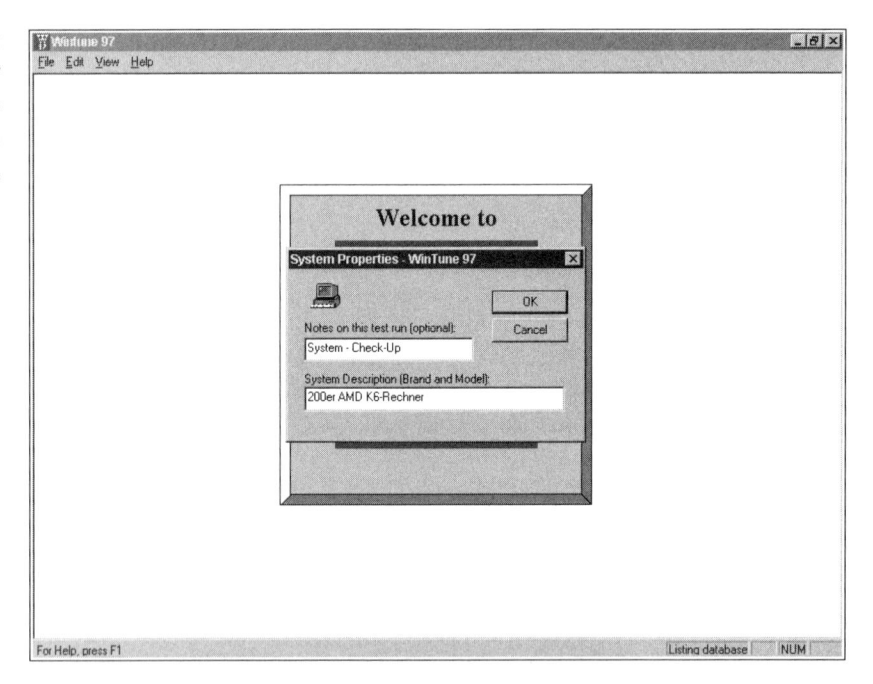

Nach Bestätigen mit der Taste OK befinden Sie sich in der SUMMARY TAB. Dieser Bildschirm stellt Ihnen eine Übersicht Ihrer Systemkonfiguration zur Verfügung, liefert Ergebnisse und gibt Ihnen Tips, wie Sie dieses System effizienter gestalten können. Um eine ausführliche Diagnose mit entsprechenden Tips zu starten, klicken Sie auf die Schaltfläche ANALYZE NOW. Es erfolgt eine ausführliche Analyse von System, CPU, Arbeitsspeicher, Grafikkarte, Festplatten und Applikationen.

Während der Analyse darf auf keinen Fall eine Unterbrechung, z.B. durch Ausführung eines anderen Programmes, stattfinden. Sollte dies nicht berücksichtigt werden, kann eine genaue Analyse und somit eine entsprechende Angabe der Systemwerte nicht zugesichert werden. Falls doch ein anderes Programm während der Analyse aufgerufen oder ausgeführt wurde, empfehlen wir, Wintune 97 zu beenden und neu zu starten, um die Analyse zu wiederholen.

In Abbildung 4.65 sehen Sie im linken oberen Fenster die bereits ermittelten Leistungsdaten für das System, während gerade die Festplatte auf Ihre Daten untersucht wird.

Abb. 4.65:
Test des Systems und der Festplatte

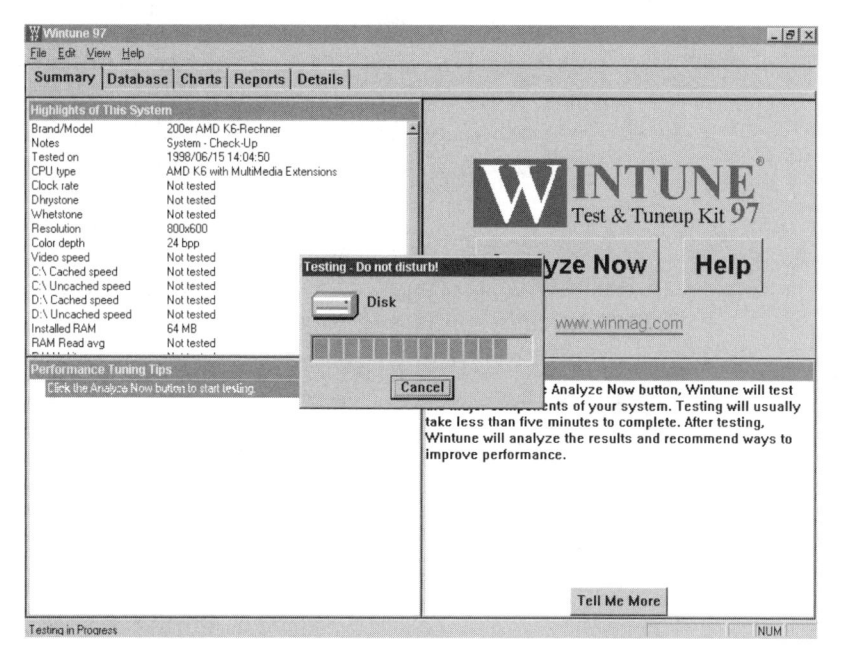

In Abbildung 4.66 sehen Sie, wie ein Test der Grafikkarte durchgeführt wird. Es werden dazu in sehr schneller Folge willkürliche Muster auf dem Bildschirm dargestellt. Das Programm ermittelt, zu welcher Auflösung die Grafikkarte und der Bildschirm fähig sind.

Abb. 4.66:
Der Test der Grafikkarte und des Bildschirms

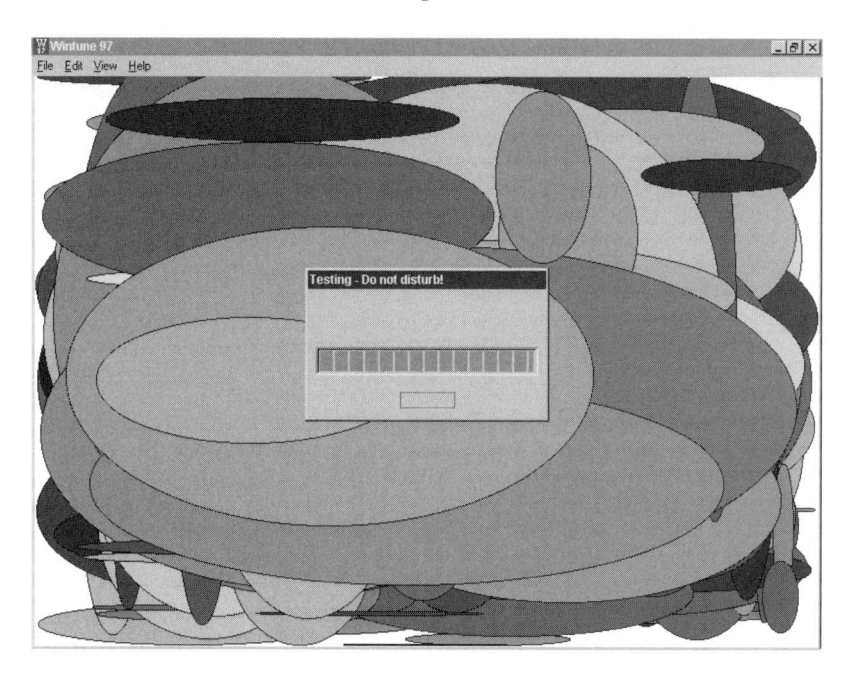

Ein ausführliches Hilfeprogramm erhalten Sie, indem Sie auf die Schaltfläche HELP klicken. Für eine kurze, schnelle Auskunft im Feld DESCRIPTION müssen Sie aus einem der linken Fenster *Highlights of This System* und *Performance Tuning Tips* eine Zeile auswählen, und es erscheint eine kurze Information in diesem Feld. Zur weiteren Vertiefung dieser Information klicken Sie auf die Schaltfläche TELL ME MORE.

Um sich mit den einzelnen Ergebnissen näher zu befassen, verlassen wir die Tabelle aller Ergebnisse und schauen uns zunächst die *Database Tab* an. In der *Database* werden die Ergebnisse tabellarisch festgehalten und können so auch entsprechend angeschaut bzw. abgerufen werden.

In der Tabelle finden Sie zum Vergleich mit Ihrem Rechner bereits hinterlegte Werte anderer Konfigurationen. Des weiteren wird von jeder Analyse, die Sie vornehmen, eine Zeile in der *Database* gespeichert. Diese Informationen können weiter verarbeitet werden. Mit Hilfe der rechten Maustaste rufen Sie ein Kontextmenü auf, mit welchem diese Weiterverarbeitung gesteuert wird. Durch Anklicken der einzelnen Zeilen lassen sich diese auswählen. Mit dem Befehl DESELECT wird die Auswahl der aktuellen Zeile aufgehoben, mit DESELECT ALL wird die gesamte Auswahl aufgehoben. Um eine Zeile zu speichern, klicken Sie auf EXPORT.

Möchten Sie die Eigenschaften ändern, wählen Sie den Punkt PROPERTIES. Wenn Sie mehr als eine Zeile ausgewählt haben, ist das Feld DELETE ALL SELECTED aktivert, und bei Bestätigung werden alle ausgewählten Zeilen gelöscht.

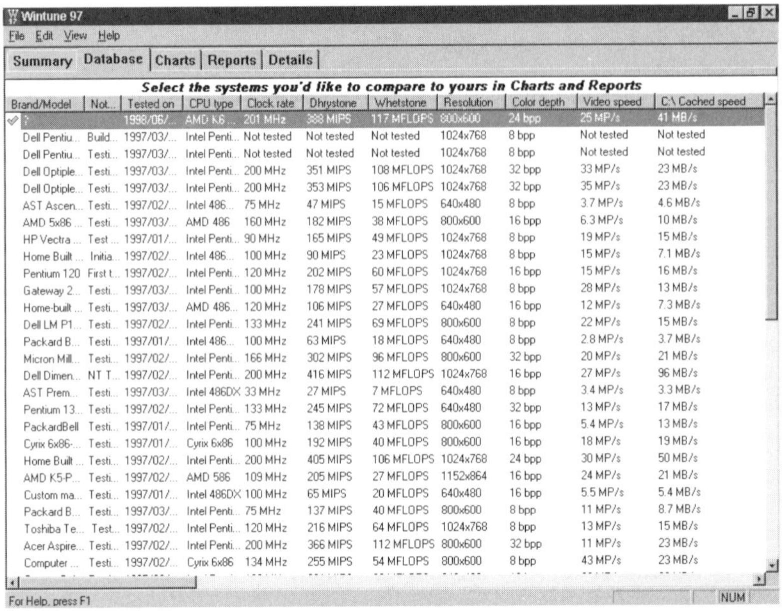

Brand/Model	Not...	Tested on	CPU type	Clock rate	Dhrystone	Whetstone	Resolution	Color depth	Video speed	C:\ Cached speed
?		1998/06/...	AMD K6 ...	201 MHz	388 MIPS	117 MFLOPS	800x600	24 bpp	25 MP/s	41 MB/s
Dell Pentiu...	Build...	1997/03/...	Intel Penti...	Not tested	Not tested	Not tested	1024x768	8 bpp	Not tested	Not tested
Dell Pentiu...	Testi...	1997/03/...	Intel Penti...	Not tested	Not tested	Not tested	1024x768	8 bpp	Not tested	Not tested
Dell Optiple...	Testi...	1997/03/...	Intel Penti...	200 MHz	351 MIPS	108 MFLOPS	1024x768	32 bpp	33 MP/s	23 MB/s
Dell Optiple...	Testi...	1997/03/...	Intel Penti...	200 MHz	353 MIPS	106 MFLOPS	1024x768	32 bpp	35 MP/s	23 MB/s
AST Ascen...	Testi...	1997/02/...	Intel 486...	75 MHz	47 MIPS	15 MFLOPS	640x480	8 bpp	3.7 MP/s	4.6 MB/s
AMD 5x86 ...	Testi...	1997/03/...	AMD 486	160 MHz	182 MIPS	38 MFLOPS	800x600	16 bpp	6.3 MP/s	10 MB/s
HP Vectra ...	Test ...	1997/01/...	Intel Penti...	90 MHz	165 MIPS	49 MFLOPS	1024x768	8 bpp	19 MP/s	15 MB/s
Home Built ...	Initia...	1997/02/...	Intel 486...	100 MHz	90 MIPS	23 MFLOPS	1024x768	8 bpp	15 MP/s	7.1 MB/s
Pentium 120	First t...	1997/02/...	Intel Penti...	120 MHz	202 MIPS	60 MFLOPS	1024x768	16 bpp	15 MP/s	16 MB/s
Gateway 2...	Testi...	1997/03/...	Intel Penti...	100 MHz	178 MIPS	57 MFLOPS	1024x768	8 bpp	28 MP/s	13 MB/s
Home-built ...	Testi...	1997/03/...	AMD 486...	120 MHz	106 MIPS	27 MFLOPS	640x480	16 bpp	12 MP/s	7.3 MB/s
Dell LM P1...	Testi...	1997/02/...	Intel Penti...	133 MHz	241 MIPS	69 MFLOPS	800x600	8 bpp	22 MP/s	15 MB/s
Packard B...	Testi...	1997/01/...	Intel 486...	100 MHz	63 MIPS	18 MFLOPS	640x480	8 bpp	2.8 MP/s	3.7 MB/s
Micron Mill...	Testi...	1997/02/...	Intel Penti...	166 MHz	302 MIPS	96 MFLOPS	800x600	32 bpp	20 MP/s	21 MB/s
Dell Dimen...	NT T...	1997/02/...	Intel Penti...	200 MHz	416 MIPS	112 MFLOPS	1024x768	16 bpp	27 MP/s	96 MB/s
AST Prem...	Testi...	1997/03/...	Intel 486DX	33 MHz	27 MIPS	7 MFLOPS	640x480	8 bpp	3.4 MP/s	3.3 MB/s
Pentium 13...	Testi...	1997/02/...	Intel Penti...	133 MHz	245 MIPS	72 MFLOPS	640x480	32 bpp	13 MP/s	17 MB/s
PackardBell	Testi...	1997/01/...	Intel Penti...	75 MHz	138 MIPS	43 MFLOPS	800x600	16 bpp	5.4 MP/s	13 MB/s
Cyrix 6x86-...	Testi...	1997/01/...	Cyrix 6x86	100 MHz	192 MIPS	40 MFLOPS	800x600	16 bpp	18 MP/s	19 MB/s
Home Built ...	Testi...	1997/02/...	Intel Penti...	200 MHz	405 MIPS	106 MFLOPS	1024x768	24 bpp	30 MP/s	50 MB/s
AMD K5-P...	Testi...	1997/02/...	AMD 586	109 MHz	205 MIPS	27 MFLOPS	1152x864	16 bpp	24 MP/s	21 MB/s
Custom ma...	Testi...	1997/01/...	Intel 486DX	100 MHz	65 MIPS	20 MFLOPS	640x480	16 bpp	5.5 MP/s	5.4 MB/s
Packard B...	Testi...	1997/03/...	Intel Penti...	75 MHz	137 MIPS	40 MFLOPS	800x600	8 bpp	11 MP/s	8.7 MB/s
Toshiba Te...	Test...	1997/02/...	Intel Penti...	120 MHz	216 MIPS	64 MFLOPS	1024x768	8 bpp	13 MP/s	15 MB/s
Acer Aspire...	Testi...	1997/02/...	Intel Penti...	200 MHz	366 MIPS	112 MFLOPS	800x600	32 bpp	11 MP/s	23 MB/s
Computer ...	Testi...	1997/02/...	Cyrix 6x86	134 MHz	255 MIPS	54 MFLOPS	800x600	8 bpp	43 MP/s	23 MB/s

Abb. 4.67: Das ausführliche Ergebnis des Tests

Durch Anklicken der jeweiligen Gruppenüberschrift können Sie die Einträge in der *Database* auf- und absteigend sortieren lassen. Dies erleichtert das Vergleichen mit anderen Konfigurationen. Um alle Informationen einer Spalte einzusehen, führen Sie die Maus zwischen die Kopfzeilen, bis das Spaltenzeichen erscheint. Jetzt können Sie mit gedrückter linker Maustaste die Größe der Spalten verändern.

Natürlich können Sie auch alle Ergebnisse in grafischer Form betrachten. Wie Sie der Abbildung entnehmen, können Sie die Grafiken sowohl in 2D- als auch in 3D-Format angezeigt werden.

Abb. 4.68:
Die Ergebnisse können auch in grafischer Form dargestellt werden.

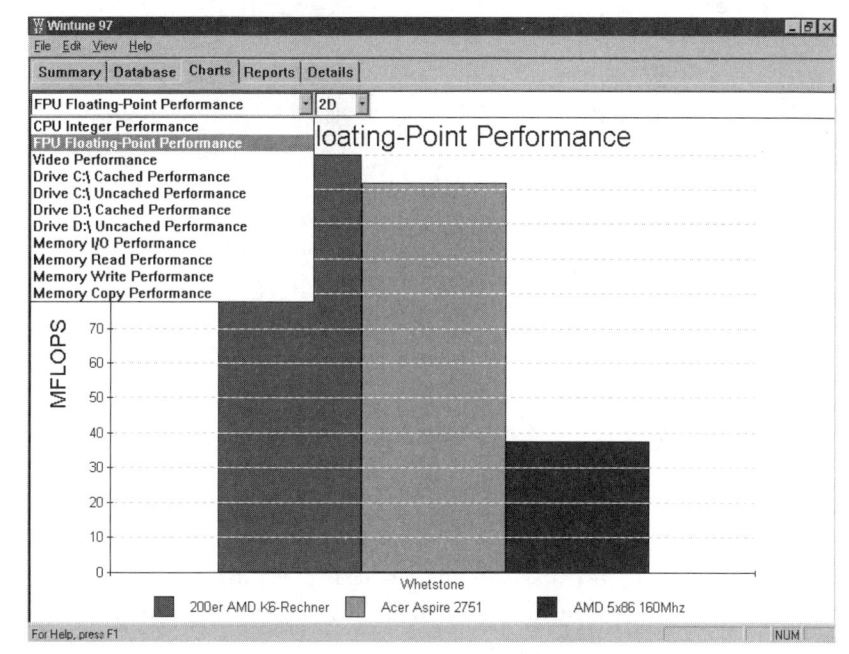

Im Balkendiagramm finden Sie für alle Einträge, die Sie in der *Database* ausgewählt haben, eine entsprechende Grafik. Um auszuwählen, für welchen Wert Sie das Diagramm anzeigen möchten, klicken Sie auf das Drop-Down-Menü im Ordner CHART. Über das Menue FILE/PRINT haben Sie die Möglichkeit, die jeweiligen Diagramme zu drucken.

Neben der bildlichen Darstellung der Unterschiede über die Balkendiagramme können Sie selbstverständlich alle Informationen auch im direkten Gegenüber betrachten. Hierzu rufen Sie die Informationsgruppe REPORTS auf.

In REPORTS werden alle Informationen in Spalten nebeneinander angezeigt. Zusätzlich kann man über ein Drop-Down-Menü nochmals selektieren, um nicht alle Informationen auf einmal durchsehen zu müssen. Die Auswahl der angezeigten Systeme bezieht sich wieder auf die in der *Database* ausgewählten Datensätze. Alle Informationen lassen sich ebenfalls über die Schaltfläche FILE/PRINT über Ihren Drucker zu Papier bringen.

**Abb. 4.69:
Alle Informationen im direkten Gegenüber**

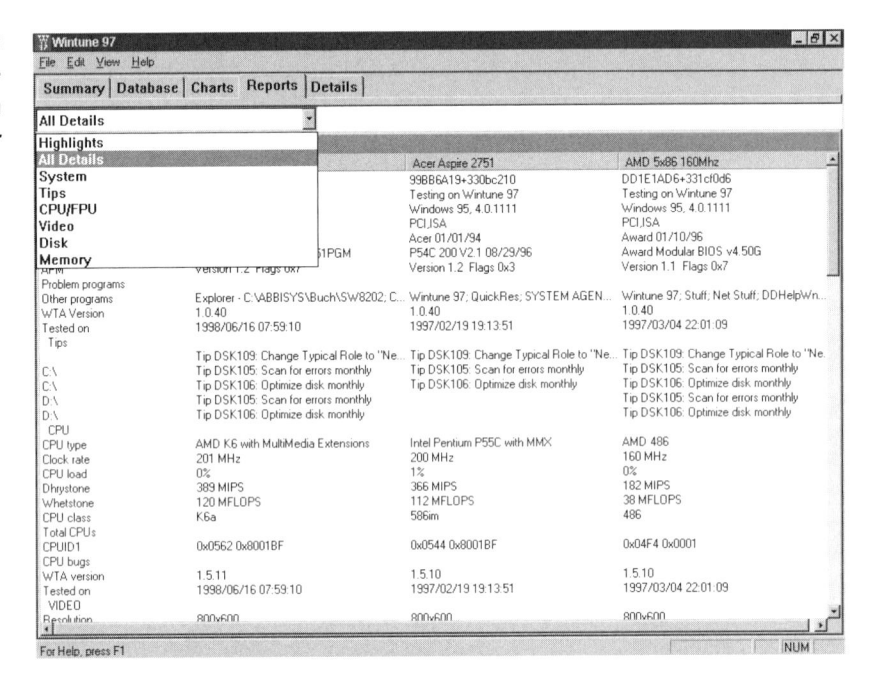

Abschließend erhalten Sie bei DETAILS TAB eine detaillierte Aufstellung aller Werte, die während der Analyse Ihres Computers errechnet und festgestellt wurden. Diese Auflistung ist in Baumformat am Bildschirm sichtbar und kann durch Anklicken der Plus- oder Minuszeichen erweitert oder zurückgenommen werden.

Wie auch schon auf der SUMMARY TAB befinden sich im linken Fenster zu den jeweiligen Punkten, welche ausgewählt werden, kurze Informationen. Durch Anklicken der Schaltfläche TELL ME MORE wird die Online-Hilfe aktiviert, und es erscheint zu jedem Punkt eine ausführliche Hilfestellung.

Über den Befehl EXIT aus dem Menü FILE beenden Sie das Programm und kehren auf die Betriebssystemebene zurück. Alle errechneten Werte bleiben bis zum nächsten Aufruf in der *Database* gespeichert.

4.4 Ein erster Leistungsüberblick mit »Wintune 97«

Abb. 4.70:
Alle Informationen als Baumstruktur

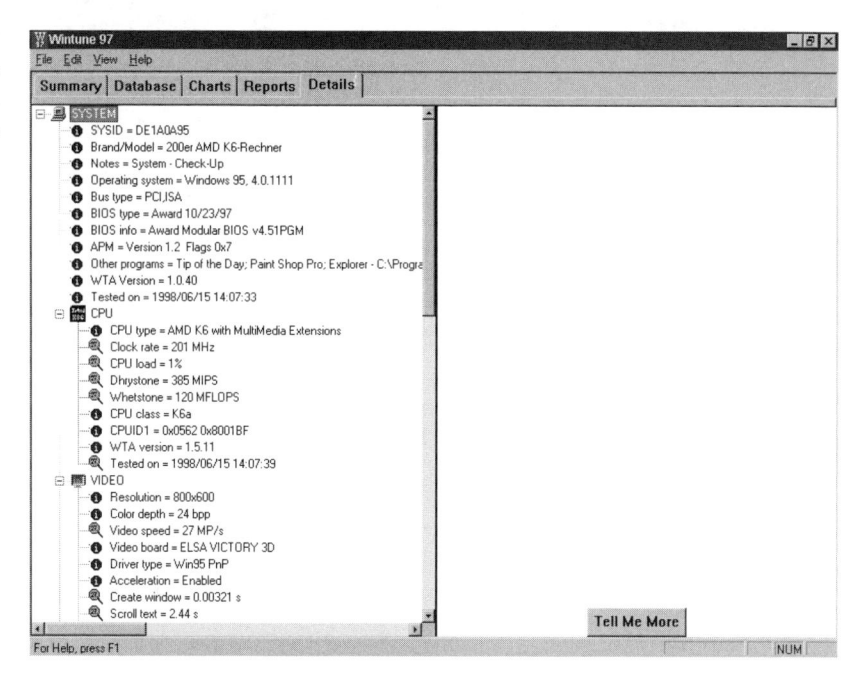

```
Wintune 97
File  Edit  View  Help
Summary | Database | Charts | Reports | Details

─ SYSTEM
    SYSID = DE1A0A95
    Brand/Model = 200er AMD K6-Rechner
    Notes = System - Check-Up
    Operating system = Windows 95, 4.0.1111
    Bus type = PCI,ISA
    BIOS type = Award 10/23/97
    BIOS info = Award Modular BIOS v4.51PGM
    APM = Version 1.2 Flags 0x7
    Other programs = Tip of the Day; Paint Shop Pro; Explorer - C:\Progra
    WTA Version = 1.0.40
    Tested on = 1998/06/15 14:07:33
─ CPU
    CPU type = AMD K6 with MultiMedia Extensions
    Clock rate = 201 MHz
    CPU load = 1%
    Dhrystone = 385 MIPS
    Whetstone = 120 MFLOPS
    CPU class = K6a
    CPUID1 = 0x0562 0x8001BF
    WTA version = 1.5.11
    Tested on = 1998/06/15 14:07:39
─ VIDEO
    Resolution = 800x600
    Color depth = 24 bpp
    Video speed = 27 MP/s
    Video board = ELSA VICTORY 3D
    Driver type = Win95 PnP
    Acceleration = Enabled
    Create window = 0.00321 s
    Scroll text = 2.44 s

                                            [Tell Me More]
For Help, press F1                                    NUM
```

5 Tips und Hinweise bei Problemen mit Computerspielen

Fast jeder Computer-Anwender ist bereits schon ein oder mehrere Male dem Reiz erlegen, ein mehr oder weniger aufwendiges Computer-Spiel auszuprobieren. Sehr ärgerlich, wenn man einige Tage auf das heißersehnte Spiel warten mußte, die Installation zwar reibungslos funktioniert, das Spiel hingegen partout nicht zum Laufen zu bewegen ist. Nachfolgend sehen Sie einige typische Fehlersituationen sowie nützliche Hinweise, um sie zu beheben bzw. zu umgehen.

Das Spiel startet nicht, und es erscheint die Fehlermeldung:

Zu wenig Arbeitsspeicher auf Ihrem Rechner vorhanden

Dies ist um so ärgerlicher, wenn Sie Ihren Rechner »ab Werk« für teures Geld auf 32, 64 oder gar auf 128 MByte Hauptspeicher aufrüsten ließen.

Generell gilt, daß für alle Programme erst einmal der konventionell, also der untere Speicherbereich von Bedeutung ist. Und hier kommt es eben darauf an, wieviel von diesem Speicherbereich noch frei ist.

Sorgen Sie dafür, daß der konventionelle Arbeitsspeicher möglichst frei von anderen Programmen und Treibern ist, die zur Ausführung des Spiels nicht gebraucht werden.

Lassen Sie sich mit folgendem Befehl die Belegung des konventionellen Arbeitsspeichers anzeigen:

```
MEM /C |MORE
```

Legen Sie eine Sicherungskopie Ihrer derzeit bestehenden AUTOEXEC.BAT auf einer Diskette an (sicher ist sicher).

Dann legen Sie eine Kopie der AUTOEXEC.BAT auf der Festplatte im Hauptverzeichnis mit einem abweichenden Namen an (beispielsweise AUTOEXEC.OLD). Folgenden Befehl können Sie dazu verwenden:

```
COPY AUTOEXEC.BAT AUTOEXEC.OLD
```

Jetzt können Sie in der AUTOEXEC.BAT Änderungen vornehmen. Wenn Sie den alten Zustand wieder herstellen wollen, dann benennen Sie die Dateien einfach wieder um.

Laden Sie so viele Programme und Treiber wie möglich in den hohen Speicherbereich, indem Sie statt des Befehls LOAD den Befehl LOADHIGH benutzen.

Abb. 5.1: Dieser konventionelle Arbeitsspeicher ist mit Programmen und Treibern so vollgestopft, daß nur noch 539,4 kByte für Ihr Spiel zur Verfügung stehen.

```
Konventioneller Speicher:

Name                 Größe (dezimal)      Größe (Hex)
-------              ---------------      -----------
MSDOS                14832    ( 14.5KB)      39F0
QEMM386                768    (  0.8KB)       300
SETVER                 400    (  0.4KB)       190
COMMAND               5088    (  5.0KB)      13E0
SMARTDRV             26800    ( 26.2KB)      68B0
KEYB                  6208    (  6.1KB)      1840
DOSEDIT               2800    (  2.7KB)       AF0
SHARE                17904    ( 17.5KB)      45F0
DOSKEY                4144    (  4.0KB)      1030
GRAB                 23808    ( 23.3KB)      5D00
FREI                    64    (  0.1KB)        40
FREI                    64    (  0.1KB)        40
FREI                   160    (  0.2KB)        A0
FREI                552016    (539.1KB)     86C50

Insgesamt FREI:     552304    (539.4KB)

Insgesamt verfügbarer Arbeitsspeicher:               552304   (539.4KB)
-- Fortsetzung --
```

Abb. 5.2: Die »alte« AUTOEXEC.BAT, die viel Platz im konventionellen Arbeitsspeicher belegt.

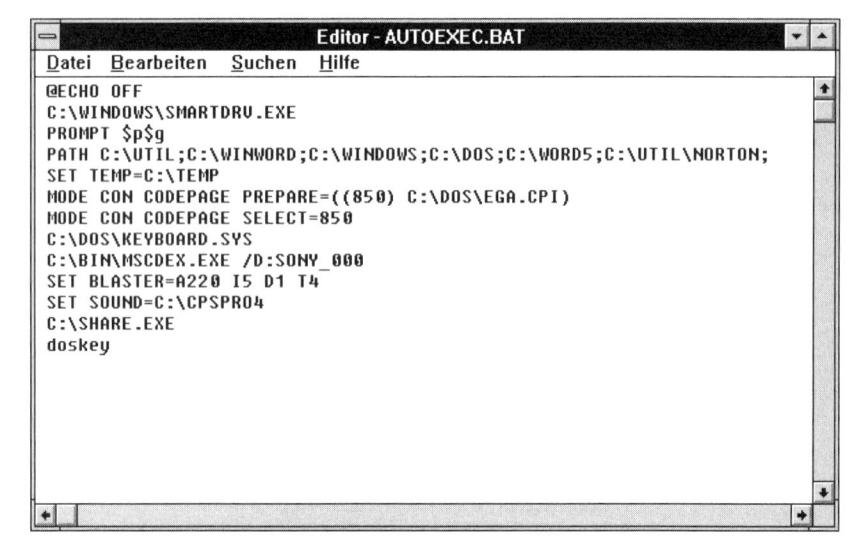

```
                       Editor - AUTOEXEC.BAT
Datei  Bearbeiten  Suchen  Hilfe
@ECHO OFF
C:\WINDOWS\SMARTDRV.EXE
PROMPT $p$g
PATH C:\UTIL;C:\WINWORD;C:\WINDOWS;C:\DOS;C:\WORD5;C:\UTIL\NORTON;
SET TEMP=C:\TEMP
MODE CON CODEPAGE PREPARE=((850) C:\DOS\EGA.CPI)
MODE CON CODEPAGE SELECT=850
C:\DOS\KEYBOARD.SYS
C:\BIN\MSCDEX.EXE /D:SONY_000
SET BLASTER=A220 I5 D1 T4
SET SOUND=C:\CPSPRO4
C:\SHARE.EXE
doskey
```

Dies betrifft natürlich nicht nur die Befehlszeilen in der AUTOEXEC.BAT, sondern auch diejenigen in der Gerätetreiberkonfigurationsdatei CONFIG.SYS. Ändern Sie hier den Befehl DEVICE in DEVICEHIGH, damit die entsprechenden Treiber in den hohen Speicherbereich geladen werden können.

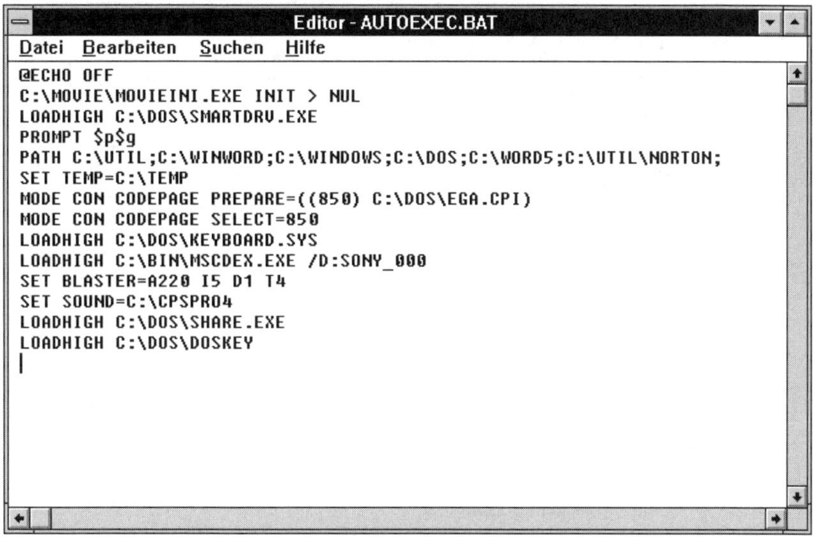

Abb. 5.3:
Laden Sie so viele Treiber und Programme wie möglich in den hohen Speicherbereich.

```
@ECHO OFF
C:\MOVIE\MOVIEINI.EXE INIT > NUL
LOADHIGH C:\DOS\SMARTDRV.EXE
PROMPT $p$g
PATH C:\UTIL;C:\WINWORD;C:\WINDOWS;C:\DOS;C:\WORD5;C:\UTIL\NORTON;
SET TEMP=C:\TEMP
MODE CON CODEPAGE PREPARE=((850) C:\DOS\EGA.CPI)
MODE CON CODEPAGE SELECT=850
LOADHIGH C:\DOS\KEYBOARD.SYS
LOADHIGH C:\BIN\MSCDEX.EXE /D:SONY_000
SET BLASTER=A220 I5 D1 T4
SET SOUND=C:\CPSPRO4
LOADHIGH C:\DOS\SHARE.EXE
LOADHIGH C:\DOS\DOSKEY
```

Starten Sie Ihren Rechner nach dem Abschluß der Änderungen neu, damit die neuen Einstellungen in der AUTOEXEC.BAT und CONFIG.SYS wirksam werden, und überprüfen Sie den Erfolg, indem Sie erneut den folgenden Befehl eingeben:

MEM /C |MORE

Wie Sie der Abbildung 5.4 entnehmen können, wurde bereits durch diese Maßnahme so viel konventioneller Arbeitsspeicher gewonnen, daß nun insgesamt 611,3 kByte zur Verfügung stehen.

Manche Computerspiele schreiben den Platzbedarf im konventionellen Arbeitsspeicher vor. Er ist entweder in der Dokumentation des Spiels zu finden ist oder wird direkt am Bildschirm mit folgender Fehlermeldung angezeigt:

Zu wenig konventioneller Arbeitsspeicher vorhanden!

Programm benötigt mindestens 600 kByte konventionellen Arbeitsspeicher zur Ausführung

Überprüfen Sie, ob der Festplatten-Cachetreiber SMARTDRIVE geladen ist. Dieses Programm verwendet üblicherweise zum Puffern der ausgelesenen Daten einen Teil des Erweiterungsspeichers. Dieser Teil könnte die Ausführung Ihres Computerspiels verhindern.

Abb. 5.4:
Das Ziel, mehr konventionellen Arbeitsspeicher zu erhalten, wurde erreicht.

```
Konventioneller Speicher:

Name                    Größe (dezimal)         Größe (Hex)
----                    ---------------         -----------
MSDOS                   868320    (848.0KB)     D3FE0
QEMM386                    768    (  0.8KB)       300
LOADHI                      96    (  0.1KB)        60
COMMAND                    256    (  0.3KB)       100
GRAB                     23808    ( 23.3KB)      5D00
FREI                    626016    (611.3KB)     98D60

Insgesamt FREI:         626016    (611.3KB)

Hoher Speicher (Upper Memory)

Name                    Größe (dezimal)         Größe (Hex)
----                    ---------------         -----------
SYSTEM                  179888    (175.7KB)     2BEB0
COMMAND                   2752    (  2.7KB)       AC0
QDPMI                     2112    (  2.1KB)       840
SETVER                     400    (  0.4KB)       190
ANSI                      4192    (  4.1KB)      1060
FCBS                       256    (  0.3KB)       100
-- Fortsetzung --
```

Da der Festplatten-Cachetreiber SMARTDRIVE natürlich seine Berechtigung hat, sollten Sie ihn nicht sofort deaktivieren (beispielsweise durch den der Befehlszeile vorangestellten Befehl REM), sondern erst einmal versuchen, die Größe des beanspruchten Pufferspeichers zu reduzieren.

Durch die nachfolgende Befehlszeile in der AUTOEXEC.BAT wird ein Speicherplatz von 2 MByte (2048 kByte) reserviert:

```
C:\DOS\SMARTDRIVE.EXE 2048
```

(Dabei wird, wie auch in den folgenden Beispielen, vorausgesetzt, daß sich der Festplatten-Cachetreiber im Verzeichnis \DOS befindet. Sollte das in Ihrem Fall nicht so sein, dann schreiben Sie die Befehlszeile entsprechend um.)

Ändern Sie die Befehlszeile wie folgt ab, um nur noch 1 MByte (1024 kByte) Speicherplatz zu reservieren:

```
C:\DOS\SMARTDRIVE 1024
```

Wollen Sie den zur Verfügung stehenden Platz noch weiter reduzieren, dann ändern Sie die Befehlszeile folgendermaßen, um nur noch 512 kByte zu reservieren:

```
C:\DOS\SMARTDRIVE 512
```

Wenn das alles nicht zum gewünschten Ergebnis führt, dann deaktivieren Sie die Befehlszeile, indem Sie sie folgendermaßen ändern:

```
REM C:\DOS\SMARTDRIVE 512
```

(?) **Das Spiel läuft an sich ohne Probleme, nur dauert das Nachladen von Programmteilen von der Festplatte überdurchschnittlich lange.**

Hier kann es durchaus sein, daß der fehlende Festplatten-Cachetreiber SMARTDRIVE die Ursache ist. Er hat die Aufgabe, die gerade ausgelesenen Daten außer in den konventionellen Arbeitsspeicher auch noch in einen separaten Speicherbereich zu kopieren, damit sie bei einem erneuten Lesezugriff schneller verfügbar sind (ganz so einfach ist das natürlich nicht, denn welche Daten bevorzugt in diesen separaten Speicherbereich kopiert werden, entscheidet ein komplizierter Algorithmus).

Versuchen Sie herauszubekommen, wie hoch dieser Speicherbereich maximale sein darf, ohne daß die Ausführung des Spiels dadurch verhindert wird.

(?) **Trifft die Beschränkung des für den Festplatten-Cachetreiber SMARTDRIVE zur Verfügung gestellten Speicherbereichs auch für Spiele unter Windows zu?**

Natürlich arbeitet der Festplatten-Cachetreiber SMARTDRIVE auch unter Windows. Sie können zwei Parameter angeben, was in der entsprechenden Befehlszeile folgendermaßen aussieht:

```
C:\DOS\SMARTDRIVE 512 1024
```

Der erste Parameter bezieht sich auf die Puffergröße unter DOS, der zweite gibt den zur Verfügung gestellten Speicherbereich unter Windows bzw. dessen Anwendungen an. Beachten Sie dabei, daß Windows zu seiner schnellen Ausführung so viel Arbeitsspeicher wie möglich benötigt.

Wie groß die zur Verfügung gestellten Bereiche jeweils sein sollen, richtet sich natürlich nach der Größe des Arbeitsspeichers insgesamt (also konventioneller zuzüglich übriger). Als Faustregel gilt: Bis zu einer Arbeitsspeichergröße von 4 MByte sollte der Windows-Cache halb so klein sein wie derjenige, der DOS-Anwendungen zur Verfügung gestellt wird. Ein Beispiel (bezogen auf eine Arbeitsspeichergröße von 4 MByte):

```
C:\DOS\SMARTDRIVE 2048 1024
```

Einen Arbeitsspeicher von 4 MByte werden Sie jedoch noch bei sehr alten Rechnern vorfinden. Handelt es sich um größere Arbeitsspeicher, probieren Sie aus, mit welchen Einstellungen es am besten funktioniert.

Lesen Sie auf jeden Fall die Spielanleitung sorgsam durch, denn hier finden Sie in der Regel einen Hinweis auf den mindestens benötigten Arbeitsspeicher. Wird beispielsweise angegeben, daß zur Ausführung des Spiels mindestens 4 MByte Arbeitsspeicher benötigt werden, und verfügt Ihr Rechner nur über einen Arbeitsspeicher von 4 MByte, dann macht es keinen Sinn, den Festplatten-Cachetreiber SMARTDRIVE zu installieren, denn der dafür benötigte Zwischenspeicherbereich wird im Arbeitsspeicher reserviert, was ihn für die Ausführung des Spiels zu klein machen kann.

(?) Sie verwenden ein Computerspiel, das zur Ausführung nicht alle Dateien auf die Festplatte kopiert, sondern immer wieder Dateien von der CD-ROM nachlädt. Das Nachladen dauert aber unverhältnismäßig lange.

Überprüfen Sie Ihre AUTOEXEC.BAT, ob der Festplatten-Cachetreiber SMARTDRIVE nach dem Treiber für das CD-ROM-Laufwerk geladen wird. Dies ist wichtig, denn wenn SMARTDRIVE durch die entsprechende Befehlszeile geladen wird, überprüft er automatisch, welche Laufwerke installiert sind. Dies erfolgt deshalb, weil SMARTDRIVE nicht nur die Daten von der Festplatte, sondern auch von einer CD-ROM puffern kann (in den Abbildungen 5.2 und 5.3 sehen Sie, wie es nicht sein sollte).

Wenn jedoch der Treiber für das CD-ROM-Laufwerk erst nach SMART-DRIVE geladen wird, dann kann nur die Festplatte miteinbezogen werden, nicht jedoch das CD-ROM-Laufwerk.

Abb. 5.5:
Laden Sie SMARTDRIVE grundsätzlich erst nach dem Treiber für das CD-ROM-Laufwerk.

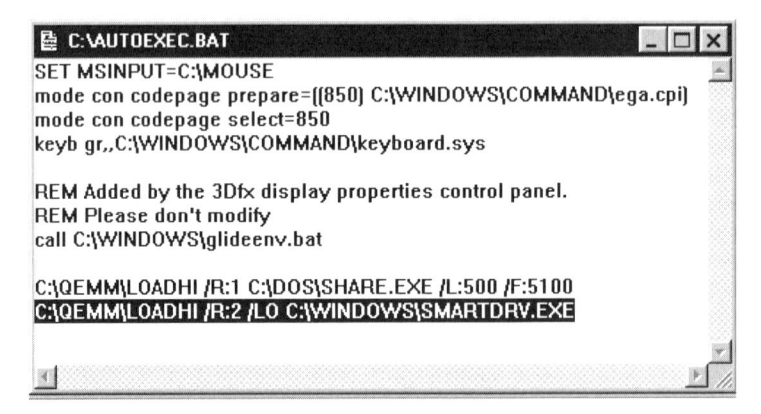

```
C:\AUTOEXEC.BAT
SET MSINPUT=C:\MOUSE
mode con codepage prepare=((850) C:\WINDOWS\COMMAND\ega.cpi)
mode con codepage select=850
keyb gr,,C:\WINDOWS\COMMAND\keyboard.sys

REM Added by the 3Dfx display properties control panel.
REM Please don't modify
call C:\WINDOWS\glideenv.bat

C:\QEMM\LOADHI /R:1 C:\DOS\SHARE.EXE /L:500 /F:5100
C:\QEMM\LOADHI /R:2 /LO C:\WINDOWS\SMARTDRV.EXE
```

(?) Das Computerspiel verweigert die Ausführung mit der Fehlermeldung:

Es wird kein EMS-Speicher zur Verfügung gestellt

Dies ist um so ärgerlicher, wenn Sie sich sicher sind, EMS-Speicher zur Verfügung gestellt zu haben, indem Sie den Speichertreiber EMM386.EXE geladen haben.

Die Ursache für die Fehlermeldung: Sie haben zwar in Ihrer AUTOEXEC.BAT angegeben, Zusatzspeicher in Form von Extended Memory (XMS) bereitzustellen, jedoch wird ausdrücklich Expanded Memory (EMS) verlangt.

Ab MS-DOS 6.0 und höher simuliert zwar der Treiber EMM386.EXE diese Speicherart automatisch, jedoch kann es durchaus vorkommen, daß es nicht immer so funktioniert, wie es eigentlich sein sollte.

Sie können nur Abhilfe schaffen, indem Sie den Zusatzspeicher explizit als Expanded Memory, also den gewünschten EMS-Speicher, angeben. Dies geschieht mit der folgenden Befehlszeile in der AUTOEXEC.BAT:

```
DEVICE=C:\DOS\EMM386.EXE RAM
```

(?) Läßt sich beim Starten des Computers eine festgelegte Einstellung laden, die direkt auf den Betrieb von Computerspielen abgestimmt werden kann?

Wenn Sie über MS-DOS in der Version 6.0 oder höher verfügen, dann können Sie ein sogenanntes »Bootmenü« anlegen. Beim Ausführen der Startdateien erscheint auf dem Bildschirm eine Abfrage, die Sie selbst definieren können. Anhand der Auswahl, die Sie selbst treffen, wird dann zu einer entsprechenden Sektion innerhalb der Startdatei gesprungen, die diejenigen Befehlszeilen enthält, die Ihren Rechner so initialisieren, daß er beispielsweise ideal für Computerspiele läuft.

Abb. 5.6:
Hier geschieht der Sprung aus der Startdatei AUTOEXEC.BAT in die Gerätekonfigurationsdatei CONFIG.SYS.

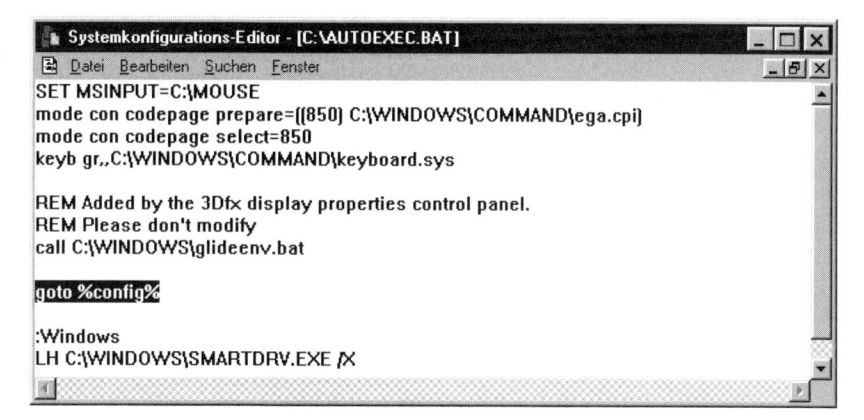

```
Systemkonfigurations-Editor - [C:\AUTOEXEC.BAT]
Datei  Bearbeiten  Suchen  Fenster
SET MSINPUT=C:\MOUSE
mode con codepage prepare=((850) C:\WINDOWS\COMMAND\ega.cpi)
mode con codepage select=850
keyb gr,,C:\WINDOWS\COMMAND\keyboard.sys

REM Added by the 3Dfx display properties control panel.
REM Please don't modify
call C:\WINDOWS\glideenv.bat

goto %config%

:Windows
LH C:\WINDOWS\SMARTDRV.EXE /X
```

Eine CONFIG.SYS kann mehrere unterschiedliche Systemkonfigurationen enthalten, was natürlich nicht nur für Computerspiele nützlich sein kann, sondern auch dann, wenn mehrere Anwender mit unterschiedlichen Anforderungen auf den Rechner zugreifen wollen. Es kann dann für jeden Anwender eine speziell auf seine Bedürfnisse zugeschnittene Konfiguration in die CONFIG.SYS integriert werden, die dann über das bereits eingangs erwähnte Menü ausgewählt bzw. aufgerufen wird. Eine solche Auswahl könnte beispielsweise folgendermaßen aussehen:

Welche Konfiguration soll für die entsprechende Person zur Verfügung gestellt werden?

1 = Müller

2 = Maier

3 = Thomas

Dasselbe gilt natürlich auch – um beim Thema zu bleiben – für Computerspiele. Eine entsprechende Abfrage würde beispielsweise folgendermaßen aussehen:

Welche Konfiguration soll zur Verfügung gestellt werden?

1 = Windows

2 = Computerspiele

Wenn Sie an dieser Stelle 2 eingeben, dann wird in der CONFIG.SYS zu derjenigen Sektion gesprungen, die Befehlszeilen enthält, die bestimmen, daß keine Programme und Treiber geladen werden, die für die Ausführung von Computerspielen nicht benötigt werden, möglichst viel EMS-Speicher bereitgestellt wird usw.

Abb. 5.7: Der Abschnitt Games enthält die für Computerspiele wesentlichen Befehlszeilen.

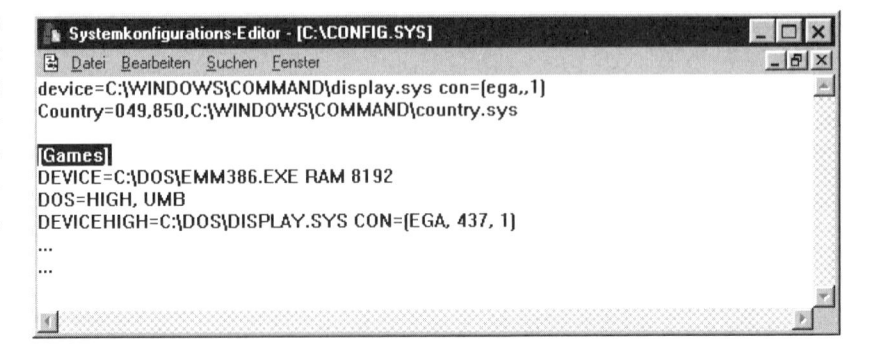

```
Systemkonfigurations-Editor - [C:\CONFIG.SYS]
Datei  Bearbeiten  Suchen  Fenster
device=C:\WINDOWS\COMMAND\display.sys con=(ega,,1)
Country=049,850,C:\WINDOWS\COMMAND\country.sys

[Games]
DEVICE=C:\DOS\EMM386.EXE RAM 8192
DOS=HIGH, UMB
DEVICEHIGH=C:\DOS\DISPLAY.SYS CON=(EGA, 437, 1)
...
...
```

Um eine Aufteilung zu erhalten, müssen Sie sogenannte *Konfigurationsblöcke* abgrenzen. Ein solcher Konfigurationsblock muß zwingend mit einem Blockkopf beginnen, der aus einem in eckige Klammern gesetzten Blocknamen besteht. Beachten Sie hierbei, daß der Name zwar beliebig viele Zeichen enthalten darf, allerdings muß er zusammenhängend sein. Wird zu einem bestimmten Blocknamen gesprungen, dann werden alle Befehlszeilen ausgeführt, die sich zwischen diesem Blocknamen und dem nächsten befinden.

Sie können generell alle Befehle verwenden, die Sie normalerweise in Ihrer CONFIG.SYS einbinden, jedoch sind die folgenden beiden Befehle hier besonders nützlich:

1. SET

   Dieser Befehl definiert den Wert einer Umgebungsvariablen. Der Vorteil bei diesem Befehl ist, daß Sie für jede Konfiguration andere Werte definieren können.

2. INCLUDE

   Mit diesem Befehl veranlassen Sie, daß sowohl der Befehl in dem aktuellen Konfigurationsblock als auch in einem anderen Konfigurationsblock ausgeführt wird.

Sollen ein oder mehrere Befehle für alle Konfigurationsblöcke gelten, dann müssen Sie diese nicht in sämtlichen Konfigurationsblöcken angeben, sondern Sie können diese auch in einen separaten Konfigurationsblock schreiben, der den Namen [COMMON] tragen muß. Es dürfen in der CONFIG.SYS beliebig viele dieser COMMON-Blöcke existieren, die in der Reihenfolge abgearbeitet werden, in der sie aufgeführt sind.

Es empfiehlt sich, einen solchen COMMON-Block auf jeden Fall am Ende der CONFIG.SYS einzutragen, auch wenn er keine Befehlszeilen enthält. Der Grund: Einige Anwendungen fügen Ihrer CONFIG.SYS Befehlszeilen hinzu (beispielsweise das Laden von Treibern oder speicherresidenten Programmen). Befindet sich in diesem Fall ein COMMON-Block am Ende der CONFIG.SYS, dann wird die zusätzliche Befehlszeile automatisch hier eingetragen und gilt für alle Konfigurationsblöcke.

Die Tabelle 5.1 zeigt die Befehle, die ein solcher Konfigurationsblock enthalten kann.

Befehl	Auswirkung
MENUITEM	Sie definieren mit diesem Befehl eine Menüoption und verweisen außerdem auf den Konfigurationsblock, der dieser Menüoption zugeordnet sein soll. Außerdem kann der Menütext angegeben werden.
MENUDEFAULT	Dieser Eintrag bezieht sich auf die Standardmenüoption. Enthält der entsprechende Konfigurationsblock keinen MENUDEFAULT-Befehl, dann wird der Standardwert automatisch auf Option 1 festgelegt. Sie können hiermit allerdings auch eine Wartezeit definieren. Wird vom Benutzer innerhalb dieser Wartezeit keine Auswahl getroffen, dann wird automatisch die Standardkonfiguration geladen.

Tab. 5.1: Befehle für die Konfigurationsblöcke

Befehl	Auswirkung
MENUCOLOR	Mit diesem Befehl kann Einfluß auf die Hintergrundfarbe und die Textfarbe eines Menüs genommen werden.
SUBMENU	Es wird ein weiterer Menüblock angegeben, der einen anderen Befehlssatz enthält. Es besteht somit die Möglichkeit, weitere Auswahlmöglichkeiten in einem oder mehreren Untermenüs zu definieren.
NUMLOCK	Sie können mit diesem Befehl festlegen, ob die Zehnertastatur nach dem Starten des Systems auf Ziffern- oder Richtungstastenbelegung geschaltet wird (NUM aktiviert bedeutet, daß die Ziffern benutzt werden können).

Tab. 5.1: Befehle für die Konfigurationsblöcke (Fortsetzung)

Hier ein Beispiel:

```
[MENU]
MENUITEM=WINDOWS, Windows-Konfiguration starten
MENUITEM=SPIELE; Konfiguration für Computerspiele starten
```

Der erste Wert bezeichnet den Namen des Konfigurationsblocks, zu dem gesprungen wird. Der zweite Wert kann, muß aber nicht angegeben werden (ist also wahlfrei) und definiert den im Menü erscheinenden Text (zum Beispiel: Windows-Konfiguration starten).

Ein Beispiel mit Verwendung eines COMMON-Blocks:

```
[MENU]
MENUITEM=Windows
MENUITEM=Spiele
[COMMON]
BUFFER=30
FILES=30
DOS=HIGH
[WINDOWS]
FILES=30
DEVICE=C:\DOS\EMM386.EXE NOEMS
[SPIELE]
FILES=50
DEVICE=C:\DOS\EMM386.EXE 2048
```

Das Spiel stürzt gleich zu Beginn jedesmal ohne erkennbaren Grund ab, indem sich der Rechner »aufhängt«.

Ein Grund dafür kann in der Installation eines Antiviren-Programms liegen. Viele dieser Software-Pakete verfügen über eine spezielle Routine, die Zugriffe auf den Arbeitsspeicher und insbesondere auf den Kommandointerpreter COMMAND.COM überwachen soll. Viele Spiele müssen nun sehr oft auf die Festplatte zugreifen, um beispielsweise Grafik- und Sounddateien nachzuladen, was insbesondere auch dann der Fall ist, wenn der Arbeitsspeicher nicht allzu groß ist. Diese große Zahl von Festplattenzugriffen innerhalb einer relativ kurzen Zeitspanne wird nun vom Antiviren-Tool registriert. Es versucht, eine Meldung am Bildschirm auszugeben. Und genau hier kann es sehr oft zu einem Programmabbruch führen, da hierdurch die Ausführung der Spiele-Software beeinträchtigt wird.

Die einzige Abhilfe: Verzichten Sie auf diesen Viren-Wächter, wenn Sie das Computerspiel ausführen wollen. Zur Sicherheit sollten Sie jedoch die Disketten bzw. die CD-ROM auf mögliche Viren untersuchen lassen, bevor Sie das Spiel zum erstenmal starten bzw. auf die Festplatte kopieren.

Der Joystick funktioniert nicht, obwohl er korrekt installiert wurde.

Überprüfen Sie, ob der Joystick an einem Gameport angeschlossen ist, der auf der Soundkarte integriert ist. Ist dies der Fall, dann sehen Sie in der technischen Dokumentation Ihrer Soundkarte nach, ob der Gameport zuerst über entsprechende Dip-Schalter (oder über die mitgelieferte Installations-Software) aktiviert werden muß.

Auf den meisten Standard-Schnittstellenkarten ist ein Gameport integriert. Haben Sie eine Soundkarte installiert, dann befinden sich nun zwei Gameports an Ihrem Rechner. Wenn beide aktiviert werden, dann führt dies zu einem Konflikt. Sie müssen also entweder den Gameport an der herkömmlichen Schnittstelle oder den Gameport an der Soundkarte deaktivieren, damit es keine Probleme gibt.

Manche Computerspiele lassen sich mit der deutschen Tastaturbelegung nicht spielen. Gibt es hier einen Ausweg?

Aufwendige Spiele werden häufig über die Tastatur gesteuert, und hier sind dann 20 oder 30 belegte Tasten keine Seltenheit. Liegt das Spiel in der deutschen Fassung vor, dann ist zumeist alles in Ordnung, handelt es sich jedoch um eine englische bzw. amerikanische Fassung, dann gibt es einen Konflikt mit dem deutschen Tastaturtreiber (KEYB GR). Denn wenn Funktionen beispielsweise auf die Umlaute (Ü, Ö, Ä) gelegt werden, dann wird laut englischer bzw. amerikanischer Tastaturbelegung eine andere Taste erwartet. Sie kennen dieses Problem bestimmt, wenn Sie einmal Ihren Rechner von einer startfähigen Boot-Diskette gestartet haben. Dann können Sie beispielsweise kein Y eingeben.

Versuchen Sie, die Tastaturbelegung während des Spiels zu ändern, indem Sie die Tastenkombination `Strg`+`Alt`+`F1` drücken. Normalerweise wechseln Sie auf diese Weise zu der amerikanischen Tastaturbelegung. Um nun wieder zur deutschen Tastaturbelegung zurückzukehren, drücken Sie die Tastenkombination `Strg`+`Alt`+`F2`.

Haben Sie auf diese Weise keinen Erfolg, dann müssen Sie den Aufruf des Tastaturtreibers in der Startdatei entsprechend abändern und den Rechner neu starten.

Sie haben eine Soundkarte sowie die dazugehörigen Treiber ordnungsgemäß installiert. Trotzdem erscheint eine Fehlermeldung, die wie die folgende oder ähnlich aussieht:

Soundkarte oder Soundkartentreiber nicht gefunden

Die wenigsten Soundkarten sind nur auf sich selbst fixiert, sondern können sich auch noch wie andere Soundkarten verhalten, was als *Emulation* bezeichnet wird. So ist beispielsweise eine Soundkarte eines Herstellers XY Soundblaster- und Adlib-kompatibel. Wenn Sie beispielsweise über ein Computerspiel verfügen, das Soundblaster-Kompatibilität voraussetzt, müssen Sie entweder über entsprechende Dip-Schalter oder über Einstellungen mittels der mitgelieferten Software eine solche Kompatibilität einstellen.

Überprüfen Sie also, welche Soundkarte Ihr Computerspiel, bei dem diese Fehlermeldung auftritt, verlangt, und vergleichen Sie diese Einstellung dann mit der Einstellung Ihrer Soundkarte. Wenn Sie beispielsweise über eine XY-Soundkarte verfügen, die auf Soundblaster-Kompatibilität eingestellt ist, und Ihr Computerspiel verlangt eine Adlib-Soundkarte, dann kommt es zwangsläufig zu einer solchen Fehlermeldung.

Eine weitere Fehlerquelle kann auch eine fehlende oder unzureichende Pfadangabe in Ihrer AUTOEXEC.BAT-Datei sein. Gehen Sie folgendermaßen vor:

- Überprüfen Sie, welches Verzeichnis die mit der Soundkarte gelieferte Software angelegt hat.

Abb. 5.8:
Das Verzeichnis, in dem sich die Dateien zum Betreiben Ihrer Soundkarte befinden (als Beispiel dient die Soundblaster Pro).

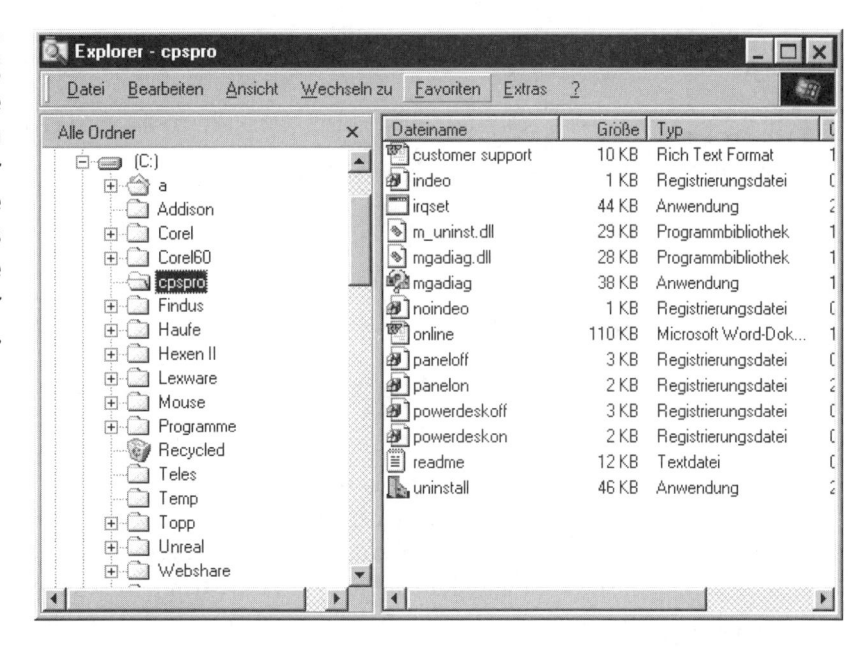

▶ Vergleichen Sie den Pfadeintrag in der AUTOEXEC.BAT.

Abb. 5.9:
Die korrekte Pfadangabe in der AUTOEXEC.BAT

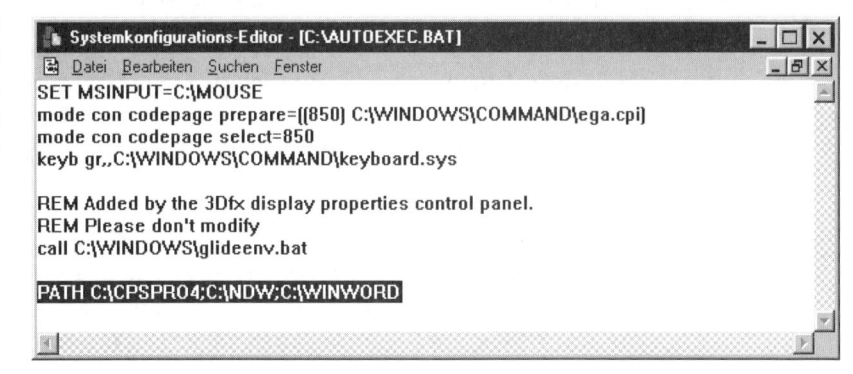

▶ Überprüfen Sie, ob die mit der Soundkarte gelieferte Software die Umgebungsvariable richtig gesetzt hat bzw. ob diese nicht durch irgendwelche Manipulationen an der AUTOEXEC.BAT verändert wurde.

Die Soundkarte wurde richtig installiert, die Pfadangaben stimmen, und die Umgebungsvariablen sind korrekt eingetragen. Trotzdem lassen sich der Soundkarte keine Töne entlocken, und das Spiel stürzt sogar hin und wieder bei der Ausführung ab, insbesondere dann, wenn beispielsweise Aktionen mit der Maus durchgeführt werden.

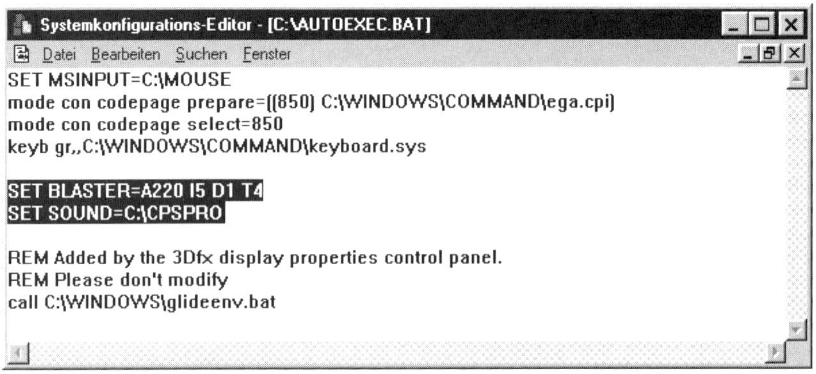

Abb. 5.10:
Die Umgebungsvariablen für die Soundblaster-Soundkarte in der AUTOEXEC.BAT

```
Systemkonfigurations-Editor - [C:\AUTOEXEC.BAT]
Datei  Bearbeiten  Suchen  Fenster
SET MSINPUT=C:\MOUSE
mode con codepage prepare=((850) C:\WINDOWS\COMMAND\ega.cpi)
mode con codepage select=850
keyb gr,,C:\WINDOWS\COMMAND\keyboard.sys

SET BLASTER=A220 I5 D1 T4
SET SOUND=C:\CPSPRO

REM Added by the 3Dfx display properties control panel.
REM Please don't modify
call C:\WINDOWS\glideenv.bat
```

Ein solcher Fehler deutet auf einen Adreßkonflikt hin. Ein solcher Adreßkonflikt ist deshalb genauso bei einer Soundkarte denkbar wie bei anderen Erweiterungskarten, da auch diese Bauteile Ihre Informationen und die Unterbrechungsanforderungen an den Prozessor (IRQ = Interrupt Request) über bestimmte Kanäle (beispielsweise den DMA-Kanal) übermitteln müssen.

Wenn also zwei Geräte bzw. Erweiterungskarten Informationen über ein und denselben Kanal benutzen, dann kommt es unweigerlich zu Konflikten.

Das gleiche gilt auch für die sogenannte *Basisadresse*, denn jeder Port benötigt eine solche Adresse, die normalerweise in hexadezimaler Schreibweise ausgedrückt wird. Bei der Soundblaster-Karte handelt es sich, um bei diesem Beispiel zu bleiben, um die Adresse 220h oder 240h.

Jetzt geht es nur noch darum herauszufinden, ob die Soundkarte wirklich in Konflikt mit anderen Erweiterungskarten bzw. Geräten steht. Ein hilfreiches Programm ist beispielsweise das Microsoft-Diagnoseprogramm MSD.EXE, das im Lieferumfang des Betriebssystems MS-DOS enthalten ist. Rufen Sie diese Routine mit dem folgenden Befehl auf:

```
MSD
```

Sie sehen jetzt ein Menü, aus dem Sie entweder mit der Maus oder durch Eingabe der hell unterlegten Buchstaben eine Auswahl treffen können. Geben Sie in diesem Fall den Buchstaben Q für IRQ-STATUS ein.

Leider wurde keine Soundkarte gefunden, obwohl im untersuchten Rechner eine Soundblaster Pro installiert ist und auch funktioniert.

Abb. 5.11:
Der Eingangs-bildschirm von Microsoft Diagnostics

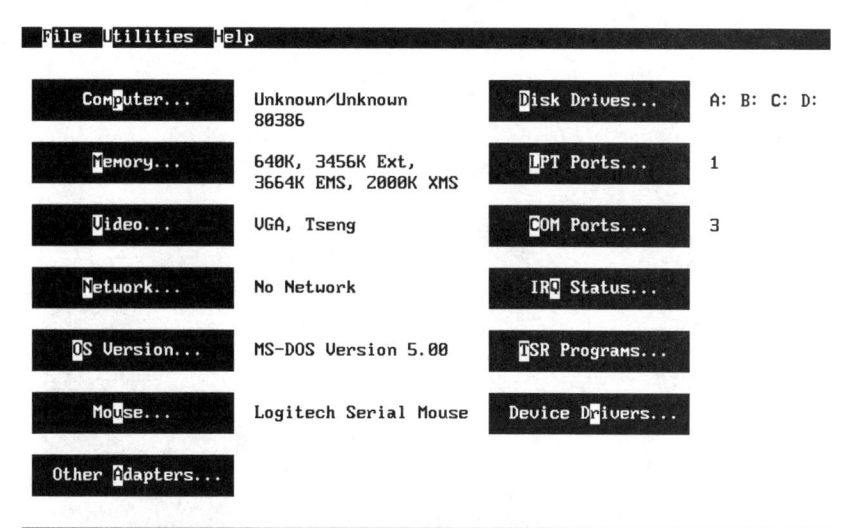

```
File Utilities Help

   Computer...      Unknown/Unknown        Disk Drives...    A: B: C: D:
                    80386

   Memory...        640K, 3456K Ext,       LPT Ports...      1
                    3664K EMS, 2000K XMS

   Video...         VGA, Tseng             COM Ports...      3

   Network...       No Network             IRQ Status...

   OS Version...    MS-DOS Version 5.00    TSR Programs...

   Mouse...         Logitech Serial Mouse  Device Drivers...

   Other Adapters...

Press ALT for menu, or press highlighted letter, or F3 to quit MSD.
```

Abb. 5.12:
Lassen Sie Ihr System auf seine IRQ-Belegung überprüfen.

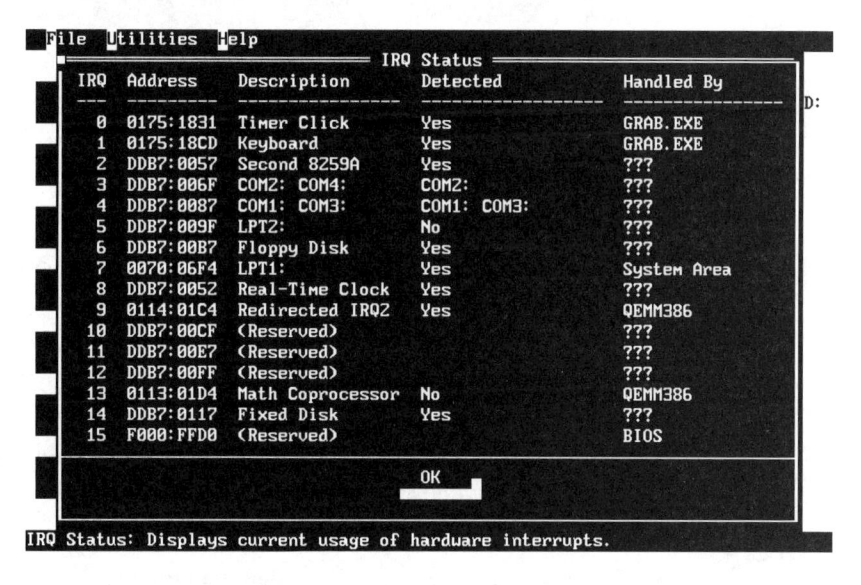

```
File Utilities Help
====================== IRQ Status ======================
 IRQ  Address     Description       Detected         Handled By
 ---  ---------   --------------    ------------     ----------
  0   0175:1831   Timer Click       Yes              GRAB.EXE
  1   0175:18CD   Keyboard          Yes              GRAB.EXE
  2   DDB7:0057   Second 8259A      Yes              ???
  3   DDB7:006F   COM2: COM4:       COM2:            ???
  4   DDB7:0087   COM1: COM3:       COM1: COM3:      ???
  5   DDB7:009F   LPT2:             No               ???
  6   DDB7:00B7   Floppy Disk       Yes              ???
  7   0070:06F4   LPT1:             Yes              System Area
  8   DDB7:0052   Real-Time Clock   Yes              ???
  9   0114:01C4   Redirected IRQ2   Yes              QEMM386
 10   DDB7:00CF   (Reserved)                         ???
 11   DDB7:00E7   (Reserved)                         ???
 12   DDB7:00FF   (Reserved)                         ???
 13   0113:01D4   Math Coprocessor  No               QEMM386
 14   DDB7:0117   Fixed Disk        Yes              ???
 15   F000:FFD0   (Reserved)                         BIOS

                         OK

IRQ Status: Displays current usage of hardware interrupts.
```

Versuchen Sie es einmal mit einem anderen Programm, das auf der beiliegenden gespeichert ist. Es heißt DRHARD.CD-ROM. Wechseln Sie nach der Installation des Programms in das entsprechende Verzeichnis auf der Festplatte, und geben Sie den folgenden Befehl ein:

    DRHSYS21.EXE

Sie starten damit die Routine, die das Programm entkomprimiert.

Anschließend können Sie das Programm mit dem folgenden Befehl starten:

```
DRHARD
```

Sie sehen einen Eingangsbildschirm, aus dem Sie sich die gewünschte Option aussuchen können.

Abb. 5.13:
Der Eingangs-
bildschirm mit
der Auswahl der
IRQ-Belegung

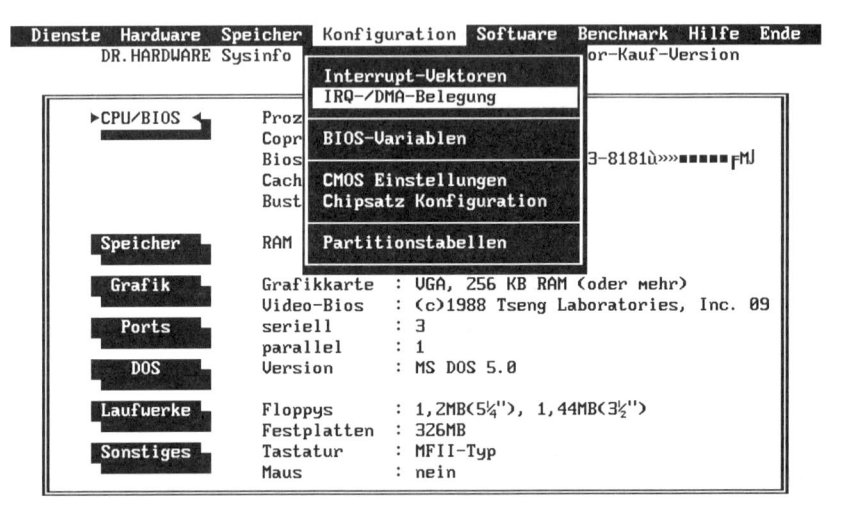

```
 Dienste  Hardware  Speicher  Konfiguration  Software  Benchmark  Hilfe  Ende
           DR.HARDWARE Sysinfo       Interrupt-Vektoren          or-Kauf-Version
                                     IRQ-/DMA-Belegung
          ►CPU/BIOS ◄      Proz
                           Copr     BIOS-Variablen
                           Bios                                3-8181ù»»■■■■FMJ
                           Cach     CMOS Einstellungen
                           Bust     Chipsatz Konfiguration

           Speicher        RAM      Partitionstabellen

           Grafik          Grafikkarte : VGA, 256 KB RAM (oder mehr)
                           Video-Bios  : (c)1988 Tseng Laboratories, Inc. 09
           Ports           seriell     : 3
                           parallel    : 1
           DOS             Version     : MS DOS 5.0

           Laufwerke       Floppys     : 1,2MB(5¼"), 1,44MB(3½")
                           Festplatten : 326MB
           Sonstiges       Tastatur    : MFII-Typ
                           Maus        : nein

 F1 Hilfe │ Belegung der IRQ- und DMA-Kanäle (Geräte/Treiber)
```

Drücken Sie zuerst die Funktionstaste F10, um in das Auswahlmenü am oberen Bildschirmrand zu gelangen, und wechseln Sie mit den Cursortasten zum Punkt KONFIGURATION. Das zweite Feld von oben in dem nun erscheinenden Pulldown-Menü heißt IRQ-BELEGUNG. Steuern Sie es an, bis es hell unterlegt ist, und bestätigen Sie die Auswahl mit der Taste ↵.

Sie sehen jetzt die IRQ-Belegung und auch, daß unter der IRQ-Nummer 5 eine Soundkarte gefunden wurde. Vergleichen Sie einmal die Adresse mit der Auflistung, die Sie von MicrosoftDiagnostics erhalten haben.

(?) **Sie spielen mit einem Bekannten ein Computerspiel über Modem. Beide Computer sind über die Telefonleitung miteinander verbunden. Es erfolgte eine exakte Übereinstimmung der Parameter bei beiden Modems. Trotzdem stürzt das Spiel an unterschiedlichen Stellen ab.**

Ein solcher Fehler kann unter Umständen durch unterschiedliche Schnittstellen-Puffer bestehen. Auf der I/O-Schnittstellenkarte befindet sich ein Chip namens »UART«. Wird ein Spiel gestartet, auf das mehrere Teilnehmer über Modem zugreifen, dann erfolgt zumeist eine Bildschirmanzeige beim Starten des Spiels, die Auskunft über die Portgeschwindigkeit und die Puffergröße des UART-Chips gibt.

Abb. 5.14:
Die Soundkarte wurde gefunden, und die IRQ-Belegung ist angezeigt.

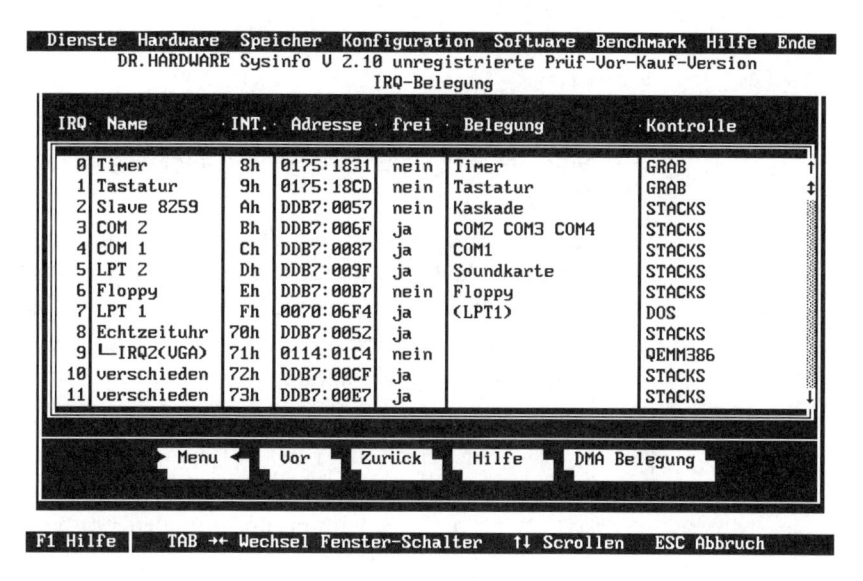

Dienste	Hardware	Speicher	Konfiguration	Software	Benchmark	Hilfe	Ende

DR.HARDWARE Sysinfo V 2.10 unregistrierte Prüf-Vor-Kauf-Version
IRQ-Belegung

IRQ	Name	INT.	Adresse	frei	Belegung	Kontrolle
0	Timer	8h	0175:1831	nein	Timer	GRAB
1	Tastatur	9h	0175:18CD	nein	Tastatur	GRAB
2	Slave 8259	Ah	DDB7:0057	nein	Kaskade	STACKS
3	COM 2	Bh	DDB7:006F	ja	COM2 COM3 COM4	STACKS
4	COM 1	Ch	DDB7:0087	ja	COM1	STACKS
5	LPT 2	Dh	DDB7:009F	ja	Soundkarte	STACKS
6	Floppy	Eh	DDB7:00B7	nein	Floppy	STACKS
7	LPT 1	Fh	0070:06F4	ja	(LPT1)	DOS
8	Echtzeituhr	70h	DDB7:0052	ja		STACKS
9	└IRQ2(VGA)	71h	0114:01C4	nein		QEMM386
10	verschieden	72h	DDB7:00CF	ja		STACKS
11	verschieden	73h	DDB7:00E7	ja		STACKS

Menu   Vor   Zurück   Hilfe   DMA Belegung

F1 Hilfe | TAB Wechsel Fenster-Schalter | ↑↓ Scrollen | ESC Abbruch

In der Regel ist entweder ein UART 16550 oder höher eingebaut. Normalerweise dürfte dies keine Rolle spielen, denn selbst derjenige mit dem kleineren Puffervermögen reicht aus, um Übertragungsraten von bis zu 56.600 Baud zu gewährleisten. Versuchen Sie zuerst über das Setup, den schnelleren UART auf den langsameren Wert zu bringen. Andernfalls tauschen Sie den langsameren UART-Chip gegen einen schnelleren aus. Die Kosten dafür dürften sich im Rahmen von 30 bis 50 DM bewegen.

5.1 Spiele im DOS-Modus unter Windows 98/95

98 Moderne Spiele sind unter Windows 98/95 normalerweise problemlos lauffähig. Wenn Sie jedoch noch über ältere Spiele verfügen, die im DOS-Modus laufen, dann haben Sie sich vielleicht schon gefragt, ob Sie Windows 98/95 immer verlassen müssen, um ein Spiel auszuführen, oder ob es auch einen anderen Weg gibt. Der eine Weg führt sicherlich über die DOS-Eingabeaufforderung, aber damit ein Spiel hier ausführbar ist, darf es keine großen Ansprüche an die Speicherkapazität des Arbeitsspeichers stellen.

Aber auch ein anderer Grund spielt hier eine große Rolle: Damit Spiele zügig ablaufen, wird oft so programmiert, daß die Grafikkarte und der Bildschirmspeicher direkt angesprochen werden. Dies allerdings gefällt den modernen Betriebssystemen gar nicht, da auf diesem Weg die Kontrolle verlorengeht. Wird irgend etwas am Betriebssystem »vorbeigemogelt«, führt dies in der Mehrzahl der Fälle zum Systemabsturz.

Windows 98/95 bietet eine patente Möglichkeit, die folgendermaßen funktioniert:

- Suchen Sie im Explorer die ausführbare Datei des Spiels, das Sie unter Windows 98/95 ausführen möchten (in diesem FALL handelt es sich um *Hocus*).
- Klicken Sie diese Datei mit der rechten Maustaste an, und wählen Sie aus dem Menü den Befehl EIGENSCHAFTEN. Es öffnet sich das Dialogfenster EIGENSCHAFTEN VON HOCUS. Nach EIGENSCHAFTEN VON wird der Name des Programms eingetragen, den Sie vorher mit der rechten Maustaste angeklickt hatten.
- In der obersten Zeile können Sie nun einen beliebigen Namen eintragen. Dieser Name erscheint später auf dem Desktop unter dem Symbol für die MS-DOS-Eingabeaufforderung. Im Feld AUSFÜHREN können Sie festlegen, ob das Programm im normalen Fenster, als Symbol oder als Vollbild ausgeführt wird.
- Wollen Sie das DOS-Fenster nach dem Beenden des Spiels automatsich schließen lassen, dann aktivieren Sie die Funktion *Beim Beenden schließen*.

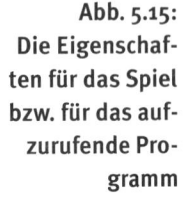

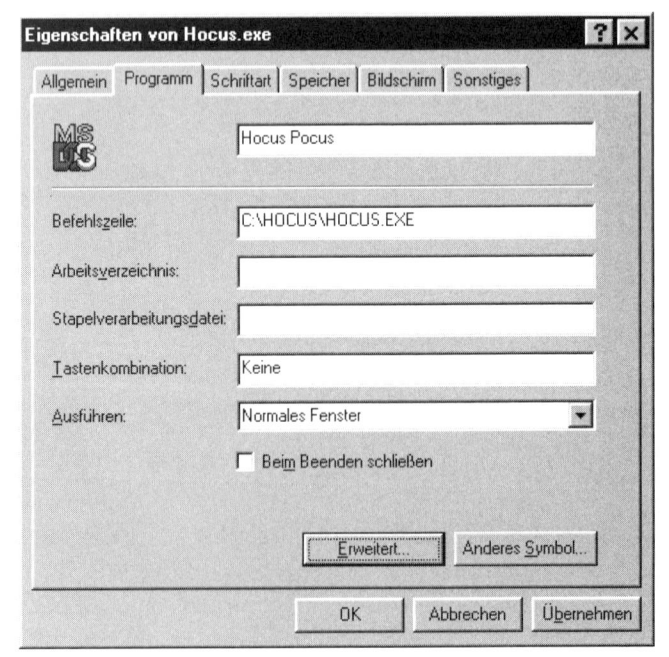

Abb. 5.15:
Die Eigenschaften für das Spiel bzw. für das aufzurufende Programm

- Sie können das Icon ändern, wenn Ihnen mehrere dieser Symbole für die MS-DOS-Eingabeaufforderungen zu eintönig oder zu unübersichtlich sind. Klicken Sie dazu die Schaltfläche ANDERES SYMBOL an, und es erscheint das gleichnamige Dialogfenster, aus dem Sie eines der vorhandenen Symbole aussuchen oder ein anderes einfügen können. Wenn Sie ein anderes Symbol einfügen wollen, klicken Sie die Schaltfläche DURCHSUCHEN an und geben den Namen des neuen Symbols bzw. die Datei, unter der es gespeichert ist, das Laufwerk und den Pfad an.

▶ Klicken Sie die Schaltfläche ERWEITERT an, und Sie gelangen in das Dialogfenster ERWEITERTE PROGRAMMEIGENSCHAFTEN. Aktivieren Sie hier die Funktion *MS-DOS-Modus* und Sie können nun im Fenster CONFIG.SYS FÜR MS-DOS-MODUS gegebenenfalls die Einstellungen in der CONFIG.SYS so abändern, daß das Spiel läuft. Im Fenster AUTOEXEC.BAT FÜR MS-DOS-MODUS können Sie gegebenenfalls diese Startdatei so abändern, wie es für die Ausführung des Spiels notwendig ist. Sie können diese Startdateien auch in ihrer Originalform ablaufen lassen; aktivieren Sie dazu die Funktion *Aktuelle MS-DOS-Konfiguration verwenden*. Der Vorteil hierbei ist, daß Sie für jedes Spiel bei Bedarf individuelle Startdateien anlegen können, die bei der Ausführung des Spiels automatisch geladen werden.

▶ Klicken Sie sich mit OK wieder zurück. Wenn Sie nun das erstellte Symbol aktivieren, zieht sich Windows 98/95 automatisch so weit zurück, daß das Spiel ablaufen kann. Wenn Sie das Spiel beenden, wird Windows 98/95 automatisch wieder gestartet.

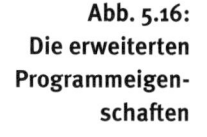

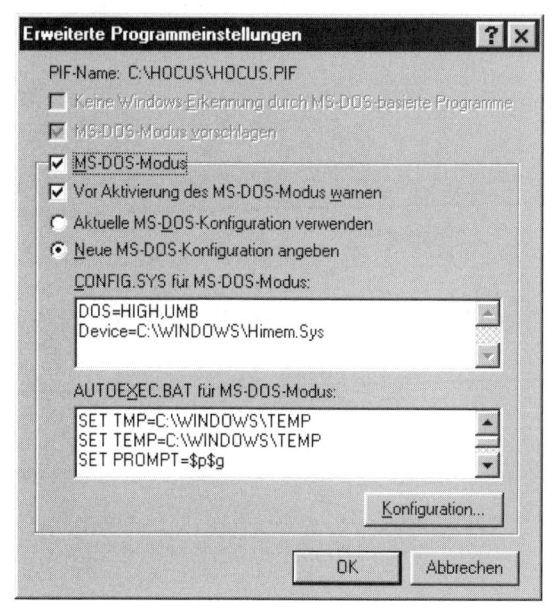

Abb. 5.16:
Die erweiterten Programmeigenschaften

Wechseln Sie in die Registerkarte SPEICHER, dann können Sie für den konventionellen Speicher, den Expansionsspeicher, den Erweiterungsspeicher und den Arbeitsspeicher für MS-DOS-Schutzmodus jeweils die individuellen Einstellungen vornehmen, die für das betreffende Programm nötig sind.

Es ist beispielsweise möglich, die Größe des konventionellen Arbeitsspeichers schrittweise von 40 bis auf 640 kByte festzulegen. Wenn Sie den standardmäßigen Eintrag AUTOMATISCH wählen, der in allen Kategorien zur Verfügung steht, dann versucht Windows 98/95, das System so anzupassen, daß das Spiel lauffähig ist. Wenn Sie die speziellen Anforderungen des Spiels jedoch wissen, sollten Sie hier eine Optimierung versuchen.

Abb. 5.17:
Stellen Sie hier die optimale Systemumgebung für die Speicherbereiche her, sofern Ihnen die entsprechenden Anforderungen bekannt sind.

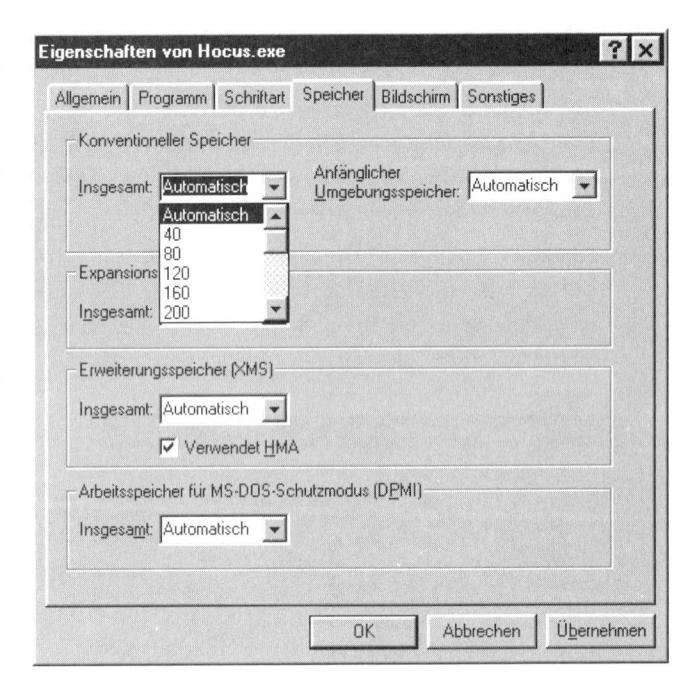

In der Registerkarte BILDSCHIRM ist es möglich, über die Funktionen FENSTER und VOLLBILD zu bestimmen, ob das Spiel im DOS-Fenster innerhalb der dann noch sichtbaren Windows-Oberfläche oder bildschirmfüllend angezeigt werden soll.

Im Funktionenbereich FENSTER können Sie durch das Aktivieren der FUNKTION SYMBOLLEISTE ANZEIGEN bewirken, daß die Befehlsleiste am Bildschirm bestehen bleibt. Wenn Sie die Funktion EINSTELLUNGEN BEIM START WIEDERHERSTELLEN aktiviert lassen, werden die Einstellungen des Fensters einschließlich Größe, Position und Schriftart wiederhergestellt, wenn Sie das Programm beenden. Wenn Sie das Programm als Vollbildanwendung laufen lassen, wird diese Funktion nicht ausgeführt.

Abb. 5.18: Über diese Registerkarte nehmen Sie Einfluß auf die Bildschirmanzeige für das Spiel.

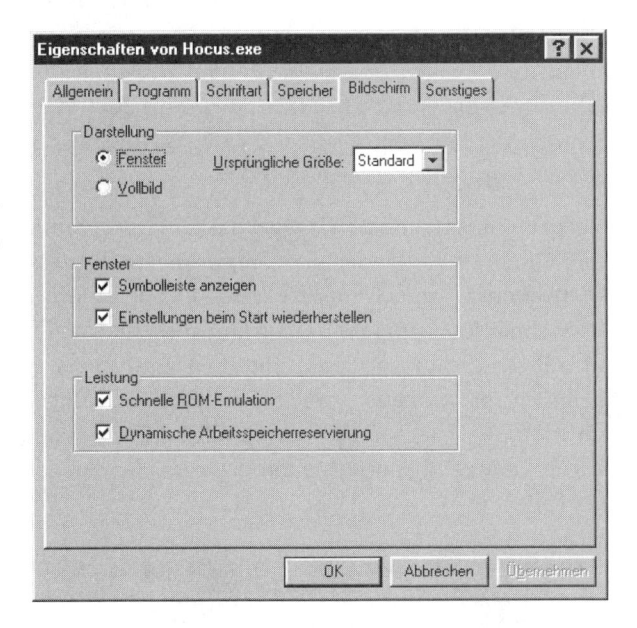

Auch die Registerkarte SONSTIGES hat einige interessante Features für Ihre Spiele zu bieten. So können Sie beispielsweise im unteren Teil des Dialogfensters die Zugriffstasten für Windows aktivieren oder deaktivieren, je nachdem, ob Sie von der DOS-Ebene aus die angegebenen Windows-Funktionen ausführen wollen.

Bei einigen Spielen kommt es zu Problemen, wenn der Bildschirmschoner aktiv ist. Deaktivieren Sie in einem solchen Fall in der Registerkarte SONSTIGES die Funktion BILDSCHIRMSCHONER zulassen.

Auch für die Maus lassen sich Funktionen bestimmen. Wenn Sie den SCHNELLEDITOR aktivieren, bedeutet dies, daß Sie die Maus verwenden können, um Text zum Ausschneiden und Kopieren auswählen zu können. Ist diese Funktion nicht aktiviert, dann müssen Sie den Text über den Befehl MARKIEREN aus dem Menü BEARBEITEN auswählen. Aktivieren Sie die Funktion EXKLUSIVER MODUS, wenn Sie erreichen wollen, daß die Maus nur dem ausgeführten DOS-Programm zur Verfügung stehen soll. Kehren Sie nach Beendigung des DOS-Programms wieder zu Windows 98/95 zurück, so steht Ihnen die Maus als Windows-Standardzeiger nicht mehr zur Verfügung.

Spielen Sie innerhalb einer Windows-Arbeitssitzung hin und wieder ein DOS-Spiel, dann lohnt sich die Aktivierung der Funktion IMMER VORÜBERGEHEND AUSSETZEN unter HINTERGRUND. Schalten Sie in einem solchen Fall zu Windows 98/95 zurück, dann werden keine wertvollen Systemressourcen für das DOS-Programm belegt, wenn es nicht aktiv ist.

Der Schieberegler LEERLAUFAKTIVITÄT dient dazu, die Zeitdauer zu bestimmen, die das DOS-Programm im Leerlauf ausgeführt werden kann, also auf eine Tastatureingabe des Benutzers wartet, bevor Windows 98/95 diesem Programm die ihm zugewiesenen Prozessor-Ressourcen entzieht, um diese anderen Programmen zuteilen zu können.

Bei niedriger Leerlaufaktivität wird das DOS-Programm länger ausgeführt, bevor Windows 98/95 die ihm zugeordneten Prozessor-Ressourcen entzieht. Bei hoher Leerlaufaktivität werden die Ressourcen schneller herabgesetzt. Wenn also einem im Hintergrund ausgeführten DOS-Programm (was nicht unbedingt nur auf Spiele zutreffen muß) nicht genügend Prozessor-Ressourcen zur Verfügung gestellt werden, dann sollten Sie den Schieberegler in Richtung NIEDRIG bewegen. Soll das DOS-Programm weniger Prozessor-Ressourcen benutzen, dann bewegen Sie den Schieberegler in Richtung HOCH.

Abb. 5.19:
Die sonstigen Einstellungen für die Eigenschaften eines DOS-Programms

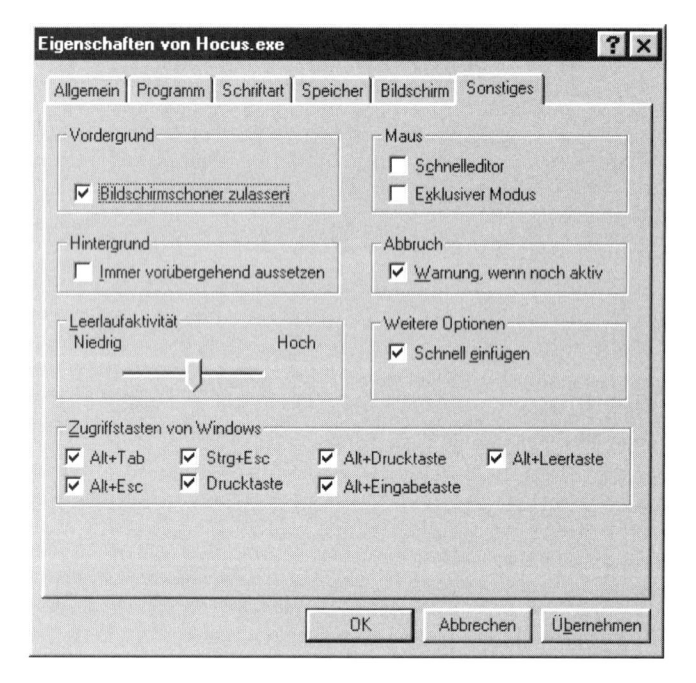

Das Computerspiel stürzt nach einer regelmäßigen Zeitspanne immer wieder ab.

Wenn ein solches Problem immer im gleichen Zeitraum auftritt, dann spricht viel dafür, daß es mit dem aktivierten Bildschirmschoner von Windows 98/95 zusammenhängt, denn dieser kann auch bei DOS-basierten Programmen aktiviert sein. Allerdings kommen manche Spiele dabei aus dem Tritt. Um die Aktivierung des Bildschirmschoners zu verhindern, klicken Sie mit der rechten Maustaste auf die Startdatei des DOS-Programms und wählen den Eintrag EIGENSCHAFTEN. Wechseln Sie in die Registerkarte SONSTIGES und deaktivieren die Funktion BILDSCHIRMSCHONER AKTIVIEREN.

Das Computerspiel benötigt vor dem Start ein weiteres Programm. Wie kann dies vereinfacht aufgerufen werden?

Mitunter benötigt ein Spiel vor dem Start noch ein Programm, wie beispielsweise einen Vesa-Treiber für erweiterte Grafikfunktionen. Sie können einen solchen Treiber automatisch vor Spielbeginn laden, wenn Sie die entsprechende Batch-Datei direkt unter EIGENSCHAFTEN | PROGRAMM in der Verknüpfung des Spiels angeben. Tragen Sie unter STAPELVERARBEITUNGSDATEI den Namen der Batch-Datei ein, die vor dem Spiel abgearbeitet werden soll.

Abb. 5.20: Mit dieser Verknüpfung wird vor dem Start des Spiels die Stapelverarbeitungsdatei vesa.bat ausgeführt.

Es liegt ein Windows-Spiel vor, bei dem der Joystick nicht funktioniert.

Manche Windows-Spiele, die für Windows 3.1 programmiert wurden, haben eine eigene Joystick-Routine, weil Windows 3.1 nicht über entsprechende Funktionen verfügte. Startet man diese Spiele nun unter Windows 98/95, bereiten sich die beiden Joystick-Routinen oft Probleme. Damit Sie das Spiel trotzdem mit Joystick spielen zu können, deaktivieren Sie die Joystick-Unterstützung von Windows 98/95. Rufen Sie dazu in der

Systemsteuerung unter SYSTEM den Geräte-Manager auf, und klicken Sie auf AUDIO-VIDEO-GAME-CONTROLLER. Anschließend entfernen Sie den Joystick aus der Liste der angezeigten Funktionen, indem Sie auf die Schaltfläche ENTFERNEN klicken. Nachdem Sie den Warnhinweis bestätigt haben, wird die Software für dieses Gerät entfernt.

Abb. 5.21:
Entfernen Sie einen nicht mehr benötigten Joystick-Treiber aus dem Geräte-Manager.

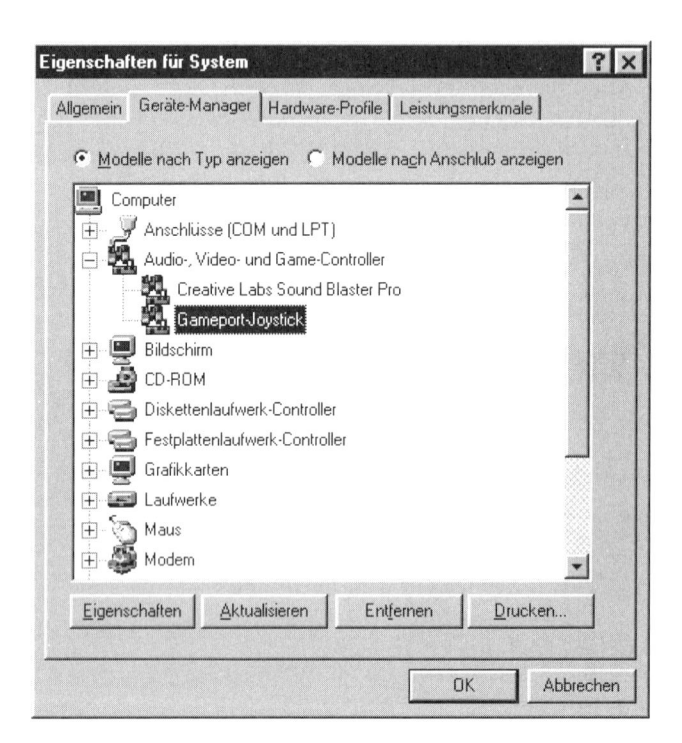

Können DOS-Spiele auch über eine Tastenkombination aus Windows 98/95 heraus gestartet werden?

Sie können zum einen eine Verknüpfung auf dem Explorer anlegen, jedoch gibt es auch einen schnelleren Weg über eine Tastenkombination. Um diese zu definieren, wählen Sie in den EIGENSCHAFTEN der Spielverknüpfung die Registerkarte PROGRAMM. Hier tragen Sie die gewünschten Starttasten unter TASTENKOMBINATION ein. Jetzt können Sie aus jeder beliebigen Windows-Situation heraus Ihr Spiel aufrufen.

Wie kann ein Spiel problemlos auf die Festplatte kopiert werden?

Je nachdem, wie umfangreich das Spiel auf der CD-ROM ist, empfiehlt es sich häufig, die Daten auf die Festplatte zu kopieren. Die heute üblichen Enhanced-IDE-Festplatten sind auch den schnellsten CD-ROM-Laufwerken bei der Datenübertragungsrate und bei der Zugriffszeit deutlich überlegen.

Probleme treten beim Auslagern von Spielen auf die Festplatte auf, da die Hersteller in diese Programme oft eine Art Kopierschutz einbauen, der verhindern soll, daß das Spiel auf die Festplatte kopiert und von dort gestartet werden kann, damit nicht eine CD beliebig oft von mehreren Anwendern auf die Festplatte kopiert wird.

Um dennoch von der höheren Geschwindigkeit der Festplatte zu profitieren, kopieren Sie alle Daten von der CD in ein Verzeichnis auf der Platte und geben diesem Verzeichnis einen eigenen Laufwerksbuchstaben. Benutzen Sie dazu den DOS-Befehl:

```
SUBST
```

Hat Ihr CD-ROM-Laufwerk beispielsweise den Laufwerksbuchstaben D:, und Sie haben das Spiel von der CD in das Verzeichnis C:\BEISPIEL kopiert, dann geben Sie im DOS-Fenster den folgenden Befehl ein:

```
subst E: C:\BEISPIEL
```

Sie gaukeln damit dem Programm vor, daß es von einem CD-ROM-Laufwerk mit der Laufwerkskennung gestartet wird. Wollen Sie in dieses Laufwerk wechseln, benutzen Sie auch diesen Laufwerksbuchstaben.

Dieser Trick mit dem SUBST-Befehl ist auch unter Windows 98/95 anwendbar. Hier finden Sie die DOS-Befehle im neuen DOS-Unterverzeichnis C:\WINDOWS\COMMAND.

6 Das BIOS-Setup – die Schaltzentrale Ihres Rechners

Worum handelt es sich bei einem BIOS? Die Abkürzung bedeutet *Basic Input Output System*. Das BIOS stellt eine Sammlung von maschinennahen Systemprogrammen dar (eine maschinennahe Programmierung erfolgt beispielsweise in Assembler), die einen möglichst reibungslosen Ablauf des Betriebssystems in Verbindung mit den Komponenten eines Rechners gewährleisten sollen. Das heißt, es sollen sich möglichst alle Bauteile, also Festplatten- und Diskettenlaufwerk, Prozessor, Arbeitsspeicher usw. miteinander ohne Probleme verständigen können.

Darüber hinaus soll das BIOS aber nicht in jedem Fall dafür sorgen, daß der Rechner mit absoluter Höchstgeschwindigkeit läuft, sondern es werden auch Einstellungen zugelassen, die primär auf eine möglichst zuverlässige Arbeitsweise des Rechners abzielen. Hierbei wird dann lieber auf ein wenig Tempo verzichtet, um Systemabstürzen vorzubeugen.

Außerdem stellt das BIOS-Setup eine Weiterentwicklung der früher vergleichsweise umständlichen Möglichkeiten zur Konfiguration von Rechnerkomponenten dar. Früher war es fast ausschließlich nur über Dip-Schalter möglich, einen Bauteil des Rechners um- bzw. einzustellen. Da dies mitunter recht mühsam war, wurde die Konfigurationsmöglichkeit in Form des BIOS-Setups geschaffen, damit die Einstellungen direkt am Bildschirm über die entsprechende interne BIOS-Software vorgenommen werden können.

Hersteller von BIOS-Versionen sehen Eingriffe an diesem Bauteil mitunter gar nicht gern und warnen mit dem Hinweis, daß Sie Ihr System nicht nur lahmlegen, sondern sogar beschädigen können. Es ist allerdings recht schwer, den Rechner durch unpassende BIOS-Einstellungen zu beschädigen. Bis Sie das BIOS so »verbogen« haben, daß Ihr Rechner auseinander fällt, müssen Sie schon einiges anstellen, und für den Fall, daß gar nichts mehr geht, gibt es die Möglichkeit, die werksseitig voreingestellten Werte wiederherzustellen.

Das BIOS besteht aus einem Speicher-Chip, der auf der Hauptplatine in der Nähe des Arbeitsspeichers und der Stromversorgung untergebracht ist.

Abb. 6.1:
Hier ist der BIOS-Chip eines PCs untergebracht.

6.1 Die gängigsten BIOS-Varianten

Der Markt für das BIOS Ihres Rechners bzw. das Setup, mit dem Sie überhaupt erst zu diesem Sammelsurium an Einstellungsmöglichkeiten gelangen, wird derzeit von den folgenden drei Herstellern beherrscht.

AMI. Die Firma AMI (American Megatrends Incorporation) war einer der Pioniere bezüglich der Möglichkeiten, an einem PC grundlegende Einstellungen vorzunehmen. Leider muß bei der Entwicklung des AMI-BIOS bemerkt werden, daß ein Teil der Anwenderfreundlichkeit, die die früheren Versionen prägte, nicht mehr oder nur noch teilweise vorhanden ist.

American Megatrends Inc., 65189 Wiesbaden, Telefon: 06 11-7 90 12 04, Telefax: 06 11-7 90 12 00, Homepage: http://www.amibios.com.

Award-BIOS. Die Firma Award Software Incorporation hat dem AMI-BIOS in weiten Teilen den Rang abgelaufen. Die meisten PCs werden derzeit mit dieser BIOS-Variante ausgeliefert. Je nachdem, welcher Chipsatz in Ihrem Rechner installiert ist, haben Sie bei diesem Produkt die größten Zugriffsmöglichkeiten.

Award Software Inc., 80687 München, Telefon: 0 89-57 57 50, Telefax: 0 89-57 59 98, Homepage: *http://www.award.com*.

Phoenix-BIOS. Das BIOS der Firma Phoenix Software finden Sie vor allem in PCs von Markenherstellern wie beispielsweise Dell, Acer usw. Phoenix hat sich zwar deshalb als einer der ersten Hersteller eines sogenannten »Fremd-BIOS« hervorgetan, hat sich aber langfristig nicht auf breiter Basis durchsetzen können. Sie finden nur noch sehr wenige Rechner, in denen ein Phoenix-BIOS installiert ist.

Phoenix Software GmbH, 85122 Hitzhofen, Telefon: 0 84 58-9 25 15, Telefax: 0 84 58-87 95, Homepage: *http://www.phoenix.com*.

Beachten Sie bitte, daß es möglich ist, daß Sie eine in den folgenden Tips bzw. Hinweisen erläuterte Einstellung nicht vornehmen können, da der entsprechende Punkt im Setup Ihres Rechners nicht vorhanden ist. Aufgrund der unterschiedlichen BIOS-Versionen kann es durchaus vorkommen, daß verschiedene Einstellungen bei einigen Versionen des gleichen Herstellers vorhanden sind, bei anderen wiederum nicht.

6.2 So rufen Sie das BIOS auf

Wenn Sie Ihren Rechner beim Starten beobachten, dann werden Sie einen Hinweis auf eine Taste oder Tastenkombination finden, mit der Sie in das Setup Ihres BIOS gelangen. Sie müssen diese Taste bzw. Tastenkombination in der Zeit drücken, in der die Meldung auf dem Bildschirm erscheint bzw. nachdem der Rechner den Arbeitsspeicher hochgezählt hat, jedoch noch bevor nach dem Betriebssystem gesucht wird (standardmäßig auf dem Diskettenlaufwerk A).

Im Eingangsmenü sehen Sie die Hauptmenüpunkte. Der erste bzw. oberste Punkt ist standardmäßig mit einem Leuchtbalken bzw. invers hinterlegt. Sie bewegen sich mit den Tasten ↑ und ↓ durch dieses Hauptmenü.

Wählen Sie den gewünschten Hauptmenüpunkt an, und drücken Sie die Taste ↵. Es wird in ein Untermenü verzweigt, in dem die einzelnen Funktionen zur Verfügung stehen.

Innerhalb dieser Untermenüs bewegen Sie sich ebenfalls mit den Tasten ↑ und ↓. Die einzelnen Möglichkeiten für eine Funktion (beispielsweise »Enabled« oder »Disabled«) rufen Sie normalerweise mit den Tasten Bild↑ und Bild↓ auf. Beachten Sie auf jeden Fall die Hinweise, die Sie entweder am unteren Bildschirmrand oder in einer speziell abgegrenzten Sektion innerhalb des Bildschirmfensters sehen.

Beim Verlassen des Setup erfolgt eine Sicherheitsabfrage. Sie müssen entweder mit der Y-Taste bestätigen, oder mit der N-Taste verneinen. Wenn Sie hier die Y-Taste auf Ihrer Tastatur drücken, erhalten Sie nicht das gewünschte Resultat. Dies liegt daran, daß noch kein deutscher Tastaturtreiber geladen wurde, denn dies wird erst nach dem Durchlaufen des BIOS ausgeführt. Es liegt also standardmäßig die amerikanische Tastaturbelegung vor. Drücken Sie die Taste [Z], und am Bildschirm erscheint die gewünschte [Y]-Taste.

Tabelle 6.1 gibt Ihnen eine Übersicht, wie Sie in die einzelnen Setups gelangen.

BIOS	So gelangen Sie in das Setup
AMI-BIOS	Funktionstaste [Entf]
Award-BIOS	Tastenkombination [Strg] + [Alt] + [S]
Phoenix-BIOS	Tastenkombination [Strg] + [Alt] + [Esc]

Tab. 6.1: Tastaturkürzel zum Aufruf des BIOS-Setup

6.3 Das AMI-BIOS

Das AMI-BIOS ist das am weitesten verbreitete BIOS. AMI ist die Abkürzung für *American Megatrends Incorporation*.

Auch hier gibt es Unterschiede zwischen den einzelnen BIOS-Varianten. Die folgende Auflistung bezieht sich auf ein typisches AMI-BIOS, wie es in vielen modernen Pentium-Rechnern ist. Möglicherweise haben Sie eine andere Version auf Ihrem Rechner, jedoch gleichen sich die verschiedenen Optionen – sie sind nur an unterschiedlichen Stellen zu finden; die Bedeutungen sind gleich. Sie erkennen hier insgesamt sieben Menüpunkte, die Sie mit den Cursortasten ansteuern können. Drücken Sie [↵], wenn Sie Ihre Auswahl getroffen haben.

Sie sollten zwar in diesen Einstellungen nicht wahllos herumspielen und Änderungen insbesondere nicht abspeichern, wenn Sie sich über die Auswirkungen nicht absolut im klaren sind, jedoch besteht auch kein Grund zu übertriebener Vorsicht. Wenn Sie Einstellungen bzw. Eintragungen vorgenommen haben und sich sicher sind, daß diese falsch sind, aber nicht wissen, wie Sie sie wieder rückgängig machen können, dann drücken Sie an dieser Stelle ruhig die Tastenkombination [Strg]+[Alt]+[Entf], um einen sogenannten Warmstart auszulösen. Die veränderten Einstellungen werden dadurch ungültig, und das System lädt die vorher im Setup gespeicherten Einstellungen. Sie können natürlich auch Ihren Rechner einfach ausschalten (Kaltstart). Normalerweise dürfte er durch diese Behandlungsweise keinen Schaden nehmen.

STANDARD CMOS SETUP. Hinter diesem Menüpunkt verbergen sich die grundlegenden Einstellungen, die Sie an Ihrem Rechner vornehmen können. Dazu gehören beispielsweise die Parameter für die Festplatte, die notwendigen Einstellungen, wenn Sie den Arbeitsspeicher Ihres Rechners aufgerüstet haben, die Anmeldung eines weiteren Diskettenlaufwerks usw.

ADVANCED CMOS-SETUP. Das erweiterte (advanced) Setup bietet weitere Möglichkeiten, Einstellungen vorzunehmen, die den Chipsatz sowie die installierten Komponenten des Rechners betreffen. Dazu gehören beispielsweise die Parameter für eine (neu) installierte Festplatte, das Aktivieren oder Deaktivieren des numerischen Ziffernblocks, ein eventuelles Deaktivieren des externen oder internen Cache-Speichers usw.

ADVANCED CHIPSET SETUP. Hier kann sehr weitgreifend in das »Innere« der Systemsteuerung eingegriffen werden, so daß unter Umständen auch ein gewisser Schaden angerichtet werden kann, der zwar nicht zu einer Zerstörung von Bauteilen führt, jedoch beispielsweise ein Starten oder ein vernünftiges Arbeiten mit Ihrem Rechner unmöglich machen kann. Sie sollten also sehr vorsichtig mit diesen Einstellungen umgehen und sich auf jeden Fall vorher Notizen über den aktuellen Stand der Einstellungen machen, um diese im nachhinein wieder herstellen zu können. Denn nicht immer sind die Standardwerte, die Sie mit der Default-Einstellung wiederherstellen können, auch die für Ihren Rechner bzw. die für Ihre aktuelle Konfiguration idealen Werte.

AUTO CONFIGURATION. WITH BIOS DEFAULTS Diese Funktion setzt alle Parameter, die Sie im erweiterten CHIPSET-SETUP verändern können, auf die standardmäßig vom Hersteller empfohlenen zurück. Dies müssen zwar nicht zwangsläufig die optimalen sein, jedoch bringen Sie Ihren Rechner damit höchstwahrscheinlich zumindest wieder zum Laufen.

Benutzen Sie diese voreingestellten Werte dann, wenn Sie eine neue Hauptplatine einbauen und Ihren Rechner zum erstenmal starten, da der Einbau einer neuen Hauptplatine erfahrungsgemäß bedeutet, daß sich auch ein abweichendes BIOS und damit ein anderes Setup auf Ihrem Rechner befindet, was bei der Inbetriebnahme zu Störungen führen kann.

CHANGE PASSWORD. Wenn Sie diese Funktion aufrufen, werden Sie als erstes aufgefordert, das bestehende Paßwort einzugeben. Wurde bislang noch kein Paßwort vergeben, dann lautet normalerweise das voreingestellte *AMI*. Wundern Sie sich nicht, wenn Sie beim Eingeben des Paßwortes keine Bildschirmeingabe sehen. Dies ist absichtlich so gestaltet, da auf diese Weise verhindert werden soll, daß zufällig anwesende Personen von Ihrem gerade eingegebenen Paßwort Kenntnis erhalten. Nach der Eingabe des Paßwortes werden Sie aufgefordert, das neue Paßwort noch einmal einzugeben. Dies geschieht zur Sicherheit, denn Sie könnten sich ja verschrieben haben und der Meinung sein, ein anderes Paßwort eingegeben zu haben, als eigentlich gedacht war. Es erscheint die Aufforderung:

REENTER NEW PASSWORD

oder:

VERIFY PASSWORT

Nun könnte es auch einmal sein, daß Sie Ihr Paßwort vergessen haben, weil Sie es eine Weile nicht benutzt haben. Versuchen Sie in einem solchen Fall die folgenden Paßwörter:

- AWARD_SW
- HLT
- SER
- SKY_FOX
- BIOSTAR
- ALFAROME
- AMI

Es kann durchaus sein, daß Sie mit diesem Standardpaßwort Erfolg haben. Haben Sie jedoch mittlerweile ein anderes Paßwort eingegeben und dies auch abgespeichert, dann werden Sie mit diesem Standardpaßwort wenig Erfolg haben.

Es bleibt Ihnen in solch einem Fall nichts anderes übrig, als den Chip, der das Paßwort speichert, für eine kurze Weile von der Stromversorgung zu trennen, da das Paßwort mit dieser Maßnahme aus dem Chip gelöscht wird. In der Regel handelt es sich bei diesem Akku um ein kleines Kästchen, das am Gehäuse des Rechners befestigt ist.

Lösen Sie in einem solchen Fall die Verbindungskabel vom Akku zur Hauptplatine. Sie löschen damit sämtliche in diesem Chip gespeicherten Einstellungen, also auch das Paßwort. Wenn Sie die Kabelverbindungen wieder herstellen, dann müssen Sie zwar alle Einstellungen wieder vornehmen, aber zumindest können Sie wieder auf Ihren Rechner zugreifen.

**Abb. 6.2:
Lösen Sie die Kabelverbindungen zwischen Akku und Hauptplatine**

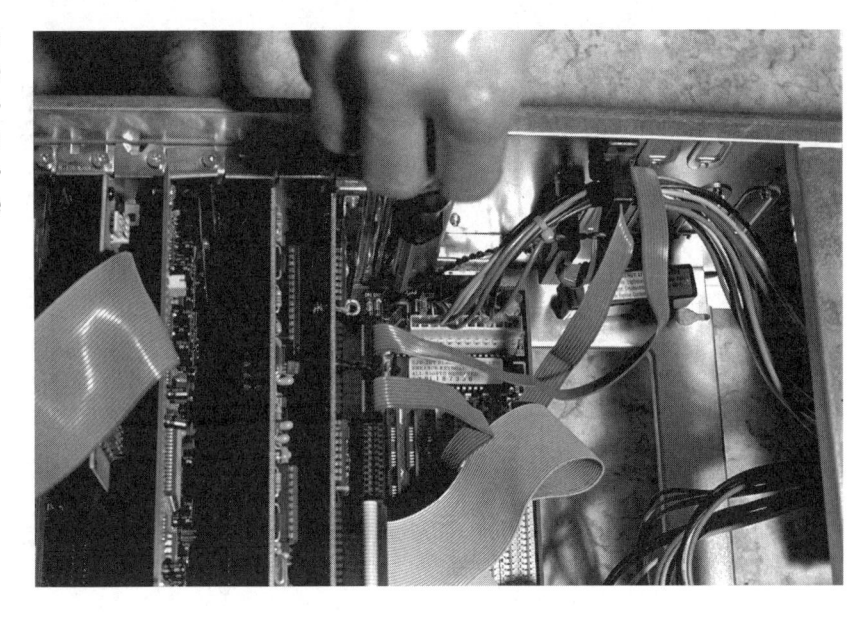

WRITE TO CMOS AND EXIT Mit dieser Einstellung sichern Sie die Änderungen, die Sie im Setup vorgenommen haben. Das Setup wird verlassen, und der Startvorgang des Rechners wird fortgesetzt.

DO NOT WRITE TO CMOS AND EXIT Sie verlassen mit dieser Einstellung das Setup, ohne daß Änderungen gesichert werden. Es herrscht also wieder der Zustand vor dem Aufruf des Setup.

6.3.1 Das Main Setup

Dieser Setup-Punkt wird bei älteren BIOS-Versionen auch als STANDARD CMOS SETUP bezeichnet.

Sie nehmen hier grundlegende Einstellungen vor, die zum großen Teil auch die installierten Hardwarekomponenten wie beispielsweise die Festplatte und die Diskettenlaufwerke betreffen.

Abb. 6.3:
Das Main Setup

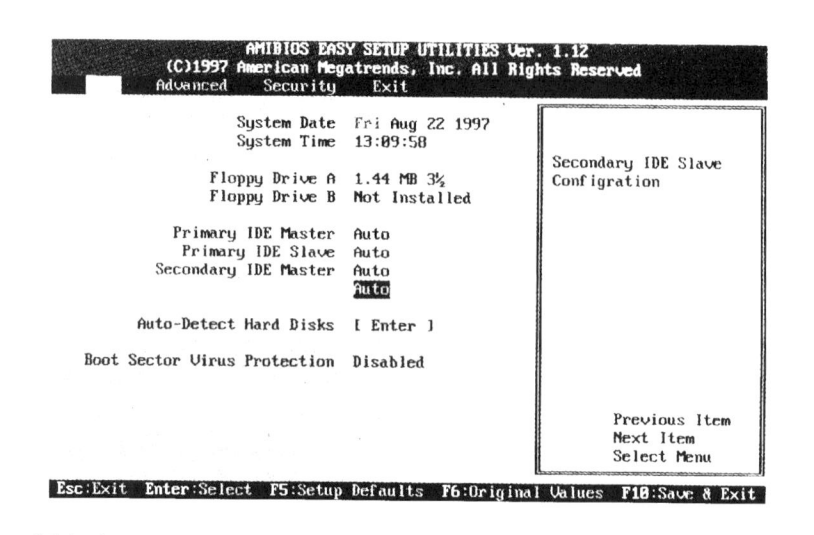

```
          AMIBIOS EASY SETUP UTILITIES Ver. 1.12
         (C)1997 American Megatrends, Inc. All Rights Reserved
    Advanced    Security    Exit

         System Date   Fri Aug 22 1997
         System Time   13:09:58
                                              ┌─────────────────────┐
        Floppy Drive A  1.44 MB 3½             │ Secondary IDE Slave │
        Floppy Drive B  Not Installed          │ Configuration       │
                                              │                     │
      Primary IDE Master   Auto                │                     │
       Primary IDE Slave   Auto                │                     │
    Secondary IDE Master   Auto                │                     │
                           Auto                │                     │
                                              │                     │
   Auto-Detect Hard Disks  [ Enter ]           │                     │
                                              │                     │
 Boot Sector Virus Protection  Disabled       │                     │
                                              │                     │
                                              │                     │
                                              │       Previous Item │
                                              │       Next Item     │
                                              │       Select Menu   │
                                              └─────────────────────┘
 Esc:Exit  Enter:Select  F5:Setup Defaults  F6:Original Values  F10:Save & Exit
```

Die einzelnen Funktionen haben die folgenden Bedeutungen:

System Date. Sie stellen über diese Funktion das aktuelle Datum ein. Normalerweise wird das Datum über die integrierte PC-Uhr automatisch ermittelt (hierbei sind beispielsweise auch die Schaltjahre berücksichtigt), jedoch kann es beispielsweise nach dem Einbau eines neuen Akkus oder einer neuen Hauptplatine notwendig sein, das Datum neu einzustellen. Richten Sie sich dabei nach den jeweiligen Vorgaben (beispielsweise bedeutet mm/date/year, daß Sie zuerst den Monat, dann den Tag des betreffenden Monats und anschließend das Jahr eingeben müssen. Der entsprechende Wochentag wird automatisch angezeigt, wenn er nicht ausdrücklich eingegeben werden muß).

Die Eingaben können entweder manuell oder über die Tasten [Bild↑] bzw. [Bild↓] erfolgen.

System Time. Normalerweise läuft eine interne PC-Uhr auch nach dem Abschalten des Rechners (sie bezieht ihren Strom aus dem Akku des Rechners), jedoch kann es durchaus sein, daß die Uhr nachgestellt oder völlig neu eingerichtet werden muß, was beispielsweise nach dem Wechseln des Akkus oder der Hauptplatine der Fall ist.

Die Eingaben können entweder manuell oder über die Tasten [Bild↑] bzw. [Bild↓] erfolgen.

Floppy Drive A: Hier wird die Auswahl wieder mit den Tasten [Bild↑] oder [Bild↓] getroffen. Der Eintrag muß hier korrekt sein, da sonst das Ansprechen des Diskettenlaufwerks nicht funktioniert, was beispielsweise beim Booten vom Diskettenlaufwerk aus das Starten des Rechners verhindern könnte.

Die Laufwerkskennungen können über diese Einstellungen nicht vertauscht werden. Das Problem ist Ihnen vielleicht auch bekannt: In Ihrem Rechner existieren zwei Diskettenlaufwerke, und zwar das 3 1/2-Zip-Laufwerk mit der Laufwerkskennung B: und das 3 1/2-Zoll-Laufwerk mit der Laufwerkskennung A:. Nun wollen Sie ein Programm installieren, das auf 3 1/2-Zoll-Zip-Disketten ausgeliefert wird, und der Startbefehl nach der Setup-Routine lautet:

▸ Legen Sie die Diskette Nr. 1 in das Laufwerk A:

Das Problem hierbei ist, daß das Laufwerk A: angesprochen wird, obwohl die Diskette im Laufwerk B: liegt. Wollen Sie die Laufwerkskennungen vertauschen, dann verwenden Sie entweder den DOS-Befehl ASSIGN, oder Sie müssen die Reihenfolge der Anschlüsse ändern, indem Sie einfach die Stekker vertauschen. Danach werden die Laufwerke in genau der umgekehrten Reihenfolge angesprochen.

Floppy Drive B: Hier gilt dasselbe wie für Floppy Drive A:, nur umgekehrt.

Primary IDE Master/Primary IDE Slave. Am IDE-Bus gibt es zwei Datenübertragungskanäle. Geräte, die darauf zugreifen, müssen entweder für den primären oder für den sekundären Kanal eingestellt werden. Wenn Sie beispielsweise zwei Festplatten in Ihrem System betreiben wollen, dann müssen Sie ein Gerät als das führende (Primary) und das andere als das geführte (Slave) definieren. Am Gerät selbst wird dies normalerweise über Jumper eingestellt.

Auto-Detect Hard Disks. Mit dieser Einstellung ist es dem BIOS möglich, die Festplattenparameter automatisch zu erkennen. Sie sollten die gefundenen Werte auf jeden Fall mit den tatsächlichen Werten vergleichen, denn mitunter arbeitet die automatische Erkennung nicht genau und trägt dann Werte zuungunsten der tatsächlichen Leistungsfähigkeit ein.

Virus Warning. Wenn diese Einstellung aktiviert ist, kann das Setup eigenständig nach eventuellen Viren suchen. Standardmäßig ist diese Funktion jedoch deaktiviert, da hierbei Probleme auftauchen können. Sicherer ist eine gute Antiviren-Software.

Abweichend von den hier aufgeführten Möglichkeiten, finden Sie in älteren oder in anderen BIOS-Versionen auch noch die folgenden Einstellungen – je nachdem, um welche Version es sich im Einzelnen handelt:

Daylight saving. Diese Funktion bezieht sich auf den Wechsel von der Sommer- zur Winterzeit und der damit verbundenen Zeitumstellung. Sie können diese Funktion entweder aktivieren (enabled) oder deaktivieren (disabled). Beachten Sie allerdings hierbei, daß es sich um die amerikanische Version von Winter- und Sommerzeit handelt, die von der mitteleuropäischen abweicht. Das heißt also, daß Sie zwar eine automatische Umstellung erreichen können, aber nicht für hiesige Verhältnisse. Dies kann beispielsweise der Grund dafür sein, wenn Sie von einem Tag auf den anderen eine abweichende Systemzeit auf Ihrem Rechner haben.

Hard disk C: type. Hier werden der Typ der in Ihrem Rechner installierten Festplatte sowie die dazugehörigen Parameter definiert. Diese Einstellungen sind besonders wichtig, da ohne sie bzw. mit den falschen Werten ein Ansprechen der Festplatte nicht mehr möglich sein kann.

Sie können hier mit den Tasten [Bild↑] und [Bild↓] eine Auswahl an gespeicherten Festplattentypen aufrufen, jedoch kann es durchaus sein, daß der spezielle Typ Ihrer momentan installierten Festplatte nicht vorhanden ist. In einem solchen Fall wählen Sie einfach den *Typ 47*, also den benutzerdefinierten Festplattentyp aus. Als Eintrag erscheint dann USER DEFINED. Sie müssen dann allerdings die entsprechenden Werte manuell eingeben. Am besten ziehen Sie die technische Dokumentation Ihrer Festplatte zu Rate, oder Sie sehen nach, ob sich auf der Festplatte ein Aufkleber befindet, auf dem die Daten vermerkt sind.

Folgende Angaben müssen Sie hier treffen:

Parameter	Bedeutung
Cyln	Bezieht sich auf die Anzahl der zur Verfügung stehenden Zylinder (ist von der Formatierung abgängig).
Head	Gibt an, wie viele Schreib-/Leseköpfe die Festplatte enthält.
WPcom	Hier wird festgelegt, ob die Festplatte über eine Vorkompression verfügt oder nicht.
LZone	Definiert die Landespur.
Sect	Steht für die Anzahl der Sektoren auf der Festplatte (ist ebenfalls von der Formatierung abhängig).
Size	Bezieht sich auf die Kapazität der Festplatte.

Tab. 6.2: Parameter für die Festplatte

Sind in Ihrem Rechner zwei Festplatten vorhanden, und finden Sie diese nicht in dem Verzeichnis der Standardfestplatten, dann müssen Sie beide ebenfalls als benutzerdefinierte Festplatten angeben und die Werte manuell eintragen, denn es wird nicht automatisch angenommen, daß für beide Festplatten dieselben Parameter gelten sollen, auch wenn es bei den Festplatten der Fall sein sollte.

Hard disk D: type. Dies bezieht sich auf eine zweite Festplatte. Prinzipiell gelten die gleichen Vorgaben wie für die erste Festplatte auch. Ist keine zweite Festplatte installiert, dann lautet die Angabe hier: NOT INSTALLED.

Primary display. In diesem Feld wird die installierte Grafikkarte angegeben. Arbeiten Sie mit einer Schwarzweißanzeige, dann müßte hier MONOCHROME angegeben sein. Andernfalls sollte hier entweder VGA, CGA oder EGA eingetragen sein.

Es gibt hier auch die Möglichkeit eines NOT INSTALLED. Das ist kein Scherz, obwohl es sich zunächst ein wenig merkwürdig anhört. Bei einem herkömmlichen Einplatzrechner können Sie den Eintrag NOT INSTALLED ruhig eintragen. Wenn Sie den Rechner das nächste Mal starten, wird hier wieder eine andere Einstellung erscheinen, da das Setup erkennt, daß ein Bildschirm angeschlossen ist. Diese Einstellung ist für den Betrieb des Rechners als Server gedacht, da dazu nicht unbedingt ein Bildschirm angeschlossen sein muß. Wird tatsächlich kein Bildschirm angeschlossen, müssen Sie NOT INSTALLED auswählen, sonst kommt es zu einer Fehlermeldung.

Keyboard. Obwohl hier die Möglichkeiten INSTALLED und NOT INSTALLED zur Verfügung stehen, bezieht sich dies nicht auf das Vorhandensein bzw. Nichtvorhandensein der Tastatur, sondern vielmehr auf den Tastaturtest, den der POST (Power On Self Test) des Rechners nach dem Einschalten durchführt. Wenn Sie hier NOT INSTALLED wählen, dann wird nicht geprüft, ob eine Tastatur vorhanden ist. Da sich jedoch dieser Test nicht allein auf das Vorhandensein der Tastatur bezieht, sondern auch auf einen gewissen Funktionsumfang, sollte auf diesen Test normalerweise nicht verzichtet werden.

Base memory. Hier ist der konventionelle Speicherbereich ersichtlich, und zwar in der Größe, in der er physikalisch vorhanden ist. Das bedeutet jedoch nicht, daß dieser Speicherbereich auch nach dem Hochfahren des Systems tatsächlich nutzbar ist, da es darauf ankommt, wie viele Programme und Treiber in den konventionellen Arbeitsspeicher geladen werden. So kann es durchaus sein, daß hier zwar 640 kByte an Base Memory zur Verfügung stehen, jedoch nach dem Starten des Rechners bzw. nach dem Ausführen der Startdateien AUTOEXEC.BAT und CONFIG.SYS nicht einmal mehr 500 kByte an konventionellem Arbeitsspeicher übrig bleiben.

Extended memory. Diese Angabe bezieht sich auf die Speichererweiterung. Ist Ihr Rechner beispielsweise mit 4 MByte Arbeitsspeicher ausgerüstet, dann stehen 640 kByte an konventionellem Arbeitsspeicher und 3456 kByte an restlichem Arbeitsspeicher zur Verfügung.

6.3.2 Das Advanced Setup

Die Auswahl der weiteren Punkte mag vielleicht auf den ersten Blick ein wenig verwirrend wirken, denn es wird nicht direkt von der Eingangsseite aus verzweigt, sondern von dem in Abbildung 6.4 gezeigten Menü aus.

Abb. 6.4: Vom Advanced Setup geht es in die weiteren Einstellungen.

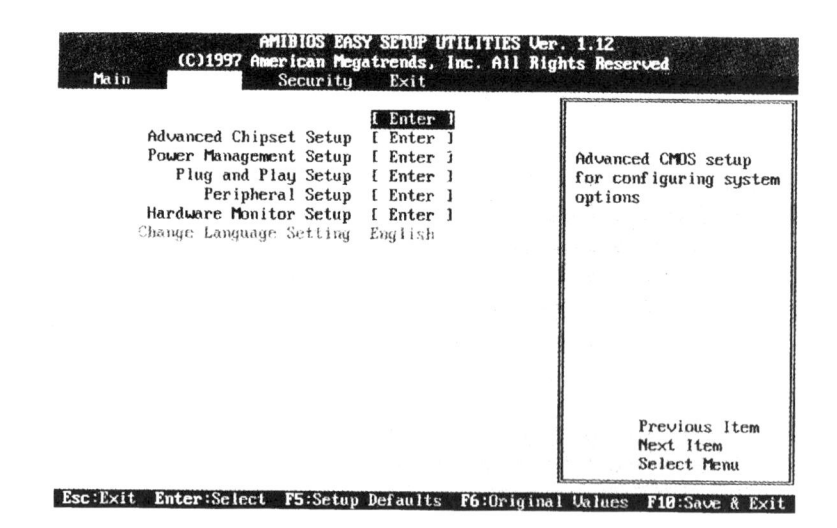

6.3.3 Das Advanced CMOS Setup

Hier lassen sich weitere Einstellungen vornehmen, die sich sowohl auf den Speicher als auch auf die installierten Hardwarekomponenten Ihres Rechners beziehen.

Quick Boot. Mit dieser Einstellung wird das Setup zu einem schnelleren Starten des Systems veranlaßt. Diese Einstellung ersetzt die bisherige 1 MB MEMORY TEST ADVANCED SETUP OPTION.

1st Boot Device. Mit dieser Einstellung wählen Sie das erste Laufwerk aus, von dem gebootet werden soll. Möglich sind IDE-0, IDE-1, IDE-2, IDE-4, FLOPPY (Standardeinstellung), FLOPTICAL, CDROM, SCSI und NETWORK.

2nd Boot Device. Mit dieser Einstellung wählen Sie das zweite Laufwerk aus, von dem gebootet werden soll. Möglich sind DISABLED, IDE-0 (Standardeinstellung) oder FLOPTICAL.

3rd Boot Device. Mit dieser Einstellung wählen Sie das dritte Laufwerk aus, von dem gebootet werden soll. Möglich sind DISABLED, FLOPTICAL oder CDROM (Standardeinstellung).

4th Boot Device. Mit dieser Einstellung wählen Sie das vierte Laufwerk aus, von dem gebootet werden soll. Möglich sind *DISABLED* (Standardeinstellung) oder FLOPTICAL.

Try Other Boot Devices. Wenn Sie für diesen Menüpunkt die Einstellung YES wählen, wird das BIOS von einem anderen Gerät aus starten, sofern alle anderen Bootversuche auf den ausgewählten Geräten fehlgeschlagen sind. Wenn die Einstellung NO gewählt wurde, dann erfolgt der Bootversuch nur auf den angegebenen Geräten.

Floppy Access Control. Sie können hier sowohl den Schreib-/Lesezugriff als auch nur das Lesen auf das Diskettenlaufwerk ermöglichen. Diese Einstellung greift aber nur dann, wenn das Diskettenlaufwerk über die BIOS-Funktion INT40H angesprochen wird.

HDD Access Control. Sie können hier sowohl den Schreib-/Lesezugriff als auch nur das Lesen auf das Festplattenlaufwerk ermöglichen. Diese Einstellung greift aber nur dann, wenn das Festplattenlaufwerk über die BIOS-Funktion INT40H angesprochen wird.

S.M.A.R.T for Hard Disks. S.M.A.R.T steht als Abkürzung für *Self-Monitoring, Analysis and Reporting Technology*. Diese Technologie kann Ihnen helfen, das System vor einigen Abstürzen zu bewahren, die im Zusammenhang mit Festplattenproblemen stehen. Da allerdings nur einige Festplattenprobleme davon betroffen sind, sieht die Standardeinstellung eine Deaktivierung dieser Funktion vor.

BootUp Num Lock. Sie können hier bestimmen, ob der numerische Ziffernblock nach dem Hochfahren des Sytems aktiviert ist oder nicht. Sie erkennen den aktivierten Ziffernblock normalerweise an der beleuchteten Taste [Num⇩]. Ist der Ziffernblock deaktiviert, dann können statt dessen die auf den Ziffertasten aufgedruckten Symbole benutzt werden (beispielsweise [Bild↑], [Bild↓], [Pos1] usw.).

Floppy Drive Swap. Wenn Sie diese Funktion aktivieren, dann werden die Laufwerkszuordnungen von A und B vertauscht. Standardmäßig ist sie deaktiviert, und sie sollte es auch bleiben, solange kein triftiger Grund vorliegt, sie zu ändern.

Floppy Drive Seek. Bei dieser Funktion wird, sofern sie aktiviert ist, nach dem Vorhandensein des Diskettenlaufwerks geforscht und ein grober Funktionstest durchgeführt.

PS/2 Mouse Support. Wenn Sie diesen Menüpunkt aktivieren, dann kann das BIOS eine PS/2-Maus unterstützen.

Primary Display. Mit dieser Einstellung identifizieren Sie den Monitor bzw. die Grafikkarte in Ihrem System. Die Möglichkeiten sind hier DEAKTIVIERT, VGA/EGA (Standardeinstellung), CGA40X25, CGA80X25 oder MONO.

Password Check. Sie können mit dieser Funktion drei verschiedene Möglichkeiten auswählen, um Ihr System mit einem Paßwort zu schützen:

- Die Einstellung ALLWAYS bedeutet, daß das Paßwort immer beim Starten des Rechners abgefragt wird.
- Die Einstellung *Setup* bedeutet, daß das Paßwort nur dann abgefragt wird, wenn das Setup aufgerufen wird. Sie schützen so Ihren Rechner vor dem unbefugten Verstellen der Setup-Einstellungen.
- Die Einstellung *Disabled* bedeutet, daß auf jegliche Paßwortabfrage verzichtet wird.

Boot To OS/2 > 64 MB. Wenn Ihr Betriebssystem nicht OS/2 ist, dann wählen Sie hier den Eintrag NON-OS/2 bzw. NO. Normalerweise ist dieser Eintrag standardmäßig. Ist Ihr Betriebssystem OS/2 und verfügt Ihr System über mehr als 64 MByte Arbeitsspeicher, dann wählen Sie die Funktion OS/2.

Internal Cache. Hier gilt dasselbe wie für EXTERNAL CACHE MEMORY, jedoch mit dem Unterschied, daß es sich hierbei um einen internen 8-kByte-Cache des 80486er Prozessors handelt. Der interne Cache ist wesentlich schneller als der externe Cache-Memory. Deshalb sollte diese Funktion immer aktiviert sein, es sei denn, es gibt Probleme, was sich beispielsweise durch eine sehr langsame Rechengeschwindigkeit bemerkbar macht. In diesem Fall könnte der interne Cache defekt sein. Wenn der Rechner nach dem Deaktivieren dieser Funktion wieder schneller wird, dann liegt wahrscheinlich ein solcher Defekt vor.

Achten Sie darauf, daß beide Caches, also der interne und der externe Cache aktiviert sind. Sofern beide oder auch nur einer ausgeschaltet sind, wirkt sich dies auf Ihr System sehr geschwindigkeitsmindernd aus, denn sowohl der interne Prozessorcache (L1-Cache) als auch der externe L2-Cache sorgen für mehr Geschwindigkeit bei der Arbeit.

System BIOS Cacheable. Neben dem konventionellen Arbeitsspeicher können Sie den Bereich für das System-BIOS ebenfalls cachen, wenn Sie diesen Eintrag auf ENABLED setzen.

EDO DRAM Speed (ns). Hier können Sie die Geschwindigkeit für die DRAM-Arbeitsspeicherbausteine einstellen. Mögliche Geschwindigkeiten sind 50ns, 60ns oder 70ns. Ns bedeutet Nanosekunden.

MA Wait State. MA ist die Abkürzung für Memory Access. Sie können Wartezyklen für den Arbeitsspeicher einstellen. Die Einstellung SLOW fügt Wartezyklen ein, die Einstellung FAST nicht.

Abb. 6.5:
Das Advanced CMOS Setup

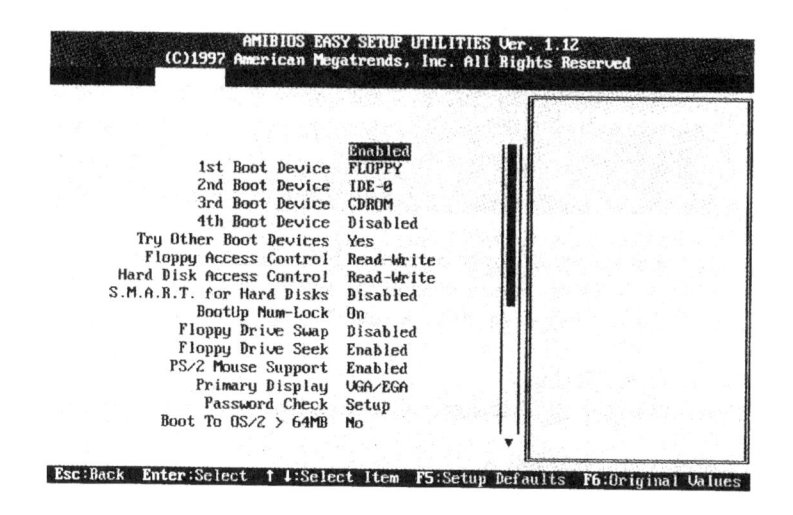

```
            AMIBIOS EASY SETUP UTILITIES Ver. 1.12
         (C)1997 American Megatrends, Inc. All Rights Reserved

          1st Boot Device      Enabled
          2nd Boot Device      FLOPPY
          3rd Boot Device      IDE-0
          4th Boot Device      CDROM
          Try Other Boot Devices Disabled
          Floppy Access Control Yes
          Hard Disk Access Control Read-Write
          S.M.A.R.T. for Hard Disks Read-Write
          BootUp Num-Lock      Disabled
          Floppy Drive Swap    On
          Floppy Drive Seek    Disabled
          PS/2 Mouse Support   Enabled
          Primary Display      Enabled
          Password Check       VGA/EGA
          Boot To OS/2 > 64MB  Setup
                               No

 Esc:Back  Enter:Select  ↑↓:Select Item  F5:Setup Defaults  F6:Original Values
```

⚠ Abweichend von den hier aufgeführten Möglichkeiten finden Sie in älteren oder in anderen BIOS-Versionen auch noch die folgenden Einstellungen – je nachdem, um welche Version es sich im einzelnen handelt:

Above 1 MByte Memory Test. Sie können mit der Einstellung DISABLED bzw. ENABLED bestimmen, ob der Arbeitsspeicherbereich oberhalb von 1 MByte getestet wird oder nicht. Es empfiehlt sich, diese Funktion auf jeden Fall zu aktivieren. Zwar benötigt dieser Test eine kurze Zeit, jedoch kann es bei einem unentdeckten Defekt an den Arbeitsspeicherbausteinen zu einem Datenverlust kommen.

Hard Disk Type 47 RAM Area. Der TYP 47 ist bei Festplatten der benutzerdefinierte, der dann angegeben wird, wenn der installierte Festplattentyp in der Liste der standardmäßig gespeicherten Festplattentypen nicht vorhanden ist. Für diese Angaben muß ein bestimmter Speicherbereich im RAM reserviert werden. Normalerweise befindet sich dieser Bereich im unteren Systemspeicher. Sie können ihn jedoch auch in den freien DOS-Speicher verschieben, was jedoch nur dann zu empfehlen ist, wenn der untere Speicherbereich aus irgendwelchen Gründen nicht angesprochen werden kann.

Weitek Prozessor. Sie benötigen diese Funktion nur dann, wenn Sie einen Weitek-Coprozessor in Ihren Rechner einbauen. Die Einstellung lautet dann PRESENT. Auf diese Funktion sollten Sie besonders dann achten, wenn Sie einen solchen Coprozessor nachträglich einbauen. Allerdings kann es auch dann vorkommen, daß der Rechner nicht sonderlich schneller läuft. Der Coprozessor kann nur dann seine Geschwindigkeit voll entfalten, wenn die normalerweise im Lieferumfang enthaltene Software installiert wurde.

External Cache Memory. Diese Einstellung ist dann zu beachten, wenn Sie in Ihrem Rechner eine Speichererweiterungskarte eingebaut haben. Sie müssen dann mit dieser Funktion, die Sie in diesem Fall auf ENABLED stellen, dem Setup das Vorhandensein von einem externen Cache-Speicher mitteilen.

Video ROM Shadow. Auf der Grafikkarte befindet sich ein Chip, der sogenannte ROM-Baustein, der Informationen in nicht veränderbarer Weise enthält (ROM = Read Only Memory). Da die Informationen aus diesem ROM-Baustein im Vergleich zum Arbeitsspeicher-RAM langsamer ausgelesen werden können, ist es empfehlenswert, diese aus dem ROM in das RAM des Rechners zu kopieren. Stellen Sie diese Funktion auf ENABLED, damit dieser Vorgang beim Starten des Systems in die Wege geleitet werden kann.

Beachten Sie, daß sich diese Funktion nur bei Programmen unter DOS als Geschwindigkeitssteigerung bemerkbar macht. Bei Anwendungen unter Windows spielt es kaum eine Rolle, ob die Informationen vom Video-ROM in das RAM des Arbeitsspeichers kopiert werden, da Windows das ROM der Grafikkarte nur sehr selten anspricht.

Sollten Sie über einen SCSI-Controller verfügen, dann lesen Sie in der technischen Dokumentation nach, ob es möglich ist, diese Shadow-Funktion zu verwenden. In der Regel wird es bei SCSI-Controllern zu Problemen kommen. Sofern es in Ihrem speziellen Fall dennoch möglich ist, dann ist es ausdrücklich vermerkt.

System ROM Shadow. Die Einstellungen, die Sie im Setup vornehmen, werden im BIOS-Chip auf der Hauptplatine gespeichert. Von dort aus kann auf sie zugegriffen werden. Da aber auch aus diesem ROM-Chip die Informationen langsamer ausgelesen werden können als aus dem RAM des Hauptspeichers, ist es empfehlenswert, auch diese Informationen in das RAM des Arbeitsspeichers zu kopieren. Sie erreichen es mit der Einstellung ENABLED.

Main Memory Relacation. Wenn Sie diese Funktion auf ENABLED setzen, dann kann der Rechner auch den Bereich des Arbeitsspeichers nutzen, der sich direkt oberhalb des Extended Memory-Bereichs befindet. Es empfiehlt sich, diese Funktion zu aktivieren, es sei denn, es treten Speicherprobleme auf, die auf einen Defekt in den Speicherbausteinen schließen lassen und durch den normalen Test beim Starten des Rechners nicht entdeckt wurden.

Bus Clock Selection. Mit dieser Funktion kann die Geschwindigkeit des Datenbusses erhöht oder herabgesetzt werden. Mit der <F1>-Hilfetaste können Sie die möglichen Einstellungen abrufen.

Ein herkömmlicher AT-Bus ist so ausgelegt, daß er mit einer Taktrate von 8,25 MHz auf jeden Fall problemlos läuft. Allerdings können Sie einige Erweiterungskarten problemlos auch mit einem höheren Bustakt betreiben. Angenommen, in Ihrem Rechner ist ein 80386er Prozessor mit einer Taktfrequenz von 33 MHz installiert, und Sie haben die Einstellung CLKIN/4 gewählt, dann bedeutet dies eine Busgeschwindigkeit von 8,25 MHz (33 dividiert durch 4 ergibt 8,25). Sie können die Busgeschwindigkeit in der Regel bis auf 11 MHz erhöhen. Einige Setups erlauben sogar eine Busgeschwindigkeit von bis zu 16 MHz.

Normalerweise kann durch eine Erhöhung der Bustaktrate nicht viel passieren, es sei denn, es sind Bauteile in Ihrem Rechner installiert, die eine solche Geschwindigkeit ausdrücklich nicht vertragen. Lesen Sie also vor der Erhöhung des Bustaktes die technische Dokumentation Ihres Rechners bzw. der einzelnen Komponenten durch. Einige Hauptplatinen sind so konstruiert, daß eine direkte Verbindung zum DMA-Controller besteht. Ist dieser ausschließlich auf eine Geschwindigkeit von 8,25 MHz ausgelegt, dann könnte er durch eine erhöhte Bustaktrate zerstört werden. Wenn der DMA-Controller nicht nachzubestellen oder auf der Hauptplatine aufgelötet ist, müssen Sie die gesamte Hauptplatine austauschen, sofern Sie eine solche Lötarbeit nicht selbst vornehmen können.

Fast Page Mode DRAM. Durch das Aktivieren dieser Einstellung mit ENABLED wird ein schnelleres, seitenweises Ein- und Auslesen von Programm- und Datendateien in den Arbeitsspeicher ermöglicht. Es ist jedoch nicht immer gewährleistet, daß der Rechner damit an Geschwindigkeit zunimmt. Mitunter kommt es auch bei dieser Einstellung zu Systemabstürzen. Lesen Sie in der technischen Dokumentation Ihres Rechners nach, ob sich für Ihr System eine Aktivierung dieser Funktion rentiert oder nicht. In der Regel können Sie es aber auch einfach ausprobieren, denn normalerweise können die Speicherbausteine dadurch keinen Schaden nehmen.

Non Cacheable Block Size. Diese Einstellungen werden kaum benötigt, es sei denn, Ihr Rechner verfügt über eine spezielle Schnittstellenkarte, die eine solche Einstellung ausdrücklich vorsieht. Sie können eine solche Anforderung auf jeden Fall der technischen Dokumentation der jeweiligen Erweiterungskarte entnehmen.

Memory above 16 MB Cacheable. Diese Einstellung ist ein Relikt aus vergangenen Computerzeiten, in denen ein Arbeitsspeicher von 4 oder 8 MByte schon ein ausgesprochener Luxus war. Sollte Ihr Rechner mit mehr als 16 MByte Arbeitsspeicher ausgerüstet sein und sie über ein BIOS verfügen, in dem eine solche Einstellung vorhanden ist, dann sehen Sie nach, ob diese Funktion auf DISABLED steht. Ist dies der Fall, dann stellen Sie auf ENABLED, denn nur so kann der Rechner den Arbeitsspeicher oberhalb der 16-MByte-Grenze auch wirklich nutzen.

6.3.4 Das Power Management Setup

Diese Menüpunkte sind dann von Bedeutung, wenn Ihr System über eine Stromspar-funktion verfügt.

Power Management/APM. Damit Sie die Power-Management-Einstellungen und APM (Advanced Power Management) nutzen können, setzen Sie die Funktion auf ENABLED. Die Standardeinstellung ist DISABLED.

Green PC Monitor State. Diese Einstellung bestimmt, wie sich ein Monitor mit dem »Green PC Monitor Standard« verhält, wenn die Bedingungen für die Systemdeaktivierung erreicht sind. Sie können den Monitor beispielsweise ganz deaktivieren oder in den Standby-Modus versetzen.

Video Power Down Mode. Diese Einstellung bestimmt, wie sich die Grafikanzeige verhält, wenn die Bedingungen für die Systemdeaktivierung erreicht sind.

Hard Disk Power Down Mode. Diese Einstellung bestimmt, wie sich die Festplatte verhält, wenn die Bedingungen für die Systemdeaktivierung erreicht sind.

Hard Disk Time Out (Minute). Mit dieser Einstellung legen Sie fest, nach welcher Zeit der Nichtinanspruchnahme der Festplatte diese in den Stromsparmodus geschaltet wird. Standardmäßig ist diese Funktion deaktiviert, Sie können aber eine Länge bis zu 15 Minuten in minütlichen Intervallen festlegen.

Standby time Out (Minute). Mit dieser Einstellung legen Sie die Zeitspanne der Systeminteraktivität fest, nach der das System von der vollen Betriebsfähigkeit in den Standby-Modus geschaltet wird. Standardmäßig sind hier zwei Minuten eingestellt, Sie können aber eine Länge von bis zu 15 Minuten in Intervallen von einer und zwei Minuten festlegen.

Suspend Time Out (Minute). Mit dieser Einstellung legen Sie die Zeitspanne der Systeminteraktivität fest, nach der das System vom Standby-Modus in den Suspend-Modus geschaltet wird. Standardmäßig sind hier vier Minuten eingestellt, Sie können aber eine Länge bis zu 15 Minuten in Intervallen von einer und zwei Minuten festlegen.

Throttle Slow Clock Ratio. Mit dieser Einstellung legen Sie die Taktgeschwindigkeit des Systems im Stromsparmodus fest. Standardmäßig sind hier 50 bis 62% eingestellt.

Modem Use IRQ. Mit dieser Einstellung bestimmen Sie den Interrupt, auf den das Modem zugreift. Standardmäßig ist hier kein Interrupt eingetragen, Sie können jedoch die Interrupts 3, 4, 5, 7, 9, 10 und 11 eintragen.

Display Activity. Sie können hier das Gerät bestimmen, welches das System wieder aus dem Suspend-Modus »weckt«, wenn eine Aktivität festgestellt wird.

System Thermal. Sofern Ihr System über einen Temperatursensor verfügt, können Sie ihn mit dieser Einstellung aktivieren. Der Sensor überprüft dann laufend die Temperatur im Inneren Ihres Computergehäuses und macht den Benutzer durch eine Anzeige auf eine Überhitzung des Prozessors aufmerksam.

CPR Critical Temperature. Sie können hier eine Temperatur wählen, bei der das System heruntergefahren wird. Standardmäßig sind 40 Grad Celsius vorgegeben, mögliche Einstellungen bewegen sich zwischen 30 und 60 Grad Celsius.

Power Button Function. Sie können hier zum Hin- und Herschalten zwischen den verschiedenen Modi den Einschaltknopf Ihres Rechners benutzen. Wählen Sie den Eintrag SUSPENDED, dann bewirkt der Einschaltknopf nicht das komplette Ausschalten des Rechners, sondern das Aktivieren des Stromsparmodus. Wollen Sie das Gerät abschalten, müssen Sie den Einschaltknopf vier Sekunden gedrückt halten. Standardmäßig ist diese Einstellung auf ON/OFF geschaltet.

RTC Alarm Resume From Soft Off. Sie können hier eine Zeit eingeben, nach der das System vom Stromsparmodus wieder in den normalen Modus geschaltet wird.

RTC Alarm Data. Sie können hier eine Zeitspanne in Tagen angeben, innerhalb derer die Einstellung RTC ALARM RESUME FROM SOFT OFF wieder auf ENABLED gesetzt werden soll. Möglich sind hier Einstellungen für jeden Tag oder tageweise bis zu 31 Tagen. Die Voreinstellung ist 15 Tage.

RTC Alarm Hour. Sie können hier eine Zeitspanne in Stunden angeben, innerhalb derer die Einstellung RTC ALARM RESUME FROM SOFT OFF wieder auf ENABLED gesetzt werden soll. Möglich sind hier Einstellungen von 0 bis 23 Stunden. Die Voreinstellung sind zwölf Stunden.

RTC Alarm Minute. Sie können hier eine Zeitspanne in Minuten angeben, innerhalb derer die Einstellung RTC ALARM RESUME FROM SOFT OFF wieder auf ENABLED gesetzt werden soll. Möglich sind hier Einstellungen von 0 bis 59 Minuten. Die Voreinstellung sind 30 Minuten.

RTC Alarm Sound. Sie können hier eine Zeitspanne in Minuten angeben, die für den Alarm gilt, wenn die Einstellung RTC ALARM RESUME FROM SOFT OFF wieder auf ENABLED gesetzt wird. Möglich sind hier Einstellungen von 0 bis 59 Sekunden. Die Voreinstellung sind 30 Sekunden.

Abb. 6.6:
Das Power Management Setup

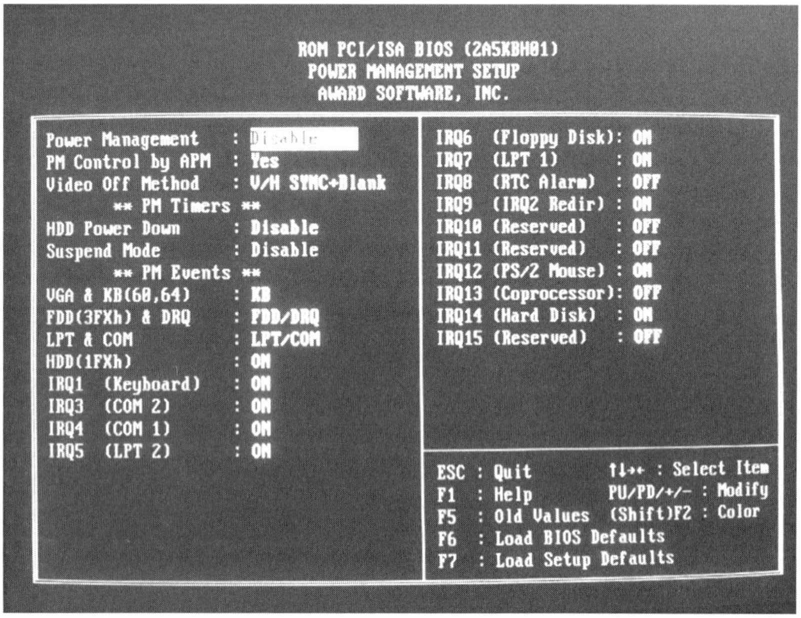

6.3.5 Das Plug&Play Setup

In diesem Menüpunkt können Sie Einstellungen für die Plug&Play-Komponenten Ihres Systems vornehmen.

Plug and Play Aware O/S. Setzen Sie diese Einstellung auf YES, wenn Ihr System Plug&Play unterstützt. Windows 95 ist fähig, Plug&Play-Adapter zu identifizieren und die richtigen Parameter einzustellen (so jedenfalls die Werbung. Die Praxis ist mitunter leider abweichend). Setzen Sie diese Einstellung auf NO, wenn Ihr System Plug&Play nicht unterstützt, wie dies beispielsweise bei DOS, OS/2 und Windows 3.x der Fall ist).

PCI Latency Timer (PCI Clocks). Mit dieser Einstellung wird der PCI-Takt für PCI-Geräte eingestellt. Mögliche Einstellungen sind *32, 64, 96, 128, 160, 192, 224* und *248*. Sie sollten den voreingestellten Wert von *32* aber auf jeden Fall belassen, soweit die technische Dokumentation nicht zwingend einen anderen Wert vorschreibt.

Dieser Wert gibt an, wie lange eine PCI-Karte die Kontrolle über den PCI-Bus innehaben darf, wenn eine andere PCI-Karte die Kontrolle über den Bus ebenfalls anfordert. Je kleiner Sie diesen Wert definieren, desto schneller erhalten die anderen PCI-Karten den Zugriff auf den PCI-Bus. Je höher dieser Wert gewählt wurde, desto länger kann eine bestimmte PCI-Karte den Bus für sich beanspruchen.

Welcher Wert im Einzelfall der optimale ist, hängt stark von den installierten PCI-Karten ab. Experimentieren Sie ruhig mit verschiedenen Werten, und ermitteln Sie mit Benchmark-Programmen die Performance Ihres Rechners.

PCI VGA Palette Snoop. Standardmäßig ist diese Einstellung deaktiviert. Setzen Sie sie nur dann auf ENABLED, wenn ein ISA-Adapter Ihres Systems ausdrücklich den VGA Palette Snoop erforderlich macht. Bei ISA-Adaptern handelt es sich zumeist um ältere Karten. Bei anderen Grafikkarten werden Sie diese Einstellung nur dann benötigen, wenn in Ihrem Rechner eine MPEG- oder Videokarte eingebaut ist, die mit der Grafikkarte über den Feature-Connector verbunden ist. Wenn dabei Probleme mit der Farbpalette unter Windows auftreten, aktivieren Sie diese Einstellung.

Allocate IRQ to PCI VGA. Diese Einstellung ist dann auf ENABLED zu setzen, wenn das System die ESCD-Daten beibehalten soll. ESCD steht als Abkürzung für *Extended System Configuration Data*.

OffBoard PCI IDE Card. In modernen Systemen ist der Festplattencontroller auf dem Mainboard integriert. Bei älteren Systemen handelt es sich um eine Controllerkarte, die einen Erweiterungssteckplatz benötigt. In diesem Fall muß dem System mitgeteilt werden, in welchem Erweiterungssteckplatz sich der Controller befindet. Die standardmäßige Voreinstellung ist AUTO, Sie können aber auch SLOT1, SLOT2, SLOT3, SLOT4, SLOT5 und SLOT6 wählen.

OffBoard PCI Primary IRQ. Sollten Sie eine primäre PCI-IDE-Karte benutzen, die offboard installiert ist, dann können Sie mit dieser Einstellung den Interrupt wählen. Standardmäßig ist diese Einstellung deaktiviert, Sie können jedoch INTA, INTB, INTC, INTD und HARDWIRED aktivieren.

OffBoard PCI IDE Secondary IRQ. Sollten Sie eine sekundäre PCI-IDE-Karte benutzen, die offboard installiert ist, dann können Sie mit dieser Einstellung den Interrupt wählen. Standardmäßig ist diese Einstellung deaktiviert, Sie können jedoch INTA, INTB, INTC, INTD und HARDWIRED aktivieren.

DMA Channel 0, 1, 3, 5, 6, 7. Mit dieser Einstellung können Sie den Bustyp bestimmen, auf dem die DMA-Kanäle (DMA = Direct Memory Address) ihren Datenaustausch abwickeln. Standardmäßig steht diese Einstellung auf PNP, also auf Plug&Play, Sie können aber auch ISA/EISA wählen.

IRQ3, 4, 5, 7, 9, 10, 11, 14, 15 Mit dieser Einstellung legen Sie den Bus fest, der von den Interrupts benutzt wird. Sie können also Interrupts für den Gebrauch von ISA-Adapter-Karten festlegen. Diese Einstellung bestimmt, daß das BIOS einen Interrupt aus dem Pool der verfügbaren IRQs ausschließen soll, und das betreffende Gerät bestimmt diesen selbst. Welche Interrupts in diesem Pool enthalten sind, wird von den Informationen im ESCD-NVRAM (ESCD = Extended System Configuration Data) bestimmt. Wenn es notwendig sein sollte, daß mehrere Interrupts aus diesem Pool entfernt werden müssen, dann muß anstelle der Plug&Play-Einstellung die ISA/EISA-Konfiguration aktiviert werden. Die standardmäßige Voreinstellung ist PCI/PNP, Sie können aber auch ISA/EISA wählen.

Abb. 6.7:
Das Plug and Play-Setup

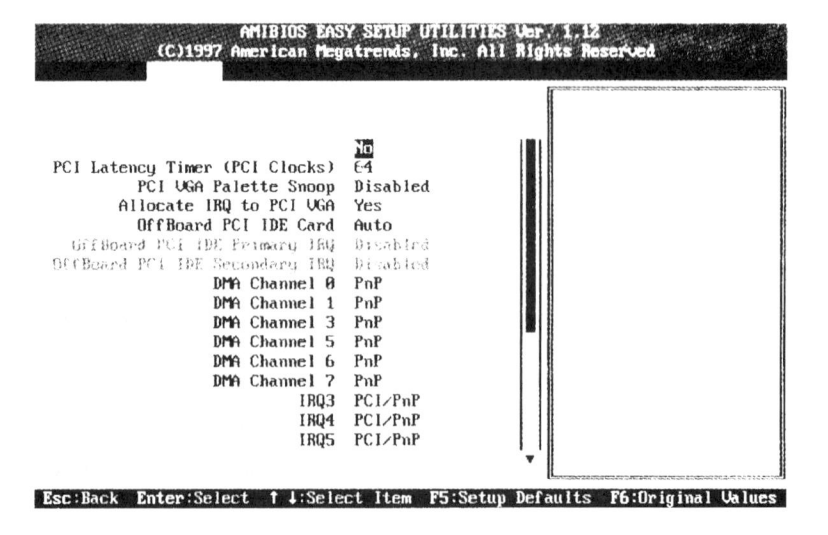

```
          AMIBIOS EASY SETUP UTILITIES Ver. 1.12
         (C)1997 American Megatrends, Inc. All Rights Reserved

                                    No
          PCI Latency Timer (PCI Clocks)  64
                  PCI VGA Palette Snoop   Disabled
                  Allocate IRQ to PCI VGA Yes
                      OffBoard PCI IDE Card   Auto
                    OffBoard PCI IDE Primary IRQ   Disabled
                    OffBoard PCI IDE Secondary IRQ Disabled
                          DMA Channel 0   PnP
                          DMA Channel 1   PnP
                          DMA Channel 3   PnP
                          DMA Channel 5   PnP
                          DMA Channel 6   PnP
                          DMA Channel 7   PnP
                                   IRQ3   PCI/PnP
                                   IRQ4   PCI/PnP
                                   IRQ5   PCI/PnP

     Esc:Back  Enter:Select  ↑↓:Select Item  F5:Setup Defaults  F6:Original Values
```

6.3.6 Das Peripheral Setup

Sie nehmen über diesen Menüpunkt Einstellungen für die internen Peripheriegeräte wie beispielsweise die Schnittstellen, den IDE-Bus usw. vor.

Onboard FDC. Diese Einstellung aktiviert den Floppy-Controller auf dem Mainboard (bei älteren Mainboards wurde ein Floppy-Controller in einem Steckplatz benötigt). Standardmäßig ist AUTO vorgegeben, und Sie sollten ihn gegebenenfalls nur dann durch DISABLED deaktivieren, wenn ein Fehler aufgetreten ist.

Onboard Serial Port A. Die Einstellung aktiviert die serielle Schnittstelle Nummer 1 auf dem Mainboard und definiert die dazugehörige Basis- Ein-/Ausgabeadresse. Mögliche Einstellungen sind AUTO, DISABLED, 3F8H/COM1, 2F8H/COM2, 3E8H/COM3 und 2E8H/COM4. Die Standardeinstellung ist 3F8H/COM1.

Onboard Serial Port B. Die Einstellung aktiviert die serielle Schnittstelle Nummer 2 auf dem Mainboard und definiert die dazugehörige Basis- Ein-/Ausgabeadresse. Mögliche Einstellungen sind AUTO, DISABLED, 3F8H/COM1, 2F8H/COM2, 3E8H/COM3 und 2E8H/COM4. Die Standardeinstellung ist 2F8H/COM2.

IR Mode Support. IR ist die Abkürzung für *Infra Red* und steht für die Möglichkeit, beispielsweise eine schnurlose Maus anzuschließen, die ihre Signale nicht mehr per Kabel, sondern per Infrarotsignal an die Schnittstelle sendet. Mit dieser Einstellung können Sie diese Möglichkeit für die zweite serielle Schnittstelle freigeben oder deaktivieren. Standardmäßig ist sie deaktiviert.

IR Mode Select. Mit dieser Einstellung können Sie den IR-Modus festlegen. Mögliche Einstellungen sind SIR, ASKIR, FIR und SIR. Die standardmäßige Voreinstellung ist SIR.

IR Base Address Select. Mit dieser Einstellung können Sie die IR-Adresse festlegen. Mögliche Einstellungen sind 3E0, 2E0, 3E8 und 2E8. Die standardmäßige Voreinstellung ist 3E0.

IR IRQ Select. Mit dieser Einstellung können Sie den Interrupt für den IR-Modus festlegen. Mögliche Einstellungen sind 3, 4, 10 und 11. Die standardmäßige Voreinstellung ist 10.

IR DMA Select. Mit dieser Einstellung können Sie den DMA-Kanal für den IR-Modus festlegen. Mögliche Einstellungen sind DISABLED, 0, 1 und 3. Die standardmäßige Voreinstellung ist DISABLED.

Onboard Parallel Port. Mit dieser Einstellung können Sie die parallele Schnittstelle auf Ihrem System aktivieren und die Basis-Ein-/Ausgabeadresse festlegen. An diese Schnittstelle können Sie beispielsweise einen Drucker oder auch einen Scanner anschließen, der ohne eine SCSI-Karte auskommt. Mögliche Einstellungen sind 378H, 278H, 3BCH, AUTO oder DISABLED. Die standardmäßige Voreinstellung ist 378H.

Parallel Port Mode. Mit dieser Einstellung können Sie den Modus für die parallele Schnittstelle festlegen. Mögliche Einstellungen sind NORMAL, BI-DIR, EPP und ECP. Die standardmäßige Voreinstellung ist NORMAL.

EPP Version. Mit dieser Einstellung können Sie die EPP-Version festlegen. Mögliche Einstellungen sind 1.9 und 1.7. Die standardmäßige Voreinstellung ist 1.9.

Parallel Port IRQ. Mit dieser Einstellung können Sie den Interrupt für die parallele Schnittstelle festlegen. Mögliche Einstellungen sind 5 oder 7. Die standardmäßige Voreinstellung ist 7.

Parallel Port DMA Channel. Mit dieser Einstellung können Sie den DMA-Kanal für die parallele Schnittstelle festlegen. Mögliche Einstellungen sind 1 und 3. Die standardmäßige Voreinstellung ist 3.

OnBoard IDE. Mit dieser Einstellung bestimmen Sie die Hierarchie für den IDE-Controller auf PCI-Bussystemen. Setzen Sie die Einstellung auf ENABLED, dann bedeutet dies die uneingeschränkten Rechte für dieses Gerät. Mögliche Einstellungen sind DISABLED, PRIMARY, SECOND oder BOTH. Die standardmäßige Voreinstellung ist BOTH.

Abb. 6.8:
Das Peripheral Setup

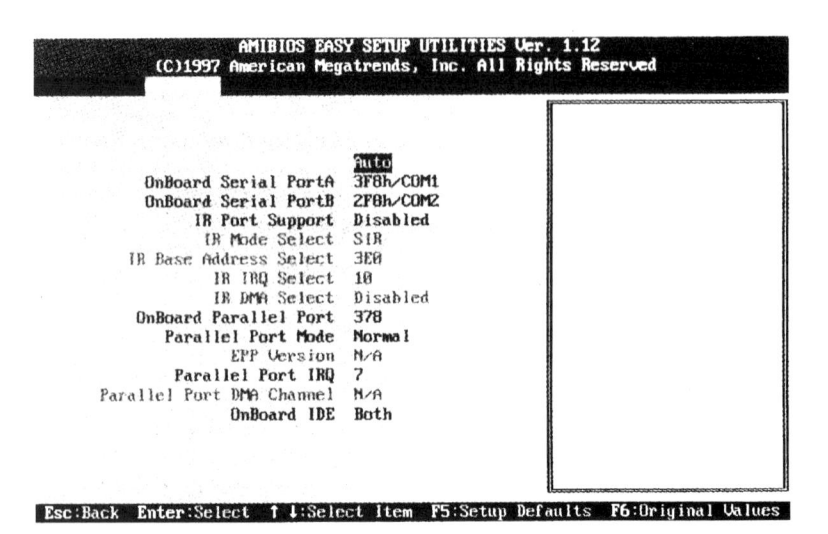

6.3.7 Das Hardware Monitor Setup

Dieser Teil des Setups ermöglicht es Ihnen, die verschiedenen LDCM-Funktionen Ihres Mainboards einzustellen. Beachten Sie hierbei, daß der Inhalt dieses Setup-Punktes hauptsächlich von den Vorgaben Ihres Systems bestimmt wird.

Sie können hier beispielsweise die Temperatur einstellen, die für den Prozessor geduldet wird. Übersteigt die gemessene Temperatur diejenige, die Sie als maximal zulässigen Wert eingetragen haben, dann gibt das System einen Warnhinweis aus oder reagiert entsprechend Ihren Vorgaben.

Darüber hinaus erlaubt Ihnen das Setup, je nach den Möglichkeiten des Systems, auch das Ablesen der aktuellen Werte.

Abb. 6.9:
Das Hardware Monitor Setup

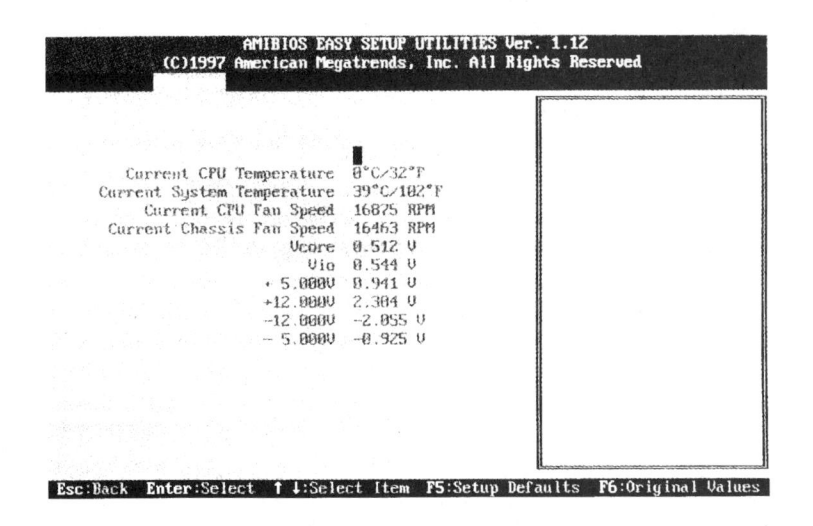

```
        AMIBIOS EASY SETUP UTILITIES Ver. 1.12
        (C)1997 American Megatrends, Inc. All Rights Reserved

    Current CPU Temperature   0°C/32°F
    Current System Temperature 39°C/102°F
    Current CPU Fan Speed     16075 RPM
    Current Chassis Fan Speed 16463 RPM
                       Vcore  0.512 V
                         Vio  0.544 V
                      + 5.000V  0.941 V
                      +12.000V  2.304 V
                      -12.000V -2.055 V
                      - 5.000V -0.925 V

  Esc:Back  Enter:Select  ↑↓:Select Item  F5:Setup Defaults  F6:Original Values
```

6.3.8 Tips und nützliche Hinweise zum AMI-BIOS

Zwar sollten Sie mit großer Umsicht an das Manipulieren der Setup-Einstellungen herangehen, jedoch können Sie nur in wenigen Fällen Ihren Rechner oder ein Bauteil nachhaltig schädigen. Weitaus vertrackter verhält es sich hingegen mit solchen Einstellungen, die im nachhinein deshalb nicht mehr korrigiert werden können, weil der ursprüngliche Zustand schlichtweg vergessen wurde. Keine Sorge, auch hier gibt es eine Hilfestellung. Im Advanced Chipset-Setup gibt es die Einstellung AUTO CONFIGURATION. Setzen Sie den entsprechenden Wert hier auf ENABLED, um die Einstellungen auf die herstellerspezifischen Standardwerte zu setzen.

Im Hauptmenü finden Sie jedoch noch zwei weitere Punkte hinsichtlich der Auto-Configuration-Einstellung.

- **Auto Configuration With BIOS Default.** Hiermit werden die vom Hersteller als optimal angesehenen Werte automatisch eingetragen (ob sie allerdings wirklich die optimalen sind, sei dahingestellt, auf jeden Fall läuft Ihr Rechner aber voraussichtlich mit ihnen störungsfrei). Diese Einstellung ist auf jeden Fall dann sinnvoll, wenn Ihr Rechner gar nicht mehr startet oder wenn es nur noch Probleme gibt. Das BIOS startet dann mit den sichersten Einstellungen. Es wird beispielsweise der interne und externe Cache deaktiviert, der Video-Cache auf DISABLED gesetzt, die höchstmöglichen Waitstates gesetzt usw. Vergessen Sie aber anschließend nicht, die optimalen Werte sukzessive wieder zu ermitteln, da Ihr Computer mit diesen Einstellungen relativ langsam arbeiten wird.
- **Auto Configuration With Power On Defaults.** Die Werte des BIOS werden mit dieser Einstellung so konfiguriert, daß der Rechner möglichst sicher bzw. stabil arbeitet. Diese Einstellungen haben allerdings den Nachteil, daß in den überwiegenden Fällen die Geschwindigkeit deutlich nachläßt.

Was tun bei vergessenem Paßwort?

Beim Stöbern im Setup stoßen Sie vielleicht auf die Möglichkeit, Ihren Rechner mit einem Paßwort zu versehen. Sie denken sich ein möglichst kompliziertes aus und benutzen den Rechner einige Tage nicht mehr. Schon ist das Paßwort vergessen, und der Rechner verweigert jeden Zugriff. In diesem Fall müssen Sie das »Gedächtnis« des Setup löschen, das auf einem kleinen Chip gespeichert ist. Denn ist das Gedächtnis weg, dann ist auch das Paßwort vergessen und kann somit nicht mehr nachgefragt bzw. verglichen werden.

Dazu müssen Sie den Akku für eine kurze Zeit abklemmen. Normalerweise ist dies ein kleines Kästchen, das innen am Gehäuse befestigt ist (oftmals mit einem Stück Klettband). Bei vielen älteren Modellen handelt es sich um ein kleines zylinderförmiges Bauteil, das auf die Hauptplatine aufgelötet wird. Bevor Sie anfangen zu löten, sollten Sie in der technischen Dokumentation Ihres Rechners nachsehen, ob bzw. wie sich der Akku über eine entsprechende Jumper-Einstellung entleeren läßt.

Muß eine Veränderung der Hauptspeichergröße (beispielsweise nach einer Aufrüstung) im AMI-BIOS eingetragen werden, bevor die veränderte Speichergröße von den Anwendungsprogrammen genutzt werden kann?

Prinzipiell nicht, denn nach dem Starten des Rechners überprüft die BIOS-Routine selbständig, wie groß der Arbeitsspeicher ist und ob sich seit der letzten Überprüfung, also seit dem letzten Startvorgang, die Größe geändert hat. Das BIOS stellt eine Größenänderung fest und nimmt auch gleich den Eintrag des neu ermittelten Wertes vor. Es wird lediglich über eine entsprechende Meldung eine Bestätigung gewünscht.

Was ist bei den Setup-Einstellungen hinsichtlich eines mathematischen Coprozessors zu beachten?

Das AMI-Setup sieht hinsichtlich eines Coprozessor-Einsatzes unter der Option NUMERIC PROZESSOR TEST entweder die Möglichkeit ENABLED (aktiviert) oder DISABLED (deaktiviert) vor. Ist in Ihrem Rechner ein mathematischer Coprozessor vorhanden, dann sollten Sie diese Option unbedingt aktivieren, da ansonsten ein Defekt am Coprozessor beim Hochfahren des Systems nicht entdeckt werden kann.

Besitzen Sie einen Rechner mit einem 80486er Prozessor oder höher, dann ist ein mathematischer Coprozessor bereits integriert. Er kann allerdings nur dann eingesetzt werden, wenn die Funktion NUMERIC PROCESSOR auf PRESENT steht. Überprüfen Sie also bei Gelegenheit, ob diese Funktion auch aktiviert oder vielleicht versehentlich deaktiviert ist.

Ist die Option PRIMARY DISPLAY überhaupt sinnvoll, da ein Rechner ja immer mit Bildschirm arbeitet?

Prinzipiell werden PCs natürlich mit Bildschirm betrieben, allerdings nur, wenn es sich um Einzelplatzgeräte handelt. Sollte der Rechner innerhalb eines Netzverbunds als Netzrechner (Fileserver) eingesetzt werden, dann verfügen die auf ihn zugreifenden Arbeitsplatzrechner (Workstations) über einen Bildschirm. Lediglich bei einem Fehlverhalten des Fileservers ist es unter Umständen nötig, daß ein Monitor angeschlossen wird.

Kann mit der Einstellung eines abweichenden Zahlenwertes unter der Option CACHE READ HIT BURST der Rechner beschleunigt werden?

Mitunter schon, denn mit dieser Zahlenfolge wird der Lesezugriff auf den externen Cache beeinflußt. Welche Zahlenfolge die optimale ist, läßt sich nicht generell sagen, denn das ist vom Cache und der BIOS-Version abhängig. Generell können Sie davon ausgehen, daß der standardmäßig eingetragene Wert ein optimaler ist. Ob im Einzelfall ein anderer Wert zu besseren Ergebnissen führt, müssen Sie durch Ausprobieren ermitteln.

Muß die Sommer- und Winterzeit manuell über die Datumskorrektur aktualisiert werden?

Jein. Es gibt die Option DAYLIGHT SAVING, mit der es Ihrem Computer möglich ist, selbst von Winter- auf Sommerzeit (oder umgekehrt) umzustellen. Allerdings gelten die im BIOS gespeicherten Tage, an denen umgestellt wird, für die USA. Da in Europa andere Stichtage gelten, müssen Sie die korrekte Umstellung selbst vornehmen, wenn Sie auf dem laufenden bleiben wollen.

Wann lohnt es sich, den Cache-Memory zu deaktivieren?

Generell lohnt es sich nur in seltenen Fällen, diese Funktion auf DISABLED zu setzen, da hierdurch die Rechnerleistung deutlich gebremst wird. Ausnahmefälle sind beispielsweise Konflikte mit Erweiterungskarten (beispielsweise mit CD-ROM-Adaptern, exotischen Grafikadaptern usw.). Hier kann die Einstellung DISABLED zumindest die Funktionstüchtigkeit wiederherstellen. Eine endgültige Lösung des Problems ist hiermit aber nicht zu erreichen, da ja auf eine volle Leistungsfähigkeit des Systems Wert gelegt wird.

Kann der Speicherzugriff über die Einstellung DMA CLOCK SELECT beeinflußt werden?

Im Advanced Chipset-Setup kann (theoretisch) über die Option DMA CLOCK SELECT die Taktrate für den DMA-Transfer erhöht werden. Allerdings sollten Sie vor einer Änderung der standardmäßig vorgegebenen Werte klären, ob die davon betroffenen DMA-Controller eine erhöhte Taktrate vertragen. Mit der Einstellung SCLK wird erreicht, daß der DMA-Takt dem Bus-Takt angeglichen wird. Eine zu hohe Einstellung kann jedoch zu einer Beschädigung des DMA-Controllers führen und ist demnach nur mit Vorsicht zu genießen.

Bringt das VIDEO-SHADOW-ROM einen schnelleren Bildschirmaufbau?

Bei Anwendungsprogrammen unter DOS bringt diese aktivierte Option mitunter einen deutlichen Geschwindigkeitsvorteil hinsichtlich des Bildschirmaufbaus. Unter Windows wird ein solcher Vorteil weniger oft bemerkt, da hier seltener auf das interne BIOS der Grafikkarte zugegriffen wird. Bei DOS-Anwendungen, die unter Windows laufen, sieht es wiederum anders aus. Hier kann diese Einstellung unter Umständen wieder von Vorteil sein. Probieren Sie es einfach einmal aus, Ihrer Grafikkarte oder dem Bildschirm kann in der Regel durch diese Einstellung nichts passieren.

Wozu dient die Initialisierung eines Shadow-RAM?

Nicht jede Speicherart, die in Ihrem PC verwendet wird, ist so schnell wie eine andere. Beispielsweise ist der interne Cache um ein Vielfaches schneller als das ROM, in dem die BIOS-Informationen gespeichert sind. Generell ist ein ROM-Speicher, im Vergleich zum Hauptspeicher, relativ langsam. Dies gilt beispielsweise auch für das auf der Grafikkarte untergebrachte ROM (auch hier erfolgt für die Bildschirmausgabe ein ständiger Zugriff). Da sich im ROM des Rechners Systemroutinen befinden, auf die laufend zugegriffen wird, wäre es also durchaus sinnvoll, diese Informationen vom jeweiligen BIOS in den schnelleren Hauptspeicher zu kopieren, um sie von dort aus schneller zugänglich zu machen. Genau dies geschieht über die sogenannte *Shadow-Funktion*. Es scheint also naheliegend sich dieser Funktion immer zu bedienen, doch auch hier gibt es einen Pferdefuß, da sich manche Adapter (beispielsweise SCSI-Adapter) bei einer solchen Vorgehensweise mitunter recht destruktiv verhalten bzw. den geregelten Ablauf stören.

Sehen Sie also in den technischen Dokumentationen Ihrer individuellen Hardware nach, ob sich dort Hinweise auf eine mögliche Kollision oder einen reibungslosen Ablauf bei einem gespiegelten ROM befinden.

Wer viel mit den Funktionen des numerischen Tastaturblocks arbeitet, mag sich vielleicht schon öfter darüber geärgert haben, daß er vor der Verwendung der entsprechenden Cursorfunktionen erst die Num-Funktion deaktivieren muß. Gibt es einen anderen Weg?

Ja, denn standardmäßig wird der Tastenblock auf die numerische Funktion, also auf die Eingabe von Zahlen, geschaltet. Wenn Sie jedoch im Advanced CMOS-Setup die Funktion SYSTEM BOOT UP NUMLOCK auf OFF stellen, dann wird der numerische Tastaturblock beim Hochfahren des Rechners nicht aktiviert, und Sie können sich gleich der entsprechenden Cursorfunktionen bedienen.

Lohnt sich der Virenschutz über das Setup?

Jein. Zwar werden sämtliche Schreibzugriffe auf den Bootsektor der Festplatte durch die Aktivierung dieser Funktion überwacht und Unregelmäßigkeiten gegebenenfalls gemeldet, jedoch kann es bei einigen Controllern zu Problemen kommen. Außerdem besteht mitunter eine Inkompatibilität zu Anwenderprogrammen. Probieren Sie es aus. Wenn Sie keine Probleme hinsichtlich des Laufverhaltens Ihrer Software feststellen können, dann schadet diese Einstellung zumindest nicht. Eine gute Antiviren-Software ist jedoch der überwiegend bessere Schutz vor unliebsamen Überraschungen.

Bringt das Abschalten der Hinweistaste, mit der man in das Setup gelangen kann, einen Vorteil?

Bei einigen BIOS-Versionen wird die Zeitspanne abgekürzt, die das BIOS mit dem Warten auf den Tastendruck verbringt, der das Erscheinen der Setup-Einstellungen ermöglicht. Im Advanced CMOS-Setup können Sie unter dem Punkt HIT [Del] MESSAGE DISPLAY die Einstellung DISABLED eintragen, was dazu führt, daß der Hinweis auf die im Bedarfsfall zu drückende Taste entfällt. Generell ist das Abschalten dieser Anzeige nicht zu empfehlen. Es hat zwar keine negativen Auswirkungen auf das BIOS oder den Rechner selbst, allerdings ist die Zeitersparnis wenig aufregend.

Bringt es einen Geschwindigkeitsvorteil oder einen sonstigen Leistungszuwachs, wenn ein älteres BIOS gegen eine neuere Version ausgetauscht wird?

In der Regel ist es ohnehin nicht möglich, ein BIOS gegen ein anderes auszutauschen. Der Grund dafür ist darin zu sehen, daß das BIOS mit den Leistungsdaten der Hauptplatine abgestimmt ist. Es drohen also normalerweise Probleme, wenn beispielsweise ein 80386er Rechner mit dem BIOS eines Pentium Rechners versehen wird. Sind Sie mit den Leistungen Ihres Rechners nicht zufrieden, dann lohnt es sich eher, eine neue Hauptplatine einzubauen, auf der das geeignete BIOS bereits integriert ist (abgesehen natürlich von zuvor ins Kalkül zu ziehenden Maßnahmen wie die Aufrüstung des Arbeitsspeichers etc., denn nicht in jedem Fall muß eine Leistungssteigerung des Rechners gleichbedeutend mit dem Auswechseln der Hauptplatine sein).

Wann macht die Einstellung von Wait-States einen Sinn?

Im Feld CACHE WRITE HIT WAIT STATE können ein oder zwei Wait-States eingetragen werden. Einen solchen Waite-State kann man sich wie eine Warteschleife vorstellen, die dann sinnvoll ist, wenn einer von zwei Bausteinen schneller (oder langsamer) als der andere ist. Ein solcher Fall tritt beispielsweise dann ein, wenn ein schneller Prozessor mit langsamen Cache-Bausteinen zusammenarbeiten muß. Experimentieren Sie in einem solchen Fall mit einem oder zwei Wait-States, damit beide Komponenten miteinander zurechtkommen. Diese Anforderung ist allerdings mittlerweile sehr selten geworden, da der technische Fortschritt natürlich auch bei den Cache-Bausteinen nicht angehalten hat.

Normalerweise sollten Sie also mit der Einstellung 0 WAIT STATES zurechtkommen. Müssen Sie dennoch einen oder zwei Wait-States definieren, dann führt dies natürlich zu einer entsprechenden Herabsetzung der Rechnergeschwindigkeit, da das Einlegen einer solchen Warteschleife negative Auswirkungen auf die Performance hat.

6.4 Das AWARD-BIOS

Nachfolgend finden Sie eine Erläuterung der Möglichkeiten für ein Award-Bios.

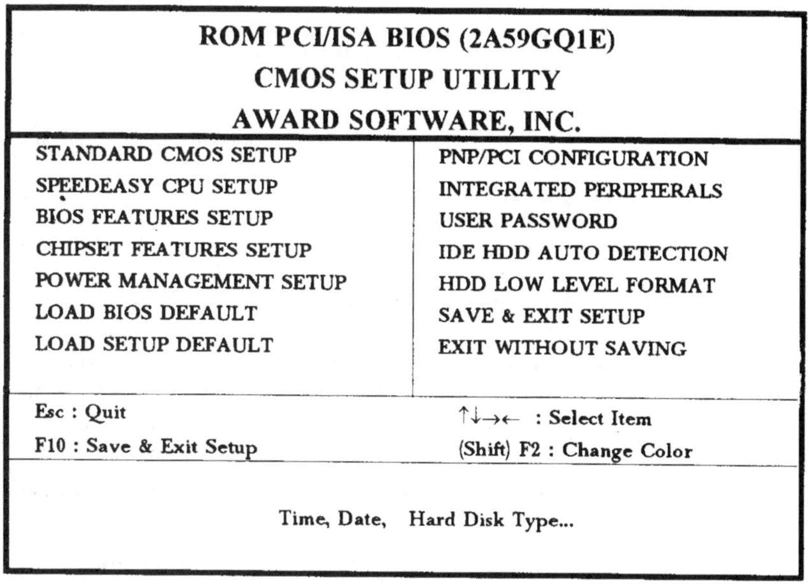

Abb. 6.10:
Der Eingangs-
bildschirm des
Award-Bios

```
        ROM PCI/ISA BIOS (2A59GQ1E)
              CMOS SETUP UTILITY
             AWARD SOFTWARE, INC.

  STANDARD CMOS SETUP        PNP/PCI CONFIGURATION
  SPEEDEASY CPU SETUP        INTEGRATED PERIPHERALS
  BIOS FEATURES SETUP        USER PASSWORD
  CHIPSET FEATURES SETUP     IDE HDD AUTO DETECTION
  POWER MANAGEMENT SETUP     HDD LOW LEVEL FORMAT
  LOAD BIOS DEFAULT          SAVE & EXIT SETUP
  LOAD SETUP DEFAULT         EXIT WITHOUT SAVING

  Esc : Quit                 ↑↓→← : Select Item
  F10 : Save & Exit Setup    (Shift) F2 : Change Color

             Time, Date, Hard Disk Type...
```

Im Hauptmenü sehen Sie folgende Einträge:

- STANDARD CMOS SETUP
- SPEEDEASY CPU SETUP
- BIOS FEATURES SETUP
- CHIPSET FEATURES SETUP
- POWER MANAGEMENT SETUP
- LOAD BIOS DEFAULT
- LOAD SETUP DEFAULT
- PNP/PCI CONFIGURATION
- INTEGRATED PERIPHERALS
- USER PASSWORD
- IDE HDD AUTO DETECTION
- HDD LOW LEVEL FORMAT
- SAVE & EXIT SETUP
- EXIT WITHOUT SAVING

6.4.1 STANDARD CMOS SETUP

Im STANDARD CMOS SETUP nehmen Sie die ersten grundsätzlichen Einrichtungsschritte vor, wenn Sie beispielsweise eine neue Festplatte anmelden oder die Bootreihenfolge des PCs ändern wollen.

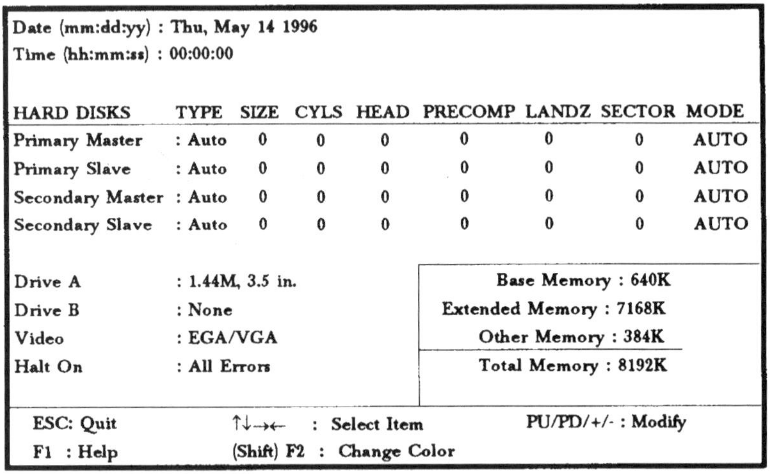

**Abb. 6.11:
Das STANDARD
CMOS SETUP**

```
Date (mm:dd:yy) : Thu, May 14 1996
Time (hh:mm:ss) : 00:00:00

HARD DISKS        TYPE  SIZE  CYLS  HEAD  PRECOMP  LANDZ  SECTOR  MODE
Primary Master   : Auto   0     0     0      0       0       0     AUTO
Primary Slave    : Auto   0     0     0      0       0       0     AUTO
Secondary Master : Auto   0     0     0      0       0       0     AUTO
Secondary Slave  : Auto   0     0     0      0       0       0     AUTO

Drive A     : 1.44M, 3.5 in.        Base Memory     : 640K
Drive B     : None                  Extended Memory : 7168K
Video       : EGA/VGA               Other Memory    : 384K
Halt On     : All Errors            Total Memory    : 8192K

ESC: Quit           ↑↓→←   : Select Item      PU/PD/+/- : Modify
F1 : Help          (Shift) F2 : Change Color
```

Hard Disks, Primary Master/Primary Slave/Secondary Master/Secondary Slave. In dieser Kategorie werden die beiden Typen PRIMARY-CHANNEL und SECONDARY-CHANNEL identifiziert. Sie werden als MASTER und SLAVE bezeichnet, und Sie benötigen sie beispielsweise dann, wenn eine zweite Festplatte eingebaut werden soll, da die Reihenfolge der Hierarchie bestimmt werden muß. Nur ein Gerät kann das führende, also der Master sein, das andere Gerät ist das geführte, also der Slave.

Es gibt insgesamt 45 vordefinierte Typen und vier benutzerdefinierte Typen für das Enhanced IDE-BIOS. Type 1 bis Type 45 sind vordefinierte Typen, der Typ »User« ist der benutzerdefinierte Typ. Sie können hier mit den Tasten ⌈Bild ↑⌉ und ⌈Bild ↓⌉ eine Auswahl an gespeicherten Festplattentypen aufrufen.

Wenn sich die Einstellungen für Ihre Festplatte nicht unter den vordefinierten Typen befinden, dann wählen Sie den Eintrag User und geben die Werte für SIZE, CYLS, HEAD, PRECOMP usw. manuell ein. Die Werte entnehmen Sie der technischen Dokumentation des Geräts.

Diese Einstellungen sind besonders wichtig, da ohne sie bzw. mit den falschen Werten ein Ansprechen der Festplatte nicht mehr möglich sein kann.

Sie müssen hier folgende Angaben machen:

Parameter	Bedeutung
CYLN	Bezieht sich auf die Anzahl der zur Verfügung stehenden Zylinder (ist von der Formatierung abhängig).
HEAD	Gibt an, wie viel Schreib-/Leseköpfe die Festplatte enthält.
PRECOMP	Hier wird festgelegt, ob die Festplatte über eine Vorkompression verfügt oder nicht.
LANDZ	Definiert die Landespur.
SECTOR	Steht für die Anzahl der Sektoren auf der Festplatte (ist ebenfalls von der Formatierung abhängig).
SIZE	Bezieht sich auf die Kapazität der Festplatte.
MODE	Wenn Sie hier die Auswahl AUTO treffen, wird das BIOS beim POST (Power On Self Test) eine automatische Ermittlung der Werte für die Festplatte und für das CD-ROM-Laufwerk durchführen. Wählen Sie den Eintrag USER dann müssen Sie die hier aufgeführten Einträge selbst vornehmen.

Tab. 6.3: Parameter für Festplatteneinstellungen

Sind in Ihrem Rechner zwei Festplatten vorhanden, und finden Sie diese nicht in dem Verzeichnis der Standardfestplatten, dann müssen Sie beide ebenfalls als benutzerdefinierte Festplatten angeben und die Werte manuell eintragen, denn es wird nicht automatisch angenommen, daß für beide Festplatten dieselben Parameter gelten sollen, auch wenn es bei den Festplatten der Fall sein sollte.

Drive A: Bestimmen Sie hier die Kapazität des Diskettenlaufwerks mit der Laufwerkskennung A:. Sie können Laufwerke mit folgenden Kapazitäten auswählen:

- 360 kByte, 5,25 Zoll
- 1,2 MByte, 5,25 Zoll
- 720 kByte, 3,5 Zoll

- 1,44 MByte, 3,5 Zoll
- 2,88 MByte, 3,5 Zoll

Wenn Sie nur ein Diskettenlaufwerk in Ihrem Rechner installieren wollen, dann muß das nicht vorhandene hier auf NONE gestellt werden.

Drive B: Es gilt das Gleiche wie für Drive A:.

Video. Sie geben hier an, welche Grafikkarte in Ihrem System installiert wird. Folgende Einstellungen sind möglich:

- EGA/VGA
- CGA 40
- CGA 80
- MONO

Halt On. Es dreht sich bei diesen Einstellungen um das Verhalten des Setup beim Auftreten eines Fehlers. Folgende Möglichkeiten können hier gewählt werden:

- ALL ERRORS. Dies ist die Standardeinstellung, und es gibt keinen vernünftigen Grund, warum im Normalfall von dieser Einstellung abgewichen werden sollte. Das BIOS stoppt beim Auftreten eines Fehlers den Bootvorgang, gibt eine entsprechende Fehlermeldung aus und fordert Sie zu einer definierten Reaktion auf.
- NO ERRORS. Dies ist genau das Gegenteil von der Einstellung NO ERRORS, da in diesem Fall das System nicht angehalten wird, wenn ein Fehler entdeckt wurde. Zwar werden Sie von keinen mehr oder weniger lästigen Fehlermeldungen mehr behelligt, jedoch gibt es auch keine Möglichkeit mehr einzugreifen. Außerdem ist diese Einstellung insofern gefährlich, da trotz eines unter Umständen gravierenden Fehlers Anwendungsprogramme gestartet und bedient werden können. Datenverluste sind in einem solchen Fall vorprogrammiert. Aber auch Bausteine können bei entsprechenden Fehlern von Zerstörung bedroht sein.
- ALL, BUT KEYBOARD. Diese Einstellung bedeutet, daß der Rechner startet, obwohl keine Tastatur angeschlossen ist (ansonsten taucht eine entsprechende Fehlermeldung auf, die dazu veranlassen soll, eine Tastatur anzuschließen und danach eine bestimmte Taste zur Bestätigung zu drücken). Sinnvoll ist diese Einstellung eventuell dann, wenn keine Tastatur vorhanden ist (z.B. bei Beschädigung), der Rechner aber trotzdem gestartet und mit der Maus bedient werden soll.

- ALL, BUT DISKETTE. Diese Einstellung bedeutet, daß das System nicht stoppen soll, wenn ein Fehler im Zusammenhang mit dem Diskettenlaufwerk aufgetreten ist. Diese Einstellung ist schon allein aufgrund des drohenden Datenverlusts nicht zu empfehlen, der bei dem Versuch auftreten würde, auf ein defektes Laufwerk zu sichern.
- ALL, BUT DISC/KEY. Diese Einstellung ist eine Mischung aus den beiden letztgenannten Punkten.

6.4.2 SPEEDEASY CPU SETUP

Für ein SpeedEasy-Mainboard stellt Ihnen das Setup eine Reihe von Basiswerten für Ihre CPU-Einstellungen zur Verfügung. Sie können mit der richtigen Einstellung die maximale Geschwindigkeit Ihres Prozessors erreichen sowie diese auch manuell über eine Werteeingabe bestimmen.

Achten Sie auf jeden Fall darauf, daß Sie die Geschwindigkeit für Ihren Prozessor nicht höher als seine Arbeitsgeschwindigkeit einstellen, da dieser sonst einen Defekt erleiden könnte. Wenn Ihr System nach einer Einstellung in diesem Abschnitt nicht mehr in der Lage ist, zu starten, dann dann drücken Sie beim Booten die Taste `Entf`. Das System wird erneut und mit den Werkseinstellungen starten.

Sie haben in diesem Abschnitt die folgenden Möglichkeiten:

CPU Type. Das BIOS ist in der Lage, den Prozessortyp Ihres Rechners automatisch zu ermitteln. Sie müssen diesen Wert also nicht automatisch eintragen. Erkannt werden hier:

- Intel Pentium (P54C, P54CTB, und P55C),
- AMD
- Cyrix

CPU Speed. Mit diesem Eintrag setzen Sie die Geschwindigkeit fest, mit der der Prozessor arbeiten soll. Für die einzelnen Prozessoren gelten unterschiedliche Arbeitsgeschwindigkeiten, die Sie am besten der technischen Dokumentation dieses Bauteils entnehmen. Generell gilt, daß sich die Prozessorgeschwindigkeit aus dem Systemtakt, multipliziert mit dem Taktmultiplikator ergibt. Für einen Intel-Pentium Prozessor mit einer Geschwindigkeit von 200 MHz ist dies beispielsweise als Systemtakt 66, multipliziert mit dem Faktor 3.

CPU I/O Voltage. Hier wird, je nach Anforderungen des Prozessors, die Stromspannung eingestellt. Generell gilt, daß Sie die Stromspannung für AMD- und Cyrix-Prozessoren gemäß den technischen Vorgaben einstellen können. Die Stromspannung für einen Intel-Prozessor wird jedoch automatisch durch das BIOS ermittelt bzw. gesetzt, und Sie können sie nicht ändern.

Als Anhaltspunkt dient, daß eine Stromspannung von 3,5 Volt für P54C- und AMD-K5-Prozessoren eingestellt werden kann. Für P54CTP- und Cyrix 6x86-Prozessoren wird normalerweise eine Stromspannung von 3,3 Volt eingestellt.

Zeigt Ihnen das SpeedEasy CPU-Setup die Einstellungen für CPU I/O VOLTAGE und CPU CORE VOLTAGE an, dann bedeutet dies, daß Ihr Prozessor dual-voltage-fähig ist. Dies bedeutet, daß das BIOS diese beiden Werte automatisch setzen kann, oder Sie können sie manuell verändern.

CPU Core Voltage. Für eine dual-voltage-fähige CPU gilt:

- 2,9 Volt = Reserved
- 2,8 Volt = Für P55C CPU
- 2,7 Volt = Reserved
- 2,5 Volt = Reserved

Abb. 6.12:
Das SPEEDEASY CPU SETUP

```
ROM PCI/ISA BIOS (2A59GQ1E)
      SPEEDEASY CPU SETUP
        QDI Innovative Technology

CPU Type        : Intel Pentium   (P55C)
CPU Speed       : 166MHz ( 66x2.5 )

CPU I/O Voltage  : 3.3
CPU Core Voltage : 2.8


Option without '*' specify a frequency
combination which complies with the
CPU Spec.

Option with '*' specify an extended one.
If you don't understand exactly what
it means, don't use the option.
                                    ESC: Quit    ↑↓→← : Select Item
                                                 PU/PD/+/- : Modify
                                                 (Shift) F2  : Color
```

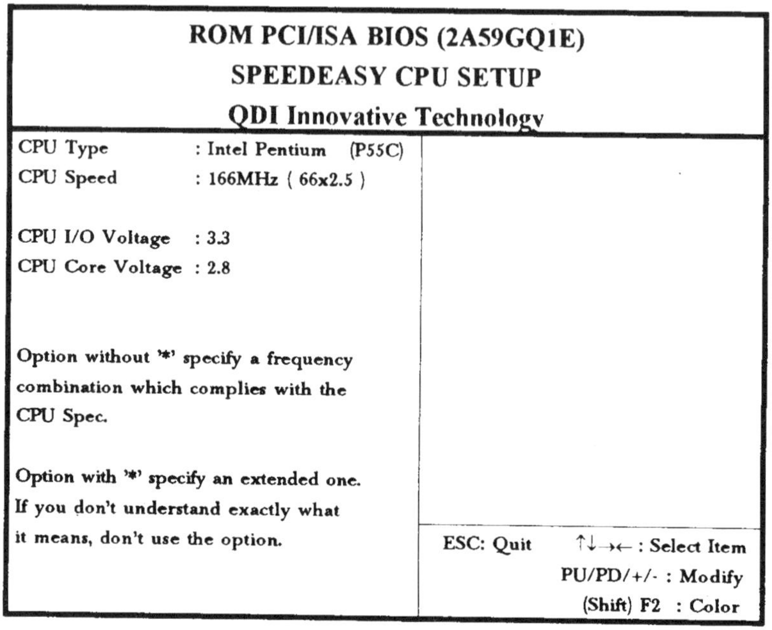

6.4.3 BIOS FEATURES SETUP

Folgende Einstellungsmöglichkeiten stehen Ihnen hier zur Verfügung:

Virus Warning. Wenn diese Einstellung aktiviert ist, kann das Setup eigenständig nach eventuellen Viren suchen. Standardmäßig ist diese Funktion jedoch deaktiviert, da hierbei Probleme auftreten können. Sicherer ist eine gute Antiviren-Software.

> Diese Funktion können Sie nur dann aktivieren, wenn Ihr Rechner unter einem DOS- oder einem anderen OS-Betriebssystem läuft und dieses nicht den Interrupt 13 belegt.

CPU Internal Cache. Hiermit wird der prozessoreigene Cache ein- oder ausgeschaltet. Standardmäßig ist dieser Cache aktiviert, und er sollte es auch bleiben, außer es tritt ein Problem bei der Ausführung von Programmen auf, das darauf hinweist, daß der Prozessor nicht korrekt funktioniert. In diesem Fall können Sie dann probeweise die Funktion auf DISABLED stellen. Ist der Fehler dadurch behoben, liegt wahrscheinlich ein Prozessorfehler vor.

External Cache. Mit dieser Funktion ist derjenige Cache gemeint, der nicht direkt zum Prozessor gehört (ab dem 80486er Prozessor ist standardmäßig ein Cache integriert).

Quick Power On Self Test. Diese Einstellung sollte ebenfalls immer auf ENABLED stehen, da hiermit der sogenannte POST (Power On Self Test) durchgeführt wird. Wenn Sie die Bootgeschwindigkeit Ihres Rechners erhöhen wollen, dann schalten Sie diese Funktion aus. Es werden dann einige Tests übergangen. Allerdings laufen Sie in diesem Fall Gefahr, Fehlerquellen zu übersehen, die später gegebenenfalls zu einem Datenverlust führen können.

Boot Sequence. Die standardmäßige Einstellung sieht vor, daß zuerst auf dem Diskettenlaufwerk A: nach dem Betriebssystem gesucht wird, und anschließend auf dem Festplattenlaufwerk C:. Diese Einstellung rührt noch aus den Zeiten her, in denen es nicht selbstverständlich war, daß jeder Rechner über eine integrierte Festplatte verfügt. Es empfiehlt sich, diese Reihenfolge beizubehalten, denn wenn ein Defekt an der Festplatte entdeckt wird, dann stoppt das System unter Umständen, und Sie können nicht mehr auf die Möglichkeit zurückgreifen, zuerst vom Diskettenlaufwerk aus zu starten, um beispielsweise mit einer Diagnosesoftware nach einem Fehler zu suchen oder die Festplatte zu formatieren.

Boot Up NumLock Status. Steht diese Einstellung auf ON, dann wird nach dem Hochfahren des Systems der numerische Ziffernblock aktiviert. Wenn Sie dies nicht wünschen, weil Sie beispielsweise lieber mit den Zifferntasten oberhalb der Buchstabentasten arbeiten, dann stellen Sie diese Funktion auf OFF.

Boot Up System Speed. Sie legen hier fest, ob der Systemtest schnell oder langsam durchgeführt wird. Standardmäßig steht diese Einstellung auf HIGH, jedoch kann es unter Umständen ratsam sein, *LOW* einzustellen, wenn es beim Booten Probleme gibt.

IDE HDD Block Method. Diese Einstellung ist standardmäßig deaktiviert und sollte es auch bleiben, wenn Sie nicht über eine IDE-Festplatte verfügen, deren natürliche Speicherplatzbegrenzung von 512 MByte durch ein spezielles Verfahren, das sogenannte *Block Sizing*, aufgehoben wird.

Sie finden diese Einstellung nur noch bei älteren Rechnern.

Gate A20 Option. Hinter dieser Einstellung steckt folgender Hintergrund: Der 8086er Prozessor konnte keine Adressen ansprechen, die oberhalb von 1 MByte liegen. Bei der Entwicklung des 80286er Prozessors mußte dieses Verhalten jedoch unterstützt werden, um eine Kompatibilität zu wahren. Bei jedem Zugriff auf den hohen Speicherbereich mußte die betreffende Adreßleitung A20 aktiviert werden. Bei moderneren Prozessoren ist dies ebenfalls der Fall, allerdings gibt es ein schnelleres Umschaltverfahren, und zwar das Fast Gate A20. Behalten Sie die standardmäßige Aktivierung dieser Einstellung bei, da lediglich bei sehr alter DOS-Software Probleme auftreten können.

Typematic Rate Setting. Mit dieser Einstellung erlauben Sie, die beiden folgenden Einstellungen auf Tastatureingaben zu manipulieren.

Typematic Rate (Chars/Sec). Diese Einstellung legt fest, wie oft ein Zeichen, das über die Tastatur eingegeben wurde, in einer Sekunde wiederholt werden soll, wenn die Taste gedrückt bleibt. Standardmäßig steht dieser Wert auf 6 oder 15. Mögliche Werte sind: 6, 8, 10, 12, 15, 20, 24 und 30.

Typematic Delay (Msec). Der hier angegebene Wert legt fest, welche Zeitspanne vergehen muß, bevor ein Zeichen wiederholt wird, wenn die Taste gedrückt bleibt. Bei einem hohen Wert müssen Sie die Taste länger gedrückt halten, bis das Zeichen wiederholt wird, bei einem niedrigeren Wert erfolgt die Wiederholung des Zeichens schneller. Standardmäßig sind 250 ms. eingestellt.

Security Option. Wenn Sie diese Funktion auf SYSTEM einstellen, dann wird ein Starten des Rechners verhindert, wenn das Paßwort nicht korrekt eingegeben wurde. Wenn Sie diese Funktion auf Setup stellen, dann kann das System zwar starten, der Benutzer kann aber erst nach der Eingabe des korrekten Paßwortes arbeiten.

Wollen Sie die Sicherheitsfunktion deaktivieren, wählen Sie im Eingangsmenü den Eintrag PASSWORD SETTING. Sie werden dann nach dem Paßwort gefragt. Geben Sie hier das korrekte Paßwort an, dann startet das System, und Sie können eine erneute Paßwortabfrage deaktivieren.

Video BIOS Shadow. Ist diese Einstellung aktiviert, dann wird der Inhalt des grafikkarteneigenen ROMs in das RAM des Rechners, also in den Arbeitsspeicher, kopiert, denn von dort aus kann wesentlich schneller auf diese Informationen zugegriffen werden.

Abb. 6.13:
Das BIOS FEATURES SETUP

```
ROM PCI/ISA BIOS (2A59GQ1A)
         BIOS FEATURES SETUP
          AWARD SOFTWARE, INC.

Virus Warning              : Disabled    Video BIOS Shadow    : Enabled
CPU Internal Cache         : Enabled     C8000~CBFFF Shadow   : Disabled
External Cache             : Enabled     CC000~CFFFF Shadow   : Disabled
Quick Power On Self Test   : Disabled    D0000~D3FFF Shadow   : Disabled
Boot Sequence              : C,A         D4000~D7FFF Shadow   : Disabled
Swap Floppy Drive          : Disabled    D8000~DBFFF Shadow   : Disabled
Boot Up Floppy Seek        : Enabled     DC000~DFFFF Shadow   : Disabled
Boot Up Numlock Status     : On          Delay For HDD (Secs) : 0

Gate A20 Option            : Fast
Typematic Rate Setting     : Disabled
Typematic Rate (Chars/Sec) : 6
Typematic Delay (Msec)     : 250
Security Option            : Setup
PCI/VGA Palette Snoop      : Disabled    ESC: Quit       ↑↓→← : Select Item
OS Select For DRAM>64MB    : Non-OS2     F1 : Help       PU/PD/+/- : Modify
                                         F5 : Old Values (Shift) F2 : Color
                                         F6 : Load BIOS Default
                                         F7 : Load Setup Default
```

6.5 CHIPSET FEATURES SETUP

In diesem Menü können Sie Einstellungen vornehmen, die sich wesentlich auf die Geschwindigkeit des Systems auswirken.

Auto Configuration. Wenn Sie diese Funktion durch die Einstellung ENABLED aktivieren, werden alle Einstellungen in diesem Menü auf die vom Hersteller vorgegebenen Optimalwerte eingestellt. Zwar ist damit normalerweise sichergestellt, daß Ihr Rechner mit diesen Einstellungen läuft, jedoch bedeutet es nicht automatisch, daß er damit am schnellsten läuft. Wenn Sie also ein »Tuning« an den BIOS-Einstellungen vornehmen wollen, dann setzen Sie diese Einstellung auf DISABLED.

Halten Sie sich bei einer manuellen Eingabe der Werte für die Geschwindigkeit an die Vorgaben des Herstellers. Manche Komponenten können Sie durchaus über einen höheren Wert schneller machen, jedoch ist es oft nur eine Frage der Zeit, wann das System dadurch instabil wird bzw. wann die Bauteile einen Schaden erleiden können.

DRAM Timing. Hier wird die Geschwindigkeit für den Schreib-/Lesezugriff auf die Arbeitsspeicherbausteine festgelegt. Erreichen diese eine Geschwindigkeit von bis zu 60 Nanosekunden, dann wählen Sie den Eintrag 60NS, andernfalls wählen Sie den Eintrag 70 NS.

DRAM RAS# Precharge Time. Alle Einstellungen von, DRAM RAS# PRECHARGE TIME bis ISA BUS CLOCK, beziehen sich auf die Geschwindigkeit Ihrer DRAM-Arbeitsspeicherbausteine. Wenn Sie hier Änderungen an den Standardeinstellungen vornehmen wollen, informieren Sie sich auf jeden Fall vorher über die gültigen Möglichkeiten in der technischen Dokumentation Ihrer Bauteile.

System BIOS Cacheable. Neben dem konventionellen Arbeitsspeicher können Sie den Bereich für das System-BIOS ebenfalls cachen, wenn Sie diesen Eintrag auf ENABLED setzen.

Video BIOS Cacheable. Neben dem konventionellen Arbeitsspeicher können Sie den Bereich für das Video-BIOS ebenfalls cachen, wenn Sie diesen Eintrag auf ENABLED setzen.

Peer Concurrency/Chipset NA# Asserted. Wenn Sie diese Einstellung auf ENABLED setzen, dann kann die Arbeitsgeschwindigkeit des PCI-Busses erhöht werden, vorausgesetzt die Erweiterungskarten können eine erhöhte Geschwindigkeit verarbeiten.

Es können darüber hinaus auch mehrere PCI-Karten aktiv sein. Es ist jedoch möglich, daß nicht alle PCI-Karten Ihres Systems diese Möglichkeit unterstützen. Aktivieren Sie diese Funktion, und beobachten Sie, ob Ihr System weiterhin stabil läuft.

Abweichend von den hier aufgeführten Möglichkeiten, finden Sie in älteren BIOS-Versionen auch noch die folgenden Einstellungen – je nachdem, um welche Version es sich im einzelnen handelt:

L1 Cache Write Back. Wenn diese Funktion aktiviert ist, dann wird der interne Cache in den »Zurückschreiben-Modus« versetzt.

L2 Cache Update Policy. Sie können mit dieser Einstellung den externen Cache entweder in den Modus »Zurückschreiben« (WRITE-BACK) oder »Durchschleifen« (WRITE-THROUGH) schalten. Die standardmäßige Einstellung ist WRITE-BACK.

CPU Cycle Cache Hit WS. Es handelt sich bei dieser Funktion um die Wait-State-Einstellung für den CPU-Cache. Standardmäßig ist NORMAL aktiviert. Sie können auch die Einstellung FAST ausprobieren, jedoch kann es hierbei bei schnellen Prozessoren zu Problemen kommen.

PCI Cycle Cache Hit WS. Es handelt sich bei dieser Funktion um die Wait-State-Einstellung für den CPU-Cache, die auf den PCI-Bus abgestimmt ist. Standardmäßig ist NORMAL aktiviert. Sie können auch die Einstellung FAST ausprobieren, jedoch kann es hier bei schnellen Prozessoren zu Problemen kommen.

DRAM Timing Option. Das DRAM-Timing ist standardmäßig auf SLOW gestellt. Sie können auch eine schnellere Einstellung wählen, jedoch kann es auch hier zu Problemen kommen, die daher rühren, daß die übrigen, davon indirekt betroffenen Bausteine zu langsam sind.

DRAM Refresh Period. Der Inhalt von DRAM-Speicherchips muß in regelmäßigen Abständen aufgefrischt werden, damit er nicht verlorengeht. Der voreingestellte Zeitabstand beträgt 15 Nanosekunden. Mögliche Werte sind 15, 30, 60 und 120 Nanosekunden. Sie können einen höheren Wert als den voreingestellten festlegen, um dadurch ein wenig allgemeine Systemperformance zu gewinnen, jedoch ist dies ebenfalls mit Vorsicht zu genießen, da der Geschwindigkeitsvorteil nicht unbedingt wesentlich spürbar ist, und es aber auf der anderen Seite zu Datenverlusten im Arbeitsspeicher kommen kann.

Hidden Refresh Control. Sie können eine Kontrolle des sogenannten »versteckten Wiederauffrischens« der Informationen in den DRAM-Speicherchips bewirken, indem Sie diese Einstellung aktiv schalten.

Damit der Arbeitsspeicher seine Daten behalten kann, muß er laufend aufgefrischt werden. Da dieser Vorgang, auf die Geschwindigkeit des Arbeitsspeichers bezogen, eine relativ lange Zeitspanne in Anspruch nimmt, entlastet der versteckte Refresh, quasi im Hintergrund, den Prozessor deutlich, denn er wird gleichzeitig mit einem normalen Speicherzugriff durchgeführt. Bei älteren Arbeitsspeicherbausteinen kann es vorkommen, daß diese Möglichkeit allerdings nicht gegeben ist. Probieren Sie es einfach aus. Funktioniert der Hidden Refresh nicht, bleibt Ihr Rechner stehen; Sie können allerdings keinen Defekt anrichten.

AT-BUS Clock. Diese Einstellung bezieht sich auf den internen Bus-Takt für den AT-Bus. Sie können die Geschwindigkeit des Datenbus erhöhen oder herabsetzen. Mit der <F1>-Hilfetaste können Sie auch hier die möglichen Einstellungen abrufen.

Ein herkömmlicher AT-Bus ist so ausgelegt, daß er mit einer Taktrate von 8,25 MHz auf jeden Fall problemlos läuft. Allerdings können Sie einige Erweiterungskarten auch mit einem höheren Bustakt betreiben. Angenommen, in Ihrem Rechner ist ein 80386er Prozessor mit einer Taktfrequenz von 33 MHz installiert, und Sie haben die Einstellung CLKIN/4 gewählt, dann bedeutet dies eine Busgeschwindigkeit von 8,25 MHz (33 dividiert durch 4 ergibt 8,25). Sie können die Busgeschwindigkeit in der Regel bis auf 11 MHz erhöhen. Einige Setups erlauben sogar eine Busgeschwindigkeit von bis zu 16 MHz.

P5 Piped Adress. Es handelt sich hierbei um eine interne Datenleitung, die standardmäßig deaktiviert ist.

DMA Line Buffer. Sie können mit dieser Einstellung einen Puffer für die DMA-Leitungen bereitstellen. Standardmäßig ist diese Einstellung deaktiviert und sollte nur dann benutzt werden, wenn beispielsweise ein Bauteil (Modem, CD-ROM-Laufwerk, Schnittstelle usw.) die Daten über den DMA-Kanal nicht schnell genug liefern kann.

Die Daten für den DMA, also für den direkten Speicherzugriff, werden mit dieser Einstellung in einen Puffer gestellt, so daß weder der Prozessor noch der PCI-Bus blockiert werden.

PCI to ISA Write Buffer. Dieser Puffer dient zur besseren Kommunikation zwischen PCI- und ISA-Bus-System, jedoch nur, wenn es zu Problemen kommt. Die standardmäßige Voreinstellung ist DISABLED und sollte im Normalfall auch eingestellt bleiben.

Diese Einstellung ist besonders wichtig, da der Geschwindigkeitsunterschied der beiden Komponenten ISA-Bus und PCI-Bus relativ hoch ist. Der ISA-Bus ist wesentlich langsamer. Ist der Buffer aktiviert, dann muß der PCI-Bus nicht warten, bis alle Daten zum ISA-Bus übertragen wurden. Darüber hinaus wird der Prozessor entlastet und kann sich anderen Aufgaben widmen, was die Performance deutlich erhöhen kann.

PCI Arbiter Mode. Diese Einstellung bezieht sich auf den vorherrschenden Modus für den PCI-Bus. Die standardmäßige Voreinstellung ist MODE 1. Es kann alternativ dazu der MODE 2 gewählt werden. Auch diese Einstellung sollte so belassen werden, wie sie standardmäßig eingestellt ist, außer es kommt zu Konflikten mit dem PCI-Bus.

Stop CPU when PCI Flush. Wenn diese Funktion aktiviert ist, dann stoppt die CPU die weitere Verarbeitung, wenn es zu einem Konflikt mit dem PCI-Bus kommt. Sie sollten diese standardmäßige Voreinstellung beibehalten, denn andernfalls könnte es zu einem Datenverlust kommen, wenn ein aufgetretener Fehler willkürlich übergangen wird.

I/O Recovery Period. Der Ein-/Ausgabezyklus zur Benutzung der entsprechenden Datenleitungen durch die darauf zugreifenden Bauteile kann hier verändert werden. Allerdings ist die standardmäßige Einstellung normalerweise beizubehalten und nur in einem Problemfall zu ändern. Mögliche Werte sind 0, 0,25, 0,5, 0,75, 1, 1,25, 1,5 und 1,75 Nanosekunden.

16 Bit ISA I/O Command. Diese Einstellung sollte normalerweise nur bei Kompatibilitätsproblemen mit einem 16-Bit-ISA-Bus geändert werden. Standardmäßig ist kein Wait-State (Warteschlange) vorgesehen. Mögliche Einstellungen sind 0, 1, 2 und 3 Wait-States.

16 Bit ISA Mem Command. Auch diese Einstellung bezieht sich auf die Kommunikation mit dem ISA-Bus und sollte nur bei Kompatibilitätsproblemen heraufgesetzt werden. Mögliche Einstellungen sind auch hier 0, 1, 2 und 3 Wait-States.

Abb. 6.14:
Das CHIPSET
FEATURES
SETUP

```
ROM PCI/ISA BIOS (2A59GQ1A)
       CHIPSET FEATURES  SETUP
          AWARD SOFTWARE, INC.

Auto Configuration         : Enabled
DRAM Timing                : 70ns

DRAM RAS# Precharge Time   : 4
DRAM R/W Leadoff Timing    : 6
Fast RAS To CAS Delay      : 3
DRAM Read Burst (EDO/FP)   : x333/x444
DRAM Write Burst Timing    : x333
Fast MA to RAS# Delay CLK  : 1
Fast EDO Path Select       : Disabled
Refresh RAS# Assertion     : 5 Clks
ISA Bus Clock              : PCICLK/4

System BIOS Cacheable      : Disabled
Video BIOS Cacheable       : Disabled
8 Bit I/O Recovery Time    : 1         ESC: Quit    ↑↓→← : Select Item
16 Bit I/O Recovery Time   : 1         F1  : Help   PU/PD/+/- : Modify
Memory Hole At 15M-16M     : Disabled  F5  : Old Values (Shift)F2 : Color
Peer Concurrency           : Enabled   F6  : Load BIOS Default
Chipset NA# Asserted       : Enabled   F7  : Load Setup Default
```

6.5.1 POWER MANAGEMENT SETUP

Diese Menüpunkte sind dann von Bedeutung, wenn Ihr System über eine Stromsparfunktion verfügt.

Power Management. Bevor Sie die Einstellungen in diesem Menü nutzen können, müssen Sie erst diesen Menüpunkt auf ENABLED setzen. Sie können zwischen folgenden Möglichkeiten wählen: USER DEFINED (Benutzerdefiniert), MIN. SAVING (minimale Einsparung), MAX. SAVING (maximale Einsparung) und DISABLED (deaktiviert).

PM Control by APM. APM steht für *Award Power Management* und wird dann auf YES gestellt, wenn Sie diese Art des Power-Managements für Ihr System nutzen wollen.

Wenn diese Einstellung aktiv ist und ein Task auf ihrem System läuft, dann wird lediglich der Timer in den Power-Saving-Modus versetzt, jedoch wird das BIOS nicht dazu veranlaßt, in irgendeinen Power-Saving-Modus zu schalten.

Video Off Method. Folgende Einstellungen sind hier möglich:

- BLANK SYSTEM. Es wird lediglich der Bildschirm dunkel gestellt, sobald der Power-Saving-Modus aktiv ist.
- V/H SYN C+BLANK. Es werden zusätzlich die Signale V-SYNC & H-SYNC von der VGA-Karte zum Monitor unterbrochen.
- DPMS. Diese Einstellung kann nur dann eingesetzt werden, wenn die Grafikkarte dieses System unterstützt.
- ALWAYS ON. Das BIOS wird in die Bildanzeige nicht eingreifen.
- SUSPEND->OFF. Der Bildschirm wird abgeschaltet, wenn sich das System im Suspend-Modus befindet.
- SUSP, STBY->OFF. Der Bildschirm wird abgeschaltet, wenn sich das System im Standby- oder Suspend-Modus befindet.

Handelt es sich bei Ihrem Monitor um einen »Green-Monitor«, dann entdeckt dieser automatisch das V/H-SYNC-Signal, um die Bildanzeige auszuschalten.

Doze Mode. Dies ist der »Schlummer-Modus«, den Sie mit dem Eintrag DISABLED entweder ausschalten oder für den Sie eine Zeit zwischen einer Minute und einer Stunde eingeben können. Nach Ablauf dieser Zeit wird das System in den Schlummer-Modus versetzt, sofern der Benutzer nicht am Computer arbeitet.

6.5 CHIPSET FEATURES SETUP

Standby Mode. Dies ist der »Standby-Modus«, den Sie mit dem Eintrag DISABLED entweder ausschalten oder für den Sie eine Zeit zwischen einer Minute und einer Stunde eingeben können. Nach Ablauf dieser Zeit wird das System in den Schlummer-Modus versetzt, sofern der Benutzer nicht auf den Computer zugreift.

HDD Power Down. Sie können hier eine Zeitspanne von einer Minute bis einer Stunde einstellen. Wenn in dieser Zeitspanne keine Festplattenaktivität stattfindet, dann werden die Schreib-/Leseköpfe in die Parkposition gebracht, und der Motor für die Festplattenspindel wird heruntergefahren.

Abweichend von den hier aufgeführten Möglichkeiten, finden Sie in älteren BIOS-Versionen auch noch die folgenden Einstellungen – je nachdem, um welche Version es sich im einzelnen handelt:

Suspended Mode. Geben Sie hier die Zeitspanne an, in der der externe CPU-Timer inaktiv sein muß, damit der Suspend-Modus aktiv wird. Mögliche Einstellungen sind 5, 10, 20, 30 und 40 Sekunden; 1, 2, 4, 6, 8, 10, 20, 30 oder 40 Minuten; 1 Stunde oder DISABLED.

PM Events. Unter diesem Sammelpunkt sind diejenigen Ereignisse zusammengefaßt, die das System wieder vom Power-Saving-Modus in den normalen Modus zurückbringen.

Abb. 6.15:
Das POWER
MANAGEMENT
SETUP

```
                ROM PCI/ISA BIOS (2A59GQ1A)
                  POWER MANAGEMENT SETUP
                    AWARD SOFTWARE, INC.

 Power Management      : Disable        ** Wake up Events In Suspend **
 PM Control by APM     : Yes            IRQ3  (COM2)            ' : ON
 Video Off Method      : V/H SYNC       IRQ4  (COM1)              : ON
                         + Blank        IRQ5  (LPT 2)             : ON
 Video Off Option      : Susp, Stby->Off IRQ6  (Floppy Disk)      : ON
 Doze Mode             : Disabled       IRQ7  (LPT1)              : ON
 Standby Mode          : Disabled       IRQ8  (RTC Alarm)         : OFF
 Suspend Mode          : Disabled       IRQ9  (IRQ2 Redir)        : OFF
 HDD Power Down        : Disabled       IRQ10 (Reserved)          : OFF
                                        IRQ11 (Reserved)          : OFF
 ** Wake up Events In Doze & Standby ** IRQ12 (PS/2 Mouse)        : ON
 IRQ3  (Wake-Up Event) : ON             IRQ13 (Coprocessor)       : OFF
 IRQ4  (Wake-Up Event) : ON             IRQ14 (Hard Disk)         : ON
 IRQ8  (Wake-Up Event) : ON             IRQ15 (Reserved)          : ON
 IRQ12 (Wake-Up Event) : ON
                                        ESC: Quit    ↑↓→← : Select Item
                                        F1 : Help    PU/PD/+/- : Modify
                                        F5 : Old Values  (Shift)F2 : Color
                                        F6 : Load BIOS Default
                                        F7 : Load Setup Default
```

6.5.2 LOAD BIOS DEFAULT/LOAD SETUP DEFAULT

Mit diesen Einträgen gelingt es Ihnen, die werksseitigen Voreinstellungen wiederherzustellen, wenn Sie sich bei der Konfiguration des BIOS bzw. des Setup einmal so »verfahren« haben, daß das System nicht mehr starten kann oder einzelne Geräte nicht mehr funktionieren.

6.5.3 PNP/PCI CONFIGURATION

Diese Einstellungen sind dann interessant, wenn Ihr Rechner mit PCI-Bus-Erweiterungskarten ausgerüstet ist.

Mit der Einführung des PCI-Bussystems wurden die Plug&Play-Funktionen eingeführt, die es dem System zum einen ermöglichen, Erweiterungskarten selbsttätig zu erkennen (Sie müssen also beispielsweise eine Soundkarte nur noch in den Erweiterungssteckplatz schieben, damit der Rechner diese erkennt). Zum anderen bleibt es dem Rechner selbst überlassen, welche Hardwareparameter (IRQ, DMA usw.) dem Bauteil zugewiesen werden.

Wenn Ihr Rechner über einen PCI-Bus verfügt, können Sie mit dessen BIOS bestimmen, welche Erweiterungskarte in einem bestimmten Steckplatz einen bestimmten Interrupt (IRQ) und eine bestimmte I/O-Adresse (Input/Output) belegen soll. Sie sollten diese Vorgehensweise allerdings nur dann einsetzen, wenn Sie eine Karte installieren, deren Konfiguration Sie über Jumper vornehmen können und die vom BIOS nicht erkannt wird. Plug&Play funktioniert leider, wie vieles im Computer-Bereich, auch nicht immer hundertprozentig.

Wann immer es geht, sollten Sie lieber dem BIOS die Zuteilung der Ressourcen überlassen, da hierbei unter anderem auch eine Mehrfachbelegung möglich ist, und diese ist für den weniger versierten Anwender schwierig zu bewerkstelligen.

Ressources Controlled By. Das BIOS verfügt über eine automatische Erkennung, mit der die Zuweisung der IRQ- und DMA-Nummern möglich ist. Wählen Sie dazu in dieser Einstellung den Eintrag AUTO. Wenn Sie die Einstellungen von IRQ und DMA manuell vornehmen wollen, wählen Sie MANUAL.

IRQ-3 bis IRQ-15 assigned to. Stellen Sie hier über die Einträge LEGACY ISA oder PCI/ISA PNP ein, ob es sich bei dem jeweiligen Gerät, welches an dem entsprechenden IRQ betrieben wird, um ein herkömmliches oder um ein PCI-Bauteil handelt.

DMA-0 bis DMA-7 assigned to. Stellen Sie hier über die Einträge LEGACY ISA oder PCI/ISA PNP ein, ob es sich bei dem jeweiligen Gerät, welches an dem entsprechenden IRQ betrieben wird, um ein herkömmliches oder um ein PCI-Bauteil handelt.

PCI IDE IRQ Map To. Folgende Einstellungen sind hier möglich:

- *PCI-Auto.* Das BIOS wird das System nach PCI-Geräten durchsuchen und feststellen, auf welchen Steckplätzen sich diese befinden.
- *PCI-SLOT 1-4.* Das BIOS wird den IRQ 14 den Primary-IDE-Geräten und den IRQ 15 den Secondary-IDE-Geräten zuweisen.
- *ISA.* Das BIOS wird keine Zuweisungen zwischen IRQs und Geräten vornehmen, es sei denn, es handelt sich um ein PCI-IDE-Gerät. Dies hat den Hintergrund, daß einige IDE-Karten die IRQs 14 und 15 direkt vom ISA-Slot aus ansprechen.

Lassen Sie diese Einstellung auf PCI-AUTO stehen, es sei denn, Sie besitzen einen ISA-Controller für die Festplatte. Dann schalten Sie diese Einstellung auf ISA um, damit das BIOS weiß, welcher Controller eingebaut ist.

Primary IDE INT#. Sie können hier die Buchstaben A bis D verwenden, um dem System mitzuteilen, welchen Interrupt das jeweilige IDE-Gerät für seinen ersten IDE-Kanal benutzt.

Secondary IDE INT#. Sie können hier die Buchstaben A bis D verwenden, um dem System mitzuteilen, welchen Interrupt das jeweilige IDE-Gerät für seinen zweiten IDE-Kanal benutzt.

Abb. 6.16:
Die PNP/PCI
CONFIGURATION

```
ROM PCI/ISA BIOS (2A59GQ1A)
      PNP/PCI CONFIGURATION
        AWARD SOFTWARE, INC.

Resources Controlled By : Manual      PCI IRQ Active By    : Level
Force Update ESCD       : Disabled    PCI IDE IRQ Map To   : PCI-AUTO
                                      Primary IDE INT#     : A
IRQ-3  assigned to      : Legacy ISA  Secondary IDE INT#   : B
IRQ-4  assigned to      : Legacy ISA
IRQ-5  assigned to      : PCI/ISA PnP
IRQ-7  assigned to      : Legacy ISA
IRQ-9  assigned to      : PCI/ISA PnP
IRQ-10 assigned to      : PCI/ISA PnP
IRQ-11 assigned to      : PCI/ISA PnP
IRQ-12 assigned to      : PCI/ISA PnP
IRQ-14 assigned to      : Legacy ISA
IRQ-15 assigned to      : Legacy ISA
DMA-0  assigned to      : PCI/ISA PnP
DMA-1  assigned to      : PCI/ISA PnP
DMA-3  assigned to      : PCI/ISA PnP  ESC: Quit      ↑↓→← : Select Item
DMA-4  assigned to      : PCI/ISA PnP  F1 : Help      PU/PD/+/- : Modify
DMA-5  assigned to      : PCI/ISA PnP  F5 : Old Values  (Shift)F2 : Color
DMA-6  assigned to      : PCI/ISA PnP  F6 : Load BIOS Default
DMA-7  assigned to      : PCI/ISA PnP  F7 : Load Setup Default
```

Abweichend von den hier aufgeführten Möglichkeiten, finden Sie in älteren BIOS-Versionen auch noch die folgenden Einstellungen – je nachdem, um welche Version es sich im einzelnen handelt:

Slot Interrupt Nummern. Interrupt-Belegungen werden vom PCI-System erkannt und automatisch zugewiesen. Dazu muß allerdings die Einstellung AUTO gewählt sein, was standardmäßig der Fall ist.

Available IRQs. Diese Einstellungen bewirken die Zuordnung von IRQ-Belegungen für PCI-Erweiterungskarten.

PCI IDE IRQ Map To. Mit dieser Einstellung können Sie den IDE-Controller auf das ISA- oder PCI-Interface setzen.

CPU-to-PCI Buffer. Bis auf die Einstellung PCI-TO-CPU WRITE BUFFER sind alle Einstellungen auf OFF gesetzt. Sie sollten diese standardmäßigen Einstellungen beibehalten, sofern es keine Bus- bzw. Systemprobleme gibt. In einem solchen Fall müssen Sie die einzelnen Einstellungen nacheinander auf ON stellen, um einen Fehler einzugrenzen.

Action When W_Buffer Full. Hier gibt es die Möglichkeit, entweder RETRY oder WAIT auszuwählen. Standardmäßig steht diese Funktion auf RETRY, damit bei einem vollen Puffer so lange versucht wird, die Informationen dort abzulegen, bis der Puffer wieder leer ist. Die Einstellung WAIT ist auch hier nur im Problemfall zu wählen.

6.5.4 INTEGRATED PERIPHERALS

IDE HDD Block Mode. Wenn Sie ENABLED setzen, dann ermöglichen Sie es einer IDE-Festplatte, Schreib-/Lesezugriffe auf mehrere Sektoren zugleich durchzuführen. Setzen Sie DISABLED, dann ermöglichen Sie es einer IDE-Festplatte, Schreib-/Lesezugriffe jeweils nur auf einen Sektor durchzuführen.

IDE Primary Master PIO. Sie können diese Einstellung entweder auf AUTO oder auf MODE 0 bis 4 setzen. Bei der Einstellung AUTO wird der IDE-PIO-Modus gemäß den automatisch gefundenen Werten gesetzt, im letztgenannten Fall können Sie den IDE-Primary Master-PIO-Modus selbst bestimmen.

IDE Primary Slave PIO. Sie können diese Einstellung entweder auf AUTO oder auf MODE 0 bis 4 setzen. Bei der Einstellung AUTO wird der IDE-PIO-Modus gemäß den automatisch gefundenen Werten gesetzt, im letztgenannten Fall können Sie den IDE-Primary-Slave-PIO-Modus selbst bestimmen.

IDE Secondary Master PIO. Sie können diese Einstellung entweder auf AUTO oder auf MODE 0 bis 4 setzen. Bei der Einstellung AUTO wird der IDE-PIO-Modus gemäß den automatisch gefundenen Werten gesetzt, im letztgenannten Fall können Sie den IDE-Secondary-Master-PIO-Modus selbst bestimmen.

IDE Secondary Slave PIO. Sie können diese Einstellung entweder auf AUTO oder auf MODE 0 bis 4 setzen. Bei der Einstellung AUTO wird der IDE-PIO-Modus gemäß den automatisch gefundenen Werten gesetzt, im letztgenannten Fall können Sie den IDE-Secondary-Slave-PIO-Modus selbst bestimmen.

On-Chip Primary PCI IDE. Sie können über diese Einstellung mit ENABLED oder DISABLED den On-Chip-Primary-PCI-IDE-Port aktivieren bzw. deaktivieren.

On-Chip Secondary PCI IDE. Sie können über diese Einstellung mit ENABLED oder DISABLED den On-Chip-Secondary-PCI-IDE-Port aktivieren bzw. deaktivieren.

PCI Slot IDE 2nd Channel. Sie können über diese Einstellung mit ENABLED oder DISABLED den Secondary-IDE-Channel aktivieren bzw. deaktivieren.

USB Controller. Sie können über diese Einstellung mit ENABLED oder DISABLED den USB (Universal Serial Bus) aktivieren bzw. deaktivieren.

Onboard FDC Controller. Sie können über diese Einstellung mit ENABLED oder DISABLED den Onboard-FDC (Floppy Disc Controller) aktivieren bzw. deaktivieren.

Onboard Serial Port. Über diese Einstellung läßt sich die serielle Portadresse direkt definieren. Zur Verfügung stehen COM1/3F8, COM2/2F8, COM3/3E8, COM4/2E8 und DISABLED. Im letztgenannten Fall wird der Onboard-Serialbus deaktiviert. Serielle Ports werden beispielsweise für die Datenübertragung verwendet.

Onboard Parallel Port. Über diese Einstellung läßt sich die parallele Portadresse direkt definieren. Zur Verfügung stehen 378/IRQ7, 3BC/IRQ7, 278/IRQ5, 378/IRQ5 und DISABLED. Im letztgenannten Fall wird der Onboard-Parallelbus deaktiviert. Parallele Ports werden beispielsweise für Scanner ohne SCSI-Karte und für Drucker verwendet.

Parallel Port Mode. Über diese Einstellung läßt sich der parallele Portmodus bestimmen. Die Auswahl EPP bedeutet *Enhanced Parallel Port,* ECP bedeutet *Extended Capabilities* Port. Sowohl die Auswahl COMPATIBLE MODE und EXTENDED MODE sind SPP-Modes, das heißt Standard-Parallel-Ports, es sei denn, es ist ein zu sperrender Puffer zwischen den I/O-Datenpins und dem Prozessor vorhanden.

ECP Mode Use DMA. Sie können über diesen Punkt auswählen, ob Kanal 1 oder Kanal 3 für den DMA-Modus (Dynamic Memory Access) verwendet wird.

EPP Version. Über die Einstellungen 1.7 oder 1.9 legen Sie die EPP-Version fest (Enhanced Parallel Port).

Infrared Duplex Type. Sofern Sie ein Infrarotgerät wie beispielsweise eine kabellose Maus an Ihrem Computer betreiben, bestimmen Sie über diese Einstellung den Modus für die Infrarot-Kommunikation. Möglich sind hier Halbduplex (HALF), Vullduplex (FULL) oder DISABLED für die Deaktivierung dieses Modus.

Abb. 6.17: INTEGRATED PERIPHERALS

```
ROM PCI/ISA BIOS (2A59GQ1A)
        INTEGRATED PERIPHERALS
           AWARD SOFTWARE, INC.

IDE HDD Block Mode        : Enabled
IDE Primary Master PIO    : Auto
IDE Primary Slave PIO     : Auto
IDE Secondary Master PIO  : Auto
IDE Secondary Slave PIO   : Auto
On-Chip Primary  PCI IDE  : Enabled
On-Chip Secondary PCI IDE : Enabled
PCI Slot IDE 2nd Channel  : Disabled
USB Controller            : Disabled

Onboard FDC Controller    : Enabled
Onboard Serial Port 1     : COM1/3F8
Onboard Serial Port 2     : COM2/2F8
Onboard Parallel Port     : 378H/IRQ7
Parallel Port Mode        : Compatible
ECP Mode Use DMA          : 1            ESC: Quit      ↑↓→←  : Select Item
EPP Version               : 1.7          F1 : Help      PU/PD/+/- : Modify
Infrared Duplex Type      : Disabled     F5 : Old Values    (Shift)F2  : Color
                                         F6 : Load BIOS Default
                                         F7 : Load Setup Default
```

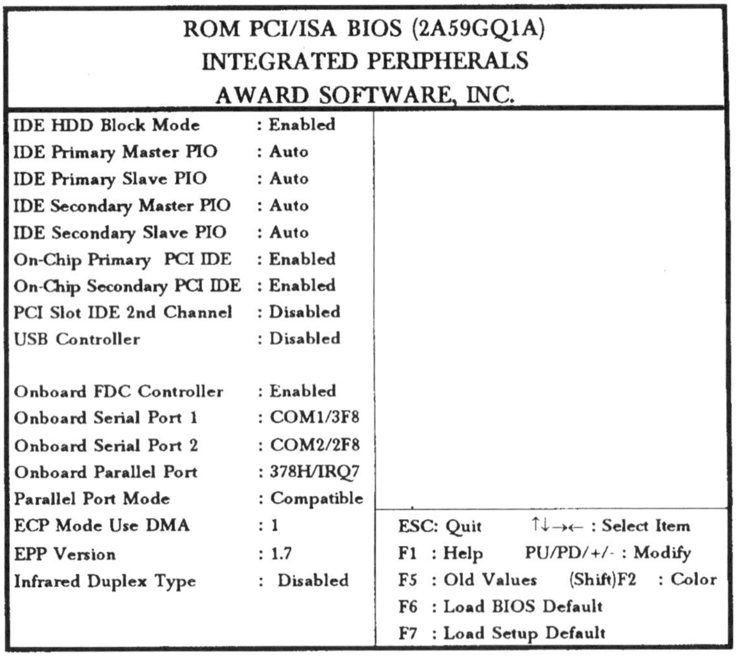

6.5.5 USER PASSWORD

Dieser Menüpunkt erlaubt es Ihnen, Ihren Rechner mit einem Paßwort vor unbefugtem Zugriff zu schützen. Sie können entweder den gesamten Zugriff auf den Rechner mit einem Paßwort schützen oder nur den Zugriff auf das Setup. Das Paßwort darf höchstens acht Zeichen lang sein.

⚠ Haben Sie Ihren Rechner insgesamt mit einem Paßwort geschützt, und es fällt Ihnen beim besten Willen nicht mehr ein, dann gibt es nur eine Möglichkeit: Klemmen Sie den Akku, der die Stromversorgung des CMOS-Chips übernimmt, für einen Moment ab. Nachdem Sie die Verbindung wiederhergestellt haben, sind zwar alle geänderten Einstellungen des Setup verlorengegangen, jedoch auch das Paßwort, das Sie am Zugriff auf Ihren Rechner gehindert hatte. Es ist auf jeden Fall auch hier empfehlenswert, eine Rettungsdiskette anzulegen. Eine solche Rettungsdiskette wird beispielsweise von den Norton Utilities oder PC Tools angelegt.

6.5.6 IDE HDD AUTO DETECTION

Die erweiterten IDE-Funktionen sind mittlerweile in allen Award-BIOS-Versionen enthalten. Die automatische Erkennung bewirkt, daß das BIOS alle Modi anzeigt, die möglich sind und die von der Festplatte unterstützt werden.

Das Award-BIOS unterstützt drei Modi, und zwar NORMAL, LBA und LARGE.

- NORMAL. Dies bezieht sich auf den *Generic Access Mode,* in dem keine Datenübertragung zwischen dem BIOS und, dem IDE-Controller während eines Zugriffs auf die Festplatte stattfindet. Die maximale Anzahl bei CYLINDER, HEADS und SECTORS beträgt 1024, 16 und 32. Wenn eine solche Festplatte auf den Modus NORMAL gesetzt wird, dann wird die maximal verfügbare Festplattenkapazität auf 528 MByte gesetzt, unabhängig davon, welche tatsächliche physikalische Kapazität die Festplatte hat.

- LBA. Der LBA-Modus (Logical Block Adressing) ist eine Methode, um den 528 Mbyte-Flaschenhals bei älteren Festplatten zu überwinden. Die maximale Festplattengröße, die durch den LBA-Modus unterstützt wird, beträgt 8,4 GByte. Sollte Ihre Festplatte nicht den LBA-Modus unterstützen, werden auch keine entsprechenden Werte angezeigt.

- LARGE. Einige IDE-Festplatten enthalten mehr als 1.024 Zylinder ohne LBA-Modus. Das Award-BIOS unterstützt eine Alternative, um diese Festplattenarten anzusprechen, und zwar wird der Trick angewandt, daß 1.024 durch 2 dividiert wird, damit die logische Anzahl der Zylinder unter 1.024 bleibt. Zugleich wird jedoch die Anzahl der Köpfe mit 2 multipliziert. Damit die richtige Adresse auf der Festplatte angesprochen werden kann, wird eine Rückwandlungsroutine verwendet, die sich des INT13h bedient.

Wenn Sie die Auto-Detection-Funktion benutzen, erkennt das BIOS die Festplattenkapazitäten und trägt sowohl diese als auch den korrekten Modus selbsttätig in die Tabelle ein.

**Abb. 6.18:
Die IDE HDD
AUTO DETEC-
TION**

```
        ROM/PCI/ISA BIOS (2A59GQ1A)
            CMOS SETUP UTILITY
           AWARD SOFTWARE, INC.

HARD DISKS TYPE SIZE CYLS HEAD PRECOMP LANDZ SECTOR MODE
Primary Master:

          Select Primary Master Option (N = Skip) : N

OPTIONS  SIZE  CYLS  HEADS  PRECOMP  LANDZONE  SECTOR  MODE
1(Y)     516   1120  16     65535    1119      59      NORMAL
2        516   524   32     0        1119      63      LBA
3        516   560   32     65536    1119      59      LARGE

Note: Some OSes (like SCO-UNIX) must use "NORMAL" for installation
```

6.5.7 HDD LOW LEVEL FORMAT

Mit diesem Utility können Sie eine Festplatte mit einem Low-Level-Format versehen. Dieses Formatieren unterscheidet sich wesentlich von der Formatierung, die beispielsweise mit dem DOS-Befehl Format durchgeführt wird.

⚠ Beachten Sie unbedingt die Angaben des Herstellers Ihrer Festplatte, bevor Sie sie formatieren. Manche Festplatten vertragen keine Low-Level-Formatierung und können anschließend nicht mehr gebraucht werden. Die einzige Möglichkeit in einem solchen Fall wäre es, die Low-Level-formatierte Festplatte zum Hersteller zu schicken, damit sie dort mit einem speziellen Formatierungsprogramm behandelt wird.

Die Einstellungen, die Sie hier treffen müssen, finden Sie unter den folgenden drei Punkten.

- SELECT DRIVE. Wählen Sie hier das Festplattenlaufwerk aus, das Sie Low-Level-formatieren möchten.
- BAD TRACK LIST. Hier gibt es folgende Möglichkeiten:
  - AUTO SCAN BAD TRAK. Mit dieser Einstellung wird eine automatische Suche nach Bad Tracks, also nach fehlerhaften Sektoren vorgenommen. Diese werden Ihnen im rechten Fensterabschnitt aufgelistet.
  - ADD BAD TRACK. Mit dieser Einstellung können Sie manuell die fehlerhaften Sektoren Ihrer Festplatte eintragen, sofern Ihnen diese bekannt sind. Mitunter werden Festplatten, bei denen bereits ab Werk fehlerhafte Sektoren bekannt sind, preiswerter abgegeben, und die entsprechenden Angaben befinden sich meistens auf einem Aufkleber am Festplattengehäuse.

- MODIFY BAD TRACKS. Mit dieser Einstellung können Sie die Informationen im rechten Fensterabschnitt ändern.

- DELETE BAD TRACK. Mit dieser Einstellung ist es möglich, die dem rechten Fensterabschnitt hinzugefügten Informationen über fehlerhafte Sektoren wieder zu löschen.

- CLEAR BAD TRACK TABLE. Mit dieser Einstellung können Sie die gesamte Liste im rechten Fensterabschnitt, die die fehlerhaften Sektoren enthält, wieder löschen.

▶ PREFORMAT. Hier gibt es folgende Möglichkeiten:

- INTERLEAVE. Geben Sie hier den Interleave-Faktor ein, mit dem Ihre Festplatte formatiert werden soll. Gültige Werte bewegen sich zwischen 1 und 8. Welcher Wert hier im einzelnen in Frage kommt, kann Ihnen die technische Dokumentation Ihrer Festplatte beantworten.

- AUTO SCAN BAD TRACK. Mit dieser Einstellung können Sie die automatische Erkennung von fehlerhaften Sektoren aktivieren oder deaktivieren.

- START. Drücken Sie die Taste $\boxed{Y}$, um die Low-Level-Formatierung zu starten.

Abb. 6.19: Das Hard-Disk-Low-Level-Format

Hard Disk Low-Level-Format Utility					NO. CYLS HEAD		
SELECT DRIVE							
BAD TRACK LIST							
PREFORMAT							
Current select drive is : C							
DRIVE : C CYLINDER : 0 HEAD : 0							
	SIZE	CYL	HEAD	PRECOMP	LANDZ	SECTORS	MODE
Primary Master	: 40MB	977	5	300	977	17	NORMAL
Primary Slave	: None	0	0	0	0	0	AUTO
Secondary Master	: None	0	0	0	0	0	AUTO
Secondary Slave	: None	0	0	0	0	0	AUTO
Up/Down - Select item			Enter - Accept		ESC - Exit/Abort		
Copyright (c) Award Software, Inc. 1992-1994 All Rights Reserved							

6.5.8 Tips und nützliche Hinweise zum Award-BIOS

Das Award-BIOS bietet nicht so viele Manipulationsmöglichkeiten. Die wichtigsten Einstellungen können Sie jedoch vornehmen. Außerdem gilt: Was nicht verstellt werden kann, kann auch nicht falsch eingestellt werden.

Apropos Fehler: Das Award-BIOS kennt insgesamt fünf Einträge, mit denen Sie die Anzeige von Fehlern beeinflußen können.

Die Einstellungen für die Festplattenparameter können nicht manipuliert werden.

Im Gegensatz zum AMI-BIOS gibt das Award-BIOS keine Fehlermeldung aus, wenn die Parameter für die Festplatte nicht mit den im Setup eingetragenen übereinstimmen. Falls also Ihre Festplatte nicht mehr angesprochen werden kann, dann können beispielsweise versehentlich verstellte Einstellungen schuld daran sein.

Kontrollieren Sie also als erstes, ob die Einstellungen im Setup auch mit den tatsächlichen Parametern Ihrer verwendeten Festplatte übereinstimmen. Sind die Einträge korrekt, dann bleibt Ihnen nur noch, die Anschlüsse und Kabelverbindungen sowie gegebenenfalls die Jumper-Einstellungen zu überprüfen.

Können Sie hier keinen Fehler finden, dann müssen Sie mit einem Defekt der Festplatte rechnen.

Ist auch im Award-BIOS eine Shadow-RAM-Funktion verfügbar?

Sicherlich steht Ihnen auch hier diese vorteilhafte Funktion zur Verfügung. Im Menüpunkt SHADOW RAM SELECTION können Sie das System-BIOS und das Video-BIOS aktivieren und somit das (langsamere) BIOS in das (schnellere) RAM, also in den Hauptspeicher, kopieren, von wo aus es wesentlich schneller aufgerufen werden kann.

Verfügt Ihr Gerät über eine Turbo-Taste, auf die der Rechner allerdings nicht reagiert?

Zuerst einmal ist natürlich zu überprüfen, ob die Kabelverbindungen korrekt sitzen. Bei gelösten oder beschädigten Kabeln kann das Umschalten nicht funktionieren.

Aber es kann noch eine weitere Ursache für einen nicht funktionierenden Turbo-Schalter geben: Im Feld SPEED SELECT wird die Geschwindigkeit definiert, mit der der Rechner nach dem Einschalten arbeiten soll. LOW steht dabei für die niedrige und HIGH für die höhere Geschwindigkeit. Mit der Einstellung NO CHANGE wir die Regelung der Geschwindigkeit über die Turbo-Taste sozusagen genehmigt. Erst wenn diese Einstellung aktiviert wurde, können Sie über die Turbo-Taste Einfluß auf die Geschwindigkeit Ihres Rechners nehmen.

6.6 Das BIOS meldet einen Fehler

Sofort nach dem Starten des Rechners wird der interne Programmcode abgefragt, um hier einen Fehler entdecken zu können. Danach prüft ein Selbsttest, der sogenannte POST (Power On Self Test), einzelne Komponenten des Rechners. Je nach Einstellung im BIOS wird der Rechner angehalten, wenn es bei diesem Test zu Fehlern kommt.

Anschließend werden die Ergebnisse dieses POST mit den gespeicherten Werten im CMOS verglichen. Treten bei diesem Vergleich keine Unregelmäßigkeiten auf, dann wird das Betriebssystem geladen und der Rechner gestartet. Andernfalls können Sie eine Reihe von Piepstönen, die Aufschluß über die Fehlerquelle geben kann.

Es gibt zweierlei Möglichkeiten, wie ein Fehler gemeldet werden kann, und zwar über Piepstöne und über Fehlermeldungen am Bildschirm.

Verfahren Sie beim Auftreten von Piepstönen folgendermaßen:

- Sehen Sie nach, welches BIOS auf Ihrem Rechner installiert ist. Da Sie in einem Fehlerfall möglicherweise keine Möglichkeit haben, den entsprechenden Hinweis auf dem Bildschirm abzulesen, schlagen Sie in der technischen Dokumentation nach.
- Nehmen Sie Papier und Bleistift zur Hand, und starten Sie Ihren Rechner über den Ein-/Ausschalter oder über die Reset-Taste neu, und notieren Sie die Folge der Piepstöne und/oder die am Bildschirm erscheinende Zahlenfolge.

Tabelle 6.4 gibt Ihnen einen Überblick über gebräuchliche Fehler, die sich durch Piepstöne bemerkbar machen.

Piepstöne	Fehlermeldung	Erläuterung
1	Refresh-Failure	Die zyklisch ablaufende Auffrischung der dynamischen RAM-Bausteine funktioniert nicht mehr.
2	Parity Error	Es handelt sich hierbei um einen Paritätsfehler, der auf einen oder mehrere fehlerhafte RAM-Bausteine hindeutet. Überprüfen Sie die Speicherbausteine auf korrekten Sitz in den Steckplätzen.

Tab. 6.4: Fehlermeldungen des BIOS per Tonsignal

Pieps-töne	Fehlermeldung	Erläuterung
3	Base 64 KB Memory Failure	Es handelt sich hierbei um einen Fehler, der in den ersten 64 kByte des Hauptspeichers liegt. Überprüfen Sie die Speicherbausteine auf korrekten Sitz in den Steckplätzen.
4	Timer Not Operational	Der Zeitgeber (Timer-Baustein) auf der Hauptplatine ist defekt.
5	Processor Error	Es handelt sich hierbei um einen Prozessorfehler; hier hilft nur das komplette Austauschen.
6	8042 Gate A20 Failure	Der Prozessor kann nicht im Protected Mode (virtueller Modus) arbeiten, da der Tastatur-Controller bzw. die A20-Umschaltung nicht mehr funktioniert.
7	Processor Exception Interrupt Error	Dieser Fehler ist dem soeben beschriebenen sehr ähnlich und deutet darauf hin, daß nicht mehr im virtuellen Modus gearbeitet werden kann.
8	Display Memory Read/Write Error	Es handelt sich hierbei um einen Fehler, der im Videospeicher des Systems aufgetreten ist. Überprüfen Sie den Grafikadapter auf korrekten Sitz. Möglicherweise ist der Speicher auf dem Grafikadapter defekt.
9	ROM Checksum Error	Hier liegt ein ROM-BIOS-Prüfsummenfehler vor, der auf ein defektes ROM hindeutet. Überprüfen Sie die ROM-Bausteine auf korrekten Sitz in ihren jeweiligen Sockeln. Ein solcher Fehler tritt gerne dann auf, wenn ein ROM-Baustein unsachgemäß in den Sockel geschoben und dabei ein oder mehrere Beinchen abgeknickt wurden.
10	CMOS Shutdown Register Read/Write Error	Es ist ein Schreib-/Lesefehler in einem CMOS-Speicherelement aufgetreten, was in der Regel auf einen defekten CMOS-Baustein hindeutet.

Tab. 6.4: Fehlermeldungen des BIOS per Tonsignal

6.6 Das BIOS meldet einen Fehler

Neben den Fehlermeldungen in Form von Piepstönen gibt es, wie bereits erwähnt, auch noch Fehlermeldungen, die am Bildschirm angezeigt werden. Normalerweise wird im erstgenannten Fall der Rechner angehalten, während er im letztgenannten Fall meistens noch gestartet werden kann.

Ausgegebene Fehlermeldung	Erläuterung
8042 Gate A20 Error	Hier muß der 8042-Chip ausgewechselt werden, da die Adreßleitung A20 des Keyboard-Controllers nicht richtig funktioniert.
CACHE MEMORY BAD Do not enable Cache!	Diese Fehlermeldung deutet auf einen Defekt im Cache-Speicher hin. Diesen Fehler sollte nur ein Fachmann beheben.
DMA ERROR	Hier ist es zu Störungen im Zusammenspiel mit dem DMA-Controller auf der Festplatte gekommen.
DMA #1 Error	Es ist eine Störung im ersten DMA-Kanal aufgetreten.
DMA #2 Error	Es ist eine Störung im zweiten DMA-Kanal aufgetreten.
INTR #1 Error	Es ist eine Störung beim Selbsttest aufgetreten, und zwar ist der Interrupt Controller 1 defekt.
INTR #2 Error	Es ist eine Störung beim Selbsttest aufgetreten, und zwar ist der Interrupt Controller 2 defekt.
NO ROM BASIC	Eine solche Fehlermeldung wird dann ausgegeben, wenn das BIOS weder auf der Festplatte noch auf der Startdiskette den Startsektor findet. Abhilfe schaffen hier das Starten des Systems über die Startdiskette sowie das Korrigieren des Startsektors auf der Festplatte (beispielsweise über ein Diagnoseprogramm).

Tab. 6.5: BIOS-Fehlermeldungen am Bildschirm

6.6.1 Das BIOS updaten

Das BIOS besteht zwar aus einem Chip, der jedoch kaum noch wie früher in Form eines einmal-beschreibbaren Chips vorliegt. Verfügen Sie über ein Flash-BIOS, dann können Sie dieses softwaremäßig updaten. Auskunft über diese Möglichkeit gibt Ihnen die technische Dokumentation.

Die notwendige Software für Ihr BIOS-Update besorgen Sie sich entweder über den Händler, bei dem Sie Ihren PC bzw. das Motherboard gekauft haben, oder Sie wenden sich an den Hersteller. Die entsprechenden Adressen finden Sie in diesem Kapitel. Die dritte Variante stellt das Internet oder die Mailbox des Herstellers dar. Für das Internet gibt es eine allgemeine »Anlaufstelle«, unter der Sie fast alle Verweise auf die entsprechenden Update-Versionen finden. Sie lautet:

http://www.ping.be/bios/bios.html

Abb. 6.20:
Die Anlaufstelle für BIOS-Updates per Software

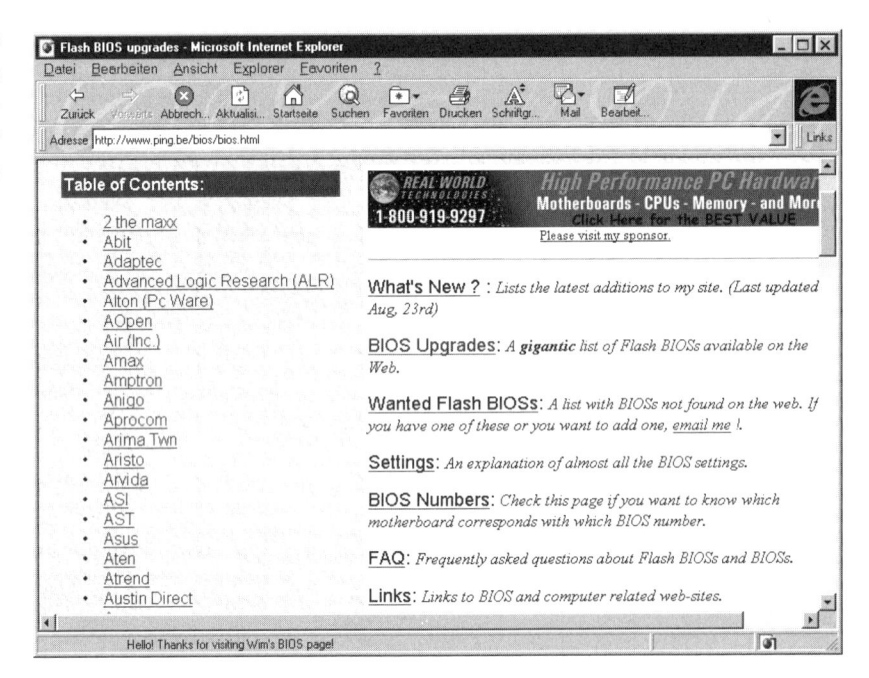

Das Update eines Flash-BIOS

Wenn Sie die Software für das BIOS-Update auf Ihren Rechner herunterladen, speichern Sie sie in einem separaten Unterverzeichnis auf Ihrer Festplatte und entpacken sie. Dazu geben Sie als Ziel eine bootfähige Systemdiskette an.

Eine bootfähige Diskette erstellen Sie mit dem folgenden DOS-Befehl:

```
FORMAT A:/S
```

A: ist die Laufwerkskennung für das Diskettenlaufwerk und /S der Parameter zum Übertragen der Systemdateien.

Sichern Sie auf jeden Fall vor dem Update die alten BIOS-Daten. Anschließend sorgen Sie dafür, daß sich die Startdiskette im Diskettenlaufwerk befindet, und starten den Rechner. Das Programm wird automatisch in den BIOS-Speicher übertragen.

⚠️ Einige Hauptplatinen erwarten, daß ein Upgrade des BIOS vorher über das Setzen eines entsprechenden Jumpers angekündigt wird. Schlagen Sie auf jeden Fall vor dem Upgrade in der Dokumentation Ihrer Hauptplatine im entsprechenden Abschnitt nach.

Nachfolgend sehen Sie eine Tabelle mit den Bezugsquellen für das BIOS-Update per Internet:

Hersteller	Bezugsquelle
ALR	*http://www.alr.com*
AMI	*http://www.megatrends.com*
Asus	*http://www.ausus.com.tw*
Compaq	*http://www.compaq.com*
Flexus	*http://www.flexus.com*
Gateway	*http://www.gw2k.com*
Intel	*http://intel.com*
Micronics	*http://www.orchid.com*
Soyo	*http://www.soyo.com*
Zenith	*http://www.zds.com*

Tab. 6.6: Internetadressen für BIOS-Update-Software

7 Hauptplatinenchipsatz und Prozessor – der Motor Ihres Systems

Normalerweise werden Sie dem Chipsatz Ihrer Hauptplatine wenig Beachtung schenken. Er verrichtet seinen Dienst mehr oder weniger unbemerkt im Hintergrund. Es ist auch nur dann nötig, sich um dieses Bauteil zu kümmern, wenn es defekt ist oder aufgrund zu geringer Leistungsfähigkeit ausgetauscht werden muß.

Wenn Sie ein Hardware-Tuning Ihres Systems planen, dann vergessen Sie nicht, daß dieser Baustein entscheidend zur Gesamtperformance eines Rechnersystems beiträgt. Diesem Umstand kommt auch dann eine große Bedeutung zu, wenn Sie ein komplettes, neues Mainboard in Ihren Rechner einbauen wollen. Hier haben Sie dann mehr die Qual als die Wahl, denn es werden derzeit fast ständig neue Motherboards mit (neuen) Chipsätzen angepriesen, die eine höhere Performance Ihres Rechners sowie erweiterte Geräteunterstützungen versprechen.

Darüber hinaus gibt es zwar eine Menge interessanter Angebote von Mainboards mit den unterschiedlichen Chipsätzen, doch sind die Angaben, die hier getätigt werden, zumeist wenig aufschlußreich, da sie aus Kürzeln bestehen, die noch nicht zum allgemeinen »Wortschatz« von Computeranwendern gehören. Der Durchschnittsanwender ist mit den damit verbundenen technischen Spezifikationen normalerweise überfordert. Deshalb widmet sich dieses Kapitel ausführlich diesem Thema.

Die Schwierigkeiten beginnen damit, herauszufinden, welcher Chipsatz sich in Ihrem System befindet, oder wissen Sie es auf Anhieb?

Unter Windows 95 ist es ganz einfach, festzustellen, welcher Chipsatz in Ihrem System integriert ist, ohne daß Sie dazu den Rechner öffnen müssen. Sie bewerkstelligen dies mit den folgenden Arbeitsschritten:

- Wählen Sie den Befehl START | EINSTELLUNGEN | SYSTEMSTEUERUNG, und aktivieren Sie das Icon SYSTEM.
- Wechseln Sie in die Registerkarte GERÄTE-MANAGER, markieren Sie den Eintrag SYSTEMKOMPONENTEN, und öffnen Sie ihn durch einen Klick auf das vorangestellte Pluszeichen.
- Es wird nun angezeigt, welcher Chipsatz sich auf Ihrer Hauptplatine befindet.

Es kann sich nun im Einzelfall um einen Chip handeln, der alle Komponenten beinhaltet, oder es kann ein Chipsatz sein, dessen Aufbau aus mehreren Komponenten besteht. Dies wird herstellerabhängig unterschiedlich gehandhabt.

Abb. 7.1:
Hier erkennen Sie, welcher Chipsatz auf Ihrem System installiert ist.

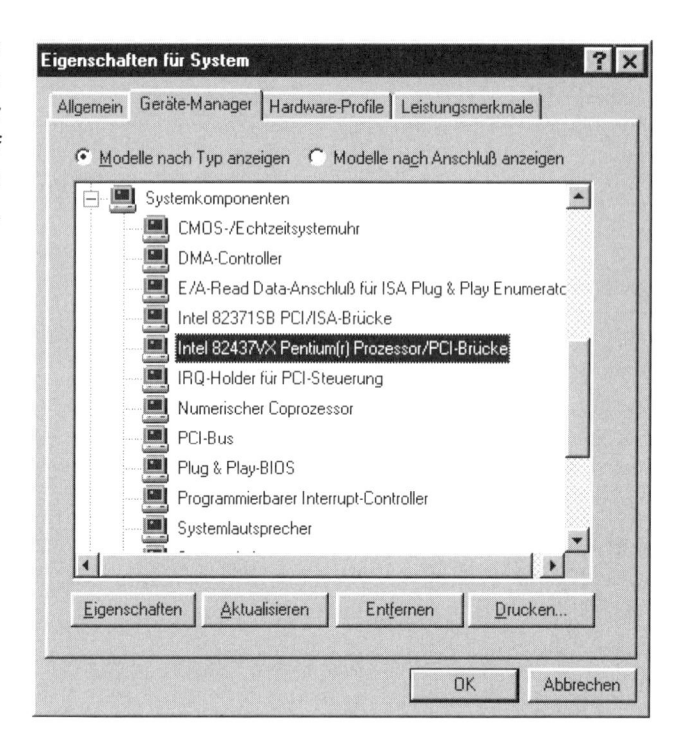

Wie leistungsfähig ein Chipsatz ist, hängt weniger von der Architektur ab. Die Hauptaufgabe dieses Bausteins ist die Kontrolle der einzelnen Komponenten eines Rechners. Hierzu zählt beispielsweise die Steuerung und Überwachung des Memory-Cache-Controllers, dessen Aufgabe das Speichermanagement Ihres Rechners ist. Darüber hinaus administriert der Chipsatz die PCI-to-ISA-Bridge, die den Datenverkehr zwischen dem ISA- und dem PCI-Bus reguliert, sowie den System-I/O-Chip, der für die ein- und ausgehenden Daten über die Schnittstellen zuständig ist, beispielsweise bei der Datenübertragung mittels eines Modems.

Entscheidend ist bei einem Chipsatz primär nicht, wie schnell er eine beliebige Aufgabe erledigt, sondern wie sinnvoll er eine optimale Kommunikation zwischen den einzelnen Komponenten ermöglicht, deren Zusammenspiel er regelt. Eine Schlüsselstellung fällt hierbei vor allem dem Memory-Controller zu. Gelingt es ihm, den Arbeitsspeicher möglichst effektiv anzusprechen, und die RAM- und Level-2-Cache-Bausteine (hier werden häufig benötigte Daten für die schnelle Weiterleitung an den Arbeitsspeicher abgespeichert) so zu koordinieren, daß ein störungs- und wartezyklenfreier Datenverkehr herrscht, wirkt sich dies spürbar auf das Gesamtverhalten des ganzen Systems aus.

Von sekundärer Bedeutung, jedoch im schnellen »Miteinander« auch peripherer Systembausteine nicht minder wichtig, ist der integrierte I/O-Controller, der die Daten vom und zum System reguliert. Dazu zählen die eingehenden Daten (beispielsweise die Informationen, die bei einem Scanvorgang übermittelt werden) und die ausgehenden Daten (dies ist beispielsweise bei der Datenübermittlung an einen Drucker der Fall).

Moderne Chipsätze sind in der Lage, mehr Schnittstellen zu kontrollieren als ihre älteren Pendants. Zu den erweiterten Möglichkeiten zählen beispielsweise der Ultra-DMA/33-Support und der USB (Universal Serial Bus).

Die Firma Intel wird fast immer im gleichen Zug mit dem Chipsatz einer Hauptplatine genannt. Unbestreitbar ist Intel der bei weitem größte Hersteller von Chipsätzen. Da viele Komponenten, die vom Chipsatz angesteuert werden, von diesem Hersteller entwickelt wurden, konnte der Vorsprung kontinuierlich ausgebaut werden. Dazu zählen beispielsweise die CPUs und der PCI-Bus sowie der mit letzterem verbunde »Accelerated Graphics Port« (APG).

Konkurrenten mit nennenswerten Marktanteilen sind beispielsweise ALI, SIS und VIA.

7.1 Klassifizierung der Chipsatz-Generationen

Damit ein bestimmter Chipsatz eingeordnet werden kann, um beispielsweise eine Entscheidung zu treffen, ob sich eine Aufrüstung lohnt, ist eine grobe Klassifizierung hilfreich. Nachfolgend sehen Sie eine solche Aufzählung von älteren und neueren Chipsätzen, anhand derer es möglich sein sollte, die diesbezügliche Bestückung Ihres Mainboards einordnen zu können.

Intel 82430HX (Codename Triton 2). Abgesehen vom Intel FX, auch »Triton« genannt, der nur noch in älteren Systemen zu finden ist, kann der »HX« das Zugpferd von Intels »Socket-7-Chipsätzen« genannt werden. Dieser Chip weist eine für die meisten Anwendungen ausreichende Geschwindigkeit auf und hat einen Cachebereich von 512 kByte, der für die meisten, durchschnittlichen Arbeiten als ausreichend angesehen werden kann.

Leider kann der HX weder die neuen Funktionen »Ultra-DMA/33« noch »SDRAM« oder »ACPI-Powermanagement« unterstützen. Er ist jedoch aufgrund seiner hohen Performancedaten sowie der Fehlerbehandlung ECC (Error Code Correction), die vor allem dann zum Tragen kommt, wenn das Board in einem Serversystem eingesetzt wird, eine gute Wahl.

Intel 82430VX (Codename Triton 3). Der VX hat sich nicht in dem Maße auf breiter Basis durchsetzen können, wie dies bei seinem Vorgänger, dem HX, der Fall war. Und dies, obwohl er die SDRAM-Arbeitsspeichermodule unterstützen konnte. Diese waren aber zur Einführung dieses Chipsatzes etwa doppelt so teuer wie die seinerzeit herkömmlichen EDO-RAMs bzw. FPM-RAMs. Da die SDRAM-Arbeitsspeicherbausteine jedoch erst ab einer Taktgeschwindigkeit von 66 MHz ihre Vorteile ausspielen können, hatte der VX keinen durchschlagenden Erfolg.

Leider wurde darüber hinaus auch die Grenze des ansprechbaren Arbeitsspeicherbereichs wieder auf 64 MByte zurückgesetzt und die Fehlerbehandlung ECC nicht berücksichtigt. Für Anwender, die keine sonderlich speicherintensiven Anwendungen, wie aufwendige Bild- der Videobearbeitung, brauchen, fällt dieses Manko nicht so sehr ins Gewicht. Insgesamt entspricht die Performance nicht derjenigen des HX.

Wenn Sie Ihren Rechner aufrüsten wollen, ist die Unterstützung von Ultra-DMA durch den Triton 3 auf jeden Fall interessant, denn hiermit erhöht sich die IDE-Transferrate von bisher 16,6 MByte auf 32,2 MByte. Dies verhilft einer IDE-Festplatte deutlich zu mehr Geschwindigkeit bzw. Datendurchsatz.

Abb. 7.2: Triton Hauptplatinenchipsätze von Intel.

Intel 82430TX (Codename Triton 4). Dieser Hauptplatinenchipsatz von Intel unterstützt natürlich SDRAM, Ultra-DMA/33 sowie ACPI (ein moderner Energiesparstandard).

Ein Manko ist die eingeschränkte Möglichkeit der internen Cacheable Area von 64 MByte.

ALIChipsatz Aladdin IV und Aladdin IV+. Der maximal adressierbare Speicherbereich beträgt bei den Modellen IV und IV+ jeweils 512 MByte, was in dieser Hinsicht dem Intel Triton 2 entspricht. Beide Modelle haben einen 1 MByte großen Level-2-Cache, also doppelt so viel wie die Konkurrenzmodelle von Intel. Mit diesem Chipsatz sind Sie gut bedient, was die Geschwindigkeit und die Ausbaumöglichkeiten anbelangt.

Die Bustaktrate kann bis auf 83 MHz getaktet werden, jedoch ist der asynchrone PCI-Bus auf 33 MHz Taktrate beschränkt. Darüber hinaus beinhaltet der Aladdin IV+ auch noch einen integrierten Ein-/Ausgabe-Baustein. Dieser bietet den Vorteil, durch die kompakte Bauweise etwas preisgünstiger zu sein.

SIS-Chipsätze 5571, 5581 und 5597. Mit ihren maximalen Cacheable Areas von 128 bis 512 MByte liegen diese Chipsätze im guten Durchschnitt. Der Chipsatz 5597 sowie der Nachfolger 5598 heben sich durch die sogenannte »UMA-Technologie« (Unified Memory Architecture) hervor, welche in den bestehenden Chip zusätzlich ein Grafik-Modul integriert. Dadurch werden die Informationen für die Grafikkarte direkt im Arbeitsspeicher abgelegt, wodurch die Kosten für eine aufwendige Grafikkarte gespart werden können.

Diese Technologie hat sich nicht so durchsetzen können, wie SIS sich dies gewünscht hat, da sich das Graik-Modul eher als Bremsklotz für das System erwiesen hat.

Die Chipsätze 5581 und 5582 kommen ohne die UMA-Technologie aus und sind hinsichtlich ihrer Leistung durchaus mit dem Triton 4 von Intel vergleichbar.

VIA-Chipsätze der Apollo-Reihe. Die Apollo-Chipsätze VPXpro und VP2/97 und VP3 haben einen Level-2-Cache von 2 MByte. Leider bringt dies nicht, wie man vielleicht zunächst vermuten mag, eine doppelte Geschwindigkeit mit sich, denn eine Erhöhung von 1 auf 2 MByte führt nur zu so geringen Geschwindigkeitsvorteilen, daß sie in herkömmlichen Anwendungen unter durchschnittlichen Bedingungen kaum meßbar sind.

Die beiden erstgenannten Chipsätze haben eine maximale Cacheable Area von 512 MByte, während der VP3 1024 MByte ansprechen kann. Erwähnenswert ist weiterhin, daß der VP3 den AGP-Standard unterstützt, der sich wahrscheinlich einer Verbreitung erfreuen wird, wie es bei dem MMX-Standard derzeit der Fall ist.

Tabelle 7.1 gibt Ihnen einen Überblick.

Hersteller	Intel	Intel	Intel	ALI	ALI	ALI
Codename	Triton 2	Triton 3	Triton 4	Aladdin 4	Aladdin 4+	Aladdin V
Chipsatz	82430 HX	82430VX	82430TX	M1531	M1531	M1541
FPM	Ja	Ja	Ja	Ja	Ja	Ja
EDO	Ja	Ja	Ja	Ja	Ja	Ja
SDRAM	Nein	Ja	Ja	Ja	Ja	Ja
L2-Cache	512 kByte	512 kByte	512 kByte	1024 kByte	1024 kByte	1024 kByte
RAM	512 MByte	128 MByte	256 MByte	1024 MByte	1024 MByte	1024 MByte
Cacheable Area	512 MByte	64 MByte	64 MByte	512 MByte	512 MByte	512 MByte
Ultra-DMA/33	Nein	Nein	Ja	Ja	Ja	Ja
USB	Ja	Ja	Ja	Ja	Ja	Ja
AGP	Nein	Nein	Nein	Nein	Nein	Ja
ECC	Ja	Nein	Nein	Ja	Ja	Ja
Bustakt 75 MHz	Nein	Nein	Nein	Ja	Ja	Ja
Bustakt 83 MHz	Nein	Nein	Nein	Ja	Nein	Ja
Bustakt 100 MHz	Nein	Nein	Nein	Ja	Ja	Ja
PCI synchron	Nein	Nein	Nein	1	1	1

1 = Der PCI-Bus weist einen fixen Teiler mit dem Faktor 2,5 auf. Das bedeutet, daß der 75-MHz-Bus mit 30 MHz PCI getaktet ist und der 83-MHz-Bus mit 33 MHz PCI

Tab. 7.1: Übersicht über die Chipsätze einzelner Hersteller

7.1 Klassifizierung der Chipsatz-Generationen

Hersteller	SIS	SIS	SIS	VIA	VIA	VIA
Codename	5581/2	5597/98	5591	Apollo VPX/pro	Apollo VP2/97	Apollo VP3
Chipsatz	5581/2	5597/98	5591	82C585	82C595	82C597
FPM	Ja	Ja	Ja	Ja	Ja	Ja
EDO	Ja	Ja	Ja	Ja	Ja	Ja
SDRAM	Ja	Ja	Ja	Ja	Ja	Ja
L2-Cache	512 kByte	512 kByte	1024 kByte	2048 kByte	2048 kByte	2048 kByte
RAM	384 MByte	384 MByte	768 MByte	512 MByte	512 MByte	1024 MByte
Cacheable Area	128 MByte	128 MByte	256 MByte	512 MByte	512 MByte	1024 MByte
Ultra-DMA/33	Ja	Ja	Ja	Ja	Ja	Ja
USB	Ja	Ja	Ja	Ja	Ja	Ja
AGP	Nein	Nein	Ja	Nein	Nein	Ja
ECC	Nein	Nein	Ja	Nein	Ja	Ja
Bustakt 75 MHz	Ja	Ja	Ja	Ja	Nein	Nein
Bustakt 83 MHz	Nein	Nein	Nein	Nein	Nein	Nein
Bustakt 100 MHz	Nein	Nein	Nein	Nein	Nein	Nein
PCI synchron	Ja	Ja	Ja	Ja	Ja	Ja

Tab. 7.2: Übersicht über die Chipsätze einzelner Hersteller

7.2 Die richtige Bustakt-Geschwindigkeit

Hin und wieder findet man in einschlägigen Zeitschriften Hinweise, die das Übertakten des Prozessors als »Geheimtip« zur Steigerung der Rechnerleistung anbieten. Gemeint ist hier die Erhöhung der internen Bustaktrate.

Das Ausprobieren der richtigen Jumper-Stellung für ein Übertakten des Prozessors ist eine nicht ungefährliche Angelegenheit, da dem Prozessor mit einer falschen Einstellung schnell Schaden zugefügt werden kann. Wie ein Übertakten mit den richtigen Jumpereinstellungen vorgenommen werden kann, ist mitunter in der technischen Dokumentation des Produkts zu lesen.

Die Problematik beim Übertakten des Prozessors liegt darin, daß es zu Störungen im Bereich des PCI-Busses kommen kann, da dieser normalerweise im synchronen Modus betrieben wird. Das heißt, der Prozessor wird mit genau der halben Taktgeschwindigkeit wie der Bus eingestellt. Bei einem 66-MHz-Bus bedeutet dies also 33 MHz. Wird der Bus-Takt nun auf 75 oder 83 MHz erhöht, ergeben sich statt der bisherigen 33 MHz nun 37,5 bzw. 41,5 MHz, die von manchen Peripherie-Bauteilen, wie beispielsweise der Grafikkarte, nicht akzeptiert werden. Problematisch kann es auch für SCSI-Controller werden, mit denen Festplatten, Scanner oder andere Bauteile betrieben werden. Datenverluste oder im schlimmsten Fall Defekte an den Bauteilen bzw. Controllern können der Fall sein.

Sie können dieses Manko umgehen, indem Sie sich beispielsweise bei einer Umrüst-Maßnahme Ihres Rechners auf ein Board umsteigen, das einen asynchronen Bus-Takt bietet. Der PCI-Bus läuft hier unabhängig vom Bus-Takt immer mit 33 MHz, egal mit welcher Geschwindigkeit Sie den Prozessor takten. Die Folge wäre allerdings, daß der nun schnellere Prozessor in gewissen Abständen auf den langsameren PCI-Bus warten muß, indem Leerlauftakte eingeschoben werden. Da dies die Leistung des Prozessors und damit des Gesamtsystems ausbremst, ist von solchen Maßnahmen nicht besonders viel zu erwarten.

Moderne Boards haben eine interne Bustakt-Geschwindigkeit von 100 MHz. Verwechseln Sie die interne Bustakt-Geschwindigkeit nicht mit der Geschwindigkeit des Prozessors.

7.3 Cache-Speichererweiterung als Tuningmaßnahme für das Mainboard

Dem Cache-Speicher kommt gerade im Multitasking-Betrieb von Windows eine große Bedeutung zu, da er die Daten im Vergleich zum Hauptspeicher wesentlich schneller aufnehmen und wieder abgeben kann. Während die Arbeitsspeicher-Bausteine mit einer Geschwindigkeit von durchschnittlich

60 Nanosekunden arbeiten, wartet der genannte SRAM-Cache mit Zugriffszeiten von 10 bis 20 Nanosekunden auf und ist somit als Zwischenspeicher zur Erhöhung der Systemperformance geeignet.

Ältere Hauptplatinen sind mit 256 kByte Cache ausgestattet. Eine Verdoppelung des Cache-Speichers bringt keine Verdoppelung der Systemleistung mit sich, jedoch können Sie mit einer Leistungssteigerung von 10 bis 20 Prozent rechnen.

Wenn Sie einen neuen Computer kaufen, dann achten Sie darauf, daß die Hauptplatine mit ausreichendem Cache bestückt ist. Es gibt immer noch Billigangebote, bei denen nur 256 KByte Cache enthalten sind. 512 oder 1.024 kByte sollten es schon sein. Bevor Sie neue Cache-Speicherbausteine als Aufrüstmaßnahme kaufen, versichern Sie sich auf jeden Fall, ob die vorhandenen auf der Hauptplatine aufgelötet sind. In diesem Fall ist der Austausch nicht möglich. Sind die Bausteine in Stecksockeln verankert, wie dies in Abbildung 7.3 zu sehen ist, dann können Sie einen Austausch vornehmen.

Ein weiterer Punkt ist, daß es beim Cache-Speicher keinen so geläufigen Standard wie PS/2-SIMM oder SIMM gibt. Es ist hier also auf jeden Fall ein Blick in das Handbuch Ihrer Platine erforderlich. Die einzige Ausnahme ist der sogenannte COAST-Sockel, der genormt ist. Wichtig zu wissen ist auch, ob Ihre Platine den schnelleren Pipelined Burst Cache oder den asynchronen Cache aufnehmen kann.

Abb. 7.3: Hier finden Sie die Cache-Speicherbausteine.

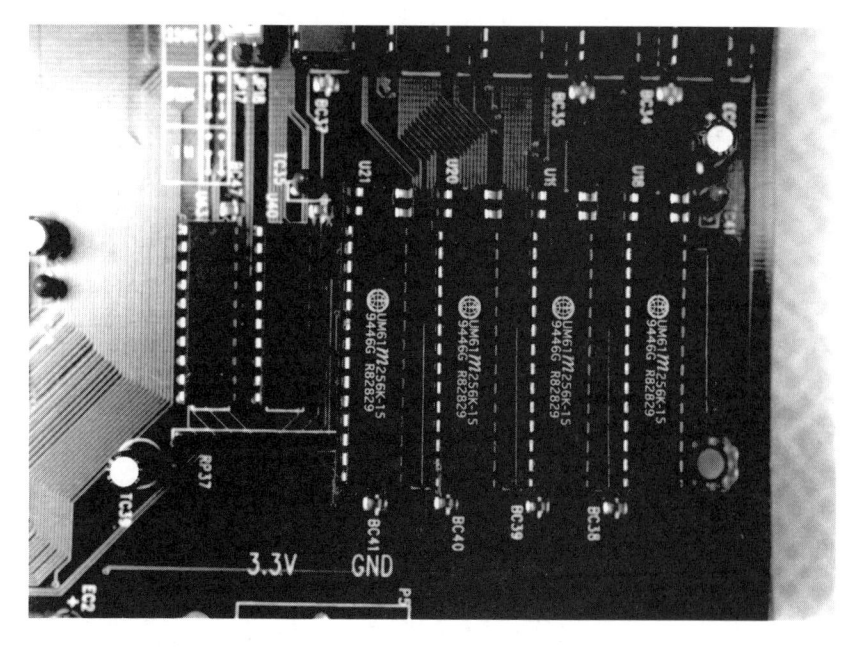

7.3.1 First-Level-Cache und Second-Level-Cache

Wurde als Tuningmaßnahme in Ihrem Rechner einen leistungsfähigerer Prozessor eingebaut, dann kann es sein, daß die nun schnellere CPU dem Arbeitsspeicher regelrecht davonläuft. Um dies auszugleichen, werden häufig benötigte Daten im bereits erwähnten Zwischenspeicher, dem Cache abgespeichert.

Bei den meisten dieser Bauteile gibt es dafür zwei Cache-Ebenen, und zwar den First-Level-Cache und den Second-Level-Cache. Der erste verfügt über einen internen und einen externen Cache. Der interne Cache (First-Level-Cache) ist untrennbar mit dem Prozessor verbunden. Der zweite Cache befindet sich außerhalb des eigentlichen Prozessors und wird als Second-Level-Cache bezeichnet.

Dieser schnelle Cache kann generell auf zwei Arten genutzt werden: Will der Prozessor Daten aus dem Arbeitsspeicher lesen, die sich bereits im Cache befinden, bedient er sich dieses schnelleren Mediums, anstatt auf den langsameren Arbeitsspeicher zu warten. Sind die gewünschten Daten jedoch nicht im Cache verfügbar, muß aus dem (langsameren) Arbeitsspeicher gelesen werden.

Beim Schreiben der Daten sieht es hingegen anders aus. Erfolgt ein relativ häufiger Schreibzugriff auf eine Einheit des Arbeitsspeichers, dann dient der Cache ebenfalls als Puffer, und erst nach Beendigung des Schreibvorgangs werden die Daten vom Cache in den Arbeitsspeicher übertragen. Dies hat den Vorteil, daß der Prozessor auch beim Schreiben von Daten deutlich entlastet wird, da er sich sehr schnell wieder anderen Aufgaben zuwenden kann. Diese Methode wird als *Write Back* (WB) bezeichnet.

Die erwähnte Write-Back-Methode kann dann Probleme bereiten, wenn Geräte Zugriff nehmen, die selbst in der Lage sind, auf den Speicherinhalt zuzugreifen. Dieses Verfahren wird als DMA (Direct Memory Access) bezeichnet und gerne von SCSI-Controllern, E-IDE-Interfaces (Enhanced, also erweitertes IDE) und sogar von einigen Soundkarten benutzt. Wurde mit der Write-Back-Methode experimentiert, und es kommt zu Problemen, das heißt der PC stürzt ab, dann deaktivieren Sie diese Funktion wieder.

Die meisten BIOS-Versionen von AMI und Award erlauben es, den First-Level-Cache und den Second-Level-Cache zu aktivieren. Damit Ihr Rechner möglichst zügig arbeitet, empfiehlt es sich, beide Caches zu aktivieren.

Aktivierung beim AMI-BIOS

Wenn Sie über ein AMI-BIOS verfügen, dann finden Sie die dazu notwendigen Einstellungen im *Advanced CMOS Setup*. Suchen Sie hier nach dem Eintrag INTERNAL CACHE MEMORY und stellen Sie diesen auf ENABLED.

Anschließend suchen Sie den Eintrag CACHE MEMORY, um den externen Cache-Speicher zu aktivieren. Stellen Sie auch Ihn auf ENABLED.

Aktivierung beim Award-Bios

Sehr viele Rechner sind mit dem Award-BIOS ausgerüstet. Hier finden Sie die nötigen Einstellungen im BIOS FEATURES SETUP. Wählen Sie für die Einträge CPU INTERNAL CACHE sowie CPU EXTERNAL CACHE jeweils die Funktion ENABLED.

Beim Award-BIOS besteht darüber hinaus auch noch die Möglichkeit, zwischen den beiden erwähnten Schreibstrategien zu wechseln. Wählen Sie den Schreibmodus WRITE-THROUGH (WT), dann werden die Daten ohne den »Umweg« über eine Zwischenspeicherung zum Arbeitsspeicher gesandt.

7.4 Das Austauschen der kompletten Hauptplatine

Das Austauschen der kompletten Hauptplatine kann beispielsweise dann erforderlich sein, wenn Tuning-Maßnahmen wie das Einsetzen eines leistungsfähigeren Prozessors nicht möglich sind, weil das Board diesen nicht verarbeiten kann. Auf der anderen Seite kann auch eine Hauptplatine kaputt gehen, beispielsweise durch ein zu unsanftes Hineindrücken einer Erweiterungskarte in den Slot. Selbst kleine Haarrisse genügen, um eine Hauptplatine unbrauchbar zu machen.

Das Austauschen dieses Bauteils klingt auf den ersten Blick kompliziert und fehleranfällig, ist es aber im Grunde genommen nicht. Die nachfolgenden Arbeitsschritte zeigen Ihnen den Weg zu einer neuen Hauptplatine.

Wichtig ist es, daß Sie sich erden, bevor Sie einen Baustein des Rechners berühren. Besonders durch Teppichböden laden Sie sich elektromagnetisch auf. Arbeitsspeicher- und Cachebausteine usw. aber auch die Hauptplatine sind anfällig für elektromagnetische Störungen. Leiten Sie diesen Strom von sich ab, indem Sie ein blankes Metallteil des Rechnergehäuses berühren, bevor Sie ein Bauteil Ihres Rechners in die Hand nehmen.

▸ Notieren Sie die Festplattenparameter, und sichern Sie die CMOS-Daten.

▹ Wenn Sie eine neue Hauptplatine einbauen, dann trennen Sie die Stromversorgung des CMOS durch den Akku, der den Strom für die Speicherung der im CMOS enthaltenen Daten liefert. Dementsprechend müssen nach dem erneuten Starten des Rechners die CMOS-Daten und insbesondere diejenigen der Festplatte(n) neu installiert werden.

▹ Starten Sie das Setup über die nach dem Hochzählen des Arbeitsspeichers am Bildschirm ausgegebene Meldung, die beispielsweise *Hit <DEL> to enter Setup* lauten könnte.

▹ Notieren Sie die Parameter für die Festplatte. Dies sind normalerweise HARD DISK TYPE, CYLN, HEAD, WPCOM, LZONE, SECT und SIZE.

▹ Die allgemeinen CMOS-Daten sichern Sie am besten mit einer Notfalldiskette unter Windows 95. Dies wurde im Kapitel 2 bereits beschrieben.

Anschließend empfiehlt es sich, noch sämtliche Einträge zu notieren, die Sie im nachhinein nicht mehr rekonstruieren können. Wenn Sie sich nicht hundertprozentig sicher sind, sollten Sie auch die Konstellation der einzelnen Bauteile festhalten.

▸ **Lösen Sie alle Kabelverbindungen**

▹ Entfernen Sie zuerst das Netzkabel aus dem Gerät. Anschließend ziehen Sie alle Kabel ab, die zu angeschlossenen Peripheriebauteilen oder -geräten führen, wie beispielsweise das Druckerkabel, Tastaturkabel, Monitorkabel usw.

▹ Innerhalb des Rechners entfernen Sie zuerst die dünnen farbigen Kabel der Kontroll-LEDs, des Lautsprechers, des Turbo- und Reset-Schalters sowie eventuell darüber hinaus vorhandene. Ziehen Sie diese Kabel ab, und fixieren Sie sie mit einem Stück Klebe- oder Isolierband am Gehäuse, so daß sie nicht stören.

▹ Notieren Sie auf jeden Fall die Konfiguration der Kabel, beispielsweise mit einem Stück Papier, das Sie am jeweiligen Kabel bzw. Anschluß befestigen. Bei einer späteren Verwechslung können Sie ansonsten unangenehme Überraschungen erleben.

▹ Jetzt lösen Sie alle Kabel für Disketten- und Festplattencontroller. Merken Sie sich, wie diese aufgesteckt waren, oder fertigen Sie eine kleine Skizze an. Sollte Ihr Rechner über einen Kombicontroller verfügen, dann sind dort weitere Kabel aufgesteckt, beispielsweise für serielle und/oder parallele Schnittstellen. Entfernen Sie diese ebenfalls.

Beim späteren Einbau der neuen Hauptplatine ist es wichtig zu wissen, wo und wie die Kabel wieder angeschlossen werden. Flachbandkabel weisen grundsätzlich eine farbig gekennzeichnete Kabelseite auf, an der Sie sich orientieren können. Diese Kennzeichnung paßt beim Gegenstück immer so, daß sie auf den Stecker, der mit PIN 1 gekennzeichnet ist, paßt.

- **Entfernen Sie alle Erweiterungskarten**
  - Entfernen Sie jetzt sämtliche Erweiterungssteckkarten aus ihren Verankerungen. Lösen Sie zuerst die jeweilige Schraube an der Rückseite des Gehäuses, und ziehen Sie die Karte vorsichtig aus dem Steckplatz, indem Sie sie mit Daumen und Zeigerfingern an den oberen Ecken anfassen und einen wechselseitigen Zug ausüben.
  - Sitzt eine Erweiterungskarte unverhältnismäßig stramm in ihrer Verankerung, dann setzen Sie mit einem Schraubendreher durch die rückwärtige Gehäuseöffnung an der metallenen Blende der Erweiterungskarte an und stoßen sie vorsichtig in der Richtung, die von der Hauptplatine wegführt, zumindest an einer Seite ein wenig aus ihrer Verankerung. Sie können dann wie zuvor beschrieben fortfahren.

- **Ausbau der alten Hauptplatine**
  - Nun sollte die alte Hauptplatine frei zugänglich und nur noch über ihre Stromversorgung mit dem Rechner verbunden sein. Lösen Sie die Kabel, die vom Netzteil kommen, und notieren Sie vorher, wie sie aufgesteckt waren. Normalerweise zeigen die drei roten nebeneinander liegenden Kabel in Richtung des Platinenzentrums. Das Motherboard sollte nun nur noch über die Befestigungsschrauben mit dem Gehäuse verbunden sein.
  - Lösen Sie diese Befestigungsschrauben, indem Sie sie vorsichtig und vollständig aus den Schraublöchern herausdrehen. Passen Sie auf, daß Sie auf keinen Fall mit dem Schraubendreher abrutschen, denn Sie könnten hierbei leicht eine Lötverbindung oder eine Leiterbahn beschädigen.
  - Die Platine sollte sich jetzt leicht hin- und herbewegen bzw. herausnehmen lassen. Ist dies nicht der Fall, überprüfen Sie, ob Sie eine Befestigungsschraube oder eine Kabelverbindung übersehen haben.

Wenn sich die Hauptplatine nicht aus dem Gehäuse entfernen läßt, kann es sein, daß die Abstandshalter nicht verschraubt, sondern geklemmt sind. Versuchen Sie, die oberen Spitzen der Abstandshalter mit einer kleinen

Zange zusammenzudrücken und die Platine davon zu trennen. Gibt es hier Probleme, schneiden Sie die Abstandshalter mit einem dünnen, scharfen Messer direkt über dem Gehäuseblech ab.

- **Alle Bauteile der Hauptplatine entfernen**
  - Entfernen Sie nun alle Bauteile, die Sie auf dem neuen Motherboard weiter verwenden wollen. Dies gilt hauptsächlich für den Arbeitsspeicher, den Prozessor und gegebenenfalls für Cache-Speicher.

- **Aufrüsten der neuen Hauptplatine**
  - Bevor Sie Ihre neue Hauptplatine in das PC-Gehäuse einsetzen, bauen Sie den Arbeitsspeicher, den Prozessor, die zuvor entfernten Erweiterungskarten und alle anderen Bauteile ein.
  - Überprüfen Sie auf jeden Fall anhand der technischen Dokumentation, ob Sie alle notwendigen Jumpereinstellungen auf der Hauptplatine korrekt vorgenommen haben.

- **Testen der neuen Hauptplatine**
  - Ist der Check positiv verlaufen bzw. alle Einstellungen korrekt, empfiehlt es sich, einen Test außerhalb des Gehäuses durchzuführen. Legen Sie die Hauptplatine dazu quer über das Rechnergehäuse, und verwenden Sie eine nichtleitende Unterlage. Dies kann ein stabiler Pappkarton oder ein Stück Schaumstoff sein.
  - Schließen Sie das Motherboard so an das Netzteil an, daß die drei roten nebeneinander liegenden Kabel in Richtung Platinenmitte zu liegen kommen, während das einzelne orangefarbene oder weiße Kabel am oberen Rand ganz außen liegt. Die schwarzen Massekabel der beiden Stecker müssen also nebeneinander liegen.
  - Sie müssen unbedingt auf die richtige Polung der stromführenden Stecker achten, denn bei einer Verpolung der Hauptplatine kann diese einen Defekt erleiden. Normalerweise weisen die Steckverbindungen einen Verpolungsschutz auf, der ein Verpolen unmöglich macht. Wenn Sie also beim Herstellen der Verbindung auf Widerstand stoßen, überprüfen Sie lieber noch einmal den korrekten Sitz, und wenden Sie auf keinen Fall Gewalt an.
  - Schalten Sie den Rechner ein. Wird ein korrektes Bild geliefert, dann können Sie davon ausgehen, daß der Arbeitsspeicher und der Prozessor sowie die Grafikkarte korrekt eingebaut sind und sich alle Jumper in der richtigen Position befinden.

Im Falle einer Fehlfunktion meldet sich Ihr Rechner mit einem oder mehreren Piepstönen, die Sie allerdings nur hören, wenn Sie den Lautsprecher angeschlossen haben.

- Einbau der neuen Hauptplatine
    - Trennen Sie die Hauptplatine wieder vom Rechner, und überprüfen Sie die Schraubsockel, mit denen die Platine am Gehäuse befestigt wird. Die Position des jeweiligen Sockels sollte mit den Bohrungen der Platine übereinstimmen. Normalerweise reichen zwei Befestigungspunkte aus, jedoch sind drei oder vier dieser »Kontaktstellen« üblich.
    - Verschrauben Sie die Platine jetzt, oder stecken Sie sie auf die Plastikklemmen auf.
- Schließen Sie alle Kabel wieder an
    - Stellen Sie alle zuvor gelösten Kabelverbindungen wieder her. Sofern diese sorgfältig markiert wurden, dürfte es hierbei keine Probleme geben, ansonsten vergleichen Sie die Dokumentation des alten Motherboards mit der des neuen Bauteils.

7.5 Der Prozessor, die treibende Kraft Ihres Systems

Der Prozessor ist sicherlich der Tempomacher Nummer eins in Ihrem System. Der Markt für Prozessoren ist hart umkämpft, jedoch macht zweifelsohne die Firma Intel derzeit mit Abstand das Rennen. Aber auch den Konkurrenten AMD und Cyrix fällt einiges ein, um dem Marktführer seine Position so schwer wie möglich zu machen. Bei den Neuentwicklungen hat sich wieder einmal gezeigt, daß die Faustregel stimmt, die besagt, daß sich die Prozessorgeschwindigkeit etwa alle zwei Jahre verdoppelt.

Tabelle 7.3 zeigt Ihnen einen Überblick der gängigen, auf dem Markt befindlichen Prozessoren der drei Hersteller AMD, Cyrix und Intel.

AMD	Cyrix	Intel
AMD Pentium 75	Cyrix 6x86 P120+	486DXA/100
AMD Pentium 100	Cyrix 6x86 P133+	486DXA/120
AMD Pentium 133	Cyrix 6x86 P150+	Pentium 75
AMD Pentium 166	Cyrix 6x86 P166+	Pentium 90

Tab. 7.3: Gängige Prozessortypen

AMD	Cyrix	Intel
AMD-K5 PR 75	Cyrix 6x86 P200+	Pentium 100
AMD-K5 PR 90	Cyrix 6x86 MX PR166 (M2)	Pentium 120
AMD-K5 PR 133	Cyrix 6x86 MX PR200 (M2)	Pentium 133
AMD-K5 PR 166	Cyrix 6x86 MX PR233 (M2)	Dual Pentium 133
AMD-K6 MMX Enhanced		Pentium 150
		Pentium 166
		Dual Pentium 166
		Pentium 166 (MMX)
		Pentium 200
		Dual Pentium 200
		Pentium 200 (MMX)
		Pentium 233 MHz (MMX)
		Pentium Pro 200 MHz
		Pentium-II 233 MHz
		Pentium-II 266 MHz
		Pentium-II 300 MHz
		Pentium Pro 150
		Pentium Pro 180
		Dual Pentium Pro 180
		Pentium Pro 200
		Dual Pentium Pro 200

Tab. 7.3: Gängige Prozessortypen

7.5.1 Die MMX-Technologie

Zwar ist der MMX-Prozessor mittlerweile fast schon ein alter Hut, aber es herrscht dennoch manche Unkenntnis über die technischen Hintergründe.

Obwohl mitunter angenommen wird, handelt es sich nicht um eine Neuentwicklung. Vielmehr wurde der herkömmliche Befehlssatzes um insgesamt 57 neue Befehle erweitert. Darüber hinaus wurden zusätzlich acht MMX-Register hinzugefügt, die jeweils eine Datenbreite von 64 Bit aufweisen. Diese Vorgehensweise bringt allerdings nicht für alle Anwendungsprogramme Vorteile. Eine merkliche Geschwindigkeitssteigerung kann hauptsächlich bei Sound- und Bildbearbeitungsprogrammen verzeichnet werden.

Dazu dient die sogenannte *SIMD-Funktion* (Single Instruction Multiple Data). Hiermit kann das gleichzeitige Abarbeiten mehrerer Informationen mit jeweils einem einzigen Befehl erfolgen. Da die Datenbreite 64 Bit beträgt, kann ein MMX-Register entweder acht Bytes, vier 16-Bit-Words, zwei 32-Bit-Doublewords oder ein Quadword aufnehmen. Intel bezeichnet diese vier neuen Datentypen als »Packed Byte«, »Packed Word«, »Packed Doubleword« und »Quadword«.

Allerdings wird von Intel die Zählweise für die 57 neuen Befehle sehr großzügig ausgelegt. Kann ein Befehl, wie beispielsweise MOV, für vier verschiedene Datentypen angewandt werden, zählt Intel dies gleich als vier neue Befehle.

Ihre besondere Effektivität spielen die neuen MMX-Register bei der Verarbeitung von Sound- und Bilddaten aus. Hier handelt es sich vorzugsweise um 16- oder 8-Bit-Daten, und ein Prozessor mit MMX-Fähigkeit kann pro Rechenschritt vier- bis achtmal so viele Daten bearbeiten wie ein normaler Pentium.

Das Haupteinsatzgebiet eines MMX-Prozessors ist zweifellos der Spielebereich. Kaum ein Spiel kann ohne 3D-Funktion auf dem Markt bestehen. Auch hier mischt Intel mit der MMX-Technologie mit: Es wurden die sogenannten Matrizenmultiplikationen verbessert, die bei der Berechnung von dreidimensionalen Objekten zum Einsatz kommen. Bei 3D-Spielen zeigen MMX-Prozessoren ihren Kollegen ohne diese Eigenschaft nur noch die Rücklichter. Das wissen natürlich auch die Grafikkartenhersteller und haben ihrerseits 3D-Chips entwickelt. Eine mit diesem Chip ausgerüstete Grafikkarte ist der MMX-Technologie der CPU normalerweise überlegen. Optimal wäre bei 3D-Spielen eine Kombination aus MMX- und 3D-Technik.

Ob Sie einen MMX-Prozessor benötigen, hängt davon ab, welche Arbeiten Sie vorwiegend verrichten. Betreiben Sie Bild- und Soundbearbeitung nur hin und wieder und arbeiten hauptsächlich mit Office-Anwendungen, dann ist es effektiver, auf MMX-Technologie zu verzichten und das eingesparte Geld lieber in einen zusätzlichen Arbeitsspeicherbaustein oder ein sonstiges Peripherieteil zu stecken.

7.5.2 So wechseln Sie einen Prozessor aus

Wenn Sie sich mit dem Gedanken tragen, den Prozessor Ihres Rechners zu wechseln, dann müssen Sie zuerst zwei Dinge klären: Erstens muß das Mainbaord in der Lage sein, den gewünschten Prozessor anzusteuern, und zweitens muß der Prozessor austauschbar sein. Dies ist beispielsweise dann der Fall, wenn er in einem sogenannten »Nullkraftsockel« untergebracht ist. Dieser Sockel wird auch als ZIF-Sockel (Zero Insertion Force) bezeichnet. Sie erkennen ihn an einem kleinen, seitlich angebrachten Hebel, mit dem Sie die CPU herausnehmen bzw. wieder auf dem Motherboard befestigen können.

Abb. 7.4:
Hier sehen Sie einen ZIF-Sockel.

Welcher Prozessor zu Ihrer Hauptplatine paßt, entnehmen Sie der technischen Dokumentation Ihres Mainboards. Es gibt beispielsweise ältere Pentium-Boards, bei denen Sie lediglich von einem vorhandenen Prozessor mit 90 MHz Taktgeschwindigkeit auf 100 MHz aufstocken können – das lohnt kaum die Arbeit und noch weniger die damit verbundenen Kosten. Handelt es sich hingegen um ein neueres Pentium-Board, dann können Sie dieses Board normalerweise mit einem 100-, 133-, 166- und 200 MHz-Prozessor bestücken.

7.5 Der Prozessor, die treibende Kraft Ihres Systems

Sitzt der auszutauschende Prozessor in einem ZIF-Sockel, dann klappen Sie den kleinen seitlichen Hebel nach oben, und Sie können den alten Prozessor nach oben herausziehen.

Abb. 7.5: Ziehen Sie den Prozessor einfach aus der Halterung.

Bevor Sie an die Arbeit gehen, sollten Sie sich auf jeden Fall vorher erden, um statische Aufladungen abzuleiten. Fassen Sie dazu an ein blankes Metallteil des Rechnergehäuses. Außerdem sollten Sie die Einbauorientierung des alten Prozessors sicherheitshalber markieren, damit Sie ein falsches Einsetzen der neuen CPU von vornherein ausschließen.

Setzen Sie den neuen Prozessor auf den Sockel (der zuvor angehobene Hebel muß sich noch in dieser Position befinden), und drücken Sie den Hebel wieder nach unten. Wurde der Prozessor korrekt aufgesetzt, dann wird er durch diese Hebelwirkung in den Stecksockel hereingezogen und arretiert. Es darf dazu nur eine geringe Kraftanstrengung nötig sein. Läßt er sich auch mit sanftem Druck nicht in den Sockel einpassen, dann kontrollieren Sie lieber noch einmal die korrekte Ausgangsposition, bevor Sie eines der empfindlichen Beinchen umknicken oder abbrechen.

Nach dem Einbau des Prozessors gibt es nun die Möglichkeit, daß das Board dieses neue Bauteil selbst erkennt und sich darauf einstellt. Im anderen Fall müssen Sie der Hauptplatine den Wechsel mitteilen.

**Abb. 7.6:
Das Einsetzen
eines Prozessors
in den ZIF-Sockel**

Prozessoren arbeiten normalerweise in zwei Geschwindigkeitsstufen (Taktraten). Es gibt eine externe und eine interne Taktrate. Die interne Geschwindigkeit ist immer kleiner als die externe und ist ausschlaggebend für die Ansteuerung der internen Komponenten wie etwa des Befehlsdecoders, der Pipeline oder der Register.

Zum Einstellen der externen Frequenz müssen Sie herausfinden, wie diese aktiviert wird. Bei den meisten Boards geschieht dies auf dem Motherboard über Jumper oder (in den selteneren Fällen) per DIP-Schalter. Manche Boards können auch über das BIOS eingestellt werden.

Die interne Frequenz wird ebenfalls durch das Konfigurieren eines Jumperblocks eingestellt. Schlagen Sie dazu in der technischen Dokumentation des Motherboards nach.

Mitunter ist es notwendig, daß Sie neben der internen Frequenz auch noch den Faktor eingeben, mit dem diese multipliziert werden soll. Normalerweise lauten diese Faktoren: 1,5, 2, 2,5 und 3. Läuft beispielsweise ein 133-MHz-Pentium-Prozessor intern mit 66 MHz, dann beträgt der Multiplikationsfaktor 2.

Bei einer Intel-CPU ist dieser Faktor meist als feste Größe vorgegeben, das heißt, Sie müssen keine gesonderten Einstellungen treffen. Wurde aber ein kompatibler Prozessor erworben, dann müssen Sie diesen Faktor fast immer separat eingeben. Auch dies geschieht normalerweise über Jumper auf der Hauptplatine.

Auch der korrekten Stromspannung kommt eine wesentliche Bedeutung zu. Ist diese zu gering, dann funktioniert der Prozessor entweder gar nicht oder nicht richtig. Eine falsche Stromspannung muß sich allerdings nicht sofort bemerkbar machen, sondern kann nach einiger Zeit oder nur ab und zu auftreten. Bei einer zu hohen Spannung wird der Prozessor über kurz oder lang durch Überhitzung zerstört.

Die Stromspannung steht im direkten Zusammenhang mit der Temperatur des Prozessors und somit mit seiner Lebensdauer. Deshalb hat man die Spannung von ursprünglich 5 Volt zuerst auf 3,45 Volt, dann auf 3,3 Volt und bei modernen Prozessoren auf 2,8 Volt gesenkt. Wie die Stromspannung auf Ihrem Motherboard einzustellen ist, entnehmen Sie dem Handbuch.

Mit welcher Spannung Ihr Prozessor arbeitet, sehen Sie an dem Code, der auf dem Gehäuse aufgedruckt ist. Leider handelt es sich hier nicht um eine Voltangabe, sondern um eine verschlüsselte Zahlen- und Ziffernkombination. Auskunft gibt auch hier das Handbuch bzw. der Beipackzettel.

Nach dem Einbau des Prozessors starten Sie einen Testlauf. Normalerweise ist der Write-Back-Modus aktiviert. Arbeitet das System problemlos, belassen Sie es bei dieser Einstellung. Andernfalls deaktivieren Sie diesen Modus wieder und schalten auf WRITE-THROUGH zurück.

Standardmäßig befindet sich auf schnelleren Prozessoren ein kleiner Lüfter, der ausschließlich für die Kühlung der Gehäuserippen zuständig ist. Normalerweise hören Sie von diesem kleinen Lüfter nichts. Allerdings sind in den meisten Rechnern standardmäßig billige Lüfter eingebaut, die durchschnittlich zwei bis drei Jahre halten. Vernehmen Sie von diesem Bauteil einen mehr oder weniger penetranten Ton, dann bedeutet dies, daß der Lüfter bzw. der Motor oder das Wellenlager bald seinen Geist aufgeben wird.

Herrscht jedoch plötzlich von dieser Seite aus Ruhe, dann ist Vorsicht angebracht: Öffnen Sie das Rechnergehäuse, und sehen Sie nach, ob der Lüfter noch seinen Dienst versieht. Falls nicht, dann muß er unbedingt ausgetauscht werden. Sie erhalten einen solchen Lüfter im Computerfachhandel. Sparen Sie hier nicht am falschen Fleck, und geben Sie lieber ein paar Mark mehr für einen guten Lüfter aus.

Lösen Sie die Schrauben und die Kabelverbindungen, und entfernen Sie den Lüfter. Setzen Sie den neuen Lüfter paßgenau auf das Prozessorgehäuse, schrauben Sie ihn fest, und stellen Sie die Kabelverbindungen wieder her.

Moderne Lüfter gibt es derzeit auch als »Einschub-Version«. Hier wird die Verbindung zwischen Prozessorgehäuse und Lüfter nicht mehr mittels Schrauben hergestellt, sondern der Prozessor wird zuerst aus seinem Sockel genommen und anschließend der Lüfter darüber geschoben.

Abb. 7.7:
Bei dieser Version schieben Sie den Lüfter einfach über das Prozessorgehäuse.

8 Schnittstellenproblemen vorbeugen

Schnittstellen sind die wichtigste Verbindung – sowohl rechnerintern als auch rechnerextern. Rechnerinterne Schnittstellen sind in diesem Zusammenhang die Interrupts und DMAs sowie die Portadresse. Als externe Schnittstellen bezeichnet man die COM- und LPT-Anschlüsse.

8.1 Das Handling von Interrupts und DMAs

Interrupt-Request (IRQ), DMA und Portadresse mögen vielen Anwendern unbekannt sein, jedoch sind diese Begriffe äußerst wichtig, wenn es darum geht, ein problemloses Kommunizieren der einzelnen Hardwarebauteile Ihres Rechners zu ermöglichen bzw. wiederherzustellen.

Doch bevor es an die Praxis geht, erst einmal ein wenig Hintergrundwissen:

Alle Erweiterungskarten in Ihrem Rechner (dazu gehören beispielsweise die Grafikkarte, die Schnittstellenkarte, die Soundkarte, die Adapterkarte eines CD-ROM-Laufwerks usw.) senden und empfangen ihre Informationen über Datenleitungen an von von dem Prozessor. Diese Leitungen dürfen nicht gleichzeitig von mehreren Erweiterungskarten benutzt werden, sondern immer nur abwechselnd. Ansonsten würde es zu einem Durcheinander kommen, denn der Prozessor kann bei einer Information nicht wissen, von welcher Erweiterungskarte sie stammt.

Es muß also eine Regelung getroffen werden, wann welche Erweiterungskarte die Datenleitungen benutzen darf, um mit dem Prozessor zu kommunzieren. Dies ist die Aufgabe der sogenannten *Interrupts*.

Ein Interrupt ist eine Unterbrechung (Interrupt Request = Unterbrechungsanforderung). Wird der Prozessor in seiner momentanen Tätigkeit unterbrochen, damit er sich um die Belange derjenigen Erweiterungskarte kümmern kann, die diese Unterbrechungsanforderung geschickt hat. Logischerweise muß es zwangsläufig zu einem Chaos führen, wenn mehrere Erweiterungskarten denselben Interrupt zur selben Zeit in Anspruch nehmen, denn dann weiß der Prozessor beispielsweise nicht, ob gerade die Soundkarte oder der CD-ROM-Adapter etwas von ihm will.

Allerdings werden die Daten zwischen einer Erweiterungskarte und dem Prozessor nicht direkt ausgetauscht, sondern müssen eine »Zwischenstation« benutzen, und zwar einen Zwischenpuffers vorliegt, der im ersten kByte des Arbeitsspeichers untergebracht ist. Man bezeichnet diesen Teil im RAM (Arbeitsspeicher) des Rechners auch als *Port-Adresse*.

Ein praktisches Beispiel dazu: Sie spielen gerade Ihr Lieblingscomputerspiel. Beteiligt sind daran folgende Hardwarekomponenten:

- Das CD-ROM-Laufwerk, von dem laufend Daten für die Grafikanzeige (neue Levels, Landschaften usw.) abgerufen werden.
- Die Soundkarte, die das Computerspiel durch die passende Soundunterstützung erst richtig interessant macht.
- Die Grafikkarte, denn sonst könnten Sie ja von Ihrem schönen Computerspiel nichts sehen.

Der Prozessor muß nun alle drei Hardwarekomponenten »bedienen«. Für jeden Interrupt, also für jede Unterbrechung, wird genau ein Takt benötigt. Bei einem Prozessor, der mit einer Taktrate von 300 MHz arbeitet, kommen schon einige Tausend Unterbrechungen vor, in denen er sich um die Belange derjenigen Erweiterungskarte kümmern kann, die gerade Prozessorzeit benötigt.

Dem Anwender wird also vorgetäuscht, daß alle Komponenten gleichzeitig arbeiten. In Wirklichkeit geschieht ein sehr schnelles Umschalten zwischen den einzelnen Komponenten, damit dieser Eindruck erweckt wird.

Benutzen der CD-ROM-Adapter und die Soundkarte denselben Interrupt, dann kommt es genauso zu Konflikten, wie wenn beide Komponenten unterschiedliche Interrupts benutzen, aber beide auf dieselbe Portadresse zugreifen.

Es gibt zwar die Möglichkeit, daß zwei Hardwarekomponenten denselben Interrupt benutzen, jedoch muß dabei ausgeschlossen sein, daß beide zur gleichen Zeit auf ihn zugreifen. Das ist z.B. dann der Fall, wenn Sie einen Joystick verwenden, aber nicht zur gleichen Zeit drucken wollen.

Eine Ausnahme bezüglich des Datentransports gibt es jedoch: Den *DMA-Kanal*, denn auf ihm werden die Daten nicht über den Umweg der Portadresse, sondern auf speziellen Datenleitungen, die ebenfalls auf der Hauptplatine untergebracht sind, direkt zwischen den Erweiterungskarten und dem Prozessor ausgetauscht. Durch dieses Verfahren wird eine höhere Verarbeitungsgeschwindigkeit erzielt. Allerdings darf nur jeweils eine Erweiterungskarte auf einen DMA-Kanal zugreifen, damit es nicht zu Problemen kommt.

Es entsteht möglicherweise der Eindruck, als würden mehrere DMA-Kanäle existieren, da es mehrere DMA-Nummern gibt. Dem ist allerdings nicht so, denn die DMA-Nummern sind lediglich als Kennummern zu verstehen, mit denen eine Erweiterungskarte auf den DMA-Kanal zugreifen kann. Mit den Nummern wird also genaugenommen nicht der DMA-Kanal bezeichnet, sondern einer Erweiterungskarte eine Identifizierung zugewiesen, unter der sie vom Prozessor eine Unterbrechung anfordern kann.

Sind zwei Erweiterungskarten auf denselben DMA-Kanal eingestellt, kommt es also auch hier zu Konflikten.

Allerdings stehen nicht beliebig viele Port- und DMA-Adressen zur Verfügung. Außerdem benötigen auch die Grafikkarte, die Schnittstellenkarte und der Festplattencontroller eigene Adressen. Diese Adressen sind jedoch nicht beliebig einstellbar, sondern standardmäßig vergeben.

8.1.1 Interrupt-Belegung

Um welche Adressen es sich dabei handelt, läßt sich beispielsweise mit der DOS-eigenen Routine *MSD* herausfinden. Verfolgen Sie anhand des Beispiels einmal die Belegung der Schnittstellen:

▸ Rufen Sie *Microsoft Diagnostics* mit folgendem Befehl auf:

MSD

Abb. 8.1:
Microsoft
Diagnostics

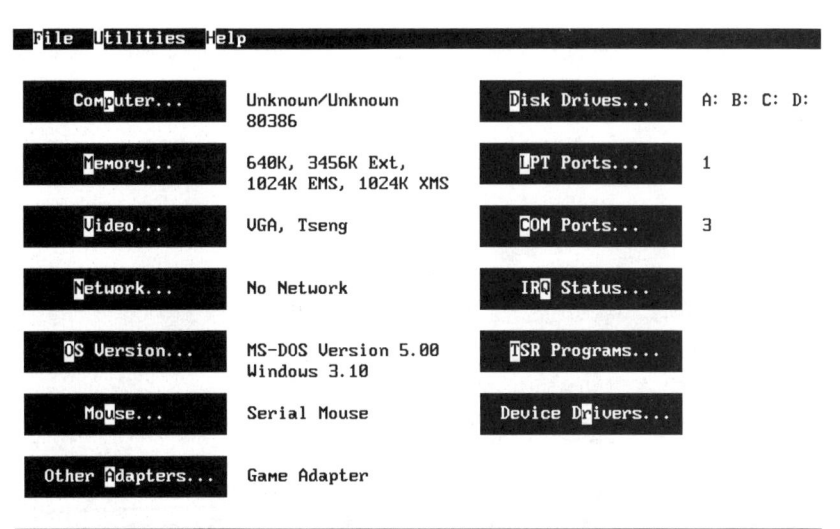

```
File  Utilities  Help

  Computer...        Unknown/Unknown         Disk Drives...    A: B: C: D:
                     80386

  Memory...          640K, 3456K Ext,        LPT Ports...      1
                     1024K EMS, 1024K XMS

  Video...           VGA, Tseng              COM Ports...      3

  Network...         No Network              IRQ Status...

  OS Version...      MS-DOS Version 5.00     TSR Programs...
                     Windows 3.10

  Mouse...           Serial Mouse            Device Drivers...

  Other Adapters...  Game Adapter

Press ALT for menu, or press highlighted letter, or F3 to quit MSD.
```

▸ Die Maus belegt natürlich auch eine Schnittstelle. Im linken Teil des MSD-Fensters sehen Sie die Auswahl MOUSE (zweite Option von unten). Klicken Sie dieses Feld an, oder geben Sie den hell unterlegten Buchstaben (in diesem Fall das S) ein. Sie sehen jetzt entweder in einem separaten Dialogfenster namens MOUSE die ermittelten Werte für dieses Hardwareteil oder einfach nur einen Hinweis darauf, daß eine Maus angeschlossen ist und ob ein dazugehöriger Treiber gefunden wurde.

8 Schnittstellenproblemen vorbeugen

▸ Sehen Sie sich jetzt die DMA-Belegung der Schnittstellen an, indem Sie das Feld COM PORTS anklicken oder den Buchstaben C eingeben. Es erscheint das Fenster COM PORTS. Sie können jetzt die Port-Adressen sehen.

Abb. 8.2:
Die COM-Ports und ihre Adressenbelegung

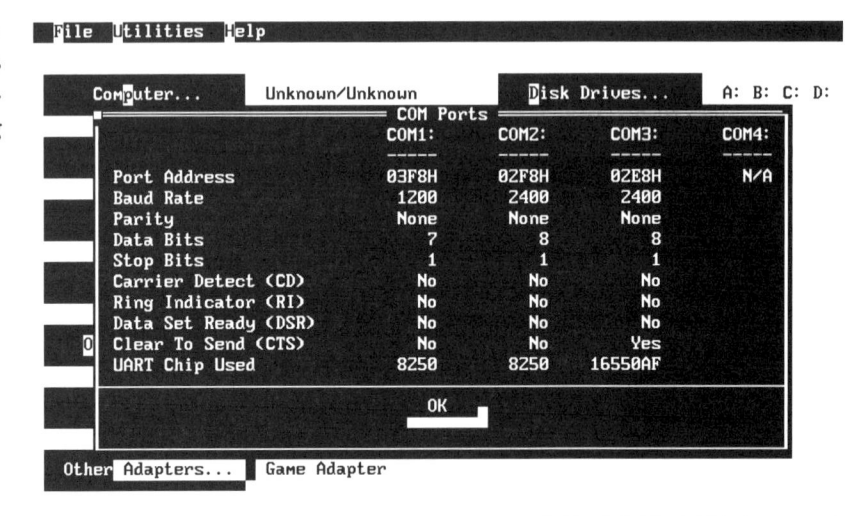

```
File Utilities Help

    Computer...      Unknown/Unknown              Disk Drives...    A: B: C: D:
                                    COM Ports
                                  COM1:      COM2:      COM3:      COM4:
                                  -----      -----      -----      -----
          Port Address            03F8H      02F8H      02E8H       N/A
          Baud Rate                1200       2400       2400
          Parity                   None       None       None
          Data Bits                  7          8          8
          Stop Bits                  1          1          1
          Carrier Detect (CD)       No         No         No
          Ring Indicator (RI)       No         No         No
          Data Set Ready (DSR)      No         No         No
          Clear To Send (CTS)       No         No         Yes
          UART Chip Used           8250       8250      16550AF

                                       OK

    Other Adapters...   Game Adapter

COM Ports: Displays status of serial ports.
```

▸ Es gibt natürlich nicht nur serielle, sondern auch parallele Schnittstellen. Dabei handelt es sich um die LPT-Ports. Klicken Sie mit der Maus das Feld LPT PORTS an, oder geben Sie den Buchstaben L ein. Es erscheint ein Fenster, in dem Sie nähere Angaben über die LPT-Ports erhalten.

Abb. 8.3:
Informationen über die LPT-Ports

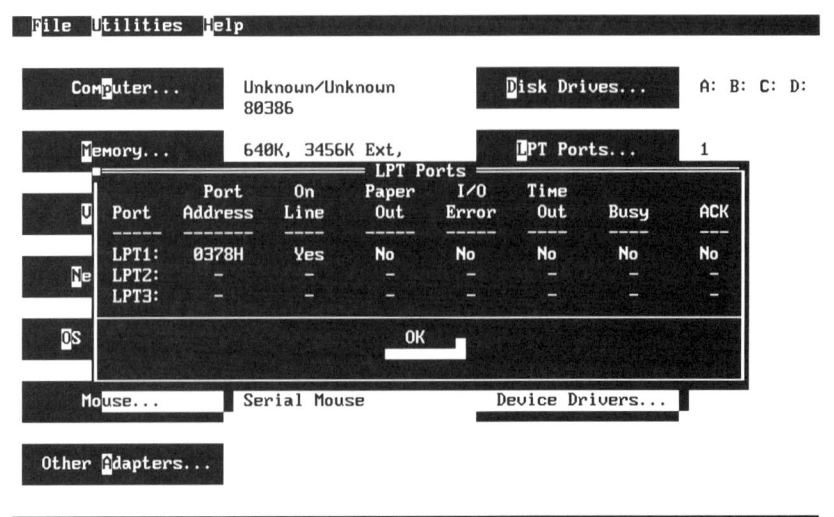

```
File Utilities Help

    Computer...      Unknown/Unknown              Disk Drives...    A: B: C: D:
                     80386
    Memory...        640K, 3456K Ext,             LPT Ports...       1
                                    LPT Ports
                      Port      On      Paper     I/O     Time
           Port      Address   Line     Out      Error    Out    Busy   ACK
           ----     -------   ----    -----    -----    ----   ----   ---
           LPT1:    0378H     Yes      No        No       No     No     No
           LPT2:      -        -        -         -        -      -      -
           LPT3:      -        -        -         -        -      -      -

                                       OK

    Mouse...         Serial Mouse                 Device Drivers...

    Other Adapters...

LPT Ports: Displays status of parallel ports.
```

8.1 Das Handling von Interrupts und DMAs

▸ Jetzt klicken Sie das Feld IRQ STATUS an oder geben den Buchstaben Q ein. Es erscheint ein Fenster, in dem Sie Informationen über den IRQ-Status der einzelnen Hardwarebauteile erhalten. In diesem Fenster sehen Sie, daß die seriellen Schnittstellen COM1, COM2, COM3 und COM4 die IRQ-Nummern 3 und 4 belegen. IRQ-Nummer 5 wird von der zweiten parallelen Schnittstelle (LPT2) belegt. IRQ-Nummer 7 wird von der ersten parallelen Schnittstelle belegt.

Abb. 8.4:
Die Belegung der IRQ-Nummern

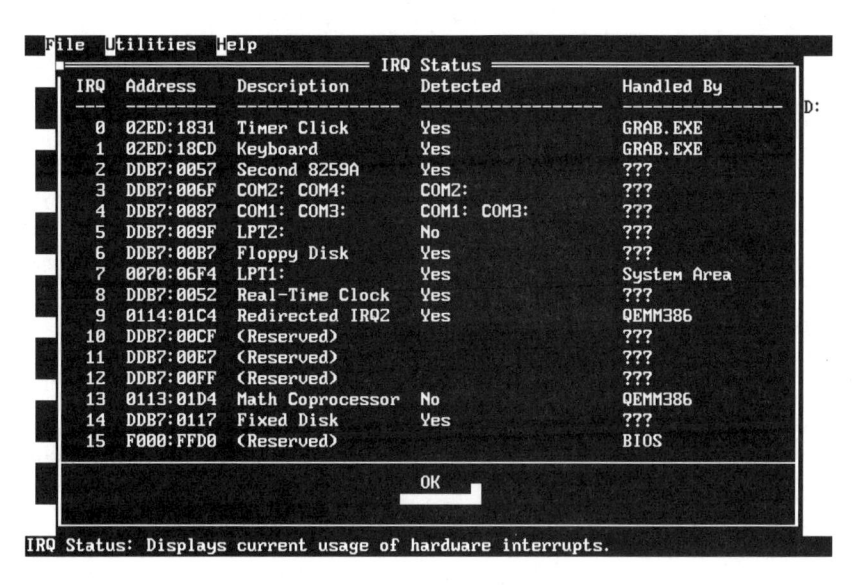

```
File Utilities Help
                         IRQ Status
 IRQ  Address    Description      Detected      Handled By
 ---  ---------  -----------      --------      ----------
  0   02ED:1831  Timer Click      Yes           GRAB.EXE
  1   02ED:18CD  Keyboard         Yes           GRAB.EXE
  2   DDB7:0057  Second 8259A     Yes           ???
  3   DDB7:006F  COM2: COM4:      COM2:         ???
  4   DDB7:0087  COM1: COM3:      COM1: COM3:   ???
  5   DDB7:009F  LPT2:            No            ???
  6   DDB7:00B7  Floppy Disk      Yes           ???
  7   0070:06F4  LPT1:            Yes           System Area
  8   DDB7:0052  Real-Time Clock  Yes           ???
  9   0114:01C4  Redirected IRQ2  Yes           QEMM386
 10   DDB7:00CF  (Reserved)                     ???
 11   DDB7:00E7  (Reserved)                     ???
 12   DDB7:00FF  (Reserved)                     ???
 13   0113:01D4  Math Coprocessor No            QEMM386
 14   DDB7:0117  Fixed Disk       Yes           ???
 15   F000:FFD0  (Reserved)                     BIOS

                         OK

IRQ Status: Displays current usage of hardware interrupts.
```

Wie Sie in Abbildung 8.4 sehen, gibt es 16 Interrupts, und zwar von 0 bis 15.

Einige dieser Interrupts können Sie frei konfigurieren bzw. belegen, andere hingegen sind vom System fest belegt und dürfen nicht verändert oder belegt werden.

Wenn Sie also eine Videokarte, eine Soundkarte oder eine andere Erweiterungskarte in Ihren Rechner einbauen wollen, dann dürfen Sie nicht versuchen, diese Interrupts zu belegen. Um welche Interrupts es sich hierbei genau handelt, können Sie der Abbildung 8.4 entnehmen.

IRQ-Nummer	Belegung
0	(Timer Clock)
1	(Tastatur)
3	(serielle Schnittstellen COM2 und COM4)

Tab. 8.1: Bereits belegte Interrupts

IRQ-Nummer	Belegung
4	(serielle Schnittstellen COM1 und COM3)
6	(Diskettenlaufwerk)
8	(Echtzeit-Uhr)
13	(Mathematischer Coprozessor)
14	(Festplattenlaufwerk)

Tab. 8.1: Bereits belegte Interrupts

Wenn Sie eine Erweiterungskarte (beispielsweise eine Video- oder Soundkarte) installieren bzw. konfigurieren wollen, dann empfehlen sich zuerst einmal die Druckerschnittstellen. Bei den wenigsten Rechnern werden zwei Druckerschnittstellen für das Drucken von Dokumenten benötigt. Einer der beiden Interrupts, entweder 5 oder 7, die für die Druckerschnittstellen gedacht sind, kann für diesen Zweck benutzt werden.

Vor zwei Interrupts sollten Sie jedoch gewarnt sein, und zwar sind dies die Interrupts 2 und 9. Es handelt sich hierbei um voreingestellte Interrupts, die für systemeigene Zwecke verwendet werden. Sie sollten erst dann versuchen, eine Erweiterungskarte auf diesen Interrupt zu konfigurieren, wenn kein anderer mehr frei ist.

Es bleiben die Interrupts 10, 11, 12 und 15 frei, und Sie sollten versuchen, diese zuerst zu belegen, wenn Sie zusätzliche Erweiterungskarten in Ihren Rechner einbauen wollen.

Achten Sie also beim Kauf einer Erweiterungskarte darauf, daß möglichst viel Spielraum zum Konfigurieren besteht. Vor allem billige Erweiterungskarten verfügen nur über die Möglichkeit, Interrupts in den unteren Bereich einzustellen.

Tabelle 8.2 listet noch einmal die 16 Interrupts des Rechners auf und zeigt ihre Belegung, wie sie standardmäßig vorgesehen ist.

Interrupt	Funktion	Zu konfigurieren?
IRQ 0	System-Timer	Nein
IRQ 1	Tastatur	Nein
IRQ 2	Interne Belegung (beispielsweise Grafikkarte)	Nur sehr eingeschränkt

Tab. 8.2: Standardmäßige Belegung der Interrupts

8.1 Das Handling von Interrupts und DMAs

Interrupt	Funktion	Zu konfigurieren?
IRQ 3	Zweite serielle Schnittstelle (COM2)	Bedingt
IRQ 4	Erste serielle Schnittstelle (COM1)	Bedingt
IRQ 5	Zweite parallele Druckerschnittstelle (LPT2)	Ja, sofern nur eine Druckerschnittstelle installiert ist
IRQ 6	Diskettenlaufwerk	Nein
IRQ 7	Erste parallele Druckerschnittstelle (LPT1)	Ja, sofern nur eine Druckerschnittstelle installiert ist
IRQ 8	Echtzeituhr	Nein
IRQ 9	Interne Verwendung, meist von der Grafikkarte belegt	Nur sehr eingeschränkt
IRQ 10	Nicht belegt	Ja
IRQ 11	Nicht belegt (gegebenenfalls von einer Netzwerkkarte)	Ja
IRQ 12	Nicht belegt	Ja
IRQ 13	Numerischer Coprozessor	Nein
IRQ 14	Primary Enhanced IDE-Port	Ja, bedingt
IRQ 15	Secondary Enhanced IDE-Port	Ja, bedingt

Tab. 8.2: Standardmäßige Belegung der Interrupts

In Tabelle 8.3 können Sie Ihre persönliche Konfiguration eintragen. Kopieren Sie diese Tabelle, oder tragen Sie die Werte mit Bleistift ein, um sie bei Bedarf im nachhinein ändern zu können.

IRQ	Funktion/Gerät	E/A-Bereich
0		
1		
2		
3		
4		
5		
6		
7		
8		
9		
10		
11		
12		
13		
14		
15		

Tab. 8.3: Hier können Sie die Konfiguration Ihres Rechners notieren

Je nachdem, wie viele Geräte angeschlossen sind, kann es bei der Anzahl der freien Interrupts zu Engpässen kommen. Analysieren Sie in einem solchen Fall, welche Schnittstellen Sie unbedingt benötigen. Deaktivieren Sie im BIOS Ihres Rechners den sekundären IDE-Port, wenn er nicht durch ein entsprechendes Gerät belegt ist, und schalten Sie beide IDE-Ports aus, wenn Sie nur mit SCSI arbeiten. Wenn Sie keine PS/2-Maus (Busmaus) betreiben, dann können Sie auch diesen Port deaktivieren oder auf AUTOMATISCHE ERKENNUNG schalten. Sie sparen mit dieser relativ einfachen Methode bis zu drei Interrupts.

8.1.2 DMA-Belegung

Bei der Belegung der DMA-Nummern sieht es ähnlich aus wie bei den Interrupts: Einige sind bereits vom System belegt, andere hingegen frei konfigurierbar. Tabelle 8.4 zeigt die standardmäßige Belegung:

DMA	Breite des Datenbusses	Funktion	Zu konfigurieren?
0	8 Bit	Interne Verwendung	Nur bedingt konfigurierbar
1	8 Bit	Frei	Ja
2	8 Bit	Diskettenlaufwerke	Nein
3	8 Bit	Frei	Ja
4	16 Bit	Interne Verwendung	Nein
5	16 Bit	Frei	Ja
6	16 Bit	Frei	Ja
7	16 Bit	Frei	Ja

Tab. 8.4: Standardmäßige DMA-Belegung

Auf den ersten Blick fällt hier die Unterscheidung in 8-Bit-DMAs und 16-Bit-DMAs auf. Eine Erweiterungskarte, die einen 16-Bit-DMA-Kanal benötigt, wird nur auf die DMA-Kanäle 5, 6 oder 7 zu konfigurieren sein (DMA-Kanal 4 sollten Sie nicht konfigurieren, da er für interne Zwecke vergeben ist).

Verlassen Sie sich bei einer Zusammenstellung der IRQ- und DMA-Belegungen Ihrer Erweiterungskarten nicht hundertprozentig auf Tools wie Microsoft Diagnostics, denn sie spüren nicht alle Erweiterungskarten bzw. deren Belegungen korrekt auf. Um einen korrekten Plan für die Belegung der in Ihrem Rechner installierten Erweiterungskarten anzufertigen, müssenSie in den jeweiligen technischen Dokumentationen nachschlagen. Außerdem sind an manchen Erweiterungskarten (beispielsweise einigen Faxmodem-Karten) die Jumper-Konfigurationen sowie ihre jeweiligen Bedeutungen verzeichnet, so daß sie bequem abgelesen werden können.

Im folgenden Abschnitt finden Sie eine Auflistung der wichtigsten Punkte, um zu einer möglichst optimalen und störungsfreien Belegung der Interrupts und DMA-Kanäle zu gelangen.

8.1.3 Checkliste einer individuellen Erweiterungskartenbelegung

Legen Sie sich einen Notizzettel zurecht, und notieren Sie alle Belegungen, die Sie finden können. Bewahren Sie diesen Zettel gut auf, denn er wird Ihnen sehr hilfreich sein, wenn Sie Ihren Rechner mit weiteren Erweiterungskarten aufrüsten wollen oder nach einem Fehler suchen.

Die Grafikkarte

Sie ist die wesentlichste Erweiterungskarte in Ihrem Rechner. Ohne sie hätten weitere Karten bzw. Programme kaum einen Sinn, da nichts von ihnen zu sehen wäre (abgesehen von der Möglichkeit, den Rechner als Server einzusetzen).

Um die Belegung bei der Grafikkarte brauchen Sie sich nicht zu kümmern, da sie standardmäßig erfolgt. Normalerweise wird dazu der Interrupt 2 oder 9 benutzt.

Die Schnittstellen

Lassen Sie sich die Belegung der seriellen und parallelen Schnittstellen anzeigen, und vermerken Sie diese auf Ihrem Notizzettel.

Die seriellen Schnittstellen, die COM-Ports, verursachen normalerweise keinen Ärger. Anders hingegen die parallelen Schnittstellen, die LPT-Ports. Wie Sie der Abbildung 8.4 entnehmen können, ist standardmäßig die erste parallele Schnittstelle auf den Interrupt 5 konfiguriert, die zweite parallele Schnittstelle auf den Interrupt 7. Standardmäßig sind die Schnittstellenkarten ebenfalls auf diese Belegung voreingestellt.

Da herkömmliche Rechner bzw. Schnittstellenkarten nur über eine parallele Schnittstelle verfügen, kann über einen Jumper entweder der Interrupt 5 oder der Interrupt 7 gewählt werden. Welcher dieser beiden Interrupts gewählt wird, spielt keine Rolle, aber Sie haben im Falle eines Falles die Möglichkeit, auf einen anderen Interrupt auszuweichen, wenn es die Situation erfordert.

Die Maus

Lassen Sie sich ebenfalls die Belegung der Maus anzeigen, denn auch hier kann es zu Kollisionen kommen, wenn Sie beispielsweise ein Modem bzw. eine Modemkarte anschließen wollen.

CD-ROM-Adapterkarten

Hier kommt es auf die Art Ihres CD-ROM-Laufwerkes an. Handelt es sich um ein SCSI- oder IDE-Enhanced-Laufwerk, dann gibt es mit den IRQs und DMAs keine Probleme, denn Sie schließen das Laufwerk lediglich an den bereits installierten Controller an. Einstellungen von Interrupt-Requests oder DMA-Kanälen müssen Sie nicht vornehmen.

Wollen Sie das Laufwerk an einer Soundkarte betreiben, dann ist die Einstellung eines IRQs oder DMAs vom Typ der Soundkarte abhängig. Gegebenenfalls müssen Sie einen weiteren Interrupt vergeben, den Sie, sofern die Möglichkeit dazu besteht, möglichst hoch wählen sollten.

Probleme kann es beispielsweise bei älteren IDE-CD-ROM-Laufwerken geben, die mit einem eigenen Controller (meist handelt es sich um einen 8-Bit-Controller) betrieben werden. Für diesen Controller müssen eventuell ein anderer IRQ und DMA gewählt werden, wenn der voreingestellte Probleme bereitet.

Die Soundkarte

Tabelle 8.4 zeigt, daß es 8-Bit- und 16-Bit-DMA-Kanäle gibt. Während ältere 8-Bit-Soundkarten (diese Soundkarten sind allerdings kaum noch im Handel) zwei Portadressen, einen Interrupt und einen DMA-Kanal benötigen, muß bei den 16-Bit-Soundkarten ein zweiter DMA-Kanal angegeben werden.

Einige Soundkarten ermöglichen es, statt des 16-Bit-Kanals den 8-Bit-Kanal zu benutzen, was insbesondere dann sinnvoll ist, wenn entweder kein 16-Bit-Kanal mehr frei ist oder es beim Betrieb der Karte zu Problemen kommt. Folgende Konfiguration ist für Soundkarten empfehlenswert:

- Für den 8-Bit-Kanal DMA 1 oder DMA 3 (DMA 0 und DMA 2 kommen nicht Frage, da sie standardmäßig bereits für eine interne Verwendung oder für das Diskettenlaufwerk vergeben sind).
- Für den 16-Bit-Kanal DMA 5, 6 oder 7 (DMA 4 wird bereits für interne Zwecke verwendet).
- Interrupt 7, 10, 11, 12 oder 15 (Interrupt 7 ist ideal, sofern noch frei).
- Für die Wiedergabe der Sounddateien die Portadresse 220.
- Für die MIDI-Funktion die Portadresse 330.

Versuchen Sie auf jeden Fall, zuerst einmal mit den voreingestellten Werten der Soundkarte zurechtzukommen, denn mit diesen Einstellungen laufen die meisten Spiele und Sharewareprogramme, und Sie können die Voreinstellungen beim Installieren dieser Programme übernehmen, ohne erst mehr oder weniger umständliche Veränderungen durchzuführen.

SCSI-Controller

Sofern in Ihrem Rechner ein SCSI-Controller installiert ist, dann erfordert dieses Bauteil in der Regel einen möglichst hohen Interrupt. Im Prinzip können Sie dem SCSI-Controller einen beliebigen Interrupt zuweisen, jedoch empfiehlt es sich, ihm einen möglichst hohen, also beispielsweise den Interrupt 15, zuzuweisen. Es ist von Vorteil, dem SCSI-Controller einen möglichst hohen Interrupt zuzuweisen, weil Sie dadurch einen unteren Interrupt für diejenigen Erweiterungskarten frei haben, die das Konfigurieren auf ...15 nicht erlauben.

Video-Karten

Video-Karten benötigen neben einer freien Portadresse auch noch einen unbelegten DMA-Kanal und einen IRQ.

Beachten Sie bei der Installation einer Video-Karte auch noch, daß Sie die in Ihrem Rechner vorhandene Grafikkarte ausbauen müssen, denn auf den meisten Video-Karten ist bereits ein eigener Grafikadapter integriert. Beide Karten zusammen stören sich gegenseitig.

8.1.4 Interrupt-Analyse mit IRQ_Info 1.5

Auf der beiliegenden CD finden Sie ein Utility namens IRQ_Info. Sie können es schnell und bequem einsetzen, um Ihr System auf die Belegung der Interrupts zu überprüfen.

Obwohl das eingangs erwähnte Programm Microsoft Diagnosticsdazu zwar ebenfalls benutzt werden kann, empfiehlt sich auf jeden Fall eine »Gegenprobe«.

Wie Sie Abbildung 8.5 entnehmen können, listet das Programm zum einen die Informationen in deutsch auf. Zum anderen wurde der Interrupt 10 von Microsoft Diagnostics mit »Reserved« bezeichnet, IRQ_Info wird da schon ein bißchen deutlicher und gibt an, daß auf diesem IRQ ein SCSI-Adapter konfiguriert ist. Tatsächlich ist im vorliegenden System eine solche Karte als Adapter für einen Scanner installiert.

Darüber hinaus wurde auch von IRQ_Info wesentlich exakter angegeben, daß sich auf den Interrupts 14 und 15 die Standard-IDE/ESDI-Festplattencontroller befinden.

Unter Windows sieht man laufend Zeichen auf dem Bildschirm, wenn eine Modemverbundung aufgebaut wurde. Die Modemverbindung ist jedoch in Ordnung. Auch das Herabsetzen der Verbindungsgeschwindigkeit bringt keinen Erfolg, und die Maus ist auf einen anderen Interrupt konfiguriert, so daß auch hier keine Konflikte entstehen können.

Abb. 8.5:
Die Belegung der IRQ-Nummern, festgestellt von IRQ_Info

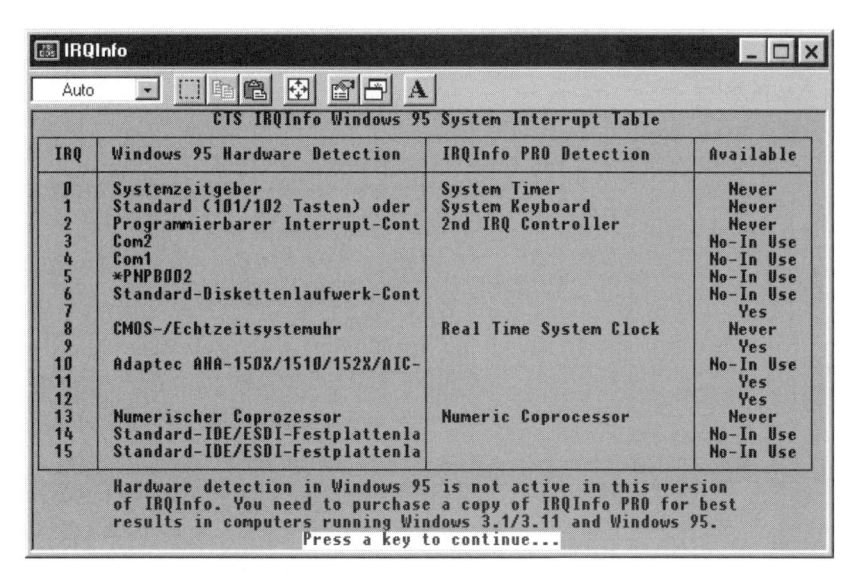

```
CTS IRQInfo Windows 95 System Interrupt Table
IRQ  Windows 95 Hardware Detection    IRQInfo PRO Detection    Available
 0   Systemzeitgeber                   System Timer             Never
 1   Standard (101/102 Tasten) oder    System Keyboard          Never
 2   Programmierbarer Interrupt-Cont   2nd IRQ Controller       Never
 3   Com2                                                       No-In Use
 4   Com1                                                       No-In Use
 5   *PNPB002                                                   No-In Use
 6   Standard-Diskettenlaufwerk-Cont                            No-In Use
 7                                                              Yes
 8   CMOS-/Echtzeitsystemuhr           Real Time System Clock   Never
 9                                                              Yes
10   Adaptec AHA-150X/1510/152X/AIC-                            No-In Use
11                                                              Yes
12                                                              Yes
13   Numerischer Coprozessor           Numeric Coprocessor      Never
14   Standard-IDE/ESDI-Festplattenla                            No-In Use
15   Standard-IDE/ESDI-Festplattenla                            No-In Use

Hardware detection in Windows 95 is not active in this version
of IRQInfo. You need to purchase a copy of IRQInfo PRO for best
results in computers running Windows 3.1/3.11 and Windows 95.
                    Press a key to continue...
```

An diesem Problem ist oft die Grafikkarte beziehungsweise der Treiber der Karte schuld. Rufen Sie die Systemsteuerung auf, und aktivieren Sie das Icon ANZEIGE. Rufen Sie die Registerkarte EINSTELLUNGEN auf, und klikken Sie auf die Schaltfläche ERWEITERT. Sie befinden sich nun im Dialogfenster ERWEITERTE GRAFIKEIGENSCHAFTEN.

Abb. 8.6:
Die erweiterten Grafikeigenschaften

Erweiterte Grafikeigenschaften

Grafikkarte | Bildschirm | Leistungsmerkmale

S3 Trio32/64 PCI   [Ändern...]

Karten-/Treiberinformationen
Hersteller: S3
Chip-Typ: 764GSpnp Rev B
DAC-Typ: ATT or clone
Speicher: 2 MB
Merkmale: DirectDraw(tm)
Softwareversion: 4.0
Installierte Dateien: s3mm.drv,*vdd,*vflatd,s3mm.vxd,S3MM.dll

Bildwiederholfrequenz
[Optimal ▼]

[OK] [Abbrechen] [Übernehmen]

Klicken Sie auf die Schaltfläche ÄNDERN, und wechseln Sie damit in das Dialogfenster GERÄT AUSWÄHLEN. Hier werden Ihnen in einer Liste einige Grafikkartentypen des aktuellen Herstellers gezeigt.

Aktivieren Sie die Funktion ALLE GERÄTE ANZEIGEN. Wählen Sie aus dem Fenster HERSTELLER den Eintrag STANDARDGRAFIKKARTENTYPEN und aus dem Fenster MODELLE den Standard-VGA-Treiber aus.

Starten Sie nun die Modemverbindung erneut. Klappt es, liegt es tatsächlich am Grafikkartentreiber. Besorgen Sie sich einen aktuellen Treiber für Ihre Grafikkarte, und installieren Sie ihn. Stellen Sie gegebenenfalls eine abweichende Auflösung und Farbtiefe ein, wenn es auf Anhieb nicht funktionieren sollte.

Abb. 8.7:
Wählen Sie den Standard-VGA-Treiber für die Grafikkarte aus.

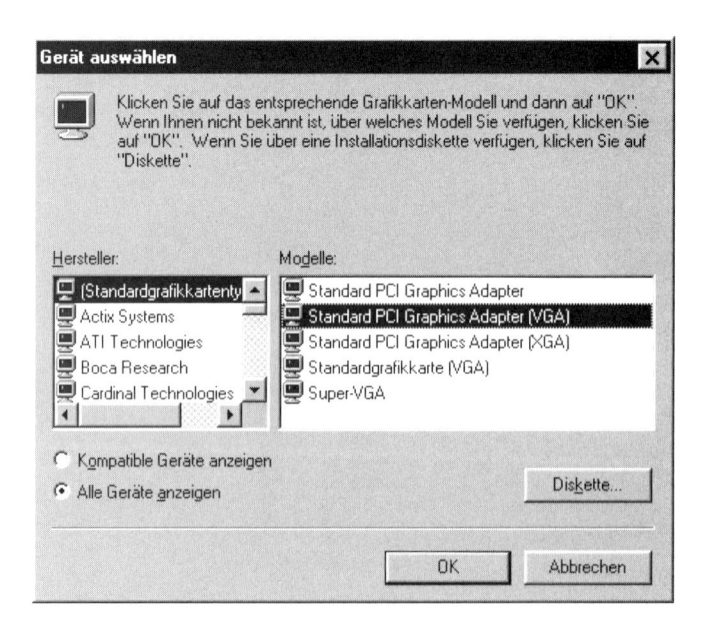

8.2 Schnittstellen unter Windows 98/95 einrichten und konfigurieren

Das Einrichten und Konfigurieren sowie auch eine Fehlererkennung bei den Schnittstellen ist unter Windows 98/95 ebenfalls einfacher als unter Windows 3.11 oder unter MS-DOS. Wählen Sie den Befehl START | EINSTELLUNGEN | SYSTEMEINSTELLUNGEN, und aktivieren Sie das Icon SYSTEM. Es erscheint das Dialogfenster EIGENSCHAFTEN FÜR SYSTEM. Aktivieren Sie hier den Registerkartenreiter GERÄTE-MANAGER.

8.2 Schnittstellen unter Windows 98/95 einrichten und konfigurieren

Sie können jetzt entweder die standardmäßig aktivierte Funktion MODELLE NACH TYP ANZEIGEN aktiviert lassen oder die Funktion MODELLE NACH ANSCHLUSS wählen. Im erstgenannten Fall doppelklicken Sie auf den Eintrag ANSCHLÜSSE (COM UND LPT), im zweitgenannten Fall sind die Anschlüsse getrennt aufgelistet, also COM1, COM2 usw.

Wenn Sie einen Anschluß aus der Liste entfernen wollen, dann klicken Sie die Schaltfläche ENTFERNEN AN. Sie sollten sich dieser Möglichkeit allerdings nur in Ausnahmefällen bedienen.

Führen Sie einen Doppelklick auf den Eintrag eines entsprechenden Anschlusses aus, oder markieren Sie den Eintrag in der Liste, und klicken Sie die Schaltfläche EIGENSCHAFTEN AN, damit Sie direkten Einfluß auf die Einstellungen dieses Anschlusses nehmen können.

Standardmäßig ist der Registerkartenreiter ALLGEMEIN aktiviert. Im Feld GERÄTESTATUS erhalten Sie eine Mitteilung darüber, ob der betreffende Anschluß betriebsbereit ist oder ob irgendwelche Störungen aufgetreten sind.

Abb. 8.8:
Der Geräte-Manager mit den installierten Schnittstellen

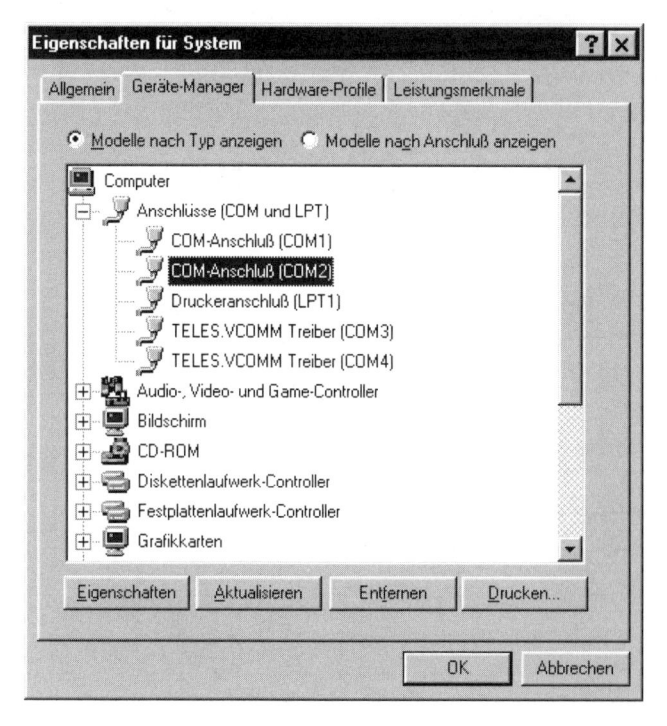

Unter GERÄTENUTZUNG ist standardmäßig die Funktion AUSGANGSKONFIGURATION (AKTUELL) aktiviert. Diese Funktion bewirkt, daß das entsprechende Gerät für diese Konfiguration aktiviert ist und auch der dazugehörige Treiber geladen ist. Wenn Sie diese Funktion deaktivieren, dann ist das entsprechende Gerät ebenfalls deaktiviert, und der Treiber ist nicht geladen. Sollten Sie für das entsprechende Gerät einen Real-Mode-Treiber verwenden, dann ist dieser von diesen Einstellungen nicht betroffen. Allerdings sinkt die Leistung von Windows 98/95, wenn Sie Real-Mode-Treiber verwenden.

Wenn Sie Plug&Play-Hardwarekomponenten deaktivieren, dann stehen deren Ressourcen allen anderen Geräten zur Verfügung. Deaktivieren Sie eine Hardwarekomponente, die kein Plug&Play unterstützt, dann müssen Sie dieses Gerät aus dem Geräte-Manager entfernen und anschließend aus Ihrem Rechner ausbauen, damit dessen Ressourcen anderen Geräten zur Verfügung stehen können.

Haben Sie an einer der Schnittstellen ein Modem angeschlossen, dann aktivieren Sie den Registerkartenreiter ANSCHLUSSEINSTELLUNGEN und geben die Datenübertragungsgeschwindigkeit, die Anzahl der Datenbits, die Parität, die Anzahl der Stopbits und das Protokoll an.

Abb. 8.9:
Stellen Sie hier die Parameter für die Datenübertragung ein.

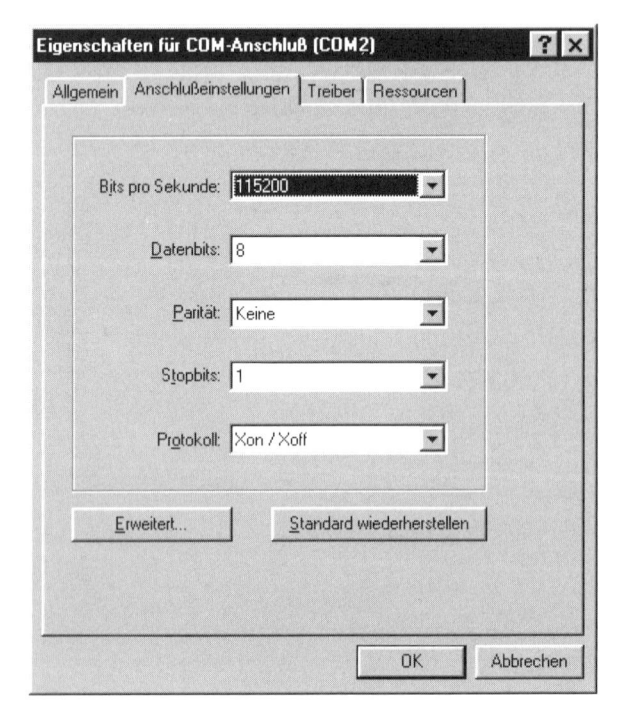

Sollte es bei der Datenübertragung an einer der Schnittstellen über ein Modem zu Problemen kommen, dann klicken Sie in dem vorhergehend beschriebenen Dialogfenster die Schaltfläche ERWEITERT AN. Sie gelangen in das Dialogfenster ANSCHLUSSEINSTELLUNGEN. Aktivieren Sie dort die

8.2 Schnittstellen unter Windows 98/95 einrichten und konfigurieren

Funktion FIFO-PUFFER VERWENDEN (ERFORDERT KOMPATIBLES UART). Über die Schieberegler EMPFANGSPUFFER und SENDEPUFFER können Sie zwischen niedrigen und hohen Einstellungen wählen. Regulieren Sie einen niedrigen Wert, wenn Sie Verbindungsprobleme korrigieren wollen. Regulieren Sie einen hohen Wert, wenn Sie eine höhere Datenübertragungsgeschwindigkeit erreichen wollen.

Aktivieren Sie den Registerkartenreiter TREIBER, wenn Sie sehen wollen, in welchem Pfad sich dieser Treiber mit welchem Namen befindet. Außerdem können Sie unter DATEIVERSION erfahren, ob der Treiber für die Schnittstelle noch aktuell ist oder durch einen aktuellen ausgetauscht werden muß.

Sie können den Treiber wechseln, indem Sie die Schaltfläche ANDERER TREIBER anklicken und die Funktion ALLE MODELLE ANZEIGEN aktivieren. Anschließend wählen Sie aus der Liste HERSTELLER den passenden Hersteller und aus der Liste MODELLE das entsprechende Modell aus. Liegt der zu installierende Treiber auf Diskette oder einem anderen Speichermedium vor, dann klicken Sie im Dialogfenster MODELL AUSWÄHLEN die Schaltfläche DISKETTE an und geben den Pfad und den Namen des neuen Treibers an.

Bei Konflikten mit einer Schnittstelle oder mit einem Gerät, das an einer Schnittstelle installiert ist, aktivieren Sie den Registerkartenreiter RESSOURCEN. Sie können hier feststellen, welche Adressen und Interrupts belegt werden und ob es zu Konflikten kommt. Achten Sie auf einen entsprechenden Kommentar im Fenster GERÄTEKONFLIKT. Standardmäßig ist in diesem Dialogfenster die Funktion AUTOMATISCH EINSTELLEN aktiviert. Wenn Sie an den Einstellungen etwas ändern wollen, dann deaktivieren Sie die Funktion AUTOMATISCH EINSTELLEN, und es stehen Ihnen die Dropdown-Liste EINSTELLUNG BASIERT AUF und die Schaltfläche EINSTELLUNGEN ÄNDERN zur Verfügung.

In der Dropdown-Liste EINSTELLUNG BASIERT AUF finden Sie mehrere Basiskonfigurationen. Wenn es Probleme mit der standardmäßigen Basiskonfiguration gibt, dann können Sie diese Einstellungen ausprobieren. Wollen Sie eine individuelle Einstellung vornehmen, dann klicken Sie die Schaltfläche EINSTELLUNGEN ÄNDERN an und geben die gewünschten Parameter ein.

Ein an die Schnittstelle angeschlossenes Gerät funktioniert nicht richtig (beispielsweise der Drucker, das Modem, die Maus usw.).

**Abb. 8.10:
Die Ressourcen
für die serielle
Schnittstelle
COM1**

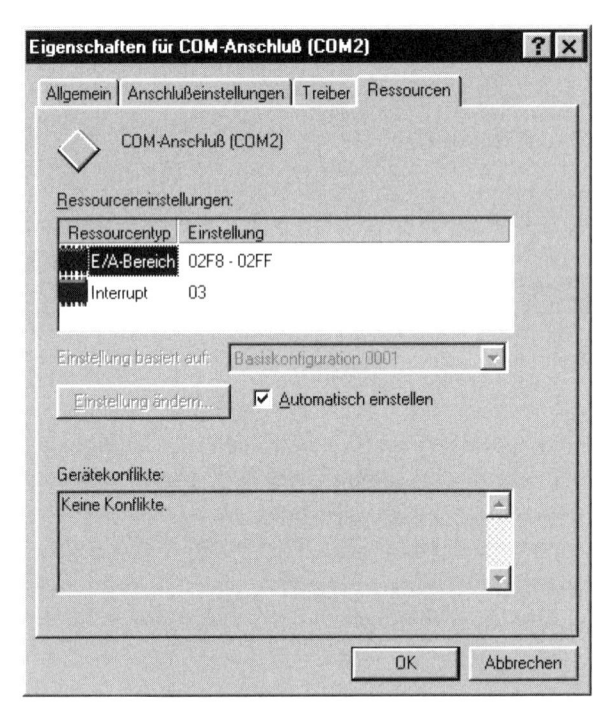

Überprüfen Sie zuerst das Kabel. Hat es nicht genügend Spielraum, dann ist es mechanisch belastet, und es kann zu einem Defekt kommen. Überprüfen Sie den Übergang zwischen Kabel und Stecker. Sollten Sie hier eine Stelle finden, an der das Kabel ein wenig aus der Steckerumhüllung herausgerutscht ist, dann kann es sein, daß aufgrund der mechanischen Belastung eine oder mehrere Verbindungen im Stecker selbst (dies können Löt- oder Quetschverbindungen sein) gelöst sind und auf diese Weise kein Kontakt mehr hergestellt wird.

Ist dies der Fall, dann stellen Sie die Verbindung mit einem funktionstüchtigen Kabel her (vielleicht können Sie sich ein solches Kabel von einem Bekannten leihen). Funktioniert die Verbindung mit einem anderen Kabel, dann liegt das Problem nicht an der Schnittstelle, sondern am Kabel. Besorgen Sie sich ein neues.

Die Pins der verschiedenen Hersteller können unter Umständen eine unterschiedliche Stärke haben, so daß hin und wieder Fehlkontakte auftreten. Außerdem unterliegen auch diese Metallteile einer witterungsbedingten Oxidation. Besonders in feuchten Räumen kann dies der Fall sein.

Im Fachhandel gibt es spezielles Kontaktspray. Sprühen Sie es allerdings nicht direkt in den Stecker oder auf die Pins, sondern tragen Sie es dünn mit einem weichen, fusselfreien Tuch auf. Die Pins können Sie auch mit einem

8.2 Schnittstellen unter Windows 98/95 einrichten und konfigurieren

Wattestäbchen abreiben, das Sie vorher mit ein wenig Kontaktspray befeuchtet haben (sprühen Sie es nicht direkt auf das Wattestäbchen, sondern zuerst in das Innere des Spraydosendeckels, und benetzen Sie anschließend die Watte).

Stecken Sie den Stecker auf den zweiten seriellen Anschluß. Funktioniert die Übertragung, dann liegt es am Anschluß. Entweder ist der Stecker defekt oder die Verbindung zum Controller nicht richtig geschlossen.

Öffnen Sie das Rechnergehäuse, und suchen Sie die Schnittstellenkarte. Auf ihr befinden sich kleinere Stecker mit Verbindungskabeln, die zur Rückseite des Gehäuses führen. Überprüfen Sie diese Stecker auf korrekten Sitz, denn mitunter können sie sich lockern, und zwar insbesondere dann, wenn Sie Bauteile in Ihren Rechner einfügen oder etwas an der Konfiguration ändern. Bei solchen Arbeiten bleibt man schnell einmal an dem einen oder anderen Kabel hängen und löst es zumindest teilweise aus seiner Verankerung. Mitunter werden auch Verbindungen gelöst, weil die entsprechenden Kabel bei Reparaturarbeiten im Weg sind. Wird eine solche gelöste Verbindung übersehen, dann kann auch die Übertragung an der entsprechenden Schnittstelle nicht funktionieren.

Sie finden diese Art der Anschlüsse für die Schnittstellen überwiegend nur noch bei älteren Rechnern. Moderne Rechner integrieren die Anschlüsse für die Schnittstellen auf der Hauptplatine und kommen ohne Controller aus.

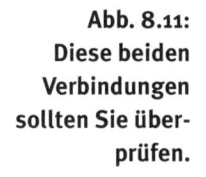

Abb. 8.11: Diese beiden Verbindungen sollten Sie überprüfen.

Eine Erweiterungskarte kann den ordnungsgemäßen Betrieb einer Schnittstelle ebenfalls stören. Tritt das Problem unmittelbar nach dem Installieren einer zusätzlichen Erweiterungskarte auf, dann liegt hier wahrscheinlich ein Interrupt-Konflikt vor. Sehen Sie in der technischen Dokumentation der entsprechenden Erweiterungskarte nach, welchen Interrupt sie belegt, und überprüfen Sie, ob sich daraus ein Interrupt-Konflikt ergibt. Dies ist beispielsweise dann der Fall, wenn die Erweiterungskarte den Interrupt 3 oder 5 belegt. Hier befindet sich die serielle bzw. parallele Schnittstelle.

Konfigurieren Sie in einem solchen Fall die Erweiterungskarte auf einen freien Interrupt um.

Gibt es keine andere Möglichkeit, dann versuchen Sie, die Schnittstellenbelegung umzukonfigurieren. Versuchen Sie, COM1 auf COM4 oder COM2 auf COM3 einzustellen. Es ist möglich, daß COM1 und COM3 sowie COM2 denselben Interrupt belegen. Benutzen Sie beispielsweise ein Terminalprogramm, dann können Sie hier mit einer solchen Umkonfigurierung die Funktionstüchtigkeit der Übertragung herstellen.

Können weitere Schnittstellen softwaremäßig eingerichtet werden, und wie funktioniert dies?

Sie müssen Ihr Modem nicht unbedingt an COM1 oder an COM2 anschließen, sondern es empfiehlt sich aufgrund der Vorbelegung durch die Maus, das Modem an COM3 oder an COM4 anzuschließen. Was aber, wenn Sie im Geräte-Manager feststellen, daß nur COM1 und COM2 zu finden sind? Das Hinzufügen von weiteren Schnittstellen ist kein Problem. Halten Sie sich an die folgenden Arbeitsschritte:

- Wählen Sie den Befehl START | EINSTELLUNGEN | SYSTEMSTEUERUNG, und aktivieren Sie das Icon HARDWARE.
- Beantworten Sie im Dialogfenster HARDWARE-ASSISTENT die Frage, ob die neue Hardware jetzt gesucht werden soll, mit NEIN.
- Wählen Sie als Typ der zu installierenden Hardware den Eintrag ANSCHLÜSSE (COM UND LPT).
- Wählen Sie aus der Liste HERSTELLER den Eintrag STANDARDANSCHLUSSTYPEN und aus der Liste MODELLE den Eintrag COM-ANSCHLUSS. Im nächsten Dialogfenster sehen Sie den E/A-Bereich und den Interrupt für den neuen COM-Anschluß.

Sie können nun Ihr Modem an COM3 oder an COM4 konfigurieren, sofern es auf den beiden anderen COM-Anschlüssen zu Problemen kommt.

Abb. 8.12:
Fügen Sie einen weiteren COM-Anschluß hinzu.

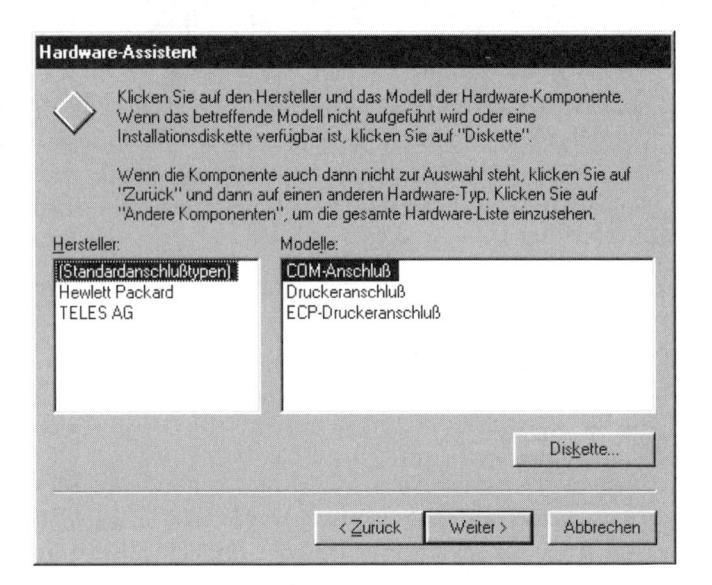

Ein externes Modem wird auf eine COM2-Schnittstelle geklemmt, und auf diese Schnittstelle wird bei der Installation verwiesen. Bei internen Modems kommt es dann zu Problemen, wenn die Karte nicht über Plug&Play installiert wurde bzw. diese Funktion nicht vom Modem oder vom Motherboard unterstützt wird. Konfigurieren Sie deshalb ein internes Modem auf COM4.

Die E/A-Adressen der COM-Anschlüsse werden in Tabelle 8.5 definiert:

Schnittstelle	E/A-Adresse	Benutzter IRQ
COM1	3F8 bis 3FF	IRQ4
COM2	2F8 bis 2FF	IRQ3
COM3	3E8 bis 3EF	IRQ4
COM4	2E8 bis 2EF	IRQ3

Tab. 8.5: Die E/A-Adressen der seriellen Schnittstellen

8.3 SCSI – die schnelle Schnittstelle

Normalerweise ist der Durchschnittsanwender mit einem EIDE-System gut bedient. Steigen jedoch die Ansprüche, beispielsweise bei Bewegtbildanwendungen, Video- oder aufwendiger Bildbearbeitung, dann verlangen hohe Anforderungen an die internen Schnittstellen unter Umständen den Einsatz eines SCSI-Systems.

SCSI ist die Abkürzung für Small Computer System Interface. Dahinter steht ein professioneller Standard, der den Anschluß von Peripheriegeräten (Drucker, CD-Brenner, Festplatten usw.) an ein Computersystem. Der SCSI-Standard bezieht sich in diesem Zusammenhang auf das Bussystem, das für den Datenverkehr zuständig ist. Die Steuerung der internen Datenkommunikation wird bei SCSI über ein eigenständiges, in sich abgeschlossenes Bussystem, über einen SCSI-Controller, geregelt. Dieser Controller reguliert alle Zugriffe auf die angeschlossenen Geräte und entlastet dadurch den Prozessor des PCs erheblich.

Sie benötigen für den Betrieb eines SCSI-Systems kein spezielles Mainboard, es reicht ein herkömmlicher PCI-Slot aus. In diesen Slot wird die SCSI-Adapterkarte gesteckt.

Durch den Einsatz einer SCSI-Karte können wertvolle Ressourcen gespart bzw. wieder verfügbar gemacht werden. An einen SCSI-Adapter können Sie bis zu sieben Geräte anschließen. Er belegt jedoch nur einen Erweiterungssteckplatz, einen IRQ und einen DMA.

Die Datenkommunikation über das herkömmliche EIDE-System arbeitet Befehlsfolgen überwiegend sequentiell ab. Das heißt, eine EIDE-Festplatte muß zuerst den aktuellen Befehl ausführen, bevor der nachfolgende Befehl angenommen bzw. bearbeitet wird. Je mehr Geräte betroffen sind, desto stärker wirkt sich dieses Manko aus. Über den SCSI-Bus können jedoch alle daran angeschlossenen Geräte gleichzeitig Daten austauschen.

Ob der Einsatz eines SCSI-Systems lohnt, hängt zwar nicht wesentlich vom verwendeten Betriebssystem bzw. von der Betriebssystemerweiterung ab, jedoch sollte diese Komponente nicht vernachlässigt werden: Verwenden Sie Windows 98/95, dann arbeitet Ihr Rechner immer im sogenannten Multitasking-System (erlaubt das Öffnen und Arbeiten mit mehreren Programmen), auch wenn Sie nur mit einer Anwendung arbeiten. Das SCSI-System verschafft Ihnen hier zwar einen Vorteil, doch fällt dieser nicht gravierend auf. Bei der Arbeit mit Windows NT oder Linux macht sich der Geschwindigkeitsvorteil eher bemerkbar.

Damit Ihnen eine Entscheidung für oder gegen ein SCSI-System leichter fällt, finden Sie in der Tabelle 8.6 Informationen über die Transferraten und die Busbreite vom EIDE-Modus im Vergleich zum SCSI-Modus.

EIDE-Modus

Standard	Transferrate (MByte/s)	Busbreite (Bit)
Standard-IDE	4,0	8
EIDE	11,0	16
Fast ATA (DMA-Mode 1)	13,3	16
Fast-ATA-2 (PIO-Mode 4)	16,6	16
Fast-ATA-2 (DMA-Mode 2)	16,6	16
Ultra-DMA/33	33,3	16

SCSI-Modus

Standard	Transferrate (MByte/s)	Busbreite (Bit)
SCSI	5,0	8
Fast-SCSI	10,0	8
Ultra-SCSI	20,0	8
Wide-SCSI	20	16
Ultra-Wide-SCSI	40	16
Ultra-2-SCSI	40	8
Ultra-Wide-2-SCSI	80	16

Tab. 8.6: Vergleich von EIDE- und SCSI-Modus

8.3.1 Der richtige SCSI-Adapter

Sollten Sie sich für den Einsatz von SCSI entscheiden, kommt dem passenden SCSI-Adapter eine große Bedeutung zu.

Es gibt diese SCSI-Adapter grundsätzlich entweder für den ISA- oder für den PCI-Bus, wobei die Variante für den ISA-Bus die »Billiglösung« darstellt, die Sie beispielsweise im Bundle mit einem preiswerten Scanner erhalten. An einen solchen Adapter können Sie nur ein Gerät anschließen, und zwar normalerweise das Gerät, mit dem dieser Adapter gebundelt wurde.

Vorsicht ist bei einem SCSI-Adapter geboten, an den Sie nur ein einziges Gerät anschließen können, wenn Sie diesen Adapter für eine SCSI-Festplatte benutzen wollen (beispielsweise dann, wenn der Scanner nicht mehr benötigt wird). Normalerweise verfügt ein solcher Billigadapter nicht über ein eigenes BIOS, so daß Sie von einer daran angeschlossenen Festplatte nicht booten können. Ein solcher Adapter ist beispielsweise der AHA-1542C.

Einen anderen Scanner oder ein MO-Laufwerk können Sie jedoch an dem erwähnten Adapter problemlos betreiben. Für einen CD-Brenner reicht die Qualität jedoch nicht aus. Hier benötigen Sie auf jeden Fall einen PCI-Adapter.

Ein PCI-Adapter ist auch deshalb vorteilhafter, weil er Plug&Play unterstützt. Das heißt, Sie sparen die Zeit und Nerven, die Sie investieren müßten, um den Interrupt, den DMA-Kanal und den Ein-/Ausgabe-Port über Jumper oder über die Software zu definieren. Vom veralteten SCSI-Standard sollten Sie ebenfalls Abstand nehmen, auch wenn diese Bauteile äußerst billig sind.

SCSI. SCSI bzw. SCSI-1 ist der ursprüngliche Standard. Aufgrund seiner maximalen Datenübertragungsgeschwindigkeit von 5 MByte pro Sekunde ist er jedoch veraltet.

Fast-SCSI / SCSI-2 / Ultra-SCSI. Fast-SCSI hat einen engen Bezug zu den in SCSI-2 festgelegten Parametern. Der SCSI-2-Standard bezieht auch den Fast- und Wide-Modus ein. Mit SCSI-2 haben Sie hauptsächlich erweiterte Möglichkeiten hinsichtlich der anschließbaren Geräte, denn erst hier können Sie auch MO-Laufwerke (MO = Magneto Optical) und Scanner betreiben.

Die Bezeichnungen »Fast« und »Ultra« stehen für die doppelte Bustaktrate von 10 bzw. 20 MHz. Außerdem können Sie statt sieben nunmehr insgesamt 15 Geräte anschließen.

Wide-SCSI. Wide-SCSI erlaubt Ihnen das gemischte Betreiben von Geräten, die sich der 8-Bit-Bustechnologie bedienen. Darüber hinaus wurde der Datenbus von 8 auf 16 Bit erweitert. Dies bedeutet, daß bei gleicher Bustaktrate die Datenübertragungsmenge verdoppelt wird.

SCSI-3. SCSI-3 wendet sich von der seriellen Datenübertragung ab und bevorzugt eine parallele Übertragungsweise. Für den Anwender bedeutet dies, daß die Datenübertragung erheblich beschleunigt bzw. verbessert wird. Außerdem sind längere Kabelverbindungen möglich. Dies ist beispielsweise dann vorteilhaft, wenn Sie einen Scanner oder einen externen CD-Brenner anschließen.

8.3 SCSI – die schnelle Schnittstelle

Der SCSI-3-Standard beinhaltet auch die Verbindung über einen 16 Bit breiten Datenbus und ermöglicht Datenübertragungsgeschwindigkeiten von 150 bis 200 MHz pro Sekunde.

8.3.2 SCSI in der Praxis

Ist das passende SCSI-System ausgewählt, dann geht es an die Installation der Hardware sowie der Software. Anschließend wird das (oder die) SCSI-Gerät(e) eingerichtet und terminiert.

Die Installation der Karte wird genauso bewerkstelligt wie der Einbau jeder anderen Erweiterungskarte auch:

- Erden Sie sich, bevor Sie ein Bauteil Ihres Rechners berühren, indem Sie ein metallenes, blankes Teil des Rechnergehäuses berühren, damit die elektrostatischen Aufladungen abgeleitet werden.
- Öffnen Sie das Rechnergehäuse, und suchen Sie einen freien ISA- oder PCI-Erweiterungssteckplatz, je nachdem für welche Busart Ihr SCSI-Adapter vorgesehen ist.
- Entfernen Sie die Slotblende am Rechnergehäuse.
- Fassen Sie die SCSI-Karte mit den Daumen und Zeigefingern beider Hände an, und setzen Sie die Erweiterungskarte senkrecht auf den Erweiterungssteckplatz auf. Drücken Sie die Karte in den freien Steckplatz. Sofern dies nicht auf Anhieb gelingt, dann wenden Sie keine Gewalt an, da Sie dadurch die Karte schnell zerstören können, sondern üben Sie auf beide Seiten einen wechselseitigen Druck aus, bis die Karte in dem Erweiterungssteckplatz einrastet.
- Befestigen Sie die Karte mit der vorher gelösten Schraube am Rechnergehäuse, stellen Sie die Kabelverbindung zum SCSI-Gerät her, und schließen Sie das Rechnergehäuse.

Abb. 8.13: Setzen Sie den SCSI-Adapter vorsichtig in den Erweiterungssteckplatz ein.

Nun müssen Sie die Softwareinstallation vornehmen. Normalerweise befindet sich im Lieferumfang eines Controllers ein entsprechender Treiber. Arbeiten Sie mit DOS oder Windows 3.x, dann starten Sie das Setup-Programm. Es werden die notwendigen Einträge in den Startdateien AUTOEXEC.BAT und CONFIG.SYS automatisch vorgenommen.

Verfahren Sie bei Windows 98/95 mit den folgenden Arbeitsschritten:

▶ Beenden Sie alle Anwendungen.
▶ Legen Sie die Diskette, auf der sich die Treiber befinden, in das Diskettenlaufwerk.
▶ Wählen Sie den Befehl START | EINSTELLUNGEN | SYSTEMSTEUERUNG, und aktivieren Sie das Icon HARDWARE.
▶ Beantworten Sie im Hardware-Assistenten die Frage SOLL NEUE HARDWARE GESUCHT WERDEN? mit NEIN.
▶ Klicken Sie im nächsten Dialogfenster auf die Schaltfläche WEITER.
▶ Wählen Sie aus der Liste HARDWARE-TYPEN den Eintrag SCSI-CONTROLLER, und klicken Sie auf WEITER.
▶ Sie können nun über die Listenfenster HERSTELLER und MODELLE den zu Ihrem Controller gehörenden Eintrag auswählen, sofern er hier vorhanden ist.
▶ Sollten Sie in der Liste der verfügbaren Treiber nicht fündig werden, klicken Sie auf die Schaltfläche DISKETTE, geben im Dialogfenster VON DISKETTE INSTALLIEREN in das Feld HERSTELLERDATEIEN KOPIEREN AUS: die Kennung Ihres Diskettenlaufwerks ein und klicken auf die Schaltfläche DURCHSUCHEN.
▶ Wählen Sie aus der Anzeige Ihren SCSI-Controller aus, und bestätigen Sie die Auswahl. Der Treiber wird nun installiert und in die Liste der verfügbaren SCSI-Gerätetreiber aufgenommen. Anschließend werden Sie aufgefordert, das System neu zu starten damit der Treiber aktiv werden kann.

Sollte das System während der Installation des Treibers eine Fehlermeldung ausgeben, die besagt, daß sich Viren auf Ihrem System befinden, dann ist dies normalerweise eine Falschmeldung, die folgenden Hintergrund hat: Es ist ein Virenscanner aktiv, wobei es sich entweder um eine Software wie beispielsweise den Norton Virus Scanner, den McAffee Virenschild usw. oder um den Virenschutz im BIOS handeln kann. Starten Sie Ihren Rechner über die Reset-Taste neu, und deaktivieren Sie jeglichen Virenschutz, bevor Sie die Installation des Treibers für den SCSI-Controller neu starten.

8.3 SCSI – die schnelle Schnittstelle

Abb. 8.14:
Wählen Sie einen SCSI-Treiber aus der Windows-Datenbank aus.

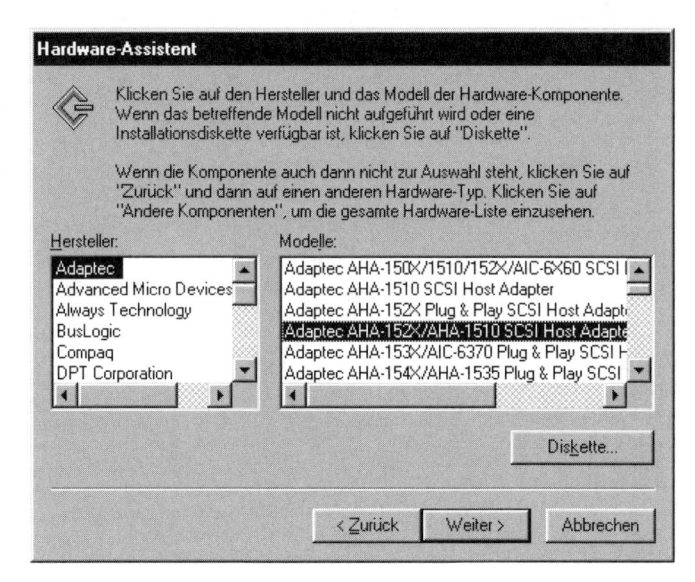

Überprüfen Sie nach der erfolgreichen Installation des Treibers, ob es zu einem Problem gekommen ist. Wählen Sie den Befehl START | EINSTELLUNGEN | SYSTEMSTEUERUNG, und aktivieren Sie das Icon SYSTEM. Wählen Sie die Registerkarte GERÄTEMANAGER, und öffnen Sie den Eintrag SCSI-CONTROLLER über einen Mausklick auf das dem Eintrag vorangestellte Pluszeichen.

Markieren Sie den Eintrag mit der genauen Bezeichnung des installierten SCSI-Controllers, und klicken Sie auf die Schaltfläche EIGENSCHAFTEN. Über die hier angezeigten Registerkarten ALLGEMEIN, EINSTELLUNGEN, TREIBER und RESSOURCEN können Sie die Parameter einsehen bzw. verändern. Wählen Sie beispielsweise die Registerkarte RESSOURCEN, dann sehen Sie den Ein-/Ausgabebereich sowie den Interrupt, den dieses Gerät belegt.

Im Fensterabschnitt GERÄTEKONFLIKT erhalten Sie gegebenenfalls einem Hinweis, wenn ein Gerätekonflikt vorliegt. Über die Schaltfläche EINSTELLUNG ÄNDERN können Sie den Ein-/Ausgabebereich und den Interrupt ändern, sofern ein Gerätekonflikt dies notwendig macht.

Windows 98/95 und Windows NT unterstützen eine Reihe von SCSI-Controllern bzw. erkennen sie über den Hardware-Assistenten. Sehen Sie mit dem Explorer im Unterverzeichnis \WINDOWS\INF nach. Hier befindet sich eine Datei namens SCSI.INF, in der alle SCSI-Controller aufgelistet sind, die von Windows 98/95 unterstützt werden. Sie können diese Datei einsehen, indem Sie auf das vorangestellte Symbol einen Doppelklick ausführen.

Abb. 8.15:
Der Inhalt der
Datei SCSI.INF

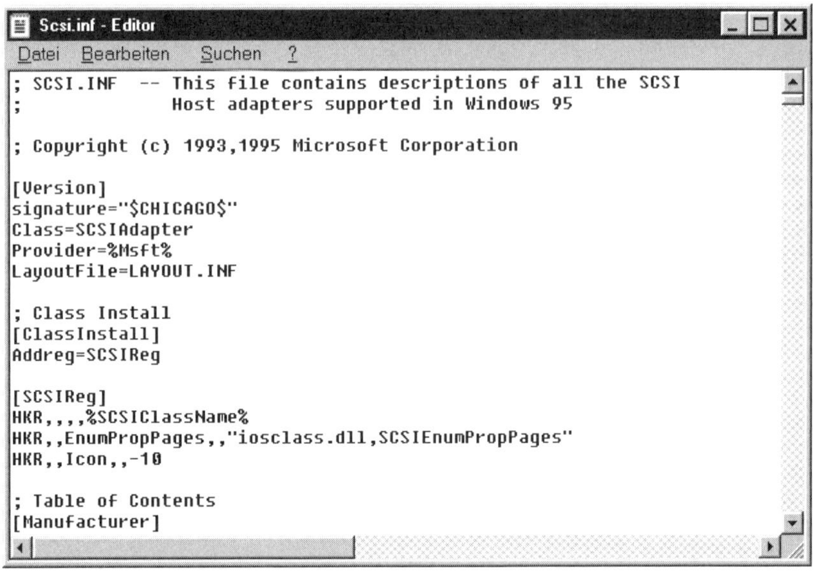

```
; SCSI.INF   -- This file contains descriptions of all the SCSI
;                Host adapters supported in Windows 95
;
; Copyright (c) 1993,1995 Microsoft Corporation

[Version]
signature="$CHICAGO$"
Class=SCSIAdapter
Provider=%Msft%
LayoutFile=LAYOUT.INF

; Class Install
[ClassInstall]
Addreg=SCSIReg

[SCSIReg]
HKR,,,,%SCSIClassName%
HKR,,EnumPropPages,,"iosclass.dll,SCSIEnumPropPages"
HKR,,Icon,,-10

; Table of Contents
[Manufacturer]
```

Abschließend muß die SCSI-Verkabelung durchgeführt werden. Ihr kommt eine besondere Bedeutung zu, und Sie müssen auf einige Parameter achten.

Länge des Kabels. Verwenden Sie das SCSI-1-System, dann darf das Kabel für den SCSI-Bus maximal sechs Meter lang sein.

Setzen Sie Fast- oder Fast-Wide-SCSI ein, dann darf die Kabellänge maximal drei Meter betragen.

Beim Ultra-SCSI können Sie zwar ebenfalls ein bis zu drei Meter langes Kabel einsetzen, jedoch dürfen dann nur bis zu drei Geräte angeschlossen werden. Werden mehr Geräte angeschlossen, dann verkürzt sich die zulässige Kabellänge, denn je höher der interne Bustakt ist, desto kürzer muß das Kabel bemessen sein. Generell gilt: bei einer Verdoppelung des Taktes muß die Kabellänge halbiert werden. Dies bedeutet, daß Fast-20 nur noch eine Kabellänge von maximal 1,5 Meter und Fast-40 nur noch eine Kabellänge von 0,75 Meter zuläßt.

Wollen Sie mehrere externe SCSI-Geräte anschließen, dann müssen Sie die sogenannte »Differential-SCSI-Variante« einsetzen. Mit ihr steht Ihnen eine maximale Kabellänge von bis zu 25 Meter zur Verfügung. Sie können dann beispielsweise raumübergreifend arbeiten oder störende Geräte in einen separaten Raum auslagern.

Die Kabeltypen. Durch den SCSI-Standard ist der Typ des verwendeten Kabels festgelegt. Dies betrifft allerdings nicht die Stromversorgung der Geräte hinsichtlich der Stromspannung.

Wenn Sie eine interne Verkabelung der SCSI-Geräte vornehmen, dann können Sie die herkömmlichen Flachbandkabel verwenden. Die einzelnen Anschlußbuchsen sollten auf jeden Fall mindestens zehn Zentimeter Abstand zueinander haben. Flachbandkabel sind allerdings gegenüber externen Störungen empfindlich. Sollten diese auftreten, dann ist den erheblich teureren, aber isolierten FEP- bzw. TPE-Kabeln der Vorzug zu geben. Als akzeptabler Kompromiß gelten abgeschirmte Rundkabel, die sich durch ein gutes Preis-Leistungs-Verhältnis bezüglich des Widerstands gegenüber störender Impedanzen auszeichnen.

Das *Centronics 50* ist das Standardkabel zur Verkabelung von SCSI-Geräten. Es weist einen 50poligen Steckeranschluß auf. Als 8-Bit-Bus-Verbindung wurde es für die meisten SCSI-1- und für einige SCSI-2-Geräte konzipiert, wobei die Grenze der Datenübertragung bei 5 MByte pro Sekunde liegt.

Der Nachfolger des Centronics 50-Kabel ist das *Micro D50*. Es weist zwei Clips für den Anschluß externer SCSI-2-Geräte an einen 8-Bit-SCSI-Bus auf und bietet einen Datendurchsatz von 10 MByte pro Sekunde.

Das *Micro D68* ist für den Einsatz von Wide-SCSI gedacht und weist einen 68poligen Steckeranschluß auf, der für den Betrieb an einem 16-Bit-SCSI-Bus konzipiert ist und einen Datendurchsatz von bis zu 20 MByte pro Sekunde erlaubt.

8.3.3 Die korrekte Terminierung einer SCSI-Gerätekette

Bei der Installation einer SCSI-Gerätekette müssen Sie auf folgende Punkte achten:

- Alle SCSI-Geräte müssen innerhalb der SCSI-Kette eine eindeutige Nummer zwischen 0 und 6 haben. Diese Nummer wird als *SCSI-ID* bezeichnet.
- Alle Geräte hängen an einem einzigen Kabel bzw. Strang, der als *SCSI-Bus* bezeichnet wird.
- Der SCSI-Bus darf nicht verzweigen und muß an beiden Enden einen Abschlußwiderstand haben. Dieser Widerstand wird als *Terminator* bezeichnet.
- Welchem Gerät Sie welche Nummer zuweisen und an welcher Stelle es an den SCSI-Bus angehängt wird, ist normalerweise egal.

Die wichtigste Voraussetzung für ein funktionierendes SCSI-System sind die richtigen Adapter und die korrekte Terminierung.

⚠️ Ein SCSI-Bus darf niemals so konfiguriert werden, daß er verzweigt. Wenn Sie beispielsweise am internen Wide-Bus eine Wide-Festplatte anschließen und wollen an dem 8-Bit-Bus zusätzliche Geräte wie etwa einen Streamer betreiben, dann sind die beiden zur Verfügung stehenden Verzweigungen bereits belegt. Schließen Sie nun zusätzlich externe Peripheriegeräte an – dies ist auf den ersten Blick zumindest hardwaremäßig möglich – dann würde das Bussystem eine Y-Form annehmen und das Funktionieren des Systems außer Kraft setzen. Sie können eine solche Konstellation nur dann realisieren, wenn Sie einen Controller mit zwei unabhängigen SCSI-Bussen oder einen zusätzlichen Controller für die externe Peripherie installieren.

Folgende Konstellation soll als einfaches Beispiel aus der Praxis dienen:

Es wird eine interne Festplatte installiert, die das eine Ende des Bus repräsentiert. Der SCSI-Adapter stellt das andere Ende dieser SCSI-Kette dar. Beide Geräte, also die Festplatte und der Adapter, sind mit einem Flachbandkabel verbunden. Sofern dieses Flachbandkabel über mehr als zwei Anschlüsse verfügt, muß der Anschluß der Festplatte und des Adapters so bewerkstelligt werden, daß die freien Stecker in der Mitte liegen.

Bevor der Adapter eingebaut und die Festplatte angeschlossen wird, müssen die Geräte-IDs vergeben werden. Der SCSI-Adapter ist ab Werk normalerweise auf die Geräte-ID 7 eingestellt. Für die Festplatte können Sie eine abweichende, beliebige ID vergeben.

➤ Es gibt SCSI-Adapter, bei denen Sie die bootfähige Festplatte nur mit Geräte-IDs zwischen 0 und 3 anschließen können. Nähere Hinweise entnehmen Sie bitte vor der Installation der technischen Dokumentation.

Bei den meisten internen Festplatten wird die Geräte-ID über Jumper eingestellt. Dies sind kleine Steckbrücken, mit denen Sie einen Kontakt herstellen oder unterbrechen. Meistens finden Sie diese Jumper an der Rückseite des Geräts. Es handelt sich normalerweise um sechs bis acht sogenannter *Pfostenstecker*. Drei dieser Pfostenstecker sind für die Definition der Geräte-ID zuständig. Mit den restlichen Pfostensteckern können Sie entweder die Terminierung oder eine Prüfroutine aktivieren.

Sie sollten sich bei der Einstellung der Geräte-ID auf jeden Fall auf die technische Dokumentation stützen. Falls Sie keine zur Hand haben, kann Ihnen Tabelle 8.7 einen Hinweis geben, denn die Kodierung der Gerätenummer über Jumper bzw. eine Steckbrücke, die mit »ID-Select« oder »A0«, »A1« und »A2« bezeichnet sind, basiert auf dem binären System.

Den Terminatoren, die auch als Abschlußwiderstände bezeichnet werden, kommt in der SCSI-Kette ebenfalls eine besondere Bedeutung zu.

8.3 SCSI – die schnelle Schnittstelle

Jumper gesetzt	Geräte-ID
Kein Jumper	0
Jumper A0	1
Jumper A1	2
Jumper A0, A1	3
Jumper A2	4
Jumper A0, A2	5
Jumper A1, A2	6

Tab. 8.7: Zuordnung der Jumper zu Geräte-IDs

Beim SCSI-Controller selbst kann diese Terminierung normalerweise über ein SCSI-Setup per Software vorgenommen werden, sofern es sich um ein moderes Bauteil handelt. Ältere SCSI-Controller werden gelegentlich noch über Jumper terminiert.

An Festplatten, Scannern und anderen SCSI-Geräten wird dies üblicherweise mit den erwähnten Steckbrücken bewerkstelligt, es sei denn, es handelt sich um einen Ultra-Controller, denn hier ist eine sogenannte »aktive Terminierung« erforderlich. Der passive Abschlußwiderstand, der durch zwei oder drei schmale, etwa drei bis maximal vier Zentimeter lange, balkenförmige Bauteile mit jeweils elf Anschlußpins gekennzeichnet ist, reicht am Ultra-Bus nicht aus und muß entweder abgeschaltet oder physikalisch entfernt werden.

Anstelle des passiven Widerstands muß ein aktiver Terminator angeschlossen werden. Ein solches Bauteil erhalten Sie im Fachhandel für etwa 40 bis 50 DM.

Wurde das erste Gerät angeschlossen und terminiert, dann haben Sie hiermit bereits die Basis für das Betreiben weiterer Geräte gelegt und müssen nur noch die folgenden Arbeitsschritte durchführen:

▸ Stellen Sie für das neue Gerät dessen SCSI-ID ein.
▸ Überprüfen Sie, ob ein eingebauter Terminator vorhanden ist, und ob dieser gegebenenfalls abgeschaltet werden muß.
▸ Schließen Sie das Gerät an eine freie Buchse des SCSI-Flachbandkabels an.

Beim Anschließen mehrerer SCSI-Festplatten gilt, daß Geräte mit einer niedrigeren Geräte-ID auch in der DOS- bzw. Windows-Umgebung einen niedrigeren Laufwerksbuchstaben zugewiesen bekommen. Dies beudeutet für den Start des PCs, daß immer von der Festplatte mit der niedrigsten ID gestartet wird, sofern im Setup des SCSI-Adapters nichts anderes vorgesehen ist. Weisen Sie also Ihrer Boot-Festplatte immer die ID 0 zu.

So schließen Sie externe SCSI-Geräte an

Wollen Sie weitere, externe Geräte an die SCSI-Kette anschließen, dann kommen die Vorteile des SCSI-Systems zur Geltung, denn externe Geräte können Sie genauso einfach anschließen wie interne, und dies ist bei EIDE nicht der Fall.

Selbstverständlich müssen Sie auch für externe Geräte eine eindeutige ID vergeben. Bei vielen externen Geräten wird sie normalerweise über einen Drehregler am Gerätegehäuse eingestellt. Am einfachsten geschieht dies mit einem kleinen Schraubendreher. Schalten Sie Ihr System aber auf jeden Fall vorher ab, wenn Sie neue Geräte hinzufügen oder bereits installierte Geräte wieder entfernen.

Es gilt auch hier, auf den Abschlußwiderstand zu achten. Der Terminator des SCSI-Controllers ist abzuschalten, wenn Sie externe Geräte anschließen, denn er ist ja nun nicht mehr das Ende der SCSI-Kette, sondern er stellt ein Mittelstück dar. Das Ende der neuen SCSI-Kette ist dann das zuletzt angeschlossene externe Gerät. Bei diesem neuen Endgerät muß der Abschlußwiderstand nun terminiert werden.

Verfügt das neu hinzugekommene externe Gerät über keinen eingebauten Terminator, dann müssen Sie ein separates Bauteil einsetzen, das am durchgeschleiften SCSI-Bus angeschlossen wird. Vielleicht kennen Sie noch den sogenannten »Hardware-Dongle«, der eine Zeitlang als hardwaremäßiger Schutz für eine Anwendungssoftware gegen unbefugtes Benutzen einer Raubkopie eingesetzt wurde. Der externe Abschlußwiderstand wird ähnlich wie dieses Gerät, wird angeschlossen. Dies ist allerdings meist nur bei älteren Geräten notwendig.

Beim Starten Ihres Systems müssen Sie darauf achten, daß Sie alle benötigten SCSI-Geräte einschalten, bevor Sie den Rechner booten, denn ansonsten kann der SCSI-Controller die Geräte nicht erkennen und es kommt zu Fehlern oder die Geräte können nicht angesprochen werden.

Abb. 8.16:
Das Einstellen der Geräte-ID an einem externen Scanner über einen Drehregler

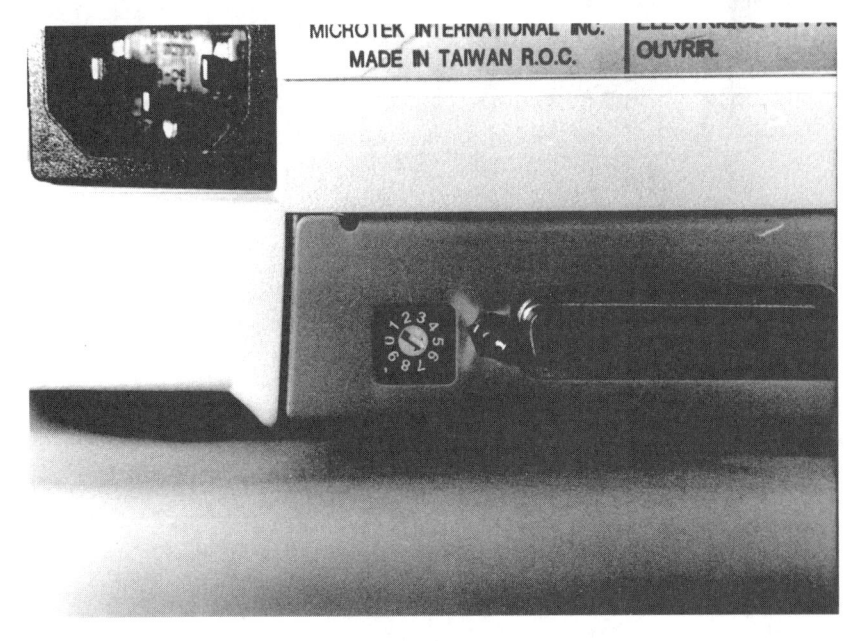

SCSI und IDE in gemeinsamer Umgebung

Natürlich ist es denkbar, einen Windows 98/95-PC mit EIDE-Bussystem mit einem SCSI-Adapter auszurüsten. Das bedeutet, Sie müssen nicht ein komplettes, neues SCSI-System anschaffen. Die beiden Systeme vertragen sich hervorragend bzw. ergänzen sich.

Beachten Sie folgende Regeln für einen reibungslosen Ablauf:

- Schließen Sie die EIDE-Festplatte, von der gebootet wird, an den primären EIDE-Controlleranschluß an.
- Schließen Sie das CD-ROM-Laufwerk an den sekundären EIDE-Controlleranschluß an.
- Benutzen Sie für die übrigen Peripheriegeräte einen SCSI-Adapter, an den Sie dann den Scanner, das Streamerlaufwerk, weitere Festplatten usw. anschließen.
- Es wird immer von der EIDE-Festplatte gebootet. Wollen Sie die Boot-Reihenfolge umstellen, dann bereitet dies Probleme, da nur sehr wenige SCSI-Controller bzw. BIOS-Routinen ein solches Unterfangen unterstützen. Es ist darüber hinaus auch problematisch, zusätzlich zu einem bereits bestehenden SCSI-Festplattensystem (von dem gebootet wird) eine zusätzliche EIDE-Festplatte einzubauen. Dies würde eine Neukonfiguration aufgrund der neuen Bootreihenfolge nach sich ziehen.

9 Hilfe bei Eingabeproblemen

9.1 Die Tastatur

Das wichtigste Eingabemedium Ihres Rechners ist, einmal abgesehen von der Maus, die Tastatur. Normalerweise versieht sie ihren Dienst ohne Probleme. Um so schwieriger ist es, wenn sie es einmal nicht tut, denn nicht immer liegt es an einem Defekt der Tastatur selbst.

Die Tastatur gibt keine Eingaben mehr an den Rechner weiter.

Sie können beliebige Tasten drücken, es rührt sich nichts mehr. Besonders ärgerlich ist dies dann, wenn Sie gerade einen Text eingegeben haben und den Befehl zum Abspeichern Ihres Dokuments nicht mehr eingeben können (dies gilt vor allem dann, wenn Sie gerade an einem Programm unter DOS ohne Mausunterstützung arbeiten).

Es gibt für einen solchen Ausfall mehrere Ursachen.

Die Verbindung zwischen der Tastatur und dem Rechner ist defekt, was entweder an einem Fehler im Kabel oder am Stecker liegen kann.

Einige Tastaturen weisen neben den Kontrolleuchten für *Num Lock*, *Caps Lock* und *Scroll Lock* noch eine weitere Lampe auf, die in der Regel mit *On Line* oder *Power* beschriftet ist. Leuchtet diese Lampe nicht, dann handelt es sich fast immer um einen Fehler in der Kabelverbindung oder einen Defekt in der Tastatur selbst.

In einem solchen Fall lohnt es sich kaum, das Verbindungskabel zwischen Tastatur und Rechner auszutauschen, da dies mit Lötarbeiten verbunden ist, die nur ein versierter Hobbybastler durchführen kann, und eine neue Tastatur ohnehin nicht sehr viel Geld kostet. Ein solcher Fehler tritt in der Regel auch nur dann auf, wenn die Tastatur bereits einige Jahre in Betrieb und damit zu rechnen ist, daß auch die Federn, die für einen sauberen Anschlag der Tasten sorgen, ausgeleiert sind. Hier ist dann die Neuanschaffung einer Tastatur unbedingt zu empfehlen.

Der Tastaturstecker ist am PC nicht richtig festgesteckt (sollten Sie ein Tastaturverlängerungskabel angeschlossen haben, dann ziehen Sie dies auch in Erwägung).

Überprüfen Sie den korrekten Sitz der erwähnten Stecker. Es kann leicht passieren, daß durch einen Staubsauger, der sich im Tastaturkabel verfangen hat, der Stecker gelockert wird.

9 Hilfe bei Eingabeproblemen

? Die Tastatur reagiert auf einen oder mehrere Tastenanschläge nicht, während bei anderen Tasten dieses Phänomen nicht auftritt.

Die Tastatur ist verschmutzt.

Zwar muß eine Tastatur schon ganz schön verschmutzt sein, bevor es zu einem Totalausfall kommt, jedoch kann der Ausfall einzelner Tasten das Resultat von Schmutz im Tastaturgehäuse sein.

Reinigen Sie die Tastatur, indem Sie zuerst entweder die Schrauben auf der Rückseite des Gehäuses herausdrehen oder die Klemmverschlüsse lösen (Klemmverschlüsse sind kleine Plastiknasen, die Sie mit einem kleinen Schraubendreher durch die entsprechenden Laschen drücken).

Abb. 9.1: Dieses Tastaturgehäuse ist mit kleinen Kreuzschlitzschrauben verschlossen.

Abb. 9.2: Dieses Tastaturgehäuse ist mit Kunststofflaschen verschlossen.

Sie können jetzt das geöffnete Tastaturgehäuse vorsichtig mit einem Staubsauger absaugen. Es genügt normalerweise, wenn Sie den Staubsauger auf niedrigste Saugleistung stellen.

Abb. 9.3: Saugen Sie vorsichtig den Schmutz ab.

Behandeln Sie Tastaturen mit Vorsicht, die als Abschirmung eine dünne Aluminiumfolie haben. Mit einem Staubsauger würden Sie diese Folie zerstören. Nehmen Sie einen kleinen Pinsel, und entfernen Sie den Schmutz. Sie können die Tastatur auch umdrehen und leicht schütteln, um den Schmutz zu entfernen, der unter und zwischen den Tasten festsitzt.

Der Tastaturchip ist defekt.

Der Tastaturchip ist ein kleiner Baustein auf der Hauptplatine, der normalerweise in einem Stecksockel befestigt ist und somit einfach herausgenommen und ersetzt werden kann. Versuchen Sie zuerst, eine funktionierende Tastatur zu bekommen, und schließen Sie diese an. Können Sie jetzt wieder fehlerfrei Eingaben machen, dann liegt es höchtwahrscheinlich an diesem Tastaturchip. Versuchen Sie, einen solchen Tastaturchip bei Ihrem Händler zu bestellen. Wenn er ihn gleich einbaut, haben Sie am wenigsten Arbeit.

Ansonsten können Sie es auch über den Elektrohandel versuchen. In fast jeder größeren Stadt gibt es solche Geschäfte, die auch Computerzubehör und entsprechende Ersatzteile im Sortiment haben.

Hebeln Sie den defekten Tastaturchip einfach heraus, indem Sie das kürzere Ende einer Slotblende (Gehäuseabdeckung, die Sie vor dem Einsetzen einer Erweiterungskarte entfernen müssen) erst unter der einen schmalen Seite des Chips ansetzen und mit leichtem Druck nach oben ziehen und anschließend unter der gegenüberliegenden Seite ansetzen und auch hier leicht nach oben ziehen. Der Chip müßte sich jetzt aus dem Sockel heben lassen.

Abb. 9.4:
Hebeln Sie den Tastaturchip mit einer Slotblende aus dem Sockel.

(?) Die Tastatur funktioniert nicht im DOS-Fenster. Die Neuinstallation des DOS-Treibers löst das Problem nicht. Wird der PC jedoch im MS-DOS-Modus gestartet, verhält er sich völlig normal.

Das Problem hängt wahrscheinlich mit der Stromabfrage des Betriebssystems zusammen. Beheben Sie es mit den folgenden Arbeitsschritten:

- Wählen Sie den Befehl START | EINSTELLUNGEN | SYSTEMSTEUERUNG, und aktivieren Sie das Icon SYSTEM.
- Wechseln Sie zur Registerkarte GERÄTE-MANAGER, und suchen Sie unter dem Punkt SYSTEMKOMPONENTEN die UNTERSTÜTZUNG FÜR ADVANCED POWER MANAGEMENT.
- Klicken Sie auf die Schaltfläche EIGENSCHAFTEN. Es öffnet sich ein neues Fenster.
- Wählen Sie die Registerkarte EINSTELLUNGEN aus. Dort klicken Sie die Funktion STROMSTATUSANZEIGE DEAKTIVIEREN an. Nach der Bestätigung und dem Neustart des Systems müßte die Tastatur auch im DOS-Fenster wieder funktionieren.

(?) Nach dem Umschalten in das DOS-Fenster gibt die Tastatur undefinierbare oder abweichende Zeichen aus.

Damit unter Windows 98/95 die Tastatur in einem DOS-Fentser mit dem deutschen Zeichensatz arbeiten kann, muß in der Startdatei AUTOEXEC.BAT der deutsche Tastaturtreiber geladen werden. Vermutlich befindet sich dort ein fehlerhafter oder gar kein Treiberaufruf. Legen

Sie zunächst eine Sicherheitskopie der AUTOEXEC.BAT im Hauptverzeichnis an, und öffnen Sie dann die Originaldatei mit Hilfe eines Editors. Suchen Sie nach dem Befehl *keyb gr*. Bei einer Standardinstallation von Windows 98/95 sieht der Befehlsaufruf wie folgt aus:

```
C:\WINDOWS\COMMAND\keyb gr
C:\WINDOWS\COMMAND\keyboard.sys
```

Falls dieser Eintrag fehlt, tragen Sie ihn in der AUTOEXEC.BAT nach. Achten Sie auch auf die Pfadangaben. Wenn diese fehlen oder auf falsche Verzeichnisse verweisen, kann Windows 98/95 den Treiber möglicherweise nicht finden. Speichern Sie die Veränderungen, und starten Sie den Rechner neu.

Kann die CD-Wiedergabe über die Tastatur gesteuert werden?

Wenn Sie bei der Arbeit am PC im Hintergrund gern Audio-CDs hören, dann können Sie zwei häufig gebrauchte Laufwerksfunktionen direkt und schnell über die Tastatur steuern. Um die CD an einer bestimmten Stelle in den Pausen-Modus zu schalten, wechseln Sie mit [Alt] + [↹] in die CD-Wiedergabe und klicken das Pause-Symbol an. Nun schaltet die Leertaste automatisch zwischen PAUSE und PLAY hin und her.

Um mit den Cursortasten den nächsten oder vorangegangenen Titel auszuwählen, genügt das einmalige Klicken in das Feld TITEL. Mit [Alt] + [↹] wechseln Sie wieder in Ihre aktuelle Anwendung.

Kann der Tastaturtreiber auch nachträglich gewechselt werden, ohne daß dazu die Einträge in der AUTOEXEC.BAT verändert werden müssen?

Einen länderspezifischen Tastaturtreiber benötigen Sie beispielsweise, um Texte in Fremdsprachen eingeben zu können. Diese Treiber können Sie auch nachträglich mit den folgenden Arbeitsschritten ändern:

- Wählen Sie den Befehl START | EINSTELLUNGEN | SYSTEMSTEUERUNG.
- Aktivieren Sie das Icon TASTATUR.
- Wechseln Sie in die Registerkarte SPRACHEN. Sie sehen hier die aktuelle länderspezifische Tastaturbelegung.
- Klicken Sie auf die Schaltfläche HINZUFÜGEN, und ein weiteres Dialogfenster erscheint. Wählen Sie aus der Dropdown-Liste SPRACHE die Sprache aus, die Sie hinzufügen wollen, und klicken Sie auf die Schaltfläche OK.
- Wenn Sie die Funktion SPRACHANZEIGE AKTIVIEREN (TASK-LEISTE) deaktivieren, bewirken Sie damit, daß der Name des aktuellen Treibers in der Taskleiste neben der Uhrzeitanzeige eingeblendet wird.

Abb. 9.5:
Die aktuelle länderspezifische Tastaturbelegung

> Um einen anderen Tastaturtreiber zu wählen, genügt ein Doppelklick auf diese Anzeige. Windows 98/95 öffnet ein Fenster mit den verfügbaren Treibern, und Sie können per Mausklick auf den betreffenden Eintrag die Tastaturbelegung in die jeweilige Sprache umschalten.

Abb. 9.6:
Hier sehen Sie die länderspezifischen Tastaturbelegungen

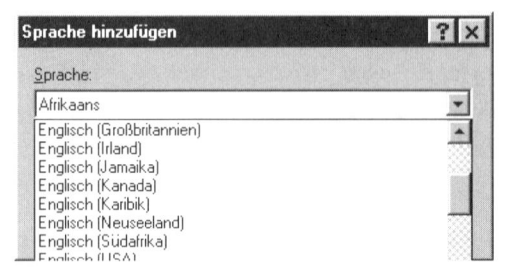

9.1.1 Alternativen beim Kauf einer Tastatur

Die Tastatur stellt eine wichtige Schnittstelle zwischen Anwender und Computer dar und hat nicht unerheblichen Einfluß auf das Wohlbefinden des Anwenders. Während Monitore bestimmten Strahlenschutzbestimmungen entsprechen müssen, Laserdrucker nur ein gewisses Maß an Ozon absondern dürfen, Netzteile durch den TÜV geprüft werden usw., wird bei Tastaturen nur in Ausnahmefällen Wert auf eine benutzergerechte Konstruktion und Funktion gelegt. Gerade bei Tastaturen gibt es wesentliche Ansatzpunkte für Verbesserungen.

Ergonomischer Tastenanschlag. Bei herkömmlichen Tastaturen ist die Tastenführung so aufgebaut, daß die Taste in senkrechter Richtung auf den Kontakt bewegt wird. Genaugenommen widerspricht dies aber der »natürlichen« Bewegung, denn der Finger, der die Taste drückt, trifft nicht direkt von oben auf die Taste, sondern in einem Winkel.

Einige Tastaturen tragen mit ihrer Konstruktion diesem Umstand Rechnung, denn hier steuert der menschliche Anschlag die Tasten und nicht die Tasten den Anschlag des Benutzers.

Diese Konstruktion soll durch eine natürliche Ergonomie die Gefahr eines RSI-Syndroms (Sehnenscheidenentzündung) vermindern.

Abb. 9.7: Funktionsweise der sogenannten LEVERED SWITCH TECHNOLOGY (obere Hälfte PROTOUCH-TASTATUR, untere Hälfte STANDARD-TASTATUR)

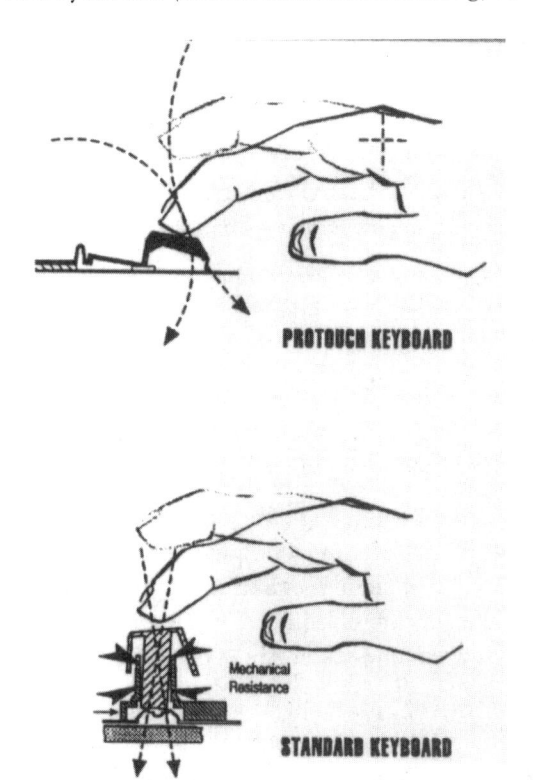

Ergonomische Tastenanordnung. Etliche Firmen bringen Tastaturen auf den Markt, bei denen der Tastaturblock (außer den Funktionstasten) in zwei Hälften geteilt ist. Beide Hälften lassen sich in allen Ebenen ausrichten, um eine möglichst optimale individuelle Handhabung für den Benutzer zu bieten.

Handballenauflagen, die ebenfalls justierbar sind, beugen Ermüdungserscheinungen vor.

Allerdings sind Tastaturen mit einer solchen Aufteilung der Tasten bzw. Tastenblöcke nur für geübte Zehn-Finger-Schreiber sinnvoll.

Statische Ableitung inbegriffen. Eine weitere Gefahrenquelle sind die statischen Aufladungen, die beim Anwender z.B. durch die Reibung von Schuhsohlen und Teppichboden entstehen können. Auch hier gibt es einige Tastaturen, bei denen beispielsweise bei jeder Betätigung der Leertaste das elektrostatische Feld hundertprozentig abgeleitet wird, ohne daß ein unangenehmer Funkenschlag entsteht. Durch diesen Abbau der statischen Aufladung wird der PC vor eventuellen Ausfällen durch dieses Phänomen geschützt.

9.2 Die Maus

Eines der wichtigsten Eingabewerkzeuge ist, neben der Tastatur, die Maus. Um so schlimmer, wenn sie plötzlich den Dienst versagt.

Sie sehen zwar den Mauszeiger auf dem Bildschirm, nur reagiert er nicht mehr auf Bewegungen des Mausgehäuses.

Versuchen Sie zuerst, das Programm, in dem Sie sich gerade befinden, mit der Tastatur zu steuern. Gelingt dies, können Sie ausschließen, daß der Fehler an dem gerade verwendeten Programm liegt, denn auch dieses könnte ja als Fehlerquelle in Frage kommen.

Speichern Sie wichtige Dokumente ab, sofern Sie seit der letzten Speicherung Änderungen vorgenommen haben.

Die häufigste Ursache für das Versagen der Maus liegt in der Verbindung zwischen Mausgehäuse und Computer, also dem Stecker. Überprüfen Sie, ob diese Steckverbindung intakt ist. Oftmals wird dieser Stecker aus Bequemlichkeit nicht verschraubt; ein Ruck an der Schnur, versehentlich beim Staubsaugen, und schon gibt es einen Fehl- oder Wackelkontakt.

Beachten Sie hierbei, daß es nicht ausreicht, den Stecker einfach nur wieder korrekt aufzustecken und (diesmal) festzuschrauben. War der Stecker schon lose, bevor Sie den Computer gestartet haben, dann konnte auch der Maustreiber nicht geladen werden. Der Grund hierfür ist folgender: Beim Hochfahren des Systems versucht der Computer, den in einer der Konfigurationsdateien AUTOEXEC.BAT oder CONFIG.SYS eingetragenen Maustreiber zu laden. Er versucht, die Maus anzusprechen. Schlägt ein solcher Versuch fehl, dann wird angenommen, daß die Maus fehlt, und der Maustreiber wird dementsprechend auch nicht geladen. Das heißt, selbst wenn Sie den Stecker bei laufendem Computer in nachhinein korrekt anschließen, wird die Maus weiterhin nicht funktionieren. Starten Sie also

Ihren Computer entweder über die RESET-Taste oder die Tastenkombination `Strg` + `Alt` + `Entf`, und vergessen Sie vorher nicht, alle geöffneten Anwendungen korrekt zu schließen (Windows und Windows-Applikationen können Sie bequem mit der Tastenkombination `Alt` + `F4` beenden).

Ist eine Maus mit drei Tasten angeschlossen, dann gibt es noch eine weitere mögliche Fehlerquelle in Form eines kleinen Schiebeschalters, mit dem die Betriebsart der Maus bestimmt werden kann. Sie haben in einem solchen Fall die Auswahl zwischen dem Microsoft-Modus (MS) und dem Mouse-Systems-Modus (PC), der einen echten Drei-Tasten-Betrieb gewährleistet. Nicht alle Maustreiber sind in der Lage, beide Betriebsarten zu unterstützen (der im Lieferumfang von Windows enthaltene Maustreiber arbeitet beispielsweise nur mit Mäusen der MS-Betriebsart störungsfrei zusammen. Wird nun dieser erwähnte Schalter versehentlich in eine andere Stellung gebracht, dann reagiert die Maus nicht mehr auf Ihre Kommandos).

Bei einigen Mausarten ist dieser Schalter an der Unterseite des Gehäuses angebracht, bei anderen Typen befindet er sich an der Rückseite. Das ist eine sehr ungünstige Position, da der Schalter hier leicht versehentlich in die falsche Position gebracht werden kann.

Die Maus reagiert ruckhaft oder nur in bestimmte Richtungen.

Normalerweise tritt dieses Problem nicht plötzlich auf, sondern beginnt mit einem gelegentlichen Ruckeln des Mauszeigers.

Ursache hierfür ist in den wenigsten Fällen ein Wackelkontakt in der Steckverbindung, sondern vielmehr eine Verschmutzung. Die Kugel an der Unterseite der Maus sorgt nämlich nicht nur für eine Umsetzung der Bewegungen in digitale Form, sondern sie nimmt zwangsläufig auch den Schmutz der Unterlage auf, der somit in das Innere des Mausgehäuses übertragen wird und sich an den Rollen ablagert. Die Folge davon ist, daß im Laufe der Zeit die Oberflächen der Rollen durch die Schmutzablagerungen uneben werden, was dazu führt, daß nicht mehr alle Bewegungen korrekt umgesetzt werden können.

Öffnen Sie die Kugelabdeckung an der Unterseite der Maus. In der Regel müssen Sie nur die Abdeckung gegen den Uhrzeigersinn drehen. Zumeist befindet sich dazu auf der Abdeckung eine eindeutige Markierung. Säubern Sie die Rollen am besten mit einem Wattestäbchen, das Sie zuvor in reinen Alkohol oder Brennspiritus getaucht haben.

Vorsicht ist bei der Verwendung von Reinigungsmitteln geboten. Zwar greifen harmlose Reinigungsmittel, wie Neutralseife die Kunststoffoberfläche der Rollen nicht an, jedoch ist die Gefahr groß, daß sie einen Schmierfilm hinterlassen, der ein reibungsloses Funktionieren der Maus verhindert.

- Da große Dateien nicht mehr komprimiert oder geteilt werden müssen, entsteht eine Zeitersparnis.
- Die LS-120-Disketten haben die gleiche Form wie 1,44-MByte-Disketten. Somit passen Sie beispielsweise in vorhandene Diskettenboxen.
- Eine »Einarbeitungszeit« entfällt, da genauso gearbeitet wird, wie mit den herkömmlichen Disketten.
- Herkömmliche 1,44-MB-Disketten können gelesen und beschrieben werden, so daß Sie Ihre alten Datenbestände auf den 1,44-MB-Disketten weiterverwenden können. Es ist kein zweites Laufwerk notwendig.
- Für kleine Dateien können Sie weiterhin die kostengünstigen 1,44-MB-Disketten einsetzen.

Melden Sie das LS-120-Laufwerk im Setup genau so an, wie Sie es von den herkömmlichen Diskettenlaufwerken her kennen. Die Laufwerkskennung richtet sich natürlich zwangsläufig nach der von Ihnen eingestellten Konfiguration.

10.3 Die Auswahl der Festplattentechnologie

Die Festplatte ist bei Computern der neueren Generation das langsamste Bauteil (abgesehen vom Disketten-, CD-ROM- und Streamer-Laufwerk). Also mußte man sich etwas einfallen lassen. Der Anwender hat beim Kauf einer Festplatte eine große Auswahl zwischen unterschiedlichen Technologien.

Leider bringt diese Vielfalt an Auswahlmöglichkeiten auch den Umstand mit sich, daß sich in manchen PC-Systemen eine superschnelle Festplatte mit anspruchslosen Anwendungen langweilt, während sich in einem anderen Rechner eine Standard-IDE-Festplatte bis an die Grenzen ihrer Leistungsfähigkeit verausgabt.

Nachfolgend finden Sie einen Überblick, damit Sie möglichst die richtige Festplatte zur passenden Aufgabenstellung kaufen.

AT-Bus-Festplatten. Diese Technik gilt in schnellen Rechnern als veraltet, da sie kaum noch in der Lage ist, in puncto Geschwindigkeit mit Rechnern mitzuhalten, die über einen Pentium-Prozessor mit einer hohen Taktgeschwindigkeit verfügen.

IDE-Festplatten. IDE-Festplatten waren der Nachfolger der AT-Bus-Festplatten. Durch ihre Beschränkung auf eine maximale Datentransferrate von etwa 4 MByte pro Sekunde konnten sie den schnelleren Rechnern nicht mehr entsprechen. Außerdem war die Kapazität von Festplatten mit dieser Technik auf 518 MByte beschränkt. Zudem konnten an einen IDE-Kon-

Abb. 9.8:
Die demontierte
Maus

Die Kugel selbst sollte nicht mit Alkohol oder Brennspiritus abgerieben werden, da sonst der empfindliche Gummibelag beschädigt werden könnte. Am besten reiben Sie die Kugel mit einem feuchten, fusselfreien Tuch ab.

Abb. 9.9:
Reinigen Sie die
Rollen am besten
mit einem Watte-
stäbchen.

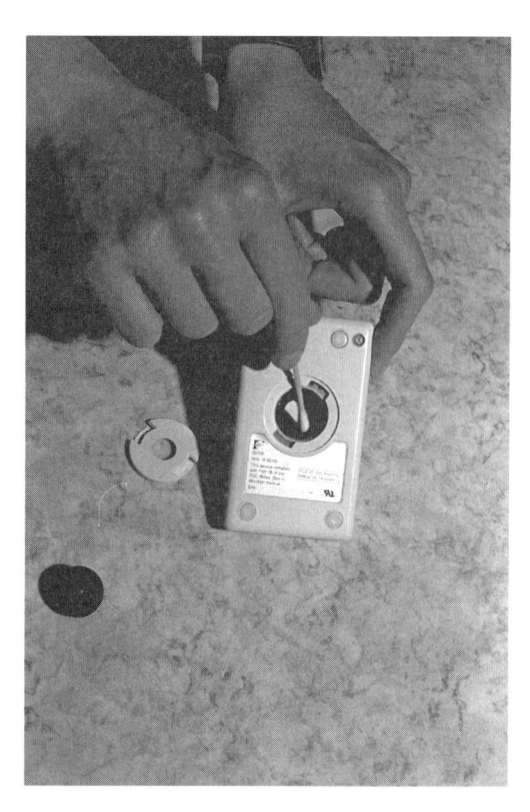

9.2 Die Maus

> Die Maus funktioniert unter Windows 98/95 nicht mehr. Sie funktioniert lediglich im abgesicherten Modus, und im DOS-Fenster läuft sie einwandfrei. Obwohl sie bereits mehrmals neu installiert wurde, verweigert die Maus ihren Dienst.

Wenn die Maus nur noch im abgesicherten Modus und unter DOS läuft, deutet das auf einen möglichen Interrupt-Konflikt hin. Im abgesicherten Modus werden nur die notwendigen Treiber geladen. Damit wird vielleicht der Treiber, der den Konflikt mit dem Maustreiber verursacht, nicht installiert.

Lokalisieren Sie den Konflikt mit den folgenden Schritten:

- Wählen Sie den Befehl START | EINSTELLUNGEN | SYSTEMSTEUERUNG.
- Aktivieren Sie das Icon SYSTEM, und wechseln Sie zur Registerkarte GERÄTE-MANAGER.
- Markieren Sie den Eintrag ANSCHLÜSSE (COM UND LPT).
- Aktivieren Sie gegebenenfalls die Funktion MODELLE NACH TYP ZEIGEN, wechseln Sie mit der Pfeiltaste auf MODELLE NACH ANSCHLUSS ZEIGEN und suchen Sie den Eintrag für die Maus.
- Klicken Sie auf die Schaltfläche EIGENSCHAFTEN, und wechseln Sie zur Registerkarte RESSOURCEN. Im unteren Teil des Fensters werden nun gegebenenfalls Gerätekonflikte angezeigt.
- Falls Sie auf diese Weise einen Konflikt lokalisieren können, überprüfen Sie, ob Sie eine andere Basiskonfiguration wählen können, indem Sie die Schaltfläche AUTOMATISCH EINSTELLEN anklicken und aus der Dropdown-Liste eine andere Basiseinstellung auswählen.

Abb. 9.10:
Hier finden Sie Informationen zu Ihrer angeschlossenen seriellen Computermaus.

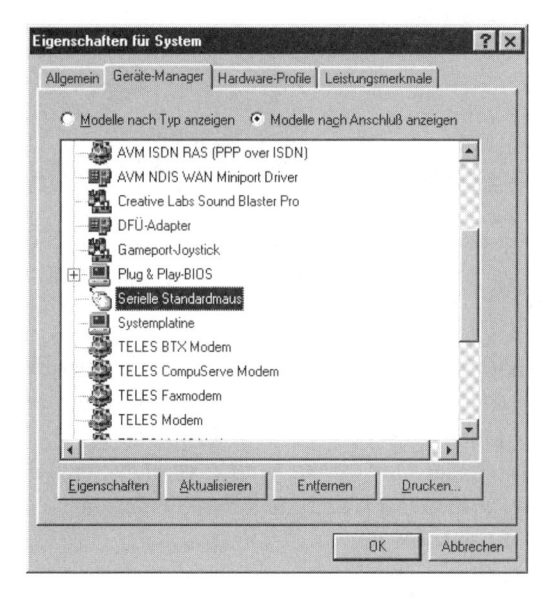

9.2.1 Richten Sie Ihre Maus individuell ein

Betreiben Sie Ihre Maus unter Windows, dann haben Sie die Möglichkeit, Einstellungen vorzunehmen, wenn Ihnen beispielsweise die Mausgeschwindigkeit nicht gefällt, die Zeitspanne zwischen zwei Mausklicks für einen Doppelklick zu lang oder zu kurz ist und anderes mehr.

Sie gelangen in dieses Menü, wenn Sie im Programm-Manager das Icon für die Systemsteuerung zweimal anklicken und anschließend das Icon MAUS ebenfalls zweimal.

Je nachdem, welche Maus in Ihrem System angeschlossen ist, gestaltet sich der Inhalt dieses Dialogfensters bzw. der Registerkarten.

Abb. 9.11:
Die Maussteuerung von Microsoft IntelliPoint

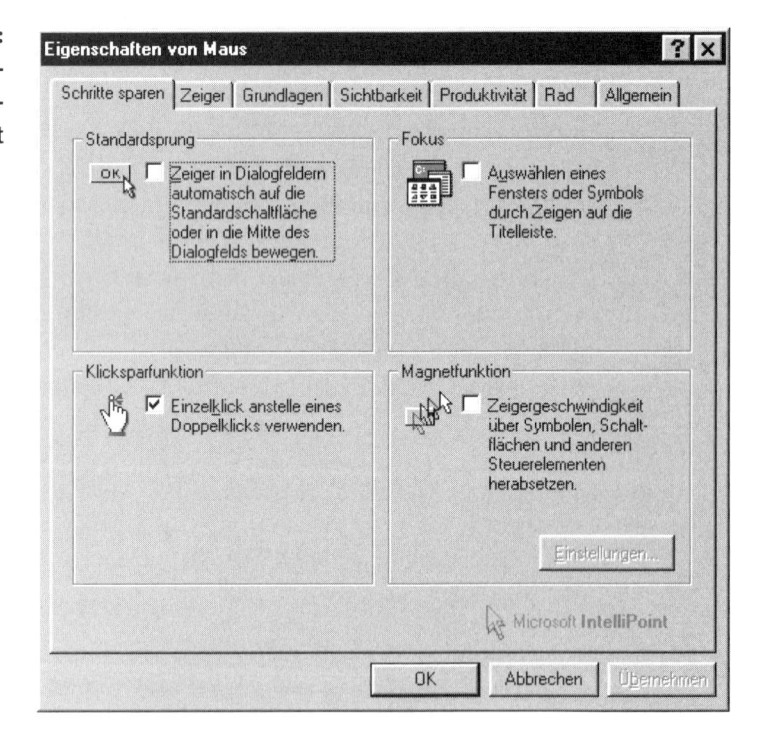

Unter DOS sieht dies ähnlich aus, denn auch hier sind Sie auf den Maustreiber angewiesen, der im Lieferumfang enthalten ist bzw. Sie installiert haben.

Auf beiliegender CD-ROM finden Sie im Unterverzeichnis \MAUS ein Shareware-Programm, mit dem Sie Ihre Mauseinstellungen auch unter DOS individuell anpassen können. Kopieren Sie die Datei MT210.EXE (dies ist die einzige Datei in diesem Unterverzeichnis) in ein entsprechendes Verzeichnis Ihrer Festplatte, und rufen Sie anschließend von dort aus den folgenden Befehl auf:

9.2 Die Maus

```
MT210
```

Sie veranlassen damit, daß sich die Datei selbst entpackt.

Starten Sie das Programm mit folgendem Befehl:

```
MT
```

Abb. 9.12:
Der Eingangs-
bildschirm von
MOUSE-TIME

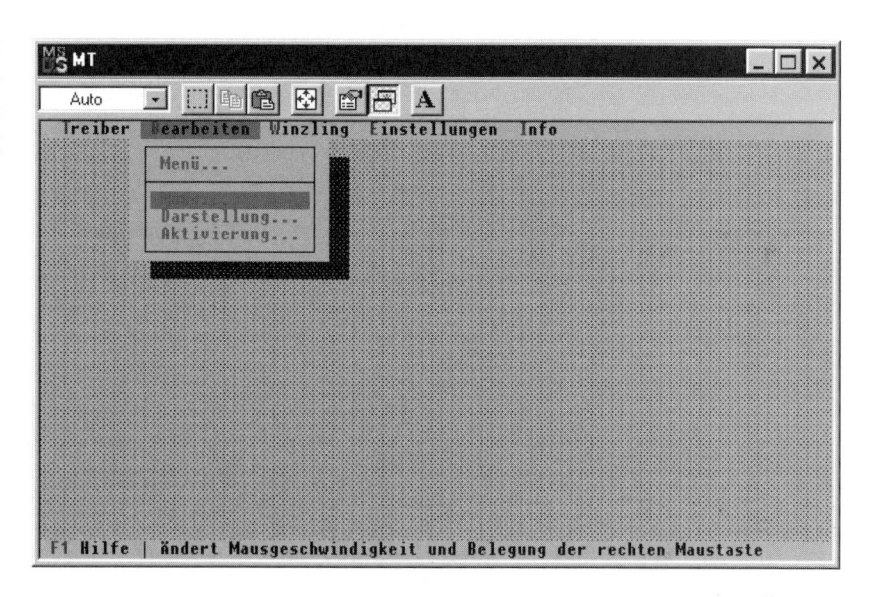

Einige wichtige Hinweise zum Programm MOUSE-TIME

Der Einsatz von residenten Programmen (TSRs), zu denen auch die MOUSE-TIME-Treiber zählen, ist unter DOS nicht ganz unproblematisch. In bestimmten (aber meist vermeidbaren) Situationen kann es zu Datenverlusten kommen. Bitte beachten Sie deshalb unbedingt folgende Regeln:

Sie sollten die Treiber nicht aus einer Benutzeroberfläche wie z.B. DOS-Shell, Norton Commander, DOS Control Center o. ä. heraus starten, da dies meist zu Problemen führt. Es kann sein, daß die Benutzeroberfläche nicht mehr sichtbar wird, oder daß Ihr Arbeitsspeicher immer mehr reduziert wird. Außerdem läßt sich der Treiber dann manchmal nicht mehr aus dem Speicher entfernen.

Laden Sie keinen Treiber, wenn Sie gerade systemnahe Programme wie z.B. Festplattendefragmentierer (Speedisk.Exe, Defrag.Exe) oder Reparaturprogramme (Ndd.EXE, Diskdoktor) laufen lassen wollen. Auch der gleichzeitige Betrieb mit einem Datensicherungsprogramm (Backup) ist zu vermeiden.

Einsatzmöglichkeiten von MOUSE-TIME

- Ein Programm steuern
  Sie sollten einen mit Mouse-Time generierten Treiber direkt vor dem Programm aufrufen, für das Sie ihn entworfen haben. Nehmen wir an, Sie wollen den Treiber TREIBER.EXE laden, um mit dem Programm

  PROGRAMM.EXE

  (Beispiel) zu arbeiten:

a) Geben Sie folgenden Befehl ein:

   TREIBER.EXE

   Daraufhin wird der Treiber in den Speicher geladen.

b) Geben Sie folgenden Befehl als Programmaufruf ein:

   PROGRAMM.EXE

   Ihr Programm wird geladen. Falls Sie beim Treiberentwurf die Option AUTOMATISCHE AKTIVIERUNG nicht ausgeschaltet haben, dann ist der Treiber sofort aktiv, d.h. er setzt die Mausbewegungen in Cursortasten um und reagiert auf Mausclicks. Falls Sie die automatische Aktivierung abgeschaltet haben, dann müssen Sie jetzt die Hotkey-Tastenkombination drücken, um den Treiber zu aktivieren.

Falls Sie Ihr Programm aus einer Benutzeroberfläche heraus (DOS-Shell, Norton Commander o. ä.) aufgerufen haben, die selbst die Mausbedienung unterstützt, dann ist es meistens eine gute Idee, den Treiber vor dem Verlassen des Programms durch Betätigen der Hotkey-Tastenkombination zu deaktivieren.

Geben Sie folgenden Befehl ein, damit der Treiber aus dem Arbeitsspeicher entfernt wird:

TREIBER.EXE

Es ist eine gute Idee, obige Arbeitsschritte über eine Batch-Datei automatisch zu steuern, z.B.:

TREIBER.EXE
PROGRAMM.EXE
TREIBER.EXE

Bitte beachten Sie, daß mit MOUSE-TIME erzeugte Treiber Ihren Original-Maustreiber ergänzen, nicht aber ersetzen.

Wenn Sie ein Programm benutzen, das die Mausbedienung ohnehin unterstützt, dann kann ein gleichzeitig aktivierter MOUSE-TIME-Treiber zu einigen Problemen führen. Entfernen oder deaktivieren Sie den Treiber in diesem Falle.

9.2 Die Maus

▸ DOS-Befehle aufrufen
Sie können von einem MOUSE-TIME-Treiber aus natürlich auch DOS-Befehle aufrufen. Sie brauchen nur die entsprechende Tastenfolge auf einen Menüpunkt zu legen. Falls Sie dabei Probleme mit der Begrenzung auf 15 Zeichen bekommen, dann packen Sie den Befehl in eine Batch-Datei und legen den Namen dieser Datei auf den Menüpunkt des Treibers.

▸ MOUSE-TIME als Programmstarter
Sie können MOUSE-TIME-Treiber auch als Programmstarter verwenden. Dazu sollten beim Treiberentwurf die Optionen AUTOMATISCH STARTEN und MIT MENÜS STARTEN aktiviert werden. So wird nach dem Aufruf des Treibers sofort das erste Menü dargestellt. Die Menüpunkte sollten mit den Namen von Batch-Dateien belegt werden, die die gewünschten Programme aufrufen.

Ein kleiner Tip: Wenn Sie möchten, daß der Treiber vor dem Programmstart aus dem Speicher entfernt wird, dann rufen Sie ihn in der ersten Zeile der Batchdatei auf:

```
TREIBER.EXE
PROGRAMM.EXE
KOMMANDOZEILENPARAMETER
```

Einige der Optionen, die Sie bei der Treibergenerierung festgelegt haben, können Sie auch beim Aufruf des Treibers über Kommandozeilenparameter beeinflussen.

Abb. 9.13:
Beeinflussen der Mausparameter unter DOS

9.2.2 Individuelle Einstellungen der Maus unter Windows 98/95

98 Unter Windows 98/95 stehen Ihnen mehr Möglichkeiten der individuellen Einstellungen für Ihre Maus zur Verfügung als unter Windows 3.11. Wählen Sie den Befehl START | EINSTELLUNGEN | SYSTEMEINSTELLUNGEN, und aktivieren Sie das Icon MAUS.

Standardmäßig ist der Registerkartenreiter TASTEN aktiviert. Hier können Sie die Funktionen der linken Maustaste (normales Markieren und normales Ziehen) mit den Funktionen der rechten Maustaste (Kontextmenü und modifiziertes Ziehen) vertauschen. Mit dem Schieberegler DOPPELKLICKGESCHWINDIGKEIT können Sie den Abstand regulieren, der zwischen zwei Mausklicks längstens liegen darf, damit sie noch als Doppelklick erkannt werden. Rechts neben dem Schieberegler DOPPELKLICKGESCHWINDIGKEIT finden Sie ein Testfeld, in dem Sie die Einstellung prüfen können.

Unter dem Registerkartenreiter ZEIGER können Sie die Form des Mauszeigers verändern. In der Dropdown-Liste SCHEMA stehen KEIN, BEWEGTE SANDUHR und WINDOWS-SCHEMA zur Verfügung. Im Auswahlfenster können Sie eine individuelle Form des Mauszeigers wählen. Diese Form wird in einem Vorschaufenster rechts neben der Auswahl für das Schema angezeigt.

Unter dem Registerkartenreiter BEWEGUNG können Sie die Zeigergeschwindigkeit und die Mausspur einstellen. Wenn Sie diffizile Arbeiten mit der Maus verrichten, dann ist es sinnvoll, die Zeigergeschwindigkeit klein einzustellen. Wenn Sie auf einem großen Bildschirm an weniger komplexen Dokumenten arbeiten, dann ist eine größere Mausgeschwindigkeit sinnvoll.

Aktivieren Sie den Registerkartenreiter ALLGEMEIN, und Sie sehen im Feld NAME die aktuelle Auswahl für Ihre Maus, also beispielsweise SERIELLE MICROSOFT-MAUS. Wollen Sie eine andere Maus einrichten, die nicht von Windows 98/95 erkannt wird, dann klicken Sie auf die Schaltfläche ÄNDERN und aktivieren im Dialogfenster MODELL AUSWÄHLEN die Funktion ALLE MODELLE ANZEIGEN. Wählen Sie aus der Liste HERSTELLER den Hersteller der zu installierenden Maus und aus der Liste MODELL das genaue Modell der Maus aus. Wollen Sie einen Treiber von einem Datenträger kopieren, dann klicken Sie die Schaltfläche DISKETTE an und geben den Pfad und den Namen des Treibers an.

Abb. 9.14:
Stellen Sie hier die Parameter für die Maustasten ein.

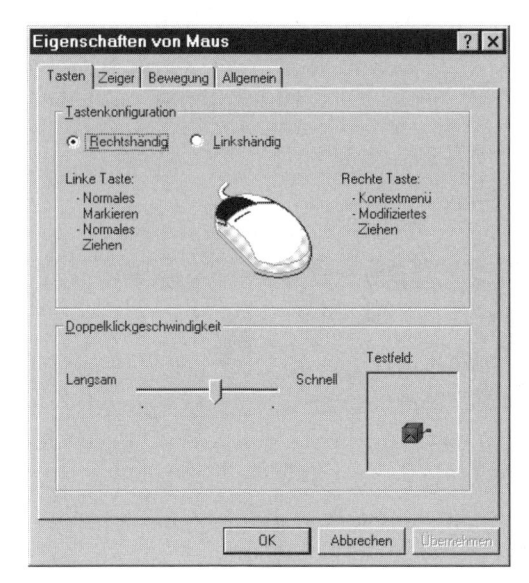

9.2.3 Individuelle Einstellungen der Tastatur

Auch die Einstellungen für die Tastatur kommen unter Windows 98/95 nicht zu kurz. Wählen Sie den Befehl START | EINSTELLUNGEN | SYSTEMEINSTELLUNGEN, und aktivieren Sie das Icon TASTATUR.

Standardmäßig ist der Registerkartenreiter GESCHWINDIGKEIT aktiv. Sie können hier mit dem Schieberegler VERZÖGERUNG die Zeit bestimmen, nach der bei einer gedrückt gehaltenen Taste diese automatisch wiederholt wird. Mit dem Schieberegler WIEDERHOLRATE stellen Sie ein, wie schnell aufeinanderfolgend eine Taste wiederholt wird, wenn sie dauerhaft gedrückt wird. Im Feld KLICKEN SIE HIERAUF, UND DRÜCKEN SIE ZUM TEST EINE TASTE können Sie Ihre Einstellungen überprüfen. Mit dem Schieberegler CURSORBLINKGESCHWINDIGKEIT stellen Sie die Blinkwiederholrate des Cursors ein. Links neben dem Schieberegler wird diese Einstellung mit einem simulierten Cursor dargestellt.

Mit dem Registerkartenreiter SPRACHE wechseln Sie in ein Dialogfenster, in dem Sie die Tastatursprache und das -layout einstellen können. Im Vorschaufenster werden die Sprache und das Layout angezeigt. Mit der Sprachumschaltung geben Sie an, mit welcher Taste Sie zwischen installierten Sprachen und Tastaturlayouts umschalten wollen. Es ist sinnvoll, diese Funktion dann zu verwenden, wenn Sie schnell zwischen mehreren Sprachen wechseln wollen.

Aktivieren Sie den Registerkartenreiter ALLGEMEIN, wenn Sie den Tastaturtyp wechseln wollen. Im Fenster TASTATURTYP wird der aktuelle Tastaturtyp angezeigt. Klicken Sie auf die Schaltfläche ÄNDERN, und Sie gelangen in das Dialogfenster MODELL ÄNDERN. Aktivieren Sie die Funktion ALLE MODELLE ANZEIGEN, und wählen Sie aus dem Fenster HERSTELLER den Hersteller Ihrer Tastatur und im Fenster MODELL das Modell Ihrer Tastatur. Wollen Sie einen Tastaturtreiber von einem externen Datenträger laden, dann klicken Sie auf die Schaltfläche DISKETTE und geben den Pfad und den Namen des neuen Treibers an.

Abb. 9.15: Regulieren Sie hier die Geschwindigkeitsparameter für Ihre Tastatur.

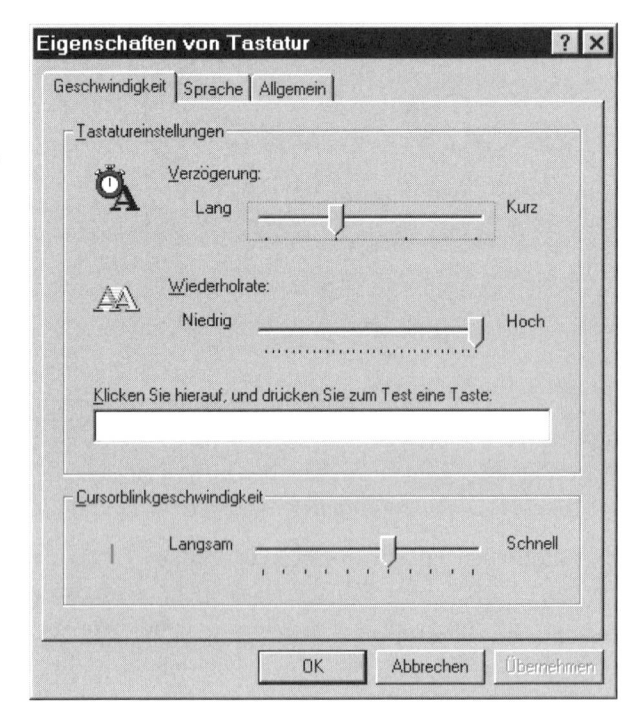

10 Speichermedien

Das wichtigste Speichermedium Ihres Rechners ist zweifellos die Festplatte. Aufgrund der ständig steigenden Anforderungen bezüglich Speicherkapazität und Geschwindigkeit findet derzeit eine rasante Entwicklung auf diesem Markt statt. Dies schlägt sich natürlich auch im Preis nieder. Mußte noch vor einiger Zeit für eine 2 GByte große Festplatte ein Aufpreis bezahlt werden, finden Sie derzeit bereits in Billigangeboten von Komplettrechnern Festplattengrößen zwischen 4 und 6 GByte.

Aber auch bei anderen Speichermedien hat sich einiges getan. Nach der Festplatte kam bislang wenig, und dann erst die Diskette oder das Streamerband. Disketten mit einem Speichervermögen von 120 MByte lösen die herkömmlichen 1,44-MByte-Disketten hinsichtlich der Datensicherung ab, und auch die wiederbeschreibbaren CDs werden immer beliebter und machen dem Magnetband Konkurrenz.

10.1 Der Einbau von Diskettenlaufwerken

Wenn von Disketten gesprochen wird, dann sind damit diejenigen im Format 3,5-Zoll gemeint. Die schlabberigen 5,25-Zoll-Disketten, die den Namen »Floppy Disk« (schlapp, schlaff) begründet hatten, gibt es praktisch nicht mehr.

Allerdings kann es im Einzelfall Sinn machen, ein zweites 3,5-Zoll-Diskettenlaufwerk einzubauen, beispielsweise wenn Sie oft Disketten kopieren und sich das Wechseln der Quell- und Zieldiskette sparen wollen.

Normalerweise ist auch in einem Midi-Tower genügend Platz zum Einbau eines zweiten 3,5-Zoll-Diskettenlaufwerks. Sollte dem aber nicht so sein, weil sich vielleicht ein LS-120-Laufwerk im dafür vorgesehenen Einbauschacht befindet, dann müssen Sie gegebenenfalls auf einen 5,25-Zoll-Einbaurahmen zurückgreifen. Hier benötigen Sie einen Einbaurahmen, mit dem der Größenunterschied hinsichtlich der unterschiedlichen Bauweise ausgeglichen wird.

Sie erhalten einen solchen Einbaurahmen in jedem gut sortierten Computer-Fachgeschäft.

Überprüfen Sie zuerst, wenn Sie ein zusätzliches Diskettenlaufwerk einbauen wollen, ob noch eine freie Stromversorgung vorhanden ist. Manche Netzteile verfügen nur über sehr spärliche Kabelbäume, so daß es schnell eng wird. Sollte kein freier Anschluß mehr vorhanden sein, muß eine Y-Weiche auf einen Anschluß gesteckt werden.

Abb. 10.1:
Das Verschrauben eines 3,5-Zoll-Diskettenlaufwerks in einem 5,25-Zoll-Einbaurahmen

Abb. 10.2:
Schaffen Sie mit einer Y-Weiche eine zusätzliche Stromquelle.

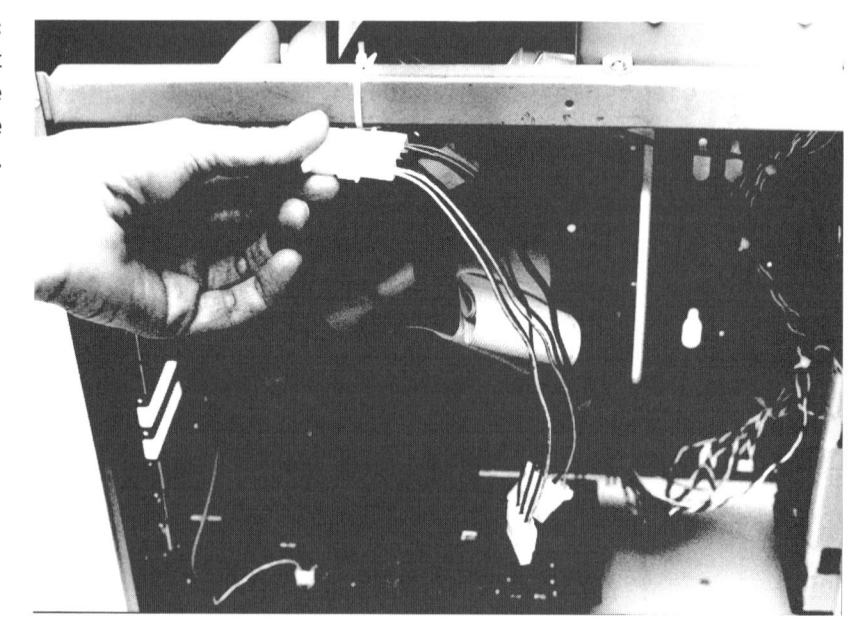

> Ob ein Laufwerk als A: oder B: angesprochen wird, liegt nicht am Laufwerk selbst oder an der Einstellung im Setup, sondern an der Art und Weise, wie es es an das Verbindungskabel, das vom Diskettencontroller kommt, angeschlossen wird.

Das erste Laufwerk (also A:) wird mit demjenigen Ende des Flachbandkabels verbunden, dessen Datenleitungen 10 bis 16 (von der gekennzeichneten Kabelseite aus beginnend nach rechts gerechnet) verdreht sind. Die Verdrehung dieser sieben Leitungen bewirkt, daß das werkseitig am Laufwerk eingestellte *Drive-Selekt-Merkmal* 2 auf 1 umgestellt wird. Das heißt, der Controller erkennt das hinter der Verdrehung liegende Laufwerk als erstes Laufwerk.

Wenn Sie nun ein zweites Laufwerk anschließen, dann liegt es demzufolge aus der Sicht des Controllers vor der Verdrehung. Das Kabel bleibt in diesem Fall gerade, und das Laufwerk wird mit dem voreingestellten Drive-Select-Merkmal 2 behandelt (also wie beabsichtigt als zweites Laufwerk angesehen).

Mitunter ergeben sich auch in einem Tower-Gehäuse Platzprobleme, die es sinnvoll erscheinen lassen, die Stecker durch die Schächte so weit herauszuziehen, daß Sie den Anschluß außerhalb des Gehäuses durchführen können, vorausgesetzt, beide Kabel sind lang genug. Ansonsten führen Sie den Anschluß der beiden Kabel im Gehäuse durch.

Schieben Sie den Einbaurahmen mit dem installierten Laufwerk bis zum Anschlag in den Schacht hinein, daß er mit der Vorderkante des Gehäuses bündig abschließt, und prüfen Sie abschließend, ob unter dem Laufwerk noch genügend Platz frei ist, damit sich die Schwungscheibe frei drehen kann. Unter dem Laufwerk sollten sich keine Kabel befinden, die die Rotation dieser Schwungscheibe behindern könnten.

Die Betriebsanzeige des Laufwerks leuchtet nach dem Starten des Rechners dauerhaft auf.

Möglicherweise haben Sie das Datenkabel falsch herum angeschlossen. Überprüfen Sie, ob der Anschluß richtig durchgeführt ist, und korrigieren Sie gegebenenfalls den Fehler.

Das Laufwerk läßt sich nicht ansprechen.

Unter Umständen ist der Drive-Select-Schalter falsch konfiguriert. Überprüfen Sie anhand der technischen Dokumentation die Stellung von eventuell vorhandenen Jumpern.

Nach dem Starten des Rechners erscheint ein Hinweis, daß das Diskettenlaufwerk nicht korrekt angemeldet ist. Möglicherweise erfolgt eine Abfrage, ob Sie das Setup aufrufen wollen.

Sofern Sie ein zweites Laufwerk installiert haben, müssen Sie das angeschlossene Laufwerk über das Setup Ihres Rechners anmelden, damit es beim Startvorgang erkannt und auch angesprochen werden kann. Das

Setup wird normalerweise beim Startvorgang des Rechners über eine bestimmte Taste oder Tastenkombination aufgerufen: Diese Taste oder Tastenkombination wird am Bildschirm angezeigt, wobei zum Beispiel folgende Meldung erscheint:

Hit `Entf` *to run Setup*

Wurde ein zusätzliches Laufwerk eingebaut, dann ergibt sich eine Unstimmigkeit zwischen der gespeicherten Konfiguration vor dem Einbau des zweiten Laufwerks und dem Zustand nach dessen Einbau. Die Folge davon ist besagte Fehlermeldung. Meist wird dem Benutzer angeboten, den Aufruf des Setups von sich aus durchzuführen.

Rufen Sie entweder das Setup selbst auf, oder folgen Sie den Anweisungen. In der Eingabemaske für das STANDARD-CMOS tragen Sie dann an der Position für die Floppy A (oder B) die entsprechende Einstellung ein.

Wie können 3,5-Zoll-Disketten, die mit dem Virus Generic 1 infiziert sind, wieder gelesen werden? Unter DOS kommt beispielsweise beim Ausführen des DOS-Befehls DIR A: die Meldung ALLGEMEINER LESEFEHLER ....

Starten Sie ein Antiviren-Programm wie beispielsweise *Turbo Anti Virus*. Legen Sie, bevor Sie den infizierten Datenträger einlegen, eine virenfreie, formatierte und nicht beschriebene Diskette ein, und lassen Sie die Verzeichnisstruktur einlesen. Nachdem diese von dem Antiviren-Programm gelesen wurde, tauschen Sie die virenfreie Diskette gegen die infizierte Diskette aus, und achten darauf, daß die Verzeichnisstruktur nicht noch einmal gelesen wird. Anschließend suchen Sie mit dem Antiviren-Programm den Virus und entfernen ihn. Danach müßte sich die Diskette wieder von DOS lesen und bearbeiten lassen.

Kann eine Diskette mit *Drivespace* komprimiert werden?

Grundsätzlich können Sie eine Diskette mit Drivespace komprimieren, es sollte sich aber um eine formatierte HD-Diskette mit 650 kByte freiem Speicherplatz handeln. Ansonsten ist es Drivespace nicht möglich, die Diskette zu komprimieren.

Bei der Arbeit mit komprimierten Disketten muß die Drivespace-Funktion AUTOMATISCHES LADEN aktiviert sein. Sie finden diese Funktion im *Hilfsmittel-Menü* unter OPTIONEN. Wollen Sie eine komprimierte Diskette auf einem anderen Rechner einsetzen, dann muß dort ebenfalls Drivespace installiert sein.

10.2 Das LS-120-Laufwerk

Die LS-120-Laufwerke stellen die nächste Generation der Diskettenlaufwerke dar. Das Praktische daran ist, daß eine Abwärtskompatibilität zu den herkömmlichen 3,5-Zoll-Disketten mit 1,44 MByte besteht.

Auf die speziellen LS-120-Disketten passen bis zu 120 MByte Daten. Dazu müssen die Spuren auf dem Datenträger enger zusammenrücken. Etwa 20mal mehr Spuren pro Sektor haben auf dem Speichermedium Platz. Das hat wiederum Auswirkungen auf den Schreib-/Lesekopf des Laufwerks. Eine herkömmliche Mechanik ist nicht in der Lage, die Spur auf dieser Oberfläche auszulesen. Deshalb wird ein Trick aus der Lasertechnologie angewandt: Der Schreib-/Lesekopf muß sich nicht »blind« an den Spuren entlang tasten, sondern läßt sich von einem Laser steuern. Der erkennt mikrofeine Spurmarkierungen und kann so auf einen Hundertstelmillimeter genau die gesuchten Zylinder ansteuern. Liegen alte Disketten im Schacht, schaltet sich der Laser ab, und das Laufwerk verhält sich wie ein normales Diskettenlaufwerk.

Mit der Lasertechnologie allein ist es allerdings nicht getan. Kamen bislang pro Zoll einer Diskette (etwa 2,5 Zentimeter) 135 Spuren unter, sind es hier 2490. Jede einzelne ist weniger als einen Hundertstelmillimeter breit. Legt man den Schreib-/Lesekopf auf diese Minispuren aus, kann er die alten Spuren der 1,44-MByte-Diskette nicht mehr lesen und das LS-120-Laufwerk wäre inkompatibel zum Vorläufer. So befindet sich im Kopfschlitten neben dem Laser ein Doppelspaltkopf, mit dem die Spuren alter Disketten bearbeitet werden können. Ein neuentwickelter Kopf erledigt die Präzisionsarbeit bei den neuen Disketten.

Es wird Ihnen beim Einsatz dieses neuen Laufwerks vielleicht auch ein Geschwindigkeitsvorteil zu den herkömmlichen Disketten auffallen. Die neuen Speichermedien arbeiten fünfmal, herkömmliche Disketten noch dreimal so schnell wie in den alten Laufwerken. Durch die maximale Datentransferrate von 565 kByte pro Sekunde läßt sich ein Speichermedium in rund fünf Minuten beschreiben; mit den alten Disketten hätte dieser Vorgang etwa eine halbe Stunde gedauert.

Damit ist dieses Speichermedium besonders geeignet für Multimedia, Sound- und Filmdateien, digitale Fotos oder andere Dateien, die größer als 1,44 MByte sind.

Das LS-120-Laufwerk bietet folgende Vorteile:

▸ Sie können gegebenenfalls komplette Projekte auf einer Diskette speichern.

troller maximal zwei Festplatten angeschlossen werden, was die Speicherkapazität auf 1 GByte einschränkte. Sie finden diese Festplattentypen kaum noch auf dem Markt.

Enhanced-IDE-Technik. Die Begrenzung der Speicherkapazität einer Festplatte wurde durch das sogenannte *Logical Block Adressing* umgangen. Dies geschieht, indem die Werte für Zylinder, Köpfe und Sektoren in eine logische Blockadresse umgesetzt werden, wodurch sich höhere Kapazitäten ergeben.

Die Beschränkung in der Datentransferrate wurde mit der PCI-Technik umgangen (der ISA-Bus war bislang der Flaschenhals beim Auslesen der Daten von der Festplatte und beim Weiterleiten an den Prozessor). Das verbesserte IDE-Interface erlaubt nun wesentlich höhere Datentransferraten.

Es stehen zwei Controller-Kanäle zur Verfügung. Pro Kanal können bis zu zwei Geräte im Master-Slave-Modus betrieben werden.

Dieser Festplattentyp ist der derzeit verbreitetste. Außerdem können Sie an diese Schnittstelle beispielsweise ein CD-ROM-Laufwerk anschließen, ohne Geld für einen externen Adapter ausgeben zu müssen. In etwa 70 Prozent aller PC-Systeme finden Sie diese Festplattentechnologie.

Fast-ATA. Die Standards ATA, Fast-ATA und Fast-ATA-2 unterscheiden sich, ähnlich wie die SCSI-Protokolle, hauptsächlich durch die höhere Leistungsfähigkeit.

In Fast-ATA wurden die beiden Standards *ANSI Standard PIO Mode 3* (Programmed Input Output) und *Multiword DMA Mode 1* (Direct Memory Access) integriert.

Diese beiden Standards unterscheiden sich hauptsächlich durch ihre Datentransferraten. PIO Mode 3 leistet 11,1 MByte/s und DMA 1 13,3 MByte/s.

Im Zuge steigender Rechnergeschwindigkeiten mußte aber auch hier etwas geschehen, und zwar mit Fast-ATA-2. Hier kommen die Standards *PIO Mode 4* und *DMA Mode 1* zum Einsatz und schaffen eine Datenübertragungsgeschwindigkeit von bis zu 16,6 MByte/s. Mit dieser Geschwindigkeit ist es Ihnen durchaus möglich, Bewegtbildsequenzen im MPEG-Format zu betrachten.

Ultra ATA. Für noch anspruchsvollere Aufgaben muß nicht unbedingt gleich auf SCSI-Technik umgestiegen werden, denn das neue Ultra-ATA-Interface steigert die Datenübertragungsrate auf 33 MByte/s. Pro Taktzyklus auf dem Bus werden hier also doppelt so viele Daten übertragen wie bei Fast-ATA-2.

Auch Ultra-ATA muß mit der Einschränkung auf maximal vier Geräte an zwei Kanälen leben, jedoch hat das neue Interface den Vorteil, daß es auf jeder Triton-III-Hauptplatine bereits integriert ist.

SCSI. Die SCSI-Technologie konnte sich auf dem breiten Markt nicht so recht durchsetzen und blieb bislang Randbereichen wie dem Macintosh-Markt oder Anwendern mit komplexen Aufgaben wie Video- oder aufwendiger Bildbearbeitung vorbehalten. An der mangelnden Geschwindigkeit liegt dies allerdings nicht, denn SCSI hält immer noch den Geschwindigkeitsrekord. Allerdings hat die SCSI-Technologie ihren Preis, den die meisten Durchschnittsanwender nicht bezahlen wollen oder müssen.

Über einen SCSI-Hostadapter können neben der Festplatte auch noch weitere Geräte angeschlossen werden (insgesamt bis zu sieben oder 15), beispielsweise Streamer, CD-ROM-Laufwerke, Scanner usw. Wenn Sie also möglichst viele Geräte anschließen wollen und bei den einzelnen Geräten den Adapter einsparen können, dann ist eines SCSI-Lösung auch nicht viel teurer.

SCSI bzw. SCSI-1 ist der ursprüngliche Standard. Aufgrund seiner maximalen Datenübertragungsgeschwindigkeit von 5 MByte pro Sekunde ist er jedoch veraltet.

Fast-SCSI / SCSI-2 / Ultra-SCSI. Fast-SCSI hat einen engen Bezug zu den in SCSI-2 festgelegten Parametern. Der SCSI-2-Standard bezieht auch den Fast- und Wide-Modus ein. Mit SCSI-2 haben Sie hauptsächlich erweiterte Möglichkeiten hinsichtlich der anschließbaren Geräte, denn erst hier können Sie auch MO-Laufwerke (MO = Magneto Optical für wiederbeschreibbare CDs) und Scanner betreiben.

Die Bezeichnungen »Fast« und »Ultra« stehen für die doppelte Bustaktrate von 10 bzw. 20 MHz. Außerdem können Sie statt sieben insgesamt 15 Geräte anschließen.

Wide-SCSI. Wide-SCSI erlaubt Ihnen das gemischte Betreiben von Geräten, die sich der 8-Bit-Bustechnologie bedienen. Darüber hinaus wurde der Datenbus von 8 auf 16 Bit erweitert. Dies bedeutet, daß bei gleicher Bustaktrate die Datenübertragungsmenge verdoppelt wird.

SCSI-3. SCSI-3 wendet sich von der seriellen Datenübertragung ab und bevorzugt eine parallele Übertragungsweise. Für den Anwender bedeutet dies, daß die Datenübertragung erheblich beschleunigt bzw. verbessert wird. Außerdem sind längere Kabelverbindungen möglich. Dies ist beispielsweise dann vorteilhaft, wenn Sie einen Scanner oder einen externen CD-Brenner anschließen.

SCSI-3 arbeitet mit einem 16 Bit breiten Datenbus und ermöglicht Datenübertragungsgeschwindigkeiten von 150 bis 200 MHz pro Sekunde.

10.4 Einbau oder Austausch einer Festplatte

Der Einbau einer EIDE-Festplatten ist in der Regel am einfachsten. Besonders vorteilhaft für einen weniger versierten Anwender wirkt sich der Umstand aus, daß man sich bei diesem Festplattentyp nicht um die Low-Level-Formatierung kümmern muß.

Versuchen Sie auf gar keinen Fall, eine Festplatte low-level zu formatieren, da dies zu irreparablen Schäden führt. Durch eine solche Formatierung würden die Informationen verlorengehen, die zum Ansprechen der einzelnen Sektoren einer Festplatte notwendig sind.

Die Grundformatierung einer Festplatte wird durch entsprechende Programme werkseitig durchgeführt. Dadurch werden auch vom Anwender keine entsprechenden Initialisierungsprogramme benötigt.

Eine Festplatte wurde versehentlich formatiert, und es kann nicht mehr darauf zugegriffen werden.

In diesem Fall müssen Sie den Festplatten-Herstellers anschreiben. Wahrscheinlich werden Sie die Festplatte einschicken müssen, damit Sie neu formatiert werden kann. Für fast jeden Festplattentyp gibt es ein spezielles Formatierungsprogramm, aber ob man Ihnen ein solches Programm zuschickt, ist fraglich.

Arbeitsschritte zum Einbau/Austausch einer Festplatte

Legen Sie sich eine bootfähige Startdiskette an, sofern Sie über keine solche verfügen. Sie können dies bequem über Utility-Programme wie PC Tools oder den Norton Commander bewerkstelligen. Ansonsten formatieren Sie eine Diskette mit folgendem DOS-Befehl:

```
FORMAT/S
```

Der Zusatz /S bewirkt, daß die versteckten Systemdateien MSDOS.SYS und IO.SYS sowie der Kommandointerpreter COMMAND.COM automatisch auf die Diskette kopiert werden. Anschließend sollten Sie noch die DOS-Dateien FORMAT und FDISK auf die Diskette kopieren. Mit einer solchen Diskette können Sie anschließend zumindest den Rechner starten.

> Konfigurieren Sie die Master/Slave-Jumper.
> Stellen Sie den sogenannten *Drive-Select-Jumper* ein. Werksseitig sind Festplatten normalerweise als *Master without Slave* eingestellt, das heißt, die Platte ist der Master, das führende Gerät, und es wird davon

ausgegangen, daß keine Zweitplatte existiert, die den Slave, also das geführte bzw. zweite Gerät darstellt. Eine allgemeingültige Beschreibung der Jumperkonfigurationen ist hier nicht möglich, da jeder Hersteller eine eigene Bezeichnung verwendet. Grundsätzlich gilt, daß Sie für die erste und einzige Festplatte in Ihrem System in der Regel die Voreinstellungen ohne Manipulation des Drive-Select-Jumpers übernehmen können.

▸ **Stellen Sie die Verbindung zum Controller her**
Das Verbindungskabel einer herkömmlichen Festplatte besteht aus einem 40poligen Kabel. Im Gegensatz dazu arbeiten andere Festplatten mit einem 34poligen Kabel. Steuer- und Datenleitungen sind hierbei in einem einzigen Kabel untergebracht, was das Anschließen der Festplatte wesentlich erleichtert. Darüber hinaus ist dieses Kabel, im Gegensatz zu den verdrehten Kabeln der MFM- oder RLL-Festplatten, gerade.

Stellen Sie mit diesem Kabel eine Verbindung zwischen dem Controller und der Festplatte her, und zwar so, daß die gekennzeichnete Kabelseite an Pin Nr. 1 der jeweiligen Kontaktleiste anliegt. Am Festplattenanschluß können Sie das Kabel kaum verkehrt herum anschließen, da die Anschlußbuchse nur in der richtigen Polung in den Stecker paßt.

Abb. 10.3:
Das Verbindungskabel vom Controller zur Festplatte

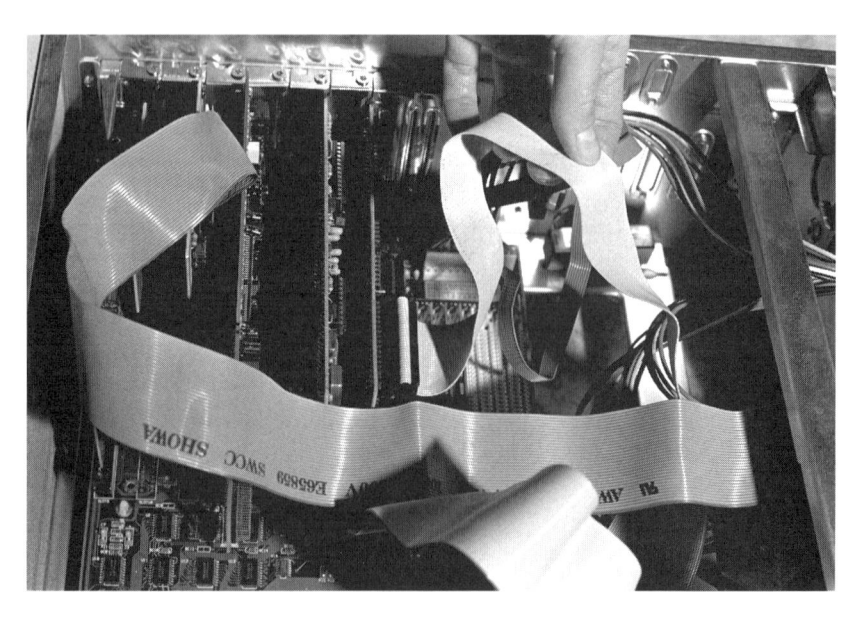

Jetzt müssen Sie nur noch ein freies Stromversorgungskabel aus dem Netzteil an Ihre Festplatte anschließen. Sofern Sie eine zweite Festplatte installieren wollen und kein freies Stromversorgungskabel mehr vorhanden ist, müssen Sie auf eine Y-Weiche zurückgreifen.

In Abbildung 10.3 sehen Sie einen Festplattencontroller, der in einem Erweiterungssteckplatz untergebracht ist. Sie finden diese Bauweise nur noch bei älteren Modellen. Moderne Hauptplatinen integrieren den Festplattenanschluß auf der Platine selbst. Ein Austauschen, beispielsweise bei einem Defekt, ist hier allerdings kaum möglich.

- **Die Festplatte im CMOS-Setup eintragen**
  Handelt es sich beim Austausch einer Festplatte nicht um denselben Typ, dieselbe Größe usw. wie bei einer defekten Platte, die vorher installiert war, wird Ihr Rechner nach dem Hochzählen des vorhandenen Arbeitsspeichers eine Fehlermeldung ausgeben. Folgen Sie der Aufforderung, das SETUP-Programm zu starten, und tragen Sie die Werte der angeschlossenen Festplatte im CMOS-SETUP ein.

Die Parameter, die hier eingetragen werden, beziehen sich nicht auf die physikalischen, sondern auf die logischen Parameter. Diese Daten finden Sie entweder in der technischen Dokumentation Ihrer Festplatte oder auf einem Aufkleber direkt auf dem Gehäuse der Festplatte. Die Einträge für WRITE COMPENSATION und LANDING ZONE können dabei in der Regel vernachlässigt und auf den Wert 0 gesetzt werden. Folgende Werte sind hierbei einzutragen:

- CYLN
- HEAD
- WPCOM
- LZONE
- SECT
- SIZE

- **Partitionieren der Festplatte**
  Sie müssen jetzt die Festplatte für das Aufnehmen von Daten einrichten. Die Festplatte erhält dadurch den Status eines logischen Laufwerks. Der Grund dafür ist, daß Ihr Betriebssystem die eingebaute Festplatte erst dann anerkennt, wenn es eine Partitionierungstabelle darauf vorfindet. Diese Tabelle hat die Aufgabe, Informationen über Größe und Aufteilung der Platte zu speichern.

Da sich beim Einbau einer neuen Festplatte noch kein Betriebssystem auf ihr befindet, starten Sie Ihren Rechner von der bootfähigen Diskette und rufen anschließend von dieser Diskette das DOS-Programm FDISK auf.

**Abb. 10.4:
Das DOS-Programm FDISK**

```
                              MS-DOS 6
                     Festplatten-Installationsprogramm
                     (C) Copyright Microsoft Corp. 1983 - 1993

                              FDISK-Optionen

        Aktuelle Festplatte: 1

        Eine der folgenden Optionen auswählen:

        1. Erstellen einer DOS-Partition oder eines logischen DOS-Laufwerks
        2. Festlegen der aktiven Partition
        3. Löschen einer Partition oder eines logischen DOS-Laufwerks
        4. Anzeigen der Partitionierungsdaten


        Optionsnummer eingeben: [1]




        ESC drücken, um das FDISK-Programm zu verlassen.
```

Wählen Sie den Punkt aus, mit dem Sie eine primäre DOS-Partition erstellen können. Das Programm will jetzt von Ihnen wissen, ob sich die Partition über die gesamte Festplatte erstrecken soll. Bejahen Sie hier diese Abfrage. Anschließend werden Sie aufgefordert, eine bootfähige Diskette einzulegen und eine beliebige Taste zu drücken. Sofern Sie dieser Aufforderung Folge leisten, wird mit dem Neustart des Systems begonnen, weil erst durch diesen Reset die Partitionstabelle angelegt wird. Nach dem Neustart wird die Festplatte erkannt, und Sie können darauf zugreifen. Der Vorgang des Partitionierens ist abgeschlossen, und Sie können mit der Formatierung Ihrer neuen Festplatte beginnen.

**Abb. 10.5:
Anlegen einer primären DOS-Partition**

```
                     Erstellen einer primären DOS-Partition

        Aktuelle Festplatte: 1

        Partition   Status   Typ       Bezeichnung   MByte   System   benutzt
        C: 1        A        PRI DOS   MS-DOS_6      812     FAT16    100%








        Primäre DOS-Partition bereits vorhanden.

        ESC drücken, um zu den FDISK-Optionen zurückzukehren.
```

Sie können Ihre Festplatte auch in mehrere logische Laufwerke aufteilen. Dabei gilt generell, daß zuerst die primäre DOS-Partition eingerichtet werden muß. Verneinen Sie also die Frage, ob Sie die gesamte Festplatte für diese Partition zur Verfügung stellen wollen. FDISK wird anschließend wissen wollen, wieviel Platz es für die primäre Partition einrichten soll, und Ihnen gleichzeitig anzeigen, wieviel Platz Ihnen insgesamt zum Aufteilen zur Verfügung steht. Legen Sie die gewünschte Partitionsgröße wahlweise in Prozent oder als Angabe in MByte fest.

Es lassen sich jedoch auch mehrere Betriebssysteme auf einer Festplatte installieren (beispielsweise DOS und UNIX). In einem solchen Fall partitionieren Sie, wie bereits beschrieben, nur den Teil der Festplatte, den Sie DOS zur Verfügung stellen wollen. Die anderen Teile werden mit den Partitionierungsprogrammen des jeweils anderen Betriebssystems eingeteilt.

Beachten Sie jedoch dabei, daß immer nur einem Betriebssystem die Boot-Partition zugeteilt werden kann. Es geht nicht, daß sowohl DOS als auch UNIX oder ein anderes Betriebssystem beim Start des Rechners geladen werden.

▸ **Die Festplatte formatieren**
Die Festplatte muß, genau wie eine Diskette auch, zum Aufnehmen der Informationen vorbereitet werden. Die Festplatte erhält durch diesen Formatierungsvorgang eine für DOS lesbare Struktur.

Diese Arbeit erledigt das DOS-Programm FORMAT, das sich ebenfalls auf der Startdiskette befinden sollte und von dort aus gestartet wird. Geben Sie an der DOS-Eingabeaufforderung (Prompt) den folgenden Befehl ein:

```
FORMAT C:/S
```

Der Zusatzparameter /S bewirkt, daß gleichzeitig mit der Formatierung die Systemdateien übertragen werden, damit anschließend von der Festplatte aus im Bedarfsfall gebootet werden kann und der Befehlsinterpreter des Betriebssystems von der Platte aus geladen werden kann.

Haben Sie auf Ihrer Festplatte mehrere Partitionen eingerichtet, dann sind auch mehrere logische Laufwerke vorhanden, die natürlich auch formatiert werden müssen. Die Formatierung muß also nacheinander für jedes logische Laufwerk durchgeführt werden. Es ist bei diesen Vorgängen darauf zu achten, daß das Betriebssystem in den Bootsektor der Festplatte geschrieben wird. Das Betriebssystem befindet sich also immer in der primären Partition. Dadurch entfällt die Angabe des Betriebssystemparameters /S beim FORMAT-Kommando für die übrigen logischen Laufwerke, da die versteckten Betriebssystemdateien MSDOS.SYS und IO.SYS auf den anderen Partitionen keinen Sinn machen würden.

> **Testen Sie die Festplattenfunktion**
> Wenn bis hierher alles korrekt verlaufen ist, müßten Sie jetzt von Ihrer Festplatte aus selbsttätig starten können. Entfernen Sie die Startdiskette aus dem Diskettenlaufwerk, und schalten Sie Ihren Rechner aus und wieder ein.

Rufen Sie das Programm Dr. Hardware Sysinfo auf, das sich auf der beiliegenden CD befindet.

Wenn Sie sich im Eingangsbildschirm befinden, dann drücken Sie die Funktionstaste [F10], mit der Sie in das Menü am oberen Bildschirmrand gelangen.

Im Menü HARDWARE sehen Sie die Funktion FESTPLATTEN. Bewegen Sie den Cursor auf diese Funktion, und bestätigen Sie die Auswahl mit [↵].

Abb. 10.6:
Der Eingangsbildschirm von Dr. Hardware Sysinfo mit der Funktion FESTPLATTEN

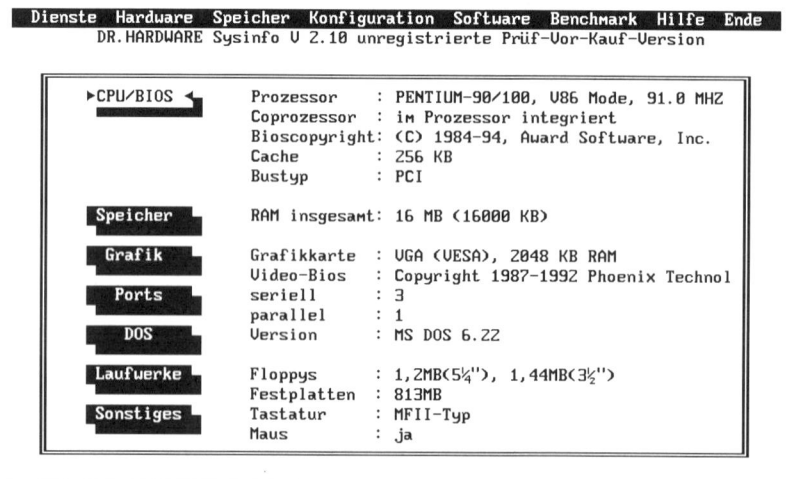

```
Dienste  Hardware  Speicher  Konfiguration  Software  Benchmark  Hilfe  Ende
         DR.HARDWARE Sysinfo V 2.10 unregistrierte Prüf-Vor-Kauf-Version

    ►CPU/BIOS◄       Prozessor    : PENTIUM-90/100, V86 Mode, 91.0 MHZ
                     Coprozessor  : im Prozessor integriert
                     Bioscopyright: (C) 1984-94, Award Software, Inc.
                     Cache        : 256 KB
                     Bustyp       : PCI

     Speicher        RAM insgesamt: 16 MB (16000 KB)

      Grafik         Grafikkarte  : VGA (VESA), 2048 KB RAM
                     Video-Bios   : Copyright 1987-1992 Phoenix Technol
      Ports          seriell      : 3
                     parallel     : 1
       DOS           Version      : MS DOS 6.22

    Laufwerke        Floppys      : 1,2MB(5¼"), 1,44MB(3½")
                     Festplatten  : 813MB
    Sonstiges        Tastatur     : MFII-Typ
                     Maus         : ja

 F1 Hilfe |  F10 Hauptmenu   ALT+.. Menu öffnen   F2 Vollversion    ESC Ende
```

Dr. Hardware Sysinfo stellt nun fest, welche Festplatte in Ihrem System integriert ist. Haben Sie die Festplatte ordnungsgemäß angeschlossen und eingetragen, dann wird es keine Schwierigkeiten geben.

Sie können nun Ihre Festplatte auf ihre Funktion sowie die Geschwindigkeit hin prüfen lassen. Drücken Sie wiederum die Funktionstaste [F10], um in das obere Menü zu gelangen, und steuern Sie das Menü BENCHMARK an. Hier sehen Sie ebenfalls die Funktion FESTPLATTE. Bewegen Sie den Cursor auf dieses Feld, und bestätigen Sie die Auswahl mit [↵].

Die Leistung der Festplatte wird hinsichtlich der Spur-zu-Spur-Zugriffszeit, der mittleren Zugriffszeit, der maximalen Zugriffszeit und des Datendurchsatzes geprüft. Nach einigen Sekunden erhalten Sie einen Überblick über die entsprechenden Werte.

10.4 Einbau oder Austausch einer Festplatte

Abb. 10.7:
Die Festplatte wurde ordnungsgemäß identifiziert.

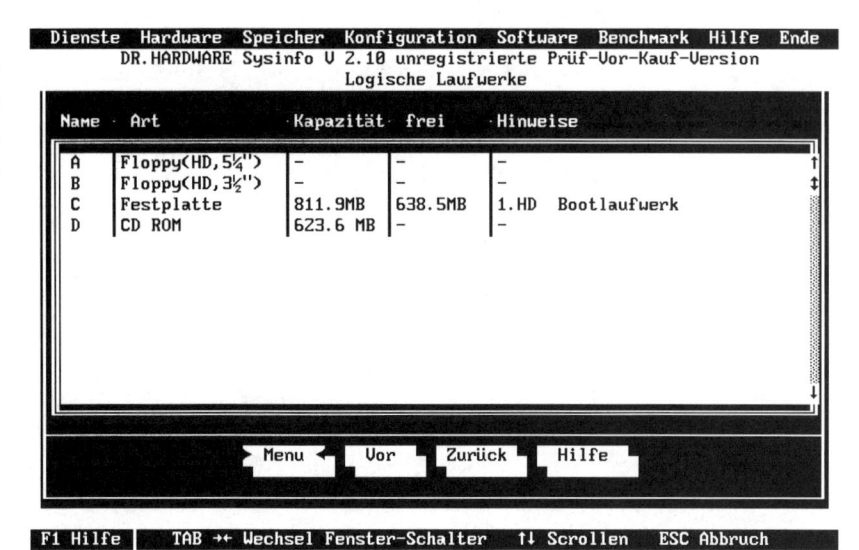

```
Dienste  Hardware  Speicher  Konfiguration  Software  Benchmark  Hilfe  Ende
         DR.HARDWARE Sysinfo V 2.10 unregistrierte Prüf-Vor-Kauf-Version
                              Logische Laufwerke

Name   Art                Kapazität   frei      Hinweise

 A    Floppy(HD,5¼")        -          -
 B    Floppy(HD,3½")        -          -
 C    Festplatte          811.9MB    638.5MB    1.HD  Bootlaufwerk
 D    CD ROM              623.6 MB     -


                    Menu    Vor    Zurück    Hilfe

F1 Hilfe  |  TAB  Wechsel Fenster-Schalter   ↑↓ Scrollen    ESC Abbruch
```

Abb. 10.8:
Die Auswahl des Benchmark-Tests

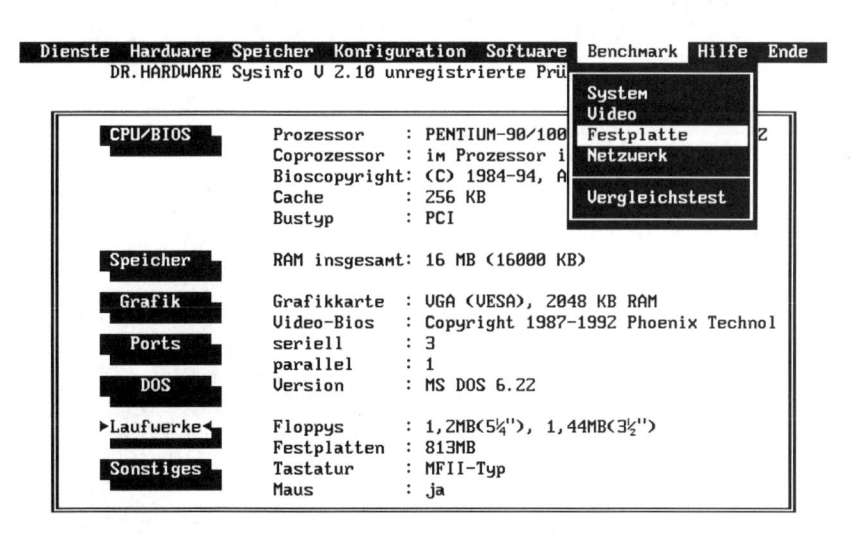

```
Dienste  Hardware  Speicher  Konfiguration  Software  Benchmark  Hilfe  Ende
         DR.HARDWARE Sysinfo V 2.10 unregistrierte Prü  System
                                                        Video
    CPU/BIOS         Prozessor     : PENTIUM-90/100      Festplatte
                     Coprozessor   : im Prozessor i      Netzwerk
                     Bioscopyright : (C) 1984-94, A
                     Cache         : 256 KB              Vergleichstest
                     Bustyp        : PCI

    Speicher         RAM insgesamt : 16 MB (16000 KB)

    Grafik           Grafikkarte   : VGA (VESA), 2048 KB RAM
                     Video-Bios    : Copyright 1987-1992 Phoenix Technol
    Ports            seriell       : 3
                     parallel      : 1
    DOS              Version       : MS DOS 6.22

    ►Laufwerke◄      Floppys       : 1,2MB(5¼"), 1,44MB(3½")
                     Festplatten   : 813MB
    Sonstiges        Tastatur      : MFII-Typ
                     Maus          : ja

F1 Hilfe  |  Zugriffszeiten und Datendurchsatz der Festplatte(n)
```

Es empfiehlt sich, einen solchen Festplattentest dann durchzuführen, wenn die Festplatte noch nicht vollständig eingebaut ist. Sollte irgend etwas schiefgelaufen sein (z.B. verkehrte Jumper-Einstellung oder Verkabelung), dann sparen Sie sich den erneuten Ausbau der Festplatte bzw. das Aufschrauben des Computergehäuses.

Zwar können Sie prinzipiell die Festplatte zumindest kurzfristig in jeder beliebigen Lage betreiben, jedoch ist es ratsam, die Festplatte in eine horizontale Position zu bringen. Notfalls stellen Sie einen Stuhl oder ähnliches so neben den Computer, so daß Sie die Festplatte darauf ablegen können.

Achten Sie auch darauf, daß die Festplatte nicht auf einer leitenden Unterlage liegt. Am besten nehmen Sie ein Stück Schaumstoff. Sie schonen auf diese Weise die Lötstellen an der Unterseite des Festplattengehäuses und außerdem kann es hier nicht durch das Überbrücken von Lötstellen zu einem unbeabsichtigten Kurzschluß kommt.

- **Die Festplatte wieder einbauen**
  Sie können jetzt mit der Montage der Festplatte beginnen. Ziehen Sie vorher wieder das Netzkabel des Rechners ab, und lösen Sie sämtliche Kabelverbindungen zu der Festplatte. Der Einbau einer Festplatte ist einfach. Lediglich der Größenunterschied zwischen der Bauweise (3,5-Zoll bei den meisten Festplattentypen) und dem 5,25-Zoll-Einbaurahmen im Rechner könnte Probleme bereiten, wenn kein 3,5-Zoll-Einbaurahmen vorhanden ist. Normalerweise sind die handelsüblichen PCs für die 3,5-Zoll-Laufwerke ausgelegt, lediglich bei älteren Modellen, die noch mit 5,25-Zoll-Festplatten ausgerüstet waren, ist dies nicht der Fall.

Einen solchen Einbaurahmen bekommen Sie allerdings in jedem besseren Computerladen. Ebenso gebräuchlich sind sogenannte Einbauwinkel, die einfach an die Längsseiten der Festplatte geschraubt werden, um auf diese Weise den Breitenunterschied auszugleichen.

Abb. 10.9: Verschrauben Sie die Festplatte (gegebenenfalls samt Einbauschacht) im Rechnergehäuse.

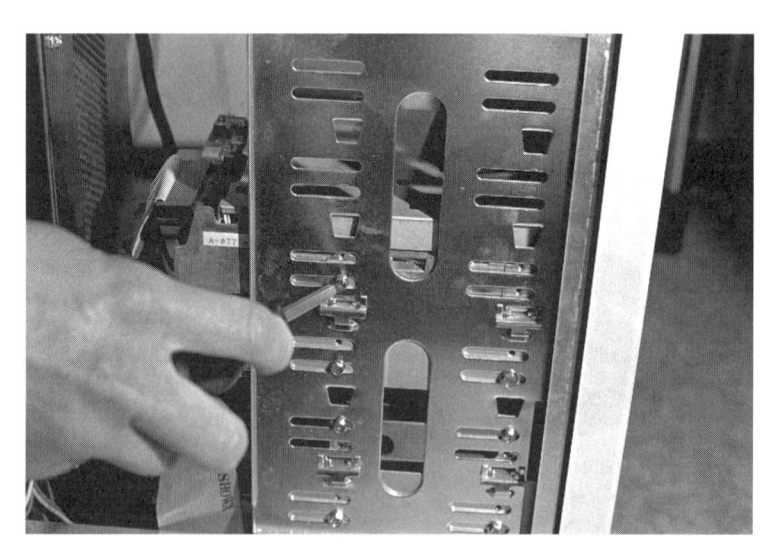

Achten Sie beim Einbau der Festplatte vor allem auf die richtigen Schrauben. Einige Festplattentypen sind aufgrund ihrer Bauweise durch zu lange Schrauben gefährdet, da es bei deren Verwendung passieren kann, daß Sie die Festplattenelektronik berühren bzw. zerstören. Sind Sie sich nicht hundertprozentig sicher, ob es sich um die richtigen Schrauben handelt, dann testen Sie am besten vorher die Schraubtiefe, indem Sie sie vorher einzeln in das noch ausgebaute Festplattengehäuse schrauben. Lassen sich die Schrauben fast völlig eindrehen, ohne daß ein Widerstand zu spüren ist, dann können Sie davon ausgehen, daß es die passenden sind.

Nach dem Einbau müssen Sie alle Kabelverbindungen zwischen der Festplatte, dem Controller und dem Netzteil wieder herstellen. Testen Sie sicherheitshalber jetzt noch einmal, ob das Betriebssystem von der Festplatte geladen werden kann.

Seit ein CD-ROM-Laufwerk eingebaut wurde, läuft die EIDE-Festplatte deutlich langsamer. Wie kann dieser Leistungsverlust wieder ausgeglichen werden?

Soll ein CD-ROM-Laufwerk an einem EIDE-Controller betrieben werden, dann sollten Sie darauf achten, daß das CD-Laufwerk an einen anderen Port angeschlossen wird. Der Grund dafür ist, daß es CD-ROMs gibt, die nicht die schnellen PIO-Modi der Festplatten unterstützen und so die Platte ausbremsen. Schließen Sie in diesem Fall das CD-ROM-Laufwerk lieber an den sekundären Port des EIDE-Controllers an.

10.4.1 Was Sie beim Einbau einer zweiten Festplatte beachten sollten

Die hier vorgestellten Festplatten werden an einem durchgehend geraden 40adrigen Kabel angeschlossen. Die physikalische Reihenfolge, in der Sie die Festplatten mit dem Kabel verbinden, hat keinen Einfluß auf die logische Reihenfolge. Die erste Festplatte kann am Ende des Kabels angeschlossen werden, während die zweite in der Mitte verbunden ist.

Natürlich müssen eine erste und eine zweite Festplatte unterschieden werden, damit es beim Ansprechen der Festplatten zu keinem Konflikt kommt. Diese Konfiguration erfolgt durch das Setzen und/oder Entfernen von kleinen Jumpern auf der Festplatte. Die Überbrückung dieser Pins bzw. die Jumper-Stellung ist herstellerabhängig und muß im Einzelfall der technischen Dokumentation entnommen werden.

Die erste Festplatte, also diejenige, von der aus gebootet werden soll, ist immer als *Master Drive* zu konfigurieren. Hinsichtlich der Jumper-Einstellungen wird dies auch als *MS* oder *CD* bezeichnet. Eine weitere Festplatte wird dann sozusagen als »untergeordnet« angesehen und bekommt die Bezeichnung *Slave* oder *SP*.

Die Anmeldung dieser beiden Platten geschieht nach folgendem Grundsatz: Der ersten, also führenden Festplatte wird mitgeteilt, daß sie als Master-Platte eine zweite Festplatte »beherrscht«. Der zweiten Festplatte wird folgerichtig mitgeteilt, daß sie keine Master-Festplatte ist (dazu muß der Master-Jumper entfernt bzw. in die richtige Stellung gebracht werden).

Die zweite Festplatte muß ebenfalls im CMOS-Setup angemeldet werden, ansonsten kann sie vom Rechner nicht erkannt werden. Sind in Ihrem Rechner beispielsweise zwei Diskettenlaufwerke mit den Laufwerkskennungen A: und B: vorhanden sowie eine Festplatte mit der Laufwerkskennung C:, dann erhält die zweite Festplatte die Laufwerkskennung D:.

Achten Sie auch auf den Eintrag in der AUTOEXEC.BAT hinsichtlich des Befehls LASTDRIVE. Hier wird die mögliche Anzahl der zu installierenden Laufwerke festgelegt. Für jede Laufwerkskennung wird ein geringer Platz im Arbeitsspeicher reserviert, der Informationen über dieses Laufwerk enthält. Wurde beispielsweise aus »Sparsamkeit« LASTDRIVE=C festgelegt, dann können maximal drei Laufwerke installiert werden. Die mögliche Anzahl richtet sich nach der Zählreihenfolge des Alphabets. LASTDRIVE=F bedeutet, daß maximal sechs Laufwerke installiert werden können, LASTDRIVE=Z bedeutet, daß maximal 26 Laufwerke installiert werden könnten, was allerdings nur eine theoretische Größe ist.

Die zweite Festplatte muß natürlich auch formatiert werden. Im Normalfall ist die erste Festplatte bereits formatiert und enthält Daten, vor allem das Betriebssystem. Rufen Sie FDISK über den gleichnamigen Befehl auf. Ist eine zweite Festplatte vorhanden und auch angemeldet, dann wird FDISK im Hauptmenü folgende Option anzeigen:

Nächste Festplatte wählen

oder

Weitere Festplatte wählen

Wechseln Sie zur zweiten Festplatte, und formatieren Sie sie wie gewohnt.

Abb. 10.10: Der Anschluß von zwei Festplatten

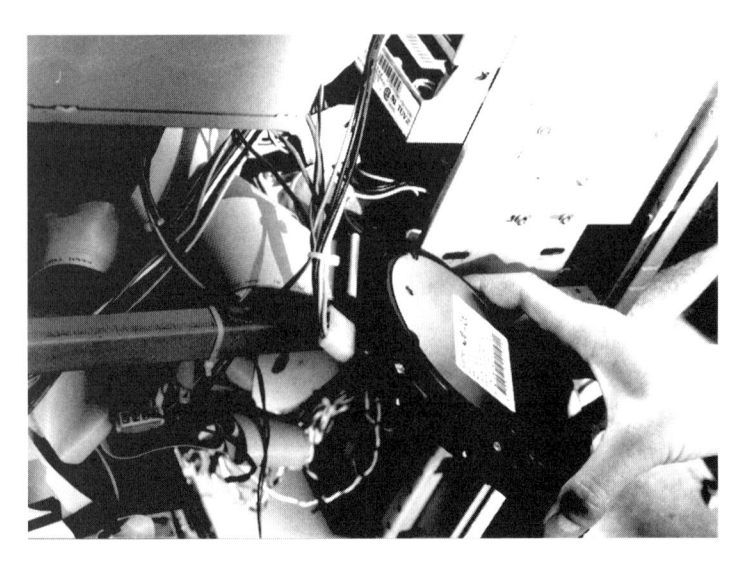

10.4.2 Was Sie beim Einbau einer SCSI-Festplatte beachten sollten

Die mechanischen Arbeiten, d.h. das Verschrauben im Einbaugehäuse, gehen bei diesem Festplattentyp genauso vor sich wie bei einer herkömmlichen Festplatte. Folgende Besonderheiten sind jedoch zu beachten:

Das Verbindungskabel. Die handelsübliche SCSI-Verbindung besteht aus einem 50poligen Kabel, in dem Steuer- und Datenleitungen zusammengefaßt sind. Das Kabel ist durchgängig gerade und hat keine Verdrehung.

Wenn Sie das SCSI-1-System verwenden, dann darf das Kabel für den SCSI-Bus maximal sechs Meter lang sein. Setzen Sie Fast- oder Fast-Wide-SCSI ein, dann darf die Kabellänge maximal drei Meter betragen.

Beim Ultra-SCSI können Sie zwar ebenfalls ein bis zu drei Meter langes Kabel einsetzen, jedoch dürfen dann nur bis zu drei Geräte angeschlossen werden. Werden mehr Geräte angeschlossen, dann verkürzt sich die zulässige Kabellänge, denn je höher der interne Bustakt ist, desto kürzer muß das Kabel sein. Generell gilt: bei einer Verdoppelung des Taktes muß die Kabellänge halbiert werden. Dies bedeutet, daß Fast-20 nur noch eine Kabellänge von maximal 1,5 Meter und Fast-40 nur noch eine Kabellänge von 0,75 Meter zuläßt.

Wollen Sie mehrere externe SCSI-Geräte anschließen, dann müssen Sie die sogenannte »Differential-SCSI-Variante« einsetzen. Hiermit steht Ihnen eine maximale Kabellänge von bis zu 25 Meter zur Verfügung. Sie können dann beispielsweise raumübergreifend arbeiten oder störende Geräte in einen separaten Raum auslagern.

Durch den SCSI-Standard ist der Typ des verwendeten Kabels festgelegt. Dies betrifft allerdings nicht die Stromversorgung der Geräte hinsichtlich der Stromspannung.

Wenn Sie eine interne Verkabelung der SCSI-Geräte vornehmen, dann können Sie die herkömmlichen Flachbandkabel verwenden. Die einzelnen Anschlußbuchsen sollten auf jeden Fall mindestens zehn Zentimeter Abstand zueinander haben. Flachbandkabel sind allerdings gegenüber externen Störungen empfindlich. Sollten solche auftreten, dann ist den erheblich teureren, aber isolierten FEP- bzw. TPE-Kabeln der Vorzug zu geben. Als akzeptabler Kompromiß gelten geschirmte Rundkabel, die sich durch ein gutes Preis-Leistungs-Verhältnis bezüglich des Widerstands gegenüber störender Impedanzen auszeichnen.

Das `Centronics 50` ist das Standardkabel zur Verkabelung von SCSI-Geräten und weist einen 50poligen Steckeranschluß auf. Als 8-Bit-Bus-Verbindung wurde er für die meisten SCSI-1- und für einige SCSI-2-Geräte konzipiert, wobei die Grenze der Datenübertragung bei 5 MByte pro Sekunde liegt.

Als Nachfolger des Centronics 50-Kabels kann das Micro D50 angesehen werden. Es handelt sich hierbei um ein Kabel mit zwei Clips für den Anschluß externer SCSI-2-Geräte an einen 8-Bit-SCSI-Bus. Die Leistungsfähigkeit liegt bei einem Datendurchsatz von 10 MByte pro Sekunde.

Das Micro D68 ist für den Einsatz von Wide-SCSI gedacht und weist einen 68poligen Steckeranschluß auf, der für den Betrieb an einem 16-Bit-SCSI-Bus konzipiert ist und einen Datendurchsatz von bis zu 20 MByte pro Sekunde erlaubt.

Formatierung der SCSI-Festplatte. Festplatten dieses Typs sind bereits werkseitig low-level vorformatiert, so daß dies nicht mehr durchgeführt werden muß.

Beachten Sie, daß SCSI-Festplatten auf gar keinen Fall Low-Level-formatiert werden dürfen, da ansonsten die für den SCSI-Controller absolut notwendigen Plattenidentifizierungseinträge verlorengehen würden. Die Festplatte wäre in diesem Fall unbrauchbar und müßte zum Hersteller geschickt werden, um dort erneut formatiert zu werden.

Der Drive-Select-Schalter. Ein SCSI-Controller kann verschiedene Geräte ansprechen, die dem SCSI-Standard entsprechen. Am Gerät muß deshalb eine sogenannte *SCSI-ID* eingestellt werden, damit die angeschlossenen Geräte unterschieden werden können. Die SCSI-ID ist eine Adresse, unter der ein Gerät gefunden und angesteuert werden kann. Diese Adressen reichen von 0 bis 7. Der SCSI-Controller kann also bis zu acht verschiedene Geräte kontrollieren.

Diese Adresse bzw. ID wird an der Festplatte entweder über Jumper oder eine DIP-Schalterreihe eingestellt. Wird die Festplatte als erstes bzw. einziges Gerät eingebaut, dann ist hier die Einstellung 0 vorzunehmen.

Anmelden im SETUP. SCSI-Festplatten müssen Sie nicht im Setup anmelden. Deshalb lautet die richtige Eintragung:

   NONE

oder

   NOT INSTALLED

Der Eintrag eines Festplattentyps führt zu einer Fehlermeldung, die etwa folgendermaßen aussehen kann:

   HDD-Controller-Failure

oder

   C:DRIVE ERROR

Ist Ihnen ein solcher Fehler unterlaufen, dann müssen Sie eine Korrektur um Setup vornehmen, damit die Festplatte wieder richtig erkannt bzw. angesprochen werden kann. Auf dem Controller der SCSI-Festplatte ist ein eigenes BIOS vorhanden, und deshalb funktioniert die Platte ohne Anmeldung im Setup.

Beim Anschluß einer zweiten SCSI-Festplatte müssen Sie beachten, daß das Flachbandkabel, das den Controller mit den Festplatten verbindet, über zwei Anschlüsse für Festplattenlaufwerke verfügt. Der zweiten Festplatte müssen Sie die ID 1 zuweisen. Die Reihenfolge, mit der die Festplattenlaufwerke aus der Sicht des Controllers am Kabel angeschlossen sind, spielt keine Rolle.

Selbstverständlich müssen Sie auch die zweite Festplatte partitionieren und formatieren. Achten Sie beim Aufruf von FDISK darauf, daß nach dem Start dieses Programms zunächst auf die zweite Platte gewechselt wird, bevor eine weitere Programmaktion ausgeführt wird. Der Formatierungsbefehl bezieht sich bei der zweiten Festplatte auf das Laufwerk D: bzw. auf eine gegebenenfalls abweichende Laufwerkskennung.

Die Angabe des Parameters /S entfällt, da die Systemdateien lediglich auf dem ersten Laufwerk vorhanden sein müssen.

10.5 Die richtige Festplattenorganisation

Im Laufe der Zeit sammeln sich immer mehr Programme, Daten, Utilities und dergleichen an, so daß irgendwann einmal die Kapazität der Festplatte auf ein Minimum an freiem Speicherplatz absinkt. Bevor Sie nun gleich eine neue Festplatte kaufen, versuchen Sie es mit einer vernünftigen Festplattenorganisation. Neben einem besseren Überblick werden Ihnen beim »Aufräumen« vielleicht auch einige Programme und eventuell jede Menge Dateien auffallen, die Sie vielleicht schon längst löschen wollten.

10.5.1 Die hierarchische Verzeichnis-Anordnung

Eine Grundordnung stellt die hierarchische Ordnung der Verzeichnisse dar. In der Hierarchiestruktur ganz oben steht das Hauptverzeichnis, das auch Stamm- oder Root-Verzeichnis genannt wird. In diesem Hauptverzeichnis sollten nur diejenigen Dateien stehen, die zum Starten des Betriebssystems unbedingt notwendig sind. Unter DOS sind dies:

- Die versteckten Dateien IO.SYS und MSDOS.SYS
- Der Befehlsinterpreter COMMAND.COM

- Die Startdateien CONFIG.SYS und AUTOECEX.BAT sowie gegebenenfalls Sicherungskopien dieser Startdateien, die von installierten Programmen beispielsweise als CONFIG.OLD und AUTOEXEC.OLD angelegt werden.
- Unter Umständen die Auslagerungsdatei (Swap-File) von Windows

In diesem Hauptverzeichnis haben einzelne Programme oder Programmteile sowie Datendateien, Textdateien und dergleichen nichts zu suchen. Sie gehören in separate Unterverzeichnisse.

Abb. 10.11:
Das Hauptverzeichnis einer Festplatte mit den unbedingt notwendigen Dateien zum Betrieb des Rechners

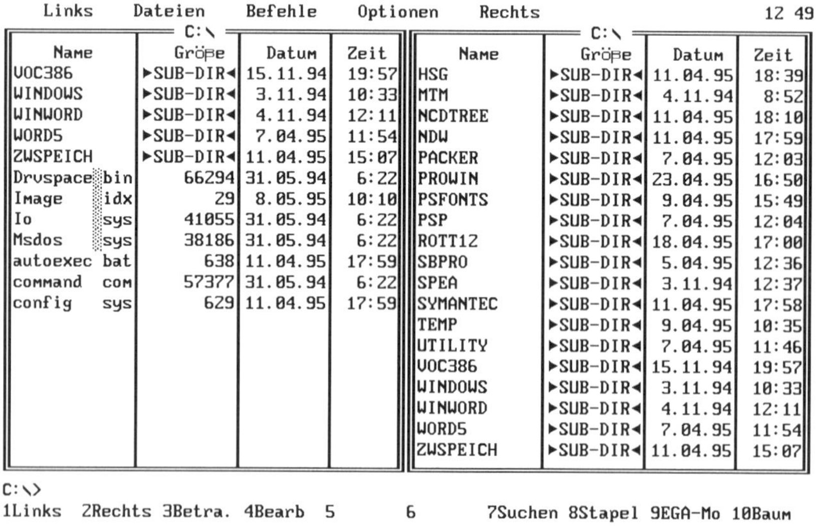

```
   Links     Dateien     Befehle    Optionen    Rechts                    12 49
          C:\                                          C:\
     Name      Größe    Datum    Zeit       Name      Größe    Datum    Zeit
 VOC386      ►SUB-DIR◄ 15.11.94  19:57  HSG         ►SUB-DIR◄ 11.04.95  18:39
 WINDOWS     ►SUB-DIR◄  3.11.94  10:33  MTM         ►SUB-DIR◄  4.11.94   8:52
 WINWORD     ►SUB-DIR◄  4.11.94  12:11  NCDTREE     ►SUB-DIR◄ 11.04.95  18:10
 WORD5       ►SUB-DIR◄  7.04.95  11:54  NDW         ►SUB-DIR◄ 11.04.95  17:59
 ZWSPEICH    ►SUB-DIR◄ 11.04.95  15:07  PACKER      ►SUB-DIR◄  7.04.95  12:03
 Druspace bin    66294 31.05.94   6:22  PROWIN      ►SUB-DIR◄ 23.04.95  16:50
 Image    idx       29  8.05.95  10:10  PSFONTS     ►SUB-DIR◄  9.04.95  15:49
 Io       sys    41055 31.05.94   6:22  PSP         ►SUB-DIR◄  7.04.95  12:04
 Msdos    sys    38186 31.05.94   6:22  ROTT12      ►SUB-DIR◄ 18.04.95  17:00
 autoexec bat      638 11.04.95  17:59  SBPRO       ►SUB-DIR◄  5.04.95  12:36
 command  com    57377 31.05.94   6:22  SPEA        ►SUB-DIR◄  3.11.94  12:37
 config   sys      629 11.04.95  17:59  SYMANTEC    ►SUB-DIR◄ 11.04.95  17:58
                                        TEMP        ►SUB-DIR◄  9.04.95  10:35
                                        UTILITY     ►SUB-DIR◄  7.04.95  11:46
                                        VOC386      ►SUB-DIR◄ 15.11.94  19:57
                                        WINDOWS     ►SUB-DIR◄  3.11.94  10:33
                                        WINWORD     ►SUB-DIR◄  4.11.94  12:11
                                        WORD5       ►SUB-DIR◄  7.04.95  11:54
                                        ZWSPEICH    ►SUB-DIR◄ 11.04.95  15:07

C:\>
 1Links  2Rechts 3Betra. 4Bearb  5       6       7Suchen 8Stapel 9EGA-Mo 10Baum
```

Programme gehören in Unterverzeichnisse. Sie legen ein solches Unterverzeichnis unter DOS beispielsweise mit folgendem Befehl an:

    MD

MD steht als Abkürzung für Make Directory, also: »Erstelle ein Verzeichnis«. Nach diesem Befehl müssen Sie ein Leerzeichen und den Namen des anzulegenden Verzeichnisses eingeben. Wenn Sie also ein Unterverzeichnis mit Utilities anlegen wollen, dann geben Sie folgenden Befehl ein:

    MD UTILITY

Der Name eines solchen Unterverzeichnisses darf höchstens acht Zeichen lang sein.

Natürlich können Sie ein solches Unterverzeichnis auch mit einem der zahlreichen Tools wie dem Norton Commander anlegen. Der Vorteil hierbei ist, daß der DOS-Befehl dem Benutzer in intuitiver Ausdrucksweise umgesetzt dargestellt wird. Der Benutzer wählt die Funktion VERZEICHNIS ERSTELLEN,

10.5 Die richtige Festplattenorganisation

das Utility greift aber dennoch bei der Ausführung der angegebenen Funktion auf den DOS-Befehl zurück. Es wird sozusagen eine Benutzeroberfläche geschaffen.

Beim Norton Commander sehen Sie beispielsweise in der unteren Menüleiste die Funktion MKDIR und die dazugehörige Funktionstaste F7 . Wenn Sie diese Funktionstaste drücken, erscheint ein Dialogfenster, in das Sie den Namen für das anzulegende Unterverzeichnis eingeben können.

Abb. 10.12: Anlegen eines Unterverzeichnisses mit dem Norton Commander

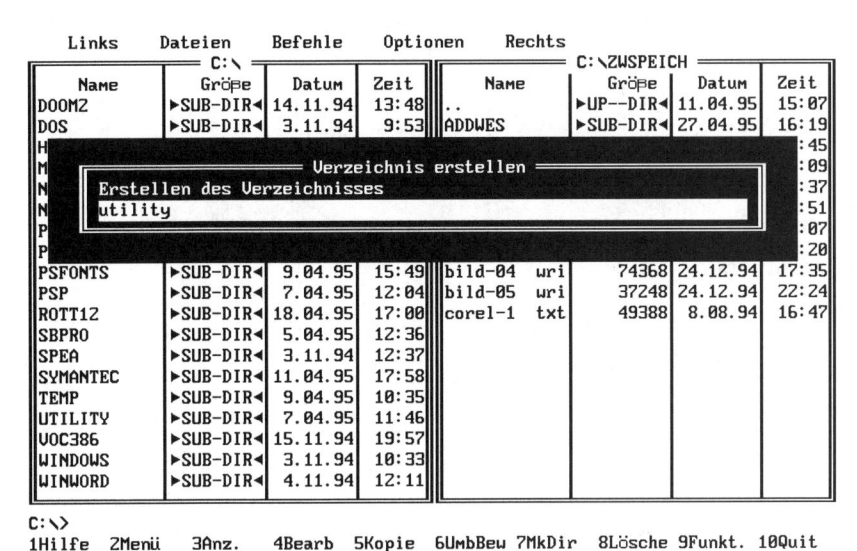

```
   Links    Dateien    Befehle    Optionen    Rechts
┌─────────── C:\ ───────────┐┌─────── C:\ZWSPEICH ───────┐
│ Name      Größe    Datum    Zeit ││ Name      Größe    Datum    Zeit │
│DOOM2     ►SUB-DIR◄ 14.11.94 13:48││..       ►UP--DIR◄ 11.04.95 15:07│
│DOS       ►SUB-DIR◄  3.11.94  9:53││ADDWES   ►SUB-DIR◄ 27.04.95 16:19│
│H                                 ││                           :45│
│M ╒══════════ Verzeichnis erstellen ══════════╕   :09│
│N │ Erstellen des Verzeichnisses                │   :37│
│N │ utility                                     │   :51│
│P │                                             │   :07│
│P ╘═════════════════════════════════════════════╛   :20│
│PSFONTS   ►SUB-DIR◄  9.04.95 15:49││bild-04  uri      74368 24.12.94 17:35│
│PSP       ►SUB-DIR◄  7.04.95 12:04││bild-05  uri      37248 24.12.94 22:24│
│ROTT12    ►SUB-DIR◄ 18.04.95 17:00││corel-1  txt      49388  8.08.94 16:47│
│SBPRO     ►SUB-DIR◄  5.04.95 12:36││                                     │
│SPEA      ►SUB-DIR◄  3.11.94 12:37││                                     │
│SYMANTEC  ►SUB-DIR◄ 11.04.95 17:58││                                     │
│TEMP      ►SUB-DIR◄  9.04.95 10:35││                                     │
│UTILITY   ►SUB-DIR◄  7.04.95 11:46││                                     │
│VOC386    ►SUB-DIR◄ 15.11.94 19:57││                                     │
│WINDOWS   ►SUB-DIR◄  3.11.94 10:33││                                     │
│WINWORD   ►SUB-DIR◄  4.11.94 12:11││                                     │

C:\>
 1Hilfe  2Menü   3Anz.   4Bearb  5Kopie  6UmbBew 7MkDir  8Lösche 9Funkt. 10Quit
```

Unter DOS wechseln Sie in ein angelegtes Unterverzeichnis mit dem Befehl:

```
CD
```

CD steht als Abkürzung für Change Directory, also: »Wechsele das Verzeichnis«.

Mit folgendem Befehl gelangen Sie in das angelegte Verzeichnis UTILITY:

```
CD UTILITY
```

Nachdem Sie in dieses Verzeichnis gewechselt sind, können Sie dort weitere Verzeichnisse bzw. Unterverzeichnisse anlegen, denn Ihre Utility-Sammlung kann durchaus aus mehreren Programmen bestehen. Wollen Sie die Programme Norton Commander und PC Tools auf Ihrer Festplatte speichern, dann empfiehlt sich die folgende Struktur.

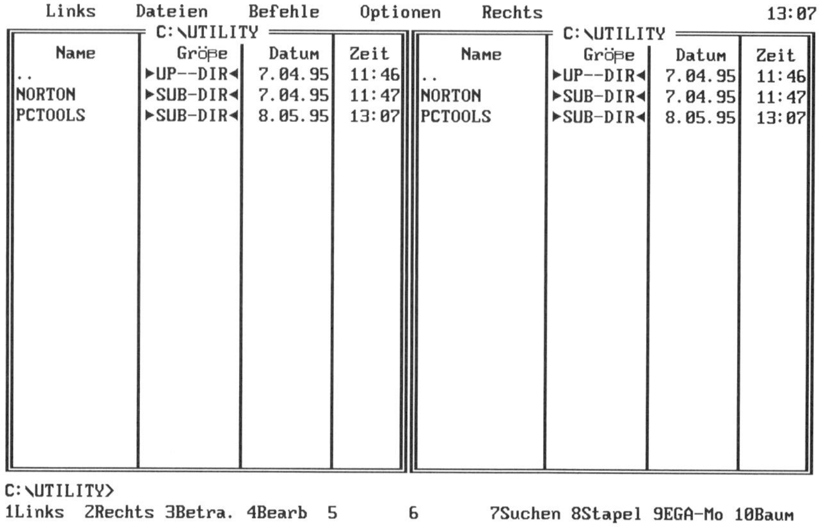

Abb. 10.13:
Struktur zum Unterbringen von zwei Utility-Programmen in einem übergeordneten Verzeichnis (rechts sehen Sie die Baumstruktur)

```
  Links      Dateien     Befehle    Optionen      Rechts                      13:07
            ═ C:\UTILITY ═                      ═ C:\UTILITY ═
   Name    │   Größe   │ Datum  │ Zeit  ║  Name    │   Größe   │ Datum  │ Zeit
..         │ ►UP--DIR◄ │ 7.04.95│ 11:46 ║..        │ ►UP--DIR◄ │ 7.04.95│ 11:46
NORTON     │ ►SUB-DIR◄ │ 7.04.95│ 11:47 ║NORTON    │ ►SUB-DIR◄ │ 7.04.95│ 11:47
PCTOOLS    │ ►SUB-DIR◄ │ 8.05.95│ 13:07 ║PCTOOLS   │ ►SUB-DIR◄ │ 8.05.95│ 13:07




C:\UTILITY>
1Links 2Rechts 3Betra. 4Bearb 5      6      7Suchen 8Stapel 9EGA-Mo 10Baum
```

Die meisten Programme schlagen bei der Installation bereits einen Pfad bzw. ein Verzeichnis vor, in das sie ihre Dateien kopieren wollen. Um eine entsprechende Struktur zu erreichen, ändern Sie einfach den vorgeschlagenen Pfad in den gewünschten. Normalerweise wird das Verzeichnis dann automatisch angelegt, sofern es nicht existiert. Wenn Sie allerdings ganz sicher sein wollen, dann legen Sie einfach das entsprechende Verzeichnis vor dem Ausführen der Installationsroutine an. Sie müssen dann allerdings genau darauf achten, daß Sie beim Installieren auch genau dieselbe Syntax angeben, die Sie beim Anlegen des Verzeichnisses bzw. Unterverzeichnisses definiert haben. Eine anderslautende Angabe in der Installationsroutine eines zu installierenden Programms würde ein abweichendes Verzeichnis generieren, und unter Umständen würden Sie vergeblich in Ihrem vermeintlich korrekt angegebenen Verzeichnis nach dem angelegten Programm suchen. Wiederholen Sie in einem solchen Fall die Installations-Routine, und geben Sie anschließend das korrekte Verzeichnis an, oder überlassen Sie es dem Programm, die Daten in das vorgeschlagene Verzeichnis zu kopieren. Dies führt dazu, daß das Programm doppelt existiert, was wiederum zu einer mehr oder weniger starken Einschränkung Ihres freien Festplattenspeichers führt.

Legen Sie also logische Gruppen an, denen Sie die zu installierenden Programme zuordnen können. Dies können beispielsweise eine Gruppe für Windows-Programme, eine Gruppe für DOS-Programme, eine Gruppe für Utilities und eine Gruppe für Textverarbeitung sein.

Das Anlegen eines speziellen Unterverzeichnisses für das Speichern von Sicherungskopien der einzelnen Programme trägt ebenfalls zur Übersichtlichkeit bei. Die meisten Programme erlauben es, das Unterverzeichnis anzugeben, in das die Sicherungskopien geschrieben werden sollen.

Auch die temporären Dateien benötigen ein eigenes Unterverzeichnis. Legen Sie für diese Dateien ein eigenes Unterverzeichnis an, z.B. \TEMP. Dieses Verzeichnis muß in der Pfadangabe der AUTOEXEC.BAT angegeben werden.

Beachten Sie hierbei, daß es nicht ausreicht, das Verzeichnis anzulegen und in der AUTOEXEC.BAT als Pfad zu deklarieren. Damit Windows die temporären Dateien in diesem Verzeichnis ablegen kann, müssen Sie auch eine sogenannte Umgebungsvariable definieren. Angenommen, Sie haben das Verzeichnis \DATTEMP als das Verzeichnis angelegt und es so in der Pfadangabe deklariert, in das die temporären Dateien gespeichert werden sollen, dann geschieht dies mit dem Eintrag der folgenden Befehlszeile:

```
SET TEMP=C:\DATTEMP
```

Sie sollten hin und wieder in das Unterverzeichnis schauen, in das die temporären Dateien abgelegt werden. Nicht jedes Programm löscht automatisch die von ihm angelegten temporären Dateien, wenn sie nicht mehr gebraucht werden. Im Laufe der Zeit können sich zig MByte ansammeln.

10.5.2 Reorganisieren Sie Ihre Festplatte regelmäßig

Reorganisieren bedeutet in diesem Zusammenhang, daß in regelmäßigen Abständen überprüft werden sollte, ob Verzeichnisse bestehen, aus denen bereits Programme und Datendateien entfernt wurden. Diese Verzeichnisse können gelöscht werden. Ebenso kann bei Programmen, die im reinen DOS-Modus laufen, die entsprechende Pfadangabe aus der AUTOEXEC.BAT entfernt werden, damit sich dieser Eintrag nicht im Laufe der Zeit zu einem Datenwust ansammelt, der unter Umständen den Rahmen der zulässigen Länge für diese Pfadangabe sprengen würde.

Außerdem können möglicherweise Verzeichnisse verschoben oder zusammengefaßt werden. Beispielsweise hat ein neues Utility-Programm ein eigenes Verzeichnis auf der Hauptebene angelegt, und Sie wollen es nun konsequenterweise dem Verzeichnis UTILITY (oder dem entsprechend benannten) unterordnen. Mit dem Explorer von Windows 98/95 ist dies über Drag&Drop sehr einfach zu bewerkstelligen, da Sie ganze Verzeichnisse und sogar Verzeichnisbäume per Mausklick verschieben können.

**Abb. 10.14:
Verschieben eines Verzeichnisses über den Explorer**

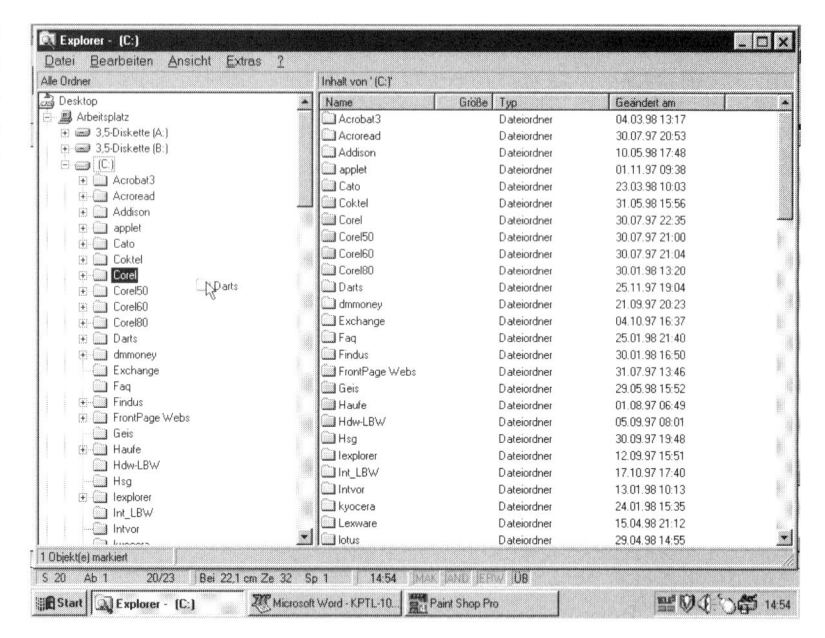

Verschieben Sie jedoch nicht wahllos, und bedenken Sie, daß gegebenenfalls Einträge in der AUTOEXEC.BAT und in den Systemdateien von Windows geändert werden müssen, sofern es sich um Programme unter DOS handelt. Wenn Sie hier Programme in ein anderes Verzeichnis verschieben, dann muß gegebenenfalls die Pfadangabe in der AUTOEXEC.BAT berichtigt werden. Wurde in dem verschobenen Programm ein Verzeichnis zum Ablegen der Sicherungsdateien angegeben, dann muß auch dieser Eintrag im Programm berichtigt werden, falls sich auch das Verzeichnis für die Sicherungskopien geändert hat. Unter Windows sieht es hingegen anders aus. Hier können Sie nicht ganze Programme verschieben, da ansonsten die Einträge in den System- bzw. Konfigurationsdateien durcheinander kommen.

Zum Betrachten, beispielsweise der AUTOEXEC.BAT, rufen Sie das Programm SYSEDIT.EXE auf. Leider wird es bei der standardmäßigen Installation von Windows nicht automatisch als Icon generiert, so daß viele Anwender gar nicht wissen, daß dieses Programm existiert. Rufen Sie den Explorer auf, und wechseln Sie in das Verzeichnis WINDOWS\SYSTEM. Hier können Sie über einen Doppelklick auf den Dateinamen das Programm starten. Alternativ dazu wählen Sie den Befehl START | AUSFÜHREN und geben den Namen *sysedit* ein.

Abb. 10.15:
Das Programm SYSEDIT.EXE mit der Datei AUTOEXEC.BAT im Vordergrund

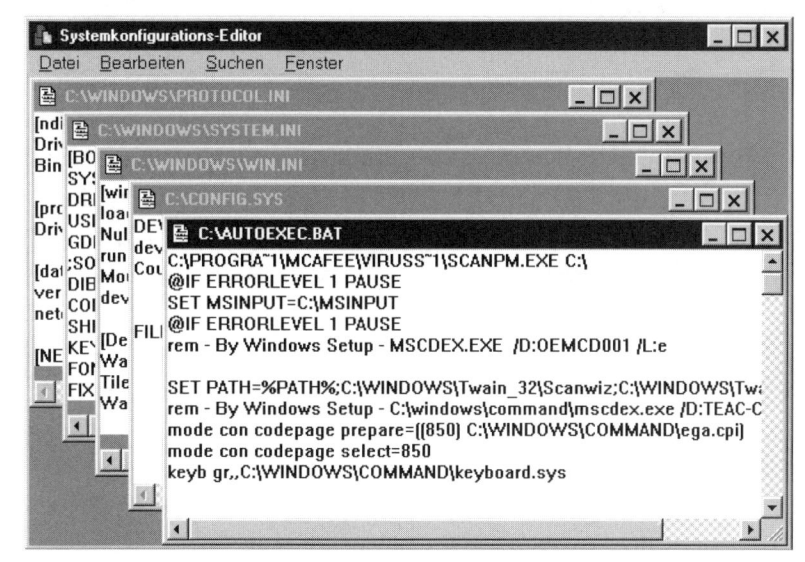

```
C:\AUTOEXEC.BAT
C:\PROGRA~1\MCAFEE\VIRUSS~1\SCANPM.EXE C:\
@IF ERRORLEVEL 1 PAUSE
SET MSINPUT=C:\MSINPUT
@IF ERRORLEVEL 1 PAUSE
rem - By Windows Setup - MSCDEX.EXE /D:OEMCD001 /L:e
SET PATH=%PATH%;C:\WINDOWS\Twain_32\Scanwiz;C:\WINDOWS\Tw;
rem - By Windows Setup - C:\windows\command\mscdex.exe /D:TEAC-C
mode con codepage prepare=((850) C:\WINDOWS\COMMAND\ega.cpi)
mode con codepage select=850
keyb gr,,C:\WINDOWS\COMMAND\keyboard.sys
```

10.5.3 Defragmentieren Sie den Festplatteninhalt regelmäßig

Wird Ihre Festplatte im Laufe der Zeit immer »langsamer«? Überlegen Sie einmal, wann Sie das letzte Mal eine Defragmentierung des Festplatteninhalts durchgeführt haben. Der Grund für einen stetig zunehmenden Leistungsverlust einer Festplatte ist die sogenannte Fragmentierung. Das bedeutet, daß die Daten immer weniger an einem Stück auf die Festplatte passen, sondern immer mehr zerstückelt werden.

Der Grund dafür ist folgender: DOS teilt die Festplatte in Cluster, also Datenblöcke, ein. Ein Cluster hat eine bestimmte Größe, beispielsweise 1024 Byte. Eine Datei mit nur einem Byte Inhalt nimmt deshalb genauso den Platz von einem Cluster, also 1024 Byte, ein wie eine Datei mit 1000 Byte Inhalt. Eine große Datei mit dem Inhalt von mehreren kByte wird dementsprechend auf mehrere freie Plätze auf der Festplatte verteilt. Die einzelnen Fragmente dieser großen Datei sind dann jeweils mit einer Adresse versehen, die darauf hinweist, wo sich das nächste Stück der Datei befindet.

Diese Vorgehensweise soll dazu dienen, den auf der Festplatte vorhandenen Platz optimal auszunutzen. Der Nachteil davon ist allerdings, daß sich das Betriebssystem die auf der Platte stückweise verteilten Daten erst zusammensuchen muß.

Je öfter Daten gelöscht, verschoben oder kopiert werden, um so zerstückelter oder fragmentierter wird der Festplatteninhalt, was dazu führt, daß die Geschwindigkeit Ihrer Festplatte allmählich abnimmt.

Sie sollten daher regelmäßig durch ein sogenanntes Defragmentierungsprogramm eine dem System genehme Ordnung auf der Festplatte herstellen lassen. Ein solcher Defragmentierer ist im Betriebssystem DOS ab der Version 6.0 enthalten. Allerdings enthalten auch Utilities wie Norton Commander oder PC Tools solche Routinen.

Das Programm sucht dabei sämtliche Einzelteile einer Datei zusammen und verteilt sie so auf der Festplatte, daß die Schreib-/Leseköpfe möglichst wenig bewegt werden müssen, um die Datei komplett auszulesen. Da die Schreib-/Leseköpfe als mechanisches Teil eine Geschwindigkeitsbremse darstellen, wird die Festplatte um so schneller, desto weniger Bewegungen diese Köpfe ausführen müssen.

Lassen Sie Ihre Festplatte bei regelmäßiger Arbeit jeden Monat einmal defragmentieren. Auch vor einer Neuinstallation oder wenn Sie sich von mehreren Programmen oder vielen Dateien getrennt haben, empfiehlt sich eine solche Aktion.

Abb. 10.16: Das Defragmentierungsprogramm der Norton Utilities (die Oberfläche ist fast identisch mit dem Defragmentierungsprogramm unter DOS)

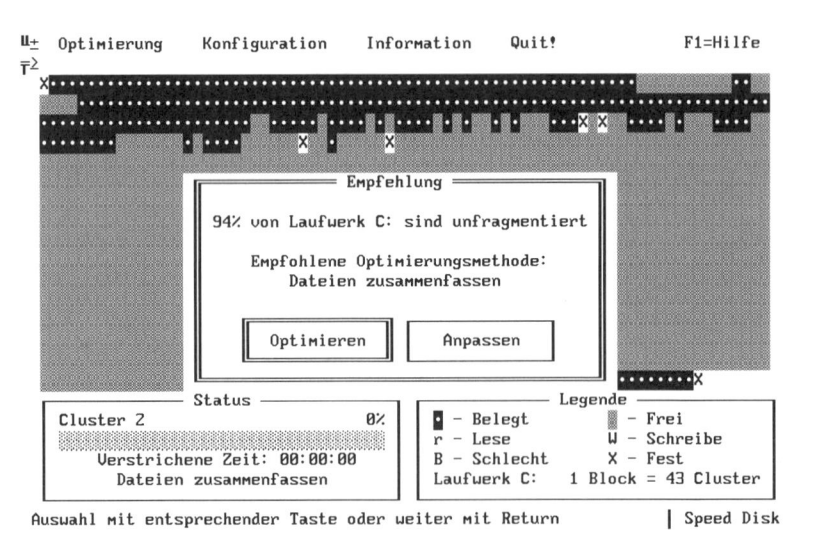

Die meisten Defragmentierungsprogramme bieten auch verschiedene Möglichkeiten der Optimierung. So können Sie beispielsweise bei den Norton Utilities wählen, ob Sie eine komplette Optimierung wünschen, nur Dateien zusammenfassen lassen, die Verzeichnisse optimieren, Dateien sortieren oder ein schnelles Komprimieren erreichen wollen.

Wenn Ihr Defragmentierungsprogramm es zuläßt, die Verzeichnisse so zu organisieren, daß ausführbare Dateien, d.h. EXE-Dateien, an den Anfang des Verzeichnisses gestellt werden, dann sollten Sie diese Möglichkeit wählen, denn sie können hier schneller gefunden und ausgeführt werden. Wie gesagt, dies gilt lediglich für DOS.

10.5.4 Festplattenorganisation unter Windows 98/95

98 Unter Windows 98/95 finden diese Tools über START | PROGRAMME | ZUBEHÖR | SYSTEMPROGRAMME. Es stehen DEFRAGMENTIERUNG und SCANDISC zur Verfügung.

Sie können diese Funktionen direkt aus Windows 98/95 heraus starten und müssen nicht den Umweg über MS-DOS oder über entsprechende Utilities wie beispielsweise die Norton Utilities gehen. Außerdem können Sie Ihren PC normalerweise auch bei solchen Aktionen weiter benutzen, was bei Programmen unter MS-DOS bzw. Fremdprogrammen nicht möglich war.

Defragmentierung

Die Defragmentierung und Scandisk sind wohl die wichtigsten Programme in dieser Gruppe. Es gibt keinen Rechner, der nicht ab und zu Dateien fragmentiert. Dies ist technisch bedingt und auf Festplatten mit FAT- oder VFAT-Systemen nicht zu umgehen. Bei der Defragmentierung wird nach zweierlei Dingen gesucht, und zwar nach verlorengegangenen Dateifragmenten und nach querverbundenen Dateien.

Verlorengegangene Dateifragmente sind Dateieinheiten, die in Form von Clustern vorliegen. Diese werden zwar vom System als zu einer Datei gehörig angesehen, jedoch enthalten sie keine relevanten Daten und werden demzufolge eigentlich nicht benötigt. Diese Cluster müssen nun von einer speziellen Routine separiert und wieder zum Beschreiben freigegeben werden. Dadurch läßt sich als angenehmer Nebeneffekt mitunter eine ganze Menge zusätzlicher Speicherplatz auf Ihrer Festplatte schaffen, je nachdem, wie fragmentiert Ihre Festplatte vor dem Aufräumen war.

Querverbundene Dateien bedeuten, daß zwei oder mehr Dateien auf der Festplatte auf den gleichen Datenbereich zugreifen. Hier gibt es drei Möglichkeiten, für die Sie sich als Benutzer entscheiden müssen, und zwar können diese Querverbindungen gelöscht, ignoriert oder in eine Sicherheitskopie übertragen werden. Da eine Sicherheitskopie unter normalen Umständen nicht gestartet werden kann, ist es normalerweise das Beste, die querverbundenen Dateien zu löschen. Wenn Sie an deren Inhalt herankommen wollen, dann benötigen Sie einen speziellen Editor. Sicherheitshalber ist es empfehlenswert, von den zu löschenden Dateien vorher eine Datensicherung anzufertigen. Sollten Sie die Dateien doch benötigen, können Sie sie aus der Datensicherung wiederherstellen.

Besonders praktisch ist unter Windows 98/95, daß Sie die Defragmentierung auch aus den Eigenschaften eines bestimmten Datenträgers heraus starten können. Sie können sich nämlich dort über das Datum der letzten Defragmentierung informieren.

Rufen Sie die Defragmentierung mit dem Befehl START | PROGRAMME | ZUBEHÖR | SYSTEMPROGRAMME | DEFRAGMENTIERUNG auf, und geben Sie zuerst das Laufwerk an, das defragmentiert werden soll. Auch bei einem komprimierten Laufwerk hat dieses Tool unter Windows 98/95 keine Schwierigkeiten. Zuerst wird das Laufwerk auf den Grad der Defragmentierung untersucht. Dann wird eine Meldung ausgegeben, zu wieviel Prozent das Laufwerk defragmentiert ist und ob es notwendig ist, das Programm zu starten, oder nicht.

Abb. 10.17: Defrag bei der Arbeit

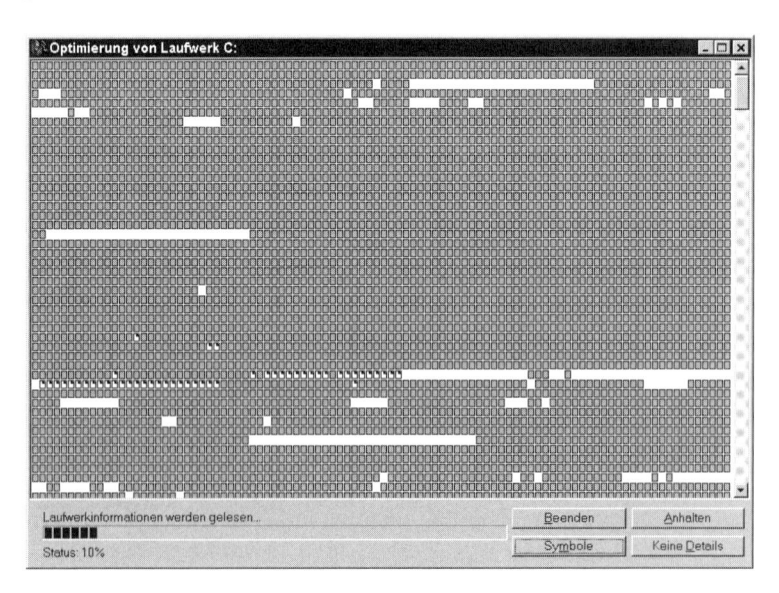

Am unteren Rand des zuerst relativ kleinen Dialogfensters sehen Sie einige Schaltflächen. Klicken Sie auf ERWEITERT, dann werden die möglichen Optimierungsmethoden angezeigt, und das Dialogfenster wird entsprechend erweitert. Standardmäßig ist KOMPLETTE OPTIMIERUNG (DATEIEN UND FREIER SPEICHER) aktiviert, und dabei können Sie es normalerweise auch belassen. Die Funktion LAUFWERK AUF FEHLER PRÜFEN sollten Sie ebenfalls aktiviert lassen, da hierdurch für eine automatische Überprüfung gesorgt wird, wie sie von Scandisk vorgenommen wird.

Wenn Sie eine Erläuterung zu den im Dialogfenster angezeigten Symbolen erhalten wollen, klicken Sie auf die Schaltfläche *SYMBOLE*, und es erscheinen die entsprechenden Erläuterungen. Sie sehen hier beispielsweise, ob es sich bei einem entsprechenden Symbol, das einen Teil der Festplatte repräsentiert, um einen freien Bereich, einen belegten Bereich, einen defekten Bereich usw. handelt.

Lassen Sie *Defrag* seine Arbeit mit STARTEN beginnen, und klicken Sie auf DETAILS, wenn Sie sehen wollen, was das Programm gerade unternimmt.

Defrag ist zwar in der Lage, im Multitasking-Betrieb zu arbeiten (Sie erkennen dies beispielsweise daran, daß der Bildschirmschoner nach der voreingestellten Zeit aktiv wird), Sie sollten jedoch sicherheitshalber keine anderen Anwendungen ausführen, da dies zu einem Systemabsturz und sogar zu Datenverlusten führen kann.

Die Festplatte läuft überhaupt nicht mehr.

Dies muß nicht zwangsläufig bedeuten, daß Sie Ihre Festplatte wegwerfen müssen. Ein ebenso simpler Grund kann die Stromversorgung sein. Gibt die Platte beim Einschalten des Rechners keinen Ton von sich, schalten Sie den Rechner aus, trennen das Netzkabel vom Rechner ab und öffnen das Gehäuse. Erden Sie sich, und schließen Sie dann die Stromversorgung eines funktionierenden Geräts, beispielsweise des CD-ROM-Laufwerks oder des Diskettenlaufwerks, an die Festplatte an.

Starten Sie den Rechner erneut. Läuft die Platte, dann ist wahrscheinlich ein Kabel der Stromzuführung gebrochen oder ein Kontakt korrodiert. Verwenden Sie in diesem Fall einen anderen Stromstecker, sofern noch einer frei ist. Andernfalls besorgen Sie sich im Fachhandel eine Y-Weiche. Hiermit können Sie eine Stromversorgung auf zwei Stecker aufteilen.

Da die Festplatte eine gleichmäßige Spannung benötigt, stellt eine Y-Weiche eine Behelfslösung dar. Besser ist es, wenn die Festplatte einen eigenen Stromstrang vom Netzteil hat. Versehen Sie andere Geräte, beispielsweise das Diskettenlaufwerk und das CD-ROM-Laufwerk mit dieser Weiche.

Die Festplatte gibt merkwürdige oder gar keine Geräusche mehr von sich.

Normalerweise hören Sie von der Festplatte beim Hochfahren zwei Geräusche, und zwar zum einen ein »Singen«, wenn die Platten auf die richtige Umdrehungszahl gebracht werden, und zum anderen mehr oder weniger mechanische Geräusche während der Plattenzugriffe, wenn die Schreib-/Leseköpfe in Position fahren. Bleibt eines dieser Geräusche aus, liegt ein mechanisches Problem vor.

Der Spindelmotor oder die Plattenelektronik könnte defekt sein. Erkundigen Sie sich beim Hersteller, ob Sie die Festplatte einschicken können. Kann man dort den Schaden nicht beheben, versuchen Sie, Adressen von Firmen zu erfragen, die die Daten von defekten Platten retten, indem sie das Innenleben in einer Reinraum-Umgebung auswechseln. Ob sich dieser Aufwand im Einzelfall lohnt, hängt von der Art der Daten ab und auch davon, wie lange die letzte Datensicherung zurückliegt.

Weitere Hinweise zu zerstörten Datenträgern entnehmen Sie Kapitel 14 dieses Buches.

10 Speichermedien

(?) Es erscheint die Fehlermeldung *Invalid Media in Drive X:*

Diese Fehlermeldung bedeutet nicht, daß die Festplatte defekt ist, sondern sie ist noch nicht partitioniert. Bevor Sie also beim Händler reklamieren, rufen Sie den folgenden DOS-Befehl auf:

```
FDISK X: (X steht für die Laufwerkskennung der Festplatte).
```

Richten Sie mit FDISK eine oder mehrere DOS-Partitionen ein, und formatieren Sie anschließend die Platte mit dem DOS-Befehl:

```
FORMAT X:
```

(?) Nach dem Defragmentieren der Festplatte mit dem Befehl DEFRAG /F **wird mit einem X angezeigt, wie viele feste Dateien auf der Platte vorhanden sind. Nun kommen jedesmal neue Dateien hinzu, so daß sich der Platz auf der Festplatte verringert. Was sind das für Dateien, und wie können sie gelöscht werden?**

Der größte feste Bereich auf der Platte wird von Windows mit dem virtuellen Speicher (Auslagerungsdatei) belegt. Diese festen Windows-Dateien heißen 386SPAR.PAR und SPART.PAR und stehen im Stammverzeichnis von C. Windows legt diese Dateien neu an, wenn bei laufenden Anwendungen der Arbeitsspeicher zu knapp wird. Wenn diese Datei versehentlich gelöscht wird, legt Windows beim nächsten Start automatisch eine neue an.

Unter Windows 98/95 erhalten Sie Einblick in die Größe des virtuellen Arbeitsspeichers, indem Sie die Systemeinstellungen aufrufen und das Icon SYSTEM aktivieren. Wechseln Sie anschließend in die Registerkarte LEISTUNGSMERKMALE, und klicken Sie auf die Schaltfläche VIRTUELLER ARBEITSSPEICHER. Hier können Sie sich die Größe der Datei ansehen und gegebenenfalls manuell Veränderungen an den Eigenschaften oder an der Dateigröße vornehmen.

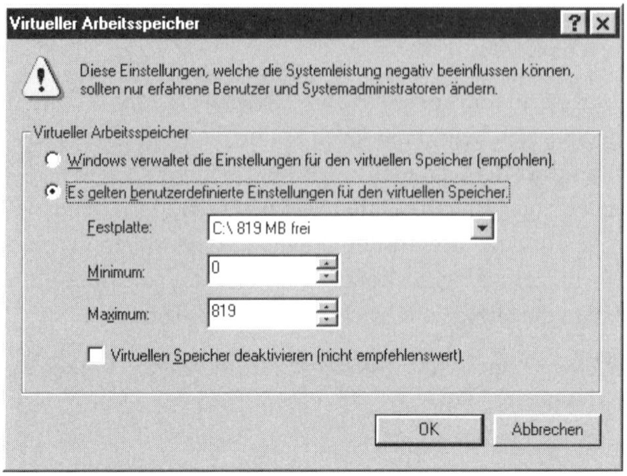

Abb. 10.18:
Hier erhalten Sie Informationen zum virtuellen Arbeitsspeicher.

Auf großen Festplatten wird der Platz schnell knapp.

Wenn Sie beispielsweise Dateien von einer kleinen Festplatte mit beispielsweise 500 MByte auf ein Laufwerk mit mehr als 1 GByte kopieren, dann können die Daten dort mehr Platz beanspruchen als auf der kleineren Platte. Festplatten, die größer als 512 MByte sind, werden im bereits erwähnten LBA-Modus (Logic Block Addressing) angesprochen. Eine Festplatte ist in Blöcke unterteilt. Ein solcher Block wird auch als Cluster bezeichnet und ist die kleinste mögliche Einheit. Diese Einheit ist bei kleineren Platten 8 oder 16 kByte groß. Bei Festplatten von mehr als 1 GByte ist die Zuordnungseinheit 32 kByte groß. Das bedeutet für den Platz auf Ihrer Festplatte, daß selbst eine 1 kByte große Datei auf jeden Fall 32 kByte belegt. Und das ist, auf dieses Beispiel bezogen, viermal soviel wie auf der alten Festplatte. Gerade Windows verwendet sehr viele kleine Dateien und verschwendet auf diese Weise bei großen Festplatten relativ viel Speicherplatz.

Eine Lösung besteht zwar darin, eine große Festplatte mit dem DOS-Programm *Fdisk* in mehrere kleinere Partitionen zu unterteilen. Bei dieser Methode gehen aber auch alle Vorteile des LBA-Modus verloren, denn die Blöcke, die auf einmal von der Platte gelesen werden können, werden kleiner. Somit sinkt auch die Geschwindigkeit der Festplatte, und Sie müssen häufiger ein Defragmentierungs-Tool starten. Sie sollten sich daher überlegen, ob es Ihnen mehr auf Plattenplatz oder auf Geschwindigkeit ankommt.

Windows bootet nicht mehr von der Festplatte.

Falls der Rechner nicht mehr von der Festplatte bootet, sind keine Daten mehr verfügbar bzw. können sie nicht mehr ausgelesen werden. Um dies zu umgehen, benötigen Sie eine Startdiskette, die das System wieder zugänglich macht. Windows 98/95 legt auf Wunsch eine solche Diskette an. Rufen Sie die Systemsteuerung auf, und aktivieren Sie das Icon SOFTWARE. Wechseln Sie zur Registerkarte STARTDISKETTE, und legen Sie eine leere Diskette ins Laufwerk. Anschließend starten Sie den Vorgang durch Anklicken der Schaltfläche DISKETTE ERSTELLEN. Windows kopiert dann auf die Startdiskette unter anderem die Systemdateien AUTOEXEC.BAT und CONFIG.SYS sowie die versteckten Systemdateien, den Befehlszeileninterpreter COMMAND.COM und ein Diagnose-Programm zur Fehlerkorrektur und nützliche DOS-Programme wie FDISK oder ATTRIB.

Abb. 10.19:
Legen Sie hier eine Startdiskette an, mit der Sie wieder auf Ihr System zugreifen können.

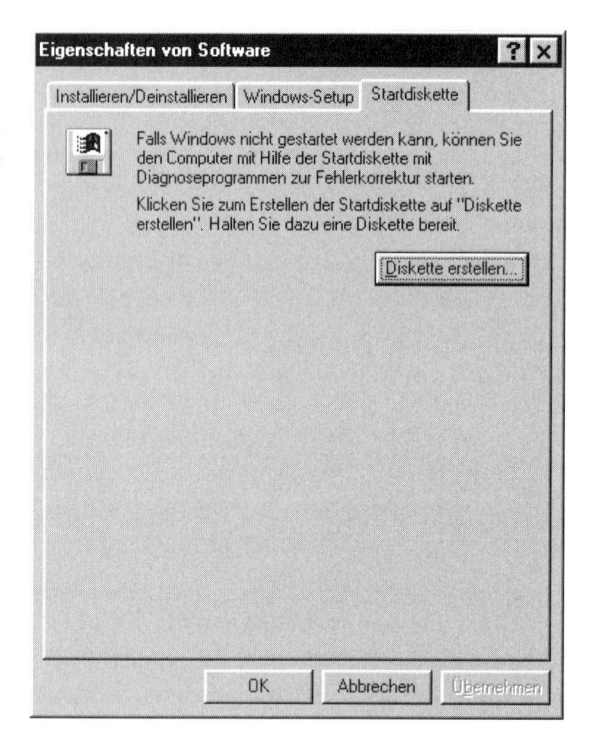

Der Master Boot Record auf der Festplatte ist defekt. Kann er wieder hergestellt werden?

Durch den Master Boot Record erhält das System unter anderem Informationen darüber, welche Festplatte beziehungsweise welche Partition zum Booten verwendet wird. Wenn dieser spezielle Bereich auf der Festplatte defekt ist, gibt es Probleme beim Starten des Systems. Gefahr droht nicht nur durch mechanische Zerstörung, sondern hauptsächlich durch Bootsektorviren, die sich in diesem Teil der Festplatte einnisten. Sie sind auch von Antivirenprogrammen schlecht zu entfernen.

Sie können einen beschädigten Master Boot Record reparieren, indem Sie den Rechner mit einer Startdiskette booten. Rufen Sie anschließend das DOS-Programm FDISK.EXE mit dem Schalter /mbr auf. Dadurch wird der Master Boot Record neu angelegt. Befindet sich ein Virus in diesem Bereich, wird auch dieser überschrieben. Genügt dies nicht, können Sie anschließend auch die Systemdateien von der Diskette auf die Festplatte neu übertragen. Geben Sie dazu den folgenden DOS-Befehl ein:

```
sys a: c:
```

Achten Sie darauf, daß die Systemdateien auf der Diskette der DOS-Version auf der Festplatte entsprechen.

Der Rechner erkennt die Festplatte hin und wieder nicht.

Wenn der Rechner die Festplatte, von der gebootet werden soll, nicht mehr erkennt, dann werden Sie zum Einlegen einer Systemdiskette aufgefordert. Dies kann zwar mehrere Ursachen haben, die häufigste Ursache für Probleme beim Booten ist jedoch die Stromversorgung für das BIOS. Der CMOS-Speicher, in dem das BIOS die Parameter des Rechners und natürlich auch für die Festplatte ablegt, muß ständig mit Strom versorgt sein, damit die Daten aufrechterhalten werden. Die Stromversorgung wird normalerweise durch einen kleinen Akku gewährleistet, der entweder direkt auf dem Motherboard sitzt oder mit einem Klettstreifen am Gehäuse des Rechners befestigt ist und über ein Kabel mit dem Mainboard verbunden ist.

Liefert der Akku nicht mehr genügend Spannung, dann kommt es im CMOS-Speicher zu einem Gedächtnisschwund und auch die Festplattenparameter sind verloren. Booten Sie in diesem Fall erneut, und starten Sie das Rechner-Setup, indem Sie beim Startvorgang die Taste `Entf` (oder eine entsprechende) drücken. Meldet das BIOS die Festplatte als `not installed`, stellen Sie den Plattentyp auf die Nummer 47 oder auf `User defined`. Tragen Sie anschließend die Festplattenparameter ein. Die erforderlichen Werte finden Sie entweder in der technischen Dokumentation oder auf einem Aufkleber am Plattengehäuse. Starten Sie dann den Rechner neu.

Ein Akku erholt sich normalerweise wieder etwas, sobald der PC eine Weile läuft und ihn mit Strom versorgt. Dieser Zustand ist jedoch nicht von Dauer, und die Probleme werden immer häufiger auftreten. Ein solcher Akku hat eine durchschnittliche Lebensdauer von etwa drei bis fünf Jahren. Ist dieses Alter erreicht oder überschritten, tauschen Sie ihn auf jeden Fall aus.

Datenträger auf Fehler scannen

Scandisk rufen Sie mit dem Befehl START | PROGRAMME | ZUBEHÖR | SYSTEMPROGRAMME | SCANDISK auf. Sie sollten Ihre Festplatte mit diesem Tool regelmäßig untersuchen lassen, um unter anderem Datenverlusten vorzubeugen.

Sie müssen zuerst angeben, welches Laufwerk geprüft werden soll. Erscheint die Anzeige SCANDISK HAT KEINE FEHLER AUF DIESEM LAUFWERK GEFUNDEN, dann ist alles in Ordnung. Darüber hinaus brauchen Sie sich auch bei diesem Programm nicht darum zu kümmern, ob es sich bei dem zu untersuchenden Laufwerk um ein komprimiertes handelt oder nicht.

Grundsätzlich können Sie die Festplatte auf zweierlei Arten prüfen lassen, und zwar erfolgt die logische Prüfung der Verwaltungseinheiten mit der Funktion STANDARD (DURCHSUCHT DATEIEN UND ORDNER AUF FEHLER) und INTENSIV (STANDARDTEST UND PRÜFUNG DER DATENTRÄGEROBERFLÄCHE).

Scandisk ist in der Lage, Fehler nicht nur zu erkennen, sondern auch zu beheben. Deshalb sollten Sie sich vorher über die Art des Fehlers informieren. Wenn Sie die Funktion FEHLER AUTOMATISCH KORRIGIEREN aktivieren, dann können Sie dies nicht tun.

Wenn Sie sich für die Funktion INTENSIV (STANDARDTEST UND PRÜFUNG DER DATENTRÄGEROBERFLÄCHE) entscheiden, dann steht Ihnen die Schaltfläche OPTIONEN zur Verfügung. Sie gelangen damit in das Dialogfenster OPTIONEN FÜR OBERFLÄCHENPRÜFUNG. Hier können Sie die zu prüfenden Datenträgerbereiche (SYSTEM- UND DATENBEREICH, NUR SYSTEMBEREICH, NUR DATENBEREICH) festlegen. Außerdem können Sie bestimmen, ob ein Schreibtest durchgeführt werden soll und ob fehlerhafte Sektoren in versteckten Dateien oder Systemdateien korrigiert werden sollen.

Als Prüfart können Sie die Voreinstellung STANDARD belassen, da hiermit eine Prüfung nach den wichtigsten Kriterien durchgeführt wird und der Rechner nicht unnötig lange blockiert bleibt. Sie sollten diese Prüfung in regelmäßigen Abständen durchführen.

Hin und wieder sollten Sie eine intensive Prüfung durchführen lassen. Wenn Sie die weiteren Programmoptionen sehen wollen, dann klicken Sie auf die Schaltfläche ERWEITERT.

Dateien mit ungültigen Namen und solche mit falschen Datums- und Zeitangaben bereiten Programmen wie BACKUP und RESTORE Probleme. Diese registrieren das Datum einer Speicherung und reagieren nicht wie gewünscht, wenn Dateien ein falsches Datum aufweisen. Aber auch das Tool DRIVESPACE kann Probleme beim Komprimieren und Dekomprimieren verursachen, wenn die Dateien, die zu komprimieren sind, ein unzulässiges Datum haben.

Beginnen Sie den Prüflauf mit einem Klicken auf die Schaltfläche *STARTEN*, und Scansisk prüft gemäß den angegebenen Einstellungen. Wird ein Fehler gefunden, dann erfolgt die Abfrage, ob eine Sicherheitskopie angelegt oder die betreffende Datei gelöscht werden soll. Die Arbeit wird mit einer Übersicht beendet, die das Ergebnis der Überprüfung anzeigt.

Wenn Sie sich die Fehlerliste angesehen haben, dann sollten Sie auch eine Korrektur vornehmen lassen. Überprüfen Sie anschließend auch die betroffenen Dateien, indem Sie die entsprechenden Programme starten oder die entsprechenden Anwendungen öffnen und die Dateien laden.

10.5 Die richtige Festplattenorganisation

Abb. 10.20:
Hier hat sich die Suche gelohnt.

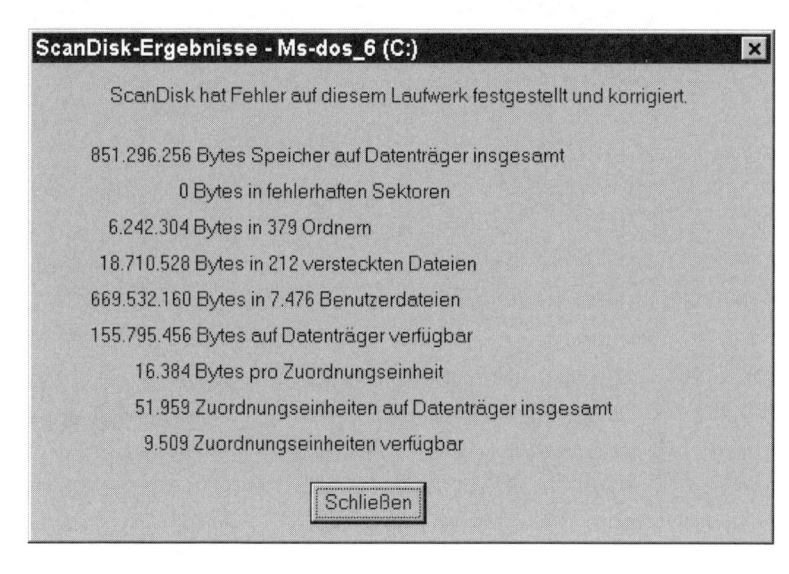

ScanDisk-Ergebnisse - Ms-dos_6 (C:)

ScanDisk hat Fehler auf diesem Laufwerk festgestellt und korrigiert.

851.296.256 Bytes Speicher auf Datenträger insgesamt
0 Bytes in fehlerhaften Sektoren
6.242.304 Bytes in 379 Ordnern
18.710.528 Bytes in 212 versteckten Dateien
669.532.160 Bytes in 7.476 Benutzerdateien
155.795.456 Bytes auf Datenträger verfügbar
16.384 Bytes pro Zuordnungseinheit
51.959 Zuordnungseinheiten auf Datenträger insgesamt
9.509 Zuordnungseinheiten verfügbar

[Schließen]

11 CD-ROM-Laufwerke auswählen, einbauen und konfigurieren

Gerade bei Anwendungen, die in multimediale Regionen vorstoßen, fallen sehr schnell große Datenmengen an. Sollen auch noch Bewegtbildsequenzen sowie der dazugehörige Ton gespeichert werden, reicht die Kapazität herkömmlicher Disketten bei weitem nicht mehr aus. Hier liegt die Domäne von CD-ROMs, auf denen derzeit bis 650 MB Daten gespeichert werden können.

Immer mehr interaktive Programme drängen auf den Markt. Beispielsweise Reiseführer auf CD, die über animierte Karten die interaktive Zusammenstellung einer individuellen Reiseroute bieten. Ein Lexikon der Musik ermöglicht das Anhören von Auszügen musikalischer Werke, komplette Telefon- und Branchenbücher und vieles mehr sind auf CD-ROM erhältlich.

Aber auch gängige Programme wie CorelDraw, Winword, MS-Office usw., von Spielen einmal ganz abgesehen, werden mittlerweile ausschließlich auf diesen preisgünstigen Datenträgern ausgeliefert (Diskettenversionen sind dann gegen Aufpreis erhältlich). Abgesehen vom günstigen Preis bieten diese CDs beim Installieren von Anwendungsprogrammen einen großen Vorteil, da Ihnen das lästige Diskettenwechseln erspart bleibt. Eine der ersten Versionen von Word für DOS wurde Ende der achtziger Jahre noch auf einer einzigen Diskette im Format 5,25 Zoll mit einem Speichervermögen von 360 kByte ausgeliefert (und auf dieser Diskette war sogar noch Platz zum Speichern einiger Briefe o.ä.). Heute sind in der Regel für eine aktuelle Version bereits mehr als ein Dutzend Disketten im Format 3,5 Zoll zu wechseln. Die CD hingegen wird einmal in das dafür vorgesehene Laufwerk eingelegt, und das Installationsprogramm wird gestartet. Die gesamten Programmdaten werden dann in einem Zug von der CD auf die Festplatte übertragen.

In den meisten Punkten haben sich die Eigenschaften der CD-ROM-Laufwerke weitgehend angenähert, und es haben sich bestimmte Standards durchgesetzt, die zumindest von Markengeräten erfüllt werden.

11.1 Das richtige Laufwerk aussuchen

Auch hier wird das Angebot immer größer. Sie erhalten interne und externe Laufwerke, mit bis zu 36facher Geschwindigkeit und mehr sowie Zubehör usw.

11.1.1 Internes oder externes Laufwerk?

Während vor einiger Zeit sowohl interne als auch externe Laufwerke fast gleichermaßen angeboten wurden, finden Sie im Angebot der bedeutenden Hersteller fast nur noch interne Laufwerke.

Externe Laufwerke werden nur selten angeboten, es sei denn für den mobilen Einsatz in Notebooks. Aber auch bei diesen Geräten gehört das CD-ROM-Laufwerk mittlerweile zur Standardausrüstung, und es wird lieber auf das Diskettenlaufwerk verzichtet, welches dann seinerseits als externes Zubehör, beispielsweise in Form eines ZIP-Laufwerks empfohlen wird.

Der Grund ist einfach: Vor einigen Jahren kostete ein CD-ROM-Laufwerk noch 500 bis 800 DM. Wer damals ein CD-ROM-Laufwerk für mehrere Computer nutzen wollte, stellte sicherlich die Überlegung an, ein einziges, mobiles Gerät an mehreren Rechnern zu benutzen. Diese Frage stellt sich heute, bei Preisen zwischen 150 und 300 DM, kaum noch.

Wenn Sie ein externes Laufwerk kaufen möchten, beispielsweise für den erwähnten Einsatz mit einem Notebook, dann müssen Sie mit Mehrkosten von etwa 200 DM rechnen. Es bietet Ihnen zweifellos mehr Flexibilität, da Sie es ohne großen Aufwand von einem Rechner zu einem anderen transportieren können. Allerdings muß ein freier Datenanschluß vorhanden sowie auf jedem verwendeten Rechner die entsprechende Treibersoftware installiert sein.

11.1.2 Die Geschwindigkeit

In Billigangeboten finden Sie mittlerweile schon standardmäßig CD-ROM-Laufwerke mit einer 24fachen Geschwindigkeit (gegenüber den Singlespeed-Laufwerken der ersten Generation). Sie erhalten aber für einen vertretbaren Aufpreis auch Laufwerke mit 36facher Geschwindigkeit.

Je kürzer die mittleren Zugriffszeiten und je höher die Datenübertragungsrate sind, desto schneller ist ein CD-ROM-Laufwerk, zumindest auf den ersten Blick. Doch bevor wir einen zweiten Blick »hinter die Kulissen« riskieren wird, sollte erst einmal klargestellt werden, was die x-fach-Geschwindigkeiten überhaupt bedeuten.

Die erwähnte erste Generation der CD-ROM-Laufwerke hatte eine Datenübertragungsrate von 150 kByte/s. Auf diesen Ausgangswert beziehen sich die Angaben für CD-ROM-Laufwerke wie vierfach, achtfach, 16-, 24- oder 36fach. Ein Vierfach-Laufwerk leistet demnach eine Datentransferrate von 4 x 150 = 600 kByte/s. Demnach erzielen 24fach-Laufwerke Geschwindigkeiten von etwa 3 bis 4 MByte/s.

Jenseits der 12fach-Grenze ergibt sich die Endgeschwindigkeit nicht mehr aus einer bloßen Multiplikation mit dem Anfangswert von 150 kByte/s, sondern die Geschwindigkeitsangabe bezieht sich auf einen maximal erreichbaren Wert bei der Datenübertragungsgeschwindigkeit. Dies hat folgenden Hintergrund: Die Daten auf einer CD-ROM sind auf der gesamten CD in der gleichen Dichte gespeichert. Demzufolge muß die Umdrehungsgeschwindigkeit der CD beim Lesen der inneren Spuren höher sein als beim Lesen der äußeren Spuren. Das Laufwerk muß also mit wechselnden Geschwindigkeiten arbeiten. Die Hersteller geben aber aus Gründen der Werbewirksamkeit immer die maximal mögliche Geschwindigkeit an, die im Dauerbetrieb jedoch nicht konstant erreicht wird.

Als sogenannter CLV-Modus (Constant Linear Velocity) wird die Anpassung der Umdrehungsgeschwindigkeit bezeichnet, während der CAV-Modus (Constant Angular Modus) eine konstante Geschwindigkeit vorsieht.

Bei den CD-ROM-Laufwerken der neuen Generationen, die mit immer höheren Werten für die Geschwindigkeit aufwarten, sollten Sie nicht nur die maximal angegebene Geschwindigkeit beachten, sondern auch die untere. Je höher auch der untere Wert ist, desto höher ist im Endeffekt die durchschnittliche Gesamtgeschwindigkeit.

Mittlere Übertragungsraten, die auch in der Praxis möglich sind, bewegen sich bei etwa 2,5 bis 3 MByte/s. Spitzengeschwindigkeiten von bis zu 4 MByte/s und mehr lassen sich nur dann erreichen, wenn gegebenenfalls ein neues BIOS auf Ihrer Hauptplatine vorhanden ist, das Laufwerke mit diesen Leistungsmerkmalen auch erkennt.

Diese Angaben sollten aber nicht darüber hinwegtäuschen, daß es noch andere Kriterien zur Auswahl eines CD-ROM-Laufwerks gibt. Ein wesentliches Leistungskriterium ist die Zugriffsgeschwindigkeit, mit der das Laufwerk auf die Daten zugreifen kann. Die CD-ROM-Laufwerke der ersten Generation wiesen noch mittlere Zugriffszeiten von 300 bis 400 Millisekunden auf, was immerhin etwa einer drittel Sekunde entspricht. 12fach-Laufwerke haben Zugriffszeiten von etwa 110 bis 130 Millisekunden, und 24fach-Laufwerke bringen es auf Werte zwischen 70 und 90 Millisekunden, was einer knappen Zehntelsekunde entspricht.

11.1.3 Die Schnittstelle, der Preis und weitere Spezifikationen

Generell werden CD-ROM-Laufwerke derzeit entweder mit einer ATAPI- oder mit einer SCSI-Schnittstelle ausgerüstet.

Die meisten Geräte haben eine ATAPI-Schnittstelle zum Betrieb an einem IDE- oder E IDE-Controller.

Darüber hinaus gibt es auch CD-ROM-Laufwerke mit einer SCSI-Schnittstelle, die jedoch teurer sind. Die erstgenannte Variante reicht für das Gros der Anwender völlig aus.

Auch beim Preis für diese Geräte hat sich einiges getan. Kosteten noch Anfang des Jahres gute 24fach-Laufwerke zwischen 300 und 400 DM, so sind diese Geräte mittlerweile schon für unter 200 DM zu haben, und für ein brandaktuelles Laufwerk muß man selten mehr als 300 DM bezahlen.

Moderne 32fach-Laufwerke sollen mit einer Geschwindigkeit von bis zu 4 oder 5 MByte/s aufwarten, jedoch ist für eine solche Leistungsklasse eine SCSI-Schnittstelle angebracht.

Die CDs werden überwiegend in das Schubfach des CD-ROM-Laufwerks eingelegt, Caddys sind kaum noch vertreten. Vermutlich waren diese Plastikhüllen, in welche die CD vor dem Einschieben in das Laufwerk gelegt wurde, dem Gros der Anwender zu unhandlich. Als Schutzhülle vor Kratzern und sonstigen Beschädigungen konnte sich dieses Bauteil nicht durchsetzen.

Neben Daten-CDs können mit den meisten CD-ROM-Laufwerken auch Audio-CDs abgespielt werden. Der hierfür notwendige XA-Standard wird von allen Markenherstellern ebenso unterstützt wie Photo-CD oder Extra-CD (auf dieser CD sind Audio- und Computerinformationen auf zwei separaten Bereichen enthalten).

Lohnt der Einsatz eines CD-ROM-Cacheprogramms?

Ob Sie ein solches Cacheprogramm einsetzen, hängt in erster Linie davon ab, wie gut Ihr Rechner ausgerüstet ist. Bei älteren Rechnern kann ein solches Programm sicherlich noch sinnvoll sein. Verfügt Ihr Rechner jedoch über 32 MByte Arbeitsspeicher und ausreichend Festplattenspeicher für temporäre Dateien, dann müssen Sie kein spezielles Cacheprogramm einsetzen.

Wie kann die automatische Erkennung einer eingelegten CD-ROM aktiviert oder deaktiviert werden?

Sie aktivieren oder deaktivieren die automatische Erkennung für CDs mit den folgenden Arbeitsschritten:

▸ Wählen Sie den Befehl START | EINSTELLUNGEN | SYSTEMSTEUERUNG.
▸ Aktivieren Sie das Icon SYSTEM, und wechseln Sie zur Registerkarte GERÄTE-MANAGER.
▸ Markieren Sie den Eintrag CD-ROM, und öffnen Sie ihn mit dem vorangestellten Pluszeichen.

- Markieren Sie den Eintrag für das in Frage kommende CD-ROM-Laufwerk, und klicken Sie auf die Schaltfläche EIGENSCHAFTEN.
- Wechseln Sie zur Registerkarte EINSTELLUNGEN, und aktivieren bzw. deaktivieren Sie die Funktion AUTOMATISCHE BENACHRICHTIGUNG BEIM WECHSEL.

Abb. 11.1:
Aktivieren bzw. deaktivieren Sie hier die automatische Erkennung unter Windows 98/95.

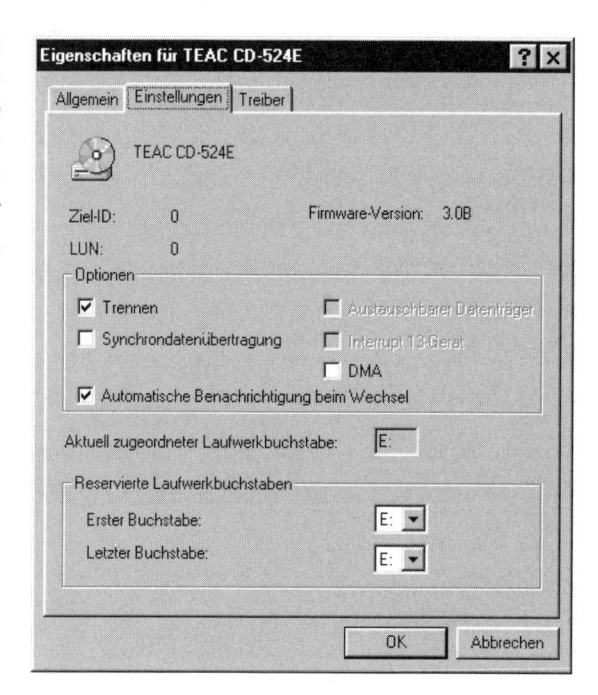

11.1.4 Was bringt die neue DVD-Technik?

DVD ist die Abkürzung für *Digital Versatile Disc* und bedeutet übersetzt soviel wie *digital universell einsetzbare Scheibe*. Die Einführung dieser neuen Technik wurde bereits mehrfach angekündigt, sie ist allerdings noch nicht richtig »ins Rollen« gekommen. Mit Ausnahme von einigen Spielfilmen gibt es zum jetzigen Zeitpunkt (Erscheinen dieses Buches) wenig Gründe, sich ein DVD-Laufwerk zu kaufen. DVD-Player-Lösungen, vor allem für den PC, sind derzeit eher noch rar.

Das Gros der potentiellen Anwender fragt sich, wozu überhaupt auf die DVD-Technik umgestiegen werden soll. Das herkömmliche Fernsehen bietet heute das größere Bildformat und auch die bessere Tonqualität. Für das reine Fernsehen mag das zutreffen, bei PC-Anwendungen ist das herkömmliche CD-ROM-Laufwerk aber bereits an seine Grenzen gestoßen. Ein DVD-Laufwerk für Ihren PC werden Sie sich früher oder später wahrscheinlich kaufen, denn die DVD-ROM hat ein wesentlich größeres Speichervermögen als die herkömmlichen CD-ROMs, die sich natürlich auch mit den neuen DVD-Geräten lesen lassen. Wenn man sich den Speicherbedarf bei Multimedia-Anwendungen und Computerspielen ansieht, hat sich die CD-ROM derzeit nahezu ausgereizt. Hinzu kommt, daß immer mehr dieser Anwendungen komplette Videosequenzen in den Ablauf einbauen werden.

Die DVD-Scheibe hat einen Durchmesser von 12 Zentimetern. Ihre Dicke beträgt 1,2 Millimeter. Somit hat sie also die gleichen Abmessungen wie die herkömmliche CD-ROM. Im Gegensatz zur CD-ROM besteht die DVD-Scheibe aus zwei Scheiben, die rückseitig aneinandergeklebt sind. Jede dieser Scheiben kann zwei Schichten aufnehmen. Auf diese Schichten werden die Informationen aufgebracht. Dieses Verfahren wird als sogenannte *Dual Layer Technik* bezeichnet. Damit die Informationen der beiden Schichten gelesen werden können, ist nur das Verändern der Brennweite für den Laser erforderlich. Für die DVD ergeben sich dadurch die folgenden vier Möglichkeiten der Speicherkapazität:

- Single Side, Single Layer (4,7 GByte)
- Single Side, Dual Layer (8,5 GByte)
- Double Side, Single Layer (9,4 GByte)
- Double Side, Dual Layer (17 GByte)

Die im Gegensatz zur CD-ROM wesentlich höhere Speicherkapazität wird durch einen kleineren Abstand zwischen den einzelnen Spuren und durch eine verringerte Mindestlänge der Pits erreicht. Pits und Lands sind die Erhöhungen und Vertiefungen in der Speicherschicht der Scheibe, welche die Zustände Null und Eins des binären Systems repräsentieren.

Diese neue Technik stellt größere Anforderungen an die Hardware. 233 bzw. 266 MHz und eine moderne Grafikkarte, am besten mit AGP-Technologie, werden benötigt, um ein fließendes Abspielen von Filmsequenzen zu ermöglichen. AGP ist die Abkürzung für *Advanced Graphics Port*. Hier wird zusätzlich Rechenzeit gespart, da der AGP-Port die Videoframes etwa doppelt so schnell an die Grafikkarte weiterleiten kann wie der PCI-Bus.

Mittelfristig wird sich die DVD-Technik wahrscheinlich als umfassender Speicherstandard für Audio, Video und Computerdaten durchsetzen. Software auf DVD ist derzeit allerdings noch rar. Zwar bietet die Firma EMedia die gesammelten Ausgaben der Computerzeitschrift c't der letzten sieben Jahre und Topware einen Satellitenatlas sowie die *Kompilation Gold 3* (bisher auf zehn CDs gepreßt) auf einer DVD-Scheibe an, jedoch ist die Nachfrage derzeit mehr als mäßig. Auch im Videobereich kann von einer Filmschwemme auf DVD nicht gesprochen werden: Während der US-Markt etwa eintausend Titel auf DVD bereit hält, sind es in Deutschland gerade mal knapp über fünfzig Titel.

11.2 Der Einbau eines CD-ROM-Laufwerks

Der Einbau eines CD-Laufwerks ist im Prinzip genauso einfach und in der Regel problemlos wie der Einbau eines Diskettenlaufwerks oder einer Festplatte.

Zuerst einmal sollten Sie überprüfen, ob im Lieferumfang auch alle Teile enthalten sind. Am besten erledigen Sie dies gleich beim Kauf des Geräts, denn nicht alle Händler haben ein offenes Ohr für nachträgliche Reklamationen. Folgende Zubehörteile sollten auf jeden Fall vorhanden sein:

- Ein vierpoliger Anschluß für die Stromversorgung (kommt vom Netzteil; sofern kein freier Anschluß mehr vorhanden ist, kann über eine Weiche Abhilfe geschaffen werden).
- Ein Audio-Connector zum direkten Anschluß an die Soundkarte.
- Ein Interface-Connector (34-polig) zur Verbindung mit der Steckkarte mittels eines Flachbandkabels.

Die erwähnten Caddys, in welche die CD eingelegt werden muß, bevor Sie sie in das Laufwerk schieben, sind kaum noch gebräuchlich. Sie legen die Scheiben, wie vom Audio-CD-Player her bekannt, direkt in den ausgefahrenen Schacht ein.

Abb. 11.2:
So wird die CD in das Laufwerk gelegt.

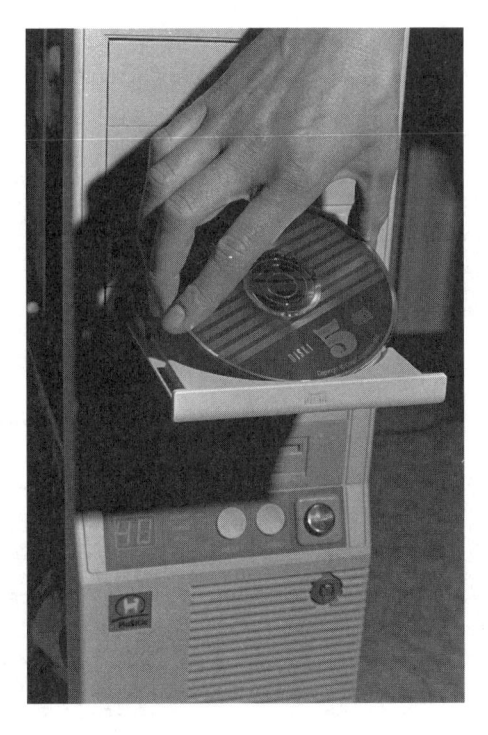

Der Laufwerksschacht läßt sich nicht mehr öffnen.

Bei einem Stromausfall kann es sein, daß der Auswurf der CD-ROM nicht mehr funktioniert, da hierzu ein kleiner Motor im Gerät eingebaut ist. Der Stromausfall muß dazu nicht unbedingt den Rechner betreffen, sondern er kann auch im Laufwerk selbst oder in dessen Stromversorgung auftreten. Sie können die CD nur entnehmen, wenn das Laufwerk über eine Notauswurfvorrichtung verfügt. Diese besteht aus einem kleinen Loch an der Vorderfront des Geräts. Falls das Laufwerk über eine solche Einrichtung verfügt, dann liegt in der Regel auch ein entsprechendes Werkzeug bei, mit dem Sie diesen Notauswurf betätigen können. Zur Not tut es aber auch beispielsweise eine aufgebogene Büroklammer.

Zum Einbau des Laufwerks muß ein freier 5,25-Zoll-Schacht vorhanden sein. Es sollte sich dabei prinzipiell um einen waagerechten Einbauschacht handeln, es sei denn, in der Gebrauchsanweisung wird ausdrücklich auf die gefahrlose Möglichkeit eines senkrechten Betriebs hingewiesen. Sie sollten in der Gebrauchsanweisung nach einem eventuellen Passus suchen, der den Einbau in einer bestimmten Richtung vorschreibt.

Die Kunststoffblende, die als Abdeckung für den freien Einbauschacht dient, ist mitunter nicht ganz einfach herauszunehmen, da sie an der Rückseite mit Kunststoffkrallen am Gehäuse verankert ist. Nehmen Sie ein möglichst flaches Werkzeug zur Hand, setzen Sie es an einer der schmalen Seiten an, und hebeln Sie die Abdeckung vorsichtig heraus. Am besten eignet sich ein Kunststoffspatel, allerdings tut es eine Nagelfeile auch.

Abb. 11.3: Schaffen Sie Platz zum Einbau des CD-Laufwerks. (In diesem Fall wurden das Diskettenlaufwerk und die Wechselplatte ganz nach oben versetzt, da ansonsten die Datenleitungen für das CD-Laufwerk nicht ausgereicht hätten.)

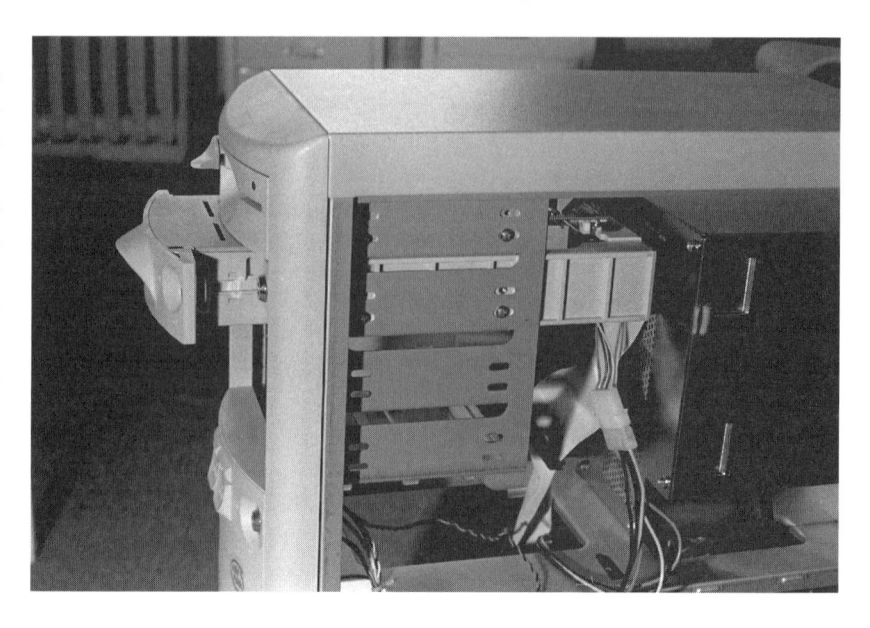

11.2 Der Einbau eines CD-ROM-Laufwerks

⚠️ Schalten Sie Ihren Computer vor dem Öffnen des Gehäuses unbedingt aus, und ziehen Sie sicherheitshalber auch den Netzstecker aus dem Gehäuse oder der Steckdose.

Abb. 11.4:
Die Datenleitung für das CD-Laufwerk (siehe Schraubendreher) ist für einen Einbau oberhalb der Wechselplatte zu kurz.

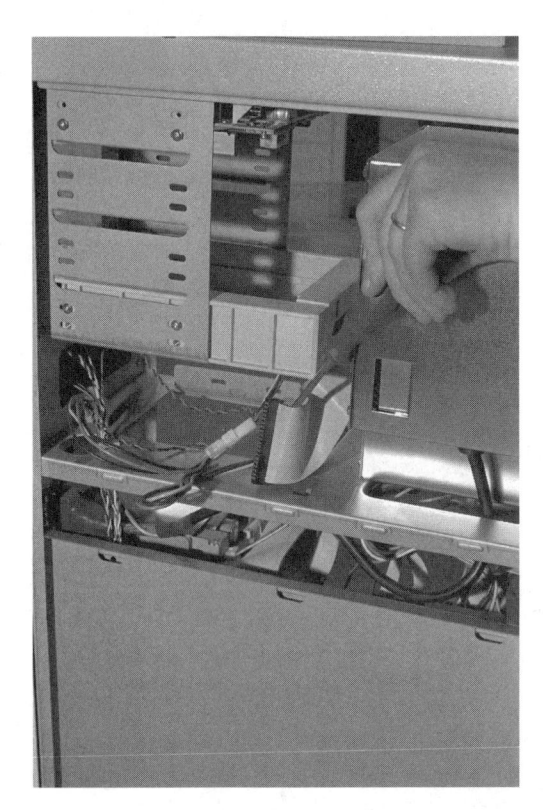

↗ Klären Sie vor dem Einbau des Laufwerks, ob Sie danach noch an die Anschlüsse herankommen. Mitunter sind die Gehäuse so vollgebaut bzw. konstruiert, daß Sie nach dem Einbau kaum noch Platz haben, um die Anschlußbuchsen auf die dafür vorgesehenen Stecker zu schieben. In diesem Fall ist es ratsam, Strom- und Datenkabel vor dem Einbau anzuschließen. Allerdings müssen diese dazu eine ausreichende Länge haben, was auch nicht immer der Fall ist.

Schieben Sie nun das Laufwerk vorsichtig in den freien Einbauschacht, und achten Sie darauf, daß Sie es nicht verkanten. Wenden Sie auf gar keinen Fall Gewalt an, und versuchen Sie es lieber erneut, wenn sich das Laufwerk verklemmt haben sollte.

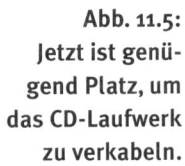

Abb. 11.5:
Jetzt ist genügend Platz, um das CD-Laufwerk zu verkabeln.

Abb. 11.6:
Schieben Sie das CD-Laufwerk vorsichtig in den freien Einbauschacht.

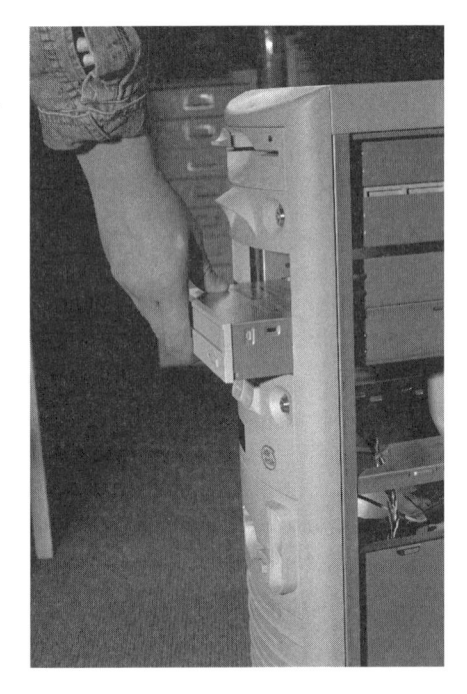

> Achten Sie beim Verschrauben des Laufwerks im Einbaurahmen darauf, daß es unbedingt waagerecht liegt. Bei einigen Laufwerkstypen ist es durchaus möglich, sie ein wenig von der exakt waagerechten Lage einzubauen. Durch die hohe Rotationsgeschwindigkeit der CD können in einem solchen Fall Fliehkräfte auftreten, die die Laufwerksmechanik unverhältnismäßig hoch beanspruchen und zu einem vorzeitigen Verschleiß oder einem Ausfall des Geräts führen können. Daß das Laufwerk nicht hundertprozentig waagerecht betrieben werden kann, ist den Herstellern natürlich auch klar.

Wegen Unebenheiten des Bodenbelags bei Towergehäusen oder der Schreibtischplatte bei Desktopgehäusen treten zwangsläufig Abweichungen auf. Bis zu welchem Maß diese innerhalb der Toleranzgrenze liegen, können Sie einem entsprechenden Hinweis des Handbuchs entnehmen.

Zum internen Anschluß wird zum einen die Stromversorgung aus dem Netzteil benötigt, und zum anderen muß eine Verbindung mit dem Computersystem entweder über den vorhandenen Controller oder über einen separaten Adapter hergestellt werden (der im Lieferumfang enthalten sein muß).

Nachdem das CD-ROM-Laufwerk an die Stromversorgung angeschlossen wurde, wird es mittels des Flachbandkabels (SCSI- oder IDE-Bus) mit dem Controller verbunden. Dies kann entweder der IDE-Port auf der Hauptplatine oder ein Anschluß direkt auf der Soundkarte sein. Nur noch ältere Modelle verfügen über einen separaten Adapter, der in einen 8-Bit-Slot gesteckt wird. An diesen Adapter schließen Sie das Flachbandkabel genauso an, wie an den erwähnten Adapter auf der Hauptplatine.

Vergessen Sie nicht, das CD-ROM-Laufwerk entsprechend zu konfigurieren und anzumelden. Wenn Sie eine einzige Festplatte in Ihrem System betreiben, dann wird diese als erstes Gerät an den Primary-IDE-Port als Master angeschlossen. Kommt ein CD-ROM-Laufwerk hinzu, dann können Sie dieses Gerät als zweites Gerät ebenfalls an den Primary-IDE-Port als Slave anschließen. Normalerweise ist das CD-ROM-Laufwerk ab Werk auf die Einstellung SLAVE gesetzt. Herkömmlicherweise erfolgt die Einstellung über DIP-Schalter am Gerät selbst. In der Bedienungsanweisung finden Sie einen Hinweis auf die möglichen Einstellungen der Dip-Schalter, die normalerweise an der Rückseite des Gehäuses untergebracht sind. Stellen Sie die Dip-Schalter so, daß das Gerät als Slave (mitunter werden auch Bezeichnungen wie *Nebengerät* verwendet) konfiguriert wird.

Es empfiehlt sich, die Einstellung der Dip-Schalter vor dem Einbau bzw. dem Verkabeln des CD-ROM-Laufwerks vorzunehmen, da Sie an diese Bauteile nach dem Einbau bzw. Verkabeln nur noch sehr schlecht oder überhaupt nicht mehr herankommen.

Sofern alle Anschlüsse des Netzteils bereits belegt sind, muß eine Y-Weiche besorgt werden. Eine solche Weiche bekommen Sie in einem gut sortierten Elektro- oder Computerfachgeschäft. Ziehen Sie von einem anderen Gerät den Stecker ab, und verbinden Sie diesen mit dem entsprechenden Gegenpart der Y-Weiche. Sie erhalten somit zwei stromführende Stecker. Den einen schließen Sie wieder an das Gerät an, dem sie die Zuführung für die Weiche entnommen haben, den anderen stecken Sie auf die stromaufnehmende Buchse des CD-ROM-Laufwerks.

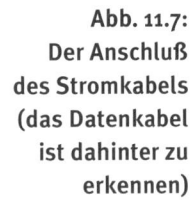

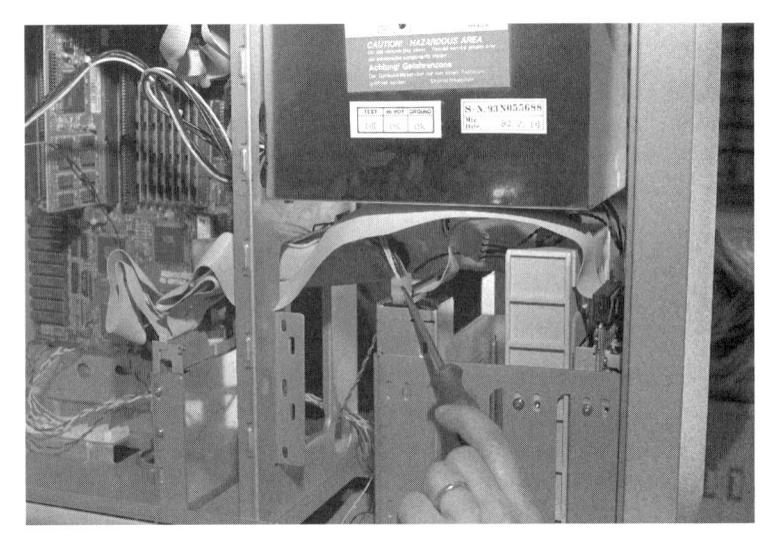

Abb. 11.7:
Der Anschluß des Stromkabels (das Datenkabel ist dahinter zu erkennen)

Heben Sie beim Auspacken des Geräts die mitgelieferten Schrauben sorgfältig auf. Da die Länge dieser Schrauben speziell auf dieses Laufwerk abgestimmt ist, wäre die Verwendung von anderen Schrauben unter Umständen fatal, da sie bei entsprechender Länge im Inneren des Laufwerks Schäden anrichten bzw. zur Zerstörung des Geräts führen können.

Schrauben Sie das CD-ROM-Laufwerk im Einbaurahmen fest. Leider sind im Lieferumfang des Laufwerks diese Schrauben nicht immer enthalten. Am besten ist es, Sie fragen gleich nach ein paar Schrauben, wenn Sie das Laufwerk kaufen.

Abb. 11.8:
Festschrauben des CD-ROM-Laufwerks im Einbauschacht

11.2 Der Einbau eines CD-ROM-Laufwerks

(?) Das Audio-Kabel des CD-ROM-Laufwerks paßt nicht auf den Anschluß der Soundkarte.

Dies ist oft der Fall, wenn kein aufeinander abgestimmte Bausatz, sondern Einzelbausteine erworben wurden.

Unter Umständen kann über eine Umleitung Abhilfe geschaffen werden: Dazu ist ein Kabel notwendig, das an beiden Enden einen 3,5-mm-Stereo-Klinkenstecker aufweist. Mit diesem Kabel wird eine Verbindung zwischen dem Kopfhörerausgang des CD-ROM-Laufwerks und dem Line-in-Eingang der Soundkarte hergestellt.

Abb. 11.9: Der Klinkenstecker paßt in den Kopfhörerausgang des CD-ROM-Laufwerks.

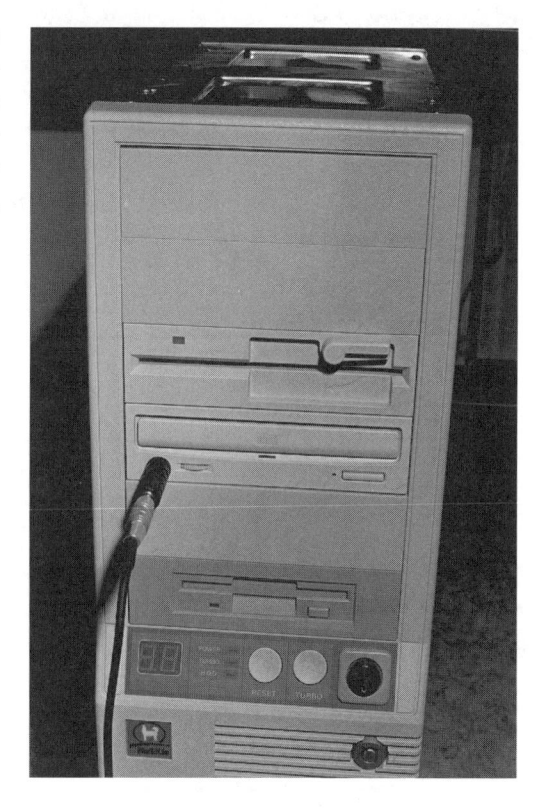

Abb. 11.10:
Die beiden Anschlüsse für den Line-in-Eingang der Soundkarte

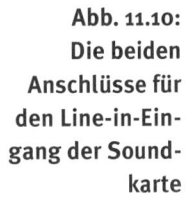

11.2.1 Anschlußmöglichkeiten des CD-ROM-Laufwerks

Das CD-ROM-Laufwerk muß wie eine Festplatte, ein Disketten- oder Bandlaufwerk gesteuert werden, denn von selbst geht natürlich auch hier nichts. Folgende Konfigurationen der Steuerung sind hierbei möglich:

Falls Ihr CD-ROM-Laufwerk mit einem SCSI-Anschluß ausgerüstet ist, benötigen Sie zum Anschluß logischerweise einen entsprechenden SCSI-Controller bzw. Host-Adapter. Betreiben Sie bereits andere SCSI-Geräte (Festplatte, Streamer usw.), dann können Sie davon ausgehen, daß in Ihrem Rechner ein solches Bauteil bereits vorhanden ist. In diesem Fall müssen Sie dann lediglich Ihr CD-ROM-Laufwerk mit einem dieser SCSI-Host-Adapter verbinden.

Beachten Sie hierbei, daß das CD-ROM-Laufwerk, sofern es als letztes Gerät dieser SCSI-Kette angeschlossen wird, entsprechend terminiert werden muß. Schlagen Sie dazu auch Kapitel 8 nach.

> Was müssen Sie tun, wenn Sie feststellen müssen, daß zwar nur zwei SCSI-Geräte an den Controller angeschlossen sind, jedoch die Kapazität hiermit restlos erschöpft ist?

Es gibt Billiggeräte, bei denen ein Billig-SCSI-Adapter seinen Dienst versieht, und an diesen können maximal zwei Geräte angeschlossen werden.

Ist dies der Fall und sind die beiden Anschlüsse bereits belegt, etwa von der Festplatte und dem Diskettenlaufwerk, dann werden Sie nicht um den Kauf eines vollwertigen SCSI-Adapters herumkommen, an den Sie bis zu sieben

SCSI-Geräte anschließen können, es sei denn, Sie können auf eines der beiden angeschlossenen SCSI-Geräte verzichten und wollen statt dessen das CD-ROM-Laufwerk betreiben. Diese Lösung ist allerdings nur dann interessant, wenn es sich bei dem Gerät, das aus der Kette der SCSI-Geräte herausgenommen werden soll, um ein externes Gerät handelt. Jedesmal das Gehäuse aufzuschrauben, um die Anschlußkabel des abzuklemmenden Laufwerks abzuziehen und diejenigen des CD-ROM-Laufwerks anzuklemmen, ist mehr als ärgerlich.

Was ist, wenn im Inneren des Rechners kein Platz mehr für den Einbau eines CD-ROM-Laufwerks ist (beispielsweise bei Slimline- oder zu klein dimensionierten Desktop-Gehäusen)?

Insbesondere Slimline-Gehäuse bieten keinen Platz mehr für den Einbau eines CD-ROM-Laufwerks. Sie müssen aber in diesem Fall nicht unbedingt auf dieses Medium verzichten, denn es gibt sogenannte *Parallel-to-SCSI-Adapter*. Es handelt sich dabei um ein spezielles Bauteil, das den Anschluß eines SCSI-Geräts an eine parallele Schnittstelle des Rechners erlaubt.

Übrigens müssen Sie bei einer solchen Lösung nicht über den Anschluß eines Druckers verfügen, da dieser ja ebenfalls über die parallele Schnittstelle gesteuert wird. Bei den meisten dieser Adapter besteht die Möglichkeit, das Druckersignal einfach durchzuschleifen.

Wollen Sie mehrere SCSI-Geräte an einen Controller anschließen (wie gesagt, Sie können bis zu sieben dieser Geräte an eine solche Karte anschließen, sofern es sich nicht um die Mini-Ausführung handelt), dann verbinden Sie die zweite 50-polige Anschlußbuchse des externen SCSI-CD-ROM-Laufwerks mit einer der beiden Buchsen des nachfolgenden Geräts über ein 50-50-SCSI-Kabel.

Spätestens dann, wenn Sie auf diese Weise mehr als ein SCSI-Gerät verbunden haben, kommen die Abschlußwiderstände, die sogenannten *Terminatoren* ins Spiel, was aber keine aufregend schwierige Sache ist.

Grundsätzlich muß sich am Ende einer Kette von SCSI-Geräten ein Abschlußwiderstand befinden. Bei externen Geräten ist darauf zu achten, daß sich bei einigen die Abschlußwiderstände über Dip-Schalter aktivieren bzw. deaktivieren lassen. Sorgen Sie also über die entsprechenden Konfigurationen der einzelnen Geräte dafür (Auskunft über die Schalterstellung für einen inaktiven oder aktiven Zustand gibt das jeweilige Handbuch), daß lediglich der Widerstand des letzten Geräts aktiviert ist. Bei den übrigen Geräten muß der Abschlußwiderstand deaktiviert werden, damit die Kette nicht unterbrochen wird.

Finden Sie am letzten Gerät der SCSI-Kette keine Möglichkeit, einen Widerstand zu aktivieren (selten, aber es kommt vor), dann müssen Sie am freien SCSI-Anschluß des letzten Geräts einen Widerstand anbringen. Ein solcher Widerstand ist im Computerfachhandel für etwa 40 bis 50 DM erhältlich.

Eine CD-ROM liegt im Laufwerk, der Explorer kann sie aber nicht finden und gibt eine entsprechende Fehlermeldung aus oder zeigt nur Teile des Verzeichnisses an. Für den Rest stehen dann unidentifizierbare Zeichenfolgen.

Bei der Installation eines SCSI-CD-ROM-Laufwerks wird in der CONFIG.SYS ein ASPI-Treiber (ASPI = Advanced SCSI Programming Interface) eingetragen, der als Software-Schnittstelle zwischen dem SCSI-Controller und den übrigen, in Ihrem Rechner vorhandenen Hardware-Komponenten dient. Bei älteren Treiberversionen kann es vorkommen, daß sie nicht mit der Grafikkarte bzw. deren Treiber zusammenarbeiten, was zu einem solchen Fehler führen kann.

Sie müssen in diesem Fall versuchen, über den Händler Ihres SCSI-Laufwerks einen aktuellen ASPI-Treiber zu bekommen.

11.2.2 Der Einbau älterer CD-ROM-Laufwerke

Daß ein CD-ROM-Laufwerk älteren Baujahres ist, muß nicht unbedingt bedeuten, daß Sie es gleich wegwerfen. Vorausgesetzt, es funktioniert noch einwandfrei, dann können Sie es beispielsweise in einen Rechner einbauen, auf dem Sie keine High-End-Anwendungen laufen lassen, sondern den Sie für spezielle Aufgaben reservieren. Er kann beispielsweise im Netzwerk eine reine Druckfunktion übernehmen oder als Zugangsrechner zum Internet fungieren.

Hier muß nicht unbedingt ein Highspeed-CD-ROM-Laufwerk installiert werden, denn zur Einrichtung der für die erwähnten Funktionen notwendigen Programme genügt auch ein Vierfach-Laufwerk.

Ältere CD-ROM-Laufwerke verfügen über einen separaten Adapter, den Sie sinnvollerweise auch benutzen sollten, sofern sich keine andere Lösung anbietet.

Öffnen Sie das Rechnergehäuse und schaffen Sie zuerst einmal den nötigen Bewegungsspielraum.

Erden Sie sich, indem Sie ein blankes Metallteil des Rechnergehäuses berühren, und nehmen Sie anschließend den Adapter vorsichtig aus der Verpackung. Fassen Sie den Adapter am besten mit Daumen und Zeigefinger an den äußersten Ecken an, und vermeiden Sie den Kontakt mit den Lötstellen oder Leiterbahnen.

**Abb. 11.11:
Schaffen Sie Platz zum Einbau des CD-ROM-Adapters.**

Schieben Sie den Adapter vorsichtig in den Erweiterungssockel. Wenden Sie dabei nur leichten Druck an, damit sich die Platine nicht verbiegt. Sollte es nicht gleich funktionieren, dann üben Sie einen wechselseitigen Druck auf die beiden Ecken des Adapters aus, bis er in den Sockel einrastet.

**Abb. 11.12:
Schieben Sie den Adapter vorsichtig in den Erweiterungssteckplatz.**

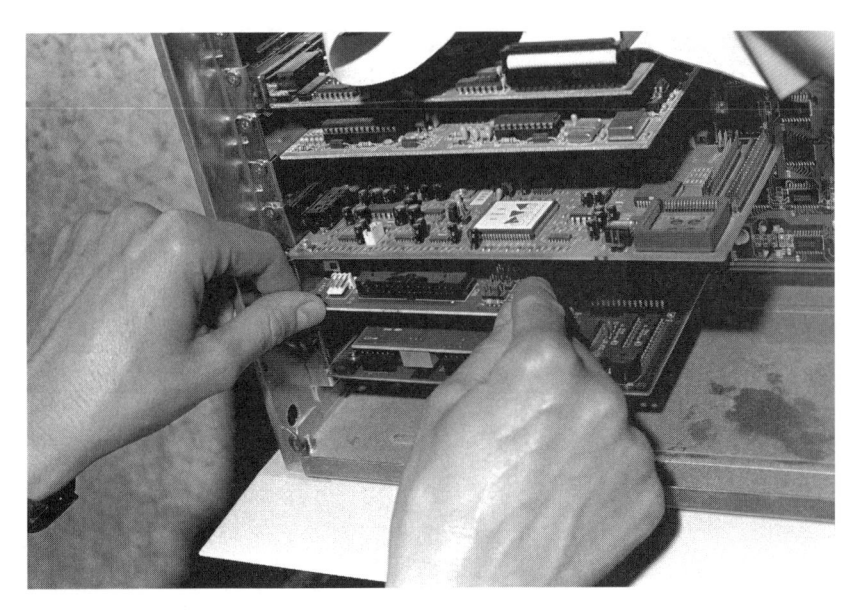

Anschließend verschrauben Sie den Adapter wieder an der Rückwand des Rechnergehäuses.

Abb. 11.13:
Verschrauben des Adapters an der Rückwand des Rechnergehäuses

Um eine Verbindung zwischen Laufwerk und Controller herzustellen, liegt ein Flachbandkabel bei, das entweder über eine 50-polige oder 40-polige Kontaktleiste verfügt. Es ist wichtig, daß Sie den Stecker des Kabels nicht verkehrt herum anschließen. Mitunter wird dies über Aussparungen bzw. »Nasen« an Stecker und Buchse sichergestellt. Sollte sich keine solche mechanische Vorkehrung finden, dann können Sie davon ausgehen, daß direkt neben der Steckerleiste eine Markierung aufgebracht ist, an der Sie erkennen können, auf welcher Seite der Steckerleiste der Pin Nr. 1 untergebracht ist. Eine entsprechende Kennzeichnung finden Sie üblicherweise auch am Anschluß des CD-ROM-Laufwerks.

Wenn Sie sich das im Lieferumfang enthaltene Flachbandkabel ansehen, wird Ihnen eine farbige Markierung an einer Kante des Steckers auffallen. Diese Markierung weist das Gegenstück zu dem Pin Nr. 1 auf, das heißt, die Bezeichnung »Pin 1« auf der Controllerkarte und die farbige Markierung an der Steckerleiste müssen übereinstimmen, damit die richtige Verbindung zustande kommt.

Abb. 11.14:
Das Verbindungskabel zwischen dem Adapter und dem CD-ROM-Laufwerk

11.2.3 Anschluß an eine Soundkarte

Da über die CD-ROM nicht nur Programm- und Video-, sondern auch Audiodaten übermittelt werden, liegt es natürlich nahe, den Rechner sowohl mit einem CD-ROM-Laufwerk als auch mit einer Soundkarte auszurüsten. Abgesehen davon gibt es heutzutage kaum noch ein Computerspiel, das keine Soundunterstützung bietet; aber auch viele andere Multimedia-Anwendungen werden mit Sound untermalt.

Abgesehen von einigen Modellen, die der Billigklasse zuzuordnen sind, findet sich auf den meisten Soundkarten auch ein Anschluß für das CD-ROM-Laufwerk, wobei auch hier dieselben Normen wie bei den gewohnten Controllerkarten gelten.

Sofern Sie das CD-ROM-Laufwerk mit dem Audiokabel, das normalerweise ebenfalls im Lieferumfang des CD-ROM-Laufwerks enthalten ist, verbinden wollen, dann achten Sie auf die richtige Verpolung. Normalerweise haben die Stecker aber entsprechende Kerben, so daß Sie den Stecker nur in der vorgesehenen Stellung anbringen können.

Wenn Sie lediglich Programme oder Cliparts und dergleichen aufrufen wollen, dann brauchen Sie dieses Audiokabel nicht. Heben Sie es jedoch sorgfältig auf, denn vielleicht wollen Sie ja irgendwann einmal Ihre Arbeit mit Musik untermalen. Legen Sie dazu eine Audio-CD in das CD-ROM-Laufwerk, und steuern Sie es über eine entsprechende Software. Wenn an Ihrer Soundkarte Lautsprecherboxen angeschlossen sind, dann wird mit dem Audiokabel die Verbindung zum CD-ROM-Controller hergestellt.

Abb. 11.15:
Das Audiokabel vom CD-ROM-Laufwerk zur Soundkarte

Die Verbindung von Soundkarte und CD-ROM-Laufwerk gehört immer noch zu den fehlerträchtigsten Erweiterungsmaßnahmen. Haben Sie bereits eine Soundkarte eingebaut, dann ist es das beste, wenn Sie sich beim Kauf des CD-ROM-Laufwerks für ein passendes Erweiterungskit entscheiden, das vom Hersteller der Soundkarte empfohlen wird. Das heißt zwar nicht in jedem Fall, daß die Verbindung ohne Probleme abläuft, jedoch können Sie hiermit zumindest das Risiko senken.

Wenn Sie weder über eine Soundkarte noch über ein CD-ROM-Laufwerk verfügen, sollten Sie bei ein und demselben Händler die aufeinander abgestimmten Teile kaufen (zwar können Sie auch hier baden gehen, was mir beim ersten Kauf dieser Kombination selbst passiert ist, jedoch besteht zumindest eine bessere Aussicht auf erfolgreiche Reklamation). Ansonsten werden Sie sich vom Verkäufer der Soundkarte anhören müssen, daß Sie das falsche CD-ROM-Laufwerk gekauft haben, und der Händler, bei dem Sie das CD-ROM-Laufwerk erstanden haben, wird Ihnen versichern, daß es nur an der Soundkarte liegt, – und beide werden sich ohnehin einig sein, daß alles sowieso nur am Rechner oder Ihrer Unfähigkeit liegt, beide Teile den Handbüchern entsprechend einzubauen oder aufeinander abzustimmen.

11.2.4 Konfiguration des Controllers

Auch bei dem zum Laufwerk gehörigen Controller kann es sein, daß Sie an den Dip-Schaltern eventuell notwendige Änderungen vornehmen müssen. Sie sollten diese Umstellungen sinnvollerweise vor dem Einbau vornehmen, da Sie im ausgebauten Zustand über ausreichend Platz verfügen, was nach dem Einbau kaum noch gewährleistet ist. Lesen Sie also den entsprechenden Abschnitt im Handbuch genau durch.

Sollten sich in Ihrem Rechner mehrere Erweiterungskarten wie eine Faxmodemkarte usw. befinden, dann wird es sehr wahrscheinlich zu Kollisionen kommen. Sie sollten ein Blatt Papier zur Hand nehmen und erst einmal alle Konfigurationsparameter der jeweiligen Komponenten notieren, um zumindest im nachhinein noch einen Überblick über den bisherigen Zustand, d.h. vor dem Einbau der CD-ROM-Controllerkarte, zu haben. Ein solcher Überblick geht erfahrungsgemäß beim Experimentieren mit verschiedenen Einstellungen schneller verloren, als man gemeinhin annimmt.

Einge Einstellungen sind praktisch bei fast allen Controller-Arten ähnlich:

- Die Interrupt-Nummer (IRQ)
- Die Basis-Input-/Output-Adresse (I/O-Adresse)
- Gegebenenfalls ein DMA-Kanal (DRQ)

Mit diesen Angaben wird dem Rechner mitgeteilt, wie die Controller-Karte den PC ansteuert. Dabei ist darauf zu achten, daß diese Einstellungen so erfolgen, daß nicht andere Erweiterungskarten, die sich im Rechner befinden, dieselben Einstellungen benutzen. Eine ausführliche Erläuterung zu diesem Thema finden Sie auch in Kapitel 8.

11.2.5 Der Anschluß eines externen CD-ROM-Laufwerks

Der Anschluß eines externen CD-ROM-Laufwerks gestaltet sich etwas unkomplizierter, da keine Controllerkarte eingebaut werden muß. Bei der Mehrzahl der Geräte handelt es sich um SCSI-Laufwerke, die auf der Rückseite zwei 50-polige SCSI-Anschlüsse aufweisen. Sie erkennen diese Anschlußbuchsen an ihrer auffällige Form, denn sie sehen aus wie ein breitgequetschter paralleler Anschluß für einen Drucker. Es handelt sich also um eine sogenannte *Centronics-Schnittstelle*.

Mit einem SCSI-Verbindungskabel wird die Verbindung zwischen dem externen CD-ROM-Laufwerk und dem Computer hergestellt. Welche dieser beiden Buchsen Sie am Laufwerk auswählen, spielt keine Rolle. Für diese beiden Anschlüsse für externe Geräte gibt es lediglich zwei Normen, auf die Sie gegebenenfalls achten müssen:

- Es liegt eine 50-polige SCSI-Buchse vor. Dafür benötigen Sie ein sogenanntes 50-50-SCSI-Verbindungskabel.
- Es liegt ein 25-poliger Sub-D-Stecker vor (sieht aus wie der herkömmliche Druckerausgang). Da diese Buchse kompatibel zum SCSI-Ausgang des Apple-Rechners ist, wird sie mitunter auch als Apple-SCSI-Verbindungskabel bezeichnet.

11.2.6 Software-Installation unter DOS

Wie beim Streamer auch ist zum Ansprechen des CD-ROM-Laufwerks ein spezieller Treiber notwendig. MS-DOS besitzt dafür einen eigenen Treiber namens MSCDEX.EXE. Das Laufwerk kann durch diesen Treiber wie ein ganz gewöhnliches Laufwerk angesprochen werden. Der Treiber vergibt sofern nichts anderes vorgesehen ist den nächsten freien Laufwerksbuchstaben (sind beispielsweise A: und B: durch die beiden Diskettenlaufwerke und C: durch die Festplatte belegt, wird dem CD-Laufwerk automatisch die Laufwerkskennung D: zugewiesen).

Diese Treiber sind dann wichtig, wenn Sie auf einer neu formatierten Festplatte beispielsweise Windows 98/95 einrichten wollen. In diesem Fall wird nämlich das CD-ROM-Laufwerk nicht automatisch erkannt, sondern muß dem System erst »gemeldet« werden. Die Treiber müssen durch die nachfolgend näher beschriebenen Einträge in den Startdateien AUTOEXEC.BAT und CONFIG.SYS geladen werden.

Im Lieferumfang Ihres CD-ROM-Laufwerks befindet sich normalerweise eine Diskette, auf der ein oder mehrere notwendige Treiber enthalten sind. In der Regel ist auf der Diskette außerdem noch ein Installationsprogramm untergebracht, das Ihnen eine einfache Einrichtung der Treiber ermöglicht. Normalerweise starten Sie dieses Installationsprogramm, indem Sie auf das Diskettenlaufwerk, in dem sich die Installationsdiskette befindet, wechseln, und entweder INSTALL oder SETUP eingeben.

Wenn Sie das Diskettenlaufwerk als momentan aktuelles Laufwerk ausgewählt haben, dann können Sie sich mit dem DOS-Befehl DIR das Inhaltsverzeichnis der Diskette ansehen. Ausführbare Installationsroutinen haben die Dateierweiterung EXE oder COM. Befindet sich beispielsweise auf Ihrer Treiberdiskette eine Datei namens INSTALL.EXE, dann geben Sie einfach INSTALL ein. Alles andere erledigt die Installationsroutine. Manchmal wird der Aufruf auch über eine Stapelverarbeitungsdatei gestartet. Eine solche Datei hat die Dateierweiterung BAT (steht für Batch = Stapel). Finden Sie eine Datei namens START.BAT auf der Diskette, dann geben Sie einfach nur START ein (das gleiche gilt auch für INSTALL oder SETUP sofern diese Routinen als Stapelverarbeitungsdatei vorliegen).

Folgen Sie den Anweisungen der Installationsroutine.

Die Treiber, die Sie benötigen, teilen sich generell in zwei Gruppen.

- Die sogenannten *Low-Level-Treiber* sorgen für die eigentliche Übertragung der Daten zwischen Rechner und Controllerkarte des CD-ROM-Laufwerks und beinhalten somit die notwendigen Steuerfunktionen für das Laufwerk.

Dieser Treiber ist herstellerabhängig und von Geräteart zu Geräteart unterschiedlich ausgelegt, da er die Eigenheiten des individuellen Laufwerks berücksichtigt. Ein wesentlicher Aspekt ist hierbei, daß der Treiber sowohl zum CD-ROM-Laufwerk paßt als auch zum Controller. Haben Sie beide Komponenten als Paket erworben, dann dürfte es keine Probleme geben. Anders hingegen sieht es aus, wenn beispielsweise der Controller nachträglich gekauft wird. Nehmen Sie in solch einem Fall am besten Gerät und Handbuch mit zum Fachhändler.

Der Low-Level-Treiber muß in die Gerätetreiberdatei CONFIG.SYS eingetragen werden.

- Ein sogenannter *High-Level-Treiber* dient sozusagen als Vermittler zu den notwendigen Routinen des Betriebssystems. Der High-Level-Treiber muß in der Startdatei AUTOEXEC.BAT eingetragen werden.

Installation des Low-Level-Treibers. Zuerst einmal: Lassen Sie sich von den Schaltern des Treibers nicht verwirren. Es gibt zwar eine ganze Reihe davon (sie sind am Ende dieses Abschnitts näher erläutert), jedoch können Sie sie ruhig der Installationsroutine überlassen, da üblicherweise für diesen Treiber Standardwerte bzw. -einstellungen übernommen werden können.

Eine Befehlszeile in der Geräteteiberdatei CONFIG.SYS könnte folgendermaßen aussehen:

```
DEVICE=C:DEV\SLCD.SYS /D:SONY_000 /B:340 /M:P /V /C
```

Der Treiber hat hier den Namen SLCD.SYS.

Keine Angst! Einen solchen Eintrag müssen Sie nicht selbst vornehmen, denn das wird Ihnen von der Installationsroutine abgenommen.

Sofern Sie über einen Treiber wie HIMEM.SYS und einen entsprechenden Speicher-Manager wie EMM386.EXE für das Ausnutzen des Upper-Memory-Bereichs verfügen, können Sie einen solchen Treiber natürlich auch in den hohen Speicherbereich laden, um den konventionellen Arbeitsspeicherbereich nicht unnütz zu überladen. Die oben aufgeführte Befehlszeile würde dann folgendermaßen aussehen:

```
DEVICEHIGH=C:DEV\SLCD.SYS /D:SONY_000 /B:340 /M:P /V /C
```

Installation des High-Level-Treibers. Neuere DOS-Versionen beinhalten einen solchen High-Level-Treiber, der in Form der Datei MSCDEX.EXE vorliegt.

Als Option muß unbedingt der im Low-Level-Treiber angegebene Laufwerksname (in diesem Beispiel ist es SONY_000) angegeben werden, damit das CD-ROM-Laufwerk bzw. dessen Treiber identifiziert und angesprochen werden kann. Ein typischer Eintrag für den Treiber MSCDEX.EXE in der AUTOEXEC.BAT könnte folgendermaßen aussehen:

```
C:\BIN\MSCDEX.EXE /D:SONY_000
```

Natürlich können Sie auch diesen Treiber in den Upper-Memory laden. Verwenden Sie dazu den Befehl LOADHIGH (oder die Abkürzung LH). Die oben aufgeführte Befehlszeile müßte dann folgendermaßen abgeändert werden:

```
LH C:\BIN\MSCDEX.EXE /D:SONY_000
```

Sofern der PC unter dem Betriebssystem DOS 5.0 läuft, muß in der Gerätekonfigurationsdatei CONFIG.SYS der folgende Eintrag vorgenommen werden:

```
DEVICE=C:\DOS\SETVER.EXE
```

Durch diesen Eintrag werden Konflikte mit den CD-Treiberprogrammen vermieden. Achten Sie darauf, daß dieser Eintrag vor dem Eintrag für das CD-ROM-Laufwerk erscheint. Die Installation ist über die mitgelieferten Setup-Disketten normalerweise problemlos zu bewerkstelligen.

Darüber hinaus ist darauf zu achten, daß dieser Eintrag vor dem Eintrag für das CD-ROM-Laufwerk erfolgt, damit auch ein älterer MSCDEX.EXE-Treiber unter einer neueren MS-DOS-Version laufen kann.

Verwenden Sie nach Möglichkeit immer nur einen aktuellen MSCDEX.XE-Treiber. Um welche Version es sich im Einzelfall handelt, können Sie ganz einfach durch den Schalter /V herausfinden. V steht für Version. Wechseln Sie also in das Verzeichnis, in dem sich der MESCDEX.EXE-Treiber befindet (standardmäßig ist es das Verzeichnis \BIN), und geben Sie folgenden Befehl ein:

```
MSCDEX /V
```

Verwenden Sie das CD-ROM-Laufwerk im Peer-to-Peer-Netzwerk, so müssen Sie darauf achten, daß der Treiber MSCDEX.EXE unbedingt nach den Netzwerktreibern geladen wird. Wollen Sie außerdem noch auf das Gerät von mehreren Terminals zugreifen, dann muß der Schalter /S gesetzt werden.

Tabelle 11.1 zeigt Ihnen die möglichen Schalter von MSCDEX.EXE und deren Auswirkungen.

Schalter	Auswirkung
/D:	Nach diesem Schalter wird der interne Name für das CD-ROM-Laufwerk angegeben, und zwar so, wie er im Low-Level-Treiber festgelegt wurde. Der Name wird automatisch vergeben und darf sich innerhalb der DOS-üblichen Vorgaben bewegen.
/L:	Sie können nach der Angabe dieses Schalters definieren, welche Laufwerkskennung das CD-ROM-Laufwerk bekommen soll. Auch diese Kennung wird normalerweise von dem Treiber automatisch vergeben.
/M:	Hier kann ein Pufferspeicher angelegt werden, in dem die von MSCDEX.EXE verwalteten Dateien zwischengepuffert werden. Jeder Puffer bezieht sich auf eine Größe von circa 2 kByte.
/E:	Sofern in Ihrem Rechner ein EMS-Speicher (Expanded Memory) eingerichtet wurde, können Sie den Pufferspeicher auch in diesem Bereich anlegen lassen.
/V	Über diesen Schalter erhalten Sie nach dem Start des Programms Arbeitsspeicherstatistiken.
/K	Diesen Schalter werden Sie nur dann gebrauchen, wenn Sie zusätzlich zum High-Sierra- und ISO-9600-Dateisystem auch noch die japanischen Kanji-Schriftzeichen unterstützen wollen.
/S	Die Angabe dieses Schalters ermöglicht es, auf ein CD-ROM-Laufwerk im Netzwerkbetrieb zuzugreifen.

Tab. 11.1: Schalter von MSCDEX.EXE

Sie haben alle Einträge genau vorgenommen, alle Kabel richtig angeschlossen und das CD-ROM-Laufwerk ordnungsgemäß befestigt. Trotzdem ist es nicht zum Laufen zu bringen. Was könnten Sie übersehen haben?

Vom Treiber wird automatisch der nächste freie Laufwerksbuchstabe vergeben. Befinden sich zum Beispiel in Ihrem Rechner eine Festplatte (C:) und zwei Diskettenlaufwerke (A: und B:), dann wird der Laufwerksbuchstabe D: zugeordnet. Waren Sie besonders sparsam mit der Belegung des Arbeitsspeichers und haben Sie die Option `LASTDRIVE=C` festgelegt (standardmäßig ist `LASTDRIVE=Z`), dann bedeutet dies, daß der Laufwerksbuchstabe D (und auch alle weiteren, also E, F, G... usw.) von der Vergabe ausgeschlossen sind und D nicht angelegt werden kann.

Ermöglichen Sie die Vergabe des Laufwerksbuchstabens, indem Sie den Befehl auf die folgende Form erweitern:

```
LASTDRIVE=D
```

(?) Das CD-ROM-Laufwerk wird fast ausschließlich unter Windows benutzt. Gibt es eine Möglichkeit, die bessere Speicherverwaltung von Windows auszunutzen?

Ja, denn beim Starten von Windows wird automatisch die Stapeldatei WINSTART.BAT ausgeführt. Wenn Sie also dort den Treiber MSCDEX.EXE eintragen, dann steht Ihnen das CD-ROM-Laufwerk automatisch unter Windows zur Verfügung. Der Vorteil besteht darin, daß die bessere Speicherverwaltung von Windows zum Tragen kommt und MSCDEX.EXE außerhalb des sowieso knappen konventionellen Arbeitsspeichers geladen wird.

Das bedeutet außerdem, daß Ihnen für DOS-Anwendungen, die Sie in einem Windows-Fenster ablaufen lassen, mehr Arbeitsspeicher zur Verfügung steht. Darüber hinaus wird beim Verlassen von Windows MSCDEX.EXE wieder aus dem Arbeitsspeicher entfernt, was Ihnen nach dem Verlassen von Windows ebenfalls wieder mehr Arbeitsspeicher für DOS-Anwendungen bereitstellt. Nachteilig ist hierbei allerdings, daß Ihnen in diesem Fall das CD-ROM-Laufwerk unter DOS nicht mehr zur Verfügung steht, es sei denn, Sie laden den Treiber wieder manuell.

(→) Wurde MSCDEX.EXE bereits unter DOS mit den DOS-Befehlen DEVICEHIGH (in der CONFIG.SYS) und LOADHIGH (in der AUTOEXEC.BAT) in den Upper-Memory geladen, dann müssen Sie die WINSTART.BAT nicht mehr bemühen.

(?) Das CD-ROM-Laufwerk funktioniert nicht.

Gehen Sie die folgende Checkliste durch:

- Kontrollieren Sie zuerst die Hardware-Komponenten, das heißt, prüfen Sie die Verbindungsstecker (Strom- und Datenleitungen) auf korrekten Sitz.
- Sind die Kabelstecker in der vorgesehenen Richtung aufgesteckt?
- Überprüfen Sie, ob das CD-ROM-Laufwerk auch wirklich mit Strom versorgt wird (auch eine Stromleitung kann defekt sein, oder ein Anschluß kann aus der Steckerleiste gerutscht sein). Legen Sie eine CD in das Laufwerk, und sprechen Sie es an. Leuchtet die Kontrollampe für den Betrieb, dann können Sie von einer korrekten Stromversorgung ausgehen.

- Ist das Laufwerk selbst richtig konfiguriert (SCSI-Adresse korrekt, Abschlußwiderstand beim SCSI-Gerät geschaltet usw.)?
- Wurde der Anschluß auf dem Controller (bzw. bei älteren Modellen auf der Controller-Karte) richtig eingebaut (korrekter Sitz, kein Wackelkontakt möglich)?
- Könnte unter Umständen ein Interrupt-, Adreß- oder DMA-Konflikt mit anderen Erweiterungskarten bestehen?
- Stimmt die Laufwerksbezeichnung des Low-Level-Treibers mit der im High-Level-Treiber angegebenen überein?
- Sind EMM386.EXE und HIMEM.SYS konfiguriert, sofern Sie Treiber (MSCDEX.EXE) in den hohen Speicherbereich laden wollen?
- Ist die Reihenfolge der Einträge in der CONFIG.SYS korrekt?
- Zuerst müssen Sie HIMEM.SYS, anschließend gegebenenfalls EMM386.EXE und erst danach den Low-Level-Treiber eintragen.

11.2.7 Software-Installation unter Windows 98/95

Wenn Sie das CD-ROM-Laufwerk, wie im vorhergehenden Unterkapitel beschrieben, unter DOS angemeldet haben und nun Windows 98/95 installiert wurde, dann muß auch hier der entsprechende Treiber geladen werden. Sie bewerkstelligen dies mit den folgenden Arbeitsschritten:

- Wählen Sie den Befehl START | EINSTELLUNGEN | SYSTEMSTEUERUNG, und aktivieren Sie das Icon HARDWARE.
- Klicken Sie im Dialogfenster HARDWARE-ASSISTENT auf die Schaltfläche WEITER, und beantworten Sie die Abfrage, ob nach neuer Hardware gesucht werden soll, mit NEIN.
- Im nächsten Fenster wählen Sie aus der Liste HARDWARE-TYPEN den Eintrag CD-ROM-CONTROLLER und klicken auf die Schaltfläche WEITER.
- Im folgenden Fenster sehen Sie im linken Teil die Liste HERSTELLER. Wählen Sie hier den Hersteller des CD-ROM-Laufwerks, beispielsweise *Mitsumi*. Im rechten Teil des Dialogfensters werden Ihnen in der Liste MODELLE die einzelnen Modelle angezeigt, die zu dem markierten Eintrag des Herstellers verfügbar sind.
- Die Auswahl für CD-ROM-Laufwerke ist hier nicht gerade berauschend, so daß Sie normalerweise den passenden Treiber von der Diskette installieren müssen, die im Lieferumfang des Geräts enthalten sein müßte. Klicken Sie dazu auf die Schaltfläche DISKETTE.

Abb. 11.16:
Die Treiberauswahl für CD-ROM-Laufwerke ist unter Windows nicht gerade üppig.

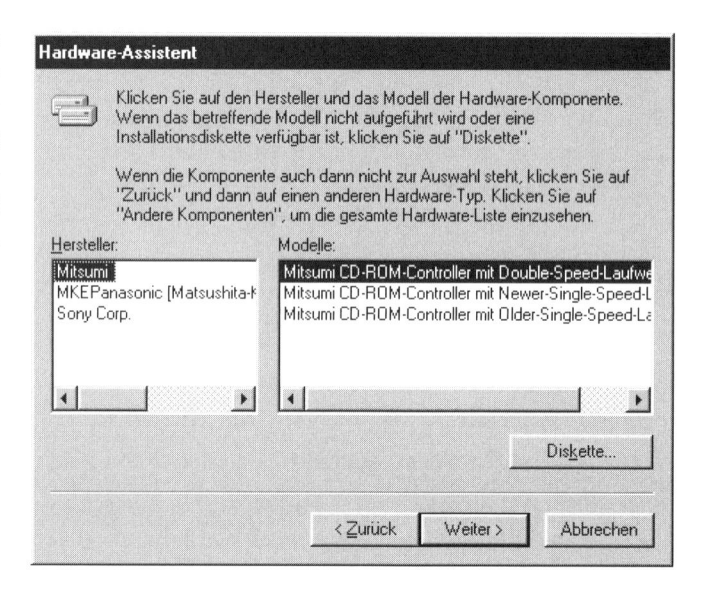

- Im Dialogfenster VON DISKETTE INSTALLIEREN wählen Sie aus der Dropdown-Liste HERSTELLERDATEIEN KOPIEREN VON den Laufwerksbuchstaben Ihres Diskettenlaufwerks aus oder geben ihn manuell ein, wobei der Laufwerksbuchstabe von einem Doppelpunkt und einem Backslash gefolgt sein muß. Legen Sie die Diskette ein, und klicken Sie auf die Schaltfläche OK.
- Es wird eine Auswahl an Modellen angezeigt, die von den Treibern auf der Diskette abhängig ist. Wählen Sie den entsprechenden Eintrag aus, und lassen Sie den Treiber installieren. Normalerweise ist ein Neustart des Systems erforderlich, aber dies wird Ihnen in einem Hinweisfenster angezeigt.

Abb. 11.17:
Der Weg zum eigenen Treiber

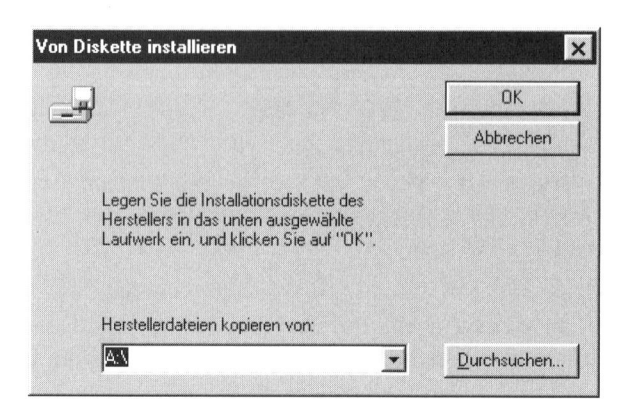

11.2.8 Audio-CDs unter Windows 98/95

98

Während bei Windows 3.11 noch die CD-Audio-MCI-Treiber installiert werden mußten, bevor Sie Audio-CDs hören konnten, bietet Windows 98/95 als multimedia-fähige Oberfläche schon einiges mehr. Ein sehr nützliches Tool ist die Autoplay-Funktion, vorausgesetzt, Sie hören regelmäßig Audio-CDs während Ihrer Arbeit am PC. Diese Funktion bewirkt, daß eine in das CD-ROM-Laufwerk eingelegte Audio-CD automatisch erkannt und abgespielt wird.

Der Audio-Player unter Windows 98/95 heißt *CD-Wiedergabe*. Sollte dieses Tool nicht bei der Installation berücksichtigt worden sein, dann wählen Sie den Befehl START | EINSTELLUNGEN | SYSTEMEINSTELLUNGEN und doppelklicken auf das Icon SOFTWARE. Sie aktivieren den Registerkartenreiter WINDOWS-SETUP, wählen aus der Liste KOMPONENTEN den Eintrag MULTIMEDIA und klicken auf die Schaltfläche DETAILS. Wählen Sie im nächsten Dialogfenster ebenfalls aus der Liste KOMPONENTEN den Eintrag CD-WIEDERGABE. Klicken Sie sich mit OK zurück, bis die Software von der CD-ROM bzw. von der Diskette geladen wird.

Abb. 11.18:
Die CD-Wiedergabe unter Windows 98/95

Neben den herkömmlichen Funktionen wie beispielsweise START, STOP, VORSPULEN, ZURÜCKSPULEN, PAUSE usw. bietet die CD-Wiedergabe neben einer SHUFFLE-Funktion (alle auf der Audio-CD vorhandenen Titel werden eine einstellbare Zeit lang abgespielt) eine AUTOREPEAT-Funktion (es erfolgt eine automatische Wiederholung von Titeln) und auch noch die Möglichkeit einer WIEDERGABELISTE.

Rufen Sie diese Funktion mit dem Befehl WIEDERGABELISTE ERSTELLEN aus dem Menü CD auf. Es erscheint das Dialogfenster CD-WIEDERGABE: CD-EINSTELLUNGEN. Sie können hier den Titel der Audio-CD, den Interpreten und die einzelnen Titel eingeben. Diese Titelliste wird auf Wunsch von Windows 98/95 in einer INI-Datei namens CDPLAYER.INI abgespeichert, und wenn Sie diese Audio-CD beim nächsten Mal einlegen, dann werden die Titel wieder angezeigt. Ein erneutes Eingeben der Titel ist also nicht mehr nötig.

Zugegeben, es gibt sowohl im Shareware-Bereich als auch im kommerziellen Bereich leistungsfähigere CD-Player, die auch ein ansprechenderes optisches Erscheinungsbild haben, aber die CD-Wiedergabe ist kostenlos und im Lieferumfang enthalten.

Abb. 11.19:
Geben Sie hier die Titel Ihrer Audio-CD ein.

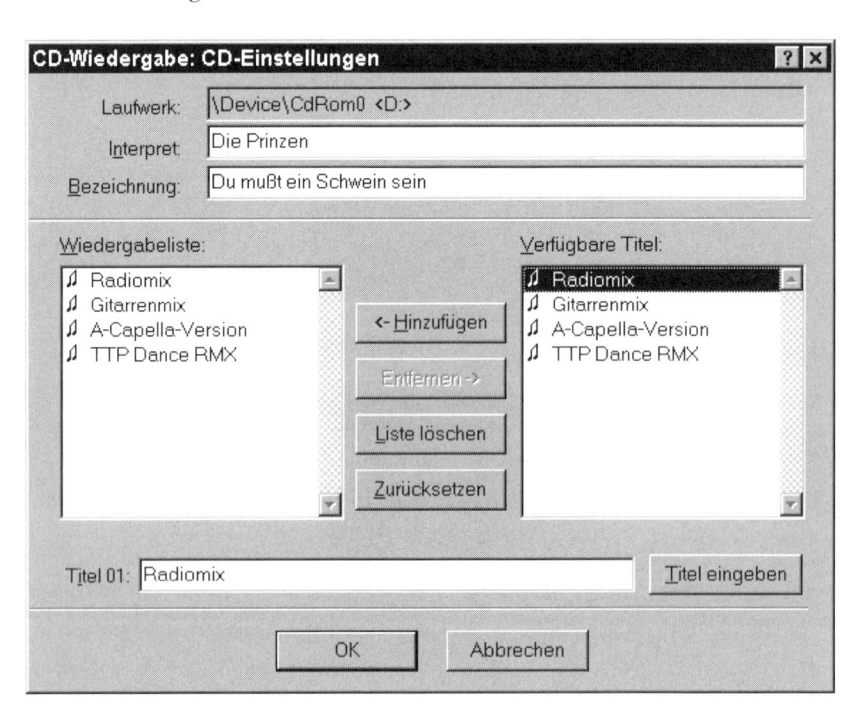

11.3 Der Einsatz eines CD-Brenners

CD-Brenner werden zunehmend preiswerter und eignen sich hervorragend für eine Datensicherung.

Diese Geräte arbeiten vom Prinzip her mit Laserlicht, genau wie herkömmliche CD-ROM-Laufwerke auch. Bei den CDs gibt es folgende Unterscheidungen:

▸ Herkömmliche CD-ROMs (Read Only Memory). Diese Scheiben werden maschinell gepreßt, und können mit einem CD-ROM-Laufwerk nur gelesen, nicht jedoch beschrieben werden.

▸ CD-Rs (Recordable). Dieses Medium wird mit einem CD-Brenner nur einmal beschrieben, kann aber beliebig oft gelesen werden.

- CD-RWs (ReWritable). Diese Scheiben können mit einem speziellen Laufwerk bis zu 500.000mal wiederbeschrieben werden, und zwar auch in mehreren Arbeitsgängen.

Die herkömmlichen CD-ROMs werden nach dem Preßvorgang mit Aluminium als Reflektorschicht beschichtet. Eine abschließende Schutzlackierung sorgt für die Korrosionsbeständigkeit.

Bei den wiederbeschreibbaren CDs wird auf der inneren Polykarbonatseite eine »Leitspur« in Form einer vertieften Rille angebracht, die als Führung für den Laserstrahl dient.

Über die Polykarbonatschicht wird eine organische Schicht und darüber eine Goldschicht aufgebracht. Diese Goldschicht hat für den abtastenden Laserstrahl besonders gute Eigenschaften.

Zum Schluß wird eine Schutzlackierung aufgetragen, die vor mechanischen Beschädigungen wie beispielsweise Kratzern schützen soll.

Abb. 11.20: Ein Querschnitt durch eine beschreibbare CD

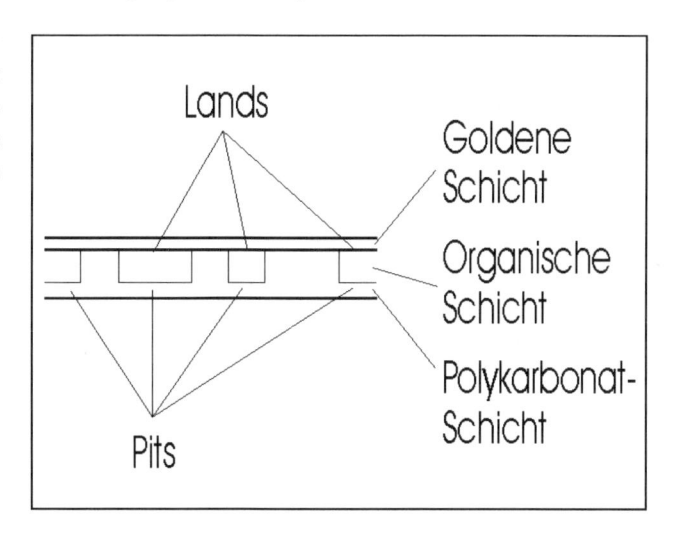

Beim Lesen einer CD wird ein relativ schwacher Laserstrahl eingesetzt, und das reflektierte Licht wird von einer Fotodiode aufgefangen. Anschließend werden die Bits, die von den Erhöhungen und Vertiefungen repräsentiert werden, ausgewertet.

Die CD wird durch einen energiereicheren Laserstrahl beschrieben. Dieser erhitzt die organische Schicht der CD und brennt an den entsprechenden Stellen Vertiefungen (Pits) ein. Diese Vertiefungen werden beim anschließenden Lesen der CD anders reflektiert als die Grundebene (Land). Auf diese Weise wird ein Bitmuster erzeugt, das die zu speichernden Daten darstellt.

**Abb. 11.21:
Lesen und Brennen einer wiederbeschreibbaren CD**

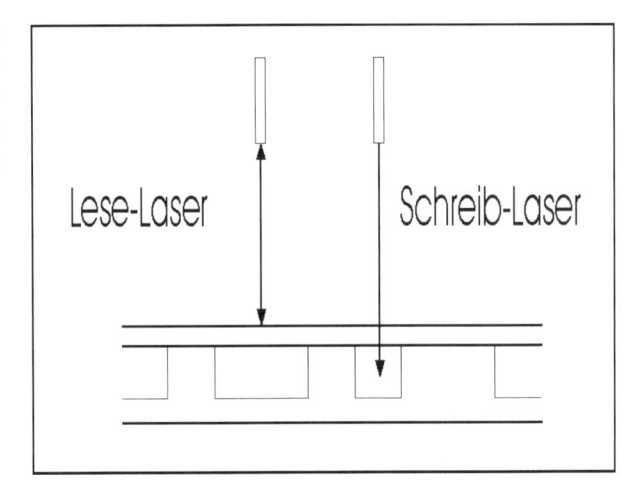

Die Speicherkapazität einer CD ergibt sich aus deren Laufzeit. Diese stammt noch aus den Anfängen der CD Technik, als diese Medien ausschließlich für das Speichern von Musikstücken verwendet wurden. Die gebräuchliche Länge beträgt 74 Minuten, und dies entspricht einer Speicherkapazität von 650 MByte.

Der Anschluß erfolgt überwiegend über den SCSI-Bus, jedoch sind auch IDE-Versionen auf dem Markt. Zum Beschreiben einer CD ist ein gleichmäßiger Datenstrom notwendig. Dieser ist über einen IDE-Bus oft nicht gewährleistet. Besser ist der Anschluß an einen SCSI-Controller, wobei entweder ein Mehrgeräte-Controller oder ein separater Hostadapter eingesetzt wird. Der Betrieb über einen Hostadapter ist auf jeden Fall empfehlenswert, da hierbei der unterbrechungsfreie Datenfluß am besten gewährleistet ist. Bei einem Multiprocessing-System wie Windows oder OS/2 Warp hat keine einzelne Applikation den ausschließlichen Zugriff auf die gemeinsam genutzte Festplatte.

CD-Brenner erreichen nicht die Geschwindigkeiten, die Sie von herkömmlichen CD-ROM-Laufwerken gewohnt sind. Die meisten Geräte schreiben mit doppelter oder vierfacher Geschwindigkeit, manche Geräte schaffen auch eine sechsfache Geschwindigkeit. Die einfache Geschwindigkeit ist mit 150 kByte/s definiert, was bei Double-Speed-Geräten einen Datendurchsatz von 300 kByte/s und bei Geräten mit vierfacher Schreibgeschwindigkeit etwa 600 kByte/s bedeutet.

Der Rechner darf während des Brennvorgangs nicht anderweitig genutzt werden, da sonst der erwähnte kontinuierliche Datenstrom unterbrochen werden kann und der Schreibvorgang ungültig wird.

Was die Haltbarkeit von CDs anbelangt, existiert mitunter noch der Glaube, daß dieses Speichermedium praktisch unbegrenzt »haltbar« ist. Dies stimmt allerdings nicht, denn neben der reinen physikalischen Unversehrtheit der CD, also Kratzer und dergleichen, spielt die Haltbarkeit der Chemikalien, aus der die CD besteht, die größte Rolle. Tests, die eine Alterung simulieren, haben eine Haltbarkeit von etwa 200 bis maximal 250 Jahren ergeben. Dann können die Daten aufgrund des natürlichen Zerfalls des Materials nicht mehr bzw. nicht mehr fehlerfrei gelesen werden. Für die »Ewigkeit« sind also auch CDs nicht geeignet, den Anforderungen des Durchschnittsanwenders sind sie jedoch allemal gewachsen.

Die Qualität des Rohlings hat eine große Bedeutung. Aus Erfahrung raten wir vom Kauf besonders billiger No-Name-Platten ab, denn Sie laufen hierbei sehr schnell Gefahr, ausgemustertes, minderwertiges Material zu erwerben.

11.3.1 Brenner und Treiber installieren

Wenn Sie einen CD-Brenner installieren, können drei grundsätzliche Ausgangssituationen auftreten:

- Ein IDE-Brenner, der an eine vorhandene EIDE-Schnittstelle angeschlossen wird
- Ein SCSI-Brenner, der an einen bereits vorhandenen SCSI-Controller angeschlossen wird
- Der Anschluß an einen separaten SCSI-Adapter.

Einen EIDE-Brenner an einem EIDE-System betreiben

Moderne Mainboards verfügen über zwei EIDE-Schnittstellen, an die jeweils zwei Geräte angeschlossen werden können, insgesamt also vier. An der ersten IDE-Schnittstelle, die auch als *Primary-IDE* bezeichnet wird, befindet sich normalerweise die erste Festplatte, die als sogenannter Master konfiguriert wird. Wenn eine zweite Festplatte im System vorhanden ist, wird diese normalerweise auch am Primary-IDE angeschlossen und als Slave konfiguriert.

An der zweiten IDE-Schnittstelle, die auch als Secondary-IDE bezeichnet wird, wird normalerweise als Master das CD-ROM-Laufwerk angeschlossen. Kommt ein weiteres CD-ROM-Laufwerk hinzu, wird dieses am Secondary-IDE als Slave angeschlossen. Wenn Sie nun einen IDE-Brenner in dieses System einfügen wollen, dann empfiehlt es sich, den CD-Brenner am Secondary-IDE als Slave anzuschließen. Es ist zwar prinzipiell möglich, den CD-Brenner auch am ersten IDE-Port anzuschließen, jedoch ist es besser, wenn beide CD-ROM-Laufwerke an einem Controller angeschlossen werden.

Die Datenverbindung wird mit dem normalerweise im Lieferumfang enthaltenen Flachbandkabel hergestellt.

Die Stromversorgung erfolgt über ein freies Stromkabel des Netzwerks, so wie bei den anderen Geräten auch. Ist kein freies Stromkabel mehr vorhanden, schaffen Sie mit einer Y-Weiche Abhilfe.

Da ein CD-Brenner eine sehr gleichmäßige Stromspannung benötigt, sollten Sie ihn aber nicht an einer Y-Weiche betreiben. Ist kein freier Stromanschluß mehr vorhanden, dann verwenden Sie die Y-Weiche lieber für andere Geräte, beispielsweise für das Diskettenlaufwerk oder das herkömmliche CD-ROM-Laufwerk, und schließen den CD-Brenner an ein separates Stromkabel an.

Einen SCSI-Brenner an einen vorhandenen SCSI-Controller anschließen

Ist in Ihrem Rechner bereits ein SCSI-Mehrgerätecontroller installiert, an dem beispielsweise die Festplatte, ein Scanner usw. angeschlossen sind, dann können Sie den CD-Brenner direkt am Flachbandkabel anschließen. SCSI-Festplatte und der SCSI-Controller hängen meist an den Enden des SCSI-Bus und bilden eine sogenannte »SCSI-Kette«.

Eine Kette von SCSI-Geräten muß terminiert, das heißt mit einem Abschlußwiderstand versehen werden. Diese Terminierung wird immer am letzten Gerät dieser Kette vorgenommen. Andernfalls kommt es zu einer Fehlfunktion der angeschlossenen Geräte.

Sie müssen dem CD-Brenner eine freie SCSI-ID, also eine Adresse innerhalb der SCSI-Kette zuweisen. Dies geschieht normalerweise über das Setzen von Jumpern, wie es bereits in Kapitel 8 dieses Buches beschrieben wurde. Dazu müssen Sie natürlich wissen, welche SCSI-IDs bereits von anderen Geräten belegt sind. Standardmäßig ist oft die folgende Konfiguration anzutreffen:

- Die SCSI-Festplatte belegt die ID 0.
- Das SCSI-CD-ROM-Laufwerk belegt die ID 1 oder ID 2.
- Der Festplattencontroller belegt die ID 7.

Versuchen Sie es zuerst einmal mit der ID 4.

Von Vorteil ist hierbei auch, daß Sie sich auch nicht mehr um die Treiber kümmern müssen, denn diese sind bereits vorhanden.

Eine Ausnahme gibt es nur, wenn Sie die sogenannten »Multi-Volume-CDs« brennen wollen. Hier ist ein separater Treiber erforderlich, damit Windows die CD korrekt adressieren kann.

Einen SCSI-Brenner an ein IDE-System anschließen

Es ist möglich, einen SCSI-Brenner in ein IDE-System zu integrieren, welches keinen eigenen Controller auf der Hauptplatine hat. Hierzu benötigen Sie einen SCSI-Controller, den es entweder für den PCI-Bus (beispielsweise Adaptec 2940 bzw. 29440UW) oder für den ISA-Bus (Adaptec 1542) gibt.

Im Lieferumfang des CD-Brenners ist dann normalerweise ein SCSI-Controller enthalten. Die Frage ist nur, ob es sich hierbei um einen Mehrgeräte-Controller oder um einen solchen handelt, an dem nur ein SCSI-Gerät betrieben werden kann. Handelt es sich um ein preisgünstiges Gerät, dann ist vermutlich nur der letztgenannte Adapter vorhanden, denn für einen Mehrgeräte-Controller zahlen Sie mehr als 300 DM.

Im Lieferumfang eines Controllers ist normalerweise ein entsprechender Treiber enthalten. Unter DOS und Windows 3.x müssen Sie nur das Setup-Programm starten, und es werden die notwendigen Einträge in die Startdateien AUTOEXEC.BAT und CONFIG.SYS automatisch vorgenommen. Unter Windows 98/95 sind es folgende Arbeitsschritte:

- Schließen Sie alle Anwendungen, und legen Sie die Diskette in das Diskettenlaufwerk.
- Wählen Sie den Befehl START | EINSTELLUNGEN | SYSTEMSTEUERUNG, und aktivieren Sie das Icon HARDWARE.
- Beantworten Sie im Hardware-Assistenten die Frage SOLL NEUE HARDWARE GESUCHT WERDEN? mit NEIN.
- Klicken Sie im nächsten Dialogfenster auf die Schaltfläche WEITER.
- Wählen Sie aus der Liste HARDWARE-TYPEN den Eintrag SCSI-CONTROLLER, und klicken Sie auf WEITER.
- Sie können nun über das Listenfenster HERSTELLER und MODELLE den zu Ihrem Controller gehörigen Eintrag auswählen, sofern er hier vorhanden ist.
- Sollten Sie in der Liste der verfügbaren Treiber nicht fündig werden, klicken Sie auf die Schaltfläche DISKETTE. Im Dialogfenster VON DISKETTE INSTALLIEREN geben Sie in das Feld HERSTELLERDATEIEN KOPIEREN AUS: die Kennung Ihres Diskettenlaufwerks ein und klicken auf die Schaltfläche DURCHSUCHEN.
- Wählen Sie aus der Anzeige Ihren SCSI-Controller aus, und bestätigen Sie die Auswahl. Der Treiber wird nun installiert und in die Liste der verfügbaren SCSI-Gerätetreiber aufgenommen. Anschließend werden Sie zu einem Neustart des Systems aufgefordert, damit der Treiber aktiv werden kann.

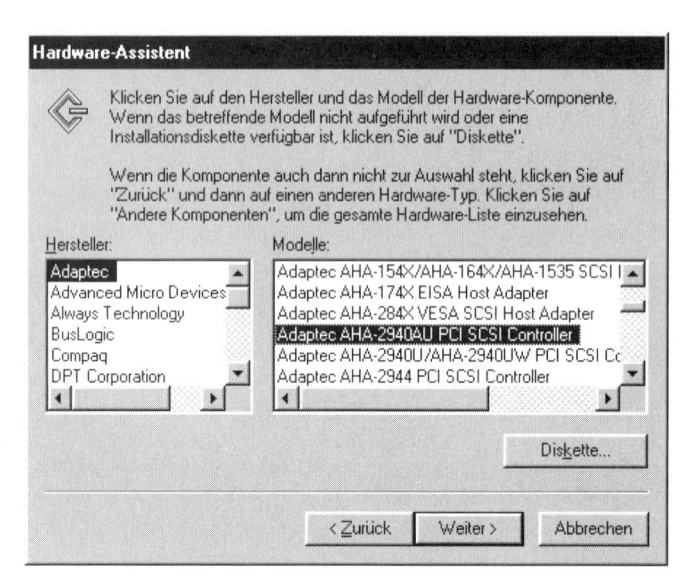

Abb. 11.22:
Auswählen eines
SCSI-Treibers
aus der Windows-Datenbank

Wenn während der Installation des Treibers eine Fehlermeldung auftaucht, die Sie auf einen Virus in Ihrem System aufmerksam macht, dann kann es sich durchaus um eine Falschmeldung handeln. Ist nämlich irgendein Virenscanner aktiv, dann erkennt dieses Programm bestimmte Zugriffsroutinen, die auch von manchen Viren benutzt werden. Starten Sie in diesem Fall Ihren Rechner neu, und deaktivieren Sie jeglichen Virenschutz, bevor Sie die Installation des Treibers für den SCSI-Controller neu starten. Das gilt auch für den Virenschutz im BIOS.

Das Einbauen eines CD-Brenners selbst ist genauso einfach und normalerweise problemlos wie der Einbau einer Festplatte oder eines herkömmlichen CD-ROM-Laufwerks: Suchen Sie sich einen freien Einbauschacht, und schieben Sie das Gerät vorsichtig von vorne ein. Es empfiehlt sich, das Gerät von hinten her mit den Fingern ein wenig zu »unterstützen«. Auf diese Weise können Sie überprüfen, ob und an welchen Stellen oder Kabeln sich das Gehäuse gegebenenfalls verhakt hat und diese Störungen beseitigen, ohne daß Schaden entsteht.

Ob es sich empfiehlt, das Gerät vor oder nach dem Einbau an die Daten- und Stromkabel anzuschließen, müssen Sie im Einzelfall prüfen. Unter Umständen kann es empfehlenswert sein, diese Aufgaben vor dem Einbau zu erledigen, besonders wenn im Gehäuse wenig Platz ist.

11.3 Der Einsatz eines CD-Brenners

Abb. 11.23:
Fügen Sie den CD-Brenner mit ein wenig »Unterstützung« in den Einbauschacht ein.

12 Probleme rund um den Monitor und den Drucker

Das wichtigste Ausgabegerät des Rechners ist sicherlich der Monitor. Auch hier kommt es normalerweise selten zu Störungen. Treten allerdings Probleme auf, dann ist dies um so ärgerlicher, denn ohne den Bildschirm kann kaum verfolgt werden, was im Rechner vor sich geht.

Der Bildschirm bleibt dunkel.

Überprüfen Sie, ob sich der Stecker am Monitorausgang des Rechners gelockert hat. Er muß nicht völig gelöst sein, mitunter genügt bereits ein geringfügiges Lockern aus dem Stecker, und der Bildschirm bleibt schwarz. Dies kann insbesondere dann passieren, wenn der Stecker nicht ordnungsgemäß verschraubt ist. Beim Zusammenbauen der Rechnerkonfiguration wird dies oft aus Bequemlichkeit vergessen.

Abb. 12.1: Befestigen Sie den Monitorstecker mit beiden Schrauben am Gehäuse.

Der Monitor macht sich durch Flimmern unangenehm bemerkbar.

Überprüfen Sie zuerst einmal, ob der Bildschirm eine hohe Auflösung verträgt. Schalten Sie nämlich von einer niedrigen Auflösung, z. B. 640 x 480 Bildpunkte, in eine hohe Auflösung, z. B. 1280 x 1024 Bildpunkte, dann ist nicht automatisch sichergestellt, daß diese Auflösung auch vom Monitor dargestellt werden kann, selbst wenn der Treiber dies vorsieht. In einem solchen Fall kommt es dann zu einem Flimmern.

Stellen Sie also sicher, daß der Monitor die gewählte Auflösung auch wirklich darstellen kann. Einen entsprechenden Hinweis finden Sie in der technischen Dokumentation Ihres Monitors.

Tritt das Flimmern trotzdem auf, obwohl der Monitor laut technischer Dokumentation in der Lage sein müßte, die gewählte Auflösung darzustellen, und handelt es sich bei Ihrem Monitor um ein Super-Billig-Angebot, dann kann es sein, daß hier die »Werbung« den Mund etwas zu voll genommen hat. Während Markenmonitore zumeist das halten, was die technische Dokumentation verspricht, ist dies bei Noname-Geräten nicht immer der Fall.

Versuchen Sie es mit einer niedrigeren Auflösung, indem Sie entweder unter DOS das Setup-Programm des Grafikkartentreibers aufrufen oder unter Windows 98/95 in der Systemsteuerung das Icon ANZEIGE aktivieren. Es erscheint das Dialogfenster EIGENSCHAFTEN VON ANZEIGE. Wechseln Sie hier zur Registerkarte EINSTELLUNGEN.

Über den Schieberegler AUFLÖSUNG können Sie die Auflösung herunterfahren, und ermitteln, ob der Monitor mit einer hohen Auflösung gegebenenfalls nicht zurecht kommt.

Überprüfen Sie darüber hinaus, ob Sie den Originaltreiber vom Hersteller geladen haben. Manche Geräte laufen nur damit einwandfrei. Achten Sie außerdem auch darauf, daß es sich um die aktuellste Version handelt.

Im Dialogfenster EIGENSCHAFTEN VON ANZEIGE klicken Sie auf die Schaltfläche ERWEITERT. Sie gelangen hiermit in das Dialogfenster ERWEITERTE GRAFIKEIGENSCHAFTEN. Standardmäßig ist die Registerkarte GRAFIKKARTE aktiviert. Klicken Sie hier auf die Schaltfläche ÄNDERN, und Sie gelangen in das Dialogfenster ERWEITERTE GRAFIKEIGENSCHAFTEN. Klicken Sie auf die Schaltfläche ÄNDERN, und aktivieren Sie im Dialogfenster GERÄT AUSWÄHLEN die Funktion ALLE GERÄTE AUSWÄHLEN.

12 Probleme rund um den Monitor und den Drucker

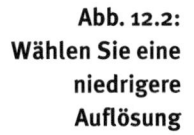

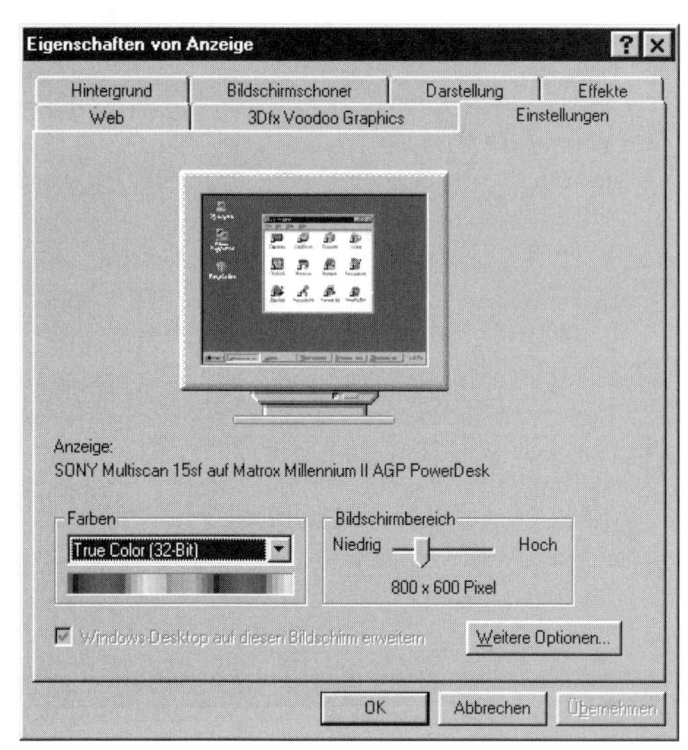

**Abb. 12.2:
Wählen Sie eine niedrigere Auflösung**

Wählen Sie aus der Liste HERSTELLER den Hersteller und aus der Liste MODELLE das Modell aus, das in Ihrem System integriert ist. Klicken Sie auf die Schaltfläche OK oder auf DISKETTE, wenn Sie den Treiber von einer Diskette laden wollen. Sie werden in diesem Fall aufgefordert, eine Diskette (auf der sich der Treiber befindet) in das Diskettenlaufwerk einzulegen. Standardmäßig handelt es sich hierbei um das Diskettenlaufwerk A:. Sollte Ihr Rechner über eine andere Konfiguration verfügen, dann tragen Sie hier den abweichenden Laufwerkskennbuchstaben ein.

Das Dialogfenster ERWEITERTE GRAFIKEIGENSCHAFTEN enthält die Registerkarte LEISTUNGSMERKMALE. Sie haben hier, wenn auch in geringem Umfang, die Möglichkeit, Probleme bei der Bildausgabe zu beheben.

Im oberen Teil des Dialogfensters sehen Sie den Schieberegler HARDWAREBESCHLEUNIGUNG. Standardmäßig ist dieser Schieberegler auf 100% gesetzt. Sollte es zu Problemen bei der Bildausgabe kommen, können Sie probieren, über das Verringern des Prozentsatzes eine bessere Bildqualität zu erreichen bzw. ein Flimmern abzustellen.

Abb. 12.3:
Über dieses Dialogfenster ändern Sie den aktuellen Grafikkartentreiber oder fügen einen neuen hinzu.

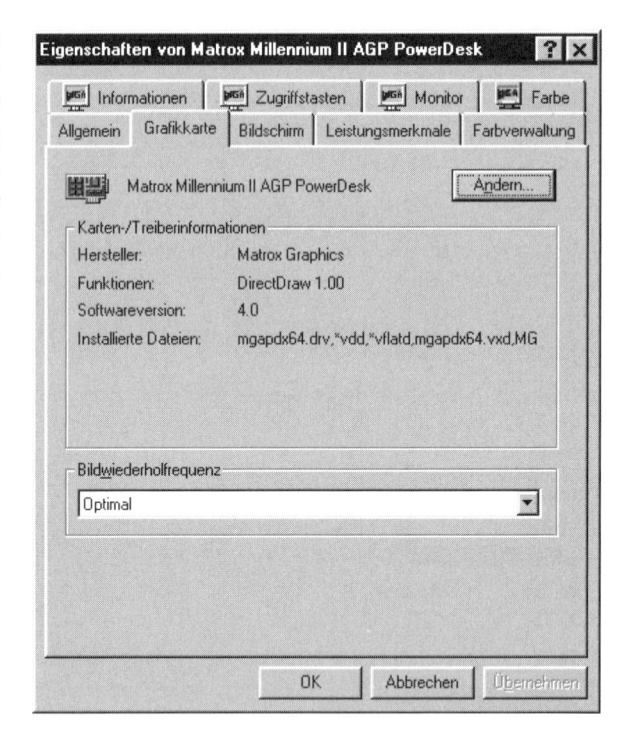

Abb. 12.4:
Versuchen Sie, über diese Einstellungen gegebenenfalls auftretende Probleme zu beheben.

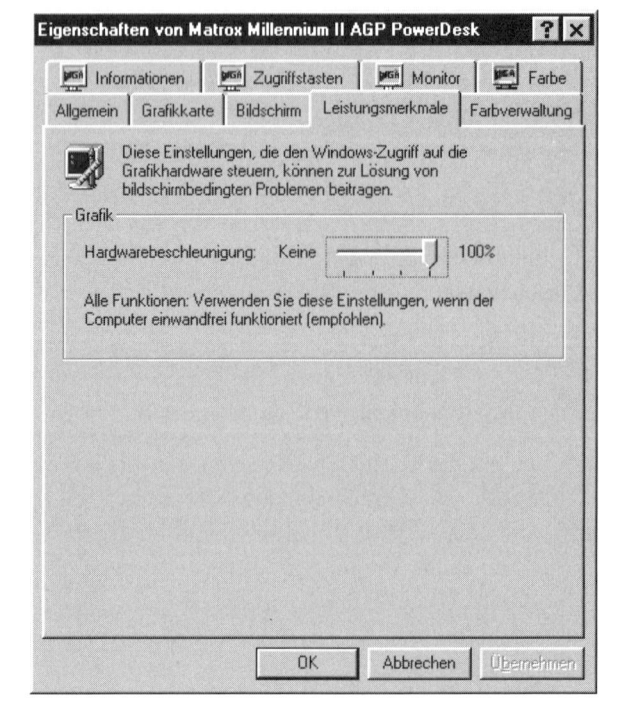

Eine möglichst hohe Bildwiederholrate ist übrigens kein Garant dafür, daß der Bildschirm möglichst augenschonend arbeitet. Neuere Forschungen kommen zu dem Ergebnis, daß Bildwiederholraten von 100 MHz keinesfalls so optimal sind, wie bisher angenommen. Das Auge nimmt zwar einen ruhigen Bildschirm wahr (je höher die Bildwiederholrate, desto ruhiger erscheint das Bild), das Gehirn registriert diesen schnellen Wechsel dennoch und ermüdet dadurch schneller.

Eine optimale Bildwiederholrate liegt bei etwa 75 bis 80 MHz.

Der Bildschirm stellt plötzlich keine Farben mehr dar, sondern die Bildschirmdarstellung erfolgt in Schwarzweiß.

Überprüfen Sie zuerst den Monitorstecker auf korrekten Sitz. Wenn er sich gelockert hat und ein oder mehrere bestimmte Pins keinen Kontakt mehr zu den Gegenpolen des Steckers bekommen, dann kann die Farbbildwiedergabe dadurch gestört werden.

Möglicherweise hat sich die Einstellung im Windows-Setup geändert, oder sie ist vielleicht unbeabsichtigt verstellt worden. Vielleicht hat Ihnen auch jemand einen Streich gespielt, um Sie zu irritieren.

Wechseln Sie im Dialogfenster EIGENSCHAFTEN VON ANZEIGE in die Registerkarte EINSTELLUNGEN. In der Dropdown-Liste FARBPALETTE finden Sie die möglichen Farbeinstellungen wie beispielsweise HIGH COLOR (16 BIT), TRUE COLOR (32 BIT) usw. Bei einigen Treibern können Sie auch eine schwarzweiße Darstellung wählen. Sehen Sie hier beispielsweise den Eintrag VGA MIT MONOCHROME-ANZEIGE, dann brauchen Sie sich über eine schwarzweiße Darstellung nicht zu wundern.

Das Bild schwimmt.

Dieses Phänomen wird hauptsächlich durch in der Nähe aufgestellte Geräte verursacht, die nicht oder ungenügend abgeschirmt sind. Magnetische Felder stören in diesem Fall den Bildaufbau.

Entfernen Sie also sukzessive alle in Frage kommenden Geräte aus der Nähe des Bildschirms (auch ungenügend abgeschirmte Schreibtischlampen können durch einen eingebauten Transformator für Halogenleuchtröhren diesen Fehler verursachen).

Auf dem Bildschirm erscheinen Streifen oder verzerrte Linien.

Es kann sich hierbei um den sogenannten Moiré-Effekt handeln. Er tritt dann auf, wenn der Bildschirm auf eine höhere Auflösung eingestellt wird, als er durch seine Bauart zu liefern in der Lage ist.

Wählen Sie eine niedrigere Auflösung, und sehen Sie in der technischen Dokumentation des Monitors nach, ob er die Auflösung, bei der dieses Phänomen auftritt, abbilden muß. In einem solchen Fall sollten Sie versuchen, den Monitor umzutauschen, weil mit großer Wahrscheinlichkeit ein Defekt vorliegt.

Das Bild bricht unvermittelt zusammen, oder es werden andere Farben abgebildet, als ursprünglich eingestellt wurden.

Dieser Fehler kann an einer defekten Siegnalleitung liegen.

Überprüfen Sie den Stecker auf korrekten Sitz, denn wenn dieser keinen korrekten Kontakt hat, kann es ebenso zu einem solchen Ausfall kommen. Schrauben Sie den Stecker in seiner Halterung auf der Rückseite des Rechners mit beiden Schrauben fest.

Sofern der Stecker trotzdem keinen richtigen Kontakt bekommt, versuchen Sie es mit Kontaktspray.

Sprühen Sie Kontaktspray niemals direkt in die Steckerbuchse, da es hierbei zu Kurzschlüssen kommen kann. Sprühen Sie das Spray in die Innenseite der Verschlußkappe, nehmen Sie ein wenig davon mit einem Wattestäbchen auf, und tragen Sie es damit auf die Pins im Stecker auf.

Der Monitor macht sich durch starkes Knistern bemerkbar.

Bewegen Sie Ihre Hand auf die Bildschirmoberfläche zu. Nimmt das Knistern zu, je näher Sie dem Bildschirm kommen, dann liegt hier ein Fall von besonders hoher elektrostatischer Aufladung vor. Durch die Staubteilchen, die von diesem elektromagnetischen Feld entweder angezogen oder abgestoßen werden, entsteht das Geräusch.

Wenn Sie nicht nur ab und zu vor dem Bildschirm sitzen, sondern mehrere Stunden täglich, dann sollten Sie den Bildschirm entweder umtauschen, zumindest wenn noch Garantie auf dem Gerät ist, oder Sie sollten sich davon trennen.

Der Bildaufbau dauert sehr lange, und es kommt hin und wieder beim Aufbau des Bildes sogar zu Stockungen.

- Es kann sich entweder um eine Störung im Bussystem des Rechners oder einen Adreßkonflikt handeln. In diesem Fall ist die Grafikkarte zwar in der Lage, die Bilder in der gewünschten Geschwindigkeit bereitzustellen, jedoch werden die Informationen für die nachfolgenden Bilder nicht schnell genug über das Bussystem nachgeliefert.
- Bedenken Sie auch, daß nicht nur allein die Grafikkarte für einen schnellen Bildaufbau zuständig ist, sondern auch das Bussystem sowie der Prozessor. Verfügen Sie beispielsweise über einen 80486er Rechner

mit 33 MHz und einem AT-Bus, dann wird Ihnen auch eine teure Grafikbeschleunigerkarte nicht viel helfen, denn in diesem Fall ist zwar die Karte in der Lage, sehr viele Informationen zu verarbeiten, jedoch kann der Rechner diese Informationen nicht schnell genug bereitstellen.

- Überprüfen Sie also zuerst, ob auch sämtliche Komponenten Ihres Rechners von der Geschwindigkeit her zusammenpassen.
- Bauen Sie die Grafikkarte aus, und installieren Sie sie in einem anderen Rechner. Tritt der Fehler auch bei einem Rechner auf, der über genügend eigene Hardware-Ressourcen verfügt, dann können Sie davon ausgehen, daß die Grafikkarte einen Defekt hat.
- Prüfen Sie anhand der technischen Dokumentation, daß die Grafikkarte richtig konfiguriert ist. Vielleicht liegt es nur an einer falschen Jumper-Einstellung.
- Sehen Sie im Setup nach, ob die Shadow-RAM-Option aktiviert ist. Ist dies nicht der Fall, dann wird die Leistung der Grafikkarte durch den Zugriff auf das langamere ROM der Grafikkarte gebremst. Aktivieren Sie also diese Funktion.
- Deaktivieren Sie alle speicherresidenten Programme und Treiber, die Sie momentan nicht benötigen. Verschwindet dadurch der Fehler, dann hat sich offenbar eines dieser Programme oder ein Treiber nicht mit dem Treiber der Grafikkarte vertragen. Aktivieren Sie alle Programme und Treiber wieder der Reihe nach, und starten Sie Ihren Rechner jedesmal erneut. Tritt der Fehler erneut auf, dann liegt es an dem zuletzt aktivierten Programm oder Treiber.
- Die Geschwindigkeit der Grafikkarte läßt trotz aufgerüstetem Grafikkartenspeicher sehr zu wünschen übrig.
- Überprüfen Sie anhand der technischen Dokumentation die Jumper-Einstellung, sofern die Grafikkarte mit Jumpern konfiguriert wird.
- Überprüfen Sie die Software-Einstellung der Grafikkarte anhand der technischen Dokumentation.
- Vergewissern Sich sich, daß Sie bei einem nachträglichen Aufrüsten der Grafikkarte mit zusätzlichen RAM-Bausteinen auch die richtigen verwendet haben. Es gibt gerade hinsichtlich der Geschwindigkeit Unterschiede. Sind auf einer Grafikkarte unterschiedlich schnelle RAM-Bausteine installiert, dann kann dies ebenso eine Geschwindigkeitssteigerung verhindern.
- Sofern Sie eine Erweiterung des Grafikkartenspeichers vorgenommen haben, vergewissern Sie sich, daß auch der Treiber dazu paßt. Viele Grafikkarten benötigen einen anderen Treiber, wenn eine Aufrüstung vorgenommen wurde.

(?) **Die Grafikkarte kann die hohe Auflösung, die sie eigentlich darstellen müßte, nicht abbilden.**

Sehen Sie nach, ob auch ein Super-VGA-Treiber geladen ist. In der Standardauflösung ist es lediglich möglich, 640 x 480 Bildpunkte bei 16 Farben darzustellen. Handelt es sich bei Ihrer Grafikkarte um ein Markenprodukt, dann wird es Ihrem Händler kaum Schwierigkeiten bereiten, einen aktuellen Treiber zu besorgen. Bei einem Noname-Produkt oder bei einer besonders billigen Grafikkarte kann es sein, daß Sie keinen Grafikkartenspeicher mehr bekommen. Probieren Sie in einem solchen Fall, über Mailboxen einen aktuellen Treiber zu erhalten.

(?) **Die Bildschirmdarstellung erfolgt plötzlich nur noch in Form eines halben Bildschirms.**

Wird der Bildschirm nur noch zur Hälfte dargestellt, dann kann es sich um ein fehlerhaftes Video-RAM handeln.

Ist der RAM-Chip in einem Sockel befestigt, dann überprüfen Sie, ob nicht vielleicht ein Wackelkontakt vorliegt. Drücken Sie den Baustein mit sanftem Druck in den Sockel oder nehmen Sie ihn ganz heraus, und drücken Sie ihn wieder in den Sockel.

⚠ Vorsicht mit den empfindlichen Beinchen der Chips. Sollten Sie jedoch trotzdem ein oder mehrere Beinchen umgeknickt haben, dann nehmen Sie einen flachkantigen Gegenstand zur Hand (dies kann beispielsweise eine 3,5-Zoll-Diskette, die Hülle einer Musikkassette o. ä. sein) und streichen Sie die umgeknickten Beinchen vorsichtig auf einer glatten Unterlage wieder glatt.

12.1 Ausgabegeräte unter Windows 98/95 richtig konfigurieren

98 Zu den Ausgabegeräten, um die es sich in diesem Abschnitt handelt, zählen der Monitor und der Drucker. Nur wenn beide Komponenten gut eingestellt sind, wirkt Windows 98/95 auch »nach außen hin« gut.

12.1.1 Einrichten der Grafikkarte und des Monitors

98 Damit Windows 98/95 eine gute Ausgabe auf den Monitor bringt, ist eine Auflösung von mindestens 800 x 600 Bildpunkten bei 256 Farben notwendig. Besser sind 1024 x 768 Bildpunkte bei High Color oder True Color. Die meisten Monitore und Grafikkarten haben mit dieser Einstellung auch keine Probleme, jedoch wird bei der standardmäßigen Installation eine niedrigere Auflösung eingestellt. Warum? Windows 98/95 erkennt beim

Installieren die Grafikkarte des Rechners, aber nicht den genauen Typ, sondern nur den Chip, und richtet anschließend einen Standardtreiber dafür ein. Damit keine Grafikkarte überfordert wird, stellt Windows 98/95 nur eine geringe Auflösung bei weniger Farben ein.

Untersuchen Sie zuerst mit den folgenden Arbeitsschritten die Einstellungen, die Windows 98/95 vorgenommen hat.

- Wählen Sie den Befehl START | EINSTELLUNGEN | SYSTEMEINSTELLUNGEN, und führen Sie dort einen Doppelklick auf das Icon ANZEIGE durch.
- Im Dialogfenster EIGENSCHAFTEN VON ANZEIGE ist standardmäßig der Registerkartenreiter HINTERGRUND aktiviert; wählen Sie EINSTELLUNGEN.
- Klicken Sie die Schaltfläche KONFIGURATION ÄNDERN an. Es erscheint ein weiteres Dialogfenster, aus dem Sie den aktuellen Typ der erkannten Grafikkarte und den Monitor ablesen können. Finden Sie im Feld GRAFIKKARTE bereits den genauen Typ Ihrer installierten Grafikkarte, dann ist alles in Ordnung.

Steht hier allerdings eine Standardbezeichnung wie beispielsweise S3, dann wählen Sie mit den folgenden Arbeitsschritten eine abweichende Einstellung der Grafikanzeige:

- Klicken Sie die Schaltfläche ÄNDERN an, und aktivieren Sie die Funktion ALLE MODELLE ANZEIGEN. Es erscheint nun im linken Fenster, HERSTELLER, eine Liste von Herstellern. Suchen Sie hier Ihre Grafikkarte aus. Im rechten Fenster, MODELLE, finden Sie die einzelnen Modelle zu einem jeweils markierten Hersteller. Suchen Sie hier die passende Grafikkarte aus.
- Mit dem Bildschirm verfahren Sie in gleicher Weise, nur daß Sie im Dialogfenster KONFIGURATION ÄNDERN die Schaltfläche ÄNDERN rechts neben dem Feld GRAFIKKARTE anklicken. Aktivieren Sie auch hier die Funktion ALLE MODELLE ANZEIGEN. Es erscheint nun im linken Fenster HERSTELLER eine Liste von Herstellern. Suchen Sie hier das Modell Ihres Bildschirms aus. Im rechten Fenster, MODELLE, finden Sie die einzelnen Typenbezeichnungen. Suchen Sie hier den passenden Monitor aus.

Das Einrichten des Monitors ist mitunter nicht ganz so einfach wie das Einrichten der Grafikkarte, denn einige Geräte tragen nicht die Bezeichnung des Originalherstellers, sondern eine andere Bezeichnung, die nur übernommen wurde. Dies ist bei Sonderangeboten bzw. Billigfabrikaten manchmal der Fall.

Abb. 12.5:
Wählen Sie den passenden Grafikkartentreiber aus.

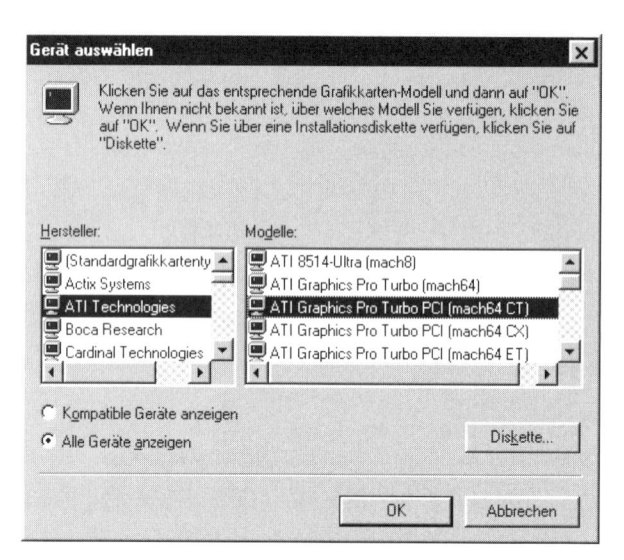

Wählen Sie in diesem Fall im Fenster HERSTELLER den Eintrag STANDARDBILDSCHIRMTYPEN. Sie finden diesen Eintrag zuoberst in der Liste der Hersteller. Allerdings müssen Sie dazu die maximale Auflösung des Bildschirms kennen. Schlagen Sie dazu im Handbuch des Geräts nach.

Klicken Sie nun die Schaltfläche SCHLIESSEN an. Sie kehren dadurch zum Dialogfenster EIGENSCHAFTEN FÜR ANZEIGE zurück. Wählen Sie aus der Dropdown-Liste FARBPALETTE die Farbtiefe der Bildschirmdarstellung. Alle darstellbaren Farben werden, je nach Einstellung, einem Farbschema zugewiesen, das unterschiedlich viele Farbnuancen kennt. Eine Farbtiefe von 16 Farben wird demnach beispielsweise ein Bild mit Dutzenden von Rottönen nicht so wiedergeben, wie es im Original der Fall ist. Mit einer Farbtiefe von 256 Farben können, auf dieses Beispiel bezogen, wesentlich mehr Rottöne wiedergegeben werden. Wählen Sie hier auf jeden Fall mindestens 256 Farben. Mehr Farben bringen bei den meisten Anwendungen, wie beispielsweise bei einer Textverarbeitung, kaum Vorteile, es sei denn, Sie arbeiten mit Programmen zur Bildmanipulation oder mit Programmen, bei denen es um eine hohe Auflösung der Farben geht.

Mit dem Schieberegler AUFLÖSUNG können Sie die Auflösung des Bildschirms einstellen. Standardmäßig sind es 800 x 600 Bildpunkte. Je höher die Auflösung ist, desto mehr Bildpunkte stehen zur Verfügung und um so feiner kann das Bild wiedergegeben werden. Allerdings verändert die Auflösung auch die darstellbare Größe Ihres Desktops. Bewegen Sie einmal den Schieberegler in beide Richtungen, und Sie werden sehen, wie sich die Darstellungsgröße auf dem abgebildeten Monitor ändert. Eine gute Auflösung für alle durchschnittlichen Anwendungen ist 1024 x 768 Bildpunkte.

In der Dropdown-Liste SCHRIFTGRÖSSE stellen Sie die Größe der Schrift ein, die unter Windows 98/95 in allen Dialogfenstern, Menüs, Icons usw. erscheint. Bei einer Auflösung von 800 x 600 Bildpunkten ist die Wahl der Schriftgröße weitgehend Geschmacksache; bei einer Auflösung von 1024 x 768 Bildpunkten sollten Sie sich für GROSSE SCHRIFTARTEN entscheiden.

Wenn Sie aus der Dropdown-Liste SCHRIFTGRAD den Eintrag ANDERE... wählen, dann erscheint das Dialogfenster BENUTZERDEFINIERTER SCHRIFTGRAD. Hier können Sie die Größe der Schrift selbst festlegen. Allerdings ist hier zu beachten, daß bei einer zu groß gewählten Schriftgröße die einzelnen Einträge, beispielsweise in den Menüs, nicht mehr ganz zu erkennen sind.

Mit der Schaltfläche ÜBERNEHMEN können Sie Windows 98/95 veranlassen, einen kleinen Test durchzuführen. Die von Ihnen vorgenommenen Einstellungen werden umgesetzt, und Sie können die Auswirkungen direkt am Bildschirm sehen. Sollte sich nichts tun und können Sie auch keine Mausbewegungen mehr machen, dann führen Sie in diesem Fall nicht sofort einen Reset des Rechners durch, sondern warten Sie einige Sekunden. Normalerweise schaltet Windows 98/95 in die vorherigen Einstellungen zurück, und Sie können weiterarbeiten.

Bestätigen Sie hingegen Ihre Einstellungen mit OK, dann muß Windows 98/95 zuerst einen Neustart durchführen, um die Treiber einzurichten und als gültig anzusehen. Sie werden in einem Dialogfenster gefragt, ob Sie einen Neustart automatisch durchführen lassen wollen oder nicht.

Sollte das Bild nicht ganz auf Ihren Bildschirm passen oder etwas verschoben abgebildet werden, dann regulieren Sie dies mit den entsprechenden Knöpfen für die Bildlage, die Bildhöhe und die Bildzentrierung an Ihrem Monitor.

Abb. 12.6:
Definieren Sie anhand des Lineals oder über eine Werteingabe die gewünschte Schriftgröße.

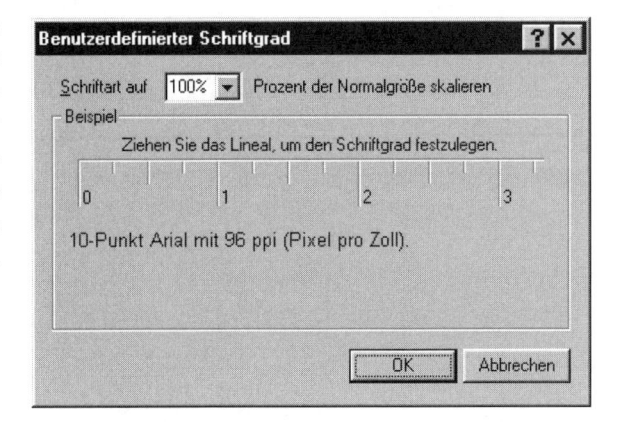

Wenn Sie im Dialogfenster EIGENSCHAFTEN VON ANZEIGE den Registerkartenreiter DARSTELLUNG aktivieren, dann können Sie die Farben individuell einstellen. Es werden Ihnen fast 30 Farbschemata zur Auswahl angeboten.

Das Dialogfenster wird von einer Vorschau dominiert, anhand derer Sie die Wirkung Ihrer Einstellungen gut überprüfen können. Sie können entweder aus der Dropdown-Liste SCHEMA eines der vordefinierten Schemata auswählen, oder Sie klicken die Elemente, die Sie in der Vorschau sehen, einzeln an. Im Feld BILDELEMENT wird Ihnen die Bezeichnung des ausgewählten Elements gezeigt. Wählen Sie also beispielsweise in der Vorschau die Titelleiste aus, dann erscheint im Feld BILDELEMENT der Name AKTIVE TITELLEISTE. Sie können jetzt je nach Element einige Veränderungen vornehmen (Größe, Farbe, Schriftart und Schriftauszeichnung). Diejenigen Elemente, die Sie jeweils ändern können, sind aktiv.

Wollen Sie ein individuelles Schema speichern, dann klicken Sie auf die Schaltfläche SPEICHERN UNTER. Es erscheint das Dialogfenster SCHEMA SPEICHERN. Geben Sie hier einen Namen ein. Klicken Sie die Schaltfläche OK an, nachdem Sie einen gültigen Namen angegeben haben. Dann taucht der Name anschließend in der Dropdown-Liste SCHEMA auf. Wollen Sie ein Schema wieder löschen, dann markieren Sie es und klicken auf die Schaltfläche LÖSCHEN.

Abb. 12.7:
Stellen Sie sich hier Ihr individuelles Bildschirmschema zusammen.

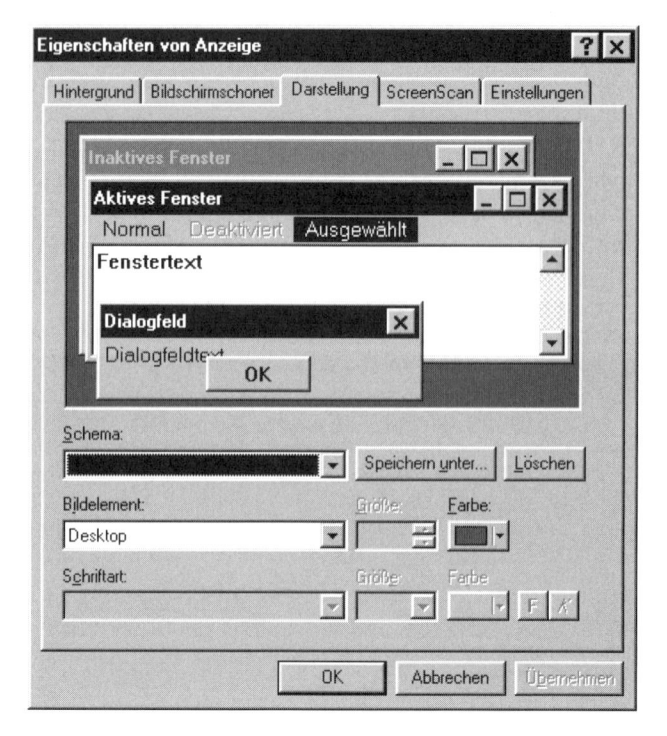

Aktivieren Sie im Dialogfenster EIGENSCHAFTEN VON ANZEIGE den Registerkartenreiter BILDSCHIRMSCHONER, wenn Sie einen Bildschirmschoner einrichten wollen. Sie können außerdem ein Kennwort vergeben, um bei aktiviertem Bildschirmschoner in den Arbeitsmodus zurückzukehren.

Wählen Sie den gewünschten Bildschirmschoner aus der gleichnamigen Dropdown-Liste aus. Wenn Sie weitere Einstellungen zu einem Bildschirmschoner vornehmen wollen, dann klicken Sie auf die Schaltfläche EINSTELLUNGEN. Sie können dann beispielsweise bei einem simulierten Sternenhimmel die Anzahl der Sterne, die Geschwindigkeit, mit der die Sterne auf den Betrachter zuzufliegen scheinen, usw. einstellen. Testen Sie die Einstellungen, indem Sie die Schaltfläche TESTEN anklicken.

Wollen Sie einen Kennwortschutz vergeben, dann klicken Sie auf die Schaltfläche KENNWORTSCHUTZ. Sie können das Kennwort über die Schaltfläche ÄNDERN jederzeit gegen ein anderes umtauschen. Stellen Sie im Feld WARTEN die Zeit ein, die vergehen muß, bis sich der Bildschirmschoner einschaltet.

Benutzen Sie die Energiesparfunktion Ihres Bildschirms, sofern vorhanden, damit sich der Bildschirm nach einer bestimmten Zeitspanne ohne Aktivitäten automatisch in einen Stand-by-Betrieb umschaltet. Sie sparen auf diese Weise Strom – insbesondere dann, wenn Ihr Bildschirm zwar den ganzen Tag eingeschaltet, aber lange Zeit nicht in Betrieb ist. Allerdings muß der Monitor auf diesen Stand-by-Betrieb eingerichtet sein. Im Handbuch des Monitors ist dies auf jeden Fall vermerkt.

Wählen Sie im Feld STAND-BY-BETRIEB die Zeit in Minuten, die vergehen soll, bis sich der Stand-by-Betrieb Ihres Monitors einschaltet. Im Feld ABSCHALTUNG NACH legen Sie die Zeitspanne fest, nach der der Monitor abgeschaltet wird, sofern keine Aktion erfolgt ist.

Auch den Hintergrund von Windows 98/95 können Sie gestalten. Aktivieren Sie dazu im Dialogfenster EIGENSCHAFTEN FÜR ANZEIGE den Registerkartenreiter HINTERGRUND. Aus der Liste MUSTER können Sie ein Muster und aus der Liste HINTERGRUND einen Hintergrund auswählen. Die Einstellungen werden Ihnen auf dem Monitor dieses Dialogfensters, das zur Vorschau dient, direkt angezeigt. Sie können das Hintergrundbild flächig oder mittig anzeigen lassen, je nachdem, welche Funktion Sie für ANZEIGE wählen.

Wollen Sie ein Muster bearbeiten, dann markieren Sie es in der Liste und klicken anschließend auf die Schaltfläche MUSTER BEARBEITEN. Es erscheint das Dialogfenster EDITIERHILFE FÜR MUSTER. Hier können Sie das bestehende Muster ändern oder ein neues Muster anlegen. Ein Klick auf eine bestehende schwarze Fläche innerhalb des Fensters MUSTER löscht ein Quadrat dieses Musters, während ein Klick auf eine leere Fläche ein schwarzes Quadrat erzeugt. Sie können auf diese Weise ein eigenes Muster herstellen. Speichern Sie dieses Muster ab, indem Sie einen Namen in das Feld NAME eingeben und die Schaltfläche HINZUFÜGEN anklicken.

Abb. 12.8:
Erstellen Sie Initialen als Muster, und speichern Sie es unter einem beliebigen Namen ab.

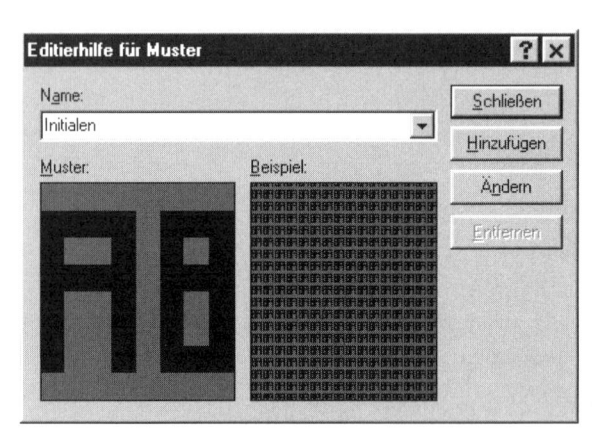

Beachten Sie trotz all der mehr oder weniger schönen Muster und Hintergründe, daß diese Elemente Arbeitsspeicher benötigen, den Sie für andere Anwendungen vielleicht besser gebrauchen können.

12.1.2 So optimieren Sie die Druckausgabe unter Windows 98/95

Wählen Sie den Befehl START | EINSTELLUNGEN | SYSTEMEINSTELLUNGEN, und aktivieren Sie das Icon DRUCKER. Wenn Sie bereits ein Faxmodem eingerichtet haben, dann finden Sie hier ein entsprechendes Icon, da dieses Gerät die Druckausgabe benutzt und Daten statt auf den Drucker auf das Faxmodem umleitet. Wenn Sie noch keinen Drucker unter Windows 98/95 installiert haben, dann doppelklicken Sie auf das Icon NEUER DRUCKER.

Es erscheint das Dialogfenster ASSISTENT FÜR DIE DRUCKERINSTALLATION. Mit diesem Werkzeug können Sie bequem einen neuen Drucker installieren. Klicken Sie die Schaltfläche WEITER an, und es erfolgt eine Abfrage, ob es sich um einen lokalen Drucker oder um einen Netzwerkdrucker handelt. Aktivieren Sie die entsprechende Funktion, und klicken Sie wiederum auf WEITER.

Es wird jetzt ein Dialogfenster mit den beiden Listenfenstern HERSTELLER und DRUCKER gezeigt. Wählen Sie in dem linken Fenster den Hersteller, also beispielsweise Canon, und im rechten Fenster das Modell, also beispielsweise Canon LBP-4-Plus. Anschließend klicken Sie auf die Schaltfläche OK, um den ausgewählten Drucker einzurichten. Sollten Sie in dieser

Der Drucker ist nicht in der Lage zu drucken.

Überprüfen Sie zuerst, ob die Verbindung zwischen paralleler Schnittstelle und Drucker korrekt ist. Schalten Sie den Drucker ein, und lassen Sie eine Testseite ausgeben (wie dies zu bewerkstelligen ist, schlagen Sie im Handbuch des Druckers nach, da dies herstellerabhängig ist). Vergewissern Sie sich, daß der Drucker online geschaltet ist. Normalerweise ist an dem Drucker eine entsprechende Leuchtanzeige dafür vorhanden.

Funktioniert der Ausdruck immer noch nicht, dann verwenden Sie versuchsweise den Universaldruckertreiber von Windows 98/95. Wählen Sie dazu aus der Liste HERSTELLER den Eintrag ALLGEMEIN und in der Liste DRUCKER den Eintrag UNIVERSAL/NUR TEXT. Dieser Druckertreiber funktioniert bei jedem Drucker, allerdings können Sie keine speziellen Formatierungen vornehmen bzw. ausdrucken lassen.

Wollen Sie zu einem passenden Druckertreiber weitere Einstellungen vornehmen, dann wählen Sie den Befehl START | EINSTELLUNGEN | SYSTEMEINSTELLUNGEN und klicken im Dialogfenster DRUCKER das Icon, das die Bezeichnung Ihres eingerichteten Druckertreibers führt, mit der rechten Maustaste an. Aus dem Menü wählen Sie den Befehl EIGENSCHAFTEN, und es erscheint das Dialogfenster EIGENSCHAFTEN FÜR ...

Sie arbeiten mit einem Netzwerkdrucker, und Windows 98/95 druckt im Vorspann-Modus, das heißt, es wird vor der Druckausgabe jedesmal eine Seite mit dem Namen des Benutzers ausgedruckt, bevor der eigentliche Druckauftrag erledigt wird.

Diese Art von Papierverschwendung kann lästig sein, ist aber abzustellen: Klicken Sie das DRUCKER-Icon im Fenster Arbeitsplatz an, und wählen Sie dort den Netzwerkdrucker. Anschließend öffnen Sie das Menü EIGENSCHAFTEN und aktivieren dort den Registerkartenreiter EINSTELLUNGEN. Im unteren Teil des Dialogfensters sehen Sie die Funktion VORSPANN. Wenn Sie diese Funktion deaktivieren, wird diese Vorspannseite nicht mehr ausgedruckt.

Sie wollen mehrere Dateien ausdrucken, die von unterschiedlichen Programmen erstellt wurden. Allerdings ist es umständlich, zuerst die entsprechenden Programme zu öffnen. Gibt es einen einfacheren Weg?

Ja, den gibt es, denn das Ausdrucken programmspezifischer Dateien hat sich unter Windows 98/95 wesentlich vereinfacht. Dieser Weg führt über die Verknüpfung der Druckerdatei. Wählen Sie über das Icon ARBEITS-

PLATZ aus der Systemsteuerung das Symbol für den Drucker. Lassen Sie das Fenster DRUCKER verkleinert auf dem Desktop. Wenn Sie nun beispielsweise eine CorelDraw- oder eine Winword-Datei mit der Maus auf das Symbol des installierten Druckers ziehen, dann öffnet Windows 98/95 automatisch die mit dieser Datei verknüpfte Anwendung, druckt das Dokument und schließt die Anwendung wieder.

Abb. 12.9: Vom Explorer aus können Dateien über das Druckersymbol gedruckt werden.

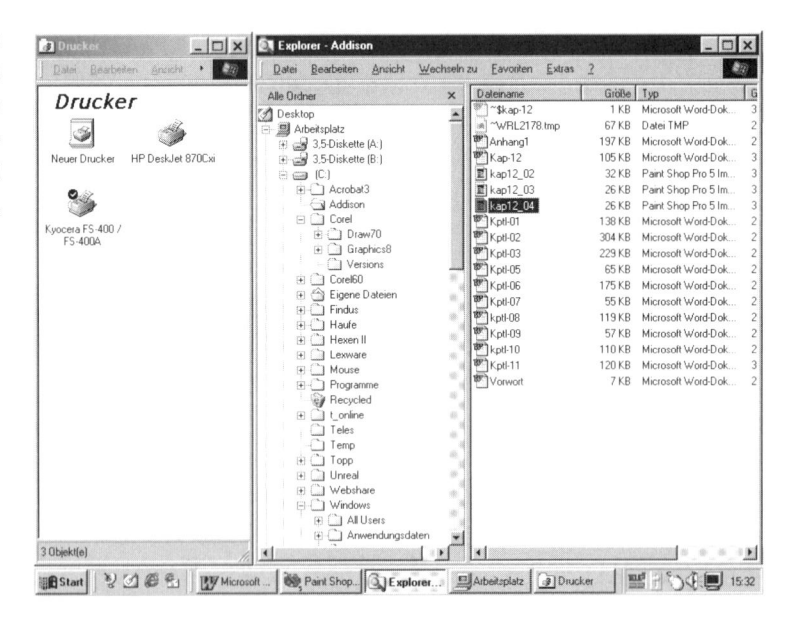

> Unter Windows 98/95 kommt es zu Problemen bei der Druckausgabe, da nur ein älterer 16-Bit-Druckertreiber vorhanden ist.

Sie sollten zu Windows 98/95 passende Druckertreiber verwenden, die die Fähigkeiten dieser Oberfläche voll unterstützen. Zur Not geht es aber auch mit einem älteren Treiber:

Wählen Sie den Befehl START | EINSTELLUNGEN | SYSTEMEINSTELLUNGEN, und aktivieren Sie das Icon DRUCKER. Alternativ dazu können Sie auch das Symbol ARBEITSPLATZ auf dem Desktop und im Dialogfenster ARBEITSPLATZ das Icon DRUCKER aktivieren. Anschließend klicken Sie das Symbol für Ihren installierten Drucker mit der rechten Maustaste an und wählen aus dem Menü den Befehl EIGENSCHAFTEN. Sie gelangen so ebenfalls in das nachfolgend genannte Dialogfenster.

▶ Aktivieren Sie im Dialogfenster EIGENSCHAFTEN VON DRUCKER den Registerkartenreiter DETAILS, und aktivieren Sie die Schaltfläche SPOOL-EINSTELLUNGEN. Sie gelangen in das Dialogfenster EINSTELLUNGEN FÜR DAS DRUCKEN IM HINTERGRUND.

- Aktivieren Sie hier die Funktion DRUCKAUFTRÄGE AN DEN DRUCKER LEITEN. Dadurch wird die standardmäßig aktivierte Funktion DRUCK-AUFTRÄGE IN WARTESCHLANGE STELLEN (DRUCKVORGANG SCHNELLER) deaktiviert. Auf diese Weise dauert der Druckvorgang etwas länger, da der Drucker-Spooler nicht benutzt wird, aber Sie können so unter Umständen das Problem beheben.

Es erscheint die Meldung *Fehler 21 - Druckerüberlauf.* **Was ist zu tun?**

Wenn diese Meldung erscheint, dann wählen Sie den Befehl START | EINSTELLUNGEN | SYSTEMEINSTELLUNGEN und aktivieren das Icon DRUCKER. Im Dialogfenster EIGENSCHAFTEN VON DRUCKER aktivieren Sie den Registerkartenreiter GERÄTEOPTIONEN und sehen nach, ob die Funktion SEITENSCHUTZ verfügbar ist. Ist dies der Fall, dann aktivieren Sie diese Funktion. Beachten Sie, daß Sie diese Funktion bei einigen Geräten direkt über das Bedienfeld einstellen müssen. Schlagen Sie dazu im Handbuch des Druckers nach.

Der Netzdrucker will nicht ausdrucken.

Sehen Sie nach, ob der aktive Drucker mit der Funktion OFFLINE DRUCKEN so eingestellt ist, daß der Druck zwar in die lokale Warteschlange erfolgt, nicht aber zum Netzwerkdrucker selbst umgeleitet wird. Deaktivieren Sie in diesem Fall diese Funktion. Die Daten müßten dann an den Drucker weitergeleitet werden. Die Funktion OFFLINE DRUCKEN wird gern dann benutzt, wenn Sie das Drucken mehrerer Dateien vorbereiten wollen, aber gerade kein Netzwerkdrucker aktiv ist.

Wie kann man schnell einen Überblick über alle installierten Schriftarten erhalten?

Der Umgang mit Schriftarten ist unter Windows 98/95 wesentlich einfacher geworden. Sie finden alle installierten Schriftarten im Verzeichnis \WINDOWS\FONTS. Wenn Sie den Befehl START | EINSTELLUNGEN | SYSTEMEINSTELLUNGEN wählen und das Icon SCHRIFTARTEN aktivieren, werden Ihnen im Dialogfenster FONTS alle verfügbaren Schriften angezeigt. Wenn Sie einen Doppelklick auf eine Schriftart ausführen, dann wird ein Beispieltext in dieser Schriftart mit verschiedenen Größen angezeigt. Sie können sich also gleich einen Eindruck von dieser Schrift verschaffen.

Abb. 12.10:
Die Schriftart Avant Garde Medium BT in verschiedenen Größen sowie mit weiteren Informationen

Wenn Sie eine Schrift suchen, die einer anderen in ihrer Ausprägung ähnlich ist, dann wählen Sie im Dialogfenster FONTS aus dem Menü ANSICHT den Befehl VERGLEICHBARE SCHRIFTARTEN ANZEIGEN. In der Dropdown-Liste VERGLEICHSKRITERIUM wählen Sie eine Referenz aus, und es werden die anderen Schriften in der Reihenfolge ihrer Ähnlichkeiten aufgelistet (*Sehr vergleichbar, Relativ vergleichbar* und *Nicht vergleichbar*). Bei sehr vielen installierten Schriften kann die Übersichtlichkeit nicht mehr so groß sein. Wählen Sie in diesem Fall aus dem Menü ANSICHT den BEFEHL SCHRIFTSCHNITTE AUSBLENDEN. Es werden dann nicht mehr die einzelnen Schriftschnitte, sondern nur noch die Schriftfamilien angezeigt.

Wie sieht es unter Windows 98/95 mit Sonderzeichen aus?

Prinzipiell stehen Ihnen auch unter Windows 98/95 Sonderzeichen zur Verfügung, die Sie aus der Zeichentabelle über die Zwischenablage in Ihren Text einfügen können. Allerdings wird dieses Tool bei der standardmäßigen Installation nicht berücksichtigt. Sie müssen es entweder bei der Installation explizit angeben oder mit den folgenden Schritten installieren: Wählen Sie den Befehl START | EINSTELLUNGEN | SYSTEMEINSTELLUNGEN, und aktivieren Sie das Icon SOFTWARE. Aktivieren Sie den Registerkartenreiter WINDOWS-SETUP, und wählen Sie aus der Liste KOMPONENTEN den Eintrag ZUBEHÖR. Klicken Sie die Schaltfläche DETAILS an, und wählen Sie den Eintrag ZEICHENTABELLE.

12.1 Ausgabegeräte unter Windows 98/95 richtig konfigurieren

Die Schriftglättung des Plus-Pakets von Windows 98/95 funktioniert nicht.

Damit diese Funktion benutzt werden kann, muß eine ausreichende Farbtiefe vorhanden sein. Stellen Sie 65.536 Farben, also eine Farbtiefe von 16 Bit ein.

Bei größeren Dokumenten ist kein Ausdruck möglich. Der Drucker meldet sich nur mit einer Fehlermeldung.

Die Fehlermeldung kommt nicht vom Drucker, sondern von Windows 98/95. Wählen Sie den Befehl START | EINSTELLUNGEN | SYSTEMEINSTELLUNGEN, und doppelklicken Sie auf das Icon DRUCKER. Aktivieren Sie den Registerkartenreiter DETAILS, und geben Sie dann im Feld ÜBERTRAGUNGSWIEDERHOLUNGEN einen ausreichenden Wert ein.

Es soll ein Dokument angelegt werden, das möglichst die gesamte druckbare Fläche des Papiers einnehmen soll. Wie können die einzuhaltenden Seitenränder ermittelt werden?

Wählen Sie den Befehl START | EINSTELLUNGEN | SYSTEMEINSTELLUNGEN, und doppelklicken Sie auf das Icon DRUCKER. Aktivieren Sie den Registerkartenreiter DETAILS und anschließend die Schaltfläche NICHTBEDRUCKBARER BEREICH. Es öffnet sich das gleichnamige Dialogfenster, in dem Sie die entsprechenden Angaben erhalten.

Abb. 12.11: Die nichtbedruckbaren Seitenränder

Die Schwärzung beim Ausdruck läßt zu wünschen übrig. Ist eine Regulierung auch über die Software möglich?

In gewissen Grenzen ist dies möglich. Sie wählen den Befehl START | EINSTELLUNGEN | SYSTEMEINSTELLUNGEN und doppelklicken auf das Icon DRUCKER. Aktivieren Sie den Registerkartenreiter GRAFIK, und versuchen Sie, die Schwärzung über den Schieberegler DRUCKDICHTE zu regulieren.

12.2 Die richtige Wahl der Grafikkarte

Grafikkarten gibt es wie Sand am Meer, jedoch ist nicht immer die teuerste Grafikkarte auch die beste. Darüber hinaus verwirren die vielen Bezeichnungen für zusätzliche Grafikfähigkeiten den Anwender, der eigentlich nur eine vernünftige Bildschirmdarstellung erhalten möchte und nicht etwa Besonderheiten bei Computerspielen unterstützen will.

12.2.1 Die unterschiedlichen 3D-Grafik-Standards

Fast alle gängigen Grafikkarten ermöglichen einen schnellen Bildaufbau und eine hochauflösende Bildschirmdarstellung. Zudem ist heute nur noch eine Frage der Spezifikation, was vor einigen Jahren kaum denkbar war, und zwar die 3D-Technologie auf dem PC. Grafikkarten ohne 3D-Beschleuniger locken derzeit kaum noch einen High-End-Anwender an die Ladentheke.

Aber 3D ist nicht gleich 3D, und Programmierschnittstellen wie beispielsweise Microsofts *Direct 3D*, Silicons *Graphics Open GL* oder Apples *Quickdraw 3D* sind miteinander nicht kompatibel.

Auch bei Grafikkarten mit 3D-Funktionen beschränkt sich der Treiber meist auf einen Standard. Für den Anwender bedeutet dies, daß die Grafikkarte beispielsweise bei CAD-Anwendungen hervorragende Ergebnisse liefern kann, während sie für Spiele kaum zu gebrauchen ist. Tabelle 12.1 gibt Ihnen einen kurzen Überblick über die unterschiedlichen Grafikstandards.

Standard	Bedeutung
Mode X	Mode X ist der Ursprung aller 3D-Abbildungen und wurde unter DOS programmiert. Die Funktionen, die in diesem Modus unter DOS ansteuerbar sind, zeichnen sich durch eine hohe Geschwindigkeit aus, jedoch sind spezielle Befehle für dreidimensionale Darstellungen notwendig. Abhilfe schaffen hier Programmierbibliotheken. Dies setzt aber für fast jeden Grafikchip einen eigenen Treiber voraus.
Direct 3D	Dieser Standard für Spieleanwender stammt von Microsoft und wurde für Windows 98/95 entwickelt. Er soll die Schwächen dieser Oberfläche in bezug auf 3D verbessern. Direct 3D ist eine Komponente von Direct-X-APIs (Application Programming Interface). Mit Direct 3D ist es möglich, mit standardisierten Schnittstellen zu arbeiten. Weitere Komponenten von Direct-X sind Direct Draw (für 2D-Grafik), Directinput (für Joystick-Anbindung), Direct Sound (für die Unterstützung von Soundkarten) und Direct Play (für den Datenaustausch per DFÜ und Netzwerk).

Tab. 12.1: 3D-Grafikstandards

Standard	Bedeutung
Open GL	Open GL (Graphics Language) hat seinen Ursprung in der Workstation-Umgebung. Dieser Standard versteht sich als eine Grafikbibliothek, die plattformunabhängig arbeitet und unter Unix, Linux, Macintosh und Windows 98/95 funktioniert. Windows 98/95 kann über eine Direct 3D-Schnittstelle auf den Funktionsumfang zugreifen, allerdings nur in eingeschränktem Maße.
Quickdraw 3D	Der Standard Quickdraw 3D wurde von Apple entwickelt und arbeitet, genau wie Open GL, plattformunabhängig. Das bedeutet, daß nicht nur Mac-Anwender darauf zugreifen können, sondern auch OS/2- oder Windows-Anwender. Als größte Unterschiede zu Open GL gelten die verbesserte Unabhängigkeit von der Hardware sowie der objektorientierte Aufbau, bei dem Objekteigenschaften wie Farbe, Texturen, Beleuchtung usw. auf weitere Objekte übertragen werden. Wird das Originalobjekt geändert, werden Änderungen auf alle von diesem abgeleiteten Objekte übertragen, was zu einem schnelleren Bildschirmaufbau führt.
Heidi	Dieser Standard wurde, von der Firma Autodesk für Windows NT entwickelt. Er wird bevorzugt dann eingesetzt, wenn auf Grafikdatenbanken zugegriffen werden kann. Außerdem bietet der sogenannte Immediate-Mode eine direkte Ausführung der Befehle, und dies ermöglicht eine schnelle Objektveränderung. Bevorzugte Einsatzgebiete sind Highend-CAD-Anwendungen. Über Plug-In-Filter ist dieser Standard darüber hinaus erweiterbar.

Tab. 12.1: 3D-Grafikstandards (Fortsetzung)

12.2.2 Die unterschiedlichen Speicherarten beim Arbeitsspeicher der Grafikkarte

Gleich nach dem Grafikchip kommt dem Grafikspeicher eine wesentliche Bedeutung für die Leistungsfähigkeit zu. Neben der Größe, also dem Fassungsvermögen an Daten hinsichtlich Auflösung und Farbtiefe, kommt es auf den Speichertyp an. Alle nachfolgend beschriebenen Speichertypen sind flüchtige Speicher, das heißt, die Daten sind verloren, wenn die Stromversorgung des Chips unterbrochen wird.

Die Hauptformen des Grafikkartenspeichers sind DRAM (Dynamic Random Access Memory) und SDRAM (Synchronous Dynamic Random Access Memory). Von diesen Speichertypen gibt es jeweils verschiedene Varianten. In Tabelle 12.2 finden Sie eine kurze Beschreibung.

Speicherart	Bedeutung für die Grafikkarte
EDO-DRAM	EDO-DRAM und FPM-DRAM (FPM = Fast Page Mode) sind die derzeit meistverwendeten Speichertypen bei Grafikkarten. Mitunter finden Sie auch die Bezeichnung *Hyper Page Mode DRAM*.
MDRAM	Multibank-DRAM ist ein Speicherbaustein, der aus insgesamt 32 Speicherblöcken zu je 32 kByte aufgebaut ist. Dieser Speicher bietet eine sehr schnelle Zugriffszeit von bis zu sechs Nanosekunden.
RDRAM	Das R steht für »Rambus« und stellt ein systemweites Chip-to-Chip-Schnittstellendesign dar, mit dem die Daten über einen vereinfachten Bus mit hoher Taktfrequenz transportiert werden. Vorteilhaft ist hierbei eine schnellere Zugriffszeit als beim SGRAM.
SDRAM	Synchroner DRAM-Speicher ist in unterschiedlichen Ausführungen bzw. Geschwindigkeiten erhältlich. Die Zugriffszeiten bewegen sich bis zu einer Geschwindigkeit von zehn Nanosekunden. Im Vergleich dazu erlaubt EDO-RAM maximal 25 Nanosekunden.
SGRAM	Ein Synchronous Graphics RAM kann im Vergleich zum herkömmlichen Single-Ported-Speicher höher getaktet werden. Dies ermöglicht eine Zugriffszeit von 10 bis 15 Nanosekunden. Damit liegt er in puncto Geschwindigkeit zwischen SDRAM und EDO-RAM. Da der Grafikprozessor auf den Speicher mit 32 Bit zugreifen kann, kommt er trotz des Single-Ported-Betruebs auf eine gute Leistungsfähigkeit. Single-Ported-Betrieb bedeutet, daß der Speicher entweder nur ausgelesen oder beschrieben werden kann.
VRAM	Es handelt sich hierbei um einen *Dual-Ported-Speicher*, bei dem der eine Port dazu benutzt wird, Bildschirminformationen neu aufzubauen, während der andere Port ausschließlich dem Prozessor oder dem Grafikkartenchip zur Verfügung steht, um Bildinformationen im Speicher zu aktualisieren. Diese Vorgehensweise ermöglicht zum einen das schnelle Aufbauen des Bildschirms und bietet zum anderen ein flimmerfreies Bild.
WRAM	Window-RAM weist als Basis eine Dual-Ported-Speichertechnologie auf. Darüber hinaus findet eine Verdoppelung der Datenübertragungsrate durch das gleichzeitige Einlesen der grafischen Daten auf der einen sowie aufgrund des Auslesens der Bilddaten auf der anderen Seite statt.

Tab. 12.2: Die verschiedenen Arten von Grafikspeichern

12.2 Die richtige Wahl der Grafikkarte

Wieviel Arbeitsspeicher für meine Grafikkarte?

Grafikkarte und Monitor müssen aufeinander abgestimmt sein, damit auf der einen Seite ein optimales Bild gewährleistet ist und auf der anderen Seite kein Geld unnütz ausgegeben wird.

Je mehr Arbeitsspeicher eine Grafikkarte hat, desto teurer ist sie in den meisten Fällen. Anhand der Tabellen 12.3 und 12.4 können Sie auf einen Blick erkennen, welche Größe des Arbeitsspeichers Ihrer Grafikkarte jeweils angebracht ist und welche Wiederholfrequenzen beim Monitor im Einzelfall dafür sinnvoll ist.

Grafik-anzeige	Farb-tiefe	Auflö-sung/Speicher	800 x 600	1.024 x 786	1.280 x 1.024	1.600 x 1.200
VGA	256 Farben	Pixelanzahl bei 8 Bit	3,8 Mill.	6,4 Mill.	10,5 Mill.	15,0 Mill.
		Videospeichergröße	0,5 MByte	1,0 MByte	1,5 MByte	2,0 MByte
High Color	32.000 Farben	Pixelanzahl bei 16 Bit	7,7 Mill.	12,9 Mill.	21,0 Mill.	31,0 Mill.
		Videospeichergröße	1,0 MByte	1,5 MByte	2,5 MByte	4,0 MByte
High Color	65.000 Farben	Pixelanzahl bei 24 Bit	11,5 Mill.	19,5 Mill.	31,5 Mill.	46,0 Mill.
		Videospeichergröße	1,5 MByte	2,5 MByte	4,0 MByte	5,5 MByte
True Color	16,7 Millionen Farben	Pixelanzahl bei 32 Bit	15,4 Mill.	25,8 Mill.	42,0 Mill.	61,5 Mill.
		Videospeichergröße	2,0 MByte	3,0 MByte	5,0 MByte	7,5 MByte

Tab. 12.3: Lesen Sie hier den optimalen Arbeitsspeicher für Ihre Grafikkarte ab (Werte gerundet).

Beim Monitor ergibt die horizontale Zeilenwiederholfrequenz multipliziert mit der Zeilenwiedergabe, die sich aus der Auflösung ergibt, den kHz-Wert, den der Monitor leisten muß, damit aufgrund der Leistungsverschiebungen keine schlechte Bildqualität auftritt.

Um bei dem vorgenannten Beispiel zu bleiben: Liefert Ihre Grafikkarte bei einer Auflösung von 1.024 x 768 Pixel (entspricht 768 Zeilen) eine horizontale Frequenz von 85 Hz, dann muß der Monitor auf jeden Fall eine Vertikalfrequenz von 66,81 kHz liefern können, damit die Leistung der Grafikkarte nicht »ins Leere« läuft.

Horizontale Widerholfrequenz der Grafikkarte	Vertikale Bildfrequenz des Monitors				
	480 Zeilen	600 Zeilen	786 Zeilen	1.024 Zeilen	1.200 Zeilen
50 kHz	24,0 kHz	30,00 kHz	39,30 kHz	51,20 kHz	60,0 kHz
60 kHz	28,8 kHz	36,0 kHz	47,16 kHz	61,44 kHz	72,0 kHz
75 kHz	36,0 kHz	45,0 kHz	58,95 kHz	76,80 kHz	90,0 kHz
85 kHz	40,8 kHz	51,0 kHz	66,81 kHz	87,04 kHz	102,0 kHz

Tab. 12.4: Die passenden Leistungsdaten von Monitor und Grafikkarte

12.2.3 Die Hightech-Fähigkeiten von Grafikkarten im 3D-Bereich

Dreidimensionale Abbildungen auf einem zweidimensionalen Medium, wie beispielsweise einem Bildschirm, bringen natürlich Probleme hinsichtlich der technischen Realisation mit sich.

Damit ein räumlicher Eindruck entsteht, müssen auch beispielsweise Schatten oder Lichteinfall für jedes Bild errechnet und an die jeweils passende Umgebung angeglichen werden. Handelt es sich dabei auch um einen Bewegtbildablauf, wie dies bei Computerspielen der Fall ist, dann setzt dies eine enorme Rechenleistung voraus, die der Prozessor des PCs zu erbringen hat. Es sei denn, man kann diese Aufgaben auf den Prozessor der Grafikkarte abwälzen. Und genau hier setzen viele Grafikkartenhersteller an, indem sie einen Prozessor auf die Grafikkarte integrieren, der auf die genannten Aufgaben spezialisiert ist.

12.2 Die richtige Wahl der Grafikkarte

Immer mehr Hersteller werben für ihre Grafikkarten mit 3D-Funktionen, die ein Szenario auf der einen Seite immer realistischer erscheinen lassen und auf der anderen Seite den Prozessor des Rechners immer mehr entlasten. Er kann sich dann anderen Aufgaben widmen, die die Anzeige der Bildschirmdarstellung ebenfalls beschleunigen können.

Die erwähnten 3D-Funktionen einer Grafikkarte sind nur dann für Sie von Interesse, wenn Sie Spiele, Landschaftsanimationen und dergleichen auf Ihrem System laufen lassen. Für herkömmliche Anwendungen wie Textverarbeitung, Datenbanken usw. sind sie mehr oder weniger hinausgeworfenes Geld.

Tabelle 12.5 zeigt Ihnen, was hinter den meisten 3D-Funktionen einer Grafikkarte steckt und wozu sie eingesetzt werden können.

3D-Funktion	Bedeutung
Dithering	Das Dithering soll harte Abstufungen zwischen einzelnen Farben vermeiden. Es werden sanfte Übergänge bei Farbverläufen geschaffen, bei denen die meisten Texturen besser zur Geltung kommen. Ohne diese Texturen wirkt ein Bild mit gröberen Abstufungen eher schlierig. Eine Textur ist eine Bitmap in Form einer Struktur, mit der ein 3D-Objekt überzogen werden kann, beispielsweise ein Baum mit einem Holzmuster.
Fogging	Der Fogging-Effekt erzeugt eine Art Nebel, in den Objekte oder Landschaften getaucht werden. Der Nebel kann unterschiedliche Stärken haben und erzeugt meist einen plastischen, aber bei Bedarf auch einen unheimlichen Eindruck.
Filtering	Das Filtering von Texturen stellt eine der wichtigsten Eigenschaften von 3D-Grafikkarten dar. Grafikkarten mit Filterung der Texturen lassen keine Blockbildung bei Farbübergängen entstehen und erzeugen so ein sauberes Bild hinsichtlich der Farbverläufe bzw. Farbübergänge.
Linear-Filtering	Das lineare und bilineare Texturenfiltering zählt zu den herausragenden Merkmalen von Direct3D. Es verbessert die Darstellung von 3D-Szenarien, insbesondere Landschaften, deutlich. Blockbildungen zwischen angrenzenden unterschiedlichen Farbflächen werden vermieden. Dadurch wirken Farbübergänge und Farbverläufe fließender. Dieser Effekt macht sich beispielsweise bei den Landschaften in Flugsimulatoren positiv bemerkbar.

Tab. 12.5: 3D-Funktionen

3D-Funktion	Bedeutung
Mip-Mapping	Hierbei handelt es sich um eine erweiterte Form des Texture-Mappings. Eine Textur wird dabei mehrmals in unterschiedlichen Größen abgespeichert. Es entfällt der Moiré-Effekt, und die Darstellung der Objekte durch die nun feineren Abstufungen der Texturgrößen erfolgt ohne nennenswerte Treppeneffekte. Wenn die Grafikkarte darüber hinaus bei weiter entfernt abgebildeten Objekten auf das Mip-Mapping umschalten kann (hier wird auf kleinere Texturen zugegriffen, die der Entfernung des dargestellten Gegenstands angepaßt sind), wird ein Optimum an Darstellungsqualität erreicht.
Perspektiven-korrektur	Gerade bei Computerspielen kommt es, bedingt durch den Spielablauf, zu einer schnellen Aneinanderreihung von fortlaufenden Szenen. Dadurch entstehen hauptsächlich bei Linien, die sich durch das gesamte Bild ziehen, parallele Verschiebungen, die ein Zackenmuster ergeben. Hauptsächlich profitieren langgestreckte, symmetrische Formen von dieser Funktion.
Phong-Shading	Diese Funktion berechnet für jedes Farbpixel eines 3D-Objekts in einem Polygon (Vieleck, aus dem alle 3D-Objekte aufgebaut sind) den Farbwert. Dies führt zu einer erhöhten fotorealistischen Darstellung der Objekte. Allerdings entsteht dadurch eine hohe Anforderung an die Rechenintensität, was diese Funktion nur für Highend-Komponenten geeignet erscheinen läßt.
Specular Highlights	Durch diesen Filter erscheinen Beleuchtungseffekte sehr realistisch, da die Reflexionen einer weißen Lichtquelle auf 3D-Objekten besonders ausgeprägt wiedergegeben werden (beispielsweise Sonnenlicht auf einer polierten Kugel). Besonders auffällig ist dies bei metallenen Oberflächen wie beispielsweise Raumschiffen.
Transparency	Es gibt mehrere Transparency-Effekte. Eines dieser Verfahren ist das sogenannte *Color Key Transparency*, bei dem ein Objekt mit einer Textur versehen wird, welche die gewünschte Struktur aufweist. Den Zwischenräumen der einzelnen Texturen wird eine bestimmte Farbe zugewiesen. Mit dem Verändern der Farbparameter können die gewünschten Effekte erzielt werden, beispielsweise eine Transparenz der Zwischenräume eines Zauns. Mit der *Alpha Transparency* kann die Transparenz von dreidimensionalen Objekten noch genauer dargestellt werden.

Tab. 12.5: 3D-Funktionen

3D-Funktion	Bedeutung
Texture-Mapping	Bei diesem Verfahren werden die Texturen eines Objekts auf einem Drahtmodell nahtlos aneinander gereiht. Dadurch wird eine realistische Darstellung erreicht, und das bei einem relativ geringen Rechenaufwand.

Tab. 12.5: 3D-Funktionen

12.2.4 AGP für mehr Grafikpower

Seit 1997 soll die AGP-Technologie mehr Grafikpower auf den Bildschirm bringen. AGP steht für Accelerated Graphics Port. Es handelt sich hierbei um einen speziellen Erweiterungssteckplatz, in den Sie ausschließlich AGP-Grafikkarten stecken können. Die neuen AGP-Grafikkarten unterscheiden sich erheblich von den herkömmlichen PCI-Grafikkarten. Die Steckkontakte sind auf jeder Seite zweireihig, und der AGP-Erweiterungssteckplatz ist kleiner als das PCI-Pendant.

Die Ansteuerung des AGP-Ports erfolgt mit einer Taktgeschwindigkeit von 66 MHz, während es beim PCI-Slot nur 33 MHz sind. Daraus ergibt sich eine maximale Datenübertragungsrate von 533 MByte/s. Voraussetzung hierfür ist seitens der Grafikkarte, daß diese im sogenannten X2-Modus kommunizieren kann.

Der Hintergrund für diese Entwicklung ist, daß die Leistung von Prozessoren und Grafikkarten im höheren Maße zugenommen hat, als dies bei dem Bussystem für die Datenübertragung der Fall war. Der Pentium-II-Prozessor läuft beispielsweise mit einer Geschwindigkeit von 300 MHz. Der interne Speicherbus ist jedoch nur mit 66 und der PCI-Bus mit 33 MHz getaktet.

Diese Begrenzung des PCI-Busses auf 33 MHz wirkt sich insbesondere bei 3D-Anwendungen nachteilig aus. Für die räumliche Darstellung von Bildern werden zusätzliche zwei Byte für die Tiefeninformationen und weitere zwei Byte für Texturen benötigt. Kommen spezielle Effekte wie beispielsweise das Alpha-Blending, Mip-Mapping usw. hinzu, dann sind die Grenzen des PCI-Busses schnell erreicht.

Der Datendurchsatz bei einem PCI-Bus mit 33 MHz Taktgeschwindigkeit beträgt 133 MByte pro Sekunde. Der AGP-Bus stellt die Erweiterung des herkömmlichen PCI-Busses dar und bietet mit einer Taktgeschwindigkeit von 66 MHz einen Datendurchsatz von 266 MByte pro Sekunde. Im X2-Modus sind sogar 533 MByte pro Sekunde möglich.

Der AGP wurde als reiner Grafikbus konstruiert. Mit dieser Technologie ist die Grafikkarte nun beispielsweise auch in der Lage, den Arbeitsspeicher Ihres Rechners als Auslagerungsspeicher (beispielsweise für Texturen) zu nutzen, wie sie hauptsächlich bei Computerspielen benutzt werden.

Die AGP-Technik bringt bei herkömmlichen Anwendungen keinerlei Vorteile. Wenn Sie beispielsweise ausschließlich mit einer Textverarbeitung und einer Tabellenkalkulation oder sonstigen Office-Anwendungen arbeiten, können Sie auf die preisgünstigere PCI-Variante zurückgreifen.

13 Soundkarte – kein Problem mehr

Soundkarten haben sich seit geraumer Zeit einen festen Platz im Rechner erobert. Es gibt kaum ein Komplettangebot, das ohne Soundkarte und Lautsprecherboxen ausgeliefert wird. Aber auch bei Soundkarten kann es zu Problemen kommen, die nicht nur im Bereich der Adreßkonflikte zu suchen sind.

Auf Adreßkonflikte und deren Behebung wurde bereits ausführlich in Kapitel 8 eingegangen. Bei diesbezüglichen Problemen lesen Sie bitte dort den entsprechenden Abschnitt durch.

13.1 Wavetable

Mitunter werden Soundkarten auch als sogenannte *Wavetable-Soundkarten* bezeichnet, obwohl dieser Begriff nicht mehr neu ist.

Als die Entwicklung preisgünstiger Soundkarten vor einigen Jahren begann, war mit diesem Standard zugleich auch ein Synthesizertyp verbunden, und zwar die Soundchips mit den Namen OPL2 und OPL3 von *Yamaha,* die durch das Zusammensetzen von elektronisch erzeugten Grundschwingungen (FM-Synthesizer) künstliche Klänge hervorbringen. Die Qualität dieser synthetischen Klänge ließ jedoch, zumindest für einen musikbegeisterten Anwender, zu wünschen übrig.

Gerade auch durch die stark gestiegenen Ansprüche der zahlreichen Multimedia-Anwendungen waren die Hersteller in jüngster Zeit gezwungen, Verfahren zu entwickeln, die es erlauben, natürliche Klänge so wiederzugeben, wie sie sind, was erst mit der Technik des Digitalisierens von Tönen (Sampling) Realität wurde.

Wavetable-Synthesizer bedienen sich einer ähnlichen Technik, und zwar des Waveform-Audio. Die verschiedenen Instrumente, die diese Soundkarte abspielen kann, sind in Wellenform (Wave = Welle) gespeichert, und zwar in ROMs mit mehreren MByte Speicherplatz.

Der Synthesizer kann nun einen solchen gespeicherten Klang eines Instruments in verschiedenen Tonhöhen wiedergeben. Außerdem können recht viele Stimmen (in der Regel sogar mehr als zehn) gleichzeitig wiedergegeben werden.

Die Wavetable-Synthese ist als spezielle Art des Samplings anzusehen, die allerdings mehr leistet, als lediglich Samples abzuspielen. Wavetable-Soundchips sehen die gespeicherten digitalen Wellenformen als Klangressourcen an, die durch die Manipulation spezieller Parameter verändert werden können. Dies führt zu Effekten wie Echo, Hall usw. Qualitativ gute Soundchips ermöglichen es sogar, mehrere Wellenformen zu überlagern. Dieses Verfahren wird auch als *Stacking* bezeichnet.

Der Vorteil dieser Technologie ist zweifelsohne eine saubere und recht originalgetreue Wiedergabe der einzelnen Instrumente.

Wie gut oder schlecht ein Wavetable-Synthesizer ist, hängt von der Anzahl und Qualität der Manipulationen ab, die durchgeführt werden können, ebenso von den Klangressourcen, da die Samples von guter Qualität sein müssen. Ihr Klang muß so weit wie möglich an den Originalklang des »kopierten« Instruments heranreichen. Hochwertige Samples, die mit 16 Bit und 44,1 kHz aufgezeichnet werden, benötigen zwangsläufig einen großen Speicherplatzbedarf. Deshalb liegen die Wavetables normalerweise in komprimierter Form vor.

Folgende Leistungskriterien sind beim Kauf einer Wavetable-Soundkarte zu beachten:

Wavetablespeicher. Dieser Wert sagt aus, wieviel Speicher auf der Karte als ROM vorhanden ist und auf wieviel MByte der Speicher gegebenenfalls maximal aufgerüstet werden kann. Die Angabe »ROM« oder »RAM« gibt zusätzlich Auskunft darüber, ob die Wavetables fest in ROM-Bausteinen gespeichert sind oder in RAMs geladen werden. Bei der Speicherung in RAMs können Sie auch externe Wavetables auf die Karte aufbringen. Hiermit erreichen Sie dann ein Maximum an Flexibilität.

Wavetable-Samples. Diese Zahl gibt an, über wie viele Samples der Wavetablespeicher verfügt.

Anzahl der Instrumente. Bei dieser Angabe ist darauf zu achten, daß die Anzahl der abspielbaren Instrumente nicht unbedingt mit der Menge an gespeicherten Samples identisch sein muß. Einige Soundchips setzen ihre Instrumente aus mehreren Samples zusammen. Auch können über sogenannte *Presets* zahlreiche Editierparameter zur Abwandlung der Samples verwendet werden, so daß auf diese Weise aus den gleichen Samples unterschiedliche Musikinstrumente erzeugt werden können.

Editierbare Instrumente. Ist die Soundkarte mit der Bezeichnung »editierbare Instrumente« versehen, dann bedeutet dies, daß eine Software vorhanden ist, mit der die Instrumentenparameter manipuliert werden können.

13.2 Standards

Standards im engeren Sinne gibt es bei Soundkarten nicht. Es haben sich lediglich einige Soundkarten so weit auf dem Markt durchgesetzt, daß kaum eine Soundkarte eine Chance auf dem Markt hat, die nicht mindestens einen dieser Marktführer simulieren bzw. emulieren kann.

Solche marktbeherschenden Soundkarten sind die Soundblaster- oder die Adlib-Karten. Eine Soundkarte von einem anderen Hersteller muß also entweder Soundblaster- oder Adlib-kompatibel sein.

Neben den reinen technischen Spezifikationen kommt auch der Verträglichkeit zwischen Karte und Betriebssystem große Bedeutung zu. Von Windows werden folgende Sound-Kategorien unterstützt:

Waveform-Audio. Dies ist derzeit sicherlich der verbreiteteste Standard bei PC-Soundkarten. Im Wave-Format-Standard können Sie beliebige Audiosignale wie Geräusche, Sprache oder Musikauszüge speichern und diese dann über den PC-Lautsprecher oder externe Boxen wieder abspielen.

Sollen WAV-Dateien lediglich über den internen PC-Lautsprecher abgespielt werden, ist sogar nicht einmal eine Soundkarte erforderlich. Windows und der Treiber SPEAKER.DRV reichen völlig aus. Allerdings geht diese Ausgabe zu Lasten der Rechnerleistung, was beim Einsatz einer Soundkarte nicht der Fall ist.

Entscheidend für die Qualität des Waveform-Standards sind die beiden Faktoren Abtastrate und Abtasttiefe, wobei die Abtastrate festlegt, wie oft die Abtastung vorgenommen wird (je höher die Abtastrate, desto besser ist die Klangqualität). Die Abtasttiefe gibt an, wie viele Bit pro Abtastung aufgezeichnet werden (8 oder 16 Bit). Je höher die Abtasttiefe, um so geringer ist das Hintergrundrauschen. Gleichzeitig steigt mit einer größeren Abtasttiefe auch die mögliche Dynamik des Signals.

Bei CDs mit ihrer hervorragenden Klangqualität liegt eine Abtasttiefe von 16 Bit bei 44,1 kHz vor. Der Standard bei WAV-Dateien liegt derzeit bei 8 Bit und 22,05 kHz. Für Sprache und Geräusche einfacher Art langt die zuletzt genannte Qualität aus.

Einige Soundkarten unterstützen die Aufnahme und Wiedergabe von WAV-Dateien in CD-Qualität, andere bieten nur Standardwerte.

Achten Sie auf diese Angaben, da einige Karten diese Werte nicht in Stereoqualität und nicht bei jeder Abtastrate erzielen können. Ob nun der Einsatz einer Soundkarte, die CD-Qualität liefert, wirklich erforderlich ist, hängt vom individuellen Einsatzgebiet ab. Der Speicherplatzbedarf einer WAV-

Datei steigt proportional mit der eingesetzten Klangqualität – Werte von bis zu 200 kByt/s sind keine Seltenheit, wenn Stereo- oder CD-Qualität angesagt ist.

MIDI-Audio. MIDI steht als Abkürzung für: *Musical Instrument Digital Interface*. Dieser ursprünglich von Windows 3.1 unterstützte Standard eignet sich primär für Musikkompositionen. Mit speziellen Sequenzerprogrammen lassen sich über den Rechner sämtliche Musiknoten speichern, die später durch den Rechner wiedergegeben werden sollen. Im Gegensatz zu Waveform-Audio ist der Speicherplatzbedarf hier wesentlich geringer. Darüber hinaus lassen sich Notenwerte nur einzeln bearbeiten. Es ist also nicht möglich, beliebige Geräusche, Klänge oder Sprache festzuhalten. Darüber hinaus brauchen Sie für den Einsatz von MIDI zusätzlich eine MIDI-fähige Karte sowie weitere Geräte zur Tonerzeugung, z.B. wie einen Synthesizer.

MIDI-Audio dient in seiner grundlegenden Form zum Wiedergeben von Musikstücken. Mit Hilfe des sogenannten MIDI-Mappers unter Windows kann über MIDI-Audio der Synthesizer-Teil zum Klingen gebracht werden. Bei den meisten Karten ist dieses Bauteil bereits integriert, für den Anschluß des MIDI-Interface ist jedoch in der Regel ein spezieller Adapter notwendig. Waveform-Audio stellt einen Standard zum Reproduzieren von Geräuschen dar.

CD-Audio. Der *CD-Audio-Standard* wird ebenfalls zur Wiedergabe von Musik verwendet, die jedoch in diesem Fall von einem angeschlossenen CD-ROM-Laufwerk kommt. CD-Audio ist, anders ausgedrückt, eine Fernbedienung des CD-ROM-Laufwerks über den Rechner. Als Kaufentscheidung für eine Soundkarte spielt dieser Standard jedoch nur eine untergeordnete Rolle.

Arbeiten Sie viel mit multimedialen Anwendungen, dann empfiehlt es sich, darauf zu achten, daß im Lieferumfang der Soundkarte ein programmierbarer Mixer mit genügend Einstellungen vorhanden ist, denn nur über diesen lassen sich sämtliche produzierten Töne (vom CD-ROM-Laufwerk, der Karte selbst usw.) über ein einziges Lautsprecherpaar wiedergeben.

13.3 Eine Soundkarte einbauen

Achten Sie darauf, daß im Lieferumfang der Soundkarte folgende Komponenten enthalten sind (dies gilt besonders für Super-Billigangebote von Noname-Herstellern, obwohl es natürlich auch hier enorme Qualitätsunterschiede gibt):

13.3 Eine Soundkarte einbauen

An Anschlüssen sollte vorhanden sein:

- Mikrofon
- Kopfhörer und/oder Lautsprecher
- Line-Out-Anschluß
- MIDI/Joystick-Anschluß
- CD-ROM-Schnittstelle (Achten Sie auf eine gegebene Kompatibilität zu CD-Laufwerken bestimmter Hersteller!)
- Für die Ein- und Ausgabe sollten vorhanden sein:
- Integrierter Verstärker. Dieser muß nicht vorhanden sein, wenn Sie Aktivboxen oder einen externen Verstärker anschließen wollen.
- Integrierter Synthesizer
- Stereo-Kanäle
- 16-Bit-Digital-Analog/Analog-Digital-Wandler (DAC/ADC). Zur Not tut es auch ein 8-Bit-DAC/ADC, allerdings kann in diesem Fall nur in verminderter Qualität aufgenommen und abgespielt werden.
- 44,1 kHz (für Stereo-Aufnahme und -Wiedergabe). Zur Not reicht auch eine 22,05 kHz Sampling-Rate, allerdings ist dann nur Mono-Qualität möglich.

Wenn Sie es möglichst bequem haben wollen, dann achten Sie auch darauf, daß Sie möglichst alle notwendigen Einstellungen an der Soundkarte über eine entsprechende Software am Bildschirm vornehmen können.

Sofern Sie nicht über ausreichende Englischkenntnisse verfügen, sollte die Bedienungsanleitung in deutscher Sprache verfaßt sein. Allerdings ist eine deutsche Bedienungsanleitung allein noch keine Gewähr dafür, daß Sie die geschilderten Arbeitsschritte und Konfigurationen auch gut in die Praxis umsetzen können, denn wenn es sich um eine minderwertige Übersetzung handelt, dann sind Sie unter Umständen nach dem Lesen einer solchen Bedienungsanleitung weniger schlau als vorher.

Die Installation der Karte selbst geht wie folgt vor sich:

- Entfernen Sie vor dem Öffnen des Computergehäuses den Netzstecker des Computers.
- Suchen Sie einen freien 16-Bit-Steckplatz (Slot), und entfernen Sie alle Kabel, die im Weg sind (beispielsweise Flachbandkabel zur Verbindung anderer Bauteile).

⚠️ Es empfiehlt sich, die gelösten Verbindungen mit einer Kennzeichnung zu versehen. Verwenden Sie dazu beschriftete Papierstückchen, die Sie mit einem Tesafilmstreifen befestigen. Begehen Sie nicht den Irrtum zu denken, daß Sie sich die paar Anschlüsse leicht merken können, denn eine kurze Ablenkung kann Ihr Gedächtnis ganz schön durcheinander bringen.

- Entfernen Sie die Slotblende (rückseitige Abdeckung des Gehäuseschlitzes), indem Sie die Schraube entfernen und die Slotblende nach oben herausziehen.

↗ Ein magnetisierter Schraubendreher ist bei solchen Arbeiten sehr hilfreich. Im Fachhandel gibt es auch spezielle Magnetisierer, um auch nichtmagnetische Schraubendreher dahin zu bringen, daß die Schrauben haften bleiben.

- Fassen Sie die Karte mit den Daumen und Zeigefingern beider Hände vorsichtig an beiden Ecken an, und drücken Sie sie in den freien Steckplatz.

⚠️ Falls dieser Steckplatz vorher noch nicht von einer Erweiterungskarte belegt war, kann das Einsetzen der Karte unter Umständen nicht ganz so einfach sein. Achten Sie darauf, daß die Karte so senkrecht wie möglich über dem Erweiterungssteckplatz steht, und üben Sie einen wechselseitigen Druck auf die beiden Kartenecken aus. Auf keinen Fall sollten Sie unkontrollierte Kraft ausüben, denn in einem solchen Fall könnte es zu übermäßigen Verwindungen der Platine und somit zu Beschädigungen an den Bauteilen kommen.

⚠️ Berühren Sie das Gehäuse des Computers, bevor Sie die Karte in die Hand nehmen. Durch diese Berührung werden statische Aufladungen beseitigt, die im schlimmsten Fall zu einem Defekt der Karte führen können.

- Überprüfen Sie noch einmal den korrekten Sitz der Soundkarte, und befestigen Sie sie an der Gehäuserückwand des Computers.

↗ Installieren Sie die Software vor dem Verschließen des Computergehäuses und überzeugen Sie sich vor dem Zusammenbau des Rechners vom einwandfreien Funktionieren der Soundkarte. Es kann durchaus sein, daß eventuell Jumper umgestellt werden müssen, und in diesem Fall müßten Sie dann das Gehäuse Ihres Rechners wieder aufschrauben.

**Abb. 13.1:
Schieben Sie die
Soundkarte in
den freien 16-Bit-
Steckplatz.**

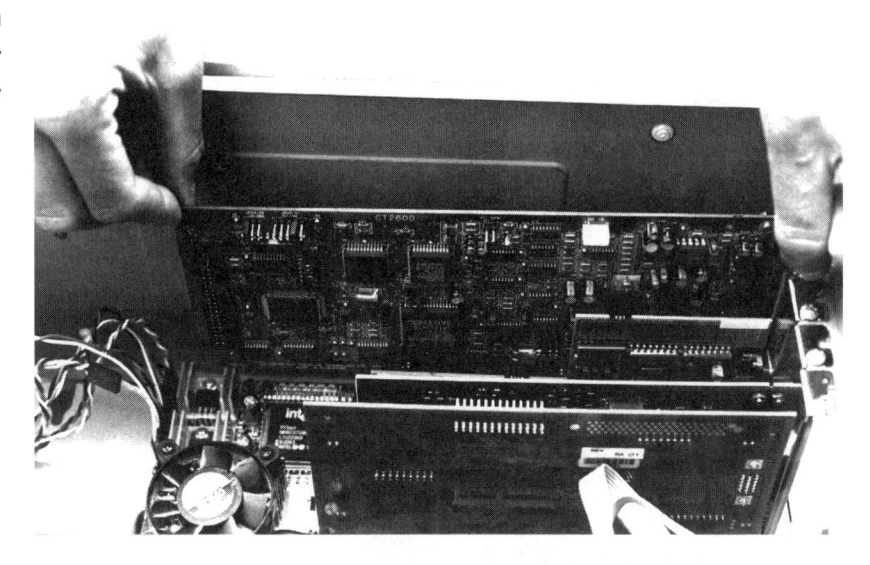

**Abb. 13.2:
Festschrauben
der Karte an der
Gehäuserück-
wand**

▸ Stellen Sie eventuelle Verbindungen zu anderen Bauteilen im Rechner her, z.B. die Verbindung zwischen einem CD-ROM-Laufwerk und der Soundkarte über das, normalerweise im Lieferumfang eines CD-ROM-Laufwerks enthaltene Audio-Kabel. Durch dieses Kabel wird der Sound, der von der CD geliefert wird, direkt über die Soundkarte ausgegeben. Eine Verpolung der Stecker ist kaum möglich, da die Stecker üblicherweise mit einer Einkerbung versehen sind, die nur eine korrekte Steckverbindung zuläßt.

Sehen Sie in der technischen Dokumentation Ihrer Soundkarte nach, ob eine solche Verbindung besteht und ob sie für Ihre Zwecke notwendig ist. Sie sollten diese Verbindung zweckmäßigerweise vor dem Einstecken der Soundkarte durchführen, wenn der Stecker an einem Platz auf der Karte liegt, der nach dem Einbau nur schlecht zugänglich ist.

> Zum Lieferumfang einer Soundkarte sollte ein Test-Programm gehören, das sich in der Regel auf einer der Installationsdisketten befindet. Mit ihm können Konflikte bezüglich des Interrupts, des Ports und des DMA-Kanals festgestellt werden. Rufen Sie dieses Testprogramm auf, und lassen Sie entweder alle Testroutinen ablaufen, indem Sie sie über das Menü einzeln ansteuern, oder wählen Sie einen Menüpunkt, der sämtliche Tests automatisch nacheinander durchführt.

Abb. 13.3:
Das Testprogramm einer Soundkarte

```
        SOUND BLASTER DIAGNOSE, Version 2.00
   Copyright (C) 1992, CPS GmbH Hamburg, Alle Rechte vorbehalten
```

```
          SOUND BLASTER AUSGABETEST
              FM MUSIK TEST
              SB STIMMEN TEST
              MIDI OUT  TEST
              MIDI IN   TEST
              VARIABLEN SETZEN

         ESC zum Verlassen, ENTER weiter..
```

```
      *** SOUND BLASTER SB PRO 4 KARTE GEFUNDEN ***
                   KARTENERKENNUNG -
```

Ein solches Testprogramm sieht in der Regel auch vor, die Einstellungen der Karte auf eventuelle Adreßkonflikte hin zu überprüfen.

Falls ein Joystick über einen separaten Game-Port angeschlossen ist, deaktivieren Sie den Game-Port der Soundkarte. Wird der Game-Port der Soundkarte benutzt, muß der andere Game-Port am Rechner ausgeschaltet werden, um Störungen zu vermeiden. Sie können die Belegung natürlich auch anders herum einstellen, jedenfalls dürfen keine zwei Game-Ports zugleich aktiviert sein.

Abb. 13.4:
Die Einstellungen der Soundkarte werden auf eventuelle Adreßkonflikte hin überprüft.

```
SOUND BLASTER DIAGNOSE, Version 2.00
Copyright (C) 1992, CPS GmbH Hamburg, Alle Rechte vorbehalten
```

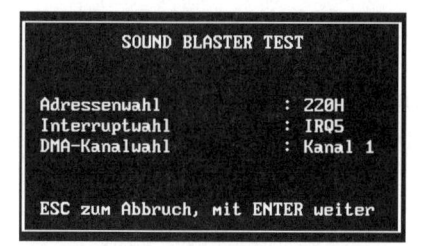

```
         SOUND BLASTER TEST

Adressenwahl            : 220H
Interruptwahl           : IRQ5
DMA-Kanalwahl           : Kanal 1

ESC zum Abbruch, mit ENTER weiter
```

```
*** SOUND BLASTER SB PRO 4 KARTE GEFUNDEN ***
            KARTENERKENNUNG -
```

13.4 Schnelle Hilfe bei Soundkartenproblemen

Dieser Abschnitt soll Ihnen eine Soforthilfe bei auftauchenden Problemen im Zusammenhang mit Ihrer Soundkarte bieten.

Die Verbindung zwischen dem CD-ROM-Laufwerk und der Soundkarte über das Audio-Kabel paßt nicht.

Leider gibt es hier keinen Standard, so daß es durchaus vorkommen kann, daß das Audio-Kabel des CD-ROM-Laufwerks nicht paßt.

Am besten kaufen Sie – sofern dies vom Zeitpunkt der Anschaffung her machbar ist – beide Geräte bei einem Händler und überzeugen sich im Geschäft davon, daß es mit der Verbindung keine Probleme gibt.

Wenn Sie bereits über ein CD-ROM-Laufwerk verfügen, dann nehmen Sie beim Kauf der Soundkarte das Audio-Kabel mit und überzeugen sich an Ort und Stelle, ob es zu der von Ihnen ausgesuchten Soundkarte paßt.

Paßt das Kabel trotzdem nicht, dann bleibt Ihnen nichts anderes übrig, als Ihren Fachhändler zu fragen, ob er Ihnen einen passenden Anschlußstecker anlötet. Andernfalls müssen Sie den Stecker öffnen und die einzelnen Kabel separat auf die Verbindungspins auf der Karte stecken. Normalerweise gelingt dies problemlos, da die einzelnen Kabel in der Regel von steckbaren Metallummantelungen umgeben sind.

Notieren Sie sich vorher unbedingt die Reihenfolge der verschiedenfarbigen Kabeladern.

Können 16-Bit-Wave-Dateien mit einer 8-Bit-Karte abgespielt werden?

Das ist nicht möglich. Eine 8-Bit-Soundkarte reagiert auf das Abspielen von 16-Bit-Wave-Dateien nicht, auch nicht mit verminderter Qualität. Es ist jedoch ohne weiteres möglich, 8-Bit-Wave-Dateien auf einer 16-Bit-Soundkarte abzuspielen. Es gibt sogenannte Wave-Editoren, die entweder im Lieferumfang mancher Soundkarten enthalten sind oder die Sie über den Sharewarehandel beziehen können. Diese Wave-Editoren sind in der Lage, eine 16-Bit-Wave-Datei in eine 8-Bit-Wave-Datei umzuwandeln. Allerdings müssen Sie in diesem Fall sehr hohe Qualitätseinbußen in Kauf nehmen.

Wie können zwei Gameports an einer Soundkarte angeschlossen werden?

Im Prinzip kann an einer Soundkarte nur ein Joystick angeschlossen werden. Wollen Sie trotzdem zwei Joysticks betreiben, dann brauchen Sie einen Y-Adapter, den Sie im Computer- oder Elektronikfachhandel für etwa 30 bis 35 DM erhalten. Er wird auf den vorhandenen Gameport der Soundkarte gesteckt und bietet an seiner gegenüberliegenden Seite Anschlüsse für zwei Joysticks.

Sie können einen solchen Adapter entweder am Gameport der Schnittstelle Ihres Rechners oder am Gameport der Soundkarte anschließen. Wichtig ist dabei, daß einer der beiden Gameports entweder über die entsprechenden Jumper oder über die Software deaktiviert wird.

Wie wird die Soundkarte mit der Stereoanlage verbunden?

Vielleicht stehen Ihr Rechner und eine Stereoanlage im selben Raum, und Sie wollen nun die qualitativ höherwertigen Lautsprecherboxen der Stereoanlage benutzen statt der Aktiv- oder Passivboxen, die bislang mit der Soundkarte verbunden waren.

Prinzipiell ist eine solche Verbindung kein Problem, Sie brauchen nur ein Audiokabel, das Sie in jedem Radio- und TV-Geschäft bekommen. Dieses Kabel muß auf der einen Seite einen Stereo-Klinkenstecker (3,5 mm) und am anderen Ende zwei Cinch-Buchsen aufweisen.

Die Soundkarte müßte an der Rückseite einen mit *Line-out* bezeichneten Ausgang haben. Eine andere mögliche Bezeichnung für diesen Ausgang wäre *Speaker*. Die andere Seite des Kabels, also die mit den zwei Chinch-Buchsen, verbinden Sie mit dem freien Eingang des Verstärkers. Dieser Eingang ist üblicherweise mit *Aux*, *Tuner* oder *In* beschriftet.

Wie kann die Musik von der Stereoanlage über die Soundkarte verarbeitet und gegebenenfalls auf der Festplatte gespeichert werden?

Sie müssen den Line-in-Eingang der Soundkarte mit dem Tape-Ausgang des Verstärkers (*Rec* oder *Tape Out*) verbinden.

Ist das Anschließen eines einzelnen Lautsprechers an die Soundkarte problemlos möglich?

Prinzipiell ist dies zwar möglich, jedoch sollten Sie keinen Mono-Klinkenstecker verwenden, den Sie daran erkennen können, daß er nur einen Isolationsring aufweist. Ein solcher Stecker könnte unter Umständen einen der beiden Kanäle kurzschließen und zu einem Defekt an der Soundkarte führen. Besorgen Sie sich im Fachhandel einen Adapterstecker, der beide Kanäle korrekt miteinander verbindet. Ein solcher Stecker hat auf der einen Seite einen Stereo-Eingang und auf der anderen Seite einen Mono-Ausgang.

Unterscheidet sich der Klang von einer Audio-CD und einer Wave-Datei?

Der Unterschied ist für viele Anwender kaum zu hören, denn das Aufzeichnungsformat ist nicht sonderlich verschieden. Wave-Dateien liegen allerdings im DOS-Format vor und können demzufolge auch nur von DOS-Rechnern gelesen werden.

Was ist notwendig, um Wave-Dateien selbst aufzunehmen?

Außer einer Soundkarte benötigen Sie nur ein Mikrofon, das sich an die Soundkarte anschließen läßt (oder eine andere Tonquelle, beispielsweise einen Kassettenrekorder) und eine geeignete Software. Ein kleines Programm dieser Art ist der Klangrekorder unter Windows. Allerdings sind die Möglichkeiten dieses Klangrekorders recht begrenzt. Sehen Sie doch einfach einmal im Lieferumfang Ihrer Soundkarte nach, denn dort finden sich mitunter wesentlich bessere Programme, die das Aufnehmen von Wave-Dateien ermöglichen.

Die Wiedergabe von 16-Bit-Wave-Dateien von der CD erfolgt nur sehr abgehackt. Woran liegt das?

In erster Linie liegt dies an der mangelnden Datenübertragungsrate des CD-ROM-Laufwerks. Wave-Dateien mit einer Auflösung von 16 Bit in 44-kHz-Stereo-Qualität setzen eine Datenübertragungsrate von knapp 200 kByte/s voraus. Ist dies durch das CD-ROM-Laufwerk nicht gegeben, was bei einem Single-Speed-Laufwerk mit einer Datenübertragungsrate von 150 kByte/s der Fall ist, dann hört sich die Ausgabe dieser Dateien verzerrt an.

Das Aufnehmen von Sprache über ein Mikrofon und die Soundkarte wird durch ein lautes Pfeifsignal verhindert.

Dieser Effekt wird als akustische Rückkopplung bezeichnet, die dann auftritt, wenn die Ausgangslautstärke beim Aufnehmen zu hoch ist, so daß das verstärkte Signal, das entweder die Sprache oder auch das Grundrauschen sein kann, nochmals über das Mikrofon verstärkt wird.

Entweder verfügt die Software der Soundkarte über die Möglichkeit, bei der Aufnahme über das Mikrofon die Lautsprecher zu deaktivieren. Anderenfalls müssen Sie die Lautstärke insgesamt so weit reduzieren, bis das Pfeifgeräusch verschwunden ist.

Zwar hat die Aufnahme einer WAV-Datei mit dem Klangrekorder problemlos geklappt, jedoch erscheint die Datei bei der Wiedergabe verzerrt.

Hier gibt es mehrere mögliche Fehlerquellen.

Überprüfen Sie, ob Sie den richtigen Eingang an der Soundkarte gewählt haben. Der mit *Mic* gekennzeichnete Eingang ist allein dem Mikrofon vorbehalten, da andere Tonquellen ein zu starkes Ausgangssignal liefern und damit die Soundkarte überfordern würden.

Rufen Sie die zur Soundkarte gehörende Software auf, und regeln Sie die Eingangslautstärke der Klangquelle weiter herunter.

Abb. 13.5: In diesem Dialogfenster regulieren Sie den Mikrofon-Eingang und den Lautsprecher-Ausgang.

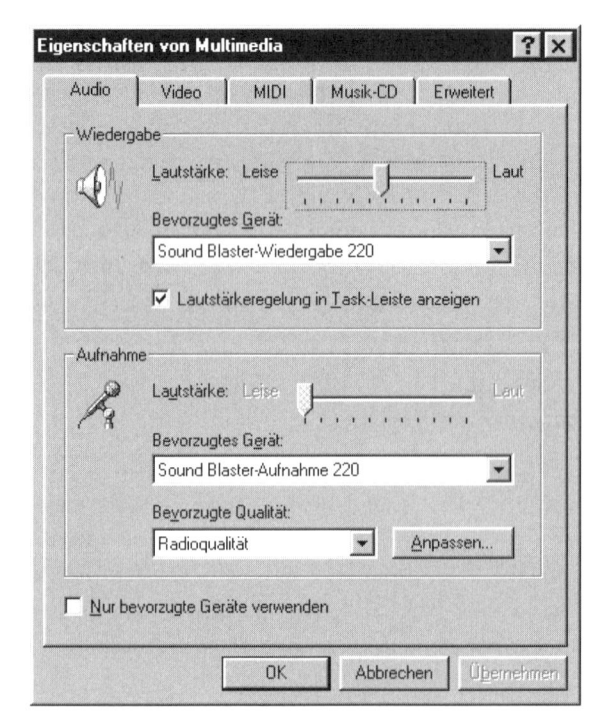

Die Aufnahme über ein Mikrofon klappt zwar, ist jedoch zu leise.

Das Ausgangssignal des Mikrofons kann, je nach Hersteller, sehr leise sein. Ist auch noch der Mikrofoneingang der Soundkarte sehr niedrig geregelt, dann klingt die Aufnahme über das Mikrofon sehr leise oder ist überhaupt nicht zu hören, obwohl die aufgenommene Datei Daten enthält.

Rufen Sie den Mixer der Soundkarte auf, und regeln Sie den Eingang des Mikrofons höher. Einige Soundkarten haben im Lieferumfang einen eigenen Mikrofonverstärker als Software. Sehen Sie in der Dokumentation bzw. den Dateien zu Ihrer Soundkarte nach und installieren Sie gegebenenfalls diesen Verstärker.

Kann bei der Aufnahme die Sampling-Frequenz geregelt werden?

Es kommt darauf an, ob Sie den Klangrekorder von Windows benutzen (in diesem Fall können Sie die Sampling-Frequenz nicht regulieren) oder ob Sie auf eine andere Software zurückgreifen. Im Lieferumfang vieler Soundkarten befindet sich jedoch normalerweise eine Software, mit der Sie diese und auch andere Einstellungen vornehmen können.

Musik und Sprache lassen sich nicht gleichzeitig aufnehmen.

Normalerweise dürfte dies kein Problem darstellen. Sehen Sie auf Ihrer Soundkarte nach, ob sich dort außer dem Mikrofon-Eingang auch eine *Line-In-Buchse* befindet. Besteht die Möglichkeit einer Verbindung zur Soundkarte über ein Audio-Kabel, dann müßte es darüber auf jeden Fall klappen. Über das Mischpult regeln Sie dann die Aufnahmelautstärke beider Tonquellen (z. B. von Mikrofon und CD-Player) getrennt voneinander auf die gewünschten Werte.

Achten Sie in diesem Fall darauf, daß die Funktion ZUSAM. aktiviert ist.

Nach einem Absturz des Rechners läßt sich die Audio-CD nicht entnehmen, weil das Laufwerk nicht stoppt.

Normalerweise hält das CD-Laufwerk an, wenn der Rechner durch einen Warmstart gestoppt wird.

Laden Sie den Media-Player oder ein anderes Steuerprogramm für das CD-ROM-Laufwerk, und klicken Sie dort die entsprechende Funktion bzw. Schaltfläche an, um den CD-Player zu stoppen.

Überprüfen Sie, ob der Treiber MSCDEX.EXE geladen wird. In diesem Fall sollte das CD-ROM-Laufwerk bei einem Neustart des Rechners automatisch anhalten.

MIDI-Dateien lassen sich zwar abspielen, klingen aber verzerrt.

Wahrscheinlich handelt es sich um MIDI-Aufnahmen, die für ein spezielles Wiedergabegerät konzipiert sind. Zumeist rührt ein verzerrtes Klangbild von einer unkorrekten Zuordnung der entsprechenden Instrumente.

Sie können diesen Fehler wahrscheinlich nur beseitigen, indem Sie die MIDI-Datei nachträglich bearbeiten und die verzerrt klingenden Instrumente durch solche ersetzen, die besser passen. Dazu benötigen Sie ein spezielles Sequenzer-Programm.

Wie unterscheidet sich MIDI von General MIDI?

Bei General MIDI handelt es sich um einen Zusatz zu dem *MIDI-Standard*. Da der MIDI-Standard lediglich das Datenformat für MIDI-Dateien vorschreibt (die Anzahl der imitierten Musikinstrumente wird dem jeweiligen Soundkarten-Hersteller überlassen), gibt es hinsichtlich der Zuordnung der einzelnen Instrumente manchmal Probleme. Der *General-MIDI-Standard* bestimmt die Zuordnung von einzelnen Instrumenten zu den korrespondierenden Programm- und Kanalnummern. Die Anwendung bzw. Beachtung des General-MIDI-Standards führt dazu, daß MIDI-Dateien auf jedem Ausgabegerät abgespielt werden können, wobei die einzige Voraussetzung ist, daß die Ausgabegeräte diesen Standard unterstützen.

Kann ein externer MIDI-Synthesizer an den Rechner angeschlossen werden?

Prinzipiell ja. Sie müssen sich dazu einen speziellen Adapter besorgen, der mit seinem 15-poligen Stecker auf den Gameport-Anschluß paßt und auf der anderen Seite über je eine DIN-Buchse für *MIDI-In* und *MIDI-Out* verfügt. Hier können Sie das Musikinstrument anschließen.

Der Klangrekorder unter Windows erlaubt nur, Sound-Dateien mit einer maximalen Länge von 60 Sekunden aufzunehmen. Kann man das beeinflussen oder muß eine andere Software benutzt werden?

Mit folgendem Trick können Sie eine Sound-Datei aufnehmen, die länger als 60 Sekunden ist: Nehmen Sie einfach 60 Sekunden bzw. die volle mögliche Länge nichts auf.

Abb. 13.6:
Hier ist erst einmal Schluß.

Anschließend klicken Sie erneut die Aufnahme-Schaltfläche. Es werden dann nochmals etwa 60 Sekunden aufgenommen. Sie erhalten somit eine leere Sound-Datei, die immerhin mindestens 120 Sekunden lang ist. Wenn Sie nun eine Sound-Datei mit maximal 120 Sekunden Länge aufnehmen

13.4 Schnelle Hilfe bei Soundkartenproblemen

wollen, dann laden Sie diese leere Datei, stellen den Schieberegler an den Anfang der Sound-Datei und legen mit der Aufnahme los. Sie können auf diese Weise auch längere Sounds aufnehmen.

Abb. 13.7: Sie sehen, es klappt.

Am Anfang und am Ende einer Aufnahme kommt es mitunter zu unerwünschten Klangüberhängen. Wie können diese beseitigt werden?

Laden Sie den Klangrekorder von Windows oder einen anderen Wave-Editor. Wenn Sie die Sound-Datei im Zugriff haben, können Sie beispielsweise die Überhänge am Anfang und Ende der Klangdatei bis auf den Sekundenbruchteil markieren und entfernen. Auf diese Weise lassen sich saubere Klangabschnitte produzieren. Mit dem Schieberegler können Sie jede beliebige Position genau ansteuern und anschließend das Stück davor oder dahinter löschen.

Abb. 13.8: Mit dieser Funktion löschen Sie beispielsweise alle Töne vor einer festgelegten Position.

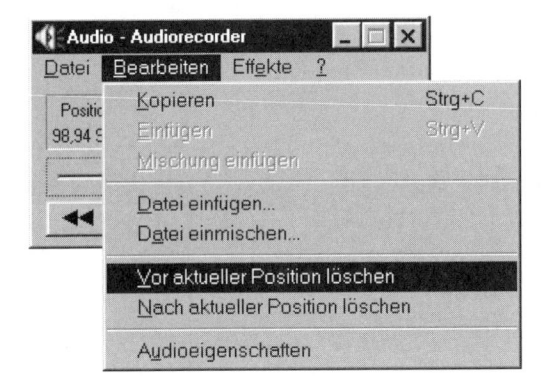

Was ist zu tun, wenn die Lautstärke der an der Soundkarte angeschlossenen Lautsprecherboxen nicht ausreicht?

Als erstes sollten Sie überprüfen, ob die Lautstärke über den Mixer nicht auf eine niedrige Lautstärke geregelt ist. In diesem Fall wird über den Verstärker auch nur ein leiser Klang erzeugt.

Bringt dies auch nicht die gewünschte Lautstärke, dann müssen Sie zu sogenannten Aktivboxen greifen. Solche Lautsprecherboxen sind, im Gegensatz zu den Passivboxen, unabhängig vom Verstärker der Soundkarte, der normalerweise keine sehr große Ausgangsleistung hat. Aktivboxen werden genauso an die Soundkarte angeschlossen wie Passivboxen, jedoch ist entweder ein eigenes Netzteil integriert oder die Stromversorgung des Verstärkers erfolgt über Batterien.

13.5 Die Audio-Fähigkeiten von Windows 98/95 ausnutzen

Die Installation einer Soundkarte ist unter Windows 98/95 sehr einfach geworden.

Wenn bereits Windows 98/95, aber noch keine Soundkarte installiert ist, dann gehen Sie folgendermaßen vor:

- Bietet die Soundkarte Plug&Play, dann wird die Karte nach der Installation automatisch durch Windows 98/95 erkannt, und es werden die richtigen Treiber eingerichtet, sofern diese vorhanden sind. Sie brauchen sich also um nicht viel zu kümmern.

- Erkennt Windows 98/95 die Soundkarte nicht von sich aus, dann hilft die Hardwareerkennung weiter. Wählen Sie den Befehl START | EINSTELLUNGEN | SYSTEMSTEUERUNG, und aktivieren Sie das Icon HARDWARE. Klicken Sie sich mit WEITER durch die Dialogfenster, und lassen Sie die standardmäßig aktivierte Funktion JA (EMPFOHLEN) aktiviert. Windows 98/95 prüft anschließend, ob sich zu der erkannten Hardware ein Treiber auf der Festplatte befindet, und installiert ihn nach einer vorherigen Abfrage.

- Wurde die Soundkarte nicht erkannt, kein passender Treiber auf der Festplatte gefunden oder wollen Sie die Hardwareerkennung umgehen und gleich einen Treiber von der Diskette oder einem anderen Speichermedium laden, dann aktivieren Sie die Funktion NEIN und klicken auf die Schaltfläche WEITER.

- Wählen Sie im Dialogfenster HARDWAREASSISTENT aus der Liste HARDWARETYPEN den Eintrag AUDIO- VIDEO UND GAME-CONTROLLER, und klicken Sie auf die Schaltfläche WEITER.

- Wählen Sie im nachfolgenden Dialogfenster aus der Liste HERSTELLER den Hersteller Ihrer Soundkarte, also beispielsweise Creative Labs, und aus der Liste MODELLE das genaue Modell Ihrer Soundkarte, also beispielsweise Creative Labs Sound Blaster 16 Plug&Play, und klicken Sie auf WEITER.

- Wollen Sie einen Treiber von der Diskette oder einem anderen Speichermedium laden, dann klicken Sie die Schaltfläche DISKETTE an und geben den Pfad und den Namen für den zu ladenden Treiber an.

Abb. 13.9:
Wählen Sie in diesem Dialogfenster die installierte Soundkarte aus.

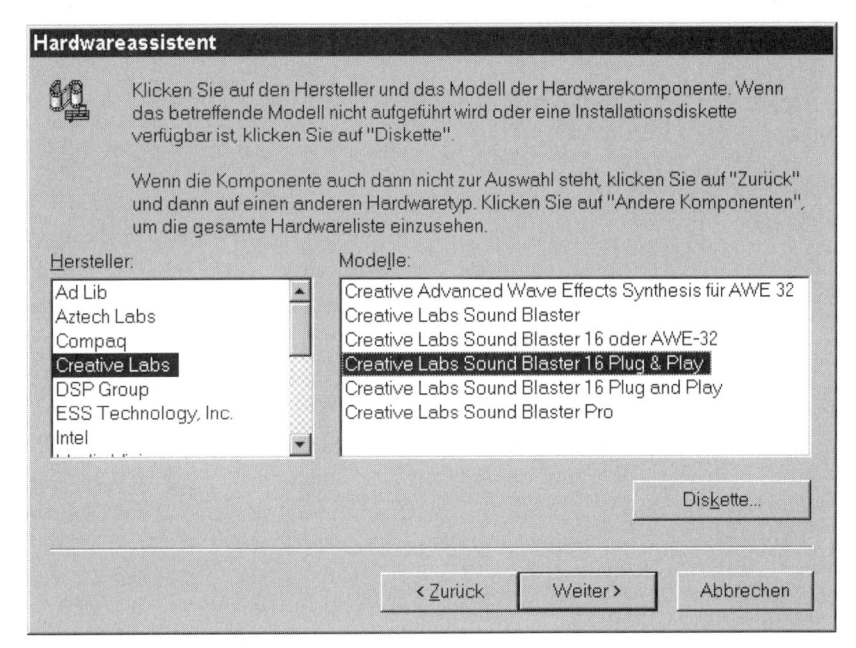

Windows 98/95 erkennt die Soundkarte nicht, und es liegen auch keine passenden Treiber vor. Was ist zu tun?

In diesem Fall müssen Sie Ihre Soundkarte nicht gleich wegwerfen, denn Sie können sich behelfen, sofern Ihre Soundkarte Soundblaster- oder Adlibkompatibel ist. Sie rufen den Hardwareassistenten auf, aktivieren die Funktion NEIN, klicken auf die Schaltfläche WEITER. Sofern Sie eine Adlib-kompatible Soundkarte haben, wählen Sie aus der Liste HERSTELLER den Eintrag AD LIB und in der Liste MODELLE entweder den Eintrag AD LIB-KOMPATIBLES GERÄT (OPL2) oder den Eintrag AD LIB GOLD-KOMPATIBLES GERÄT (OPL3). Wenn Sie eine Soundblaster-kompatible Soundkarte haben, dann wählen Sie in der Liste HERSTELLER den Eintrag CREATIVE LABS und in der Liste MODELLE den Eintrag CREATIVE LABS SOUND BLASTER.

Was bedeutet das Lautsprechersymbol in der Startleiste von Windows 98/95?

Dieses Symbol repräsentiert ein Dialogfenster, das sich öffnet, wenn Sie es doppelklicken. Sie können in diesem Dialogfenster die Lautstärke und die Balance für die einzelnen Kanäle getrennt regulieren. Wenn Sie dieses Symbol nicht sehen, dann aktivieren Sie es wie folgt:

▸ Wählen Sie den Befehl START | EINSTELLUNGEN | SYSTEMSTEUERUNG, und aktivieren Sie das Icon MULTIMEDIA.

▸ Aktivieren Sie den Registerkartenreiter AUDIO.

> Aktivieren Sie die Funktion LAUTSTÄRKEREGELUNG IN TASK-LEISTE ANZEIGEN. Wenn diese Funktion nicht verfügbar ist, dann liegt es daran, daß die Soundkarte nicht von Windows 98/95 unterstützt wird.

Was ist bei der Medienwiedergabe unter Windows 98/95 neu?

Starten Sie die Medienwiedergabe mit dem BEFEHL START | ZUBEHÖR | MULTIMEDIA | MEDIENWIEDERGABE (unter Windows 98 finden Sie diese Funktion in der Programmgruppe UNTERHALTUNGSMEDIEN). Sollten Sie die Medienwiedergabe nicht finden, dann installieren Sie sie folgendermaßen: Wählen Sie den Befehl START | EINSTELLUNGEN | SYSTEMEINSTELLUNGEN und führen Sie einen Doppelklick auf das Icon SOFTWARE aus. Aktivieren Sie den Registerkartenreiter WINDOWS-SETUP, und markieren Sie den Eintrag MULTIMEDIA. Klicken Sie die Schaltfläche DETAILS an, und wählen Sie jetzt aus der Liste den Eintrag MEDIENWIEDERGABE. Klicken Sie sich mit OK zurück, bis die Installation von der CD-ROM oder von der Diskette beginnt.

Wenn Sie eine Wave-Datei wiedergeben wollen, dann wählen Sie den Befehl AUDIO aus dem Menü GERÄT. Anschließend wählen Sie aus dem Dialogfenster ÖFFNEN eine Datei aus. Wollen Sie die Datei abspielen, dann klicken Sie auf die Schaltfläche START. Die restlichen Funktionen wie das Vor- und Zurückspulen, das Setzen von Sprungmarken, die automatische Wiederholung usw. dürften bekannt sein.

Abb. 13.10:
Die Medienwiedergabe unter Windows 98/95

Welche Aufnahmequalität ist jeweils empfehlenswert?

Bei der Wahl der Aufnahmequalität sind zweierlei Kriterien zu bedenken: Nur wenn der Sound mit einer ausreichenden Qualität digitalisiert wurde, ist später auch eine hochwertige Wiedergabe möglich. Auf der anderen Seite sind hochwertige Aufnahmen speicherintensiv. Folgende Einstellungen verbrauchen die jeweils angegebene Speichermenge:

> **8 Bit Mono mit 11 kHz digitalisiert.** Diese Einstellung bietet die geringste Qualität und verbraucht auch am wenigsten Speicherplatz, und zwar 11 kByte/s.

> **8 Bit Mono mit 22 kHz.** Diese Einstellung bietet die minimalste Qualität für Sounds und wird gerne bei der Video-Digitalisierung benutzt, da der Speicherbedarf mit 22 kByte/s einigermaßen akzeptabel ist.

13.5 Die Audio-Fähigkeiten von Windows 98/95 ausnutzen

- **16 Bit Stereo mit 22 kHz.** Diese Qualität ist für den Multimedia-Bereich auf jeden Fall akzeptabel und erreicht auch gute Ergebnisse. Sie können hiermit eine gute Sound-Untermalung erreichen.
- **16 Bit Stereo mit 44,1 kHz.** Dies ist CD-Qualität und mit 176 kByte/s auch am speicherintensivsten. Eine einminütige Aufnahme mit dieser Einstellung verbraucht etwas über 100 MByte.

(?) Welches Dialogfenster ist für die Wiedergabe und für die Aufnahme von Sound verantwortlich?

Wählen Sie den Befehl START | EINSTELLUNGEN | SYSTEMEINSTELLUNGEN, und aktivieren Sie das Icon MULTIMEDIA. Standardmäßig ist der Registerkartenreiter AUDIO aktiviert. Hier können Sie unter WIEDERGABE mit dem Schieberegler LAUTSTÄRKE die Lautstärke der Wiedergabe einstellen. Aus der Dropdown-Liste BEVORZUGTES GERÄT können Sie ein Gerät auswählen, sofern mehrere Soundkarten in Ihrem Rechner eingebaut sind. In diesem Dialogfenster findet sich auch die Funktion LAUTSTÄRKEREGELUNG IN TASK-LEISTE ANZEIGEN, mit der Sie das Lautsprechersymbol in die Task-Leiste einblenden können.

Abb. 13.11:
Die Audio-Parameter für die Eigenschaften von Multimedia

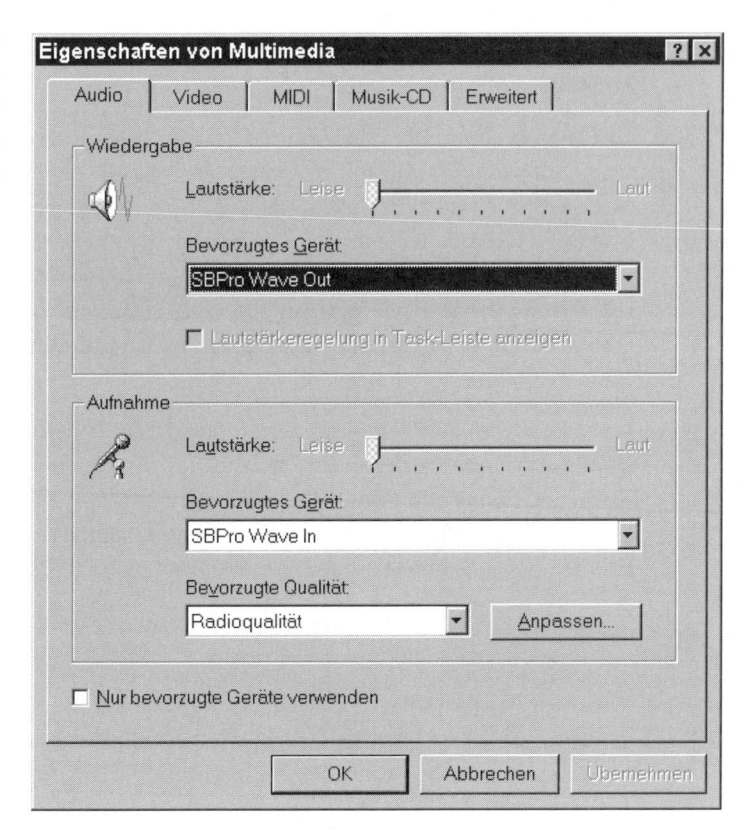

Wann muß manuell ausgesteuert werden?

Normalerweise sind die Regler für die Aussteuerung von Windows 98/95 so eingestellt, daß sich gute Ergebnisse erzielen lassen. Sollte aber aus irgendwelchen Gründen eine Über- oder Untersteuerung vorkommen, dann können Sie über die Schieberegler unter AUFNAHME und WIEDERGABE eine Aussteuerung vornehmen.

Gibt es unter Windows 98/95 erweiterte Systemklänge?

Windows 98/95 bietet nicht nur mehr Systemklänge als Windows 3.1, sondern es beherrscht auch sogenannte Sound-Schemata. Ein Sound-Schema ist eine bestimmte Gruppe von Sound-Dateien, die den Ereignissen von Windows 98/95, wie beispielsweise dem Öffnen und Schließen eines Dialogfensters usw., zugewiesen werden können. Wählen Sie den Befehl START | EINSTELLUNGEN | SYSTEMEINSTELLUNGEN, und aktivieren Sie das Icon AKUSTISCHE SIGNALE. Im Fenster EREIGNISSE wählen Sie das Ereignis aus, zu dem ein Sound ausgegeben werden soll. Unter AKUSTISCHES SIGNAL können Sie den Sound auswählen und unter SCHEMA das Sound-Schema.

13.6 Soundkartenprobleme mit dem Hardware-Profil lösen

Mit den Hardware-Profilen können Sie zum einen Interruptprobleme beseitigen, auf jeden Fall temporär. Zum anderen lassen sich bestimmte Konfigurationen per Mausklick austauschen. Alle für die entsprechenden Kombinationen benötigten Treiber sind dabei auf dem System installiert. Sie werden bei Bedarf ausgewählt und stören sich im laufenden Betrieb nicht gegenseitig. Dies ist beispielsweise dann sinnvoll, wenn Sie eine neue Soundkarte einbauen, die vorhergehende aber aufgrund bestimmter Merkmale für spezielle Aufgaben weiter verwenden wollen.

Das Hardware-Profil funktioniert folgendermaßen: Beim Installieren von Windows 98/95 wird ein Ist-Zustand der zugrundeliegenden Hardware-Konfiguration ermittelt und als Standard-Hardware-Profil angelegt. In diesem Hardware-Profil sind alle Konfigurationsdetails wie Port- und Interruptbelegungen, Ein-/Ausgabeadressen usw. enthalten.

In einem weiteren Arbeitsschritt wird aus diesen Informationen ein »Schlüssel« errechnet.

Wenn Sie Windows 98/95 starten, wird ein verkürzter Hardwaretest durchgeführt, der nicht so ausführlich wie die Hardwareerkennung über die Systemsteuerung ist und dementsprechend weniger Zeit an Anspruch nimmt.

Die ermittelten Daten werden in der Datei DETLOG.TXT festgehalten. Sie finden diese Datei im Hauptverzeichnis Ihres Rechners.

Abb. 13.12: Einträge in der Datei DETLOG.TXT

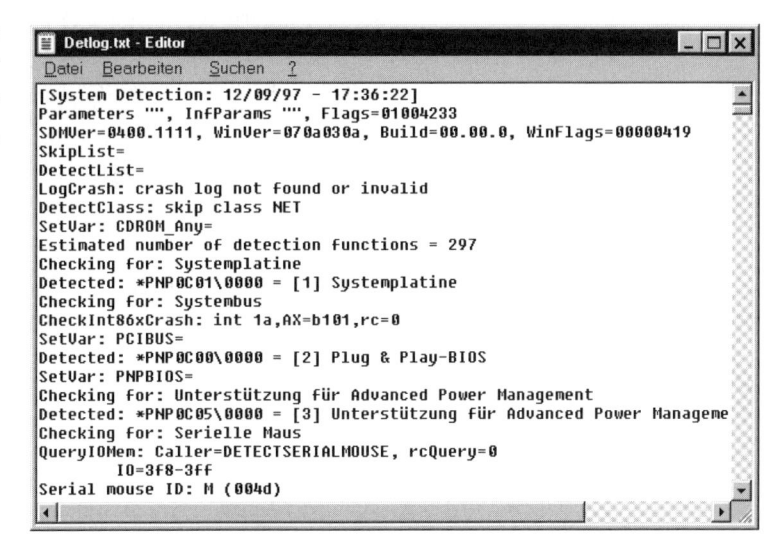

```
Detlog.txt - Editor
Datei  Bearbeiten  Suchen  ?

[System Detection: 12/09/97 - 17:36:22]
Parameters "", InfParams "", Flags=01004233
SDMVer=0400.1111, WinVer=070a030a, Build=00.00.0, WinFlags=00000419
SkipList=
DetectList=
LogCrash: crash log not found or invalid
DetectClass: skip class NET
SetVar: CDROM_Any=
Estimated number of detection functions = 297
Checking for: Systemplatine
Detected: *PNP0C01\0000 = [1] Systemplatine
Checking for: Systembus
CheckInt86xCrash: int 1a,AX=b101,rc=0
SetVar: PCIBUS=
Detected: *PNP0C00\0000 = [2] Plug & Play-BIOS
SetVar: PNPBIOS=
Checking for: Unterstützung für Advanced Power Management
Detected: *PNP0C05\0000 = [3] Unterstützung für Advanced Power Manageme
Checking for: Serielle Maus
QueryIOMem: Caller=DETECTSERIALMOUSE, rcQuery=0
       IO=3f8-3ff
Serial mouse ID: M (004d)
```

Wird nach dem Starten ein abweichender Soll-Ist-Zustand festgestellt, wird unterschiedlich verfahren:

- Liegen die Unterschiede bei erkannten Plug&Play-Bauteilen, werden beim Systemstart die entsprechenden Treiber geladen. Werden die Treiber nicht gefunden, wird der Anwender über Dialogfenster auf eine notwendige Installation aufmerksam gemacht. Er muß dann den Pfad zu den Treibern angeben.

- Hat ein aus dem System entferntes Plug&Play-Bauteil den fehlerhaften Abgleich verursacht, dann deaktiviert Windows 98/95 den dazugehörigen Treiber.

- Handelt es sich bei der störenden Komponente nicht um ein Plug&Play-Element, dann sucht das Programm nach weiteren Hardware-Profilen und vergleicht deren Schlüsselwerte mit dem ermittelten. Wird eine Übereinstimmung gefunden, wird das entsprechende Hardware-Profil als das passende angesehen und der Startvorgang weitergeführt.

- Findet Windows 98/95 kein passendes Hardware-Profil, dann wird dem Anwender eine Auswahl aller vorhandenen Hardware-Profile angezeigt, aus denen er eine Zuweisung vornehmen kann.

13.6.1 Das Anlegen eines neuen Hardware-Profils

Wenn Sie ein neues Hardware-Profil anlegen wollen, müssen Sie nicht immer von vorn beginnen, sondern Sie können einfach ein bestehendes Hardware-Profil auswählen, beispielsweise die Ausgangskonfiguration. Diese Daten ändern Sie dann Ihrer gewünschten Konfiguration entsprechend ab.

- Wählen Sie den Befehl START | EINSTELLUNGEN | SYSTEMSTEUERUNG, und aktivieren Sie das Icon SYSTEM.
- Wechseln Sie in die Registerkarte HARDWARE-PROFILE. Wurde noch kein zusätzliches Hardware-Profil angelegt, markieren Sie das einzige zur Verfügung stehende, das den Namen *Ausgangskonfiguration* trägt.
- Klicken Sie auf die Schaltfläche KOPIEREN; es erscheint ein weiteres Dialogfenster, in dem Sie den Namen für das neue Hardware-Profil angeben.
- Wollen Sie den Namen eines bestehenden Hardware-Profils ändern, markieren Sie es in der Liste, klicken auf die Schaltfläche UMBENENNEN und ändern den Namen.

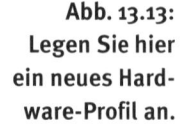

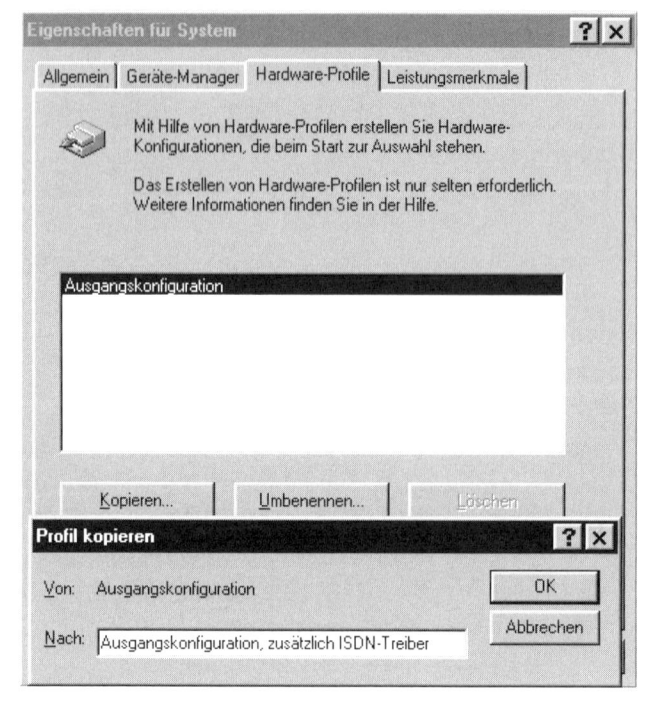

Abb. 13.13: Legen Sie hier ein neues Hardware-Profil an.

13.6.2 Ein Hardware-Profil definieren

Damit Sie ein Hardware-Profil an Ihre individuellen Gegebenheiten anpassen können, gibt es generell zwei Möglichkeiten:

- Sie fügen manuell die entsprechenden Komponenten hinzu bzw. löschen diese.
- Wenn Ihnen genau klar ist, welcher Eintrag eines bestimmten Hardware-Profils angepaßt werden soll, dann aktivieren Sie die Hardware-Erkennung von Windows 98/95.

Hardware-Profile eignen sich besonders für einen Laptop mit Dockingstation. Hier ist die automatische Hardware-Erkennung von Windows 98/95 die bessere Wahl. Andernfalls laufen Sie Gefahr, daß Sie ein Subsystem nicht in das Hardware-Profil miteinbeziehen, wodurch die ganze Systemumgebung nicht korrekt arbeitet.

Mit den folgenden Arbeitsschritten legen Sie ein solches Hardware-Profil an:

- Handelt es sich um einen Laptop mit Dockingstation, auf dem Windows 98/95 installiert ist, dann legen Sie über die Schaltfläche KOPIEREN eine Kopie dieses Profils an.
- Anschließend fahren Sie den Laptop ohne die Dockingstation hoch und wählen beim Bootvorgang aus dem Profile-Menü die erstellte Kopie aus.
- Starten Sie anschließend die automatische Hardware-Erkennung.

Wollen Sie nun beispielsweise einen neuen Treiber mit verbesserten Funktionen für Ihre Soundkarte zuerst einmal ausprobieren, dann wäre es nicht sinnvoll, Ihre bis dahin stabile Installation zu gefährden, vor allem dann, wenn Sie den aktuellen Treiber gegebenenfalls noch benötigen. Dies könnte z.B. der Fall sein, wenn die alte Hardware Merkmale aufweist, die einen späteren Gebrauch für bestimmte Aufgaben nicht ausschließen.

Sie legen in diesem Fall einfach ein neues Hardware-Profil an, das auf dem alten Hardware-Profil basiert, und integrieren den neuen Treiber. Es kann gerade beim Experimentieren mit Treibern auch vorkommen, daß sich ein neuer Treiber nicht als geeignet herausstellt. Wenn Sie in diesem Fall zu der alten Konfiguration zurückkehren wollen, dann müßten Sie normalerweise eine komplette Neukonfiguration durchführen, und zwar unter Umständen auch mit neuen Interrupt-Einstellungen usw.

Mit den Hardware-Profilen können Sie per Mausklick zu Ihrer alten Hardwarekonfiguration zurückkehren. Sie bewerkstelligen dies mit den folgenden Arbeitsschritten:

- Legen Sie eine Kopie des aktuellen Hardware-Profils an, wie bereits beschrieben, und vergeben einen aussagekräftigen Namen wie beispielsweise »Treiber für Soundkarte xy«.
- Der aktuelle, also der alte Soundkartentreiber ist jetzt in beiden Hardware-Profilen vorhanden und muß aus dem neuen Hardware-Profil entfernt werden. Rufen Sie dazu die Systemsteuerung und den Geräte-Manager auf, und klicken Sie auf das Pluszeichen neben dem Typ der Hardwarekomponente. Anschließend führen Sie einen Doppelklick auf die Hardwarekomponente selbst aus.
- Im Funktionenfeld GERÄTENUTZUNG können Sie nun bestimmen, ob Sie den entsprechenden Treiber mit der Funktion IN DIESEM HARDWARE-PROFIL DEAKTIVIEREN deaktivieren oder mit der Funktion AUS DIESEM HARDWARE-PROFIL ENTFERNEN löschen wollen.

Abb. 13.14: Aktivieren oder deaktivieren Sie den gewünschten Treiber.

Nach diesen Arbeiten werden Sie normalerweise aufgefordert, Ihren Computer neu zu starten. Nachdem Sie dies durchgeführt haben, erscheint eine weitere Abfrage, in der Sie aufgefordert werden, das gewünschte Hardware-Profil auszuwählen. Wenn Sie noch kein anderes Hardware-Profil angelegt und sich an die genannten Anweisungen gehalten haben, sehen Sie zur Auswahl die beiden Hardware-Profile AUSGANGSKONFIGURATION und TREIBER FÜR SOUNDKARTE XY.

Nach dem Systemstart können Sie das neue Hardware-Profil editieren. Lassen Sie nicht den Hardware-Assistenten nach dem neuen Treiber suchen, denn in diesem Fall würde der alte Treiber gefunden und installiert, was ja verhindert werden soll. Beantworten Sie im Hardware-Assistenten die Frage SOLL JETZT NEUE HARDWARE GESUCHT WERDEN? mit NEIN.

Anschließend wählen Sie im nächsten Dialogfenster den Typ der zu installierenden Hardware aus, aktivieren über die Schaltfläche DISKETTE den Treiber, der sich auf einem Datenträger wie einer Diskette oder einer CD-ROM befindet, und geben Sie den entsprechenden Pfad zu diesem Datenträger an.

Nachdem der neue Treiber eingerichtet wurde, erscheint mitunter ein Hinweis, daß ein Hardwarekonflikt vorliegt. Ignorieren Sie diesen Hinweis, da das Problem lediglich darin besteht, daß der neue Treiber noch nicht aktiviert wurde. Nach einem Neustart des Systems wird dieser jedoch erkannt. Vergessen Sie darüber hinaus nicht, bei einem Neustart das neu angelegte Hardware-Profil auszuwählen.

Das geschilderte Verfahren zur Treiberkonfiguration in den Hardware-Profilen kann natürlich nicht nur auf Treiber, sondern auch auf Hardwarekomponenten angewandt werden.

Mit den Hardware-Profilen können Sie aber auch Interruptprobleme umgehen, zumindest temporär, das es mit diesem Hilfsmittel möglich ist, bestimmte Baugruppen gezielt zu aktivieren bzw. zu deaktivieren.

Wurde beispielsweise die Soundkarte auf den gleichen Interrupt wie die Maus oder den Drucker konfiguriert, dann hören Sie entweder undefinierbare Geräusche aus den Lautsprechern, oder die Maus funktioniert nicht usw.

In einem solchen Fall konfigurieren Sie die Hardware auf einen Interrupt, der noch nicht belegt ist. Sie können das Problem aber auch durch ein zusätzliches Hardware-Profil beheben.

Angenommen, Sie benutzen Ihre Soundkarte in erster Linie für Computerspiele, und andere Anwendungen sind davon nicht betroffen. Weiterhin sind in Ihrem Rechner so viele Erweiterungskarten installiert, daß kein Interrupt mehr frei ist, dann könnten Sie ein Hardware-Profil anlegen, bei dem die Soundkarte beispielsweise auf den Interrupt konfiguriert wird, der vom Drucker benutzt wird. Für die tägliche Routinearbeit verwenden Sie das herkömmliche Hardware-Profil, und wenn Sie ein Computerspiel spielen wollen (was ja bei diesem Beispiel nicht so häufig vorkommt), dann wählen Sie beim Starten des Rechners einfach das Hardware-Profil für Computerspiele aus.

13.7 Vermeiden Sie Fehlentscheidungen beim Soundkartenkauf

Nicht nur Hersteller von Grafikkarten und anderen Bauteilen buhlen um die Gunst der Käufer mit Schlagwörtern, deren wahrer Nutzen nicht auf den ersten Blick erkannt werden kann.

Bei Soundkarten ist dies nicht anders. Benötigen Sie eine Soundkarte beispielsweise nur zur Untermalung von Spielen und Anwendungen oder zur Sprachaufzeichnung für die Anrufbeantworterfunktion, dann müssen Sie nicht auf ein High-End-Modell zurückgreifen, denn es genügt normalerweise eine preiswerte Karte.

In Tabelle 13.1 finden Sie die gebräuchlichsten Schlagwörter, und Sie sehen, welche Funktionen sich dahinter verbergen.

Schlagwort	Erläuterung	Nutzen
16-Bit-fähig	Ein Begriff für die Auflösung beim Digitalisieren und Abspielen von WAV-Dateien. Eine 16-Bit-Karte kann Stereo-Qualität digitalisieren bzw. wiedergeben und ist abwärtskompatibel zum Digitalisieren von 8-Bit-Sounds. Dies entspricht Mono-Qualität.	Diese Auflösung ist zum Aufzeichnen und Abspielen von Stereo-Sound sowie für Multimedia-Anwendungen und Computerspiele geeignet.
Super-Sampling-Frequenz »48 kHz«	Derzeit ist die maximale Aufzeichnungsrate beim Sampeln und Abspielen von WAV-Dateien 48 kHz, normalerweise werden aber 44 kHz verwendet.	Eine normalerweise überflüssige Funktion, denn nur ein sehr geübtes Ohr ist in der Lage, diesen feinen Unterschied zu erkennen.
Plug&Play	Plug&Play-Karten werden beim Starten von Windows 98/95 automatisch erkannt. Ebenso automatisch erfolgt eine Zuweisung der benötigten System-Ressourcen.	Eine moderne Soundkarte sollte auf jeden Fall Plug&Play-fähig sein. Jedoch sollten Sie sich in der Praxis nicht hundertprozentig darauf verlassen, daß dieses System auch funktioniert, und zwar besonders dann nicht, wenn viele Plug&Play-Karten installiert sind.

Tab. 13.1: Soundkarten-Eigenschaften

13.7 Vermeiden Sie Fehlentscheidungen beim Soundkartenkauf

Schlagwort	Erläuterung	Nutzen
Soundblaster- oder Adlib-kompatibel	Die Soundkarte kann so konfiguriert werden, daß sie sich wie eine Soundblasterkarte oder eine Adlib-Karte verhält.	Dieser Kompatibilitätsmodus ist nur dann notwendig, wenn Sie DOS-Spiele laufen lassen, die über wenige (also eben nur diese) Treibermöglichkeiten verfügen. Unter Windows 98/95 spielt diese Kompatibilität nur eine untergeordnete Rolle.
3D-Klang	Durch einen speziellen Chip auf der Soundkarte wird Raumklang in Form von Dolby-Surround erzeugt.	Diese Funktion ist nur dann erforderlich, wenn der persönliche Geschmack sie unbedingt verlangt. Mitunter wird der normale Klang durch den 3D-Chip mehr oder weniger stark verfälscht.
Effekt-Chip	Ein spezieller Chip auf der Soundkarte sorgt für die Simulation von Hall-, Echo- oder sonstigen Effekten.	Ebenfalls reine Geschmackssache. Ansonsten gilt das gleiche wie für den 3D-Klang.
Zusätzlicher CD-ROM-Controller	Auf der Soundkarte befindet sich ein Controller, an den Sie ein CD-ROM-Laufwerk anschließen können.	Dieser Controller bringt Ihnen nur dann Vorteile, wenn Sie für Ihr CD-ROM-Laufwerk keine passende Schnittstelle zur Verfügung haben.
Zweispurige Sampling-/Vollduplex-Funktion	Mit dieser bidirektionalen Funktionalität ist das gleichzeitige Aufnehmen und Abspielen von WAV-Dateien möglich.	Sie benötigen diese Funktion nur, wenn Sie beispielsweise eine professionelle Soundbearbeitung wie etwa die Vertonung von Videos oder das Telefonieren über das Internet betreiben wollen.

Tab. 13.1: Soundkarten-Eigenschaften

Schlagwort	Erläuterung	Nutzen
X-Instrumente	X steht für die Menge der auf dem Wavetable-ROM der Soundkarte enthaltenen MIDI-Instrumente (Musical Instruments Digital Interface), also Geige, Piano, Trompete usw.	Der General-MIDI-Standard beinhaltet insgesamt 128 Instrumente, die für den »Normalanwender« völlig ausreichen. Mehr Instrumente werden nur von professionellen Musikern benötigt.
MPU-401-Interface	MIDI-Processing Unit. An diese Standard-Schnittstelle der Firma Roland können Sie ein externes elektronisches Musikinstrument anschließen, sofern es eine MIDI-Schnittstelle hat.	Sie benötigen dieses Interface nur dann, wenn Sie ein elektronisches Musikinstrument, beispielsweise ein Keyboard, anschließen wollen. Ansonsten ist es eine unnötige Geldausgabe.
Polyphonie	Sie können mit dieser Funktion mehrere Töne oder Stimmen gleichzeitig abspielen.	Auch diese Funktion ist nur dann interessant, wenn Sie sich mit semi-professioneller oder professioneller Soundbearbeitungen beschäftigen wollen.

Tab. 13.1: Soundkarten-Eigenschaften

14 Erste Hilfe bei zerstörten Datenträgern

Gehören Sie auch zu den Anwendern, die nicht glauben, daß sie einmal vor einer zerstörten Festplatte (beispielsweise durch einen Brand, durch Feuchtigkeit oder Brandgase) stehen könnten, und darüber hinaus auch kein Backup wichtiger Daten angelegt haben?

Ist Ihr Datenbestand sorgfältig geordnet und existiert eine Datensicherung (möglicherweise noch an einem anderen Ort als beispielsweise in einem durch Brand zerstörten Büro), dann könnten die verlorengegangenen Informationen innerhalb kurzer Zeit wieder auf eine neu installierte Festplatte übertragen werden, und Sie können weiterarbeiten. Bei einem sorgfältig erstellten Backup ist schlimmstenfalls die Arbeit eines einzigen Tages verloren – und das ist sowohl von den Kosten als auch vom Arbeitsaufwand her vertretbar.

Leider befinden sich meist jedoch gerade auf dem zerstörten Datenträger wichtige Informationen, und ein Backup steht nicht zur Verfügung.

Abb. 14.1: Eine Festplatte, die durch einen Brand beschädigt wurde.

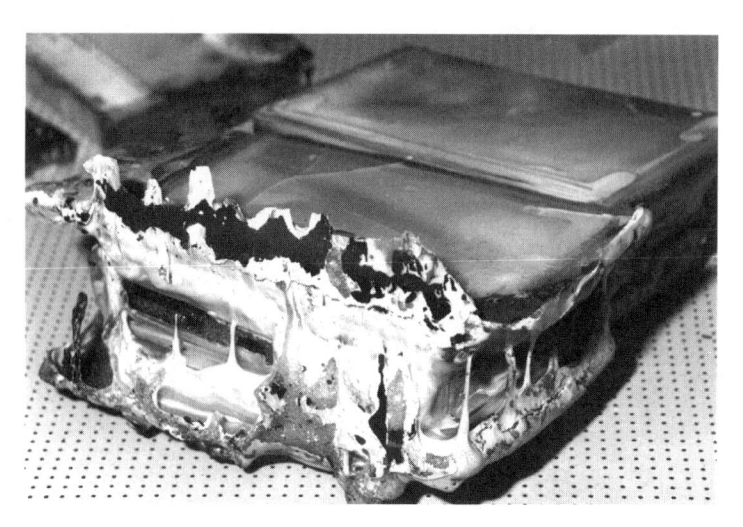

14.1 Unterschiedliche Ursachen für einen Datenverlust

Schäden, die zum Verlust von Daten führen, können generell in zwei Kategorien unterteilt werden:

- Logische Schäden
- Physikalische Schäden

Physikalische Schäden unterscheiden sich von logischen dadurch, daß bei ihnen Beschädigungen an der magnetischen Oberfläche des Datenträgers, etwa durch ein Aufsetzen des Schreib-/Lesekopfes, verursacht wurden.

Folgende Fehlerquellen sind in der Regel für den Verlust von Daten verantwortlich:

14.1.1 Logische Zerstörung von Informationen

Viren. Mittlerweile sind einige tausend Virenarten bekannt, und die Zahl dieser mitunter zerstörungswütigen Miniprogramme wächst ständig.

Es gibt Viren, die sich sofort bemerkbar machen und keinen nennenswerten Schaden anrichten. Beispielsweise wird der Anwender lediglich durch das Abspielen von Tönen oder Musikstücken so lange genervt, bis er seinen Rechner ausschaltet. Oder es rieseln die Buchstaben einer Textverarbeitung auf einmal vom oberen Bildschirmrand nach unten.

Allerdings gibt es auch heimtückische Virenarten, die auf Anhieb schlecht zu erkennen sind, da sie nicht sofort eine Aktion auslösen, sondern ihre Arbeit im Hintergrund verrichten. Beispielsweise zerstören sie sukzessive den Datenbestand an willkürlichen Stellen (dies kann in der Kunden- oder Artikeldatei oder in den Rechnungsposten geschehen). Bis der Schaden entdeckt wird, kann der Virus unter Umständen bereits einen großen Teil wichtiger Daten zerstört und somit Probleme bereitet haben.

Löschen durch ein Versehen. Daten oder Dateien können natürlich auch versehentlich gelöscht werden, was aber nicht zwangsläufig zu einem völligen Verlust der Daten führen muß. So werden beim herkömmlichen Löschen mit dem DELETE-Befehl von MS-DOS die Daten nicht Byte für Byte tatsächlich gelöscht, sondern es wird nur ihr Speicherplatz auf dem Datenträger zum Überschreiben freigegeben.

Je schneller ein solches Versehen bemerkt wird, desto größer sind die Chancen zur Rettung dieser gelöschten Daten. Wurde jedoch mittlerweile dieser zum Überschreiben freigegebene Platz auf dem Datenträger mit neuen Daten gefüllt, sind die alten jedoch verloren.

Jede gute Utilitiy-Sammlung, wie beispielsweise die Norton Utilities, bietet eine Möglichkeit, gelöschte Dateien wieder zu restaurieren. Diese Programme machen sich folgenden Umstand zunutze: Wie bereits erwähnt, werden die Daten beim herkömmlichen Löschen nicht wirklich von dem Datenträger gelöscht, sondern es wird lediglich der Platz, auf dem die Daten stehen, zum Überschreiben durch andere Daten freigegeben. Der erste Buchstabe eines Dateinamens wird dabei symbolisch durch ein Fragezeichen ersetzt.

Die genannten Utilities suchen nun nach Dateien, die zum Überschreiben freigegeben, also gelöscht wurden. Dem Benutzer wird der Dateiname angezeigt, lediglich der erste Buchstabe ist durch ein Fragezeichen ersetzt.

Wird eine solche Datei markiert und der Befehl zum Wiederherstellen gegeben, dann will das Programm wissen, durch welche Buchstaben das Fragezeichen ersetzt werden soll. Anschließend erfolgt eine Überprüfung, ob die Datei wiederhergestellt werden kann. Im Erfolgsfall ist Ihre gelöschte Datei wieder im Originalzustand vorhanden.

14.1.2 Physikalische Zerstörung von Daten

Headcrash. Bei einem Headcrash gerät der Schreib-/Lesekopf eines Festplattenlaufwerks in unmittelbaren Kontakt mit der magnetischen Oberfläche der Festplatte, und die empfindliche Beschichtung wird mehr oder weniger stark zerstört. Je nachdem an welchen Stellen diese Zerstörung stattfindet und welches Ausmaß sie annimmt, macht sich ein solcher Fehler langsam oder abrupt bemerkbar.

Wird beispielsweise der Bereich der FAT (File Allocation Table = Inhaltsverzeichnis der Festplatte) zerstört, dann können die Daten abrupt nicht mehr gelesen werden.

Ein weniger schwerwiegender Fehler macht sich durch eine zunehmende Zahl von versuchten Lesevorgängen bemerkbar.

Schaden durch Brandeinwirkung. Wurde eine Festplatte einem Feuer ausgesetzt, dann hängt eine mögliche Datenrettung in erster Linie von der Temperatur sowie der Zeit ab, in der die Festplatte dem Feuer ausgesetzt war. Liegt die Temperatur nicht über 100 °C, dann ist eine Wiederherstellung der Daten fast immer möglich.

Der Grenzwert für eine erfolgreiche Datenrettung nach der Einwirkung hoher Temperaturen liegt bei etwa 400 °C. Bei Temperaturen um diesen Wert verändert sich die Struktur der Magnetoberfläche derart, daß eine Datenrettung kaum noch möglich ist.

Schaden durch Wassereinwirkung. Entgegen der landläufigen Meinung besteht hierbei die Gefahr nicht primär darin, daß die Oberfläche naß wird, sondern in der Ablagerung kleinster, im Wasser enthaltener Kristallpartikelchen.

Die Schreib-/Leseköpfe bewegen sich in einem Abstand von einigen Tausendstel Millimetern über der Plattenoberfläche. Die erwähnten Kristallpartikelchen sind im Verhältnis zum Abstand der Schreib-/Leseköpfe von der Plattenoberfläche relativ groß und verursachen so die Schäden.

Verlust von Daten durch Gas- und Raucheinwirkung. Auch hier geht die Gefahr nicht primär vom vorhandenen Gas oder Rauch aus, sondern vielmehr von der ätzenden Verbindung, die unter Einwirkung der normalen Luftfeuchtigkeit entsteht und die Oberfläche von Datenspeichern angreift.

Gewalteinwirkung. Eine Gewalteinwirkung kann durch einen Sturz des Rechners, z.B. bei einem Transport, entstehen. Aber auch Fremdeinwirkung (etwa Sabotage) ist nicht ausgeschlossen und führt zu einem Verlust von Daten.

Durch die Gewalteinwirkung werden die Platten verschoben, die dann für die Schreib-/Leseköpfe nicht mehr korrekt zu lesen sind.

14.2 Verhaltensregeln bei zerstörten Datenträgern

Prinzipiell sind Datenträger, deren Informationen nach dem Einwirken von Brandgasen, Wasser oder Staub nicht mehr zu lesen sind, anders zu behandeln als die restliche Hardware, also Drucker, Monitor, Rechner usw.

14.2.1 Allgemeine Verhaltensregeln bei beschädigten Festplatten

- Schalten Sie auf gar keinen Fall eine Stromversorgung zu.
- Lassen Sie das Gehäuse der Festplatte verschlossen. Beim Hersteller wurde die Festplatte vor dem Verschließen luftleer gepumpt. Dadurch entsteht ein Unterdruck, der beim Öffnen des Gehäuses Luft und damit auch jede Menge Schmutzpartikel in das Innere saugen würde.

Die Festplatte darf nur von einem Fachbetrieb geöffnet werden, der über einen Reinraum verfügt.

- Sorgen Sie dafür, daß die Mechanik bzw. die Spindel nicht mehr bewegt werden kann, indem Sie sie vorsichtig (!) mit einem Klebeband über dem Spindel- oder Drehmotor sichern.

Nach dem Kontakt mit Brandgasen sollten Sie für Festplatten, Disketten, Bänder und Bandkassetten folgende Sicherheitshinweise beachten:

- Bei Festplatten entfernen Sie, sofern vorhanden, elektrisch leitende Beaufschlagungen an außenliegenden elektronischen Bauteilen.

Sie sollen vermeiden, daß die Festplatte mit jeder Art von Feuchtigkeit in Berührung kommt.

- Achten Sie darauf, daß die Festplatte einer möglichst niedrigen Luftfeuchtigkeit ausgesetzt ist.
- Bei naß oder feucht gewordenen Festplatten entfernen Sie unverzüglich alle elektronischen Bauteile, sofern Ihnen dies möglich ist. Die Festplatte trocknen Sie selbst nur manuell und bewahren sie an einem trockenen Raum bei niedriger Luftfeuchtigkeit auf.
- Die Umgebungstemperatur, in der Ihr beschädigter Datenträger gelagert wird, sollte 35 °C nicht übersteigen.

Sie sollten möglichst umgehend eine Fachwerkstatt beauftragen, die sich der beschädigten Datenträger annimmt. Je länger sich diese Teile in einem unbehandelten Zustand befinden, desto geringer wird die Aussicht, daß die Informationen ausgelesen werden können.

14.2.2 Allgemeine Verhaltensregeln bei zerstörten Disketten oder Bändern

- Sorgen Sie dafür, daß unverzüglich die Stromzufuhr unterbrochen wird, indem Sie die in Frage kommenden Stromverbindungen lösen.
- Suchen Sie einen geeigneten Raum, in dem Sie die beschädigten Datenträger aufbewahren; er sollte sauber und trocken sein. Die optimale Umgebungstemperatur liegt bei maximal 35°C, die Luftfeuchtigkeit unter 40 Prozent.
- Versuchen Sie auf gar keinen Fall, den Datenträger zu trocknen oder zu reinigen. Dies gilt auch für spezielle Trocknungssalze oder ein warmes Gebläse. Maßnahmen wie diese führen in vielen Fällen zu einem Verkleben der Materialien und erschweren eine Datenrettung oder machen sie sogar unmöglich.

Datenträger wie Disketten oder Streamerbänder, die feucht oder naß geworden sind, sollten naß aufbewahrt werden, auch wenn das auf den ersten Blick etwas merkwürdig erscheint. Ein geeignetes Medium hierfür ist beispielsweise destilliertes Wasser.

Durch das Trocknen des Kunststoffmaterials kann es nämlich zu unerwünschten chemischen Reaktionen, wie der Verklebung des Materials kommen, die durch die Aufbewahrung in einer nassen Umgebung nicht so schnell vor sich gehen.

Auch sollten Sie das Abblasen von Disketten, die mit Staub bedeckt sind, unterlassen und auch die Disketten auf keinen Fall mit einem Pinsel von Staub oder anderen Schmutzpartikeln »reinigen«, da es hierbei leicht zu mechanischen Verletzungen der Oberfläche des Datenträgers kommt.

Profis verwenden zur Reinigung von auf diese Weise verschmutzten Datenträgern ein spezielles Feucht-Trocken-Verfahren. Dies gilt auch, wenn die Datenträger nach einem Brand mit Löschpulver in Berührung gekommen sind. Sie sollten auch in diesem Fall möglichst umgehend eine Fachwerkstatt bzw. einen Profi informieren, der sich der beschädigten Datenträger annimmt.

Wenn Sie sich dazu entschlossen haben, einen professionellen Datenretter einzuschalten, dann können Sie dessen Arbeit beschleunigen bzw. erleichtern, indem Sie die folgenden Informationen bereithalten. Die Chancen einer erfolgreichen Wiederherstellung Ihrer Daten sind um so größer, je mehr Informationen Sie zur Verfügung stellen können. Diese Informationen sind beispielsweise wichtig, um die Platte ohne langwierige Versuche zum Laufen zu bringen. Man wird bei einem Start der beschädigten Festplatte versuchen, als erstes die wichtigsten Daten zu lesen, denn oftmals hat man nur einen einzigen Versuch.

- Versuchen Sie, eine möglichst detaillierte Beschreibung des Schadenshergangs anzufertigen und genau zu beschreiben, durch welche Einflüsse der oder die Datenträger beschädigt wurden.
- Notieren Sie möglichst genau, was Sie bereits selbst unternommen haben, um die zerstörten Daten zu retten (möglicherweise sind Ihnen dabei Fehler unterlaufen, die unter Umständen anhand dieser Angaben wieder behoben werden können).
- Wie lange wurde der beschädigte Datenträger bereits benutzt (vor der Beschädigung)?
- Um welchen Datenträgertyp handelt es sich genau? Wichtig sind hier vor allem die genaue Modellbezeichnung und sonstige Spezifikationen, soweit diese bekannt sind.
- Handelt es sich bei dem zerstörten Datenträger (Festplatte) um ein SCSI-, AT-Bus-, ESDI- oder MFM/RLL-System?
- Mit welchen Parametern ist die Festplatte im BIOS des Systems angemeldet (Größe, logische Aufteilung usw.)?
- Unter welchem Betriebssystem wurden die Daten gespeichert?
- Welche Daten wurden in welchem Umfang gespeichert?
- Besteht ein Ausdruck des Inhaltsverzeichnisses (Directory)?
- Welche Daten oder Dateien sind besonders wichtig für die Datenrettung?

Probieren Sie auf keinen Fall die Daten mit herkömmlichen Tool zu retten, da diese Programme nicht auf die Datenrettung bei mechanischen Beschädigungen größeren Ausmaßes ausgelegt sind.

Sofern Sie eine Elektronikversicherung abgeschlossen haben, benachrichtigen Sie diese und fragen nach einer Kostenübernahme und eventuell nach entsprechenden Bedingungen.

14.3 Kosten für die Wiederherstellung verlorengegangener Daten

Möglicherweise liegen die verlorengegangenen Daten noch als Eingabebelege oder Ausdrucke vor. Legt man eine Eingabegeschwindigkeit von 200 Zeichen/Minute zugrunde, dann kann man für die reine Dateneingabe von 1 MByte etwa 83 Stunden veranschlagen. Bei einem kalkulatorischen Preis von 35 DM/Arbeitsstunde, ergibt dies eine Summe von knapp 3.000 DM.

Hier fällt sehr schnell ein erheblicher Geldaufwand an, der zumindest für ein Kleinunternehmen kaum noch tragbar ist.

Wesentlich schneller und preisgünstiger ist es, wenn die Informationen eines beschädigten Datenträgers gerettet bzw. wiederhergestellt werden können.

Professionelle Datenretter versuchen dies mit einer speziellen Ausrüstung. So steht beispielsweise ein Reinraum zur Verfügung, in dem eine Festplatte gefahrlos geöffnet werden kann. Hier wird dann auch der Versuch unternommen, sie noch einmal hochzufahren und die Daten auszulesen. Bleibt die Platte verschlossen, so werden mit Spezialwerkzeugen Vibrationen und Geräusche gemessen, die Aufschluß darüber geben, ob und inwieweit Schreib-/Leseköpfe und/oder Lager in Mitleidenschaft gezogen wurden. Außerdem gibt es dort Spezialsoftware, mit deren Hilfe es möglich ist, Daten von Magnetbändern zu retten, die auf normalen Bandlaufwerken nicht mehr gelesen werden können.

Die Frage nach einem exakten Preis zur professionellen Rettung von Daten ist natürlich nur individuell zu beantworten, da er von vielen Parametern abhängig ist.

Zuerst wird der tatsächliche Schadensumfang geprüft und der Aufwand zur hard- und softwareseitigen Instandsetzung geprüft, um einen Kostenvoranschlag zu erstellen. Ein solcher Kostenvoranschlag dürfte etwa 500 DM bis 1.000 DM kosten.

Datenrettungen können – bei Festplatten – mit einem Aufwand von wenigen hundert DM erfolgen (unabhängig von der Kapazität), sie können jedoch auch zu einer Belastung von mehreren 10.000 DM führen, wenn es erforderlich wird, Daten (in größerem Umfang) bitweise zu rekonstruieren.

Für die Wiederherstellung einer 1-GByte-SCSI-Festplatte muß man – abhängig von der Datenmenge und dem Betriebssystem – mit einer Summe zwischen 5.000 und 10.000 DM rechnen.

Die Aufarbeitung einer Diskette nach Kontakt mit Wasser, Schlamm, Brandgasen o. ä. erfordert einen finanziellen Aufwand von etwa 50 bis 100 DM. Danach ist festzustellen, inwiefern gespeicherte Daten noch vorhanden bzw. zu rekonstruieren sind. Eine Sicherung der Daten auf ein anderes Medium kostet je nach Aufwand (sofern keine Bitrekonstruktion erforderlich ist) im Mittel ca. weitere 50 DM. Für Streamertapes und vergleichbare Techniken liegen die Konditionen im Mittel ca. 20% bis 30% über denen für Disketten.

Eine Erfolgsgarantie wird jedoch normalerweise nicht übernommen.

Hier zwei Anschriften für weitere Informationen:

- MSS Media Security Service, J. Kupfrian, Lösenbacher Landstraße 57, 58515 Lüdenscheid, Telefon 0 23 51/7 96 35, Telefax: 0 23 51/78 61 49.
- Icotech Kommunikationstechnik GmbH, Gutenbergstr. 1, 85737 Ismaning, Telefon: 089/9 62 41 60, Telefax: 089/96 24 16 80.

15 Freie Fahrt auf der Datenautobahn

Modems und ISDN-Karten erfreuen sich nicht zuletzt aufgrund des Internet-Booms immer größerer Beliebtheit. Mit diesen Geräten stehen die Welt der Datenbanken und Online-Dienste sowie natürlich auch die immer noch zahlreiche Vielfalt der Mailboxen offen. Ständig sinkende Preise und immer schnellere Modems bzw. ISDN-Karten auf der einen Seite und das immens wachsende Informationsangebot auf der anderen Seite lassen ein solches Bauteil mittlerweile zur Standardausrüstung selbst bei Einsteiger-PCs werden.

Aber auch hier kommt es aufgrund fehlerhafter Installation der Hard- und Software oft zu Problemen. Erschwerend kommt hinzu, daß die Bedienungsanleitungen vieler Geräte hier auch nicht weiterhelfen, da gerade bei günstigen Angeboten eine mehr oder weniger schlechte Übersetzung vorliegt, die wenig aussagekräftig ist. Dieses Kapitel soll Ihnen helfen, wenn es zu Problemen kommt, sowie nützliche Tips und Ratschläge geben.

15.1 Installation und Konfiguration einer ISDN-Karte

Für manche Anwender kommt als DFÜ-Medium nur die ISDN-Karte in Frage, die zweifellos die derzeit schnellste Möglichkeit ist, dicht gefolgt von den 56er Modems, die mit ihrer Datenübertragungsrate nur knapp unter 60.000 bps liegen, während eine ISDN-Karte mit einer Höchstgeschwindigkeit von 64.400 bps arbeitet.

Jedoch findet manche Installation einer ISDN-Karte ein frühes »Ende«, und zwar bei der Konfiguration. Eine der verbreitetsten ISDN-Karten stammt aus der Teles S0-Reihe. Die beiden folgenden Abschnitte widmen sich der Hard- und Softwareinstallation dieser Karte.

15.1.1 Die Hardwareinstallation einer Teles S0/16.3-Karte

Bei der in diesem Beispiel vorliegenden Teles-Karte, wie auch bei anderen ISDN-Karten, gibt es zwei Varianten, und zwar ist die Karte entweder Plug&Play-fähig oder nicht. Die Unterschiede zwischen den beiden Karten finden Sie nur bei den ersten Installationsschritten, ansonsten besteht kein Unterschied.

Wenn Ihre ISDN-Karte nicht Plug&Play-fähig ist, dann müssen Sie zuerst überprüfen, welche Interrupts auf Ihrem System noch frei sind. Stellen Sie dazu, wie im Kapitel 8 ausführlich beschrieben, fest, welche Interrupts bereits von welchen Geräten belegt sind. Rufen Sie dazu den Gerätemanager auf und ermitteln für jedes Gerät über die Registerkarte RESSOURCEN einzeln den Interrupt oder verfahren Sie alternativ dazu wie folgt:

Klicken Sie im Desktop mit der rechten Maustaste auf das Icon ARBEITS-PLATZ, und wählen aus dem Popup-Menü den Eintrag EIGENSCHAFTEN. Wählen Sie im Dialogfenster EIGENSCHAFTEN FÜR SYSTEM die Registerkarte GERÄTE-MANAGER. Führen Sie anschließend einen Doppelklick auf den Eintrag COMPUTER aus und aktivieren das Funktionskästchen INTERRUPT (IRQ).

Sie erhalten nun einen Überblick, welche Interrupts von welchen Bauteilen bereits belegt sind und können die ISDN-Karte auf einen freien Interrupt konfigurieren oder gegebenenfalls ein anderes Gerät entsprechend umkonfigurieren.

Abb. 15.1:
Lassen Sie sich die aktuelle Belegung der Interrupts in Ihrem System anzeigen.

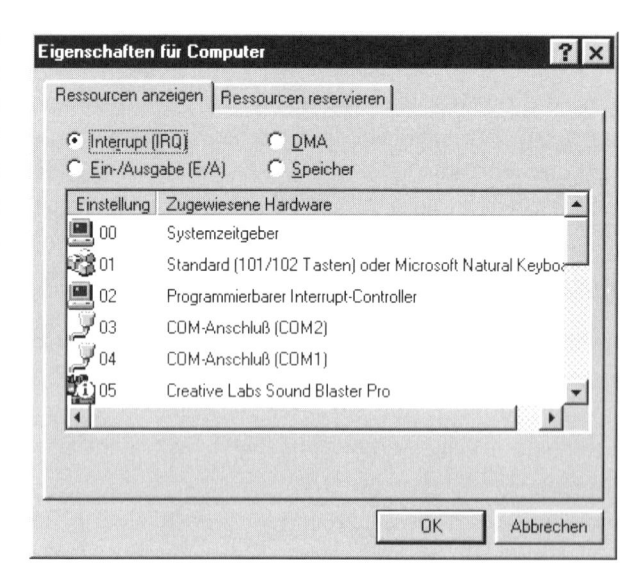

Sollte nur noch der Interrupt 9 frei sein, und Sie konfigurieren die ISDN-Karte auf diesen Bereich, dann kann es zu einer Fehlermeldung kommen, die Ihnen anzeigt, daß der programmierbare Interrupt-Controller nicht mehr funktionstüchtig ist. Da die Interrupts 2 und 9 miteinander gekoppelt sind, besteht allerdings keine Gefahr und Ihr PC wird normalerweise auch weiterhin laufen.

Plug&Play-Karten haben den Vorteil, einen freien Interrupt selber zu erkennen und sich auf diesen zu konfigurieren. So jedenfalls die Werbung. Manchmal funktioniert es aber nicht so recht, und Sie müssen trotz Plug&Play-Karte eine manuelle Konfiguration auf einen freien Interrupt vornehmen.

Die Installation der Karte wird genauso bewerkstelligt, wie der Einbau jeder anderen Erweiterungskarte auch:

15.1 Installation und Konfiguration einer ISDN-Karte

- Erden Sie sich, bevor Sie ein Bauteil Ihres Rechners berühren, indem Sie ein metallenes, blankes Teil des Rechnergehäuses berühren, damit die elektrostatischen Aufladungen abgeleitet werden.
- Öffnen Sie das Rechnergehäuse und suchen einen freien Erweiterungssteckplatz.
- Entfernen Sie die Slotblende am Rechnergehäuse.
- Fassen Sie die ISDN-Karte mit den Daumen und Zeigefingern beider Hände an und setzen die Erweiterungskarte senkrecht auf den Erweiterungssteckplatz auf. Drücken Sie die Karte in den freien Steckplatz. Sofern dies nicht auf Anhieb gelingt, wenden Sie keine Gewalt an, da Sie dadurch die Karte schnell zerstören können, sondern üben auf beide Seiten einen wechselseitigen Druck aus, bis sie in den Erweiterungssteckplatz einrastet (siehe Abbildung 15.11).
- Befestigen Sie die Karte mit der vorher gelösten Schraube am Rechnergehäuse und stellen die Kabelverbindung zum DFÜ-Anschluß her. Betreiben Sie die Karte an einer ISDN-Anlage wie beispielsweise einer Eumex-Anlage der Telekom, dann schließen Sie die ISDN-Karte direkt an die sogenannte NTBA-Dose (Netzteil Basisanschluß) an. Dies bringt zum einen den Vorteil, daß Sie auf der Anlage keinen Anschluß belegen, und Sie können über einen »Monitor« alle ein- und ausgehenden Rufe mitverfolgen bzw. protokollieren. Konnte beispielsweise ein Anrufer Sie nicht erreichen und verfügt über einen ISDN-Anschluß, dann erhalten Sie am Bildschirm eine Anzeige, welche Rufnummer zu welcher Uhrzeit bei Ihnen auf welcher Anschlußnummer angerufen hat, vorausgesetzt, der Anrufer hat das Übermitteln der Rufnummer nicht deaktiviert.
- Schließen Sie das Rechnergehäuse.

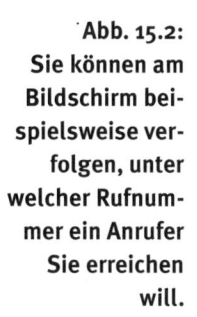

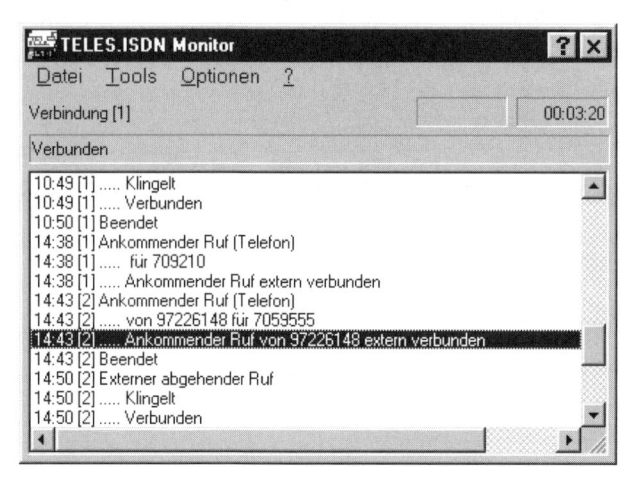

Abb. 15.2: Sie können am Bildschirm beispielsweise verfolgen, unter welcher Rufnummer ein Anrufer Sie erreichen will.

15.1.2 Die Softwareinstallation der Teles S0/16.3-Karte

Handelt es sich um eine Plug&Play-Karte, dann meldet Ihnen Windows beim Starten des Rechners, daß eine neue Hardware-Komponente gefunden wurde. Es wird ein Dialogfenster angezeigt, in dem Sie angeben müssen, wie bzw. von welcher Quelle aus die Installation der Treiber erfolgen soll. Handelt es sich um eine Plug&Play-Karte, dann aktivieren Sie die Funktion TREIBER AUF DISKETTE VON HERSTELLER und geben den entsprechenden Pfad an.

Handelt es sich nicht um eine Plug&Play-Karte, dann legen Sie die CD ein und warten einige Sekunden, bis die automatische Erkennung die Oberfläche des TELES ONLINE-PowerPacks startet. Wurde diese Erkennung deaktiviert, dann starten Sie diese Oberfläche manuell, indem Sie den Befehl START – AUSFÜHREN eingeben, im gleichnamigen Dialogfenster den Laufwerksbuchstaben Ihres CD-ROM-Laufwerks angeben und auf die Schaltfläche DURCHSUCHEN klicken. Anschließend wählen Sie den Eintrag SETUP.EXE oder CD_INST.EXE und verfahren wie folgt:

Abb. 15.3:
Die Oberfläche der Teles Online Power-Pack-CD

▶ Wählen Sie den Auswahlpunkt Select, den Sie in der linken unteren Ecke des Auswahlfensters finden. Es öffnet sich das Dialogfenster Auswahl. Wählen Sie hier den Eintrag TELES.Online PowerPack 6.0 (Win95) und bestätigen mit der Schaltfläche OK.

15.1 Installation und Konfiguration einer ISDN-Karte

- Das nächste Dialogfenster sind die TELES.OnlinePowerPack ISDN-Einstellungen. Wählen Sie aus der Dropdown-Liste LANDESKENNZIFFER den Eintrag +49 (DEUTSCHLAND), geben die Vorwahl Ihres Ortes an (beispielsweise 089, wenn Sie in München wohnen) und gegebenenfalls den Preis für die Gebühreneinheit.

- Betreiben Sie Ihre ISDN-Karte an einer Telekommunikationsanlage, beispielsweise einer Eumex-Anlage der Telekom, dann aktivieren Sie die Funktion AN TK-ANLAGE ANGESCHLOSSEN. Geben Sie unter HAUPTANSCHLUSS die Rufnummer an, auf die Sie die ISDN-Karte bzw. die TELES-Anwendungen konfigurieren wollen. Muß auf der angegebenen Nummer eine Amtsholung durchgeführt werden, dann geben Sie die Ziffer ein, mit der die Amtsholung durchgeführt wird. Meist ist dies die Null.

Wenn Sie die ISDN-Karte direkt an die NTBA-Dose Ihrer ISDN-Anlage anschließen, dann lassen Sie die Funktion AN TK-ANLAGE ANGESCHLOSSEN deaktiviert.

- Markieren Sie die jeweilige Anwendung. Im Anzeigefeld unter der Liste sehen Sie eine kurze Erläuterung zum jeweils ausgewählten Dienst. In den nebenstehenden Spalten wird ein kurzer Überblick gegeben, welche Anwendungen momentan Rufe entgegennehmen und welche Rufnummer dafür festgelegt wurde.

- In der Spalte RUFE ANNEHMEN erscheint standardmäßig der Eintrag NEIN. Wollen Sie eine Anwendung aktiv schalten, dann markieren Sie sie, klicken auf die Schaltfläche EINSTELLUNGEN und aktivieren im Dialogfenster KONFIGURATION die Funktion ANRUFE BEANTWORTEN.

- Abschließend erscheint ein Dialogfenster, das Sie darauf hinweist, daß die Installation des TELES.OnlinePowerPack nun erfolgreich abgeschlossen ist. Wenn Sie die CAPI installieren wollen, müssen Sie den Rechner neu starten. Standardmäßig ist dazu die Funktion COMPUTER JETZT NEU STARTEN aktiviert. Belassen Sie diese Einstellung und klicken auf die Schaltfläche BEENDEN, damit der Rechner neu gestartet wird.

- Nach dem Neustart der Rechners brauchen Sie nichts zu unternehmen. Es erscheint automatisch das Dialogfenster NEUE HARDWAREKOMPONENTE GEFUNDEN und standardmäßig ist die Funktion TREIBER AUF DISKETTE DES HARDWARE-HERSTELLERS aktiviert. Belassen Sie es bei dieser Einstellung und klicken auf die Schaltfläche OK.

- Anschließend wird Ihre Karte im Dialogfenster MODELL AUSWÄHLEN angezeigt. Bestätigen Sie auch hier mit OK.

Abb. 15.4:
Die Einstellungen für das Teles Online-PowerPack

Abb. 15.5:
Der Beginn der Installation für den ISDN-Adapter

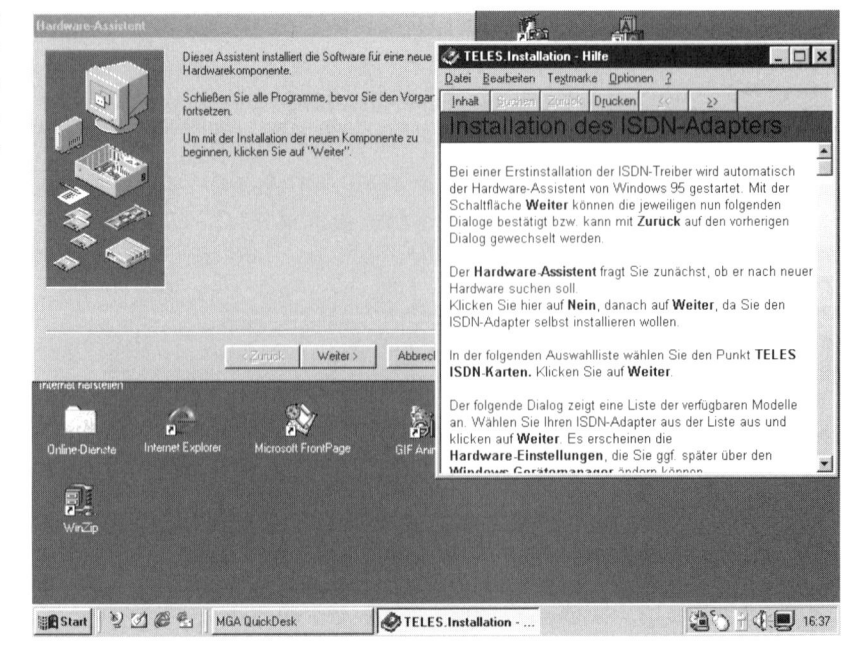

15.1 Installation und Konfiguration einer ISDN-Karte

> Bestätigen Sie den Zielpfad für die Installation oder wählen Sie über die Schaltfläche DURCHSUCHEN ein abweichendes Verzeichnis und klicken auf WEITER.

Abb. 15.6: Wählen Sie hier das Modell Ihrer ISDN-Karte aus.

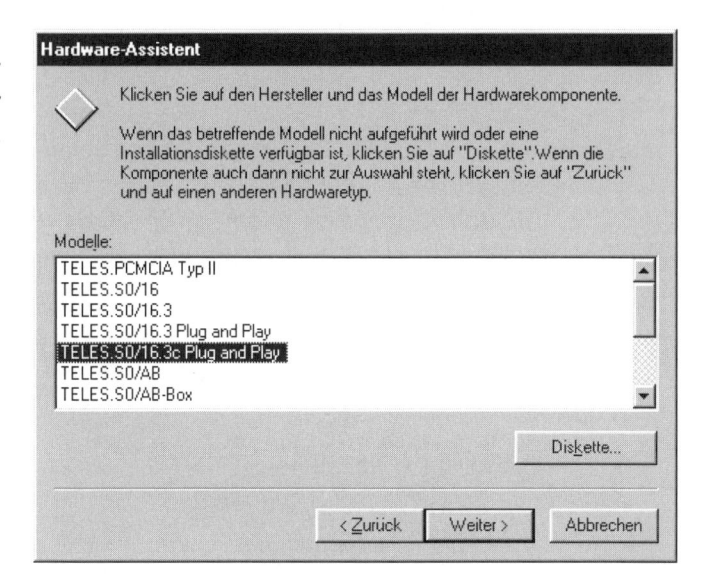

[Screenshot des Hardware-Assistenten mit Modellauswahl: TELES.PCMCIA Typ II, TELES.S0/16, TELES.S0/16.3, TELES.S0/16.3 Plug and Play, TELES.S0/16.3c Plug and Play (markiert), TELES.S0/AB, TELES.S0/AB-Box. Schaltflächen: Diskette, Zurück, Weiter, Abbrechen.]

Je nach Windows 95 Version A oder B kann auch gleich der Hardware-Assistent und ein Hilfefenster erscheinen, in dem Ihnen eine Erläuterung zur weiteren Vorgehensweise angezeigt wird. Mit der Schaltfläche WEITER bestätigen Sie die jeweiligen folgenden Dialogfenster bzw. können bei Bedarf über die Schaltfläche ZURÜCK in das vorherige Dialogfenster wechseln.

Der Hardware-Assistent will zunächst wissen, ob er nach neuer Hardware suchen soll. Klicken Sie hier auf NEIN, danach auf WEITER, da Sie den ISDN-Adapter selbst installieren wollen.

In der folgenden Auswahlliste des Dialogfensters wählen Sie den Punkt TELES ISDN-KARTEN bzw. TELES und klicken auf WEITER.

Das folgende Dialogfenster zeigt dann die erwähnte Liste der verfügbaren Modelle an. Wählen Sie Ihren ISDN-Adapter aus der Liste aus und klicken auf WEITER. Es wird anschließend die Software installiert und der Computer muß erneut gestartet werden, das heißt, es handelt sich um die gleiche Vorgehensweise, wie zuvor beschrieben, nur mit einem anderen Eingangsbildschirm.

98 Aufgrund der Unterschiede zwischen Windows 95 und Windows 98 kann es bei der Installation und beim Betrieb von TELES.ISDN-Karten mit Treibern bis einschließlich Version 3.26 unter Windows 98 zu Problemen kommen. Bei der Installation der TELES-Treiber bis Version 3.26 kann es zu einer unvollständig ausgeführten Installation kommen. Der Hardware-Assistent beendet dabei nach der Auswahl der TELES-ISDN-Karte die Installation scheinbar erfolgreich, ohne überhaupt Dateien zu kopieren oder Anschlußdaten abzufragen. Das Problem tritt dann auf, wenn die Installation durch den Aufruf des Programms über die Dateien Setup.exe oder Install. exe gestartet wurde. Ist dies einmal geschehen, dann wurden Einträge in der Registrierungsdatenbank vorgenommen, die eine weitere Installation verhindern. TELES arbeitet zwar an einer Nachfolgeversion 3.29, die über den Support-Server im Internet unter www.teles.de zur Verfügung gestellt wird, jedoch können Sie dieses Problem wie folgt umgehen:

- Falls vorhanden, entfernen Sie den Eintrag für die TELES-ISDN-Karte aus dem Geräte-Manager. Sie deinstallieren dadurch die ISDN-Treiber.
- Führen Sie das Programm Cleanreg.exe aus, das Sie im Verzeichnis \Deutsch\Capi\Disk1 finden.
- Booten Sie den Rechner neu.
- Die Plug&Play-Karte wird von Windows automatisch erkannt.
- Aktivieren Sie im Assistenten die Funktion NACH DEM BESTEN TREIBER FÜR DAS GERÄT SUCHEN.
- Aktivieren Sie die Funktion CD-ROM-LAUFWERK, wenn Sie von der CD-ROM installieren, oder geben Sie den Pfad zum Diskettenlaufwerk an.
- Der Treiber müßte anschließend an der angegebenen Position gefunden werden und wird installiert.
- Das bereits beschriebene Installationsprogramm kann anschließend durchlaufen werden.

Abb. 15.7:
Geben Sie die Quelle für den TELES-ISDN-Treiber an.

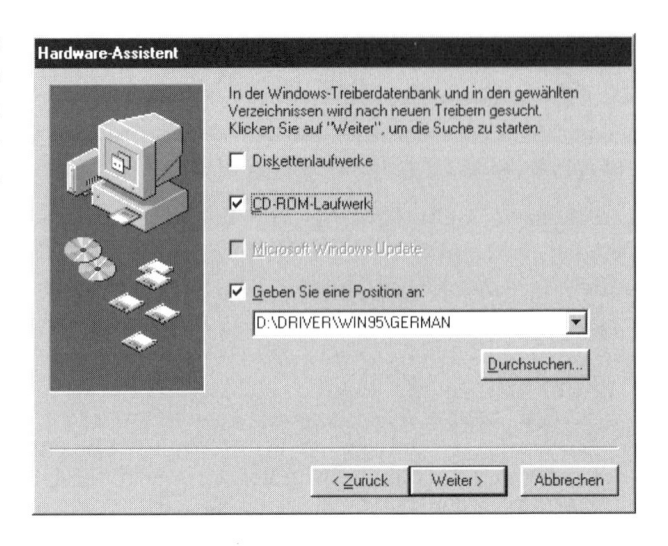

Handelt es sich um eine Nicht-Plug&Play-Karte, dann benötigen Sie das Hilfsprogramm Inst98.exe, das Sie unter der oben erwähnten Internet-Adresse herunterladen können. Anschließend verfahren Sie wie folgt:

- Falls vorhanden, entfernen Sie den Eintrag für die TELES-ISDN-Karte aus dem geräte-Manager. Sie deinstallieren dadurch die ISDN-Treiber.
- Booten Sie den Rechner neu.

Führen Sie das Programm Inst98.exe aus. Dieses Tool kopiert zwei Dateien und erzeugt einige Einträge in der Registrierungsdatenbank.

Starten Sie die Treiber-Installation durch den Aufruf von Install.exe oder Setup.exe. Sie finden es auf der PowerPack-CD im Verzeichnis \Deutsch\Capi\Disk1.

Ab der Version 3.29 des TELES-ISDN-Treibers ist die Installation unter Windows 98 ohne Probleme möglich.

Im Laufe der Softwareinstallation für die TELES-ISDN-Karte müssen Sie im Dialogfenster TELES ISDN TREIBER SETUP noch die in der Abbildung 15.8 gezeigten Parameter angeben.

Für das D-Kanal-Protokoll ist standardmäßig DSS1 (DEUTSCHLAND) für das Euro-ISDN voreingestellt. Normalerweise können Sie diese Einstellung belassen. DSS1 bedeutet *Digital Subscriber Signaling Protocol No. 1* und steht für das seit 1993 in Deutschland eingeführte flächendeckende Euro-ISDN, das sich in wesentlichen Bestandteilen vom nationalen 1TR6-Protokoll unterscheidet. Das letztgenannte Protokoll hatte als wesentliches Merkmal die Vergabe von EAZ für die verschiedenen Dienste, die die jeweils letzte Ziffer einer Rufnummer kennzeichnen. Dieses Protokoll ist aber wie gesagt kaum noch gebräuchlich.

In das Feld VORWAHL tragen Sie Ihre eigene Ortsvorwahl ein, also beispielsweise 089 für München usw.

In das Feld RUFNUMMER tragen Sie die Rufnummer Ihres ISDN-Anschlusses ein, über die Sie die ISDN-Karte wählen lassen wollen. Diese Rufnummer wird auch für den ISDN-Anschluß-Test verwendet. Bei DSS1 geben Sie die komplette Rufnummer ein, bei 1TR6 wird zusätzlich eine EAZ eingegeben, die normalerweise die letzte Ziffer der Rufnummer ist. Bei Nebenstellenanlagen geben Sie nur die Durchwahl mit vorangestelltem Bindestrich an, damit der Test nicht über die Amtsleitung erfolgt.

Für die Nebenstellenanlage/Amtsholung aktivieren Sie die gleichnamige Funktion und geben die Amtsholungsziffer ein. Normalerweise handelt es sich hierbei um die Null, es kann aber herstellerabhängig auch abweichen. Bei einem Direktanschluß, also wenn Sie die ISDN-Karte direkt an der NTBA-Dose anschließen, bleiben diese Felder leer.

Klicken Sie auf die Schaltfläche WEITER, und es werden die Treiber für TELES.VCOMM und TELES.WAN-NDIS-Miniport installiert. Für die Miniport-Installation kann es sein, daß Ihre Windows-CD angefordert wird. Abschließend starten Sie Ihren Rechner erneut, damit die Einstellungen wirksam werden.

Abb. 15.8: Geben Sie das D-Kanal-Protokoll sowie Ihre Anschlußnummer ein.

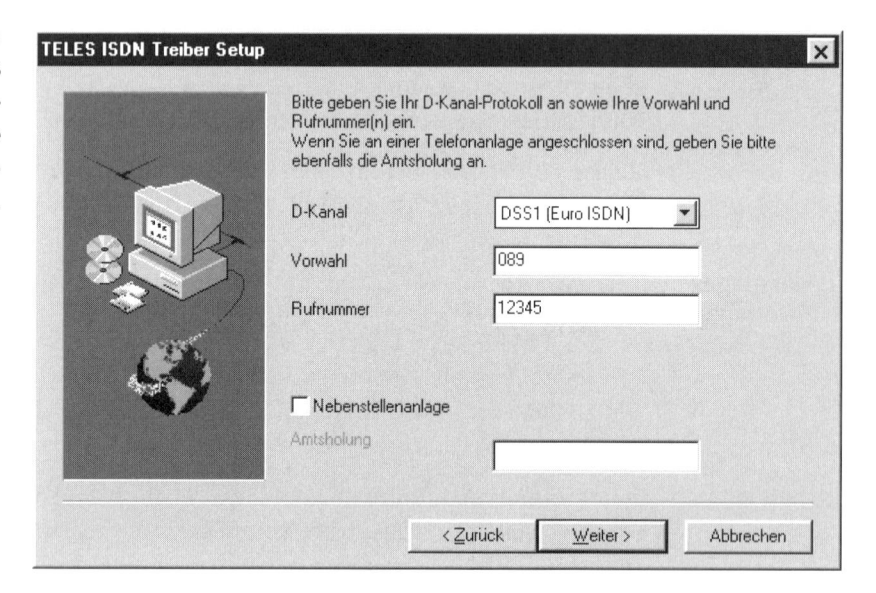

Das Installationsprogramm kopiert die erforderlichen Dateien auf die Festplatte, und zwar nicht nur die CAPI-Treiber, welche als Schnittstelle zwischen ISDN-Software und der ISDN-Karte fungiert, sondern auch die Hardwaretreiber für Windows. Dies sind insbesondere die Vcomm-Treiber, über die die Modem-Emulationen für die TELES-Karte bereitgestellt werden.

Wundern Sie sich nicht, wenn Sie aufgefordert werden, die Parameter, die Sie gerade eingegeben haben, noch einmal anzugeben, also das D-Kanal-Protokoll, die Rufnummer usw. Das Feld SPID sollte allerdings frei bleiben. Auch das Feld für die zweite Rufnummer müssen Sie nur dann belegen, wenn die ISDN-Karte auf eine weitere Rufnummer reagieren soll. Bestätigen Sie die Angaben durch die Schaltfläche WEITER und beenden die Installation mit der Schaltfläche FERTIGSTELLEN. Windows muß erneut gestartet werden.

Sollte der Hinweis erscheinen, daß die Installation der CAPI-Treiber unvollständig sei, muß dies nicht unbedingt bedeuten, daß nicht alle benötigten Treiberdateien kopiert wurden, sondern es kann sich auch um ein Interrupt-Problem bei der ISDN-Karte handeln. Um dies zu überprüfen, starten

15.1 Installation und Konfiguration einer ISDN-Karte

Sie das Dialogfenster EIGENSCHAFTEN FÜR SYSTEM und den Geräte-Manager und sehen sich den Inhalt der Registerkarten ALLGEMEIN, TREIBER und RESSOURCEN an. Hier werden gegebenenfalls Konflikte angezeigt. Wenn ein Interrupt geändert werden muß, dann markiern Sie in der Registerkarte RESSOURCEN den Eintrag INTERRUPT, deaktivieren die Funktion AUTOMATISCH EINSTELLEN und klicken auf die Schaltfläche EINSTELLUNG ÄNDERN. Im Dialogfenster INTERRUPT BEARBEITEN können Sie dann im Feld WERT einen anderen Interrupt angeben, der noch nicht belegt ist. Auch hier muß der Rechner neu gestartet werden, damit die Einstellungen Gültigkeit erlangen.

Abb. 15.9:
Wählen Sie hier einen anderen Interrupt aus.

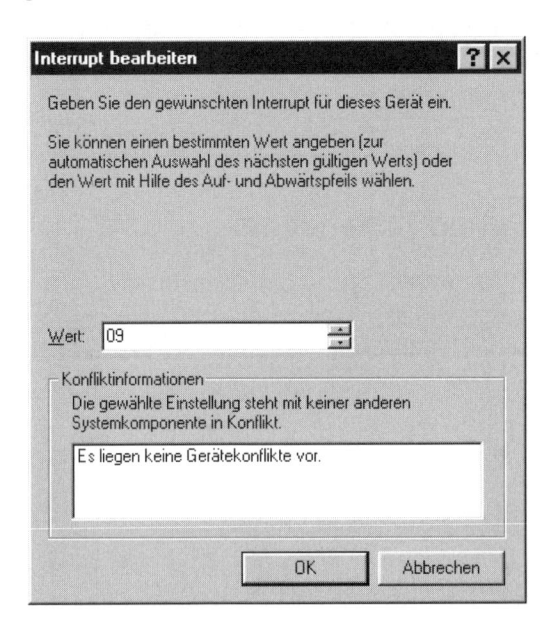

98 Wenn die Verbindung über die ISDN-Karte trotzdem nicht klappen will, dann wählen Sie den Befehl START | PROGRAMME | ZUBEHÖR | ISDN-PROGRAMME | ASSISTENT FÜR DIE ISDN-KONFIGURATION.

Es handelt sich hier vorrangig um das D-Kanal-Protokoll sowie um die Rufnummer(n). Abhängig vom D-Kanal-Protokoll kann es sein, daß Sie vom Hersteller weitere Informationen erhalten haben, beispielsweise betreffend des SPID. Der Assistent wird Sie auffordern, die Informationen einzugeben.

Abb. 15.10:
Geben Sie zusätzliche Informationen für die ISDN-Konfiguration ein.

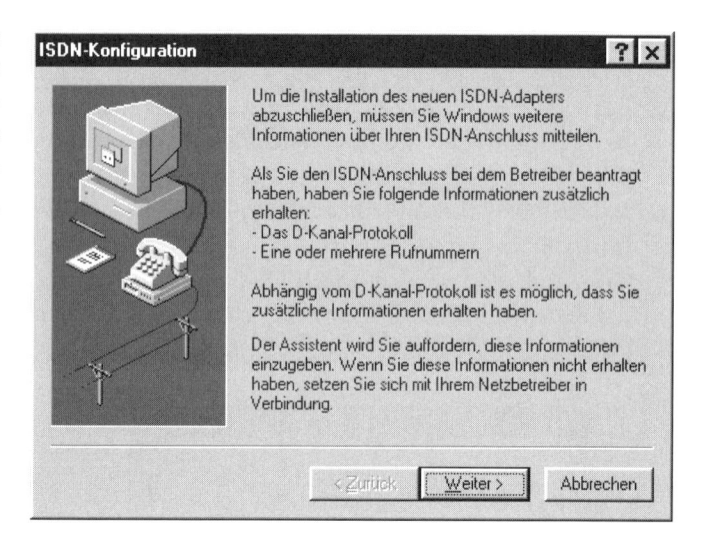

15.2 Modems und Faxmodems

Standardmäßig werden interne Modems verkauft. Hauptsächlich aufgrund des geringeren Anschaffungspreises, aber auch wegen der Bequemlichkeit. Externe Geräte sind unhandlicher und belegen zusätzlichen Platz auf dem Schreibtisch. Ob ein internes oder externes Modem die beste Lösung ist, hängt natürlich vom Einzelfall ab. Beide Varianten haben Vor- und Nachteile.

Vorteile eines externen Modems

- Bei einem externen Modem befinden sich an der Vorderseite des Gehäuses Kontrollämpchen, an denen man die augenblickliche Aktivität des Modems erkennen kann (Daten senden, Daten empfangen, wählen usw.). Nicht alle Modems bieten eine Funktion über die Software zur Anzeige dieser Funktionen am Bildschirm.
- Bei einem Systemabsturz (der beispielsweise durchaus von der Terminalsoftware verursacht werden kann) genügt es oft, das Modem auszuschalten. Bei einem internen Modem gibt es diese Möglichkeit nicht, es muß gleich der ganze Rechner abgeschaltet werden, was unter Umständen (nicht gesicherte Dateien usw.) einen Datenverlust nach sich zieht.
- Außerdem kann das externe Modem jederzeit schnell an einen anderen Ort transportiert und beispielsweise an einem anderen Computer betrieben werden.

Vorteile eines internen Modems

- Bei einem internen Modem entfallen die Stromleitung (Netzteil) und die Datenleitung zum PC, da beides über den Erweiterungssteckplatz geliefert wird.
- Außerdem braucht keine serielle Schnittstelle belegt zu werden, zumindest nicht am Gehäuse.
- Das interne Modem beansprucht keinen Platz. Gerade bei kleineren Arbeitsflächen, die ohnehin schon von Drucker, Desktop-Gehäuse, Tastatur, Scanner usw. zugestellt sind, ist dies ein bedeutender Aspekt.
- Darüber hinaus ist das interne Modem etwas preisgünstiger, da Bauteile wie Gehäuse, Netzteil und Kontrollämpchen fehlen.

15.2.1 Anschließen und Konfigurieren eines externen Modems

Ein Modem kann entweder als »normales« Modem oder als Faxmodem vorliegen. Mit dem letztgenannten Gerät können Sie außer den üblichen Funktionen auch Faxe senden und empfangen. Vorausgesetzt, Sie verfügen zusätzlich über die entsprechende Software. Hinsichtlich des Anschlusses unterscheiden sich diese Gerätearten nicht voneinander.

In letzter Zeit werden diese Unterscheidungen allerdings nur noch sehr selten getroffen. Eine Fax- sowie auch eine Voicefunktion (beispielsweise zum Einsetzen des Modems als Anrufbeantworter) sind in fast allen gängigen Markenmodems enthalten. Lediglich Billigangebote stellen hier eine Ausnahme dar.

1. Arbeitsschritt: Verkabelung

In der Regel benutzen die meisten handelsüblichen Modems ein externes Netzteil. Stellen Sie eine geeignete Stromverbindung her.

Sie sollten auf jeden Fall das Originalnetzteil verwenden. Selbst wenn ein Fremdteil laut Aufdruck oder Hinweis in der Bedienungsanleitung dieselbe Ausgangsspannung und Stromstärke bietet, können die Werte geringfügig abweichen und somit eine Fehlerquelle darstellen.

Das Modem wird mit dem Computer über eine serielle Schnittstelle (COM-Port) verbunden. Sie sollten dazu auf jeden Fall das vom Hersteller mitgelieferte Originalkabel verwenden. Liegt dies im Lieferumfang nicht bei, dann besorgen Sie sich im Computerfachgeschäft ein sogenanntes *1:1 belegtes, serielles, voll durchkontaktiertes Kabel* in der passenden Länge. Normalerweise ist dies ein Kabel mit einem 25-poligen Stecker und einer entsprechenden, ebenfalls 25-poligen Buchse.

Liegt die serielle Schnittstelle an Ihrem PC nur als 9-poliger Anschluß vor oder ist nur noch ein solcher frei, dann können Sie zwar einen entsprechenden Adapter mit einer 9-poligen Buchse und einem 25-poligen Stecker einsetzen, der auch als »Mausadapter« verkauft wird; bei diesem Gerät ist allerdings Vorsicht angesagt, denn die einzelnen Pole des Mausadapters sind mitunter nicht voll belegt. Das Modem kann durchaus vordergründig funktionieren, es kann aber zu Störungen im Datenübertragungsbereich kommen. Prüfen Sie dies also entweder sehr sorgfältig, oder besorgen Sie sich einen speziellen Modem-Adapter im Fachhandel.

Zuletzt verbinden Sie das Modem mit dem hoffentlich ebenfalls im Lieferumfang enthaltenen *TAE-Kabel* mit der Telefondose. Sie sollten auch hier auf ein Originalteil zurückgreifen und dies gegebenenfalls beim Hersteller bestellen, sofern kein Kabel mitgeliefert wurde (oder Sie das Modem gebraucht ohne Kabel gekauft haben). Diese TAE-Kabel sind zwar ebenfalls im Fachhandel erhältlich, können aber eine unterschiedliche Belegung der einzelnen Kabelstränge haben. Bei einer falschen Belegung der Anschlußkontakte wird Ihr Modem nicht funktionieren.

2. Arbeitsschritt: Software als Vermittler zwischen Modem und PC

Jetzt muß sich Ihr Modem mit dem PC auch irgendwie verstehen können. Dazu gibt es eine ganze Reihe verschiedener sogenannter *Terminal-Programme*. Die grundlegendste Unterscheidung liegt darin, ob es sich bei der entsprechenden Software um eine DOS- oder eine Windows-Lösung handelt. Welche Lösung die beste ist, kann generell natürlich nicht beantwortet werden – probieren Sie es am besten aus. DOS-Programme haben den Vorteil, daß bei ihrer Verwendung zusätzliche Komplikationen mit Windows ausgeschlossen sind.

Sollten Sie über kein Termimal-Programm verfügen, dann sehen Sie einmal nach, ob im Lieferumfang Ihres Modems eines enthalten ist. Meist handelt es sich dabei um die abgespeckte Version eines im Handel befindlichen Programms. Zum Ausprobieren genügt auch das Windows-eigene Programm, das Sie mit dem Icon *Terminal* aufrufen. Mit der Standardinstallation von Windows wird es gleich beim Installieren mit auf die Festplatte übertragen.

3. Arbeitsschritt: Grundeinstellungen vornehmen

In der Regel werden die Modems mit einer werksseitigen Grundeinstellung versehen. Damit Sie sicher sein können, daß diese Grundeinstellung auch dann vom Modem benutzt wird, wenn sie vorher verstellt wurde, gibt es die Möglichkeit, daß Sie Ihr Modem mit einem entsprechenden *AT-Befehl* auf diese werksseitig vorgenommene Einstellung zurücksetzen.

In der Regel ist dies der Befehl AT&F. Im Konfigurationsspeicher des Modems werden dann diese zurückgesetzten Einstellungen gespeichert, dies geschieht normalerweise mit dem Befehl AT&W.

Damit eine korrekte Datenübertragung gesichert ist, wird ein sogenannter *Hardware-Handshake* zwischen PC und Modem ausgetauscht. Dabei handelt es sich um eine Signalisierung, wann Daten zwischen diesen beiden Komponenten ausgetauscht werden und wann nicht. Die Konfiguration Ihres Modems sieht die Aktivierung dieses Hardware-Handshakes über Methoden wie beispielsweise RTS/CTS vor. Andere Methoden wie der Software-Handshake XON/XOFF oder DTR/DSR (genaue Hinweise dazu entnehmen Sie der technischen Dokumentation des Modems) müssen dazu deaktiviert sein.

4. Arbeitsschritt: Auf Nebenstellenbetrieb einrichten

Wenn Sie Ihr Modem an einer herkömmlichen Telefondose (Dreierkombination, an der Sie Fax oder Modem, Telefon und Anrufbeantworter anschließen können) betreiben, dann ist alles klar. Wollen Sie es jedoch an einer Nebenstelle anschließen, dann müssen Sie es so konfigurieren, daß es sich auch in eine Amtsleitung einwählen kann. Beim Telefon an einer Nebenstelle wird dann z.B. eine Null vorgewählt.

In einem solchen Fall kann dann das Modem keinen Amtston auf der Leitung erkennen und wird dementsprechend abbrechen, es sei denn, es wurde ihm mitgeteilt, daß erst eine Amtsleitung anzuwählen ist. Um eine Amtsleitung zu erhalten, muß entweder eine Null vorgewählt oder eine sogenannte *Erdtaste* gedrückt werden. Im letzeren Fall brauchen Sie ein Modem, das dazu fähig ist, diese Erdtaste anzuwählen, ansonsten ermöglicht das Modem nur Verbindungen innerhalb der Telefonanlage. Unterstützt Ihr Modem das Ansteuern einer solchen Erdtaste, dann müssen Sie im Wählbefehl das Zeichen > angeben.

Vergewissern Sie sich, wie in Ihrer Telefonanlage gewählt wird. Je nachdem, ob dies im Ton- oder Impulswahlverfahren geschieht, muß dies dem Modem mitgeteilt werden.

5. Arbeitsschritt: Konfiguration zur Kommunikation mit privaten Mailboxen

Wollen Sie das Modem dazu verwenden, mit privaten Mailboxen zu kommunizieren, dann nimmt Ihr Modem dazu mit einem anderen Modem Kontakt auf. Üblicherweise ist dieses Modem so eingestellt, daß es auf Automatik-Betrieb steht, das heißt, es kann sich den Gegebenheiten des anrufenden Modems in gewissen Grenzen anpassen. Das sollte Ihr Modem auch können. Wählen Sie beispielsweise eine Mailbox an, die eine starre Übertragungsrate von 28.800 Baud vorsieht, und Ihr Modem ist auf eine starre Übertragungsrate von 57.600 Baud eingestellt, dann können diese beiden Modems nicht miteinander kommunizieren, sprich: es wird keine Verbindung aufgebaut.

Stellen Sie Ihr Modem also auf einen Automatik-Betrieb, so daß eine Verbindung mit Datenkompression und Fehlerkontrolle sowie in der höchsten von beiden Modems unterstützten Übertragungsrate erfolgt.

15.2.2 Anschließen und Konfigurieren eines internen Modems

Prinzipiell wird die Karte genauso installiert wie jede andere Erweiterungskarte auch:

1. Suchen Sie einen passenden freien Erweiterungssteckplatz.

2. Entfernen Sie die Slotblende (metallene Abdeckung des Schlitzes an der Gehäuserückwand), indem Sie die Schraube an der Oberseite der Blende losschrauben.

3. Fassen Sie die Modem/Faxmodemkarte vorsichtig mit Daumen und Zeigefinger jeweils an der linken und rechten Ecke an und setzen Sie sie senkrecht auf den Erweiterungsplatz.

4. Drücken Sie die Karte mit sanftem Druck in den Erweiterungssockel.

5. Sollte sich die Karte nicht gleich hineinschieben lassen, dann üben Sie einen wechselseitigen steigenden Druck auf die Kartenecken aus, wenden dabei aber keine Gewalt an. Gerade bei Steckplätzen, die vorher noch nicht durch eine Erweiterungskarte belegt waren, ist ein wenig mehr Kraftaufwand nötig.

6. Eine Stromversorgung sowie die Verbindung zur seriellen Schnittstelle entfallen, da beide über den Steckplatz erfolgen.

Falls das Kabel zur Telefondose nicht reicht, besorgen Sie sich im Fachhandel eine Verlängerung. Diese Verlängerung wird am Stecker, der zur Telefondose führt, angesetzt, da der andere Teil, also der Anschluß an die interne Faxmodemkarte, verschieden belegt sein kann, je nachdem, ob es sich um ein Fax, ein Modem oder ähnliches handelt.

Abb. 15.11:
Der Einbau einer TELES ISDN-Karte.

Abb. 15.12:
Anschließen des TAE-Kabels an die TELES ISDN-Karte.

**Abb. 15.13:
Verlängerung
des TAE-Kabels.**

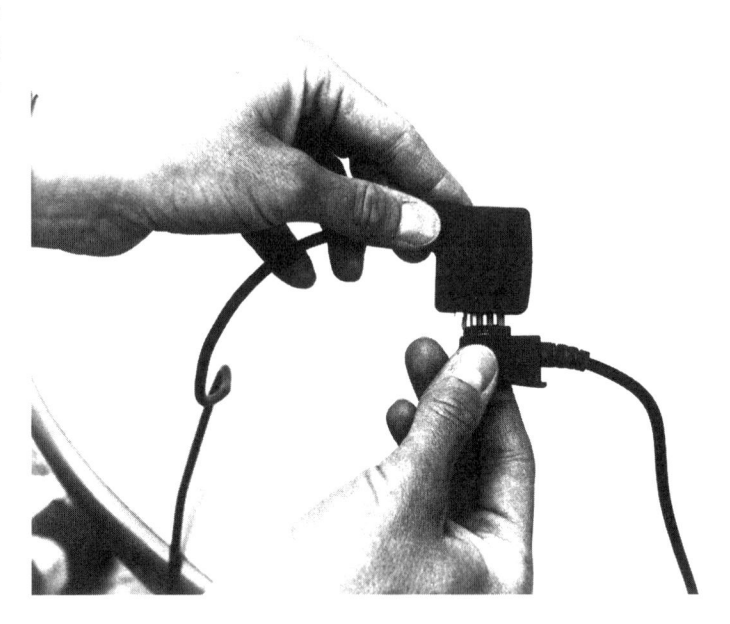

15.2.3 Vor- und Nachteile der Faxkarte gegenüber dem herkömmlichen Faxgerät

Wie bereits erwähnt, beinhalten die meisten Modems eine Faxfunktion. Es liegt natürlich nahe, diese auch zu nutzen. Zumal der Nachteil des bei älteren Faxgeräten verwendeten Thermopapiers kaum noch ins Gewicht fällt, da mittlerweile beinahe alle modernen Faxgeräte mit Normalpapier arbeiten.

- Faxe, die Sie aufheben wollen, lassen sich viel einfacher registrieren, verwalten und wiederauffinden, wenn sie auf einem Datenträger gespeichert und entsprechend registriert sind.
- Auch den Faxausgang können Sie per Computer einfacher gestalten, da das Dokument, gleichgültig ob es sich dabei um einen Brief oder eine Grafik handelt, nicht mehr ausgedruckt und in das Faxgerät geschoben werden muß, sondern in den üblichen Dateiformaten wie etwa PCX oder TIFF versandt werden kann.
- Darüber hinaus ist die Speicherkapazität der Kurz- oder Direktwahlnummern bei einem herkömmlichen Faxgerät begrenzt, so daß über kurz oder lang ein Faxnummern-Verzeichnis angelegt werden muß. Über den Computer und eine entsprechende Software lassen sich beliebig viele Faxnummern speichern (vorausgesetzt, es ist genügend Platz auf der Festplatte vorhanden). Der gewünschte Faxpartner kann per Mausklick angewählt werden.

- Empfangene Dokumente lassen sich über den PC weiterverarbeiten. Voraussetzung dafür ist allerdings, daß die Faxsoftware über eine Texterkennung (OCR) verfügt.
- Die Übertragung erfolgt sauber und gestochen scharf, da der PC – im Gegensatz zum Faxgerät – keine Texte Punkt für Punkt abtasten muß. Außerdem kann der PC keine Seiten schief einziehen (wer häufiger stapelweise Faxe verschickt, weiß davon ein Lied zu singen).
- Über das Modem stehen weitere Möglichkeiten offen, beispielsweise die Recherche in Datenbanken, der Betrieb von Bildschirmtext (Btx), Homebanking usw.
- Last but not least mag mancher Anwender sich über manch überflüssiges Fax, besonders in Form von Werbebriefen, ärgern, da mit solchen Sendungen unnötiger Papierverbrauch verbunden ist. Ungebetene oder uninteressante Faxe, die via PC ankommen und gespeichert werden, sind hingegen schnell von der Festplatte gelöscht.

Eine prima Sache also? Na ja, ein paar Nachteile der Faxmodemkarte wären dennoch zu nennen, wobei das kleinste Übel sicherlich noch der Umstand ist, daß der Computer betriebsbereit sein muß, wenn er ein Fax empfangen soll (ein herkömmliches Faxgerät wird bedenkenlos das ganze Jahr über in Betriebsbereitschaft gelassen). Beim Computer besteht allerdings die Möglichkeit, daß er sich bei einem ankommenden Fax selbsttätig einschaltet. Dazu ist aber ein externer Schalter notwendig. Darüber hinaus gibt es auch Geräte, die zwischen Computer und Anschlußdose geschaltet werden, und ankommende Faxe bis zum späteren Einschalten des Rechners speichern.

- Das größte Manko – zumindest für einen Computerlaien – ist die Installation der zugehörigen Software. Leider weisen nicht alle Geräte eine schlüssige Dokumentation auf. Oftmals handelt es sich, gerade bei Billiggeräten, um eine minderwertige Übersetzung.
- Es lassen sich nicht Dokumente jeder Art sofort faxen. Denken Sie an eine handschriftliche Skizze (beispielsweise eine Idee für ein Logo), eine kurze Notiz, ein Kommentar oder eine Seite aus einem Katalog oder einer Akte. Die Übermittlung eines solchen Dokuments erfolgt mit einem herkömmlichen Faxgerät wesentlich schneller, da ein solches Dokument einfach in den Einzugsschacht des Geräts gelegt werden kann. Soll der Versand des Dokuments über ein internes Faxmodem erfolgen, dann muß es erst in den PC gebracht, sprich: über einen Scanner eingelesen werden.
- Faxgeräte sind auch von einem technischen Laien in der Regel nach einer kurzen Einweisung zu bedienen, die Installation und Einstellung eines Modems samt Software kann erheblich länger dauern.

15.2.4 Was ist beim Telefonanschluß zu beachten?

Prinzipiell können Sie das Modem oder die Faxkarte über einen einzigen Telefonanschluß anschließen, jedoch bringt diese Möglichkeit zwei entscheidende Nachteile mit sich:

1. Sie können nicht gleichzeitig ein Fax senden oder empfangen, faxen und telefonieren.
2. Sie sind sich bei einem eingehenden Anruf nicht sicher, ob es sich um ein Telefonat oder ein Fax handelt. Sie wissen es erst dann, wenn Sie den Hörer des Telefons abgehoben haben; ertönt eine Folge von Signaltönen, die zur Abstimmung der beiden Geräte dient, dann war es ein Fax. Die Leitung und damit auch die Faxübertragung sind aber durch das Abheben des Telefonhörers unterbrochen.

Drei Möglichkeiten führen aus dieser Misere:

1. Sie kaufen ein *Faxtelefon*, denn dieses Gerät beinhaltet Telefon und Fax in einem Gehäuse. Außerdem ist bei einigen Geräten auch noch ein Anrufbeantworter integriert. Dieses Gerät ist in der Lage, bei einem eingehenden Anruf zu unterscheiden, ob es sich um ein Telefonat oder ein Fax handelt.
2. Sie benutzen eine *Faxweiche*, also ein Gerät, welches zwischen die Telefondose und das Modem geschaltet wird und am eingehenden Signal erkennt, ob es sich um einen Anruf oder ein Fax handelt und das Signal entsprechend entweder auf das Telefon oder das Fax umleitet. Ein solches Gerät ist zu einem Preis von rund 300 DM beispielsweise im Telefonladen der Telekom erhältlich.
3. Die dritte Alternative ist ein zweiter Telefonanschluß, der allerdings zusätzliche Kosten verursacht. Für diesen Anschluß erhalten Sie eine separate Telefonnummer.

15.2.5 Technische Spezifikationen

Faxgeräte werden in vier Gruppen eingeteilt, wobei Sie die Gruppen 1 und 2 vergessen können, da sich diese auf veraltete Geräte beziehen, die kaum noch im Handel erhältlich sind.

Die derzeit am meisten verbreiteten Geräte gehören der Gruppe 3 an und unterliegen einem Standard, der die Übertragung auf analogen Telefonleitungen regelt und zwei Auflösungen unterstützt, und zwar 200 x 200 und 200 x 100 dpi (dots per inch = Punkte pro Zoll).

Die Gruppe 3 splittet sich noch einmal in die Klassen 1 und 2 auf. Hier liegt auch eine mögliche Fehlerquelle, wenn sich das Modem nicht mit der Faxsoftware versteht. Geräte, die die Klasse 1 unterstützen, sind wesentlich schneller, aber nicht abwärtskompatibel zu denen der Klasse 1.

Geräte der Gruppe 4 sind für die Datenübertragung über das ISDN-Netz konzipiert und sind sehr schnell, da sie mit 64.000 Bits pro Sekunde übertragen können. Nachteil dieser Angelegenheit ist allerdings, daß ein Gerät der Gruppe 4 nicht mit einem der Gruppe 3, geschweige denn 2 oder 1, kommunizieren kann.

Die Einteilung in Gruppen und Klassen berührt jedoch nicht die Geschwindigkeit, mit der ein Modem oder eine Faxkarte die Daten übertragen kann.

Als Einheit zur Angabe der Übertragungsgeschwindigkeit hat sich »Baud« durchgesetzt. Dieses Maß wird allerdings selten korrekt benutzt. Es existieren beispielsweise keine 28.800-Baud-Modems, sondern vielmehr nur solche, die in der Lage sind, Daten mit 28.800 bps (bits per second = Bit pro Sekunde) zu übertragen. Der feine Unterschied: Baud bezeichnet die Anzahl der Übertragungsschritte, die ein Modem pro Sekunde ausführen kann. Es kommt darauf an, mit welchem Modulationsverfahren und Protokoll gearbeitet wird, denn hier können pro Übertragungsschritt ein oder mehrere Datenbits übertragen werden.

15.3 Modem-Software

Ein Modem ist die hardwaremäßige Komponenete einer Datenfernübertragung. Allerdings ist auch noch eine entsprechende Software nötig. Auch hier ist der Markt riesig.

Zwar ist das Windows-eigene Terminal-Programm verwendungsfähig, jedoch wenig komfortabel. Auf dem Shareware-Markt gibt es ebenso gute Programme wie auch bei den kommerziellen Anbietern.

Das Modem muß über eine solche Terminal-Software eingerichtet bzw. initialisiert werden. Besonders praktisch ist es, wenn die Software gleich fertige Standard-Konfigurationen für möglichst viele Modemtypen bereitstellt. Es kann dann das entsprechende Modem ausgewählt werden, vorausgesetzt, es befindet sich in der Liste.

Die Bequemlichkeit darf darüber hinaus auch nicht zu kurz kommen. Beispielsweise ist eine Telefonnummern-Liste äußerst praktisch, wenn sie über möglichst viele verschiedene Parameter verfügt, die festgelegt werden können. Neben der anzuwählenden Telefonnummer sollte auch die Möglichkeit bestehen, ein Paßwort einzugeben, das gewünschte Protokoll anzugeben, eine Logbuchdatei zu benennen usw.

15.4 Faxmodem-Software

Prinzipiell besteht ein solches Programm aus drei Teilen, und zwar aus

- einem Telefon- und Adressenverzeichnis,
- einem Logbuch und
- einer Routine zur Umleitung der Daten auf das Modem.

Telefonbuch

Im Telefonbuch speichern Sie alle Faxnummern, die Sie anwählen wollen. Diese werden alphabetisch geordnet und angezeigt. Wenn Sie ein Fax abschicken wollen, dann klicken Sie einfach auf den gewünschten Empfänger, und das Modem wählt automatisch die zugehörige Nummer und stellt die Verbindung her. Hochwertige Fax-Programme erlauben die Übernahme von Faxnummern aus Ihrem bestehenden Adressenbestand, so daß Sie sich das lästige Eintippen sparen können.

Abb. 15.14:
Der Eintrag in das TELES-Telefonbuch.

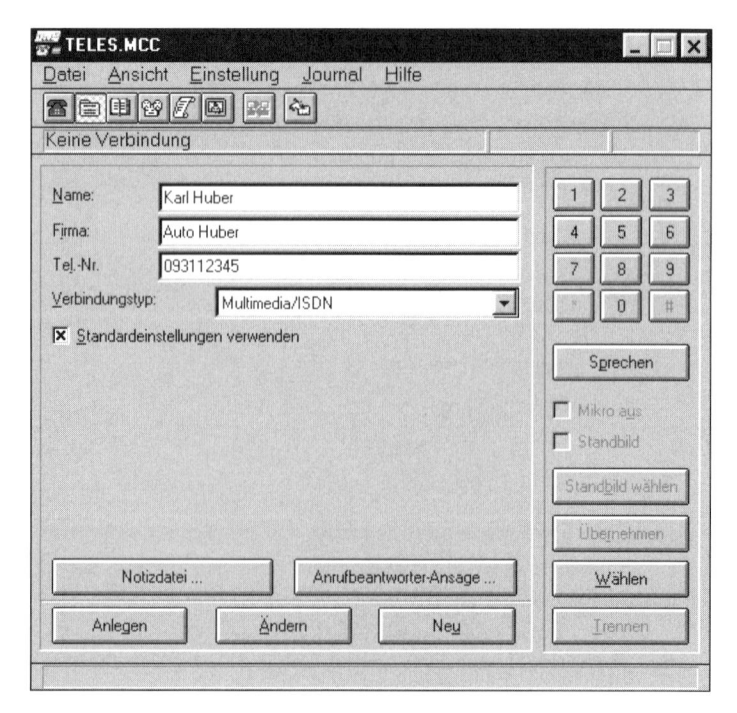

Logbuch

Das Logbuch zeichnet alle eingehenden und ausgehenden Faxe einschließlich Datum, Uhrzeit und Faxnummer ab und erfüllt somit die gleiche Funktion wie das Sende- und Empfangsjournal eines herkömmlichen Faxgeräts.

Datenumleitung

Die Umleitung auf das Modem bedient sich eines kleinen Tricks: Dem PC wird suggeriert, daß ein neuer Druckertreiber installiert wird. Wollen Sie beispielsweise aus einer Textverarbeitung, z.B. aus Winword heraus, einem Geschäftspartner einen Brief zufaxen, den Sie gerade geschrieben haben, dann klicken Sie den Befehl »Druckereinrichtung« aus dem Menü »Datei« an und wählen den Fax-Drucker aus der Liste der installierten Druckertreiber. Anschließend wählen Sie den Druck-Befehl Ihrer Textverarbeitung (kann z.B. bei Winword auch das Drucker-Symbol sein). Der PC »denkt«, er habe einen Druckauftrag erhalten. In Wirklichkeit bewirkt der Fax-Treiber, daß die Daten in analoge Tonsignale umgewandelt und über das Modem durch die Telefonleitung zum Empfänger geschickt werden.

Abb. 15.15:
Die Faxumleitung geschieht über die Druckerauswahl.

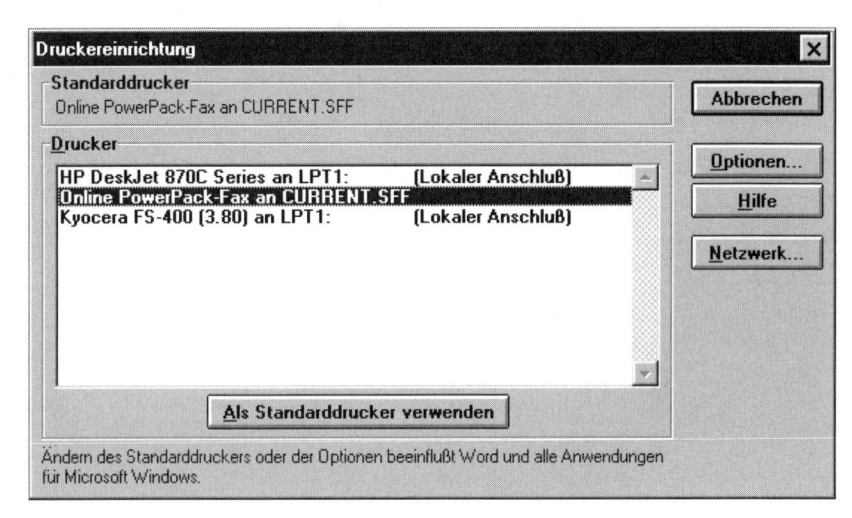

15.5 Die rechtlichen Komponenten beim Faxen

Hunderttausende von Faxseiten werden täglich verschickt; dabei ist vielen nicht klar, welche rechtlichen Komponenten dabei zu berücksichtigen sind. Wer sich beispielsweise darüber freut, eine neue (und vielleicht billigere) Wohnung gefunden zu haben und seinem Vermieter per Fax kündigt, der muß im Streitfall doppelte Miete zahlen, und zwar für die neue und alte Wohnung, denn für die Kündigung von Wohnraum reicht ein Fax nicht aus; hier bedarf es eines Originaldokuments mit der Originalunterschrift.

Das Argument, daß in der Kopfzeile des Faxes die Absenderkennung eingetragen ist und außerdem ein Sendeprotokoll vorliegt, reicht als eindeutige Identifizierung nicht aus. Im Faxprogramm kann jedermann eine beliebige Nummer eingeben, wodurch selbst ein normales Fax manipulierbar ist. Außerdem liegt ein Fax, das via PC zu einem anderen Computer übertragen wurde, nicht in gedruckter Form vor und kann dementsprechend nachträglich manipuliert werden. Sowohl vom Absender als auch vom Empfänger kann der Inhalt dieses Faxes im nachhinein geändert werden, wobei nicht mehr objektiv festzustellen ist, wer diese Manipulation vorgenommen hat. Im Klartext heißt dies, daß weder eindeutige Beweise bezüglich der Identität des Absenders noch des Textinhalts vorliegen, was es einem Gericht in einem Streitfall nicht gerade leicht macht.

Führt beispielsweise ein Computerhändler auf eine in seinem PC ankommende Fax-Bestellung eine Lieferung aus, und bestreitet der angebliche Absender dieses Faxes die Bestellung der Ware, dann wird der Händler in Schwierigkeiten kommen, die Bestellung beweisen zu können.

Das heißt allerdings nicht, daß sämtliche Faxe rechtsungültig sind. Rechtlichen Bestand haben alle Faxe, bei denen – juristisch gesehen – auch eine mündliche Willensäußerung reichen würde (daß aus Beweisgründen in der Regel schriftliche Verträge hierüber abgeschlossen werden, ist davon unabhängig).

Dazu zählen beispielsweise:

- Der Reparaturauftrag für einen Fernseh-Service;
- ein Auftrag für einen Klempner zur Reparatur eines tropfenden Wasserhahns;
- der Kauf eines Möbelstücks;
- der Abschluß eines Wartungsvertrags für die Heizungsanlage;
- Kauf-, Leasing- oder Pachtverträge;
- Zimmerreservierungen;
- Mahnungen und Mängelrügen;
- Abmahnungen;
- Auftragsbestätigungen;
- die Kündigung eines Mitarbeiters;

Wesentliches Merkmal ist in diesen Fällen, daß die Originalvorlage eigenhändig vom Absender des Faxes unterschrieben ist.

Rechtsungültig sind solche Faxe, für die der Gesetzgeber eine bestimmte Form vorsieht.

Darunter fällt zum Beispiel:

- Die Kündigung eines Ausbildungsvertrags;
- die Kündigung einer Mietwohnung;
- die Erteilung einer Vollmacht;

- der Abschluß eines Verbraucherkredits;
- die Erteilung einer Quittung;
- die Übernahme einer Bürgschaft;

Rechtlich problematisch ist auch die Frage, ob das Fax beim Empfänger überhaupt angekommen ist. Das Faxgerät erstellt zwar ein Sendeprotokoll, aus dem die angewählte Nummer hervorgeht. Außerdem wird entweder ein Fehlercode ausgegeben oder, neben Datum und Uhrzeit, ein OK, wenn die Übertragung erfolgreich verlaufen ist. Wenn der Empfänger jedoch behauptet, dieses Fax niemals erhalten zu haben, dann ist ein solches Sendeprotokoll im Falle eines Prozesses wertlos. Es ist kein Beweis, da technische Störungen nie auszuschließen sind.

Zur Fax-Zustellung ein BGH-Urteil (X ZB 20/92):

»Im Zweifelsfall muß die Person, die ein Fax abgesendet hat, eine eidestattliche Versicherung abgeben, die besagt, daß das Fax ordnungsgemäß abgeschickt worden ist«.

Hilfreich ist es auch, daß das Fax von einer dritten Person abgesandt wird. Dies kann der Ehepartner oder ein gerade anwesender Bekannter sein. Wichtig ist, daß diese Person per Unterschrift bestätigt, das Fax an die bezifferte Faxnummer gesandt zu haben, indem er die Faxnummer persönlich eingegeben hat.

Bei wichtigen Faxen empfiehlt es sich darüber hinaus, den Empfänger um eine Bestätigung des erhaltenen Faxes zu bitten. Sollte es aus mehreren Seiten bestehen, so ist es erforderlich, daß jede Seite vom Empfänger mit seiner Unterschrift bestätigt und an Sie zurückgefaxt wird. Sollte der Empfänger dazu nicht bereit sein, bleibt Ihnen nur noch der sichere Weg per Einschreiben und Rückschein.

15.6 Einige Hinweise zur Faxgestaltung

Fax ist nicht gleich Fax – einmal abgesehen vom Inhalt des Dokuments, kommt es auch noch auf einige »Feinheiten« an, damit Ihr Fax zum einen möglichst schnell und zum anderen auch leserlich ankommt.

15.6.1 Die richtige Schriftart

Serifenbetonte Schriften (das sind diejenigen mit mehr oder weniger ausgeprägten Schnörkeln an den Ausläufern der einzelnen Buchstaben) fransen eher aus und vermitteln demzufolge ein unsaubereres Schriftbild beim Empfänger als serifenlose Schriften, die auch als *Sans Serif* bezeichnet werden. Eine typische serifenlose Schrift ist die *Times New Roman* oder die *Arial*, die sich hervorragend für den Einsatz in Fax-Dokumenten eignen.

15.6.2 Die Seitengestaltung

Hier können Sie gleich bares Geld sparen, denn aufwendige Rahmen und Grafiken, aber auch Strichelemente erhöhen die Übertragungszeit und damit die Telefongebühren. Vermeiden Sie ebenso große dunkle Flächen. Vor heller Schrift auf dunklem Hintergrund ist ebenso abzuraten.

Wollen Sie nur einen kurzen Text – etwa in Form einer Anmerkung oder einer Kurznotiz – verschicken, dann ist es empfehlenswert, die Seitengröße entsprechend anzupassen. Ein knapper Text findet auf einem DIN A5-Format genauso gut Raum wie auf einem DIN A4-Format.

Wenn Sie viele Textdokumente verschicken, dann lohnt es sich, auf die Fein-Auflösung zu verzichten. Die Übertragungsdauer hängt nämlich direkt mit der Größe der Faxdatei zusammen, und diese wiederum ist abhängig von der Wahl der Auflösung. Stellen Sie die Auflösung auf *Fein*, dann ergibt sich daraus eine genau doppelt so große Datenmenge. Die Fein-Auflösung beträgt bei herkömmlichen Geräten 200 dpi, im Normal-Modus 100 dpi. Bei Textdokumenten ist es zeit- und geldsparender, eine vernünftige Schriftart und -größe (12 oder 13 Punkt) zu wählen und auf den Fein-Modus zu verzichten.

15.6.3 Hilfe bei verschiedenen Modem-Problemen

In diesem Abschnitt finden Sie eine Sammlung von möglichen Problemen, die beim Betrieb eines Modems auftreten können.

Es will sich – trotz genauer Absprachen der zu verwendenden Parameter – kein Leitungsaufbau einstellen. Es erfolgt nach jedem Versuch immer die Meldung:

NO CARRIER

Handelt es sich bei der Verbindung um einen sehr langen Weg, also z.B. um eine Überseeverbindung?

Hier hilft nur eines: Fahren Sie die Geschwindigkeit, mit der die Daten übertragen werden sollen, sukzessive herunter. Wurden beispielsweise 57.600 Baud vereinbart, dann versuchen Sie es mit 28.800 usw. Die Parameter zum Erhöhen oder Erniedrigen der Übertragungsrate sind von Modem zu Modem unterschiedlich.

15.6 Einige Hinweise zur Faxgestaltung

Abb. 15.16:
Senken Sie die Übertragungsgeschwindigkeit.

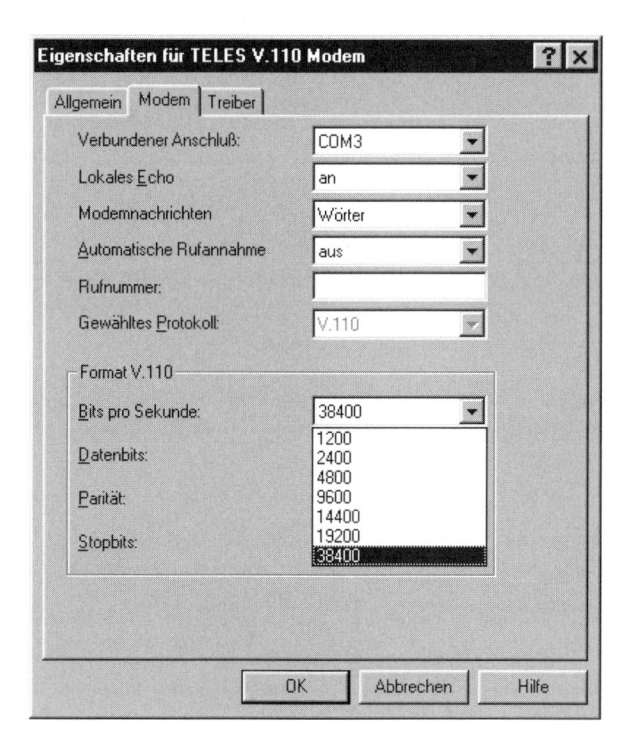

> Es erscheint auf Ihrem Bildschirm nur ein undefinierbarer Zahlen- und Buchstabensalat, also keine konkreten Wörter. Der Verbindungsaufbau ist jedoch problemlos durchgeführt worden.

Der Fehler kann hierbei in einer fehlerhaften Abstimmung bei der Übertragungsgeschwindigkeit zwischen PC und Modem zu suchen sein. Überprüfen Sie, ob die Übertragungsrate (Baud) auf einen festen Wert eingestellt ist. Eine solche Vereinbarung könnte beispielsweise als

```
lock port
lock baud
fix DTE-Rate
```

oder dergleichen bezeichnet sein. Ist dies der Fall, dann geht der Fehler wahrscheinlich vom Modem aus. Eine Übertragung mit dieser Einstellung kann nur dann funktionieren, wenn beide Übertragungsraten, also die der COM-Schnittstelle und die des Modems, gleich hoch sind.

Sie müssen das Modem veranlassen, die DTE-Rate vom PC zu übernehmen. Normalerweise geschieht dies mit dem Befehl

```
AT&B1
```

Sie erhalten laufend eine Belegtmeldung, obwohl der angewählte Teilnehmer eigentlich eine freie Nummer haben müßte. Auf dem Bildschirm macht sich dies mit der folgenden Meldung bemerkbar:

BUSY

Erkundigen Sie sich, ob der angewählte Anschluß mit einem Fax-Modem-Umschalter ausgerüstet ist. Sie kennen vielleicht die Sprachansage von einem Fax-Telefon-Gerät her (...bitte warten, Bediener oder Fax antwortet o.ä.). Manche Modems interpretieren diese Ansage als Belegtzeichen und geben Ihnen die entsprechende Meldung aus.

Versuchen Sie, hier Abhilfe zu schaffen, indem Sie die folgende Einstellung vornehmen:

`AT X2`

Der Nachteil bei dieser Methode liegt darin, daß das Gerät nun allerdings nicht mehr erkennen kann, wenn beim Angerufenen wirklich besetzt ist. Sie erhalten dann immer die folgende Meldung:

NO CARRIER

anstatt

BUSY

Es kommt bei der Übertragung zu regelmäßigen kurzen Störungen.

Haben Sie einen Gebührenimpulszähler installiert? Wenn das Modem vor dem Zähler angeschlossen ist oder das Impulssignal wird vom Modem nicht herausgefiltert, dann kommt es zu solchen Störungen in der Datenübertragung.

Kaufen Sie sich im Elektronik-Fachhandel einen Zähler mit integriertem Filter und schließen Sie ihn vor dem Modem an. Ein solches Gerät ist für 50 bis 80 DM zu haben.

Finger weg von Basteleien. Zwar werden mittlerweile Anleitungen zum Bau von Gebührenimpulsfiltern angeboten, jedoch ist ein solcher Anschluß nicht ganz einfach, zumindest für einen Laien nicht, und zudem noch verboten.

Eine Modemverbindung wird korrekt hergestellt und es erscheint auch die Meldung *Connect*. Danach gibt es allerdings nur noch Zeichensalat.

Hier vertragen sich wahrscheinlich die Grundeinstellungen der beiden Modems nicht.

Versuchen Sie, den Fehler zu beseitigen, indem Sie die Datenkompression und die Fehlerkorrektur deaktivieren.

Bringt dies nicht den gewünschten Erfolg, dann reduzieren Sie die Geschwindigkeit der Datenübetragung bei beiden Modems schrittweise.

Die Verbindung klappt, jedoch werden auf dem Bildschirm keine Umlaute dargestellt.

Steuerzeichen, die von der Mailbox kommen, werden falsch oder gar nicht interpretiert. Dies deutet darauf hin, das entweder die falsche oder gar keine Terminalemulation gewählt wurde.

Sorgen Sie dafür, daß auf beiden Seiten die gleiche Terminalemulation, z.B. VT-52, ANSI, VT-100 usw., benutzt wird.

Während einer Datenübertragung kommt es trotz eingeschalteter Fehlerkorrektur ständig zu Fehlern, die sich beispielsweise in Blockwiederholungen bemerkbar machen.

Eine mögliche Ursache kann der UART-Chip sein, der sich auf der seriellen Schnittstelle befindet und für eine Pufferung der Daten sorgt. Bei einer hohen Datenübertragungsrate kann es sein, daß dieser Puffer überfordert ist. Sofern in Ihrem Rechner ein UART vom Typ 8.250 eingebaut ist, sollten Sie ihn gegen einen UART von TYP 16.550 austauschen bzw. austauschen lassen. Diese langsameren UARTS kommen jedoch nur noch auf älteren Rechnern vor.

Eine weitere Ursache für diesen Fehler kann auch ein falscher Handshake sein. Es gibt den Software-Handshake (XON/XOFF) und den Hardware-Handshake (RTS/CTS). Auf beiden Seiten müssen übereinstimmende Einstellungen getroffen sein.

Ihr Modem reagiert nicht mehr auf Steuerbefehle, obwohl Ihre Eingaben auf dem Bildschirm erscheinen.

Überprüfen Sie zuerst die Stromversorgung Ihres Modems auf den korrekten Sitz des Kabels (handelt es sich auch wirklich um das Originalkabel? Gerade wenn es sich um ein gebraucht gekauftes Modem handelt, kann versehentlich ein verkehrtes Kabel mitgeliefert worden sein).

Verwenden Sie das mitgelieferte Netzteil oder das in der technischen Dokumentation empfohlene? Möglicherweise haben Sie das Gerät gebraucht ohne Netzteil gekauft und befolgen den Hinweis, daß ein entsprechendes Netzteil verwendet werden kann. Diese Geräte sind sehr empfindlich, was Spannungsabweichungen betrifft. Bereits geringe Abweichung von der benötigten Spannung können zu Fehlern führen, die schwer zu analysieren sind bzw. zu falschen Annahmen führen.

Setzen Sie das Modem auf die Grund-Konfiguration zurück, also auf die werksseitig vorgegebene Einstellung (default). Meist geschieht dies mit dem Befehl:

```
AT&F
```

Notieren Sie zuvor die eingestellten Parameter und setzen Sie diese nach erfolgreichem Versuch mit den Grundeinstellungen einzeln wieder zurück. Manche Modems bieten auch die Möglichkeit, die vorhergehende Konfiguration wiederherzustellen. Dies geschieht mit dem Befehl:

```
AT Z
```

Nicht jedes Kabel ist zum Verbinden Ihres Computers mit dem Modem geeignet, und zwar unter Umständen auch dann nicht, wenn es auf der einen Seite über einen TAE- und auf der anderen Seite über einen Westernstecker verfügt. Die Anschlußkabel von Telekomkabeln funktionieren häufig nicht, weil die Belegung der einzelnen Pins hier unterschiedlich geregelt ist.

Ein Kabel, welches an einem bestimmten Modem funktioniert, muß nicht zwangsläufig an einem anderen Modem seinen Dienst tun. Am sichersten ist es, wenn Sie das Originalkabel verwenden bzw. dieses im Bedarfsfall nachbestellen.

Normalerweise werden die inneren Adern des Westernsteckers (vierpolig) benutzt. Telekomkabel verwenden die beiden äußeren Pinbelegungen.

Ihr Modem bricht die Wahl ab. Es kommt zu keinem Aufbau der Verbindung.

Achten Sie auf die Zeit, die nach dem Wahlbefehl und dem Abbruch des Verbindungsaufbaus vergeht. Bricht Ihr Modem innerhalb einer bestimmten Zeit nach dem Befehl zum Wählen ab, dann können Sie davon ausgehen, daß das Modem, aber auch das Terminalprogramm über die Möglichkeit verfügen, die Verbindung bzw. den Aufbau zu unterbrechen, wenn die zur Verfügung gestellte Zeit zu knapp bemessen ist. Gerade wenn Sie eine Auslandsverbindung herstellen möchten, kann es zu einem Abbruch kommen, bevor eine Abstimmung der beiden Partner zustandegekommen ist.

Normalerweise ist diese vorgegebene Zeit auf einen Faktor von 60 Sekunden eingestellt. Erhöhen Sie diesen Wert auf 120 oder 180 Sekunden (im Bedarfsfall sogar noch höher).

Unter Umständen führt aber nicht nur die Terminalsoftware, sondern auch das Modem selbst einen solchen Zeitabgleich durch und bricht ab, wenn der Verbindungsaufbau den voreingestellten Wert übersteigt.

Suchen Sie nach diesem Wert, der in der Regel im Register S7 zu finden ist. Setzen Sie diesen Wert entsprechend herauf. Ein solcher Befehl, um die Wartezeit auf 180 Sekunden zu erhöhen, lautet:

```
ATS7=180
```

Die von Ihnen eingegebenen Zeichen erscheinen auf dem Bildschirm in doppelter Ausführung.

Das Modem verfügt über eine sogenannte *Echo-Funktion*. Eine solche Funktion findet sich auch in der Terminalsoftware.

Sind beide Funktionen aktiv, dann kann es zu diesen störenden Doppelzeichen kommen. Schalten Sie am besten die Echo-Funktion Ihres Modems ein. Dies geschieht in der Regel über den Befehl:

```
ATE 1
```

In Ihrer Terminalsoftware sollten Sie diese Funktion deaktivieren. Zumeist geschieht dies über eine Option wie:

```
Lokales Echo
```

oder eine ähnliche Bezeichnung.

Ihr Modem und das der angewählten Stelle können sich nicht auf gemeinsame Parameter zur fehlerfreien Datenübertragung einigen.

Stellen Sie in einem solchen Fall am besten den automatischen Parameter-Abgleich ab und nehmen die Einstellungen im gegenseitigen Einvernehmen von Hand vor. Stellen Sie Ihr Modem auf den gewünschten Übertragungsmodus mit den AT-Befehlen ein, und vergessen Sie nicht, auch das gewünschte Fehlerprotokoll und die Datenkompression festzulegen.

15.7 Wichtige Befehle für Ihr individuelles Modem

Dieser Abschnitt soll Ihnen dazu dienen, die wichtigsten Befehle einzutragen, mit denen Sie Ihr Modem auf spezielle Gegebenheiten konfigurieren können. Wenn Sie diese Befehle hier eintragen, dann wissen Sie, wo Sie im Bedarfsfall nachsehen müssen, und das lästige Suchen nach Zetteln entfällt.

Verwaltung der Benutzerprofile

Funktion	Ihre individuelle Modemeinstellung
Modem-Reset (standardmäßige Voreinstellungen).	
Speichern der Modemkonfiguration.	
Festlegen des Benutzerprofils beim Einschalten/Reset.	
Modem-Reset (kehrt zur zuvor gesicherten Einstellung zurück).	
Grundkonfiguration.	
Befehlsecho einschalten (Echo-Modem ein).	
Befehlsecho ausschalten (Echo-Modem aus).	
Modem-Meldungen ausgeben lassen (Quiet-Modus aus).	
Modem-Meldungen nicht ausgeben lassen (Quiet-Modus ein).	
Rückmeldungen als Klartext ausgeben (Verbose-Modus ein).	
Rückmeldungen als Ziffern (Verbose-Modus aus).	
Lautsprecher abschalten.	
Lautsprecher solange einschalten, bis das Trägersignal erkannt ist.	
Lautsprecher immer eingeschaltet.	
Lautsprecher während des Wahlvorgangs ausschalten, während des Verbindungsaufbaus einschalten und ab dem Zustandekommen der Verbindung wieder ausschalten.	
Lautstärke-Regelung.	
Automatische Neusynchronisation (Retrain) unterdrücken.	
Automatische Neusynchronisation (Retrain) ermöglichen.	

Datenflußkontrolle, Fehlerkontrolle und Datenkompression

Funktion	Ihre individuelle Modemeinstellung
Datenflußkontrolle (Handshake) ausschalten	
Software-Datenflußkontrolle (Handshake) XON/XOFF	
Hardware-Datenflußkontrolle (Handshake) RTS/CTS	
Fehlerkontrolle ausschalten	
Fehlerkontrolle automatisch ermöglichen	
Fehlerkontrolle fest auf MNP4 schalten	
Fehlerkontrolle fest auf V.42 schalten	
Datenkompression ausschalten	
Datenkompression einschalten	
Datenkompression automatisch ermöglichen	
Datenkompression fest auf MNP5	
Datenkompression fest auf V.42bis	
Automatisch gesicherter Betrieb	

Geschwindigkeitseinstellungen

Funktion	Ihre individuelle Modemeinstellung
Automatische Geschwindigkeitsumwandlung (Auto-Bauderkennung).	
CONNECT-Meldung gibt die tatsächliche Übertragungsrate auf der Telefonleitung an (line speed, link speed, connection rate, DCE-speed).	

Funktion	Ihre individuelle Modemeinstellung
CONNECT-Meldung gibt die lokale Übertragungsrate zwischen PC und Modem an (lokal speed, computer rate, DTE-speed).	
Automatische Absprache (Negotiation) über die höchste gemeinsame Übertragungsgeschwindigkeit.	
Übertragungsgeschwindigkeit auf 2.400 Bit/Sekunde festlegen (V.22bis).	
Übertragungsgeschwindigkeit auf 9.600 Bit/Sekunde festlegen (V.32 QAM).	
Übertragungsgeschwindigkeit auf 9.600 Bit/Sekunde festlegen (V.32 trellis).	
Übertragungsgeschwindigkeit auf 14.400 Bit/Sekunde festlegen (V.32bis).	
Übertragungsgeschwindigkeit auf 19.200 Bit/Sekunde festlegen (geräteabhängig).	
Übertragungsgeschwindigkeit auf 28.800 Bit/Sekunde festlegen (geräteabhängig).	
Andere Übertragungsgeschwindigkeit.	

15.7 Wichtige Befehle für Ihr individuelles Modem

Wählfunktion

Funktion	Ihre individuelle Modemeinstellung
Nebenstellenbetrieb ein.	
Nebenstellenbetrieb aus.	
Warten auf den Amtston im Wählbefehl.	
Wartepause während der Wahl.	
Amtsholung durch Flash-Signal (nur bei Tonwahl möglich).	
Amtsholung durch Erdtaste.	

Faxfunktionen

Funktion	Ihre individuelle Modemeinstellung
Einstellen auf Class 1.	
Einstellen auf Class 2.	

Statusregister

Anzahl der Klingelzeichen festlegen, bis das Modem den Ruf annimmt.	
Maximale Wartezeit zwischen dem Ende der Wahl und der Erkennung der Trägerfrequenz.	
Einheit (üblicherweise 1 Sekunde pro Stufe).	
Einheit (gerätespezifisch).	
Wartezeit, bis die erkannte Trägerfrequenz akzeptiert wird.	
Maximal zu tolerierende Unterbrechungszeit bei fehlender Trägerfrequenz.	
Einheit (üblicherweise Zehntelsekunden).	

Sonstige Befehle

Funktion	Ihre individuelle Modemeinstellung

15.8 So gehen Sie unter Windows online

98 In Windows wurde eine Terminal-Software integriert. Zwar ermöglicht es Ihnen diese Software, ein echtes preemtives Multitasking durchzuführen, und Sie somit in die Lage zu versetzen, den Hintergrundbetrieb von Modem und Fax sicherzustellen, jedoch läßt der Komfort dieses Programms zu wünschen übrig.

Es ist jedoch mehr als Notlösung gedacht, wenn noch keine andere Software installiert oder diese aus irgendwelchen Gründen nicht benutzt werden kann.

Sie starten Hyper-Terminal mit dem Befehl START | PROGRAMME | ZUBEHÖR | HYPER-TERMINAL. Das Hyper-Terminal hat die in der folgenden Abbildung gezeigte Oberfläche. Wenn Sie das Programm starten, erscheint das Dialogfenster BESCHREIBUNG DER VERBINDUNG. Geben Sie hier den Namen für die neue Verbindung ein, und weisen Sie ihr ein Symbol zu. Wenn Sie diese Verbindung das nächste Mal starten wollen, dann doppelklicken Sie einfach das Symbol dafür an, und die zugewiesene Verbindungsnummer wird automatisch gewählt. Die Verbindungsnummer kann beispielsweise eine Privatperson sein, mit der Sie Daten austauschen wollen, eine Mailbox, die Supportmailbox eines Herstellers usw.

15.8 So gehen Sie unter Windows online

Abb. 15.17:
Der Eingangs-
bildschirm von
Hyper-Terminal.

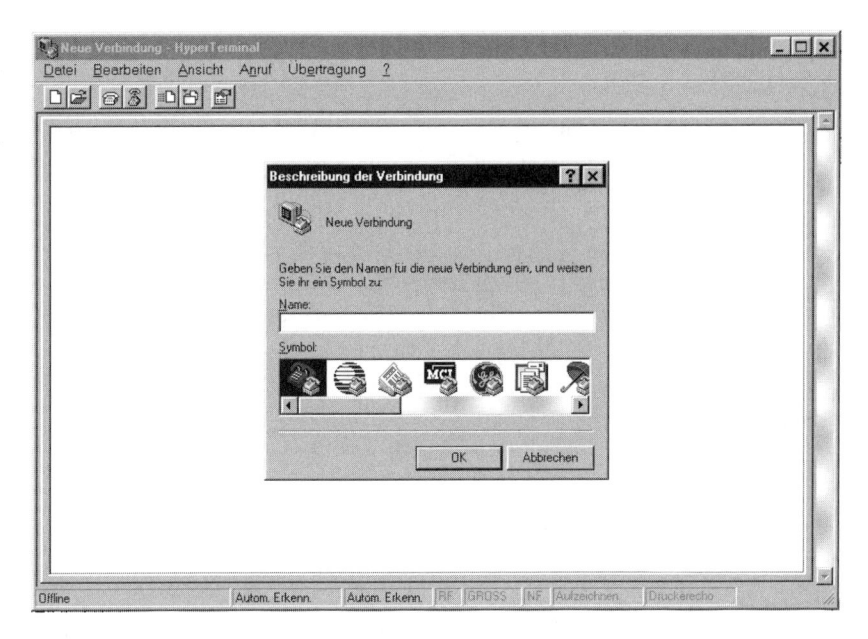

Es wird bei Hyper-Terminal kein Telefonbuch angelegt, wie Sie es vielleicht von anderen Terminalprogrammen kennen, sondern jeder Verbindungsnummer wird ein Icon und eine eigene Datei zugewiesen. Rufen Sie das Hyper-Terminal über den erwähnten Befehl auf, dann erscheinen neben dem Icon für das Programm selbst die angelegten Icons mit den Verbindungsnamen, die Sie festgelegt haben.

Abb. 15.18:
In dieses Dialog-
fenster geben Sie
die Wahlpara-
meter ein.

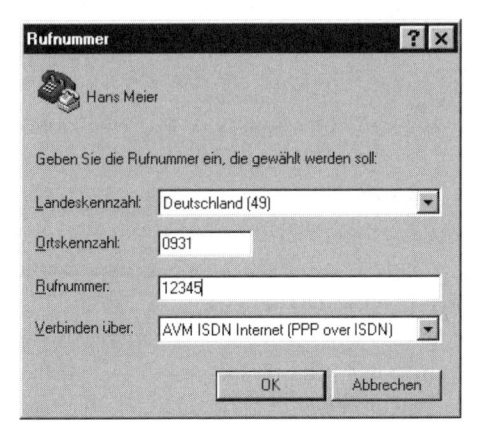

Sollten Sie sehr viele Wahlverbindungen definiert haben, sind viele Icons sicherlich unübersichtlich. Sie können allerdings direkt vom Arbeitsbildschirm eine Liste mit der Symbolschaltfäche ÖFFNEN aufrufen (zweite Symbolschaltfläche von links in der Reihe unterhalb der Menüleiste).

Diese Reihe von Symbolschaltflächen beinhaltet die folgenden Funktionen:

- *Neu*. Mit dieser Schaltfläche rufen Sie das Dialogfenster BESCHREIBEN DER VERBINDUNG auf. Hier geben Sie den Namen für die neue Verbindung sowie die Wahlparameter ein und suchen ein passendes Icon aus. Dieses Icon erscheint in dem Dialogfenster HYPER-TERMINAL.

Abb. 15.19:
Die Icons für das Programm Hyper-Terminal sowie für eingegebene Wählverbindungen.

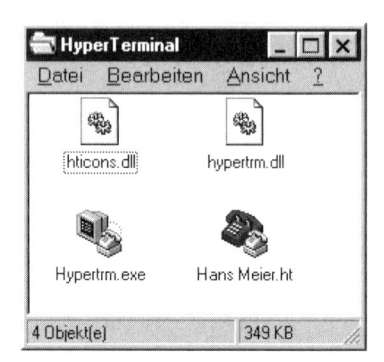

- *Öffnen*. Sie öffnen mit dieser Schaltfläche das gleichnamige Dialogfenster. Hier sind alle Verbindungen aufgelistet, und Sie können sich mit den Bildlaufpfeilen durch die Liste scrollen. Wollen Sie eine Wählverbindung starten, dann führen Sie einen Doppelklick auf den entsprechenden Eintrag aus.
- *Verbinden*. Wählen Sie diese Schaltfläche, wenn Sie eine neue Verbindung definieren wollen. Dies geschieht über das Dialogfenster BESCHREIBUNG DER VERBINDUNG. Ist eine Wählverbindung bereits geladen, dann können Sie bei Bedarf über die Schaltflächen ÄNDERN und WAHLPARAMETER die Verbindung bzw. die Parameter ändern.
- *Trennen*. Beenden Sie mit dieser Schaltfläche bei Bedarf eine bestehende Verbindung.
- *Senden*. Bei einer bestehenden Verbindung können Sie Daten senden. Dies kann entweder von einem privaten Rechner zu einem anderen oder als Upload in eine Mailbox geschehen. Wenn Sie diese Schaltfläche wählen, öffnet sich ein Dialogfenster, aus dem Sie die zu übertragende Datei auswählen können. Geben Sie entweder den Namen im Feld DATEINAME ein, oder klicken Sie auf die Schaltfläche DURCHSUCHEN, und Sie gelangen direkt in ein Verzeichnis, aus dem Sie die Datei auswählen können. Darüber hinaus können Sie in diesem Dialogfenster auch das Übertragungsprotokoll ändern. Es stehen ZModem, YModem, XModem, 1KXModem und Kermit zur Verfügung.

- *Empfangen.* Wählen Sie diese Schaltfläche, wenn Sie Dateien empfangen wollen. Dies kann ebenso zwischen zwei privaten Rechnern wie zwischen einem Rechner und einer Mailbox der Fall sein. Es öffnet sich ein Dialogfenster, und hier geben Sie das Verzeichnis an, in das die übertragenen Dateien kopiert werden. Auch in diesem Dialogfenster können Sie das Übertragungsprotokoll einstellen. Dies ist sehr wichtig, denn wenn beide Rechner mit unterschiedlichen Übertragungsprotokollen arbeiten, kann die Datenübertragung nicht stattfinden. Es stehen hier ebenso ZModem, YModem, XModem, 1KXModem und Kermit zur Verfügung.
- *Eigenschaften.* Zu jeder gespeicherten Verbindung sind bestimmte Eigenschaften festgelegt. Sie können diese Eigenschaften ändern, das heißt eine andere Rufnummer eingeben, ein anderes Symbol, ein anderes Verbindungsprotokoll usw. wählen.

Abb. 15.20:
Wählen Sie hier die Parameter zum Senden.

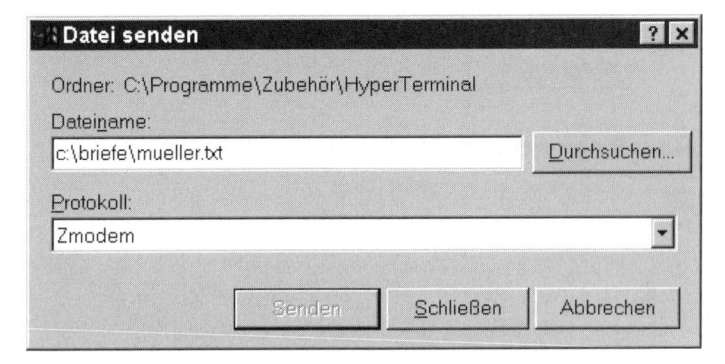

Sie können aber auch die Rufnummer direkt eingeben. Klicken Sie dazu im Dialogfenster BESCHREIBUNG DER VERBINDUNG auf die Schaltfläche ABBRECHEN. Anschließend geben Sie den Befehl ATDP (sofern es sich um das Wählen im Tonwahlverfahren handelt), gefolgt von der Rufnummer, ein. Im nachfolgenden Dialogfenster sehen Sie ein solches Wählen. Die Leerzeichen zwischen den einzelnen Ziffernblöcken dienen lediglich der Übersichtlichkeit und müssen nicht eingehalten werden.

Wird die Verbindung hergestellt, dann wird dies bei Erfolg mit einer Meldung angezeigt, die beispielsweise *Connect 57.600 zu DTP Mailbox* lauten kann. Dies bedeutet, daß eine Verbindung hergestellt ist, die mit einer Datenübertragungsrate von 57.600 Baud arbeiten kann und zu der DTP Mailbox erfolgt ist.

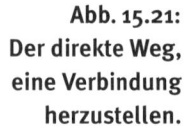

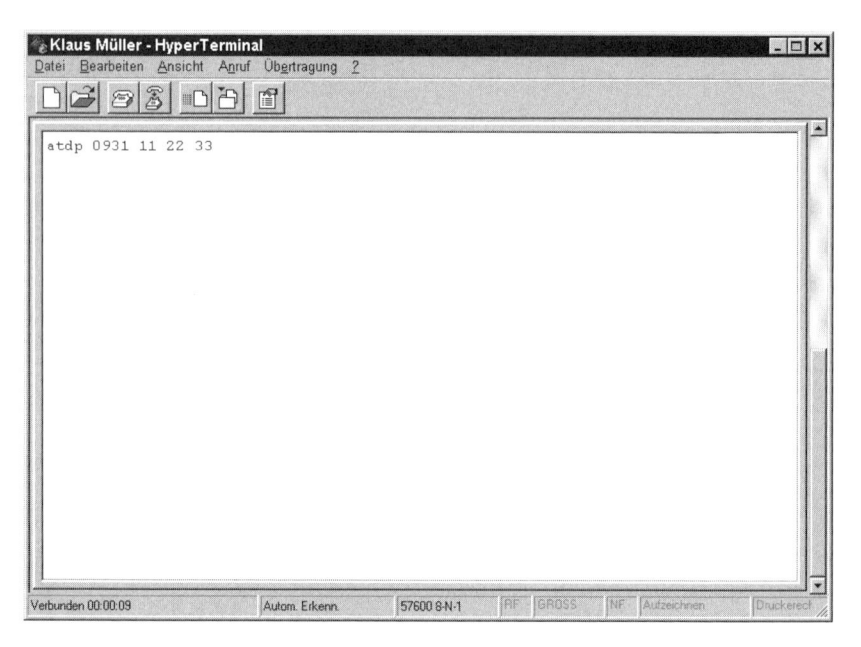

Abb. 15.21:
Der direkte Weg, eine Verbindung herzustellen.

15.8.1 Richten Sie Ihr Modem unter Windows ein

98 Wenn Sie ein Modem oder Windows neu installiert haben, dann muß das Modem erst einmal angemeldet werden. Rufen Sie dazu den Befehl START | EINSTELLUNGEN | SYSTEMEINSTELLUNGEN auf und aktivieren das Icon MODEMS. Es erscheint das Dialogfenster EIGENSCHAFTEN FÜR MODEMS, und hier klicken Sie auf die Schaltfläche HINZUFÜGEN, sofern noch kein Modem unter Windows eingerichtet wurde.

Sie gelangen in das Dialogfenster NEUES MODEM INSTALLIEREN. Windows wird hier versuchen, das angeschlossene Modem selbständig zu identifizieren. Zuvor sollten Sie jedoch bei einem externen Modem sicherstellen, daß es angeschaltet ist, und sowohl bei einem externen als auch bei einem internen Modem alle Anwendungen schließen, auf die das Modem zugreifen könnte. Bei einem solchen Programm handelt es sich beispielsweise um ein Terminalprogramm. Klicken Sie die Schaltfläche WEITER, und der Suchvorgang beginnt. Dieser Suchvorgang kann einige Minuten dauern. Es wird zuerst nach einem gültigen COM-Anschluß gesucht, an dem ein Modem angeschlossen ist, und anschließend wird versucht, das Modem zu identifizieren. Wenn Sie ein gängiges Modem installiert haben, dann werden normalerweise sowohl das Modem als auch der Typ gefunden.

Wurde das Modem nicht gefunden, aktivieren Sie im Dialogfenster MODEM INSTALLIEREN die Funktion MODEM AUSWÄHLEN (KEINE AUTOMATISCHE ERKENNUNG) und klicken auf die Schaltfläche WEITER. Es erscheint das

15.8 So gehen Sie unter Windows online

Dialogfenster NEUES MODEM INSTALLIEREN, und hier sehen Sie zwei Auswahlfenster. Im Fenster HERSTELLER wählen Sie den Hersteller Ihres Modems, sofern er in dieser Liste vorhanden ist. Im Fenster MODELLE werden zu jedem Hersteller die verfügbaren Modelle aufgelistet.

Abb. 15.22:
Wählen Sie hier den Hersteller und das Modell, sofern vorhanden.

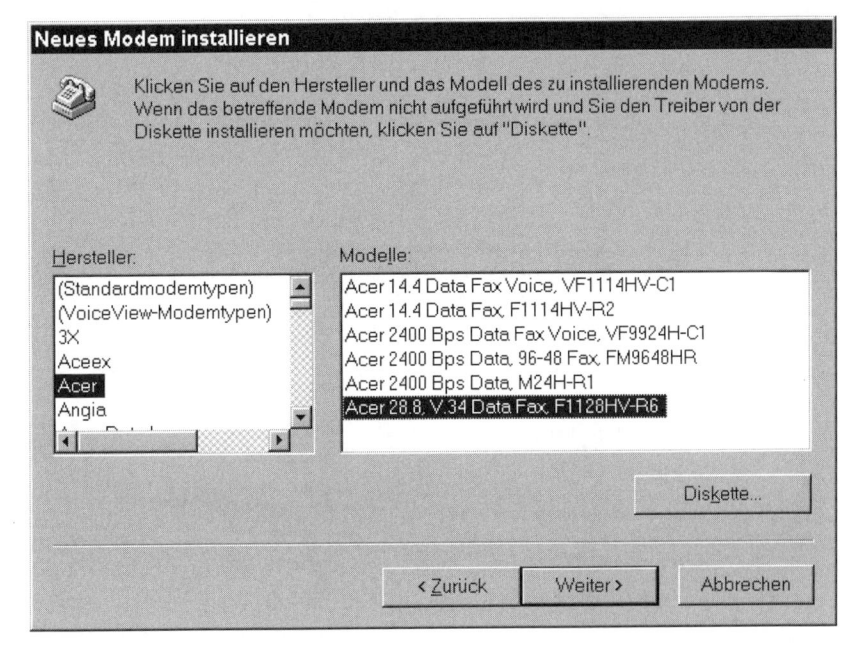

Sollten Sie Ihr Modem nicht in dieser Auflistung finden, dann klicken Sie im Dialogfenster NEUES MODEM INSTALLIEREN auf die Schaltfläche DISKETTE, legen die Installationsdiskette Ihres Modemtreibers ein und geben das Laufwerk und den Pfad an, unter dem Sie den Treiber installieren können. Sollten Sie einen aktuellen Treiber für Ihr Modem beispielsweise von einer Mailbox kopiert haben, dann geben Sie das Verzeichnis an, unter dem sich dieser Treiber befindet.

Die Eigenschaften Ihres Modems stellen Sie ein, indem Sie im Dialogfenster EIGENSCHAFTEN FÜR MODEMS das von Ihnen einzurichtende Modem anklicken. Ssofern Sie mehrere Modems in diese Liste eingetragen haben, und die Schaltfläche EIGENSCHAFTEN anklicken; Sie gelangen in das Dialogfenster EIGENSCHAFTEN FÜR MODEMS. Standardmäßig ist hier der Registerkartenreiter ALLGEMEIN aktiviert.

Wählen Sie aus der Dropdown-Liste ANSCHLUSS den seriellen Port aus, an dem Sie Ihr Modem angeschlossen haben.

Über den Schieberegler LAUTSTÄRKE können Sie die Lautstärke Ihres Modems einstellen, was beispielsweise dann sinnvoll ist, wenn die Geräusche beim Wählen entweder zu laut oder zu leise sind.

Aus der Dropdown-Liste MAXIMALE GESCHWINDIGKEIT wählen Sie die maximale Geschwindigkeit, mit der die Daten an das Modem gesandt werden. Dies muß allerdings nicht heißen, daß die maximale Geschwindigkeit des Modems ausschlaggebend ist. Wählen Sie hier auf jeden Fall eine höhere Geschwindigkeit, als diejenige, mit der das Modem Daten übertragen kann. Wenn Sie also über ein leistungsfähiges Modem verfügen, dann können Sie hier ruhig die Höchstgeschwindigkeit angeben.

Abb. 15.23: Eigenschaften für Sportster 28800 Internal.

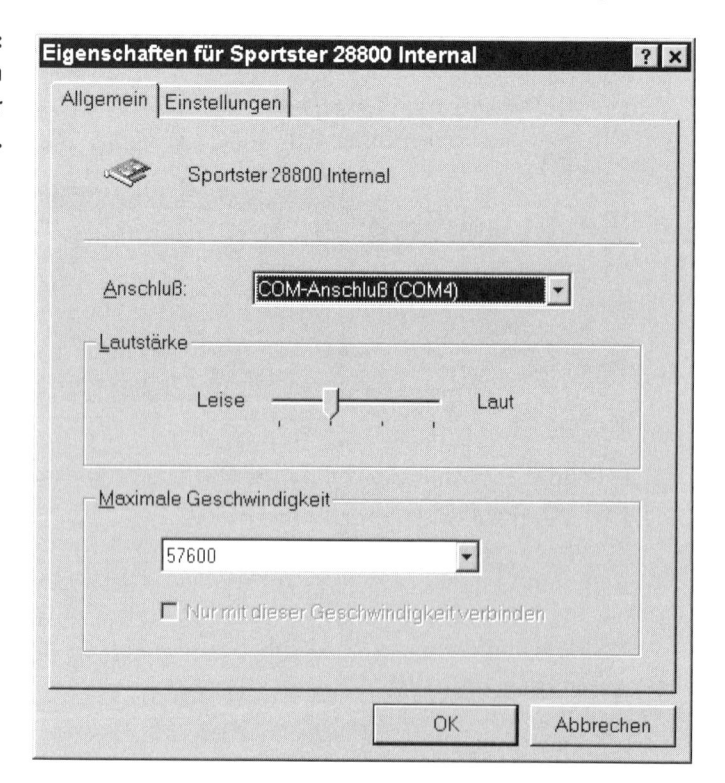

Aktivieren Sie den Registerkartenreiter EINSTELLUNGEN, und geben Sie unter VERBINDUNGSEINSTELLUNGEN die Anzahl der Datenbits, Stopbits und die Parität ein. Normalerweise sind es acht Datenbits, ein Stopbit und keine Parität.

Mit der Schaltfläche ERWEITERT gelangen Sie in das Dialogfenster ERWEITERE EINSTELLUNGEN FÜR MODEM. Die Funktion FEHLERKONTROLLE ist standardmäßig aktiviert, damit möglichst wenig Fehler bei der Datenübertragung auftreten. Ebenso ist die Funktion DATENKOMPRIMIERUNG stan-

15.8 So gehen Sie unter Windows online

dardmäßig aktiviert, damit eine möglichst hohe Datenübertragungsrate erreicht wird. Sollte es bei der Datenübertragung zu Problemen kommen, dann können Sie diese Funktion deaktivieren und es erneut versuchen.

Die Funktionen DATENFLUSSKONTROLLE sowie HARDWARE (RTS/CTS) sind ebenso standardmäßig aktiviert. Sie sollten die Funktion SOFTWARE (XON/XOFF) nur dann aktivieren, wenn es Probleme bei der Datenübertragung gibt und dies ausdrücklich mit der verbundenen Station abgesprochen ist.

Sollte es bei der Datenübertragung Probleme geben, dann aktivieren Sie die Funktion PROTOKOLLDATEI AUFZEICHNEN. Es wird damit eine Protokolldatei namens MODEMLOG.TXT in dem Verzeichnis angelegt, in dem sich Windows befindet. Diese Datei können Sie anschließend zur Fehlersuche heranziehen oder an Ihren Händler des Modems schicken, sofern vermutet wird, daß die Probleme vom Modem ausgehen.

Abb. 15.24:
Die erweiterten Einstellungen für das Modem.

Wenn es zu Problemen bei der Datenübertragung kommt, sollten Sie im Dialogfenster EIGENSCHAFTEN FÜR... die Schaltfläche ANSCHLUSSEINSTELLUNGEN benutzen; Sie gelangen in das gleichnamige Dialogfenster. Verfügt Ihr System über einen FIFO 16550, dann aktivieren Sie die Funktion FIFO-

Puffer verwenden (erfordert 16550-kompatiblen UART) und stellen den Empfangs- und Sendepuffer über die entsprechenden Schieberegler jeweils auf den höchsten Wert. Bei Problemen regeln Sie sukzessive auf den nächstkleineren Wert zurück, bis die Verbindung klappt.

15.8.2 So sparen Sie Kosten bei den Verbindungsgebühren

Da sich die Verbindungsgebühren, die als reine Telefonkosten anfallen, verteuert haben, kommt dem Kostenaspekt eine neue Bedeutung zu. Es gibt jetzt insgesamt fünf Tarifzeiten, und zwar auch beim Ortsgespräch, so daß es mitunter wesentlich preisgünstiger sein kann, einige Minuten bis zur nächsten Tarifzone zu warten, bevor Sie die Verbindung mit T-Online aufnehmen. Nachfolgend sehen Sie eine Tabelle mit den einzelnen Tarifzonen und eine weitere Tabelle, die Ihnen die Übertragungskosten für bestimmte Zeiträume während einer Tarifzone auflistet.

Diese Tabellen beziehen sich auf den sogenannten CityCall-Bereich, der normalerweise bei der Verbindung zum Internet zum Tragen kommt, da Sie sich einen Einwählknoten direkt am Ort aussuchen.

CityCall wird definiert als Ortsnetzbereich, angrenzende Ortsnetze und Nahbereich bis 20 km sowie im Grenz- und Küstenbereich bis 30 km.

Tarif	Uhrzeit
Mondscheintarif	0 bis 1 Uhr
Nachttarif	2 bis 4 Uhr
Freizeittarif	5 bis 8 Uhr
Vormittagstarif	9 bis 11 Uhr
Nachmittagstarif	12 bis 17 Uhr
Freizeittarif	18 bis 20 Uhr
Mondscheintarif	21 bis 23 Uhr

Tab. 15.1: Samstags, sonn- und feiertags gilt von 0 bis 4 Uhr der Mondscheintarif, von 5 bis 20 Uhr der Wochenendtarif und von 21 bis 23 Uhr der Mondscheintarif.

Die nachfolgende Tabelle zeigt Ihnen die Kosten für eine Verbindung der Dauer von 3 Minuten, 6 Minuten, 15 Minuten, 30 Minuten und 60 Minuten in den jeweiligen Tarifzeiten.

15.8 So gehen Sie unter Windows online

Tarifzeit	3 Min.	6 Min.	15 Min.	30 Min.	60 Min.
0 bis 1 Uhr	0,12	0,24	0,48	0,97	1,81
2 bis 4 Uhr	0,12	0,24	0,48	0,97	1,81
5 bis 8 Uhr	0,24	0,36	0,73	1,45	2,90
9 bis 11 Uhr	0,24	0,48	1,21	2,42	4,84
12 bis 17 Uhr	0,24	0,48	1,21	2,42	4,84
18 bis 20 Uhr	0,24	0,36	0,73	1,45	2,90
21 bis 23 Uhr	0,12	0,24	0,48	0,97	1,81

Tab. 15.2: **Verbindungskosten nach Dauer und Tarifzeit**

Gerade wenn Sie im Netz surfen, ist Zeit Geld, denn Sie müssen doppelt bezahlen, und zwar die Online-Gebühren des Anbieters und die Telefonkosten. Im folgenden finden Sie einige Tips, die Ihnen helfen sollen, Zeit und damit Geld zu sparen.

- Erledigen Sie so viele Arbeitsschritte wie irgend möglich offline, das heißt, noch bevor die Verbindung hergestellt wird oder nachdem die Verbindung abgebrochen wurde. Dies ist insbesondere dann kostensparend, wenn es sich um das Versenden und Empfangen von E-Mails handelt. Schreiben Sie Ihre E-Mails offline, und stellen Sie anschließend erst die Verbindung her. Umgekehrt gilt dies natürlich auch: Übertragen Sie zuerst alle in Frage kommenden E-Mails auf Ihren Rechner, schalten die Verbindung ab und lesen Ihre Post in aller Ruhe offline, denn dies kostet weder Onlinegebühren noch Telefongebühren.

- Sehen Sie sich nach speziellen Programmen um (beispielsweise dem Navigator für CompuServe), mit denen Sie so viele Arbeitsschritte wie möglich offline festlegen können. Ist dann die Verbindung hergestellt, erledigt dieses Programm die vorher festgelegten Arbeitsschritte wesentlich schneller, als Sie dazu manuell in der Lage wären. Dies kann beim automatischen Abholen der elektronischen Post sowie bei deren Kopieren auf den Server des Anbieters genauso erfolgen, wie es möglich ist, eine komplette Arbeitssitzung auf diese Weise ausführen zu lassen.

- Lesen Sie Hilfen zu einem Programm offline, sofern dies möglich ist. Wenn Sie mit der Funktion eines Programms online nicht zurechtkommen, dann sehen Sie nach, ob ein Hilfetext auf Ihren Rechner heruntergeladen werden kann. Sofern dies möglich ist, ist es natürlich billiger, diesen Hilfetext in Ruhe offline zu studieren.

- Schränken Sie die Anzahl der News-Gruppen ein, an denen Sie teilnehmen. Außerdem sollten Sie, wenn Sie an mehreren News-Gruppen teilnehmen, einen Offline-Reader einsetzen, wie er beispielsweise mit dem *Free-Agent* vorliegt. Dieses Programm ist übrigens als *Shareware* erhältlich. Sie können sich hiermit zuerst einmal die Überschriften zu den einzelnen Beiträgen ansehen und anschließend auswählen, welchen Text Sie aus dem Netz holen wollen. Wenn Sie bedenken, daß beispielsweise in Windows-Foren schon einmal 1000 neue Beiträge pro Tag anfallen können, dann fällt dem Kostenaspekt eine große Bedeutung zu.

- Warten Sie nicht zu lange im WWW. Im World Wide Web gibt es zwar eine Menge Seiten, die farbig und aufwendig gestaltet sind. Aber die Übertragung solcher Elemente kostet Zeit. Wenn Sie genau wissen, wonach Sie suchen, dann können Sie auf das Laden von Grafiken verzichten. Stellen Sie also den Web-Browser so ein, daß nur nach den reinen Informationen gesucht wird.

- Warten Sie nicht allzu lange auf das Übertragen einer Seite. Normalerweise muß das Laden einer Seite zügig vonstatten gehen. Andererseits ist es möglich, daß der Server überlastet ist oder eine sonstige Unterbrechung aufgetreten ist. Unterbrechen Sie die Verbindung, und versuchen Sie es nach einigen Minuten erneut.

- Wenn Sie Dateien über einen Online-Dienst wie T-Online, Internet, CompuServe usw. verschicken, dann packen Sie diese Dateien vorher. Sie können dazu gebräuchliche Packprogramme wie PKZIP und PKUNZIP, LHA, ARJ usw. benutzen. Solche Packprogramme gibt es auch als Shareware. Je nach Art der Datei können Sie auf bis zu über 90 % Einsparung kommen, und das senkt die Übertragungsgebühren beträchtlich.

- Wenn Sie Verträge mit Providern eingehen, sollten Sie am Anfang auf eine möglichst kurze Vertragsdauer achten, denn nur so können Sie sich von einem zu teuren Anbieter schnell wieder trennen.

15.9 Hilfe bei defektem Posteingang

95 *Exchange* ist der Briefkasten Ihres Systems, der unter Umständen auch einmal defekt sein kann. In einem solchen Fall wählen Sie den Befehl START | PROGRAMME | ZUBEHÖR | SYSTEMPROGRAMME | POSTEINGANG REPARIEREN. Es erscheint nun ein Dialogfenster, in dem Sie aufgefordert werden, einen Namen einzugeben, der für eine Datei mit der Erweiterung PST steht. Sofern Sie diesen Namen nicht parat haben, klicken Sie auf die Schaltfläche DURCHSUCHEN. Es erscheint ein weiteres Dialogfenster namens DATEI AUSWÄHLEN. Im Feld DATEITYP ist automatisch der Eintrag PERSÖNLICHER ORDNER (.PST) ausgewählt.

15.9 Hilfe bei defektem Posteingang

Geben Sie hier den Ordner an, in dem sich die gesuchte Datei befindet. Standardmäßig ist dies das Verzeichnis C:\EXCHANGE. Starten Sie das Programm mit START, und die angegebene Datei wird analysiert. Wurde ein Fehler ausfindig gemacht, dann wird eine Sicherheitskopie angelegt, wenn Sie die Schaltfläche REPARIEREN anklicken.

98 Unter Windows 98 finden Sie das Programm *Outlook* als direkten Ersatz für das unter Windows 95 übliche Exchange. Sie können mit Outlook generell auf die gleiche Art E-Mails senden und empfangen wie unter Exchange. Installieren Sie bei einem Update von Windows 95 auf Windows 98 Outlook, dann werden alle Einstellungen wie Profile, installierte Dienste usw. übernommen, so daß Sie diese Daten nicht erneut eingeben müssen.

Es hat sich im wesentlichen nur die Oberfläche geändert und einige neue Funktionen sind hinzugekommen. Mit diesen können Sie weitere geschäftliche oder private Daten wie Termine, Aufgaben usw. verwalten. Wenn Sie sich die Abbildung 15.25 ansehen, dann erkennen Sie eine Symbolleiste im linken Teil des Dialogfensters. Hier finden Sie neben dem Posteingang weitere Elemente wie Aufgaben, Journal, Notizen und dergleichen. Sie können mit diesen Funktionen Ihren Arbeitsablauf besser organisieren.

Outlook ist ein vollwertiger Workgroup Client und ist vorrangig für die Arbeit im Netz konzipiert. Für kleinere Betriebe oder gar für den Einsatz auf einem Einplatzsystem ist das Programm allerdings zu schwerfällig, und Sie können die meisten Funktionen gar nicht einsetzen, weil Ihnen die Anforderungen fehlen. Sie sollten in diesem Fall auf weniger aufwendigere E-Mail-Programme zurückgreifen.

Abb. 15.25: Der Eingangsbildschirm von Microsoft Outlook.

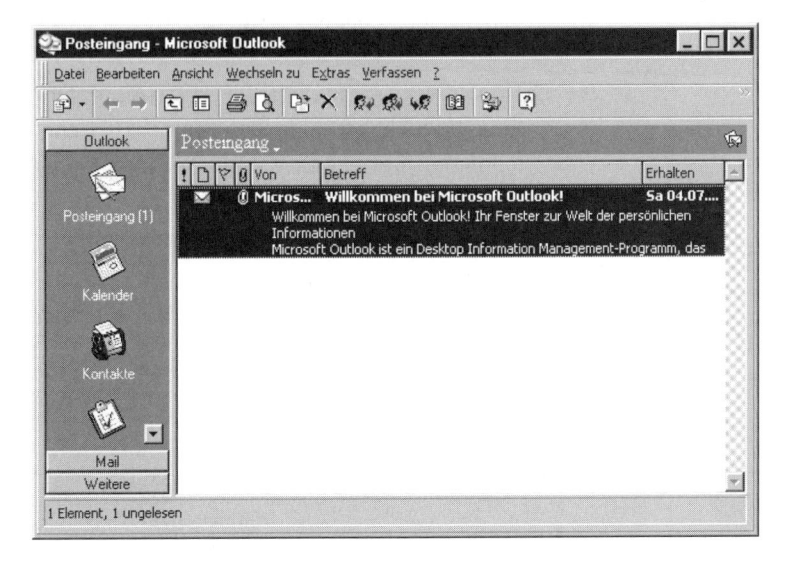

15.10 Verbinden Sie Ihre Rechner unter Windows

Windows hat umfangreiche Mailbox- und Netzwerkfähigkeiten. Aber Sie können auch zwei Rechner miteinander verbinden. Zum einen gibt es die Möglichkeit, über das Telefonnetz in ein Netzwerk zu gelangen, und zum anderen können Sie zwei Rechner miteinander zu einem kleinen Netzwerk verbinden.

15.10.1 DFÜ-Netzwerk per Modem

Wenn Sie zwei Rechner über das Telefonnetz miteinander verbinden, fungiert der eine Rechner als *Server* und der andere als *Client*. Der Client kann dabei sämtliche Ressourcen des Servers ausnutzen, solange die Verbindung besteht. Als Ressourcen in diesem Sinne zählen nicht nur der Arbeitsspeicher, die Festplatte usw., sondern auch die Peripheriegeräte wie der Drucker, der Scanner usw.

Die dazu notwendige Client-Software ist im Verzeichnis DFÜ-NETZWERK vorhanden. Wurde dieses Programm nicht bei der Installation von Windows auf die Festplatte kopiert, dann können Sie dies jederzeit nachträglich mit den folgenden Arbeitsschritten erledigen:

- Legen Sie die CD-ROM in das entsprechende Laufwerk.
- Wählen Sie den Befehl START | EINSTELLUNGEN | SYSTEMSTEUERUNG und aktivieren dort das Icon SOFTWARE.
- Im Dialogfenster EIGENSCHAFTEN VON SOFTWARE aktivieren Sie den Registerkartenreiter WINDOWS-SETUP.
- Markieren Sie in der Liste KOMPONENTEN den Eintrag VERBINDUNGEN, und klicken Sie auf die Schaltfläche DETAILS.
- Im Dialogfenster VERBINDUNGEN aktivieren Sie den Eintrag DFÜ-NETZWERK und klicken sich mit der Schaltfläche OK wieder zurück. Die Software wird jetzt von der CD-ROM installiert und in das entsprechende Verzeichnis kopiert.

Ist die Installation erfolgreich abgeschlossen, finden Sie im Ordner ARBEITSPLATZ den Ordner DFÜ-NETZWERK. Ihr Rechner ist nun als Client eingerichtet, und Sie können eine Verbindung mit einem anderen Rechner aufnehmen, der als Server installiert ist.

Wie Sie eine ISDN-Karte oder ein Modem unter Windows einrichten, wurde bereits beschrieben.

**Abb. 15.26:
Installieren Sie
das DFÜ-Netz-
werk.**

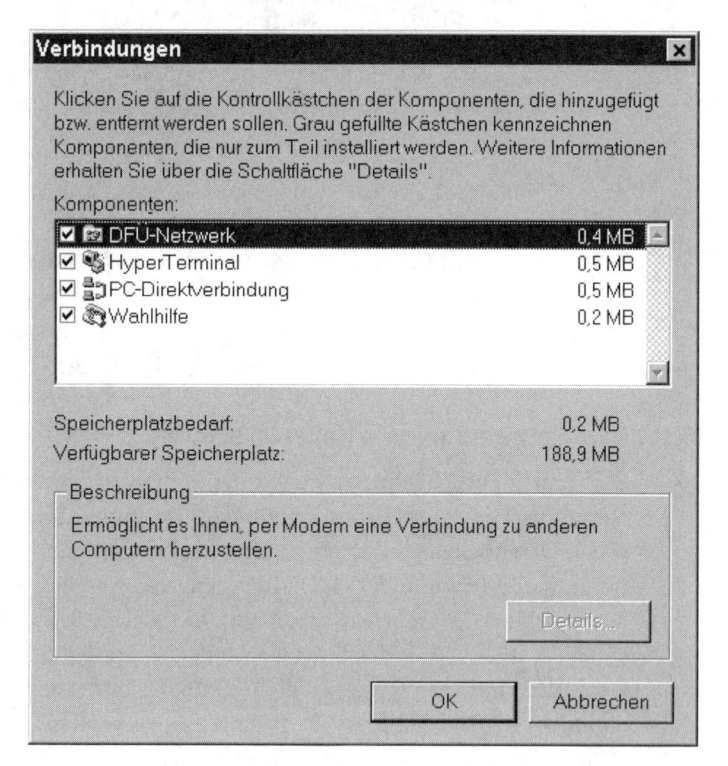

Verbindungen Dialog:

Klicken Sie auf die Kontrollkästchen der Komponenten, die hinzugefügt bzw. entfernt werden sollen. Grau gefüllte Kästchen kennzeichnen Komponenten, die nur zum Teil installiert werden. Weitere Informationen erhalten Sie über die Schaltfläche "Details".

Komponenten:
- ☑ DFÜ-Netzwerk — 0,4 MB
- ☑ HyperTerminal — 0,5 MB
- ☑ PC-Direktverbindung — 0,5 MB
- ☑ Wahlhilfe — 0,2 MB

Speicherplatzbedarf: 0,2 MB
Verfügbarer Speicherplatz: 188,9 MB

Beschreibung: Ermöglicht es Ihnen, per Modem eine Verbindung zu anderen Computern herzustellen.

Bei diesem DFÜ-Netzwerk gilt es, einige Grundbesonderheiten zu beachten. Das größte Manko ist die Geschwindigkeit im Vergleich mit einem Netzwerk, das mit Netzwerkkarten arbeitet. Während eine Netzwerkkarte durchschnittlich bis zu 300 kByte Daten in der Sekunde übertragen kann, sind es bei einem Modem mit einer Übertragungsgeschwindigkeit von 28.800 oder 56.600 bps natürlich deutlich weniger. Wenn Sie also versuchen sollten, große Programme wie etwa CorelDraw, WinWord usw. zu starten und große Datenmengen wie etwa Datenbanken zu übertragen, dauert es so lange, daß es kaum sinnvoll ist.

Der Nutzen dieses DFÜ-Netzwerks liegt vielmehr in der Übertragung kleinerer Datenmengen. Denken Sie beispielsweise an die Übertragung eines Briefes oder einer Zeichnung von nicht allzu großer Komplexität.

Wenn Sie eine Verbindung herstellen wollen, dann klicken Sie auf NEUE VERBINDUNG HERSTELLEN. Anschließend weisen Sie der neuen Verbindung einen Namen zu, klicken auf WEITER und geben die Rufnummer ein, unter der der Server anzusprechen ist. Schließen Sie diesen Vorgang mit der Schaltfläche OK ab, und Sie finden im Ordner DFÜ-NETZWERK ein neues Icon vor, das den Namen trägt, den Sie für diese Verbindung angegeben haben. Doppelklicken Sie dieses Icon, um die Verbindung herzustellen.

Nach dem Anwählen des Servers hören Sie einen Pfeifton. Die beiden Modems müssen sich erst über die Übertragungsparameter abstimmen. Je nach Leitungsqualität kann dies durchaus eine halbe Minute dauern. Brechen Sie also die Verbindung nicht vorzeitig ab.

Achten Sie darauf, daß der Rechner, zu dem Sie eine Verbindung aufbauen wollen, auch vollständig in das Netzwerk integriert ist, sonst können Sie ihn nicht finden. Wählen Sie START | SYSTEMSTEUERUNG | NETZWERK, und stellen Sie sicher, daß unter NETZWERKKOMPONENTEN die Datei und Druckerfreigabe für Netzwerke installiert sind. Sollte dies nicht der Fall sein, dann ergänzen Sie diesen Punkt über die Schaltfläche HINZUFÜGEN.

15.10.2 DFÜ-Netzwerk mittels Kabelverbindung

Sie können zwei Rechner miteinander verbinden, um beispielsweise Daten auszutauschen. Dies ist dann besonders sinnvoll, wenn es sich um sehr große Datenmengen oder um sehr große Dateien handelt. Prinzipiell funktioniert die Verbindung seitens der Software ähnlich wie bei dem DFÜ-Netzwerk per Modem, nur mit dem Unterschied, daß die Rechner hier mit einem Kabel verbunden werden und die Datenübertragung mit einer wesentlich höheren Geschwindigkeit möglich ist. Die Geschwindigkeit ist abhängig von der Schnittstelle. Die parallele Schnittstelle erlaubt eine bis zu dreimal höhere Übertragungsgeschwindigkeit.

Sowohl für die Übertragung an der seriellen als auch an der parallelen Schnittstelle ist ein spezielles Kabel notwendig. Für die serielle Schnittstelle benötigen Sie ein sogenanntes Nullmodemkabel. Dieses Kabel weist an jedem Ende eine Buchse für die serielle Schnittstelle auf. Da die Anzahl der Pins rechnerabhängig variieren kann, überzeugen Sie sich vor dem Kauf des Kabels, welche Kombination aus neunpoligen und 25-poligen Steckern Sie benötigen.

Aber auch am parallelen Kabel muß sich an beiden Enden der passende Stecker befinden. Sie sollten, sofern es möglich ist, auf jeden Fall ein paralleles Kabel verwenden, es sei denn, die Strecke zwischen den beiden Rechnern ist größer als zehn Meter, denn ab dieser Strecke wird die Datenübertragung mittels eines parallelen Kabels ungenau.

Wollen Sie nun eine Verbindung zwischen den beiden mit einem Kabel verbundenen Rechnern vornehmen, dann verfahren Sie folgendermaßen:

- Überprüfen Sie, ob auf beiden Rechnern die PC-Direktverbindung installiert ist, und legen Sie die CD-ROM in das entsprechende Laufwerk; ist dies nicht der Fall, dann wählen Sie den Befehl START | EINSTELLUNGEN | SYSTEMSTEUERUNG und aktivieren dort das Icon

SOFTWARE. Im Dialogfenster EIGENSCHAFTEN VON SOFTWARE aktivieren Sie den Registerkartenreiter WINDOWS-SETUP. Markieren Sie in der Liste KOMPONENTEN den Eintrag VERBINDUNGEN, und klicken Sie auf die Schaltfläche DETAILS. Im Dialogfenster VERBINDUNGEN aktivieren Sie den Eintrag PC-DIREKTVERBINDUNG und klicken sich mit der Schaltfläche OK wieder zurück. Die Software wird jetzt von der CD-ROM installiert und in das entsprechende Verzeichnis kopiert.

- Verbinden Sie die beiden Rechner mit dem beschriebenen Kabel, und achten Sie darauf, daß es sich bei beiden Rechnern um die gleiche Schnittstelle handelt. Wollen Sie also bei einem Rechner eine serielle Schnittstelle benutzen, dann muß auch auf dem anderen Rechner eine serielle Schnittstelle frei sein.

- Starten Sie die Direktverbindung zuerst mit dem Befehl START | PROGRAMME | ZUBEHÖR | PC-DIREKTVERBINDUNG, und stellen Sie auf dem Rechner, auf den Sie zugreifen wollen, die Funktion HOST-COMPUTER ein. Wählen Sie anschließend die Schnittstelle aus, auf die Sie das Kabel gesteckt haben. Wenn Sie die Schnittstelle ausgewählt haben, überprüft Windows diese Schnittstelle und gibt eine Meldung aus.

- Auf dem Rechner, von dem aus Sie die Verbindung herstellen wollen, wählen Sie die Funktion GASTCOMPUTER und stellen auch hier die entsprechende Schnittstelle ein.

- Ist die Verbindung aufgebaut, können Sie die Ressourcen des Host-Rechners nutzen. Sie können allerdings, wie bereits erwähnt, nur auf die Ressourcen zugreifen, die auf dem Host-Rechner freigeschaltet sind.

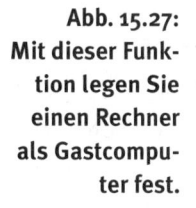

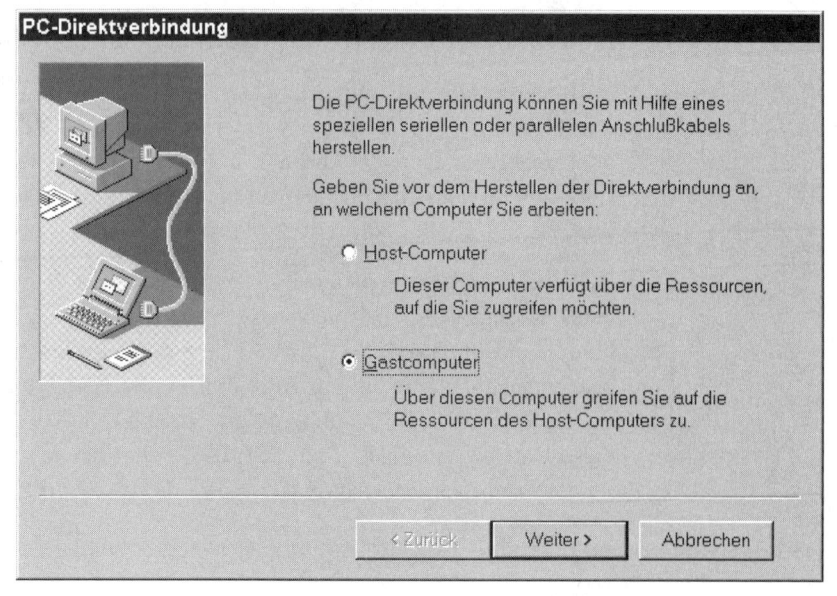

Abb. 15.27:
Mit dieser Funktion legen Sie einen Rechner als Gastcomputer fest.

Wenn keine Verbindung zustandekommen will, checken Sie die folgenden Punkte:

- Überprüfen Sie, ob die Schnittstellen bei beiden Rechnern richtig konfiguriert sind. Wählen Sie den Befehl START | EINSTELLUNGEN | SYSTEMSTEUERUNG, und aktivieren Sie das Icon SYSTEM. Wählen Sie den Registerkartenreiter GERÄTE-MANAGER und sehen nach, ob in der Liste der Schnittstellen die in Frage kommenden mit einem Ausrufezeichen und mit einem Warnhinweis versehen sind. Ist ein solcher Warnhinweis vorhanden, dann beachten Sie diesen und versuchen, den Fehler zu beseitigen.

- Überprüfen Sie, ob beide Schnittstellen funktionieren, indem Sie ein Modem anschließen und die Verbindung zu einer beliebigen Mailbox herstellen. Funktioniert dies, dann können Sie davon ausgehen, daß die Schnittstellen in Ordnung sind. Handelt es sich um eine parallele Schnittstelle, dann leiten Sie einfach die Druckausgabe auf diese Schnittstelle um. Funktioniert der Ausdruck, dann ist die Schnittstelle in Ordnung.

- Überprüfen Sie das Kabel. Parallele Kabel sind empfindlich gegenüber mechanischen Einwirkungen. Weist das Kabel Knicke auf, dann können Sie damit rechnen, daß es beschädigt ist. Versuchen Sie, die Verbindung mit einem anderen Kabel aufzubauen, lassen Sie das vermutlich defekte Kabel testen, oder versuchen Sie, mit diesem Kabel eine Verbindung dort herzustellen, wo Sie sich sicher sind, daß es mit einem anderen Kabel funktioniert.

15.11 Sicherer Abgleich von mobilen Daten

98 Im Lieferumfang von Windows finden Sie ein sehr nützliches Tool, das Sie immer dann gerne benutzen werden, wenn verschiedene Versionen einer oder mehrerer Dateien, die auf unterschiedlichen Rechnern gespeichert sind, miteinander abgeglichen werden sollen: es handelt sich um den *Aktenkoffer*.

Die grundsätzliche Arbeitsweise dieses Tools ist folgende: Sie verbinden beide Rechner, also beispielsweise Tower-Rechner in Ihrem Büro oder zu Hause und kopieren die Dateien, die Sie unterwegs mit Ihrem Notebook bearbeiten möchten, in den Aktenkoffer des Notebooks. Nun bearbeiten Sie die Dateien bzw. Dokumente, wobei es keine Rolle spielt, welcher Art diese Dateien sind, also Text-, Grafik-, Sounddateien usw., und speichern sie anschließend wieder im Aktenkoffer des Notebooks.

Sind Sie nun wieder zu Hause oder im Büro, dann verbinden Sie beide Rechner und wählen eine der Funktionen zum globalen oder selektiven Aktualisieren des Aktenkoffers. Der globale Abgleich bezieht alle Dateien mit ein, der selektive Abgleich bezieht nur ausgewählte Daten in den Abgleich mit ein.

Windows führt einen Abgleich der Daten des Desktop-Rechners und des Notebooks durch und bringt die Dokumente, an denen Veränderungen vorgenommen wurden, jeweils auf den neuesten Stand. Dies geschieht gegebenenfalls auf beiden Rechnern, das heißt, auch wenn Dokumente während Ihrer Abwesenheit auf dem stationären Rechner geändert wurden, wird nach dem Abgleich die neue Fassung auf Ihr Notebook kopiert.

Der Aktenkoffer »merkt« auch, wenn Sie die Namen von Dateien verändert haben. Sie sollten dies aber auf jeden Fall vermeiden, denn in einem solchen Fall kann der Aktenkoffer keine Originaldateien auf dem stationären Rechner mehr zuordnen.

Wenn Sie bei der Installation von Windows die Option LAPTOP gewählt haben, dann erscheint das Symbol für den Aktenkoffer auf dem Desktop. Andernfalls installieren Sie den Aktenkoffer mit den folgenden Arbeitsschritten:

- Wählen Sie den Befehl START | EINSTELLUNGEN | SYSTEMSTEUERUNG und aktivieren das Icon SOFTWARE; Sie gelangen in das Dialogfenster EIGENSCHAFTEN VON SOFTWARE.
- Aktivieren Sie den Registerkartenreiter WINDOWS-SETUP, markieren Sie in der Liste KOMPONENTEN den Eintrag ZUBEHÖR, und klicken Sie auf die Schaltfläche DETAILS.
- Markieren Sie im nächsten Dialogfenster ebenfalls in der Liste KOMPONENTEN den Eintrag AKTENKOFFER und klicken auf die Schaltfläche OK.
- Wenn Sie einen Abgleich der Daten auf verbundenen Rechnern durchführen wollen, dann bewerkstelligen Sie dies mit den folgenden Arbeitsschritten:
- Damit eine Synchronisation der Daten auf den beiden Rechnern erreicht wird, installieren Sie den Aktenkoffer auch auf Ihrem Notebook und kopieren die Dateien, die Sie abgleichen wollen, in den Aktenkoffer. Sie können dies entweder per Drag-and-Drop auf dem Desktop erledigen, indem Sie die entsprechenden Dateien mit der Maus auf das Icon des Aktenkoffers ziehen, oder Sie öffnen den Aktenkoffer und den Explorer und ziehen die Dateien aus dem Explorer in den Aktenkoffer.

Abb. 15.28:
Sie sehen im Aktenkoffer Text-, Grafik- und TIF-Dateien.

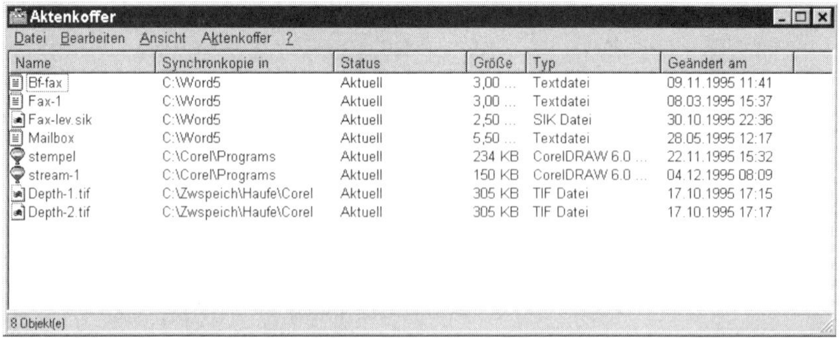

Name	Synchronkopie in	Status	Größe	Typ	Geändert am
Bf-fax	C:\Word5	Aktuell	3,00 ...	Textdatei	09.11.1995 11:41
Fax-1	C:\Word5	Aktuell	3,00 ...	Textdatei	08.03.1995 15:37
Fax-lev.sik	C:\Word5	Aktuell	2,50 ...	SIK Datei	30.10.1995 22:36
Mailbox	C:\Word5	Aktuell	5,50 ...	Textdatei	28.05.1995 12:17
stempel	C:\Corel\Programs	Aktuell	234 KB	CorelDRAW 6.0 ...	22.11.1995 15:32
stream-1	C:\Corel\Programs	Aktuell	150 KB	CorelDRAW 6.0 ...	04.12.1995 08:09
Depth-1.tif	C:\Zwspeich\Haufe\Corel	Aktuell	305 KB	TIF Datei	17.10.1995 17:15
Depth-2.tif	C:\Zwspeich\Haufe\Corel	Aktuell	305 KB	TIF Datei	17.10.1995 17:17

8 Objekt(e)

Jetzt trennen Sie beide Rechner wieder voneinander und bearbeiten die Dateien in Ihrem Notebook.

Wieder zu Hause oder im Büro angekommen, verbinden Sie beide Computer erneut miteinander und öffnen den Aktenkoffer, indem Sie auf das entsprechende Icon doppelklicken.

Wenn Sie eine globale Aktualisierung vornehmen wollen, dann wählen Sie den Befehl ALLES AKTUALISIEREN aus dem Menü AKTENKOFFER. Wollen Sie eine selektive Aktualisierung vornehmen, markieren Sie zuerst die abzugleichenden Dateien und wählen den Befehl AUSWAHL AKTUALISIEREN aus dem Menü AKTENKOFFER.

Das Auswählen der Dateien können Sie mit gedrückter Funktionstaste [Strg] bei nicht zusammenhängend aufgeführten Dateien und mit gedrückter Funktionstaste [⇧] bei zusammenhängend aufgeführten Dateien bewerkstelligen.

Wenn Sie den Status einer Datei oder eines Ordners im Aktenkoffer überprüfen wollen, dann markieren Sie die entsprechende Datei bzw. den Ordner und wählen den Befehl EIGENSCHAFTEN aus dem Menü DATEI sowie den Registerkartenreiter AKTUALISIERUNGSSTATUS aktivieren.

In diesem Dialogfenster ist es auch möglich, die Aktenkofferdateien von den Originaldateien wieder zu trennen. Klicken Sie dazu auf die Schaltfläche VOM ORIGINAL TRENNEN. Alternativ dazu können Sie diese Trennung auch direkt im Dialogfenster AKTENKOFFER vornehmen, indem Sie die zu trennende Datei markieren und den Befehl VOM ORIGINAL TRENNEN aus dem Menü AKTENKOFFER wählen.

Wenn Sie eine Datei vom Original getrennt haben, wird diese als verwaist gekennzeichnet, das heißt, es bestehen keine Verknüpfungen mehr. Danach ist es nicht mehr möglich, diese Datei auf die beschriebene Art zu aktualisieren.

15.11 Sicherer Abgleich von mobilen Daten

Abb. 15.29:
Hier sehen Sie den Aktualisierungsstatus einer Datei im Aktenkoffer.

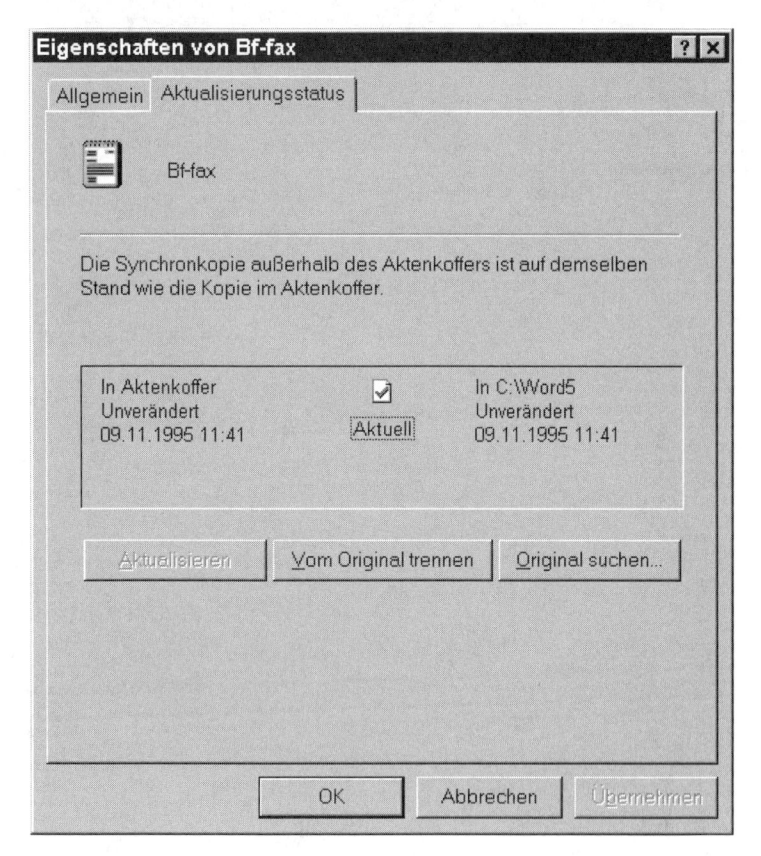

Eigenschaften von Bf-fax

Allgemein | Aktualisierungsstatus

Bf-fax

Die Synchronkopie außerhalb des Aktenkoffers ist auf demselben Stand wie die Kopie im Aktenkoffer.

In Aktenkoffer		In C:\Word5
Unverändert	Aktuell	Unverändert
09.11.1995 11:41		09.11.1995 11:41

[Aktualisieren] [Vom Original trennen] [Original suchen...]

[OK] [Abbrechen] [Übernehmen]

16 Rund ums Drucken

Fast jeder Computer verfügt über einen Drucker, und die Preise für dieses Peripheriegerät sind so niedrig wie noch nie. Fällt dieses Gerät aus, ist oft guter Rat im wahrsten Sinne des Wortes teuer, denn mitunter liegt es an Ursachen, die selbst mit einfachen Mitteln behoben werden können, ausgeführt in einer Fachwerkstätte aber wesentlich teurer sind.

Während sich viele Pannen entweder ausschließlich auf das Anwendungsprogramm, das Betriebssystem oder die Peripherie zurückführen lassen, können bei Druckerproblemen fast alle Komponenten im Spiel sein – besonders wenn es sich um eine Neuinstallation handelt. Nachfolgend finden Sie einige Punkte, die Sie unbedingt vorab überprüfen sollten; vielleicht können Sie das Problem schon dadurch lösen.

16.1 Grundlegende Betriebsstörungen

Der Drucker druckt partout nichts aus.

Leuchtet trotz korrektem Netzanschluß die Kontrollampe Ihres Druckers nicht (sie ist mit der Aufschrift *Power* versehen), dann ist eventuell die Eigensicherung des Geräts defekt. Schlagen Sie in der technischen Dokumentation nach, wo sich diese Sicherung befindet und überprüfen Sie sie (in der Regel genügt eine augenscheinliche Begutachtung, um zu erkennen, ob sie funktionstüchtig ist oder nicht).

Vergessen Sie nicht, vor dem Öffnen des Geräts und dem Austausch der Sicherung den Netzstecker zu ziehen! Brennt eine neue Sicherung ebenfalls durch, dann liegt wahrscheinlich ein Defekt am Gerät vor, den der Fachhändler beheben muß.

Sehen Sie nach, ob sich der Drucker im Betriebs- bzw. Empfangsmodus befindet. Normalerweise befinden sich auf dem Bedienfeld Tasten und Lämpchen, mit denen die Grundeinstellungen des Geräts vorgenommen werden können. Nach dem Einschalten muß zumindest das Lämpchen leuchten, welches die Empfangsbereitschaft des Druckers signalisiert. Zu diesem Lämpchen gehört üblicherweise eine Taste, mit der Sie das Gerät in Empfangsbereitschaft versetzen können. Folgende Bezeichnungen sind hierfür üblich: *Online*, *Select* oder *Sel*.

Prüfen Sie, ob der richtige Druckeranschluß gewählt wurde. Werden die Druckdaten an die falsche Schnittstelle gesendet (LPT2 oder COM2 statt LPT1), dann können auf dem installierten Drucker keine Daten ankommen und dementsprechend auch nicht gedruckt werden.

Vergewissern Sie sich, daß die Erweiterungskarte mit dem Druckeranschluß korrekt installiert ist bzw. kein Wackelkontakt vorliegt. Es handelt sich hierbei um die Schnittstellenkarte. Bei geöffnetem Rechner erkennen Sie die Karte an einem Verbindungskabel zum parallelen Port (Schnittstelle), an dem das Druckerkabel angeschlossen wird.

Unter Umständen ist das Druckerkabel entweder am Drucker oder an der Computerschnittstelle nicht richtig befestigt, so daß es zu einem Wackelkontakt kommt. Begnügen Sie sich nicht nur mit dem Aufstecken der Steckverbindungen, sondern nehmen Sie sich die Zeit, sie zu verschrauben. Die meisten handelsüblichen Drucker werden über ein paralleles Anschlußkabel mit dem Rechner verbunden, jedoch gibt es auch Drucker (wenn auch ausgesprochen wenige), die über ein serielles Kabel ihre Daten beziehen. Schlagen Sie im Druckerhandbuch nach, welche der beiden Anschlußarten – also parallel oder seriell – in Ihrem speziellen Fall in Frage kommt.

Gehen Sie beim Anschließen des Druckerkabels auf keinen Fall mit Gewalt vor. Der Stecker und sein Gegenstück besitzen eindeutige Orientierungen, so daß nur ein eindeutig richtiger Anschluß geschaltet werden kann.

Nahezu alle Drucker sind fähig, einen Selbsttest durchzuführen, ohne daß dazu Daten von einem Rechner übertragen werden müssen. Um einen solchen Selbsttest in die Wege zu leiten, sind – druckerabhängig – unterschiedliche Tasten bzw. Tastenkombinationen zu betätigen. Schlagen Sie dazu im entsprechenden Kapitel der technischen Dokumentation Ihres Druckers nach.

Prüfen Sie, ob im Anwendungsprogramm überhaupt ein Druckertreiber installiert ist (eventuell vom vorhergehenden Drucker oder ein standardmäßig eingestellter Druckertreiber, wenn es sich um eine Neuinstallation der Software handelt).

Installieren Sie sicherheitshalber den Druckertreiber neu. Es kann durchaus vorkommen, daß ein beschädigter Sektor die Datei des Druckertreibers beschädigt hat. In einem solchen Fall werden entweder gar keine oder wenn, dann nur unzusammenhängende Daten ausgedruckt.

Tritt diese Fehlfunktion auch bei anderen Anwendungsprogrammen auf? Sofern Sie über eine weitere Anwendung verfügen, die den Drucker ansteuert, sollten Sie versuchen, über dieses Programm den Drucker anzusprechen. Haben Sie Druckerprobleme mit Word für DOS und Sie verfügen zusätzlich noch über eine Tabellenkalkulation unter DOS (beispielsweise Lotus 1-2-3), dann starten Sie den Ausdruck einfach unter Exel. Gelingt dies, dann liegt es höchstwahrscheinlich an einem fehlerhaft installierten Druckertreiber, oder aber Ihr Anwendungsprogramm ist defekt. Installieren Sie es neu und versuchen den Ausdruck erneut.

Stimmt das angegebene Papierformat? Einige Druckertypen prüfen das Format des eingelegten Papiers über die angesteuerte Kassette. Wird eine Abweichung zu den softwaremäßigen Angaben gefunden, wird in der Regel eine Fehlermeldung ausgegeben und der Ausdruck unterbunden.

Ist Papier eingelegt? Klemmt die Papierkassette oder wurde eventuell versehentlich der falsche Papierschacht gewählt? Sind zwei Papierschächte vorhanden (beispielsweise für DIN A5 und DIN A4), müssen Sie für den Druck den richtigen auswählen. Sofern dieses Umschalten hardwareseitig gelöst wird, befindet sich am Gerät ein Hebel, mit dem Sie zwischen den Papierschächten hin- und herschalten können. Ansonsten stellen Sie in Ihrem Anwendungsprogramm die richtige Kassette über *oben* und *unten* ein.

Abb. 16.1:
Auswählen des gewünschten Papierschachts (hier der Kassettenschacht).

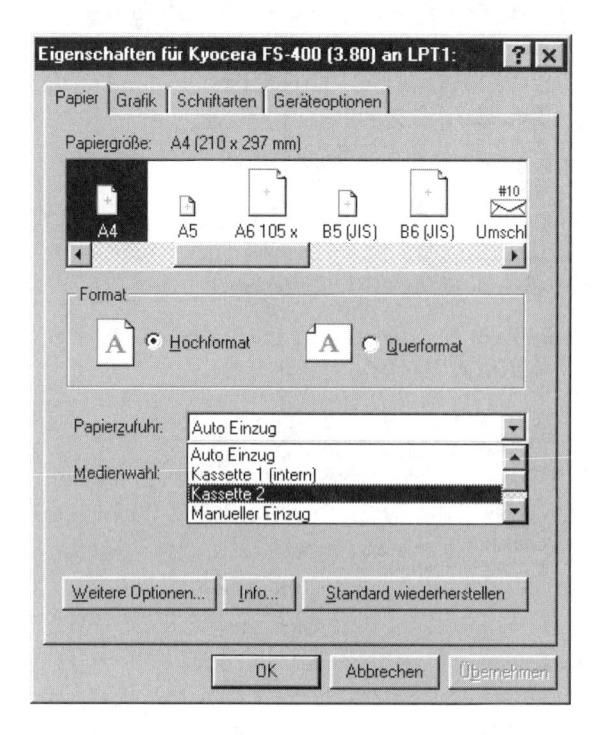

Speicherresidente Programme können mit anderen Programmen in Konflikt geraten und störenden Einfluß auf den Druckbetrieb nehmen. Nachdem Sie die vorhergehenden Punkte geprüft haben, starten Sie Ihren Rechner mit einer Minimalkonfiguration.

Die Kontrolleuchten Ihres Druckers blinken unaufhörlich.

Dies ist ein Anzeichen dafür, daß sich das Gerät nicht richtig initialisieren kann, das heißt, die entsprechend intern gespeicherten Betriebsparameter können nicht gefunden oder korrekt angesprochen werden. Sofern es sich um ein Neugerät handelt, überprüfen Sie Ihren Drucker noch einmal ganz genau, ob Sie nicht irgendwelche Transportsicherungen oder sonstige Teile finden, die meistens aus Kunststoff, Styropor oder Schaumstoff gefertigt sind, und das Gerät beim Transport vor Erschütterungen bewahren sollen.

16.2 Probleme beim Ausdrucken

Sie drucken Texte oder sonstige Dateiinhalte mit dem Print-Befehl von DOS aus, und der Drucker verweigert nach einem Teil der Seite den weiteren Ausdruck.

Vielleicht unterliegen Sie dem Irrtum, es handele sich bei dem DOS-Befehl PRINT um eine Routine, die lediglich die Aufgabe hat, Dateien an die Druckerschnittstelle zu schicken. Dem ist allerdings nicht so, denn der Befehl PRINT.EXE ist ein Druckerspooler unter DOS. Sie bewirken also mit der Eingabe des Befehls:

```
PRINT test.txt
```

daß nicht nur die genannte TXT-Datei gedruckt wird, sondern auch, daß die ausführbare Datei PRINT.EXE in den Arbeitsspeicher geladen wird und dort kostbaren RAM-Speicher belegt.

Abhilfe schafft hier der Befehl LOADHIGH (oder einfach: lh). Geben Sie den folgenden Befehl ein:

```
LH PRINT.EXE
```

Sie laden damit dieses Dienstprogramm in den hohen Speicherbereich (Upper Memory), und es wird auf diese Weise kein konventioneller Speicherbereich belegt.

Dieses Programm wurde vor allem dazu konzipiert, um so schnell wie möglich zum DOS-Prompt und somit zur weiteren Arbeit zurückzukehren und nicht darauf zu warten, bis der Ausdruck vollständig erfolgt ist. Sie sollten jetzt allerdings nicht denken, Sie könnten über diesen Befehl einen formatierten Text (Fettdruck, kursive Auszeichnungen usw.) ausdrucken, denn es wird lediglich unformatierter ASCII-Text ausgegeben. Wenn Sie also versuchen sollten, einen formatierten Text über diesen Befehl auszugeben, dann wird der Druck relativ schnell abgebrochen, und zwar dann, wenn das erste mal das ASCII-Zeichen 26 erkannt wird, denn dieses sogenannte EOF-Zeichen steht für das Ende einer Datei (EOF = End of file).

Außerdem vertragen sich PRINT und der Druckerspooler unter Windows nicht besonders, was insbesondere dann zu Problemen führen kann, wenn dieser Befehl vor dem Starten von Windows ausgeführt wird.

16.2 Probleme beim Ausdrucken

Wenn Sie also unbedingt einen ASCII-Text ausdrucken wollen, dann sind Sie mit dem COPY-Befehl von DOS besser bedient, da dieser Befehl kein Laden in den Arbeitsspeicher bedeutet und zudem in der Lage ist, Binärdateien zu drucken. Dazu müssen Sie allerdings den Schalter /b anhängen.

Der gedruckte Text sieht auf dem Ausdruck nicht genau so aus, wie er auf dem Bildschirm angezeigt wird, es liegt also kein WYSIWYG vor (What You See Is What You Get = Was Sie sehen [am Bildschirm], das bekommen Sie auch [im Ausdruck]).

Wahrscheinlich haben Sie beim Formatieren Ihres Textes mit der gewünschten Schriftart eine Druckerschrift gewählt. Eine solche Schrift ist als fester Font (Schriftart) in den Drucker integriert. Der Vorteil hierbei ist ein schönerer Ausdruck, als es mit einer TrueType-Schrift in der Regel der Fall ist. Der Nachteil kann allerdings darin liegen, daß Windows nicht so genau weiß, wie diese Schriftart im Detail aussieht. Es wird dann versucht, eine Schriftart zu wählen, die dieser Druckerschrift möglichst ähnlich ist, und diese in der Bildschirmdarstellung zu verwenden, was dann zu den erwähnten Abweichungen führen kann.

Sie erkennen solche Druckerschriften an einem links von der Bezeichnung der Schriftart angeordneten Symbol. Wenn Sie also auf eine Druckerschrift nicht verzichten wollen, dann suchen Sie eine möglichst ähnliche aus und tragen diese unter Windows ein. Laden Sie dazu die Datei WIN.INI und suchen den Abschnitt

```
[FontSubstitutes]
```

Tragen Sie hier die korrespondierenden Bezeichnungen ein.

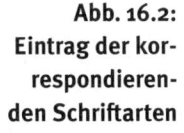

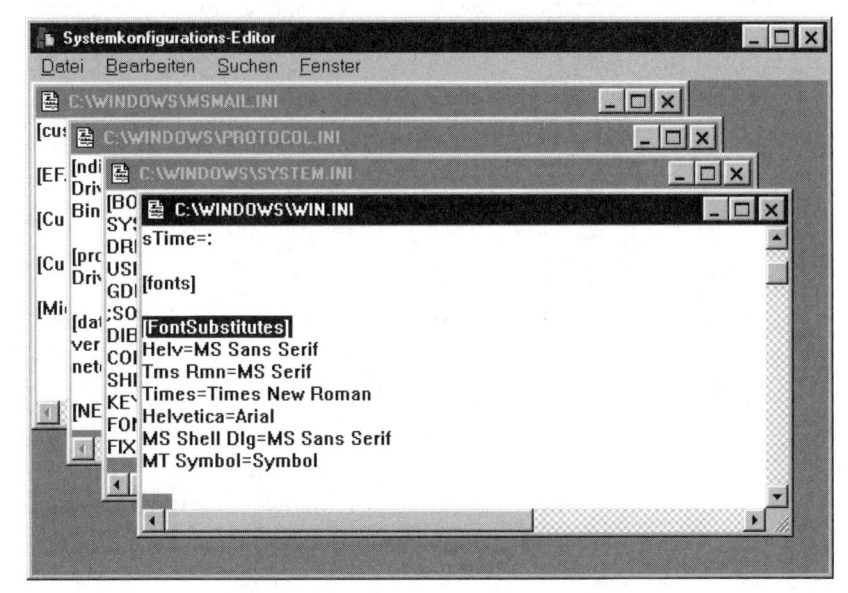

Abb. 16.2: Eintrag der korrespondierenden Schriftarten

? Sie wollen größere Dateien aus einer Windows-Anwendung heraus ausdrucken lassen und der Drucker bricht nach einer gewissen Zeit ab. Außerdem erscheint folgender Hinweis:

Drucker nicht bereit oder Timeout.

Klappt der Ausdruck von kleineren Dateien problemlos, dann liegt es daran, daß der Drucker zu lange braucht, um die vom Druck-Manager geschickten Daten zu verarbeiten. Wählen Sie den Befehl START | SYSTEMEINSTELLUNGEN | DRUCKER, und klicken Sie das entsprechende Icon für Ihren Drucker mit der rechten Maustaste an. Wählen Sie den Eintrag EIGENSCHAFTEN und wechseln in die Registerkarte DETAILS. Anschließend geben Sie in den Feldern NICHT GEWÄHLT und ÜBERTRAGUNGSWIEDERHOLUNG höhere Werte wie beispielsweise 200 oder 360 ein.

Abb. 16.3:
Erhöhen der Verbindungs-Werte für den Druckeranschluß.

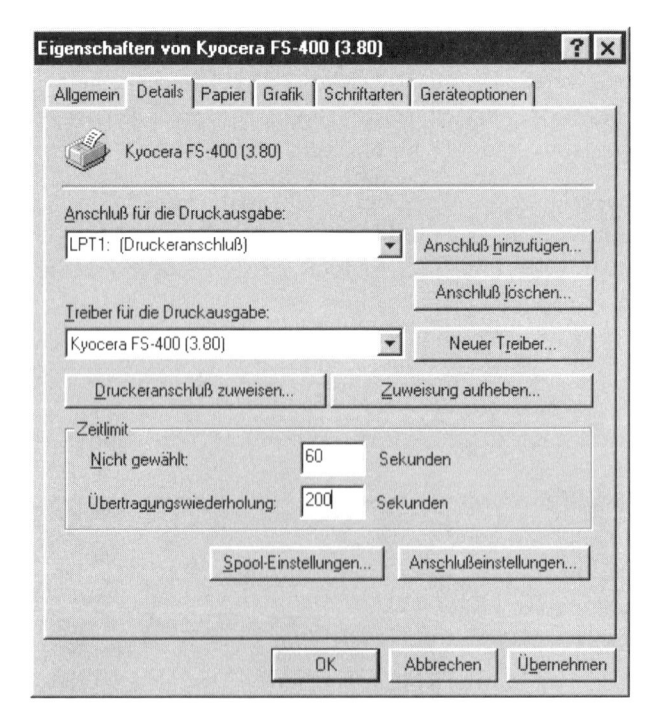

? Auf der ersten Seite Ihres Ausdrucks befinden sich in der ersten Zeile Zeichen, die Sie weder eingegeben haben noch am Bildschirm zu sehen sind.

Es handelt sich höchstwahrscheinlich um einen defekten oder nicht passenden Druckertreiber. Kontrollieren Sie sicherheitshalber, ob Sie auch den passenden Druckertreiber verwenden, indem Sie den Eintrag in Ihrer Software mit den entsprechenden Angaben im Handbuch vergleichen. Stimmt hier alles, dann liegt es vermutlich daran, daß die Datei mit dem Druckertreiber beschädigt ist. Löschen Sie den alten Treiber aus dem entsprechenden Verzeichnis und installieren Sie die Datei neu. Dies ist übrigens ein guter Zeitpunkt, um bei dem Hersteller bzw. Händler Ihres Geräts nach einer eventuell neuen Version des Druckertreibers zu fragen. Heben sie jedoch die alte Version unbedingt auf, denn nicht immer ist garantiert, daß ein neuer Druckertreiber fehlerfrei funktioniert. In diesem Fall ist es dann ärgerlich, wenn die alte Version nicht mehr greifbar ist.

Die Geschwindigkeit des Druckers verlangsamt sich merklich, sobald der unter Windows installierte Bildschirmschoner aktiviert wird.

Hier liegt kein Fehler im eigentlichen Sinn vor, denn es ist nichts Außergewöhnliches, daß Bildschirmschoner den Ausdruck verlangsamen können. Die Ursache liegt darin, daß diese Programme eine Menge Systemressourcen verbrauchen können, je nachdem, welcher Bildschirmschoner verwendet wird, denn auch hier gibt es immense Unterschiede.

Wählen Sie im Explorer den Befehl INFO aus dem Menü »?«. Im unteren Teil des Dialogfensters können Sie die noch freie Systemressourcen erkennen.

Abb. 16.4:
Überblick über
die System-
ressourcen

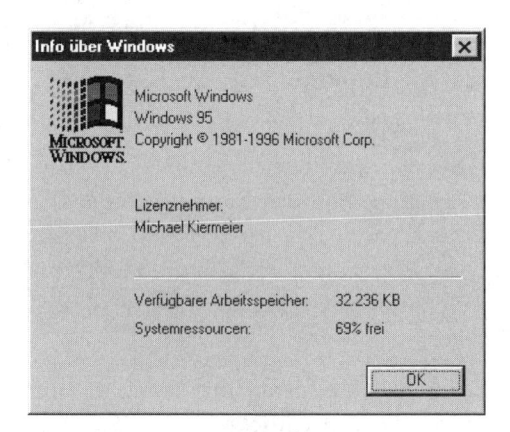

Abhilfe schafft hier nur, entweder einen anderen Bildschirmschoner zu verwenden, der weniger Systemressourcen verbraucht, oder die Wartezeit zu verlängern, bis dieses Programm aktiv wird. Bei den Bildschirmschonern unter Windows erreichen Sie dies mit folgenden Arbeitsschritten:

▶ Wählen Sie den Befehl START | EINSTELLUNGEN | SYSTEMSTEUERUNG.

▶ Aktivieren Sie das Icon ANZEIGE und wechseln Sie in die Registerkarte BILDSCHIRMSCHONER.

▶ Erhöhen Sie den Wert unter WARTEZEIT. Unterstützt Ihr Bildschirm den im unteren Teil des Dialogfensters angezeigten Energiesparmodus, dann können Sie darüber hinaus in den Feldern STANDBY-BETRIEB NACH und ABSCHALTUNG NACH ebenfalls entsprechende Werte eingeben.

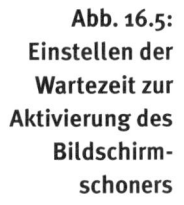

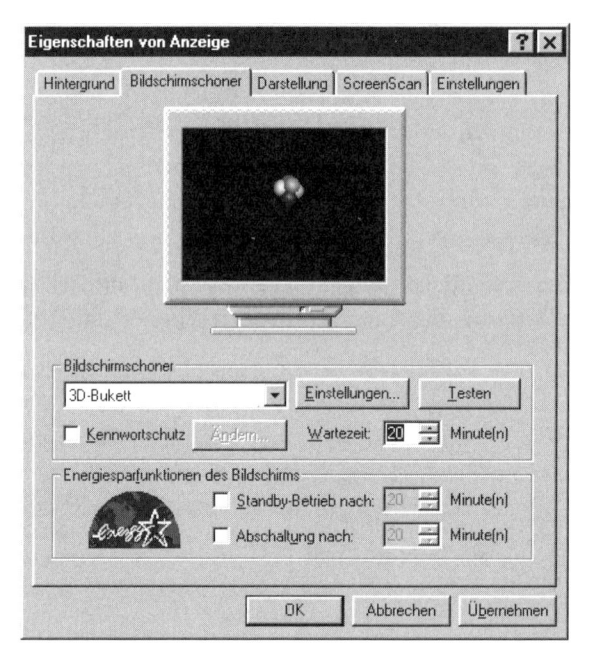

Abb. 16.5:
Einstellen der Wartezeit zur Aktivierung des Bildschirmschoners

> **Es läßt sich nicht bis an den Rand des Papiers drucken, was gerade beim Etikettendruck lästig ist, obwohl für den Seitenrand für alle Seitenränder der Wert 0 angegeben ist.**

Damit müssen Sie sich wohl oder übel zufriedengeben, denn kein Drucker ist in der Lage, genau bis an den Rand des Papiers zu drucken. Das liegt unter anderem auch daran, daß ein bestimmter Bereich für den Papiereinzug benötigt wird. Aber zumindest können Sie sich mit folgenden Arbeitsschritten Klarheit darüber verschaffen, wie groß dieser unbedruckte Bereich bei Ihrem Drucker ist:

- Öffnen Sie eine beliebige Textverarbeitung und öffnen das Dialogfenster, über das Sie die Seite einrichten.
- Geben Sie für alle Seitenränder den Wert Null ein.
- Es erscheint ein Warnhinweis, daß Sie ungültige Seitenränder eingegeben haben. Klicken Sie auf die Schaltfläche KORRIGIEREN. Es werden die minimalen Seitenränder eingetragen und Sie können den nicht bedruckbaren Seitenbereich erkennen.

> **Der Drucker zieht kaum noch Einzelblätter, sondern mehrere Seiten auf einmal ein.**

Jeder Drucker stellt andere Anforderungen an das verwendete Papier bzw. an dessen Qualität. Einige Drucker geben sich fast mit jedem Papier zufrieden, andere hingegen wirken richtig mimosenhaft.

Abb. 16.6: Bestimmen der Seitenränder

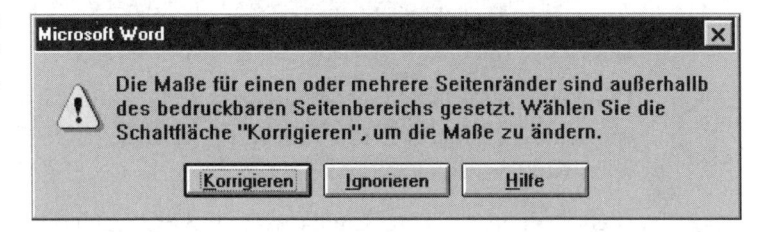

> **Microsoft Word**
> ⚠ Die Maße für einen oder mehrere Seitenränder sind außerhalb des bedruckbaren Seitenbereichs gesetzt. Wählen Sie die Schaltfläche "Korrigieren", um die Maße zu ändern.
>
> [Korrigieren]   [Ignorieren]   [Hilfe]

Sehr billige Papiere sind oft schlecht geschnitten und weisen zudem eine grobe Schnittkante auf. Dadurch steigt nicht nur die Zahl der fehlerhaft eingezogenen Blätter, sondern es fällt auch ein unverhältnismäßig hoher Papierabrieb an, der das Innere des Geräts schnell verschmutzt und somit eine zusätzliche Störquelle darstellt.

Fächern Sie auf der Verpackung entnommenes Papier immer auf. Sie lösen somit kleine Verklebungen der einzelnen Seiten, die durch den Pressdruck beim Lagern des Papiers entstehen.

Achten Sie auf einen an der Verpackung angebrachten Pfeil, der auf die glattere Seite der Bögen hinweist. Bedrucken Sie nur die glatte Seite des Papiers.

Entnehmen Sie der Packung nur soviel Papier, wie Sie momentan brauchen. Aus der Verpackung entnommenes Papier ist Umwelteinflüssen wie trockener Luft, Sonneneinstrahlung usw. ausgesetzt, insbesondere dann, wenn Ihr Drucker über keinen abgeschlossenen Papierbehälter verfügt.

Legen Sie nicht mehr Papier in den Schacht oder die Kassette ein, als im Handbuch angegeben. In der Regel passen noch einige Blätter mehr hinein, vermeiden Sie dies jedoch.

Der Drucker hält sich nicht an den angegebenen Seitenrand.

Angenommen, Sie haben einen oberen Seitenrand von 2 cm in Ihrem Textverarbeitungsprogramm angegeben, der Drucker beginnt aber erst nach 3 cm oberem Seitenrand mit dem Druck der ersten Zeile, dann können Sie natürlich als oberen Seitenrand 1 cm eingeben. Zuzüglich des einen Zentimers Seitenvorschub sind Sie bei den gewünschten 2 Zentimetern Abstand vom oberen Seitenrand angekommen. Dies ist allerdings nur eine behelfsmäßige Lösung, denn normalerweise ziehen die meisten Treiber den vom Drucker vorgesehenen Papiervorschub in die Rechnung mit ein. In diesem Fall bedeutet das, daß der Treiber nicht korrekt mit dem Drucker zusammenarbeitet.

Überprüfen Sie also zuerst, ob Sie den richtigen Treiber geladen haben und versuchen Sie gegebenenfalls, einen neuen Treiber zu bekommen.

Als letzte Möglichkeit bleibt Ihnen noch, die Treiberdatei zu löschen und neu zu installieren, denn vielleicht ist sie beschädigt.

(?) Der Drucker ist nicht in der Lage, das §-Zeichen zu drucken. Statt dessen erscheint ein anderes Zeichen, obwohl der Druckertreiber aktuell und korrekt installiert ist.

Suchen Sie in den Startdateien AUTOEXEC.BAT und CONFIG.SYS nach einer Befehlszeile zu Codepage oder Country. Mit dieser Befehlszeile wird der länderspezifische Zeichensatz geladen (Country = 049 ist beispielsweise der deutsche Zeichensatz). Sollten Sie hier den Wert 850 finden, dann handelt es sich um den standardmäßig vorgegebenen. Ersetzen Sie ihn durch 437. Vergessen Sie nicht, beide Dateien zu speichern und Ihren Rechner neu zu starten, damit diese Einstellung wirksam wird.

(?) Sie können wichtige Dateien nicht ausdrucken, weil diese als PostScript-Dateien vorliegen, und mit diesem Dateiformat kann Ihr Drucker nichts anfangen, weil es sich um einen non-PostScript-Drucker handelt.

Zum einen können Sie Ihr Gerät unter Umständen hardwaremäßig aufrüsten, allerdings ist hierbei die Frage, ob sich die Kosten lohnen. Zum anderen gibt es auch Software, die einen PostScript-Interpreter emulieren. Fragen Sie bei Ihrem Software- oder Sharewarehändler nach den entsprechenden Programmen.

(?) Der Drucker reagiert mit folgender Fehlermeldung:

DL-Fehler

DL steht für Download und bezeichnet Schriftfonts, die sich auf der Festplatte befinden und bei Bedarf auf den Drucker kopiert werden. Damit der Drucker diese Fonts aufnehmen kann, ist er mit einem Speicher ausgerüstet. Bei einigen Geräten ist es notwendig, daß Sie dazu einige Einstellungen per Dip-Schalter vornehmen. Sind diese Einstellungen nicht korrekt, kommt es zu dieser Fehlermeldung. Auskunft über die richtige Einstellung bzw. die erforderliche Stellung der Dip-Schalter gibt Ihnen das Druckerhandbuch.

(?) Sie haben einen gebrauchten Drucker gekauft, für den Sie keinen Druckertreiber mehr bekommen und unter Windows finden Sie keinen passenden für dieses Gerät.

Sie müssen deshalb den Drucker nicht gleich wegwerfen. Im Grunde genommen gibt es vier Standard-Druckersprachen, nämlich:

1. PostScript

2. HP-GL

3. Epson ESC 1 und

4. Epson ESC 2

Jeder Drucker versteht mindestens eine dieser Sprachen, meistens sogar mehr. Dies ist auch der Grund dafür, daß mehrere Druckertreiber unter Windows auf ein und dieselbe Treiberdatei zugreifen. Es gibt kaum einen Drucker, sei er noch so exotisch, der sich nicht mit einem der unter Windows mitgelieferten Treiber ansprechen läßt. Sie müssen allerdings damit rechnen, daß dann die eingebauten Druckerschriften nicht nutzbar sind.

Die Ausgabe über den PostScript-Drucker dauert Ihnen zu lange.

Gerade dann, wenn ein Textdokument Grafiken enthält, dauert es sehr lange, bis der Treiber vor allem die Grafikdaten in die PostScript-Sprache umgesetzt hat. Vermeiden Sie also, Grafiken als PostScript-Dateien auszugeben, und schalten Sie in einem solchen Fall auf den HP-Modus. Dazu müssen Sie das Gerät in den HP-Modus umstellen und einen HP-Treiber laden.

Wählen Sie den Befehl START | SYSTEMEINSTELLUNGEN | DRUCKER, und klicken Sie das entsprechende Icon für Ihren Drucker mit der rechten Maustaste an. Wählen Sie den Eintrag EIGENSCHAFTEN und wechseln in die Registerkarte GRAFIK. Anschließend wählen Sie aus der Dropdown-Liste AUFLÖSUNG eine geringere Druckauflösung aus.

Abb. 16.7: Stellen Sie eine niedrigere Auflösung für den Ausdruck ein.

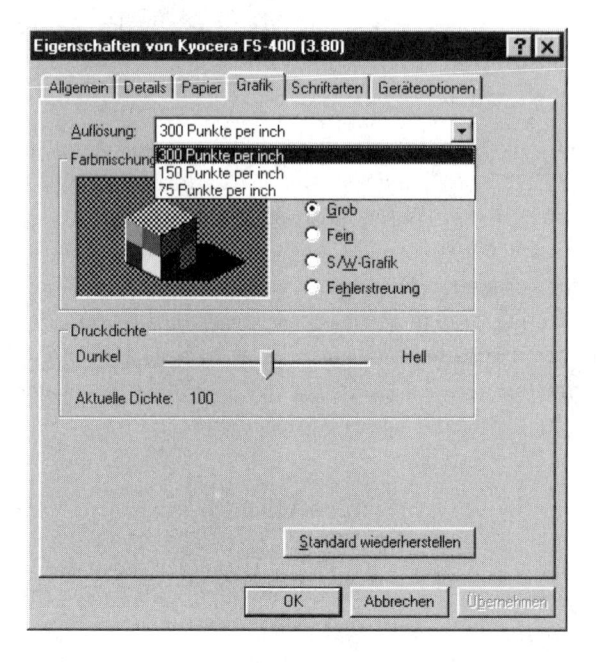

Aktivieren Sie über Ihren Druckertreiber das Feld *Truetype als Grafik drukken*. Das bringt den Vorteil mit sich, daß nicht erst Grafik und anschließend Schriften berechnet werden müssen, sondern dies geschieht in einem Aufwasch, was zu einer Erhöhung der Druckgeschwindigkeit führt. Normalerweise befindet sich diese Einstellung in der Registerkarte SCHRIFTARTEN.

16.3 Tips für den erfolgreichen Einsatz von Laserdruckern

Laserdrucker sind zwar in der Regel recht robust, und es kann keine Farbe eintrocknen, kein Farbband reißen oder falsch eingelegt sein usw., trotzdem gibt es auch hier, wie bei jedem anderen Gerät, einige Punkte, die sich als Fehlerquellen herausstellen können.

Sie verwenden einen Laserdrucker beispielsweise in einer Anwalts- oder Notariatskanzlei und fragen sich, ob ein solcher Ausdruck überhaupt dokumentenecht ist.

Im Prinzip drucken die meisten Laserdrucker dokumentenecht. Fragen Sie beim Kauf sicherheitshalber Ihren Händler, denn die Hersteller von Laserdruckern erstellen Zertifikate über die Dokumentenechtheit.

Verwenden Sie in diesem Fall aber auf jeden Fall nur Originalkartuschen und -bauteile, denn diese Zertifikate gelten natürlich nicht bei der Verwendung von Fremdteilen.

Sie wollen Papier sparen, und das bereits bedruckte Papier (zum Beispiel Probeausdrucke) auf der anderen Seite bedrucken. Müssen Sie Schäden am Gerät befürchten?

Normalerweise sind Laserdrucker für das einseitige Bedrucken von Papier konstruiert, es sei denn, es handelt sich ausdrücklich um einen sogenannten Duplex-Drucker. Dieser Druckertyp ist allerdings erheblich teurer als ein herkömmlicher. Während des Druckens wird das Papier einer hohen Temperatur ausgesetzt. Diese kann jedoch das auf der Papieroberfläche vorhandene Tonergranulat wieder schmelzen, auch wenn es sich auf der anderen Seite des Blattes befindet. Der Toner kann sich vom Papier lösen und Bauteile im Inneren des Laserdruckers verschmutzen. Generell ist also davon abzuraten, ein bedrucktes Papier nochmals zu verwenden, und sei es auch auf der Rückseite.

Können Briefumschläge und Etiketten mit einem Laserdrucker bedruckt werden?

In der Regel können Sie Briefumschläge und Etiketten hiermit bedrucken, allerdings ist dies auch von Fall zu Fall unterschiedlich, denn im Inneren des Druckers entstehen sehr hohe Temperaturen, die nicht jeder Klebstoff von

Briefumschlägen und Etiketten verträgt. Bevor Sie also solche Teile kaufen, sollten Sie sich informieren, ob diese auch für die Verarbeitung in einem Laserdrucker geeignet sind. Zumeist finden Sie auf der Verpackung einen entsprechenden Hinweis.

Was bedeutet die Angabe der Druckgeschwindigkeit in Seiten/Minute in der Praxis?

Sie haben einen Drucker gekauft, bei dem in der Werbung sowie im Handbuch von einer Geschwindigkeit von vier Seiten/Minute die Rede ist. In der praktischen Anwendung warten Sie jedoch auf das Ausdrucken einer einzigen Seite unter Umständen mehrere Minuten. Dies ist allerdings kein Grund, den Drucker zu reklamieren oder gleich an einen Fehler zu denken.

Die Angabe der Druckgeschwindigkeit in Seiten/Minute bezieht sich lediglich auf die Kopie einer bereits zum Drucker gesandten Vorlage. Bei komplexen Dokumenten kann es durchaus vorkommen, daß es ein paar Minuten dauert, bis die Daten an den Druckerspeicher geschickt und die Seite aufgebaut wird. Ist die erste Seite ausgedruckt, und Sie haben beispielsweise fünf Kopien gewählt und verwenden einen Drucker, der vier Seiten/Minute druckt, dann können Sie in der Regel davon ausgehen, daß es eine Minute dauern wird, bis Sie die weiteren vier Kopien in der Hand halten.

Genügt ein Speicher von standardmäßig 1 MByte oder muß gleich zu einer Speichererweiterung gegriffen werden?

Ein Laserdrucker arbeitet seitenorientiert, das heißt, es müssen die gesamten Informationen für eine komplette Seite in den Druckerspeicher geladen werden können, da die Bildtrommel die Seite in einem einzigen Durchgang belichtet.

Bei Textdokumenten ohne Grafik ist ein Speicher von 1 MByte in der Regel ausreichend. Handelt es sich jedoch bei dem Ausdruck um Grafikdokumente, die obendrein noch komplex sind, dann reicht dieser Speicher bei weitem nicht aus, und es wird entweder der Ausdruck verweigert oder nur ein Teil der Seite bedruckt. Ein oder zwei aufwendige Bitmap-Grafiken können bereits ausreichen, um den Speicher zu überlasten, es sei denn, es handelt sich um den nachfolgend erwähnten GDI-Drucker, der für das Aufbereiten der Druckdaten auf den Arbeitsspeicher des Rechners zurückgreift.

Wenn Sie also Dokumente mit Grafiken ausdrucken wollen, dann ist ein größerer Speicher ratsam, der allerdings seinersteits wieder von der Auflösung abhängig ist. Bei einer Auflösung von 300 dpi ist 1 MByte die Untergrenze, bei 600 dpi sollten es mindestens 2 oder 4 MByte sein, und bei 1.200 dpi 4 oder 8 MByte. Erkundigen Sie sich bei Ihrem Händler, ob es die Möglichkeit zum Aufrüsten gibt, sofern Sie nicht gleich einen größeren Speicher mitbestellen. Es wäre sehr ärgerlich, wenn Sie im nachhinein feststellen müßten, daß Ihr Gerät nicht aufrüstbar ist.

Eine Ausnahme gibt es, und zwar den GDI-Drucker. Diese Geräteart nutzt den Arbeitsspeicher Ihres Rechners. Außerdem gibt es spezielle Kompressionsverfahren, bei denen die Daten gepackt werden, was ebenfalls Speicher spart. Geräte der neueren Bauart verwenden vielfach diese Funktion.

Der Speicherplatz Ihres Druckers reicht für den Druck eines Dokumentes nicht aus.

Hier hilft es, entweder die Auflösung für den Ausdruck herabzusetzen oder die im Dokument vorkommenden Grafiken zu verkleinern. Zwar müssen Sie in einem solchen Fall mit Qualitätseinbußen rechnen, jedoch bekommen Sie immerhin das Dokument ausgedruckt und können eventuell Korrekturen vornehmen, die Sie am Bildschirm ohne Ausdruck nicht erkannt hätten.

Beachten Sie bei einem GDI-Drucker das fehlende PostScript-Vermögen. Legen Sie unbedingten Wert auf die PostScript-Fähigkeit des Druckers, dann ist vom Kauf eines GDI-Geräts abzuraten. Arbeiten Sie jedoch mit den unter Windows-Anwendungen normal verfügbaren Schriftfonts, können Sie unter Umständen sogar davon profitieren, daß Übersetzungsfehler in die PostScript-Sprache auf keinen Fall auftreten können.

Das Papier wird vom Drucker schief eingezogen.

Laserdrucker stellen hinsichtlich des Papiereinzugs höhere Ansprüche wie beispielsweise Nadeldrucker. Dies liegt unter anderem an den höheren Temperaturen, die beim Nadel- oder Tintenstrahldrucker nicht auftreten. Deshalb ist auch im Einzelfall genau zu prüfen, ob sich ein billiges Papier überhaupt lohnt. Müssen Sie sich einen niedrigeren Papierpreis mit Papierstaus und einem stärker verschmutzten Inneren des Druckers »erkaufen«, dann lohnt sich dies oft nicht.

Fächern Sie das Papier gut auf, bevor Sie es in die Papierzuführung oder -kassette legen, denn das Papier wurde vor dem Verpacken einem Druck ausgesetzt (um Verpackungsmaterial zu sparen; außerdem wird beim Lagern des Papiers, bedingt durch die Stapelhöhe, ebenfalls Druck ausgeübt). Das Papier »klebt« also ein wenig aneinander. Wird das Papier von der Transportwalze eingezogen, so entsteht durch die Reibung an dem darunterliegenden Blatt eine elektrostatische Aufladung, der Sie durch das erwähnte Auffächern begegnen können.

Außerdem sollten Sie normalerweise darauf achten, daß Sie die Seite bedrucken, die durch den auf der Verpackung aufgebrachten Pfeil als bedruckbar kenntlich gemacht ist.

Das Papier verläßt den Laserdrucker immer in einem mehr oder weniger stark gewellten Zustand.

Damit werden Sie sich wohl oder übel abfinden müssen, denn das Papier ist im Inneren des Druckers hohen Temperaturen ausgesetzt, die Einfluß auf die Oberfläche des Blattes nehmen. Störend kann ein gewelltes Papier besonders an der Schnittkante sein, wenn Sie ein Dokument ausdrucken, das Sie anschließend über ein Faxgerät versenden wollen. Unter Umständen kann es dann zu einem Papierstau kommen.

Sehen Sie in Ihrem Handbuch nach, ob Ihr Drucker über zwei Ausgabemöglichkeiten verfügt. So sehen einige Druckertypen zum einen die Ausgabe der Drucke zur Stirnseite hin auf eine separate Ablage vor, zum anderen können Sie aber auch die Ausgabe zur Rückseite hin auf das Druckergehäuse lenken (dies wird durch einen kleinen Umlenkhebel an der rechten Stirnseite des Gehäuses bewirkt). Bei der erstgenannten Ausgabemöglichkeit wird das Papier in einem Zug um 180 Grad umgelenkt, was zu einer starken Wölbung an der Schnittkante führt.

Es kommt wiederholt zu einem Papierstau mit einer entsprechenden Meldung, obwohl sich im Einzug des Druckers kein eingeklemmtes Blatt Papier befindet.

Es muß nicht unbedingt ein komplettes Blatt Papier sein, das eine solche Fehlermeldung verursacht, es genügt bereits ein kleines Stück, das vielleicht bei einem vorhergehenden Papierstau abgerissen wurde und sich an der falschen Stelle befindet. Eine falsche Stelle ist beispielsweise der Sensor für die Papierkontrolle. Stellt nämlich dieser Sensor schon beim Einschalten des Druckers Papier an einer Stelle fest, an der es sich in diesem Zustand nicht befinden dürfte, so kommt es zu einer entsprechenden Fehlermeldung. Untersuchen Sie also den Drucker ganz genau nach solch störenden Teilen.

Verläuft diese Suche erfolglos, und tritt der Fehler nach einem wiederholten Aus- und Wiedereinschalten immer noch auf, müssen Sie damit rechnen, daß der besagte Sensor defekt ist. In diesem Fall bringen Sie Ihren Drucker am besten zu einem Fachhändler.

Sie stellen beim Wechsel der Tonereinheit fest, daß das Innere des Geräts völlig verunreinigt ist.

Bei der Reinigung von Laserdruckern gilt es, besondere Vorsicht walten zu lassen, da bestimmte Bauteile gegen mechanische Einflüsse sehr empfindlich sind. Am besten, Sie ziehen Ihr Druckerhandbuch zu Rate und lesen nach, welche Teile Ihres Geräts Sie nach dem Wechsel der Tonereinheit auf welche Weise reinigen sollten. Außerdem sollten Sie unbedingt nach dem Öffnen des Gehäuses mindestens eine halbe Stunde Zeit vergehen lassen, bevor Sie Teile im Inneren des Gehäuses berühren, denn einige davon heizen sich bei laufendem Betrieb so weit auf, daß Sie sich ganz schön die Finger daran verbrennen können.

Reinigen Sie alle Teile, die Sie erreichen können, mit einem sauberen, fusselfreien Tuch. Gegebenenfalls nehmen Sie einen kleinen Pinsel, um die Bauteile von Tonerresten zu befreien.

⚠️ Verwenden Sie auf gar keinen Fall irgendwelche Reinigungsmittel und vermeiden Sie die Berührung mit den bloßen Fingern, da das Hautfett sich auf den Oberflächen einiger Teile festsetzt. Hantieren Sie auch nicht mit spitzen Gegenständen im Inneren des Druckers herum, da einige Teile sehr anfällig gegen Verkratzen sind und die Ausdrucke danach unter Umständen in ihrer Qualität beeinträchtigt sind.

⚠️ Vermeiden Sie es, die Bildtrommel dem Tageslicht länger auszusetzen als unbedingt nötig, da die Oberfläche lichtempfindlich ist.

❓ **Sie sind durch verschiedene Berichte über den Ozonausstoß von Laserdruckern verunsichert.**

Die heutigen Drucker liegen mit einem Ozonausstoß von etwa 0,008 bis 0,012 ppm weit unter der von der Senatskommission der deutschen Forschungsgemeinschaft zur Prüfung gesundheitsschädlicher Arbeitsstoffe geforderten Toleranzgrenze, die bei etwa 0,1 ppm liegt. Somit besteht kaum ein ernsthaftes Bedenken, sich in der Nähe eines Laserdruckers aufzuhalten, wobei auch noch der Unterschied zu treffen ist, ob der Drucker den ganzen Tag ausgelastet ist oder nur teilweise angeschaltet bzw. in Arbeit ist.

Außerdem muß nicht jeder außergewöhnliche Geruch gleich Ozon sein, denn bei der Fixierung der Tonerpartikelchen treten aus diesen Teilchen, die aus einem Kunstharz bestehen, Gase aus, die einen Geruch verbreiten, der bisweilen als Ozon gedeutet wird, mit diesem aber nichts zu tun hat.

Drei Vorsichtsmaßnahmen können Sie jedoch treffen:

1. Lüften Sie den Raum, in dem der Drucker steht, regelmäßig.

2. Sorgen Sie für einen ausreichenden Abstand zwischen Drucker und Ihrem Arbeitsplatz. Sollten Sie empfindlich gegen Ozon sein, dann macht sich dies vornehmlich durch Kopfschmerzen und gerötete Augen bemerkbar. In diesem Fall kann es schon sehr hilfreich sein, wenn Sie ein längeres Kabel besorgen (die Standardkabel sind in der Regel kaum länger als etwa drei Meter) und den Drucker einfach ein paar Meter weiter weg stellen. Ein paar Mal hin- und herlaufen ist vielleicht die Mühe wert (es sei denn, Sie arbeiten pausenlos mit Ausdrucken).

3. Sofern Ihr Drucker über einen Ozonfilter verfügt, wechseln Sie ihn häufiger als es in Ihrem Druckerhandbuch vorgesehen ist.

Sie möchten die Tonerkartuschen nicht wegwerfen, sondern selbst nachfüllen. Ist dies möglich?

Hiervon ist in aller Regel dringend abzuraten. Erstens haben Sie kaum das geeignete Werkzeug, eine Tonerkartusche fachgerecht zu öffnen und wieder zu verschließen (sofern dies aus bautechnischen Gründen überhaupt werksseitg vorgesehen ist). Zweitens ist es sehr fraglich, ob Sie an den zu Ihrem Drucker passenden Tonertyp herankommen, denn Toner ist nicht gleich Toner. Und drittens erlischt die Garantie für Ihr Gerät, sofern der Händler Ihnen nach einem Defekt den Gebrauch einer selbstgefüllten Tonerkartusche nachweisen kann.

Lohnt es sich dann wenigstens, fachgerecht wiederaufbereitete Tonerkartuschen zu kaufen?

Prinzipiell garantieren die Hersteller nur für ihre Originalkartuschen eine gewohnt gleichbleibende Druckqualität. Das bedeutet jedoch nicht, daß wiederaufbereitete Tonerkartuschen schlechter sein müssen als die Originalteile, allerdings kommt dies nicht selten vor.

Auf der anderen Seite ist eine Tonerkartusche mit integrierter Belichtungseinheit als Recycling-Kartusche in der Regel deutlich billiger als das Originalteil. Hier hilft es einfach nur, auszuprobieren und sich umzuhören, wer etwas Positives oder Negatives von einer speziellen Firma zu einem bestimmten Kartuschentyp zu berichten weiß.

Nach dem Wechsel der Tonerkartusche erhalten Sie nur noch weiße Seiten anstatt des gewohnten Ausdrucks.

Öffnen Sie Ihren Drucker und entnehmen Sie die Tonerkartusche. Die Austrittsöffnung für das feine Tonerpulver ist werksseitig mit einem Plastikstreifen verschlossen, damit der Toner nicht vorzeitig herausrieselt. Zumeist befindet sich am Anfang dieses Plastikstreifens eine Lasche oder ein Plastikring, an dem Sie ihn herausziehen können. Wurde dies beim Auspacken bzw. vor dem Einsetzen der Tonerkartusche vergessen, dann kann kein Tonerpulver austreten und Ihre Ausdrucke bleiben weiß.

Die Zeichen haften nicht mehr richtig auf dem Papier und lassen sich teilweise verwischen.

Hierfür gibt es mehrere Ursachen:

1. Die Fixiereinheit ist verbraucht. Sie dient dazu, die auf das Papier aufgebrachten Kunstharzpartikel, aus denen der Toner besteht, auf dem Papier dauerhaft zu fixieren. Es kann entweder ein Verschleiß, eine Verschmutzung oder eine Dejustierung vorliegen. Auf jeden Fall ist die Behebung eines solchen Fehlers Sache des Fachhändlers.

2. Sie haben den falschen Toner verwendet. Es kann durchaus vorkommen, daß die Tonerkartusche korrekt in den Drucker paßt, jedoch der Toner nicht der für dieses Modell passende ist. Vergewissern Sie sich, daß es der richtige Toner ist. Notfalls fragen Sie Ihren Händler und versuchen, die Tonerkartusche umzutauschen.

3. Das Innere des Druckers ist stark verschmutzt. Papier, Staub und Tonerreste können mit der Zeit zu einer Verschmutzung führen, die zum Auftreten eines solchen Fehlers führt. Reinigen Sie das Innere des Druckers sorgfältig mit einem fusselfreien Tuch, das Sie leicht mit etwas Alkohol aus der Apotheke anfeuchten können.

Einige Bauteile des Laserdruckers werden während des Betriebs unangenehm heiß, so daß Sie sich schnell ein paar Brandblasen zuziehen können. Schalten Sie den Drucker ab, öffnen Sie das Gehäuse und lüften Sie das Zimmer gut. Warten Sie mindestens eine halbe Stunde ab, bis Sie Bauteile anfassen (dies gilt in der Regel nicht für die Tonerkartuschen, sondern für andere Bauteile).

Versuchen Sie nicht, den Staub mit einem haushaltsüblichen Staubsauger zu entfernen, denn die Tonerpartikel sind elektrostatisch aufgeladen und bleiben sehr lange in Ihrem Staubsauger haften. Fachhändler verwenden für solche Reinigungsarbeiten speziell dafür konstruierte Geräte.

Auf Ihren Ausdrucken finden sich immer wieder schwarze Flecken, die allerdings nicht sehr zusammenhängend, sondern eher gesprenkelt aussehen.

Vermutlich ist Toner in das Innere des Druckers gelangt und heftet sich aufgrund der elektrostatischen Anziehungskraft immer wieder wahllos an verschiedenen Stellen auf dem Papier. Haben Sie vielleicht beim Austausch der Tonerkartusche oder beim Reinigen des Geräts die Entwicklereinheit mit den Fingern berührt? Ihre Haut ist mit einer Fettschicht überzogen, die sich beim Berühren der Entwicklereinheit auf dieses Bauteil überträgt. An diesen Stellen kann kein oder nicht mehr genügend Toner haften bleiben und er fällt in das Innere des Gehäuses. Von dort aus wird er unkontrolliert auf das Papier übertragen. Versuchen Sie, die Entwicklereinheit so gut es geht mit einem fusselfreien Tuch zu reinigen. Fällt immer wieder Toner in das Innere des Druckers, so muß die Entwicklereinheit von einem Fachmann überprüft und gegebenenfalls ausgetauscht werden.

Prüfen Sie sicherheitshalber die Tonerkartusche selbst auf undichte Stellen, bevor Sie das Gerät zu einem Fachmann bringen. Mitunter kann es vorkommen, daß aufgrund einer Beschädigung (Materialfehler oder Gewalteinwirkung beim Transport, Einbau o.ä) die Kartusche eine Bruchstelle aufweist, an der der Toner austritt. Halten Sie die ausgebaute Kartusche über ein Blatt Papier und schwenken Sie sie langsam und vorsichtig mehrmals hin und her. Stellen Sie schwarze Tonerpartikel auf dem Papier fest, dann liegt der Fehler an einer undichten Tonerkartusche.

Die Ausdrucke weisen ungewünschte hellere Flächen auf.

An einem solchen Problem ist entweder die verwendete Papiersorte schuld oder das Papier hat einen ungleichmäßigen Feuchtigkeitsgehalt. Dies kann dann auftreten, wenn Sie das Papier im Keller gelagert haben. War das Papier ein Super-Billigangebot, dann ist es höchstwahrscheinlich minderwertig und für höherwertigere Ausdrucke kaum zu gebrauchen.

Haben Sie die Transportwalze (normalerweise eine schwarze Gummiwalze) mit den Fingern berührt? Das auf der Haut befindliche Fett haftet besonders gut an dem Material, mit dem diese Walze beschichtet ist. Läßt sich die Walze nicht mehr reinigen oder tritt das Problem trotzdem noch auf, dann muß sie gegen eine neue ausgetauscht werden. Lassen Sie die Walze von einem Fachmann begutachten, denn der Einbau ist normalerweise auch seine Sache.

Die Qualität der Ausdrucke läßt nach. Es treten hellere Streifen auf oder der Ausdruck wirkt löchrig.

Vermutlich ist Ihr Toner leer. Wie viele Ausdrucke mit einer Tonerkartusche möglich sind, hängt natürlich stark vom Inhalt der ausgedruckten Dokumente ab. In Ihrem Handbuch finden Sie in der Regel einen Hinweis auf die durchschnittliche Lebensdauer einer Tonerkartusche. Nehmen Sie die Kartusche aus dem Drucker, halten Sie sie waagerecht, und schwenken Sie sie ein paarmal um die Längsachse. Sie können anschließend normalerweise noch ein paar Ausdrucke in gewohnter Qualität machen.

Unter Umständen kann eine Kartusche bereits nach einem Bruchteil der im Druckerhandbuch angegebenen Lebensdauer leer sein. Dies deutet in der Regel nicht darauf hin, daß mit dem Gerät etwas nicht stimmt, es zuviel Toner verbraucht oder die Kartusche undicht ist. Die Angaben im Handbuch beziehen sich in der Regel auf eine 5- bis 8-prozentige Schwärzung des Papiers, was einer normalen Textseite in normaler Schriftgröße oder einem schwarzen Rechteck von etwa 7 x 7 cm entspricht. Drucken Sie bevorzugt große Grafiken mit schwarzen Flächen aus, dann kann der Toner auch schon bei 1000 Ausdrucken verbraucht sein, obwohl im Handbuch von 3000 bis 4000 Seiten die Rede ist.

In Ihren Ausdrucken finden sich vertikale schwarze Streifen.

Hier können Kratzer auf der lichtempfindlichen Beschichtung der Belichtertrommel schuld sein. In diesem Fall müßten Sie sie austauschen bzw. vom Fachmann austauschen lassen, sofern sie nicht mit der Tonerkartusche zusammen ausgewechselt wird.

Sind die Streifen eher verschmiert als scharf abgegrenzt, dann könnte dies auch auf eine verbrauchte Fixiereinheit schließen lassen. Auch in diesem Fall sollten Sie einen Fachmann zu Rate ziehen bzw. den Austausch von diesem durchführen lassen.

Ihre Ausdrucke sind von schwarzen Flecken durchzogen.

Ein solcher Ausdruck entsteht in der Regel vornehmlich dann, wenn die Belichtertrommel beschädigt ist.

Haben Sie dieses Bauteil vielleicht bei einem Wechsel der Belichtungs- oder Tonereinheit oder beim Reinigen des Geräts zu lange dem Sonnenlicht ausgesetzt? In diesem Fall müßten Sie die Belichtertrommel austauschen bzw. austauschen lassen.

Viele Geräte bzw. Tonerkartuschen besitzen eine eigene Klappe, die sich beim Öffnen des Geräts automatisch vor die Belichtertrommel schiebt, um somit die lichtempfindliche Schicht zu schützen. Verlassen Sie sich jedoch nicht unbedingt auf deren absoluten Lichtschutz und lassen Sie das Gerät, beispielsweise nach dem Säubern oder dem Austauschen der Tonereinheit, nicht länger als nötig in geöffnetem Zustand.

Der Drucker verfügt über genügend Speicher (entweder von Haus aus oder über eine nachträgliche Speichererweiterung). Sie schicken ein Grafikdokument an den Drucker, der allerdings keinen Ausdruck produziert.

Sie müssen bei der Einrichtung des Druckers dessen Speichergröße mitteilen. Haben Sie dies bei der Erstinstallation oder nach dem Aufrüsten Ihres Druckers vergessen, dann kann es nicht funktionieren.

Sie finden eine solche Einrichtung im Dialogfenster der Druckereigenschaften normalerweise in der Registerkarte GERÄTEOPTIONEN.

Abb. 16.8:
Wählen Sie die passende Speichergröße für Ihren Drucker aus.

[Screenshot: Eigenschaften von Kyocera FS-400 (3.80), Registerkarte Geräteoptionen. Druckqualität: KIR - Mittel. Druckerspeicher: Auswahlliste mit 1 MB, 2 MB, 3 MB, 4 MB (markiert), 5 MB. Schieberegler "So handhabt der..." von Konservativ bis Aggressiv. Schaltflächen: Standard wiederherstellen, OK, Abbrechen, Übernehmen.]

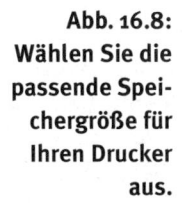

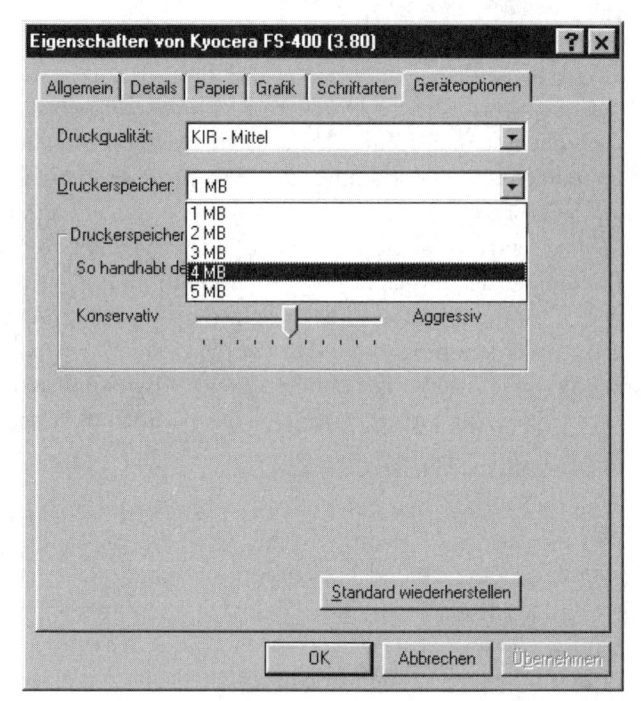

? Sie wollen über die Funktionstaste ⌊Druck⌋ einen Bildschirmausdruck ausgeben lassen. Der Drucker zeigt zwar durch die entsprechende Lampe an, daß Daten empfangen werden, es erfolgt aber kein Ausdruck.

Der Laserdrucker ist vom Aufbau her als Seitendrucker ausgelegt. Das bedeutet, daß er vor dem Ausgeben einer Seite einen sogenannten Formfeed (Seitenvorschub) benötigt. Achten Sie darauf, daß die Übertragung der Daten für diese Seite abgeschlossen ist, und nehmen Sie einen manuellen Seitenvorschub vor. Normalerweise befindet sich bei den meisten Druckern auf dem Bedienfeld eine entsprechend gekennzeichnete Taste mit der Bezeichnung *Formfeed*. Nachdem Sie diese Taste betätigt haben, müßte der Druck ausgegeben werden.

? Der Drucker schaltet oft wegen Überhitzung ab, obwohl nicht viele Ausdrucke angefertigt wurden.

Entweder ist der Thermostat, der das Gerät vor Überhitzung schützen soll, defekt, oder Sie haben die Lüftungsschlitze verdeckt. Laserdrucker sind auf eine ausreichende Belüftung angewiesen und reagieren deshalb empfindlich, wenn die dafür vorgesehenen Lüftungsschlitze verdeckt werden.

⚠ Stellen sie Ihren Laserdrucker außerdem nicht in die unmittelbare Nähe von anderen Geräten, die Wärme erzeugen.

16.3.1 Hintergrundinformationen zu GDI-Druckern

GDI-Drucker benutzen den Speicher Ihres Rechners (das ist auch einer der Gründe, warum diese Druckerart so preisgünstig ist). Besonders schnell muß der Rechner dafür nicht sein, das heißt, Sie brauchen sich jetzt nicht unbedingt einen Pentium mit 90 MHz anzuschaffen, ein alter 486er reicht auf jeden Fall. Dies ist beispielsweise im Netzwerkverband eine gute Möglichkeit, einen veralteten Rechner doch noch einzusetzen, denn allein für die Erledigung der Druckaufträge muß kein moderner Rechner gekauft werden. Er sollte allerdings über wenigstens 16 MByte Arbeitsspeicher verfügen. Außerdem müssen Sie dafür sorgen, daß ein virtueller Speicherbereich zur Verfügung steht, der mindestens 40 MByte umfassen sollte. Bei moderneren Systemen mit einer größeren Festplatte umfaßt der virtuelle Speicherbereich einige Hundert MByte.

Wählen Sie dazu den Befehl START | EINSTELLUNGEN | SYSTEMSTEUERUNG und aktivieren das Icon SYSTEM. Wechseln Sie in die Registerkarte LEISTUNGSMERKMALE und klicken auf die Schaltfläche VIRTUELLER ARBEITSSPEICHER. Im gleichnamigen Dialogfenster aktivieren Sie die Funktion ES GELTEN BENUTZERDEFINIERTE EINSTELLUNGEN FÜR DEN VIRTUELLEN SPEICHER und geben in die Felder MINIMUM und MAXIMUM die gewünschten Werte für den virtuellen Arbeitsspeicher ein.

Abb. 16.9:
Richten Sie einen virtuellen Speicherbereich manuell ein

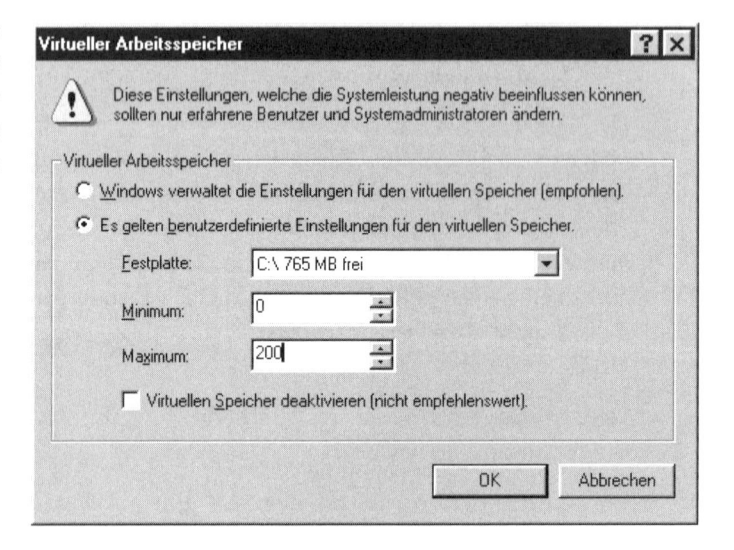

Eine solche Konstallation aus einem eigentlich veralteten Rechner und einem GDI-Drucker können Sie beispielsweise hervorragend als reine Druckerstation in einem Netzwerk einsetzen.

Apropos DOS und Windows: Natürlich können Sie einen GDI-Drucker auch mit DOS-Anwendungen verwenden. Da nahezu alle DOS-Anwendungen im DOS-Fenster von Windows laufen, gibt es hier in der Regel keine Probleme.

16.3.2 Das Funktionsprinzip von Laserdruckern

Im Gegensatz zu Tintenstrahl- und Nadeldruckern liegt bei Laserdruckern ein sogenanntes *Ganzseitenprinzip* zugrunde. Man spricht bei diesen Geräten deshalb mitunter auch von Seitendruckern. Über einen Laserstrahl werden Buchstaben, Ziffern oder Grafikzeichen als Bitmuster auf eine Trommel aufgebracht. Bei herkömmlichen Laserdruckern sind folgende vier Arbeitsschritte von der Übermittlung der Daten vom Rechner an den Drucker bis zum fertigen Ausdruck nötig:

1. Tonerpartikel und Druckertrommel sind beide mit einer negativen elektrischen Ladung versehen, so daß sich beide Komponenten abstoßen. Der Laserstrahl sorgt an den Stellen, an denen ein Muster entstehen soll, für eine positive Aufladung.

2. Bei diesem Schritt wird das microfeine Tonerpulver auf die Trommel aufgebracht. Da das Tonerpulver elektrisch negativ und die zu druckenden Teile auf der Bildtrommel positiv geladen sind, bleiben die Tonerpartikel nur an den Stellen der Trommel hängen, die später das Bild ergeben. An den anderen Stellen werden sie aufgrund der entgegengesetzten elektrischen Ladung angestoßen.

3. Das Papier wird positiv aufgeladen, und zwar stärker als die mit Toner behafteten Stellen auf der Belichtertrommel. Das Papier zieht die auf der Trommel befindlichen Tonerpartikel an.

4. Das Papier wird über eine Walze erhitzt, damit die Tonerpartikel, die aus einem Kunstharz bestehen, zum Schmelzen gebracht werden. Man bezeichnet diesen Teil des Druckers auch als Fixiereinheit, da der Toner hier auf dem Papier fixiert wird.

Die Auflösung hängt davon ab, wie viele Punkte pro Quadrateinheit abgebildet werden. Die Maßeinheit hierfür ist das Zoll. Bei der Auflösung spricht man von dpi (dots per inch = Punkte pro Zoll).

Hat ein Laserdrucker eine Auflösung von 600 dpi, so bedeutet dies nicht, daß er eine doppelt so hohe Auflösung besitzt wie ein Drucker mit 300 dpi, sondern eine viermal so hohe. Da hier in Quadrateinheiten gemessen wird, ergibt eine Auflösung von 300 dpi 90.000 (300 x 300) abzubildende Punkte und eine Auflösung von 600 dpi 360.000 abzubildende Punkte; dies bedeutet eine vierfach erhöhte Punkteanzahl auf der gleichen Fläche. Mittlerweile gibt es Laserdrucker, die eine Auflösung von 1.200 dpi leisten, für

Preise zwischen 1.500 und 2.000 DM. Je höher die Auflösung, desto feiner muß das Kunstharzpulver für den Druck sein und die Tonerpatronen sind normalerweise teurer.

Beachten Sie bei Druckern mit einer hohen Auflösung von beispielsweise 1.200 dpi, daß hierbei auch die Anforderungen an das Papier steigen. Preiswertes Papier hat normalerweise keine so glatte Oberfläche wie spezielles Papier für hochwertige Ausdrucke. Dementsprechend wirkt auch ein Ausdruck mit einer hohen Auflösung auf einem minderwertigeren Papier eher unscharf. Für besonders hochwertige Ausdrucke muß also auch das Papier hochwertig sein, und dies verteuert wiederum die Druckkosten.

16.3.3 Alternativen für Farbausdrucke

Schwarzweißdruck schön und gut, aber manchmal wäre es schon angenehm, einen farbigen Ausdruck zu erhalten. Folgende Alternativen stehen zur Auswahl:

Farblaserdrucker

Lagen die Anschaffungskosten für einen Farblaserdrucker vor einigen Jahren noch bei über 20.000 DM, so sind diese derzeit auf etwa 5.000 bis 7.000 DM gesunken, was diese Geräte auch für den semi-professionellen Bereich interessant macht.

Die Ausgabequalität dieser Geräte liegt bei der von den monochromen Pendants gewohnten Qualität.

Solche Drucker verfügen über vier getrennte Tonerkassetten, und zwar jeweils eine für die Farben Rot, Gelb, Blau und Schwarz. Das Bild wird in vier Schritten – für jede Farbe jeweils ein Schritt – zusammengesetzt, anschließend auf der Druckertrommel zusammengesetzt und in einem Zug auf das Papier übertragen.

Die Farben des Ausdrucks sind zwar nicht zu bemängeln, jedoch weichen sie mitunter von den am Bildschirm ausgesuchten doch recht erheblich ab.

Hier liegt in der Regel kein Defekt am Gerät selbst vor, Ursache dafür sind unterschiedliche Technologien von Bildschirm und Drucker.

Der Bildschirm arbeitet mit dem additiven Farbmodell, das die abzubildenden Farben aus Rot, Grün und Blau zusammensetzt. Deshalb wird dieses Farbmodell auch als RGB-Modell bezeichnet.

Der Drucker greift auf das subtraktive Farbmodell zurück, bei dem die Farben aus Cyan, Magenta, Yellow und Black zusammengesetzt sind. Diese Farbmischung wird auch als CMYK-Modell bezeichnet.

Da also eine Farbe auf dem Papier über ein anderes Farbmodell zusammengesetzt wird, als dies bei der Bildschirmdarstellung der Fall ist, kommt es zu diesen Abweichungen.

Abhilfe läßt sich nur über einen kalibrierbaren Monitor schaffen. Einige Programme wie z.B. CorelDraw bieten die Möglichkeit, anhand eines Testausdrucks den Bildschirm so zu kalibrieren, daß eine möglichst große Übereinstimmung mit den Farben des Bildschirms und denen des Ausdrucks erreicht wird.

Die Bezeichnung *Halbtonbild* taucht ab und zu auf, irritiert aber etwas. Handelt es sich um ein halbes Bild oder nur um eines, das aus der Hälfte der möglichen Farben zusammengesetzt ist?

Man bezeichnet in der Fachterminologie diejenigen Grafiken oder Bilder als Halbtonbild, die echte Farbabstufungen oder Original-Graustufen (wie dies beispielsweise bei Schwarzweiß-Fotos der Fall ist) enthalten. Die Wiedergabe solcher Bilder über Computer und Ausgabegerät ist sehr teuer, deshalb werden Farben und Graustufen aus kleinen Punkten weniger Grundfarben (z.B. Rot, Grün und Blau) zusammengesetzt. Die Punkte müssen so klein sein, daß sie das menschliche Auge nicht mehr auseinanderhalten kann und dementsprechend als komplexe Farbe auffaßt. Es werden somit bis zu mehrere Millionen Farben suggeriert. Man bezeichnet dieses Verfahren, Farben aus verschiedenen Punkten mit unterschiedlichen Eigenfarben zusammenzusetzen, auch als Dithering.

Thermotransferdrucker

Die Qualität dieser Druckerart ist gut, und die Geschwindigkeit ist höher als bei Farb-Tintenstrahldruckern. Allerdings konnten sich diese Geräte nicht auf breiter Basis durchsetzen. Dies liegt sicherlich nicht zuletzt an den teuren Verbrauchsmaterialien. Diese Geräte arbeiten mit Wachsfarbbändern, die sich nur ein einziges Mal verwenden lassen. Ein Recycling kommt ebenfalls nicht in Frage. Ein Seitenpreis von 50 Pfennig bis 1 DM ist in den meisten Fällen unrentabel, und für professionelle Zwecke wird eher ein Farb-Laserdrucker benutzt.

Das Prinzip eines Thermotransferdruckers ist einfach: Eine wachsbeschichtete Folie (Thermotransferrolle), die sich aus aufeinanderfolgenden seitengroßen Segmenten mit jeweils unterschiedlichen Farben zusammensetzt, wird an einem Druckkopf vorbeitransportiert. Dieser Druckkopf besteht aus einer Art Leiste, auf der etwa 2.500 Heizelemente zeilenweise angeordnet sind. Wird ein Punkt zu Papier gebracht, so erhitzt sich das entsprechende Thermoelement auf dieser Leiste und bringt das Wachs auf der Folie zum Schmelzen. Das Wachs läuft in einem winzigen Tropfen auf das Papier und erkaltet sofort wieder.

Die Folge der farbigen Segmente einer Thermotransferrolle entspricht den Grundfarben der subtraktiven Farbmischung, und zwar Cyanblau, Magentarot, Gelb und Schwarz. Für Schwarzweißdrucke sind Thermotransferrollen in Schwarz erhältlich.

Ein in Farbe aufgebrachtes Bild wird zunächst in seine Grundfarben zerlegt. Anschließend wird zuerst das cyanblaue Segment der Farbrolle über das Papier bewegt und trägt den Blauanteil des Bildes auf. Danach wird das gelbe Segment verarbeitet und so weiter. Zuletzt wird eventuell noch der Schwarzanteil auf das Papier gebracht, je nachdem, ob es sich im Einzelfall um ein separates Segment handelt, oder ob die Farbe Schwarz aus den drei Grundfarben gemischt werden soll.

Aus den drei Grundfarben lassen sich beliebig viele Farben mischen, indem die verschiedenfarbigen Farbpunkte so nahe aneinandergerückt aufgebracht werden, daß das Auge sie nur noch als Mischfarbe wahrnimmt.

Da die Steuerung dieser immensen Anzahl von Druckpunkten einen sehr hohen Rechenaufwand bedingt, ist die Steuerelektronik dieser Drucker zumeist mit einem sehr leistungsfähigen RISC-Prozessor ausgerüstet. Das Drucken kostet allerdings viel Zeit, so daß Sie auf einen komplexen Ausdruck sogar schon einmal 10 bis 15 Minuten warten müssen.

Hinsichtlich des Unterhalts zählt diese Druckerart zu der teuersten, da für eine gute Druckqualität neben der Farbrolle auch Spezialpapier benötigt wird, das ebenfalls nicht billig ist.

Farb-Tintenstrahldrucker

Die Qualität der Farb-Tintenstrahldrucker hat sich in den letzten Jahren frappierend verbessert. Ausdrucke in Foto-Qualität sind möglich, wobei diese Geräte bereits zu Preisen zwischen 500 und 700 DM zu haben sind. Allerdings müssen Sie bei höchster Qualität auch Geduld mitbringen, denn bei einer derart feinen Auflösung sind Wartezeiten bis zu einer halben Stunde für ein größeres Bild keine Seltenheit.

Beachten Sie jedoch bei hohen Auflösungen, daß diese nur mit Spezialpapier zu erzielen sind. Verwenden Sie herkömmliches Kopierpapier, dann ist kaum ein Qualitätsunterschied zwischen einem 300 dpi- und einem 720 dpi-Ausdruck festzustellen, da das normale Papier über keine speziell geglättete Oberfläche und schon gar nicht über die von Spezialpapier gebotene Holzfreiheit verfügt.

Damit sich die Druckkosten in vernünftigen Grenzen halten, sollten Sie beim Kauf eines solchen Geräts darauf achten, daß Sie für jede Farbe die Kartusche einzeln austauschen können. Außerdem bieten Ihnen moderne

Geräte dieser Art die Möglichkeit für eine gesonderte Schwarzpatrone, so daß sich diese Farbe nicht mehr aus den drei Grundfarben zusammensetzen muß, was in der Regel kein richtiges Schwarz, sondern eher ein Dunkelbraun ergibt. Achten sie also auf diesen Punkt, besonders wenn es sich beim Kauf um ein Auslaufmodell handelt, das als Schnäppchen angeboten wird.

Farb-Nadeldrucker

Dies ist die Alternative, die sich am Markt nicht bzw. am wenigsten durchgesetzt hat. Die Qualität ist nicht besonders gut und sie werden nur in Nischenbereichen eingesetzt, etwa dort, wo mehrere Durchschläge benötigt werden, und die erste Seite unbedingt in Farbe gedruckt sein muß.

Bei Farb-Nadeldruckern kommt es zuweilen zu unliebsamen Farbverläufen an den Übergängen zwischen verschiedenen Farben. In einem solchen Fall wird ein Rest der vorher verwendeten Farbe auf das andersfarbige Band übertragen und drückt sich ein wenig durch, so daß diese ein wenig verlaufen wirkenden Ränder entstehen. Mit einem gewissen Maß an nicht allzu scharfen Farbverläufen müssen Sie aufgrund technischer Eigenheiten dieser Geräte leben.

Überprüfen Sie sicherheitshalber das Farbband, ob es richtig eingelegt ist. Es kann auch verschlissen sein. In diesem Fall müssen Sie es durch ein neues ersetzen.

16.4 Die Aufgaben des Druckerspoolers

Wo es zu Stockungen der Daten auf dem Weg von Ihrem Anwendungsprogramm zum Drucker kommen kann, hängt von den verschiedenen Stationen ab, die diese Daten passieren müssen. Diese Stationen sind keineswegs nur auf das Anwendungsprogramm und Betriebssystem beschränkt, denn es spielen auch Hilfsprogramme wie beispielsweise Druckerspooler eine bedeutende Rolle.

Druckerspooler sind Programme oder Programmroutinen, die die Aufgabe haben, Druckdaten aufzufangen, bevor sie an den Drucker weitergeleitet werden. Dies geschieht in einem Zwischenspeicher, der entweder aus einem Bereich innerhalb des Arbeitsspeichers oder auf der Festplatte bestehen kann. Der Sinn dieser Aktion ist, daß der Anwender möglichst schnell wieder mit seiner Arbeit fortfahren kann, ohne darauf warten zu müssen, bis der Drucker alle Dokumente ausgedruckt hat. Der Drucker ist in dieser »Kette« das eindeutig langsamste Glied (kein normaler Drucker kann so schnell drucken, wie der Rechner die Daten bereitstellen kann). Nachdem alle zu druckenden Daten über den Druckerspooler in den dafür vorgesehenen Bereich geschoben wurden, kann der Anwender mit seiner Arbeit fortfahren, während im Hintergrund die Daten portionsweise an den Drucker geschickt werden.

Leistungsfähige Druckerspooler gibt es unter DOS bereits für einige Mark, aber meistens sind sie in den Anwendungsprogrammen als integrierte Programmfunktionen enthalten.

Wenn Sie unter Windows arbeiten, dann liegt der Druckerspooler in Form des Druck-Managers vor, der ebenfalls dafür sorgt, daß der Druckvorgang im Hintergrund stattfindet und der Anwender so schnell wie möglich seine Arbeit wieder aufnehmen kann.

Ein Doppelklick auf das Druckersymbol in der Taskleiste öffnet das Dialogfenster zur Anzeige der Druckaufträge. Hier können Sie sehen, welche Druckaufträge gerade zu wieviel Prozent bearbeitet sind und welche Druckaufträge gegebenenfalls noch anstehen.

Abb. 16.10:
Druckaufträge im
Druck-Manager.

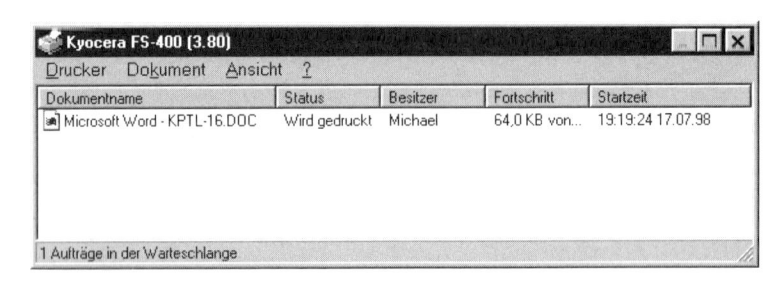

16.5 Tips für den erfolgreichen Einsatz von Tintenstrahldruckern

Tintenstrahldrucker bieten bei niedrigen Preisen eine bessere Druckqualität als Nadeldrucker. Allerdings hat auch die Qualität Ihren Preis, der sich in den teureren Verbrauchsmaterialien ausdrückt. Beispielsweise benötigen Sie für einen qualitativ hochwertigen Ausdruck eines Farbtintenstrahldruckers Spezialpapier, für das Sie je 200 Blatt Preise um die 30 bis 50 DM bezahlen müssen. Dieses teure Papier verhindert das Verlaufen der Tinte, was sich insbesondere bei Farbausdrucken bemerkbar macht. Natürlich können Sie auch normales Papier verwenden, und zwar hauptsächlich dann, wenn es sich um Schwarzweiß-Ausdrucke handelt.

Darüber hinaus sind die Farbbehälter für die Farbe relativ teuer. Achten Sie auf ein gutes Preis-Leistungsverhältnis, indem Sie die Füllmenge beachten. Viele Hersteller werben mit einem niedrigen Preis pro Farbpatrone, die jedoch bei näherer Betrachtung eine sehr geringe Füllmenge aufweisen, so daß sie unverhältnismäßig oft gewechselt werden müssen.

16.5 Tips für den erfolgreichen Einsatz von Tintenstrahldruckern

(?) Sie haben einen Tintenstrahldrucker erworben. Bei der Präsentation bei Ihrem Händler sind Ihnen der ausgezeichnete Druck sowie die überragende Randschärfe aufgefallen, mit dem dieser Drucker zu drucken vermag. Zu Hause sind Sie bei den ersten Ausdrucken über die Qualität enttäuscht, da diese bei weitem nicht der im Laden gezeigten entspricht.

Wahrscheinlich hat Ihr Händler zu Demonstrationszwecken ein speziell für Tintenstrahldrucker konzipiertes Paier verwendet. Dieses Papier ist praktisch holzfrei und ist stärker geglättet als normales Kopierpapier. Die Oberfläche ist so beschaffen, daß die Tinte auf der einen Seite nicht nach allen Richtungen verläuft und somit die Farbsättigung verlorengeht, auf der anderen Seite die aufgetragene Tinte aber auch nicht verschmiert. Dieses Papier ist allerdings erheblich teurer als normales Kopierpapier.

(?) Sie merken im nachhinein, daß es für Ihren Tintenstrahldrucker kaum zusätzliche Bauteile zum Aufrüsten gibt, wie dies beispielsweise für Laserdrucker der Fall ist.

Bis auf wenige Ausnahmen gibt es für Tintenstrahldrucker kaum Möglichkeiten, wie etwa einen zweiten Papierschacht, einen Traktor für den Einsatz von Endlospapier oder ähnliches. Ausgenommen davon sind Kassetten für zusätzliche Schriftarten. Der Hauptgrund für diesen Umstand ist die Bauweise dieser Geräte, die ein nachträgliches Aufrüsten nicht erlauben.

(?) Sie haben eine neue Druckpatrone eingesetzt, der Drucker erkennt diese aber nicht und verlangt hartnäckig nach einer neuen Patrone.

Bei einigen Druckermodellen reicht es nicht aus, daß Sie lediglich die Druckerpatrone auswechseln, sondern Sie müssen dem Drucker obendrein noch mitteilen, welchen Druckmodus er verwenden soll. Benutzen Sie also als neue Patrone eine für schwarzen Druck, dann müssen Sie als Druckmodus *Schwarz* oder *Nur Schwarz* wählen. Verwenden Sie eine neue Farbpatrone, dann müssen Sie den Modus *Farbe/zusammengesetztes Schwarz* wählen.

Ist das Problem jetzt immer noch nicht behoben, dann kann es daran liegen, daß die Patrone den Kontakt mit dem Drucker nicht richtig herstellen kann. Versuchen Sie, die Kontakte mit einem fusselfreien Tuch zu reinigen, das Sie mit ein wenig Alkohol aus der Apotheke anfeuchten.

Bringt Sie dieser Schritt auch nicht weiter, dann ist davon auszugehen, daß die Kontaktfolie beschädigt ist, und Sie müssen die Patrone von Ihrem Händler daraufhin untersuchen bzw. umtauschen lassen.

(?) Sie wollen einen qualitativ besonders guten Ausdruck zu Papier bringen (vieleicht für einen Werbeaushang oder ähnliches), stellen aber fest, daß die Buchstaben an den Rändern verlaufen.

Sofern der Ausdruck des gleichen Dokuments in einer niedrigeren Auflösung ein zufriedenstellendes Resultat hervorbringt, dann liegt es mit großer Wahrscheinlichkeit an der verwendeten Papiersorte. Benutzen Sie für solche Ausdrucke Spezialpapier, das zwar erheblich teurer ist, aber durch seine Zusammensetzung und Oberflächenstruktur für solche Ausdrucke bestens geeignet ist.

Die Buchstaben erscheinen wie mit der Sprühdose, also fast im Graffitilook, zu Papier gebracht.

Wahrscheinlich liegt dies an einem nicht oder nicht richtig justierten Druckkopf. Dies ist kein Fall für den Anwender, sondern sollte vom Händler vorgenommen werden, insbesondere dann, wenn die Garantiezeit für das Gerät noch nicht abgelaufen ist.

Einige Geräte bieten jedoch die Möglichkeit, die Druckköpfe zu justieren. Schlagen Sie in der technischen Dokumentation des Geräts nach der entsprechenden Funktion nach. Bei den meisten Tintenstrahldruckern der HP-Serie finden Sie diese Möglichkeit in der Registerkarte SERVICEFUNKTIONEN.

Abb. 16.11: Druckkopfjustierung beim HP 870 CXI.

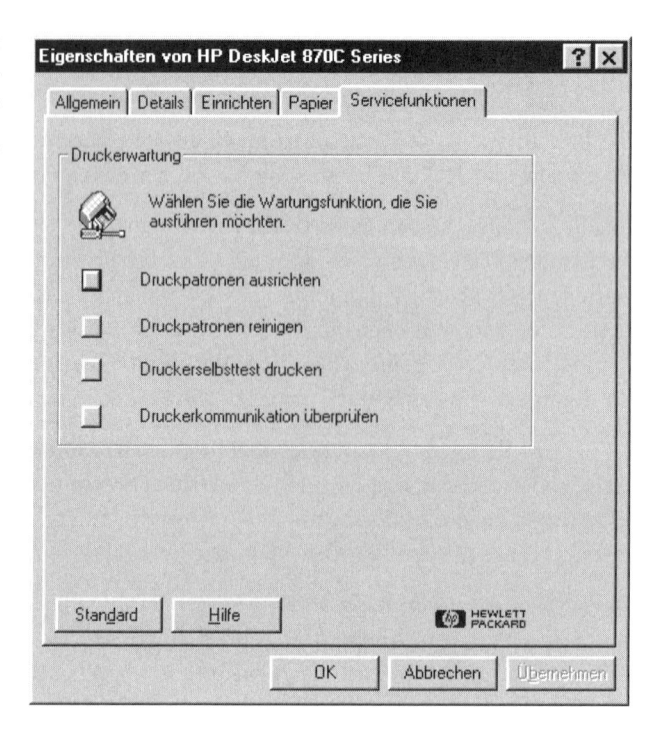

Sie haben Ihre leere Kartusche zum ersten Mal selbst nachgefüllt und alles hat geklappt. Trotzdem ist der Ausdruck nicht befriedigend.

Wahrscheinlich haben Sie nicht einmal einen Fehler beim Nachfüllen der Patrone gemacht. Jedoch liegt es an der richtigen Tintenmischung, die in diesem Fall leider nicht getroffen wurde.

Druckerhersteller haben ihr eigenes Rezept, wie bzw. aus welchen Komponenten die Tinte zu mischen ist. Aus gutem Grund, denn Druckqualität und Lebensdauer eines Tintenstrahldruckers hängen stark von der richtigen Mischung der verwendeten Tinte ab. Und an dieses Rezept werden Sie als Normalanwender kaum herankommen, denn daraus macht jeder Hersteller ein spezielles Geheimnis, und Nachfüllsets sind auch nicht immer das Gelbe vom Ei.

Mit der falschen Tinte oder einer nicht korrekt nachgefüllten Patrone, die ausläuft, können Sie unter Umständen den Druckkopf so verunreinigen, daß Sie eine aufwendige Reparatur bezahlen müssen, die höher sein kann als die gesamte Ersparnis beim Nachfüllen, sogar über die gesamte Lebensdauer des Druckers.

Wenn Sie schon nachfüllen wollen, dann fragen Sie bei Ihrem Hersteller, ob spezielle Nachfüllkartuschen für das Gerät geliefert werden können. Diese Kartuschen sind extra dafür vorgesehen und unterscheiden sich in einigen Punkten von den herkömmlichen, nicht nachfüllbaren Patronen.

Trotz neuer Tintenpatrone wird nur ein leeres Blatt ausgegeben.

Sie haben in diesem Fall vielleicht vergessen, die Schutzfolie über den Düsen zu entfernen und es fließt aus diesem Grund keine Tinte. Oder die Patrone liegt nicht richtig in der dafür vorgesehenen Halterung. Kontrollieren Sie auf korrekten Sitz.

Die Ausdrucke weisen weiße Flächen oder Linien auf.

Hier sind eine Düse oder gleich mehrere verstopft. Die Ursache dafür kann entweder darin liegen, daß Sie beim Wechsel zwischen farbiger Kartusche und Schwarzweiß-Patrone die gerade nicht benötigte nicht luftdicht verpackt haben, so daß eingetrocknete Tinte die Düsen verstopft. Oder aber es haben Schmutz- oder Papierabriebpartikel in Verbindung mit der Tinte die feinen Düsen verklebt.

Versuchen Sie, einen Reinigungslauf zu starten. In der Regel verfügt fast jeder bessere Tintenstrahldrucker über diese Möglichkeit.

Sie sollten darauf achten, daß Sie jeden Druckauftrag ordnungsgemäß abarbeiten oder beenden lassen. Sie können den Ausdruck natürlich auch beenden, indem Sie einfach das Gerät ausschalten (gerade wenn es mal schnell gehen soll), jedoch vertragen diese Geräte eine solche Vorgehensweise mitunter nicht gut.

Der Kauf einer Staubschutzhülle lohnt sich gerade bei Tintenstrahldruckern, und einen besonders hohen Arbeitsaufwand stellt das tägliche Ab- und Aufdecken auch nicht dar.

Sie wollen mit Ihrem Tintenstrahldrucker dafür vorgesehene Overheadfolien bedrucken, der Einzelblatteinzug zieht jedoch die Folie nicht ein.

Die Transportrollen des Einzelblatteinzugs können die Folie nicht greifen, weil diese eine relativ glatte Oberfläche aufweist. Legen Sie in einem solchen Fall einen ganzen Stapel (mindestens 10 Stück) dieser Folien ein oder unterlegen Sie die Einzelfolie mit einem Stapel normalem Papier.

Der Ausdruck von Grafiken unter Windows wird oft unterbrochen. Es taucht die folgende Fehlermeldung am Bildschirm auf:

Drucker nicht bereit

Funktioniert der Drucker ansonsten einwandfrei, dann liegt die Ursache wahrscheinlich in einem zu kleinen Drucker-Pufferspeicher. Dieser Speicher ist direkt im Drucker vorhanden und in der Regel nicht besonders groß (beispielsweise 32 kByte). Ist dieser Puffer mit Daten Ihrer Windows-Anwendung (z.B. Teile einer Grafik aus CorelDraw) gefüllt, dann werden einige Zeilen zu Papier gebracht, um den Pufferspeicher wieder zu leeren. Ist der Druck-Manager schneller als die Entleerung des Pufferspeichers, dann kommt es zur Ausgabe einer solchen Fehlermeldung und zum Abbruch des Ausdrucks.

Wählen Sie den Befehl START | SYSTEMEINSTELLUNGEN | DRUCKER, und klicken Sie das entsprechende Icon für Ihren Drucker mit der rechten Maustaste an. Wählen Sie den Eintrag EIGENSCHAFTEN und wechseln in die Registerkarte DETAILS. Anschließend geben Sie in den Feldern NICHT GEWÄHLT und ÜBERTRAGUNGSWIEDERHOLUNG höhere Werte ein.

Die Ausdrucke unter Windows werden des öfteren unterbrochen. Unter DOS passiert so etwas nicht. Sind falsche Windows-Einstellungen schuld an diesen Unterbrechungen?

Nicht unbedingt, denn manche Nadeldrucker sowie auch Drucker anderer Bauart, werden dadurch irritiert, daß der Druck-Manager nicht einen kontinuierlichen Strom von Daten an das Gerät schickt, sondern immer wieder eine Unterbrechung einschiebt, um den Prozessor für andere Anwendungen (beispielsweise das Ausrechnen einer Tabellenkalkulation usw.) freizugeben.

Rufen Sie das Eigenschaften-Fenster für den Drucker auf und wechseln in die Registerkarte DETAILS. Über die Schaltfläche SPOOLEINSTELLUNGEN bzw. über eine solche mit ähnlicher Bezeichnung wechseln Sie in ein Dialogfenster (beispielsweise Einstellungen für das Drucken im Hintergrund), in dem Sie den Druckerspooler deaktivieren können.

Sollte diese Vorgehensweise auch nicht zu einem reibungslosen Ausdruck unter Windows führen, dann bleibt Ihnen nur der Weg, in Ihrer Windows-Anwendung in eine Datei drucken zu lassen und diese anschließend über den Copy-Befehl von DOS an den Drucker zu senden.

Abb. 16.12: Das Deaktivieren des Druckerspoolers

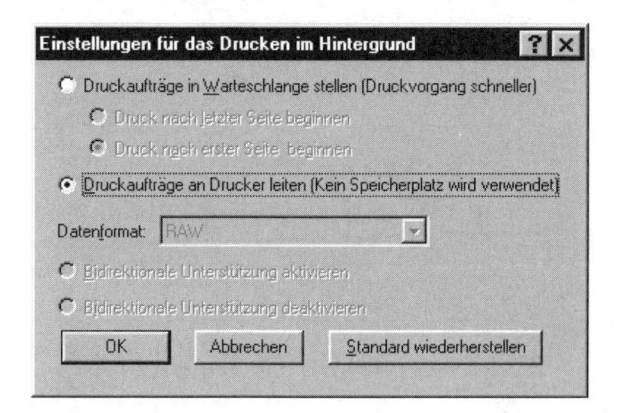

Ihre Ausdrucke sind überwiegend schwarzweiß, lediglich geringfügige Passagen oder Linien (beispielsweise als Adressfeld-Abgrenzung im Briefbogen) werden in einer abweichenden Farbe gedruckt. Muß die Farbkartusche weggeworfen werden, auch wenn nur eine Farbe leer sein sollte?

Verwenden Sie eine reine Schwarz-Kartusche, wenn es sich bei den zu druckenden Dokumenten ausschließlich um schwarzweiße Vorlagen handelt. Bei farbigen Dokumenten wechseln Sie dann diese Kartusche gegen einen Mehrfarbenkopf aus. Achten Sie beim Kauf eines Farb-Tintenstrahldruckers darauf, daß es sich um ein Gerät handelt, das den Einsatz von unterteilten Kartuschen ermöglicht, denn bei diesem System können Sie die Farben einzeln tauschen.

So läßt sich die Ausgabequalität über Windows steigern (vorausgesetzt, es ist ein Druckertreiber für einen Nadeldrucker installiert):

▸ Rufen Sie das Eigenschaften-Dialogfenster für den Drucker auf und wechseln in die Registerkarte GRAFIK.

- Aktivieren Sie die Funktion *S/W-Grafik* nur dann, wenn es sich um Dokumente mit unterschiedlichen Graustufen handelt, oder wenn verschiedene Farben mit Linien voneinander abgegrenzt werden. Dies ist vorrangig bei Vektorgrafiken, wie sie beispielsweise von Grafikprogrammen wie CorelDraw, Arts&Letters usw. erzeugt werden, der Fall, nicht aber bei eingescannten Bitmap-Vorlagen.
- Die Funktion *Keine* bedeutet, daß Farben nicht in Graustufen umgesetzt werden und ein schwarzweißes Bild gedruckt wird. Sinnvoll ist diese Einstellung nur bei Probeausdrucken, bei denen es statt auf Schönheit lieber auf eine schnelle Verfügbarkeit ankommt.

Abb. 16.13: Einstellungen für die Grafikausgabe bei einem Epson Nadeldrucker.

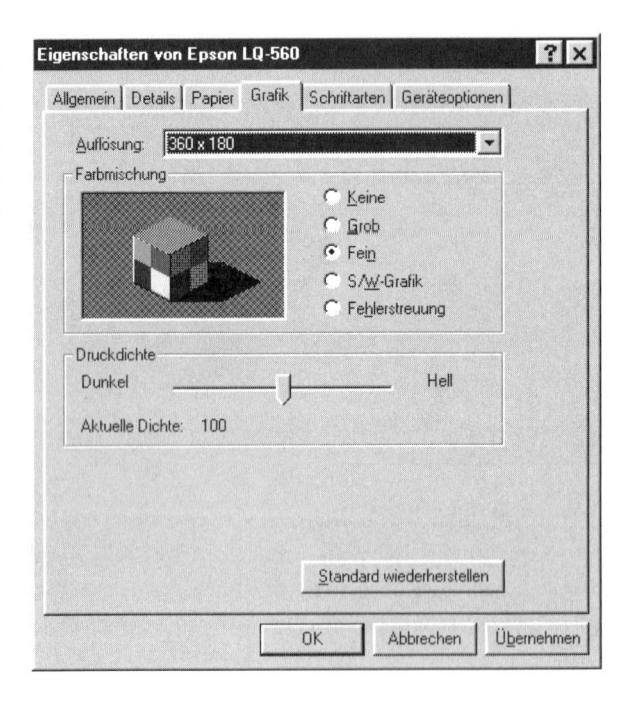

Was ist bei einem Transport des Druckers zu beachten?

Im Gegensatz zu Nadeldruckern ist der Druckkopf empfindlicher. Sie sollten deshalb vor jedem Transport des Tintenstrahldruckers den Druckkopf in eine Parkstellung bringen. Außerdem können Sie ihn auch herausnehmen und die Düsen mit einem kleinen Stück Folie in der entsprechenden Größe schützen. Verwenden Sie dazu am besten Lebensmittelfolie, auf keinen Fall Klebefolie wie Tesafilm oder ähnliches.

16.6 Tips für den erfolgreichen Einsatz von Nadeldruckern

Obwohl Nadeldrucker immer mehr von Tintenstrahl- und Laserdruckern vom Markt verdrängt werden, gibt es Nischenbereiche, in denen nur diese Drucker eingesetzt werden können. Denken Sie in diesem Zusammenhang beispielsweise an alle Unternehmen, bei denen Durchschläge gedruckt werden. Aufgrund des fehlenden mechanischen Kontakts, wie sie die Nadel eines Druckkopfs beim Matrixdrucker erzeugen, sind alle anderen Druckertypen für solche Aufgaben ungeeignet. Außerdem sind Nadeldrucker relativ unempfindlich gegen Schmutz und Staub.

Lohnt sich die Anschaffung eines Farb-Nadeldruckers?

Farb-Nadeldrucker haben sich auf dem Markt nicht durchgesetzt, da das Druckbild in seiner Qualität von den auch nicht wesentlich teureren Farb-Tintenstrahldruckern bei weitem übertroffen wird. Sie werden normalerweise nur noch dann eingesetzt, wenn ein Ausdruck mit mehreren Durchschlägen erforderlich ist und die erste Seite obendrein noch farbig sein muß.

Der Ausdruck ist kaum noch zu erkennen, da er viel zu hell ist.

Nicht immer ist ein verbrauchtes Farbband schuld, wenn der Ausdruck zu hell ist. Es kann auch an einem zu großen Abstand zwischen dem Druckkopf und dem Farbband liegen.

Üblicherweise bietet jeder Nadeldrucker eine Justiermöglichkeit in Form eines Anschlagstärkereglers. Dieser kann sich auch versehentlich verstellen, besonders dann, wenn der Drucker transportiert wurde, und der Hebel zudem an einer ungünstigen Stelle angebracht ist.

Welcher Wert der optimale ist, entnehmen Sie Ihrem Druckerhandbuch. Moderne Nadeldrucker justieren sich selbst, indem einige Probeausdrucke vorgenommen werden, anhand deren Resultate sich der Drucker dann über eine Steuertechnik selbst auf einen optimalen Wert justiert.

Der Ausdruck ist viel zu dunkel.

Hier kann ein zu geringer Abstand des Druckkopfes zum Farbband die Ursache sein. Überprüfen Sie die Einstellung.

Außerdem tritt ein solcher Fehler gerne dann auf, wenn versucht wird, das verbrauchte Farbband selbst neu mit Farbe zu tränken. Eine solche Arbeit sollte speziellen Firmen vorbehalten bleiben, da diese über geeignete Werkzeuge dafür verfügen.

Ob sich das Wiederauffrischen von verbrauchten Farbbändern lohnt, ist Ansichtssache. Auf der einen Seite freut sich die Umwelt, da die Kunststoffkartusche nicht in den Müll wandert, sondern mehrmals verwendet werden kann, auf der anderen Seite ist das Nylonband durch die mit großer Wucht auftreffenden Nadeln des Druckkopfes sehr hohen mechanischen Belastungen ausgesetzt. Sehen Sie sich einmal ein solches verbrauchtes Farbband an, und Sie werden feststellen, daß es unter Umständen ganz schön malträtiert aussieht.

Trotz neuem Farbband ist der Ausdruck hinsichtlich einer ausreichenden Schwärzung noch nicht optimal.

Bei einem Nadeldrucker müssen Sie zwangsläufig damit zurechtkommen, daß die Schwärzung niemals so satt sein wird wie mit einem Tintenstrahl- oder Laserdrucker. Jedoch können sie mit der Wahl des Farbbands noch ein wenig herausholen. Normalerweise werden Endlosbänder aus Nylon verwendet. Es gibt jedoch auch Farbbänder aus Carbon. Diese ermöglichen einen schwärzeren Ausdruck als solche aus Nylon, sind dafür jedoch nicht als Endlosband konzipiert, sondern nach einem Durchlauf reif für den Mülleimer. Außerdem sind sie teurer. Verwenden Sie in einem solchen Fall ein herkömmliches Nylonband für Probeausdrucke und Carbonbänder bei Ausdrucken, die möglichst gut sein sollen. Normalerweise ist das Wechseln eines Farbbands eine Sache von Sekunden.

Der Nadeldrucker druckt keine Umlaute aus (ü, ö, ä).

Überprüfen Sie, ob Ihr Gerät im IBM-Proprinter-Modus arbeiten kann. In diesem Fall müssen Sie den erweiterten Zeichensatz sowie die Codepagenummer 437 einstellen. Über welche Einstellungen im Druckermenü oder über Dip-Schalter dies erreicht werden kann, verrät Ihnen der entsprechende Abschnitt Ihres Druckerhandbuches.

Handelt es sich um einen NEC-Drucker oder um ein Gerät, das diesen Drucker emulieren kann, dann müssen Sie den erweiterten Zeichensatz und die länderspezifische Einstellung *Deutsch* wählen.

Emuliert Ihr Gerät den Epson-Modus (oder handelt es sich um einen Epson-Drucker), so müssen Sie im Druckermenü die länderspezifische Einstellung *Deutsch* wählen.

Sie wollen eine Schriftart sowohl unter DOS als auch unter Windows verwenden, jedoch bereitet der Ausdruck unter DOS Probleme bzw. ist unmöglich.

Windows behandelt Texte meist als Grafik und die Informationen an den Drucker entsprechend, so daß sich die unter Windows installierten Schriftarten in der Regel problemlos verwenden lassen. Nicht so unter DOS. Hier helfen nur spezielle Schriftenkassetten weiter, die in Form einer kunststoffummantelten Platine vorliegen. Sie werden in einen dafür vorgesehenen Schacht im Druckergehäuse eingeschoben und erweitern so die zur Verfügung stehenden Schriftarten.

Die Ausdrucke, speziell von Textdokumenten, weisen unschöne Streifenmuster auf.

Sind diese Muster immer in der gleichen Höhe zu finden, aber nicht gleichmäßig über die ganze Seite verteilt, dann ist mit großer Wahrscheinlichkeit das Farbband beschädigt oder stark abgenutzt. Setzen Sie ein neues Farbband ein.

Die Ausdrucke von Grafikdateien weisen störende Streifenmuster auf.

Ziehen sich diese Streifen über die ganze Seite hin, dann müssen Sie sich wohl oder übel damit abfinden, denn es handelt sich bei diesem Phänomen um ein systembedingtes Auftreten von kleinen Streifen, die deshalb entstehen, da der Druck zeilenweise vonstatten geht. Zwischen den einzelnen Zeilen entsteht durch den Zeilenvorschub ein kleiner Zwischenraum, der je nach Druckertyp unterschiedlich groß ausfällt. Abhilfe schafft hier nur die Anschaffung eines Tintenstrahl- oder Laserdruckers.

Die Ausdrucke sind von feinen weißen Linien durchzogen.

Verlaufen diese Linien horizontal und tauchen in jeder Zeile am oberen und unteren Rand der Buchstaben auf, dann ist das Farbband wahrscheinlich falsch eingelegt, so daß beim Drucken die obersten und untersten Nadeln des Druckkopfes nicht auf das Farbband, sondern auf das Papier auftreffen und somit keine Farbe übertragen können. Nehmen Sie die Farbbandkassette heraus und legen Sie sie erneut ein. Achten Sie dabei auf die korrekte Bandführung.

Befindet sich die weiße Linie in der Mitte der Zeile, dann kann kaum ein falsch eingelegtes Farbband schuld daran haben. Vielmehr ist vermutlich eine Nadel verklemmt oder abgebrochen. Montieren Sie nicht den Druckkopf aus, sondern aktivieren Sie zuerst einmal den Drucker-Selbsttest. Bei einem solchen Testlauf wird unter anderem jede Nadel einzeln angesprochen, so daß sofort erkannt werden kann, um welche der Nadeln es sich handelt.

Klemmt eine Nadel, dann versuchen Sie, den Druckkopf vorsichtig mit einem weichen Tuch zu reinigen. Verwenden Sie den in der Apotheke erhältlichen Alkohol. Manchmal verklemmen sich Nadeln aufgrund von Schmutzpartikeln, die in den Druckkopf bzw. die Nadelführung eingedrungen sind. Fehlt eine Nadel, dann werden Sie kaum um den Kauf eines neuen Druckkopfes herumkommen.

(?) **Senkrechte Linien in einem Ausdruck (beispielsweise bei Grafikdokumenten oder Tabellenrahmen) werden nicht durchgehend, sondern unterbrochen dargestellt.**

Der Hintergrund für dieses Phänomen liegt in der Eigenheit begründet, wie ein Nadeldrucker die Informationen zu Papier bringt. Der Befehl für den Wagenrücklauf (CR = Carriage Return) bewirkt eine horizontale Bewegung des Druckkopfes an den Zeilenanfang. Der LF-Befehl (Line Feed) ist für das Weitertransportieren des Papiers in senkrechter Richtung verantwortlich. Normalerweise sendet die Software diese Befehle für den Wagenrücklauf und den Papiervorschub, jedoch ist unter Umständen an Ihrem Gerät eine Möglichkeit vorhanden, entweder beide Befehle auszuführen (Sie müßten in diesem Fall einen Eintrag wie *CR + LF* vorfinden) oder Sie können nur einen Wagenrücklauf ausführen lassen (hier wäre dann die Einstellung *Only CR* notwendig).

(?) **Der Lochrand beim Endlospapier reißt immer wieder.**

Im Gegensatz zum Einzelblatteinzug wird das Endlospapier nicht über Walzen, sondern über einen sogenannten Traktor weitergezogen. Handelt sich bei dem verwendeten Papier um sehr dünnes Papier, dann verwenden Sie in Zukunft etwas stärkeres.

Kontrollieren Sie den Sitz des Papiers. Sitzt es zu locker oder zu stramm, dann reißt es oft.

Ist der Walzenandruck, der für den Transport von Einzelblättern benötigt wird, noch eingeschaltet? Bei den meisten Druckern handelt es sich um einen separaten Einstellhebel. Lesen Sie im Druckerhandbuch noch einmal ganz genau nach, was Sie bei der Umstellung vom Einzelblatteinzug auf Endlospapier beachten müssen.

(?) **Bei der Verwendung von Endlospapier beachtet der Drucker den Übergang von einer Papierseite zur anderen nicht und druckt auch über die Seitenperforierung.**

Sie können bei den meisten handelsüblichen Druckern einstellen, daß der Perforationssprung eingehalten wird. Ansonsten müssen sie die Zeilen pro Seite definieren, da eine Seite Endlospapier in der Regel länger ist als eine Einzelblattseite.

(?) **Der Drucker zieht immer mehrere Blätter auf einmal ein.**

Haben Sie das maximale Fassungsvermögen der Papierkassette überfordert? Zwar passen in der Regel ein paar Blätter mehr in die dafür vorgesehene Ablage, jedoch mögen einige Druckertypen dies überhaupt nicht. Sehen Sie also in Ihrem Druckerhandbuch nach, wie viele Blätter Sie maximal einlegen dürfen, und halten Sie sich an diese Anweisung.

Zieht der Drucker immer noch mehrere Blätter auf einmal ein, dann drückt die Transportwalze wahrscheinlich zu stark auf das Papier bzw. den Papierstapel. Bevor Sie den automatischen Einzelblatteinzug von Ihrem Händler überprüfen lassen, sehen Sie im Druckerhandbuch nach, ob sich nicht vielleicht eine manuelle Einstellung vornehmen läßt. Mitunter muß nur eine Feder in eine andere Rasterstellung gebracht werden o.ä.

Es werden beim Drucken auf Endlospapier ständig neue Blätter eingezogen.

Überlegen Sie, ob Sie nicht vielleicht bisher das Papier über einen automatischen Einzelblatteinzug zugeführt haben und jetzt auf Endlospapier umgestiegen sind, das Sie mit einem Traktor einziehen lassen. In einem solchen Fall muß dieser Wechsel dem Drucker entweder über das Initialisierungsmenü oder über den Dip-Schalter mitgeteilt werden, damit der automatische Einzelblatteinzug deaktiviert und dafür der Traktor für das Endlospapier angesprochen wird.

Der automatische Einzelblatteinzug wird vom Drucker nicht erkannt bzw. angesprochen.

Sehen Sie zuerst in Ihrem Druckerhandbuch nach, ob bestimmte Einstellungen über das Druckermenü oder den Dip-Schalter vorgenommen werden müssen.

Manche Drucker werden mit dem dazugehörigen Einzelblatteinzug auch über eine elektrische Steckbrücke verbunden, die automatisch beim manuellen Installieren dieses Bauteils geschlossen wird. Überprüfen Sie, ob dies in Ihrem Fall vorliegt. Mitunter verbiegen sich diese kleinen Kontakte beim Verpacken im Werk, beim Transport, beim Auspacken oder auch durch Gewalteinwirkung, wenn die Papierzufuhr nicht gleich korrekt einrastet und man es mit einem erhöhten Kraftaufwand versucht.

Liegt kein Hardwarefehler vor, dann kontrollieren Sie zuerst, ob die richtige Papierzuführung ausgewählt wurde.

Möglicherweise liegt auch ein Fehler in der Ihnen vorliegenden Treiberversion vor. Versuchen Sie, über Ihren Hersteller eine aktuelle Kopie des passenden Druckertreibers zu bekommen.

Der automatische Einzelblatteinzug zieht die Blätter nicht sauber ein.

Zuerst überprüfen Sie die Papierzufuhr auf den korrekten Sitz. Eine versehentlich verkantete Papierzufuhr läßt das Papier oft schräg einziehen, obwohl sie eingerastet ist.

Ist der Drucker schon sehr lange in Betrieb, könnten die Transportwalzen abgenutzt oder verschmutzt sein.

Verwenden Sie zum Reinigen der Transportwalzen auf keinen Fall Alkohol oder ein Reinigungsmittel, denn die Griffigkeit des Walzenbelags könnte sonst verloren gehen. Nehmen Sie ein mit lauwarmem Wasser angefeuchtetes, fusselfreies Tuch und reiben Sie die Walzen sorgfältig ab. Unter Umständen müssen Sie dafür ein wenig Zeit aufwenden, da der Schmutz fetthaltig und somit schlecht zu lösen ist. Dies sollte Sie allerdings nicht dazu verführen, einen Haushaltsreiniger zu verwenden, da dieser, wie gesagt, den Belag der Walzen angreift. Wenn der Schmutz auf diesem Weg nicht zu beseitigen ist, dann verwenden Sie ein im Fachhandel erhältliches, speziell dafür ausgelegtes Reinigungsmittel.

Der Drucker schaltet sich nach längerem Betrieb automatisch aus.

Bei längerem Betrieb eines Nadeldruckers kann es vorkommen, daß sich der Druckkopf erhitzt. Ein Thermostat schaltet dann das Gerät ab, um es vor Überhitzung zu schützen. Diese Vorgehensweise ist völlig normal und schadet dem Drucker nicht, im Gegenteil, warten Sie in einem solchen Fall einfach, bis das Gerät seinen Betrieb wieder aufnimmt.

Sollte sich das Gerät allerdings bereits nach dem Ausdruck weniger Seiten auf diese Weise ausschalten, könnte das Thermostat defekt sein. Die Reparatur ist dann Sache des Fachhändlers.

16.6.1 Das Funktionsprinzip von Nadeldruckern

Zwar sind Nadeldrucker von Tintenstrahl- oder Laserdruckern auch in puncto Preiswürdigkeit längst überholt, jedoch sind sie für bestimmte Anwendungen die einzig sinnvolle Alternative, denn überall dort, wo Durchschläge gefragt sind, ist diese Technologie ungeschlagen. Denken Sie in diesem Zusammenhang beispielsweise an Arztpraxen oder Werkstätten.

Aber auch hinsichtlich der Zuverlässigkeit haben diese technisch ausgereiften Systeme einiges zu bieten. Außerdem benötigen Sie keine Anlaufzeit bzw. Warmlaufphase. Darüber hinaus sind sie auch gegenüber schlechten Umweltbedingungen sehr resistent. Ein Laser- oder Tintenstrahldrucker würde in einer sehr staubigen Umgebung wie einer Werkhalle kaum lange zuverlässig arbeiten.

Bei der Nadeldrucktechnik wird das Papier direkt bedruckt, und zwar durch ein Farbband, das sich in geringem Abstand über der Papieroberfläche befindet und einem Druckkopf mit einer gewissen Anzahl von kleinen Stahlnadeln, die von einem Magneten nach vorne geschossen werden, auf das Farbband treffen und an dieser Stelle die auf dem Nylonband befindliche Farbe auf das Papier übertragen. Anschließend wird dieser Stahlstift von einer Feder wieder in die ursprüngliche Position zurückgezogen.

Der Druckvorgang kann wahlweise auch in beide Richtungen erfolgen (bidirektionaler Druck).

Der Druckkopf nimmt die Nadeln auf, und zwar insgesamt entweder 9, 24 oder 48 Stück. Ein 9-Nadeldrucker ist gezwungen, eine Zeile zweimal zu drucken, und zwar um ein kleines Stück versetzt, um die Qualität zu erhöhen. Dies geht allerdings auf Kosten der Druckgeschwindigkeit, da 24- oder 48-Nadeldrucker schon in einem Durchgang in einer guten Qualität drucken.

Von den Anschaffungs- und Unterhaltskosten her gesehen ist ein Nadeldrucker die preisgünstigste Alternative. Er kommt mit jedem Papier zurecht, und die Kosten für ein neues Farbband bewegen sich im Rahmen eines Zehnmarkscheins. Das einzige Verschleißteil ist der Druckkopf. Bei älteren Geräten konnte eine defekte Nadel noch ersetzt werden, bei Geräten der neueren Generation ist dies nur noch sehr selten der Fall.

17 Computerviren

Computerviren stellen eine immer größere Gefahr dar, die durch die weiter fortschreitende nationale und internationale Vernetzung der Computersysteme zusätzlichen Nährboden erhält. Etwa 20.000 Viren sind derzeit bekannt, und es werden täglich mehr.

17.1 Funktionsweise von Computerviren

Ein Computervirus ist ein mehr oder weniger großes, eigenständiges Programm, das die Fähigkeit hat, sich selbst zu reproduzieren. Allerdings ist es nicht selbst ablauffähig, sondern braucht ein Wirtsprogramm, damit es aktiv werden kann.

Normalerweise besteht ein Virus aus den folgenden Teilen:

1. Viruskennung

Durch diese Kennung ist es dem Virus möglich, vor dem Befall eines Programms zu erkennen, ob dieses bereits infiziert wurde, um eine Mehrfachinfizierung zu vermeiden.

2. Kopierteil

Dieser Programmteil durchsucht den bzw. die Massenspeicher nach Programmen, die noch nicht befallen sind, und infiziert diese.

3. Schadensteil

Dieser Teil enthält die Anweisungen zum Ausführen einer bestimmten Aktion, beispielsweise dem Verändern des Bootsektor-Inhalts, dem Kopieren von Programmteilen in den Arbeitsspeicher, dem Löschen von Dateien usw.

4. Bedingungsteil

Die Verbreitung des Virus sowie die Schadensfunktion können an Bedingungen geknüpft sein. So tritt beispielsweise bei einigen Viren der Schaden an einem bestimmten Datum oder bei einer bestimmten Anzahl von Aufrufen oder sonstigen Aktionen ein. Dieser Teil kann, muß aber nicht vorkommen.

5. Tarnungsteil

Dies sind Programmroutinen, die das Aufspüren des Virus verhindern bzw. erschweren sollen. Dieser Teil wird hauptsächlich bei den Viren der neueren Art eingesetzt.

6. Sprungteil

Sind Kopier- und Schadensteil ausgeführt, dann erfolgt ein Sprung an den Anfang des Wirtsprogramms, damit dieses seine Arbeit in gewohnter Weise aufnehmen kann. Dieser Teil dient dazu, daß der Benutzer nicht auf das Vorhandensein des Virus aufmerksam wird.

Viren, die sich in der MS-DOS-Umgebung vermehren, kopieren sich meist hinter ausführbare Programme (Dateierweiterung COM oder EXE). Allerdings enthalten sie den erwähnten Sprungbefehl, der an den Anfang eines infizierten Programms führt. Nach dem Aufruf eines von einem Virus befallenen Programms werden dann zuerst das Programm und anschließend der Virusteil in den Hauptspeicher geladen. Sollte das befallene Programm jedoch vom Betriebssystem aufgerufen werden, wird zuerst der Virusteil aufgerufen. Dadurch soll der Virus in die Lage versetzt werden, entweder das Wirtsprogramm zu manipulieren oder auf ein anderes überzuspringen. Der Benutzer bemerkt das Vorhandensein eines solchen Virus zuerst einmal nicht, denn es befindet sich nach seinem Aufruf in der Regel im Arbeitsspeicher, sofern nicht vorgesehen ist, daß es sich aus diesem löscht und gegebenenfalls in veränderter Form auf ein Speichermedium zurückgeschrieben wird.

Wird der Rechner abgeschaltet, bringt dies gleichzeitig eine Entfernung des Virus aus dem Arbeitsspeicher mit sich, da es sich bei diesem Speichertyp um einen flüchtigen Speicher handelt, der seine Informationen verliert, sobald er von der Stromversorgung getrennt wird. Allerdings bleibt der Virus in einer infizierten Datei erhalten und wird aktiviert, sobald der Anwender das befallene Programm startet.

Es gibt gewisse Merkmale, an denen ein Virus erkannt wird. Hierbei handelt es sich in erster Linie um Maschinenbefehle (z.B. um den bereits erwähnten Sprungbefehl, einen Kopierbefehl usw.). Diese Merkmale werden auch als *Virensignatur* oder *Scanstrings* bezeichnet. Allerdings kann ein befallenes Programm nicht allein an seiner zugenommenen Größe erkannt werden, da Viren der modernen Art dies im Verzeichniseintrag manipulieren, das heißt, sie lesen aus diesem Verzeichniseintrag die Größe des Programms, welches sie befallen wollen, ab, »merken« sich diese Größe und korrigieren den Verzeichniseintrag entsprechend. Solche Viren werden auch als *Tarnkappen- oder Stealth-Viren* bezeichnet.

17.2 Kennzeichen für das Vorhandensein eines Virus

Nicht immer liegen eindeutige Anzeichen für das Vorhandensein eines Virus vor, wie beispielsweise beim Herabrieseln von Blättern (Herbstlaub-Virus), dem Anzeigen eines Textes vor dem Systemabsturz usw. Meistens macht sich ein Virus langsam bemerkbar; die ersten Anzeichen werden oft nicht erkannt oder anderen Ursachen zugeordnet. Folgende Anzeichen können darauf hindeuten, daß ein Virus sein Unwesen treibt:

Der Rechner läuft immer langsamer, wobei alle Anwendungsprogramme von dieser Geschwindigkeitseinbuße gleichermaßen betroffen sind.

Die Programme benötigen immer mehr Zeit zum Laden und Ausführen der Programmaktionen.

Der zur Verfügung stehende Plattenspeicher nimmt kontinuierlich ab, obwohl keine neuen Programme oder Dateien auf die Festplatte kopiert werden.

Es erscheinen immer häufiger Fehlermeldungen, die darauf hinweisen, daß der zur Verfügung stehende Hauptspeicherplatz nicht ausreicht.

Programmdateien werden immer größer.

Bisher zuverlässig laufende Programme stürzen immer häufiger aus unerklärlichen Gründen ab.

Es tauchen bei bisher zuverlässig laufenden Programmen unbekannte Fehlermeldungen auf.

Dateien (Textdateien, Grafikdateien etc.) enthalten wirre Zeichenfolgen oder abweichende Inhalte.

Die Anzahl der defekten Sektoren auf der Festplatte nimmt ständig zu, ohne daß zuvor irgendwelche Fehlermeldungen ausgegeben wurden.

17.3 Viren-Klassifizierung

Viren können in die folgenden Klassen unterteilt werden, je nachdem, wen oder was sie befallen und wie sie sich vor dem Entdecken schützen.

- Bootviren
  Merkmal dieser Virenart ist es, daß sie sich im Bootsektor einer Festplatte oder Diskette niederlassen und bei jedem Systemstart aktiviert werden. Bei einem solchen Systemstart laufen bestimmte vorgegebene Aktionen ab, mit denen unter anderem festgelegt wird, von welchem Datenträger aus DOS geladen wird. Soll das Betriebssystem von einer Diskette geladen werden, sucht der Rechner nach dem sogenannten

Bootsektor-Programm. Sofern DOS von der Festplatte geladen werden soll, wird nach dem *Master-Bootsektor-Programm* gesucht. Diese Virenart ist speicherresident, kann aber mit dem DOS-Befehl SYS leicht überschrieben werden. Voraussetzung hierfür ist allerdings, daß von einer virenfreien Systemdiskette gebootet wird.

Die meisten Bootviren infizieren auf der Festplatte den Partitionssektor (dies ist der erste logische Sektor) und auf Disketten den Bootsektor. Aus diesem Grund gelangt das Virus bereits vor dem Laden des Betriebssystems in den Arbeitsspeicher des Computers und bleibt auch dort während der gesamten Betriebszeit resistent. Deshalb kann jede Diskette, die nicht schreibgeschützt ist, infiziert werden, und das Virus kann sich mittels dieser Diskette auf einen anderen Computer übertragen.

Im Setup Ihres Rechners können Sie einstellen, auf welchen Laufwerken in welcher Reihenfolge nach einem Betriebssystem gesucht werden soll. Normalerweise sind dies A: und C: in dieser Reihenfolge. Es ist durchaus sinnvoll, eine solche Reihenfolge festzulegen, da ansonsten bei einer defekten Festplatte nicht vom Diskettenlaufwerk gebootet werden könnte. Der Nachteil dabei: Wenn Sie eine Diskette im Laufwerk A: belassen, wird der System-Bootsektor gelesen und ein eventuell vorhandener Virus wird speicherresident, infiziert die Systembereiche des Festplattenlaufwerks und versucht, eine Kopie auf anderen Disketten abzulegen. Achten Sie darauf, daß Sie nach dem Ausschalten des Rechners keine Diskette im Laufwerk belassen. Bootviren sind derzeit am häufigsten verbreitet.

Bei Bootsektor-Viren besteht die Gefahr, daß schon das Ansprechen eines Datenträgers zum Aufruf des Inhaltsverzeichnisses oder das Wechseln des Laufwerks das Virus aktiviert. Dies bedeutet sowohl eine Gefährdung virenfreier Disketten in einem infizierten PC als auch die Schädigung eines virenfreien PC's durch infizierte Disketten.

Beim Einsatz von Computer-Netzwerken wird für den File-Server normalerweise nicht MS-DOS, sondern ein anderes Betriebssystem verwendet (beispielsweise UNIX, LINUX). Den Computer-Viren ist es in diesem Fall nicht möglich, sich über diesen Computer auszubreiten. Jedoch kann das Booten selbst bereits wichtige Systembereiche des Server-Betriebssystems beeinflussen bzw. zerstören.

▶ Companion-Virus
Das Virus ist so programmiert, daß es die Befehlshierarchie des Betriebssystems beim Aufruf von Programmen ausnutzt und dementsprechend namensgleiche Dateien anlegt, die aber nicht mehr den ursprünglichen Programmcode, sondern den des Virus beinhalten. Das Virus wird also beim Aufruf anstelle des vermeintlichen Programms aufgerufen.

- Fileviren (auch: Dateiviren), überschreibend
  Ein solcher Virus verändert das Wirtsprogramm, indem es in der Regel den Programmanfang überschreibt. Die Folge davon ist, daß das Programm nicht mehr lauffähig ist und das Vorhandensein eines Virus dadurch sehr schnell entdeckt wird. Diese Virenart ist aufgrund des erwähnten Nachteils relativ selten, da ja eine Entdeckung möglichst lange hinausgezögert werden soll.

- Fileviren (auch: Dateiviren), nicht überschreibend
  Viren dieser Art kopieren sich selbsttätig von Programm zu Programm, und zwar solange, bis das gesamte System von ihnen befallen ist. Der Kopiervorgang wird entweder durch das Aufrufen eines infizierten Programms gestartet oder durch den Aufruf eines Interrupts, was in diesem Fall zyklisch vom Virus selbst vorgenommen wird. Da die befallenen Programme in ihrer Lauffähigkeit nicht beeinträchtigt sind, merkt der Anwender in der Regel lange Zeit nichts vom Vorhandensein eines solchen Virus.

- Gepufferte Viren
  Diese Viren haben die Eigenart, sich zum einen in einem Wirtsprogramm und zum anderen in den gepufferten RAM niederzulassen. Zwar läßt sich der Virus durch ein kurzfristiges Abklemmen der Pufferbatterie entfernen, jedoch besteht die Gefahr, daß er sich anschließend von einem befallenen Wirtsprogramm wieder in das gepufferte RAM begibt, um dort seine Arbeit fortzusetzen.

- Hardware-Viren
  Diese Virenart tritt äußerst selten auf, da sie nicht über Programme verbreitet werden kann. Vielmehr ist dazu eine Veränderung des Boot-ROM-Bausteins notwenig, der wiederum gezielt in ein System durch Austauschen eingebracht werden muß. Diese Mühe kann aber sehr lohnend sein, da ein solcher Virus schwierig zu entdecken ist.

- Hybridviren
  Solche Viren sind sowohl Programm- als auch Bootviren. Sie infizieren den Partitionssektor der Festplatte sowie den Bootsektor einer Diskette. Da sie beim Booten des Systems bereits aktiviert werden, sind sie schwierig zu entfernen. Arbeiten Sie beispielsweise mit einer Textverarbeitung, die mit dem sogenannten »Tequila-Virus« infiziert ist, wird der Virus aktiviert und infiziert den Master-Bootsektor Ihrer Festplatte. Starten Sie Ihren Rechner das nächste Mal, wird dieser Virus erneut aktiviert und infiziert jedes Programm, mit dem Sie arbeiten.

- Mutation Engines (MtE)
  Zusätzlich zu dem eigentlichen Virenproblem gibt es bereits spezielle Programme, sogenannte »Mutation Engines«, die aus einem bestimmten Virus beliebig viele »Klone« anfertigen, jedes allerdings mit einem veränderten Programmcode, aber immer mit dem gleichen Ziel: das Ausführen der Virenaktion. Auf diese Weise gelingt es sogar programmierunerfahrenen Anwendern, Viren herzustellen. Die Verbreitung ist dann kaum noch ein Problem.

- Makroviren
  Die ersten Makroviren tauchten Anfang der neunziger Jahre auf und machen sich eine Besonderheit von Programmiersprachen zunutze, mit denen moderne Office-Programme wie Textverarbeitung, Tabellenkalkulation usw. programmiert sind. Damit ein Makrovirus ein solches Programm für seine Zwecke benutzen kann, müssen die folgenden drei Bedingungen erfüllt sein:

  1. Das Programm muß dafür ausgelegt sein, Makros in speziellen Dateien zu speichern. Die drei Programme »Word für Windows«, »MS Excel« und »Ami Pro« erfüllen diese vorgenannten Bedingungen, da integrierte, Basic-ähnliche Makrosprachen wie Basic oder Visual Basic integriert sind.

  2. Makros müssen von einer Datei in eine andere kopiert werden können. Mit diesen Makrosprachen werden DOS-Dateien (beispielsweise bei Ami Pro) oder spezielle Makroprogramme in das System oder in andere Dateien übertragen.

  3. Es müssen Automakros bzw. Standardmakros in diesem Programm vorhanden sein, das heißt, die Übergabe einer Programmausführung an eines der genannten Makros muß ohne die Bestätigung des Benutzers möglich sein.

Diese Möglichkeiten, dem Benutzer bestimmte Arbeiten abzunehmen oder zu vereinfachen, bringen auf der anderen Seite auch den Nachteil mit sich, für diese Art der Computerviren anfällig zu sein.

Da die Makros als Quellcode in Dokumenten enthalten sind, besteht keine Bindung an ein bestimmtes Betriebssystem, da die Programm-Bearbeitung nicht vom Betriebssystem, sondern von der Anwendung vorgenommen wird. Das bedeutet, daß das Makrovirus in der Lage ist, seine Funktionen bei Microsoft Winword ab Version 6.0 auszuführen, aber auch bei Word für Macintosh 6.x. Auch unter Windows 98/95 und Windows NT ist es dem Virus möglich, sich ungehindert zu verbreiten. Der »WordMacro.Concept« war der erste Virus, der sich unter verschiedenen Betriebssystemen verbreiten konnte.

Das nachfolgend gezeigte Virus öffnet ein Dialogfenster, das der Anwender normalerweise als harmlos ansieht. Nachdem auf OK geklickt wurde, beginnt das Virus mit der Schadensfunktion.

Abb. 17.1:
Mit einem Mausklick wird das Virus aktiviert.

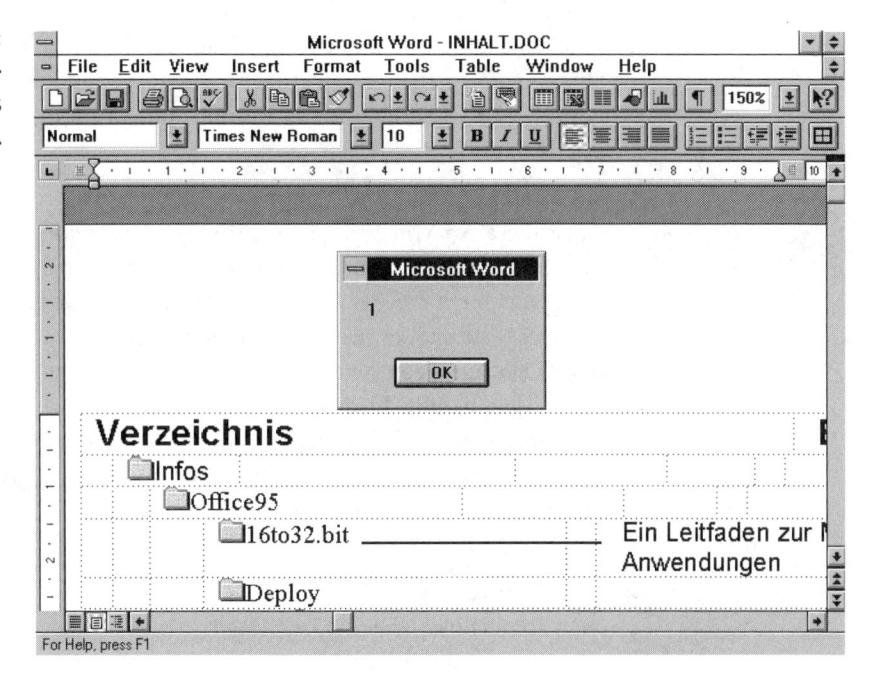

Die Deaktivierung unter Word für Windows bedeutet allerdings nicht zwangsläufig, daß nach dem Beenden des Programms keine Wirkung mehr von dem Makrovirus ausgehen kann. Ein solcher Virus kann sehr wohl noch Wirkung zeigen, beispielsweise könnte in seinem Programmcode ein klassischer Virus enthalten sein, der nach dem Beenden des Programms aktiv wird. In diesem Fall spricht man von einem sogenannten »Virus-Dropper«.

- Partitions-Viren
  Prinzipiell funktioniert diese Virenart genauso wie ein Bootvirus, allerdings infizieren sie nicht den Boot-, sondern den Partitionssektor. Zur Entfernung ist ein spezielles Antivirenprogramm erforderlich; ansonsten ist es notwendig, die gesamte Festplatte neu zu formatieren, um den Virus zu entfernen.

- Polymorphe Viren
  Diese Viren sind verschlüsselt und stellen ein größeres Problem für die Virensuche dar, da – im Gegensatz zu den anderen Viren – nicht mehr nach einer konstanten Entschlüsselungsroutine gesucht werden kann. Nur wenige Bytes sind als Programmgerüst konstant, der Rest wird

durch sinnlose Maschinenbefehle aufgefüllt. Diese Verschlüsselungsroutine wird auch als MtE (Mutation Engine) bezeichnet. Unter Umständen werden auch noch unterschiedliche Verschlüsselungsmethoden angewandt, so daß sich die infizierten Wirtsprogramme voneinander unterscheiden, um die Gefahr einer Entdeckung zu verringern. Die Suche nach solchen Viren ist sehr zeitaufwendig, verlangt nach einem besonders ausgeklügelten Algorithmus und erhöht die Gefahr von Fehlalarmen.

- Stackbereich-Viren
  Auch diese Art von Viren ist recht schwer zu entdecken, da sie sich des folgenden Tricks bedienen: Lädt DOS ein Programm in den Arbeitsspeicher, wird nicht nur der eigentliche Programmcode geladen, sondern der gesamte Sektor, der unter DOS normalerweise 2048 Byte groß ist. Belegt also ein Programm 3000 Byte, dann werden zwei Sektoren, also 4096 Byte, gefüllt. In diesen restlichen Bereich lädt sich der Virus, um von dort aus ans Werk zu gehen. Er sitzt also im Pufferbereich und nicht im eigentlichen Programm, wodurch eine Vergrößerung des ursprünglichen Programms nicht nötig ist. Der Virus ist somit ebenfalls schwieriger zu finden.

- Stealth-Viren
  Man bezeichnet diese Viren auch als Tarnkappen-Viren, nicht zu unrecht, da sie es geschickt verstehen, sich zu verbergen. Sämtliche Dateizugriffe können von diesem Virus überwacht und manipuliert werden. Beispielsweise kann sich ein Virus beim Öffnen einer befallenen Datei selbst entfernen. Somit wird einem Virensuchprogramm vorgetäuscht, daß kein Virus vorhanden ist. Ebenso ist er in der Lage, den Verzeichniseintrag zu manipulieren, um trotz einer Verlängerung des Programms die vorher bestandene Größe anzeigen zu lassen oder eine Umleitung von Festplatten- oder Diskettenlesevorgängen vorzunehmen. Abhilfe schafft hier nur das Durchsuchen des Arbeitsspeichers (denn irgendwo muß er ja nach dem Verlassen des zuvor befallenen Programms sein). Da diese Viren normalerweise unverschlüsselt sind, können sie an ihrem spezifischen Code erkannt werden. Eine weitere Möglichkeit ist das Booten von einer virenfreien Diskette, bevor das Virensuchprogramm gestartet wird, da somit das Virus nicht im Arbeitsspeicher aktiv ist, wenn in den einzelnen Programmen nach ihm gesucht wird.

- Trojanische Pferde
  Diese Viren bewirken, daß sich beim Starten des Rechners die Festplatte formatiert, Dateien gelöscht oder überschrieben werden usw.

17.4 Antivirensoftware

Damit Sie einen einmal eingefangenen Virus wieder los werden, gibt es sowohl eine ganze Reihe von Shareware- als auch Nicht-Shareware-Programmen. Ein solches Antiviren-Paket besteht aus den folgenden Teilprogrammen, die sich ergänzen:

- Online-Scanner
  Dies ist eine Routine, die alle möglichen Aufenthaltsorte eines Virus nach dessen Vorhandensein durchsucht und als die qualitätsentscheidendste Komponente gilt, da alle anderen Aktionen nur dann einen Sinn machen, wenn der Virus überhaupt gefunden wird. Durchsucht werden sämtliche Teile des Hauptspeichers und der Speichermedien wie Festplatte, Diskettenlaufwerk und gegebenenfalls andere Speicher wie Streamer, MO-Laufwerk u.ä. Gesucht wird wahlweise nach bekannten und/oder unbekannten Viren, wobei sich die Suche nach unbekannten Computerviren auf bestimmte *Verhaltensmuster* bezieht.

  Gestartet wird dieses Programm entweder immer nach dem Hochfahren des Systems durch einen Eintrag in der Startdatei AUTOEXEC.BAT oder manuell bei Bedarf.

  An diesen Scanner sind besondere Anforderungen zu stellen, damit der Suchvorgang zum einen effektiv und zum anderen auch in vertretbarer Zeit durchgeführt werden kann (was nützt ein gutes Antivirusprogramm, wenn es zum Durchsuchen einer 500 MByte-Festplatte einen halben Vormittag braucht?).

  Neben der Zuverlässigkeit und Schnelligkeit sollte auch das Auftreten unnötiger Fehlalarme vermieden werden. Außerdem muß es in der Lage sein, auch unbekannte Viren an bestimmten Byte-Folgen erkennen zu können. Hilfreich ist ebenso die Möglichkeit, eine Überprüfung auf Viren in regelmäßigen Abständen durchführen zu können. Ein Antiviren-Paket, welches diese Option bereitstellt, ist beispielsweise der McAfee VShield.

**Abb. 17.2:
Die Optionen
beim McAfee
Vshield.**

- Ein Programmteil, das gefundene Viren nachhaltig entfernt
  Dieser Teil wird oft auch als *Remover* (Remove = Entfernen) bezeichnet. In seiner Wichtigkeit ist dieses Programm gleich nach dem Offline-Scanner einzustufen, da beim Entfernen eines Virus bei schlechter Programmierung auch Datenbestände entfernt werden, die nicht zum Virus gehören. Dazu muß der Virus eindeutig identifiziert werden. Eine Fehldiagnose bzw. -entscheidung kann deshalb zu fatalen Folgen führen, da ein bei einem Bootsektor-Virus falsch zurückgeschriebener Sektor (obwohl jetzt virenfrei) das Booten des Systems unmöglich macht. Oder es wird ein Teil der File Allocation Table (FAT) überschrieben (bei diesen Informationen handelt es sich um das Inhaltsverzeichnis der Festplatte, das im Falle einer Löschung von Daten nicht mehr oder nur teilweise angesprochen werden kann). Sind auf diesem Teil wertvolle Daten gespeichert, die obendrein nicht durch eine Datensicherung wiederhergestellt werden können, dann beträgt der Schaden durch das Löschen des Virus unter Umständen ein Vielfaches des Schadens, den er selber angerichtet hätte.

Es muß neben der exakten Größe und Position des Virus auch herausgefunden werden, wie der Originalzustand der infizierten Datei bzw. der Inhalt des infizierten Sektors wiederhergestellt werden kann, das heißt, der Code des Virus muß wieder durch den ursprünglichen Code ersetzt werden. Zum Glück speichern manche Viren den Originalcode vor dem Überschreiben im Virus ab oder es finden sich Hinweise auf die Adresse, an der dieser ausgelagert wird.

- Ein sogenannter Online-Scanner
  Dieser Teil des Programms soll jede Datei vor dem Öffnen auf eventuell vorhandene Viren untersuchen und eine Aktivierung verhindern. Dieses Programm läuft als speicherresidentes Programm im Hintergrund ab, das heißt, es wird einmal in den Hauptspeicher geladen und verbleibt dort, solange der Rechner läuft oder man ihn manuell entfernt. Leider ist dies nicht immer unproblematisch, da oftmals von diesen Programmen auf die Interrupt-Belegung zugegriffen wird, was zu Problemen mit anderen Programmen führen kann. Diese Scanner sind außerdem nicht in der Lage, polymorphe Viren zu erkennen, deshalb ist er auch lediglich als zusätzliche Hilfe zu verstehen.

- Eine Checksummen-Prüfroutine
  Diese Routine erstellt für eine ausführbare Datei (COM- und EXE-Dateien) eine Prüfsumme, bevor sie ausgeführt wird. Diese Püfsumme wird durch einen Algorithmus ermittelt. Auch hier gilt: Je besser dieser ist, umso sicherer kann die Datei geschützt bzw. ein Virus erkannt werden. Bevor diese geschützte Datei ausgeführt wird, wird die Prüfsumme erneut gebildet. Weicht sie von der vorher ermittelten ab, ist davon auszugehen, daß Manipulationen am Dateiinhalt vorgenommen wurden, und die Ausführung dieser Datei verhindert wird.

Darüber hinaus gibt es auch eine Reihe von hilfreichen Funktionen, die je nach Programm unterschiedlich sind. So können Sie beispielsweise bei McAfees VShield auswählen, ob alle Dateien oder nur Programmdateien nach Viren untersucht werden, und darüber hinaus die Art der Programmdateien spezifizieren. Programmdateien sind beispielsweise COM- und EXE-Dateien. Der Benutzer kann aber auch andere Dateinamenserweiterungen angeben, nach denen gesucht bzw.

Bei einem Antiviren-Programm ist es selbstverständlich, daß Sie das Programm in bezug auf die Überprüfungen und die Art und Weise, wie auf Viren reagiert werden soll, anpassen können.

In der Virusliste können Sie Informationen über die in der Virusdefinitionsdatei enthaltenen Viren abrufen. Hier finden Sie Details zu einem bestimmten Virus einschließlich der Virusart, der Symptome und der Aliasnamen (manche Viren treten unter verschiedenen Bezeichnungen auf). Diese Liste wird mit den regelmäßigen Updates stets auf dem neuesten Stand gehalten.

Darüber hinaus kann es auch von Vorteil sein, bestimmte Aktionen, die im Zusammenhang mit der Suche nach Computerviren ausgeführt werden, durch ein Kennwort zu schützen, um beispielsweise unbeabsichtigte Manipulationen durch Dritte zu verhindern.

Abb. 17.3:
Bestimmen Sie, ob weitere Programmdateien nach Viren durchsucht werden.

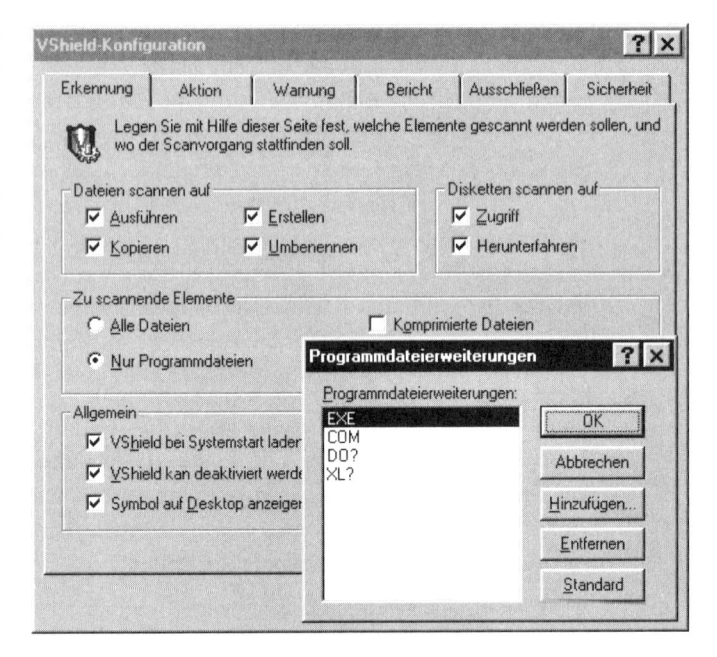

Abb. 17.4:
Einzelne Aktionen können durch ein Paßwort geschützt werden.

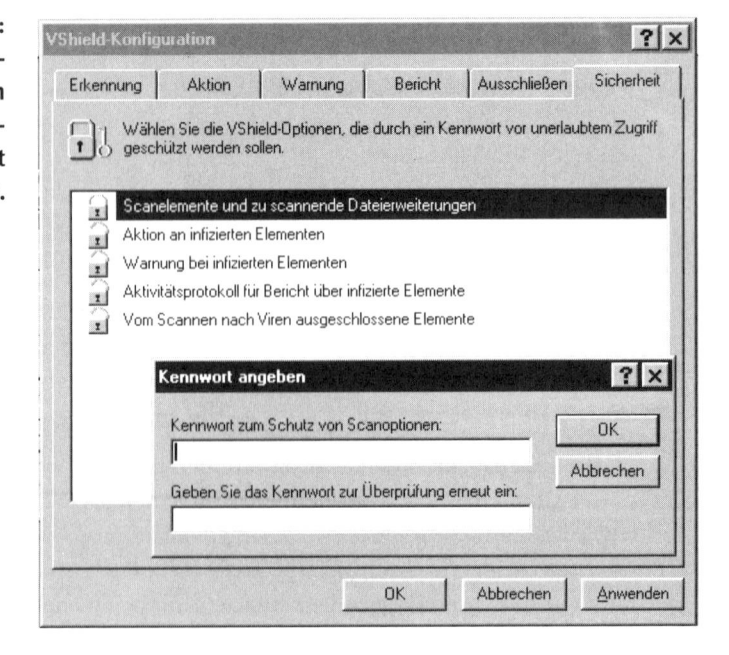

17.4 Antivirensoftware

Beim Kauf einer Antivirensoftware sollten Sie darauf achten, daß die folgenden drei Grundkriterien erfüllt sind:

1. Die Programm-Disketten müssen mit einem permanenten Schreibschutz versehen sein, damit nicht beim Anlegen einer Sicherheitskopie ein vorhandener Virus übertragen wird.

2. Das Antiviren-Programm muß von der Originaldiskette aus zu starten sein, damit sich ein Virus möglichst nicht nach dem Startvorgang von der Festplatte in den Haupt- oder RAM-Speicher laden kann.

3. Der Hersteller sollte normalerweise alle drei Monate ein Update zur Verfügung stellen können, denn es wird nicht nur nach typischen Merkmalen, sondern auch nach bereits bekannten Viren gesucht, und jede Woche kommen neue hinzu. Je älter also Ihre aktuelle Version ist, desto weniger erfolgreich wird die Suche nach bekannten Viren verlaufen.

17.4.1 Virensuche unter MS-DOS und Windows

Wenn das Betriebssystem MS-DOS ab der Version 6.0 auf Ihrem Rechner installiert ist, dann sind im Lieferumfang das Programm »Antivirus« sowie das speicherresidente »VSAFE« (prüft ständig im Hintergrund, ob sich ein Virus einschleichen will) enthalten. Beide Programme können Sie sowohl unter DOS als auch unter Windows 98/95 nutzen.

Wechseln Sie dazu in das DOS-Verzeichnis und rufen Antivirus mit folgendem Befehl auf:

```
MSAV
```

Wählen Sie das zu untersuchende Laufwerk mit der Funktionstaste `F2` und starten die Suche mit `F4`. Die Dauer des Prüfvorgangs ist abhängig von der Größe des Hauptspeichers und der Anzahl der Verzeichnisse und Dateien, die sich auf dem zu untersuchenden Datenträger befinden.

Wurden keine Viren gefunden, ist jetzt ein guter Zeitpunkt zum Anlegen einer Notfalldiskette, denn wenn ein Virus gefunden wird, dann sollte Anti-Virus nicht von der Festplatte aus gestartet werden. Legen Sie eine solche Diskette mit folgenden Arbeitsschritten an:

▶ Übertragen Sie auf eine formatierte Diskette die Systemdateien mit folgendem Befehl:

```
SYS A: (A: steht für die Laufwerkskennung Ihres aktuellen
Diskettenlaufwerks)
```

▶ Kopieren Sie das Programm MSAV samt allen dazugehörigen Dateien auf die Diskette. Dies geschieht am besten mit dem Befehl:

```
COPY \DOS\MSAV*.* A:
```

(\DOS steht für das Verzeichnis, in dem sich die Betriebssystemdateien befinden. Sollte auf Ihrer Festplatte ein anderes Verzeichnis dafür angelegt sein, geben Sie dieses entsprechend an.)

- Sichern Sie die Partitionsdaten Ihrer Festplatte auf der Diskette. Benutzen Sie dazu den Befehl:

```
MIRROR /PARTN
```

- Sie werden aufgefordert, das Laufwerk anzugeben, auf das Sie die Sicherung der Daten wünschen. Geben Sie das Diskettenlaufwerk an. Die Partitionsdaten werden auf der Diskette in Form der Datei PARTNSAV.FIL gesichert.

Beschriften Sie die Diskette entsprechend und versehen Sie sie mit einem Schreibschutz.

Wie bereits erwähnt: Wenn ein Virus gefunden wurde, sollte von der Diskette gestartet werden. Schalten Sie dazu den Rechner aus (keinen Warmstart). Legen Sie die Notfalldiskette in das Diskettenlaufwerk und schalten den Rechner wieder ein. Der DOS-Prompt (Befehlsaufforderung) zeigt nun die Kennung des Diskettenlaufwerks an. Starten Sie das Programm mit dem Befehl:

```
MSAV
```

Betätigen Sie [F2] zur Auswahl des zu durchsuchenden Laufwerks, [F8] zur Einstellung der gewünschten Optionen und [F5] zum Starten der Menüoption ERKENNUNG & BESEITIGUNG. Das Entfernen eines oder mehrerer Viren wird mit Meldungen kommentiert, und am Ende des Laufs erhalten Sie eine Statistik mit dem Ergebnis der Virensuche und -beseitigung.

Anti-Virus bietet Ihnen auch eine Übersicht über die bekanntesten Viren. Drücken Sie dazu [F9] und wählen Sie den gewünschten Virus mit der Maus oder den Pfeiltasten. Mit der linken Maustaste oder [↵] erhalten Sie Informationen zu dem ausgewählten Virus.

Sie können dieses Programm auch unter Windows 95 starten. Wählen Sie dazu unter Windows 95 den Befehl DATEI | AUSFÜHREN, klicken die Schaltfläche DURCHSUCHEN an, wählen das DOS-Verzeichnis aus und aktivieren die Datei:

```
MVAVTSR.EXE
```

Allerdings müssen Sie dazu das Antivirenprogramm unter DOS gestartet haben; aber darauf werden Sie mit einem Hinweis aufmerksam gemacht.

Abb. 17.5:
Der Antiviren-Scanner von DOS unter Windows 95.

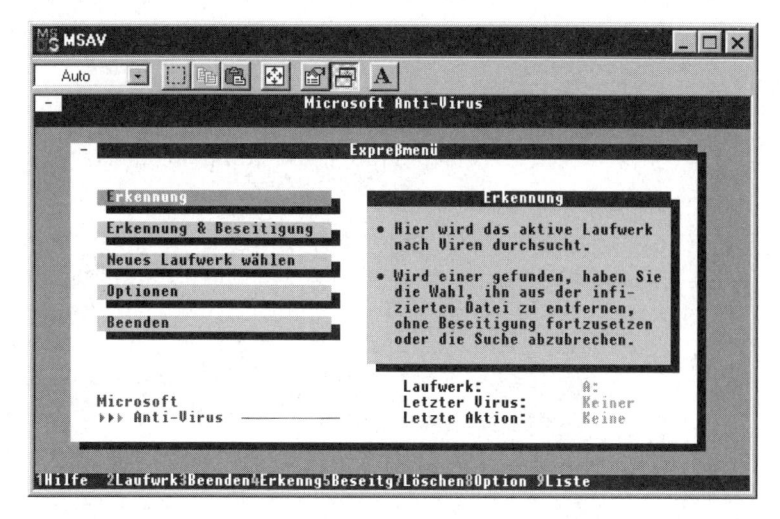

Auch hier können Sie verschiedene Möglichkeiten auswählen.

Abb. 17.6:
Die Optionen des Antivirus-Programms MSAV.

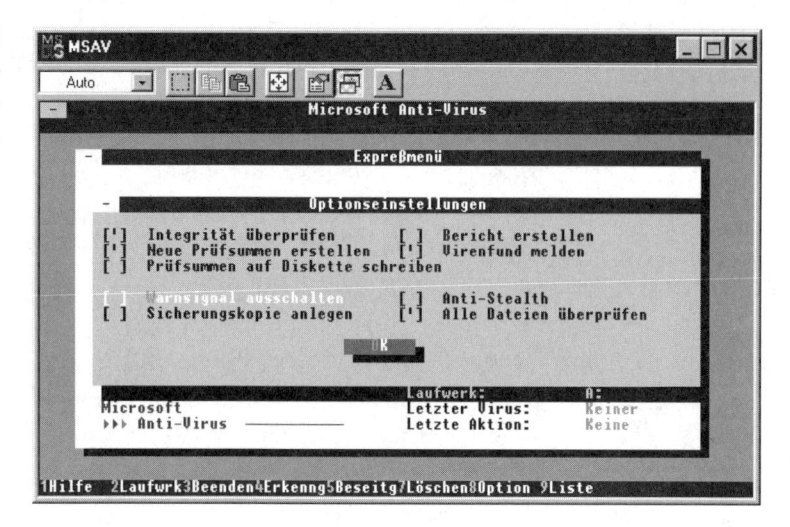

17.5 Tips zum Entfernen eines Virus

Sobald ein Virus im Arbeitsspeicher Ihres Rechners gefunden wurde, bedeutet dies mit großer Wahrscheinlichkeit, daß er bereits aktiv wurde. In diesem Fall erhalten Sie von der Antivirensoftware eine Warnmeldung, die Sie auffordert, unverzüglich zu reagieren.

Arbeiten Sie in einem solchen Fall auf keinen Fall weiter – auch nicht kurzfristig –, um weiteren Schaden zu vermeiden.

Folgende Arbeitsschritte sollten Sie unternehmen, um den Virus wieder loszuwerden:

- Schalten Sie Ihren Computer über den Hauptschalter aus.
- Legen Sie eine virenfreie Bootdiskette in das Diskettenlaufwerk, von dem aus gestartet werden kann.

> Diese Diskette muß schreibgeschützt sein, damit sich kein Virus darauf kopieren kann. Wenn Sie über ein Utility-Programm wie die Norton Utilities oder PC Tools verfügen, dann können Sie hiermit eine sogenannte »Rettungsdiskette« anlegen, auf die automatisch alle zum Booten des Rechners benötigten Dateien enthalten sind.

- Schalten Sie Ihren Rechner wieder ein.
- Ein Warmstart, der durch die Tastenkombination [Strg]+[Alt]+[Entf] erzeugt wird, genügt in diesem Fall nicht, da hierdurch der Virus nicht zwangsläufig aus dem Arbeitsspeicher entfernt wird. Dies ist nur dann sicher der Fall, wenn den RAM-Bausteinen effektiv der Strom entzogen wird, und dies ist nur über den Hauptschalter zu erreichen. Lassen Sie ebenso sicherheitshalber eine halbe Minute Zeit zwischen dem Aus- und Einschalten verstreichen. Nach dem Hochfahren Ihres Systems erscheint der DOS-Prompt (Eingabeaufforderung) mit der Anzeige der Diskettenlaufwerkskennung.
- Tauschen Sie nun diese Bootdiskette gegen eine Diskette aus Ihrem Antiviren-Paket aus. Diese Diskette ist in der Regel speziell gekennzeichnet (unter Norton Antivirus heißt sie beispielsweise »Fix-It«).
- Starten Sie diese Diskette mit dem entsprechenden Startbefehl, den Sie dem Handbuch Ihres Antiviren-Pakets entnehmen können.
- Lassen Sie alle Datenträger Ihres Rechners auf Virenbefall prüfen, also auch Streamerbänder. Denken Sie auch daran, alle Disketten oder Magnetbänder, die Sie in letzter Zeit verwendet haben, auf Viren zu untersuchen, denn es hat wenig Sinn, einen Virus von der Festplatte zu löschen, um ihn anschließend mit einer infizierten Diskette wieder in das System zu kopieren.

17.5.1 So können Sie Viren vorbeugen

Vorbeugen ist auch bei Computer-Viren dringend anzuraten. Dazu zählen auf jeden Fall folgende Maßnahmen:

- Als eine der wichtigsten Maßnahme gegen die Bedrohung durch Viren gilt immer noch die Datensicherung. Fertigen Sie von für Sie wichtigen Daten auf jeden Fall doppelte Sicherheitskopien an, die auf getrennten Datenträgern angelegt werden sollten.

- Da Computer-Viren nicht in der Lage sind, physikalisch auf die Hardware einzuwirken, können Sie durch den Schreibschutz (offener Schieber bei 3,5-Zoll-Disketten) eine Infektion von Disketten verhindern. Dies gilt insbesondere, wenn Sie eine Diskette auf einem fremden Rechner einsetzen.
- Selbstverständlich sollten Sie nur Original-Software und keine Raubkopien aus mehr oder weniger obskuren Quellen installieren. Prüfen Sie unabhängig davon jeden Datenträger auf Viren oder stellen Sie Ihre Anti-Viren-Software so ein, daß dies automatisch geschieht.
- Vergewissern Sie sich beim Ausschalten des Rechners, daß keine Diskette im Laufwerk bleibt. Bootviren verbreiten sich nämlich gerne über einen solchen Weg. Schalten Sie den Rechner beim nächsten Mal ein, wird normalerweise zuerst auf das Diskettenlaufwerk zugegriffen. Wird auf der Diskette kein Betriebssystem gefunden, erscheint zwar die Fehlermeldung »Kein System...«, aber dann ist der Rechner bereits infiziert. Sie können über das Setup die Bootreihenfolge so ändern, daß zuerst auf C bzw. auf die Festplatte zugegriffen wird, Sie verbauen sich aber damit die Möglichkeit, bei einem Systemfehler von einer Betriebssystemdiskette zu booten.
- Schützen Sie Ihren Computer, sofern notwendig, vor der unbefugten Nutzung Dritter durch ein Kennwort.

Legen Sie eine Notfall-Diskette an

Wurde das System von einem Computer-Virus, von einem Programmabsturz oder dergleichen so nachhaltig gestört, daß ein Booten von der Festplatte nicht mehr möglich ist, bleibt immer noch der Weg über das Starten von der Diskette, es sei denn, Sie haben sich diesen Weg durch das Umstellen der Boot-Reihenfolge verbaut.

Als Start-Diskette kann zwar die Installations-Diskette Nummer 1 des Betriebssystems benutzt werden, jedoch ist dies nur ein dürftiger Notbehelf. Besser ist es, wenn Sie sich eine eigene Notfall-Diskette anlegen. Sie bewerkstelligen dies mit den folgenden Arbeitsschritten:

- Überprüfen Sie Ihren Computer auf jeden Fall zuerst mit einem aktuellen Anti-Viren-Programm, denn die Notfall-Diskette sollte frei von Viren sein.
- Formatieren Sie die Diskette mit dem Befehl `FORMAT A: /S` (vorausgesetzt, A ist Ihr Diskettenlaufwerk).
- Editieren Sie die Startdatei AUTOEXEC.BAT so, daß der deutsche Tastaturtreiber (KEYxx, systemabhängig) geladen und der System-Prompt (`prompt$p$g`) angezeigt wird.

- Haben Sie auf Ihrem System Programme zum Komprimieren von Daten eingesetzt (beispielsweise Stacker oder DoubleSpace), dann müssen Sie die Gerätekonfigurationsdatei CONFIG.SYS so editieren, daß der jeweilige Treiber von der Diskette geladen wird.
- Kopieren Sie die folgenden DOS-Hilfsprogramme auf die Diskette: FDISK (zum Einrichten der Festplatte), FORMAT,SYS (legt einen neuen Bootsektor an und kopiert die Systemdateien IO.SYS und MSDOS.SYS auf den Datenträger), CHKDSK (Disketten und Festplatten werden auf Fehler geprüft), MIRROR /PARTN (Sichern des Partitions-Sektors in einer Kopie namens PARTNSAV.FIL), gegebenenfalls DEBUG (mit dem entsprechenden Fachwissen können Sie Speicherbereiche untersuchen). Soweit diese noch auf die Diskette passen, können Sie weitere Hilfsprogramme wie beispielsweise einen Text-Editor zum Editieren von Dateien hinzufügen.
- Versehen Sie die Diskette auf jeden Fall mit einem Schreibschutz.

17.6 Virengefahr unter Windows 98/95

Viren fühlen sich generell auch unter Windows 98/95 wohl. Einiges hat sich aber doch geändert, denn Windows 98/95 ist etwas anders konstruiert, besonders im Hinblick auf die Dateiverwaltung und den Zugriff auf Komponenten des Systems.

Ein Schwachpunkt ist, daß Windows 98/95 nicht nachprüft, ob bei einem Dateizugriff überhaupt eine Berechtigung vorliegt. Bei Windows NT ist dies anders. Es ist also nach wie vor möglich, daß sich sogenannte *Dateiviren* auf andere Programme übertragen und diese infizieren. Außerdem können so Dateien auf Disketten infiziert und die Viren auch auf diese Weise übertragen werden.

Ein Vorteil besteht hier allerdings, denn wenn ein 16-Bit-Programm läuft, wird dies quasi unter Verschluß gehalten und läuft so abgekapselt, daß ein Virus gleichzeitig geladene Applikationen normalerweise nicht befallen kann. Das heißt, ein Virus, das direkt unter Windows 98/95 gestartet wurde, läuft so von den anderen Applikationen getrennt, daß es keinen Schaden anrichten kann. Schaden kann das Virus trotzdem anrichten, denn dieser besteht ja nicht einzig und allein darin, andere Programme zu infizieren.

Wird jedoch eine DOS-Oberfläche, wie etwa der Norton Commander, gestartet und wird dort ein Virus aktiviert, kann dieses Virus jedes Programm, das in dieser Umgebung gestartet wurde, infizieren.

17.6 Virengefahr unter Windows 98/95

Wenn Windows 98/95 gestartet wird, dann wird eine spezielle DOS-Umgebung angelegt, die nach dem eigentlichen Start der Oberfläche 16-Bit-Anwendungen als Plattform dient, die unter Windows gestartet werden. Wurde diese Plattform bereits infiziert, was beispielsweise durch ein Virus in einer der beiden Startdateien AUTOEXEC.BAT und CONFIG.SYS bzw. auch in beiden Dateien vorkommen kann, werden alle anschließend gestarteten Anwendungen, die sich dieser Plattform bedienen, eb enfalls infiziert.

Aber auch bei Bootviren hat sich unter Windows 98/95 einiges getan, wobei es auch darauf ankommt, um welche Art von Bootvirus es sich handelt. Hier werden zwei Arten von Bootviren unterschieden, und zwar diejenigen, die den Master-Bootsektor einer Festplatte befallen (das ist derjenige Teil einer Festplatte, auf dem wichtige Informationen, beispielsweise über die Aufteilung der Festplatte, zu finden sind), und diejenigen, die sich auf dem eigentlichen, also dem logischen Bootsektor der Festplatte oder auch der Diskette befinden.

Die erstgenannten Viren haben völlig freie Hand, da sie vor dem Betriebssystem geladen werden und dadurch in ihren Aktionen von den Funktionen des Betriebssystems nicht gestört werden. Viren, die sich auf dem Bootsektor einer Festplatte oder einer Diskette aufhalten, können sich unter anderem auch der Routinen des Betriebssystems bedienen oder müssen diese umgehen. Wenn eine Diskette von einer Festplatte aus infiziert werden soll, kann dies nicht ohne Zuhilfenahme einer entsprechenden Routine des Betriebssystems geschehen.

Geschickt programmierte Viren umgehen das Betriebssystem und bedienen sich einer BIOS-Routine, um solche Aktionen auszuführen, allerdings ist dies unter Windows 98/95 nur sehr schwer oder gar nicht mehr möglich, weil hier die BIOS-Befehle erst einmal über Windows 98/95 laufen müssen bzw. abgefangen werden und somit Virenzugriffen ein gewisser Riegel vorgeschoben wurde. Weitere Umwege über interne DOS-Routinen sind ebenfalls schwerer geworden.

Aber auch wenn sich ein Virus trotzdem einnisten kann und es keinen direkten Schaden wie beispielsweise das Löschen von Dateien oder das Formatieren der Festplatte anrichtet, kann es für Windows 98/95 einen entscheidenden Nachteil mit sich bringen, und zwar das Umschalten in den DOS-Kompatibilitätsmodus. Diese Eigenart mancher Viren bedeutet einen großen Leistungsverlust für Windows 98/95.

Windows 98/95 warnt vor einigen Viren, wenn es sie erkennt, ist aber nicht in der Lage, selbsttätig etwas dagegen zu unternehmen oder eine Reparatur vorzunehmen. Es ist also auf jeden Fall anzuraten, einen Virenscanner zu benutzen. Gerade, wenn Sie immer wieder Programme auf Ihren Rechner kopieren, Dateien aus Mailboxen oder Netzen herausholen oder einfach nur Daten austauschen, ist Vorsicht angebracht.

Ein solches Antivirenprogramm soll auf jeden Fall aktuell sein, das heißt, es ist ein regelmäßiges Update erforderlich, denn nur so ist gewährleistet, daß der Virenscanner auf dem neuesten Stand ist und auch neue Viren sicher erkennen kann.

Achten Sie beim Betrieb von Windows 98/95 darauf, daß auch das Antivirenprogramm auf diese Oberfläche bzw. dieses Betriebssystem ausgelegt ist. Nur dann ist es auch in der Lage, die Namen der infizierten Dateien unter Windows 98/95 richtig anzugeben. Unvollständige Dateinamen haben den Nachteil, daß durch eine mögliche Fehlidentifizierung verkehrte Dateien gelöscht werden, und somit der Schaden vergrößert wird.

Problematisch sind Antivirenprogramme, die nicht auf Windows 98/95 zugeschnitten sind, dann, wenn es um das Reparieren von Dateien geht. Windows 98/95 hat eine eigene Vorgehensweise beim Beschreiben von Sektoren. Selbst wenn eine Reparatur mit einem nicht geeigneten Programm funktionieren sollte, kann es beim nächsten Start von Windows 98/95 eine böse Überraschung geben.

Viren unter Windows NT

Windows NT ist bezüglich der Schutzmechanismen im allgemeinen viel ausgeprägter konstruiert als Windows 98/95. Windows NT verwendet neben der 32-Bit-Architektur auch noch wahlweise ein anderes Dateisystem namens NTFS. Darüber hinaus greift es auf einige der von den Mikroprozessoren ab 80386 zur Verfügung gestellten Sicherheitsroutinen. Anwendungsprogramme können beispielsweise keinen Zugriff auf wichtige Teile des Betriebssystems nehmen. Dies macht Windows NT wesentlich stabiler bzw. absturzsicherer als Windows 98/95.

Sogenannte Privilegien-Ebenen erlauben eine sehr genaue Abgrenzung, wer oder was etwas darf oder nicht. Es sind beispielsweise die Befehlsroutinen für den Zugriff auf Disketten und Festplattenlaufwerke speziell für Windows NT programmiert, was ein Plus an Sicherheit vor Computer-Viren bedeutet, da hier ein beliebtes Angriffsziel vorliegt. Genereller Schutz vor Computer-Viren besteht aber auch hier nicht und es sollte auf Anti-Viren-Software auch bei Windows NT nicht verzichtet werden.

17.7 Virenschutz mit NVC (Norman Virus Control)

Der Einsatz von Anti-Viren-Software ist auf jeden Fall eine sehr sichere Methode und zudem auch die am weitesten verbreitete. Da die Entwicklung von Computer-Viren sehr schnell vor sich geht, ist es ebenso wichtig, regelmäßige Updates zu erhalten. Normalerweise geschieht dies vierteljährlich, auf jeden Fall sollten aber maximal sechs Monate zwischen den einzelnen Updates liegen.

Auf der beiligenden CD-ROM finden Sie das nachfolgend beschriebene Programm NVC als Demoversion.

Normalerweise sind in einem Anti-Viren-Programm die drei Teile »Virenerkennung«, »Virenbeseitigung« und »Vorbeugung« enthalten. Je nachdem, wie gut die einzelnen Teile für sich und in der Kombination untereinander sind, besteht ein mehr oder weniger guter Schutz vor Computerviren.

Virenerkennung und -suche

Da Viren andere Dateien, vornehmlich ausführbare Dateien, die mit der Dateiendung COM oder EXE versehen sind, befallen, haben sich die Programmierer der Anti-Viren-Software NVC etwas besonderes einfallen lassen: einen »Köder«. Dieser Köder ist als CANARY.COM und CANARY.EXE integriert. Canary bedeutet auf deutsch Kanarienvogel und nimmt Bezug auf die früher im Bergbau mitgeführten Kanarienvögel. Da diese Vögel gegenüber giftigen Gasen sehr empfindlich sind, konnten die Bergleute sie als Frühwarnsystem benutzen.

Diese nicht-residenten, nur einmal verwendbaren Programme bieten sich einem potentiellen Virus an. Fällt das Virus auf diesen Köder herein, wird sofort Alarm geschlagen. Da die Canary-Programme nicht nach bestimmten Viren suchen, entdecken Sie auch unbekannte Viren. Wenn sie infiziert werden, veranlassen sie die Anzeige von Nachrichten auf dem Bildschirm und die Wiedergabe von Errorlevels.

Die Canary-Programme haben Kenntnis über sich selbst und verfügen über sämtliche, sie betreffenden Informationen wie Dateilänge, vorberechnete Kontrollsummen sowie Datum und Uhrzeit der Installation. Die meisten Viren greifen eine Datei an, indem sie ihre eigenen Programmcodes in die Datei einfügen. Dadurch erhöht sich die Dateilänge, und wenn es sich um eine Canary-Datei handelt, erkennt das Canary-Programm dies sofort.

Suchoptionen von NVC

Nach der Installation und dem ersten Aufruf von NVC präsentiert sich das Programm wie in der Abbildung 17.7 gezeigt.

Abb. 17.7:
Der Eingangsbildschirm von NVC

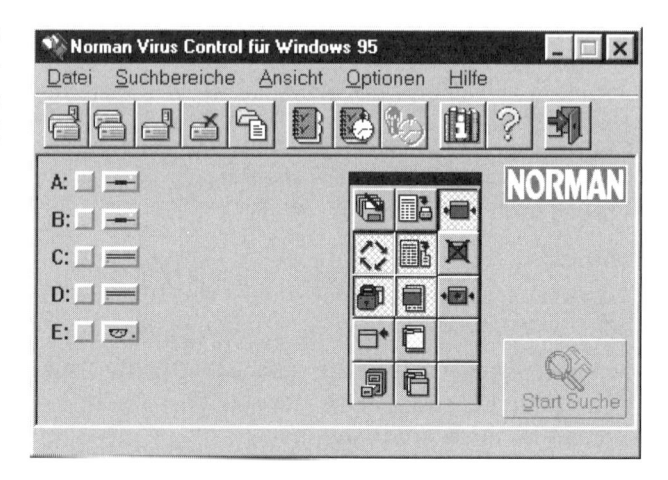

Damit NVC möglichst effektiv arbeiten kann, ist es erforderlich, den Suchvorgang zu konfigurieren. Dazu gibt es drei Funktionsbereiche, in denen der Anwender festlegt, was durchsucht werden soll, mit welchen Optionen gesucht werden soll, und wie mit gefundenen Dateien verfahren wird, die einen Virus haben.

Im Menü SUCHBEREICHE stehen verschiedene Befehle zur Verfügung, mit denen Sie die Bereiche, die durchsucht werden sollen, definieren können. Über den entsprechenden Befehl können alle Festplatten, alle lokalen Platten, alle Netzwerkplatten oder bestimmte Verzeichnisse und Dateien ausgewählt werden.

Ist die Auswahl der zu durchsuchenden Bereiche abgeschlossen, müssen Sie die Suchmethode bestimmen. Im Dialogfenster SUCHOPTIONEN sind diese Optionen über fünf Registerkarten verteilt. So können Sie beispielsweise über die Registerkarte BENUTZERDEFINIERTE DATEITYPEN ausschließlich die Dateitypen angeben, die durchsucht werden sollen. In der Registerkarte SUCHE wird das Verhalten des Programms während der Suche definiert, also beispielsweise, ob beim Auffinden eines Virus angehalten werden soll, ob das Programm nach der Suche beendet wird usw. In der Registerkarte BERICHT läßt sich unter anderem festlegen, ob beim Auffinden von Viren ein Bericht angelegt und wo er gespeichert werden soll.

**Abb. 17.8:
Die Suchoptionen bei NVC**

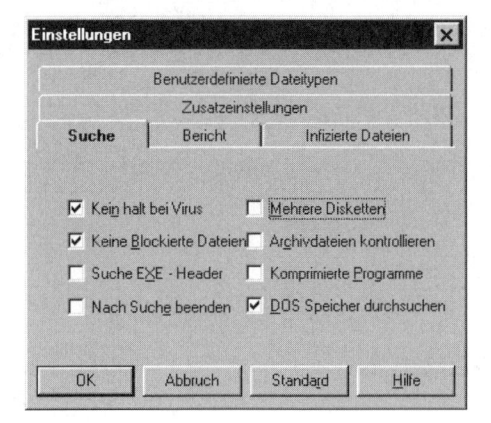

Besonders interessant ist bei NVC, daß Sie Ihre individuellen Konfigurationen als Vorlagen abspeichern können. Beabsichtigen Sie beispielsweise, die Virensuche in bestimmten Kombinationen ablaufen zu lassen, z.B. Disketten zu durchsuchen und infizierte Dateien zu löschen, lokale Laufwerke zu durchsuchen und infizierte Dateien in ein bestimmtes Verzeichnis zu verschieben, können Sie einfach beide Arten der Suche als verschiedene Vorlagen konfigurieren. NVC wird dann die entsprechenden Vorlagen zur festgelegten Zeit aufrufen.

Apropos Zeit: Die Suche nach Computerviren gehört nicht gerade zu den aufregenden Dingen der Arbeit am Computer. Aus diesem Grund gibt es als hilfreiches Tool die »Zeitsteuerung«, deren Parameter Sie individuell einstellen können. So ist es möglich, eine wöchentliche, eine tägliche oder eine definierte Suche zu bestimmen. Zu diesen individuellen Zeitpunkten wird die Suche nach Viren automatisch durchgeführt, wobei die Suche an sich aktiviert oder deaktiviert werden kann, ohne die Parameter zu beeinflussen.

Virenbeseitigung

Sind die Parameter für die Suche nach Computerviren festgelegt, klicken Sie auf die Schaltfläche SUCHE STARTEN: es erscheint der in der Abbildung 17.10 gezeigte Bildschirm. Die Anzahl sowie die Dateierweiterungen der durchsuchten Dateien werden angezeigt, wie auch die Anzahl der infizierten Dateien und infizierten Bereiche.

Infizierte Dateien können nun in ein anderes Verzeichnis verschoben oder gelöscht werden. Für eine gute Dokumentation ist ein Bericht auf jeden Fall hilfreich, der Ihnen später eventuell eine Recherche ermöglicht, wann und wo ein bestimmter Virus aufgetreten ist. Klicken Sie dazu auf die Schaltfläche BERICHT, und es erfolgt eine ausführliche Aufstellung in Form eines Protokolls. Sie können sich dieses Protokoll selbstverständlich auch ausdrucken lassen.

**Abb. 17.9:
Die Zeitsteuerung von NVC**

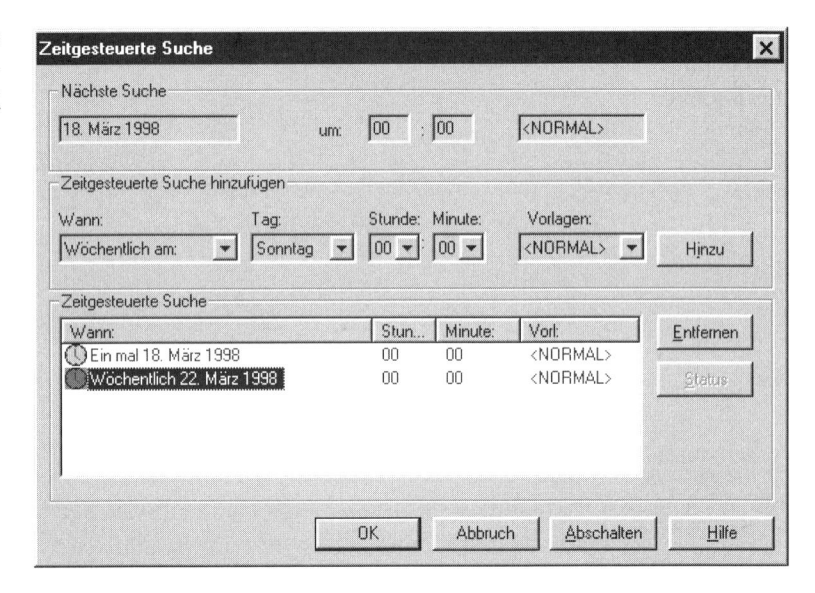

**Abb. 17.10:
Die Viruskontrolle**

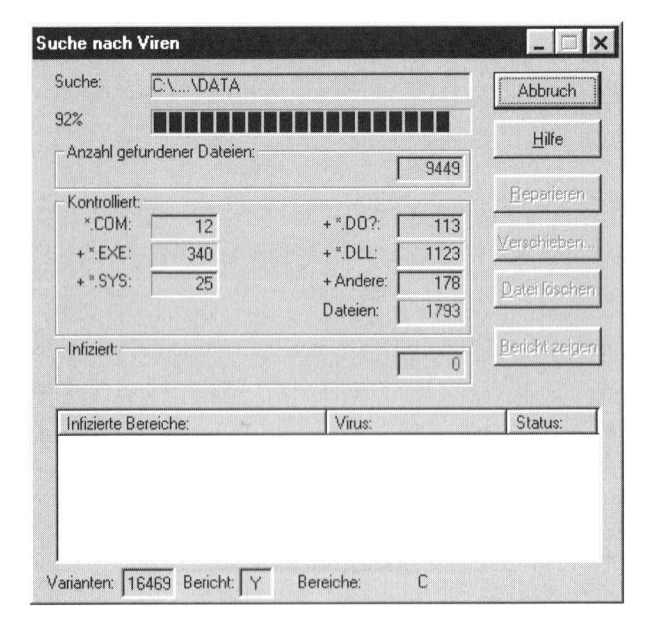

Norman Virus Controll erkennt über 16.000 verschiedene Viren und hat eine eigene Virenbibliothek, in der Sie sich die bekannten Viren und ihre Eigenschaften anzeigen lassen können.

Wie mit infizierten Dateien umgegangen werden soll, können Sie ebenfalls in den Suchoptionen in der Registerkarte INFIZIERTE DATEIEN festlegen. Sie können bestimmen, daß diese Dateien nicht verändert, gelöscht oder in ein beliebiges Verzeichnis verschoben werden.

Abb. 17.11:
Die Virenbibliothek von NVC

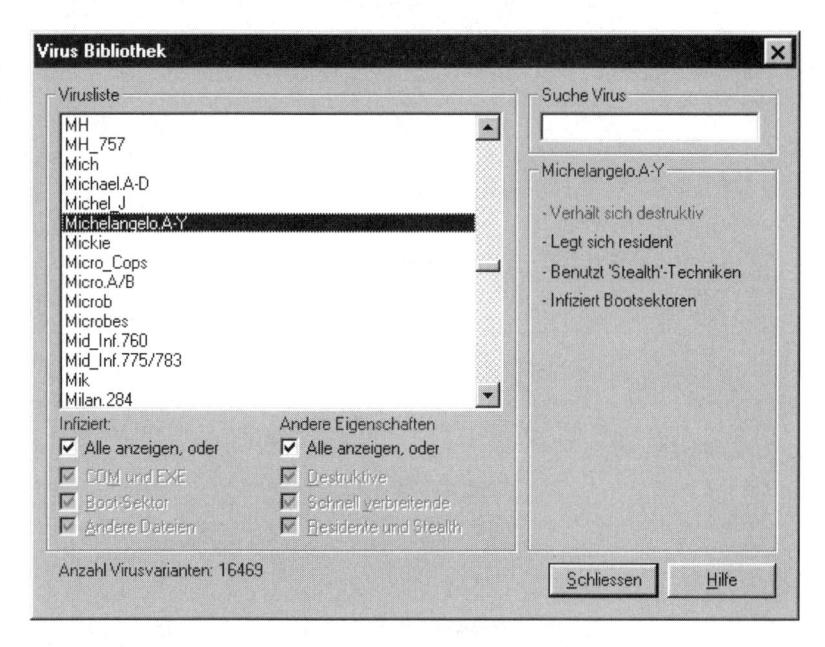

Vorbeugen mit »Behavior Blocking«

Eine vorbeugende Art der Virenbekämpfung stellt das sogenannte »Behavior Blocking« von Norman Virus Control dar. Der Vorteil hierbei ist, daß der Anwender vor einer Infektion gewarnt wird.

Der Smart Behavior Blocker wird im Rechner installiert und hat die Aufgabe, alle Aktivitäten im Rechner zu überwachen. Anhand einer komplexen Menge von Algorithmen, die allgemein beschreiben, wie Viren arbeiten, prüft diese Routine während der Ausführung eines Programms, ob es beginnt, sich wie ein Virus zu verhalten. Ist dies der Fall, wird die Ausführung des Programms angehalten und der Benutzer erhält eine Nachricht, auf die er reagieren kann. Auf diese Weise wird das Virus gestoppt, bevor es sich ausbreiten kann.

Auch hier können eine Reihe von Voreinstellungen getroffen werden, etwa welche Suchoptionen verwendet werden, auf welchen Datenträgern nach Viren gesucht und wie mit einem gefundenen Virus verfahren wird.

Makro-Viren mit »Cat's Claw« begegnen

Cat's Claw ist ein spezielles Tool von NVC, das Ihr System überwacht und vor Makro-Viren schützt. Das Programm basiert auf der von Norman Data Defense Systems eingesetzten Virenschutz-Technik und sucht nach Makro-Viren in Word- und Excel-Dateien, wenn eine Anwendung darauf zugreift. Sofern es möglich ist, werden infizierte Dateien repariert, bevor sie an das aufrufende Programm weitergegeben werden. Ist keine Reparatur möglich, wird eine Meldung ausgegeben und der Zugriff auf die infizierte Datei verweigert.

Cat's Claw wird separat von NVC gestartet, da nicht jeder Anwender Makros verwendet bzw. über die entsprechenden Anwenderprogramme verfügt, die Makros ausführen. Standardmäßig wird Cat's Claw mit dem Windows-Start geladen, es erfolgt bei jedem Virenfund eine Abfrage, welche Reaktion ausgeführt werden soll, Cat's Claw warnt, wenn es eine Datei nicht scannen konnte und es werden nicht registrierte Makros entfernt. Der Anwender kann Cat's Claw nach seinen Wünschen konfigurieren.

Abb. 17.12:
Das Konfigurationsmenü von Cat's Claw.

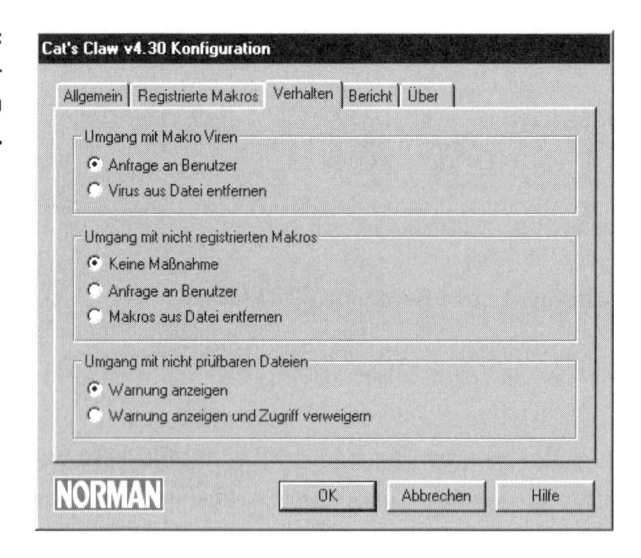

18 Durchblick bei den Windows-Startdateien

Den Systemdateien von Windows 98/95 kommt eine besondere Bedeutung zu, deshalb widmet sich dieser Abschnitt den Protokoll-, Konfigurations- und Systemdateien.

Wenn Sie einen Blick in das Hauptverzeichnis Ihrer Festplatte werfen, dann werden Ihnen zwar allerlei Dateien auffallen, einige aber sind gar nicht sichtbar, zumindest dann nicht, wenn dies in den Optionen des Explorers nicht vorgesehen ist. Sind Dateien mit dem Attribut *Versteckt* gekennzeichnet, dann tauchen sie in der Auflistung nicht auf.

Sie können hier Abhilfe schaffen, indem Sie im Explorer-Fenster den Befehl ANSICHT | OPTIONEN wählen, in der Registerkarte ANSICHT die Funktion ALLE DATEIEN ANZEIGEN aktivieren und die Funktion KEINE MS-DOS-ERWEITERUNGEN FÜR REGISTRIERTE DATEIEN deaktivieren.

Welche Dateien Sie anschließend auf Ihrer Festplatte vorfinden, hängt hauptsächlich davon ab, welche Programme Sie unter Windows verwenden und welches Betriebssystem vor Windows 98/95 installiert war. Neben der Datei AUTOEXEC.BAT finden Sie beispielsweise auch noch eine AUTOEXEC.OLD, eine AUTOEXEC.DOS und gegebenenfalls auch noch eine AUTOEXEC.PSS usw.

Abb. 18.1: Sie können festlegen, welche Dateien angezeigt werden und welche nicht.

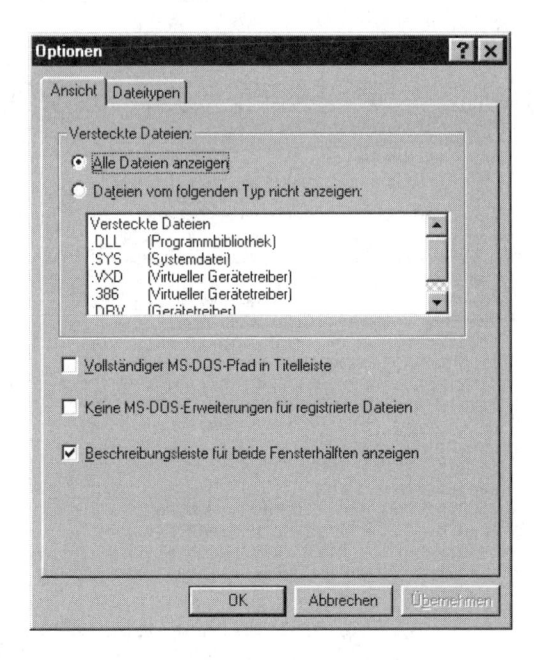

18.0.1 Übersicht ist das halbe Windows – die Protokollierung

98

Auch unter Windows 98/95 kann es natürlich zu Fehlern oder Störungen kommen. Wenn Sie einen solchen Fehler oder eine Störung eingrenzen wollen, dann stellt das Logbuch unter Windows 98/95 eine gute Möglichkeit dar. Dieses Logbuch wird während des Startens von Windows 98/95 angelegt. Der Startvorgang wird zwar dadurch etwas verlängert, daß bei jedem Schritt ein Eintrag erfolgt, ob er erfolgreich verlaufen ist oder nicht, aber Sie haben ein sehr gutes Mittel an der Hand, um Fehlerquellen einzugrenzen.

BOOTLOG.TXT. Drücken Sie die Taste [F8], während die Meldung *Windows 98/95 wird gestartet...* am Bildschirm erscheint, und wählen Sie aus dem Startmenü den Eintrag *PROTOKOLLIERT* aus. Windows 98/95 legt daraufhin beim Starten eine Logbuchdatei namens BOOTLOG.TXT an. Sie finden diese Datei im Hauptverzeichnis Ihrer Festplatte. Sie können diese Datei mit jedem beliebigen Editor einsehen, also beispielsweise mit dem Norton Commander, mit den Wordpad usw., da das Logbuch als ACSII-Textdatei angelegt wird.

Wurde ein Befehl erfolgreich ausgeführt, dann wird dies mit dem Eintrag *Done* oder *Success* angezeigt. Wenn beim Laden eines Treibers oder beim Ausführen eines Befehls ein Fehler aufgetreten ist, wird dies mit dem Kommentar *Loadfail* angezeigt.

Wenn Sie die Datei BOOTLOG.TXT im Explorer suchen und einen Doppelklick darauf ausführen, dann wird sie im Bootlog-Editor geladen, und Sie können sie betrachten.

Abb. 18.2: Die Logbuchdatei BOOTLOG.TXT im Bootlog-Editor

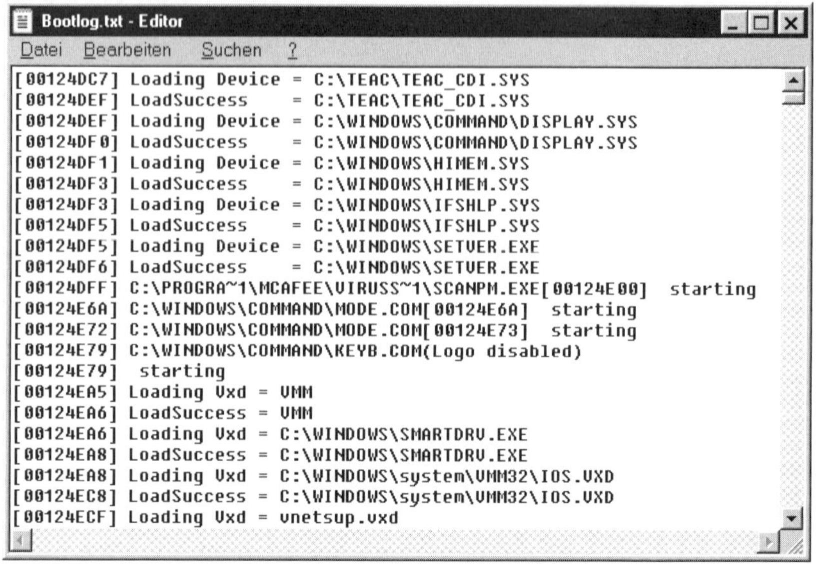


```
[00124DC7] Loading Device = C:\TEAC\TEAC_CDI.SYS
[00124DEF] LoadSuccess    = C:\TEAC\TEAC_CDI.SYS
[00124DEF] Loading Device = C:\WINDOWS\COMMAND\DISPLAY.SYS
[00124DF0] LoadSuccess    = C:\WINDOWS\COMMAND\DISPLAY.SYS
[00124DF1] Loading Device = C:\WINDOWS\HIMEM.SYS
[00124DF3] LoadSuccess    = C:\WINDOWS\HIMEM.SYS
[00124DF3] Loading Device = C:\WINDOWS\IFSHLP.SYS
[00124DF5] LoadSuccess    = C:\WINDOWS\IFSHLP.SYS
[00124DF5] Loading Device = C:\WINDOWS\SETVER.EXE
[00124DF6] LoadSuccess    = C:\WINDOWS\SETVER.EXE
[00124DFF] C:\PROGRA~1\MCAFEE\VIRUSS~1\SCANPM.EXE[00124E00]  starting
[00124E6A] C:\WINDOWS\COMMAND\MODE.COM[00124E6A]  starting
[00124E72] C:\WINDOWS\COMMAND\MODE.COM[00124E73]  starting
[00124E79] C:\WINDOWS\COMMAND\KEYB.COM(Logo disabled)
[00124E79]  starting
[00124EA5] Loading Vxd = VMM
[00124EA6] LoadSuccess = VMM
[00124EA6] Loading Vxd = C:\WINDOWS\SMARTDRV.EXE
[00124EA8] LoadSuccess = C:\WINDOWS\SMARTDRV.EXE
[00124EA8] Loading Vxd = C:\WINDOWS\system\VMM32\IOS.VXD
[00124EC8] LoadSuccess = C:\WINDOWS\system\VMM32\IOS.VXD
[00124ECF] Loading Vxd = vnetsup.vxd
```

Die Protokollierung des vorletzten Systemstarts finden Sie in der Datei BOOTLOG.PRV.

Dieser Editor stellt einige sinnvolle Hilfsmittel zur Verfügung. Wenn Sie beispielsweise den Befehl DRUCKEN aus dem Menü DATEI wählen, dann können Sie sich den Inhalt der Datei BOOTLOG.TXT oder jeder anderen Datei, die in diesem Editor geladen ist, ausdrucken lassen. Dies ist beispielsweise dann sinnvoll, wenn Sie externe Hilfe annehmen und den Inhalt der Datei per Fax oder Brief verschicken wollen.

Ein Nachsehen in diesen Dateien lohnt sich auf jeden Fall immer dann, wenn sich Windows beim Starten außergewöhnlich verhält und beispielsweise eine fehlende Treiberdatei reklamiert.

Sie können auch nach einem bestimmten Eintrag suchen lassen. Stellen Sie sich vor, Sie wollen wissen, ob VSHARE korrekt geladen wurde. Sie können entweder die gesamten Einträge Zeile für Zeile nach diesem Eintrag durchsuchen, oder wählen den Befehl SUCHEN aus dem Menü SUCHEN und geben im gleichnamigen Dialogfenster in das Feld SUCHEN NACH den Suchbegriff, in diesem Fall also VSHARE, ein. Sie können nun durch entsprechende Funktionen auswählen, ob innerhalb der Einträge aufwärts oder abwärts gesucht werden soll und ob die Suche nach der korrekten Groß- und Kleinschreibung erfolgen soll.

Abb. 18.3: Geben Sie den Suchbegriff ein, nach dem in der Logbuchdatei gesucht werden soll.

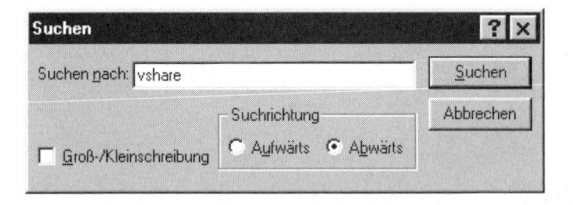

DETLOG.TXT. Wenn Sie Windows 98/95 installieren, wird die Datei DETLOG.TXT angelegt. Hier werden alle Vorgänge protokolliert, die sich während der Installation bei der Suche nach Systemkomponenten ergeben. So können Sie beispielsweise sehen, welche Hauptplatine, welches Soundsystem oder welche Maus gefunden wurde usw.

Wenn Sie eine neue Hardware installieren und den Hardware-Assistenten mit der Identifikation der neuen Komponente beauftragen, dann werden auch diese Erkenntnisse in der Datei DETLOG.TXT aufgezeichnet. Das vorhergehende Protokoll finden Sie in der Datei DETLOG.OLD.

Die Analyse dieser Datei verlangt zwar einiges an Fachwissen, aber sie ist durchaus in gewissen Grenzen für eine »Ferndiagnose« zu gebrauchen, beispielsweise wenn eine telefonische Hotline in Anspruch genommen wird.

Abb. 18.4:
Die Datei
DETLOG.TXT

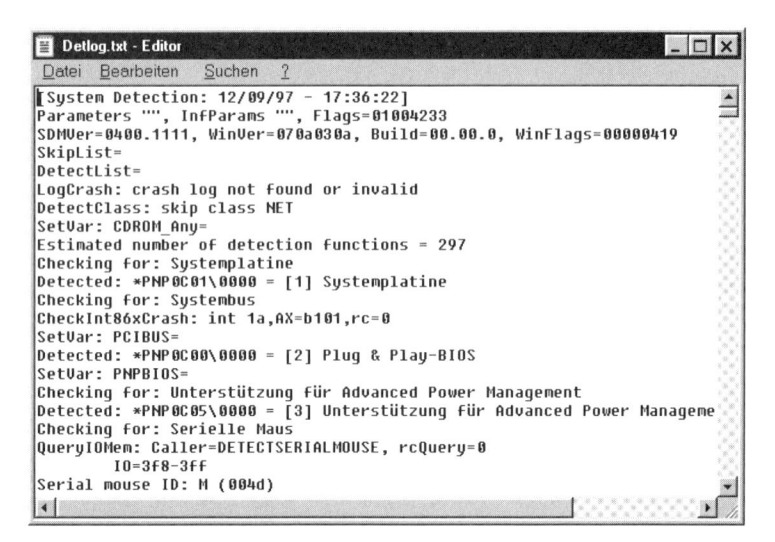

```
[System Detection: 12/09/97 - 17:36:22]
Parameters "", InfParams "", Flags=01004233
SDMVer=0400.1111, WinVer=070a030a, Build=00.00.0, WinFlags=00000419
SkipList=
DetectList=
LogCrash: crash log not found or invalid
DetectClass: skip class NET
SetVar: CDROM_Any=
Estimated number of detection functions = 297
Checking for: Systemplatine
Detected: *PNP0C01\0000 = [1] Systemplatine
Checking for: Systembus
CheckInt86xCrash: int 1a,AX=b101,rc=0
SetVar: PCIBUS=
Detected: *PNP0C00\0000 = [2] Plug & Play-BIOS
SetVar: PNPBIOS=
Checking for: Unterstützung für Advanced Power Management
Detected: *PNP0C05\0000 = [3] Unterstützung für Advanced Power Manageme
Checking for: Serielle Maus
QueryIOMem: Caller=DETECTSERIALMOUSE, rcQuery=0
        IO=3f8-3ff
Serial mouse ID: M (004d)
```

SETUPLOG.TXT. Die Datei SETUPLOG.TXT hat einen ähnlichen Hintergrund wie die Datei DETLOG.TXT, ist allerdings ein wenig übersichtlicher, was die Form der Einträge betrifft. Sie finden hier die bei der Installation von Windows 98/95 eingerichteten Komponenten und Konfigurationen.

Während Sie die Dateien BOOTLOG.TXT und DETLOG.TXT mit dem Editor öffnen können, ist dies bei der Datei SETUPLOG.TXT normalerweise nicht der Fall, da sie meist zu groß ist. Führen Sie einen Doppelklick auf diese Datei im Explorer aus, dann erscheint ein Warnhinweis und die Abfrage, ob Sie die Datei in WordPad öffnen wollen. Bestätigen Sie diese Abfrage.

Abb. 18.5:
Die Datei
SETUPLOG.TXT
in WordPad

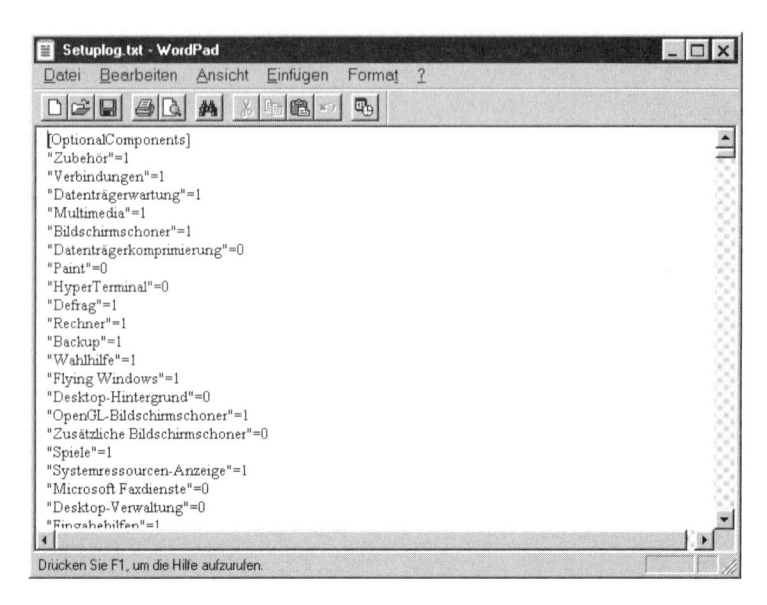

```
[OptionalComponents]
"Zubehör"=1
"Verbindungen"=1
"Datenträgerwartung"=1
"Multimedia"=1
"Bildschirmschoner"=1
"Datenträgerkomprimierung"=0
"Paint"=0
"HyperTerminal"=0
"Defrag"=1
"Rechner"=1
"Backup"=1
"Wahlhilfe"=1
"Flying Windows"=1
"Desktop-Hintergrund"=0
"OpenGL-Bildschirmschoner"=1
"Zusätzliche Bildschirmschoner"=0
"Spiele"=1
"Systemressourcen-Anzeige"=1
"Microsoft Faxdienste"=0
"Desktop-Verwaltung"=0
"Eingabehilfen"=1
```

OEMLOG.TXT. Die Datei OEMLOG.TXT werden Sie nur dann auf Ihrem System vorfinden, wenn Ihr Rechner direkt vom Händler bzw. Hersteller mit Windows 98/95 ausgeliefert wurde. OEM-Versionen sind preiswerter, dürfen aber nur in Verbindung mit Hardware verkauft werden. Ansonsten unterscheiden sich diese Versionen nicht von den herkömmlichen, mitunter fallen lediglich die Handbücher dürftiger aus.

SUHDLOG.DAT. Wenn Sie Windows 98/95 installieren, dann werden die Bootsektoren und die Master-Bootsektoren vor der Installation in der Datei SUHDLOG.DAT gesichert. Es gibt System-Bootsektoren (auch »SBS« genannt) und Master-Bootsektoren (auch »MBS« genannt). Der Master-Bootsektor befindet sich auf allen physischen Festplattenlaufwerken (virtuelle Laufwerke also ausgeschlossen). Dieser Sektor enthält unter anderem Informationen zur Partitionstabelle sowie Informationen über die Aufteilung des physischen Datenträgers in logische Speicherblöcke.

Sie werden diese Datei nur dann benötigen, wenn Sie die Deinstallationsfunktion von Windows 98/95 aufrufen.

Das vorhergehende Protokoll finden Sie in der Datei SUHDLOG.BAK.

Bootsektoren sind ein bevorzugtes Angriffsziel von Viren. Als Booten wird das Laden des Betriebssystems beim Systemstart bezeichnet. Bootviren benutzen folgende Taktik: Sie setzen sich in den Startbereichen der Festplatte oder der Diskette fest. Diese Bereiche werden vom sogenannten »Urlader-Programm« des Betriebssystems beherrscht. Dieses »Mini-Betriebssystem« lädt beim Start des Rechners automatisch das Betriebssystem, also beispielsweise DOS. Bootviren überschreiben den Bootsektor mit ihrem Code, der ursprüngliche Inhalt wird auf den Datenträger (Festplatte oder Diskette) ausgelagert. Beim Starten wird der Viren-Code ausgeführt, und der Computer startet wie gewohnt. Deshalb gelangt das Virus bereits vor dem Laden des Betriebssystems in den Arbeitsspeicher des Computers und bleibt dort während der gesamten Betriebszeit resistent. Es kann deshalb jede Diskette, die nicht schreibgeschützt ist, infizieren und sich mittels dieser Diskette auf einen anderen Computer übertragen.

Wenn also auf Ihrer alten Konfiguration ein Bootvirus vorhanden war, dann kann es möglich sein, daß ein Antiviren-Programm unter Windows 98/95 einen Bootsektorvirus in einer dieser beiden Dateien oder in beiden meldet.

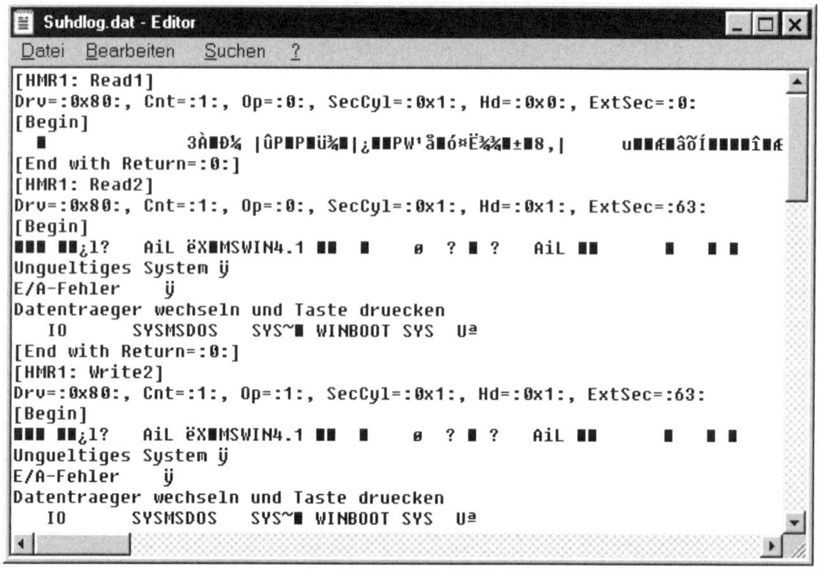

Abb. 18.6:
Die Datei
SUHDLOG.DAT
enthält keine für
den Betrachter
verwertbaren
Daten, sondern
ist nur für
Windows 98/95
ausschlagge-
bend.

W95UNDO.DAT/W95UNDO.INI. Sie werden diese beiden Dateien nur dann auf Ihrem System vorfinden, wenn Sie Windows 95 über eine bereits vorher existierende Windows 3.x-Version kopiert haben.

Die Datei W95UNDO.DAT enthält alle Dateien, die von Windows 95 überschrieben wurden. Die Datei W95UNDO.INI dient dabei als Protokollierungsdatei, damit bei einem späteren Löschen von Windows 95 die vorherige Windows 3.x-Version wiederhergestellt werden kann.

SCANDISK.LOG. Scandisk ist ein Programm zur Suche nach fehlerhaften Sektoren, nicht mehr aktuellen Dateizuordnungstabellen usw. Sie können eine standardmäßige Untersuchung durchführen lassen, die relativ schnell vor sich geht. Alternativ dazu können Sie eine intensive Untersuchung auswählen, bei der die angegebenen Laufwerke einem Oberflächentest unterzogen werden.

Nachdem Scandisk die Untersuchung durchgeführt und gegebenenfalls Fehler repariert hat, wird ein Bericht ausgegeben, der Ihnen unter anderem anzeigt, wie viele Dateien und Ordner untersucht wurden, wie viele verlorene Speichereinheiten wiederhergestellt wurden usw.

Ein solches Protokoll wird in der Datei SCANDISK.LOG aufgezeichnet, allerdings nur, wenn es zu Problemen gekommen ist bzw. wenn das Programm Unregelmäßigkeiten festgestellt hat. Wenn alles in Ordnung ist, dann erfolgt lediglich der Hinweis, daß Scandisk keinen Fehler gefunden hat.

Abb. 18.7:
Lassen Sie Ihr System regelmäßig mit Scandisk untersuchen.

Führen Sie im Explorer einen Doppelklick auf die Datei SCANDISK.LOG aus, und wählen Sie das Programm, mit dem Sie die Datei betrachten wollen. Für eine Textdatei wird automatisch der Editor aufgerufen; bei der Log-Datei erfolgt die erwähnte Abfrage. Entscheiden Sie sich in diesem Fall am besten für den NotePad-Editor.

Es spielt übrigens keine Rolle, ob Sie Scandisk mit dem Befehl START | PROGRAMME | ZUBEHÖR | SYSTEMPROGRAMME | SCANDISK direkt unter Windows 98/95 aufrufen oder ob Sie in die MS-DOS-Eingabeaufforderung wechseln und im DOS-Fenster am Prompt den Befehl SCANDISK eingeben.

Abb. 18.8:
Scandisk hat hier keinen Fehler gefunden.

SYSTEM.1ST. Diese Datei kann sehr hilfreich sein, wenn Sie Ihre Windows-Konfiguration so »verbogen« haben, daß gar nichts mehr läuft. Wenn Sie Windows installieren, wird sofort nach Abschluß der Installation eine Kopie der Datei SYSTEM.DAT als SYSTEM.1ST angelegt.

Eine Datei, die als aktuelles Backup dient, ist SYSTEM.DA0. Sie finden diese Datei im Windows-Verzeichnis. Sollte über diese Datei kein Regenerieren von Windows mehr möglich sein, dann können Sie den Ausgangszustand von Windows 98/95 wiederherstellen, indem Sie die Datei SYSTEM.1ST über die Datei SYSTEM.DAT kopieren.

- Dazu müssen Sie allerdings erst das Attribut aufheben, mit dem sich diese Dateien dem Zugriff entziehen. Wechseln Sie dazu in die DOS-Eingabeaufforderung oder in den DOS-Modus, und geben Sie die folgenden Befehle ein:

```
attrib system.dat -r -s -h
attrib system.1st -r -s -h
```

- Kopieren Sie nun mit dem COPY-Befehl von DOS oder mit der Kopierfunktion von Windows die Datei SYSTEM.DA0 über die Datei SYSTEM.DAT.

18.0.2 Die Konfigurationsdateien

98

Die Start- bzw. Konfigurationsdateien von DOS sind Sie mit der Installation von Windows 98/95 nicht los, wie mitunter angenommen wird, sondern sie werden ebenfalls angelegt bzw. mitgeführt, nur nicht so auffällig, wie dies unter DOS der Fall ist.

Je nachdem, wie Sie Ihr System eingerichtet haben, werden diese Dateien sogar noch um einige erweitert. Wenn Sie Ihren Computer starten, dann werden die Dateien AUTOEXEC.BAT und CONFIG.SYS wie in den DOS-Zeiten abgearbeitet. Windows 98/95 paßt lediglich den vorgefundenen Inhalt seinen speziellen Bedürfnissen an und ersetzt beispielsweise fehlende 32-Bit-Treiber.

Wenn Sie mit dem Befehl MS-DOS-EINGABEAUFFORDERUNG ein DOS-Fenster öffnen, dann befinden Sie sich noch lange nicht in der ursprünglichen DOS-Umgebung, sondern es wird hier nur eine Kopie geöffnet. Wenn hier Treiber fehlen oder Treiber geladen werden, die nicht zu der aktuellen Hardware-Umgebung passen, dann werden Sie Fehlermeldungen erhalten.

DOS wird auch dann aktiviert, wenn Sie Ihre Sitzung mit der FUNKTION COMPUTER IM MS-DOS-MODUS STARTEN beenden. Es wird dadurch ein Bootvorgang ausgelöst, bei dem MS-DOS 7.0 mit den alten Treibereinstellungen geladen wird.

Wenn Sie Windows 98/95 wieder starten wollen, müssen Sie Ihren Computer nicht aus- und wieder einschalten, sondern Sie können im DOS-Fenster den Befehl EXIT eingeben. Windows 98/95 startet daraufhin wieder mit seinen eigenen Einstellungen.

Abb. 18.9:
Hier starten Sie mit den alten Treiberkonfigurationen im MS-DOS-Modus.

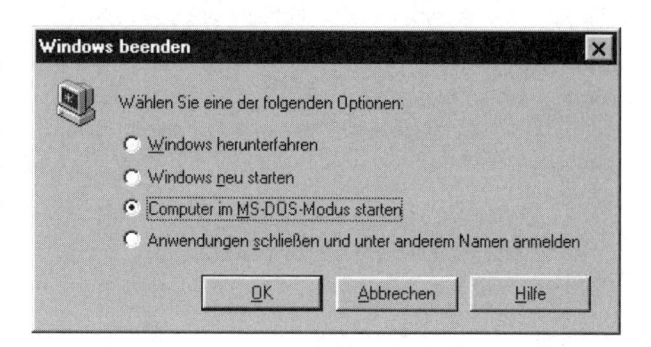

Apropos DOS: Sie können für ein MS-DOS-Programm mit den folgenden Arbeitsschritten angeben, daß dieses Programm im MS-DOS-Modus mit angepaßten oder mit den vorhandenen Konfigurationsdateien gestartet wird.

▸ Klicken Sie die ausführbare Datei des MS-DOS-Programms mit der rechten Maustaste an, und wählen Sie den Eintrag EIGENSCHAFTEN.

▸ Wechseln Sie im Dialogfenster EIGENSCHAFTEN VON... zur Registerkarte PROGRAMM, und klicken auf die Schaltfläche ERWEITERT.

▸ Sie befinden sich nun im Dialogfenster ERWEITERTE PROGRAMMEIGENSCHAFTEN. Standardmäßig ist hier die Funktion MS-DOS-MODUS VORSCHLAGEN aktiviert. Aktivieren Sie die Funktion MS-DOS-MODUS.

▸ Sie können nun beispielsweise die Funktion NEUE MS-DOS-KONFIGURATION ANGEBEN aktivieren. Dann sehen Sie in den beiden darunter angeordneten Listenfenstern die Inhalte der Startdateien AUTOEXEC.BAT und CONFIG.SYS.

▸ Über die Schaltfläche KONFIGURATION gelangen Sie in ein weiteres Dialogfenster, in dem Sie eine Auswahl an Möglichkeiten vorfinden. Hier können Sie die Optionen wählen, die beim Starten dieses Programms im MS-DOS-Modus aktiviert werden sollen.

▸ Wenn Sie an der aktuellen DOS-Konfiguration nichts ändern, sondern diese in der vorliegenden Form ausführen wollen, dann aktivieren Sie die Funktion AKTUELLE MS-DOS-KONFIGURATION VERWENDEN.

Abb. 18.10:
Beeinflussen Sie hier gegebenenfalls die MS-DOS-Konfiguration für ein DOS-Programm.

Abb. 18.11:
Wählen Sie hier gegebenenfalls spezielle MS-DOS-Optionen aus.

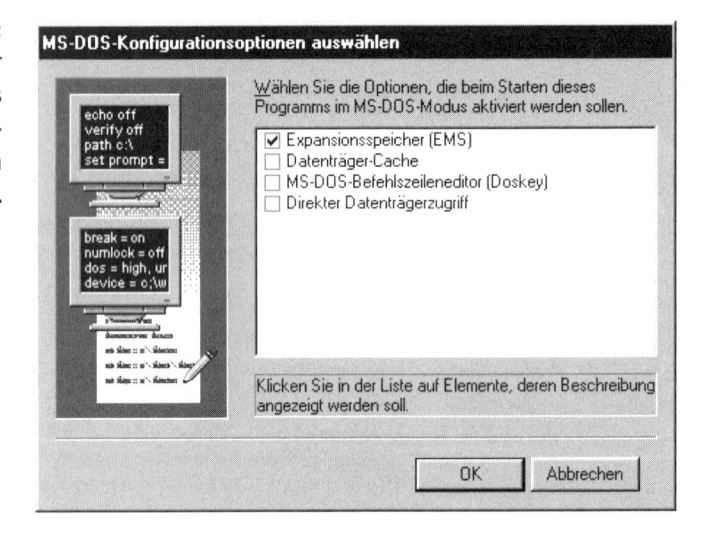

Soll das vorherige Betriebssystem, in diesem Fall also DOS, gestartet werden, dann können Sie beim Starten von Windows 98/95 auch die Taste F8 drücken, sobald die Startmeldung erscheint. Es erscheint ein Bootmenü, in dem Sie den Eintrag VORHERIGE MS-DOS-VERSION WÄHLEN aktivieren.

18.0.3 Die Systemdateien

98 Nicht nur bei den Konfigurations- sondern auch bei den Systemdateien werden die Ursprünge von Windows 98/95 deutlich. So findet beispielsweise unter Windows 98/95 keine Unterscheidung zwischen MSDOS.SYS und IO.SYS bezüglich der Komponenten von MSDOS 7.0 mehr statt, sondern es gibt nur noch die Datei IO.SYS. Der Umfang dieser Datei beträgt unter Windows 98/95 etwa 210 kByte.

Aus der ehemaligen DOS-Datei MSDOS.SYS wird eine Textdatei, die den gleichen Namen trägt und die Parameter für den Startvorgang von Windows 98/95 enthält.

Der Befehlsinterpreter COMMAND.COM hatte unter MS-DOS die Aufgabe, die Befehle, die der Benutzer am DOS-Prompt eingegeben hatte, zu interpretieren bzw. in eine für das Betriebssystem verständliche Sprache umzusetzen. Unter Windows 98/95 wird er beispielsweise dann eingesetzt, wenn ein DOS-Fenster aufgerufen und ein DOS-Befehl eingegeben wird.

Windows 98/95 auf einem Rechner installiert, auf dem bereits DOS vorhanden ist, dann wird die Datei COMMAND.COM in COMMAND.DOS und die Datei MSDOS.SYS in MSDOS.DOS umbenannt.

Die Datei MSDOS.SYS enthält, wie bereits erwähnt, Einträge, die den Systemstart von Windows beeinflussen. Da Sie hier unter Umständen Änderungen vornehmen müssen (wenn beispielsweise nach einem Systemabsturz beim nächsten Starten von Windows 98/95 das Programm SCANDISK aufgerufen werden soll oder wenn der DoubleSpace-Treiber DBLSPACE.BIN geladen werden soll), finden Sie in der nachfolgenden Tabelle eine Übersicht der Einträge sowie deren Bedeutung. Die Datei unterteilt sich dabei in die beiden Abschnitte [Options] und [Paths].

Sollten Sie auf die Datei MSDOS.SYS nicht zugreifen können, weil sie mit den Attributen *Versteckt* oder *Schreibgeschützt* versehen ist, dann klicken Sie sie mit der rechten Maustaste an und wählen den Befehl EIGENSCHAFTEN. Im unteren Teil des Dialogfensters EIGENSCHAFTEN sehen Sie die Attribute. Durch Aktivieren bzw. Deaktivieren der entsprechenden Funktion setzen Sie die Attribute oder löschen sie.

In der nachfolgenden Tabelle sehen Sie eine Auflistung und Erläuterung der Einträge in der Datei MSDOS.SYS. Wenn Sie diese Datei im Editor betrachten, werden Sie feststellen, daß standardmäßig nur ein Bruchteil dieser Einträge vorhanden ist. Die meisten Zeilen müssen Sie nur dann hinzufügen, wenn Sie von der Installation abweichende Veränderungen im nachhinein durchführen.

Abb. 18.12:
Verändern Sie bei Bedarf die Dateiattribute von MSDOS.SYS.

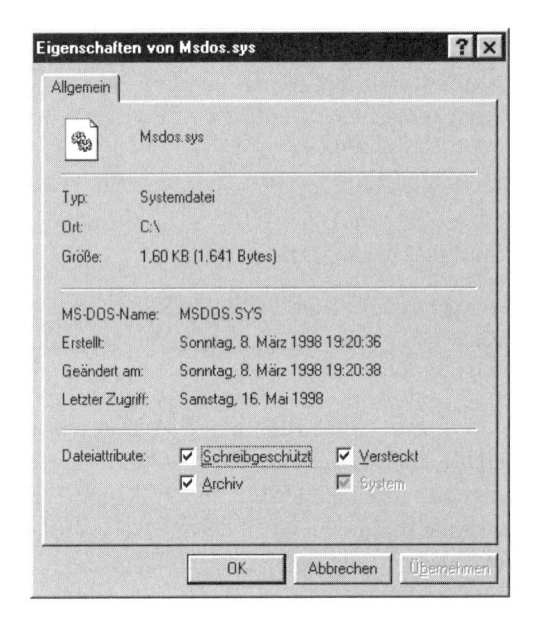

Name des Eintrags [Options]	Erklärung	Standardwert
AutoScan=	Wird der Wert auf 1 gesetzt, startet nach einem Systemabsturz beim nächsten Start von Windows 98/95 automatisch das Programm SCANDISK und sucht nach Fehlern in den Dateizuordnungen, in den Ordnern usw. Diese Möglichkeit steht Ihnen in der Version Windows 98/95b zur Verfügung.	0
BootDelay=	Wenn Windows 98/95 startet, wird der Betrachter darüber in Form einer Mitteilung unterrichtet. Solange diese Meldung am Bildschirm angezeigt wird, besteht die Möglichkeit, das Bootmenü aufzurufen, um beispielsweise einen Start im abgesicherten Modus durchzuführen, das System unter MS-DOS zu starten usw. Geben Sie für die Dauer dieser Meldung einen Wert in Sekunden an.	2

Tab. 18.1: Die Einträge in der Datei MSDOS.SYS

Name des Eintrags [Options]	Erklärung	Standardwert
BootKeys=	Sie haben hier die Möglichkeit, die Starttasten zu aktivieren oder zu deaktivieren, die das Bootmenü vorsieht. Wenn Sie verhindern wollen, daß mit den Starttasten Einfluß auf den Bootvorgang genommen wird, dann setzen Sie den Wert auf 0.	1
BootMenu=	Das Bootmenü wird normalerweise am Bildschirm angezeigt, wenn Sie die Taste [F8] drücken, während die Startmeldung von Windows 98/95 erscheint. Sie können mit dem Wert 1 jedoch erreichen, daß das Bootmenü automatisch angezeigt wird, solange die Startmeldung auf dem Bildschirm zu sehen ist.	0
BootMenuDefault=	Mit diesem Eintrag können Sie eine Auswahl aus dem Bootmenü voreinstellen. Verstreicht die hier definierte Zeit ohne einen Tastendruck durch den Benutzer, wird mit dem Menüpunkt *Normaler Start* fortgefahren, wenn der Wert 1 angegeben wurde, und der Systemstart beim letzten Mal problemlos erfolgte. Über den Wert 4 wird im abgesicherten Modus gestartet.	1
BootMenuDelay=	Hier wird festgelegt, wie lange das Bootmenü vor dem Starten von Windows 98/95 auf dem Bildschirm sichtbar ist. Wird eine der Auswahltasten gedrückt, dann wird in den entsprechenden Menüpunkt verzweigt. Ansonsten startet Windows 98/95 mit dem Wert, der in BootMenuDefault angegeben wurde.	20
BootGUI=	Dieser Wert definiert, auf welcher Oberfläche Sie sich nach dem Starten von Windows 98/95 befinden. Ist der Wert auf 1 gesetzt, dann erscheint beim Starten des Systems sofort die grafische Oberfläche von Windows 98/95. Geben Sie den Wert 0 an, dann befinden Sie sich nach dem Systemstart auf der Kommandozeilenebene. Wollen Sie von dort aus auf die Oberfläche von Windows 98/95 gelangen, geben Sie am Prompt den Befehl win ein.	1

Tab. 18.1: Die Einträge in der Datei MSDOS.SYS

Name des Eintrags [Options]	Erklärung	Standardwert
BootMulti=	Befindet sich auf Ihrem System noch eine DOS-Version, die vor der Installation von Windows 98/95 eingerichtet wurde, dann kann mit dem Wert 1 dieses Betriebssystem direkt gestartet werden, ohne daß dazu ein Umweg über das Bootmenü erforderlich ist. Im Bootmenü von Windows 98/95 finden Sie dann zusätzlich den Menüpunkt VORHERIGE MS-DOS-VERSION.	0
BootWarn=	Wollen Sie vor dem Starten im abgesicherten Modus auf einen Warnhinweis verzichten, dann geben Sie hier den Wert 0 ein.	1
BootWin=	Die Angabe eines Wertes ist nur dann sinnvoll, wenn neben Windows 98/95 auch noch eine DOS-Version installiert wurde. Mit dem Wert legen Sie fest, welches Betriebssystem bzw. welche Betriebssystemoberfläche beim Starten des Rechners geladen werden soll, also entweder DOS oder Winodws 98/95. Geben Sie den Wert 0 an, wird DOS gestartet, beim Wert 1 Windows 98/95. Der Wert 0 bewirkt außerdem, daß der Eintrag STANDARD die DOS-Version startet, während durch VORHERIGE DOS-VERSION Windows 98/95 geladen wird.	1
DBLSpace=	Für komprimierte Laufwerke unter MS-DOS bis Version 6.21 kann der Treiber *dblspace.bin* verwendet werden. Durch die Angabe des Wertes 1 wird dieser Treiber beim Systemstart automatisch geladen.	0

Tab. 18.1: Die Einträge in der Datei MSDOS.SYS

Name des Eintrags [Options]	Erklärung	Standardwert
DoubleBuffer=	Durch *DoubleBuffer* wird die zweifache Pufferung von SmartDrive für SCSI-Controller aktiviert. Durch die Voreinstellung mit dem Wert 0 wird die Pufferung nicht aktiviert. Während der Installation von Windows 98/95 wird hier bereits selbsttätig geprüft, ob eine Aktivierung in Frage kommt oder nicht. Ein Verstellen dieses ermittelten Wertes kann dazu führen, daß keine Zugriffe auf die Festplatte mehr möglich sind.	0
DRVSpace=	Für komprimierte Laufwerke unter MS-DOS ab Version 6.22 und Windows 98/95 kann der Treiber *drvspace.bin* verwendet werden. Durch die Angabe des Wertes 1 wird dieser Treiber beim Systemstart automatisch geladen.	0
Logo=	Die Standardeinstellung bewirkt, daß beim Starten des Systems das Logo von Windows 98/95 angezeigt wird. Durch den Eintrag des Wertes 1 wird erreicht, daß anstelle des Logos die abgearbeiteten Befehlszeilen der Startdateien AUTOEXEC.BAT und CONFIG.SYS angezeigt werden. Wollen Sie verhindern, daß beim Starten das Windows-Logo angezeigt wird, dann geben Sie hier den Wert 0 ein.	1
Network=	Ist auf Ihrem System ein Netzwerk installiert, dann können Sie durch den Eintrag des Wertes 1 bewirken, daß im Bootmenü zusätzlich der Eintrag ABGESICHERT, MIT NETZWERK erscheint.	0
[Paths]		

Tab. 18.1: Die Einträge in der Datei MSDOS.SYS

Name des Eintrags [Options]	Erklärung	Standardwert
HostWinBootDrv=	Der hier eingetragene Laufwerksbuchstabe steht für das Hauptverzeichnis des Host-Laufwerks, auf dem Windows 98/95 auf Ihrem System installiert ist. Normalerweise ist dies das Laufwerk, auf dem Sie Windows 98/95 installiert haben. Jedoch kann es beim Einsatz des Festplattenkomprimierers DriveSpace notwendig sein, auf das Laufwerk zu verweisen, auf dem das gepackte Laufwerksarchiv gespeichert ist; und dies ist ein abweichendes Laufwerk, normalerweise der letzte freie Laufwerksbuchstabe. Wurde keine Beschränkung der Laufwerksbuchstaben festgelegt, dann ist dies der Laufwerksbuchstabe Z. Wenn Sie mit dem Befehl Lastdrive= eine Beschränkung definiert haben, dann muß dieser Buchstabe hier eingetragen werden.	C
UninstallDir=	Diese Zeile ist nur dann von Bedeutung, wenn Sie Windows 98/95 über eine vorhandene Windows 3.x-Version kopiert haben. In diesem Fall werden die Dateien W95UNDO.DAT und W95UNDO.INI angelegt, und der Eintrag gibt an, auf welchem Laufwerk diese zu finden sind.	C
WinBootDir=	Dies ist die Pfadangabe zu den Startdateien von Windows 98/95.	C:\WINDOWS
WinDir=	Dieser Eintrag ist identisch mit der Pfadangabe, die Sie bei der Installation von Windows 98/95 festgelegt haben.	C:\WINDOWS

Tab. 18.1: Die Einträge in der Datei MSDOS.SYS

Die Datei MSDOS.SYS enthält eine Reihe von Zeilen, die lediglich aus dem Buchstaben X, angeführt von einem Semikolon bestehen. Das Semikolon bedeutet, daß es sich um eine Kommentarzeile handelt. Der Buchstabe X dient lediglich als Füllzeichen, damit die Datei größer als 1024 Byte wird. Da einige Antiviren-Programme einen Alarm auslösen, wenn sie auf eine Datei treffen, die kleiner als 1024 Byte ist, sind diese Zeilen sinnvoll und dürfen nicht gelöscht werden.

Abb. 18.13:
Die Datei
MSDOS.SYS

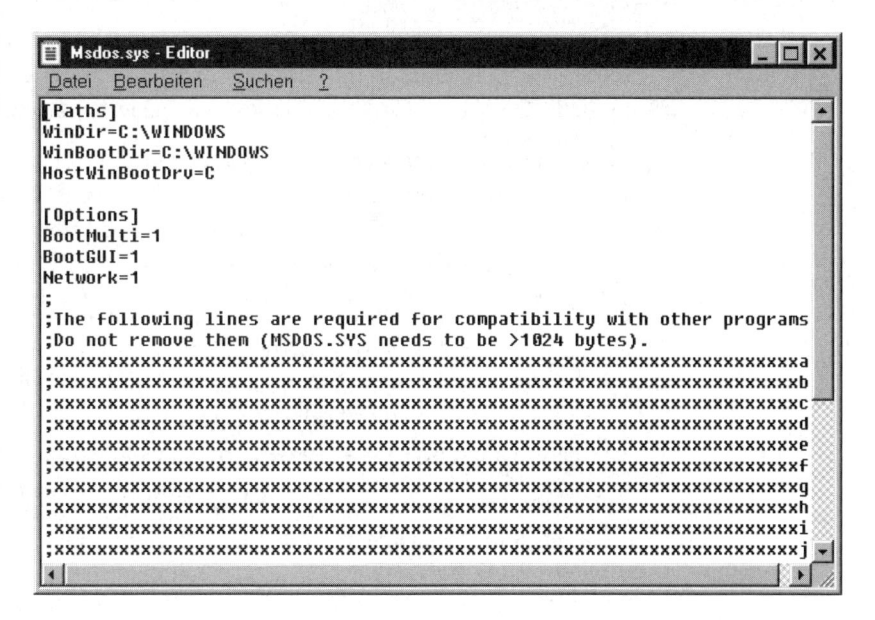

```
[Paths]
WinDir=C:\WINDOWS
WinBootDir=C:\WINDOWS
HostWinBootDrv=C

[Options]
BootMulti=1
BootGUI=1
Network=1
;
;The following lines are required for compatibility with other programs
;Do not remove them (MSDOS.SYS needs to be >1024 bytes).
;xxxxxxxxxxxxxxxxxxxxxxxxxxxxxxxxxxxxxxxxxxxxxxxxxxxxxxxxxxxxa
;xxxxxxxxxxxxxxxxxxxxxxxxxxxxxxxxxxxxxxxxxxxxxxxxxxxxxxxxxxxxb
;xxxxxxxxxxxxxxxxxxxxxxxxxxxxxxxxxxxxxxxxxxxxxxxxxxxxxxxxxxxxc
;xxxxxxxxxxxxxxxxxxxxxxxxxxxxxxxxxxxxxxxxxxxxxxxxxxxxxxxxxxxxd
;xxxxxxxxxxxxxxxxxxxxxxxxxxxxxxxxxxxxxxxxxxxxxxxxxxxxxxxxxxxxe
;xxxxxxxxxxxxxxxxxxxxxxxxxxxxxxxxxxxxxxxxxxxxxxxxxxxxxxxxxxxxf
;xxxxxxxxxxxxxxxxxxxxxxxxxxxxxxxxxxxxxxxxxxxxxxxxxxxxxxxxxxxxg
;xxxxxxxxxxxxxxxxxxxxxxxxxxxxxxxxxxxxxxxxxxxxxxxxxxxxxxxxxxxxh
;xxxxxxxxxxxxxxxxxxxxxxxxxxxxxxxxxxxxxxxxxxxxxxxxxxxxxxxxxxxxi
;xxxxxxxxxxxxxxxxxxxxxxxxxxxxxxxxxxxxxxxxxxxxxxxxxxxxxxxxxxxxj
```

18.0.4 Das Bootmenü

98 Das Bootmenü zählt zwar nicht zu den System- oder Konfigurationsdateien von Windows 98/95, da es aber in diesem Zusammenhang mehrfach erwähnt wurde, erfolgt an dieser Stelle eine kurze Erläuterung der einzelnen Möglichkeiten.

Standardmäßig erscheint das Bootmenü nur dann, wenn es entweder über die Taste F8 aufgerufen wurde, während die Startmeldung von Windows 98/95 am Bildschirm erscheint, oder wenn zuvor ein Systemabsturz stattgefunden hatt.

Je nachdem, wie Sie Windows 98/95 installiert haben, also entweder als Standardinstallation oder mit zusätzlichen Komponenten, wie beispielsweise einem Netzwerk oder einer zusätzlichen DOS-Installation, hat das Bootmenü unterschiedliche Einträge.

Standard. Mit diesem Eintrag erfolgt der Start von Windows 98/95 ohne irgendwelche Einschränkungen.

Protokolliert. Mit dieser Auswahl legt Windows 98/95 die Protokolldatei BOOTLOG.TXT im Hauptverzeichnis der Festplatte an. Hier finden Sie ein Protokoll, das während der Installation von Windows 98/95 angelegt wird.

Abgesichert. Wählen Sie diesen Eintrag, dann wird Windows 98/95 mit einer Minimalkonfiguration an Standardtreibern gestartet. Dazu gehört beispielsweise die VGA-Auflösung mit 640 x 480 Bildpunkten. Konnte das

System nicht korrekt gestartet werden, wird dieser Modus automatisch ausgeführt. Sie haben dann die Möglichkeit, beispielsweise sukzessive weitere spezielle Treiber zu installieren, um so die Fehlerquelle einzukreisen.

Abgesichert mit Netzwerk. Diese Möglichkeit steht Ihnen nur dann zur Verfügung, wenn eine Anbindung an ein Netzwerk installiert wurde. Es werden in diesem Fall zusätzlich zu den Standardtreibern des abgesicherten Modus auch noch die Netzwerktreiber geladen.

Einzelbestätigung. In diesem Modus müssen Sie die einzelnen Konfigurationsschritte beim Systemstart einzeln bestätigen. Dies ist auch bei der Abarbeitung der Startdateien AUTOEXEC.BAT und CONFIG.SYS der Fall. Sie können auf diese Weise aufgrund eventueller Fehlerrückmeldungen feststellen, bei welchem Befehlsaufruf es zu einem Problem kommt.

Nur Eingabeaufforderung. Es wird im DOS-Modus von Windows 98/95 gestartet, und Sie gelangen an den DOS-Prompt. Von dort aus können Sie entweder DOS-Befehle ausführen oder mit dem Befehl WIN Windows 98/95 starten.

Abgesichert, nur Eingabeaufforderung. Es wird, wie im abgesicherten Modus nur eine Minimalkonfiguration gestartet. Zusätzlich wird auf die grafische Oberfläche verzichtet, und Sie befinden sich am DOS-Prompt.

Vorherige MS-DOS-Version. Diesen Eintrag finden Sie nur dann im Bootmenü, wenn sich auf Ihrer Festplatte noch eine ältere DOS-Version vor der Installation von Windows 98/95 befindet.

18.1 Die Windows 98/95-Registry

98

Nicht nur Windows 3.11 legt Systemdateien an, sondern auch Windows 98/95. Allerdings ist hier mindestens genausoviel Vorsicht geboten wie unter Windows 3.11, denn diese Dateien können bei Veränderungen großen Ärger bereiten und im Extremfall sogar das Starten von Windows 98/95 verhindern.

Das Zentrum des Systems von Windows 98/95 ist die sogenannte *Registry*, mit der die vielfältigen Initialisierungsdateien, die unter Windows 3.11 üblich waren, sozusagen unter einen Hut gebracht werden sollen. Hundertprozentig kann dies jedoch erst dann greifen, wenn alle Anwendungen unter Windows 98/95 installiert sind und ausschließlich die Registrierdatenbank für das Konfigurieren zuständig ist.

Ist dies nicht der Fall, dann sind auf einem Rechner, der die Möglichkeit bietet unter DOS, Windows 3.11 und Windows 98/95, die folgenden Konfigurationsdateien aktiv:

- AUTOEXEC.BAT
- CONFIG.SYS
- WIN.INI
- SYSTEM.INI
- REGISTRY

Es kann sein, daß mehrere Einträge in den Dateien WIN.INI und SYSTEM.INI auch in der REGISTRY vorhanden sind. Allerdings sind diese Einträge nur für Windows 98/95 interessant. Alle anderen Informationen finden die entsprechenden Anwendungsprogramme nach wie vor in den Dateien WIN.INI und SYSTEM.INI, damit die Kompatibilität nicht verlorengeht.

Wenn Sie Ihren Rechner starten, dann werden zuerst die Befehle in den Startdateien AUTOEXEC.BAT und CONFIG.SYS ausgeführt. Anschließend werden alle Befehle der Registry ausgeführt und danach die Einträge in der Stapelverarbeitungsdatei WINSTART.BAT.

Unter der Oberfläche der REGISTRY stecken die meisten Konfigurationsinformationen, die Sie mit einem speziellen Editor sichtbar machen und auch bearbeiten können. Es handelt sich um *RegEdit*, den Registrierungseditor.

Sie werden diesen Editor vergeblich auf dem Desktop suchen, wenn Sie Windows 98/95 standardmäßig installieren. Dies wurde aus gutem Grund so eingerichtet, denn mit diesem Hilfsmittel können Sie die Systemeinstellungen so nachhaltig ändern, daß gar nichts mehr geht.

Falls Sie diesen Editor einsetzen wollen, müssen Sie auf jeden Fall vorher Sicherheitskopien der Dateien SYSTEM.DAT und USER.DAT anfertigen. Außerdem sollten Sie eine Startdiskette anlegen. Dies ist in Kapitel 1.3 beschrieben. In der Datei SYSTEM.DAT werden alle Einstellungen des Systems und in der Datei USER.DAT werden alle Einstellungen des Benutzers gespeichert, der sich aktuell im System angemeldet hat.

Eine Sicherheitskopie der Dateien SYSTEM.DAT und USER.DAT legen Sie mit den folgenden Arbeitsschritten an:

- Die beiden erwähnten Dateien werden im Verzeichnis \WINDOWS gespeichert. Allerdings sind sie mit Attributen versehen, die sie nicht ohne weiteres sichtbar machen.
- Rufen Sie den Explorer auf, wechseln Sie in das Verzeichnis \WINDOWS, und wählen Sie den Befehl OPTIONEN aus dem Menü ANSICHT. Aktivieren Sie im Dialogfenster OPTIONEN die Funktion ALLE DATEIEN ANZEIGEN.

18 Durchblick bei den Windows-Startdateien

▶ Sie sehen auch die Dateien SYSTEM.DA0 und USER.DA0. Ziehen Sie alle vier Dateien mit der Maus auf das Laufwerk, in dem sich der Datenträger für die Datensicherungen befindet. Sollten Sie Änderungen vornehmen, die das System nicht mehr starten lassen oder einen sonstigen Fehler hervorrufen, dann kopieren Sie diese Dateien wieder in das erwähnte Verzeichnis.

Abb. 18.14: Der Explorer mit den markierten Dateien SYSTEM.DAT und USER.DAT

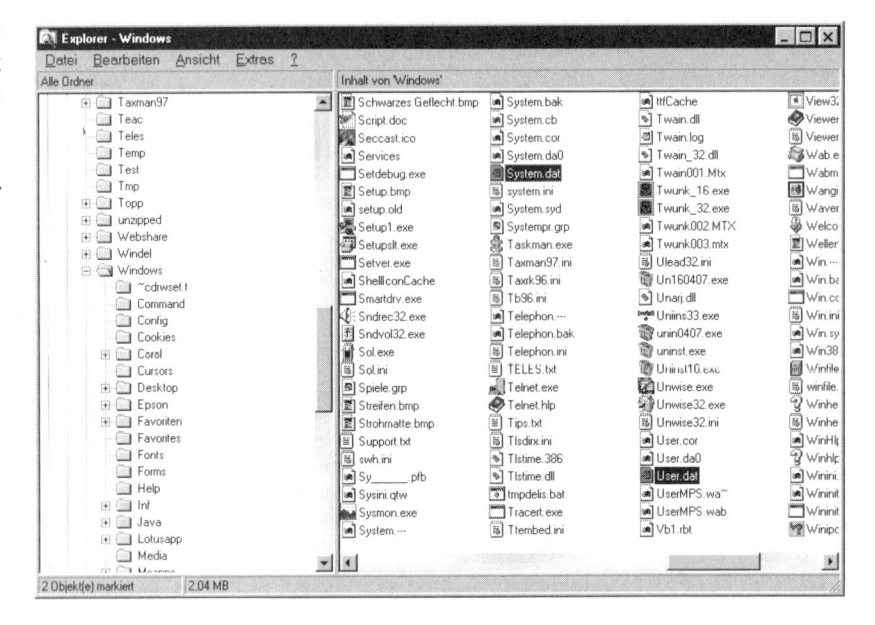

Den Registrierungseditor REGEDIT laden Sie mit den folgenden Arbeitsschritten:

▶ Rufen Sie den Explorer auf, indem Sie die Schaltfläche START in der Task-Leiste mit der rechten Maustaste anklicken und aus dem Untermenü den Befehl EXPLORER wählen.

▶ Wechseln Sie in das Verzeichnis \WINDOWS, und doppelklicken Sie den Eintrag REGEDIT an.

▶ Alternativ dazu können Sie auch den Befehl START | AUSFÜHREN verwenden, im Dialogfenster AUSFÜHREN einfach das Wort *Regedit* eingeben und die Schaltfläche OK anklicken.

▶ Es öffnet sich das Dialogfenster REGISTRIERUNGSEDITOR.

Abb. 18.15:
Der Registrierungseditor mit den sechs Unterverzeichnissen

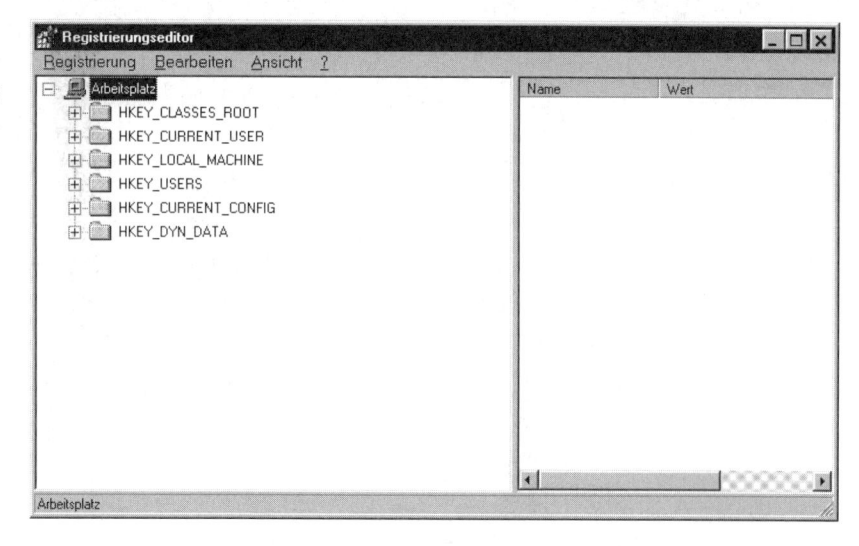

```
Registrierungseditor
Registrierung  Bearbeiten  Ansicht  ?

Arbeitsplatz                          Name        Wert
├─ HKEY_CLASSES_ROOT
├─ HKEY_CURRENT_USER
├─ HKEY_LOCAL_MACHINE
├─ HKEY_USERS
├─ HKEY_CURRENT_CONFIG
└─ HKEY_DYN_DATA

Arbeitsplatz
```

Sie sehen eine Verzeichnisstruktur mit insgesamt sechs Unterverzeichnissen, die jeweils die folgenden Bedeutungen bzw. Aufgaben haben. Das vorangestellte Wort HKEY steht für HANDLEKEY und zeigt Ihnen, daß Sie unter einem solchen Punkt noch weitere Unterpunkte bzw. Unterverzeichnisse finden. Sie erkennen das Vorhandensein eines solchen Unterverzeichnisses an einem vorangestellten Pluszeichen. Klicken Sie dieses Pluszeichen an, dann wird das entsprechende Unterverzeichnis geöffnet. Alternativ dazu können Sie sich auch mit den Pfeiltasten der Tastatur durch die hier angezeigte Hierarchie bewegen.

Vom logischen Aufbau her gesehen, stellt die Systemregistrierung von Windows 98/95 eine einheitliche Datenbank dar, die eine Baumstruktur hat. Diese ist in etwa mit der Verzeichnisstruktur auf einem Datenträger, wie beispielsweise einer Diskette oder einer Festplatte, vergleichbar. Im übertragenen Sinne würde dies bedeuten, daß dem Eintrag in der Registrierung ein Dateiname entspräche.

Der Eintrag besteht aus zwei Teilen, und zwar dem Wertenamen und dem Wert selbst. Der Wertename repräsentiert den Eintrag so, wie der Dateiname eine Datei, und der Wert selbst entspricht dem Inhalt der Datei.

Die Registrierungseinträge finden Sie in Schlüsseln und Unterschlüsseln. Auf den Vergleich mit einem Datenträger bezogen, entsprächen die Schlüssel und Unterschlüssel den Verzeichnissen und Unterverzeichnissen des Datenträgers.

Wenn Sie den Eintrag eines Unterschlüssels in der linken Fensterhälfte markieren, dann werden seine Werte in der rechten Fensterhälfte angezeigt. Es existiert zwar immer ein Eintrag, der als »Standardwert« bezeichnet wird, jedoch muß dieser keinen Wert enthalten.

Öffnen Sie als Beispiel den Unterschlüssel *HKEY_CURRENT_ CONFIG\Display\Settings*. Sie sehen hier die gesetzten Werte für die Bildschirmauflösung, für die Anzahl der Farben usw.

Windows 98/95 liest diese Werte beim Systemstart und richtet seine Konfiguration danach aus.

Einträge in Unterschlüsseln können entweder, wie in diesem Beispiel, aus Zeichenketten bestehen oder eine Folge von binären Daten sein. Handelt es sich um eine Zeichenkette, dann erkennen Sie dies an dem vorangestellten »ab«.

Sie finden in der Registry Hunderte von Einträgen, entweder in lesbarer Form oder als verschlüsselte Informationen. Die Einträge bzw. Werte unterscheiden sich je nach Hard- und Softwarekonfiguration.

Abb. 18.16:
Der Inhalt eines Unterschlüssels, der für die Bildschirmanzeige zuständig ist.

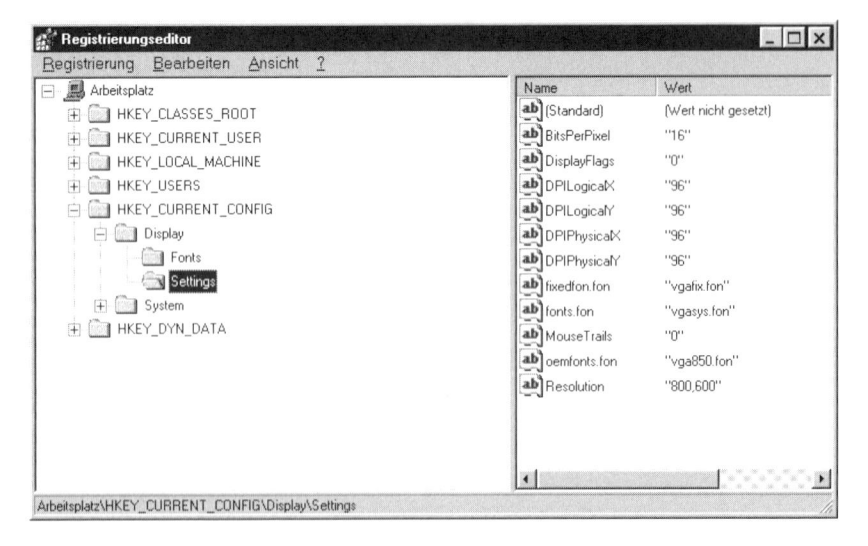

Im folgenden wird die Bedeutung der einzelnen Hauptschlüssel kurz erläutert.

HKEY_CLASSES_ROOT

Diese Kategorie gab es bereits in Windows 3.1. Hier hatte sie die Aufgabe, Informationen zu OLE (Object Linking and Embedding) und Drag&Drop (Ziehen und Ablegen mit der Maus) in einer Datei zusammenzufassen, die als Vorläufer der Registry angesehen werden kann.

In dem Hauptschlüssel finden Sie eine lange Liste von Dateiendungen wie beispielsweise BMP, EXE, CDR, AVI usw. Die meisten dieser Einträge haben keine Unterschlüssel, weisen aber Zeichenwertketten wie *CorelDraw.Grafic.8*, *WinZip*, *PSP.Image* usw. auf.

Diese Einträge finden Sie auch noch in der Kategorie *HKEY_LOCAL_MACHINE\SOFTWARE\Classes*. Hier finden Sie weitere Unterschlüssel wie beispielsweise Default Icon (dahinter versteckt sich das Symbol, mit dem eine Datei angezeigt wird), Shell (Informationen, die zum Öffnen und Drucken der Datei benötigt werden) und einiges mehr.

Sie können HKEY_CLASSES_ROOT als eine Datenbank ansehen, die Informationen darüber enthält, wie mit einem bestimmten Dateityp verfahren werden kann. Führen Sie beispielsweise einen Doppelklick auf eine CDR-Datei (CorelDraw) aus, dann informiert sich Windows 98/95 hier, mit welchem Programm diese Datei zu öffnen ist, und ruft das entsprechende Programm auf.

Abb. 18.17:
Hier sehen Sie die Zuordnung zwischen der Dateiendung CDR und dem Programmnamen CorelDraw.

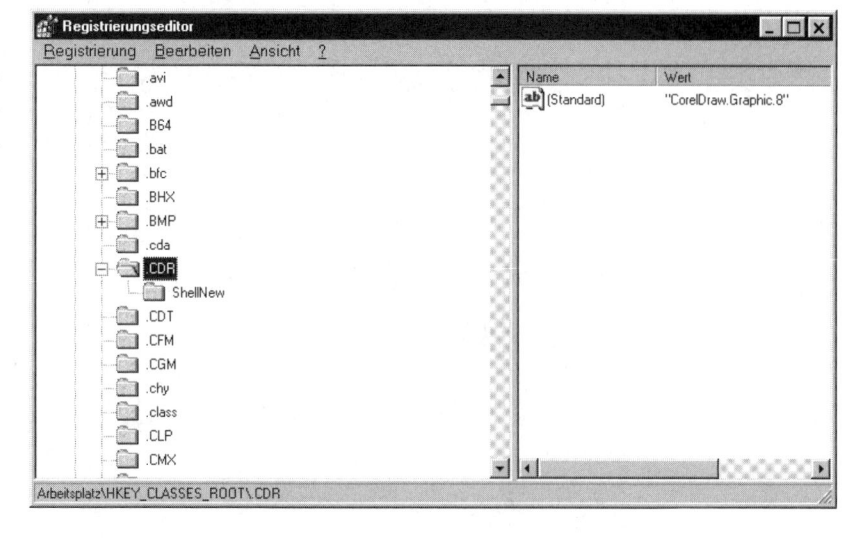

HKEY_CURRENT_USER

Hier sind die Einstellungen der direkten Systemumgebung für einen aktuellen Benutzer gespeichert. Da Windows 98/95 in der Lage ist, für mehrere Anwender individuelle Systemumgebungen anzulegen, finden Sie hier gegebenenfalls auch die Einstellungen für mehrere Anwender. Beispielsweise finden Sie unter *\AppEvents\Appearance\Colors* Einstellungen, die die Farben der auf dem Arbeitsbildschirm dargestellten Elemente, wie Dialogfenster, Titelleisten, Menüs usw., festlegen.

Diese Kategorie enthält zumindest einen Eintrag namens *Default*. Hier ist das Standardprofil für diejenigen Anwender gespeichert, die ohne ein eigenes Benutzerprofil, also mit den Standardeinstellungen, auskommen. Wird ein neuer Benutzer eingetragen, kann er eigene Parameter festlegen, die dann in seinem eigenen Profil gespeichert werden.

Damit in dieser Kategorie die Parameter für einzelne Benutzer abgelegt werden können, muß zuerst die entsprechende Funktion aktiviert sein. Aktivieren Sie dazu in der Systemsteuerung das Icon KENNWÖRTER, und wechseln Sie in die Registerkarte BENUTZERPROFILE.

Aktivieren Sie die Funktion BENUTZER KÖNNEN DIE VORGABEN UND DESKTOP-EINSTELLUNGEN ÄNDERN. BEIM ANMELDEN WERDEN DIE INDIVIDUELLEN EINSTELLUNGEN DES BENUTZERS WIEDERHERGESTELLT.

Es stehen Ihnen nun die Einstellungen für Benutzerprofile zur Verfügung.

**Abb. 18.18:
Die Einstellungen für die Benutzerprofile**

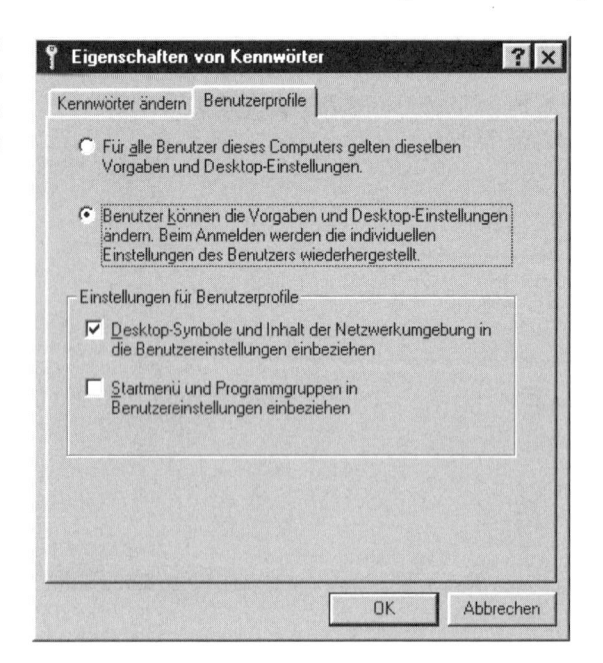

Nachdem ein persönliches Benutzerprofil angelegt wurde, enthält die Kategorie *HKEY_USERS* einen Unterschlüssel mit dem Profilnamen des angelegten Benutzers. Eine Liste mit den Benutzerprofilen finden Sie in diesem Fall dann auch unter *HKEY_LOCAL_MACHINE\Software\Microsoft\Windows\Current\Version\ProfileList*.

HKEY_LOCAL_MACHINE

Dies ist der wichtigste Abschnitt in der Registry, da hier die Hardwareeinstellungen gespeichert sind. Dies betrifft beispielsweise die Schriftart der auf dem Arbeitsbildschirm verwendeten Titelleisten, Menüs, Dialogfenster usw. Außerdem werden hier die Treiber zu den Hardwarekomponenten verwaltet, Netzwerkparameter gespeichert und vieles mehr.

Im Unterschlüssel *Config* ist eine Liste der aktuellen Hardwarekonfiguration enthalten. Wird Windows 98/95 gestartet, dann werden die Einträge und die vorgefundene Hardwarekonfiguration verglichen, und es wird eine passende Konfiguration aus dem Unterschlüssel HKEY_LOCAL_MACHINE\Config herausgesucht.

Diese Vorgehensweise ermöglicht es Windows 98/95, sich an unterschiedliche Hardware-Umgebungen anzupassen, wie dies beispielsweise bei Docking-Stations der Fall ist.

Sehen Sie sich auch einmal den Unterschlüssel *Enum* an. Hier finden Sie alle Geräte, die beim Starten von Windows 98/95 am Systembus vorgefunden wurden, beispielsweise das BIOS, die installierten Laufwerke oder den Monitor.

Informationen über die installierten Schnittstellen erhalten Sie im Unterschlüssel *Hardware*, und im Unterschlüssel *Network**Logon* sehen Sie beispielsweise den Usernamen Ihres Systems.

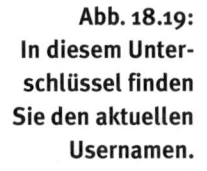

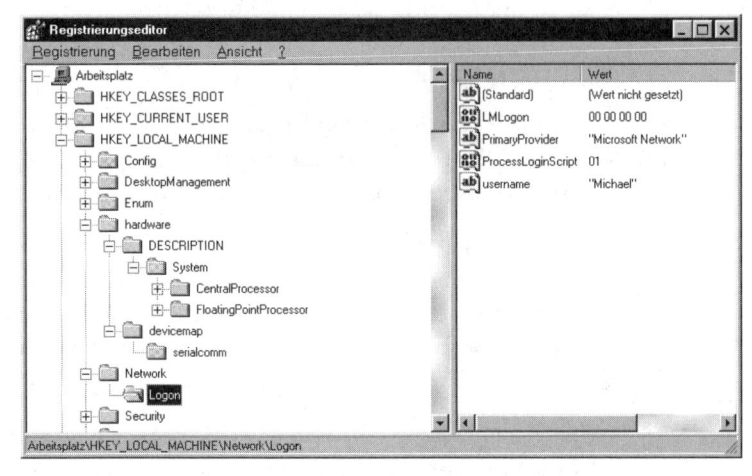

Abb. 18.19:
In diesem Unterschlüssel finden Sie den aktuellen Usernamen.

HKEY_USERS

In diesem Verzeichnis werden benutzerspezifische Informationen gespeichert. Dazu zählen beispielsweise Bildschirmeinstellungen, Einstellungen für die Maus, die Soundkarte, die Tastatur usw.

Unter Windows 98/95 ist es möglich, verschiedene Benutzerprofile anzulegen, und in jedem einzelnen Profil die individuellen Bedürfnisse bzw. Wünsche des jeweiligen Anwenders zu berücksichtigen. Wenn sich ein bestimmter Benutzer im System anmeldet, wird hier nach den entsprechenden Einstellungen gesucht.

Befinden Sie sich innerhalb eines Netzwerks, dann können diese Daten auch auf einem Server abgelegt werden. Die benutzerspezifische Konfiguration wird beim Anmelden des jeweiligen Anwenders geladen, egal an welchem Rechner er sich momentan befindet.

HKEY_CURRENT_CONFIG

Hier finden sich vorwiegend Gerätekonfigurationen, wie die Konfiguration des Druckers, des Modems, des Bildschirms usw. Der Hauptschlüssel *HKEY_CURRENT_CONFIG* stellt einen Verweis auf die aktive Konfigurationsumgebung im Unterschlüssel *HKEY_LOCAL_MACHINE\Config* dar, die normalerweise im Eintrag *\Config\0001* zu finden ist.

Windows 98/95 erhält durch diese Einträge schnell Informationen über die Konfiguration des aktuellen Windows-Arbeitssitzung.

HKEY_DYN_DATA

In diesem Verzeichnis befinden sich vorwiegend Adreßdaten. Hier sollten Sie auf keinen Fall Änderungen vornehmen, da die Angabe von falschen Adressen sehr schnell zu einem Systemabsturz führen kann.

Die Einträge in diesen Schlüsseln sind überwiegend dynamische Konfigurationsinformationen, das heißt es sind Daten, die während einer Windows-Arbeitssitzung so oft gelesen werden, daß sie aus Geschwindigkeitsgründen von der Festplatte in den Arbeitsspeicher kopiert wurden, um von dort aus gelesen zu werden.

Im Unterschlüssel *\ConfigManager* finden Sie eine Auflistung der installierten Hardware, sowie die dazugehörigen Schlüssel, damit die Hardware identifiziert werden kann. Außerdem wird der Status der einzelnen Geräte angezeigt.

Abb. 18.20:
Hier sehen Sie beispielsweise den Status eines installierten Modems.

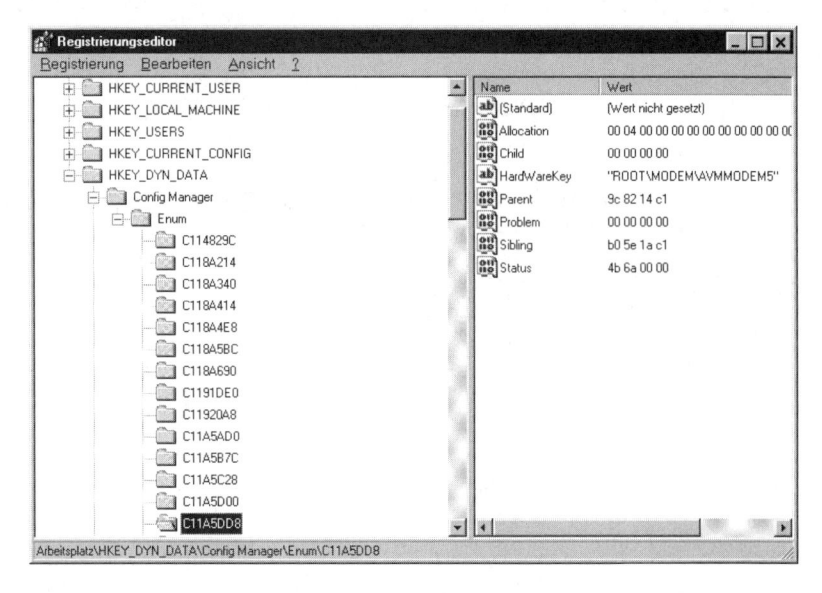

18.1.1 Änderungen an der Windows 98/95-Registry

Es ist sehr gefährlich, an den Einträgen der Registrierung etwas zu ändern, egal, um welches Verzeichnis oder um welchen Eintrag es sich handelt. Sie sollten sich vor einer Änderung auf jeden Fall sicher sein, was Sie tun, denn Experimente an der Registry können sehr schnell zu einem Systemabsturz führen und im schlimmsten Fall auch den Neustart Ihres Computers verhindern.

Nachfolgend sehen Sie, wie Änderungen an den Einträgen der Windows 98/95-Registry vorgenommen bzw. wie neue Einträge hinzugefügt werden.

In diesem Beispiel soll das Erscheinen der Popup-Menüs, die zu einem Eintrag im Startmenü angezeigt werden, beschleunigt werden. Sie müssen dazu in der Registry im passenden Unterschlüssel einen entsprechenden Eintrag und einen Wert hinzufügen. Verfahren Sie dazu wie folgt.

Rufen Sie die Registry mit dem Befehl START | AUSFÜHREN und der Eingabe REGEDIT auf.

- Öffnen Sie den Eintrag *HKEY_CURRENT_USER*, indem Sie auf das vorangestellte Pluszeichen klicken.
- Öffnen Sie auf dieselbe Weise den Unterschlüssel *ControlPanel*.
- Öffnen Sie den Unterschlüssel *Desktop*.
- Öffnen Sie den Unterschlüssel *WindowMetrics*.
- Klicken Sie in der rechten Fensterhälfte mit der rechten Maustaste auf einen beliebigen Bereich.

- Wählen Sie den Eintrag NEU | ZEICHENFOLGE. Zu den bereits bestehenden Einträgen wird ein neuer Eintrag hinzugefügt. Sie können den markierten, vorläufigen Namen sofort überschreiben. Nennen Sie den neuen Eintrag MENUSHOWDELAY.

Abb. 18.21:
Legen Sie einen neuen Eintrag innerhalb eines Unterschlüssels an.

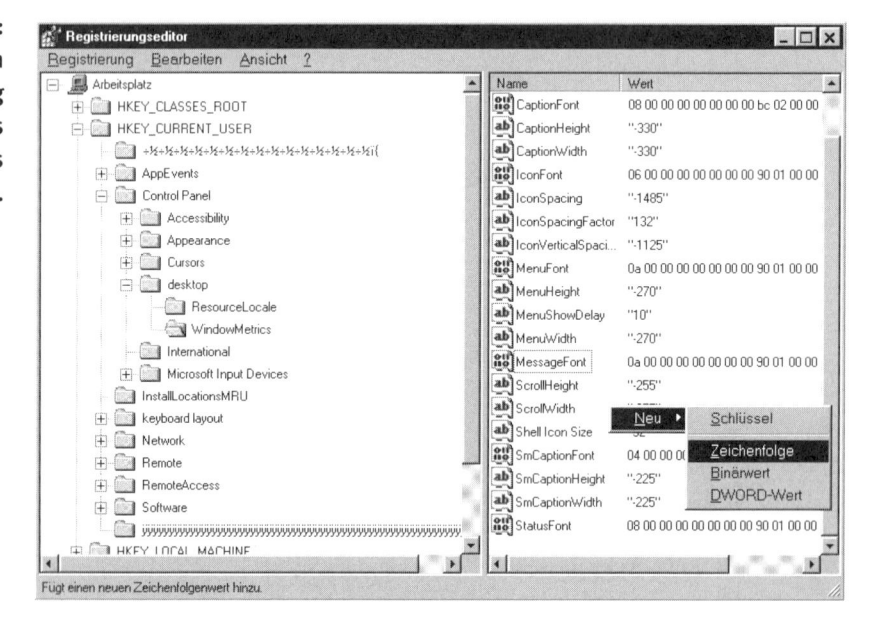

- Nun müssen Sie nur noch einen Wert für diesen Eintrag eingeben. Klicken Sie ihn dazu mit der linken Maustaste an. Es erscheint ein Dialogfenster, in dem Sie unter NAME den Namen des Eintrags sehen und im Feld WERT einen Wert definieren können. Geben Sie hier einen Wert zwischen 5 und 10 ein. Dieser Wert bezieht sich auf die Zeit in Millisekunden, die verstreicht, bis das erwähnte Menü geöffnet wird.
- Abschließend starten Sie Windows neu, damit die Einträge in der Registry zum Einsatz kommen.

Abb. 18.22:
Definieren Sie in diesem Dialogfenster den Wert für einen Eintrag.

18.1 Die Windows 98/95-Registry

Wenn Sie Einstellungen für installierte Geräte ändern wollen, dann finden Sie unter *HKEY_LOCAL_MACHINE* die aktuellen Einstellungen. Eine Änderung kann sich beispielsweise bei Geräten empfehlen, die einen Initialisierungsstring haben, wie dies bei Modems der Fall ist, und bei denen keine Änderung der Einstellungen über ein Menü möglich ist.

Um bei dem Beispiel Modem zu bleiben: Über die Eigenschaften für dieses Gerät können Sie zwar zu dem bestehenden Initialisierungsstring einen zusätzlichen eingeben, jedoch können Sie den Originalstring nicht ändern.

Wechseln Sie in den Unterschlüssel *\System\CurrentControlSet\services\Class\Modem\0000*, dann können Sie sich die Basisinformationen ansehen. Im Eintrag *Init* erscheint der Initialisierungsstring. Alle weiteren Einträge unter *\0000* beinhalten die aktuelle Konfiguration für dieses Gerät.

Wollen Sie einen Eintrag ändern, dann klicken Sie ihn, wie bereits erwähnt, mit der linken Maustaste an und geben im Feld WERT einen abweichenden Wert ein.

Abb. 18.23:
Die Konfigurationsdaten für ein Modem

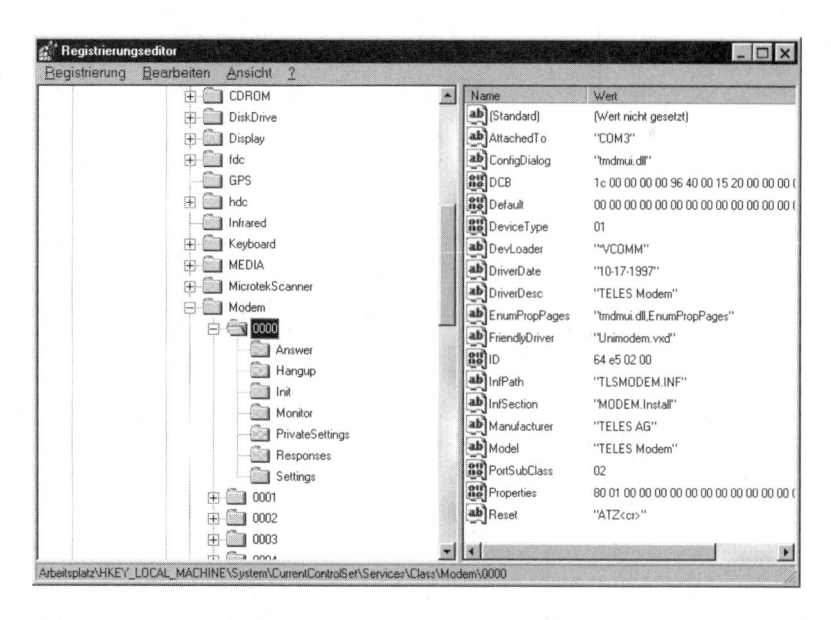

Wenn Sie nicht mehr benötigte Programme von Ihrer Festplatte gelöscht haben, dann ist nicht sicher, ob sich noch Einträge in der Registry befinden, die Sie gar nicht mehr brauchen.

Rufen Sie den Befehl BEARBEITEN | SUCHEN auf, und geben Sie beispielsweise den Namen des Programms oder des Herstellers ein. Für dieses Beispiel wurde der Name *Procomm* gewählt, da sich auf der Festplatte ein Programm namens Procomm Plus befunden hatte.

Das Durchsuchen der Registry kann einige Minuten dauern. Wie Abbildung 18.24 zeigt, wurde ein Eintrag gefunden, der nun gelöscht werden kann. Wurden mehrere Einträge gefunden, dann ist der Befehl WEITERSUCHEN im Menü BEARBEITEN aktiv. Alternativ dazu können Sie auch die Funktionstaste F3 benutzen.

Es werden Einträge und Verweise angezeigt, die Sie löschen können. Sicherheitshalber ist es jedoch empfehlenswert, die Registry, wie bereits beschrieben, zu sichern.

Abb. 18.24:
Die Suchfunktion der Registry ist fündig geworden.

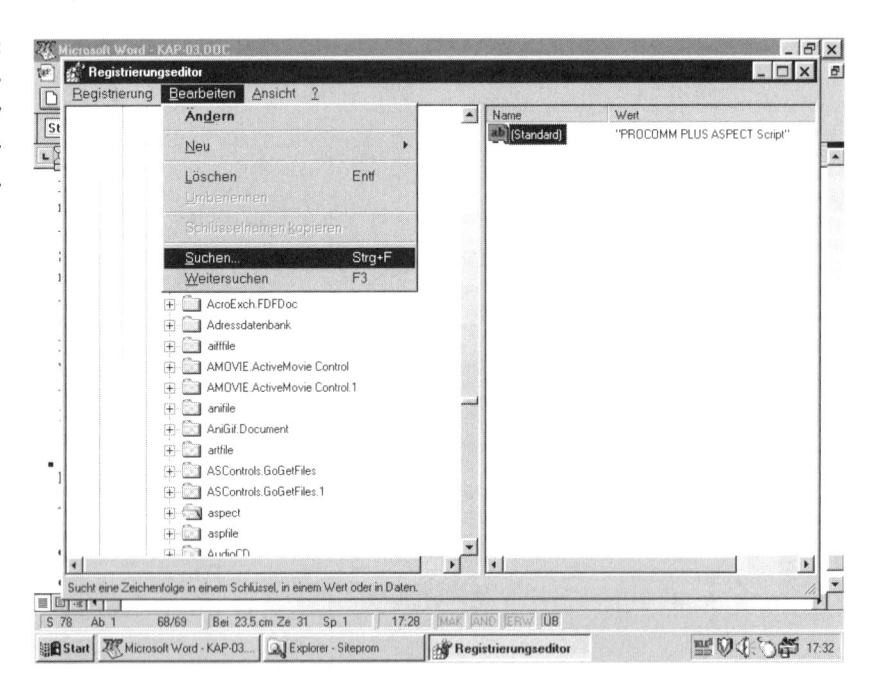

Noch ein wichtiger Hinweis zur Registry: Warten Sie beim Ausschalten des Rechners unbedingt ab, bis dieser ordnungsgemäß heruntergefahren ist. Dies hat folgenden Hintergrund: Wenn Sie Ihren Rechner starten, wird ein Teil der Informationen, die sich in der Registry befinden, in den Arbeitsspeicher geladen. Diese Daten repräsentieren den aktuellen Systemzustand und werden laufend den sich wechselnden Bedingungen angepaßt. Fahren Sie Ihren Rechner vor dem Ausschalten wieder herunter, dann werden diese Informationen wieder in die Registry zurückgeschrieben, und an alle laufenden Programme ergeht eine Aufforderung, daß diese auch ihrerseits die Daten- und Programmdateien ordnungsgemäß schließen. Jede Anwendung erhält eine bestimmte Zeit, um diese Aufgaben zu verrichten. Je nachdem, wie viele Programme davon betroffen sind und wie schnell der Rechner ist, können einige Minuten vergehen. Hier kann das Gefühl aufkommen, der

Rechner wäre abgestürzt, da sich offensichtlich nichts mehr rührt. Dies trifft jedoch normalerweise nicht zu. Ist dieser Prozeß beendet, dann wird die Registry aktualisiert, das heißt, die dynamischen Daten werden zurückgeschrieben. Dieser Vorgang kann auch eine Weile dauern. Schalten Sie nun während dieses Vorgangs den Rechner einfach aus, dann wird die Registry beschädigt. Sie merken dies beim nächsten Start an einer entsprechenden Fehlermeldung. Windows 98/95 legt jedoch auch beim Umschreiben der Registrierungsdatenbank Sicherheitskopien unter den Namen USER.DA0 und SYSTEM.DA0 an. Auf diese Kopien wird dann zugegriffen, wenn die Registry beschädigt wurde. Die erwähnten Dateien werden in diesem Fall umkopiert. Sofern die Sicherungskopien in Ordnung sind, wird mit dem Systemzustand gestartet, der vor der letzten Arbeitssitzung geherrscht hatte. Sind die Sicherheitskopien ebenfalls beschädigt, ist es Windows 98/95 nicht möglich zu starten. Als einzige Möglichkeit bleibt Ihnen dann nur noch, Ihren Rechner im MS-DOS-Modus zu starten und die Sicherungskopien USER.DAT und SYSTEM.DAT zu benutzen. Sie sollten von diesen beiden Dateien, die Sie im Verzeichnis \WINDOWS finden, immer eine Sicherungskopie auf Diskette aufbewahren, um sie gegebenenfalls wieder in dieses Verzeichnis zurücksichern zu können.

18.2 Hilfsprogramme für die Systemeinstellungen

Auf der beiliegenden CD finden Sie einige nützliche Hilfsprogramme, die Ihnen bei Problemen weiterhelfen oder die Arbeit mit Windows und seinen Anwendungen erleichtern können.

18.2.1 Bitness 1.0

Das Programm Bitness zeigt Ihnen, welche Module und Bibliotheken unter Windows 98/95 gerade geladen sind.

Sie sehen auf einen Blick, ob es sich bei einem Modul oder einer Bibliothek um ein 16-Bit- oder um ein 32-Bit-Programm handelt.

Ein solches Programm wird Ihnen dann eine große Hilfe sein, wenn es bei einer Fehlersuche darum geht, einen Systemzustand hinsichtlich geladener Module und Bibliotheken aufzustellen. Sie erhalten mitunter in Fehlermeldungen Hinweise darauf, daß ein gewisses Modul oder eine gewisse Bibliothek Probleme bereitet. Mit Bitness haben Sie es schnell gefunden bzw. können Sie feststellen, ob es sich überhaupt im System befindet.

Sie können durch das Anklicken der Schaltfläche REFRESH jederzeit einen aktuellen Stand herstellen. Im Listenfenster sehen Sie folgende Angaben:

- Die Namen der Module bzw. Bibliotheken, die geladen sind.
- Einen Hinweis, ob es sich bei dem Modul oder der Bibliothek um ein 16-Bit- oder um ein 32-Bit-Programm handelt.
- Einen Zähler, der aussagt, wie oft innerhalb einer Sitzung auf das Modul bzw. auf die Bibliothek zugegriffen wurde.

Das Programm kann unauffällig in der Task-Leiste angezeigt werden, stört also nicht auf dem Bildschirm. Mit der Schaltfläche EXIT schließen Sie das Programm.

Beachten Sie, daß ein 32-Bit-Modul nur von einer 32-Bit-Anwendung erkannt werden kann. Ebenso verhält es sich mit 16-Bit-Modulen. Bei der Installation von Bitness werden zwei Programme installiert. Das Programm BNS16.EXE kann nicht separat ausgeführt werden, sondern dient lediglich zum Aufspüren von 16-Bit-Modulen und 16-Bit-Bibliotheken. Löschen Sie dieses Programm auf keinen Fall.

Abb. 18.25: Eine Auflistung von Modulen und Bibliotheken, die auf einem System aktiv sind.

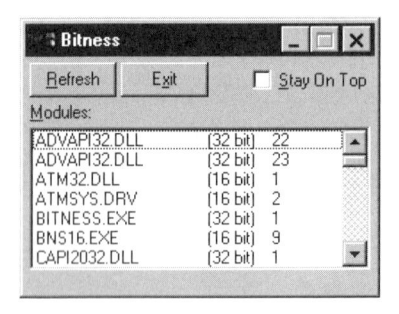

18.2.2 System Monitor 32

Falls Sie Schwierigkeiten mit dem Arbeitsspeicher Ihres Systems haben, können Sie diesen Ressourcen-Monitor zu Rate ziehen. Das Programm überwacht die folgenden Komponenten in Echtzeit:

- die CPU-Performance
- den Timer
- den Arbeitsspeicher
- den virtuellen Arbeitsspeicher
- die System-Ressourcen (GDI, USER)
- bis zu drei Festplattenlaufwerke

System Monitor 32 läuft auf Windows NT 3.1, Windows NT 3.5, Windows NT 3.51 und Windows 98/95.

Alle Informationen werden in einer intuitiven grafischen Umgebung dargestellt, und Sie können auf einen Blick kritische Komponenten Ihres Systems erkennen.

Sie können System Monitor 32 Ihren individuellen Bedürfnissen anpassen. Wählen Sie dazu den Befehl PREFERENCES aus dem Menü OPTIONS. Es erscheint ein Dialogfenster, in dem Sie das Programm benutzerdefiniert anpassen können.

Abb. 18.26:
Passen Sie System Monitor 32 an Ihre individuellen Bedürfnisse an.

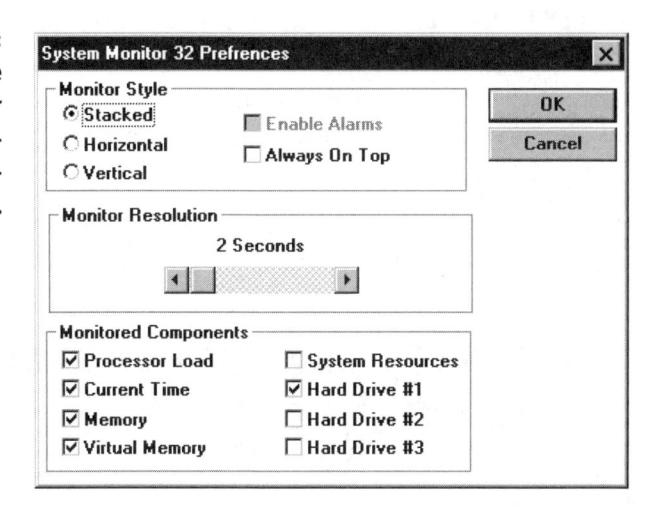

Unter MONITOR STYLE finden Sie Funktionen, mit denen Sie das Ansichtsfenster des Programms beeinflussen können. Die standardmäßige Voreinstellung ist STACKED. Wenn Sie beispielsweise VERTICAL, aktivieren dann werden die einzelnen Systemparameter innerhalb des Fensters untereinander aufgelistet. Die Funktion HORIZONTAL bewirkt eine waagerechte Anzeige aller Parameter nebeneinander.

Wenn Sie das Monitorfenster betrachten, sehen Sie eine rote Kurve, die in rhythmischen Abständen weitergeführt wird. Mit dem Schieberegler MONITOR RESOLUTION können Sie den zeitlichen Abstand einstellen, mit dem die Werte ermittelt werden. Sie können Werte zwischen 1 und 60 Sekunden wählen.

Unter MONITOR COMPONENTS können Sie festlegen, welche der eingangs erwähnten Komponenten überprüft werden sollen. Standardmäßig sind alle Komponenten aktiviert, und Sie sollten es normalerweise auch bei dieser Einstellung belassen.

Der rote Kreis repräsentiert den Arbeitsspeicher, während der grüne Kreis die Auslastung des virtuellen Arbeitsspeichers anzeigt.

Abb. 18.27:
Die Anzeige von System Monitor

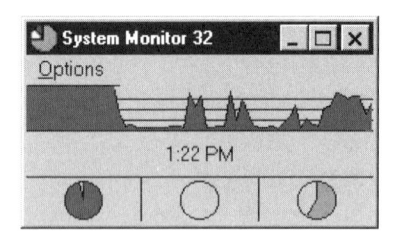

18.2.3 SiSoft Sandra 4.1

Das Programm SiSoft Sandra 4.1 analysiert Ihr Windows-98/95-System bis in das letzte Byte und listet Ihnen die Ergebnisse in übersichtlichen Tabellen auf. Es enthält mehrere Benchmarktests für alle wichtigen Komponenten des Systems.

Das Programm geht dabei auch auf Spezialitäten wie DirectX-Treiber, OLE, wichtige INI-Dateien, DOS-Speicher, Informationen über aktive Prozesse usw. ein.

Abb. 18.28:
Der Auswahlbildschirm von SiSoft Sandra 4.1

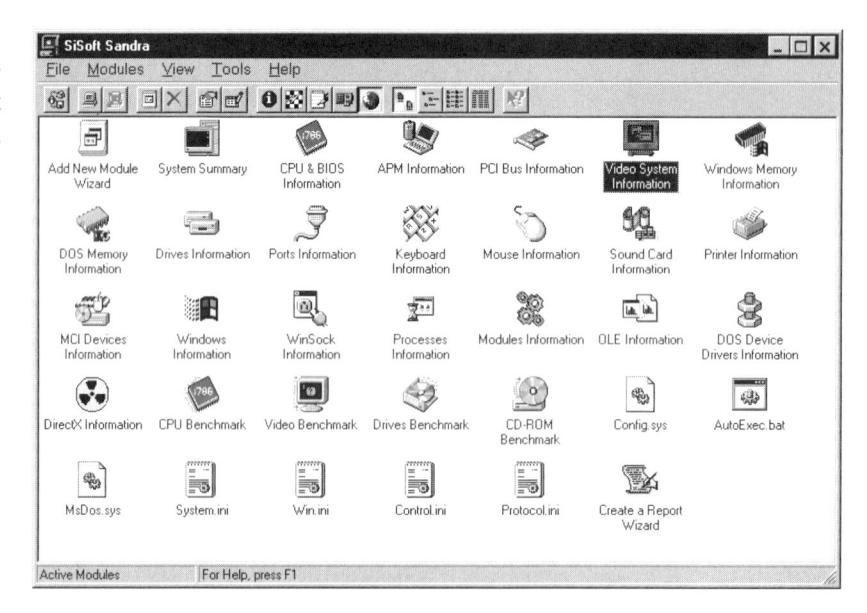

Das Programm ist in die folgenden Module unterteilt:

- Systeminformations-Module
- Benchmark-Module
- Datei-Anzeige-Module

Systeminformations-Module

- **System Summary.** Sie erhalten mit diesem Icon eine grobe Übersicht über Ihr System und die betreffenden Status. Dies ist dann sinnvoll, wenn Sie einen kurzen und prägnanten Überblick über Ihr System erhalten wollen.
- **CPU&BIOS Information.** Sie erhalten hier unter anderem detaillierte Informationen über folgende Geräte: System-BIOS, CPU-Informationen und -Features, Motherboard- und Chipset-Informationen, sowie BUS-Informationen.
- **APM Information.** Sie erhalten hier unter anderem detaillierte Informationen über das APM-Interface, den Power-Status, den Battery-Status und den Systemstatus.
- **PCI Bus Information.** Sie erhalten hier unter anderem detaillierte Informationen über das oder die PCI-Bussystem(e) und die Geräte bzw. Erweiterungskarten, die mit diesem Bus verbunden sind, sowie Interface-Informationen und Informationen über die Gerätekapazitäten.
- **Video System Information.** Sie erhalten hier unter anderem detaillierte Informationen über den Monitor, den oder die Video-Adapter, den oder die Video-Treiber und über das Video-BIOS der Karte(n).
- **Windows Memory Information.** Sie erhalten hier unter anderem detallierte Informationen über die physikalischen und virtuellen Speicher bzw. Swap Files, über Systemressourcen, Heap-Informationen und über den von Windows verwendeten Basisspeicher. Darüber hinaus erhalten Sie im oberen Teil des Dialogfensters eine visuelle Anzeige des gesamten Arbeitsspeichers, des physikalischen Arbeitsspeichers, der 16-Bit-GDI-Ressourcen und der 16-Bit-User-Ressourcen. Sie können diese Anzeige mit der Schaltfläche UPDATE immer wieder auf den neuesten Stand bringen, während das Dialogfenster geöffnet ist (siehe Abbildung 18.29).
- **DOS Memory Information.** Sie erhalten hier unter anderem detaillierte Informationen über den DOS-Arbeitsspeicher bezüglich des Basis-Arbeitsspeichers, des UMB-Speichers, des Erweiterungs- und Expansionsspeichers, der High-Memory-Area sowie über DPMI und VCPI. SiSoft Sandra schafft eine virtuelle DOS-Arbeitsumgebung.
- **Drivers Information.** Sie erhalten hier unter anderem detaillierte Informationen zu logischen und physikalischen Laufwerken, zu Laufwerkscaches, zu Partitionsdaten, zu Laufwerksstatistiken usw.
- **Ports Information.** Sie erhalten hier unter anderem detaillierte Informationen über die parallelen (LPT) und seriellen (COM) Schnittstellen Ihres Systems.

Abb. 18.29:
Informationen über die Windows-Arbeitsspeicherumgebung

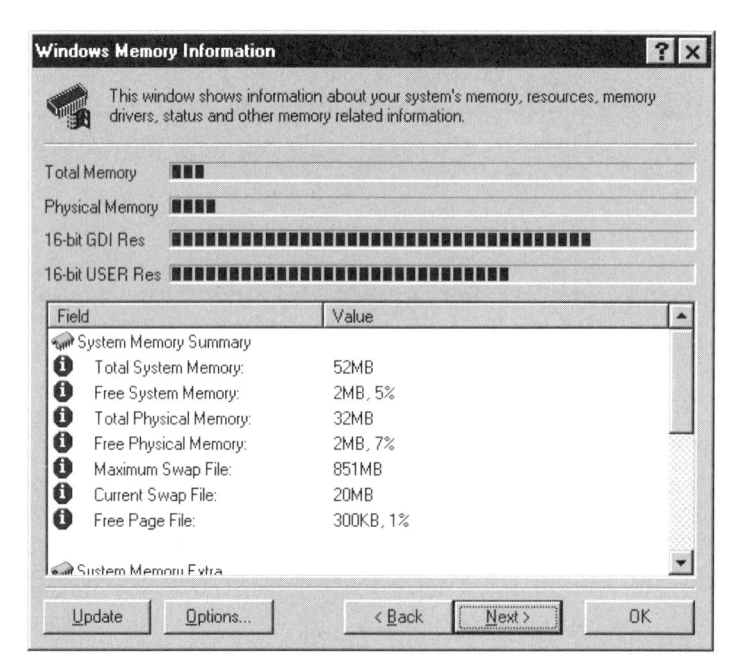

- **Keyboard Information.** Sie erhalten hier unter anderem detaillierte Informationen über die angeschlossene Tastatur, über die installierten Treiber, über die aktuelle Konfiguration usw.
- **Mouse Information.** Sie erhalten hier unter anderem detaillierte Informationen über die angeschlossene Maus sowie über den aktuellen Treiber, über die Konfigurationsdaten, belegte Interrupts, Maustastenbelegungen usw.
- **Sound Card Information.** Sie erhalten hier unter anderem detaillierte Informationen über eine installierte Soundkarte, den Treiber sowie über weitere MIDI-Geräte, sofern vorhanden.
- **Printer Information.** Sie erhalten hier unter anderem detaillierte Informationen über die auf Ihrem System installierten Drucker und Druckertreiber sowie über deren aktuelle Einstellungen (Seiteneinstellungen, Auflösung, Fonts usw.). In dieser Liste finden Sie neben den Druckern auch Einstellungen zu Faxmodems oder ISDN-Karten, mit denen Sie faxen können, da diese ebenfalls über den Druckbefehl einer Anwendung angesprochen werden.
- **MCI Devices Information.** Sie erhalten hier unter anderem detaillierte Informationen über die in Ihrem System installierten MCI-Geräte (Media Control Device). Dazu zählen beispielsweise AVIVIDEO, CDAUDIO, MPEGVIDEO und WAVEAUDIO.

- **Windows Information.** Sie erhalten hier unter anderem detaillierte Informationen über die auf Ihrem System installierte Windows-Versionsnummer, über den unter Windows eingetragenen Benutzernamen, Pfadangaben und weitere Einstellungen wie die Ländereinstellung, die ANSI- und OEM-Code-Page usw.

- **Winsock Information.** Sie erhalten hier unter anderem detaillierte Informationen über die aktuellen Windows-Sockets (WinSock), mit denen Sie einen Zugang zum Internet erhalten können. Neben der Versionsnummer und dem Systemstatus werden hier auch die Informationen zum lokalen Host mit Name, Adresse, Anzahl der maximalen Sockets usw. sowie die Portdaten für den Network-Service angezeigt.

Abb. 18.30: Informationen über die Windows-Sockets

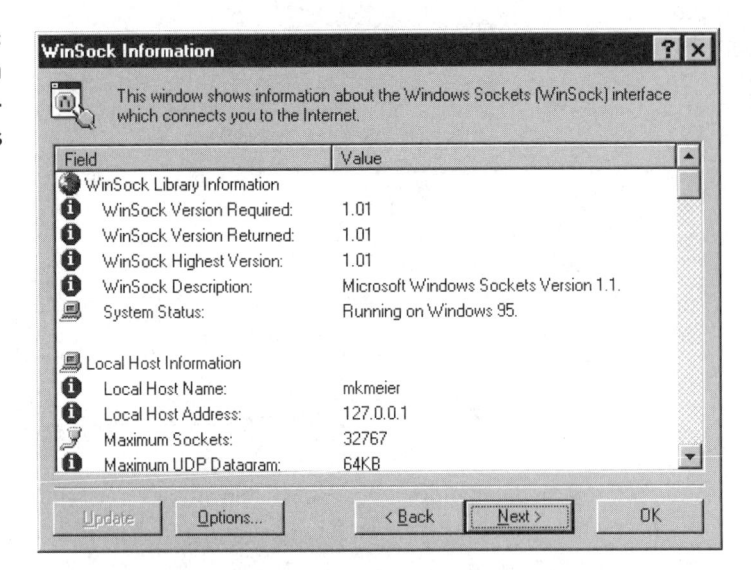

- **Process Information.** Sie erhalten hier unter anderem detaillierte Informationen über die momentan auf Ihrem System laufenden Anwendungen. In einer Liste im oberen Teil des Fensters können Sie die Anwendung markieren, zu der Sie nähere Informationen erhalten wollen (Bibliothekenname, Anwendungstyp, belegter Arbeitsspeicher, Dateigröße, Priorität usw.).

- **DirectX Information.** Sie erhalten hier unter anderem detaillierte Informationen über die installierten DirectX-Geräte (Display, Draw, Sound und Joystick bzw. alternatives Gameport-Gerät). Auch hier können Sie einer Liste im oberen Teil des Fensters das betreffende Gerät markieren sowie aus der Dropdown-Liste *Device* eine weitere Auswahl treffen.

Benchmark-Module

Es stehen Ihnen hier verschiedene Benchmarks für einzelne Geräte zur Verfügung.

- **CPU Benchmark.** Sie erhalten hier einen Vergleich, wie schnell die auf Ihrem System installierte CPU im Vergleich zu anderen Systemen ist. Es werden die bereits in Kapitel 2 erwähnten Dhrystones und Whetstones als Maßstab gezeigt.

Abb. 18.31: Benchmark-Informationen über einen Prozessor im Vergleich zu anderen Systemen

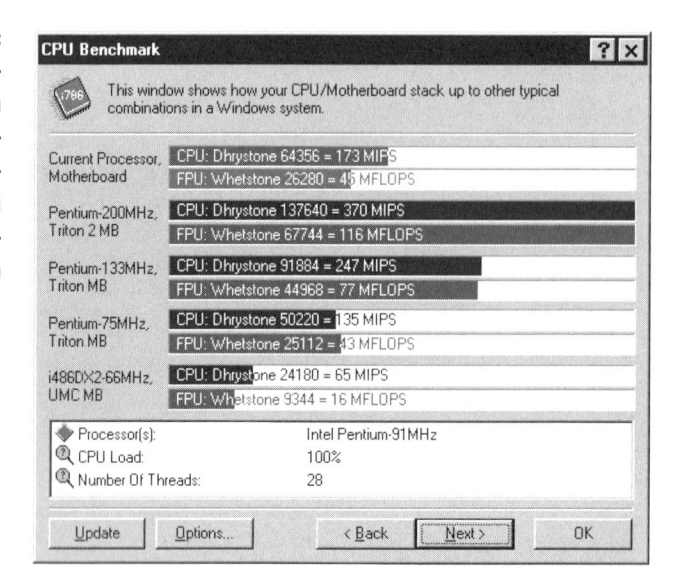

- **Video Benchmark.** Der Video Benchmark zeigt Ihnen, wie schnell Ihr Video-Adapter im Vergleich zu anderen Video-Adaptern eines durchschnittlichen Systems arbeitet (Windows GDI API 2D Video Benchmark 32-Bit und DirectX (Direct3D) API 3D Video Benchmark 32-Bit). Der Test kann einige Zeit dauern, beispielsweise etwa zwei Minuten auf einem 586-System mit einem 64-Bit-Video-Adapter.

- **Drivers Benchmark.** Der Laufwerks-Benchmark zeigt Ihnen, wie schnell Ihre Laufwerke und Controller im Vergleich zu anderen Geräten dieser Art auf einem durchschnittlichen System arbeiten. Es werden folgende Tests durchgeführt: Lesen (gepuffert, zufällig, sequentiell), Schreiben (gepuffert, zufällig, sequentiell) und das Aufsuchen einer bestimmten Stelle auf dem Datenträger.

Für diesen Test werden mindestens 512 kByte freier Platz auf einer Diskette, mindestens 10 MByte freier Platz auf einem Zip- oder LS-120-Laufwerk, mindestens 40 MByte freier Platz auf einem Festplattenlaufwerk, mindestens 10 Mbyte freier Platz auf einem Netzwerk und mindestens 4 Mbyte freier Platz auf einem virtuellen Laufwerk benötigt.

Der Test kann einige Zeit dauern, beispielsweise etwa zwei Minuten auf einem Pentium-System mit einer 1 GByte großen Festplatte.

- **CD-ROM-Benchmark.** Der CD-ROM-Benchmark zeigt Ihnen, wie schnell Ihr CD-ROM-Laufwerk im Vergleich zu einem anderen Gerät dieser Art auf einem durchschnittlichen System arbeitet. Es werden folgende Tests durchgeführt: Lesen (gepuffert, zufällig, sequentiell) und das Aufsuchen einer bestimmten Stelle auf dem Datenträger.

Der Test kann einige Zeit dauern, beispielsweise etwa zwei Minuten auf einem Pentium-System mit einem Vierfach-CD-ROM-Laufwerk.

Datei-Anzeige-Module

Sie können sich über die entsprechenden Icons den Inhalt folgender Dateien anzeigen lassen:

- Config.sys (DOS-Gerätetreiberdatei)
- Autoexec.bat (DOS-Stapelverarbeitungsdatei)
- MsDos.sys (DOS-Systemdatei)
- System.ini (Windows-Konfigurationseinstellungen)
- Win.ini (Windows-Konfigurationseinstellungen)
- Control.ini (Windows-Konfigurationseinstellungen)
- Protocol.ini (Windows-Konfigurationseinstellungen)

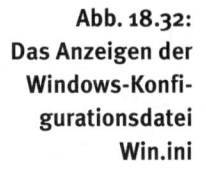

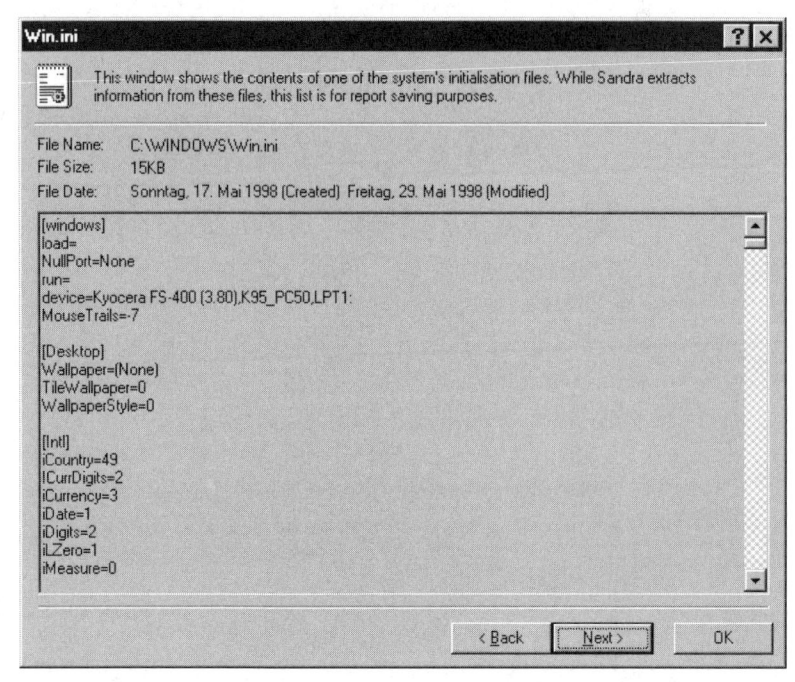

Abb. 18.32: Das Anzeigen der Windows-Konfigurationsdatei Win.ini

Sie können aus einem Anzeigefenster heraus mit der Schaltfläche BACK zu der vorhergehenden Datei und mit der Schaltfläche NEXT zu der nachfolgenden Datei wechseln.

Es ist hier nur eine Anzeige der Dateiinhalte möglich, nicht jedoch das Verändern.

18.2.4 TuneUp 97

TuneUp ist ein Tool unter Windows 98/95, in dem Ihnen insgesamt acht Registerkarten zur Verfügung stehen. Sie können hier wichtige Systemeinstellungen verwalten und ändern, die Performance Ihres Systems erhöhen, das äußere Erscheinungsbild von Windows beeinflußen und einiges mehr. Durch weitere Optionen und Analysefunktionen haben Sie einen kompletten Überblick über alle relevanten Einstellungen. Nachfolgend finden Sie einen Auschnitt der Möglichkeiten.

Die Registerkarte ALLGEMEIN

Hier besteht unter anderem die Möglichkeit, Optionen zu verstellen, die das Aussehen Ihres Desktops und grafische Effekte von Windows betreffen. Einige Beispiele:

Wenn Sie eine neue Windows-Anwendung installieren, dann haben Sie bestimmt bemerkt, daß im Feld NAME Ihr Name bzw. der Name, den Sie bei der Installation von Windows eingegeben haben, eingetragen wird. Diesen Eintrag können Sie unter REGISTRIERUNG ändern, was beispielsweise dann erforderlich ist, wenn Sie einen PC gebraucht erworben haben und nun Ihren eigenen Namen eintragen wollen.

Im Funktionsbereich HINTERGRUNDBILD können Sie bestimmen, wie Ihr Hintergrundbild angezeigt werden soll. Sie haben die Wahl zwischen VOLLBILD (streckt das Hintergrundbild so, daß es den gesamten Bildschirm ausfüllt), ZENTRIERT (positioniert das Hintergrundbild in der Mitte des Bildschirms) und KACHELN (legt das Hintergrundbild wie Kacheln mehrmals aneinander).

Im Funktionsbereich OPTISCHE EFFEKTE finden Sie Einstellungen, die die Grafik von Windows direkt beeinflussen. So können Sie beispielsweise über die Funktion FENSTERANIMATION beim Minimieren, Maximieren und Wiederherstellen eines Fensters eine kleine Titelleisten-Animation anzeigen lassen. Die Funktion FENSTERINHALT BEIM VERSCHIEBEN ANZEIGEN bewirkt, daß beim Verschieben oder Ändern der Größe eines Fensters das komplette Fenster mit Inhalt angezeigt wird (normalerweise wird nur der Rahmen des Fensters angezeigt). Sie können sich bei Bitmaps eine kleine Vorschau des

18.2 Hilfsprogramme für die Systemeinstellungen

Originalbildes anzeigen lassen. Normalerweise wird nur das Symbol der Anwendung angezeigt, die mit Bitmap-Dateien verknüpft ist. Aktivieren Sie hierzu die Funktion ALS SYMBOL VON BITMAPS MINI-BILD ANZEIGEN.

Mit der Schaltfläche TURBO stellen Sie alle Optionen so ein, daß die größtmögliche Geschwindigkeit von Windows erzielt wird. Dazu werden alle Grafikeffekte ausgeschaltet.

Abb. 18.33:
Die Registerkarte
ALLGEMEIN von
TuneUp

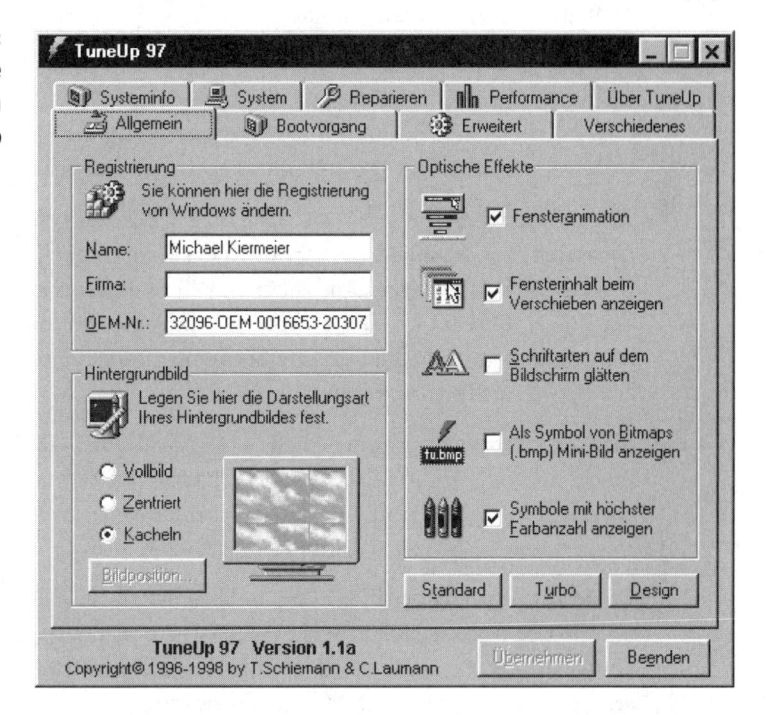

Die Registerkarte BOOTVORGANG

Über diese Registerkarte können Sie das Verhalten von Windows während des Bootens Ihres PCs bestimmen. Einige Einstellungen sind ansonsten nur über manuelle Einstellungen in den Start- bzw. Konfigurationsdateien zu erreichen. Für den ungeübten Computeranwender stellt diese Oberfläche sicherlich eine Erleichterung dar.

Die Registerkarte BOOTVORGANG ist durch die Schaltflächen BOOTVORGANG, BOOTMENÜ und ERWEITERT noch einmal unterteilt.

Standardmäßig ist die Schaltfläche BOOTVORGANG aktiviert. Sie können hier im Bereich BETRIEBSSYSTEM auswählen, welches Betriebssystem automatisch gestartet werden soll, wenn der PC hochfährt. Mit dem Eintrag MICROSOFT WINDOWS 98/95 startet die grafische berfläche von Windows nach dem Booten (Standardeinstellung). MS-DOS-MODUS unterdrückt das

Starten der grafischen Oberfläche und bringt Sie nach dem Booten an die Eingabeaufforderung (um Windows nachträglich zu starten, können Sie von dort aus WIN eingeben). VORHERIGE DOS-VERSION startet den PC mit dem Betriebssystem, das Sie vor Windows installiert hatten.

Falls Sie kein Betriebssystem vor Windows installiert hatten oder das alte Betriebssystem bereits entfernt haben, sollten Sie die Option VORHERIGE DOS-VERSION nicht auswählen.

Wollen Sie Windows immer im abgesicherten Modus starten, dann aktivieren Sie die Funktion WINDOWS IM ABGESICHERTEN MODUS STARTEN. Windows startet dann immer im abgesicherten Modus, und zwar auch dann, wenn Sie aus dem MS-DOS-Modus heraus WIN eingeben.

Mit der Schaltfläche BOOTMENÜ gelangen Sie zu weiteren Auswahlmöglichkeiten, mit denen Sie die Optionen des Bootvorganges beeinflussen können. Es ist beispielsweise möglich, den Bootvorgang zu protokollieren. In der Datei BOOTLOG.TXT werden während des Bootens ausführliche Informationen zu geladenen Treibern sowie über deren erfolgreiche oder erfolglose Ausführung gesammelt.

Sie können mit dem Eintrag STARTBILD WÄHREND DEM BOOTEN ANZEIGEN bestimmen, ob während des Bootvorgangs das Windows-Startlogo angezeigt werden soll oder nicht. Es ist empfehlenswert, diese Funktion zu deaktivieren, da die Anzeige Konflikte verursachen kann.

Interessant ist darüber hinaus auch die Schaltfläche ERWEITERT. Geben Sie im Wertefeld FUNKTIONSTASTEN VERFÜGBAR FÜR ... SEK. an, wie lange bei der Meldung *Windows 98/95 wird gestartet...* gewartet werden soll. In dieser Zeit können Sie folgende Tasten drücken:

- F4 Altes Betriebssystem laden (wenn vorhanden)
- F5 Im abgesicherten Modus starten
- F6 Im abgesicherten Modus mit Netzwerk starten
- F8 Das Bootmenü anzeigen

Wenn Sie diese Funktion deaktivieren, kann der Start nicht mehr mit den Funktionstasten beeinflußt werden.

Die Funktion DIE FUNKTIONSTASTE F4 ZUR VERFÜGUNG STELLEN veranlaßt Windows dazu, beim Bootvorgang neben den Tasten F5, F6 und F8 auch die Taste F4 zu akzeptieren, damit gegebenenfalls eine installierte ältere DOS-Version gestartet werden kann.

Für die Funktionen unter KOMPRIMIERER gilt: Es wird festgelegt, ob die Treiber für die Festplattenkomprimierer DoubleSpace und DriveSpace geladen werden sollen. Wenn Sie keine Festplatte komprimiert haben, können

Sie diese Option ausschalten und somit Speicher sparen. Schalten Sie diese Funktion jedoch niemals aus, wenn Sie eine oder mehrere Festplatten mit den entsprechenden Programmen komprimiert haben. Beim nächsten Start ist sonst kein Zugriff mehr auf die Festplatten möglich, und Windows startet gegebenenfalls auch nicht mehr.

Abb. 18.34:
Die Registerkarte BOOTVORGANG von TuneUp

Die Registerkarte ERWEITERT

Mit dieser Registerkarte können Sie auf erweiterte Funktionen von TuneUp 97 zugreifen.

Sie können hier beispielsweise den Dateipuffer bestimmen. Der Dateipuffer ist ein im Arbeitsspeicher reservierter Bereich, in dem Windows alle Dateien ablegt, mit denen Sie arbeiten. Die Daten werden gepuffert, weil der Zugriff auf Dateien, die sich im Puffer befinden, schneller vor sich geht als das erneute Einlesen.

Bestimmen Sie, wieviel Speicher Windows für den Dateipuffer reserviert, indem Sie die minimale und maximale Größe des Puffers einstellen. Mitunter richtet Windows diesen Speicher selbst so ein, daß Ihnen Speicher für Anwendungen fehlt. Dies ist insbesondere bei zu geringen Festplattengrößen nachteilig.

Vom Hersteller des Programms TuneUp wird folgendes empfohlen: Lassen Sie die minimale Größe des Puffers auf der Einstellung VON WINDOWS VERWALTET, und aktivieren Sie bei der maximalen Größe die Funktion BENUTZERDEFINIERT. Stellen Sie dann den unteren Regler in den grünen Bereich.

Abb. 18.35:
Die Registerkarte
ERWEITERT von
TuneUp

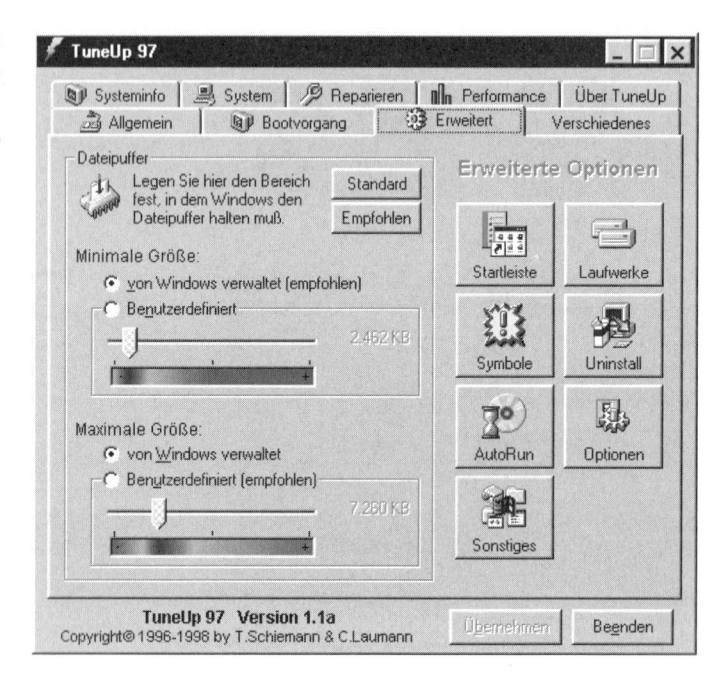

Im rechten Teil des Dialogfensters finden Sie den Bereich ERWEITERTE OPTIONEN. Folgende Funktionen stehen Ihnen über die entsprechenden Schaltflächen zur Verfügung:

- STARTLEISTE. Sie haben hier Zugriff auf Einstellungen, die sich auf den Inhalt der Startleiste auswirken.
- LAUFWERKE. Hier können Sie auswählen, welche Laufwerke auf dem Arbeitsplatz angezeigt werden sollen.
- SYMBOLE. Sie starten den Symbol-Manager und können dort fast alle Symbole der Oberfläche von Windows verändern.
- SONSTIGES. Hier befinden sich Funktionen, die sich in keine andere Kategorie einordnen lassen. Dazu zählt beispielsweise eine Möglichkeit, um die Aktualisierungszeit von DOS-Fenstern zu verstellen, eine Funktion zur Festlegung der Windows-Oberfläche usw.
- AUTORUN. Sie können hier bestimmen, bei welchen Laufwerkstypen (CD-ROM, Diskette usw.) Windows automatisch ein Programm ausführen soll, wenn ein Medium eingelegt wird. Außerdem haben Sie die

Möglichkeit, zu kontrollieren, welche Programme oder Treiber automatisch beim Start von Windows ausgeführt werden sollen. Diese Möglichkeit erweitert die vorhandenen Standardeinstellungen von Windows, bei denen lediglich von der CD-ROM gestartet werden kann.

- OPTIONEN. Über diesen Menüpunkt können Sie die Grundeinstellungen von TuneUp Ihren Bedürfnissen anpassen, beispielsweise die Position des Fensters nach dem Start, die Aktion, die mit dem Beenden des Programms verknüpft ist, usw.

Die Registerkarte SYSTEMINFO

Hier können Sie sich detaillierte Informationen zur Speicherbelegung, dem System-Kernel und den Laufwerken ansehen. Außerdem wird die aktuelle Auslastung des Prozessors angezeigt.

Wählen Sie aus der Dropdown-Liste LAUFWERKE das Laufwerk aus, auf das sich die weiteren Einstellungen beziehen sollen.

Im Feld AUSLAGERUNGSDATEI sehen Sie die Maximalgröße Ihrer Auslagerungsdatei sowie eine Angabe dazu, wieviel Platz der Auslagerungsdatei gerade von Windows beansprucht wird. Direkt darunter erhalten Sie Auskunft, wie groß der Bereich ist, der für eine Auslagerung noch zur Verfügung steht.

Der Bereich SYSTEM-KERNEL gibt an, welche Module, Threads und Prozesse momentan geladen sind und wie viele virtuelle Maschinen auf Ihrem System eingerichtet sind. Virtuelle Maschinen sind abgetrennte Speicherbereiche, die von Windows beispielsweise für MS-DOS-Fenster und 16-Bit-Programme erstellt werden.

Im Bereich ARBEITSSPEICHER sehen Sie, wie der Arbeitsspeicher genutzt wird und welcher Teil gegebenenfalls gesperrt ist. In einem gesperrten Bereich werden von Windows systeminterne Dinge verwaltet, unter anderem Zugriffsnummern auf Fenster.

Im rechten unteren Teil des Dialogfensters sehen Sie ein Fenster, in dem die aktuelle Auslastung Ihres Prozessors grafisch und prozentual angezeigt wird. Falls in Ihrem System ein langsamer Prozessor installiert ist und die Farbübergänge verwaschen sind, dann wechseln Sie zur Registerkarte ERWEITERT und deaktivieren unter OPTIONEN die Funktion AUSLASTUNGSGRAPH DES PROZESSORS MIT FARBÜBERLAUF ANZEIGEN.

Im Bereich LAUFWERKE können Sie sich den freien Speicherplatz und die Gesamtgröße Ihrer Laufwerke anzeigen lassen.

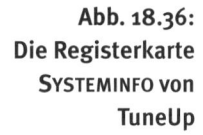

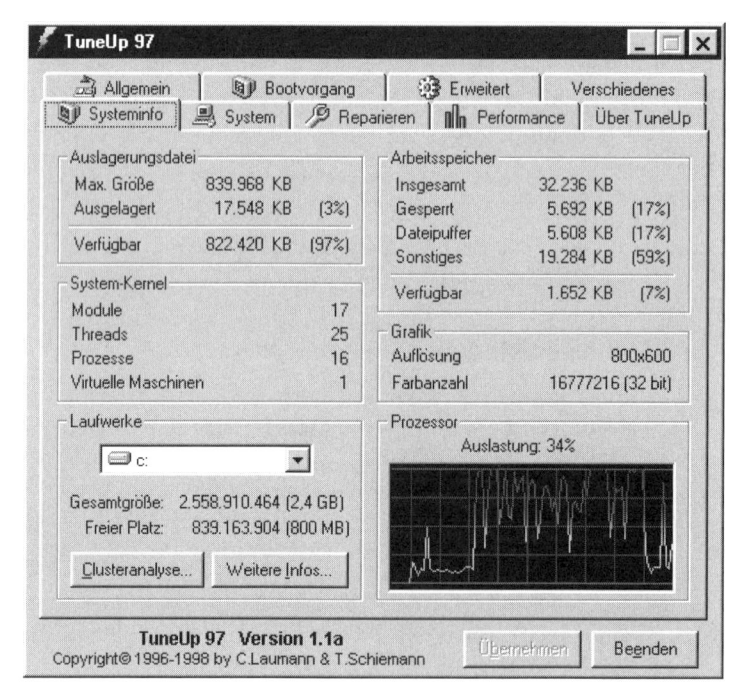

**Abb. 18.36:
Die Registerkarte
SYSTEMINFO von
TuneUp**

Außerdem haben Sie die Möglichkeit, eine Clusteranalyse für Ihre Laufwerke durchführen zu lassen. Klicken Sie dazu auf die Schaltfläche CLUSTERANALYSE. TuneUp 97 ermittelt, wieviel Speicherplatz Sie auf dem gewählten Laufwerk durch den Clusterverschnitt verlieren.

Dazu sollten Sie wissen, was es mit den Clustern überhaupt auf sich hat. Ein Cluster ist als kleinste Einheit des Speicherplatzes einer Partition definiert, die vom System adressierbar ist. Die Größe eines Clusters errechnet sich aus dem Typ der Partition, auf der sich eine Datei befindet, und der Größe dieser Partition. Ein Cluster ist also eine Mindestspeichergröße. Es kann beispielsweise sein, daß Sie nur einige Bytes Text speichern wollen, dafür aber einen ganzen Cluster mit mehreren kByte Speicherplatz benötigen. Je größer Ihre Festplatte ist und je mehr Dateien Sie speichern, desto größer ist normalerweise auch der Clusterverschnitt, der dadurch entsteht.

Es besteht in TuneUp zwar die Möglichkeit, daß Sie sich anzeigen lassen, wieviel Speicherplatz insgesamt zur Verfügung steht, und wieviel davon durch die erwähnte Clusteraufteilung verlorengeht. Sie können jedoch an dieser Stelle keine andere Clustergröße einstellen. Dazu benötigen Sie spezielle Programme wie *Partition-It* oder *Partition Magic*.

Abb. 18.37:
Lassen Sie sich die Clustergröße und den verlorenen Speicherplatz anzeigen.

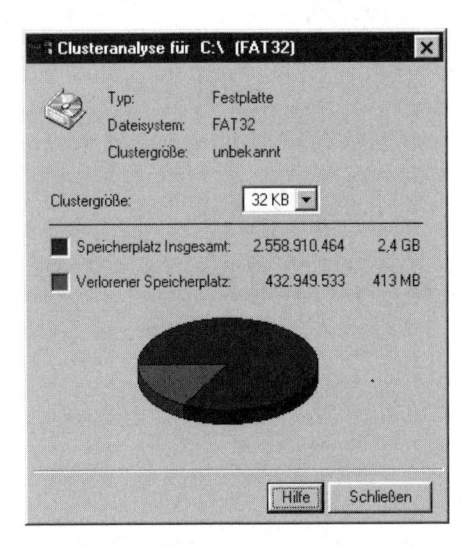

Die Registerkarte SYSTEM

Sie können hier Funktionen aktivieren, die sich auf den Speicher und das Netzwerk Ihres Systems beziehen.

Gerade der Speicher kann entlastet werden, wenn Sie die Funktion PROGRAMMBIBLIOTHEKEN (DLLS) SOFORT NACH PROGRAMMENDE ENTLADEN aktivieren. Dadurch werden bestimmte Teile eines Programms sofort nach ihrem Beenden entladen, und der Speicher wird wieder freigegeben.

Auch die Funktion VIRTUELLE GERÄTETREIBER (VXDS) IN DEN HOHEN SPEICHER LADEN kann für mehr freien Speicher sorgen. Durch das Laden der Gerätetreiber von Windows in den hohen Speicherbereich wird mehr Platz für Programme geschaffen, die in der DOS-Umgebung laufen.

Auch die Befehlsinterpreterdatei *COMMAND.COM* sowie Komprimierungsprogramme wie *DoubleSpace* können Sie in den hohen Speicher laden. Aktivieren Sie dazu die Funktion COMMAND.COM UND KOMPRIMIERER IN DEN HOHEN SPEICHER LADEN.

Einige Treiber können nicht in den hohen Speicherbereich geladen werden. Sie merken dies daran, daß es bei der Ausführung der entsprechenden Programme zu Problemen kommt. Deaktivieren Sie in einem solchen Fall diese Funktion.

Über die erweiterten Netzwerkoptionen haben Sie die Möglichkeit, beispielsweise festzulegen, über wie viele Server Datenpakete maximal übertragen werden können, bis die Übertragung des Datenpaketes abgebrochen wird. Bei Verbindungsproblemen wird vom Hersteller des Programms empfohlen, diesen Wert auf 128 zu setzen.

Darüber hinaus kann der Zugriff auf den TCP/IP-Port 139 unterbunden werden. Der Hersteller des Programms weist darauf hin, daß einige Hacker-Programme, die Ihren PC zum Absturz bringen können, fehlerhafte Daten an diesen Port senden. Aktivieren Sie die entsprechende Funktion, dann werden die Daten an diesem Port nicht entgegengenommen, und der PC ist zumindest diesbezüglich absturzsicher.

Abb. 18.38: Hier können Sie Reparaturmaßnahmen am System von Windows 98/95 vornehmen.

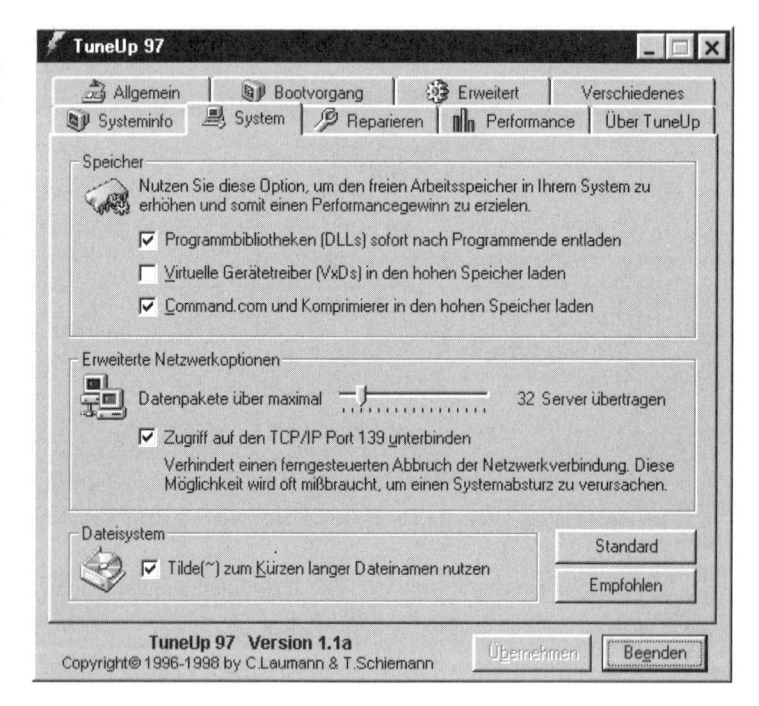

Die Registerkarte REPARIEREN

Hier können Sie Fehler beheben, die in Windows unter anderem im Zusammenhang mit Systemeinstellungen, Symbolen und Utilities stehen.

Die Symbole auf dem Desktop oder im Explorer können fehlerhaft angezeigt werden, wenn beispielsweise die Registeradressen, in denen sich die entsprechenden Werte befinden, von anderen Daten (versehentlich) überschrieben wurden. Klicken Sie unter SYMBOLE auf die Schaltfläche NEU EINLESEN, und die Daten für die Symbole werden neu eingelesen.

Auch mit der Registry kann es zu Problemen kommen. Wenn sich diese Probleme dadurch bemerkbar machen, daß der Registrierungseditor keine Einträge, Verzeichnisse oder Werte mehr anzeigt, dann klicken Sie im Bereich REGISTRIERUNGSEDITOR auf die Schaltfläche REPARIEREN. Die Einstellungen des Registrierungseditors werden wieder auf die Standardwerte zurückgesetzt, und die Anzeige funktioniert wieder.

Die Registrierdatenbank von Windows 98/95 ist eine weitere Fehlerquelle. Hier werden die Strukturen von grundlegenden Verknüpfungen und Dateitypen verzeichnet. Klicken Sie auf die Schaltfläche REPARIEREN, um diese Informationen wieder herstellen zu lassen.

Sollte es zu Problemen mit dem Schriftartenordner kommen, so daß beispielsweise Dateinamen anstelle der Schriftartennamen angezeigt werden oder der Menüpunkt zum Installieren von neuen Schriften nicht mehr aufzufinden ist, versuchen Sie es über die Schaltfläche REPARIEREN. Es wird versucht, den Ordner wieder richtig herzustellen und die fehlenden Einträge zu restaurieren.

Sollten anderweitige Probleme mit Windows 98/95 auftreten, dann können Sie mit der Schaltfläche REINITIALISIEREN Windows veranlassen, eine Reihe von Einstellungen aus der Registrierdatenbank und der WIN.INI neu einzulesen.

Ein weiterer Tip betrifft den Papierkorb auf dem Desktop von Windows 98/95. Wenn Sie diesen Papierkorb entfernt haben, ihn aber wieder restaurieren wollen, dann klicken Sie auf die Schaltfläche REPARIEREN, und TuneUp 97 erstellt Ihnen einen neuen Papierkorb auf dem Desktop.

Abb. 18.39: Einige Reparaturmaßnahmen an Windows 98/95 können Sie auch über TuneUp durchführen.

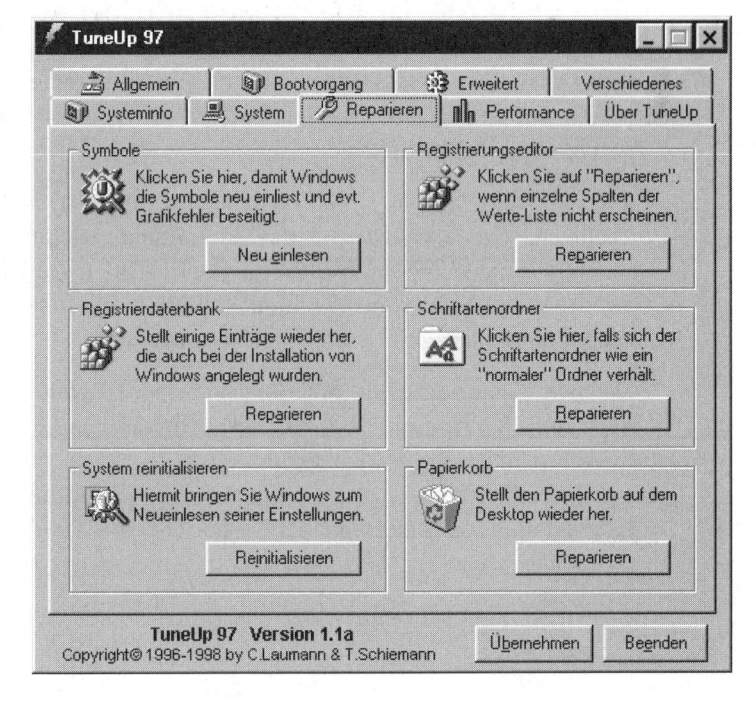

Die Registerkarte PERFORMANCE

Läuft Ihr System bzw. Windows zu langsam? Über die Registerkarte PERFORMANCE können Sie versuchen, Ihre Konfiguration dahingehend zu optimieren, daß der Startvorgang des Rechners schneller abläuft und die Performance von Windows 98/95 insgesamt verbessert wird.

Es stehen Ihnen dazu im linken Teil der Registerkarte zwei Schaltflächen zur Verfügung. Standardmäßig ist die Schaltfläche WINDOWS AUFRÄUMEN aktiviert. Über die Funktion UNDO-DATEI (*.REG) FÜR REGISTRIERUNGSFEHLER ERSTELLEN, wird eine Datei mit der Endung .REG im TuneUp-Verzeichnis erstellt, bevor die in der Registrierdatenbank gefundenen fehlerhaften Einträge gelöscht werden. Durch einen Doppelklick auf diese Datei können Sie die entfernten Einträge wiederherstellen. Dies kann sich im nachhinein als sehr nützlich herausstellen, da durch das Löschen von Inhalten aus der Registry im Einzelfall auch solche Einträge gelöscht werden können, die dennoch von anderen Programmen benötigt werden.

Mit der Funktion SICHERUNGSKOPIE DER DATEI WIN.INI BEI FEHLERN ANLEGEN, wird eine Kopie dieser Konfigurationsdatei angelegt, bevor Fehler behoben werden. Ansonsten gilt das gleiche, wie oben beschrieben.

Wenn Sie die Funktion ALLE GEFUNDENEN FEHLER AUTOMATISCH BESEITIGEN aktivieren, dann werden alle bei den Aufräumarbeiten des Systems gefundenen Fehler sofort behoben, ohne daß einzelne Aktionen bestätigt werden müssen. Nach dem Durchlauf erhalten Sie eine Meldung über den Erfolg oder den Mißerfolg der Aktion.

Die Funktion FREIEN FESTPLATTENPLATZ OPTIMIEREN können Sie dann benutzen, wenn Sie alle Festplatten Ihres Systems nach temporären und verwaisten Dateien (beispielsweise temporäre Dateien oder 0-Byte-Dateien) untersuchen lassen wollen. Gefundene Dateien werden in einer Liste angezeigt und können zum Löschen markiert werden.

Über die Schaltfläche OPTIMIEREN gelangen Sie zu einer weiteren Registerkarte, mit der Sie nach Geschwindigkeitsbremsen auf Ihrem System suchen können. Um welche Möglichkeiten es sich im einzelnen handelt, wird Ihnen von TuneUp in einem Fenster angezeigt. Wenn Sie Abbildung A.41 betrachten, sehen sie, daß insgesamt vier Möglichkeiten gefunden wurden.

Abb. 18.40:
Räumen Sie mit überflüssigen Dateien auf Ihrem System auf.

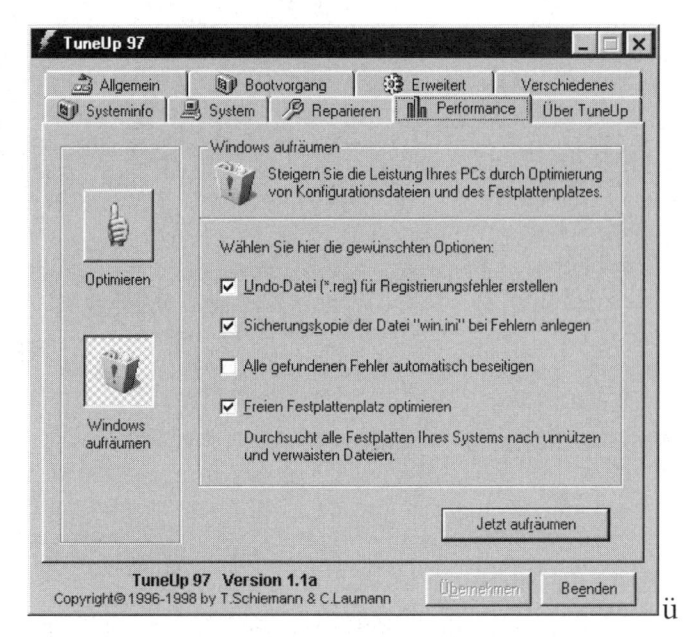

In diesem Fall wurde bemängelt,

- daß der Dateipuffer nicht richtig eingestellt ist. Ist der Dateipuffer beispielsweise zu klein bemessen, dann muß unnötig oft von der Festplatte nachgelesen werden. Da ein Lesen aus dem Arbeitsspeicher bzw. aus dem Dateipuffer wesentlich schneller vor sich geht, kann hier bei sehr vielen Dateizugriffen eine spürbare Verlangsamung des Systems bemerkt werden.
- daß der Puffer nicht nur für die Datei- und Verzeichnisnamen zu gering bemessen ist. Dies wirkt sich ebenfalls negativ auf die Systemperformance aus.
- daß die Datei WINSTART.BAT fehlt und sich deshalb der Start von Windows 98/95 unnötig verlängert.
- daß dem Papierkorb zu viel Speicher zugeteilt wurde. Normal sind 10 Prozent der Festplattenkapazität. Verfügt Ihr System beispielsweise über 6 GByte Festplattenkapazität, dann hätte der Papierkorb eine Kapazität von etwa 600 MByte. So viel Platz wird für dieses Utility normalerweise nicht benötigt. Außerdem sollten Sie den Papierkorb sowieso von Zeit zu Zeit nach nicht mehr benötigten Dateien durchsuchen lassen und alle überflüssigen Dateien löschen.

Markieren Sie die Einträge, zu denen TuneUp eine Fehlerbehebung durchführen soll, und klicken Sie auf die Schaltfläche BEHEBEN. Wollen Sie, daß TuneUp alle gefundenen Fehleransätze automatisch behebt, dann klicken Sie auf ALLE BEHEBEN.

Abb. 18.41:
Wählen Sie hier aus den von TuneUp vorgeschlagenen Möglichkeiten zur Systemoptimierung aus.

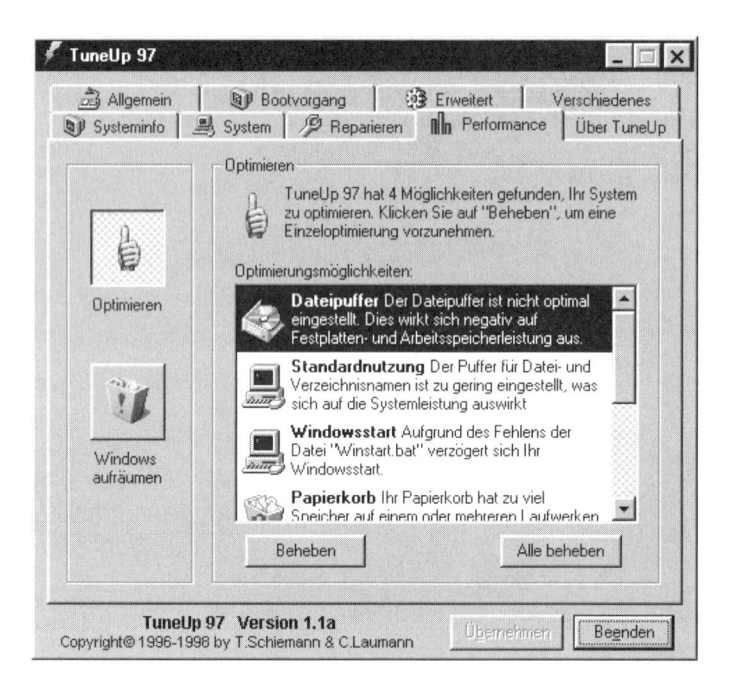

19 Glossar

A

A20 Gate. Eine spezielle Adreßleitung, über die es dem Prozessor möglich ist, im Real Mode auf einen Speicherbereich in der Größe von 64 kByte der HMA (High Memory Area) zuzugreifen.

ABI. Application Binary Interface. Eine Schnittstelle, die von UNIX-Anwendungen benötigt wird.

Above Board. Eine spezielle, von Intel entwickelte Speichererweiterungskarte, die der Anwender nicht über Dip-Schalter, sondern die Software konfigurieren kann. Sie stellt Base Memory, Expanded Memory und Extended Memory zur Verfügung.

Abtastrate. Ein Ausdruck, der als Leistungskriterium bei einer Soundkarte gilt. Die Abtastrate bestimmt, wie oft in jeder Sekunde beim Sampeln eines Klangs oder einer Tonfolge das Eingangssignal gemessen bzw. abgetastet wird. Sampelraten reichen von etwa 6.000 bis 44.100mal in der Sekunde.

Abtasttiefe. Dieser Wert bestimmt die Genauigkeit, mit der ein Wert beim Vorgang des Sampelns gemessen wird. Es stehen in der Regel entweder 8 oder 16 Bit als Abtasttiefe zur Verfügung.

Abwärtskompatibilität. Dieser Begriff besagt, daß eine bestimmte Komponente, beispielsweise ein Prozessor, auf Anforderung in die Lage versetzt werden kann, so zu reagieren wie ein Vorgängermodell. Bei Intel sind zum Beispiel alle Prozessoren abwärtskompatibel, das heißt, daß sich etwa ein 80486er Prozessor so verhalten kann wie ein 80286er oder sogar wie ein 8088er (XT-Baureihe). In der Praxis bedeutet dies, daß eine Software, die für ältere Computergenerationen geschrieben wurde, problemlos auch auf Prozessoren der neueren Generation lauffähig ist.

AC-Adapter. Alternating Current Adapter. Wechselstromadapter, der zum Beispiel als Stromversorgung für das Steckernetzteil eines externen Modems verwendet werden kann.

Access-Time. Zugriffszeit. Ein Wert, der als Leistungskriterium für Magnetplatten dient und sich auf die in ms (Millisekunden) gemessene mittlere Zugriffszeit bezieht.

Accu Card. Eine Erweiterungskarte, auf der ein Notakku untergebracht ist. Durch diese Notstromversorgung wird das System vor Datenverlust geschützt, indem sichergestellt wird, daß bei einem Stromausfall zumindest die Daten aus dem Arbeitsspeicher auf die Festplatte gesichert werden. Je nach Konzeption der Karte wird nach dem Einsetzen der regulären Stromversorgung ein Neustart des Rechners in die Wege geleitet.

ACPI. Advanced Configuration and Power Interface. Hinter dieser Bezeichnung steckt ein Stromsparmodus, der die Boot-Phase des PCs ausschließen soll. Der Rechner und seine Komponenten werden zwar ausgeschaltet, jedoch bleiben CMOS-Werte und Teile des Betriebssystems im Arbeitsspeicher erhalten, so daß sie beim erneuten Einschalten sofort zur Verfügung stehen und das herkömmliche Hochfahren des Rechners entfällt.

Adapter. Zum einen kann mit diesem Ausdruck eine Verbindungskomponente für Systeme mit unterschiedlichen Anschlußkonfigurationen bezeichnet werden (beispielsweise ein Adapter, der auf eine 9polige serielle Schnittstelle gesteckt wird und den Anschluß eines 25poligen Verbindungskabels ermöglicht). Zum anderen wird auch eine Erweiterungskarte (für den Anschluß eines CD-ROM-Laufwerks, eine Sound- oder Grafikkarte usw.) als Adapterkarte bezeichnet.

Adapter-ROM. Ein Speicherchip, der auf der Adapterkarte aufgelötet ist und die Betriebsroutinen für die Karte enthält. Es gibt auf der Grafikkarte ein ROM, das die wesentlichen Informationen zum Betreiben dieser Erweiterungskarte enthält.

Adaptersegment. Das Adaptersegment ist ein Speicherbereich, der sich exakt zwischen dem konventionellen Arbeitsspeicher und der 1 MByte-Grenze befindet. In diesem Speicherplatz finden beispielsweise Adapter- und ROM-Speicher Platz.

ADCCP. Advanced Data Communications Control Procedures. Dieser Begriff umfaßt die gesamte Übertragungsprozedur, das heißt, er schließt ebenso SDLC (Synchronous Data Link Control) und HDLC (High Level Datalink Control) mit ein.

ADI. Analog Digital Interface. Dieser Standard regelt die Umwandlung von Signalen unterschiedlichster Musikinstrumente in maschinenlesbare, digitale Form. Im Gegenzug werden die digitalen (bearbeiteten) Signale, die den Rechner über die Schnittstelle verlassen, wieder zurück in Analogsignale umgewandelt.

Adresse. Kennzeichen, um einen Speicherplatz im Arbeits- oder Massenspeicher zu definieren. Wie die Adresse im einzelnen aussieht, hängt davon ab, wie der Speicher organisiert ist. Der Arbeitsspeicher eines Rechners ist eine Folge von einzelnen, direkt ansprechbaren Speicherstellen (wahlfreier Zugriff). Wird ein Arbeitsspeicher mit einer Kapazität von 64 kByte adressiert, dann genügen als Maschinenadressen Binärzahlen, die 16 Bit lang sind. (65.536 kByte = 64 KByte).

Adreßbus. Der Prozessor wird über spezielle Datenleitungen mit dem RAM- oder ROM-Speicher verbunden. Die Breite des Adreßbus (8, 16, 32 oder 64 Bit) ist ein Leistungskriterium des Prozessors. Um eine Speicherstelle anzusprechen, muß deren Adresse zuerst auf dem Adreßbus ausgegeben werden. Dadurch wird die Grundlage für die Verbindung mit der Speicherstelle geschaffen.

Adreßraum. Derjenige Speicherbereich, den ein Prozessor als Arbeitsspeicher ansprechen kann. Die Größe ist zumeist eine Zweierpotenz, das heißt z.B. 256 kByte, 512 kByte, 1024 kByte (1MByte) usw. Bei Verwendung der virtuellen Adressierung kann der ansprechbare Adreßraum größer sein als der tatsächlich vorhandene Arbeitsspeicher.

Adreßregister. Zum einen dient ein Register zum Speichern einer Adresse. Zum anderen enthält es, in bezug auf die Schreib-/Leseköpfe eines Festplattenlaufwerks, die Nummer des Zylinders, auf den die Köpfe positioniert werden.

Adreßspeicher. Ein Teil des Arbeitsspeichers, der die Befehlsadressen enthält nicht überschrieben werden darf. Er darf deshalb nicht überschrieben werden, da ansonsten das geladene Programm nicht mehr ablaufen könnte.

Agent. Beim Client-/Server-Modell (der Client ist der abrufende Rechner, und der Server ist der Rechner, auf dem die Informationen gespeichert sind) wird damit derjenige Teil des Dienstprogramms bezeichnet, der für das Auffinden der Informationen sowie für deren Aufbereitung und gegebenenfalls auch für den Informationsaustausch zuständig ist. Neuerdings werden auch Programme als Agent bezeichnet, die in das Internet eingespeist werden und dort Informationen sammeln. Diese Informationen können zum einen Daten über Transferbewegungen als auch persönliche Daten eines Benutzers sein. Im letztgenannten Fall handelt es sich um eine Art von Computerviren, die zum Ausspähen von Daten verwendet werden.

AGP. Dieser Chip beinhaltet unter anderem die Unterstützung des Accelerated Graphics Port (AGP), der die Erweiterung des herkömmlichen PCI-Bus darstellt, da dieser für die Darstellung von bewegten 3D-Grafiken zu langsam ist. Die Darstellung einer bewegten 3D-Grafik erfordert sehr viel Speicher für den dafür zuständigen Z-Puffer (verantwortlich für die Farbtiefendarstellung eines Bildes). Da die Datenübertragungsgeschwindigkeit zwischen der Grafikkarte und dem RAM-Speicher des Rechners zu gering ist, wurde APG mit einer Taktgeschwindigkeit von 133 MHz definiert. Damit können auch die SDRAMs ihren Geschwindigkeitsvorteil voll nutzen.

Aktive Partition. Ein Speicherbereich auf der Festplatte (oder Boot-Diskette), der wesentliche Teile des Betriebssystems enthält. Beim Start des Systems kann das Betriebssystem nur von dieser aktiven Partition geladen werden. Das DOS-Programm FDISK kann die aktive Partition festlegen bzw. ändern.

AL. Assembly Language. Eine maschinennahe Programmiersprache, die auch als Assembler bezeichnet wird.

Alias. Ein anderer Name bzw. eine andere Bezeichnung, die sich ein Benutzer zulegen kann. Mit einer Alias-Bezeichnung ist es beispielsweise möglich, eine Gruppe von Benutzern anzusprechen, die gemeinsam einen Alias-Namen benutzen.

Allgemeine Register. Speicherstellen, die sich im Prozessor selbst befinden. Da deshalb auf diese Speicherstellen schneller zugegriffen werden kann als auf solche im Arbeitsspeicher (RAM), werden dort Maschinenbefehle (Assembler) abgelegt. Die Prozessoren der Intel 80er-Reihe weisen die folgenden allgemeinen Register auf: AX, BX, CX, DX, DI, SI und BP, die sämtlich eine Breite von 16 Bit aufweisen. Die Register AX, BX, CX und DX unterteilen sich in jeweils zwei 8-Bit-Register, die die Bezeichnungen AH, AL, BH, BL, CH, CL, DH und DL (H steht für High = höherwertige Hälfte, und L steht für Low = niederwertige Hälfte) tragen.

Alternating Current. Wechselstrom (im Gegensatz zum Gleichstrom).

Analog/Digital-Wandler. Ein Baustein, der analoge Signale in digitale umsetzt, damit diese vom Computersystem bzw. der Software weiterverarbeitet werden können. Ein Anwendungsbeispiel wäre der Mikrofoneingang einer Soundkarte. Hier gehen analoge Signale ein, die durch den Analog/Digital-Wandler in weiterverarbeitbare digitale Informationen umgesetzt werden, die dann beispielsweise als WAV-Datei auf der Festplatte oder Diskette gespeichert werden können.

Analoge Information. Im Gegensatz zur digitalen Information kann die analoge beliebige Zwischenwerte annehmen; sie ist also stufenlos veränderbar (z.B. Quecksilberthermometer, Analog-Uhr). Ein Computersystem ist nicht fähig, analoge Informationen zu verarbeiten. Deshalb müssen sie vorher in digitale Werte (Eins/Null-Zustände) umgesetzt werden.

ANSI. American National Standards Institute. Eine amerikanische Normungsbehörde mit internationaler Gültigkeit. Diese Normen betreffen z.B. Programmiersprachen wie C und COBOL, gelten aber auch für die Definition von Bildschirmsteuerbefehlen usw.

ANSI.SYS. Eine Gerätetreiberdatei, die über eine entsprechende Befehlszeile in der Startdatei CONFIG.SYS geladen wird (DEVICE=ANSI.SYS). In der ANSI.SYS sind unter anderem ANSI-Bildschirmbefehle wie etwa die Darstellung der Bildschirmfarben oder Cursorposition enthalten.

API. Application Programming Interface. Dient als Schnittstelle zwischen Anwenderprogrammen und Betriebssystem. Dieser Schnittstelle kommt insbesondere bei OS/2 größere Bedeutung zu.

Applikation. Anwendung. »Windows-Applikation« ist demnach ein anderer Ausdruck für ein unter Windows ablauffähiges Programm.

Arbeitsspeicher. Der Teil des Hauptspeichers, in dem der Benutzer Anwendungsprogramme und deren Daten speichern kann. Der Arbeitsspeicher ist aus RAM-Bausteinen zusammengesetzt. Die Größe des Arbeitsspeichers ist auch ein Aspekt für die Leistungsfähigkeit eines Rechners, da der relativ zeitaufwendige Datentransfer zwischen Massenspeicher (Festplatte, CD-ROM-Laufwerk, Diskette usw.) reduziert wird.

Arbitration. Bei der Arbeit mit einem Multitasking-System können den einzelnen Anwendungsprogrammen Prioritäten zugewiesen werden (z. B. kann einem DFÜ-Programm Vorrang vor dem Druck-Manager gewährt werden usw.). Die Entscheidungs- und Zuteilungsinstanz dieser Prioritäten wird als Arbitration bezeichnet. So sorgt zum Beispiel die Bus-Arbitration für die Zuordnung der Busse zu den verschiedenen Peripheriegeräten.

Im Zusammenhang mit SCSI-Systemen wird mit Arbitration die Hierarchie der Geräte bezeichnet, die momentan den SCSI-Bus benutzen dürfen. Innerhalb des SCSI-Bus-Zyklus wird eine Busanforderung an das Gerät übergeben, welches die nächste Priorität aufweist. Alle SCSI-Geräte müssen eine eigene Geräte-ID haben, wobei die Priorität des einzelnen Geräts von der Reihenfolge abhängt. Das heißt, das Gerät mit der ID-Nummer 7 hat die höchste Priorität, während das Gerät mit der ID-Nummer 0 die niedrigste Priorität aufweist. Bei Wide-SCSI erweitert sich diese Prioritätenliste entsprechend der erweiterten ID-Nummern.

ARC. Advanced Risc Computing System. Eine Konkurrenz zu dem von der Firma Intel entworfenen CICS (Complex Instructionset Computer System).

ARLL. Advanced Run Length Limited. Aufzeichnungsverfahren für Festplatten mit einer sehr hohen Spurdichte. Üblicherweise werden bei diesem Verfahren 34 Sektoren je 512 Byte pro Spur angelegt. Das einfachere RLL-Verfahren weist hingegen nur 26 Sektoren pro Spur auf. Speicherintensivere ARLL-Platten bedienen sich des sogenannten ZBR-Verfahrens (Zone Bit Recording). ARLL wird von AT-Bus-, SCSI- und ESDI-Festplatten verwendet.

ASCII. American Standard Code for Information Interchange. Eine standardisierte Zuordnungstabelle, in der einzelne Zahlen im Bereich von 0 bis 255 jeweils einem Symbol zugeordnet werden. Man kann auf alle Zeichen des ASCII-Satzes über alle gängigen Textverarbeitungsprogramme zugreifen, indem man die Alt-Taste gedrückt hält und den entsprechenden ASCII-Wert über den numerischen Ziffernblock eingibt. Der numerische Ziffernblock wird über die Taste [Num⇩] aktiviert. Dies ist dann sinnvoll, wenn auf typografische Anführungszeichen zugegriffen werden soll, die nicht über die Tastatur eingegeben werden können. Insgesamt 127 verschiedene Buchstaben, Ziffern und Zeichen sowie einige Steuerbefehle werden über die ersten sieben Bits eines Bytes identifiziert. Das achte Bit dient als Prüf-Bit (Parity-Bit) zum Aufspüren von Übertragungsfehlern. Wird auf dieses Prüfbit verzichtet, dann steht der sogenannte erweiterte ASCII-Code mit insgesamt 256 verschiedenen Zeichen zur Verfügung. Unter diesen Zeichen befinden sich auch die wichtigsten landesspezifischen Sonderzeichen wie die deutschen Umlaute.

ASPI. Abkürzung für Advanced SCSI Programming Interface. Es handelt sich hierbei um die von der Firma Adaptec entwickelte SCSI-Softwareschnittstelle, über die der Zugriff von Anwendungen auf die SCSI-Geräte geregelt wird.

Assoziativ-Speicher. Bei dieser Speicherform werden die einzelnen Speicherstellen nicht durch die Angabe von numerischen Adressen angesprochen, sondern durch die Angabe ihres Inhalts bzw. Teilen davon. Diese Angaben werden als Schlüssel bezeichnet.

Asymmetrisches Kryptosystem. Ein Kryptosystem ist ein Verschlüsselungssystem auf der Basis eines mehr oder weniger aufwendigen mathematischen Algorithmus. Bei einem symmetrischen Kryptosystem haben beide Teilnehmer, also der Sender und der Empfänger, jeweils den gleichen Schlüssel. Bei einem asymmetrischen Kryptosystem haben beide Teilnehmer verschiedene Schlüssel.

Asynchron. Vorgänge, die nicht zeitlich parallel ablaufen. Ein Beispiel ist die asynchrone Datenübertragung, da hierbei die Sende- und Empfangsgeräte nicht durch einen Takt synchron geschaltet werden, sondern es wird über bestimmte Steuerzeichen festgelegt, wann wie viele Daten übertragen werden sollen. Ein Vorteil der asynchronen Datenübertragung ist, daß beide Geräte nicht zwangsläufig (wie dies bei der synchronen Datenübertragung der Fall sein muß) mit der gleichen Geschwindigkeit senden und empfangen müssen.

Atapi. Advanced Technology Attachment Packet Interface. Eine Technologie, die als Schnittstelle bei CD-ROM-Laufwerken eingesetzt wird.

ATM. Die ATM-Technologie ist ein Standard in der Übertragungstechnik, mit dem sehr viele digitale Daten, also beispielsweise Bewegtbilder oder Audiodateien, parallel über eine einzelne Leitung laufen können. Zwar eignet sich diese Übertragungstechnik hervorragend für Unternehmen mit hohem Kommunikationsbedürfnis, beispielsweise für Videokonferenzen oder zum schnellen Übertragen von Daten aufgrund einer sofortigen Verfügbarkeit, jedoch hat sich dieses Verfahren trotz der Vorteile noch wenig durchgesetzt.

Audio-CD. Auf einer Audio-CD wird jedes Musikstück auf einem separaten Track gespeichert. Allerdings handelt es sich um keine Multisession-CD. Alle Tracks werden über einen einzigen TOC (Table Of Content) administriert, der alle notwendigen Informationen enthält.

AUTOEXEC.BAT. Abkürzung für Autoexecuting Batch-File. Es handelt sich hierbei um eine Stapelbefehlsdatei, die nach dem Aufruf alle enthaltenen Befehlszeilen automatisch abarbeitet. DOS greift nach dem Laden und Starten des Betriebssystems auf die Stapelbefehlsdatei AUTOEXEC.BAT zu und führt über den Kommandointerpreter COMMAND.COM alle in ihr enthaltenen Befehle aus. Diese Befehle können zum einen aus ausführbaren Routinen bestehen, wie dem Starten von Windows, einer Virensoftware usw., zum anderen kann es sich auch um Pfadangaben handeln, wie etwa zu dem Verzeichnis, in dem die temporären Dateien gespeichert werden sollen.

Autotermination. Ein SCSI-Controller mit einer Autotermination, wie dies beispielsweise beim Adaptec AHA-2940 der Fall ist, veranlaßt selbständig die Überprüfung des Bus und setzt eine eigene Terminierung entsprechend der angeschossenen Geräte. Dies hat den unbestreitbaren Vorteil, daß die Fehlerquelle der falschen Terminierung ausgeschlossen wird. Darüber hinaus ist die Autotermination dann sinnvoll, wenn externe Geräte wie beispielsweise ein CD-Brenner nur temporär angeschlossen werden und sich die Konfiguration des Bus öfter ändert.

AUX. Abkürzung für Auxiliary. Dient auch als andere Bezeichnung für die serielle Schnittstelle.

B

Backslash. Englische Bezeichnung für das Zeichen \. Da dieses Zeichen auf der deutschen Tastatur nicht direkt ansprechbar ist, muß es entweder über die Tastenkombination ⌈AltGr⌉ + ⌈ß⌉ oder ⌈Alt⌉ + ⌈92⌉ (auf dem numerischen Tastenblock) auf den Bildschirm gebracht werden.

Bad Track Table. In dieser Tabelle sind die Adressen defekter Sektoren einer Festplatte eingetragen. Dies dient dazu, Schreibzugriffe auf diese beschädigten Teile einer Festplatte zu verhindern. DOS-Routinen untersuchen die Festplatte nach solchen Sektoren und tragen nach einer vorherigen Abfrage die entsprechenden Adressen in diese Tabelle ein.

Bank Switching. Eine spezielle Methode, um Speicherbereiche partiell, also teilweise, zum Zugriff freizugeben. Das bedeutet, daß ein bestimmter Bereich davon eingeblendet wird. Beim Expanded Memory wird dieses Verfahren angewendet.

Bar Code. Englische Bezeichnung für Strichcode. Eine Folge von senkrechten Strichen unterschiedlicher Dicke mit unterschiedlichem Abstand zueinander. Bar Codes befinden sich auf fast allen Verbrauchsgütern des täglichen Lebens. Sie werden von speziellen Scannern, den sogenannten Barcode-Lesern, abgetastet und zur Weiterverarbeitung in den Rechner geleitet. Dort können dann den entsprechenden Artikelnummern die jeweils gültigen Preise zugeordnet werden. Die Daten können außerdem für interne Statistiken, Bestellvorschlagslisten usw. weiterverwendet werden.

Base Memory. Die ersten 640 kByte des Hauptspeichers. Hier werden das Betriebssystem sowie Teile von Anwendungsprogrammen geladen. Oberhalb des Base Memory schließt sich direkt das Adaptersegment an.

Basisadresse. Bei der relativen Adressierung von Speicherzellen wird eine Maschinenadresse ermittelt. Die Adresse, die im Befehl angegeben ist, wird als Distanz (Offset) zu einer Basis angegeben. Aus diesem Grund wird hierbei auch von einer Offset-Adresse gesprochen. Diese Basis wird im sogenannten Basisregister untergebracht. Indem man zum Inhalt des Basisregisters die Distanzadresse des Befehls addiert, erhält man die Maschinenadresse. Das Basisregister kann sowohl explizit (im Befehl) angegeben werden, als auch als feststehendes Register existieren.

Basisband. Im Gegensatz zum Breitband belegen die zu übertragenden Signale die gesamte Bandbreite des Übertragungsmediums.

Batch-Dateien. Stapeldateien (Batch = Stapel). Man erkennt diese Art von Dateien unter DOS an der Extension (Datei-Erweiterung) .BAT. Solche Dateien enthalten Befehlszeilen, die Anweisungen an das Betriebssystem beinhalten. Wird eine solche Batch-Datei durch Eingabe ihres Namens aufgerufen, werden die darin enthaltenen Befehlszeilen der Reihe nach ausgeführt.

BBS. Abkürzung für Bulletin Board System. Eine andere Bezeichnung ist Mailbox. Eine BBS ist ein Computer, der Tag und Nacht in Betrieb und über eine Telefonleitung erreichbar ist, außer zu den Zeiten, in denen Reparaturen oder eine Reorganisation der Daten durchgeführt wird. Darüber hinaus muß es den Benutzern möglich sein, Daten von diesem Computer herunterzuladen (beispielsweise Software) und auch Dokumente auf diesen Computer zu übertragen.

Befehlsinterpreter. Teil des Betriebssystems, das die Befehle und Kommandos interpretiert und ausführt. Diese Befehle können entweder vom Anwender manuell oder von einem Anwendungsprogramm gegeben werden. Unter DOS hat der Befehlsinterpreter den Namen COMMAND.COM.

Befehlssatz. Im Befehlssatz sind alle Befehle zusammengefaßt, über die ein Prozessor oder eine Programmiersprache verfügen können.

Benchmark-Programme. Benchmark bedeutet übersetzt Maßstab und ist eine Bezeichnung für mehr oder weniger umfangreiche Testprogramme, die die Leistungsfähigkeit eines Computersystems bzw. einzelner Bausteine überprüfen und in Zahlenwerten ausdrücken. So können die Leistungen einer Festplatte, einer Grafikkarte, eines Prozessors usw. ermittelt und visualisiert werden. Bekannte Vertreter sind z.B. der LANDMARK-Speedtest (Rechenleistung und Speicherzugriff), der CORETEST (Festplattenleistung) oder der MIPS-Test (Prozessorleistung). Programme dieser Art finden sich in den bekannten Utility-Sammlungen, wie etwa den Norton Utilities oder PC Tools, oder massenweise auch als Shareware. Die Auswahl der Programme hängt von den für den Benutzer typischen Aufgaben ab.

Binärsystem. Das Binärsystem ist das einzige Zahlensystem, das ein Computer versteht, da er nur zwischen zwei unterschiedlichen Zuständen unterscheiden kann. Deshalb kommt auch das uns bekannte Dezimalsystem nicht in Frage. Beim Binärsystem wird nur von 0 bis 1 gezählt; der »Überlauf« wird dann der nächsthöheren Stelle zugeschlagen. Der ersten Stelle einer Binärzahl wird demnach die Wertigkeit 1 zugewiesen, die zweite Stelle hat die Wertigkeit 2, die dritte 4, die vierte 8 usw.

Binär-Dezimal-Umwandlung. Die Umwandlung einer Binär- in eine Dezimalzahl. Da bei Computersystemen Zahlen intern immer binär codiert sind, muß bei der Zahlenausgabe (z.B. auf den Bildschirm oder Drucker) immer erst eine Umwandlung in die dezimale Darstellung vorgenommen werden.

BIOS. Basis Input Output System. Sozusagen der »harte Kern« des Betriebssystems. In der Regel werden diese Informationen auf EPROM gespeichert. Im ROM des Systems beginnen diese Informationen bei der Speicherstelle F000:C000 oder F000:E000 und reichen bis zur Speicherstelle F000:FFFF.

BIOS-Interrupt. Unter dieser Bezeichnung laufen die Interrupts 10h (hex) bis 17h sowie der Interrupt 1Ah. Über diese Unterbrechungsanforderungen (Interrupt-Request) können die umfangreichen Funktionen des ROM-BIOS aufgerufen werden.

BIOS-Ticker-Interrupt. Beim Multitasking-Betrieb muß jeder Anwendung eine bestimmte Zeit zur Verfügung gestellt werden, in der sie die Prozessorleistung für ihre Aufgaben nutzen kann. Diese Zuordnung wird über einen Zeitscheibenverteiler vorgenommen, wobei die jeweilige Verarbeitungszeit von den Programmen des BTI in sogenannte Ticks zerlegt wird (eine Sekunde wird in 18,2 Ticks unterteilt).

BISYNC. BInary SYNchronous Communication Protocol. Es handelt sich hierbei um ein standardisiertes Protokoll für die synchrone Datenübertragung.

Bit. Binary Digit. Die kleinste Speichereinheit im Dualsystem auf einem Datenträger oder in einem Chip. Sie kann entweder den Wert 0 oder 1 annehmen. In der Computerelektronik realisiert man 1 und 0 durch Spannung oder das Fehlen von Spannung.

Blank. Ein Zeichen, das bei der Ausgabe auf den Bildschirm oder den Drucker nicht erscheint bzw. nicht geschrieben wird, jedoch trotzdem Platz benötigt. Im ASCII-Code hat dieses Leerzeichen die Nummer 32 und ist als erstes druckbares Zeichen deklariert.

Block. Die größte Datenmenge, die bei einem Ein- oder Ausgabeschritt von oder zu einer peripheren Komponente übertragen werden kann. Die Daten werden zu Blöcken oder Paketen zusammengefaßt und blockweise durch die entsprechende Schnittstelle geschleust. Neben den eigentlichen Daten sind zusätzlich noch Test- und Steuerdaten enthalten, damit der Blockanfang und das Blockende sowie eventuell auftretende Fehler erkannt werden können.

Blocklänge. Die Länge eines Blocks auf einem Datenträger. Gebräuchliche Blocklängen sind 128, 256 oder 512 Byte.

Blue Book. Ein CD-Standard, bei dem die Audio- und die reinen Informationsdaten auf getrennten Spuren gespeichert werden. Beim Abspielen einer Audio-CD soll der Player nicht auf die Datenspur zugreifen.

BMP. Pixelorientiert arbeitendes Grafikformat, das bevorzugt unter Windows eingesetzt wird.

BNC-Kabel. Hochfrequenzkabel, das einzelne, geteilte Leitungen aufweist. Dieses Kabel wird überwiegend für Monitore mit einer Bildschirmdiagonale ab 15 Zoll verwendet. Über die getrennten Leitungen werden die Rot-,

Gelb- und Blau-Signale sowie die Synchronisation übertragen. Der Vorteil liegt in einer höheren Bandbreite. Außerdem ist das Kabel besser vor Überlagerungen geschützt und bietet eine erhöhte Bildqualität.

Board. Generell werden Schaltplatinen als Board bezeichnet, wobei es sich dabei sowohl um die größte im Rechner vorhandene, also die Hauptplatine, als auch um kleinere, wie etwa eine Controllerkarte, handeln kann.

Boot-Diskette. Mit einer solchen Diskette ist es auch dann möglich, den Rechner zu starten, wenn von der Festplatte aus irgendwelchen Gründen das Betriebssystem nicht mehr geladen werden kann. Unter DOS befinden sich auf einer solchen Diskette mindestens die Systemdateien MSDOS.SYS und IO.SYS sowie der Kommandointerpreter COMMAND.COM. Mit dem Befehl FORMAT /S wird ein Datenträger formatiert und die genannten drei Dateien automatisch übertragen.

Boot Record. Damit wird der Startsatz bezeichnet, der alle wesentlichen Informationen enthält, die der Rechner zum Hochfahren benötigt.

Boot-Sektor. Jedes Speichermedium, von dem aus ein Computer gestartet (gebootet) werden kann (ganz gleich, ob es sich dabei um eine Festplatte, Diskette, CD usw. handelt), enthält im Boot-Sektor 0 ganz spezielle Informationen sowie eine Startroutine, die die eigentliche Initialisierung von DOS übernimmt.

Bootstrap Loader. Eine Routine, die nach dem Starten des Computers für das Hochfahren des Betriebssystems zuständig ist. Das System wird beim sogenannten Kaltstart zum Laufen gebracht. Der Bootstrap Loader befindet sich üblicherweise im EPROM oder ROM.

BPI. Bits Per Inch. Ein Wert, der zur Angabe der Aufzeichnungsdichte bei Magnetbändern dient. Mitunter wird bei diesem Medium auch die Bezeichnung Byte Per Inch verwendet, da die Aufzeichnung nach dem bitparallelen System erfolgt. Kurz gesagt ist es ein Maß für die Dichte der Datenspeicherung bei magnetischen Datenträgern.

BPS. Bits Per Second. Ein Maß für die Geschwindigkeit der Datenübertragung, das beispielsweise als Leistungskriterium für eine Schnittstelle oder Ein-/Ausgabegeräte dienen kann.

Buffer underrun. Frei übersetzt: Der Speicher ist leer. Es werden nicht mehr genügend Daten an den CD-Brenner gesandt, was zu dessen Irritation und dem Abbruch des Brennvorgangs führt. Die CD ist danach nicht mehr zu gebrauchen.

Bug. Übersetzt: Wanze. Hiermit wird ein Programmfehler bezeichnet. Ein Programmfehler kann entweder logischer oder syntaktischer Art sein. Ein logischer Fehler liegt dann vor, wenn der Aufbau des Programms nicht zu dem gewünschten Verhalten bzw. Ergebnis führt. Ein syntaktischer Fehler liegt vor, wenn die Befehlsfolgen eines Programmcodes den Ausdrücken bzw. Regeln der jeweiligen Programmiersprache nicht entsprechen.

Burst Mode. Ein Datentransfermodus, bei dem anstatt eines kontinuierlichen Datenstroms die Daten gebündelt und paketweise übertragen werden.

Bus. Diese Datenleitung dient innerhalb des Rechners dazu, die einzelnen Bits oder Bytes von einer Baugruppe zur anderen zu transportieren (z.B. vom Prozessor zum Hauptspeicher). Man unterteilt den Bus in einen sogenannten Datenbus, der ausschließlich für den Transport der Daten zuständig ist, in einen Adreßbus, der die Adresse übermittelt, an der die Daten gespeichert werden sollen, und einen Steuerbus, der die Steuerinformationen mit sich führt. Weiterhin unterscheidet man zwischen einem unidirektionalen und einem bidirektionalen Bus. Bei dem unidirektionalen Bus werden die Daten nur in eine Richtung übertragen, bei dem bidirektionalen Bus werden sie in zwei Richtungen übertragen.

Bus Arbitration. Ein Verfahren, das für den Multitasking-Betrieb unabdingbar ist, da bei dieser Betriebsart mehrere Einheiten bzw. Anwendungen gleichzeitig auf den Bus zugreifen. Ein spezieller Chip sorgt dafür, daß mehrere Bus-Master bzw. periphere Einheiten gleichzeitig auf den Bus zugreifen bzw. Daten von ihm erhalten können.

Busbreite. Dieser Wert bezieht sich auf die Anzahl der Datenleitungen beim 8088 = 8, beim 80286 = 16, beim 80386 = 32 Datenleitungen. Dies ist auch der Grund, warum z.B. in einen 80486er Rechner keine 8-Bit-Grafikkarte eingebaut wird. Die Busbreite ist also ein Leistungskriterium für einen Rechner.

Bustakt. Ein Maß dafür, wie viele einzelne interne Befehle (Takte) in jeder Sekunde abgearbeitet werden können. Man findet jedoch nicht nur in der CPU eines Rechners einen solchen Takt, sondern ebenfalls auf manchen Erweiterungskarten, die über einen eigenen Taktgeber verfügen. Da Erweiterungen ohne einen solchen Taktgeber den CPU-Takt mitbenutzen, sind sie oft überfordert, wenn die CPU ausgelastet ist.

Byte. Ein Byte ist aus 8 Bit zusammengesetzt und kann Werte zwischen 0 und 225 (dezimal) oder 0 und FF (hexadezimal) annehmen ($2^8 = 256$).

C

Cache. Ein spezieller Speicherbereich, der zur Geschwindigkeitssteigerung des Rechners bzw. von Peripheriegeräten (z.B. Festplatte, CD-ROM-Laufwerk usw.) dient. Die aus dem Speichermedium ausgelesenen Daten werden in diesem Cache zwischengespeichert, um sie beim nochmaligen Lesen schneller verfügbar zu halten. Die Wahrscheinlichkeit, ob die Daten noch einmal bei einem späteren Zugriff benötigt werden oder nicht, wird laufend über spezielle Algorithmen errechnet und angepaßt. Es wird zwischen Hardware- und Software-Cache unterschieden. Ein Hardware-Cache besteht aus SRAM-Speicherchips, auf die schneller zugegriffen werden kann als auf die RAM-Chips, aus denen der Arbeitsspeicher besteht. Ab dem 80486er-Prozessor ist sogar ein Cache-Speicher auf dem Prozessor integriert. Beim Cacheing eines CD-ROM-Laufwerks werden Daten auf die Festplatte geschrieben, da von diesem Medium schneller gelesen werden kann als von dem CD-ROM-Laufwerk selbst. Unter einem Software-Cache versteht man Programme (beispielsweise das unter DOS enthaltene SMARTDRIVE), die dafür sorgen, daß diejenigen Daten, die demnächst wahrscheinlich benötigt werden, im Hauptspeicher verfügbar gehalten werden und nicht erst (über einen relativ langsamen Zugriff) z.B. von der Festplatte geladen werden müssen.

Cacheable Area. Teil des Arbeitsspeichers (RAM), dessen Informationen der Level-2-Cache zwischenspeichern kann. Wenn Sie mit Windows 98/95 arbeiten, empfiehlt es sich, darauf zu achten, daß der gesamte Arbeitsspeicher in dieser Cacheable Area liegt, da es ansonsten zu mehr oder weniger starken Performance-Einbußen kommt.

Caddy. Ein Plastikgehäuse, das die CDs bei CD-ROM-Laufwerken aufnimmt, bevor sie in das Laufwerk geschoben werden. Dieses Gehäuse schützt zum einen die CD und bewerkstelligt zum anderen einen ruhigeren Lauf. Caddys sind derzeit kaum noch auf dem Markt, und wenn, dann hauptsächlich nur noch bei älteren CD-ROM-Laufwerken zu finden.

CAM. Abkürzung für: Common Access Mode. Hiermit wird ebenfalls eine Software-Schnittstelle beschrieben, die unter anderem für UNIX-Anwendungen in Frage kommt.

CD-DA. Compact Disk Digital Audio. Bezeichnet das Datenformat für digitale Audio- bzw. Musik-CDs.

CD-I. Compact Disk Interactive. Dieses Format kommt bei Aufzeichnungen bzw. bei der Wiedergabe zum Einsatz, wenn der Ton und die Bilder absolut zeitgleich ablaufen müssen.

CD-MO. Compact Disc-Magneto Optical. Speichermedium, das – im Gegensatz zur CD-ROM (Compact Disc-Read Only Memory) – mehrere Male beschrieben und wieder gelöscht werden kann. Durch die hohe Aufzeichnungsdichte und sinkenden Preise für das Laufwerk selbst sowie für die Disketten ist diese Speicherform eine vernünftige Alternative zur herkömmlichen Datensicherung auf Diskette oder Bandlaufwerk.

CD-ROM. Compact Disc-Read Only Memory. Speichermedium, das – im Gegensatz zur CD-MO – nur gelesen werden kann. Ein Überschreiben oder Löschen der Daten ist hier nicht möglich.

CD-ROM XA. Compact Disk-Read Only Memory Extended Architecture. Eine Erweiterung des CD-ROM-Standards, bei dem Audio- und Video-Daten zeitgleich gespeichert und abgespielt werden können.

CD-WORM. Compact Disc-Write Once Read Many. Speichermedium, das einmal beschrieben werden kann, wobei für das Beschreiben der Discs ein spezielles Gerät benötigt wird. Die einmal beschriebene Disc kann jedoch von einem herkömmlichen CD-ROM-Laufwerk beliebig oft gelesen werden.

Centronics. Hersteller der ersten Nadeldrucker. Hiervon ausgehend wurde der sogenannte Centronics-Standard geschaffen, der beispielsweise für die byteweise Übertragung der Daten vom Rechner zur parallelen Schnittstelle sorgt.

CGA. Color Graphics Adapter. Ein veralteter Farbgrafikkarten-Standard für PC/XT/AT-kompatible Rechner, der maximal 640 x 200 Bildpunkte in zwei Farben darstellen kann. In der niedrigeren Auflösung von 320 x 200 Bildpunkten können gleichzeitig bis zu vier Farben dargestellt werden.

Chip-Karte. Diese Plastikkarten (von den Abmessungen her einer herkömmlichen Kreditkarte ähnlich) sind mit integrierten Schaltkreisen bestückt und ersetzen insbesondere bei Notebooks die Festplatte. Speicherkapazitäten von etwa 200 MByte sind derzeit üblich, jedoch wird mittelfristig mit Speicherkapazitäten von rund 500 MByte gerechnet.

CICS. Complex Instruction Set Computer. Rechner, deren Prozessor über einen umfangreichen Befehlssatz verfügt.

Cluster. Daten werden nicht einzeln gespeichert, sondern in Paketen zu 1024, 2048 oder 4096 Byte. Die jeweilige Größe ist dabei rechnerabhängig. Diese Datenblöcke sind die kleinste, von der CPU zu adressierende Einheit von Bytes (DOS ist zwar durchaus in der Lage, jeweils mehrere Sektoren zu einem Cluster zusammenzufassen, jedoch wird ein einzelner Sektor nicht separat angesprochen. Die Speicherzuweisung erfolgt clusterweise, unabhängig davon, ob dieser Platz tatsächlich für das Speichern einer Datei vollständig gebraucht wird oder nicht. Ist eine Textdatei nur 100 Byte groß, wird dennoch der komplette Cluster belegt bzw. reserviert. Dies ist auch ein Grund dafür, warum sehr viele kleine Dateien eher in der Lage sind, einen Datenträger zu füllen, als wenige Dateien mit umfangreichem Inhalt.

CMOS. Speicherchips mit relativ niedrigem Stromverbrauch, die unter anderem zur batteriegepufferten Speicherung der Systemkonfiguration (Uhrzeit, Datum, Festplattenwerte usw.) während der Zeit dienen, in der das Computersystem von der Stromversorgung getrennt ist. Bei der Herstellung von Laptops oder Notebooks werden diese Speicherbausteine bevorzugt eingebaut, damit ein möglichst langer netzunabhängiger Betrieb aufrechterhalten werden kann.

COMMAND.COM. Kommandointerpreter des Betriebssystems DOS, der zum Starten des Rechners bzw. des Betriebssystems unbedingt erforderlich ist. Diese Datei wird beim Anlegen einer Startdiskette (Boot-Diskette) mit dem DOS-Befehl FORMAT /S automatisch auf den zu formatierenden Datenträger in das Hauptverzeichnis als nicht versteckte Datei kopiert.

CONFIG.SYS. Eine der beiden Startdateien von DOS, die während des Startvorgangs geladen wird. Diese Datei enthält Befehlszeilen, mit denen das System konfiguriert wird, indem die verschiedenen Gerätetreiber (für CD-ROM-Laufwerk, Streamer, Netzwerkkarten usw.) geladen werden und die entsprechenden Verzeichnisse, in denen sich diese Treiberdateien befinden, bekanntgegeben werden.

CPS. Characters Per Second. Einheit, in der die Geschwindigkeit eines Druckers angegeben wird. Je höher dieser Wert ist, desto mehr Zeichen werden innerhalb einer Sekunde gedruckt. Ein wesentlicher Faktor, der Einfluß auf die Druckgeschwindigkeit nimmt, ist die gewünschte Qualität des Ausdrucks. Hohe Qualität (Letter Quality bei Nadeldruckern) bedingt einen höheren CPS-Wert als niedrigere Druckqualität (Near Letter Quality).

CPU. Central Processing Unit. Andere Bezeichnung für den Prozessor eines Rechners. Ein Rechner muß nicht zwingend aus nur einem Prozessor bestehen. Es gibt Rechner, die im Netzverbund als Server eingesetzt werden und über mehrere Prozessoren verfügen.

D

DAO. Disk At Once. Bei dieser Schreibtechnik werden die einzelnen Tracks (Spuren) direkt nacheinander auf die CD geschrieben. Das Schreiben der Lead-Ins und Lead-Outs entfällt. Beim »Track-at-Once-Verfahren« werden die Daten in mehreren Durchgängen auf die CD gebrannt.

Datenkompression. Da Zeit auch bei der Datenübertragung Geld ist, sind die meisten Hersteller bemüht, Daten möglichst schnell zu übertragen. Dabei ist das Packen von Daten hilfreich, das allerdings ein verlustfreies Entpacken der Daten gewährleisten muß. Gängige Normen sind beispielsweise MNP5 und V.42bis, die Kompressionsraten von 2:1 bzw. 4:1 zulassen.

Datenübertragungsrate. Dieser Wert gibt an, wie schnell eine Komponente wie Festplatte, CD-ROM-Laufwerk, Streamer usw. in der Lage ist, Daten aus- oder einzugeben. Zu diesem Wert, der üblicherweise in Byte, kByte oder MByte angegeben wird, gehört eine Zeiteinheit, die meist in Millisekunden oder Sekunden angegeben wird.

DCE. Abkürzung für Distributed Computing Environment. Eine Standardisierung für verteilte Anwendungen in einem heterogenen (fremdartigen) Netz, das Programmschnittstellen, Serverfunktionalitäten usw. enthält. Dieser Standard wurde von der OSF (Open Software Foundation) entwickelt.

DCI. Data Communication Interface. Eine genormte Schnittstelle, die zur Datenübertragung dient.

DDE. Dynamic Data Exchange. Sogenannter dynamischer Datenaustausch zwischen allen Windows-Anwendungen. Dies hat den Vorteil, daß Daten nur noch in einem Programm eingegeben werden müssen, allerdings allen anderen in Frage kommenden Programmen auf Wunsch ebenfalls zur Verfügung stehen. Beispielsweise können Daten, die in einer Datenbank (z.B. dBASE für Windows) eingegeben wurden, ebenso in einer Tabellenkalkulation (z.B. Excel), einer Textverarbeitung (z.B. Winword) usw. benutzt werden. Ändert nun der Anwender die Daten über das Datenbankprogramm, dann werden diese Daten automatisch auch für die Tabellenkalkulation und die Textverarbeitung aktualisiert, das heißt, sie müssen nicht doppelt oder dreifach eingegeben werden.

Debugging. Wörtlich übersetzt heißt es soviel wie »Entwanzung« (bug = Wanze) und bezeichnet die Beseitigung von Fehlern in Software-Programmen. Ein Fehler im Programm wird auch als »Bug« bezeichnet.

Dedizierter Rechner. Ein Rechner, der ausschließlich zur Erledigung einer bestimmten Aufgabe konstruiert wurde. Üblicherweise sind Computersysteme durch die Verwendung spezieller Programme universell, das heißt, für beliebige Aufgabenstellungen einsetzbar. Ein dedizierter Rechner kann jedoch nur für eine Aufgabenstellung verwendet werden, für die Textverarbeitung. Erleichtert wird diese Aufgabe unter anderem durch eine spezielle Tastatur, die außer den üblichen Tasten noch weitere Funktionstasten für bestimmte Editier- bzw. Formatierungsaufgaben enthält.

Default. Diese Bezeichnung wird überwiegend für die Grundeinstellung einer Software- oder Hardwarekomponente verwendet. Wird also die Einstellung »Default-Werte« aktiviert, dann werden hiermit automatisch die Standardeinstellungen übernommen.

Defragmentierung. Beim Löschen und Schreiben der Daten auf eine Festplatte oder Diskette entstehen zwangsläufig im Laufe der Zeit immer größere Lücken. Die Dateien sind nicht mehr so zusammenhängend auf dem Datenträger abgelegt, daß sie von den Schreib-/Leseköpfen in der optimalsten Zeit gelesen werden können. Es werden im Laufe der Zeit bzw. der Fragmentierung des Datenträgers immer größere Lesezeiten beansprucht. Um wieder einen optimalen (defragmentierten) Zustand herzustellen, ist es von Zeit zu Zeit erforderlich, mit einem geeigneten Programm (beispielsweise DEFRAG unter DOS oder Speeddisk aus den Norton Utilities o. ä.) den optimalen Speicherzustand wiederherzustellen. Die Dateien werden dadurch wieder zusammengefaßt bzw. so auf dem Datenträger gespeichert, daß wieder ein optimaler Zugriff möglich ist.

Density. Maß für die Schreib- bzw. Speicherdichte auf einem Massenspeicher (Festplatte, Diskette, Streamer, CD-ROM usw.). Angegeben wird die Anzahl der Zeichen pro Längen- bzw. Flächeneinheit, wobei als Maßeinheit für die Schreibdichte BpI (Bit per Inch) dient.

Demultiplexing. Bezeichnung für die Umwandlung von der seriellen Bitdarstellung in die parallele.

Device. Übersetzung für Gerät. Es werden damit beispielsweise die Gerätetreiber in der Startdatei CONFIG.SYS angesprochen. Die Befehlszeile `DEVICEHIGH=C:\Trb_sw\CDROM.trb` bedeutet, daß der Gerätetreiber namens CDROM.trb im Verzeichnis \Trb_sw auf dem Speichermedium mit der Laufwerkskennung C: beim Hochfahren des Systems in den hohen Speicherbereich geladen werden soll.

Dialing. Das Anrufen eines anderen Teilnehmers bzw. Modems über die Telefonleitung (dial = wählen).

Dialogbetrieb. Verarbeitungsmodus in einem Computersystem, bei dem sich ein oder mehrere Benutzer über ihr jeweiliges Terminal (Workstation) in direkter Verbindung (online) mit dem Zentralcomputer befinden.

Dienstprogramm. Diese Programme werden auch als Utilities bezeichnet. Sie ermöglichen oder erleichtern die Arbeit mit internen oder externen Komponenten. Typische Dienstprogramme sind für das Kopieren von Disketten, Formatieren von Datenträgern usw. zuständig.

Differential-SCSI. Beim Differential-SCSI werden jeweils zwei Leitungen symmetrisch zur Übertragung des gleichen Signals benutzt. Die maximale Kabellänge liegt hier bei 25 Metern. Ein gemischter Betrieb aus Single-ended und Differential-SCSI ist nicht möglich.

Sie können keine Differential-Peripherie an einen normalen Ultra-Wide-Adapter anschließen, denn Differential-SCSI arbeitet mit abweichenden Signalpegeln. Die Folge eines solchen Unterfangens wäre ein Kurzschluß, verbunden mit einem sehr wahrscheinlichen Defekt des SCSI-Geräts. Es gibt im Fachhandel Adapter, die die Spannung wieder auf das von Single-ended-Geräten benötigte Niveau herabsetzen, diese sind allerdings relativ teuer (einige hundert DM).

Digital Recording. Man bezeichnet hiermit das Digitalisieren, oder anders ausgedrückt, das Sampeln eines Klangsignals über eine Soundkarte.

DMA. Direct Memory Access. Ein Verfahren, bei dem die Daten von einer peripheren Komponente (beispielsweise einem CD-ROM-Laufwerk) direkt in den Speicher kopiert werden, ohne erst dabei den Umweg über die CPU nehmen zu müssen. Da mit diesem Verfahren der Weg über die Interrupt-Unterbrechung (IRQ-Request) eingespart wird, können die Daten wesentlich schneller transportiert werden. Allerdings muß dazu üblicherweise ein sogenannter DMA-Kanal angegeben werden.

DMA-Controller. Baustein, der das Umlenken größerer Datenmengen von einer peripheren Komponente am Prozessor vorbei direkt in den Speicher ermöglicht. Ein solcher DMA-Controller befindet sich am Anschlußadapter eines CD-ROM-Laufwerks.

DOS. Disk Operating Sytem. Eine Bezeichnung, die noch aus den Anfängen des PCs stammt. Zu diesen Zeiten wurde der Bootvorgang aus Ermangelung einer Festplatte, die seinerzeit noch so teuer war, daß nicht automatisch in jedem PC ein solches Bauteil vorhanden war, von einer Diskette eingeleitet.

DOS-BIOS. Im DOS-BIOS sind die Gerätetreiber enthalten, die den Zugriff auf die peripheren Geräte (Monitor, Festplatte, Diskettenlaufwerk usw.) abwickeln.

Dot Pitch. Maßeinheit für den Lochabstand auf der Maske des Bildschirms. In gewissen Grenzen ist dies auch ein Maß für die Wiedergabequalität eines Bildschirms. Je größer die Lochmaske, desto unschärfer ist das Bild. Früher gebräuchliche Lochmasken von 0,30 mm sind mittlerweile nicht mehr üblich, da nur eine recht grobe Auflösung erreicht werden konnte.

DPI. Dots per Inch. Auflösbare Punkte pro Zoll bei Ein- und Ausgabegeräten, insbesondere bei Druckern oder Scannern. Eine Auflösung von 600 dpi bedeutet, daß das Gerät in der Lage ist, auf eine Fläche von einem Quadratzoll (2,54 x 2,54 cm) 360.000 (600 x 600) Punkte zu drucken. Eine Auflösung von 300 dpi bedeutet, daß 90.000 Punkte gedruckt werden können. Somit kann ein 600 dpi-Drucker also eine vierfache Auflösung gegenüber einem 300 dpi-Drucker erreichen.

DRAM. Dynamic RAM. Speicherchips, deren Inhalt in regelmäßig wiederkehrenden, sehr kurzen Abständen aufgefrischt werden muß, damit die gespeicherten Informationen nicht verlorengehen. Da während der Zeit, die für das Auffrischen der Chips benötigt wird, keine Verarbeitung, beispielsweise von Anwender-Software, möglich ist, weisen diese Speicherbausteine eine relativ langsame Zugriffszeit auf, die im Durchschnitt bei etwa 50 bis 70 Nanosekunden liegt.

DVD. Digital Video Disc. Dieser Standard wurde zur Speicherung von Videodaten auf CD konzipiert. Es wird Spielfilmlänge erreicht, wobei dieses Aufzeichnungsverfahren auch für herkömmliche Daten zur Verfügung steht. Ein Speicherplatz von mehreren GByte Daten ist möglich. Auf breiter Basis hat sich dieser Standard allerdings nicht durchgesetzt.

E

EAPROM. Electrically Alterable PROM. Nur-Lese-Speicher, in dem Informationen gespeichert werden können, die sich jedoch, im Gegensatz zum PROM, im nachhinein verändern lassen.

ECC. Error Code Correction. Ein Fehlererkennungsverfahren, das sich zusätzlicher Prüfbits auf den Arbeitsspeicherbausteinen bedient, um Speicherfehler zu erkennen. Durch dieses Verfahren wird die Stabilität des Rechnersystems deutlich verbessert.

EDC/EEC. Fehlerkorrekturverfahren (CIRC ist hier eingeschlossen), das als fester Bestandteil in CD-Playern integriert ist.

EDO. Extended Data Output. Eine spezielle, erweiterte Form des DRAM. Diese Bausteine zeichnen sich dadurch aus, daß intern bereits der nachfolgende Zugriff bearbeitet werden kann, während an den Schnittstellen noch die im vorangegangenen Arbeitsschritt vom Prozessor angeforderten Daten ausgegeben werden. Diese Vorgehensweise trägt zu einer erhöhten Geschwindigkeit bei.

EGA. Enhanced Graphics Adapter. Verbesserter Grafikadapter als Nachfolger für die kaum noch gebräuchliche CGA-Karte. Der EGA-Modus erlaubte auch im Grafikmodus die gleichzeitige Darstellung von 16 verschiedenen Farben, wobei eine maximale Auflösung von 640 x 350 Bildpunkten erzielt werden konnte.

EISA. Extended Industry Standard Architecture. Weiterentwicklung des ISA-Bus mit einer Busbreite von 32 Bit. Ein Vorteil dieses Konzepts ist neben einer wesentlich erhöhten Datenübertragungsrate auch die Abwärtskompatibilität zu 16-Bit-Steckkarten nach dem Industriestandard (ISA).

EMM. Expanded Memory Manager. Emulierter Speicher, um die Begrenzung des Hauptspeichers unter DOS zu umgehen. Programme, die in diesen Speicherbereich geladen werden, müssen sich eines speziellen Interface, des EMM, bedienen. DOS stellt dazu den Treiber EMM386.EXE zur Verfügung.

EMS. Expanded Memory Support. Der erweiterte Speicherbereich eines PCs. Auf diesen Speicherbereich, der oberhalb der 640-kByte-Grenze liegt, kann nur mit Hilfe bestimmter Programme zugegriffen werden.

Emulation. Nachahmung des Verhaltens eines Geräts oder eines Programms durch ein anderes. Drucker bieten verschiedene Emulationen an (z.B. IBM-Proprinter), das heißt, sie können sich bei Bedarf so verhalten wie eben dieses Gerät. Über eine PostScript-Emulation kann sich ein Non-PostScript-Drucker so verhalten, als wäre er PostScript-fähig. Eine VGA-Karte ist ebenfalls in der Lage zu emulieren, und zwar eine CGA- oder eine EGA-Karte (dadurch wird z.B. Abwärtskompatibilität erreicht).

Enabled. Freigegebene Funktion, die ausgeführt werden kann, wenn sie auf diesen Wert gesetzt wird. Im Gegensatz dazu bedeutet »Disabled«, daß die entsprechende Funktion nicht ausgeführt werden kann. Dies kann sich sowohl auf eine Software- als auch auf eine Hardware-Komponente beziehen.

EOM. End Of Message. Dieses Zeichen steht am Ende einer Nachricht (beispielsweise bei der Datenfernübertragung).

EOT. End Of Transmission. Zeigt das Ende einer Übertragung (generell) an.

EPS. Encapsulated PostScript-Format. Seitenbeschreibungssprache, die von der Firma Adobe entwickelt wurde. Das EPS-Format wird unter anderem als plattformübergreifendes Dateiaustauschformat benutzt.

Ergonomie. Steht für eine möglichst benutzerfreundliche Konstruktion entweder der Anwendungsprogramme oder der Hardware. Ein ergonomischer Arbeitsplatz ist so ausgelegt, daß unter anderem ein möglichst strahlungsarmer Monitor verwendet wird, eine dem Anwender angepaßte Tastatur (ergonomisches Keyboard) eingesetzt wird sowie Tisch und Stuhl so beschaffen und angeordnet sind, daß ein ermüdungsfreies Arbeiten gewährleistet wird. Eine ergonomische Software ist unter anderem so programmiert, daß sie möglichst intuitiv, also ohne große Einführungen, quasi selbsterklärend, konstruiert ist und darüber hinaus mit möglichst wenig Aktionen übersichtlich und schnell zum gewünschten Ziel führt (beispielsweise wird die Funktionstaste [ESC] dazu benutzt, um in das vorhergehende Menü zu gelangen, anstatt eine Tastenkombination wie etwa [STRG] + [Alt] + [X]). Mittlerweile gibt es bereits Studiengänge an verschiedenen Universitäten, die sich mit dem Fach Software-Ergonomie beschäftigen).

Error Level. Ist in einem Programm oder bei einer Aktion des Betriebssystems ein Fehler aufgetreten, dann wird ein Fehlercode, der sogenannte Error-Level, ausgegeben und an einer bestimmten Adresse im Hauptspeicher festgehalten. Dort kann er über eine kleine Routine abgefragt werden, die eine weitere Aktion wie die Ausgabe einer entsprechenden Fehlermeldung in die Wege leitet.

Erweiterte Partition. Bestimmter Teil einer Festplatte, von der aus nicht gebootet werden kann. Die erweiterte Partition unter DOS hat mindestens eine zusätzliche Laufwerkskennung für ein logisches Laufwerk, jedoch kann auch eine Unterteilung in mehrere logische Laufwerke vorgenommen werden. Ein Manko unter DOS bis zur Version 4.0 war es, daß auf Festplatten, die ein größeres Volumen als 32 MByte hatten, eine erweiterte Partition nicht zu umgehen war, da die primäre Partition eine Größe von 32 MByte nicht überschreiten durfte.

ESC. Escape-Function. Dieses Zeichen ist im ASCII-Code unter dem dezimalen Wert 27 zu finden und wird z.B. beim Druckerbetrieb eingesetzt. Dort kennzeichnet es den Beginn einer Steuerzeichenfolge, die sogenannte Escape-Sequenz.

Escape-Funktionstaste. [ESC] ist ein Zeichen, das nicht dargestellt wird (ebenso wie das Blank-Zeichen). Es wird – unter anderem in Verbindung mit weiteren Funktionstasten, dazu benutzt – um bestimmte Betriebsarten des Computers aufzurufen.

ESDI. Enhanced Small Device Interface. Schnittstelle für einen schnellen Datendurchsatz von über 20 MByte/s. Eine Weiterentwicklung des ST506-Standards, der das Aufzeichnungsverfahren für MFM- und RLL-Festplatten regelt. Bei diesem fortgeschriebenen Standard erfolgt die Aufzeichnung unter ARLL, so daß eine deutliche Steigerung der Geschwindigkeit erzielt wird.

Executable. Ausführbar. Befindet sich ein Programm in einem solchen Zustand, dann ist es ohne weitere Programme wie Compiler usw. ausführbar. Das Programm liegt in diesem Fall als Objektprogramm vor.

F

FAT. File Allocation Table. Das Inhaltsverzeichnis eines Datenträgers, das Informationen darüber enthält, welche Bereiche belegt, frei oder unbrauchbar sind. Diese Tabelle dient zum einen dazu, die Adressen (Spur, Sektor und Zylinder) von gespeicherten Dateien aufzunehmen. Zum anderen enthält sie auch Hinweise auf die Verknüpfung der einzelnen Teile einer Datei, die ja mehrere Cluster groß und auf der Festplatte an unterschiedlichen Plätzen gespeichert sein kann.

FCB. File Control Block. Für jede Datei, die in einem Programm bearbeitet wird, legt das Betriebssystem MS-DOS einen Block mit Steuerinformationen im Arbeitsspeicher an. In diesem Block sind neben dem Namen der Datei auch die Adresse, unter der sie gespeichert ist, sowie noch eine Reihe systembezogener Informationen enthalten.

FDDI. Fibre Distributed Data Interface. Ein Standard, der die Datenübertragung in Hochgeschwindigkeitsnetzen (100 Mbit/s) reguliert. Als Übertragungsmedium werden Glasfaserkabel sowie das Token-Ring-Prinzip verwendet.

Fehlerkorrektur. Ein meist internes Verfahren zur Erkennung und Beseitigung von Fehlern, die während der Datenübertragung beispielsweise durch Leitungsstörungen auftreten. Gängige Protokolle sind beispielsweise MNP4 und V.42.

Festplatten-Controller. Erweiterungskarte, die als Verbindung zwischen dem Systembus und der Festplatte dient. Dieser Controller kann in Form eines externen Adapters vorliegen, aber auch direkt auf der Platine der Festplatte aufgelötet sein.

Festverbindung. Anderer Ausdruck für Standleitung. Eine Festverbindung ermöglicht jederzeit den Austausch von Daten, ohne daß dazu erst eine Verbindung aufgebaut werden muß. Dies lohnt sich vor allem bei Datenübertragungen mit hohem Volumen, die Tag und Nacht durchgeführt werden.

File-Server. Ein Rechner, der als Datenzentrale in lokalen Netzen fungiert. Außer einem schnellen Prozessor muß auch die Festplatte über eine ausreichende Geschwindigkeit verfügen. Festplatte und Arbeitsspeicher müssen ebenso ausreichend dimensioniert sein (ist der Arbeitsspeicher zu klein, wird die Geschwindigkeit der Festplatte ausgebremst, da sie zum großen Teil mit dem Nachlesen der Daten beschäftigt ist. Von den Workstations (Arbeitsplatzrechnern) kann auf den gemeinsamen Datenbestand, der auf dem File-Server liegt, zugegriffen werden.

Firewall. Eine Einrichtung, die zumeist aus Hard- und Software besteht und das Eindringen unbefugter Benutzer in ein Netzwerk verhindern soll. In einem internen Netz aus mehreren Computern ist beispielsweise zwischen diesen und dem »Ausgang« der Daten ein Rechner geschaltet, der nur die Aufgabe hat, alle ausgehenden und eingehenden Daten zu beobachten und vor allem nur die Daten in das interne Netz zu lassen, deren Berechtigung erwiesen wurde. Es gibt allerdings auch eine reine Softwarelösung, die beispielsweise auf einem Einplatzrechner installiert ist, der mit dem Internet oder einem anderen Online-Dienst verbunden ist.

Fixieren. Das Lead-Out wird an das Ende der CD geschrieben. Nach diesem Vorgang, der auch als das Fixieren bezeichnet wird, kann die CD gelesen werden kann, und zwar von jedem beliebigen CD-ROM-Laufwerk.

FM-Synthese. Hiermit wird die künstliche Erzeugung von Klängen oder Tonfolgen durch mehrere sich überlagernde Wellen bezeichnet.

Formatierung. Der Datenträger (Festplatte, Diskette und Streamer) wird über ein entsprechendes Programm des Betriebssystems zum Speichern der Daten vorbereitet. Es wird hierbei jeder anzusprechenden Einheit (die kleinste adressierbare Einheit ist ein Cluster, der je nach Rechner unterschiedlich dimensioniert ist) eine Nummer zugewiesen, durch die sie eindeutig identifiziert und angesprochen werden kann. Erst durch das Formatieren wird ein gezieltes Ablegen und Wiederfinden von Daten ermöglicht. Da diese Nummern auf dem Datenträger gespeichert werden, steht für die eigentlichen zu speichernden Daten praktisch etwas weniger Platz zur Verfügung, als theoretisch auf dem Datenträger vorhanden wäre. Dadurch unterscheiden sich die Werte hinsichtlich der formatierten und der unformatierten Kapazität.

G

Gamecard. Erweiterungskarte mit einem Anschluß für Joysticks (Gameport). Bei Multi-I/O-Karten ist ein solcher Anschluß in der Regel serienmäßig vorhanden.

GByte. 1.073.741.824 Byte oder 1024 MByte

Gerätetreiber. Kleine Programmroutinen, die resident in den Arbeitsspeicher geladen werden und die Kommunikation zwischen dem Rechner bzw. dem Betriebssystem mit internen und externen Geräten (Monitor, Maus, CD-ROM-Laufwerk, Diskettenlaufwerk usw. regeln.

GIF. Abkürzung für Grafics Interchange Format. Ein vom Online-Dienst CompuServe entwickelter Standard für Bilder, die per DFÜ von Online-Diensten oder über das Internet übertragen und im Browser angezeigt werden. Das GIF-Format zeichnet sich durch eine geringe Datenmenge pro Bild aus.

Green Book. Dieser Standard definiert die Speicherung und Synchronisation von Bild und Ton, ist aber kaum noch von Bedeutung, da sich das Videoverfahren per CD-I nicht auf der gewünschten Basis durchsetzen konnte.

Groupware. Programm, mit dem Arbeitsgruppen verwaltet werden. Ein solches Programm besteht hauptsächlich aus Funktionen für die Dokumentenverwaltung (Briefe, Web-Sites und alle anderen Arten von Projekten), für das Versenden von Nachrichten (E-Mails), für ein Zeitmanagement (Projektierung von Aufgaben) sowie gegebenenfalls für Multimedia-Konferenzen, damit es möglich ist, auch räumlich entfernte Arbeitsgruppen zusammenarbeiten zu lassen.

H

Header. Jedes Datenpaket, das im Internet übertragen wird, enthält in einem gesonderten Abschnitt, dem Header, spezielle Informationen, die sich auf das Datenpaket beziehen. Header gibt es auch bei anderen Dateien, beispielsweise bei Grafikdateien, die von einem Format in ein anderes konvertiert werden.

Helix. Die Aufzeichnung von Daten auf eine CD geschieht immer spiralförmig von innen nach außen, also in Form einer Helix. Da über die gesamte Oberfläche der CD ein möglichst konstanter Datenstrom aufrecht erhalten werden soll, muß die Drehzahl der CD-ROM in Abhängigkeit von der Position des Schreib-/Lesekopfes variabel sein. Befindet sich der Schreib-/Lesekopf außen, kann die Drehzahl niedriger sein als innen.

Hertz. Schwingungen pro Sekunde. 50 Hertz entsprechen also fünfzig Schwingungen bzw. Zustandsänderungen in der Sekunde. Arbeitet ein Prozessor beispielsweise mit einer Taktfrequenz von 300 MHz, dann entspricht dies 300 Millionen Zustandsänderungen in der Sekunde.

Hexadezimal. Zahlensystem mit dem Wert 16 als Basis. Zusätzlich zu den Dezimalziffern 0 bis 9 enthält es noch die Buchstaben A (= 10) bis F (= 15). Ein Byte läßt sich somit immer als zweistellige Hexadezimalzahl darstellen, wobei dieser Ausdruck auch aus einer Zahlen/Buchstaben-Kombination bestehen kann. Die Zählweise ist also nicht von 0 bis 9, sondern von 0 bis 15, wobei die erste Stelle einer Hexadezimalzahl die Wertigkeit 1, die zweite 16, die dritte 256, die vierte 4096 hat usw.

HIMEM.SYS. Gerätetreiber, mit dessen Hilfe das Betriebssystem einen vorhandenen Erweiterungsspeicher erkennen kann. Bei den Befehlszeilen in der Gerätetreiberdatei CONFIG.SYS ist darauf zu achten, daß das Auslagern bestimmter Teile des Betriebssystems oder weiterer Gerätetreiber in den Erweiterungsspeicher erst nach dem Laden dieses Gerätetreibers möglich ist.

HMA. High Memory Area. Ein knapp 64 kByte großer Speicherbereich, der unmittelbar auf die 1-MByte-Grenze folgt und durch den Treiber HIMEM.SYS erreichbar ist.

Hotkey. Bestimmte Programme, Programmteile oder Funktionen können über einen einzelnen Tastendruck aufgerufen werden, und zwar auch dann, wenn sich der Anwender gerade in einem anderen Programm befindet. In der Regel kann dieser Hotkey frei definiert werden, so daß unter Umständen eine Taste umgeändert werden kann, wenn sie bereits von einem anderen Programm bzw. einer anderen Programmroutine belegt wird. Beispielsweise wird bei den meisten Bildschirmschnappschuß-Programmen unter DOS eine Tastenkombination (z.B. [Alt] + [P] bei dem Programm »Hot-Shot«) festgelegt. Wird unter einer beliebigen DOS-Anwendung diese Tastenkombination ausgelöst, dann wird der momentane Bildschirminhalt eingefroren.

HSF. Hierarchical File System. Ein Dateisystem, das in Verbindung mit Macintosh-Computern verwendet wird und zur Herstellung von Hybrid-CDs dient.

HTML. Abkürzung für Hyper Text Markup Language. Es handelt sich hierbei um eine Programmiersprache für die Gestaltung von Web-Sites. Fast jedes moderne Programm bietet mittlerweile eine Konvertierung in das HTML-Format an. So können beispielsweise in WinWord 7.0 Textseiten und in CorelDraw 7.0 Grafiken in das HTML-Format konvertiert werden. Diese Seiten können dann ohne weitere Nachbearbeitung mit einem Internet-Browser angezeigt werden.

HTTP. Abkürzung für Hyper Text Transfer Protocol. Standardisiertes Verfahren zur Datenübertragung im WWW. Wenn Sie eine Internet-Adresse betrachten, werden Sie diese Abkürzung gleich am Anfang der Adresse finden (beispielsweise http://www.microsoft.com).

Hyperlink. Verweis auf weitere Seiten, die standardmäßig blau hervorgehoben sind. Bewegen Sie den Mauszeiger über einen solchen Verweis, dann verwandelt er sich in die Form einer Hand. Sie erkennen daran, daß Sie mit einem Mausklick auf die mit dem Verweis verknüpfte Seite wechseln können.

Hyperlink-Ansicht. Ein Teil des FrontPage Explorers, in dem die Web-Seiten durch Symbole und die Verknüpfungen zwischen den einzelnen Seiten durch Linien dargestellt werden. Die Linien sind in FrontPage standardmäßig blau.

Hypertext. Ein Textdokument, das einen oder mehrere Verweise auf andere Seiten enthält. Wählen Sie einen solchen Verweis an, dann verzweigen Sie entweder auf eine andere Seite, oder es werden Aktionen ausgeführt, wie beispielsweise das Abspielen eines Sounds, das Anzeigen einer Grafik usw.

I

IC. Integrated Circuit. Integrierter Schaltkreis in Form eines elektronischen Bauelements. In einem gemeinsamen Gehäuse sind mehrere Bauelemente oder auch komplette Schaltungen untergebracht. So enthalten beispielsweise RAM-Bausteine mehrere Millionen Bauelemente (vorwiegend aus Transistoren) auf einem einzigen Chip.

IDE. Integrated Device Equipment. Schnittstelle für Geräte, die einen integrierten Controller besitzen, was beispielsweise bei AT-Bus-Festplatten der Fall ist. Die Weiterentwicklung ist der sogenannte Enhanced-IDE-Standard.

Image-Datei. In einer Image-Datei werden alle Daten und Informationen (Nutzdaten sowie Lead-In, Lead-Out usw.) gespeichert, die auf die CD gebrannt werden sollen.

Information-Server. Ein Rechner bzw. ein Rechnersystem, auf dem Informationen für die Benutzer des Internet oder des Intranet bereitgestellt werden. Ein solcher Information-Server kann beispielsweise ein FTP-Server sein, auf dem Dateien zum Download gespeichert sind. Es kann sich, bezogen auf das Internet, auch um einen Web-Server handeln, der die Informationen in Form von HTML-Seiten bereitstellt.

Initialisierung. Allgemein bedeutet dies soviel wie das Ansprechen oder Identifizieren eines Geräts. Beispielsweise muß ein CD-ROM-Laufwerk initialisiert werden, bevor es betrieben werden kann. Darüber hinaus bezeichnet dieser Ausdruck auch die Low-Level-Formatierung einer Festplatte.

Interface. Englische Bezeichnung für Schnittstelle. Es gibt ein Drucker-Interface, ein Modem-Interface usw.

Interleave-Faktor. Sektorenversatz bei Festplatten. Ein Interleave-Faktor von 1:1 bedeutet, daß die Schreib-/Leseköpfe einer Festplatte die Sektoren direkt nacheinander beschreiben oder lesen können, ohne eine oder mehrere zusätzliche Umdrehungen vorzunehmen. Je höher der Interleave-Faktor ist, desto mehr Umdrehungen sind nötig. Da die Umdrehungsgeschwindigkeit bei Festplatten nicht variabel ist, bedeutet ein höherer Interleave-Faktor eine geringere Geschwindigkeit, um eine gesamte Spur komplett einzulesen oder auf die Festplatte zu schreiben. Die Einstellung eines höheren Interleave-Faktors als 1:1 ist allerdings nur noch bei Festplatten älterer Bauart vorzunehmen.

Interne Befehle. Alle diejenigen Befehle, deren Code im transienten Teil des Kommandoprozessors abgelegt ist. Diese Befehle sind sehr schnell verfügbar, da sie vor der Ausführung nicht erst von einem externen Speichermedium geladen werden müssen.

Internet. Ein weltweites Netz, das aus nationalen großen Backbone-Netzen (beispielsweise NSFNET, EUNET) und vielen regionalen Netzen besteht, die untereinander mit Routern (siehe Router) verbunden sind. Diese Netze können sich unterschiedlicher physikalischer Übertragungsmedien bedienen, entscheidend für die gesamte Funktionalität des Internet ist die Nutzung einheitlicher Protokolle ab der Netzwerkschicht (TCP/IP).

Interpreter. Ein spezielles Software-Entwicklungstool, das bei höheren Programmiersprachen (nicht bei maschinennahen wie z.B. Assembler) eingesetzt wird. Es führt den Programmcode Zeile für Zeile aus und übersetzt den gerade abgearbeiteten Befehl in eine maschinenlesbare Form.

Interrupt. Eine Routine, die den Hauptprozessor während des normalen Betriebs für einen winzigen Augenblick unterbricht, um eine andere Aktion durchzuführen. Dies kann beispielsweise die Bewegung einer Maus oder die Ausgabe von Daten auf ein Modem sein. Es gibt zwei Arten von Interrupts, und zwar den sogenannten »Software-Interrupt« und den »Hardware-Interrupt«. Software-Interrupts werden beispielsweise von Gerätetreibern ausgelöst, während Hardware-Interrupts vom Rechner selbst ausgelöst werden. Ein gravierender Interrupt ist der MNI-Interrupt. Es handelt sich hierbei um einen Parity-Error, der bei einer Fehlererkennung sofort den gesamten Rechner unterbricht.

Interrupt-Ebene. Werden mehrere Interrupts, also Unterbrechungsanforderungen, an den Prozessor geleitet, dann bestimmt eine vorher festgelegte Priorität, welche Komponente bevorzugt behandelt wird.

Intranet. Ein geschlossenes Netz, in dem sich nur Benutzer mit einer speziellen Zugangsberechtigung bewegen können. Das Intranet kann gänzlich abgeschlossen sein oder aber sich der Technik und der Informationen des Internet bedienen. Da der Aufbau und die Technik von Internet und Intranet ähnlich sind, kann ein Intranet problemlos an das Internet angekoppelt werden. Zumeist wird allerdings eine Firewall zwischengeschaltet, um das Intranet gegen unbefugte Benutzer zu sichern.

IRQ. Interrupt-Request. Unterbrechungsanforderung, die vom Interrupt-Controller ausgeht. Über spezielle Datenleitungen (IRQ-Kanäle) wird die CPU angehalten, um den Prozessor zeitweilig einer anderen Komponente zur Verfügung zu stellen. Es muß bei der Einrichtung der einzelnen Komponenten (Modem, Maus, Scanner, Netzwerkkarte usw.) darauf geachtet werden, daß nicht zwei oder mehr Geräte denselben IRQ-Kanal benutzen, da dies ansonsten zu Störungen führt, weil der Prozessor nicht weiß, welches Gerät ihn unterbricht.

ISA. Industry Standard Architecture. Über diesen Bus-Standard wurde der PC zum offenen System, da er den Einsatz von 16-Bit-Karten erlaubt. Für Rechner ab dem 80386-Prozessor stellt er allerdings einen »Flaschenhals« im Datendurchsatz dar, da diese Prozessoren bereits mit einer Busbreite von 32 Bit arbeiten können.

ISDN. Intergrated Service Digital Network. Digitales Datennetz mit integrierten Diensten. Ein Vorteil des ISDN-Netzes ist die hohe Übertragungsgeschwindigkeit, die durch den Einsatz von Glasfaserkabeln ermöglicht wird. Über einen ISDN-Anschluß können außer dem Telefonanschluß weitere Dienstleistungen wie FAX, BTX und Modembetrieb genutzt werden.

ISO 9660, Level 1. Ein Format, das für Datei- und Verzeichnisnamen nur acht Zeichen sowie eine Extension von drei Zeichen vorsieht. Gültige Zeichen sind die Buchstaben von A bis Z, die Zahlen von 0 bis 9 und der Unterstrich (_). Dateien und Verzeichnisse, die mit diesen Vorgaben erstellt wurden, können von allen Betriebssystemen gelesen werden.

ISO 9660, Level 2. Bei diesem erweiterten Format können die Datei- und Verzeichnisnamen bis zu 31 Zeichen enthalten. DOS kommt mit den langen Dateinamen grundsätzlich nicht zurecht. Windows 95 und Windows NT erkennen diese ohne Probleme.

ISO 9660, erweitert. Es gelten die gleichen Grundsätze wie bei ISO 9660 Level 2, jedoch dürfen bei den Dateinamen zusätzlich Sonderzeichen wie @, # usw. verwendet werden. Bei älteren CD-Treibern unter DOS gibt es jedoch nach wie vor Probleme.

J

Jam. Übersetzt: Stau. Nach der Entdeckung einer Kollision, die entweder interner oder externer Art sein kann, wird ein willkürliches Bitmuster gesendet, damit das betroffene Gerät identifiziert werden kann. Neben der Kollision mit anderen Komponenten kann es sich hierbei auch, wie gesagt, um eine interne Kollision, beispielsweise um einen Papierstau, handeln, der mit der Meldung »Paper-Jam« angezeigt wird.

Joker. Ein Sonderzeichen, das anstelle eines oder mehrerer anderer Zeichen eingesetzt werden kann. Ein Asterik (*) steht für ein oder mehrere Zeichen, ein Fragezeichen (?) steht für ein einzelnes Zeichen. Mit der Zeichenfolge Datei*.* können beispielsweise alle Zeichenfolgen gefunden werden, die den Anfang Datei sowie alle Erweiterungen haben. Dabei spielt es keine Rolle, wie viele Zeichen nach der Zeichenfolge Datei sowie in der Erweiterung vorkommen. Mit der Zeichenfolge Datei*.da? können beispielsweise alle Zeichenfolgen gefunden werden, die den Anfang Datei sowie drei Zeichen für die Erweiterung haben.

Jouliet. Ein von der Firma Microsoft entwickeltes Dateisystem, das auf dem ISO 9660-Format beruht und lange Dateinamen mit Leerzeichen unterstützt. Auch ältere DOS- und Windows-Versionen können diese Dateinamen lesen, jedoch sind dann allerdings nur die kurzen Dateinamen zu sehen, und es wird eine Tilde an den Namen angehängt.

JPEG. Abkürzung für Joint Photographic Experts Group. Ein Bildformat, das als Alternative zum GIF-Format (siehe GIF) entwickelt wurde.

Jumper. Auch Dip-Schalter genannt. Kleine Steckverbindungen in Form von Pins, über die verschiedene Konfigurationen eines Geräts vorgenommen werden können (beispielsweise die Einstellung auf eine bestimmte Schnittstelle beim internen Modem). Bei der PCI-Technik sind diese Jumper-Einstellungen weitgehend überflüssig, da die Geräte bzw. der Controller selbst die Konfiguration erkennen.

K

Kaltstart. Ein Kaltstart ist das Einschalten des Rechners direkt über den Ein-/Ausschalter. Nach einem solchen Kaltstart werden – im Gegensatz zum Warmstart – alle Bausteine und Geräte initialisiert.

Kombi-Controller. Steckkarte, auf der sich neben dem Festplatten-Controller auch ein Disketten-Controller befindet.

Kommandointerpreter. Teil des Betriebssystems, das die Eingaben des Anwenders interpretiert, das heißt, die gewünschten Aktionen (z.B. das Formatieren einer Festplatte) dem entsprechenden Betriebssystembefehl zuordnet und durchführt. Der Kommandointerpreter von MS-DOS ist in Form der Datei COMMAND.COM realisiert, die beim Bootvorgang geladen wird und resident im Hauptspeicher bleibt. Fehlt dieser Interpreter, beispielsweise wenn beim Anlegen einer Boot-Diskette vergessen wird, diese Datei zu kopieren, wird die Meldung »Fehlerhafter oder fehlender Kommandointerpreter« ausgegeben. Der DOS-Befehl FORMAT /S bewirkt, daß neben den versteckten Systemdateien MSDOS.SYS und IO.SYS dieser Kommandointerpreter automatisch auf die formatierte Diskette kopiert wird.

L

Label. Bezieht sich auf den Namen, den das Betriebssystem selbständig zur Bezeichnung eines Datenträgers vergibt. Unter DOS liegt er in einer Zahlen-/Buchstabenkombination vor. Mit dem DOS-Befehl LABEL kann ein Datenträger benannt bzw. umbenannt werden.

Land. Die eigentliche Oberfläche einer CD. In diese werden Vertiefungen eingebrannt oder eingepreßt, die als Pits bezeichnet werden.

Landmark-Test. Geschwindigkeitstest, mit dem die Leistung der Hauptplatine hinsichtlich der Prozessor- und Speicherzugriffsgeschwindigkeit ermittelt wird.

LBA. Logical Block Addressing. Bei diesem Verfahren werden dem BIOS nicht die physikalischen CHS-Informationen (C = Cylinder, H = Head, S = Sector), sondern die logischen Informationen übermittelt. Dadurch wird der Zugriff vereinfacht.

Lead-In. Eine Marke, mit der der Anfang einer Datenaufzeichnungs-Session gekennzeichnet wird; auch als »Vorspann« bezeichnet.

Lead-Out. Eine Marke, mit der das Ende eines Datenaufzeichnungs-Session gekennzeichnet und auch als »Nachspann« bezeichnet wird.

Level-2-Cache. In diesem Zwischenspeicher werden Daten gespeichert, die der Prozessor wahrscheinlich in absehbarer Zeit erneut benötigt. Ein komplizierter Algorithmus berechnet aufgrund verschiedener Parameter diese Wahrscheinlichkeit und behält oder verwirft Daten aus diesem Speicher. Der Prozessor selbst verfügt normalerweise ebenfalls über einen Cachespeicher, der als Level-1-Cache bezeichnet wird und in der Lage ist, die benötigten Daten noch schneller als der Level-2-Cache zur Verfügung zu stellen.

Local Bus. Ein 32 Bit breiter Datenübertragungsbus für Grafikkarten und Festplatten-Controller. Dieses Bussystem ist der Nachfolger des AT-Bus und wesentlich schneller als dieser.

Low-Level-Formatierung. Bei AT-Bus-, SCSI- und ESDI-Festplatten wird diese Formatierung werksseitig vorgenommen. Sie darf vom Anwender nicht noch einmal vorgenommen werden. Das Low-Level-Format unterteilt eine Festplatte physikalisch in Spuren und Sektoren. MFM- und RLL-Platten mußten noch vom Benutzer vor dem ersten Speichern von Daten vorformatiert werden.

M

Mainboard. Hauptplatine. Eine andere gebräuchliche Bezeichnung ist Motherboard. Auf dieser Platine sind neben den Datenleitungen unter anderem auch noch die Erweiterungssockel und der Prozessor untergebracht.

Mastering. Die Übertragung der kompletten Inhalte bzw. Struktur einer CD als Vorlage für das Pressen weiterer CDs. Man spricht in diesem Zusammenhang auch von einer »Master-CD«.

MByte. Ein Megabyte sind 1.048.576 Bit.

MFM. Modified Frequency Modulation. Ältestes Aufzeichnungsverfahren für Festplatten, das die Plattenoberfläche immer so einrichtet, daß jede Spur aus 17 Sektoren besteht. Dieses Aufzeichnungsverfahren ist relativ langsam und wird in Rechnern der neueren Bauart nicht mehr verwendet.

MIDI. Musical Instruments Digital Interface. Ein Standard, der zur Verbindung zwischen dem Computer und Musikinstrumenten dient. Auf diese Weise können unterschiedliche Musikinstrumente imitiert und deren Klangbild manipuliert werden.

MIPS. Million Instructions Per Second. Millionen Anweisungen pro Sekunde. Dient als Geschwindigksangabe für die CPU, indem die Anzahl der ausgeführten Befehle angegeben wird. Mit den MIPS-Werten werden die verschiedenen Prozessorarten verglichen. Aufgrund deren unterschiedlicher Befehlssätze kann dieser Vergleich aber nur eine oberflächliche Orientierung darstellen. Genauer arbeitet in dieser Hinsicht der Landmarktest.

MNP. Microcom Network Protocol. Ein Standardprotokoll, mit dem komprimierte Daten übertragen werden. Dieses Protokoll eignet sich besonders bei schlechten Telefonleitungen.

MNP5. Übertragungsprotokoll für die serielle Datenfernübertragung, mit der die Daten vor der Übertragung komprimiert werden, wodurch die tatsächlich zu erreichende Übertragungsrate höher sein kann als die physikalische. Das heißt, es kommen beim Empfänger (nach dem Entkomprimieren) mehr Daten an, als – gerechnet auf eine Zeiteinheit bei der Übertragung –

im komprimierten Zustand durch die Leitung geschickt wurden. Die meisten Daten, die per DFÜ übermittelt werden, liegen ohnehin schon in komprimierter Form vor, so daß dieser Vorteil oftmals nicht ausgenutzt werden kann, da ein weiteres Packen komprimierter Dateien nicht mehr möglich ist.

Motherboard. Siehe Mainboard.

MPEG. Abkürzung für Motion Picture Experts Group. Das Pendant zum Format JPEG, nur für Bewegtbilder.

MTBF. Mean Time Between Failures. Zeitspanne, die zwischen dem Auftreten zweier Fehler vergeht. Dieser Wert ist ein Maßstab für die Zuverlässigkeit einer Festplatte. Das Gerät wird dazu im Dauerbetrieb getestet, und man mißt, wie oft es innerhalb einer bestimmten Zeiteinheit zu Schreib-/Lesefehlern kommt. Solche Werte können durchaus Dimensionen von 50.000 bis 150.000 Stunden annehmen, was einem Dauerbetrieb von 5 bis 15 Jahren entspricht. Man kann allerdings nicht davon ausgehen, daß während dieser Zeitspanne überhaupt kein Übertragungsfehler aufgetreten ist. Durch bestimmte Prüfbits wird eine gewisse Kontrolle gewährleistet. Wird ein Fehler erkannt, so wird die Übertragung so oft wiederholt, bis der Fehler nicht mehr auftritt.

Multi-Domain-Server. Ein Rechner mit hoher Kapazität, auf dem die WWW-Dokumente mehrerer Anbieter gespeichert sind. Die einzelnen Dokumente sind jeweils unter eigenen Adressen anzusprechen.

Multi-I/O-Karte. Erweiterungssteckkarte mit mehreren Schnittstellen für Ein-/Ausgabegeräte. In der Regel befinden sich auf handelsüblichen Multi-I/O-Karten eine parallele und zwei serielle Schnittstellen sowie ein Gameport für den Anschluß von zwei Joysticks.

Multiplexer. Ein solches Bauteil ist in der Lage, Nachrichten, die auf einer größeren Anzahl von Datenleitungen gesendet werden, auf eine weniger große Anzahl von Kanälen zu reduzieren. Umgekehrt ist dieser Vorgang ebenso möglich.

Multiprozessor-System. In einem Multiprozessor-System arbeitet nicht nur ein Prozessor, sondern zwei oder noch mehr. Alle Prozessoren greifen dabei auf einen gemeinsamen Speicher zu.

Multiscan/Multisync-Monitor. Ein solcher Bildschirm ist in der Lage, in mehreren Betriebsmodi zu arbeiten und sich darüber hinaus auch noch automatisch auf diese einzustellen. Er wird auch als Multiscan-Monitor bezeichnet.

Multi-Session-CD. Bei diesem Aufzeichnungsverfahren ist es möglich, entgegen den gängigen Verfahren, eine CD in mehreren Arbeitssitzungen zu beschreiben. Dieser Vorteil birgt allerdings den Nachteil in sich, daß für jede Arbeitssitzung neben den eigentlichen Daten ein eigenes Lead-In, ein TOC (Table Of Content) und ein Lead-Out aufgezeichnet werden muß.

Multisession-Recording. Diese Bezeichnung wird verwendet, wenn das Schreiben der Daten auf eine CD mit einem CD-Brenner in mehreren Arbeitssitzungen erfolgt.

Multitasking. Bei dieser Betriebsart werden gleichzeitig mehrere Programme ausgeführt, wobei es jedoch für den Anwender so scheint, als ob alle Programme gleichzeitig laufen bzw. als ob gleichzeitig auf diese zugegriffen werden kann. Dies wird durch ein spezielles Zeitscheibenverfahren bewirkt, welches die Zuteilung des Zugriffs auf die Systemressourcen in so kurzen Abständen ermöglicht, daß der Benutzer von diesem Wechsel nichts merkt.

Multi-Volume-CD. Daten können hierbei in mehreren Arbeitssitzungen gebrannt werden, jedoch werden keine Verbindungen zwischen den einzelnen TOCs hergestellt. Dadurch können herkömmliche CD-ROM-Laufwerke normalerweise nur die zuletzt gebrannten Daten lesen.

N

Nanosekunde. Ein Milliardstel einer Sekunde. Mit dieser Einheit wird die Leistungsfähigkeit bzw. Zugriffszeit auf dynamische RAM-Bausteine (DRAMs) ausgedrückt.

NEAT. New Enhanced Advanced Technology. Chipsatz, der von Chips and Technologies hergestellt wurde und auf AT-kompatiblen Hauptplatinen eingebaut wird. Der Vorteil dieser Chipsätze ist ein optimierter Speicherzugriff. Beim Austauschen von Chipsätzen ist darauf zu achten, ob es sich um NEAT-Chipsätze handelt, da hier Inkompatibilitäten zu herkömmlichen Chipsätzen herrschen. Allerdings hat sich diese Technologie auf breiter Basis nicht durchgesetzt.

O

OCR. Optical Character Recognition. Verfahren zur Erkennung von Zeichen auf optischem Wege. Ein Anwendungsbeispiel ist eine Faxsoftware, die eingehende Faxdokumente abscannt, um den Text so zu erkennen, daß er in einer Textverarbeitung gespeichert bzw. weiterverarbeitet werden kann.

Online. Bezeichnung dafür, daß eine Verbindung so weit hergestellt ist, daß ein Transfer von Informationen stattfinden kann. Dies kann zum Beispiel bei einer Datenbank (etwa dem Btx) der Fall sein, wenn sich der Benutzer identifiziert hat und ihm die von der Zentraldatenbank gespeicherten Daten zum Einsehen bzw. Uploaden zur Verfügung stehen. In diesem Fall ist der Anwender »online«. Dieser Ausdruck bezieht sich jedoch nicht nur auf eine Verbindung zwischen verschiedenen Computersystemen, sondern wird auch bei Peripheriegeräten angewendet. Zum Beispiel wird die Betriebsbereitschaft, also die Bereitschaft zur Kommunikation bei Scannern, Druckern, Modems usw. dem Benutzer ebenfalls durch eine Online-Anzeige mitgeteilt.

OPL2. Baustein zur FM-Synthese, der mit zwei Oszillatoren pro imitierter Stimme arbeitet.

OPL3. Baustein zur FM-Synthese modernerer Baureihen, die mit vier Oszillatoren pro imitierter Stimme arbeitet.

Orange Book. Ein Standard, der für Multisession-CDs entwickelt wurde, die mehrfach beschrieben werden können. Voraussetzung ist natürlich ein multisession-fähiges CD-ROM-Laufwerk. Dieser Standard wird dann eingesetzt, wenn eine CD beispielsweise für das Sichern eines Festplatteninhalts in mehreren Arbeitsgängen zum Einsatz kommt.

P

Paket. Bei der Datenübertragung wird eine Dateneinheit als Paket bezeichnet, die über ein Computernetz wie beispielsweise das Internet an einen Empfänger geschickt werden kann. Datenmengen werden in Pakete aufgeteilt, und nach der Übertragung eines Pakets wird geprüft, ob das Paket auch richtig beim Empfänger angekommen ist. Ist dies nicht der Fall, wird das Paket noch einmal übertragen.

Paging. Bei dieser Methode werden sowohl die Programme, die der Rechner abarbeiten soll, als auch der Arbeitsspeicher, in den diese Programme geladen werden, in sogenannte Seiten (pages) unterteilt. Während der Abarbeitung des Programms werden immer die aktuell benötigten Seiten in den Arbeitsspeicher geladen. Da durch dieses Verfahren der vorhandene Arbeitsspeicher optimal genutzt werden kann, wird es vor allem beim Mehrprogramm- und Mehrbenutzerbetrieb eingesetzt.

Paketvermittlung. Datenübertragungsart in einem Netz, bei der keine direkte Verbindung zwischen den beiden verbundenen Computersystemen herrschen muß. Die zu übertragenden Daten werden zu sogenannten Paketen zusammengefaßt sowie mit Steuerinformationen und Adresse versehen über die Datenleitung übertragen. Spezielle Protokolle dienen unter anderem zur Fehlererkennung und -beseitigung.

Palmtop. Sehr kleiner Computer, der vor allem als elektronischer Taschenrechner, Datenbank für Adressen, Telefonnummern usw. oder Notizblock verwendet wird. Komplexere Programme können hier nicht abgearbeitet werden. Ein bedeutender Nachteil dieser Geräte ist die extrem kleine Tastatur, die eine mehr oder weniger flüssige Dateneingabe verhindert.

Parität. Quersumme eines Bytes, die sich durch die Addition der Werte 1 und 0 (nur diese beiden Werte kann ein Bit annehmen) ergibt. Da nur diese beiden Werte möglich sind, kann die Quersumme nur entweder 1 oder 0 betragen. Sie wird unter anderem zur Fehlererkennung bei der Datenübertragung eingesetzt. Da dieser Wert natürlich irgendwo gespeichert werden muß, wird jedem Byte hierzu ein neuntes Bit zugeordnet. Dieses Bit enthält die Parität der ersten acht Bits. Aus diesem Grund besteht eine Speicherzelle auf der Hauptplatine nicht, wie mitunter angenommen, aus acht, sondern aus neun Elementen.

Patch. Eine Routine zur Fehlerbehebung bei Software. Mit einem Patch sollen fehlerhafte Programmteile einer Software nachgebessert werden. Ein solches Patch ist oft über das Internet herunterzuladen (beispielsweise bei Corel) und wird auf dem eigenen Computer aktiviert. Auf diese Weise spart der Hersteller Geld, da er nicht das gesamte, überarbeitete Programm verschicken muß.

Path. Mit dieser Angabe (beispielsweise in der Startdatei AUTOEXEC.BAT) wird der Zugriffsweg (path = Pfad) auf eine Datei oder ein Programm innerhalb des Inhaltsverzeichnisses des PCs definiert.

PCI. Programmable Communication Interface. Ein programmierbarer Baustein für die serielle Bitübertragung. Der Betriebsmodus des Bausteins kann für die Datenein- oder -ausgabe festgelegt werden.

PCI-to-ISA-Bridge. Über dieses Modul wird der Datenstrom zwischen dem PCI-Bus und dem ISA-Bus gesteuert, damit beispielsweise ISA-Festplatten eine optimale Datentransferrate über den PCI-Bus erreichen.

PCM. Pulse Code Modulation. Ein Verfahren zur Umwandlung von analogen in digitale Signale.

PCMCIA. PC Memory Card International Association. Ein Zusammenschluß verschiedener Hersteller zum Zweck der Produktion von Erweiterungskarten in Kreditkartengröße für Notebooks. Der Standard bezieht sich auf die Spezifikation der Kartenschnittstelle und der entsprechenden

Übertragungsprotokolle. Im Laufe der Zeit wurden diese PCMCIA-Erweiterungskarten nicht nur für die Notebook-Schnittstelle, sondern auch für Peripheriegeräte wie Modems entwickelt.

PIO. Programmed Input Output. Der PIO-Mode beinhaltet, daß jeder Zugriff auf die Festplatte der CPU, also dem Prozessor mitgeteilt wird. Dadurch entsteht natürlich eine Belastung für den Prozessor. Um diese Belastung des Prozessors zu verringern, wurden die PIO-Modi immer weiter verbessert. Als schnellster Modus gilt derzeit der PIO-Mode 4.

Pit. Vertiefung in der CD-Oberfläche, die in diese eingebrannt oder eingepreßt wird. Durch den Wechsel von Erhöhung und Vertiefung (Land und Pit) ergibt sich das Bitmuster, das die Daten repräsentiert.

Port. Der Port ist die Verbindung zwischen dem Prozessor und anderen Bauteilen des Rechners (beispielsweise einer CD-ROM-Adapterkarte, einer Schnittstelle usw.). Jeder Port verfügt über eine spezifische Adresse, die im Arbeitsspeicher einen bestimmten Platz hat.

POST. Power On Self Test. Eine im ROM-BIOS enthaltene Routine, die beim Einschalten des Rechners einen Selbsttest durchführt. Der Anwender erkennt diesen Test unter anderem an der Anzeige des aktuellen BIOS, am Hochzählen des Speichers sowie am kurzen Aufleuchten der Tastatur-LEDs vor dem Bootvorgang. Ist keine Tastatur angeschlossen oder eine angeschlossene fehlerhaft, dann erscheint ein sogenannter »Keyboard-Error« auf dem Bildschirm.

Precompensation. Die konzentrischen Spuren auf einer Festplatte weisen nicht die gleichen Längen auf, da die Spuren nach innen zu immer kürzer werden. Das bedeutet, daß die Spurdichte nach innen zunehmen muß, wenn die inneren Sektoren die gleiche Aufzeichnungsdichte haben sollen wie die äußeren. Um Datenfehler zu verringern, die aufgrund der höheren Aufzeichnungsdichte entstehen können, wird deshalb eine Vorkompensation der Daten durchgeführt.

PROM. Programmable Read Only Memory. Elektronischer Baustein, der über ein spezielles Gerät, den Prommer oder Eprom-Brenner, einmal mit Informationen versorgt wird, die er anschließend ohne laufende Stromversorgung dauerhaft speichern kann. Diese Informationen können im nachhinein weder gelöscht noch überschrieben werden. In diesen PROMs werden BIOS-Informationen eines Systems gespeichert. Um das BIOS zu ändern, muß der entsprechende Baustein ausgetauscht werden.

Protected Mode. Ein Prozessor, der sich in diesem Status befindet, kann den gesamten zur Verfügung stehenden Speicher linear ansprechen. Dieser Modus wird erst von Prozessoren ab der 80286er-Klasse unterstützt. Der

Protected Mode nutzt die vorhandene Leistung des jeweiligen Prozessors voll aus. Darüber hinaus steht hier die Fähigkeit zum Multitasking sowie zur Verwaltung virtueller Speicher und Hauptspeicher mit mehreren MBytes zur Verfügung.

Prüfbit. Dieses Bit ist kein Bestandteil der übertragenen Information, sondern dient lediglich zu Prüfzwecken.

Prüfsumme. Dient zur Fehlerkontrolle bei übertragenen Informationen. Dazu wird vor dem Transfer eines Datenblocks die Quersumme gebildet. Dieser Wert wird übertragen. Indem nach der Übertragung (oder etwa nach einer Rückübertragung) die Quersumme erneut gebildet wird, kann durch einen Vergleich der beiden ermittelten Werte festgestellt werden, ob eine Abweichung vorliegt. Liegt keine Abweichung vor, dann ist wahrscheinlich auch kein Fehler aufgetreten (wahrscheinlich deshalb, da sich durch ein oder mehrere vertauschte Bits die gleiche Quersumme bei fehlerhafter Übertragung ergeben kann). Sind die Summen abweichend, dann kann mit Sicherheit von einem Fehler ausgegangen werden.

PTT. Post, Telefon und Telegraph. Abkürzung für die Post- und Telefonverwaltung in verschiedenen Ländern (Frankreich, Schweiz, Österreich, Italien usw.).

Puffer. Generell dient ein Puffer zum Zwischenspeichern von Daten. Werden Daten zwischen einer schnelleren und einer langsameren Komponente ausgetauscht, dann kommt es zwangsläufig zu einem Datenstau. Dies ist beispielsweise der Fall, wenn mehrere Seiten eines Dokuments aus einer Textverarbeitung an den Drucker geschickt werden. Der Rechner kann diese Daten wesentlich schneller bereitstellen, als sie der Drucker verarbeiten kann. Hier nimmt dann der Drucker-Puffer diese Daten auf und gibt sie portionsweise an das langsamere Empfangsgerät ab. Für den Anwender bedeutet dies, daß er wieder andere Arbeiten am Rechner durchführen kann und nicht erst so lange warten muß, bis sämtliche Daten an den Drukker geschickt worden sind.

R

RAM. Random Access Memory. Generell die Bezeichnung für den Arbeitsspeicher eines Computers. Ein Speicher, auf den wahlfrei zugegriffen werden kann (im Gegensatz zum sequentiellen Zugriff, bei dem alle Informationen der Reihe nach gelesen werden, bis die gewünschten Informationen gefunden sind). Der gesamte Arbeitsspeicher ist aus diesen RAM-Bausteinen zusammengesetzt.

Real Mode. In diesem Modus verhalten sich 80286er und 80386er Prozessoren kompatibel zu 8088er Prozessoren, wobei allerdings die Multitasking-Fähigkeit (es kann also immer nur ein Programm betrieben werden) sowie die Möglichkeit, mehr als ein MByte Hauptspeicher zu verwalten, verlorengehen. Im Real Mode sind diese Prozessoren nur in der Lage, einen realen Arbeitsspeicher zu adressieren.

Red Book. Dieser Standard wurde bereits 1982 festgeschrieben und bezieht sich auf die Datenstruktur auf einer Audio-CD. Ebenfalls enthalten sind weitere Möglichkeiten einer Fehlerkorrektur. Dies ist deshalb wichtig, da nicht korrekte Signale bei der Wiedergabe von Audio-Dateien kaum ins Gewicht fallen, sehr wohl aber bei Daten.

Redundanz. Dieser Ausdruck beschreibt das mehrfache Vorhandensein derselben Information (dies kann sich auch auf einen Sachverhalt beziehen) in einer Nachricht, einer Befehlszeile oder einem Datenbestand. Eine Redundanz kann zum einen erwünscht sein (weil sie der Datensicherheit dient), aber zum anderen auch unerwünschte Nebenwirkungen haben (zum Beispiel dann, wenn der Speicherplatz knapp wird, den die redundanten Daten doppelt verbrauchen).

Refresh. Der Speicherinhalt von DRAM-Chips muß zwangsläufig in kurzen Abständen aufgrund der bei RAMs zwangsläufig auftretenden Ladungsverluste aufgefrischt werden, um nicht verlorenzugehen.

Reset. Wird auch als Warmstart bezeichnet, da hier der Rechner nicht über den Hauptschalter von der Stromversorgung getrennt wird. Ein Reset leitet einen Boot-Vorgang ein. Dazu befindet sich auf fast allen Rechnern eine spezielle Taste mit der Aufschrift »Reset«. Dieser Warmstart kann auch über die Tastenkombination `Strg` + `Alt` + `Entf` ausgeführt werden.

Resident. Residente Programme sind solche, die nach ihrer Ausführung im Hauptspeicher verbleiben. Sie werden also nicht von anderen Programmen oder Daten überschrieben, nachdem sie ausgeführt wurden. Solche Programme werden auch als TSR-Programme bezeichnet (TSR = Terminate and Stay Resident). Das Gegenstück sind Transiente Programme, die nach ihrer Ausführung von anderen Programmen oder Daten überschrieben werden.

RET. Resolution Enhancement Technology. Ein Verfahren, das die Darstellung der Ausdrucke von Laserdruckern verbessern soll. Dieses Verfahren beruht auf dem Prinzip, die Größe eines zu Papier gebrachten Punktes an seine Umgebung anzupassen, um somit den unschönen Treppenstufeneffekten zu begegnen. Dieser Effekt tritt besonders bei gekrümmten oder schräg verlaufenden Linien auf, gleichgültig, ob es sich dabei um ein Zeichen oder eine Grafik handelt. Der Betrachter empfindet dies subjektiv als eine gewisse Erhöhung der Auflösung, da die Zeichen- und Grafikelemente weniger unterbrochen erscheinen. Die Bezeichnung RET ist eine eingetragene Bezeichnung der Firma Hewlett Packard. Andere Hersteller haben ähnliche Verfahren entwickelt, die jedoch andere Bezeichnungen tragen. Kaum ein Laserdrucker ohne dieses Verfahren hat derzeit eine Chance, sich auf dem Markt zu behaupten.

Router. Ein Rechner, der den Transport der Datenpakete innerhalb eines Netzwerks übernimmt. Der Rechner benötigt hierfür Informationen über das Netz (Routing-Informationen), die häufig über Routing-Protokolle ausgetauscht werden. Mit einem solchen Router können Subnetze mit unterschiedlichen Topologien (beispielsweise Ethernet, Token-Ring) miteinander verbunden werden.

Routing. Bezeichnung für den Weg der Datenpakete zwischen den einzelnen Netzen. Im Internet sind keine Direktverbindungen zwischen den angeschlossenen Rechnern vorgesehen, wie dies beispielsweise in einem Netzwerk der Fall ist. Statt dessen werden die Daten grundsätzlich in kleinere Pakete aufgeteilt und übertragen. Der Transport erfolgt über Zwischennetze mit der Vorgabe, das Ziel möglichst schnell zu erreichen. Dieses System ermöglicht eine hohe Flexibilität bei der Datenübertragung und macht es gegenüber Störungen sehr unanfällig, was der grundsätzlichen Intention des Internet entspricht.

RPROM. ReProgrammable Read Only Memory. Bezeichnung für ein wiederbeschreibbares ROM.

RS232. Schnittstelle, über die der Computer mit anderen Geräten Verbindung aufnehmen kann. Die Übertragung der einzelnen Daten erfolgt Bit für Bit seriell. Man spricht deshalb auch von einer bitseriellen Datenübertragung. Sie entspricht der internationalen CCITT-Norm V.24 und der DIN 66020.

RS422. Diese Schnittstelle ist wesentlich schneller als eine RS232-Schnittstelle und wird deshalb zur Einbindung von Workstations ins Rechnernetz verwendet. Eine Übertragungsgeschwindigkeit von 10 MBaud kann hierbei durchaus realisiert werden.

RSA-Verfahren. Ein kryptografisches Verfahren, das seinen Namen von den Entwicklern Rivest, Shamir und Adleman erhalten hat. Es handelt sich hierbei um ein asymmetrisches Verschlüsselungsverfahren, das auf der Basis der Primfaktorzerlegung natürlicher Zahlen beruht. Dieses Verschlüsselungsverfahren ist sehr sicher, da die verschlüsselten Informationen bei einer ausreichend großen Schlüssellänge selbst von sehr großen Rechnern erst nach einigen Jahren entschlüsselt werden können.

RTF. Rich Text Format. Format zum Austausch von Textdaten. Fast jede Textverarbeitung kann Textdokumente in dieses Format konvertieren. Wollen Sie Texte in eine Web-Site importieren, dann empfiehlt sich dieses Format.

RTC. Real Time Clock. Echtzeituhr des Computers, die auch nach dem Ausschalten des Rechners über einen Akku mit Strom versorgt wird.

S

Sampling. Mit diesem Verfahren wird das Digitalisieren von analogen Signalen, und zwar speziell im Audio-Bereich, bezeichnet.

Schichtenmodell. Dieses Modell beschreibt die Übertragung von Daten über DFÜ-Leitungen und Rechnernetze. Es wird auch als ISO-Schichtenmodell oder ISO/OSI-Modell bezeichnet, da es von der ISO-Normenorganisation vorgestellt wurde. Es beschreibt den Verlauf eines Kommunikationsweges in den folgenden sieben Schichten.

- 1. Schicht
  Diese Schicht wird auch als physikalische Schicht bezeichnet und beschreibt alle notwendigen Hardware-Komponenten, die zur Übertragung der Daten notwendig sind (beispielsweise die Beschaffenheit des Kabels).
- 2. Schicht
  In der Sicherungsschicht werden die Verfahren definiert, die zum Schutz der Daten eingesetzt werden sollen (das Prüfbit und dergleichen). Im Falle eines Fehlers wird dann eine erneute Übertragung der Daten angefordert.
- 3. Schicht
  In dieser Schicht, die auch als Vermittlungs- oder Netzwerkschicht bezeichnet wird, wird beschrieben, wie der Transportweg der Daten vom ersten Teilnehmer über das Leitungsnetz zu einem zweiten Teilnehmer aussehen soll.
- 4. Schicht
  Die Transportschicht beschreibt die Übertragung der Daten.
- 5. Schicht
  Die Sitzungsschicht beschreibt die Identifikationsinformationen, die beide Teilnehmer im Zuge der Übermittlung von Daten austauschen müssen (Überprüfen der Zugangsberechtigung, Erteilung der Zugangsberechtigung, Abrechnung der Gebühren usw.).

- 6. Schicht
  Die sogenannte Darstellungsschicht, in der die Möglichkeit besteht, Vereinbarungen über die Datenstruktur und den Datentransfer zu treffen.

- 7. Schicht
  In der Anwendungsschicht werden die eigentlichen anwendungsspezifischen Funktionen der Datenkommunikation definiert.

SCSI. Small Computer Systems Interface. Schnittstellenstandard, der es erlaubt, bis zu acht SCSI-fähige Geräte zu steuern und zu verwalten. Neben der Festplatte können auch Drucker, Scanner, CD-ROM-Laufwerke oder Streamer betrieben werden.

SDRAM. Synchronous-DRAM. Diese Bausteine bieten in Verbindung mit dafür geeigneten Motherboards die Möglichkeit, unmittelbar hintereinander angeordnete Speicherbereiche im Burst-Modus anzusprechen. In diesem Modus wird nur die erste Speicheradresse angegeben, und die nachfolgenden Adressen ergeben sich automatisch aus dieser. Dies sorgt für einen schnelleren Zugriff als bei herkömmlichen DRAMs.

Setup. Ein Programm, das dem Rechner nach dem Start die Systemkonfiguration mitteilt. Diese Informationen sind in einem Chip gespeichert und werden nach dem Ausschalten des Rechners über einen Akku mit Strom versorgt. Fällt dieser Akku aus, müssen die im Setup gespeicherten Informationen neu eingegeben werden. Der Rechner vergleicht beim Start des Systems die vorgefundene Konfiguration mit den abgespeicherten Daten und gibt im abweichenden Fall eine Warnmeldung aus.

Shell. Hiermit wird die sichtbare Oberfläche eines Programms bezeichnet. Das Betriebssystem DOS integriert auch solch eine Shell, die dem Benutzer eine einfachere intuitive Bedienung des Programms ermöglichen kann.

SIM. Single Inline Module. Mini-Platinen mit aufgelöteten Speicherchips, die den Arbeitsspeicher des Rechners darstellen. Sie werden in speziellen Stecksockeln auf der Hauptplatine untergebracht.

Single-ended-SCSI. Der SCSI-Bus in der Single-ended-Ausprägung ist die herkömmliche Variante, bei der das Kabel eine maximale Länge von sechs Metern aufweisen darf. Dies entspricht der SCSI-1-Konvention. Ein gemischter Betrieb aus Single-ended- und Differential-SCSI ist nicht möglich.

Single-Session-CD. Bei diesem Verfahren werden alle Daten in einer Arbeitssitzung auf die CD geschrieben. Nach dem Brennvorgang können keine weiteren Daten mehr auf diesen Datenträger geschrieben werden, egal wieviel Platz sich eventuell darauf noch befindet.

Slot. Englische Bezeichnung für einen Einsteckplatz, in den ein Arbeitsspeicher-Baustein oder eine Erweiterungskarte eingesteckt werden kann.

SRAM. Static RAM. Der Inhalt eines SRAMs muß nicht mehr aufgefrischt werden. Im Gegensatz dazu müssen die Informationen in DRAMs aufgefrischt werden. Da bei SRAMs keine Refresh-Zeiten mehr benötigt werden, sind die Zugriffszeiten entsprechend kleiner.

Synthesizer. Andere Bezeichnung für Klangerzeuger, die auch für elektonische Musikinstrumente mit Klaviatur verwendet werden.

T

Taktfrequenz. Ein Wert, der angibt, wie viele interne Befehle in der Sekunde abgearbeitet werden können. Dieser Wert wird in MHz angegeben. Beispielsweise arbeitet ein Pentium-Prozessor mit einer Taktfrequenz von 300 MHz so schnell, daß er 300 Millionen interne Befehle pro Sekunde abarbeiten kann.

Terminator. Der SCSI-Bus muß zwingend an seinen beiden Enden abgeschlossen werden. Dies ist notwendig, um schädliche Spannungsspitzen oder Spannungseinbrüche zu vermeiden, also den Spannungspegel gleichmäßig zu halten. Dies wird mit sogenannten Terminatoren, den Abschlußwiderständen, verwirklicht. Diese Terminatoren gibt es in aktiver und passiver Ausprägung. In die aktiven Terminatoren ist ein Spannungsregler integriert, in die passiven Terminatoren hingegen nicht. Passive Terminatoren können Sie bei symmetrischen Schnittstellen auf jeden Fall verwenden. Bei asymmetrischen SCSI-Bussen ist der aktive Terminator für SCSI-2 zwar nicht zwingend vorgeschrieben, er wird jedoch empfohlen. Bei dem Einsatz von Ultra- und Ultra-Wide-SCSI ist er zwingend erforderlich.

Transient. Bezeichnung für Programme oder Routinen, die nach ihrer Ausführung nicht automatisch aus dem Hauptspeicher entfernt werden. Nach dem Ablauf eines solchen transienten Programms wird der belegte Speicherplatz wieder freigegeben.

TSR. Terminate and Stay Resident. TSR Programme werden in den Arbeitsspeicher geladen, bleiben nach ihrer Ausführung auch dort und können jederzeit schnell wieder aufgerufen werden.

U

Ultra-DMA/33. Dieses Datenübertragungsprotokoll soll es EIDE-Geräten (Enhanced IDE) ermöglichen, ihre Daten mit einer Geschwindigkeit von über 30 MByte/s zu übertragen, sofern sie dazu technisch in der Lage sind. Von diesem Protokoll können beispielsweise schnelle EIDE-Festplatten profitieren.

USB. Universal Serial Bus. Eine neue Schnittstelle, die einen Datentransfer jenseits der 10-MByte/s-Grenze erlauben soll. An diese Schnittstelle können bis zu 127 Geräte hintereinander angeschlossen werden (daher auch die Bezeichnung »seriell«). Aufgrund dieser Gegebenheiten dürfte der USB in absehbarer Zeit zum Standard werden.

V

VESA. Video Electronics Standards Association. Grafikkarten, die diesem Standard entsprechen, können Auflösungen von bis zu 1280 x 1024 Bildpunkten bei 256 gleichzeitigen Farben und einer Vertikalfrequenz von 70 Hertz darstellen.

VGA. Video Graphics Array. Ein Chip, bei dem die gesamte Logik einer Grafikkarte in nur einem Bauteil enthalten ist. Grafikkarten dieser Art erlauben eine Auflösung von 800 x 600 oder 1024 x 768 Bildpunkten bei 256 oder 32.000 gleichzeitig darstellbaren Farben.

Video-RAM. Ein Speicherbaustein der Grafikkarte, der die auf dem Bildschirm dargestellten Zeichen oder die dargestellte Grafik enthält.

Virtual Real Mode. Diese Betriebsart simuliert das gleichzeitige Vorhandensein mehrerer im Real Mode arbeitender Geräte. Bei Rechnern ab dem 80386er ist diese Betriebsart möglich, mit der ein echtes Hardware-Multitasking erreicht wird. Es wird dazu ein geeignetes Betriebssystem wie beispielsweise UNIX benötigt.

Virtuelles Laufwerk. Es wird ein Laufwerk im Hauptspeicher des Rechners simuliert, das eine eigene Laufwerkskennung erhält, über die es angesprochen werden kann. Der Anwender kann auf diesem virtuellen Laufwerk Daten speichern, allerdings nur für die Dauer einer Arbeitssitzung. Nach dem Abschalten des Rechners sind die auf dem virtuellen Laufwerk gespeicherten Daten verloren. Der Vorteil eines solchen Laufwerks ist zum einen die mögliche Größe, die sich allein nach der Größe des vorhandenen Arbeitsspeichers richtet, und zum anderen der schnelle Zugriff auf die Daten, da ein mechanischer Zugriff, wie etwa bei einer Festplatte oder einem Diskettenlaufwerk, entfällt.

W

Wait State. Eine Warteschleife, die dann eingelegt werden muß, wenn die Verarbeitungsgeschwindigkeit zweier miteinander kommunizierender Bauteile nicht gleich ist.

Wave (WAV). Datenformat, in dem gesampelte Dateien unter Windows gespeichert werden.

Wavetable. Modernes Verfahren bei der künstlichen Erzeugung von Klängen. Hierbei wird das Klangverhalten einzelner Musikinstrumente durch eine mathematische Beschreibung ihres Klangverhaltens nachgebildet.

White Book. Die sogenannten Bridge-Discs werden durch diesen Standard definiert. Sie sind vom PC ebenso lesbar wie von CD-I-Playern.

Y

Yellow Book. Dieser Standard ist eine Weiterentwicklung des Red-Book-Standards für die Aufbereitung der Daten zur Speicherung auf CD-ROM. Hier wird zwischen »Mode 1« und ». Mode 2« unterschieden. Im Mode 1 ist eine Fehlerkorrektur enthalten, der Mode 2 wird für die Speicherung weniger kritischer Daten verwendet, wie dies beispielsweise bei Video-CDs der Fall ist.

X

XMS. Extended Memory Specification. Speicherbereich oberhalb der 1-MByte-Grenze. Dieser XMS-Standard gilt allerdings nur für IBM-kompatible PCs.

Z

ZBR. Zone Bit Recording. Verfahren für Festplatten, bei denen eine variable Anzahl der Sektoren pro Spur möglich ist. Durch dieses Verfahren soll eine effektivere Ausnutzung der äußeren Spuren einer Festplatte ermöglicht werden. Diese Spuren müssen nicht so dicht beschrieben werden können wie die inneren, da sie länger sind und somit mehr Informationen speichern können.

Zugriffszeit. Zeitspanne, die angibt, wie schnell auf Daten zugegriffen werden kann. Handelt es sich um Festplatten, dann gibt dieser Wert an, wie lange es durchschnittlich dauert, bis der Schreib-/Lesekopf an eine bestimmte Stelle der Festplattenoberfläche gelangt ist.

Zylinder. Bei Festplatten werden bestimmte Spuren als Zylinder zusammengefaßt. Sie sind so angeordnet, daß der Schreib-/Lesekopf immer alle übereinanderliegenden Spuren abtasten kann, was zu einem schnelleren Zugriff führt, da auf diese Weise die mechanischen Teile nicht so oft bewegt werden müssen.

Stichwortverzeichnis

Numerics
16 Bit ISA I/O Command 361
16 Bit ISA Mem Command 361
1st Boot Device 330
2nd Boot Device 330
32-Bit-Architektur 178
32-Bit-ODBC 204
3D-Klang 583
3rd Boot Device 331
4th Boot Device 331

A
A20 Gate 769
ABI 769
Above 1 MB Memory Test 333
Above Board 769
Abtastrate 769
Abtasttiefe 769
Abwärtskompatibilität 769
AC-Adapter 769
Access-Time 769
Accu Card 769
ACPI 770
Action When W_Buffer Full 366
Active Desktop 190
Adapter 770
Adapter-ROM 770
Adaptersegment 770
ADCCP 770
ADI 770
Adreßbus 771
Adresse 770
Adreßraum 771
Adreßregister 771
Adreßspeicher 771
ADVANCED CHIPSET SETUP 323
ADVANCED CMOS-SETUP 323
Agent 771
AGP 771
Aktenkoffer 644
   Dateien abgleichen 645
   installieren 645
Aktive Partition 772
AL 772
Aladdin 383

ALI Chipsatz 383
Alias 772
All Errors 352
All, But Disc/Key 353
All, But Diskette 353
All, But Keyboard 352
Allgemeine Register 772
Allocate IRQ to PCI VGA 339
Alternating Current 772
AMD 393
AMI-Bios 322
Analog/Digital-Wandler 772
Analoge Information 772
ANSI 772
ANSI.SYS 137, 773
Anwenderprofil 283
API 773
Applikation 773
Arbeitsspeicher 773
Arbitration 773
ARC 773
ARLL 773
ASCII 774
ASPI 774
ASPI2DOS.SYS 35
ASPI4DOS.SYS 35
ASPI8DOS.SYS 35
ASPI8U2.SYS 35
ASPIcd.SYS 35
ASPI-Treiber 506
Assiociativ-Speicher 774
Asymmetrisches Kryptosystem 774
Asynchron 774
Atapi 774
ATAPI-Schnittstelle 493
AT-Befehl 606
AT-BUS Clock 360
At-Bus-Festplatten 458
ATM 775
AT-Rechner 127
ATTRIB.EXE 36, 37
Audio-CD 775
Aufnahmequalität 574
AUTO CONFIGURATION 323, 358
AUTOEXEC.BAT 35, 37, 61, 152, 775

Autoplay-Funktion 519
Autorepeat-Funktion 519
Autotermination 775
AUX 566, 775
Available IRQs 366

B
Backslash 237, 281, 775
Bad Track Table 776
Bank Switching 776
Bar Code 776
Base Memory 329, 776
Basisadresse 776
Basisband 776
Batch-Dateien 776
BBS 776
Bedingungsteil 691
Befehlsinterpreter 149, 777
Befehlssatz 777
Benchmark-Programme 777
Benchmarks 122
Benutzer 205
Benutzerprofile 624
Binär-Dezimal-Umwandlung 777
Binärsystem 777
BIOS 777
BIOS DEFAULTS 323
BIOS-Interrupt 778
BIOS-Setup 319
BIOS-Ticker-Interrupt 778
BISYNC 778
Bit 233, 278, 778
Bitness 747
Blank 778
Block 778
Blue Book 778
BMP 778
BNC-Kabel 778
Board 779
Boot Record 779
Boot Sequence 355
Boot To OS/2 > 64 MB 332
Boot Up NumLock Status 356
Boot Up System Speed 356
BootDelay 47
Boot-Diskette 779
BOOTLOG.TXT 246, 718
Boot-Sektor 779
Bootsektor-Programm 694
Bootstrap Loader 779

BootUp Num Lock 331
Bootviren 693
BPI 779
BPS 779
BREAK 133
BTCDROM.SYS 35
BTDOSM.SYS 35
Buffer underrun 779
BUFFERS 134
Bug 780
Burst Mode 780
Bus 780
Bus Arbitration 780
Bus Clock Selection 335
Busbreite 780
Bustakt 780
Byte 233, 278, 780

C
Cache 781
Cacheable Area 383, 781
Cache-Speichererweiterung 386
Caddy 494, 781
CALL 153
CAM 781
Canary-Programme 711
CAV-Modus 493
CD-Audio 560
CD-DA 781
CD-I 781
CD-MO 782
CD-R 520
CD-ROM 782
CD-ROM XA 782
CD-ROM-Cacheprogramm 494
CD-ROM-Controller 508
CD-ROM-Laufwerk
    extern 492
      Geschwindigkeit 492
      Zugriffszeit 492
CD-Rs 520
CD-RW 521
CD-Wiedergabe 519
CD-WORM 782
Centronics 429, 782
Centronics-Schnittstelle 511
CGA 782
Chip-Karte 782
Chipsatz
    Klassifizierung 381

Stichwortverzeichnis 817

CHKDSK.EXE 37
CICS 782
Cluster 782
CLV-Modus 493
CMOS 783
COMMAND.COM 35, 37, 134, 149, 461, 783
Companion-Virus 694
Computerviren, Funktionsweise 691
CONFIG.SYS 35, 37, 61, 783
COUNTRY 136
COUNTRY.SYS 35, 37
CPR Critical Temperature 337
CPS 783
CPU 783
CPU Core Voltage 354
CPU Cycle Cache Hit WS 359
CPU I/O Voltage 353
CPU Internal Cache 355
CPU Speed 353
CPU Type 353
CPU-to-PCI Buffer 366
CTTY 154
Cursorblinkgeschwindigkeit 451
CYRIX 393

D
DAO 783
Datei
    löschen 231, 275
    Name unter DOS 234, 278
    Name unter Windows_95 234, 279
Dateiliste 213
Datei-Manager 178
Dateinamen
    automatisch gekürzt 235, 279
    Dateierweiterung 235, 280
Dateisteuerblock 132, 145
Dateisystem 186, 234, 279
    FAT 234, 279
    Hauptverzeichnis 235, 279
    VFAT 234, 279
Dateiviren 695
Datenautobahn 185
Datenbits 416
Datenflußkontrolle 625
Datenkompression 625, 784
Datenträger benennen 264
Datenträger formatieren 264
Datenübertragungsprotokoll 416
Datenübertragungsrate 784

Daylight saving 328
DBLSPACE.SYS 137
DCE 784
DCI 784
DDE 784
DEBUG.EXE 37
Debugging 784
Dedizierter Rechner 784
Default 785
Defrag 481
Defragmentierung 479, 481, 785
Demultiplexing 785
Density 785
Desktop 177
Desktop-Themen 188
DEVICE 136, 141, 785
DEVICEHIGH 138, 141
DFÜ-Netzwerk
    per Kabel 642
    per Modem 640
Dialing 785
Dialogbetrieb 785
Dienstprogramm 785
Differential-SCSI 471, 786
Differential-SCSI-Variante 428
Digital Recording 786
Direct 3D 548
Diskcopy 230, 274
Disketten
    kopieren 230, 274
Display Activity 337
DISPLAY.SYS 35, 37, 137
Dithering 553
DMA 388, 786
DMA Channel 0, 1, 3, 5, 6, 7 340
DMA Line Buffer 360
DMA-0 bis DMA-7 assigned to 364
DMA-Belegung 409
DMA-Controller 786
DMA-Kanal 402, 511
Doppelklickgeschwindigkeit 450
DOS 786
DOS-BIOS 786
DOS-Eingabeaufforderung 167
DOSKEY 154
DOS-Kompatibilitätsmodus 42
DOS-Partition 464
Dot Pitch 786
Doze Mode 362
DPI 787

Dr. Hardware Sysinfo 95
DRAM 787
DRAM RAS# Precharge Time 358
DRAM Refresh Period 359
DRAM Timing 358
DRAM Timing Option 359
Drive-Select-Jumper 461
Drive-Select-Merkmal 455
Drive-Select-Schalter 472
DRIVPARM 144, 145
Druckausgabe 542
Drucker
   Vorspannseite 543
Druckerüberlauf 545
DRVSPACE.BIN 35, 37
DSS1 601
DTE-Rate 619
Dualboot-Fähigkeit 243
DVD 495, 787

E
EAPROM 787
EBD.CAB 36
Ebd.sys 35, 37
ECC 787
ECHO 159
ECP Mode Use DMA 368
EDC/EEC 787
EDIT.COM 37
EDO 787
EDO DRAM Speed (ns) 332
EDO-DRAM 550
EGA 788
EGA.CPI 36, 37
EGA.SYS 137
EIDE-Festplatte 461
EIDE-Modus 423
Einbaurahmen 453, 468
EISA 788
EMM 788
EMM386.EXE 137, 513
EMS 129, 788
Emulation 788
Enabled 788
Energieverwaltung 207
Enhanced-IDE-Technik 459
EOM 788
EOT 788
EPP Version 342, 368
EPS 788

Erdtaste 607
Ergonomie 789
Error Level 789
Erweiterte Partition 789
Erweiterungsspeicher 128
ESC 789
Escape-Funktionstaste 789
ESDI 789
Executable 790
Expanded Memory Specification 129
Explorer 210, 259
   Adreßleiste 212
   Ansicht 213
   Anzeige aktualisieren 231, 275
   Dateien verschieben 223, 267
   Datenträger kopieren 230, 274
   Detailansicht 215
   Details 213
   Disketten kopieren 230, 274
   Große Symbole 213
   Kleine Symbole 213
   Liste 213
   Menüleiste 212
   Namen in Großbuchstaben 218
   Ordneroptionen 215
   Statuszeile 212
   Symbolleiste 212
   Titelzeile 211
Extended memory 330
Extended Memory Specification 129
External Cache 355
External Cache Memory 334
Externes Modem 605
EXTRACT.EXE 36

F
Fast Page Mode DRAM 335
Fast-ATA 459
FASTOPEN 147, 159
Fast-SCSI 424, 460
FAT 790
FAT16 186
FAT32 186
Faxen 615
Faxfunktionen 627
Faxgestaltung 617
Fax-Gruppen 612
Faxtelefon 612
Faxweiche 612
FCB 132, 790

Stichwortverzeichnis

FCBS 145
FDDI 790
FDISK 461
FDISK.EXE 36, 37
Fehlerkontrolle 625
Fehlerkorrektur 790
Fehlermeldungen 247
FEP-Kabel 429
Festplatten-Controller 790
Festplattenorganisation 473, 481
Festverbindung 790
FIFO-Puffer 417
FILES 146
File-Server 790
Fileviren 695
Filtering 553
FINDRAMD.EXE 36
Firewall 791
First-Level-Cache 388
Fixieren 791
FLASHPT.SYS 36
Floppy Access Control 331
Floppy Drive Seek 331
Floppy Drive Swap 331
FM-Synthese 791
FM-Synthesizer 557
Fogging 553
FORMAT 134, 461
FORMAT.COM 37
Formatierung 791
FPM-DRAM 550

G

Gamecard 791
Gastcomputer 643
Gate A20 Option 356
GByte 791
Gebühren sparen 637
General-MIDI-Standard 570
Gepufferte Viren 695
Gerät 136
Gerätetreiber 791
Gerätetreiberdatei 126
Gerätetreiberkonfigurationsdatei, Beispiel 152
Geräteverhalten 150
Geschwindigkeitseinstellungen 625
GIF 792
Grafikkarte
 einrichten 536
Grafische Benutzeroberfläche 177

Green Book 792
Green PC Monitor State 336
Groupware 792

H

Halt On 352
Hard disk C
 type 328
Hard disk D
 type 329
Hard Disk Power Down Mode 336
Hard Disk Time Out (Minute) 336
Hard Disk Type 47 RAM Area 333
Hardware-Handshake 607
Hardware-Profile 576
Hardware-Viren 695
Hauptplatine
 auswechseln 389
Hauptverzeichnis 235, 279
HDD Access Control 331
HDD Power Down 363
Header 792
Heidi 549
Helix 792
Hertz 792
Hexadezimal 792
Hidden Refresh Control 359
High Memory Area 130
High-Level-Treiber 513
HIMEM.SYS 36, 37, 129, 513, 793
HKEY_CLASSES_ROOT 738
HKEY_CURRENT_CONFIG 742
HKEY_CURRENT_USER 739
HKEY_DYN_DATA 742
HKEY_LOCAL_MACHINE 741
HKEY_USERS 742
HMA 130, 793
Host-Computer 643
Hotkey 793
HSF 793
HTML 793
HTTP 793
Hybridviren 695
Hyper Page Mode DRAM 550
Hyperlink 793
Hyperlink-Ansicht 794
Hyper-Terminal 628
Hypertext 794

I

I/O Recovery Period 361
I/O-Adresse 511
IC 794
IDE 794
IDE HDD Block Method 356
IDE HDD Block Mode 366
IDE Primary Master PIO 366
IDE Primary Slave PIO 366
IDE Secondary Master PIO 367
IDE Secondary Slave PIO 367
IDE-Festplatten 458
Image-Datei 794
Immediate-Mode 549
INCLUDE 301
Information-Highway 185
Information-Server 794
Informationszeile 260
InfoSpy 105
Infrared Duplex Type 368
Initialisierung 794
INSTALL 146
Installation 191
    Troubleshooting 200
    von der Festplatte 194
INTEL 393
Intel 82430HX 381
Intel 82430TX 382
Intel 82430VX 382
Interface 794
Interface-Connector 497
Interleave-Faktor 794
Internal Cache 332
Interne Befehle 795
Internes Modem 608
Internet 185, 207, 795
Internet Explorer 4
    Active Desktop 190
Interpreter 795
Interrupt 149, 401, 511, 795
Interrupt-Belegung 403
Interrupt-Ebene 795
Interrupt-Stapelspeicher 149
Intranet 795
IO.SYS 36, 37, 125, 134, 461
IR Base Adress Select 341
IR DMA Select 341
IR IRQ Select 341
IR Mode Select 341

IR Mode Support 341
IRQ 796
IRQ_Info 1.5 412
IRQ-3 bis IRQ-15 assigned to 364
IRQ3, 4, 5, 7, 9, 10, 11, 14, 15 340
ISA 796
ISA-Bus 459
ISDN 796
ISDN-Karte 593
ISO 9660, erweitert 796
ISO 9660, Level 1 796
ISO 9660, Level 2 796

J

Jam 797
Joker 797
Jouliet 797
JPEG 797
Jumper 797

K

Kaltstart 797
KEYB 136
KEYB.COM 36, 37
Keyboard 329
KEYBOARD.SYS 36, 37
Kombi-Controller 797
Kommandointerpreter 797
Komponenten 643
Kopierteil 691

L

L1 Cache Write Back 359
L2 Cache Update Policy 359
Label 798
Land 798
Landing Zone 463
Landmark-Test 798
LASTDRIVE 147, 470
Lautsprechersymbol 573
LBA 798
Lead-In 798
Lead-Out 798
Level-2-Cache 798
Linear-Filtering 553
Line-out 566
Local Bus 798
Logbuchdatei 246, 718
Logical Block Adressing 459

Stichwortverzeichnis

Logo 47
Low-Level-Format 370
Low-Level-Formatierung 799
Low-Level-Treiber 513

M

MA Wait State 333
Mail 207
Mainboard 799
Makro-Viren 696
Markierung umkehren 263
Master-/Slave-Jumper 461
Master-Bootsektor-Programm 694
Mastering 799
Mausgeschwindigkeit 450
Mausspur einstellen 450
Mauszeiger
    einstellen 450
    Geschwindigkeit 450
MByte 799
MDRAM 550
Medienwiedergabe 574
Mehrbetriebssystemumgebung 242
MEM 139
Memory above 16 MB Cacheable 335
Menüleiste 260
MFM 799
Micro D50 429
Micro D68 429, 472
Microsoft Diagnostics 403
MIDI 560, 799
MIDI-Standard 570
Mip-Mapping 554
MIPS 799
MMX-Prozessor 395
MNP 799
MNP5 799
MODE 160
Mode X 548
MODE.COM 36, 37
Datenflußkontrolle 625
Modem 624, 625, 627
    Eigenschaften 633
    einrichten 632
    Geschwindigkeit einstellen 634
    Lautstärke regulieren 634
    Wählfunktion 627
Modem Use IRQ 337
Modembefehle 623
Modem-Software 613

Modemtreiber
    installieren 633
Monitor
    einrichten 537
Motherboard 800
MOUSE.SYS 136
MPEG 800
MPU-401-Interface 584
MSCDEX.EXE 512, 514
MSD 403
MSDOS.SYS 36, 37, 45, 125, 134, 461
MTBF 800
Multibank-DRAM 550
Multi-Domain-Server 800
Multi-I/O-Karte 800
Multiple Threads 180
Multiplexer 800
Multiprozessor-System 800
Multiscan/Multisync-Monitor 800
Multi-Session-CD 801
Multisession-Recording 801
Multitasking 179, 801
Multi-Volume-CD 524, 801
Mutation Engine 698
Mutation Engines (MtE) 696

N

Nanosekunde 801
NEAT 801
Netzwerkfähigkeit 184
No Errors 352
Non Cacheable Block Size 335
Norman Virus Control 711
Notepad 46
Notfallmaßnahmen 34
Nullmodemkabel 642
NVC 711

O

OAKCDROM.SYS 36
OCR 801
OffBoard PCI IDE Card 339
OffBoard PCI IDE Secondary IRQ 340
OffBoard PCI Primary IRQ 339
Onboard FDC 341
Onboard FDC Controller 367
OnBoard IDE 342
Onboard Parallel Port 342, 367
Onboard Serial Port 367
Onboard Serial Port A 341

Onboard Serial Port B 341
On-Chip Primary PCI IDE 367
On-Chip Secondary PCI IDE 367
Online 802
Online-Dienst 185
Online-Scanner 699
Open GL 549
OPL2 557, 802
OPL3 557, 802
Orange Book 802
Ordner 177
    Optionen 215
    Verzeichnis 237, 282
OS/2 Warp 178

P
P5 Piped Adress 360
Page Window 129
Paging 802
Paket 802
Paketvermittlung 802
Palmtop 803
Parallel Port DMA Channel 342
Parallel Port IRQ 342
Parallel Port Mode 342, 367
Parität 416, 803
Partitionieren 463
Partitionierungstabelle 463
Partitions-Viren 697
Password Check 332
Paßwort 368
Patch 803
Path 166, 803
PAUSE 167
PC-Config 116
PC-Direktverbindung 642
PCI 803
PCI Arbiter Mode 361
PCI Cycle Cache Hit WS 359
PCI IDE IRQ Map To 365, 366
PCI Latency Timer (PCI Clocks) 339
PCI Slot IDE 2nd Channel 367
PCI to ISA Write Buffer 360
PCI VGA Palette Snoop 339
PCI-Technik 459
PCI-to-ISA-Bridge 803
PCM 803
PCMCIA 803
Peer Concurrency/Chipset NA# Asserted 358
Peer-to-Peer-Netzwerk 184
Perspektivenkorrektur 554

Pfadangabe 166
Pfadname 237, 282
    vollständiger Name 238, 282
Pfostenstecker 430
Phong Shading 554
Pin Nr. 1 508
PIO 804
Pit 804
Plug&Play 582
Plug&Play Aware O/S 338
PM Control by APM 362
PM Events 363
PnP 183
Polymorphe Viren 697
Polyphonie 584
Port 804
Port-Adresse 401
POST 804
Posteingang
    reparieren 638
Power Button Function 337
Power Management 362
Power Management/APM 336
Precompensation 804
Preset 558
Primary Display 332
Primary display 329
Primary IDE INT# 365
Primary-IDE 523
PROM 804
PROMPT 167
Protected Mode 127, 804
PROTOCOL.INI 61
Prozessor
    auswechseln 396
Prüfbit 805
Prüfsumme 805
PS/2 Mouse Support 332
PTT 805
Puffer 805

Q
Quick Boot 330
Quick Power On Self Test 355
Quickdraw 3D 549

R
RAM 805
RAMDRIVE 129
RAMDRIVE.SYS 36
RDRAM 550

Stichwortverzeichnis

README.TXT 36
Real Mode 127, 806
rechtliche Komponenten 615
Red Book 806
Redundanz 806
Refresh 806
RegEdit 735
REGEDIT.EXE 37
REM 148, 174
Remover 700
Reorganisieren 477
Reset 806
Resident 806
Ressourcen-Anzeiger 259
Ressources Controlled By 364
RET 806
Router 807
Routing 807
RPROM 807
RS232 807
RS422 807
RSA-Verfahren 807
RTC 808
RTC Alarm Data 337
RTC Alarm Hour 337
RTC Alarm Minute 338
RTC Alarm Resume From Soft Off 337
RTC Alarm Sound 338
RTF 808

S
S.M.A.R.T for Hard Disks 331
Sampling 557, 808
Save-Recovery 239
ScanDisc 487
SCANDISK.EXE 38
SCANDISK.INI 38
Scanstrings 692
Schadensteil 691
Schichtenmodell 808
Schnittstellen
    einrichten 414
Schnittstellentreiber
    wechseln 417
Schriftglättung 547
SCSI 422, 460, 809
SCSI-3 424, 460
SCSI-Adapter 423
SCSI-ID 429, 472

SCSI-Kabel 471
SCSI-Mehrgerätecontroller 524
SCSI-Modus 423
SDRAM 550, 809
Secondary IDE INT# 365
Secondary-IDE 523
Second-Level-Cache 388
Security Option 357
Seitenrahmen 129
Sendeprotokoll 617
Serieller Port
    auswählen 633
SET 172, 301
SETRAMD.BAT 36
Setup 809
SGRAM 550
SHELL 149
Shell 809
Shuffle-Funktion 519
SIM 809
SIMD-Funktion 395
Single-ended-SCSI 809
Single-Session-CD 810
SIS-Chipsätze 383
Slot 810
Slot Interrupt Nummern 366
SMARTDRIVE 129
Sonderzeichen 546
Soundblaster-kompatibel 583
Soundkarte
    automatisch erkennen 572
    manuell einrichten 572
Sound-Schemata 576
Speaker 566
Specular Highlights 554
SpeedEasy-Mainboard 353
Speichertechnik 127
Spiele
    ausführen im DOS-Modus 309
Sprungteil 692
SRAM 810
Stackbereich-Viren 698
STACKS 149
STANDARD CMOS SETUP 323
Standby Mode 363
Standby time Out (Minute) 336
Startdatei 126
    Umgehen 38
Startdiskette 34

Starten
    Abgesichert, nur Eingabeaufforderung 39
    Abgesicherter Modus 38
    Einzelbestätigung 39
    Normal 38
    Nur Eingabeaufforderung für abgesicherten
        Modus 39
    Protokolliert 38
Statusregister 627
Stealth-Viren 692, 698
Stop CPU when PCI Flush 361
Stopbits 416
Super-Sampling-Frequenz 582
Suspend Time Out (Minute) 336
Suspended Mode 363
SWITCHES 150
Symbole
    Automatisch anordnen 215
Symbolleiste 260
Synthesizer 810
SYS.COM 38
System BIOS Cacheable 332, 358
System ROM Shadow 334
System Thermal 337
SYSTEM.DA0 736
SYSTEM.DAT 735
SYSTEM.INI 61
Systemagent 187
Systemeinstellungen
    Akustische Signale 204, 253
    Anzeige 205, 254
    Datum und Uhrzeit 205, 254
    Drucker 206, 255
    Eingabehilfen 206, 255
    Hardware 207, 256
    Kennwörter 207, 256
    Ländereinstellungen 207, 256
    Maus 207, 256
    Modem 256
    Modems 207
    Multimedia 208, 256
    Netzwerk 208, 257
    Tastatur 210, 258
Systemklänge 576
Systemmonitor 50
Systemressourcen
    überprüfen 51

Systemsteuerung 202, 252
    Schriftarten 209, 257
    Software 209, 258
    System 209, 258

T
TAE-Kabel 606
Taktfrequenz 810
Taktgeschwindigkeit 386
Tarifzonen 636
Tarnkappen-Virus 692, 698
Tarnungsteil 691
Tastatur
    Geschwindigkeit 451
    Wiederholrate 451
    Zeitverzögerung 451
Teilfenster 259
TELES ONLINE-PowerPack 596
Terminal-Programm 606
Terminator 429, 505, 810
Texture-Mapping 555
The Microsoft Network 185
Threads 180
Throttle Slow Clock Ratio 337
TPE-Kabel 429
Transient 810
Transparency 554
Triton 2 381
Triton 3 382
Triton 4 382
Trojanische Pferde 698
Try Other Boot Devices 331
TSR 132, 146, 810
Tuner 566
Typematic Delay (Msec) 356
Typematic Rate (Chars/Sec) 356
Typematic Rate Setting 356

U
Übertakten 386
Übertragungsprotokoll 630
Ultra ATA 459
Ultra-DMA/33 811
Umgebungsvariablen 172
UNINSTALL.EXE 38
Universal Serial Bus 367
Universaldruckertreiber 543

Stichwortverzeichnis

Upper Memory Block 129
USB 811
USB Controller 367
USER.DA0 736
USER.DAT 735

V
Verbindungsgebühren 636
Versteckte Dateien 125
Verzeichnis 236, 281
    Baumstruktur 237, 281
    löschen 231, 275
    Ordner 237, 282
    Stammverzeichnis 237, 281
    Unterverzeichnis 237, 281
VESA 811
VGA 811
VIA Chipsätze 383
Video BIOS Shadow 357
Video Off Method 362
Video Power Down Mode 336
Video ROM Shadow 334
Video-RAM 811
Virensignatur 692
Virtual Real Mode 811
Virtuelles Laufwerk 811
Virus Warning 327, 355
Viruskennung 691
VRAM 550
VSAFE 703

W
Wait State 812
Wave 812
Waveform-Audio 559
Wavetable 812
Wavetable-Soundkarten 557
Weitek Prozessor 333
White Book 812
Wide-SCSI 424, 460
Wiedergabeliste 519
Windows_95
    deinstallieren 250
Windows-Explorer 210
    siehe Explorer 211
World Wide Web 185
WRAM 550
Write Compensation 463
Write-Back-Methode 388

X
XMS 129, 812

Y
Yellow Book 812
Y-Weiche 453

Z
ZBR 812
ZIF-Sockel 397
Zugriffszeit 812
Zylinder 813

THE SIGN OF EXCELLENCE

SCSI-Bus und IDE-Schnittstelle

Moderne Peripherie-Schnittstellen: Hardware, Protokollbeschreibung und Anwendung

Friedhelm Schmidt

Das vorliegende Buch gibt einen umfassenden Überblick über Technik und Applikation des SCSI-Bus und der IDE-Schnittstelle, wobei die komplexen Inhalte gut verständlich erläutert werden. Es beschreibt in Anlehnung an die Gliederung der SCSI-3-Norm die physikalische Schnittstelle, die Protokolle, die Gerätemodelle mit den relevanten Eigenschaften der angeschlossenen Geräte sowie deren Kommandosätze. Der Autor geht besonders auch auf die technischen Neuerungen wie SCSI-Expander, Ultra-SCSI u.v.m. ein. Neu ist ein Kapitel aus der Praxiserfahrung des Autors, in dem typische Probleme mit dem SCSI-Bus aufgezeigt und gelöst werden. Viele Fotos und Zeichnungen unterstützen die Darstellung.

464 S., 3., erw. Aufl. 1998, geb., Diskette
DEM 79,90, ATS 583, CHF 73,00
ISBN 3-8273-1417-8

▲ ADDISON-WESLEY

THE SIGN OF EXCELLENCE

PC-Hardwarebuch

Aufbau, Funktionsweise, Programmierung;
Ein Handbuch nicht nur für Profis

Hans-Peter Messmer

Der internationale Bestseller behandelt in seiner 5. Auflage die aktuellsten Neuentwicklungen des Hardwaremarktes wie Pentium II, MMX und K6. Er bietet eine umfassende Darstellung der gesamten PC-Hardware und ihrer Programmierung. Das Buch behandelt alle wichtigen Komponenten des Rechners wie Grafikkarten, Prozessoren, Controller, Interfaces uvm. Die bisherigen Auflagen haben bewiesen, daß das PC-Hardwarebuch ein unentbehrliches Nachschlagewerk für alle Profis und technisch Interessierten ist.
1456 S., 5., akt. Auflage, geb., 99,90 DM
ISBN 3-8273-1302-3

ADDISON-WESLEY

THE SIGN OF EXCELLENCE

Windows 98

Jürgen Ortmann
Wolfgang Andratschke

Für Einsteiger und Fortgeschrittene erklärt dieses Buch leicht verständlich Aufbau und Funktionen von Windows 98 und gibt Tips, mit denen sich die tägliche Arbeit mit dem Betriebssystem vereinfachen läßt. Es eignet sich sowohl zum systematischen Lernen als auch als Nachschlagewerk. Themen sind u.a.: Active Desktop, Internet Explorer 4, Anwendungsprogramme, Multimedia und OLE, neue Tools und Bibliotheken, Datenaustausch unter Windows, Troubleshooting, Hardware installieren und konfigurieren und der Windows Scripting Host.

976 S., 1. Auflage 1998, geb.
DEM 79,90, ATS 583, CHF 73,00
ISBN 3-8273-1386-4

ADDISON-WESLEY

THE SIGN OF EXCELLENCE

Data Warehouse

Planung, Implementierung und Administration

Sam Anahory
Dennis Murray

Das Buch zeigt alle Schritte bei der Entwicklung eines Data Warehouse, von der Projektplanung und Analyse der Anforderungen über den Entwurf und die Entwicklung bis hin zur Verwaltung mit Themen wie Benutzerzugriff, Sicherheit sowie Datensicherung und -wiederherstellung. Grundlage bilden offene Systeme wie UNIX und Ansi SQL. Nach einem ersten, eher theoretischen Teil, der grundsätzliche Überlegungen enthält und die wichtigsten Begriffe erklärt, beginnt in einem zweiten Teil der tatsächliche Entwurf eines Data Warehouse. In einem dritten Teil geht es um die Verwaltung, Wartung und Optimierung des aufgebauten Data Warehouse. Zwei Anhänge liefern einen Zusammenfassung der einzelnen Schritte bzw. einen Überblick über verschiedene Zugriffsmethoden und -werkzeuge.

408 S., geb., 79,90 DM
ISBN 3-8273-1288-4

ADDISON-WESLEY

THE SIGN OF EXCELLENCE

Referenzhandbuch Dateiformate

Datenbanken, Tabellenkalkulation, Text, Grafik, Multimedia, Sound und Internet

Günter Born

Das Referenzhandbuch Dateiformate richtet sich an Softwareentwickler, Berater und alle, die Informationen über die Verarbeitung und Einbindung von Fremdformaten benötigen. In über 80 Kapiteln finden Sie nun Informationen über Dateiformate aus den Gebieten Datenbanken (XBASE-Formate, SDF, CSV), Tabellenkalkulation (Lotus 1-2-3, WKS/WK1/ WK3, Lotus PIC, Excel BIFF, DIF, SYLK, SDI u.a.), Textverarbeitung (Word, WordPerfect, Wordstar, Ami Pro, RTF, SGML, HTML etc.), Grafik und Multimedia (AI, AVI, BMP, CGM, Autodesk DXF, GIF, PCX, PIC, TIFF, IFF, JPG, WMF und vieles mehr) sowie Sound (CMF, SBI, AIFF, MID, AU, WAV und andere). Eigene Kapitel befassen sich mit Beschreibungssprachen wie PostScript/EPS, HP-GL/2 oder HP-PCL. Der Leser erhält wertvolles Insiderwissen und ein detailliertes Nachschlagewerk, das die Programmierarbeit erheblich erleichtert und offene Fragen beantwortet. Ein Titel, der sich auch international in seiner englischen und russischen Ausgabe als Standard etabliert hat und auf keinem Schreibtisch fehlen sollte.

1408 S., 5. Aufl., 119,90 DM, geb.
ISBN 3-8273-1241-8

ADDISON-WESLEY

THE SIGN OF EXCELLENCE

Angewandte Kryptographie

Protokolle, Algorithmen und Sourcecode in C

Bruce Schneier

Ein Fachbuch für Informatiker, die professionelle Sicherheitskontrollen in Netze einbauen müssen und Daten verschlüsselt übermitteln wollen, um sich und ihre Auftraggeber gegen Betrug (z.B. beim Electronic Banking) oder gegen Spionage zu schützen: Nach einer anschaulichen Einführung in die Theorie und Problemstellungen bei der Verschlüsselung werden Protokolle und Algorithmen zur Verschlüsselung von Daten vorgestellt, ihre Funktionsweisen und Sicherheitsstufen analysiert. Das Buch enthält Quellcode in C (als Listing) und zeigt, wie dieser in größere Anwendungen eingebaut werden kann.
Reihe Informationssicherheit
Übersetzung aus dem Amerikanischen
888 S., 1996, 119,90 DM, geb.
ISBN 3-89319-854-7

ADDISON-WESLEY

THE SIGN OF EXCELLENCE

Firewalls und Sicherheit im Internet

Schutz vernetzter Systeme vor cleveren Hackern

William R. Cheswick,
Steven M. Bellovin

Schritt für Schritt zeigen die AT&T-Experten die Installation eines Firewall-Gateways: eines spezialisierten Computers mit Sicherheitseinrichtungen, der im Netz die Funktion eines „Sicherheitsfilters" hat. Die Autoren analysieren dabei den frühesten dokumentierten Hacker-Angriff (Fall Berford) und geben darüber hinaus die wichtigsten Informationen zur Kryptographie. Die deutsche Ausgabe bietet ein Zusatzkapitel, von Prof. Dr. Ulrich Seidel, das die rechtliche Situation in Deutschland behandelt. Ein Muß für jeden Systemadministrator!

Professional Computing
404 S., 79,90 DM, geb.
ISBN 3-89319-875-X

ADDISON-WESLEY